한국 열국사 연구

윤내현 지음

한국 열국사 연구

만권당

■ **일러두기**

· 인명과 지명, 학교명, 서적명 등은 원칙적으로 한글 맞춤법에 따랐다.

· 문헌 사료명의 경우 원칙적으로 본문 맨 처음에 나올 때만 한자를 병기했다.

· 문헌이나 논문을 직접 인용한 경우에도 독자들의 혼란을 막기 위해 인명 표기는 통일했다. 단, 논문명에서는 원문 표기를 존중했다.

· 중국의 지명이나 인명, 문헌명의 경우 한자음대로 표기하고 맨 처음에 나올 때 한자를 병기했다. 생소한 한자어나 인명, 지명 등은 필요에 따라 반복 병기했다. 단, 하얼빈 등 우리에게 익숙한 지명은 한자어 표기 원칙에 따르지 않았다.
예) 사마천, 요동, 황하, 북경

· 북한의 인명이나 논문명의 경우, 북한 표기를 존중했다.
예) 리지린, 론문집

· 전집이나 단행본, 정기간행물은 『 』, 신문이나 잡지명, 연구보고서 등은 「 」로 표기했다.

· 각주에서 원서의 경우 번역본이 있으면 우리 식으로 표기하고 번역본이 없으면 원서 그대로 표시했다.

· 『삼국지』 「오환선비동이전」의 경우, 우리 고대사 연구에 필요한 부분은 '동이' 부분이므로 줄여서 「동이전」으로 표기했다.

· '임나'의 경우 외래어표기법에 따르면 '미마나'라고 표기해야 하나 '임나일본부' 등이 독자들에게 익숙하다고 보아 '임나'로 표기했다.

머리말

불휘 기픈 남ᄀᆞᆫ ᄇᆞᄅᆞ매 아니 뮐ᄊᆡ

곶 됴코 여름 하ᄂᆞ니

ᄉᆡ미 기픈 므른 ᄀᆞᄆᆞ래 아니 그츨ᄊᆡ

내히 이러 바ᄅᆞ래 가ᄂᆞ니

사람은 가고 그의 생각과 언행만 기록으로 남는다. 이것이 역사다. 그러므로 역사는 그 사람 자체라 할 수 있다. 이는 민족도 마찬가지이므로 한국사는 한민족 그 자체라 할 수 있다.

한국사가 잘못되어 있거나 부실하다면 한민족은 자신들의 정체·능력·이념·사상·가치관 등을 정확하게 알 수 없고 미래 설계에도 착오를 일으키게 될 것이다. 이런 점에서 한국사는 한민족의 운명을 좌우한다. 그러므로 한국인들은 한국사를 바르게 알 필요가 있다. 당연히 그 연구는 객관성과 공정성, 합리성을 가져야 한다. 개인 및 집단의 이해관계에 따라 해석이나 주장이 달라져서는 안 된다.

한국이 1997년 IMF 위기에 몰리고 최근 긴박한 국제정세에도 제대로 대처하지 못하는 근본 원인은, 한국사를 바르게 알지 못하는 데 있다.

역사를 통해 민족의 정체성과 가치관을 확립하고 고유문화를 보존, 발전시켜야 하는데 그동안 그러지 못한 데 원인이 있는 것이다.

그런 점에서 한국 현실에 대한 상당한 책임이 역사학자들에게 있다. 한국사 가운데 가장 연구가 부진한 부분은 고대사로서 고조선시대와 열국시대이다. 이 시대는 한국사의 뿌리 부분이다. 필자는 한국사의 뿌리를 튼튼히 하고 깊게 하는 작업으로 고대사 연구에 전념해왔다.

『한국 열국사 연구』의 초점은 한국 고대사의 체계를 바로잡는 데 맞추어져 있다. 뼈대가 바르게 되어 있어야 신체가 바로 서듯이, 역사도 체계가 올바르게 잡혀 있어야 바르게 서기 때문이다. 이 책의 간행으로 고조선과 열국시대의 체계가 바로잡히기를 기대한다. 이 뒤를 잇는 사국시대와 그 뒤의 역사는 그 시대를 전공하는 학자들이 충실하게 채우리라 믿는다.

이번 연구에서는 고대사의 기본 체계와 밀접하지 않은 문제는 깊이 다루지 않았다. 따라서 열국시대에 관한 선학들의 연구 업적이 충분하게 반영되지 못한 부분이 있다. 이 점은 다른 학자들이 보완해주기를 바란다.

미국인들은 자기 나라를 샐러드 그릇(salad bowl)이라고 한다. 여러 재료가 모여 샐러드를 만들듯이 세계 여러 민족이 모여 산다는 의미이다. 그런데 맛있는 샐러드가 되려면 그 재료들이 싱싱하게 제맛을 내야 한다. 그래서 미국 정부는 미국에 사는 여러 민족들이 자신들의 가치관과 전통문화를 그대로 간직하고 살기를 바란다. 그것이 미국의 발전에 도움이 된다고 믿기 때문이다.

이제 세계는 지리적 국경만 남아 있고 경제와 문화의 국경은 이미 무너졌다. 세계가 하나의 샐러드 그릇이 되고 있는 것이다. 그러므로 각 민족이나 나라들은 자신들의 가치관과 전통문화를 잘 지니고 있어야만 구성 요소로서 가치를 지니게 되는 것이다. 그러지 못하면 샐러드에서 부패된 재료처럼 쓸모없이 되고 말 것이다. 한민족이 자신의 가치관과 전통문화를 잘 지키고 발전시키기 위해서는 자신들의 역사를 바로 알아야 한다.

이 책은 여는 글, 제1장 열국의 건국과 주체세력, 제2장 열국의 발전과 내외활동, 제3장 열국시대에 대한 종합 검토, 맺는 글 등 다섯 부분으로 나누어져 있다. 여는 글에서는 열국시대의 중요성과 기본사료 및 그 이용 방법, 제1장에서는 열국의 건국 과정과 건국 연대, 주체세력과 혈통, 제2장에서는 열국의 발전 과정, 각국의 주요 활동과 그 성격, 제3장에서는 열국시대의 정치 · 경제 · 사회 · 문화의 종합 정리, 맺는 글에서는 본론에서 얻어진 결론에 따라 한국사에서 열국시대가 갖는 의미와 전망을 이야기했다. 각 장은 독립된 한 편의 글로 구성되어 있으므로 관심 있는 문제만 따로 떼어 읽어도 좋다.

책의 개정판을 추진해준 한가람역사문화연구소 이덕일 소장과 여러모로 어려운 상황에서 개정판 출간을 허락해주신 만권당 출판사 양진호 대표에게 진심으로 감사드린다.

2016년 6월

윤내현

韓國列國史研究

차례

韓國列國史研究

제2장 | **열국의 발전과 내외활동**

韓國列國史研究

제3장 | 열국시대에 대한 종합 검토

◉ 여는 글 ◉

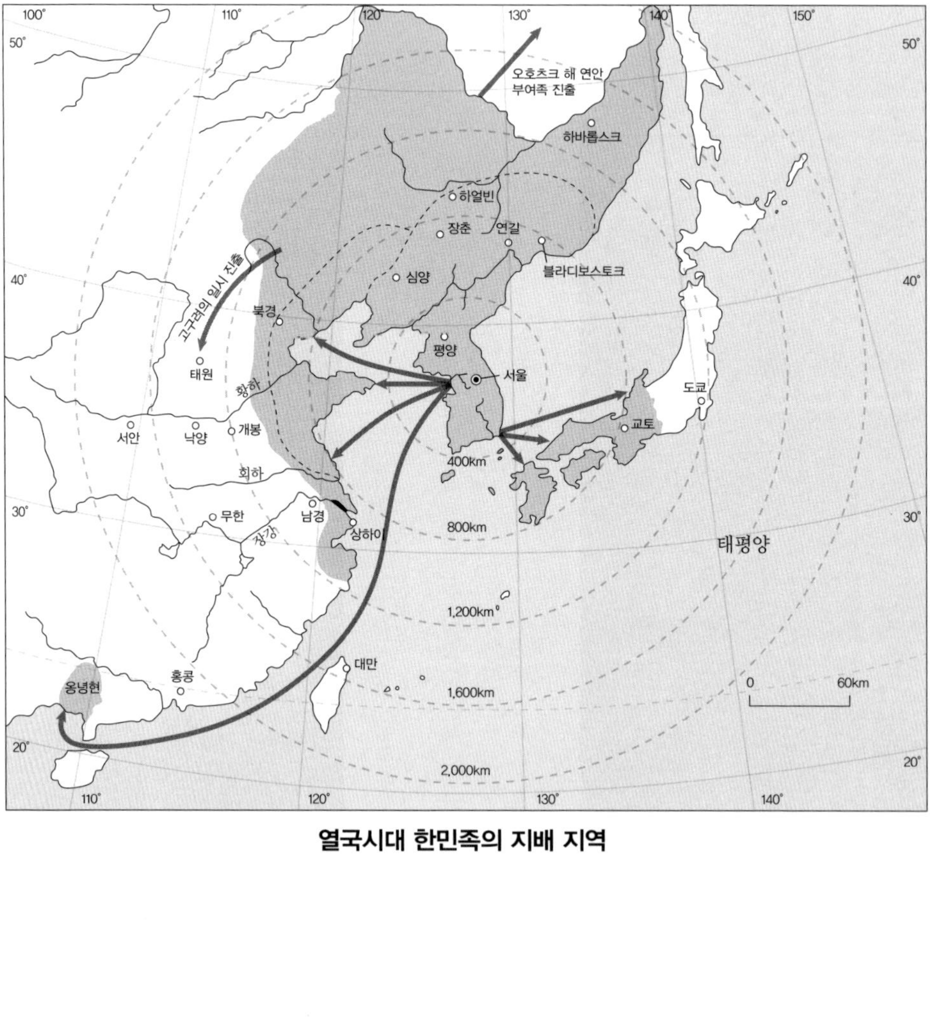

열국시대 한민족의 지배 지역

1. 열국사 연구의 중요성

열국사는 고조선의 뒤를 이어 한반도와 오늘날 요하 동쪽의 만주에 한민족의 여러 나라가 존재했던 시기의 역사이다. 이 시기에 오늘날 요서 지역에는 중국의 군현(이른바 한사군)이 자리 잡고 있었다. 열국사 연구에서 맨 먼저 떠오르는 문제는 그 기간을 어떻게 잡아야 할 것인가 하는 점이다.

열국시대는 고조선이 분열되어 동부여·읍루(挹婁)·고구려·동옥저·동예·최씨낙랑국·대방국(帶方國)·한(삼한)·신라·백제·가야 등의 여러 나라가 존재했던 시기이므로 그 시작 연대는 열국 가운데 맨 먼저 세워진 나라의 건국 연대를 택하면 된다. 그러나 그 마감 연대를 정하는 것은 쉽지 않다.

열국 가운데 일찍 건국된 나라는 동부여·신라·고구려였는데 그 건국 연대는 서기전 59년·57년·37년이었다. 그러므로 열국시대의 시작 연대는 서기전 59년 또는 서기전 1세기 중엽으로 잡을 수 있다. 그러나 열국시대의 마감 연대는 약간의 논의가 필요하다.

이 문제에 대한 이해를 돕기 위하여 열국 가운데 늦게까지 남아 있었던 나라들의 멸망 연대를 보면 신라는 935년, 고구려는 668년, 백제는 660년, 가야는 562년, 동부여는 494년, 최씨낙랑국과 대방국은 300년, 동예는 245년 이전, 동옥저는 56년이었다. 그러므로 고구려·백제·신라가 정립했던 삼국시대는 562년부터 660년까지 98년 동안이며, 고구려·백제·신라·가야의 사국시대는 494년부터 562년까지 68년 동안이고, 고구려·백제·신라·가야·동부여의 오국시대는 300년부터 494년까지 194년 동안이다. 여기서 몇 개의 나라가 존재했던 시기까지를 열국시대로 볼 것인지가 문제이다.

한국사에서는 그동안 삼국시대라는 용어가 통용되어왔다. 그런데 삼국시대의 마감은 고구려와 백제가 멸망한 시기까지를 잡고 있지만 그 시작을 어느 시기로 잡는지는 분명하지 않다. 정확하게 말하면 삼국시대는 562년부터 660년까지 98년밖에 되지 않는다. 그러나 한국사 개설서들을 보면 이 기간만을 삼국시대로 서술하지는 않는다. 대개 삼국시대에 고구려·백제·신라와 더불어 가야가 포함되어 있고 고구려의 멸망까지 다루고 있다. 그렇다면 그것은 삼국시대가 아니라 사국시대로서, 494년부터 668년까지 174년 동안이 된다. 따라서 가야가 포함된다면 삼국시대라는 명칭은 적합하지 않다.

명칭에 문제가 있기는 하지만 그동안 한국사에서는 가야가 포함된 삼국시대를 열국시대의 뒤를 잇는 한 시대로 인정해왔다. 그러므로 명칭에 대한 문제점은 일단 접어두고 그 시대의 시작을 열국시대의 하한(下限)으로 잡는다면 그 연대는 494년이 된다. 그리고 다음에 말하게 될 열국시대의 특징이라고 할 수 있는 여러 변화들이 대개 5세기 이전에 일어났으므로 필자는 서기전 1세기부터 5세기까지를 열국시대로 잡으려고 한다.

여기서 잠깐 삼국시대라는 용어의 문제점을 짚고 넘어가고자 한다. 삼국은 고구려·백제·신라를 일컫는다. 그러므로 가야가 존재했던 시기를 삼국시대라 부른다면 가야는 한민족 국가에 포함되지 않는다는 뜻이 된다. 즉 고구려·백제·신라 삼국만이 한민족의 국가라는 의미가 되는 것이다. 잘 알려져 있는 바와 같이 일본인들은 서기 4세기 중기부터 서기 6세기 중기까지 약 200년 동안 왜국(倭國)이 한반도 남부의 가야 지역에 '임나일본부(任那日本府)'를 설치하고 그 지역을 지배했다고 주장했다. 따라서 가야는 왜국의 식민지였기 때문에 한국사보다는 일본사에 포함되는 것이 옳다고 그들은 주장했다. 일본인들이 이 시기를 삼국시대라고 부른 까닭은 바로 여기에 있었다.

그런데 그동안의 연구 결과에 따르면 일본인들이 한반도 남부에 있었던 가야와 같은 나라라고 주장했던 『일본서기(日本書紀)』의 임나는 왜열도(倭列島)의 기비(吉備 : 오늘날 오카야마 현) 지역에 있던 나라 이름이었고 '임나일본부'도 그곳에 설치되어 있었다. 그렇다면 한국사에서 가야를 제외하고 삼국시대라는 용어를 사용하고 있는 것은 잘못이다.

지금까지 열국시대를 하나로 묶어 종합적으로 고찰한 역사서가 없었기 때문에 우리는 열국시대에 대해 체계적이고 깊은 지식을 가질 수 없었다. 또한 열국시대에 관한 연구가 충분하지 못해 고조선과 열국의 관계 및 열국시대의 중요성이 충분하게 설명되지도 못했다. 지난날 열국시대 연구가 어려움에 봉착했던 것은 다음 몇 가지 문제점 때문이었다.

첫째, 연대 인식에 문제가 있었다. 고조선과 열국의 관계에 대해서 지난날에는 흔히 고조선은 열국 가운데 가장 앞선 나라였다고 설명했다. 이러한 설명은 고조선과 열국이 같은 시대이거나 시대차가 크게 나지 않는 나라였던 것으로 인식하도록 만들었다. 『삼국유사』와 『제왕운기』 기록에 따르면 고조선은 서기전 2333년에 건국되었는데, 열국 가운데 일찍 건국한 나라는 동부여·신라·고구려로서 그 연대는 차례로 서기전 59년·57년·37년이었다. 그러므로 고조선의 시작 연대와 열국시대의 시작 연대 사이에는 무려 2,200년이 넘는 오랜 시간차가 있는 것이다. 이러한 오랜 시간차를 무시하고 이들을 같은 시대나 비슷한 시기에 있었던 나라로 오해하도록 만들었던 것이다.

둘째, 연구 경향에 문제가 있었다. 지난날 한국 고대사 연구는 고구려·신라·백제에 대한 연구가 주류를 이루고 있었다. 요즈음 부여나 가야에 대한 연구도 상당한 진전을 보이고 있지만 그것은 최근의 일이다. 따라서 고조선사나 열국시대사는 고구려·백제·신라의 삼국사보다 덜 중요한 것 같은 인상을 주었고, 결과적으로 열국시대에 대해서는 관심이 적을 수밖에 없었던 것이다.

열국은 고조선의 분열로 말미암아 생겨났는데, 고구려는 그 가운데 하나였으며 백제와 신라는 열국 가운데 하나였던 한(韓)에서 분열되었다. 그러므로 열국시대에 대한 정확한 이해 없이는 삼국사도 올바로 알 수 없다. 지난날 고구려나 백제·신라를 한국사에 처음 출현한 국가로 상정하여 국가 기원 문제를 논했던 것도 고조선사와 열국시대사에 대한 이해 부족에서 온 결과였다. 고구려·백제·신라를 포함한 열국은 한국사에 처음 등장한 국가가 아니라 고조선의 뒤를 이은 국가들로서 정확히 말하면 왕조 교체였던 것이다.

셋째, 용어 사용에 문제가 있었다. '열국시대'라는 용어는 삼국시대나 고려시대 또는 조선시대와 같이 어느 시대를 의미하는 용어로 정착하지 못했다. 그것은 열국시대에 관한 연구가 부족하여 그 시기를 하나의 독립된 시대로 명명해도 좋을지 자신이 없어서였을 것이다. 그러한 예는 열국시대를 '원(原)삼국시대'로 부르는 것에서 찾을 수 있다. 이 용어를 사용하는 학자들은 원삼국시대를 대개 기원 전후부터 서기 300년 무렵까지로 잡고 있다. 이 시기는 열국시대에 해당한다. '원삼국시대'라는 용어에서 '원(原)'은 proto를 번역한 말로서 '원시의' 또는 '원형의'라는 뜻을 지닌다. 따라서 원삼국시대란 삼국의 원시 형태 또는 삼국의 원형을 보여주는 시대를 뜻한다. 어떤 사실이나 사물의 뿌리가 된 것이 앞시대에 존재했으나 그것에 대한 적절한 이름이 존재하지 않을 경우 그 사실이나 사물의 이름에 '원' 자를 붙여 그것의 원형이라는 뜻의 고유명사를 만드는 것이다.

예컨대 신석기시대에 한반도에 살았던 사람들이 오늘날 한국인의 조상임이 밝혀져 이를 분명하게 하는 용어가 필요할 경우 이들을 '원한국인(proto-Korean)'이라 부르게 되는 것이다. 신석기시대인이라고 부르면 후대 한국인과의 관계가 불분명해지고, 그렇다고 당시에는 아직 국가가 출현하지 않았고 민족도 형성되지 않았는데 이들을 바로 한국인 또는 한민족이라 부를 수도 없기 때문이다. 그러므로 '원삼국시대'라는 용어에는 그 시기가 삼국시대의 뿌리라는 의미와 함께, 당시를 지칭하는 적절한 용어가 없다는 뜻도 담겨 있는 것이다. 바꾸어 말하면 그 기간은 이름을 붙일 수 없는 시기라는 뜻을 담고 있어서 열국의 역사를 통째로 부인하는 결과를 가져왔던 것이다.

열국시대는 고조선이 붕괴되면서 여러 나라가 독립함으로써 시작되었고, 그 나라들이 통합을 거듭하여 고구려·백제·신라·가야의 사국시대를 거쳐 신라와 발해의 남북왕조시대에 이르게 되었다. 그러므로 열국시대에 대한 바른 이해 없이는 고조선이 붕괴된 후의 한국사 전개과정을 바르게 알 수가 없다. 열국시대의 특징과 열국사 연구의 중요성을 요약하면 다음과 같다.

첫째, 열국시대는 한민족이 하나의 민족을 형성한 뒤 처음 맞는 민족 분열의 시대였다. 한민족은 고조선시대에 형성되었다. 한반도와 만주의 거주민들은 고조선 건국 이래 오랫동안 하나의 공동체 속에서 생활하여 같은 문화적 배경을 가지고 고조선의 백성이라는 공동의 귀속의식을 공유함으로써 민족을 형성했다. 그런데 고조선이 통치능력을 잃게 되자 그 거수국(渠帥國)들이 독립하여 열국시대가 시작되었다. 한민족이 형성되고 나서 처음 맞는 민족 분열이었던 것이다.

둘째, 거주민의 혼합이 이루어지고 민족의식이 강화된 시대였다. 고조선 말기에 오늘날 난하(灤河) 동부 유역에 위만조선(衛滿朝鮮)이 건국됨에 따라 그 지역의 고조선 거수국들과 주민들이 동쪽으로 이동했고, 서한(西漢)이 위만조선을 멸망시키고 오늘날 요서 지역에 그들의 군현(한사군)을 설치하자 그 지역의 고조선 거수국들과 그 주민들이 또 동쪽으로 이동했다. 이들은 고조선이 통치능력을 잃자 오늘날 요하 동쪽의 만주와 한반도 및 연해주 지역에서 나라를 세웠는데, 동부여·읍루·고구려·동옥저·동예·최씨낙랑국·대방국 등은 그러한 나라들이었다.

이 과정에서 일족이 분산되는 현상도 일어났고, 오늘날 요서 지역에서 요하 동쪽으로 이주한 사람들과 토착인의 혼합이 이루어지게 되었다. 그 결과 그때까지의 거수국 단위의 종족의식은 약화되고 민족의식이 강화되었다. 그리고 세월이 흐르면서 열국의 주민들 사이에는 고조선과 같은 단일 민족공동체를 이루어야 한다는 생각이 일어나게 되었다. 고구려의 다물(多勿) 이념이 대표적이다.

셋째, 통치 제도가 지방분권제에서 중앙집권제로 변화된 시기였다. 고조선은 각 지역에 거수국을 두고 거수국의 통치를 거수에게 위임한 지방분권의 국가였다. 그러나 열국시대에는 왕이 전국을 직접 통치하는 중앙집권제가 추진되었다. 고조선의 지방분권적인 통치 조직이 정치적 분열을 초래했다고 생각했기 때문일 것이다. 그러한 통치 제도의 개혁은 일시에 달성할 수는 없어서 상당히 긴 기간 지방분권제의 요소가 병존했다. 그 정도는 나라에 따라 달랐는데 가야의 경우는 지방분권제를 벗어나지 못한 상태에서 멸망했다.

넷째, 고유문화와 외래문화의 혼합이 크게 일어난 시대였다. 고조선시대는 한민족 고유문화의 원형이 형성된 시기였다. 고조선이 건국되기 전에는 한반도와 만주의 각 지역이 여러 정치집단(고을나라)으로 나누어져 있어서 아직 민족을 이루지 못했다. 따라서 이들의 문화를 민족문화라고 말할 수는 없다. 그러나 고조선이 건국되어 이들이 한민족을 형성함으로써 한민족의 민족문화가 형성되었던 것이다. 따라서 고조선의 문화는 한민족 문화의 원형이라고 할 수 있고, 이러한 한민족의 고유문화가 열국시대로 이어졌다.

그러나 열국시대는 초기부터 중국 문화의 영향을 크게 받기 시작했고, 중기에 이르러서는 유학과 불교가 전래되었다. 한민족이 처음 맞는 외래문화의 큰 접촉이었다. 외래문화는 지배층－지배층은 당시의 최고 지식인들이기도 하였다－의 옹호를 받으면서 점차 한민족 상층부의 문화로 정착되어갔다. 열국시대는 한민족의 고유문화와 외래문화가 처음으로 큰 접촉과 융합을 가졌던 시기인 것이다.

다섯째, 한민족이 해외로 진출하는 기반을 마련한 시대였다. 열국시대의 각 나라들은 서로 패권을 차지하기 위한 경쟁관계에 있었기 때문에 국력을 튼튼히 하려고 노력을 기울였다. 이에 따라 한반도와 만주의 각 지역은 이전보다 급속한 발전을 하게 되었을 뿐만 아니라 해외 진출도 활발해졌다.

고조선의 거수국으로 오늘날 요서 지역에 있었던 숙신(肅愼)은 고조선 말기에 오늘날 연해주로 이주하여 그곳에 읍루라는 나라를 세웠다.

읍루의 하층민들은 대부분 연해주의 토착인들이었기 때문에 한민족에 포함시키기 어렵겠지만, 그 나라는 건국 주체와 지배층이 한민족이었으므로 한민족의 나라에 포함되어야 할 것이다. 이 시기에 한·가야·백제·신라·고구려 등의 사람들은 왜열도 남부에 진출하여 그곳에 분국(分國)을 건설했는데, 가야와 백제인들의 활동이 가장 활발했다. 그리고 백제는 중국의 동부 해안 지역에 진출하여 그곳을 지배함으로써 황해를 그들의 내해[內海 : 지중해(地中海)]로 만들었다. 민족을 단위로 본다면 한민족은 열국시대 말기에 역사상 가장 넓은 지역을 지배했다고 말할 수 있을 것이다.

여섯째, 고조선 후기에 보급되기 시작한 철기는 열국시대에 이르러 일반화되었다. 이에 따라 노동능률이 크게 올라 넓은 토지가 개간되었고 생산이 증대되었다. 그 결과 토지소유자들이 증대되었고 소유의 규모도 확대되었다. 그리고 노동단위가 집단에서 개체로 변하여 토지소유주와 노동자 사이의 생산관계가 변했다. 그뿐만 아니라 생산 증대로 인한 경제 성장으로 생활은 풍요로워졌고 풍속은 다양해져서 한민족의 생활 전통이 확립되어갔다.

그리고 정치 위에 군림했던 고조선시대 이래의 종교 권위가 무너지면서 새로운 종교사상과 철학체계가 형성되기 시작했다. 학술·자연과학·금속기술 등도 발달하여 여러 종류의 서적이 편찬되었으며, 천문과 자연현상에 대한 관찰이 활발하여 그 예측이 가능해졌고 금속을 이용하는 기술 또한 크게 발전했다. 이러한 여러 가지 특징들은 새로운 시대의 출현을 의미하는 것으로서 열국시대는 한국사에서 중요한 전환기였던 것이다.

2. 기본사료와 이용 방법

열국시대 연구의 기본사료가 되는 한국 문헌에는 『삼국사기』, 『삼국유사』, 『제왕운기』가 있고, 중국 문헌으로는 『후한서(後漢書)』「동이열전(東夷列傳)」, 『삼국지(三國志)』「오환선비동이전(烏丸鮮卑東夷傳)」 '동이전(東夷傳)', 『진서(晉書)』「동이열전」, 『송서(宋書)』「이만열전(夷蠻列傳)」 '동이전', 『남제서(南齊書)』「만동남이열전(蠻東南夷列傳)」 '동이전', 『양서(梁書)』「제이열전(諸夷列傳)」 '동이전', 『위서(魏書)』「열전(列傳)」 제88, 『주서(周書)』「이역열전(異域列傳)」 상(上), 『남사(南史)』「이맥열전(夷貊列傳)」 하(下), 『북사(北史)』「열전」 제82 등이 있으며, 일본 문헌으로는 『고사기(古事記)』, 『일본서기』 등이 있다.

그런데 『삼국사기』와 『삼국유사』는 고구려·백제·신라에 관한 역사서로서 그 밖의 다른 나라에 대해서는 자세하게 기록되어 있지 않다. 다른 나라에 대해서는 고구려·백제·신라 사이의 관계에서 가끔 언급되었을 뿐이다. 『제왕운기』도 내용이 간략하여 열국시대에 관한 자세한 정보를 제공해주지 못한다. 따라서 이 책들은 열국시대의 모든 나라를 종합적으로 연구하는 데는 사료로서 한계가 있다. 그러나 열국시대에 대해 더 자세하게 정보를 제공해주는 한국 문헌이 없으므로 이 책들을 기본사료로 쓸 수밖에 없다.

이 책들은 고려 후기인 12~13세기에 편찬되었으므로 고구려·신라·백제가 건국되고 무려 1,200년 정도가 지난 뒤의 기록이다. 그러한 이유로 일본인들은 이 책들에 보이는 고구려·백제·신라의 초기 기록은 신빙성이 없다고 주장했다. 그 영향은 지금도 작용하고 있으니, 『삼국사기』와 『삼국유사』에 기록된 고구려·백제·신라·가야의 건국 연대를 인정하지 않는 것도 그러한 예 가운데 하나다.

『삼국사기』와 『삼국유사』 기록을 부인할 수 있는 분명한 근거는 없다. 이러한 현실에서 가장 기본이 되는 이들 기록을 부인하고 추리에 추리를 거듭하여 다른 가설을 세운다면 과연 그것이 『삼국사기』나 『삼국유사』 기록보다 신빙성이 있을지 의문이다. 역사는 사료에 의해서만 복원이 가능하기 때문이다. 모든 문헌이 그러하듯이 『삼국사기』와 『삼국유사』 기록도 완벽하다고 말할 수는 없다. 그렇지만 이 책들은 그 전에 있었던 문헌의 기록에 근거하여 당시 책임 있는 학자들이 편찬했으므로 거기에 실린 사건이나 사실의 기본 골격은 그대로 인정하는 것이 옳다. 따라서 필자는 자체 모순을 지니고 있거나 그 기록을 뒤집을 분명한 근거가 있는 것을 제외한 『삼국사기』, 『삼국유사』, 『제왕운기』의 모든 기록을 기본사료로 채택하려고 한다.

중국과 일본 문헌에 보이는 고대 한반도와 만주에 관한 기록은 그들의 견문록이라 할 수 있다. 그러므로 그들이 보거나 듣는 과정에서 착오를 일으킨 부분이 있을 수 있다. 또 열국에 대한 여러 문제를 균형 있게 기록했다기보다는 그들이 알고 있는 것 가운데 관심을 가졌던 사건이나 사실만을 기록했다고 보아야 할 것이다. 따라서 정보에 한계가 있을 것이다. 그러나 중국의 정사(正史)들은 대개 당시의 기록을 기초로 하여 편찬되었기 때문에 참고할 내용이 많다. 일본 문헌들도 자신들의 역사를 기술한 것이기는 하지만 그 내용 가운데 당시 한·일관계를 알 수 있는 기록들이 많이 보인다.

한국사에서 열국시대 시작 연대인 서기전 1세기는 중국의 서한(西漢 : 서기전 206~서기 8년) 후기에 해당한다. 그 후 중국에서는 왕망[王莽 : 신(新), 8~23년]과 경시제(更始帝 : 23~25년)의 시대를 거쳐 동한(東漢 : 25~220년)과 삼국시대(220~266년)로 이어졌다. 그러므로 중국 문헌 가운데 동한에 관한 역사서인 『후한서』의 「동이열전」과 삼국시대에 관한 역사서인 『삼국지』의 「동이전」은 열국시대 전기에 관해 가장 기본이 되는 사료이다.

그런데 지금까지 일부 학자들은 『후한서』 「동이열전」은 사료로서 가치가 없는 것으로 평가했다. 그 첫째 이유는 『삼국지』가 『후한서』보다 늦은 시대에 관한 역사서지만 편찬 연대는 앞선다는 것이다. 둘째로 내용을 보면 『후한서』 「동이열전」과 『삼국지』 「동이전」에는 같은 부분이 많은데 전체적으로는 『삼국지』 「동이전」이 『후한서』 「동이열전」보다 내용이 훨씬 풍부하다는 것이다. 이러한 이유로 『후한서』 「동이열전」은 『삼국지』 「동이전」을 베꼈을 것으로 보기도 했다. 『삼국지』는 서진(西晉)의 진수(陳壽)가 편찬한 것이고 『후한서』는 남송(南宋)의 범엽(范曄)이 편찬한 것인데, 편찬 연대는 『삼국지』가 『후한서』보다 100여 년 앞선다. 그러나 편찬 연대가 앞선다는 이유로 『삼국지』 「동이전」이 『후한서』 「동이열전」보다 사료로서 가치가 높다고 보는 것은 잘못이다.

이 두 역사서가 같은 시대에 관한 것이라면 당연히 먼저 편찬된 책이 사료로서 더 가치를 지닌다. 그러나 『후한서』와 『삼국지』는 같은 시대에 관한 역사서가 아니다. 앞에서 말한 바와 같이 『후한서』는 25년부터 220년까지의 동한시대를 다룬 반면, 『삼국지』는 220년부터 266년까지의 위(魏)·촉한(蜀漢)·오(吳) 삼국시대에 관한 역사서로 대상 시대가 다르다. 『삼국지』 「동이전」이 『후한서』 「동이열전」보다 더 풍부한 내용을 싣고 있다거나 두 책에서 같은 내용을 많이 찾아볼 수 있다는 점도 『삼국지』 「동이전」이 『후한서』 「동이열전」보다 사료로서 가치가 더 높다는 근거가 되지 못한다. 『삼국지』는 『후한서』보다 늦은 시대에 관한 역사서이므로 그 시기의 중국인들은 앞선 시기의 중국인들보다 한반도와 만주 지역에 대한 정보를 더 많이 가지고 있었을 것이다. 그만큼 내용도 많아졌던 것이다. 『후한서』 「동이열전」에,

> 한(漢)나라가 중흥한 뒤로부터 사방의 이민족이 손님으로 왔는데 비록 때로는 어기거나 반기를 들 때도 있었지만 사자(使者)와 역마(驛馬)가 끊이지 않았기 때문에 그들의 풍속과 풍토에 대해서 간략하게나마 기록하는 것이 가능하게 되었다.[1]

는 기록이 보인다. 이를 통해 중국인들이 주변 이민족의 사정을 어느 정도 알게 된 것은 한나라가 중흥한 이후부터였으며 그 지식은 후대로 내려오면서 점차 증대되었음을 알 수 있다. 그러므로 앞선 시대의 자료에 근거하여 편찬된 『후한서』 「동이열전」보다는 후대의 자료에 의거한 『삼국지』 「동이전」의 내용이 풍부한 것은 당연하다.

그리고 『후한서』 「동이열전」과 『삼국지』 「동이전」에 실린 내용 가운데 같은 부분은 대개 문화나 생활풍속에 관한 것이다. 문화나 생활풍속은 시대가 바뀌어도 그대로 이어진다. 두 기록 가운데 같은 부분이 많은 것은 중국의 동한시대부터 삼국시대에 이르는 기간에 한반도와 만주에 있었던 여러 나라의 문화와 생활풍속이 크게 변하지 않았음을 말해주는 것이다.

『후한서』가 편찬될 당시 남송에는 동한에 관한 많은 역사서들이 전해지고 있었다. 범엽은 그중 『동관한기(東觀漢紀)』를 주된 자료로 삼고 사승(謝承)의 『후한서』, 설형(薛瑩)의 『후한기(後漢記)』, 사마표(司馬彪)의 『속한서(續漢書)』, 화교(華嶠)의 『후한서』, 사침(謝沈)의 『후한서』, 장형(張瑩)의 『후한남기(後漢南記)』, 원산송(袁山松)의 『후한서』 등을 참고했다. 그만큼 충분한 자료에 근거해 『후한서』를 편찬했던 것이다. 따라서

1 『후한서』 권85, 「동이열전」. "自中興之後, 四夷來賓, 雖時有乖畔, 而使驛不絶, 故國俗風土, 可得略記."

『후한서』「동이열전」이 『삼국지』「동이전」보다 사료로서 가치가 낮다는 견해는 옳지 않다. 이에 필자는 『후한서』「동이열전」 내용을 『삼국지』「동이전」을 비롯한 다른 중국 문헌에 보이는 열국에 관한 내용과 동등한 가치를 지닌 사료로 취급할 것이다. 그리고 『후한서』「동이열전」을 『삼국지』「동이전」보다 앞선 열국시대 초기의 사료로 이용할 것이다.

그런데 『후한서』를 사료로 이용하여 한반도와 만주의 상황을 연구할 때 알아두어야 할 점이 있다. 『후한서』「동이열전」은 『사기(史記)』나 『한서(漢書)』의 「조선열전(朝鮮列傳)」과는 성격이 다르다는 것이다. 『사기』「조선열전」은 위만조선에 관한 기록인데 위만은 나라를 세운 뒤 중국의 외신(外臣)이 되었다. 위만조선은 중국 천자의 통치질서에 속해 있었던 것이다. 그렇기 때문에 사마천은 위만조선을 한나라 역사의 한 부분으로 생각하여 그 나라에 관한 기록을 『사기』에 실었던 것이다. 『한서』「조선열전」은 그러한 『사기』의 기록을 그대로 옮겨 싣고 있다.

이와는 달리 『후한서』「동이열전」은 부여(동부여)·읍루·고구려·동옥저·예(동예)·한·왜 등에 관한 기록으로서 당시 중국의 통치질서에 속하지 않았던 외국에 관한 기록이다. 중국인들은 『후한서』부터 그들의 정사에 주변의 다른 나라나 이민족에 대한 기록을 싣기 시작했다.[2] 그것은 이 시기에 이르러서야 그들이 주변의 이민족에 대한 관심과 지식이 높아졌고, 유가(儒家)사상이 자리를 잡아 천하는 모두 중국 천자가 통치해야 한다는 천하사상이 확고해지면서 주변의 다른 나라나 이민족들도 미래에 그들의 통치 아래 들어와야 한다는 생각을 가졌기 때문이다.

---

2 편찬 순서로 보면 『삼국지』「동이전」부터라고 말해야겠지만 그 책의 내용이 말하는 시대는 『후한서』가 『삼국지』보다 앞설 뿐만 아니라 동한시대의 자료를 근거로 편찬되었으므로 그 내용에는 동한인들의 의식이 반영되었다고 보아야 할 것이다.

여기서 열국시대 초기 중국 동북방의 상황을 살펴볼 필요가 있다. 열국시대가 시작된 서기전 1세기에 위만조선은 이미 멸망했고 그곳은 서한의 영토가 되어 그들의 군현(한사군)[3]이 설치되어 있었다. 위만조선은 서한의 외신으로서 그들의 통치질서에 속해 있기는 했으나 직접 통치는 받지 않았는데, 위만조선이 멸망하고 서한의 영토가 됨으로써 그곳은 서한의 직접 통치를 받는 행정구역이 되었다.

그렇다면 『후한서』「동이열전」은 외국에 관한 기록이므로, 거기에는 이미 그들의 영토에 편입되어 군현이 설치되어 있는 위만조선의 옛 땅에 관한 기록은 포함되어 있지 않을 것이다. 한(漢)의 군현이 설치되어 있었던 곳(위만조선이 있었던 지역)에 관한 기록들은 「동이열전」과 같은 외국에 관한 기록이 아닌 그들의 국내 상황을 기록한 부분에 포함되어 있어야 할 것이다. 그러므로 『후한서』「동이열전」에서 다루고 있는 지역과 『사기』「조선열전」, 『한서』「조선열전」에서 다루고 있는 지역(위만조선과 한사군이 있었던 곳)은 같은 곳일 수 없다.

이러한 점은 『후한서』의 체제에서 확인된다. 『후한서』「군국지(郡國志)」에는 우북평군(右北平郡)·요서군(遼西郡)·요동군(遼東郡)·요동속국(遼東屬國) 등과 더불어 현도군(玄菟郡)과 낙랑군(樂浪郡)이 보이는데, 현도군과 낙랑군은 서한 무제(武帝)가 설치했다고 주석되어 있다.[4] 서한 무제는 위만조선을 멸망시키고 그곳에 낙랑군·임둔군·진번군·현도군을 설치했으나, 오래지 않아 임둔군과 진번군은 폐지되고 낙랑군과

---

3 잘 알려진 바와 같이 한이 설치한 군현은 낙랑군·임둔군·진번군·현도군이었으나 오래지 않아 임둔군과 진번군은 폐지되고 낙랑군과 현도군만 남았다. 그러다가 다시 낙랑군을 분할하여 대방군을 설치함으로써 낙랑군·대방군·현도군으로 되었다.

4 『후한서』「지(志)」 23, 〈군국〉 5에는 현도군과 낙랑군에 대해서 "무제치(武帝置)"라 주석되어 있다.

현도군만 남게 되었다는 것은 잘 알려진 사실이다. 그러므로 『후한서』「군국지」에 보이는 현도군과 낙랑군 지역은 위만조선이 있었던 곳임을 알 수 있다.

『후한서』는 이러한 동한 영토 안의 사실에 관한 기록과는 달리 동쪽의 외국에 관한 기록으로 「동이열전」을 두었으므로, 「동이열전」에서 다루는 지역은 당연히 동한의 영토 밖이 되어 「군국지」에 보이는 낙랑군·현도군 지역과는 다른 곳이어야 한다. 그런데도 지금까지는 위만조선·한군현(한사군)·동이열전 지역 등을 똑같이 한반도와 남만주 일대로 보는 잘못을 저질렀다. 그러한 데에는 2가지 이유가 있었다고 생각된다.

첫째로 『제왕운기』 이래 조선시대의 유학자들은 대부분 서주(西周) 초에 조선으로 망명했다는 기자(箕子)를 존경하여, 그가 단군들의 뒤를 이어 고조선의 통치자가 되었을 것으로 인식했다. 그 결과 고조선과 기자조선, 기자의 후손인 준(準)으로부터 정권을 빼앗아 건국한 위만조선, 위만조선이 멸망하고 그곳에 설치되었던 한군현 등은 모두 같은 곳에 있었던 것으로 체계화되어 고조선의 뒤를 이은 열국도 같은 곳에 있었을 거라고 믿게 되었던 것이다.

그러나 『사기』「송미자세가(宋微子世家)」와 『상서대전(尙書大傳)』에 서주 초에 기자가 조선으로 망명했다는 내용은 보이지만 그가 고조선의 통치자가 되었다는 기록은 어느 곳에서도 찾아볼 수 없다. 오히려 『한서』「지리지(地理志)」와 『진서(晉書)』「지리지」의 주석을 비롯한 여러 기록에 따르면 그가 망명하여 거주했던 곳은 뒤에 낙랑군의 조선현이 되었던 곳으로서 오늘날 난하 동부 유역이었던 것으로 확인된다.[5] 기자는

---

5 윤내현, 「위만조선과 한사군의 위치」, 『고조선 연구』 상, 만권당, 2015, pp. 457~477.

망명 뒤 고조선 서부 변경의 거수가 되었던 것이다.

둘째로 낙랑군과 현도군에서 보이는 지명이 열국의 국명이나 지명에서도 보인다는 점이다. 『후한서』「군국지」에 따르면 낙랑군에는 18개의 현이 있었는데 그 가운데 조선현과 대방현이 있었고, 현도군에는 6개의 현이 있었는데 그 가운데 고구려현이 있었다. 『후한서』「동이열전」과 『삼국지』「동이전」에도 고구려·조선·대방(帶方) 등의 국명이 보인다. 지금까지는 『후한서』「군국지」와 『후한서』「동이열전」, 『삼국지』「동이전」에 보이는 같은 이름을 한곳으로 인식했다.

그러나 위의 『후한서』「군국지」에 요동군과 요동속국이라는 같은 이름의 다른 행정구역이 존재하듯이 다른 의미를 지닌 같은 이름이 존재할 수 있는 것이다. 『후한서』「군국지」에 보이는 조선현·대방현·고구려현 등은 동한의 행정구역 이름으로 오늘날 요서 지역에 있었고,[6] 『후한서』「동이열전」과 『삼국지』「동이전」에 보이는 고구려·조선·대방은 동한의 동북 국경 밖의 국명으로 오늘날 요하 동쪽의 만주와 한반도에 있었다.[7] 따라서 고조선(단군조선)과 위만조선·한군현(한사군)·동이열전 지역을 같은 지역으로 보았던 지금까지의 한국 고대사 체계는 수정되어야 한다.

『후한서』「동이열전」, 『삼국지』「동이전」을 열국시대 연구의 사료로 이용하는 데서 조심해야 할 점이 있다. 그것은 바로 그 기록이 말하는 내용이 모두 그 당시의 상황인가 하는 점이다. 『후한서』「동이열전」과 『삼국지』「동이전」의 내용 가운데는 중국의 동한이나 삼국시대에 해당

---

6 앞 글 참조.

7 이들이 오늘날 요하 동쪽의 만주와 한반도에 있었음은 이 책 제1장 Ⅰ「열국시대의 시작과 변천」을 비롯한 본론의 여러 부분에서 확인될 것이다.

하는 한반도와 만주 상황이 아닌 그보다 앞선 시기의 상황을 말한 것도 있다. 편찬자가 당시의 상황에 이르는 과정을 설명하기 위해 추가한 내용도 있고 정보를 늦게 입수하여 지난날의 상황을 당시의 것으로 오인한 것도 있다.

예컨대 『후한서』「동이열전」〈예전(濊傳)〉에는 기자의 망명 사실과 그 후손인 준이 위만에게 정권을 빼앗긴 과정 및 예군(薉君) 남려(南閭)가 위만조선의 우거왕(右渠王)에게 반기를 들고 28만 명을 이끌고 서한의 무제에게 투항하자 무제가 이들을 받아들여 창해군을 설치했다는 기록이 있다. 이것은 동한시대보다 훨씬 앞선 시대의 상황인 것이다.

『후한서』「동이열전」〈예전〉에서 말하는 예는 보통 동예로 불리는 곳으로, 오늘날 함경남도 남부에서 강원도 지역에 걸쳐 있었다. 예는 원래 오늘날 난하 동부 유역에 있었으나[8] 고조선 말기에 그곳에 위만조선이 건국되자 오늘날 강원도 지역으로 이동했다. 기자의 망명과 그 후손 준이 위만에게 정권을 빼앗긴 내용은 예가 함경남도 남부와 강원도 지역으로 이동해 오기 전 난하 동부 유역에 있을 때의 사건이며, 예군 남려의 망명에 관한 기사는 예가 함경남도 남부와 강원도 지역으로 이동한 뒤 위만조선에 잔류해 있던 예족에 관한 것이다.

『후한서』「동이열전」〈예전〉은 난하 유역과 강원도 지역에 거주했던 예족 전체에 관한 사건을 함께 싣고 있다. 이렇게 두 곳의 예족에 관한 내용을 함께 실은 것은 예족 전체의 실상을 전하고자 했기 때문이었는지, 난하 유역에서 일어났던 사건을 한반도 북부에서 일어났던 것처럼 오도하여 한국사를 왜곡하기 위한 것이었는지 지금으로서는 편찬자의

---

8 윤내현, 「고조선의 국가 구조」, 『고조선 연구』 하, 만권당, 2016, pp. 43~46.

의도를 정확하게 알 수 없다. 그러나 위의 내용으로 후세의 연구자들은 큰 혼란을 일으켰다. 『후한서』 「동이열전」 〈예전〉에 실린 사건을 모두 오늘날 강원도와 그 인근 지역에서 일어난 사건으로 잘못 인식하여 기자의 망명지, 위만조선의 건국지, 예군 남려의 망명지, 창해군의 위치 등을 모두 한반도 북부와 압록강 북부 유역으로 추정했던 것이다. 이것은 사료를 바르게 분석하지 못한 데서 일어난 오류였다.

『후한서』 「동이열전」 〈한전(韓傳)〉에는 한(韓)에 78개의 국(國)이 있었다고 했고 『삼국지』 「동이전」 〈한전(韓傳)〉에는 78개의 국명이 기록되어 있다. 그리고 78개의 국명 가운데 백제(伯濟)·사로(斯盧)·구야(狗邪) 등이 보이는데 이들은 백제·신라·가야를 말하는 것으로 인식되고 있다. 그런데 『삼국지』는 3세기 중엽에 편찬되었으므로 일부 학자들은 그때까지 한반도 남부는 78개의 소국으로 나누어져 있었다고 이해했다.

이러한 소국들을 국가로 볼 수는 없으므로 그들은 한반도 남부에는 3세기 무렵까지도 아직 국가가 출현하지 않았다고 보았고 백제와 신라·가야도 이 시기까지는 아직 국가단계의 사회에 이르지 못했을 것으로 이해했다. 지금까지 한국사 교과서나 개설서에서 한(삼한)을 군장사회[君長社會 : 국가 이전의 추방사회(酋邦社會, chiefdom society)]로 본 것이라든가 백제와 신라·가야의 초기사회를 국가단계의 사회로 보지 않은 것, 『삼국사기』 초기 기록은 신빙성이 없다고 본 것 등은 그러한 잘못된 인식의 결과였다.

『삼국사기』와 『삼국유사』에 따르면 3세기 무렵 백제·신라·가야는 이미 넓은 영토를 확보하고 있었고, 그런 사실은 고고학 자료로도 뒷받침된다. 그렇다면 이 시기에 한반도 남부에 78개 국이 존재했다는 것은 불가능하다. 『후한서』 「동이열전」과 『삼국지』 「동이전」 〈한전〉에서 한에 78개 국이 있었다고 한 것은 3세기보다 훨씬 전의 한반도 남부 상황을 전

하고 있다고 보아야 한다. 『삼국지』「동이전」에,

> 『서경(書經)』에 '동쪽은 바다에 닿았고 서쪽은 사막까지 이르렀다' 했으니 구복(九服)의 제도 이내에 있는 것은 말할 수가 있으나 아주 멀리 떨어져 있는 황역(荒域) 밖은 여러 번의 통역을 거쳐야 이르게 되어 한인(漢人)의 발걸음이나 수레가 닿지 않았기 때문에 그 나라의 풍속이 중국과 다른 것을 아는 사람이 없었다. 우(虞)나라부터 주(周)나라에 이르기까지 서융(西戎)은 백환(白環)을 바쳤고 동이(東夷)에서는 숙신(肅愼)의 조공이 있었으나 모두 여러 해가 지나서야 도달했으니 그 머나먼 거리가 이와 같다.[9]

는 내용이 있다. 이것은 『삼국지』가 편찬되던 시대에도 중국인들은 주변 이민족에 대한 정보를 오랜 세월이 지난 뒤에야 입수했음을 말하고 있는 것이다. 이로 보아 『후한서』「동이열전」과 『삼국지』「동이전」〈한전〉에 당시 한반도 남부에 78개 국이 있었던 것처럼 기록된 것은 정보를 늦게 그리고 부정확하게 입수했기 때문임을 알 수 있다. 이 점은 제1장 V「한의 독립과 강역 변천」에서 자세히 논할 것이다.

문헌 자료와 더불어 고고학 자료도 열국사 연구의 중요한 사료가 된다. 서기전 1세기부터 서기 5세기까지의 고고학 발굴 자료나 그 연구 결과는 열국시대에 관한 기본사료가 되는 것이다. 그것들은 문헌 자료가 말해주지 못한 부분을 보완해주고 때로는 문헌 자료가 잘못 전한 내용

---

9 『삼국지』 권30, 「동이전」. "書稱 '東漸于海, 西被于流沙', 其九服之制, 可得而言也. 然荒域之外, 重譯而至, 非足跡車軌所及, 未有知其國俗殊方者也. 自虞暨周, 西戎有白環之獻, 東夷有肅愼之貢, 皆曠世而至, 其遐遠也如此."

을 수정해주기도 할 것이다.

고고학 자료가 그러한 역할을 다하기 위해서는 발굴보고서와 그 연구 결과가 정확해야 한다. 그런데 지금까지 열국시대에 해당하는 시기의 유적 발굴을 매우 많이 했고, 또 풍부한 유물이 출토되었음에도 이를 이용하는 데는 어려움이 있다. 그것은 유적들의 연대가 구체적이지 않기 때문이다. 유적 발굴에서 가장 중요한 것은 정확한 연대를 확인하는 것이다. 정확한 연대를 알아야만 유적이나 유물을 역사의 연대에 정확하게 자리매김할 수가 있고 그 유적이나 유물이 인류 역사의 전개 과정에서 어떤 의미를 갖는지 정확하게 설명할 수 있다.

그런데 지금까지의 발굴보고서를 보면 정확한 연대를 알 수 없는 것이 많다. 연대를 말하고 있는 경우에도 그 연대는 과학적으로 측정한 것이 아니라 추측한 것이 대부분이다. 이러한 추측 연대로는 유적과 유물들을 연대순으로 체계화하는 구체적인 연구를 진행할 수 없다. 그렇기 때문에 유적과 유물이 갖는 중요성에도 불구하고 필자는 이번 연구에서 유적과 유물을 충분하게 활용할 수 없을 것이다.

모든 유적 발굴에서 과학적인 연대 측정을 의무화할 필요가 있다. 발굴이 완전히 끝난 뒤에는 그 유적에 대해서 다시 과학적인 연대 측정을 하는 것이 거의 불가능한 경우가 많기 때문이다. 지금까지는 다른 유적들과 구조나 유물의 형태 또는 지층을 비교하는 방법을 통해 유적의 연대를 추정했다. 그러한 방법은 다른 유적이나 유물과의 상대적인 선후 관계를 밝히는 것은 어느 정도 가능하겠지만 그 유적의 절대연대를 말하는 데에는 문제가 있다. 이 경우 새로운 유적의 연대는 기존 유적의 연대에 근거하여 결정되는 것이기 때문에 기존 유적의 연대가 정확하다는 전제에서만 가능한 것이다.

그런데 국내 기존 유적들의 연대는 대부분 추정 연대일 뿐 과학적으로 측정된 연대는 아니다. 그리고 지난날 국내 유적의 연대를 추정하는 데는 중국의 유적과 비교하는 경우가 많았는데 그 경우 중국과 같은 유물이 출토되는 유적의 연대는 중국의 유적보다 수백 년 늦게 잡는 것이 일반적이었다. 황하(黃河) 유역이 동아시아에서는 가장 먼저 발달한 지역이었을 것이라는 선입관이 작용하여 그것이 중국으로부터 한국에 유입되는 시간을 산정했기 때문이다. 이러한 연대는 이후에 발굴되는 유적들의 연대를 추정하는 기준이 되어왔다.

그런데 황하 유역을 비롯한 중국 유적들의 연대는 방사성탄소연대측정을 하게 된 뒤로 크게 올라갔다. 그들은 거의 모든 유적에 대해 과학적인 연대 측정을 함으로써 지금까지의 추측 연대를 크게 수정했던 것이다. 초기의 추정 연대가 부정확하면 그것에 기초한 이후 유적들의 연대는 모두 잘못될 수밖에 없다. 따라서 과학적인 연대 측정을 거치지 않은 기존 국내 유적들의 연대를 재검토할 필요가 있다. 이러한 작업이 이루어져야만 각 유적과 유물들은 역사에서 순서대로 제자리를 찾아 진정한 가치를 발휘하게 될 것이다.

韓國列國史研究

제1장 ◉ 열국의 건국과 주체세력

I 열국시대의 시작과 변천

1. 들어가며

우선 고조선의 뒤를 이은 열국시대의 시작과 그 전개 과정을 고찰해 보고자 한다. 즉 고조선이 붕괴된 서기전 1세기 무렵부터 고구려·백제·신라·가야의 사국시대가 시작된 서기 494년까지 한반도와 만주에 여러 나라가 나뉘어 있게 된 경위와 그 변천을 살펴볼 것이다.

지금까지 일부 학자들은 고조선을 열국 가운데 하나로 설명함으로써 고조선시대와 열국시대가 똑같거나 비슷한 시대였던 것으로 오해하도록 만들었다. 그러한 견해는 연대의 인식 부족에서 온 것이다. 열국시대는 고조선이 붕괴하면서 시작되었다. 그러므로 고조선과 열국은 똑같거나 비슷한 시대일 수가 없다.

열국시대의 나라 이름은 고조선시대에도 보인다. 그러나 그들은 독립국이 아니라 고조선의 거수국이었다. 고조선이 붕괴되자 이 거수국 가운데 일부가 독립함으로써 열국시대가 시작되었다. 필자는 이미 『고조선 연구』에서 고조선은 한반도와 만주 전 지역을 영토로 하고 있었으며[1] 많은 거수국을 거느렸음을 밝힌 바 있다.[2] 열국시대는 다음 몇 가지 점에서 중요한 의미를 갖는다.

첫째, 열국시대는 한반도와 만주에 처음 출현했던 국가인 고조선이 붕괴함으로써 시작되었다. 따라서 한민족이 형성된 뒤 처음 맞는 정치적 분열, 그 커다란 변화를 확인하게 된다.

둘째, 그러한 정치적 분열이 일어나게 된 원인은 국가의 분열과 동시에 사회 변화를 가져왔을 것이다.

셋째, 고조선이 붕괴되고 열국시대가 시작되는 과정에서 오늘날 요서로부터 한반도에 이르는 지역에서는 주민 이동이 크게 일어났다. 그것은 사회 혼란을 가져오기도 했지만 주민이 혼합됨으로써 한민족이 더욱 공고하게 결속되는 결과를 가져왔다. 그에 따라 각 지역의 문화가 융합되어 새로운 문화를 창출하게 되었다.

넷째, 열국시대가 끝난 뒤 존재했던 고구려·백제·신라·가야 등 네 나라는 열국시대에 뿌리를 두고 있다. 그러므로 열국시대에 대한 이해는 사국시대의 상황을 바르게 이해하는 데 도움이 될 것이다.

이러한 관점에서 필자는 열국시대 연구의 기초작업으로서 열국의 성립 경위와 그 나라들의 이합집산 과정에 대한 문제를 종합적으로 다루려고 한다. 그러한 변화에 대한 정확한 인식을 가지고 있어야만 열국시대 자체는 물론 그것이 후대의 사회에 어떠한 영향을 끼쳤는지를 확인할 수 있을 것이다.

---

1 윤내현, 「고조선의 강역과 국경」, 『고조선 연구』 상, 만권당, 2015, pp. 221~271.

2 윤내현, 「고조선의 구조와 정치」, 『고조선 연구』 하, 만권당, 2016, pp. 28~73.

2. 고대 문헌에 나타난 열국의 위치

열국시대에 관한 내용을 싣고 있는 한국 문헌은 『삼국사기』, 『삼국유사』, 『제왕운기』 등이다. 그런데 『삼국사기』, 『삼국유사』는 고구려 · 백제 · 신라에 관한 역사서이기 때문에 열국 전체에 대해서 포괄적으로 기술하고 있지 않다. 다만 『제왕운기』 「한사군급열국기(漢四郡及列國紀)」에 열국과 고조선의 관계에 대해서 간략하나마 언급하고 있다.

> 때에 따라 합하거나 흩어지며 흥하거나 망하여서,
> 자연에 따라 분계되어 삼한이 이루어졌다.
> 삼한에는 여러 고을이 있었으니,
> 다정스럽게 호수와 산 사이에 흩어져 있었다.
> 각자가 국가라 칭하고 서로 침략하였는바,
> 70이 넘는 그 숫자 어찌 다 밝혀지겠는가?
> 그 가운데 큰 나라가 어느 것인가?
> 먼저 부여와 비류가 이름 떨치었고,
> 다음은 시라(尸羅 : 신라)와 고례(高禮 : 고구려)이며,
> (그다음은) 남북옥저 · 예 · 맥이 따르더라.
> 이들 나라 여러 임금님들 누구의 후손인가 묻는다면,
> 그들의 혈통 또한 단군으로부터 이어졌다.
> 그 외의 작은 나라들은 이름이 무엇이었는지,
> 옛 책을 찾아보아도 알 길이 없고,
> 오늘날 고을 이름도 그때와는 다르니,
> 떠도는 이야기를 따져봐도 어찌 다 알 수 있겠는가?
> 먼 지방을 편안하게 하고자 하는 한(漢)나라 황제의 뜻을 생각하면

백성을 안정시켜야 할 곳인데 도리어 백성들에게 해를 끼쳤네.
진한·마한·변한 사람들이 끝내 정립하고,
신라와 고구려·백제가 차례로 일어났다.
자연히 나누어져 군(郡)들이 되니 신라가 일어날 때까지,
연수를 헤아리니 72년 틀림없네.[3]

즉 한(삼한)·부여·비류·신라·고구려·남옥저·북옥저·예·맥 등의 열국은 고조선의 후계세력이라고 말하고 있는 것이다. 그러나 위의 내용만으로는 열국의 위치나 열국과 한사군의 관계는 알 수가 없다.

열국의 위치를 분명하게 해주는 기록은 중국 문헌인 『후한서』「동이열전」과 『삼국지』「동이전」이다. 이 두 문헌 가운데 『후한서』가 『삼국지』보다 앞선 시대에 관한 기록이다. 그러므로 한국 고대사 연구에서 『후한서』「동이열전」은 『삼국지』「동이전」보다 앞선 시대에 관한 사료가 된다. 그런데 동한시대는 고조선이 붕괴된 뒤 오래지 않은 시기에 해당하므로 『후한서』「동이열전」은 고조선 붕괴 직후의 상황을 전하고 있는 것이다. 열국의 위치에 대한 『후한서』「동이열전」 기록을 보면,

> 부여국은 현도의 북쪽 천 리에 있다. 남쪽은 고구려, 동쪽은 읍루, 서쪽은 선비와 접했고 북쪽에는 약수가 있다. 땅은 사방 2천 리이다.[4]

> 읍루는 옛 숙신의 나라이다. 부여의 동북 1천여 리에 있는데 동쪽은 큰

---

3 『제왕운기』 권 하, 「한사군급열국기」.

4 『후한서』 권85, 「동이열전」 〈부여국전〉. "夫餘國, 在玄菟北千里. 南與高句驪, 東與挹婁, 西與鮮卑接, 北有弱水, 地方二千里."

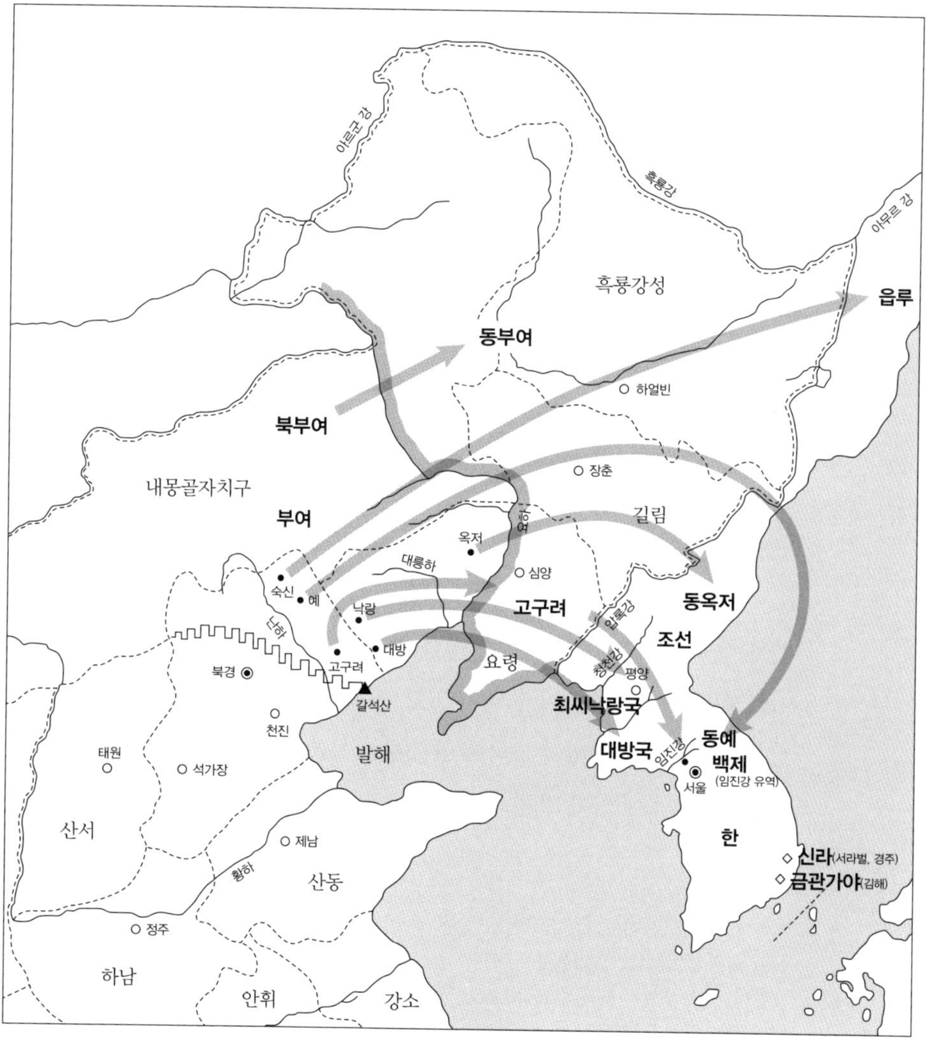

아르군 강
흑룡강
아무르 강
흑룡강성
읍루
동부여
하얼빈
북부여
내몽골자치구
장춘
부여
길림
옥저
대릉하
심양
숙신
예
낙랑
고구려
동옥저
난하
압록강
조선
대방
고구려
요령
청천강
평양
북경
갈석산
최씨낙랑국
천진
발해
대방국
임진강
동예
백제
(임진강 유역)
서울
태원
석가장
산서
한
제남
신라(서라벌, 경주)
금관가야(김해)
황하
산동
정주
하남
안휘
강소

열국의 이동도

바닷가이고 남쪽은 북옥저와 접했는데 북쪽 끝은 알 수 없다.[5]

고구려는 요동 동쪽 1천 리에 있는데 남쪽은 조선과 예맥, 동쪽은 옥저, 북쪽은 부여와 접했다. 땅은 사방 2천 리인데 큰 산과 깊은 계곡이 많다.[6]

동옥저는 고구려의 개마대산(蓋馬大山)의 동쪽에 있는데 동쪽은 큰 바닷가이고 북쪽은 읍루·부여, 남쪽은 예맥과 접했다. 그 땅은 동서로는 좁고 남북으로는 길어 사방 천 리의 절반쯤 된다.[7]

예는 북쪽은 고구려·옥저, 남쪽은 진한과 접했고 동쪽은 큰바다에서 끝났으며 서쪽은 낙랑에 이른다.[8]

한에는 세 종족이 있는데 첫째는 마한이고 둘째는 진한이며 셋째는 변진이다. 마한은 서쪽에 있어 54국이 있고 그 북쪽은 낙랑, 남쪽은 왜와 접했다. 진한은 동쪽에 있어 12국이 있으며 그 북쪽은 예맥과 접했다. 변진은 진한의 남쪽에 있어 또한 12국이 있으며 그 남쪽 또한 왜와 접했다.[9]

---

5 『후한서』 권85, 「동이열전」 〈읍루전〉. "挹婁, 古肅愼之國也. 在夫餘東北千餘里, 東濱大海, 南與北沃沮接, 不知其北所極."

6 『후한서』 권85, 「동이열전」 〈고구려전〉. "高句驪, 在遼東之東千里, 南與朝鮮·濊貊, 東與沃沮, 北與夫餘接. 地方二千里, 多大山深谷, 人隨而爲居."

7 『후한서』 권85, 「동이열전」 〈동옥저전〉. "東沃沮在高句驪蓋馬大山之東, 東濱大海, 北與挹婁·夫餘, 南與濊貊接. 其地東西夾, 南北長, 可折方千里."

8 『후한서』 권85, 「동이열전」 〈예전〉. "濊北與高句驪·沃沮, 南與辰韓接, 東窮大海, 西至樂浪."

9 『후한서』 권85, 「동이열전」 〈한전〉. "韓有三種, 一曰馬韓, 二曰辰韓, 三曰弁辰. 馬韓在西, 有五十四國, 其北與樂浪, 南與倭接. 辰韓在東, 十有二國, 其北與濊貊接. 弁辰在辰韓之南, 亦十有二國, 其南亦與倭接."

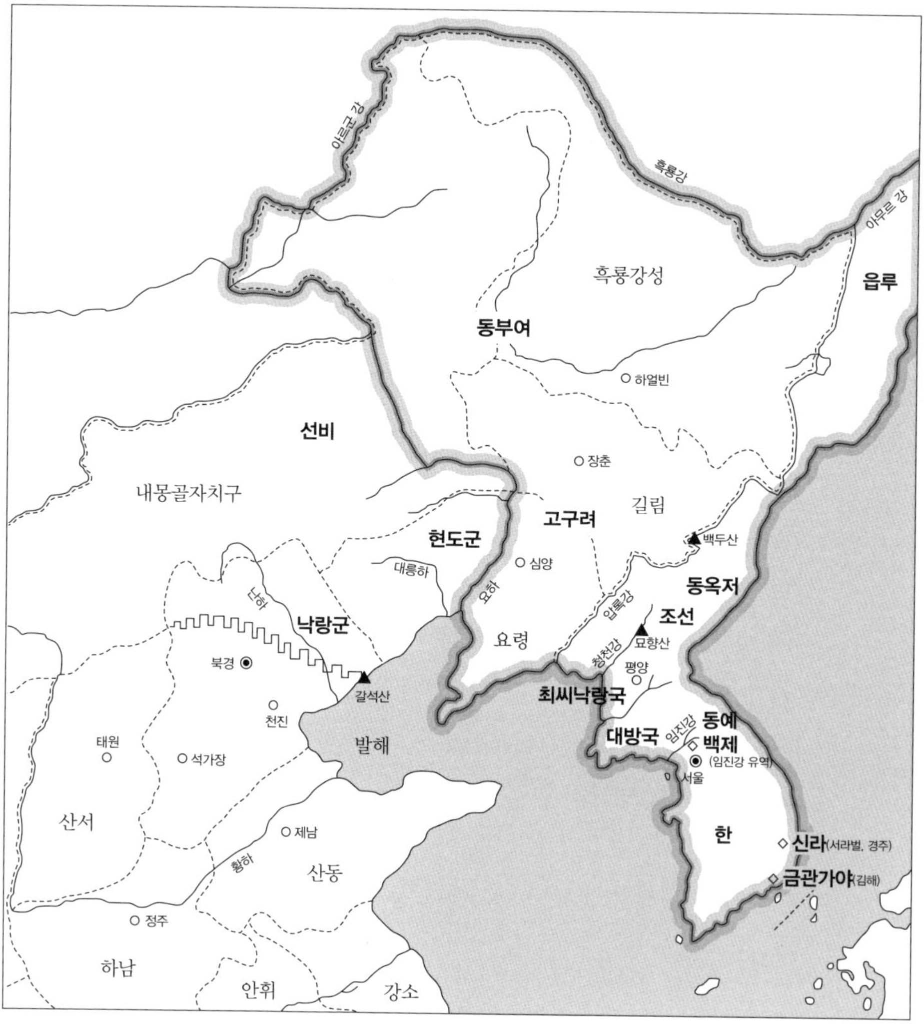
아르군 강
흑룡강
아무르 강
흑룡강성
읍루
동부여
하얼빈
선비
장춘
내몽골자치구
길림
고구려
현도군
백두산
심양
대릉하
동옥저
난하
요하
압록강
낙랑군
조선
묘향산
요령
북경
청천강
평양
갈석산
최씨낙랑국
천진
임진강
동예
태원
발해
대방국
백제
석가장
(임진강 유역)
서울
산서
제남
한
신라(서라벌, 경주)
황하
산동
금관가야(김해)
정주
하남
안휘
강소

열국의 위치도

왜는 한(韓)의 동남 큰 바다 가운데 있는데 산으로 된 섬에 거주한다. 모두 100여 국이다.[10]

이 기록에 따라 열국의 위치를 어느 정도 확인할 수 있지만 이를 좀 더 정확히 하기 위해 먼저 지리 고증에 기준이 되는 몇 개의 기록을 참고할 필요가 있다.

첫째, 부여의 북부 국경으로 언급된 약수(弱水)이다. 지난날 일부 학자들은 약수를 송화강(松花江)으로 보기도 했으나 지금은 흑룡강(黑龍江)이라는 데 학자들의 견해가 거의 일치하고 있다.[11] 약수의 위치에 대해서 『후한서』「동이열전」〈부여국전〉과 『삼국지』「동이전」〈부여전〉에는 부여의 북쪽 국경이었다고 했다.

한편 『진서』「동이열전」〈숙신씨전(肅愼氏傳)〉에는 약수가 읍루의 북쪽 국경이기도 했다고 기록되어 있다.[12] 당시 오늘날 함경도 지역에는 동옥저가 있었고 그 북쪽에 읍루가 있었으므로 함경도 북쪽에서 넓은 바다와 접한 지역은 오늘날 연해주가 된다. 따라서 읍루는 연해주 지역에 있었음을 알 수 있다.

그리고 연해주에는 오호츠크 해로 흘러들어가는 흑룡강의 하류 아무르 강이 있다. 흑룡강 상류는 서남에서 동북으로 흘러 내몽골자치구(內

---

10 『후한서』 권85, 「동이열전」〈왜전〉. "倭在韓東南大海中, 依山島爲居, 凡百餘國."

11 井上秀雄, 『東アジア民族史』, 平凡社, 1974, p. 43 ; 국사편찬위원회, 『중국정사조선전 역주』 1, 국사편찬위원회, 1987, pp. 219~220의 주 5 참조.

12 『진서』 권97, 「동이열전」〈숙신씨전〉. "숙신씨는 읍루라고도 부르는데, 불함산 북쪽에 있으며 부여에서 60일 정도 걸리는 거리에 있으며, 동쪽은 넓은 바다에 닿아 있고 서쪽은 구만한국과 접했으며 북쪽은 약수에까지 이르렀다(肅愼氏一名挹婁, 在不咸山北, 去夫餘可六十日行, 東濱大海, 西接寇漫汗國, 北極弱水)."

蒙古自治區)와 몽골의 경계를 이루는데 아르군 강[액이고납하(額爾古納河)]라 불리고, 그 중류는 서북쪽에서 동남으로 흘러 흑룡강성(黑龍江省)과 러시아의 경계를 이루는데 흑룡강이라 불리며, 그 하류는 서남에서 동북으로 흘러 연해주를 관통하여 오호츠크 해로 흘러들어가는데 아무르 강이라 불린다. 따라서 부여가 오늘날 흑룡강성과 그 남쪽 지역을 차지하고 있었고 읍루가 아무르 강 남쪽의 연해주 지역에 있었다면 부여와 읍루의 북쪽 국경을 이루었던 강은 흑룡강과 아무르 강이 되어 앞의 『후한서』「동이열전」〈부여국전〉과 『삼국지』「동이전」〈부여전〉, 『진서』「동이열전」〈숙신씨전〉에 나오는 약수와 일치한다. 지금은 중국인들과 러시아인들에 의해 각각 다르게 불리지만 흑룡강과 아무르 강은 같은 강의 중류와 하류이므로 고대 문헌에 같은 이름으로 기록되었던 것이다.

둘째, 동한시대의 고구려 남쪽 국경이다. 『삼국사기』「고구려본기」에 따르면 동한시대에 해당하는 태조왕 때 고구려의 남쪽 국경은 살수(薩水)까지였다.[13] 살수는 오늘날 청천강이라는 것이 학계의 통설이다.[14]

셋째는 한(韓)의 위치이다. 『후한서』「동이열전」과 『삼국지』「동이전」〈한전〉에 한의 남쪽에는 왜가 있는데 왜는 바다 가운데 있다고 했으므로 한은 한반도 남부에 위치했음을 알 수 있다.

이러한 기준에 따라 『후한서』「동이열전」에 보이는 여러 나라의 위치를 잡아보면, 부여는 흑룡강을 북쪽과 동북쪽 경계로 하여 오늘날 흑룡강성 전부와 길림성(吉林省) 북부 및 내몽골자치구 동부를 차지하고 있

---

13 『삼국사기』 권15, 「고구려본기」〈태조대왕 4년〉조. "四年秋七月, 伐東沃沮, 取其土地爲城邑, 拓境東至滄海, 南至薩水."

14 이병도, 『국역 삼국사기』, 을유문화사, 1980, p. 238.

었다. 읍루는 두만강을 남쪽 경계로 하여 연해주에 위치했으며, 고구려는 요령성 동부와 길림성 남부 및 평안북도를 차지하여 부여 남쪽에 있었다. 동옥저는 함경북도와 함경남도를, 예는 함경남도 남부 일부와 강원도를, 한은 전라남북도·경상남북도·충청남북도·경기도·황해도 등지를 차지하고 있었고 고구려와 한 사이에는 조선과 낙랑이 있었는데 조선은 청천강 남부 유역에, 낙랑은 평안남도 지역에 있었다.

그런데 『후한서』 「동이열전」에 부여·읍루·고구려·동옥저·예·한 등은 독립된 항목으로 기술되어 있으나 조선과 낙랑은 그렇지 못하고 고구려와 예 및 한의 위치를 설명하는 과정에서 이름만 언급되었다. 이로 보아 당시의 조선과 낙랑은 부여·읍루·고구려·동옥저·예·한 등과 비교할 만한 큰 정치세력은 아니었던 듯하다.

부여·읍루·고구려·동옥저·예·한 등의 위치에 대해서는 『삼국지』 「동이전」에도 『후한서』 「동이열전」과 똑같이 기록되어 있다. 단지 『후한서』 「동이열전」에는 한의 북쪽에 낙랑이 있었다고 기록되어 있는데 『삼국지』 「동이전」에는 한의 북쪽에 대방이 있었던 것으로 되어 있는 점이 다르다.[15] 이 기록은 동한시대의 뒤를 이은 중국의 삼국시대에 대방이라는 나라가 한반도에 새로 등장했음을 알게 해준다.

그런데 이 시기에 『후한서』 「동이열전」에 기록된 낙랑이 계속 존재하고 있었다면 대방은 그 남쪽에 있어야 하고 그렇지 않았다면 대방은 낙랑이 위치했던 평안남도 지역에 있어야 한다. 『삼국사기』에 따르면 낙랑은 대방과 함께 300년까지 존속하고 있었다.[16] 그러므로 대방은 낙랑보

---

15 『삼국지』 권30, 「동이전」 〈한전〉. "韓在帶方之南, 東西以海爲限, 南與倭接, 方可四千里."

16 『삼국사기』 권2, 「신라본기」 〈기림 이사금 3년〉조. "3월에 우두주(牛頭州)에 이르러 태

다 남쪽인 오늘날 황해도 지역에 위치했을 것이다.

여기서 유의해야 할 것은, 『후한서』「동이열전」이나 『삼국지』「동이전」은 오늘날 요하 동쪽의 만주와 연해주 및 한반도에 거주한 이민족에 관한 중국인들의 기록이기 때문에 이미 자신들의 영토가 되어 있는 한사군에 대한 기록이 아니라는 점이다. 낙랑과 대방이라는 중국의 군(郡) 이름과 같은 이름이 보이기는 하지만 이것들은 중국의 군현과는 다른 낙랑과 대방이었던 것이다. 한사군에 대해서는 『후한서』에서 「동이열전」과는 별도로 「군국지」에 기록하고 있는데[17] 이것은 한사군이 열국이 위치했던 오늘날 요하 동쪽의 만주와 연해주 및 한반도 지역에 있지 않았음을 알게 해준다.

그런데 열국시대가 시작되면서 한반도 남부의 한(韓) 지역에서는 새로운 정치세력이 성장하고 있었다. 그것은 신라·백제·가야였다. 신라는 진한 지역에서, 백제는 마한 지역에서, 가야는 변진(『삼국지』에는 변한으로 기록되어 있음) 지역에서 건국되었다.

『삼국사기』와 『삼국유사』에 따르면 이들의 건국 연대는 신라는 서기전 57년, 백제는 서기전 18년, 가야는 서기 42년이었다. 이 세 나라가 영토를 확장함에 따라 한(韓)은 점차 강역이 축소되다가 서기 3세기 말에 멸망했다. 이들 가운데 신라의 건국은 북방에서 서기전 37년에 건국된 고구려보다도 앞선다.

그러므로 지금까지 살펴본 열국시대의 상황 변화는 다음과 같이 정리

백산(太白山)에 망제(望祭)를 지냈다. 낙랑과 대방 두 나라가 귀복했다."고 했는데, 기림 이사금 3년은 300년이다.

17 『후한서』「지」 23, 〈군국〉 5. 이 기록에는 낙랑군과 현도군만 보이는데 이 시기에는 한사군 가운데 임둔과 진번은 이미 폐지되었기 때문이다.

할 수 있다. 고조선이 붕괴된 뒤 한반도와 오늘날 요하 동쪽의 만주 및 연해주 지역에는 부여·고구려·읍루·동옥저·예·조선·낙랑·한·신라 등이 있었는데, 뒤에 낙랑의 남쪽에 대방이 서고 한(韓) 지역에서 신라보다 조금 늦게 백제·가야가 독립하게 됨에 따라 열국은 부여·고구려·읍루·동옥저·예·조선·낙랑·대방·한·신라·백제·가야 등으로 늘어나게 되었다.

여기서 한 가지 짚고 넘어가야 할 점이 있다. 바로 고구려는 졸본부여(卒本扶餘)에서 건국된 뒤 영토를 확장하는 과정에서 비류(沸流)·행인(荇人)·해마(海頭)·개마(蓋馬)·구다(句茶)·갈사(曷思)·조나(藻那)·주나(朱那) 등의 나라를 병합했다는 점이다. 따라서 졸본부여는 고구려가 건국된 서기전 37년까지 존재했고, 비류를 비롯한 위의 다른 나라들은 고구려 초기까지 존속했다는 것이 된다.

이 나라들이 고구려에 병합된 연대를 『삼국사기』「고구려본기」의 기록에 따라서 정리해보면, 졸본부여는 고구려의 건국 연대인 서기전 37년,[18] 비류는 서기전 36년(동명성왕 2년),[19] 행인은 서기전 32년(동명성왕 6년),[20] 개마와 구다는 서기 26년(대무신왕 9년),[21] 갈사는 68년(태조왕

---

18 『삼국사기』 권13, 「고구려본기」 〈시조 동명성왕〉조 ; 『삼국유사』 권1, 「기이」 〈고구려〉조 참조.

19 『삼국사기』 권13, 「고구려본기」 〈시조 동명성왕〉조. "2년 여름 6월에 (비류국왕) 송양이 나라를 들어 항복하매 (왕은) 그곳을 다물도라 하고 송양을 봉하여 그곳의 주(主)를 삼았다[二年, 夏六月, (沸流國王)松讓以國來降, 以其地爲多勿都, 封松讓爲主]."

20 『삼국사기』 권13, 「고구려본기」 〈시조 동명성왕〉조. "6년 겨울 10월에 왕은 오이·부분노에게 명하여 태백산 동남쪽에 있는 행인국을 정벌하고 그 땅을 빼앗아 성읍을 삼았다(六年, …… 冬十月, 王命烏伊·扶芬奴, 伐太白山東南荇人國, 取其地爲城邑)."

21 『삼국사기』 권14, 「고구려본기」 〈대무신왕〉조. "9년 겨울 10월에 개마국을 친히 정벌하여 그 왕을 죽이고 백성을 위안시켰으며, 그들을 포로로 하지는 않고 다만 그 땅을 군현으로 삼았다(九年, 冬十月, 王親征蓋馬國, 殺其王, 慰安百姓, 毋虜掠, 但以其地爲郡

16년),[22] 조나는 72년(태조왕 20년),[23] 그리고 주나는 74년(태조왕 24년) 이었다.[24] 이 가운데 갈사는 22년(대무신왕 5년)에 해두국을 멸하고 세워진 나라였다.[25]

이들은 모두 오늘날 요하 동쪽에 위치했던 나라들로서 원래 고조선의 거수국이었다.[26] 그런데 고조선이 붕괴됨으로써 독립국이 되었던 것이다. 따라서 열국시대 초기 고구려의 영토가 확장되기 전에는 앞에 나온 부여·고구려·읍루·동옥저·예·조선·낙랑·한·신라 등의 나라들보다 훨씬 많은 나라들이 한반도와 오늘날 요하 동쪽의 만주 및 연해주 지역에 존재했음을 알 수 있다.

縣).";『삼국사기』 권14, 「고구려본기」 〈대무신왕〉조. "구다국의 왕이 개마의 멸망함을 듣고 자기에게도 해가 미칠까 두려워하여 나라를 들어 내항했다(九年, …… 十二月, 句茶國王, 聞蓋馬滅, 懼害及己, 擧國來降)."

22 『삼국사기』 권15, 「고구려본기」 〈태조대왕〉조. "16년 가을 8월에 갈사왕의 손 도두(都頭)가 나라를 가지고 와서 항복하므로 도두로써 우태(于台)를 삼았다(十六年, 秋八月曷思王孫都頭, 以國來降, 以都頭爲于台)."

23 『삼국사기』 권15 「고구려본기」 〈태조대왕〉조. "20년 2월에 왕은 관나부 패자 달가를 보내어 조나를 쳐서 그 왕을 사로잡았다(二十年, 春二月, 遣貫那部沛者達賈伐藻那, 虜其王)."

24 『삼국사기』 권15 「고구려본기」 〈태조대왕〉조. "22년 10월에 왕은 환나부 패자 설유를 보내어 주나를 치고 그 왕자 을음을 사로잡아 고추가를 삼았다(二十二年, 冬十月, 王遣桓那部沛者薛儒伐朱那, 虜其王子乙音爲古鄒加)."

25 『삼국사기』 권14, 「고구려본기」,〈대무신왕 5년〉조. "4월에 부여왕 대소의 아우가 갈사강변에 와서 나라를 세우고 왕이라 칭했다. 이 사람은 부여왕 금와의 둘째아들로서 역사에 그 이름은 전하지 아니한다. 처음에 대소가 살해된 것을 보고 그는 나라가 장차 망할 것으로 생각하고 그를 따르는 사람 100여 명과 함께 압록곡에 이르렀는데, 해두국왕이 나와 사냥하는 것을 보고 마침내 그를 죽이고 그 백성을 취하여 이곳에 이르러 도읍을 정하니 이 사람이 갈사왕이었다(夏四月, 扶餘王帶素弟, 至曷思水濱, 立國稱王, 是扶餘王金蛙季子, 史失其名. 初帶素之見殺也, 知國之將亡, 與從者百餘人, 至鴨渌谷, 見海頭王出獵, 遂殺之, 取其百姓, 至此始都, 是爲曷思王)."

26 윤내현, 「고조선의 국가 구조」, 앞 책 『고조선 연구』 하, pp. 28~32.

3. 「동이전」에 보이는 조선 · 낙랑 · 대방의 정체

앞에서 본 바와 같이 『후한서』 「동이열전」과 『삼국지』 「동이전」에는 열국의 이름 가운데 조선·낙랑·대방이 나온다. 그런데 『후한서』 「동이열전」과 『삼국지』 「동이전」에 기록된 내용만으로는 이들의 정체를 정확하게 알 수가 없다.

그래서 지난날 일부 학자들은 조선·낙랑·대방을 한사군의 낙랑군과 대방군 및 낙랑군에 속해 있었던 조선현으로 인식했다. 그러나 그렇게 보면 다음과 같은 문제가 생긴다.

첫째, 이 조선이 낙랑군에 속해 있었던 조선현이라면 그것을 낙랑군과 대등하게 표현했을 리가 없다. 『후한서』 「동이열전」의 기록을 보면 고구려 남쪽에는 조선이 있었고 한의 북쪽에는 낙랑이 있었다고 표현하고 있다. 만약 이 조선이 낙랑군의 조선현이었다면 위의 표현은 부자연스럽다. 한(韓)의 북쪽을 말하면서는 낙랑이 있었다 하고 고구려의 남쪽을 말하면서는 낙랑에 속해 있었던 일개 현을 기준하여 말했다는 것은 표현에 일관성이 없는 것이다.

둘째, 『후한서』에서는 동한 영토 안의 행정구역에 관한 사항은 「군국지」에 싣고 있는데 거기에 낙랑군과 현도군이 보인다. 그리고 동쪽의 이민족에 관한 사항은 「동이열전」에 싣고 있는데 그 지역은 동한의 영토 밖이므로 『후한서』 「동이열전」에 보이는 낙랑은 그들의 행정구역인 낙랑군일 수가 없는 것이다. 그렇다면 『삼국지』 「동이전」에 보이는 대방도 낙랑군을 분할하여 만든 대방군일 수가 없는 것이다.

그러므로 열국시대의 상황을 정확하게 이해하기 위해서는 이들의 정체를 밝힐 필요가 있다. 먼저 조선에 관한 『후한서』 「동이열전」의 기록을 보면 2개의 다른 조선이 등장한다. 하나는 〈예전〉에 등장하는 조선으로서 예와 옥저, 그리고 고구려를 모두 차지하고 있었다.[27] 이 조선은 고구려 영역을 포괄하고 있었으므로 고구려와 같은 시대에 있었을 수는 없다. 고구려 이전에 있었던 조선은 고조선이었다. 다른 하나는 〈고구려전〉에 등장하는 조선으로서 고구려의 남쪽에 있었던 조선인데 『삼국지』「동이전」〈예전〉에는 이 조선은 예의 서쪽에 있었다고 말하면서 "지금의 조선"이라고 표현하고 있다.[28] 『삼국지』는 서진시대(265~317년)에 편찬되었으므로 이 조선은 3세기 말이나 4세기 초까지도 존재하고 있었음을 알 수 있다. 이 조선은 고구려가 있었던 시대의 조선이다.

『후한서』「동이열전」〈고구려전〉과 『삼국지』「동이전」〈예전〉 내용을 종합해볼 때 이 조선은 고구려의 남쪽, 예의 서쪽에 있었다. 당시에 고구려는 남만주에 위치하여 그 남쪽 경계가 청천강 유역에 이르렀다.[29] 그리고 예(일반적으로 동예라고 부른다)는 함경남도 남부와 강원도 지역을 차지하고 있었다.[30] 그러므로 이 조선의 위치는 오늘날 청천강 남부 유역이었음을 알 수 있다.

지금까지 일부 학자들은 이 조선을 낙랑군의 조선현으로 인식했다. 그리고 그 이전의 고조선이나 위만조선의 위치도 같은 지역이었을 것으로 보았다. 특히 고조선은 그 도읍이 평양성이었다는 옛 문헌의 기록[31] 때문에 오늘날 평양을 중심으로 하여 대동강 유역과 청천강 유역에 걸

---

27 『후한서』 권85, 「동이열전」〈예전〉. "濊及沃沮·句驪, 本皆朝鮮之地也."

28 『삼국지』 권30, 「동이전」〈예전〉. "濊南與辰韓, 北與高句麗·沃沮接, 東窮大海, 今朝鮮之東皆其地也."

29 주 13·14 참조.

30 주 14와 주 15 사이의 본문 참조.

31 『삼국유사』 권1, 「기이」〈고조선〉조. "古記云, …… 號曰檀君王儉, 以唐高(堯)卽位五十年庚寅, 都平壤城, 始稱朝鮮."

쳐 있었을 것으로 인식했던 것이다. 그러나 평양은 만주에도 여러 곳에 있었던 지명으로 원래는 고유명사가 아니라 보통명사였다.[32] 평양의 위치에 대한 오류는 일부 학자들에 의해서 일찍이 고려 말기부터 조선시대를 거쳐 광복 이후까지 계승되었다.[33]

그러나 이미 확인된 바와 같이 기자의 망명지였던 조선, 위만의 건국지였던 조선, 낙랑군의 조선현은 모두 북경 근처의 난하 유역에 있었다.[34] 그러므로 그 지리적 위치로 보아 청천강 남부 유역에 있었던 조선이 위의 조선들과 같은 조선일 수는 없다.

필자는 이 조선은 고조선이 붕괴된 뒤 단군의 후손들이 거주하고 있었던 곳을 지칭했을 것으로 본 바 있다.[35] 이 조선이 있었던 청천강 유역은 고조선 영토의 중심부이기는 하지만 『후한서』「동이열전」이나 『삼국지』「동이전」은 고조선이 붕괴된 뒤의 한반도와 만주 지역 상황을 전하는 기록으로 고조선은 서기전 1세기 무렵에 붕괴되었는데, 이 조선은 서기 3세기 말이나 4세기 초까지도 존속하고 있었다. 그리고 『후한서』「동이열전」과 『삼국지』「동이전」에는 부여·읍루·고구려·동옥저·예·한 등의 국가에 대해서는 각각 독립 항목으로 서술되어 있으나 이 조선에 대해서는 독립 항목으로 서술되어 있지 않을 뿐만 아니라 자세한 언급도 없고, 단지 고구려와 예의 위치를 설명하는 과정에서 그 이름만 언

---

32 윤내현, 「고조선의 위치와 강역」「고조선의 도읍 천이고(遷移考)」, 『한국고대사신론』, 일지사, 1986, pp. 18~25, 99 ; 앞 책 『고조선 연구』 상, p. 81 참조.

33 이병도, 『한국고대사연구』, 박영사, 1981, pp. 139~144 ; 노태돈, 「고조선 중심지의 변천에 대한 연구」, 『한국사론』 23, 서울대 국사학과, 1990, pp. 5~11.

34 윤내현, 「고대 문헌에 보이는 조선」, 「위만조선과 한사군의 위치」, 앞 책 『고조선 연구』 상, pp. 54~71, 467~481.

35 위 책, pp. 79~82.

급된 것으로 보아 이 조선은 큰 정치세력은 아니었다.

청천강 중류의 남부 유역에는 묘향산에 단군이 강림했다는 전설이 전해오고 있고 단군대(壇君臺)와 단군굴(壇君窟) 등을 비롯한 단군과 관계된 전설 유적이 많이 있다. 이러한 점을 종합해볼 때 청천강 남부 유역에 있었던 조선의 위치는 오늘날 묘향산 지역으로서 고조선의 단군과 그 일족의 후손들이 거주했던 곳이었을 것으로 생각된다. 고조선이 통치력을 잃고 붕괴된 뒤에도 단군과 그 일족의 후손들은 일정한 지역에 거주하면서 조선이라는 이름을 사용했을 것이다.

이 조선은 주변 국가들로부터 보호를 받았을 것이다. 주변 국가들은 비록 독립국이 되었지만 원래는 고조선의 거수국이었기 때문이다. 이와 같이 이전의 최고 통치자와 그 일족을 보호해주는 것은 고대 중국의 봉국제(封國制) 국가가 붕괴되는 과정에서도 보인다.[36] 고조선의 첫 도읍지와 마지막 도읍지는 오늘날 평양 지역이었는데[37] 묘향산 지역이 평양으로부터 멀지 않다는 점도 참고가 될 것이다.

이제 『후한서』 「동이열전」에 한(韓)의 북쪽에 있었던 것으로 기록된 낙랑의 정체를 확인해보자. 지난날 일부 학자들은 이것을 한사군의 낙랑군으로 인식했다. 일본인들이 대동강 유역을 발굴하고 그곳에서 출토된 중국 유물을 낙랑군 유물이라고 발표하자 그것을 『후한서』 「동이열전」의 기록을 뒷받침해주는 것으로 받아들였던 것이다.

그러나 중국의 고대 문헌에 따르면 한사군은 오늘날 요서 지역에 있

---

36 중국에서는 서주가 건국된 뒤 상(商) 왕실의 후예를 송(宋)에 봉했고, 주(周) 왕실은 통치능력을 상실한 뒤 지난날 그의 제후국들이 독립국이 되어버린 전국시대 말까지도 그대로 명맥을 유지하면서 주라는 명칭을 사용하고 있었다.

37 윤내현, 「고조선의 중심지 변천」, 앞 책 『고조선 연구』 상, pp. 427~448 참조.

었고 낙랑군은 한사군 가운데 가장 서쪽에 위치하여 북경(北京)에서 가까운 오늘날 난하 동부 유역에 있었다.[38] 그리고 일본인들이 대동강 유역에서 발굴한 유적은 그 조성 연대와 성격으로 보아 한사군의 낙랑군 유적으로 볼 수가 없다.[39]

대동강 유역의 낙랑은 『삼국사기』「고구려본기」〈대무신왕 15년〉조에 등장하는데, 그 내용을 보면 낙랑의 최리왕(崔理王)이 고구려의 호동왕자와 대화를 나누면서 고구려를 북쪽의 나라로 표현하고 있다. 이로 보아 최리왕의 낙랑국은 고구려의 남쪽에 있었음을 알 수 있다.[40] 필자는 최리왕의 낙랑국을 한사군의 낙랑군과 구별하기 위해 최씨낙랑국이라 부른다.

당시 고구려의 영토는 남쪽으로 오늘날 청천강 유역까지였다.[41] 그러므로 최씨낙랑국 위치는 그 남쪽인 오늘날 평안남도 대동강 유역이었을 것이다. 그 위치는 앞의 『후한서』「동이열전」에 나오는 낙랑과 일치한다. 이 시기는 한사군의 낙랑군이 존재하고 있을 때였다. 그러므로 대동강 유역에 최씨낙랑국이 있었다면 같은 곳에 한사군의 낙랑군이 겹쳐서 있을 수는 없는 것이다.

앞에 인용한 『삼국지』「동이전」〈한전〉에 따르면 한의 북쪽에 대방이 있었다. 그런데 당시 대동강 유역에는 낙랑이 있었으므로 이 대방은 최씨낙랑국보다 남쪽인 황해도 지역에 있었을 것이다. 지난날 일부 학자

---

38 윤내현, 「위만조선과 한사군의 위치」, 앞 책 『고조선 연구』 상 참조.

39 위와 같음.

40 『삼국사기』 권14, 「고구려본기」〈대무신왕 15년〉조. "夏四月, 王子好童, 游於沃沮, 樂浪王崔理, 出行因見之, 問曰, 觀君顔色, 非常人, 豈非北國神王之子乎, 遂同歸以女妻之."

41 주 29와 같음.

들은 이 대방을 대방군으로 잘못 인식했다.

그러나 이 대방은 대방군이 아니었다. 『삼국지』「동이전」〈한전〉에 따르면 대방군은 낙랑군의 남부 지역을 나누어 설치했다.[42] 그러므로 대방군은 낙랑군이 위치했던 오늘날 난하 하류 유역에 있어야 하는 것이다. 대방군이 오늘날 난하 하류 유역에 있었음은 『삼국사기』「고구려본기」〈태조대왕〉조에 고구려가 한나라의 요동군 서안평현을 습격하여 대방현령(帶方縣令)을 죽이고 낙랑태수(樂浪太守)의 처자를 사로잡았다[43]는 기록에서 알 수 있다. 이와 같은 내용이 『후한서』「동이열전」과 『삼국지』「동이전」의 〈고구려전〉에서도 보이는데 한(漢)시대에 요동군은 난하 유역에 있었다.[44] 그러므로 요동군의 서안평현을 치면서 대방현령을 죽이고 낙랑태수의 처자를 사로잡았다는 것은 낙랑군이 오늘날 난하 유역에 있었고 낙랑군에 속해 있었던 대방현도 그 지역에 있었음을 알게 해준다.

『삼국사기』「신라본기」〈기림 이사금〉조에는 300년에 낙랑과 대방 두 나라가 신라에 귀복했다는 기록이 있다.[45] 이 낙랑은 신라에 가까이 있었던 낙랑과 대방으로서 최씨낙랑국과 대방국이었던 것이다. 이 낙랑과 대방을 두 나라라 부른 것이라든가, 낙랑군과 대방군은 313~315년에 고구려의 미천왕에게 축출되었는데[46] 위의 낙랑과 대방이 신라에 투항한

---

42 『삼국지』 권30, 「동이전」〈한전〉. "건안 연간에 공손강이 둔유현 이남의 황무지를 나누어 대방군을 만들었다(建安中, 公孫康分屯有縣以南荒地爲帶方郡)." 둔유현은 낙랑군에 속해 있었던 25개 현 가운데 하나였다.

43 『삼국사기』 권15, 「고구려본기」〈태조대왕 94년〉조. "秋八月, 王遣將, 襲漢遼東西安平縣, 殺帶方令, 掠得樂浪太守妻子."

44 윤내현, 「고조선의 서쪽 경계」, 앞 책 『고조선 연구』 상, pp. 236~244.

45 주 16과 같음.

46 『삼국사기』 권17, 「고구려본기」〈미천왕 14~16년〉조 참조.

연대는 300년으로 그 연대가 다른 것은 이들이 낙랑군과 대방군이 아니었음을 알게 해준다. 위의 낙랑과 대방이 한사군의 낙랑군과 대방군이었다면 그들은 중국 세력이었으므로 신라에 귀복했을 리가 없다. 중국으로 돌아갔어야 옳을 것이다.

4. 고조선 말기의 상황과 열국의 이동

앞에서 확인한 바와 같이 『후한서』「동이열전」과 『삼국지』「동이전」 기록에 따르면 고조선이 붕괴된 뒤 한반도와 오늘날 요하 동쪽의 만주 및 연해주에는 부여·고구려·읍루·동옥저·예·최씨낙랑국·대방국·한 등 여러 나라가 있었다.

그러나 열국시대보다 앞선 고조선시대의 기록을 보면 이들 열국 가운데 한을 제외한 나머지 나라들은 모두 오늘날 요서 지역에서 확인된다. 이들은 원래 오늘날 요서 지역에 있었던 고조선의 거수국들이었던 것이다.[47] 따라서 이들은 고조선의 붕괴와 더불어 동쪽으로 이동했음을 알 수 있다.

열국시대는 고조선의 붕괴와 더불어 시작되었는데 그 시대는 한사군이 설치되어 있었던 시기와 거의 비슷하다. 고조선의 붕괴 연대는 정확하게 알 수 없으나 고조선이 붕괴된 뒤 세워진 신라와 고구려의 건국 연대가 서기전 57년과 서기전 37년[48]인 것으로 보아 고조선은 서기전 1

---

47 윤내현, 「고조선의 국가 구조」, 앞 책 『고조선 연구』 하 참조.

48 『삼국사기』 권1, 「신라본기」 〈시조 박혁거세 거서간〉조 ; 권13, 「고구려본기」 〈시조 동명성왕〉조 참조.

세기에 붕괴되었을 것으로 생각된다.[49]

그리고 한사군 가운데 낙랑군·임둔군·진번군은 서기전 108년, 현도군은 서기전 107년에 설치되었다.[50] 이는 고조선 말기로서 열국시대의 시작보다는 다소 앞서지만 그 시차는 무시할 정도이다. 이후 한사군은 서기 313~315년에 고구려 미천왕에게 낙랑군이 축출되기까지 오늘날 요하 동쪽에 있었던 열국과 병존해 있었다.

그러므로 한사군이 한반도나 오늘날 요하 동쪽의 만주 또는 연해주에 있었을 수는 없다. 왜냐하면 한사군이 존재했던 시기에 한반도와 오늘날 요하 동쪽의 만주 및 연해주 지역에는 졸본부여·비류·행인·해두·개마·구다·갈사·조나·주나·부여·고구려·읍루·동옥저·예·최씨낙랑국·대방국·한·백제·신라·가야 등의 나라가 있었기 때문이다. 같은 지역에 이들 나라와 한사군이 겹쳐 있는 것은 불가능하다.

필자는 한사군이 오늘날 요서 지역에 있었음을 고증한 바 있는데[51] 위의 사실은 필자의 고증 결과를 뒷받침해준다. 지난날 일부 학자들은 한사군의 위치를 한반도와 남만주 일대로 보았다. 그리고 그 견해를 합리화하기 위해 『삼국사기』 초기 기록은 신빙성이 없다고 주장했다. 한사군을 한반도와 남만주 일대에 위치한 것으로 보기 위해 당시에 한반도와 남만주 일대에 있었던 것으로 『삼국사기』에 기록된 여러 나라를 부인할 수밖에 없었던 것이다. 이처럼 자신들의 주장을 합리화하기 위해 기본사료를 부인해서는 안 된다.

그런데 『후한서』 「동이열전」에 기록된 여러 나라 가운데 한(韓)을 제

---

49 윤내현, 「고조선의 연대 문제」, 앞 책 『고조선 연구』 상, pp. 399~410.

50 『한서』 권27 하, 「지리지」 하, 〈낙랑군·현도군〉조 참조 ; 주 38과 같음.

51 주 38과 같음.

외한 다른 나라들은 그 이전 고조선시대에는 모두가 오늘날 요서 지역에 있었다. 어떤 연유로 이 나라들이 열국시대에는 한반도와 요하 동쪽의 만주 및 연해주 지역에서 보일까?

여기서 분명히 해두어야 할 것은 『후한서』 「동이열전」보다 앞선 문헌, 예컨대 『사기(史記)』나 『한서』 등의 기록에서는 오늘날 요하 동쪽에서 이 나라들의 이름을 확인할 수 없다는 점이다. 그러므로 이 나라들은 열국시대가 시작되기 직전이나 열국시대의 시작과 동시에 오늘날 요서로부터 요하 동쪽으로 이동했음을 알 수 있다.

나라나 종족의 이동은 그럴 만한 이유가 있어야 한다. 사람들이 정착 생활에 들어간 후에는 그곳에서 생활할 수 없는 특별한 상황이 일어나지 않는 한 멀리 이동하지 않기 때문이다. 여러 나라가 이동한 원인을 알기 위해서는 그 나라들이 원래 있었던 오늘날 요서 지역에서 무슨 일이 일어났는지를 살펴보아야 할 것이다.

고조선 말기에 오늘날 요서 서부인 난하 유역에 위만조선이 건국되었다. 위만은 서기전 195년에 서한에서 고조선의 서부 변경으로 망명을 했는데, 그곳에는 고조선의 거수국인 기자조선이 있었다. 당시 기자조선에는 기자의 40여 대 후손인 준이 거수로 있었다. 위만은 준에게 자신을 서부 국경지대에 살게 해달라고 요청했다.

그렇게 해주면 그 지역에 있는 중국의 이주민들을 규합하여 국경을 튼튼하게 지켜 서한의 침략을 막겠다는 것이었다. 준은 위만의 말을 믿고 그를 서한과 맞닿은 국경지대에 거주하도록 했다. 그런데 위만은 그곳에 거주하면서 세력을 형성한 뒤 준에게 서한이 쳐들어오니 들어가 궁궐을 지키겠다고 거짓으로 보고하고는 군사를 이끌고 들어가 준을 몰아내고 정권을 탈취했다. 그러한 위만조선의 건국 과정은 『위략(魏略)』에 자세하게 실려 있다.

> 노관(盧綰)이 (서한에) 반기를 들고 흉노(匈奴)로 들어감에 이르러 연(燕) 사람 위만도 망명을 했는데 오랑캐 옷을 입고 동쪽으로 패수(浿水)를 건너 준에게로 나아가 항복하고 준을 설득하여 서쪽 경계에 살게 해 달라고 했다. 그렇게 해주면 중국 망명인들을 모아 조선의 울타리가 되겠다고 했다. 준은 그를 믿고 총애하여 박사(博士)로 제수하고 규(圭)를 하사했으며 백 리의 땅에 봉(封)하여 서쪽 변경을 수비하도록 명했다. 위만은 망명인들을 유치하여 무리를 만들었는데 무리가 점차 많아지자 곧 사람을 보내 준에게 거짓으로 보고하기를 한나라 병사들이 10개의 길로 쳐들어오고 있으니 들어가 궁궐을 지키겠다고 말하고는 마침내 거꾸로 준을 공격했다. 준은 (위)만을 맞아 싸웠으나 적수가 되지 못했다.[52]

위만은 나라를 세운 뒤 서한에게 외신이 될 것을 약속하고 군사와 경제의 기반을 닦기 시작했다. 당시의 상황에 대해 『사기』「조선열전」에는 이렇게 기록되어 있다.

> 효혜(孝惠)와 고후(高后) 때를 맞이하여 천하가 처음으로 안정되니 요동태수(遼東太守)는 바로 (위)만을 외신으로 삼기로 약속하고 국경 밖의 오랑캐들을 막아 변경을 노략질하지 못하도록 할 것이며 여러 오랑캐들의 군장(君長)들이 들어와 천자를 알현하고자 하거든 금지하지 말도록 했다. 이 보고를 듣고 천자가 그것을 허락하니 이로써 (위)만은 군사적 위

52 『삼국지』 권30, 「동이전」 〈한전〉에 주석으로 실린 『위략』. "及綰反, 入匈奴, 燕人衛滿亡命, 爲胡服, 東度浿水, 詣準降, 說準求居西界, 收中國亡命爲朝鮮藩屛. 準信寵之, 拜爲博士, 賜以圭, 封之百里, 令守西邊. 滿誘亡黨, 衆稍多, 乃詐遣人告準, 言漢兵十道至, 求入宿衛, 遂還攻準. 準與滿戰, 不敵也."

엄과 재물을 얻은 뒤 그 주변의 작은 마을들을 쳐서 항복을 받으니 진번과 임둔도 모두 와서 복속되어 (그 영토가) 사방 수천 리가 되었다.[53]

이 내용에서 위만은 서한의 외신이 되어 서한과의 관계를 원만하게 한 뒤 군사적 위엄과 경제적 기반을 닦고 주변을 침략하여 영토를 넓혀 갔음을 알 수 있다. 이때에 진번과 임둔도 위만조선의 영토에 편입되었던 것이다.

그런데 위의 인용문 내용은 위만조선이 군사적 위엄과 경제적 기반을 닦는 데 서한의 지원을 받았을 가능성을 시사하고 있다. 요동태수가 위만을 외신으로 삼은 것을 서한의 황제에게 보고하여 승낙을 받음으로써 위만조선은 "군사적 위엄과 재물을 얻었다."고 표현한 것이 그것이다.

이로 보아 위만조선이 영토를 넓히기 위해 침략한 지역은 서한의 영토일 수는 없다. 위만조선이 건국된 곳은 고조선과 서한의 국경지대였던 오늘날 난하 동부 유역이었다. 그러므로 위만조선이 영토를 넓히기 위해 침략한 곳은 고조선 영토였을 수밖에 없다. 위의 인용문에 나오는 진번과 임둔은 고조선의 거수국 이름이었다.[54]

이러한 영토 확장 전쟁을 거쳐 위만조선은 오늘날 난하로부터 대릉하(大淩河)에 이르는 지역을 차지하게 되었다.[55] 그 결과 오늘날 요서 지

---

53 『사기』 권115, 「조선열전」. "會孝惠·高后時天下初定, 遼東太守卽約滿爲外臣, 保塞外蠻夷, 無使盜邊, 諸蠻夷君長欲入見天子, 勿得禁止. 以聞, 上許之, 以故滿得兵威財物侵降其旁小邑, 眞番·臨屯皆來服屬, 方數千里."

54 주 47과 같음.

55 위만조선의 영토에 관한 분명한 기록은 없다. 그러나 위만조선 멸망 후 설치된 한사군이 오늘날 난하로부터 요하까지 걸쳐 있었는데, 그 가운데 위만조선 영역 밖에 설치된 현도군이 오늘날 요하 서부 유역에 있었으므로 위만조선의 영토는 요하보다 다소 서쪽에 있는 대릉하까지였을 것이다(윤내현, 「위만조선과 한사군의 위치」, 앞 책 참조).

역에 있었던 고조선의 거수국들은 위만조선에게 그 영토를 잃게 되었다. 따라서 그들은 위만조선의 침략에 대항하는 전쟁을 하면서 동쪽으로 이동할 수밖에 없었을 것이다.

위만조선의 건국지에는 원래 기자조선이 있었다.[56] 기자조선은 위만조선과 마찬가지로 그 주된 지배세력이 중국에서 온 망명객이었다. 그러나 기자조선은 고조선에 복속되어 그 거수국이 되었으므로 그 지역에 있었던 고조선의 다른 거수국들과 화평한 관계를 유지했다.[57] 그러나 기자조선의 정권을 빼앗은 위만조선은 서한의 외신이 되어 고조선의 영토를 침략함으로써 고조선과 대립관계에 있게 되었던 것이다.

위만조선의 영토 확장으로 오늘날 요서 지역에서 요동 지역으로 이동한 고조선의 거수국들은 그들의 영토를 수복하기 위해 위만조선에 대항했을 것이다. 그러한 상황이 계속되는 가운데 위만조선과 서한의 관계가 악화되어 서한 무제의 침략으로 위만조선은 멸망하고 그 지역에는 서한의 행정구역인 낙랑군·임둔군·진번군이 설치되었다. 서한은 위만조선을 멸망시킨 여세를 몰아 고조선을 침략하여 오늘날 대릉하와 요하 사이를 차지하고 그곳에 현도군을 설치했다.[58] 이것을 한사군 또는 한군현이라 부른다.

서한 무제에 의한 위만조선의 멸망과 한사군이 설치되는 과정에서도 그 지역에 남아 있었던 일부 고조선인들이 오늘날 요하 동쪽으로 이주했을 것이다. 이들은 이전에 위만조선이 영토를 확장할 때 이동한 세력들과 힘을 합쳐 옛 땅을 수복하기 위해 노력했을 것이다.

---

56 앞 글 참조.

57 윤내현, 「고조선의 국가 구조」, 앞 책 『고조선 연구』 하, pp. 57~62 참조.

58 주 38과 같음.

『후한서』「동이열전」에,

> 무제는 (위만)조선을 멸하고 옥저 땅으로써 현도군을 만들었다. 뒤에 이맥(夷貊)이 침략하니 군을 고구려 서북으로 옮기고 옥저를 현으로 만들어 낙랑의 동부도위(東部都尉)에 속하게 했다.[59]

는 기록은 그러한 사실을 말해준다.[60] 여기서 이맥(夷貊)은 고조선 사람들을 말한다. 현도군은 한사군 가운데 가장 동쪽에 위치하여 고조선과 국경을 접하고 있었기 때문에 옛 땅을 되찾기 위한 고조선 세력의 공격을 받았던 것이다.

그러나 오늘날 요서에서 요동으로 이동한 세력들은 세월이 흐르면서 고토 수복이 어렵겠다는 판단이 서게 되어 장기적인 계획을 수립하게 되었을 것이며, 그러기 위해 우선 정치적으로 안정된 기반을 구축할 필요가 있었을 것이다. 그 결과 그들은 한반도와 요하 동쪽의 만주 및 연해주 지역에 자리를 잡고 국가를 세웠을 것이다.

요서 지역에서 이동해 온 세력들은 이미 전쟁의 경험을 가지고 있었을 뿐만 아니라 이주민들이기 때문에 의지가 강한 반면, 한반도와 요하 동쪽의 만주 및 연해주 지역에 거주하고 있던 토착인들은 비교적 평화로운 생활을 해왔기 때문에 생각이 안일했을 것이다. 이러한 상황은 이

---

59 『후한서』 권85, 「동이열전」 〈동옥저전〉. "武帝滅朝鮮, 以沃沮地爲玄菟郡. 後爲夷貊所侵, 徙郡於高句驪西北, 更以沃沮爲縣, 屬樂浪東部都尉."

60 이 인용문에는 옥저를 현(縣)으로 만들어 낙랑군에 속하게 했다 했으나, 『한서』 「지리지」 〈낙랑군〉조를 보면 낙랑군에 속해 있었던 25개 현 가운데 옥저현은 보이지 않는다. 이로 보아 옥저현은 한때 설치되었다가 없어졌거나 나중에 이름이 바뀌었을 가능성이 있다.

주 세력이 나라를 재건하기 쉽게 만들었을 것이다.

이렇게 되어 고조선시대에 오늘날 요서 지역에 있었던 여러 거수국들의 이름이 열국시대에는 오늘날 한반도와 요하 동쪽의 만주 및 연해주 지역에 나타나게 되었던 것이다.

그런데 서한은 한사군을 설치하는 과정에서 군이나 현의 이름을 원래 그 지역의 지명 그대로 사용했다. 예컨대 낙랑·임둔·진번·현도·대방 등의 군 이름과 고구려·옥저 등의 현 이름이 그러한 것들이다.

그 결과 오늘날 요서 서부인 난하 동부 유역에는 낙랑군이 있었는데 대동강 유역에는 최씨낙랑국이, 난하 하류 동부 유역에는 대방군이 있었는데 황해도 지역에는 대방국이 있게 되었다. 또 오늘날 요서 지역에 있었던 현도군에는 고구려현이 있었는데 요동 지역에는 고구려국이 있었으며, 낙랑군에는 옥저현이 있었는데 함경북도 지역에는 동옥저국이 있게 된 것이다. 같은 이름이 요서 지역에서는 군 이름과 현 이름으로, 요동 지역에서는 나라 이름으로 병존하게 되었던 것이다.

5. 마치며

지금까지 살펴본 바와 같이 고조선의 통치능력이 상실되자 그 거수국 가운데 일부가 한반도와 요하 동쪽의 만주 및 연해주 지역에서 독립함으로써 열국시대가 시작되었다.

그 초기인 서기전 1세기 전반기까지는 한반도와 요하 동쪽의 만주 지역에 졸본부여·비류·행인·해두·개마·구다·갈사·조나·주나·한 등의 국가가 있었다. 그런데 오늘날 요서 지역에서 동쪽으로 이동해 온 고조선의 거수국들이 한반도 북부와 요하 동쪽의 만주 및 연해주 지역에서 나라를 재건했고 한반도 남부의 한(韓) 지역에서 신라·백제·가야가 한으로부터 분리되어 독립함으로써 비류·행인·해두·개마·구다·갈사·조나·주나·부여·읍루·고구려·동옥저·예·조선·최씨낙랑국·한·신라·백제·가야 등의 국가가 있게 되었다.

오래지 않아 북부 지역에서 고구려가 비류·행인·해두·개마·구다·갈사·조나·주나 등을 병합했고 한반도에서는 최씨낙랑국과 한 사이에 대방국이 들어섰다. 이에 따라 부여·읍루·고구려·동옥저·예·조선·최씨낙랑국·대방국·한·백제·신라·가야 등의 나라들이 있게 되었다. 이들 국가 가운데 부여는 동부여를 말하고 예는 동예를 말한다.[61] 그 변천을 표로 만들면 다음과 같다.

요서 지역	한반도와 요하 동쪽의 만주 및 연해주 지역			
중국 군현이 다음과 같이 변함	한(삼한)	한	한	백제
	비류	백제	백제	
	행인	신라	신라	신라
낙랑군 · 임둔군 · 진번군 · 현도군	해두	가야	가야	가야
	개마	예(동예)	예(동예)	
↓	구다	최씨낙랑국	최씨낙랑국	
낙랑군 · 현도군	갈사	조선	조선	
↓	조나	동옥저	동옥저	
낙랑군 · 대방군 · 현도군	주나	고구려	대방국	
	졸본부여	부여(동부여)	고구려	고구려
		읍루	부여(동부여)	
			읍루	

61 열국의 나라 이름 가운데 예(濊)는 일반적으로 동예라 불린다. 부여는 북부여로 보는 견해가 있으나 그것은 잘못이며 동부여로 보아야 한다. 이 점은 이 책의 제1장 Ⅱ「동부여의 건국과 위치」에서 밝힐 것이다.

이러한 여러 나라들은 병합을 계속하여 결국 고구려·백제·신라·가야 네 나라의 사국시대가 됨으로써 열국시대는 마감되었다. 열국 가운데 부여·읍루·고구려·옥저·예·낙랑·대방 등은 원래 오늘날 요서 지역에 있었던 이름이었다. 이 가운데 대방은 지역 이름이고 다른 이름들은 고조선의 거수국이었는데 읍루는 고조선시대에는 숙신이라 불렸다.

오늘날 요서 지역에 있었던 이름들이 오늘날 요하 동쪽으로 이동하게 된 것은 다음과 같은 이유에서였다. 고조선 말기에 오늘날 난하 동부 유역에서 위만조선이 건국되어 그 영토를 오늘날 대릉하 유역까지 확대하자 그 지역에 있었던 고조선의 거수국들은 영토를 잃고 대릉하 동쪽으로 이동하게 되었다. 그 후 위만조선이 서한에 의해서 멸망되고 그 지역에 한사군이 설치되자 또다시 오늘날 요서 지역 주민들이 동쪽으로 이동하게 되었다.

그들은 옛 땅을 수복하기 위해 위만조선과 서한에 대항했지만 세월이 흐르면서 그것이 어렵다는 것을 깨닫게 되었다. 그리하여 정치적으로 안정된 기반을 구축하기 위해 한반도와 요하 동쪽의 만주 및 연해주 지역에 자리를 잡고 국가를 세우게 되었던 것이다.

그런데 서한은 오늘날 요서 지역에 한사군을 설치하면서 그 지역의 이름을 군이나 현의 이름으로 사용했다. 그 결과 오늘날 요서 지역과 요하 동쪽 지역에는 같은 이름이 군현의 이름과 국가의 이름으로 병존하는 현상이 나타나게 되었다. 예컨대 요서 지역에는 낙랑군이 있었는데 한반도에는 최씨낙랑국이 있었고 요서 지역의 현도군에는 고구려현이, 낙랑군에는 옥저현이 있었는데 남만주와 한반도에는 고구려국과 옥저국이 있었던 것이다.

그런데 이주세력들이 비교적 쉽게 건국할 수 있었던 것은 2가지 요인이 작용했기 때문일 것이다. 첫째는 이들은 토착인들과 마찬가지로 고조선에 속해 있었으므로 토착세력의 반발이 크지 않았을 것이고, 둘째는 이들은 영토를 빼앗기고 동쪽으로 이동하는 과정에서 전쟁을 경험했으므로 토착인들보다는 적극적인 사고와 행동을 했을 것이라는 점이다.

열국시대는 국가적으로는 분열된 시기였지만 민족의 융합이 더욱 공고해지고 민족의식이 강화된 시기이기도 했다. 고조선시대에 한반도와 만주의 거주민들은 한 국가에 귀속되어 있다는 의식을 가짐으로써 민족은 형성되었지만 각 거수국의 주민들은 그 지역의 토착인들이었기 때문에 종족집단을 이루고 있었다. 따라서 종족의식이 매우 강했다. 그러나 열국시대에 오늘날 요서 지역에 있었던 종족들이 요하 동쪽으로 이동하여 국가를 세움으로써 이주민과 토착인의 거주민 혼합이 일어나게 되었다. 그 결과 종족의식은 와해되고 민족의식이 강해졌다.

끝으로 한 가지 유념할 것은 열국이 요서에서 요동으로 이동한 것을 중국이나 중앙아시아 지역에서 이동해 오는 과정으로 이해해서는 안 된다는 것이다. 그들의 이동은 고조선 영토 안에서 일어났다. 고조선의 영토는 서쪽으로 오늘날 북경 근처의 난하까지로서 오늘날 요서를 포괄하고 있었다.

II 동부여의 건국과 위치

1. 들어가며

일반적으로 알려져 있는 부여는 고조선이 붕괴된 뒤 건국된 열국시대의 부여이다. 이 부여는 한반도와 요하 동쪽의 만주 및 연해주 지역에 있었던 열국 가운데 가장 북쪽에 있었다. 고구려와 국경을 접하고 그 북쪽에 있었던 독립국이었다. 그러나 부여라는 이름은 이보다 훨씬 앞서 고조선시대부터 존재했다.[1]

고조선시대의 부여는 고조선의 거수국으로서 거수국들 가운데 가장

---

1 『상서(尙書)』「주관(周官)」편. "무왕이 동이를 정벌하니 숙신이 와서 축하했다(武王旣伐東夷, 肅愼來賀)."는 구절에 대해서 공안국(孔安國)은 주석하기를, "해동의 여러 이족(夷族)은 구려(고구려)·부여·한(馯 : 韓)·맥 등과 같은 족속인데, 무왕이 상을 이기니 모두 길이 통했다(海東諸夷, 駒麗·扶餘·馯·貊之屬, 武王克商, 皆通道焉)."고 했는바, 이 기록의 내용을 그대로 인정한다면 중국의 서주 무왕시대인 서기전 12세기 무렵에 이미 부여가 존재했다는 것이 된다. 서주 무왕시대는 고조선 중기에 해당한다.

서북쪽에 있었다.[2] 그곳은 오늘날 북경(北京) 북쪽 난하 상류 유역이었다. 따라서 고조선시대에 고조선의 거수국이었던 부여와 뒤에 고구려의 북쪽에 독립국으로 있었던 부여는 그 위치와 성격이 전혀 다르다.

고대 문헌에는 성격이 다른 부여가 여러 개 나타난다. 이름과 성격이 다른 여러 부여들은 문헌에서 대개 부여라고만 표기됨으로써 그것이 어느 부여에 관한 것인지 분간하기 어려운 경우가 많다. 그러므로 부여를 바르게 이해하기 위해서는 이들 부여에 관한 기록들을 분석하여 그 기록이 어느 부여에 관한 것인지를 밝힐 필요가 있다. 여기서 유의해야 할 것은 고조선이 존재했던 시기의 문헌에서는 오늘날 난하 상류 유역에 고조선의 거수국으로 있었던 부여만 보인다는 점이다. 다른 부여들은 고조선이 붕괴된 뒤의 문헌에서 보인다.

여러 부여의 등장은 고조선의 붕괴와 관계 있을 것임을 시사한다. 그러므로 부여의 변천 과정 고찰은 부여의 정체를 바르게 인식하고 고조선이 붕괴된 뒤 열국이 독립하는 과정을 인식하는 데 도움이 될 것이다. 먼저 사료를 통해 성격이 다른 여러 부여의 존재를 확인하고, 여러 부여가 출현하게 된 역사적 배경과 성립 시기 및 위치를 고증해보자.

2. 북부여 · 동부여 · 졸본부여 · 부여 · 남부여

옛 문헌에는 북부여 · 동부여 · 졸본부여 · 부여 · 남부여 등의 부여가 보인다. 먼저 이들의 존재를 확인할 수 있는 국내 사료들을 살펴보자. 그

---

2 윤내현, 「고조선의 국가 구조」, 『고조선 연구』 하, 만권당, 2016, pp. 32~33.

런데 남부여는 백제가 사비(오늘날 충청남도 부여)로 도읍을 옮긴 뒤 사용했던 나라 이름으로서 이 글의 주제와는 관계가 없으므로 논의 대상에서 제외한다.

북부여와 동부여를 각각 독립된 항목으로 나누어 서술한 기록은 『삼국유사』에 보인다. 그 기록을 보면 북부여에 대해,

> 『고기(古記)』에 이르기를, 전한(前漢)의 선제(宣帝) 신작(神爵) 3년 임술(壬戌) 4월 8일에 하느님이 흘승골성(訖升骨城)에 내려와서 오룡거(五龍車)를 타고 도읍을 정하여 왕이라 칭하며 나라 이름을 북부여라 했다. 스스로 해모수(解慕漱)라 이름했는데 아들을 낳아 이름을 부루(扶婁)라 하고 해(解)로써 씨(氏)를 삼았다. 왕은 나중에 상제(上帝)의 명으로 도읍을 동부여로 옮겼다. 동명제(東明帝)가 북부여를 계승하여 일어나 졸본주(卒本州)에 도읍하여 졸본부여라 했는데 바로 고구려의 시조이다.[3]

라 했고 동부여에 대해서는,

> 북부여왕 해부루의 상(相) 아란불(阿蘭弗)이 꿈을 꾸었는데 하느님이 내려와 "장차 내 자손으로 하여금 이곳에 나라를 세우게 할 것이니 너는 이곳을 피하라. 동쪽의 바닷가에 가섭원(迦葉原)이라는 땅이 있는데 토양이 기름지니 왕도(王都)를 세우기에 알맞다."고 말했다고 한다. 아란불이 왕에게 권하여 도읍을 그곳으로 옮기고 나라 이름을 동부여라 했다.[4]

---

3 『삼국유사』 권1, 「기이」 〈북부여〉조.
4 『삼국유사』 권1, 「기이」 〈동부여〉조.

고 했다. 위의 『삼국유사』 기록에서 북부여·동부여·졸본부여의 존재가 확인된다. 북부여왕 해부루가 동쪽의 가섭원이라는 곳으로 옮겨 동부여를 건국했으며 동명제[추모왕(鄒牟王)]는 졸본부여에서 고구려를 건국했다는 것이다.

『삼국사기』에는 부여가 독립 항목으로 서술되어 있지는 않으나 「고구려본기」 〈시조 동명성왕〉조에 북부여와 동부여에 관한 내용이 실려 있다. 그 내용을 보면 부여왕 해부루가 동쪽의 가섭원으로 옮겨 동부여를 세웠다[5]고 하여 앞의 『삼국유사』 기록과 일치한다. 『삼국사기』 「고구려본기」에서는 해부루를 북부여왕이라 하지 않고 부여왕이라고 표현했으나 『삼국유사』의 기록과 연결해볼 때 해부루는 북부여왕이었음을 알 수 있다.

북부여와 동부여에 관한 기록은 『제왕운기』의 「한사군급열국기」와 이규보의 『동명왕편』에도 보인다. 그런데 『삼국유사』 내용에 따르면 북부여의 건국자는 해모수이고 해부루왕은 그의 아들이었으나, 『삼국사기』 「고구려본기」에 따르면 해부루왕이 북부여에서 동쪽의 가섭원으로 나라를 옮긴 뒤 북부여 땅에 와서 통치자가 된 인물이 해모수였다. 『삼국유사』와 『삼국사기』 「고구려본기」는 해모수에 관해 서로 달리 전하고 있는 것이다. 그러나 이 문제는 뒤에서 다루기로 하고 여기서는 북부여·동부여·졸본부여의 존재만을 확인해둔다.

졸본부여에 대해서는 앞에서 인용한 기록들 가운데 『삼국유사』 「기이」 〈북부여〉조의 끝부분에 보일 뿐이지만 「기이」 〈고구려〉조에는,

---

5 『삼국사기』 권13, 「고구려본기」 〈시조 동명성왕〉조.

고구려는 바로 졸본부여이다.[6]

라고 했고 『삼국사기』 「고구려본기」 〈시조 동명성왕〉조에는 주몽(추모왕)이 졸본천(卒本川)에 이르러 고구려를 건국했음을 전하고 그에 대한 주석으로, 일설에 따르면 주몽이 졸본부여에 이르러 그곳 왕의 사위가 되었는데 왕이 사망하자 그 뒤를 이었다는 내용을 덧붙였다.[7] 『삼국유사』 「기이」 〈북부여〉조와 위의 『삼국사기』 「고구려본기」 〈시조 동명성왕〉조의 기록은 고구려가 건국된 지역에 원래 졸본부여라는 나라가 있었음을 알게 해준다.

앞의 『삼국사기』 「고구려본기」에서는 북부여를 부여라 했다. 그런데 북부여나 동부여 또는 졸본부여 등과는 별도로 처음부터 부여로만 불린 지역이 있었음이 〈광개토왕릉비문〉에서 확인된다. 즉,

> 옛날에 시조인 추모왕이 나라를 건립할 때 그의 아버지는 북부여 하느님의 아들이며 어머니는 하백(河伯)의 딸로, 알을 깨고 세상에 태어났다. 태어나자 곧 성덕(聖德)이 있었다. …… 순행(巡幸)하여 남쪽으로 내려왔는데 내려오는 길에 부여의 엄리대수(奄利大水)를 지나게 되었다.[8]

는 내용이 보인다.

---

6 『삼국유사』 권1, 「기이」 〈고구려〉조.

7 『삼국사기』 권13, 「고구려본기」 〈시조 동명성왕〉조의 고구려 건국에 대한 편찬자 자신의 주석. "一云, 朱蒙至卒本扶餘, 王無子, 見朱蒙, 知非常人, 以其女妻之, 王薨, 朱蒙嗣位."

8 「광개토왕릉비문」. "惟昔始祖鄒牟王之創基也, 出自北扶餘天帝之子, 母河伯女郎, 剖卵降世, 生而有聖德. …… 巡幸南下, 路由扶餘奄利大水."

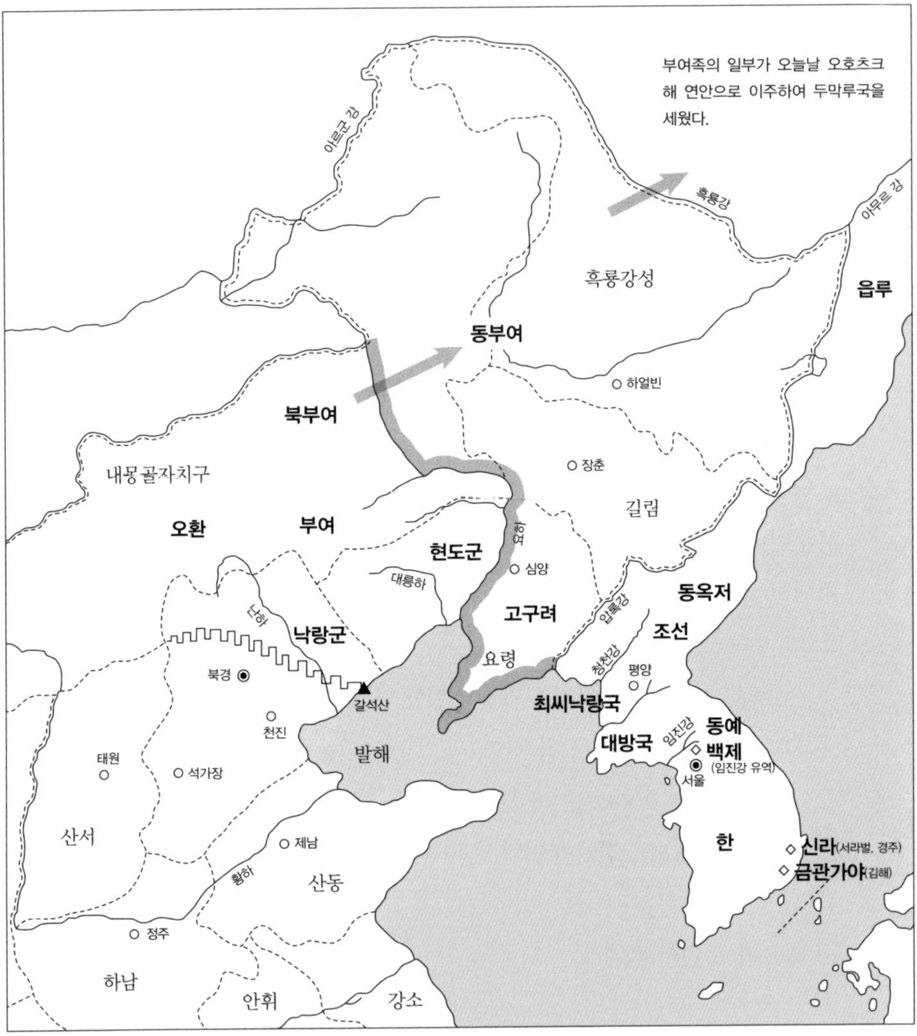

부여 · 북부여 · 동부여의 위치 및 이동도

고구려의 추모왕은 북부여를 떠나 남쪽으로 내려왔으므로 추모왕이 통과한 엄리대수가 있는 지역의 부여가 북부여나 동부여일 수는 없다. 왜냐하면 북부여는 추모왕이 떠났던 곳이고 동부여는 북부여의 동쪽에 있었기 때문이다. 따라서 이 부여를 북부여나 동부여보다는 남쪽에 위치했던 원래의 부여로 보아야 한다는 주장이 있다.[9]

이 부여를 북부여로 보는 견해도 있지만, 「광개토왕릉비문」에는 북부여와 동부여가 분명히 따로 등장하고 있으므로 이 부여는 북부여나 동부여와는 다른 부여로 보아야 한다는 것이다. 만약 이 부여가 북부여라면 북부여는 추모왕의 출생지로 앞의 구절에서 이미 언급되었으므로 그 이름을 다시 언급할 필요가 없었을 것이라는 주장이다.

「광개토왕릉비문」에서 북부여와 동부여에 대한 이름을 분명하게 표현하고 있는 점이나 문맥 등으로 보아 이 부여가 북부여나 동부여와는 다른 부여일 것이라는 주장은 설득력 있어 보인다. 이 점에 대해서는 뒤에서 다시 논할 것이다.

지금까지 사료를 통해 확인한 것처럼 부여라는 이름은 북부여·동부여·졸본부여·부여 등의 특정한 나라나 지명으로 사용되었다. 이보다 훨씬 뒤인 538년에 백제가 일시 국호를 남부여라 한 것[10]은 또 하나의 부여가 등장한 것으로 부여라는 이름이 여러 곳에 존재했음을 알게 해준다. 따라서 부여에 대한 인식을 바르게 하려면 이렇게 여러 곳에 부여라는 이름이 출현하게 된 역사적 배경과 그 성격을 밝힐 필요가 있다. 이를 위해 북부여와 동부여의 건국 연대부터 확인하고자 한다.

---

9 이도학, 「방위명 부여국의 성립에 관한 검토」, 『백산학보』 제38호, 1991, p. 11.
10 『삼국사기』 권26, 「백제본기」 〈성왕 16년〉조. "봄에 도읍을 사비성으로 옮기고 국호를 남부여라 했다."

3. 북부여와 동부여의 건국 연대

앞에서 확인한 북부여·동부여·졸본부여·부여에 관한 기록 가운데 서한 신작 3년이라는 부여의 건국 연대가 보인다. 『삼국유사』에서는 『고기』를 인용하여 신작 3년에 북부여가 건국되었다고 적고 있다.[11]

그러나 이규보의 『동명왕편』에서는 북부여의 해부루가 동쪽의 가섭원으로 이주하여 동부여를 세운 뒤 옛 북부여 자리에 해모수가 와서 자리를 잡았는데 신작 3년은 해모수가 북부여의 옛 도읍에 자리를 잡은 연대라고 기록하고 있다. 그 내용을 보면,

> 한나라 신작 3년 첫 여름에 홀쩍 온 분 해동(海東)의 해모수니 참으로 하느님의 아들이라.[12]

하고는 그 주석으로,

> 『본기(本紀)』에 이르기를, …… (부여왕 해부루의) 정승 아란불이 "요사이 하느님이 저에게 내려오셔서 이르시기를 '장차 내 자손으로 하여금 여기에 나라를 세울까 하니 너희들은 이곳을 피하라. 동해 가에 땅이 있는데 가섭원이라 이르는 곳이다. 토지가 농사짓기에 알맞아 도읍할 만하니라' 하시더라."고 아뢰고 왕에게 권하여 도읍을 옮기고 동부여라 이름 지었다. 그 옛 도읍터에는 해모수가 하느님의 아들로서 와 도읍했다.[13]

---

11 주 3 참조.

12 이규보, 『동명왕편』. "漢神雀三年, 孟夏斗立巳, 海東解慕漱, 眞是天之子."

13 위 문장에 대한 주석. "本紀云, 夫余王解夫婁……, 其相阿蘭弗曰, 日者天降我曰,

고 했고, 같은 책의 또 다른 주석에도,

> 한나라 신작 3년 임술년에 하느님이 태자를 보내 부여왕의 옛 도읍에 내려가 놀게 했는데 해모수라 이름했다. 하늘에서 내려오는데 다섯 용이 끄는 수레를 탔고 따라온 사람 100여 명은 모두가 흰 고니를 탔으며 채색 구름은 그들 위에 떠 있었고 음악은 구름 가운데 울려 퍼졌다.[14]

고 했다. 위의 『동명왕편』 기록에 따르면 서한 신작 3년은 북부여의 건국 연대가 아니라 북부여의 통치자가 해부루에서 해모수로 교체된 연대이다.

만약 『동명왕편』 기록이 옳다면 서한 신작 3년은 동부여의 건국 연대로도 볼 수 있다. 해부루왕이 동쪽으로 옮기자 북부여에는 바로 해모수가 등장했으므로 해모수가 등장한 연대인 서한 신작 3년은 바로 해부루왕이 동쪽으로 이주하여 세운 동부여의 건국 연대가 되기도 한다. 북부여 땅에 새로운 세력이 등장한 시기와 동부여가 건국된 연대는 같거나 거의 비슷할 것이기 때문이다.

그러므로 서한 신작 3년이라는 연대는 『삼국유사』 기록에 따르면 북부여의 건국 연대가 되고, 『동명왕편』 기록에 따르면 동부여의 건국 연대가 되는 것이다. 그런데 동부여는 북부여가 동쪽의 가섭원으로 이동하여 세운 나라이므로 북부여와 동부여의 건국 연대가 같을 수는 없다.

將使吾子孫立國於此, 汝其避之. 海東之濱有地號迦葉原, 土宜五穀, 可都也. 阿蘭弗勸王移都号東夫余, 於舊都解慕漱爲天帝子來都."

14 이규보, 앞 책. "漢神雀三年壬戌歲, 天帝遣太子降遊扶余王古都号解慕漱, 從天而下乘五龍車, 從者百餘人皆騎白鶴, 彩雲浮於上, 音樂動雲中."

따라서 『삼국유사』와 『동명왕편』에 기록된 북부여와 동부여의 건국 연대 가운데 하나는 잘못된 것임이 틀림없다.

위의 두 기록 가운데 어느 것이 옳은지를 가려내는 데는 고구려의 건국 과정과 그 연대가 참고가 된다. 왜냐하면 고구려를 건국한 추모왕이 부여에서 왔기 때문이다. 그러므로 고구려 건국 과정에 대한 기록을 볼 필요가 있다. 우선 고구려 당시의 기록을 보면 「광개토왕릉비문」에는,

> 옛날에 시조인 추모왕이 나라를 세울 때 그의 아버지는 북부여 천제의 아들이었고 어머니는 하백의 딸이었는데 알을 깨고 세상에 나왔다. …… [그는 고도(故土)를 떠나] 순행(巡幸)하여 남쪽으로 내려왔다. …… 그는 비류하(沸流河) 계곡 홀본(忽本) 지방의 서쪽 산 위에 성을 쌓고 도읍을 세웠다.[15]

고 했고 「모두루묘지(牟頭婁墓誌)」[16]에도,

> 하백의 손자요 해와 달의 아들인 추모성왕(鄒牟聖王)은 원래 북부여에서 나왔다. 천하 사방에서 이 나라의 도읍이 가장 거룩하고 믿음직하다는 것을 알고 있다.[17]

---

15 「광개토왕릉비문」. "惟昔始祖鄒牟王之創基也, 出自北夫餘天帝之子, 母河伯女郎, 剖卵降世. …… 巡幸南下, …… 于沸流谷忽本西, 城山上而建都焉."

16 「모두루묘지」는 일본인들이 그렇게 부른 뒤 일반적으로 통용되고 있지만 사실 모두루는 묘지(墓誌)를 쓴 사람의 이름이고 묘에 묻힌 사람은 염모(冉牟)이므로 「염모묘지」라 불러야 한다는 주장이 있다(홍기문, 『조선신화연구』, 지양사, 1989, p. 24의 주 참조).

17 「모두루묘지」. "河伯之孫, 日月之子, 鄒牟聖王元出北夫餘. 天下四方知此國都最聖信."

라고 하여 추모왕이 북부여에서 남쪽으로 내려와 고구려를 건국한 것으로 기록되어 있다. 『삼국사기』 「백제본기」 〈시조 온조왕〉조에도 "고주몽(추모왕)은 북부여에서 도망하여 졸본부여에 이르렀다."[18]고 기록되어 있다.

그러나 『삼국사기』 「고구려본기」에는 「광개토왕릉비문」과 「모두루묘지」 그리고 『삼국사기』 「백제본기」 〈시조 온조왕〉조 기록과는 달리 추모왕이 동부여에서 남쪽으로 내려와 고구려를 건국한 것으로 되어 있다.[19] 『삼국유사』 「기이」 〈고구려〉조에도 『삼국사기』 「고구려본기」 기록과 같은 내용이 실려 있다. 다만 고구려를 건국할 때 추모왕의 나이에 대해서는 『삼국사기』 「고구려본기」에는 22세, 『삼국유사』 「기이」 〈고구려〉조에는 12세라고 하여 달리 기록되어 있다.

고구려시대의 기록인 「광개토왕릉비문」과 「모두루묘지」에는 추모왕이 북부여에서 왔다고 적혀 있고, 고려시대의 기록인 『삼국사기』 「고구려본기」와 『삼국유사』 〈고구려〉조에는 추모왕이 동부여에서 왔다고 하여 서로 달리 전하고 있는 것이다. 그러므로 이 가운데 어느 것이 옳은지를 밝혀내는 작업이 필요하다. 그런데 북부여의 해부루왕이 동쪽의 가섭원이라는 곳으로 옮겨 동부여를 건국했다고 말한 점에서는 모든 기록이 일치하고 있다. 그러므로 추모왕이 북부여에서 왔건 동부여에서 왔건 그가 부여라는 나라에서 왔다는 점에는 일치한다. 그러나 부여의 변천 과정을 이해하기 위해서는 추모왕이 어느 부여에서 왔는지를 밝힐 필요가 있다.

---

18 『삼국사기』 권23, 「백제본기」 〈시조 온조왕 원년〉조. "百濟始祖溫祚王, 其父鄒牟, 或云朱蒙, 自北扶餘逃難, 至卒本扶餘."

19 『삼국사기』 권13, 「고구려본기」 〈시조 동명성왕〉조.

지금까지 인용한 자료들에서 몇 개의 중요한 근거를 얻을 수 있다. 첫째는 부여의 건국 연대이고, 둘째는 고구려의 건국 연대이며, 셋째는 고구려 건국 당시 추모왕의 나이이다.

앞에서 인용한 『삼국유사』「기이」〈북부여〉조[20]와 『동명왕편』[21]의 내용에는 부여의 건국 연대로서 서한 선제 신작 3년이라는 연대가 나타나 있다. 그런데 그것이 『삼국유사』에서는 북부여의 건국 연대로, 『동명왕편』에서는 동부여의 건국 연대로 각각 다르게 기록되어 있는 것이다. 서한의 선제 신작 3년은 서기전 59년이다.

고구려의 건국 연대는 『삼국사기』「고구려본기」에 서한의 원제(元帝) 건소(建昭) 2년으로 기록되어 있는데 그해는 서기전 37년이다. 그러므로 부여의 건국 연대와 고구려의 건국 연대 사이에는 22년이라는 시차가 있다.

고구려를 건국할 때 추모왕의 나이는 『삼국사기』「고구려본기」에는 22세로, 『삼국유사』「기이」〈고구려〉조에는 12세로 기록되어 있다. 그런데 『삼국사기』「고구려본기」와 『삼국유사』「기이」〈고구려〉조에 기록된 추모왕의 부여에서의 성장 내용으로 보아 그가 고구려를 건국할 때는 이미 어린 나이가 아니었던 것으로 생각된다. 그리고 추모왕은 스스로 고구려라는 나라를 건국할 정도의 인물이었으므로 12세의 어린이였다고 보기는 어렵다. 그뿐만 아니라 추모왕은 망명하기 전 부여에 있을 때 이미 결혼하여 아들을 두었다.[22] 이러한 점들을 종합해볼 때 고구려 건

---

20 주 3 참조.

21 주 12·14 참조.

22 『삼국사기』 권23, 「백제본기」 〈시조 온조왕 원년〉조. "주몽이 고구려를 건국하자 그가 망명하기 전 부여에서 낳은 아들이 고구려로 찾아와 태자가 되었다(及朱蒙在北扶餘所生子來爲太子)."

국 당시 추모왕 나이는 22세였다는 『삼국사기』「고구려본기」 기록이 설득력이 있다.

고구려 건국 당시의 추모왕 나이를 22세로 본다면 북부여나 동부여의 건국 연대로 기록된 서기전 59년은 그가 출생한 해가 된다. 여기서 다음과 같은 점을 확인할 수 있다. 만약 서기전 59년이 북부여의 건국 연대라면 추모왕이 동부여에서 와서 고구려를 건국했다는 것은 불가능하다. 왜냐하면 북부여의 해부루왕이 동쪽으로 이주하여 동부여를 건국했으므로 추모왕이 고구려를 건국할 때까지의 동부여 역년은 추모왕의 나이인 22년에 훨씬 못 미칠 것이기 때문이다.

서기전 59년을 동부여 건국 연대로 본다 하더라도 『삼국사기』「고구려본기」 기록대로라면 추모왕이 동부여에서 왔다고 보기는 어렵다. 왜냐하면 『삼국사기』「고구려본기」의 기록에 따라 고구려 건국 당시 추모왕의 나이를 22세로 본다면 동부여 건국과 동시에 그가 출생했어야 한다. 그런데 『삼국사기』「고구려본기」에는 동부여를 건국한 해부루왕의 뒤를 이은 금와왕(金蛙王) 때 추모왕이 출생한 것으로 되어 있어 그 출생 연대와 나이가 합리적으로 설명되지 않는다.[23]

그러므로 '서기전 59년'이라는 부여의 건국 연대와 '추모왕이 온 부여'에 대한 합리적이고 설득력 있는 설명이 되려면 서기전 59년은 동부여의 건국 연대가 되고, 추모왕이 온 부여는 북부여가 되어야 한다. 추모왕이 북부여에서 남쪽으로 내려왔다는 것은 「모두루묘지」와 「광개토왕릉비문」 및 『삼국사기』「백제본기」 〈시조 온조왕〉조의 기록과 일치하는 것이다. 「광개토왕릉비문」과 「모두루묘지」는 고구려 당시의 기록으로

---

23 『삼국사기』 권13, 「고구려본기」 〈시조 동명성왕〉조 참조.

『삼국사기』나 『삼국유사』보다 사료로서 가치가 높다는 점에서도 추모왕이 북부여에서 남하했다고 보는 것이 설득력이 있다.

이렇게 보면 『삼국유사』 「기이」 〈북부여〉조의 기록에 서한 선제 신작 3년, 즉 서기전 59년을 북부여의 건국 연대로 본 것은 잘못임을 알 수 있다. 그런데 『삼국유사』 내용에서는 또 하나의 의문점이 발견된다. 그것은 해모수에 관한 기록이다. 『삼국유사』는 해모수를 북부여의 건국자로 적고 있다. 그러나 북부여와 동부여에 관한 기록들을 싣고 있는 다른 문헌들에는 한결같이 해모수가 북부여의 해부루왕이 동쪽으로 이동해 간 뒤 북부여 지역을 통치했던 인물로 적혀 있다. 따라서 해모수는 북부여의 건국자가 아니라 해부루왕과 교체된 북부여의 통치자였다고 보아야 하는 것이다.

『삼국유사』의 저자 일연은 어떤 연유로 해모수를 북부여의 건국자라고 기록했을까? 이 의문을 푸는 데 실마리를 제공하는 기록이 『제왕운기』와 『삼국유사』에 보인다. 『제왕운기』 「한사군급열국기」 주석에,

> 『단군본기(檀君本紀)』에 이르기를, "비서갑(非西岬) 하백(河泊)의 딸과 결혼하여 아들을 낳았는데 이름이 부루(夫婁)였다."고 했다.[24]

고 말하고는 이 사람이 부여의 부루왕인데 그가 동쪽의 가섭원으로 도읍을 옮겨 동부여를 건국했다고 했다. 이로써 부여의 해부루왕은 단군의 아들이라고 전해왔음을 알 수 있는데 『삼국유사』 「기이」 〈고구려〉조의 저자 자신의 주석을 보면,

---

24 『제왕운기』 권 하, 「한사군급열국기」의 주석. "檀君本紀曰, 與非西岬河泊之女婚, 而生男名夫婁."

『단군기(壇君記)』에 이르기를, "단군이 서하(西河) 하백의 딸과 친하여 아들을 낳아 부루라 이름했다." 했는데, 지금 이 기록(『삼국유사』「기이」편 기록)을 살펴보건대 해모수가 하백의 딸을 사통하여 뒤에 주몽을 낳았다 했다. 『단군기』에, "아들을 낳아 부루라 이름했다." 했으니 부루와 주몽은 어머니가 다른 형제일 것이다.[25]

라고 했다.

이 기록에 따르면 단군과 해모수는 같은 사람이었음을 알 수 있다. 단군은 해모수라고도 불렸던 것이다. 단군은 고조선의 최고 통치자에 대한 칭호로서 하느님 또는 하느님의 아들이라는 의미를 지니고 있는데[26] 해모수는 해머슴애, 즉 해의 아들이라는 뜻이었다.[27] 고대에 한민족은 해를 하늘의 상징으로 인식하여 단군을 해머슴애라고도 불렀던 것이다.

이러한 의미를 알고 보면 『삼국유사』에서 북부여의 건국자를 해모수라 기록하게 된 연유를 이해하게 된다. 『제왕운기』에서 말했듯이 부여왕 해부루의 아버지는 단군이었다. 그러므로 해부루왕의 아버지는 해모수라고도 불렸던 것이다. 『삼국유사』의 저자인 일연은 북부여의 해부루왕이 동쪽의 가섭원으로 이주한 뒤 북부여 지역에 와서 스스로 해모수라 했던 인물과 해부루왕의 아버지로 전해온 해모수를 혼동한 것으로

---

25 『삼국유사』 권1, 「기이」 〈고구려〉조의 저자 자신의 주석. "壇君記云, 君與西河河伯之女要親, 有産子, 名曰夫婁, 今按此記, 則解慕漱私河伯之女而後産朱蒙. 壇君記云, 産子名曰夫婁, 夫婁與朱蒙異母兄弟也."

26 최남선, 「불함문화론」, 『육당최남선전집』 2, 현암사, 1973, pp. 56~61.

27 김상기, 「국사상에 나타난 건국설화의 검토」, 『동방사논총』, 서울대 출판부, 1984, pp. 6~7의 주 7 참조.

보인다.[28] 그 결과 해부루왕이 동쪽으로 이동한 뒤 북부여 지역에 해모수라고 자처한 새로운 인물이 등장한 연대를 북부여의 건국 연대로 잘못 기록했던 것으로 생각된다.

지금까지 살펴본 바를 요약하면 다음과 같이 정리된다. 북부여는 건국 연대를 정확하게 알 수 없으나 동부여보다 오래된 나라였다. 그런데 서기전 59년에 이르러 북부여의 해부루왕은 동쪽의 가섭원으로 이주하여 동부여를 건국했다. 해부루왕이 동쪽으로 옮겨 가자 원래의 북부여에는 해모수라는 새로운 인물이 등장하여 그 지역을 통치하게 되었는데 나라 이름을 여전히 북부여라 했다. 그리고 그보다 22년 뒤인 서기전 37년에 추모왕은 북부여에서 남쪽으로 내려와 졸본부여의 땅에 고구려를 건국했던 것이다.

4. 북부여와 동부여의 위치

앞에서 북부여·동부여·졸본부여·부여 등의 이름이 확인되었다. 그런데 여러 기록들에 따르면 동부여는 북부여의 동쪽에 위치했고 부여와 졸본부여는 북부여의 남쪽에 있었다는 사실을 알 수 있다. 그러나 여러 부여의 위치에 대한 구체적인 언급은 없다. 따라서 앞의 기록들만 가지고는 여러 부여의 위치를 확인할 수가 없다.

일찍이 정약용은 북쪽의 함흥에서 남쪽으로 강릉에 이르는 지역을 동

28 기록에는 해부루왕과 고주몽의 아버지가 해모수 또는 단군으로 나타나지만 이들을 바로 부자 관계로 볼 수 있을지는 의문이다. 왜냐하면 고대 신화나 전설은 내용이 매우 압축되어 있어 실제로는 먼 조상인데도 아버지로 표현된 경우가 많기 때문이다.

예 지역으로 보면서 이 동예가 바로 해부루가 세운 동부여일 것이라고 했다.[29] 이병도는 북부여와 동부여는 고구려를 중심으로 붙여진 이름일 것으로 보면서 북부여는 고구려의 북쪽인 오늘날 길림성 지역에, 동부여는 고구려의 동쪽인 함경도 지역에 있었을 것으로 보았다.[30] 이에 대해 노태돈은 북부여나 동부여라는 이름이 고구려를 중심으로 붙여졌을 것이라는 점과 북부여의 위치에는 동의하면서도 동부여의 위치는 두만강 유역으로 수정했다.[31]

한편 이도학은 북부여나 동부여라는 이름은 고구려를 중심으로 붙여진 이름이 아니라 원래의 부여를 중심으로 여러 곳에 부여가 존재했는데 그 자체의 방위에 따라 붙여진 이름이었을 것이라고 했다. 그러면서도 북부여의 위치를 지금까지의 견해와 같이 길림성 일대로 보았고 동부여의 위치는 아직 분명한 견해를 가지고 있지 않지만 잠정적으로 두만강 하류 유역으로 보고자 한다고 말했다.[32]

북부여나 동부여의 이름을 고구려 중심으로 보든 부여 중심으로 보든 동부여의 위치를 함경도 지역으로 잡은 것은 분명한 근거가 있는 것은 아니다. 함경도 지역에 동부여라는 나라가 있었다는 사료는 존재하지 않기 때문이다. 그래서 학자에 따라 동예를 동부여로 보기도 하고 동옥

---

29 정약용, 『여유당전서(與猶堂全書)』 제6집, 「강역고(疆域考)」 권 2, 〈예맥별고(濊貊別考)〉.

30 이병도, 『국역 삼국사기』, 을유문화사, 1980, p. 215의 주 3 참조. 이병도는 동부여를 지금의 함경남도 지역에 있었던 동예를 지칭한 것으로 보았다. 고구려인들은 자신들과 같은 종족인 북방의 예맥을 북부여, 동쪽의 예맥을 동부여 또는 동예라 했을 것이라고 보았다.

31 노태돈, 「부여국의 경역과 그 변천」, 『국사관논총』 제4집, 1989, p. 45.

32 이도학, 앞 글, p. 17.

저가 있었던 함경도 지역을 동부여로 보기도 했던 것이다.[33]

그러나 그렇게 보는 데는 문제가 있다. 『후한서』「동이열전」과 『삼국지』「동이전」에 따르면 함경북도와 함경남도 북부 지역에는 동옥저와 북옥저가 있었고 함경남도 남부와 강원도 지역에는 동예가 있었는데 이들이 동부여라 불렸다는 근거가 없기 때문이다.

오히려 『삼국사기』에서는 동부여가 고구려의 북쪽에 있었다고 말하고 있다. 『삼국사기』「고구려본기」〈대무신왕 4년〉조에는 대무신왕이 부여를 치러 가는 도중에 괴유(怪由)라는 사람을 만났는데,

> 신(臣)은 북명인(北溟人) 괴유이온대 들으니 대왕께서 북쪽의 부여를 정벌한다고 하오니 청컨대 신이 종군하여 부여왕의 머리를 취해 오겠습니다.[34]

라고 말한 대목이 있다. 그리고 계속된 내용에는 부여에 대한 설명이 있는데, 그 가운데 이 부여는 금와왕이 다스렸던 부여임을 말하고 있다. 앞에서 이미 확인한 바와 같이 금와왕은 해부루왕의 뒤를 이은 동부여의 왕이었다.[35] 따라서 위 인용문의 내용은 동부여가 고구려의 북쪽에 있었음을 알게 해준다.

그런데 중국의 옛 문헌에서는 위치가 다른 두 곳의 부여가 확인된다. 하나는 『사기』「화식열전(貨殖列傳)」에 보이는 부여이고, 다른 하나는

---

33 주 29~31 참조.

34 『삼국사기』 권14, 「고구려본기」〈대무신왕 4년〉조. "臣是北溟人怪由, 竊聞大王北伐扶餘, 臣請從行, 取扶餘王頭."

35 주 23 참조.

『후한서』「동이열전」과 『삼국지』「동이전」에 보이는 부여이다. 먼저 『사기』「화식열전」의 부여에 관한 기록을 보면,

> 무릇 연(燕)은 발해와 갈석(碣石) 사이의 사람이 많이 사는 곳이다. …… 북쪽으로는 오환(烏丸)·부여와 이웃했고 동쪽으로는 예·맥·조선·진번과의 이익을 관장했다.[36]

고 했다. 이 내용은 부여가 오환과 이웃하여 연(燕)의 북쪽에 있었음을 말하고 있다. 『사기』는 서한 무제(서기전 141~서기전 87년) 때 편찬되었으므로 위의 기록은 그 이전의 상황을 말한 것이다. 즉 서기전 140년대 이전의 상황을 말하고 있는 것이다.

위의 인용문에 나오는 발해와 갈석의 위치에 대해서 『사기정의(史記正義)』에 "발해와 갈석은 서북쪽에 있다."[37]고 했다. 중국의 내륙을 기준으로 서북쪽에는 바다가 없다. 중국은 동쪽과 남쪽에 바다가 있을 뿐이다. 그러므로 여기서 말하는 서북쪽은 바다 자체를 기준으로 한 말임을 알 수 있다. 중국인들이 서북에 있다고 말할 수 있는 바다는 오늘날 천진시(天津市) 남부 연안의 발해만(渤海灣)밖에 없다.

이렇게 보면 여기에서 말하는 갈석은 난하 하류 동부 유역에 있는 오늘날 갈석산(碣石山)임을 알 수 있다. 난하 하류 동부 유역에 있는 갈석산은 고대에 고조선과 중국의 국경에 위치하여[38] 문헌에 자주 등장하는

---

36 『사기』 권129, 「화식열전」. "夫燕亦勃·碣之間一都會也, …… 北鄰烏丸·夫餘, 東綰穢·貉·朝鮮·眞番之利."

37 위의 『사기』「화식열전」의 발해와 갈석에 대한 『사기정의』 주석. "勃海·碣石在西北."

38 윤내현, 「고조선의 서쪽 경계」, 『고조선 연구』 상, 만권당, 2015, pp. 226~233.

산으로 진(秦)제국의 시황제와 2세 황제, 서한 무제, 조조 등이 올랐던 곳이다.[39]

앞의 『사기』「화식열전」 인용문에서 연(燕)은 발해와 갈석산 사이의 지역이라고 했으므로 연 지역은 오늘날 북경시와 천진시 지역이었음을 알 수 있다. 이 지역은 난하의 서부 유역이다. 그리고 부여는 연의 북쪽에 있었다고 했으므로 이 부여는 오늘날 난하 상류 유역에 위치했음을 알 수 있다. 오늘날 하북성(河北省) 동북단과 내몽골자치구의 경계 지역이 된다.

그런데 이 부여가 나타난 『사기』「화식열전」은 서한 무제시대 이전에 관한 기록이므로 서기전 140년대 이전의 상황으로 고조선 말기에 해당한다. 따라서 위의 기록은 고조선시대의 부여 위치를 말한 것이다. 이 부여는 고조선의 거수국 가운데 가장 서북쪽에 있었다.[40]

『후한서』「동이열전」 〈부여국전〉과 『삼국지』「동이전」의 〈부여전〉에 보이는 부여는 오늘날 길림성 북부와 내몽골자치구 동부 일부 및 흑룡강성 지역을 차지하고 있었다.[41] 이 부여는 『후한서』와 『삼국지』에 보이므로 앞에서 확인된 고조선시대의 부여보다는 늦은 시기의 부여로서 중국의 동한시대와 삼국시대에 존재했던 부여인 것이다.

이미 확인된 바와 같이 중국 문헌에는 위치가 다르고 시대가 다른 2개의 부여가 보인다. 하나는 서기전 140년대 전후와 그 이전에 있었던

---

39 黃盛璋, 「碣石考辯」, 『歷史地理論集』, 人民出版社, 1982, pp. 556~557 ; 고홍장(高洪章)·동보서(董寶瑞) 지음, 윤내현 옮김, 「갈석고(碣石考)」 ; 윤내현, 『한국고대사신론』 부록, 일지사, 1988, p. 358.

40 주 2 참조.

41 『후한서』 권85, 「동이열전」 〈부여국전〉 ; 『삼국지』 권30, 「동이전」 〈부여전〉 ; 이 책의 제1장 Ⅰ 「열국시대의 시작과 변천」의 주 14와 주 15 사이의 본문 참조.

부여이고, 다른 하나는 중국의 동한시대가 시작된 서기 25년 전후와 그 이후에 존재했던 부여이다. 앞의 부여는 오늘날 난하 상류 유역에 있었고 뒤의 부여는 길림성 북부와 내몽골자치구 동부 일부 및 흑룡강성 지역을 차지하고 있었으므로 후자가 전자보다 동쪽에 있었다.

여기서 필자는 앞에서 사료를 통해 확인한 바 있는 북부여·동부여·부여·졸본부여 등을 상기하고자 한다. 그 가운데 부여는 추모왕이 북부여에서 남쪽으로 내려오는 과정에서 지명 정도로 나타나는 부여로서 국가 규모는 아니었던 것 같다. 그리고 졸본부여는 그곳에서 고구려가 건국했으므로 고구려라는 이름이 등장하면서 그 이름은 소멸되었다. 앞의 사료들을 보건대 북부여와 동부여는 각각 서쪽과 동쪽에 있었으나 추모왕이 북부여에서 남쪽으로 내려왔던 것으로 보아 부여와 졸본부여는 북부여와 동부여보다는 남쪽에 있었을 것임을 알 수 있다.

그런데 『사기』 「화식열전」에 등장한 부여와 『후한서』 「동이열전」 〈부여국전〉, 『삼국지』 「동이전」 〈부여전〉에 보이는 부여는 각각 서쪽과 동쪽에 있어 북부여와 동부여의 상호관계와 일치한다. 그리고 존재 시기도 북부여가 동부여보다 앞섰다는 기록들과 일치한다. 그러므로 난하 상류 유역에 있었던 부여는 북부여, 북만주 지역에 있었던 부여는 동부여로 보는 것이 타당하다. 동부여는 길림성 북부와 내몽골자치구 동부 일부 및 흑룡강성 지역을 차지하고 있었는데, 그 정치 중심지는 오늘날 길림성 북부에 있는 부여현 지역이었을 것이다.

동부여의 중심지가 오늘날 길림성 부여현[최근에 송원(松原)으로 개명] 지역이었음은 다음과 같은 사실들이 뒷받침한다. 첫째, 오늘날 그곳의 지명이 부여라는 점은 이 지역이 고대에 부여의 중심지였을 가능성을 말한다. 둘째, 앞에서 인용한 『삼국사기』 「고구려본기」 〈대무신왕 4년〉 조에는 동부여가 고구려의 북쪽에 있었던 것으로 기록되어 있는데 길림성 부여현 지역은 고구려의 북쪽이 된다. 셋째, 길림성 부여현 지역의 자연환경은 고대 문헌 기록에 보이는 부여의 자연환경과 일치한다.

부여 지역의 자연환경에 대해 『후한서』「동이열전」〈부여국전〉에서는 부여는 현도군에서 북쪽으로 1천 리 떨어진 곳에 있다고 말하면서,

> 동이의 지역 가운데 가장 평탄하며 토질이 오곡이 자라기에 알맞다.[42]

고 했고, 『삼국지』「동이전」〈부여전〉에도 부여는 장성(長城)의 북쪽에 있는데 현도군에서 1천 리 떨어져 있다고 말하고,

> 산 언덕과 넓은 호수가 많고 동이의 지역에서 가장 평탄하며 토지는 오곡에 알맞으며 오과(五果)는 자라지 않는다.[43]

고 했다. 진장성(秦長城)은 오늘날 난하 동부 유역에 있는 갈석산에 이르렀고[44] 현도군은 오늘날 요하 서부 유역에 있었다.[45] 따라서 길림성 부여현 지역은 진장성의 동북쪽이 되며 현도군에서는 1천 리쯤 떨어져 있고 고구려의 북쪽에 자리한다. 또한 중국의 동북평원에 자리해 『후한서』「동이열전」과 『삼국지』「동이전」에서 동이의 지역으로 언급하고 있는 한반도와 만주 지역에서 가장 평탄한 지역에 속한다. 송눈평원(松嫩平原)으로 불리기도 하는 이 지역은 송화강과 눈강(嫩江) 그리고 제1송

---

42 『후한서』 권85, 「동이열전」 〈부여국전〉. "於東夷之域, 最爲平敞, 土宜五穀."

43 『삼국지』 권30, 「동이전」 〈부여전〉. "多山陵 · 廣澤, 於東夷之域最平敞. 土地宜五穀, 不生五果."

44 윤내현, 「고조선의 서쪽 경계」, 앞 책 『고조선 연구』 상, pp. 239~244.

45 윤내현, 「위만조선과 한사군의 위치」, 위 책, pp. 466~480.

화강이 만나는 곳으로 주변에 큰 강과 넓은 호수들이 있다. 『후한서』와 『삼국지』에서 말한 부여의 자연환경과 일치한다.

이제 동부여의 위치가 확인되었으므로 북부여의 해부루왕이 왜 동쪽으로 이주하여 동부여를 건국했는지를 밝힐 필요가 있다. 해부루왕의 이주에는 그럴 만한 사연이 있었을 것이다. 이것은 이주의 원인 자체를 밝힌다는 데도 의미가 있지만 당시의 상황을 이해하는 데도 도움이 될 것이다.

『삼국사기』와 『삼국유사』 및 『제왕운기』 등에는 북부여의 해부루왕이 동쪽으로 이주한 것은 가섭원으로 나라를 옮기라는 하느님의 계시가 있었기 때문인 것으로 기록되어 있다. 고대사회는 종교가 지배하고 있었기 때문에 그의 이주를 최고신인 하느님의 이름을 빌어 합리화한 것이며 분명히 현실적으로 이주하지 않으면 안 될 사정이 있었을 것이다.

그러한 사정을 알기 위해 당시 부여국 내외의 사정을 살펴볼 필요가 있다. 앞에서 확인한 바와 같이 북부여의 해부루왕이 동쪽으로 이주하여 동부여를 건국한 해는 서기전 59년이었다. 서기전 59년은 한사군이 설치된 뒤 49년이 지난 해이다. 한사군은 오늘날 요서 지역에 설치되었는데 한사군 설치 전에 그 지역에는 위만조선이 있었다. 위만조선이 건국되기 전 그 지역은 고조선의 서부 변경이었다.[46]

오늘날 요서 지역에는 원래 고구려·숙신·낙랑·예·맥 등의 고조선 거수국들이 있었는데[47] 그곳에 위만조선이 건국되어 영토를 확장하자 이들 거수국들은 영토를 잃고 동쪽으로 이동하게 되었다. 그 후 서한 무제가 위만조선을 멸망시키고 오늘날 요하까지 서한 영토에 편입시켜 한

46 위만조선과 한사군의 위치에 대해서는 윗글 pp. 460~481 참조.
47 윤내현, 「고조선의 국가 구조」, 앞 책 『고조선 연구』 하, pp. 30~73.

사군을 설치했다. 이렇게 되자 동쪽으로 이동했던 고조선의 거수국들은 오늘날 요하 동쪽의 만주와 연해주 및 한반도 지역에서 자리를 잡고 국가를 재건하게 되었다. 이와 같이 고조선 말기에 오늘날 요서 지역에서는 혼란한 상황이 벌어졌던 것이다.

그런데 부여는 난하 상류 유역에 위치하여 고조선의 거수국들 가운데 가장 서북쪽에 있었으므로 위만조선이 건국되고 그 영토를 확장하는 과정에서 북쪽으로 이동하지 않으면 안 되는 사태가 일어났을 것이다. 위만조선은 난하 하류 유역에서 건국되어 동쪽과 북쪽으로 영토를 확장했기 때문이다. 그런데 부여가 북쪽으로 이동했다 하여 거주민 모두가 이동해 간 것은 아니었을 것이다. 부여 주민 일부는 그 지역에 남아 있었을 것이다.

그러므로 원래 부여가 있었던 지역은 여전히 부여라 불렸을 것이다. 그리고 북쪽으로 이주한 새로운 부여는 그 북쪽이 되므로 북부여라 불렸을 것이다. 「광개토왕릉비문」에 추모왕이 북부여를 떠나 남쪽으로 내려오는 과정에서 통과한 것으로 기록된 엄리대수가 있었던 부여는 바로 원래 부여가 있었던 지역이었을 것이다.

지금까지는 부여 또는 북부여의 위치를 오늘날 길림성 북부나 흑룡강성 지역 또는 송화강 유역 등으로 보았다. 그렇게 본 것은 북부여의 위치를 『후한서』나 『삼국지』 또는 그 이후의 문헌에 기록된 부여의 위치에 따랐기 때문이다. 그 결과 원래의 부여 위치를 고고학적으로 서단산문화(西團山文化)가 발견된 오늘날 길림시와 장춘시 일원일 것으로 보기도 한다.[48]

---

48 노태돈, 앞 글, pp. 39~41 ; 이도학, 앞 글, p. 13 ; 박진욱, 「길림·장춘 지방 좁은놋단검문화의 성격」, 『조선고고학전서』 고대편, 과학백과사전출판사, 1988, pp. 202~211.

그러나 앞에서 확인한 바와 같이 원래의 부여와 북부여는 난하 상류 유역에 있었다. 그러므로 서단산문화는 원래의 부여나 북부여의 문화일 수가 없다. 위치가 서로 다르기 때문이다. 그뿐만 아니라 서단산문화를 동부여문화로 볼 수도 없다. 동부여는 서기전 59년에 건국되었는데 서단산문화[49] 가운데 가장 이른 시기의 유적으로 확인된 길림성 영길현(永吉縣) 성성초(星星硝) 유적[50]은 연대가 서기전 1275±160년으로[51] 그 지역에 동부여나 고구려가 건국되기 훨씬 전이기 때문이다. 그러므로 서단산문화는 동부여나 고구려가 건국되기 전 고조선 후기의 그 지역 토착문화로 이해해야 할 것이다.

『후한서』와 『삼국지』에 보이는 부여의 위치는 고조선이 붕괴된 뒤의 상황으로 동부여의 위치를 말한 것이다. 고조선이 존재했던 중국의 서한시대까지의 기록에서는 부여가 길림성이나 흑룡강성 지역 또는 송화강 유역으로 나타나지 않는다.

그런데 동부여의 건국 연대인 서기전 59년 무렵에는 오늘날 요서 지역에 한사군이 설치되어 그 지역은 중국 영토가 되어 있었고, 요서 지역에 있었던 고조선 세력은 대부분 오늘날 요하 동쪽으로 이동해 있었다. 이러한 상황에서 북부여는 자기 나라만 홀로 중국 영토의 북쪽에 자리잡고 있는 것은 결코 유리하지 않다는 판단을 하게 되었을 것이다.

---

49 中國社會科學院考古研究所, 『新中國的考古發現和研究』, 文物出版社, 1984, pp. 344~345.

50 吉林市文物管理委員會·永吉縣星星硝水庫管理處, 「永吉星星硝水庫石棺墓及遺址調查」, 『考古』, 1978년, 제3기, pp. 145~150, 157 ; 吉林市博物館·永吉縣文化館, 「吉林永吉星星硝石棺墓第三次發掘」, 『考古學集刊』 3, 1983, pp. 109~125.

51 이 유적의 방사성탄소측정연대는 서기전 1015±100년(2965±100 B.P.)인데 교정연대는 서기전 1275±160년이다. 中國社會科學院考古研究所 編著, 『中國考古學中碳十四年代數據集』, 文物出版社, 1983, p. 34.

그리하여 북부여의 해부루왕은 고조선의 후계세력들이 있는 동쪽 지역으로 이주할 결심을 했을 것이다. 이런 상황에서 북부여에서는 통치세력의 교체가 일어났다. 오늘날 요서 지역에 이런 변화가 일어나는 과정에서 부여 주민 일부는 이보다 먼저 오늘날 요동 지역으로 이동하여 졸본에 자리를 잡았던 것으로 보인다. 이것이 졸본부여였다.

위만조선이 건국되어 영토를 확장하고, 서한에게 위만조선이 멸망되고 한사군이 설치되는 과정에서 오늘날 요서 지역은 두 번에 걸친 큰 전란에 휩쓸렸다. 그러한 상황에서 부여·고구려·예·맥 등의 지배귀족이나 주민들이 동쪽으로 이동하면서 일사분란하게 한곳으로 이주할 수는 없었을 것이다. 아마도 그들은 여러 곳으로 분산되었고, 그들이 이주한 곳에는 그 종족의 이름이 붙여졌을 것이다. 그 결과 여러 곳에 부여라는 같은 이름이 등장하는 현상이 일어나게 되었을 것이다. 부여의 이름이 여러 곳에서 보이는 것은 바로 그러한 결과였던 것이다.

이상과 같이 보면 추모왕은 난하 상류 북쪽에 있었던 북부여에서 남쪽으로 내려오면서 원래의 부여 지역을 지나 오늘날 요동 남부 지역에 있었던 졸본부여에 이르러 그곳에서 고구려를 건국했음을 알 수 있다.

동부여가 있었던 길림성 북부와 흑룡강성 지역은 부여족이 이동해 오기 전에 한동안 예족의 일부가 거주했던 것으로 보인다. 『후한서』「동이열전」〈부여국전〉에 "그곳은 본래 예(濊)의 땅이었다."[52]고 기록되어 있는 것은 그런 사실을 알게 해준다. 예는 고조선의 거수국으로서 오늘날 요서 지역에 있다가 그 지역에 위만조선이 서자 영토를 잃고 동쪽으로 이동했으며, 그 과정에서 일부가 한때 길림성 북부와 흑룡강성 지역에

52 『후한서』 권85, 「동이열전」 〈부여국전〉. "本濊地也."

자리를 잡았다가 동부여가 그곳에 자리를 잡자 예족이 많이 거주하는 함경남도 남부와 강원도 지역으로 다시 이주했던 것으로 보인다.[53]

북부여의 해부루왕이 동쪽으로 이동하여 동부여를 건국한 뒤 북부여 지역은 여전히 북부여라는 이름을 사용했는데 새로 등장한 통치세력도 고조선의 후계세력이었던 것 같다. 이 북부여는 346년까지 존속했다.

북부여 지역에 자리잡은 세력이 고조선의 후계세력이었음은 『삼국사기』 「고구려본기」 〈동명성왕〉조와 『동명왕편』에 북부여의 해부루왕이 동쪽으로 이동한 뒤 "그 옛 도읍에는 어디에서 왔는지 알 수 없는 사람이 스스로 하느님의 아들 해모수라 칭하고 왔다."[54] 고 한 것에서 알 수 있다. 앞에서 말한 바와 같이 해모수는 단군에 대한 다른 호칭이었다.[55]

고조선은 오늘날 요하 동쪽의 만주와 한반도를 차지하고 있다가 붕괴되었으므로 그 지리적 위치로 보아 북부여 땅에 새로 군림한 사람이 바로 고조선의 단군이었다고 보기는 어렵다. 그러나 그가 스스로 해모수라는 이름을 사용했던 점으로 미루어보아 고조선 단군의 후손이었거나 고조선의 후계세력이었던 것으로 생각된다.

북부여가 346년에 멸망했음은 『자치통감(資治通鑑)』과 『진서』 기록에서 확인된다. 『자치통감』 「진기(晉紀)」 〈영화(永和) 2년〉조에,

> 처음에 부여는 녹산(鹿山)에 거주했는데 백제의 침략을 받아 부락이 쇠퇴하고 흩어져서 서쪽의 연(燕) 가까이로 이주했으나 미리 방어를 하지

---

53 고조선이 붕괴된 뒤 함경남도 남부와 강원도 지역에 있었던 이 예를 일반적으로 동예라 부른다.

54 주 13 참조.

55 주 27과 같음.

않았다. 연왕(燕王) 모용(慕容)황(皝)은 세자 준(儁)을 파견하여 모용군(慕容軍)·모용각(慕容恪)·모여근(慕輿根) 세 장군과 군사 1만 7천 명의 기병을 이끌고 부여를 습격하도록 했다. 준은 중군(中軍)에 있으면서 지휘를 하고 군대의 업무는 모두 각(恪)에게 맡겼다. 마침내 부여를 빼앗고 그 왕 현(玄)과 부락 주민 5만여 명을 사로잡아 가지고 돌아왔다. (모용)황은 현을 진군장군(鎭軍將軍)으로 삼고 그의 딸을 처로 삼도록 했다.[56]

는 기록이 보인다. 영화 2년은 346년이다. 부여는 백제의 공격을 받고 선비족의 모용황이 세운 전연(前燕) 가까이로 이주했다가 346년에 전연의 습격을 받아 멸망했는데 모용황은 부여왕 현을 진군장군으로 삼고 그의 딸과 결혼하도록 했다는 것이다.[57]

그런데 당시에 동부여는 오늘날 길림성 북부와 흑룡강성 지역에 있었고, 백제는 한반도 남부에 있어 동부여와 백제 사이에는 고구려가 있었다. 따라서 백제가 동부여를 습격한다는 것은 불가능하다. 그러므로 위의 인용문에 나오는 백제는 고구려를 잘못 기록했을 것으로 보기도 한다.[58] 그러나 이 부여는 고구려가 잘못 기록된 것이거나 동부여가 아니라 북부여였던 것이다.

---

56 『자치통감』 권97, 「진기」 〈효종 목황제 영화 2년〉조. "初, 夫餘居于鹿山, 爲百濟所侵, 部落衰散, 西徙近燕而不設備. 燕王皝遣世子儁, 帥慕容軍·慕容恪·慕輿根三將, 萬七千騎, 襲夫餘. 儁居中指授, 軍事皆以任恪. 遂拔夫餘, 虜其王玄及部落五萬餘口而還. 皝以玄爲鎭軍將軍, 妻以女."

57 『진서』 권109, 「재기(載記)」 9, 〈모용황〉조에는 다음과 같이 기록되어 있다. "(모용)황 3년에 그 세자를 보내 각(恪)과 더불어 기병 1만 7천을 이끌고 동쪽의 부여를 습격하도록 했는데, 이겨서 그 왕과 부(部)의 무리 5만여 명을 붙잡아 가지고 돌아왔다(三年, 遣世子儁與恪率騎萬七千東襲扶餘, 克之, 虜其王及部衆五萬餘口以還)."

58 이병도, 「부여고」, 『한국고대사연구』, 박영사, 1981, p. 221 ; 노태돈, 앞 글, p. 37.

이 부여가 북부여였음은 다음 사실을 통해 확인된다. 이 시기에 백제는 오늘날 난하 유역에서 북경과 천진 지역을 포함한 중국의 동북 해안 지역을 차지하고 있었다.[59] 앞에서 확인했듯이 북부여는 난하 상류 유역에 있었으므로 백제가 차지하고 있었던 지역은 북부여의 남쪽이었다.

백제는 304년(분서왕 7년)에 오늘날 난하 동부 유역에 있었던 낙랑군을 치는 등 그 지역에서 활발하게 활동하고 있었다.[60] 그러므로 백제 영역과 경계를 접하고 북쪽에 있었던 북부여를 쳤을 가능성이 있는 것이다. 부여는 346년 전연에게 멸망되기 전에 백제의 공격을 받았다고 했으므로 그 시기가 대체로 백제가 난하 유역에서 활동하던 때와 일치한다. 그런데 위에 인용한 『자치통감』에는 부여가 서쪽으로 이동했다고 기록되어 있는데 백제가 북부여의 남쪽에 있었다면 그러한 현상이 가능했을 것인가라는 의문을 가질 수 있다.

그러나 당시에 백제는 난하 유역에서 그 동부 유역에 있는 낙랑군을 치는 등 동쪽으로도 활동을 전개하고 있었다. 그러므로 백제가 북부여의 동남부를 쳤다면 북부여는 백제의 침략을 피해 서쪽으로 이동했을 것이다. 이렇게 보면 346년 전연에게 멸망된 부여는 북부여였음을 알

---

59 김상기, 「백제의 요서경략에 대하여」, 『동방사논총』, 서울대 출판부, 1984, pp. 426~433 ; 방선주, 「백제군의 화북진출과 그 배경」, 『백산학보』 제11호, 1971, pp. 1~30 ; 윤내현, 「중국 동부 해안 지역과 한반도-만주 지역의 상호관계-장보고 대사 이전 시대를 중심으로」, 『장보고 해양경영사연구』, 이진, 1993, pp. 51~90.

60 『삼국사기』 권24, 「백제본기」 〈분서왕 7년〉조. "봄 2월에 몰래 군대를 보내 낙랑(군)의 서쪽 현을 습격하여 차지했다. 겨울 12월에 (분서)왕은 낙랑태수가 보낸 자객에게 해를 입어 돌아가셨다(春二月, 潛師襲取樂浪西縣, 冬十月, 王爲樂浪太守所遣刺客賊害薨)." 이 시기 백제가 난하 유역에서 한 활동에 대해서는 『삼국사기』 「백제본기」 〈고이왕 13년〉조, 〈책계왕 13년〉조, 〈비류왕 9년〉조 등을 참조하기 바람.

수 있다.[61]

그런데 한국이나 중국의 고대 문헌들은 북부여와 동부여를 구분하지 않고 이들을 모두 부여라고만 기록함으로써 이들이 같은 나라였던 것처럼 혼란을 주고 있다. 위에서 본 바와 같이 『자치통감』에는 부여가 346년에 멸망했다고 기록되어 있는데 『삼국사기』에는 부여가 494년에 고구려에 투항한 것으로 되어 있다.[62]

이러한 기록에 따라 부여는 346년에 멸망했다가 재건되어 494년에 고구려에 투항한 것으로 보기도 하고[63] 부여는 346년에 이미 멸망했으므로 494년에 고구려에 투항했다는 『삼국사기』 기록은 잘못된 것으로 보기도 한다.[64] 그러나 실은 『자치통감』에 나오는 부여와 『삼국사기』에 보이는 부여는 서로 다른 부여로서, 346년에 멸망한 부여는 북부여였고 494년에 고구려에 투항한 부여는 동부여였다.

끝으로 덧붙이고 싶은 것은 북부여가 멸망한 뒤 그 종족은 멀리 연해주 밖까지 이동했다는 사실이다. 『위서』 〈두막루전(豆莫婁傳)〉에,

> 두막루국(豆莫婁國)은 물길국(勿吉國)의 북쪽 천 리에 있는데 낙양(洛

---

61 일찍이 정인보는 앞의 『자치통감』 「진기」 〈효종 목황제 영화 2년〉조에 나오는 백제를 요서 지역에 진출해 있던 백제 세력으로 본 바 있다(정인보, 『조선사 연구』 하, 서울신문사, 1947, pp. 202~204). 그러나 지금까지는 부여의 위치를 길림성 북부와 흑룡강성 지역으로 보고 있었으므로 요서의 백제 세력이 부여를 공격했다면 부여가 서쪽으로 이동했다는 『자치통감』의 기록이 성립될 수 없다는 점을 들어 그 가능성을 부인했다(노태돈, 앞 글, p. 49).

62 『삼국사기』 권19, 「고구려본기」 〈문자명왕 3년〉조. "二月, 扶餘王及妻孥, 以國來降."

63 필자도 지금까지의 통설을 따라 이러한 오류를 범했다(윤내현, 『윤내현 교수의 한국고대사』, 삼광출판사, 1989, p. 118).

64 이병도, 앞 책(1980), p. 295의 주 1 참조.

陽)에서 6천 리 떨어진 곳으로서 옛 북부여이다. 실위(失韋)의 동쪽에 있는데 동쪽으로는 바다에 이르러 사방 2천 리이다.[65]

라는 기록이 보이고 『신당서(新唐書)』 〈유귀전(流鬼傳)〉에도,

달말루(達末婁 : 두막루) 사람들은 스스로 말하기를 북부여의 후예라고 하는데 고구려가 그들의 나라를 멸하자 남은 사람들이 나하(那河)를 건너 그곳에 거주하게 되었다.[66]

는 기록이 보인다. 이 기록들은 북부여가 멸망한 뒤 그 주민 일부가 멀리 연해주 밖까지 이동해 갔음을 알게 해준다.[67] 이들과 그 후예가 연해주와 시베리아 지역에 거주했던 고아시아족의 일부를 형성했을 것이다.

---

65 『위서』 권100, 「두막루전」. "豆莫婁國, 在勿吉國北千里, 去洛六千里, 舊北扶餘也. 在失韋之東, 東至於海, 方二千里." 이 내용은 연흥(延興) 연간(473~474년)에 북위에 온 물길(勿吉)의 사신 을력지(乙力支)가 자기 나라 주변의 정치세력에 관해서 말한 것을 기록한 것으로 일반적으로 보고 있다([『위서』 권100, 「물길전」 참조]. 그러한 견해가 옳다면 이 내용은 470년대의 상황이다. 그런데 동부여는 494년에 고구려에 병합되었으므로 여기에 나오는 부여를 북부여로 기록한 것은 옳다는 것을 알 수 있다.

66 『신당서』 권220, 「유귀전」. "達末婁自言北扶餘之裔, 高麗滅其國, 遺人度那河, 因居之." 북부여는 선비에게 멸망되었는데 위의 내용 가운데 북부여가 고구려에게 멸망된 것처럼 기록된 것은 북부여 지역을 뒤에 고구려가 차지하고 있었기 때문일 것이다. 북부여 지역이 고구려에 병합되었음은 「모두루묘지」에서 볼 수 있는데, 광개토왕 시대에 모두루가 북부여수사(北扶餘守事)로 있었다고 기록된 내용을 통해 확인된다.

67 일부 학자들은 두막루의 위치를 지금의 송화강과 눈강 유역의 흑룡강성 지역으로 보고 있다(김정배, 「고구려 건국의 제문제」, 『고구려문화학술대회발표요지』, 고구려·발해학술연구위원회, 1995, p. 7). 그러나 지금의 흑룡강성 지역은 원래 부여 영토였지만 고구려가 부여를 멸망시킨 뒤에는 고구려의 영토가 되었다. 그러므로 그곳에 두막루가 자리할 수는 없다. 두막루의 위치는 흑룡강성 밖의 연해주 지역에서 찾아야 할 것이다.

이러한 상황은 부여 주민에게만 국한된 것은 아니었을 것이며 오늘날 요서 지역에 있었던 대부분의 고조선 거수국 주민들이 겪었다고 보아야 할 것이다.

5. 마치며

지금까지 고조선 말기부터 붕괴 이후까지의 부여 분열과 그 변천 과정을 살펴보았다. 이를 요약하면 다음과 같다.

고대에 부여는 동부여·북부여·졸본부여·부여 등이 있었다. 고조선 시대에는 고조선의 거수국으로서 하나의 부여만 존재했으나 고조선이 붕괴된 뒤 그 지배귀족과 거주민들이 여러 곳으로 이주함에 따라 여러 곳에 부여라는 이름이 있게 되었다.

위에 언급된 여러 부여 가운데 맨 끝의 그냥 부여는 고조선시대부터 있었던 원래의 부여로서 그 위치는 오늘날 난하 상류 유역이었다. 고조선이 붕괴된 뒤 이 부여는 지명으로만 남게 되었다. 북부여는 부여의 지배세력이 북쪽으로 이동하여 국가를 유지하고 있었던 부여로서 원래의 부여보다는 다소 북쪽에 있었지만 그 위치도 난하 상류 유역이었다.

동부여는 북부여의 지배세력이 동쪽으로 이동하여 세운 나라로서 오늘날 길림성 북부와 내몽골자치구 동부의 일부 지역 및 흑룡강성 지역을 차지하고 있었다. 북부여의 세력이 동쪽으로 이동해 간 뒤에 북부여 지역에는 새로운 통치세력이 등장했는데 이들도 고조선의 후계세력으로서 북부여라는 이름을 그대로 사용했다. 졸본부여는 부여의 거주민 일부가 일찍이 오늘날 요동 지역으로 이동하여 세운 나라였는데 그곳에서 추모왕이 고구려를 건국함으로써 그 이름은 사라지게 되었다.

부여가 이와 같이 여러 갈래로 분열된 것은 고조선 말기의 상황과 밀접한 관계가 있다. 고조선의 거수국이었던 부여는 거수국 가운데 가장 서북쪽에 위치하여 오늘날 난하 상류 유역에 있었다. 그런데 고조선 말기 서기전 195년에 서한(西漢)으로부터 고조선의 서부 변경인 난하 하류 유역으로 망명한 위만은 그곳에 있었던 고조선의 거수국인 기자조선의 정권을 탈취하여 위만조선을 건국했다. 그 후 위만은 서한의 외신이 되어 영토를 확장하여 대릉하까지 이르렀다.

이렇게 되자 오늘날 요서 지역에 있었던 고조선의 거수국들은 영토를 잃고 동쪽으로 이동하게 되었다. 서기전 108년에 서한 무제에게 위만조선이 멸망하고 그 지역은 서한의 영토가 되어 그곳에 한사군이 설치되었다. 이렇게 되자 그곳에 남아 있던 고조선의 주민들은 또 한 차례 동쪽으로 이동했다.

위만조선의 영토 확장과 서한의 한사군 설치 과정에서 부여는 피해를 입고 다소 북쪽으로 이동하게 되었다. 이리하여 원래 부여가 있었던 곳에는 부여라는 지명이 남아 있게 되었고 북쪽으로 이동한 부여를 북부여라 부르게 되었다.

그런데 오늘날 요서 지역에 있었던 고조선의 거수국들은 대부분 오늘날 요하 동쪽으로 이동해 있었다. 그러한 상황에서 북부여만 홀로 중국 영토 북쪽에 남아 있는 것은 불리하다고 판단했다. 그래서 북부여왕 해부루는 서기전 59년에 나라를 동쪽으로 옮겨 오늘날 길림성 북부의 부여에 자리잡게 되었다. 이 부여가 동부여로서 그 영토는 길림성 북부와 내몽골자치구 동부 일부 및 흑룡강성 전 지역이었다. 『후한서』「동이열전」과 『삼국지』「동이전」 및 『삼국사기』에 보이는 부여는 바로 동부여인 것이다. 동부여는 494년에 고구려에 투항함으로써 멸망했다.

해부루왕이 동쪽으로 옮겨 동부여를 건국하자 이전의 북부여 지역에는 새로운 통치세력이 등장했는데 그들은 나라 이름을 여전히 북부여라 했다. 새로 등장한 북부여 세력은 그 통치자를 해모수라 했던 것으로 보아 고조선의 후계세력이었던 것 같다. 해모수는 단군의 다른 칭호이기 때문이다. 북부여는 346년에 선비족이 세운 전연의 공격을 받아 멸망했다. 그 후 북부여 지역은 고구려에 병합되었다.

부여가 이동과 분열을 하는 과정에서 일찍이 부여 주민 가운데 일부는 동쪽으로 이동하여 오늘날 요동 남부에 자리를 잡고 나라를 세워 졸본부여라 했다. 그런데 북부여에서 망명한 추모왕이 그곳에서 고구려를 건국함으로써 졸본부여는 자취를 감추게 되었다.

부여가 분열하는 과정에서 부여의 주민 가운데 일부는 연해주 밖까지 이동하여 오늘날 오호츠크 해 연안에 두막루라는 나라를 세우기도 했다. 그들과 그 후손들은 시베리아 지역에 거주했던 고아시아족의 일부를 형성했을 것이다.

부여가 분열 이동하여 새로운 거주지에 자리 잡는 과정에서 그곳의 토착인들이나 오늘날 요서 지역에서 이동해 온 고조선의 다른 거수국 주민들과 혼합이 이루어졌다. 이런 현상은 부여뿐 아니라 다른 거수국의 주민들도 마찬가지였으며, 강한 민족 혼합을 가져왔다.

III 고구려의 건국과 연대

1. 들어가며

이 글에서는 오늘날 요동 지역에서 추모왕(주몽왕)이 고구려를 건국하기까지 고구려의 이동 과정과 건국 연대를 고찰하고자 한다. 중국인들은 고구려를 구려(句麗)라고도 불렀다. 『후한서』「동이열전」과 『삼국지』「동이전」〈고구려전〉의 내용에서 그러한 사실이 확인된다.[1] 그리고 『삼국사기』「고구려본기」〈시조 동명성왕〉조에는 "나라 이름을 고구려라 하고, 그로 인해 고(高)로써 씨(氏)를 삼았다."[2]는 기록이 보인다. 이는 나라 이름 고구려의 첫 자인 고(高)가 왕실의 성(姓)을 의미했음을 알게

---

1 『후한서』「동이열전」과 『삼국지』「동이전」〈고구려전〉에는 고구려에 대해 설명하면서 고구려를 구려(句麗)라 부르는 구절이 보인다.

2 『삼국사기』 권13, 「고구려본기」〈시조 동명성왕〉조. "國號高句麗, 因以高爲氏……."

해준다. 따라서 왕실의 성을 제외한 나라 이름은 구려였을 것이다.[3]

일반적으로 고구려라 하면 서기전 37년에 오늘날 요동 지역에서 추모왕이 건국한 고구려를 말한다. 『삼국사기』, 『후한서』「동이열전」, 『삼국지』「동이전」 등에 보이는 고구려는 바로 이 고구려인 것이다. 그런데 고구려라는 이름은 서기전 12세기 이전부터 존재했던 것으로 문헌 기록에 나타난다. 이 고구려는 서기전 37년에 건국된 고구려와는 달리 오늘날 북경 근처 난하 유역에 있었다.

위의 두 고구려는 존재 시기와 지리적 위치가 달랐던 것이다. 그러면서도 같은 이름을 사용하고 있었다. 이것은 그들이 서로 깊은 연관성을 가지고 있었음을 시사해준나. 서기진 12세기 이전부터 난하 유역에 있었던 고구려는 고조선의 거수국이었음을 필자는 밝힌 바 있다.[4] 그런데 오늘날 요하 동쪽에서 건국된 고구려는 독립국이었다.

고구려라는 이름이 오늘날 요서 서부 난하 유역에서 오늘날 요동 지역으로 이동한 시기는 고조선 말기였다. 따라서 고구려라는 이름의 이동은 고조선 말기의 상황 및 고조선의 붕괴와 관계가 있었다. 고조선 말기에 오늘날 요서 지역에는 위만조선이 건국되었고 위만조선이 멸망한 뒤 그 지역은 중국 서한의 영토가 되어 그들의 군현(한사군)이 설치되었다. 고조선 말기에 오늘날 요서 지역은 고조선 영토에서 떨어져 나가게 되었던 것이다.

따라서 고조선의 거수국이었던 고구려가 그 자리에 그대로 있을 수 없었다. 고조선의 거수국이었던 기자조선의 정권을 빼앗아 난하 유역에

3 강인숙, 「고구려에 선행한 고대국가 구려에 대하여」, 『력사과학』, 1991년 2호, 과학출판사, pp. 55~56.

4 윤내현, 「고조선의 국가 구조」, 『고조선 연구』 하, 만권당, 2016, pp. 37~43.

서 건국한 위만조선이 영토를 확장하면서 고구려 영역을 침략해 오자 그에 항거하면서 고구려의 지배층과 주민 일부는 이동하지 않으면 안 되었을 것이다. 고구려 주민들은 여러 곳으로 이주하게 되었을 것인데 그 가운데 큰 집단들은 이전에 사용하던 고구려라는 이름을 그대로 사용했던 것이다. 그 결과 여러 곳에 고구려라는 족명(族名)과 지명이 나타나게 되었던 것이다.

서기전 37년에 오늘날 요동 지역에서 추모왕이 건국한 고구려는 바로 이러한 이동세력 가운데 가장 큰 세력이었다. 따라서 추모왕이 건국한 고구려는 난하 유역에 있었던 고구려의 후계세력이었다고 말할 수 있다. 이러한 변화를 살펴보는 것은 고구려사를 바르게 이해하는 출발점이 될 것이다.

고구려의 이동은 고구려 자체 문제로 그치는 것이 아니다. 고조선이 붕괴되고 열국시대로 이행하는 과정에서 일어난 일반적인 현상 가운데 하나였다. 따라서 이 글은 한국 고대사를 체계적으로 인식하는 데 도움이 될 것이다.

2. 고구려의 건국

고구려의 건국과 연관하여 등장하는 문제는 고구려의 건국 연대이다. 고구려의 건국 연대는 『삼국사기』「고구려본기」〈시조 동명성왕〉조에 서기전 37년으로 기록되어 있다.[5] 그러나 이러한 『삼국사기』「고구려본

5 『삼국사기』 권13, 「고구려본기」 〈시조 동명성왕〉조에서는 고구려의 건국 연대에 대하여, "한나라의 효원제(孝元帝) 건소(建昭) 2년으로서 신라 시조 혁거세 21년 갑신년이

기」의 건국 연대에 대해 그동안 일부 학자들은 의문을 품어왔다.[6]

그 이유는 옛 문헌에 서기전 37년 이전에 이미 고구려라는 이름이 보이고 있으며 고구려의 존속 기간이 『삼국사기』「고구려본기」에 기록된 것보다 더 길었던 것으로 말한 기록이 보이기 때문이었다.

예컨대 『일주서(逸周書)』「왕회해(王會解)」편에는 서주(西周) 초기에 서주의 부도(副都)인 성주[成周 : 오늘날 낙양]에서 개최되었던 성주대회(成周大會)에 서주 주변의 여러 나라와 종족의 대표들이 참석한 기록이 보이는데 그 가운데 고이(高夷)가 보인다.[7] 그리고 고이에 대해 주석하기를, "고이는 동북의 이(夷)로서 고구려이다."[8]라고 했다. 이 주석에 따르면 고구려는 중국의 서주 초기 서기전 12세기에 이미 존재하고 있었다는 것이 된다.

『상서(尙書)』「주관(周管)」편에는 "무왕이 동이를 정벌하니 숙신이 와서 축하했다."[9]는 내용이 있는데 이에 대해서 공안국(孔安國)은 주석하기를,

> 해동(海東)의 여러 이족(夷族)은 구려(고구려)·부여·한·맥 등과 같은

다(是漢孝元帝建昭二年, 新羅始祖赫居世二十一年甲申歲也)."라고 했는바, 한나라의 효원제는 서한의 원제(元帝)를 말하는데 서한 원제 21년은 서기전 37년이다.

6 신채호, 『조선상고사』, 단재신채호전집 상, 단재신채호선생기념사업회, 1987, p. 120 ; 손영종, 「고구려 건국년대에 대한 재검토」, 『력사과학』, 1990년 1호, pp. 39~45 ; 강인숙, 「고구려에 선행한 고대국가 구려에 대하여」, 『력사과학』, 1991년 2호, pp. 54~60 ; 강인숙, 「광개토왕릉 비문을 통하여 본 고구려의 건국년대」, 『고구려문화국제학술회론문집』, 해외한민족연구소, 1994, pp. 29~34.

7 『일주서』 권7, 「왕회해」편 참조.

8 『일주서』 권7, 「왕회해」편의 고이에 대한 공조(孔晁)의 주석. "高夷, 東北夷高句麗."

9 『상서』 권11, 「주관」편. "武王旣伐東夷, 肅愼來賀."

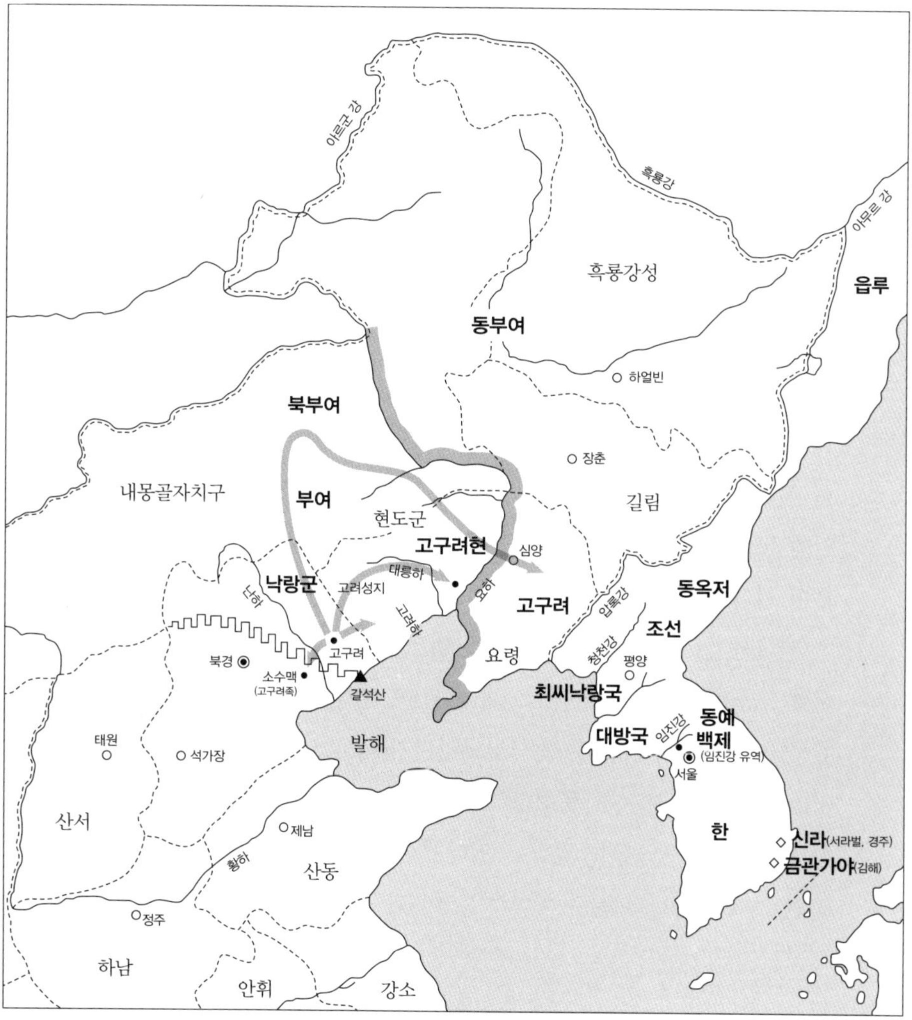

고구려족의 거주지와 이동도

족속인데 무왕이 상(商)을 이기니 모두 길이 통했다.[10]

고 했는바 이 기록을 그대로 인정한다면 중국의 서주 무왕 때 이미 고구려는 중국의 서주 왕실과 왕래했다는 것이 된다. 이것은 서주가 건국된 서기전 12세기 무렵에 고구려가 이미 존재했음을 알게 해준다. 중국의 서주시대는 고조선시대에 해당한다. 이 고구려는 『삼국사기』에 보이는 서기전 37년에 건국된 고구려와는 성격이 다른 고구려로서 고조선의 거수국이었다.[11]

그리고 『한서』 「지리지」에는 고구려 건국 연대인 서기전 37년보다 앞서 서한 무제가 위만조선을 멸망시키고 서기전 107년에 설치한 현도군 안에 고구려현[12]이 있었음이 확인된다. 이러한 기록들은 고구려라는 이름이 서기전 37년 이전부터 있었음을 알게 해준다.

『삼국사기』 「고구려본기」 기록에 따르면 서기전 37년에 추모왕이 건국한 고구려는 서기 668년(보장왕 27년)에 멸망하여[13] 705년 동안 존속했는데 『당회요(唐會要)』에는 『고구려비기(高句麗秘記)』를 인용하여 "고구려가 천 년에 미치지 못했다."[14] 고 말함으로써 고구려의 역년(歷年)이 천 년 가까이 되었음을 말하고 있다. 『삼국사기』 「고구려본기」 〈보장왕 27년〉조에는 당나라 장수 이적(李勣)이 고구려를 친 상황을 설명하면서,

---

10 앞 구절에 대한 주석. "海東諸夷, 駒麗·扶餘·馯·貊之屬, 武王克商, 皆通道焉."

11 주 4와 같음.

12 『한서』 권28 하, 「지리지」 하, 〈현도군〉조. "무제 원봉 4년(서기전 107년)에 열었다. 현(縣)은 3개로서 고구려·상은태·서개마 등이다(武帝元封四年開. 縣三, 高句麗, 上殷台, 西蓋馬)." ; 『후한서』 권85, 「동이열전」 〈고구려전〉. "(서한의) 무제가 (위만)조선을 멸하고 고구려로써 현을 삼아 현도에 속하게 했다(武帝滅朝鮮, 以高句驪爲縣, 使屬玄菟)."

13 『삼국사기』 권22, 「고구려본기」 〈보장왕 27년〉조.

14 『당회요』 권85, 「고구려」 참조.

또한『고구려비기』에 이르기를, "900년에 이르지 못하여 마땅히 80대장(大將)이 있어서 이를 멸한다." 했는데 고씨(高氏)는 한대(漢代)로부터 나라가 있어서 지금 900년이고 이적의 나이가 80입니다.[15]

라는 기록을 남기고 있다. 이 내용에 따르면 고구려는 중국의 한(漢)시대에 이미 나라로서 존재했고 900년 동안 존속했다는 것이 된다.

또한 같은 책「신라본기」〈문무왕 10년〉조에 실린 문무왕이 고구려의 고안승(高安勝)[16]에게 내린 책명문(冊命文)에,

공(公)의 태조(太祖) 중모왕(中牟王)은 덕을 쌓음이 산에 견줄 만하고 공을 남해(南海)에 세워 그 위풍은 청구(青丘)에 떨치고 인교(仁教)는 현도(玄菟)에 덮였는데 자손이 그것을 서로 계승하고 본가(本家)와 지파(支派)가 끊이지 않아 개척한 땅이 천 리나 되고 역년(歷年)이 거의 800년이 되려 하더니 남건(男建)·남산(男產) 형제에 이르러 소장(蕭墻)에서 화가 일어나고 골육(骨肉) 사이에 불화가 생겨 집과 나라가 파멸되고 종묘(宗廟)와 사직(社稷)이 없어졌다.[17]

---

15 『삼국사기』 권22,「고구려본기」〈보장왕 27년〉조. "且高句麗秘記曰, 不及九百年, 當有八十大將滅之, 高氏自漢有國, 今九百年, (李)勣年八十矣."

16 고안승은 『삼국사기』에는 안승(安勝)이라 기록되어 있으나 문무왕이 내린 이 책명문의 내용을 보면 고구려 사자(嗣子) 안승이라 했으며, 『삼국사기』「고구려본기」〈보장왕 27년〉조에는 안승을 보장왕의 서자라 했다. 그러므로 안승의 성은 고구려 왕실의 성인 고씨였음을 알 수 있다.

17 『삼국사기』 권6,「신라본기」〈문무왕 10년〉조. "公太祖中牟王, 積德比山, 立功南海, 威風振於青丘, 仁教被於玄菟, 子孫相繼, 本支不絶, 開地千里, 年將八百, 至於建產兄弟, 禍起蕭墻, 釁成骨肉, 家國破亡, 宗社湮滅."

고 말한 내용이 보인다. 이러한 기록들은 고구려가 적어도 800~900년 동안 존속했음을 말해주고 있다. 이는 『삼국사기』「고구려본기」에 기록된 705년보다 훨씬 긴 기간이다.

『삼국사기』「고구려본기」 말미의 사론(史論)에는,

> 고구려는 진(秦)·한(漢) 이후 중국의 동북 모서리에 끼어 있어 그 북쪽의 이웃은 모두 천자(天子)의 관리이지만 난세가 되면 영웅이 일어나서 이름과 지위를 분수에 넘치게 차지하는 자들이므로 두려움이 많은 땅에 있다고 말할 수 있다.[18]

고 했는바 이는 고구려가 중국의 진·한시대에 이미 존재했음을 알게 해준다. 진제국은 서기전 221년에, 서한은 서기전 202년에 건국되었으므로 고구려는 늦게 잡아도 서기전 3세기 말 이전에 존재했다는 것이 된다.

이상의 문헌들은 고구려가 『삼국사기』「고구려본기」에 기록된 건국 연대인 서기전 37년보다 앞선 시기에 이미 존재했고 그 존속 기간도 『삼국사기』「고구려본기」에 기록된 705년보다 훨씬 긴 기간이었음을 알게 해준다. 이러한 기록들 때문에 지금까지 일부 학자들은 『삼국사기』「고구려본기」에 기록된 서기전 37년이라는 고구려의 건국 연대는 신빙성이 없는 것으로 보았다. 그 결과 학자에 따라 고구려의 건국 연대를 서기전 3세기 무렵으로 올려보는 경향이 있었다.[19]

---

18 『삼국사기』 권22, 「고구려본기」 〈보장왕〉조 말미의 사론. "高句麗自秦漢之後, 介在中國東北隅, 其北鄰皆天子有司, 亂世則英雄特起, 僭竊名位者也, 可謂居多懼之地."

19 일찍이 신채호는 고구려의 추모왕(주몽왕)이 출생한 연대는 서기전 200년 무렵일 것이

그러나 그렇게 보면 고조선의 붕괴와 고구려의 건국을 합리적으로 연결시킬 수 없게 된다. 고조선의 뒤를 이은 열국 가운데 일찍 건국한 동부여·신라·고구려의 건국 연대가 서기전 59년·57년·37년으로 확인됨으로써 고조선의 붕괴 시기가 서기전 1세기였음을 알 수 있다. 그런데 고구려가 서기전 3세기에 건국되었다면 고조선이 존재한 상황에서 고조선 영토 안에 고구려가 건국되었다는 것이 되어 그 건국 과정을 합리적으로 설명할 수가 없다.

고구려의 건국 연대를 합리화하려면 고조선의 붕괴 연대를 서기전 3세기로 올려야 하는데 그렇게 되면 동부여와 신라의 건국 연대와 고조선 붕괴 연대 사이에 너무 많은 시간차가 있어서 이들의 건국 과정을 합리적으로 설명하는 데 어려움이 있다. 그러므로 분명한 근거가 없는 상황에서 『삼국사기』에 기록된 고구려의 건국 연대를 부인하는 주장은 받아들이기 어렵다.

여기서 다음과 같은 문제가 등장한다. 첫째, 한국이나 중국의 여러 문헌에 고구려의 존속 기간이 『삼국사기』「고구려본기」에 기록된 705년보다 길었던 것으로 기록되어 있으므로 고구려가 서기전 37년 이전부터 존재했을 가능성은 있다. 그러나 고구려의 존속 기간에 대한 기록이 서로 일치하지 않으므로 그 건국 연대나 존속 기간을 정확하게 확인한다는 것은 거의 불가능하다. 둘째, 『삼국사기』의 편찬자들은 고구려의 건국 연대를 서기전 37년, 존속 기간을 705년이라 기록하면서도 고구려의 존속 기간을 800년 또는 900년이라고 말한 다른 기록들도 인용하고 있다. 그것은 자신들의 기록과 인용한 내용이 모두 그럴 만한 이유가 있다

며 그 건국 연대는 위만조선 건국과 비슷할 것으로 보았다. 손영종과 강인숙은 고구려의 건국 연대를 서기전 277년으로 보아야 한다고 주장했다(주 6 참조).

고 보았기 때문일 것이다.

그러므로 『삼국사기』 「고구려본기」에 기록된 고구려의 건국 연대와 존속 기간, 다른 문헌들에 보이는 고구려의 존속 기간을 모두 합리적으로 설명할 수 있는 상황을 찾아볼 필요가 있다. 즉 서기전 37년은 고조선이 붕괴된 뒤 독립국으로서의 고구려가 건국된 연대이고, 그보다 앞서 있었던 고구려와 705년보다 길게 존재했던 것으로 표현된 고구려는 고조선의 거수국 고구려와 그 연대까지를 포함한 고구려의 역년이었다고 보면 될 것이다. 이를 증명하기 위해 당시의 상황을 좀더 자세하게 살펴볼 필요가 있다.

우선 서기전 37년에 건국된 고구려의 건국 과정을 살펴볼 필요가 있다. 고구려의 건국 과정에 대해서 고구려 당시에 건립된 「광개토왕릉비문」에는,

> 옛날 시조 추모(주몽)왕은 기틀을 세울 때에 그는 북부여 천제의 아들로부터 출생했는바 어머니는 하백의 딸이었다. 알을 깨고 세상에 태어났는데 출생하자 바로 성명(聖明)의 덕(德)이 있었다. …… [그는 고토(故土)를 떠나] 순행하여 남쪽으로 내려왔다. 내려오는 길에 부여의 엄리대수를 지나게 되었다. 왕은 나루에 이르러 말하기를, "나는 황천(皇天)의 아들로서 어머니는 하백의 딸이다. 추모왕이 바로 나다. 나를 위해 갈대를 잇고 거북을 띄워라. 그 말에 따라 즉시 갈대를 잇고 거북을 띄우니 그것이 만들어진 뒤 (엄리대수를) 건넜다. (그는) 비류(沸流)라는 강의 계곡 홀본(忽本) 서쪽의 산 위에 성을 쌓고 도읍을 세웠다.[20]

---

20 「광개토왕릉비문」. "惟昔始祖鄒牟王之創基也, 出自北夫餘天帝之子, 母河伯女郎, 剖卵降世, 生而有聖德. …… 巡幸南下. 路由夫餘奄利大水. 王臨津言曰, 我是皇天

고 하여 추모왕이 북부여에서 남쪽으로 내려와 비류라는 강가의 홀본에 도읍을 정하고 고구려를 건국했다고 말하고 있다. 「모두루묘지」[21]와 『삼국사기』 「백제본기」 〈시조 온조왕〉조[22]에도 추모왕은 북부여에서 망명하여 고구려를 건국한 것으로 기록되어 있다.

『삼국사기』 「고구려본기」 〈시조 동명성왕〉조에는,

> 시조 동명성왕의 성(姓)은 고씨(高氏)요 휘(諱)는 주몽(朱蒙)이다. …… (동부여왕) 해부루가 돌아가매 금와가 그 자리를 계승했다. 이때 (금와는) 태백산 남쪽의 우발수(優渤水)에서 한 여자를 얻어 그녀에게 물으니 대답하기를, "나는 하백의 딸로서 이름은 유화라고 합니다. 여러 아우들과 함께 나와 놀고 있을 때 한 남자가 나타나 스스로 천자의 아들 해모수라 하면서 나를 꾀어 웅심산(熊心山) 아래 압록강 가의 집 속에서 사욕을 채운 뒤에 곧 가서 돌아오지 않았습니다. (우리) 부모는 내가 중매도 없이 남에게 몸을 허락했다고 하여 마침내 이 우발수에 귀양살이를 하게 했습니다."라고 말했다.
>
> 금와는 이상하게 여겨 그녀를 집 안에 가두어두었더니 그녀에게 햇빛이 비추었다. 몸을 피했으나 햇빛이 또 따라 비추었다. 그로 인해 잉태하여 하나의 알을 낳았는데 그 크기가 닷되들이만 했다. 왕이 그 알을 버려

之子, 母河伯女郎, 鄒牟王, 爲我連葭浮龜. 應聲卽爲連葭浮龜, 然後造渡. 于沸流谷忽本西, 城山上而建都焉."

21 「모두루묘지」. "하백의 손자요 해와 달의 아들인 추모성왕은 원래 북부여에서 나왔다(河伯之孫, 日月之子, 鄒牟聖王元出北夫餘)." 「모두루묘지」에 대해서는 이 책 제1장 Ⅱ 「동부여의 건국과 위치」 주 16 참조.

22 『삼국사기』 권23, 「백제본기」 〈시조 온조왕〉조. "백제 시조 온조왕은 그 아버지가 추모 혹은 주몽이라 이르는데, 북부여에서 도망하여 졸본부여에 이르렀다(百濟始祖溫祚王, 其父鄒牟, 或云朱蒙, 自北扶餘逃難, 至卒本扶餘)."

개와 돼지에게 주었더니 모두 먹지 아니했고 또 길 가운데 버렸더니 소와 말이 그것을 피해 갔다. 후에 들에 버렸더니 새가 날개로 그것을 덮어 안았다. 왕이 그 알을 쪼개보려 했으나 잘 깨뜨릴 수가 없어 마침내 그 어미에게 돌려주었다. 그 어미가 물건으로 그것을 싸서 따뜻한 곳에 두었더니 한 사내아이가 껍데기를 깨뜨리고 나왔다. 아이의 외모가 영특하여 나이 일곱 살에 눈에 띄었고, 일반 아이들과 달리 스스로 활과 화살을 만들어 그것을 쏘는데 백발백중이었다. 부여의 속어에 활 잘 쏘는 사람을 주몽이라 하므로 그와 같이 이름을 지었다 한다.

금와에게는 일곱 아들이 있어 항상 주몽과 더불어 놀았는데 재주와 능력이 모두 주몽을 따르지 못했다. 그 장자인 대소(帶素)가 왕에게 말하기를, "주몽은 사람의 소생이 아니고 그 위인이 또한 용맹스러우니 만일 일찍이 도모하지 않으면 후환이 있을까 두려우니 청컨대 그를 없애소서" 했다. 왕은 듣지 않고 주몽에게 말을 기르도록 했다. 주몽은 준마(駿馬)에게는 먹을 것을 적게 주어 파리하게 하고, 늙고 둔한 말은 잘 먹여 살찌게 했다. 왕은 살찐 것은 자기가 타고 파리한 것은 주몽에게 주었다. 그 후 들에서 사냥을 하는데 주몽은 활을 잘 쏜 까닭으로 화살을 적게 주었음에도 그가 잡은 짐승은 매우 많았다. 왕자와 여러 신하들이 또 그를 죽이려고 모의했는데 주몽의 어머니가 비밀리에 그러한 사실을 알고 아들에게 이르기를, "국인(國人)들이 장차 너를 해치려 하는데 너의 재주와 지략이라면 어디에 간들 불가능할 게 있겠느냐. 지체하다가 욕을 당하는 것은 멀리 가서 유위(有爲)한 일을 하는 것보다 못하다."고 했다.

주몽은 이에 오이·마리·협부 등 세 사람이 벗이 되어 엄사수(淹淲水)에 이르러 강을 건너려 하는데 다리가 없었다. 추격하는 병사가 가까이 쫓아올까 두려워 강물에 고하기를, "나는 천제의 아들이요 하백의 외손이다. 오늘 도망하는데 추격하는 사람들이 쫓아오니 어찌하랴."고 했다.

이때 물고기와 자라가 떠올라 다리를 만들어주었다. 주몽이 무사히 건너자 물고기와 자라가 곧 흩어지니 뒤를 쫓는 기병은 건너지 못했다.

주몽은 모둔곡(毛屯谷)에 이르러 세 사람을 만났다. 한 사람은 마의(麻衣)를 입고 한 사람은 납의(衲衣)를 입고 다른 한 사람은 수조의(水藻衣)를 입고 있었다. 주몽이 묻기를, "그대들은 어떤 사람이며 성명이 무엇이냐."고 하니 마의를 입은 사람은 가로되 이름이 재사(再思)라 하고 납의를 입은 사람은 가로되 이름이 무골(武骨)이라 하고 수조의를 입은 사람은 가로되 이름이 묵거(默居)라 하고 성(姓)은 말하지 않았다. 주몽은 재사에게 극씨(克氏)라는 성(姓)을, 무골에게 중실씨(仲室氏), 묵거에게 소실씨(少室氏)를 하사하고 이어서 무리에게 이르기를, "내가 지금 대명(大命)을 받아 국가의 기업(基業)을 개창하려 하는데 마침 이 세 현인(賢人)을 만났으니 어찌 하늘에서 내린 것이 아니겠느냐?" 하고 드디어 그 재능을 헤아려 각각 일을 맡기고 그들과 함께 졸본천(卒本川)에 이르렀다. 그 토양이 비옥하고 아름다우며 산하(山河)가 험고(險固)함을 보고 마침내 그곳에 도읍하고자 했으나 궁실을 지을 겨를이 없어 단지 비류수 가에 집을 짓고 그곳에 거주하면서 나라 이름을 고구려라 하고 그로 인하여 고(高)로써 씨(氏)를 삼았다. 이때 주몽의 나이는 22세니 한나라 효원제 건소 2년으로 신라 시조 혁거세 21년인 갑신세(甲申歲)였다.[23]

라고 하여 추모왕이 부여에서 남쪽으로 망명하여 고구려를 건국하기까지의 과정을 소상하게 전하고 있는데 추모왕이 태어난 부여를 「광개토왕릉비문」과 「모두루묘지」 및 『삼국사기』「백제본기」〈시조 온조왕〉조의

---

23 『삼국사기』 권13, 「고구려본기」〈시조 동명성왕〉조.

내용과는 달리 동부여라고 말하고 있다.

그리고 위의 『삼국사기』「고구려본기」〈시조 동명성왕〉조에는 고구려의 건국에 대해서,

> 일설에는 주몽이 졸본부여에 이르렀던바 마침 왕이 아들이 없었는데 주몽을 보고서 그가 보통 사람이 아님을 알고 그의 딸을 아내로 삼게 했더니 왕이 돌아가매 주몽이 그 자리를 이었던 것이다.[24]

라는 주석도 달아놓았다. 그리고 『삼국유사』「기이」〈고구려〉조는 위의 『삼국사기』「고구려본기」〈시조 동명성왕〉조와 같은 내용의 고구려 건국 과정을 전하면서 고구려는 바로 졸본부여인데 그 위치는 요동의 경계에 있었다고 기록했다.[25]

『위서』「고구려전」도 『삼국사기』「고구려본기」와 비슷한 내용을 전하고 있으나 다소 다른 부분이 있다. 추모왕이 부여를 떠날 때 동행했던 인물을 『삼국사기』「고구려본기」에서는 오이·마리·협부라 했으나 『위서』「고구려전」에서는 오인(烏引)과 오위(烏違)였다고 했으며, 추모왕이 재사·무골·묵거를 만난 곳을 『삼국사기』「고구려본기」에서는 모둔곡이라 했으나 『위서』 고구려전에서는 보술수(普述水)라 했다. 그리고 고구려가 건국된 곳을 『삼국사기』「고구려본기」에서는 졸본천 유역 또는 졸본부여라 했으나 『위서』「고구려전」에서는 흘승골성이라 했다.[26]

---

24 『삼국사기』 권13, 「고구려본기」〈시조 동명성왕〉조의 편찬자의 주석. "一云, 朱蒙至卒本扶餘, 王無子, 見朱蒙, 知非常人, 以其女妻之, 王薨, 朱蒙嗣位."

25 『삼국유사』 권1, 「기이」〈고구려〉조. "高句麗, 卽卒本扶餘也. 或云今和州, 又成州等, 皆誤矣. 卒本州在遼東界."

26 『위서』 권100, 「열전」〈고구려전〉 참조.

그런데 『삼국사기』 「고구려본기」 〈시조 동명성왕〉조의 기록 가운데 문제점이 보인다. 추모왕이 망명하기 전에 살고 있었던 부여를 「광개토왕릉비문」과 「모두루묘지」 및 『삼국사기』 「백제본기」 〈시조 온조왕〉조에서는 북부여라 했는데 『삼국사기』 「고구려본기」에서는 동부여라고 말하고 있는 것이다. 『삼국사기』 「고구려본기」에서는 북부여의 국상(國相) 아란불이 꿈에 하느님의 계시를 받아 북부여왕 해부루에게 권하여 동쪽의 가섭원으로 옮겨 동부여를 건국했는데 해부루왕이 사망하자 금와왕이 뒤를 이었고 그가 우발수에서 추모왕의 어머니 유화부인을 만나게 되었다고 말하고 있다.

그렇게 볼 경우 동부여의 건국 연대와 고구려 건국 때 추모왕의 나이 사이에는 합리적으로 설명할 수 없는 모순이 있게 된다. 고대 문헌 기록을 볼 때 동부여의 건국 연대는 서기전 59년이었다.[27] 그리고 고구려의 건국 연대는 서기전 37년이었다. 동부여 건국 연대와 고구려 건국 연대 사이에는 22년 차이밖에 없다. 고구려 건국 때 추모왕의 나이는 22세였다고 했으므로 추모왕은 동부여 건국과 동시에 출생했어야 한다.[28] 그러나 추모왕은 동부여를 건국한 해부루왕이 사망한 뒤 그 뒤를 이은 금와

---

27 이규보의 『동명왕편』에는 한(韓)의 신작 3년에 해모수가 북부여에 자리를 잡았다고 기록되어 있는데 이 시기에 해부루왕은 북부여에서 동쪽으로 옮겨 동부여를 건국했다. 그러므로 신작 3년(서기전 59년)은 동부여의 건국 연대가 되는 것이다(윤내현, 「부여의 분열과 변천」, 『상명사학』 제3·4합집, 쌍호조경래박사정년퇴임기념논문집, 1995, pp. 447~480 ; 이 책의 제1장 Ⅱ 「동부여의 건국과 위치」 참조).

28 『삼국유사』 권1, 「기이」 〈고구려〉조에는 고구려 건국 때 추모왕의 나이가 12세였다고 기록되어 있다. 그런데 『삼국사기』 「백제본기」 〈시조 온조왕〉조에 따르면 추모왕은 부여에서 망명하기 전 이미 결혼하여 아들을 두었다. 이로 보아 고구려 건국 때 추모왕의 나이는 12세가 아니라 22세였다는 『삼국사기』 「고구려본기」 〈시조 동명성왕〉조의 기록이 옳을 것으로 생각된다.

왕 때에 출생한 것으로 『삼국사기』「고구려본기」에 기록되어 있다. 그러므로 연대에 모순이 있다.

추모왕이 금와왕 때 태어났다는 『삼국사기』「고구려본기」의 기록을 무시하고 추모왕이 동부여 건국 초에 출생했다고 보더라도 건국 초의 동부여 사회는 아직 안정되지 않았을 텐데 유화부인과 추모왕을 거두어 왕실에서 생활하도록 했을지는 의문이다. 이러한 점들로 보아 추모왕이 망명하기 전에 살았던 곳은 동부여라기보다는 북부여였다고 보는 것이 합리적일 것이다.[29] 「광개토왕릉비문」과 「모두루묘지」에는 추모왕이 북부여에서 출생한 것으로 되어 있는데 이것들은 고구려 당시의 기록으로서 『삼국사기』「고구려본기」보다 사료로서 가치가 높다는 점도 고려되어야 할 것이다.

이렇게 본다면 고구려는 북부여에서 온 이주민 집단이 건국했다는 것이 된다. 여기서 분명히 해두어야 할 것은 북부여에서 이주한 추모왕이 서기전 37년에 오늘날 요동에서 건국한[30] 고구려는 『삼국사기』「고구려

---

29 윤내현, 「부여의 분열과 변천」, 앞 책 『상명사학』 제3·4합집 ; 이 책의 제1장 Ⅱ 「동부여의 건국과 위치」 참조.

30 고구려의 첫 도읍은 일반적으로 오늘날 요령성 환인현(桓仁縣)에 있는 오녀산성(五女山城)으로 보고 있다. 그렇게 본 것은 『삼국유사』「기이」〈고구려〉조에 고구려는 건국 시에 "요동의 경계에 있었다."고 했고, 「광개토왕릉비문」에 고구려는 "비류라는 강의 계곡 홀본 서쪽의 산 위에 성을 쌓고 도읍을 세웠다."고 한 기록에 따른 것이다. 지금까지는 오늘날 요동과 고대 서한의 요동군을 같은 지역으로 인식했다. 따라서 서한의 영토인 오늘날 요동 지역에 고구려가 도읍할 수 없었을 것으로 보았다. 그러므로 『삼국유사』에서 말한 요동 경계는 오늘날 요동보다 훨씬 동쪽에 위치해야 한다고 생각했다. 그러한 위치에 혼강(渾江)을 끼고 있는 오녀산성은 「광개토왕릉비문」 내용과 일치하는 것으로 보였다. 그러나 아무리 건국 초였다 하더라도 도읍이 산마루의 성이었다는 것은 불합리하다. 『삼국사기』「고구려본기」〈시조 동명성왕〉조의 "그곳에 도읍하고자 했으나 궁실을 지을 겨를이 없어 단지 비류수 가에 집을 짓고 그곳에 거주하면서 나라 이름을 고구려라 했다."는 기록을 상기할 필요가 있다. 미처 궁궐을 짓지는 못했

본기」, 『후한서』「동이열전」〈고구려전〉, 『삼국지』「동이전」〈고구려전〉 등에 보이는 고구려로서 오늘날 평안북도와 남만주의 요동 지역을 차지하고 있었다는 점이다.

3. 고구려의 원위치

『삼국사기』「고구려본기」에는 고구려의 건국 연대가 서기전 37년으로 기록되어 있지만 중국의 옛 문헌에는 그보다 이른 시기에 고구려가 존재했던 것으로 나타난다. 그리고 『일주서』「왕회해」편에는 서주 초에 성주(오늘날 낙양)에서 개최된 성주대회에 고구려가 참석했던 것으로 기록되어 있다.[31]

서주가 건국된 뒤 오래지 않아 서주 무왕이 사망하고 나이 어린 성왕(成王)이 즉위하자 무왕의 동생인 주공(周公) 단(旦)이 보좌하게 되었는

으나 고구려의 첫 도읍은 평지에 있었다고 말하고 있는 것이다. 그러므로 고구려의 첫 도읍은 평지에 있었으며 비상시를 대비해서 그 서쪽 산 위에 방어용의 산성을 쌓았다고 보아야 할 것이다. 그런데 오녀산성과 가까운 평지에 하고성자(下古城子)의 고구려 고성(古城)이 있다(『북방문물』, 1985년 2기, p. 29). 그러므로 만약 이 지역이 고구려의 첫 도읍 지역이었다는 것이 옳다면 하고성자 고성을 도읍의 성으로 보아야 하고 오녀산성은 도읍에 부속된 방어용 성으로 보아야 할 것이다. 그런데 이보다 더 중요한 문제가 있다. 고구려 건국 때 서한의 요동군 위치는 오늘날 요하 유역이 아니라 난하 유역이었으며 오늘날 요서 지역에는 한사군이 설치되어 있었고 오늘날 요하 유역은 일반적 의미의 요동으로서 서한의 영토가 아니라 한민족의 거주 영역이었다. 따라서 『삼국유사』가 말한 요동의 경계는 오늘날 요하를 말한다고 보아야 한다. 다시 말하면 고구려의 첫 도읍지는 환인현 지역이 아니라 그보다 훨씬 서쪽인 요하에 인접한 오늘날 심양(沈陽) 지역이어야 한다. 이것은 필자가 믿는 바이며 고구려의 첫 도읍을 찾아내는 것은 앞으로 학자들이 해결해야 할 과제이다.

31 주 7·8 참조.

데 이에 불만을 품은 무왕의 다른 동생들인 관숙(管叔) 선(鮮), 채숙(蔡叔) 도(度), 곽숙(霍叔) 처(處)와 상(商)나라의 왕자 무경(武庚) 녹부(祿父)가 합세하여 반란을 일으켰다. 이 난을 '삼감(三監)의 난(亂)'이라 하는데 주공 단은 3년에 걸쳐 난을 평정한 뒤 동방을 효율적으로 지배하기 위해 서주의 도읍인 호경(鎬京)보다 동쪽의 낙읍(洛邑)에 부도(副都)로서 성주를 건설하고 성주대회를 열었다.

이 대회에는 서주가 건국되어 제(齊)에 봉해졌던 태공(太公) 망(望)이 참석했던 것으로 기록되어 있다.[32] 태공 망은 주족(周族)이 상(商)나라를 칠 때 선봉장으로서 큰 공로를 세워 제(齊)에 봉해졌던 인물이다. 그가 참석했던 것으로 보아 성주대회는 서주 초인 서기전 12~11세기 무렵에 개최되었음을 알 수 있다. 그러므로 고구려는 서기전 12세기 이전부터 존재했음을 알 수 있는 것이다.

앞에서 소개한 『상서』「주관」편 공안국의 주석에 따르면 중국의 서주 무왕 때 이미 고구려는 중국의 서주 왕실과 왕래했다.[33] 이 기록은 서주가 건국된 서기전 12세기 무렵에 고구려가 이미 존재하고 있었음을 말해준다. 중국의 서주시대는 고조선시대에 해당한다. 이 시기의 고구려는 분명히 『삼국사기』에서 말한 서기전 37년에 건국된 고구려와는 다른 성격의 고구려로서 고조선의 거수국이었던 것이다.[34]

황하 중류 유역의 성주에서 열린 회합에 고구려 대표가 참석했다면 당시에 고구려는 황하 중류 유역에서 멀지 않은 곳에 있었을 가능성이 있다. 한국과 중국의 옛 문헌들은 한결같이 고조선시대의 고구려가 오

---

32 주 7과 같음.
33 주 9·10 참조.
34 주 4 참조.

늘날 요서 서부 난하 유역에 있었던 것으로 기록하고 있다.

『삼국유사』「기이」〈고조선〉조에는,

> 당나라 『배구전(裵矩傳)』에 이르기를, 고려(고구려)는 본래 고죽국(孤竹國)인데 주나라에서 이곳에 기자를 봉하여 조선이라 했고 한나라에서는 나누어 3군(郡)을 설치하고 현도·낙랑·대방이라 불렀다.[35]

고 기록되어 있다. 『삼국유사』〈고조선〉조는 당나라의 『배구전』을 인용하여 고구려가 있던 곳은 원래 고죽국이 있던 곳인데 서주시대에는 기자가 망명하여 거주하면서 기자조선이라 했고 서한시대에는 한사군을 설치했다고 말하고 있다. 배구는 수나라와 당나라 두 시대에 걸쳐서 살았던 인물이다.

그러므로 『수서(隋書)』「배구열전(裵矩列傳)」을 보면,

> (수나라) 양제(煬帝)가 국경 요새의 북쪽을 순행할 때 (배구가) 수행을 했는데 (양제는 돌궐의) 계민(啓民 : 可汗)의 장막에 거동했다. 그때 고려(고구려)는 사신을 보내 먼저 돌궐과 통하고자 했는데 계민은 (고구려의 사신을) 감히 숨길 수가 없어서 그를 데려와 양제에게 소개했다. 배구는 양제에게 올린 글에서 말하기를, "고려(고구려)의 땅은 본래 고죽국입니다. 주시대에 그곳에 기자를 봉했고 한시대에는 그곳을 나누어 3개의 군(郡)을 만들었는데 진씨(晉氏 : 진나라)도 요동을 통합했습니다."[36]

---

35 『삼국유사』 권1, 「기이」 〈고조선〉. "唐裵矩傳云, 高麗本孤竹國, 周以封箕子爲朝鮮, 漢分置三郡, 謂玄菟·樂浪·帶方."

36 『수서』 권67, 「배구열전」. "從帝巡于塞北, 行啓民帳. 時高麗遣使先通于突厥, 啓民不

라고 했다는 기록이 보인다. 이 같은 내용이 『구당서(舊唐書)』와 『신당서(新唐書)』의 「배구열전」, 『삼국사기』 「고구려본기」 〈영양왕〉조[37]에도 실려 있다.

위의 내용에 따르면 고구려·고죽국·기자조선·한사군은 모두 같은 지역에 있었다. 여기서 한사군을 4개의 군으로 말하지 않은 데에는 이유가 있다. 한사군은 처음에 낙랑·진번·임둔·현도의 4개 군이었으나 오래지 않아 낙랑·현도의 2개 군이 되었다가 다시 낙랑군을 나누어 대방군을 설치함에 따라 현도·낙랑·대방의 3개 군이 되었기 때문이다.

기자가 봉해졌던 조선은 고조선의 서쪽 변경이었던 오늘날 난하 하류 동부 유역에 있었던 지명이다. 그곳은 뒤에 한사군이 설치됨에 따라 낙랑군의 조선현이 되었다.[38] 그리고 고죽국도 난하 유역에 위치해 있었다.[39] 그러므로 고구려·고죽국·기자조선·한사군은 그들이 차지한 면적이나 중심부는 일치하지 않았지만 난하 유역의 대체로 같은 지역에 위치해 있었음을 알 수 있다. 다시 말하면 고구려가 오늘날 요동 지역에서 독립국으로 출발하기 전에 원래 위치했던 곳은 오늘날 북경 근처 난하 유역이었던 것이다. 이 고구려는 고조선의 거수국이었다.[40]

고구려가 중국의 서주 초기인 서기전 12세기에 이미 존재했었다면 고

敢隱, 引之見帝. 矩因奏狀曰, 高麗之地, 本孤竹國也. 周代以之封于箕子, 漢世分爲三郡, 晉氏亦統遼東."

37 『구당서』 권63, 「배구열전」; 『신당서』 권100, 「배구열전」; 『삼국사기』 권20, 「고구려본기」 〈영양왕〉조.

38 윤내현, 「위만조선과 한사군의 위치」, 『고조선 연구』 상, 만권당, 2015, pp. 457~481.

39 陳槃, 『不見於春秋大事表之春秋方國稿』 册1, 〈孤竹〉條, 中央研究院歷史語言研究所, 民國 59(1970), 28～31葉; 譚其驤 主編, 『中國歷史地圖集』 第1册, 原始社會·夏·商·西周·春秋·戰國時期, 地圖出版社, 1982, pp. 20~21.

40 주 4와 같음.

구려는 고죽국·기자조선 등과 상당히 오랫동안 공존했어야 한다. 왜냐하면 고죽국은 중국의 상(商)시대부터 춘추(春秋)시대까지도 존재했던 것으로 기록에 나타나며,[41] 기자조선은 서기전 12세기 무렵부터 서기전 2세기 초까지 존재했기 때문이다.[42]

따라서 고구려의 원주지(原住地)가 고죽국이나 기자조선과 같을 수는 없으며, 이들은 서로 인접해 있었다고 보아야 할 것이다. 그러나 기자조선의 뒤를 이은 위만조선과 그 뒤를 이은 한사군에 이르면 상황은 달라진다. 앞의 인용문들에는 위만조선이 언급되어 있지 않지만 위만조선은 기자조선의 뒤를 이어 건국되었고 위만조선이 멸망된 뒤 그 지역에 한사군이 설치되었으므로 기자조선과 한사군 사이에는 당연히 위만조선이 존재했어야 하는 것이다.

그런데 위만이 서기전 2세기 초에 기자조선의 통치자였던 준으로부터 정권을 빼앗아 위만조선을 건국한 뒤 영토를 확장하여 오늘날 난하부터 대릉하까지 차지하게 되었다. 그리고 서한 무제에게 위만조선이 멸망된 뒤 그곳에는 서한의 행정구역인 한사군이 설치되었다. 따라서 위만조선과 한사군 시기에는 고죽국과 고구려의 원주지가 모두 위만조선과 한사군의 영역에 포함되기에 이르렀다.

그런데 중국 당(唐)시대의 상황을 기록한 『구당서』, 『신당서』, 『괄지지

---

41 『관자』 권8, 「소광(小匡)」편에는 "천하를 바로잡으려고 북쪽으로 고죽·산융·예·맥에 이르렀다[一匡天下, 北至於孤竹·山戎·穢(濊)·貉(貊)]."는 기록이 보이는데, 이는 춘추시대 초기의 패자였던 제나라의 환공이 그의 상(相)이었던 관중과 함께 이민족을 친 사실을 말하는 것이다. 이 기록은 춘추시대에 고죽국이 존재했음을 알게 해준다.

42 기자조선은 통치자인 준이 위만에게 정권을 빼앗김으로써 멸망했는데, 위만이 중국에서 기자조선으로 망명 온 시기는 서기전 195년이었고 그로부터 오래지 않아 정권을 탈취했다. 그러므로 기자조선의 멸망 연대는 서기전 2세기 초가 된다.

(括地志)』, 『통전(通典)』 등에도 고구려의 도읍인 평양성이 난하 유역에 있었던 것으로 기록되어 있다. 『구당서』와 『신당서』의 「동이열전」 〈고(구)려〉전에,

> 고(구)려는 평양성에 도읍했는데 바로 한(漢)의 낙랑군 옛 땅이다.[43]

> 고구려의 군주는 평양성에 거주했는데 또한 장안성(長安城)이라고도 부르며 한의 낙랑군이었다.[44]

고 했다. 고구려의 평양성과 한사군의 낙랑군은 같은 지역에 있었다는 것이다.

『괄지지』와 『통전』에는 고구려의 평양성은 위만조선의 왕검성이었다는 사실이 추가되어 있다. 즉,

> 고구려의 치소(治所)인 평양성은 본래 한의 낙랑군 왕험성(王險城)인데 바로 고조선이었다.[45]

> 고구려는 본래 조선의 땅이었는데 한나라의 무제가 현(縣)을 설치하여 낙랑군에 속하게 했다. …… 도읍인 평양성은 바로 옛 조선의 왕험성이

---

43 『구당서』 권199 상, 「동이열전」 〈고(구)려전〉. "高(句)麗者, …… 其國都於平壤城, 卽漢樂浪郡之故地."

44 『신당서』 권220, 「동이열전」 〈고(구)려전〉. "其君居平壤城, 亦謂長安城, 漢樂浪郡也."

45 『사기』 권6, 「진시황본기」 〈진시황 26년〉조의 조선에 대한 주석으로 실린 『사기정의』. "括地志云, 高麗(高句麗)治平壤城, 本漢樂浪郡王險城, 卽古朝鮮也."

었다.[46]

고 했다. 중국인들은 왕검성(王儉城)을 왕험성(王險城)이라 표기했다. 왕검성은 위만조선의 도읍지였다.[47] 그런데 일부 학자들은 왕검성을 고조선의 도읍지로 잘못 알고 있는가 하면 위의 인용문에 보이는 평양성을 대동강 유역에 있는 오늘날 평양으로 보고 한사군의 낙랑군은 대동강 유역에 있었다고 주장했다.[48]

그러나 위의 평양성은 대동강 유역의 평양이 아니었다. 『구당서』와 『신당서』의 「동이열전」 〈고(구)려전〉에는 평양성이 낙랑군의 왕검성이었다는 앞의 인용문의 뒤를 이어,

> (고구려의 도읍에서) 동쪽으로 바다를 건너 신라에 이르고 서북으로는 요수(遼水)를 건너 영주(營州)에 이르며 남쪽으로는 바다를 건너 백제에 이르고 북쪽으로는 말갈에 이른다.[49]

> 그 땅은 동쪽으로 바다를 넘어 신라에 이르고 남쪽으로도 바다를 넘어 백제에 이르고 서북은 요수를 건너 영주와 접했고 북쪽은 말갈이다.[50]

---

46 『통전』 권185, 「변방」 1, 〈동이〉 상, '서략(序略)'. "高麗本朝鮮地, 漢武置縣屬樂浪郡. …… 都平壤城, 則故朝鮮國王險城也."

47 『사기』 권115, 「조선열전」과 『삼국유사』 권1, 「기이」 〈위만조선〉조 참조.

48 關野貞 等, 『樂浪郡時代の遺蹟』, 古蹟調查特別報告 第4册, 朝鮮總督府, 昭和 2(1927), pp. 13~15. 지금도 한사군의 낙랑군이 대동강 유역에 있었다고 주장하는 학자들은 『樂浪郡時代の遺蹟』에서 제시한 근거와 견해를 그대로 따르고 있다.

49 『구당서』 권199 상, 「동이열전」 〈고(구)려전〉. "其國都於平壤城, 卽漢樂浪郡之故地, …… 東渡海至於新羅, 西北渡遼水至于營州, 南渡海至于百濟, 北至靺鞨."

50 『신당서』 권220, 「동이열전」 〈고(구)려전〉. "地東跨海距新羅, 南亦跨海距百濟, 西北

라고 했다. 고구려의 평양성에서 바다를 건너야 신라나 백제에 도달한다는 것이다. 그런데 대동강 유역의 평양에서 신라나 백제에 이르는 사이에는 바다가 없다. 그러므로 앞의 인용문에 나오는 평양성이나 낙랑군의 위치는 대동강 유역일 수가 없다. 위의 내용을 만족시킬 수 있는 위치는 발해 서북부밖에 없다. 그곳은 오늘날 요서 서부 변경으로서 난하 유역이 된다.

위의 인용문들은 고구려의 도읍인 평양성과 한사군의 낙랑군 위치가 오늘날 난하 유역이었음을 말해준다. 앞에서 확인된 고구려의 원주지와 일치하는 것이다. 그런데 여기서 하나의 의문이 제기된다. 그것은 『구당서』와 『신당서』의 「동이열전」 〈고(구)려전〉에 기록된 고구려의 평양성은 어느 시기의 평양성인가 하는 점이다.

『구당서』와 『신당서』의 「동이열전」 〈고(구)려전〉의 내용은 서기전 37년에 독립국으로 출발한 고구려에 대한 기록이다. 그러므로 여기에 보이는 평양성의 위치는 당나라 시기의 상황으로 보아야 한다. 그렇게 보면 다음과 같은 해석이 가능하다. 즉 고구려는 오늘날 요동 지역에서 건국된 뒤 차츰 영토를 넓혀 오늘날 요서 지역을 수복하고 난하 유역의 옛 고구려 땅에 있었던 평양성을 재건했다고 보아야 할 것이다.

4. 고구려의 이동

앞에서 『삼국사기』, 『후한서』 「동이열전」, 『삼국지』 「동이전」에 보이는

度遼水與營州接, 北靺鞨."

고구려는 서기전 37년에 오늘날 요동 지역에서 건국된 나라임을 확인했다. 그리고 이보다 앞서 서기전 12세기 이전부터 이와는 성격이 다른 고구려가 난하 유역에 존재했는데 그것은 고조선의 거수국이었음도 확인했다.

그렇다면 고구려라는 이름은 어떤 연유로 난하 유역에서 오늘날 요동 지역으로 이동했으며 이 두 고구려 사이에는 어떤 관계가 있을까? 이 점을 밝히기 위해 우선 오늘날 요동 지역에서 고구려가 독립국으로 출범하던 서기전 37년 전후의 만주 지역 상황을 살펴볼 필요가 있다.

고구려가 건국된 서기전 37년 무렵에 오늘날 요하 동쪽의 만주와 한반도에는 동부여·고구려·읍루·동옥저·동예·최씨낙랑국·한·신라 등이 있었고 오늘날 요서 지역에는 서한의 낙랑군과 현도군이 있었다.[51]

오늘날 요서 지역은 원래 고조선의 영토로서 부여·고구려·기자조선 등을 비롯한 고조선의 여러 거수국들이 그 지역에 있었다.[52] 그런데 서기전 195년에 서한에서 기자조선으로 망명한 위만이 오래지 않아 기자조선의 정권을 빼앗아 위만조선을 건국했다. 기자조선은 오늘날 난하 하류 동부 유역에 있었으므로 위만조선도 이와 같은 곳에 있었다. 그 후 위만조선은 동쪽으로 영토를 넓혀 오늘날 대릉하 유역까지 차지했다.[53]

서기전 108년에 이르러 서한 무제는 위만조선을 멸망시키고 그곳에 낙랑·임둔·진번 등 3군을 설치했고, 1년 뒤인 서기전 107년에는 앞의

---

51 한사군의 낙랑·임둔·진번·현도의 4군 가운데 임둔군과 진번군은 서기전 82년에 폐지되었다. 따라서 이 시기에는 낙랑군과 현도군만 존재했다. 이 문제에 대해서는 뒤에서 다시 언급할 것이다.

52 윤내현, 「고조선의 국가 구조」, 앞 책 『고조선 연구』 하, pp. 30~73.

53 윤내현, 「위만조선과 한사군의 위치」, 앞 책 『고조선 연구』 상, pp. 466~481.

3군보다 동쪽인 오늘날 요하 서부 유역에 현도군을 설치했다.[54] 이렇게 되어 한사군이 되었다. 그 결과 고조선은 오늘날 요서 지역 전부를 잃게 되었다. 그러나 한사군은 유지가 어려웠다. 고조선의 반격이 심했기 때문이었다. 그래서 임둔군과 진번군은 설치된 지 26년 만인 서기전 82년(서한 소제 시원 5년)에 폐지되고 낙랑군과 현도군만 남게 되었다.

이러한 상황 변화가 있는 가운데 기자조선 가까이 있었던 고구려는 위만조선이 영토를 확장하는 과정에서 그 영토를 잃게 되었다. 고구려의 지배층과 일부 주민들은 위만조선에 대항하면서 동쪽으로 이동하지 않으면 안 되었다.

이때 고구려족 모두가 한 곳으로 이주하기는 어려웠을 것이며 여러 곳으로 분산되었을 것이다. 그 가운데 큰 집단은 새로운 정착지에서도 고구려라는 이름을 사용했을 것이다. 그리고 고구려의 원주지에서도 고구려라는 이름을 사용했을 것이다. 이렇게 되어 고구려라는 이름이 여러 곳에 존재하는 상황이 벌어지게 되었을 것이다.

그러한 사실을 뒷받침하는 근거가 옛 문헌 기록과 현존하는 지명에서 발견된다. 앞에서 말한 바와 같이 고구려는 구려라고도 불렸는데 구려에 대해서 『후한서』 「동이열전」 〈고구려전〉에,

> 구려(句驪)는 일명 맥[貊 : 또는 맥이(貊耳)]이라고도 한다. 갈라져 나간 종족이 있는데 소수(小水)에 의지해 거주하는 까닭에 이름을 소수맥(小水貊)이라 한다. 좋은 활이 생산되는데 이른바 '맥궁(貊弓)'이 그것이다.[55]

---

54 앞 글, pp. 466~467.

55 『후한서』 권85, 「동이열전」 〈고구려전〉. "句驪一名貊(耳), 有別種, 依小水爲居, 因名曰小水貊. 出好弓, 所謂貊弓是也."

라는 기록이 보이고 그 주석에,

> 『위씨춘추(魏氏春秋)』에 이르기를 요동군의 서안평현(西安平縣) 북쪽에 소수(小水)가 있는데 남쪽으로 흘러 바다로 들어간다. 구려에서 갈라져 나간 종족은 그로부터 이름을 얻어 소수맥이라 한다.[56]

고 했다. 그리고 『삼국지』「동이전」〈고구려전〉에는,

> 또 소수맥이 있다. 구려는 나라를 세우고 대수(大水)에 의지해 거주했는데 서안평현 북쪽에 소수가 있어 남쪽으로 흘러 바다로 들어가는데 구려에서 갈라져 나간 종족은 소수에 의지해 나라를 세웠으므로 그로부터 이름을 얻어 소수맥이라 한다. 좋은 활이 생산되는데 이른바 맥궁이 그것이다.[57]

라고 했다. 이 기록들은 고구려에서 갈라져 나간 종족으로 구려 또는 소수맥이라고 불린 종족이 있었음을 말하고 있다.

아마도 소수맥이라는 명칭은 그들 자신보다는 중국인들이 부른 명칭일 것이다. 왜냐하면 고구려인들은 고구려나 구려라는 자신들의 이름이 있는데 맥이라는 다른 종족의 이름을 사용했을 리 없기 때문이다. 중국인들은 예부터 만주 지역에 거주하는 여러 종족을 통칭하여 맥이나 만

---

56 『후한서』 권85, 「동이열전」〈고구려전〉의 구려에 대한 주석. "魏氏春秋曰, 遼東郡西安平縣北, 有小水南流入海, 句驪別種因名之小水貊."

57 『삼국지』 권30, 「동이전」〈고구려전〉. "又有小水貊, 句麗作國, 依大水而居, 西安平縣北有小水, 南流入海, 句麗別種依小水作國, 因名之爲小水貊, 出好弓, 所謂貊弓是也."

맥(蠻貊)으로 부르는 경향이 있었다.

위에 인용한 『삼국지』 내용은 적어도 2개의 고구려가 있었음을 말해준다. 하나는 대수에 의지해 나라를 건국한 고구려이고 다른 하나는 소수에 의지해 나라를 세운 고구려이다. 소수에 의지해 살고 있는 고구려를 소수맥이라고도 불렀다는 것이다. 소수는 요동군 서안평현의 북쪽에서 남쪽으로 흘렀다고 말하고 있다. 여기서 소수가 고유명사인지 작은 강이라는 뜻인지 분명하지 않다. 그런데 대수에 의지해서 건국한 고구려가 요하 유역에서 건국한 고구려를 의미한다면 소수는 요하보다 작은 강이었다는 뜻이 될 것이다.

일부 학자들은 소수를 오늘날 요동에 있는 혼강(渾江)이나 장전하(長甸河) 또는 태자하(太子河) 등으로 보기도 하고,[58] 요동군의 서안평현을 오늘날 단동(丹東) 지역으로 보기도 한다.[59] 그러나 그것은 옳지 않다. 요동군은 행정구역으로서 일반적 의미의 요동과는 다른데 고대의 요동군은 오늘날 난하 하류 유역으로서 갈석산 서쪽 지역이었다.[60] 그러므로 소수나 서안평현은 오늘날 요동에 있었을 수 없으며 오늘날 난하 유역에 있어야 하는 것이다.

앞에서 확인한 바와 같이 고구려의 원위치는 난하 동부 유역으로서 고조선 영토였다. 그런데 소수맥이 거주했던 곳은 요동군 서안평현 지역이었는데 요동군은 전부터 중국의 행정구역이었다. 그러므로 그들이

---

58 국사편찬위원회, 『중국정사조선전 역주』 1, 1987, p. 252.

59 요동이라는 같은 이름 때문에 고대의 요동과 오늘날 요동을 같은 곳으로 잘못 알고 오늘날 단동(丹東)을 요동군의 서안평현으로 보는 학자들이 있다(曹汛, 「靉河尖古城和漢安平瓦當」, 『考古』, 1980년 6기, pp. 566~567 ; 노태돈, 「고조선 중심지의 변천에 대한 연구」, 『한국사론』 23, p. 8).

60 윤내현, 「고조선의 서쪽 경계」, 앞 책 『고조선 연구』 상, pp. 234~239.

거주했던 곳은 고구려의 원위치에서 가까운 곳이기는 했지만 원위치는 아니었던 것이다. 위만조선의 영토 확장으로 고구려족은 원주지를 잃고 일부는 멀리 이동했지만 일부는 가까운 곳에 남아 있었던 것이다.

가까운 곳으로 이동한 고구려인들은 중국 영토 안에 살고 있었던 것이다. 요동군 서안평현은 위만조선이 건국되기 전부터 중국의 행정구역으로서 국경지대에 있었다. 그리고 위만조선은 그 동쪽에 있었고 위만조선이 멸망된 뒤에 위만조선 지역은 중국 영토가 되어 한사군이 되었다. 그러므로 소수맥이라 불린 고구려인들이 살고 있었던 서안평현 부근은 고조선과 중국의 국경지대였음을 알 수 있다.

『후한서』와 『삼국지』에 실린 다음의 기록은 그러한 사실을 뒷받침한다. 『후한서』 「동이열전」 〈고구려전〉에는 앞에 인용된 소수맥에 관한 기록에 이어서,

> 왕망 초에 구려의 병사를 보내 흉노를 정벌했는데 그 사람들이 행하고 싶어 하지 않으므로 강압적으로 그들을 파견했더니 모두가 도망하여 국경 밖으로 나가서 침략하는 도적이 되었다. 요서(遼西) 대윤(大尹) 전담(田譚)이 추격하다가 전사했다.[61]

고 말하고 있다. 서한의 황위를 찬탈하여 신(新)을 건국한 왕망이 흉노를 치기 위해 소수맥이라 불리는 고구려족 병사를 파견했더니 그들은 왕망의 명령에 따르기를 거부하고 모두 국경 밖으로 도망하여 오히려 중국을 침략하는 무리가 되었다는 것이다. 이 내용은 소수맥이라 불렸

---

61 『후한서』 권85, 「동이열전」 〈고구려전〉. "王莽初, 發句驪兵以伐匈奴, 其人不欲行, 强迫遣之, 皆亡出塞爲寇盜. 遼西大尹田譚追擊, 戰死."

던 고구려족이 왕망 시대에 중국의 영토 안에 거주했으며 그곳은 국경 지역이었음을 알게 해준다.

지난날 일부 학자들은 이 기록을 왕망이 오늘날 요동에 있었던 고구려국 병사를 동원하여 흉노를 치려 했던 것으로 해석했다. 고구려나 구려라는 이름을 모두 같은 정치집단에 대한 칭호로 잘못 인식했기 때문이다. 오늘날 요동에서 건국한 고구려국은 중국의 속국이 아니었으므로 상식적으로 생각하더라도 왕망이 고구려국의 군대를 동원했다는 것은 있을 수 없는 일이다.

『한서』「지리지」에는 위에서 확인한 고구려와 다른 또 하나의 고구려가 보인다. 그것은 한사군의 현도군에 속해 있었던 고구려현(高句驪縣)이다. 현도군에는 고구려(高句驪)·상은태(上殷台)·서개마(西蓋馬) 등 3개의 현(縣)이 있었다. 동한(東漢)의 응소(應劭)는 이 고구려현에 대해서 주석하기를,

> 옛날의 구려(句驪) 오랑캐이다.[62]

라고 했다. 이 기록은 현도군의 고구려현은 고구려족이 거주했던 곳에 설치되었거나 고구려족의 일부를 이주시켜 그곳에 살게 하고 그 지역의 이름을 고구려현이라 했음을 말해준다. 예부터 중국은 적대세력을 여러 지역에 분산시킴으로써 그들의 성장을 막는 것을 하나의 통치 방법으로 삼아왔다.

그런데 현도군은 한사군 가운데 가장 동쪽에 위치하여 오늘날 요하

---

62 『한서』 권28 下, 「지리지」 下, 현도군 '고구려현'에 대한 주석. "應劭曰, 故句驪胡."

서부 유역에 있었으므로 현도군에 속해 있었던 고구려현의 위치도 그 지역이 되어야 한다. 그러므로 고구려현의 위치는 소수맥이라 불린 고구려족의 거주지인 난하 유역에서 멀리 떨어져 있다. 이곳은 또 하나의 고구려족 거주지였던 것이다.

고구려족의 또 다른 거주지였을 것으로 추정되는 곳이 현존하는 지명에서도 확인된다. 오늘날 요령성(遼寧省) 남부 해안 지역 수중(綏中)과 전위(前衛)의 중간 지점에는 고려하(高麗河)라는 강이 있고 그 유역에는 고려성지(高麗城址)가 있다.[63] 이러한 이름들이 남아 있는 것은 그 지역에 고구려족이 거주했기 때문일 것이다. 이곳은 오늘날 요하에서 서쪽으로 멀리 떨어져 있어 현도군의 고구려현 지역이었을 것 같지는 않다. 그리고 요동군의 동부 경계인 갈석산에서도 동쪽으로 상당히 떨어진 거리에 있어 소수맥이라 불린 고구려족이 거주했던 곳으로 볼 수도 없다. 이곳은 또 다른 고구려족의 거주지였던 것으로 추정된다.

이상과 같이 고구려족의 거주지가 여러 곳에서 확인되는 것은 위만조선의 영토 확장 및 한사군 설치에 따른 주민 이동과 고구려족의 세력 성장을 막기 위한 중국의 분산 이주 정책의 결과였던 것이다. 이상의 고구려족 거주지들은 오늘날 요서 지역에 위치했는데 이 지역은 원래 고조선의 영토였으나 고조선 말기에 위만조선의 영토가 되었다가 서한의 영토에 편입되어 한사군이 설치되었다.

그런데 오늘날 요동 지역에서는 고조선이 붕괴된 뒤 서기전 37년에 고구려라는 독립국이 출현했다. 앞에서 확인한 바와 같이 이 고구려는

---

63 오늘날 중화인민공화국에서 발간되는 지도에는 고려하와 고려성지가 표시되어 있지 않다. 그러나 1930년대 중국 지도에서는 그 이름이 확인된다[王華隆, 『東北四省分縣新圖』, 北平文化學社, 民國 21(1932) 참조].

북부여에서 이주한 추모왕이 건국했다. 추모왕은 북부여에서 출생했지만 부여족은 아니었다. 그의 어머니는 하백의 딸 유화였고 아버지는 스스로 해모수라 칭했다.[64] 해모수는 '해머슴아' 즉 '일자(日子)'라는 뜻으로 고조선의 단군을 해모수라고도 불렀다.[65] 그러므로 추모왕은 단군의 혈통을 이어받았음을 알게 해준다.

고조선시대에 고구려는 고조선의 거수국이었는데 초기에는 고구려족 출신이 거수의 자리를 맡았으나 뒤에 단군의 후손으로 교체되었다.[66] 혈연 조직을 강화하기 위한 것이었다. 이러한 상황을 통해 볼 때 추모왕이 해모수의 아들이었다는 것은 그가 단군의 후손인 고구려 거수의 후손이었음을 알게 해준다.

그렇기 때문에 추모왕은 그가 건국한 나라의 이름을 고구려라 했던 것이다. 추모왕이 고구려를 건국하기 전 그곳에는 졸본부여가 있었는데 그가 나라 이름을 고구려라고 바꾼 것은 추모왕 자신을 포함한 건국의 주도세력과 그 주민들 대부분이 고구려족이었기 때문일 것이다. 그러므로 서기전 37년에 건국된 고구려는 이전에 난하 유역에 있었던 고구려 세력이 이동한 것이라고 말할 수 있다.

그러나 고구려가 건국된 지역에는 졸본부여의 부여족과 그 이전부터 그곳에 거주했던 토착인들이 혼재하고 있었을 것이다. 옛 문헌에 고구려를 '부여의 별종(別種)'이라고 말한 것은 고구려족이 부여족에서 갈라져 나온 같은 혈통이라는 뜻이 아니라 추모왕이 한때 북부여에 의탁했

---

64 주 20·21·23 참조.

65 김상기, 「국사상에 나타난 건국설화의 검토」, 『동방사논총』, 서울대 출판부, 1984, pp. 6~7의 주 7 참조.

66 윤내현, 「고조선의 통치 조직」, 앞 책 『고조선 연구』 하, pp. 152~158.

기 때문이기도 하고 고구려의 주민 가운데 부여족이 많이 포함되어 있었기 때문이기도 했던 것이다.[67]

5. 마치며

고구려라는 이름은 서기전 37년에 추모왕이 고구려라는 독립국을 건국하기 전부터 존재했다. 중국 문헌에서는 고구려가 서기전 12세기 전부터 이미 존재했던 것으로 확인된다.

이 고구려는 고조선의 거수국으로서 고죽·기자조선 등과 인접하여 오늘날 난하 유역에 있었다. 그런데 서기전 195년에 위만이 서한에서 고조선의 서부 변경으로 망명하여 고조선의 거수국이었던 기자조선의 준으로부터 정권을 빼앗아 위만조선을 건국하고 그 영토를 오늘날 대릉하 유역까지 확장했다. 이렇게 되자 고구려의 지배층과 일부 주민들은 동쪽으로 이동하지 않으면 안 되었다. 그 결과 고구려족은 여러 곳에 흩어져 살게 되었다.

서기전 108년에 서한에게 위만조선이 멸망되고 그 지역에 서한의 군현(한사군)이 설치되었는데 이 시기에 서한은 고구려족을 약화시키기 위

67 『후한서』 권85, 「동이열전」 〈고구려전〉에는, "동이들이 서로 전해오기를 (고구려는) 부여의 별종이라 하는데, 그런 까닭에 언어와 법칙이 많이 같다(東夷相傳以爲夫餘別種, 故言語法則多同)."고 했고, 『삼국지』 「동이전」 〈고구려전〉에는, "동이의 옛말에 따르면 (고구려는) 부여의 별종이라 하는데 언어와 여러 가지 일들이 부여와 많이 같다(東夷舊語以爲夫餘別種, 言語諸事, 多與夫餘同)."고 했다. 『구당서』 「동이열전」 〈고(구)려전〉에는, "고(구)려는 부여의 별종에서 나왔다(高麗者, 出自扶餘之別種也)."고 했고, 『신당서』 「동이열전」 〈고(구)려전〉에는, "고(구)려는 부여의 별종이다(高麗, 扶餘別種也)."라고 했다. 이 기록들은 모두 고구려가 부여에서 갈라져 나왔다고 설명하고 있다.

해 원주지에 남아 있던 고구려족을 분산 이주시켰다. 이러한 정책으로 인해 고구려족은 또다시 여러 곳으로 이주하지 않으면 안 되었다.

이렇게 여러 곳으로 이주한 고구려족 가운데 큰 집단은 고구려라는 이름을 그대로 사용했다. 그 결과 오늘날 요서 지역에는 고구려라는 이름이 여러 곳에 존재하게 되었다. 오늘날 난하 하류 유역에 있었던 것으로 추정되는 소수맥이라 불린 구려족(句麗族), 오늘날 요하 서부 유역으로 추정되는 현도군의 고구려현, 오늘날 요령성 남부해안 수중과 전위 사이에 있는 고려하와 고려성지 등은 바로 그러한 연유로 고구려족이 남겨놓은 이름인 것으로 추정된다.

위의 이름들은 한사군이 실치되면서 중국의 영토에 편입되었던 오늘날 요서 지역에 남겨진 고구려의 이름이었는데 이와는 달리 오늘날 요동 지역에는 서기전 37년에 추모왕이 독립국 고구려를 건국했다. 추모왕은 북부여에서 이주해 왔지만 부여족은 아니었다.

그의 어머니는 하백의 딸 유화였고 아버지는 스스로 해모수라 했는데 아마도 추모왕은 단군의 후손인 고구려 거수의 혈통일 것이다. 그가 나라 이름을 고구려라 한 것도 이전의 고구려와 무관하지 않음을 알게 해준다. 추모왕의 조상과 일족은 위만조선의 영토 확장으로 그들의 거주지를 잃게 되자 잠시 북쪽의 북부여에 의탁하고 있다가 오늘날 요동으로 이주하여 고구려를 건국했던 것이다.

고구려의 건국에는 추모왕을 포함하여 고구려족이 주체를 이루었을 것이다. 그러나 새로 건국된 고구려국의 영토 안에는 부여족과 그 이전부터 그곳에 거주했던 토착인들도 많이 거주하고 있었다. 옛 문헌에 고구려를 부여의 별종이라 기록한 것은 추모왕이 한때 북부여에 의탁했고 고구려의 주민 가운데 부여족이 많이 포함되어 있었기 때문인 것으로 이해해야 할 것이다.

추모왕이 건국한 고구려는 705년 동안 존속했다. 그런데 옛 문헌에는 고구려가 이보다 훨씬 긴 기간 동안 존속했을 가능성을 시사하는 기록들이 보인다. 그렇기 때문에 지금까지 일부 학자들은 추모왕이 건국한 고구려의 건국 연대를 서기전 3~2세기 무렵으로 올려잡아야 한다고 주장하기도 했던 것이다. 그러나 그렇게 되면 고조선 붕괴 연대와 고구려 건국 연대의 관계를 합리적으로 설명할 수 없으므로 이는 받아들이기 어렵다.

고구려는 그 성격은 다소 다르지만 고조선시대부터 이미 존재했다. 그러므로 고구려의 존속 기간을 705년보다 길게 말한 것은 고조선의 거수국이었던 고구려까지를 포함한 표현으로 보아야 할 것이다.[68] 그런데 그 역년을 대개 800~900여 년으로 말하고 있는데 고구려는 고조선 초기부터 존재했을 가능성이 있으므로 그보다 훨씬 오래되었다고 보아야 할 것이다.

그런데도 800~900여 년이라고 말한 것은 다음과 같은 이유 때문이었을 것이다. 서기전 4~3세기 무렵의 고조선 말기에 단군의 통치력이 약

---

68 「광개토왕릉비문」에 광개토왕은 시조 추모(주몽)왕의 17세손이라 했는데, 『삼국사기』 「고구려본기」에는 추모왕에서 광개토왕까지 모두 19명의 왕이 기록되어 있다. 이러한 차이는 고구려의 역년에 잘못이 있음을 보여주는 근거라고 말하는 학자들이 있다. 그러나 세(世)는 항렬로 계산한 것이므로 형제나 삼촌 등 항렬이 높은 사람이 왕위를 상속받았을 때는 세(世)의 수에 가산되지 않는다. 그러므로 「광개토왕릉비문」에는 17세(世)로, 『삼국사기』에는 19명으로 고구려왕들이 기록된 것을 잘못된 것으로 단정할 수는 없다. 추모왕에서 광개토왕에 이르기까지 부자상속이 아닌 경우가 있기 때문이다. 그리고 참고로 알아두어야 할 것은 세(世)와 대(代)의 차이이다. 일반적으로 왕들은 대(代)로 계산되는데 그럴 경우 시조는 계산에서 제외되고 그다음이 1대가 된다. 그러나 세(世)는 시조를 포함하여 계산한다. 그러므로 세(世)와 대(代) 사이에는 1대의 차이가 있게 된다. 『삼국유사』 「기이」 〈미추왕〉조에 미추왕은 김알지의 7세손이라 했는데, 이는 김알지를 1세로 계산해야만 맞는다.

화되어 거수국들이 반독립적인 위치에 있게 되었는데 이때 고구려도 반독립적인 위치를 확보하게 되었다.[69] 고구려의 역년을 이 시기부터 계산했다고 보아야 할 것이다.

69 윤내현, 「고조선의 연대 문제」, 앞 책 『고조선 연구』 상, pp. 403~410.

IV 최씨낙랑국의 건국과 흥망

1. 들어가며

고조선의 뒤를 이은 열국시대에 오늘날 대동강 유역에는 최리왕(崔理王)이 다스리던 낙랑국(樂浪國)이 있었다. 이 나라는 호동왕자(好童王子)와 비극적 사랑 이야기로 널리 알려져 있는 낙랑공주(樂浪公主)의 조국이다. 필자는 이 나라를 한사군의 낙랑군과 구별하기 위해 최씨낙랑국이라 부르고자 한다.[1]

---

1 지금까지 일부 학자들은 문헌에 보이는 낙랑에 관한 모든 기록을 한사군의 낙랑군에 관한 것으로 인식했다. 그러나 일찍이 이익은 낙랑을 낙랑군과 낙랑국의 둘로 나누어 보고 낙랑군은 요동 지역에, 낙랑국은 대동강 유역에 있었다고 보았다. 이익의 낙랑에 대한 이해 전반에 문제가 없는 것은 아니지만 2개의 낙랑으로 나누어본 것은 뛰어난 발상이다. 신채호도 낙랑을 북낙랑과 남낙랑으로 나누어보고 북낙랑은 한사군의 낙랑군이고 남낙랑은 대동강 유역의 낙랑국으로서 최리왕이 다스렸던 나라라고 주장했다. 리지린도 한사군의 낙랑군 위치에 대해서는 말하지 않았지만 대동강 유역에 있었던 낙랑은 한사군의 낙랑군이 아니라 최리왕이 다스리던 낙랑국이었다고 주장했다. 이 글을

이 글에서는 최씨낙랑국의 위치를 고증하고 그 흥망 과정을 추적하고자 한다. 그동안 필자는 이미 발표된 저서나 논문에서 최씨낙랑국에 대해 언급한 바가 있다. 그러나 그것들은 다른 사건이나 사실을 설명하는 과정에서 보조자료로 제시했을 뿐이어서 내용이 단편적이고 충분하지 못했다. 이를 보완하고 체계적으로 정리하는 것이 이 글의 목적이다.

호동왕자와 낙랑공주의 사랑 이야기는 잘 알려져 있지만 낙랑공주의 조국인 최씨낙랑국이 언제 어느 곳에 있었는지에 대해서는 한국사에서 전혀 언급하지 않고 있다. 더구나 최씨낙랑국을 한사군의 낙랑군으로 잘못 인식하고 있다.[2] 그러므로 최씨낙랑국에 대한 고찰은 최씨낙랑국의 정체뿐만 아니라 한사군의 낙랑군 위치를 분명히 하는 작업이 되기도 하는 것이다.

왜냐하면 지금까지 일본인들을 비롯한 일부 학자들은 한사군의 낙랑군은 오늘날 대동강 유역에 있었다고 주장해왔는데[3] 대동강 유역에 있었던 낙랑은 한사군의 낙랑군이 아니라 최씨낙랑국이었음이 문헌에서

구성하는 데 아래의 글 「삼국사기를 통해 본 고조선의 위치」에 정리된 자료가 크게 도움이 되었음을 밝혀둔다(이익, 『성호사설유선(星湖僿說類選)』 권1 하, 「천지편」 하, 〈지리문 사군(地理門 四郡)〉조 참조 ; 신채호, 『조선상고사』, 단재신채호전집 상, 단재신채호선생기념사업회, 1978, p. 141 ; 리지린, 「삼국사기를 통해 본 고조선의 위치」, 『력사과학』, 1966년 3호, pp. 20~29 참조).

2 이홍직, 『국사대사전』(백만사, 1973), p. 357의 '낙랑공주'. 낙랑공주는 낙랑태수 최리의 딸인데 고구려 대무신왕의 왕자 호동을 사랑해서 무기고에 들어 있던 자명고(自鳴鼓)를 찢었다고 설명하고 있다. 그런데 태수는 중국에서 군(郡)을 다스리는 관직이었다. 그러므로 위의 설명은 낙랑국의 왕 최리를 한사군의 낙랑군 태수로, 낙랑국의 공주를 낙랑군 태수의 딸로 잘못 설명하고 있는 것이다.

3 『한국민족문화대백과사전』에도 한사군의 낙랑군의 위치는 오늘날 평안남도 일대와 황해도 북단이었다고 적혀 있다(『한국민족문화대백과사전』 5, 한국정신문화연구원, 1991, p. 308).

확인되기 때문이다. 최씨낙랑국과 한사군은 같은 기간에 병존했으므로 최씨낙랑국이 대동강 유역에 있었다면 한사군의 낙랑군은 대동강 유역에 있을 수 없는 것이 이치이다.

필자는 한사군의 낙랑군은 북경에서 가까운 오늘날 난하 동부 유역에 있었음을 고증한 바 있다. 그리고 일본인들이 낙랑군 유적으로 발표한 대동강 유역의 유적은 낙랑군 유적이 될 수 없음을 이미 밝힌 바 있다. 이 글은 필자의 그런 주장을 뒷받침하는 역할도 할 것이다.

2. 최씨낙랑국의 위치

지금까지는 한사군의 낙랑군이 대동강 유역에 있었던 것으로 잘못 인식했다. 그러한 인식은 문헌 사료와 고고학 자료를 잘못 해석한 데서 기인했다. 한사군의 낙랑군 이외의 다른 낙랑을 생각하지 않았기 때문에 한국과 중국의 문헌이나 고고학 자료에 낙랑에 관한 것이 보이면 그것들을 모두 한사군의 낙랑군에 관한 것으로 인식했던 것이다.

한국이나 중국의 문헌에서 낙랑이 평양 지역 또는 대동강 유역에 있었던 것으로 보이는 기록이 확인되면 그것들은 한사군의 낙랑군이 오늘날 평양 지역, 즉 대동강 유역에 있었음을 말해주는 것이라고 생각했다. 그리고 일본인들이 대동강 유역에서 발굴한 유적에서 낙랑과 관계된 유물이 출토되자 그것들을 모두 한사군의 낙랑군에 관한 것으로 해석했다. 그러나 그러한 생각과 해석은 잘못된 것이다.

고대 문헌에서 한사군의 낙랑군과 연관되어 나타난 평양은 대동강 유역에 있는 오늘날 평양이 아니었다. 그리고 대동강 유역에 있었던 낙랑은 한사군의 낙랑군이 아니라 그와는 다른 최씨낙랑국이었던 것이다.

그리고 일본인들이 발굴한 이른바 낙랑군 유적이라는 것도 한사군의 낙랑군 유적이 아니라 최씨낙랑국의 유적이다.

한사군의 낙랑군은 대동강 유역이 아니라 북경에서 가까운 오늘날 난하 동부 유역에 있었음을 필자는 이미 밝힌 바 있다. 그러나 지금까지의 잘못된 인식을 바로잡기 위해 낙랑군 위치를 대동강 유역으로 보도록 만든 사료들의 문제점을 지적해두고자 한다. 낙랑군의 위치가 대동강 유역이었다는 근거로 제시되었던 문헌은 『구당서』, 『신당서』, 『괄지지』, 『통전』, 『수경주(水經注)』 등이다.[4] 그 근거가 되었던 기록을 차례로 검토해보겠다.

『구당서』 〈동이열전〉 〈고(구)려진〉에,

> 고(구)려는 평양성에 도읍했는데 바로 한의 낙랑군 옛 땅이다.[5]

라 했고 『신당서』 〈동이열전〉 〈고(구)려전〉에,

> (고구려의) 군주는 평양성에 거주하는데 또한 장안성이라고도 부르며 한의 낙랑군이었다.[6]

고 했다. 지금까지 일부 학자들은 위의 인용문에 고구려 도읍으로 기록된 평양성을 대동강 유역에 있는 오늘날 평양으로 보고 한사군의 낙랑

---

4 關野貞 等, 『樂浪郡時代の遺蹟』, 古蹟調查特別報告, 第4册, 朝鮮總督府, 昭和 2(1927), pp. 13~15.

5 『구당서』 권199 상, 「동이열전」 〈고(구)려전〉. "高(句)麗者, …… 其國都於平壤城, 卽漢樂浪郡之故地."

6 『신당서』 권220, 「동이열전」 〈고(구)려전〉. "其君居平壤城, 亦謂長安城, 漢樂浪郡也."

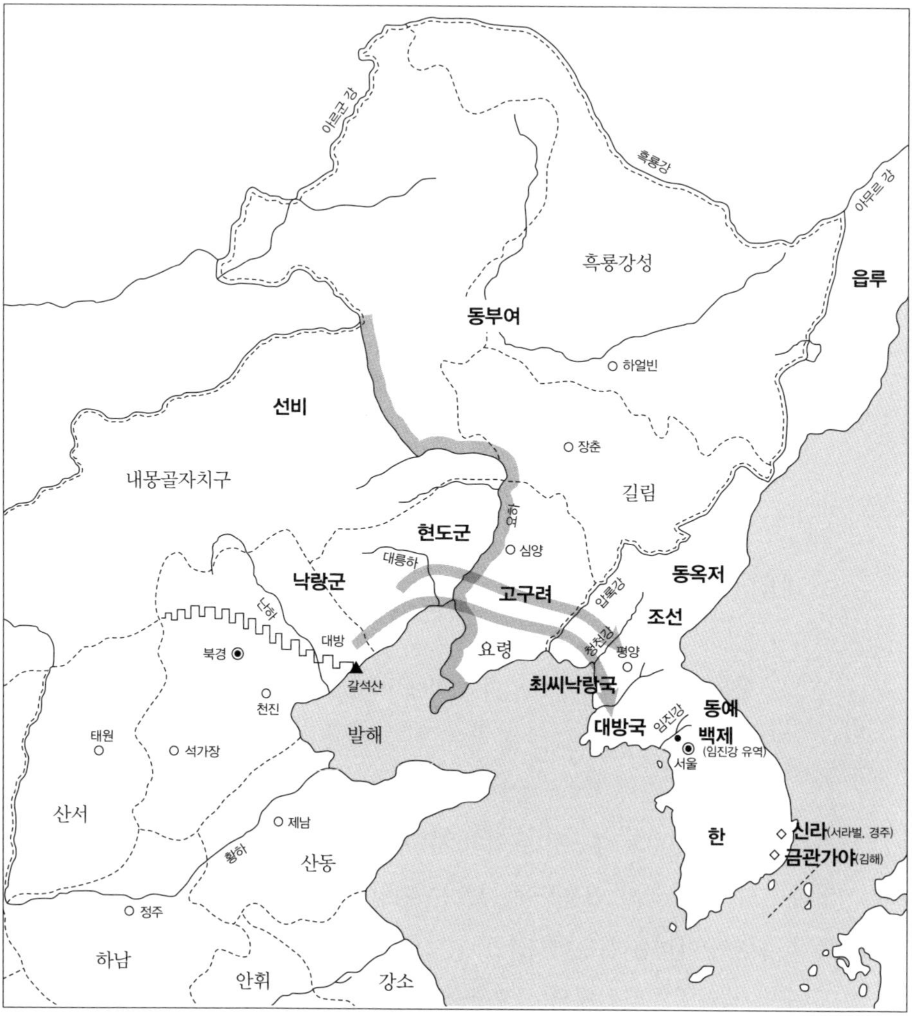

최씨낙랑국과 대방국의 위치 및 이동도

군은 대동강 유역에 있었다고 주장했다. 그러나 위의 인용문에 나오는 평양성은 대동강 유역의 평양이 아니었다.

위의 인용문을 근거로 제시한 학자들은 그 전후의 문장을 제시하지 않음으로써 독자들을 오도했다. 위 인용문에 연속된 전후의 문장을 보면 평양성과 낙랑군의 위치가 대동강 유역이 아니었음이 분명하다.

위 인용문과 접속된 문장으로 『구당서』「동이열전」〈고(구)려전〉에는,

> (고구려의 도읍에서) 동쪽으로 바다를 건너 신라에 이르고 서북으로는 요수를 건너 영주에 이르며 남쪽으로는 바다를 건너 백제에 이르고 북쪽으로는 말갈에 이른다.[7]

는 내용이 보이고, 『신당서』「동이열전」〈고(구)려전〉에는,

> 그 땅은 동쪽으로 바다를 넘어 신라에 이르고 남쪽으로도 바다를 넘어 백제에 이르고 서북은 요수를 건너 영주와 접했고 북쪽은 말갈이다.[8]

라는 내용이 보인다. 대동강 유역의 평양과 신라·백제 사이에는 바다가 없다. 그러므로 앞의 인용문에 나오는 평양성이나 낙랑군의 위치가 대동강 유역이 아님은 분명하다.

『구당서』와 『신당서』에서는 고구려의 평양성에서 동쪽으로 바다를 건

---

7 『구당서』 권199상, 「동이열전」〈고(구)려전〉. "其國都於平壤城, 卽漢樂浪郡之故地, …… 東渡海至於新羅, 西北渡遼水至于營州, 南渡海至于百濟, 北至靺鞨."

8 『신당서』 권220, 「동이열전」〈고(구)려전〉. "地東跨海距新羅, 南亦跨海距百濟, 西北度遼水與營州接, 北靺鞨."

너면 신라에 이르고 남쪽으로 바다를 건너면 백제에 이른다고 했다. 이 내용을 만족시킬 수 있는 위치는 발해 서북부밖에 없다. 그 지역은 오늘날 요서 서부 변경으로서 난하 유역이 된다.

필자는 고조선시대에 고구려가 고조선의 거수국으로서 난하 유역에 있었으며 한사군의 낙랑군도 그 지역에 있었음을 고증한 바 있다.[9] 그리고 열국시대에 이르러 고구려는 오늘날 요동 지역에서 독립국이 되었는데 그 후에도 여러 번 난하 서부 유역에 있었던 고대의 요동군을 친 바 있으며[10] 그 영토가 때로는 난하 유역까지 이르렀다.[11] 따라서 고구려의 도읍인 평양성이 난하 유역에 있었을 가능성이 있다.

『괄지지』와 『통전』을 보면,

> 고구려의 치소인 평양성은 본래 한의 낙랑군 왕험성인데 바로 고조선이었다.[12]

---

9 윤내현, 「고조선의 국가 구조」, 『고조선 연구』 하, 만권당, 2016, pp. 37~43 ; 「위만조선과 한사군의 위치」, 『고조선 연구』 상, 만권당, 2015, pp. 467~501.

10 『후한서』 권85, 「동이열전」 〈고구려전〉에 보이는 다음 기록은 고구려가 요동을 쳤음을 알게 하는 하나의 예이다. "궁[宮 : 태조왕]은 사자(嗣子) 수성(遂成)으로 하여금 2,000여 명을 거느리고 가서 광[光 : 요광(姚光)] 등을 맞아 싸우게 하고 사신을 보내 거짓으로 항복했는데 (요)광 등은 그것을 믿었다. 수성은 험하고 좁은 곳에 의거하여 대군을 막고서 3천 명을 몰래 보내 현도와 요동을 공격하여 성곽을 불태우고 2,000여 명을 살상했다(宮乃遣嗣子遂成將二千餘人逆光等, 遣使詐降, 光等信之, 遂成因據險阨以遮大軍, 而潛遣三千人攻玄菟·遼東, 焚城郭, 殺傷二千餘人)."

11 한(漢)시대의 요동군은 오늘날 난하 하류 유역에 있었다. 그러므로 고구려가 요동 지역에서 전쟁했다는 사실은 당시에 고구려가 난하 유역까지 진출했음을 알게 해준다.

12 『사기』 권6, 「진시황본기」 〈진시황 26년〉조의 조선에 대한 주석으로 실린 『사기정의』. "括地志云, 高麗(高句麗)治平壤城, 本漢樂浪郡王險城, 卽古朝鮮也."

고구려는 본래 조선의 땅이었는데 한나라의 무제가 현을 설치하여 낙랑군에 속하게 했다. …… 도읍인 평양성은 옛 조선국의 왕검성이었다.[13]

는 기록이 보이는데 일부 학자들은 여기에 나오는 평양성을 대동강 유역의 평양으로 잘못 인식함으로써 위만조선의 왕검성과 낙랑군이 대동강 유역에 있었다고 믿었다.

그러나 고대에 평양성은 고유명사가 아니라 도읍이나 큰 도시를 말하는 보통명사로서[14] 여러 곳에 존재했는데[15] 앞에서 확인한 바와 같이 이 평양성은 대동강 유역이 아니라 난하 유역에 있었다. 그러므로 위의 인용문은 위만조선의 왕검성도 난하 유역에 있었음을 말해주고 있다.[16]

필자는 고대 중국의 여러 문헌 기록을 통해 위만조선과 한사군은 오늘날 요서 지역에 있었고 한사군 가운데 낙랑군은 가장 서쪽인 난하 동부 유역에 위치했음을 고증한 바 있는데[17] 위의 인용문 내용은 필자의 고증 결과와 일치하는 것이다.

이제 『수경주』 기록을 보자. 낙랑군이 대동강 유역에 있었다고 주장하는 학자들은 『수경주』 〈패수(浿水)〉조의 다음 기록을 근거로 든다.[18]

---

13 『통전』 권185, 「변방」 1, 〈동이〉 상, '서략'. "高麗本朝鮮地, 漢武置縣屬樂浪郡. …… 都平壤城, 則故朝鮮國王險(儉)城也."

14 이병선, 『한국고대국명지명연구』, 형설출판사, 1982, p. 36 · 132.

15 평양이 여러 곳에 있었음은 일찍이 박지원도 지적했다. 박지원, 「도강록(渡江錄)」, 『열하일기』, 6월 28일 참조.

16 필자는 위만조선이 오늘날 난하 동부 유역에 있었음을 이미 고증한 바 있다(윤내현, 「위만조선과 한사군의 위치」, 앞 책 『고조선 연구』 상, pp. 467~481 참조).

17 위와 같음.

18 關野貞 등, 앞 책, p. 15.

> 내가 고구려 사신을 방문했더니 말하기를 성(평양성)은 패수(浿水)의 북쪽에 있다. 그 강은 서쪽으로 흘러 옛 낙랑의 조선현을 지나는데 바로 낙랑군의 군치(郡治)로서 한 무제가 설치한 것이다. 그리고 서북쪽으로 흐른다.[19]

이 내용은 『수경주』의 저자인 역도원(酈道元)이 패수에 대해 알아보려고 고구려 사신을 찾아가 얻은 대답이라는 것이다. 그런데 역도원이 살았던 시기에 고구려는 대동강 유역의 평양에 도읍하고 있었고 당시 대동강은 패강(패수)이라고 불렸으므로 고구려 사신이 말한 위의 내용으로 보아 낙랑군과 낙랑군에 속해 있었던 조선현은 대동강 유역에 있었음이 분명하다는 것이다.

그런데 위의 『수경주』 내용은 다른 뜻으로 해석될 여지가 있으므로 전문을 구체적으로 검토해볼 필요가 있다. 우선 위의 『수경주』 내용은 낙랑군이나 조선현의 위치가 아니라 패수의 위치를 말하기 위한 기록이라는 점을 알아둘 필요가 있다.

『수경주』는 『수경』이라는 책에 역도원이 주석을 단 것이다. 그러므로 『수경』은 『수경주』보다 오래된 책이다. 역도원은 『수경』에 실려 있는 패수에 관한 기록에 의심을 품고 고구려 사신을 만나 패수의 위치에 대해서 구체적인 답을 얻고자 했던 것이다. 이로 보아 역도원은 고구려에 패수(또는 패강)가 있다는 사실을 미리 알고 있었던 것으로 생각된다.

먼저 패수에 관한 『수경』의 기록을 보면,

---

19 "余訪蕃使, 言, 城(平壤城)在浿水之陽, 其水西流, 逕故樂浪朝鮮縣, 卽樂浪郡治, 漢武帝置, 而西北流." 이 문장은 조선총독부에서 발간한 앞 책 『樂浪郡時代の遺蹟』에 실린 것을 그대로 옮긴 것이다.

패수는 낙랑의 누방현(鏤方縣)을 나와 동남에서 임패현(臨浿縣)을 통과하여 동쪽에서 바다로 들어간다.[20]

고 했다. 그런데 이에 대해 역도원은 주석하기를,

허신(許愼)은 말하기를, 패수는 누방(현)을 나와 동쪽에서 바다로 들어간다고 했는데 우선 (패수는) 패수현(浿水縣)에서 나온다. 『십삼주지(十三州志)』에 이르기를, 패수현은 낙랑의 동북에 있고 누방현은 군(郡)의 동부에 있다 했으니 아마도 그 현의 남쪽을 나와 누방을 지났을 것이다. 옛날에 연인(燕人) 위만이 패수 서쪽으로부터 조선에 이르렀는데 조선은 옛날 기자국이다. 주민들을 의(義)로써 가르치니 농사짓고 길쌈하며 믿음이 두터웠고 팔법(八法)으로 단속하니 금지하는 것을 알지 못하여 마침내 예속(禮俗)이 바로 이루어졌다. 전국시대에 (위)만이 그곳의 왕이 되어 왕험성에 도읍하니 땅이 사방 수천 리였다. 그 손자 우거에 이르러 한 무제 원봉(元封) 2년에 누선장군(樓船將軍) 양복(楊僕)과 좌장군(左將軍) 순체(荀彘)를 보내 우거를 토벌했는데 (우)거를 패수에서 격파하고 마침내 그곳을 멸했다. 만약 패수가 동쪽으로 흘렀다면 패(수)를 건넜다는 것은 이치에 맞지 않다. 그 땅은 지금 고구려의 도읍이므로 내가 번사(番使 : 고구려 사신)를 방문해 (물었더니 그는) 말하기를, 성(城)이 패수의 북쪽에 있다고 했다. 그 강은 서쪽으로 흘러 옛 낙랑의 조선현을 지나는데 바로 낙랑군의 치소(治所)로서 한 무제가 설치한 것이다. 그런데 서북으로 흐르므로 옛 「지리지」에 이르기를, 패수는 서쪽으로 증지현에 이

20 역도원, 『수경주』 권14, 〈패수〉조. "浿水出樂浪鏤方縣, 東南過臨浿縣, 東入于海."

> 르러 바다로 들어간다고 했고 또 한(漢)이 일어났으나 조선이 멀기 때문에 요동의 옛 요새를 수리하여 패수에 이르러 경계로 삼았다고 했다. 오늘날 (상황과) 옛 (기록을) 고찰해볼 때 이 일에 관해서는 차이와 잘못이 있는데 아마도 『수경』이 잘못 고증한 것 같다.[21]

고 했다.

첫 번째로 등장하는 문제는 역도원은 낙랑군에 있었던 패수에 대한 『수경』의 기록과 허신이 한 말을 불신했다는 점이다. 허신이 한 말이란 그의 저서 『설문해자(說文解字)』 〈패부(浿部)〉의 패수에 관한 기록을 의미한다. 그가 『수경』과 『설문해자』의 기록을 불신한 이유는 위의 내용에서 알 수 있듯이 위만조선과 한사군이 있었던 곳은 고구려의 도읍과 같은 지역이라고 생각했기 때문이다.

『수경』과 『설문해자』의 기록처럼 패수가 동쪽으로 흘렀다면 위만조선을 치러 간 한나라 군사가 패수를 건넜다는 것은 이치에 맞지 않는다는 것이다. 왜냐하면 당시 고구려 도읍은 오늘날 평양이었는데 그 위치는 한반도의 서부 해안이므로 패수가 동쪽으로 흘렀다면 그곳에 도달하는데 패수를 건넜을 리가 없다는 것이다. 그러므로 그는 패수는 서쪽으로 흐르는 강이어야 한다고 생각했던 것이다.

---

21 역도원, 앞 조. "許愼云, 浿水出鏤方, 東入海, 一曰, 出浿水縣. 十三州志曰, 浿水縣在樂浪東北, 鏤方縣在郡東, 蓋出其縣南逕鏤方也. 昔燕人衛滿, 自浿水西至朝鮮. 朝鮮, 故箕子國也. 箕子敎民以義, 田織信厚, 約以八法, 而不知禁, 遂成禮俗. 戰國時, 滿乃王之, 都王險城, 地方數千里, 至其孫右渠, 漢武帝元封二年, 遣樓船將軍楊僕, 左將軍荀彘討右渠, 破渠于浿水, 遂滅之. 若浿水東流, 無渡浿之理, 其地今高句麗之國治. 余訪番使, 言城在浿水之陽. 其水西流, 逕故樂浪朝鮮縣, 卽樂浪郡治, 漢武帝置. 而西北流, 故地理志曰, 浿水西至增地縣入海. 又漢興, 以朝鮮爲遠, 循遼東故塞, 至浿水爲界. 考之今古, 于事差謬, 蓋經誤證也."

이러한 역도원의 생각에는 근본적인 문제가 있다. 아무런 근거 없이 『수경』과 『설문해자』의 기록을 부인하면서 위만조선과 한사군은 한반도에 있었다고 단정한 것부터가 잘못이다. 오늘날 위만조선이나 한사군의 위치를 논하는 학자들 가운데 패수에 관한 역도원의 주석은 인용하면서도 그 본문인 『수경』의 기록이나 『설문해자』 내용은 인용하지 않는 학자들이 있는데, 그것은 사료를 바르게 이용하는 방법이 아니다. 고대 문헌에 패수로 불린 강이 여러 개 등장한다는 점도 알아둘 필요가 있다.[22]

두 번째로 등장하는 문제는 역도원의 주석 가운데 어디까지가 고구려 사신이 한 말인가 하는 점이다. 낙랑군이 대동강 유역에 있었다고 주장하는 학자들은 "성(평양성)은 패수의 북쪽에 있다. 그 강은 서쪽으로 흘러 옛 낙랑의 조선현을 지나는데 바로 낙랑군의 군치로서 한 무제가 설치한 것이다. 그리고 서북쪽으로 흐른다."[23]라는 내용이 모두 고구려 사신이 한 말이라고 주장한다.

그러나 위의 『수경주』 내용에서 고구려 사신이 한 말은 "성이 패수의 북쪽에 있다."고 한 것이 전부라고 보아야 문맥상 자연스럽다. 역도원이 고구려 사신에게 패수가 어디에 있느냐고 물으니 고구려 사신은 고구려의 도성인 평양성이 패수의 북쪽에 있다고 대답했을 것이다. 고구려 사신이 질문과 직접 관계도 없는 한사군의 위치까지 언급했다는 것은 자

---

22 윤내현, 「고조선시대의 패수」, 앞 책 『고조선 연구』, 상, pp. 274~282 참조.

23 關野貞 등, 앞 책, p. 15에는 다음과 같이 서술되어 있다. "余訪蕃使, 言, 城(平壤城)在浿水之陽, 其水西流, 逕故樂浪朝鮮縣, 卽樂浪郡治, 漢武帝置, 而西北流." 이에 따르면 번사, 즉 고구려의 사신에게 친히 들은 평양성은 패수의 북쪽에 있고, 그 강은 서쪽으로 흘러 옛날의 조선현, 즉 낙랑군치(樂浪郡治)를 지나 서북으로 흐른다고 말했다고 쓰여 있으므로 적어도 낙랑군치는 고구려 평양성을 끼고 흐르는 패수의 하류가 되어야만 한다.

연스럽지 못하며 고구려 사신이 역사에 그렇게 밝은 사람이었는지도 의심스럽다. 그리고 문맥상으로도 그다음 부분은 역도원의 주석이 끝나는 부분까지 연속되는 것으로 보는 것이 자연스럽다.

설사 고구려 사신이 한사군의 위치를 패수와 연관시켜 설명했다고 하더라도 그가 말한 패수인 대동강은 평양의 남쪽에 있으므로 위만이나 서한 무제의 군사가 평양에 이르기 위해 대동강을 건넜다는 것은 논리상 맞지 않다. 그리고 『사기』「조선열전」이나 『위략』 등의 기록에 따르면 위만은 동쪽으로 패수를 건너 망명했던 것으로 기록되어 있는데 만약 위만이 오늘날 평양 지역으로 망명했고 패수가 한반도에 있는 강이었다면 위만은 남쪽으로 패수를 건너야 하므로 동쪽으로 패수를 건넜다는 『사기』『위략』 등의 기록과 일치하지 않게 된다.

세 번째 문제는 패수에 대한 역도원의 견해이다. 역도원은 "옛 「지리지」에 이르기를, 패수는 서쪽으로 증지현에 이르러 바다로 들어간다."고 했다고 말했는데, 이것은 『한서』「지리지」 내용을 말한 것이다. 『한서』「지리지」 〈낙랑군 패수현〉조에는 "강이 서쪽으로 증지(增地)에 이르러 바다로 들어간다."[24]는 설명이 있다. 〈패수현〉조 원문에는 강 이름이 밝혀져 있지 않으나 학자들은 그 현의 이름이 패수현이었으므로 그곳을 흐르는 강의 이름은 패수였을 것으로 보고 있다. 역도원도 그러한 시각에서 패수현의 강 이름을 패수라고 부른 것이다.

그러나 엄밀하게 말한다면 패수현을 흐르는 강의 이름이 무엇이었는지 정확하게 알 수 없는 것이다. 그런데도 역도원은 낙랑군 안을 흘렀던 패수로 분명하게 기록된 『수경』과 『설문해자』의 기록은 부인하고, 그의

---

24 『한서』 권28 하, 「지리지」 하, 〈낙랑군 패수현〉조. "水西至增地入海."

선입관에 맞추어 강 이름도 분명하지 않은 패수현의 강을 유일한 패수인 것처럼 설명했으므로 이는 옳지 않다. 패수현을 흘렀던 강이 패수였을 가능성은 인정되지만 균형 있는 시각으로 다른 패수에 대한 기록도 동등한 가치를 인정했어야 할 것이다.

고대에 패수 또는 패강으로 불리던 강이 중국의 동북부에서 한반도에 이르는 지역에 여러 개 존재했다는 사실을 알 필요가 있다.[25] 역도원이 찾고자 한 패수는 서쪽으로 흐르는 강이었는데 그러한 강은 한반도에만 있는 것이 아니다. 낙랑군이 있었던 곳으로 중국 문헌에 기록된 오늘날 난하 동부 유역에는 청룡하(青龍河)와 폭하(瀑河) 등 서쪽으로 흐르는 강이 여러 개 있다.

이상과 같이 낙랑군에 관한 『수경주』 기록은 많은 문제가 있다. 반면 낙랑군에 관한 고대 중국 문헌 기록들을 살펴보면 그 위치가 오늘날 난하 유역으로 나타난다.[26] 그런 분명한 기록들을 무시하고 불확실한 『수경주』 기록만을 채택하여 낙랑군 위치를 대동강 유역으로 볼 수는 없다. 한사군의 낙랑군은 오늘날 난하 유역에 있었고 대동강 유역에는 다른 정치세력이 있었던 것으로 보아야 한다.

대동강 유역에 있었던 정치세력은 최씨낙랑국이었다. 최씨낙랑국이 대동강 유역에 있었음은 최씨낙랑국의 통치자였던 최리왕과 고구려의 왕자 호동의 대화를 통해 확인된다. 『삼국사기』「고구려본기」〈대무신왕〉조를 보면,

> 여름 4월에 왕자 호동은 옥저 지방을 유람하고 있었는데 낙랑왕 최리가

25 주 22와 같음.

26 주 16 참조.

> 그곳에 출행하여 그를 보고 묻기를 "그대의 안색을 보니 보통 사람은 아닌 듯한데 혹시 북쪽의 나라 (대무)신왕의 아들이 아닌가?" 하고는 드디어 그를 데리고 돌아와 딸로써 그의 처를 삼도록 했다.[27]

는 기록이 있다. 고구려 대무신왕의 왕자 호동이 옥저 지방을 여행하다가 낙랑왕 최리를 만났는데 최리왕은 호동에게, "당신은 북쪽의 나라 대무신왕의 아들이 아니냐?"고 물었다는 것이다. 최리왕이 고구려를 북쪽의 나라로 말한 것으로 보아 최씨낙랑국은 고구려의 남쪽에 있었음을 알 수 있다.

그런데 당시에 고구려 영토는 남쪽으로 청천강에 이르렀다. 『삼국사기』「고구려본기」〈태조대왕〉조를 보면,

> 4년 가을 7월에 동옥저를 정벌하고 그 토지를 취하여 성읍(城邑)을 삼고 동쪽의 경계를 개척하여 창해(滄海)에 이르고 남쪽으로는 살수(薩水)에 이르렀다.[28]

고 했는데 학자들은 살수를 오늘날 청천강으로 보고 있다.[29] 대무신왕과 태조왕 사이에는 민중왕과 모본왕 2대가 있을 뿐인데 그 사이에 고구려의 남쪽 국경에 변화가 있었다는 기록은 보이지 않으므로 대무신왕 때

---

27 『삼국사기』 권14, 「고구려본기」 〈대무신왕 15년〉조. "夏四月, 王子好童, 游於沃沮, 樂浪王崔理, 出行因見之, 問曰, 觀君顔色, 非常人, 豈非北國神王之子乎, 遂同歸以女妻之."

28 『삼국사기』 권15, 「고구려본기」 〈태조대왕 4년〉조. "四年, 秋七月, 伐東沃沮, 取其土地爲城邑, 拓境東至滄海, 南至薩水."

29 이병도, 『국역 삼국사기』, 을유문화사, 1980, p. 238.

의 남쪽 국경도 오늘날 청천강으로 보아 문제가 없을 것이다.

그러므로 최씨낙랑국은 청천강 남쪽의 대동강 유역에 있었음을 알 수 있다. 최씨낙랑국이 대동강 유역에 있었음을 분명하게 해주는 기록이 『후한서』「동이열전」의 〈예전〉·〈한전〉 등에서도 보인다. 즉 낙랑은 예(濊)의 서쪽,[30] 한의 북쪽[31]에 있다고 한 것이 그것이다. 예는 일반적으로 동예라 불리는데 오늘날 강원도 지역에 있었고, 마한은 당시에 북쪽으로 황해도 지역에 이르렀으므로[32] 위의 인용문에 등장한 낙랑은 오늘날 대동강 유역에 있었음을 알 수 있다. 『후한서』「동이열전」에 등장하는 낙랑의 위치는 앞에서 확인된 최씨낙랑국의 위치와 일치한다. 그러므로 이 낙랑은 최씨낙랑국을 말하고 있는 것이다.

고대 문헌에서는 낙랑국과 낙랑군을 구분하지 않고 낙랑이라고만 기록함으로써 후대의 학자들이 이들을 혼동하도록 만들었던 것이다.

3. 최씨낙랑국의 흥망

대동강 유역에 있었던 최씨낙랑국의 건국 연대를 전해주는 기록은 발견되지 않았다. 그런데 최씨낙랑국은 오늘날 요서 지역에 위만조선이 건국되자 그곳의 낙랑 지역 주민들이 이동하여 세운 나라였으므로 건국 연대가 위만조선 건국보다는 빠르지 않았을 것이다.

---

30 『후한서』 권85, 「동이열전」 〈예전〉. "濊北與高句驪·沃沮, 南與辰韓接, 東窮大海, 西至樂浪."

31 『후한서』 권85, 「동이열전」 〈한전〉. "韓有三種, 一曰馬韓, 二曰辰韓, 三曰弁辰. 馬韓在西, 其北與樂浪, 南與倭接."

32 윤내현, 「고조선과 한의 관계」, 앞 책 『고조선 연구』 하, pp. 126~134 참조.

그런데 오늘날 요서 지역에서 이동한 세력들이 오늘날 요하 동쪽의 만주와 한반도 및 연해주 지역에서 독립된 국가로 출발한 것은 이동과 동시에 이루어진 것은 아니었고 고조선이 붕괴된 후 상당한 기간을 필요로 했던 것으로 보인다. 그 가운데 최씨낙랑국은 고조선이 붕괴된 뒤 일찍이 독립국으로 출발한 동부여·고구려·읍루·동옥저·동예·한 등과 함께 등장한 것으로 보아 그 건국은 이들 여러 나라의 건국이나 독립과 비슷한 시기였을 것이다.

다음에 확인되듯이 최씨낙랑국에 관한 가장 이른 기록은 서기전 28년에 보이므로 이보다 앞서 건국되었음은 분명하다. 그런데 고조선의 붕괴와 더불어 건국된 여러 나라 가운데 건국 연대가 확인되는 것은 동부여와 고구려·신라로서 서기전 59년과 서기전 37년, 서기전 57년이다. 이로 보아 최씨낙랑국의 건국 연대도 이와 비슷할 것이다.

『후한서』「동이열전」에 동부여·고구려·읍루·동옥저·동예·한 등은 각각 독립된 항목으로 서술되어 있다. 그러나 최씨낙랑국은 동예와 한의 위치를 설명하는 과정에서 그 이름만 거론되었을 뿐 자세한 내용을 전하지 않고 있다. 이로 보아 위의 여러 나라보다 큰 세력은 아니었을 가능성이 있다.

그러나 『삼국사기』 기록을 보면 아주 약한 세력은 아니었다. 『삼국사기』에 보이는 낙랑 기록에는 한사군의 낙랑군과 최씨낙랑국에 관한 것이 섞여 있으므로 주의해야 하는데 최씨낙랑국에 관한 것만을 뽑아 정리하면 최씨낙랑국의 국력과 흥망 과정을 어느 정도 알 수 있다.

『삼국사기』「신라본기」에 따르면 신라는 초기에 여러 차례 낙랑의 침략을 받았던 것으로 기록되어 있다. 〈시조 혁거세 거서간 30년(서기전 28년)〉조에는,

> 낙랑 사람들이 군사를 거느리고 침략해 왔는데 변방 사람들이 밤에 문을 닫지 않고 들에 노적(露積)이 가득함을 보고 서로 말하기를, "이 지방 사람들은 서로 도적질하지 않으니 도(道)가 있는 나라라고 말할 수 있다. 우리가 몰래 군사를 거느리고 와서 습격하는 것은 도적과 다름이 없으니 어찌 부끄럽지 않으냐." 하고는 곧 군사를 이끌고 돌아갔다.[33]

는 기록이 있다. 이로 보아 최씨낙랑국은 서기전 28년 이전에 건국되었음을 알 수 있다. 이 시기에 신라를 칠 정도의 국력을 가지고 있었다면 그 건국은 이보다 훨씬 오래되었을 것이다.

『삼국사기』「백제본기」〈시조 온조왕 4년(서기전 15년)〉조에,

> 가을 8월에 사신을 낙랑에 보내 수호(修好)했다.[34]

고 했는데 〈시조 온조왕 8년(서기전 11년)〉조에는,

> 가을 7월에 마수성(馬首城)을 쌓고 병산책(甁山柵)을 세웠다. 낙랑태수가 사신을 보내 고하기를, "근자에 사빙(使聘)을 보내 우호를 맺었기에 일가(一家)처럼 여겼는데 지금 우리 강역 가까이 성책을 만드는 것은 혹시 잠식할 계책이 있어서가 아닌가? 만약 이전의 좋은 관계를 저버리지 않고 성책을 헐어버린다면 시기하거나 의심할 바가 없겠지만 혹시 그렇

---

33 『삼국사기』 권1, 「신라본기」 〈시조 혁거세 거서간 30년〉조. "樂浪人將兵來侵, 見邊人夜戶不扃, 露積被野, 相謂曰, 此方民不相盜, 可謂有道之國, 吾儕潛師而襲之, 無異於盜, 得不愧乎, 乃引還."

34 『삼국사기』 권23, 「백제본기」 〈시조 온조왕 4년〉조. "秋八月, 遣使樂浪修好."

게 하지 않는다면 싸워서 승부를 결정하자"고 했다. 왕이 회답하기를, "요새를 설치하여 나라를 지키는 것은 고금의 상도(常道)이거늘 어찌 이로써 화호(和好)에 변함이 있을 것인가? 조금도 집사(執事 : 그대)가 의심할 바가 아닌 것 같다. 만약 집사가 강함을 믿고 출병한다면 우리도 이에 대응할 수밖에 없다."고 했다. 이로 인해 낙랑과 화친을 잃게 되었다.[35]

고 했다.

위의 인용문에서는 앞의 〈온조왕 4년〉조에 보이는 백제와 낙랑 사이에 맺은 화친을 거론하고 있다. 그리고 백제가 낙랑과의 경계에 마수성(馬首城)을 쌓고 병산책(甁山柵)을 세웠던 것으로 보아 여기에 등장하는 낙랑은 백제와 육지로 경계를 이루고 있었음을 알 수 있다. 당시에 백제는 한(韓)의 북단을 차지하고 있었으므로 백제와 경계를 이루고 있었던 낙랑은 최씨낙랑국이어야 한다.

그런데 위의 인용문에는 낙랑태수라는 칭호가 보인다. 태수(太守)는 중국에서 진·한시대에 군(郡)을 다스렸던 지방장관의 관직이다. 그러므로 이 기록은 한사군의 낙랑군과 백제의 관계를 말하는 것처럼 보인다. 이 점을 어떻게 설명해야 할 것인지가 문제로 등장한다. 지금으로서는 이 문제를 명확하게 설명할 수 없지만 다음 2가지 가운데 하나였을 것으로 생각된다.

하나는 『삼국사기』의 편찬자 또는 후세에 『삼국사기』를 베낀 사람들

---

35 『삼국사기』 권23, 「백제본기」 〈시조 온조왕 8년〉조. "秋七月, 築馬首城, 竪甁山柵. 樂浪太守使告曰, 頃者, 聘問結好, 意同一家, 今逼我疆, 造立城柵, 或者其有蠶食之謀乎. 若不渝舊好, 隳城破柵, 則無所猜疑, 苟或不然, 請一戰以決勝負. 王報曰, 設險守國, 古今常道, 豈敢以此有渝於和好, 宜若執事之所不疑也, 若執事恃强出師, 則小國亦有以恃之耳. 由是, 與樂浪失和."

이 낙랑왕을 낙랑태수로 잘못 기록했을 가능성이 있다는 것이다. 다른 하나는 최씨낙랑국은 오늘날 요서 지역에 있던 낙랑 사람들이 이주하여 건국했으므로 나라를 세우기 전이나 이후에도 그들의 고향인 낙랑군 지역과는 밀접한 관계를 가지고 있었을 것이다. 따라서 이때 낙랑군 태수가 사신을 백제에 보내 최씨낙랑국 편을 들었을 가능성이 있다.

〈시조 온조왕 11년(서기전 8년)〉조에는,

> 여름 4월에 낙랑은 말갈을 시켜 병산책을 습격하여 파하고 100여 명을 죽이거나 사로잡았다. 가을 7월에 독산(禿山)과 구천(狗川)의 두 책(柵)을 세워 낙랑과의 통로를 막았다.[36]

고 했고 〈시조 온조왕 13년(서기전 6년)〉조에는,

> 여름 5월에 왕이 신하들에게 이르기를, "우리나라의 동쪽에는 낙랑이 있고 북쪽에는 말갈이 있어 영토를 번갈아 침략하므로 편안한 날이 적다." 고 했다.[37]

고 기록되어 있다. 위의 인용문에서 낙랑이 백제의 동쪽에 있다고 표현된 것으로 보아 백제의 북쪽에 있던 최씨낙랑국은 이 시기에 동쪽으로 영토를 넓혀 오늘날 춘천 지역까지 진출했던 것으로 생각된다. 최씨낙

---

36 『삼국사기』 권23, 「백제본기」 〈시조 온조왕 11년〉조. "夏四月, 樂浪使靺鞨襲破瓶山柵, 殺掠一百餘人. 秋七月, 設禿山·狗川兩柵, 以塞樂浪之路."

37 『삼국사기』 권23, 「백제본기」 〈시조 온조왕 13년〉조. "夏五月, 王謂臣下曰, 國家東有樂浪, 北有靺鞨, 侵軼疆境, 少有寧日."

랑국이 오늘날 춘천 지역까지 진출했음은 다음에 언급할 〈시조 온조왕 18년〉조 기록에 낙랑이 우두산성(牛頭山城)을 소유하고 있었다고 말한 것과 연결해볼 때 그 가능성이 높다.

〈시조 온조왕 17년(서기전 2년)〉조에는,

봄에 낙랑이 내침하여 위례성을 불태웠다.[38]

고 했고 〈시조 온조왕 18년(서기전 1년)〉조에는,

11월에 왕이 낙랑의 우두산성을 습격하려고 구곡까지 이르렀으나 큰 눈을 만나 돌아왔다.[39]

고 했다. 『삼국사기』「지리지」에는 우수주(牛首州)가 보이는데 그 주석에 수(首)는 두(頭)라고도 기록된다 했으므로[40] 우수주는 우두주(牛頭州)로도 불렸음을 알 수 있는데 우수주는 오늘날 춘천으로 추정된다.[41] 따라서 앞의 〈온조왕 13년〉조에 백제의 동쪽에 낙랑이 있었다고 말한 것과 연결시켜 생각해볼 때 우두산성은 오늘날 춘천에 있는 우두산 지역의 산성일 것으로 추정된다.

『삼국사기』「신라본기」〈남해 차차웅 원년(3년)〉조에는,

---

38 『삼국사기』 권23, 「백제본기」 〈시조 온조왕 17년〉조. "春, 樂浪來侵, 焚慰禮城."

39 『삼국사기』 권23, 「백제본기」 〈시조 온조왕 18년〉조. "王欲襲樂浪牛頭山城, 至臼谷, 遇大雪乃還."

40 『삼국사기』 권37, 「지」 6, 〈지리〉 4, '우수주' 참조.

41 이병도, 앞 책, p. 560의 '우수주' 참조.

가을 7월에 낙랑의 군사가 와서 금성(金城)을 여러 겹으로 포위했다. 왕은 좌우에 일러 말하기를, "두 성인(聖人)이 돌아가시고 내가 국인(國人)의 추대로 외람되이 왕위에 있어 위태로움과 두려움이 마치 강물을 건너는 것과 같은데 지금 이웃나라[鄰國]가 침략해 오니 이는 내가 부덕한 까닭이다. 이를 어찌하면 좋으냐."[42]

고 했다는 기록이 있으며, 〈남해 차차웅 11년(13년)〉조에는,

낙랑이 우리의 내부가 빈 것을 알고 와서 금성을 공격하여 심히 급했는데, 밤에 유성이 적의 진영에 떨어지니 적의 무리가 두려워 퇴각했다. 알천(閼川) 가에서 둔(屯)을 치고 돌무더기 20개를 쌓아놓고는 가버렸다. 6부의 병사 1천 명이 그들을 쫓아 토함산 동쪽으로부터 알천에 이르러 돌무더기를 보고 적의 무리가 많음을 알고 곧 멈추었다.[43]

는 기록이 있다. 그리고 〈유리 이사금 13년(36년)〉조에는,

가을에 낙랑이 북변(北邊)을 침범하여 타산성(朶山城)을 공격하고 함락했다.[44]

---

42 『삼국사기』 권1, 「신라본기」 〈남해 차차웅 원년〉조. "元年, 秋七月, 樂浪兵至, 圍金城數重, 王謂左右曰, 二聖棄國, 孤以國人推戴, 謬居於位, 危懼若涉川水, 今鄰國來侵, 是孤之不德也, 爲之若何."

43 『삼국사기』 권1, 「신라본기」 〈남해 차차웅 11년〉조. "樂浪謂內虛, 來攻金城甚急, 夜有流星, 墜於賊營, 衆懼而退, 屯於閼川之上, 造石堆二十而去, 六部兵一千人追之, 自吐含山東至閼川, 見石堆知賊衆, 乃止."

44 『삼국사기』 권1, 「신라본기」 〈유리 이사금 13년〉조. "十三年, 秋八月, 樂浪犯北邊, 攻陷朶山城."

는 기록이 있다. 위의 기록들에 나오는 낙랑은 신라와 가까운 곳에 있었어야 하므로 바다 건너에 있는 한사군의 낙랑군이라고 보기는 어려우며 신라 북쪽에 있었던 최씨낙랑국으로 보아야 할 것이다. 〈남해차차웅 원년〉조의 내용 가운데 낙랑을 이웃나라[鄰國]라고 표현한 것은 이 낙랑이 한사군의 낙랑군이 아니라 최씨낙랑국이었음을 분명하게 해준다.

지금까지 고찰한 바와 같이 최씨낙랑국은 신라와 백제를 두렵게 하는 나라로서 그 영토는 한때 대동강 유역에서 춘천 지역까지 확장되었던 것으로 보인다. 그런데 『삼국사기』의 이 시기 기록에서 최씨낙랑국과 고구려의 관계는 전혀 보이지 않는다. 이로 보아 고구려와는 화평을 유지하고 있었을 가능성이 있다.

최씨낙랑국과 고구려는 원래 난하 동부 유역에서 이동해 온 사람들이 건국했는데,[45] 고조선시대에 그들은 오늘날 난하 동부 유역에서 서로 가까이 있었던 고조선의 거수국이었다.[46] 그러한 이웃 관계가 이 시기에 화평을 유지하도록 만들었을 가능성이 있다.

그러나 최씨낙랑국은 고구려에게 멸망되었다. 이에 관한 『삼국사기』 기록을 보면 「고구려본기」 〈대무신왕 15년(32년)〉조에,

> 그 후 호동은 귀국하여 비밀리에 사람을 보내 최씨(최리왕)의 딸에게 이르기를, "만약 당신이 당신 나라의 무기고에 들어가 고각(鼓角)을 찢어 부수면 나는 당신을 예로써 맞을 것이지만 그렇지 않으면 맞지 않겠다." 고 했다. 앞서 낙랑에는 고각이 있었는데 만약 적병이 나타나면 스스로

---

45 윤내현, 「열국시대의 개시와 그 변천」, 『전통과 현실』 제6호, 고봉학술원, 1995 ; 이 책의 제1장 Ⅰ 「열국시대의 시작과 변천」 참조.

46 윤내현, 「고조선의 국가 구조」, 앞 책, pp. 30~62 참조.

소리를 내었으므로 그것을 부수도록 명령한 것이었다. 이에 최녀(崔女)는 날카로운 칼을 가지고 몰래 무기고에 들어가 북의 피면(皮面)과 취각(吹角)의 주둥아리를 찢고서 호동에게 알리었다. 호동이 왕을 권하여 낙랑을 습격했는데 최리는 고각이 울지 않으므로 방비를 하지 않고 있다가 우리의 병사들이 갑자기 성 아래에 이른 뒤에야 고각이 모두 부서진 것을 알았다. 마침내 그의 딸을 죽이고 나와서 항복했다.[47]

고 되어 있다. 낙랑왕 최리의 공주가 고구려 대무신왕의 왕자인 호동의 지시를 받고 적군이 나타나면 자동으로 알리는 고각(鼓角)을 부숴버림으로써 고구려군이 승리할 수 있었다는 것이다. 최씨낙랑국은 그동안 화평관계를 맺고 있어 전혀 예상하지 않았던 고구려의 침략을 받아 멸망의 길을 걷게 되었던 것이다.

이러한 과정을 거쳐 국력이 약화된 최씨낙랑국은 그로부터 5년 뒤인 서기 37년에 고구려에게 멸망되었다. 『삼국사기』 「고구려본기」 〈대무신왕 20년(37년)〉조에는,

왕이 낙랑을 습격하여 그것을 멸했다.[48]

고 기록되어 있다. 이 기록만으로는 고구려가 멸망시킨 낙랑이 최씨낙랑국인지 한사군의 낙랑군인지 분명하게 알 수 없다. 그런데 『삼국사기』

---

47 『삼국사기』 권14, 「고구려본기」 〈대무신왕 15년〉조. "後好童還國, 潛遣人, 告崔氏女曰, 若能入而國武庫, 割破鼓角, 則我以禮迎, 不然則否, 先是, 樂浪有鼓角, 若有敵兵則自鳴, 故令破之, 於是, 崔女將利刀, 潛入庫中, 割鼓面角口, 以報好童, 好童勸王, 襲樂浪, 崔理以鼓角不鳴, 不備, 我兵掩至城下, 然後知鼓角皆破, 遂殺女子, 出降."

48 『삼국사기』 권14, 「고구려본기」 〈대무신왕 20년〉조. "王襲樂浪滅之."

「신라본기」〈유리 이사금 14년(37년)〉조를 보면,

> 고구려의 왕 무휼(無恤 : 대무신왕)은 낙랑을 습격하여 그것을 멸했다. 그 나라 사람 5,000명이 투항하여 오므로 6부에 나누어 살게 했다.[49]

고 기록되어 있다. 고구려가 낙랑을 멸망시키자 그 나라 사람 5,000명이 신라로 투항해 왔다는 것이다. 이로 보아 고구려 대무신왕이 멸망시킨 낙랑은 고구려와 신라 사이에 있었던 최씨낙랑국이었음을 알 수 있다.

최씨낙랑국은 중국의 동한(東漢) 광무제(光武帝)의 도움으로 재건되었다. 최씨낙랑국이 고구려에게 멸망된 뒤 7년이 지난 서기 44년에 동한의 광무제가 이 지역을 쳤던 것으로 기록에 나타난다. 이에 관한『삼국사기』「고구려본기」〈대무신왕 27년(44년)〉조의 기록을 보면,

> 가을 9월에 (동)한의 광무제가 병사를 파견하여 바다를 건너 낙랑을 정벌하고 그 땅을 취하여 군현을 만드니 살수 이남은 (동)한에 속하게 되었다.[50]

고 했다. 일부 학자들은 이 기록을 동한의 광무제가 낙랑군을 친 사실을

---

49 『삼국사기』 권1, 「신라본기」〈유리 이사금 14년〉조. "高句麗王無恤, 襲樂浪滅之, 其國人五千來投, 分居六部."

50 『삼국사기』 권14, 「고구려본기」〈대무신왕 27년〉조. "秋九月, 漢光武帝, 遣兵渡海伐樂浪, 取其地爲郡縣, 薩水已南, 屬漢." 이 사건에 대해『후한서』 권1 하, 「광무제기(光武帝紀)」 하에는 "20년, …… 가을에 동이 한국인이 무리를 거느리고 낙랑에 와서 내부(內附)했다(二十年, …… 秋, 東夷韓國人率衆詣樂浪內附)."고 기록되어 있다.

말한 것으로 보고 있다. 그러나 당시 살수는 오늘날 청천강이었으므로[51] 광무제가 친 곳은 청천강 남쪽의 대동강 유역이었음을 알 수 있다.

그리고 이 기록을 낙랑군을 친 기록으로 보면 논리상 모순이 있다. 동한 광무제 때는 한사군이 설치된 지 이미 오래였고 그곳은 동한의 영토였다. 그런데 자신들의 영토를 치면서 정벌이라는 용어를 사용했다는 것도 표현상 맞지 않고 낙랑군에는 이미 군현이 설치되어 있었는데 그러한 자신들의 영토를 정벌하고 그곳에 군현을 설치했다는 것도 논리에 맞지 않는다.

그리고 한사군의 낙랑군은 오늘날 요서 지역에 있었으므로 광무제가 그곳을 쳤다면 육로를 이용할 것이지 굳이 바다를 건널 필요가 없었을 것이다. 이러한 점들을 종합해볼 때 동한의 광무제가 최씨낙랑국이 있었던 오늘날 대동강 유역을 침략했음을 알 수 있다. 최씨낙랑국은 이미 고구려에게 멸망되었지만 그곳은 낙랑국이 있었던 지역이므로 여전히 낙랑이라 불리고 있었던 것이다.

생각건대 고구려에게 멸망된 최씨낙랑국 주민들은 자신들의 나라를 재건하고자 동한의 힘을 빌렸을 가능성이 있다. 동한 광무제로서는 동쪽에서 강한 세력으로 성장하고 있는 고구려를 견제할 필요가 있었을 것이다. 나라를 재건하려는 최씨낙랑국 주민들과 고구려를 견제할 세력이 필요한 동한 광무제의 생각은 서로 맞아떨어져 동한이 대동강 유역의 낙랑 지역을 침략하게 되었을 것이다.

광무제는 대동강 유역 일부에 그들의 행정 연락처를 만들었던 것으로 보인다. 군현을 만들었다는 것은 행정구역을 설치했다는 뜻이다. 이 시

---

51 주 29 참조.

기에 상당히 많은 중국인들이 대동강 유역으로 이주하여 살았을 것으로 생각된다. 왜냐하면 당시 한반도가 중국보다는 평화로웠고 살기에 좋은 조건을 갖추고 있었기 때문이다. 따라서 최씨낙랑국의 영토 안에 동한인들의 거주촌이 만들어졌을 가능성이 있다. 그곳은 중국과 한반도의 무역기지로서, 동한이 고구려를 견제하는 전략기지 역할을 했을 것이다.

그러나 최씨낙랑국에 대한 동한의 영향력은 오래 지속되지 못했을 것이다. 왜냐하면 동한이 멸망된 뒤 중국은 삼국·양진(兩晉)·남북조시대의 분열과 혼란이 계속되었으므로 외부로 눈을 돌릴 겨를이 없었기 때문이다.

이후 최씨낙랑국은 정권을 유지하는 정도였고 크게 활동하지는 못했던 것 같다. 최씨낙랑국이 재건된 뒤 완전히 멸망할 때까지 『삼국사기』에서 그 활동 기록을 찾아볼 수 없는 것은 그러한 사실을 알게 해준다. 최씨낙랑국은 300년에 신라에 귀복함으로써 완전히 멸망했다. 『삼국사기』「신라본기」〈기림 이사금 3년(300년)〉조에,

> 3월에 우두주(牛頭州)에 이르러 태백산에 망제(望祭)를 지냈다. 낙랑과 대방 양국(兩國)이 귀복했다.[52]

고 기록된 것에서 그러한 사실을 알 수 있다. 이후 『삼국사기』에서는 한사군의 낙랑군에 관한 기록만 보일 뿐이며 최씨낙랑국에 관한 기록은 보이지 않는다. 위의 인용문에 보이는 낙랑과 대방은 한사군의 낙랑군과 대방군이 아니었다. 그 이유는 다음과 같다.

---

52 『삼국사기』 권2, 「신라본기」〈기림 이사금 3년〉조. "三月, 至牛頭州, 望祭太白山, 樂浪·帶方兩國歸服."

첫째로 이들을 양군(兩郡)이라 부르지 않고 양국(兩國)이라 표현한 것은 이들이 한사군에 속해 있었던 군명(郡名)이 아니라 국명(國名)이었음을 알게 한다.

둘째로 한사군의 낙랑군과 대방군은 313년부터 315년 사이에 고구려 미천왕에게 축출되었는데[53] 위의 낙랑과 대방이 신라에 투항한 연대는 300년으로 그 연대가 일치하지 않는다.

셋째로 위의 낙랑과 대방이 한사군의 낙랑군과 대방군이었다면 그들은 중국 세력이었으므로 신라에 귀복했을 리가 없다. 중국으로 돌아갔어야 옳다. 따라서 위의 낙랑과 대방은 신라와 동질성을 가진 고조선의 후계세력이었을 것이다.

넷째로 요즘의 연구 결과에 따르면 낙랑군과 대방군을 포함한 한사군은 오늘날 요서 지역에 자리잡고 있었는데,[54] 지리적으로 따져보더라도 이들이 그곳에서 바다 건너에 있는 신라에 귀복했을 리는 없다.

다섯째로 대방에 관한 다음 기록은 백제 북쪽에 있었던 대방이 대방군이 아니라 대방국이었음을 분명하게 해준다. 『삼국사기』「백제본기」〈책계왕〉조에,

> 고구려가 대방으로 쳐들어오자 대방이 우리에게 구원을 청했다. 이에 앞서 왕은 대방왕의 딸 보과(寶菓)에게 장가들어 부인을 삼았으므로, 이로 인하여 이르기를, "대방은 나의 장인과 장모의 나라이니 그 청에 응하지 않을 수 없다." 하고 드디어 군사를 내어 그들을 구원하니 고구려가 원망

---

53 『삼국사기』 권17, 「고구려본기」 〈미천왕 14~16년〉조 참조.

54 주 16과 같음.

했다.[55]

는 기록이 보이는데 위의 내용에서 대방왕이라는 표현은 이 대방이 군(郡)이 아니라 국(國)이었음을 알게 해준다.

이상과 같은 점들로 보아 300년에 신라에 귀복한 낙랑은 오늘날 대동강 유역에 있었던 최씨낙랑국이었음을 알 수 있다. 최씨낙랑국은 고구려 대무신왕에게 37년에 멸망했다가 44년에 동한 광무제의 도움으로 재건되어 300년까지 존속했던 것이다.

그러나 지금까지 살펴본 낙랑에 관한 기록들을 한사군의 낙랑군에 관한 기록으로 보고 이러한 기록들은 한사군의 낙랑군이 한반도에 있었음을 알게 해주는 증거라고 말하는 학자가 있을 수 있다. 그러나 그렇게 보려면 다음과 같은 의문들을 해결해야 한다.

첫째로 고대 중국의 모든 기록에는 한사군의 낙랑군이 오늘날 난하 유역에 있었던 것으로 되어 있다. 그러므로 한사군의 낙랑군이 한반도에 있었다고 주장하기 위해서는 그러한 기록들을 모두 뒤집을 수 있는 반론의 근거를 제시해야 한다.

둘째로 앞에 인용된 기록들에 나오는 낙랑이 한사군의 낙랑군이었다면 낙랑군이 신라와 백제를 친 것은 중국의 한나라로서는 매우 중요한 의미를 지닌 사건이다. 특히 낙랑이 서기전 6년에 백제의 위례성을 치고 불태운 것, 서기 3년과 13년에 신라의 금성을 친 것, 32년에 고구려와 맞붙은 전쟁에서 패한 것, 36년에 신라의 타산성을 함락시킨 것, 37

---

55 『삼국사기』 권24, 「백제본기」 〈책계왕 원년〉조. "高句麗伐帶方, 帶方請救於我. 先是, 王娶帶方王女寶菓爲夫人, 故曰, 帶方我舅甥之國, 不可不副其請, 遂出師救之, 高句麗怨."

년에 멸망한 것 등은 매우 중요한 사건이다. 이 정도의 사건이라면 사서에 반드시 기록되어야 하는데 중국 문헌에서는 이러한 사건에 관한 기록이 전혀 보이지 않는다. 따라서 이 낙랑은 중국에 속해 있던 낙랑군이 아님을 알 수 있다.

셋째로 서기전 6년은 서한의 애제(哀帝) 원년이며 서기 3년은 애제의 뒤를 이어 서한의 마지막 황제가 된 평제(平帝) 3년이다. 이 시기는 서한이 멸망하기 직전으로 다른 나라를 칠 수 있는 상황이 아니었다. 따라서 이 시기에 서한의 낙랑군이 백제와 신라를 쳤다는 것은 당시의 상황으로 보아 불가능하다. 그러므로 이 낙랑도 중국에 속해 있던 낙랑군이 아님을 알 수 있다.

넷째로 『삼국사기』 「신라본기」에는 낙랑이 대방과 더불어 300년에 신라에 귀복하여 멸망한 것으로 기록되어 있다.[56] 그런데 『삼국사기』 「고구려본기」에는 고구려가 미천왕 시대인 313년에 낙랑군을 치고 남녀 2천여 명을 사로잡았다고 기록되어 있다.[57] 이것은 300년에 멸망한 낙랑과 313년에 고구려의 침략을 받은 낙랑군이 다른 낙랑이었음을 알게 해준다.

4. 의문 사료의 검토

한사군의 낙랑군이 한반도에 있었던 것처럼 잘못 인식할 수 있는 문

---

56 주 52와 같음.

57 『삼국사기』 권17, 「고구려본기」 〈미천왕 14년〉조. "十四年, 冬十月, 侵樂浪郡, 虜獲男女二千餘口."

헌 사료와 고고학 자료들이 있다. 문헌 사료는 『삼국사기』의 일부 기록이고 고고학 자료는 일본인들이 발굴한 대동강 유역의 유적과 유물들이다. 이러한 자료들을 하나하나 검토해보겠다.

『삼국사기』에는 한사군의 낙랑군이 한반도에 있었던 것으로 오해할 수 있는 기록들이 있다. 한사군의 낙랑군이 한반도에 있지 않았다는 것을 분명히 하기 위해서는 그러한 기록들에 대한 해명이 필요하다.

『삼국사기』「백제본기」〈고이왕 13년(246년)〉조에는,

> 가을 8월에 위나라의 유주자사(幽州刺史) 관구검(毌丘儉)이 낙랑태수 유무(劉茂)·삭방태수(朔方太守) 왕준(王遵)과 더불어 고구려를 정벌했는데 왕은 (낙랑이) 비어 있는 틈을 이용하여 좌장(左將) 진충(眞忠)을 파견하여 낙랑의 변경을 습격하고 그곳 주민을 빼앗았다. (유)무가 그 소식을 듣고 화를 내니 왕은 침략이 있을까 염려하여 그 주민들을 돌려보냈다.[58]

는 기록이 있고 〈분서왕 7년(304년)〉조에는,

> 봄 2월에 몰래 군사를 보내 낙랑의 서부 현을 공격하여 빼앗았다. 겨울 10월에는 왕이 낙랑태수가 보낸 자객에게 해를 입어 돌아가셨다.[59]

는 기록이 있다. 위의 두 기록에 보이는 낙랑은 한사군의 낙랑군이다.

---

58 『삼국사기』 권24, 「백제본기」 〈고이왕 13년〉조. "秋八月, 魏幽州刺史毌丘儉與樂浪太守劉茂·朔方太守王遵伐高句麗, 王乘虛遣左將眞忠, 襲取樂浪邊民, 茂聞之怒, 王恐見侵討, 還其民口."

59 『삼국사기』 권24, 「백제본기」 〈분서왕 7년〉조. "春二月, 潛師襲取樂浪西縣, 冬十月, 王爲樂浪太守所遣刺客賊害薨."

군 아래에 있었던 현이라는 행정구역 이름과 군을 다스렸던 지방장관인 태수가 등장한 것에서 그것을 알 수 있다. 그런데 위의 기록들은 백제가 낙랑군을 친 사실을 말하고 있으므로 낙랑군이 백제 근처 한반도 안에 있었던 것처럼 보인다.

그러나 그렇지 않다. 위의 기록이 말하는 304년은 중국 진(晉)나라 혜제(惠帝) 때로서 당시에 백제는 바다를 건너 요서 지역을 차지하고 있었다.[60] 앞에 인용된 내용에서 알 수 있듯이 이보다 앞선 246년(고이왕 13년)에 백제는 이미 요서 지역에 진출해 있었다. 그렇기 때문에 낙랑군이 비어 있는 틈을 이용하여 그 서부 현을 칠 수 있었던 것이다. 당시의 요서는 오늘날 난하 서부 유역이었다.[61]

당시에 백제가 요서 지역에 진출한 사실은 『송서』「이만열전(夷蠻列傳)」〈백제국전〉에,

> 백제국은 본디 고(구)려와 더불어 요동의 동쪽 1천여 리에 함께 있었는데 그 후 고(구)려는 요동을 침략하여 소유하게 되었고 백제는 요서를 침략하여 소유하게 되었는데 백제가 다스리는 곳을 이르기를 진평군(晉平郡) 진평현(晉平縣)이라 했다.[62]

고 했고 『양서』「제이열전」〈백제전〉에,

---

60 백제의 요서 진출에 관해서는 다음 논문 참조. 김상기, 「백제의 요서경략에 대하여」, 『동방사논총』, 서울대 출판부, 1984, pp. 426~433 ; 방선주, 「백제군의 화북진출과 그 배경」, 『백산학보』, 제11호, 1971, pp. 1~28.

61 윤내현, 앞 책 『고조선 연구』 상, pp. 223~234 참조.

62 『송서』 권97, 「이만열전」 〈백제국전〉. "百濟國, 本與高驪俱在遼東之東千餘里, 其後, 高驪略有遼東, 百濟略有遼西, 百濟所治謂之晉平郡晉平縣."

그 나라는 본디 고(구)려와 더불어 요동의 동쪽에 있었는데 진(晉)나라 때에 고구려가 이미 요동을 침략하여 소유했고 백제 또한 요서·진평 두 군의 땅에 웅거하면서 소유하여 스스로 백제의 군을 설치했다.[63]

고 한 것에서 알 수 있다. 이와 같은 내용이 『남사(南史)』와 『통전』 등에도 실려 있는데 『통전』 〈백제〉조에는 요서와 진평의 위치에 대해서 주석하기를, 당(唐)시대의 유성(柳城)과 안평(安平) 사이라고 했는바[64] 그곳은 오늘날 난하 유역에서 하북성(河北省) 중부 지역까지였다.[65]

한사군의 낙랑군은 오늘날 난하 동부 유역에 있었는데, 당시에 백제는 난하 서부 유역을 차지하고 있었으므로 백제는 그의 영역에서 가까운 낙랑군의 서부를 쳤던 것이다. 그러므로 위의 〈고이왕 13년〉조와 〈분서왕 7년〉조의 기록은 한반도에서 일어난 사건이 아니라 오늘날 난하 유역에서 일어났던 사건을 말하고 있는 것이다.

『삼국사기』 「신라본기」 〈유리 이사금 17년(40년)〉조에는,

가을 9월에 화려(華麗)·불내(不耐)의 두 현(縣) 사람들이 공모 연합하여 기병을 거느리고 북쪽 경계를 침범했는데 맥국(貊國)의 거수(渠帥)가 군사로써 곡하(曲河) 서쪽에서 가로막아 그들을 깨뜨리니 왕은 기뻐하여

---

63 『양서』 권54, 「제이열전」 〈백제전〉. "其國本與句驪在遼東之東, 晉世句驪旣略有遼東, 百濟亦據有遼西·晉平二郡地矣, 自置百濟郡."

64 『통전』 권185, 「변방」1, 〈백제〉조의 요서·진평에 대한 주석. "今柳城·安平之間." ; 『문헌통고(文獻通考)』 권326, 「사예고(四裔考)」 3, 〈백제〉조에는 요서·진평 두 군의 위치를 "唐柳城·北平之間"이라 했는데, 북평(北平)은 『통전』에서 말한 안평(安平)보다는 다소 북쪽에 있는 오늘날 북경 지역이다.

65 譚其驤 主編, 『中國歷史地圖集』 第5冊 – 隋·唐·五代十國時期, 地圖出版社, 1982, pp. 38~39.

맥국과 호의(好誼)을 맺었다.[66]

는 기록이 있다. 화려(華麗)와 불내(不耐) 두 현(縣) 사람들이 신라의 북변을 침공했다는 것이다. 이 시기에 최씨낙랑국은 고구려에 병합되어 있었다. 앞에서 확인한 바와 같이 최씨낙랑국은 37년에 고구려 대무신왕에게 멸망되었고 44년에 동한 광무제의 도움으로 재건되었다. 그러므로 위의 기록에 나타난 사건은 최씨낙랑국이 고구려에 병합되어 있던 기간에 일어났다.

『한서』「지리지」〈낙랑군〉조를 보면 화려라는 현 이름은 보이지만 불내는 보이지 않고 불이(不而)라는 현 이름이 보인다.[67] 그런데 불이는 불내라고도 불렀던 것 같다. 『삼국사기』「지리지」에는 국내주(國內州)가 보이는데 이에 대해 주석하기를, "불내(不耐)라고도 부르고 위나암성(尉那嵒城)이라고도 한다."[68]고 했고 유리왕이 천도한 국내성(國內城)에 대해 주석하기를, "혹은 위나암성(尉那巖城)이라고도 부르고 혹은 불이성(不而城)이라고도 한다."[69]고 했다. 이로 보아 불내성과 불이성, 그리고 위나암성은 서로 통하는 이름이었음을 알 수 있다.

그런데 한사군의 낙랑군은 오늘날 요서 서부 난하 하류 유역에 있었으므로 낙랑군에 속해 있었던 화려현과 불이현은 마땅히 그 지역에 있

---

66 『삼국사기』 권1, 「신라본기」 〈유리 이사금 17년〉조. "秋九月, 華麗·不耐二縣人, 連謀率騎兵犯北境, 貊國渠帥以兵, 要曲河西敗之, 王喜, 與貊國結好."

67 『한서』 권28 하, 「지리지」 하, 〈낙랑군〉조 참조.

68 『삼국사기』 권37, 「지」 6, 〈지리〉 4, 鴨淥水以北已降城十一, "國內州, 一云不耐, 或云尉那嵒城."

69 『삼국사기』 권37, 「지」 6, 〈지리〉 4, '고구려' 서문. "移都國內城, 或云尉那巖城, 或云不而城."

어야 한다. 그러한 사실은 다음 기록에서 확인된다. 『삼국사기』「고구려본기」〈태조대왕 66년(118년)〉조에는,

> 여름 6월에 왕은 예맥과 더불어 한나라의 현도군을 습격하고 화려성(華麗城)을 공격했다.[70]

는 기록이 있다. 이와 같은 내용이 『후한서』「동이열전」〈고구려전〉에도 실려 있다.[71] 고구려 태조왕은 현도군을 습격한 뒤 계속 낙랑군의 화려성을 공격했던 것이다. 고구려와 예맥의 연합군이 한나라를 향해 계속 서쪽으로 진격하고 있었음을 이 기록은 말해주고 있다. 현도군은 오늘날 요하 서부 유역에 있었으므로 화려성은 그보다는 서쪽인 오늘날 요서 서부에 있었을 것이다. 화려가 오늘날 요서 서부에 있었다면 화려와 함께 낙랑군에 속해 있었던 불이도 당연히 오늘날 요서 서부에 있어야 하는 것이다.

안정복은 화려와 불내를 낙랑군의 현 이름으로 인식하면서 그들이 신라에 쳐들어온 것은 그들이 신라 북쪽 가까이에 있었음을 알게 하는 것이라고 했다. 따라서 위에 인용한 고구려의 태조왕이 현도군과 화려성을 친 기록은 같은 방향으로 계속된 전쟁이 아니고 고구려의 서쪽에 있었던 현도군을 치고 동시에 고구려의 남쪽(신라의 북쪽)에 있었던 화려성을 친 것으로 인식했다.[72]

---

70 『삼국사기』 권15, 「고구려본기」〈태조대왕 66년〉조. "夏六月, 王與穢貊襲漢玄菟, 攻華麗城."

71 『후한서』 권85, 「동이열전」〈고구려전〉. "元(永)初五年, 復與濊貊寇玄菟, 攻華麗城."

72 안정복, 『동사강목』 부록 하권, 「지리고(地理考)」〈불내화려고(不耐華麗考)〉.

그러나 그렇게 보기에는 문맥상 자연스럽지 못할 뿐만 아니라 태조왕이 서쪽과 남쪽 두 곳에서 동시에 전쟁을 벌였을 것으로는 생각되지 않는다. 왜냐하면 전력을 양쪽에서 소모하는 것은 전략상 지극히 불리하기 때문이다. 그런 불리한 전쟁을 고구려가 감행했을 것으로 보기는 어렵다. 따라서 낙랑군에 속해 있었던 화려현과 불이현은 오늘날 요서 서부에 있었다고 보아야 할 것이다.

그렇다면 40년에 신라의 북변에 쳐들어온 화려와 불내 사람들은 누구였을까? 낙랑군이 있었던 난하 유역에서 바다를 건너온 사람들이었을까? 그렇게 볼 수는 없다. 왜냐하면 그들은 기병이었기 때문이다.

그러므로 필자는 다음과 같이 생각한다. 대동강 유역에 있었던 최씨낙랑국을 건국한 사람들은 난하 유역의 낙랑 지역에서 이주해 온 사람들이었다. 그렇기 때문에 낙랑이라는 같은 이름이 난하 유역과 대동강 유역 두 곳에 존재했던 것이다. 이러한 현상은 낙랑이라는 이름에만 국한된 현상은 아니었을 것이다.

최씨낙랑국 안의 지명에도 같은 현상이 일어났을 것이다. 난하 유역의 화려와 불이 지역에서 대동강 유역으로 이주해 온 사람들은 그들의 새로운 거주지를 화려와 불내라 불렀을 것이다. 이와 같은 사정으로 대동강 유역의 최씨낙랑국 안에는 한사군의 낙랑군에 속해 있었던 현 이름과 같은 지명이 많이 존재하게 되었을 것이다.

그러한 사실은 대동강 유역에서 발견된 〈점제평산군신사비(秥蟬平山君神祠碑)〉[73]를 통해 알 수 있다. 이 비문의 서두에 "점제장발흥(秥蟬長勃興)"이란 문구가 보인다. 낙랑군에는 점제(黏蟬)라는 현(縣)이 있었는

73 關野貞 등, 앞 책, pp. 240~245.

데 서한에서는 현을 다스리는 관리를 령(令)이나 장(長)이라 했다. 그리고 서한시대의 점제현(黏蟬縣)[74]은 동한시대에는 점제현(占蟬縣)이 되었다.[75] 점(黏)·점(秥)·점(占)은 통용되었던 문자이므로 이 비가 발견된 곳은 낙랑군의 점제현(黏蟬縣)일 것이라고 발굴자들은 말했다.

그러나 이곳이 낙랑군의 점제현이었다면 왜 점(黏) 자나 점(占) 자를 사용하지 않고 점(秥) 자를 사용했는지 의심하지 않을 수 없다. 이는 아마도 서로 구분할 필요가 있었기 때문일 것이다. 정인보는 점제현장(黏蟬縣長)이 자신의 관할구역에 비를 세울 경우에는 자신의 관직 이름을 새겨 넣지 않는 것이 한(漢)시대의 비문 양식임을 들어, 이 비문에는 점제장(秥蟬長)이라는 문구가 들어 있으므로 이곳은 낙랑군의 점제현이 될 수 없다고 주장했다.[76]

위의 비문 내용과 양식은 난하 유역의 점제(黏蟬)에서 이주한 사람들이 그들의 새로운 거주지인 이곳을 점제(秥蟬)라 불렀음을 알게 해준다. 주민들의 이주를 따라 지명이 이동하는 것은 고대사회에서 흔히 볼 수 있는 것이다.

이렇게 볼 때 신라를 쳐들어온 화려와 불내 사람들은 대동강 유역의 화려와 불내 사람들이었던 것으로 생각된다. 화려와 불내가 신라를 친 40년은 최씨낙랑국이 고구려에게 멸망된 직후였다. 그러므로 고구려가 그들을 동원했을 수도 있고 화려와 불내 사람들이 신라의 북변을 차지하여 그들의 조국을 재건하고자 했을 가능성도 있다.

『삼국사기』「지리지」에,

---

74 『한서』 권28 하, 「지리지」 하, 〈낙랑군〉조 참조.
75 『후한서』「지」 23, 〈군국〉 5, '낙랑군'조.
76 정인보, 『조선사 연구』, 서울신문사, 1947, p. 197.

> 평양은 오늘날 서경인 것 같고 패수는 대동강이다. 어떻게 그것을 아는가 하면 『당서』에 이르기를, "평양성은 한(漢)의 낙랑군이다. 산을 따라 둘러쳐서 성곽을 만들었고 남쪽으로 패수에서 끝났다."고 했다.[77]

는 기록이 있다. 『삼국사기』가 편찬된 고려시대의 서경은 오늘날 평양이므로 위 인용문 내용에 따르면 한사군의 낙랑군은 대동강 유역에 있었다는 것이 된다. 그러나 『삼국사기』의 편찬자는 『당서』의 기록을 잘못 이해하고 있는 것이다. 위 인용문에서 말한 『당서』는 『신당서』인데 그 내용 전체를 보면,

> 고(구)려는 본디 부여의 별종이다. 그 땅은 동쪽으로 바다를 넘어 신라에 이르고 남쪽으로도 바다를 넘어 백제에 이르고 서북은 요수를 건너 영주(營州)와 접했고 북쪽은 말갈이다. 그 군주는 평양성에 거주하는데 또한 장안성이라고 이르는 것으로서 한의 낙랑군이었다. (당의) 경사(京師)에서 5천 리가 조금 넘는다. 산을 따라 둘러쳐서 성곽을 만들었고 남쪽으로 패수에서 끝났는데 왕은 그 왼쪽에 궁궐을 건축했다.[78]

고 했다. 위의 내용에서 알 수 있듯이 『신당서』에서 말한 평양성과 패수는 오늘날 평양과 대동강이 아니다. 오늘날 평양에서 신라와 백제에 이르는 사이에는 바다가 없기 때문이다. 위의 『삼국사기』에 인용된 『당서』

---

77 『삼국사기』 권37, 「지」 6, 〈지리〉 4, '고구려' 서문. "平壤城似今西京, 而浿水則大同江是也. 何以知之, 唐書云, 平壤城漢樂浪郡也, 隨山屈繚爲郛, 南涯浿水."

78 『신당서』 권220, 「동이열전」 〈고(구)려〉. "高(句)麗本扶餘別種也. 地東跨海距新羅, 南亦跨海距百濟, 西北度遼水與營州接, 北靺鞨. 其君居平壤城, 亦謂長安城, 漢樂浪郡也, 去京師五千里而贏, 隨山屈繚爲郛, 南涯浿水, 王築宮其左."

에서 말한 평양성은 난하 유역에 있어야 한다. 『당서』는 한의 낙랑군이 난하 유역에 있었음을 말하고 있는 것이다.

이제 일본인들이 한사군의 낙랑군 유적으로 발표한 대동강 유역의 유적과 유물을 검토해보자. 필자는 일본인들이 한사군의 낙랑군 유적과 유물로 발표한 대동강 유역의 유적과 유물을 자세하게 검토하고 그것이 한사군의 낙랑군 유적과 유물이 될 수 없음을 이미 논한 바 있다.[79] 그러므로 여기서는 반복된 논의를 피하기로 하고 이 글의 논리 전개와 직접 관계가 있는 유적의 연대 문제에 대해서만 언급하겠다.

일본인들은 대동강 유역에서 여러 자리의 고분을 발굴했는데, 발굴자들은 말하기를,

> 제1호분은 제2호분·제3호분 등과 한 무리를 이루어 낙랑시대의 고분 가운데 가장 지세가 뛰어난 위치를 차지한 구릉 위에 있고 규모도 가장 커서 그 고분 배치로 보아 가장 먼저 축조되었던 것 같다.[80]

고 했다. 이 기록은 그들이 대동강 유역에서 낙랑군의 고분이라고 발굴한 유적들의 조성 연대가 제1호분보다 늦다는 것을 의미한다. 그런데 제1호분에서는 화천(貨泉)이 출토되었다.[81] 화천은 왕망시대에 주조된 청동화폐이다. 따라서 이 고분의 연대는 왕망시대 이전으로 올라갈 수 없다. 왕망은 서한의 정권을 찬탈하여 신(新)을 건국했으나 불과 15년

---

79 윤내현, 「위만조선과 한사군의 위치」, 앞 책 『고조선 연구』 상, pp. 481~501 ; 윤내현, 「한사군의 낙랑군과 평양의 낙랑」, 『한국고대사신론』, 일지사, 1986, pp. 331~340.

80 關野貞 등, 앞 책, p. 172.

81 위 책, p. 179.

만에 멸망하고 동한이 건국되었다. 따라서 화천이 한반도에 유입되어 무덤에 들어가기까지의 시간을 고려한다면 제1호분이 만들어진 시기는 동한 이후로 보아야 할 것이다.

대동강 유역의 토성(土城) 지역에서는 대진원강(大晉元康)·낙랑예관(樂浪禮官)·낙랑부귀(樂浪富貴) 등의 문자가 새겨져 있는 기와가 출토되었다.[82] '대진원강'은 서진(西晉) 혜제(惠帝)의 연호로서 291년부터 299년까지였다. 그러므로 이 연대를 따른다면 이 유적은 한사군이 설치된 뒤 무려 400여 년이 지난 다음에 만들어진 것이다. 낙랑예관·낙랑부귀 등 낙랑이라는 이름이 들어간 것은 이곳에 최씨낙랑국이 있었으므로 당연하다.

왕광묘(王光墓)·왕우묘(王盱墓)·부조예군묘(夫租薉君墓)·부조장묘(夫租長墓) 등에서는 인장(印章)이 출토되었다. 왕광묘에서는 낙랑태수연왕광지인(樂浪太守掾王光之印)·신광(臣光)·왕광사인(王光私印), 왕우묘에서도 오관연왕우(五官掾王盱)·왕우인신(王盱印信) 등의 목제 인장이 출토되었다.[83] 그리고 부조예군묘와 부조장묘에서는 부조예군(夫租薉君)·부조장(夫租長) 등의 은인(銀印)이 출토되었다.[84]

서체로 보아 이 인장들은 서한보다 늦은 시대의 것임을 알 수 있는데 왕우묘에서 출토된 칠기에는 "영평(永平) 12년"이라는 명문이 있었다.[85] 영평 12년은 동한 명제(明帝)시대로 69년이다. 따라서 이 고분이 조성

82 앞 책, pp. 22~23, 43.

83 小場恒吉·榧本龜次郎, 『樂浪王光墓』, 朝鮮古蹟硏究會, 昭和 10(1935) ; 駒井和愛, 『樂浪』, 中央公論社, 昭和 47(1972), pp. 114~115.

84 백련행, 「부조예군의 도장에 대하여」, 『문화유산』, 1962년 4호, p. 61 ; 리순진·장주협 편집, 『고조선문제 연구』, 사회과학출판사, 1973, pp. 150~151.

85 駒井和愛, 앞 책, p. 123.

된 연대는 이보다 앞설 수는 없다. 그리고 이 고분의 방사성탄소측정연대는 133년으로 나타났다.[86] 이것은 대동강 유역의 이른바 낙랑 유적에서 얻어진 유일한 과학 연대로 중요하다. 이 연대는 이 지역 고분들이 동한시대 이후에 만들어진 것임을 말해준다.

대동강 유역에서는 〈점제평산군신사비〉가 발굴되었는데,[87] 비문의 내용은 "○화2년4월무오(○和二年四月戊吾), 점제장발흥(秥蟬長勃興)"으로 시작된다. 이 비문 가운데 연호의 첫 자는 읽을 수가 없으나 둘째 자는 화(和) 자이므로 화 자가 들어간 중국의 연호를 보면 원화(元和)·장화(章和)·영화(永和)·광화(光和)·태화(太和) 등이 있는데 원화가 가장 빠르다. 원화 2년은 동한 장제(章帝) 시대로 85년이다. 그러므로 연호를 가장 빠른 것으로 계산하더라도 이 비는 동한시대에 만들어졌다.

대동강 유역의 출토 유물 가운데는 효문묘동종(孝文廟銅鐘)이 있다.[88] 이 동종의 명문은 "효문묘동종용10근(孝文廟銅鐘用十斤) 중십근(重卌斤) 영광3년6월조(永光三年六月造)"라고 되어 있다. 효문(孝文)은 서한 문제(文帝)인데 명문에 따르면 이 동종은 영광 3년에 만들어졌다. 영광 3년은 서한 원제시대로 서기전 41년이다. 그런데 이 동종이 출토된 9호분에서는 서한시대 이후에 제조된 동경(銅鏡)이 출토되었다.[89] 그러므로 이 동종은 서한 원제시대에 만들어진 뒤 오랜 세월이 지나 동한시대나 그보다 늦은 시기에 9호분에 부장되었음을 알 수 있다.

이상의 고찰로 확인되었듯이 일본인들이 낙랑군 유적이라고 발표한

---

86 앞 책, p. 5.

87 주 73과 같음.

88 關野貞 등, 앞 책, pp. 219~225.

89 위 책, pp. 76~77.

대동강 유역의 유적은 모두 동한 이후에 만들어졌다. 한사군은 서한 무제 때 설치되었는데 왜 서한시대의 유적은 하나도 없을까? 그것은 이 유적들이 한사군의 낙랑군 유적이 아님을 말해준다. 그렇다면 이 유적들을 어떻게 해석해야 할까?

이 유적들은 동한 광무제의 도움으로 최씨낙랑국이 재건된 이후의 것으로 보아야 한다. 그래야만 연대가 맞는다. 앞에서 확인한 바와 같이 동한 광무제의 도움으로 재건된 최씨낙랑국은 동한과 밀접한 관계를 맺고 있었다. 최씨낙랑국이 동한과 밀접한 관계를 맺고 있었음은 대동강 유역의 토성 안에서 발견된 낙랑태수장(樂浪太守章)·조선우위(朝鮮右尉)·염한장인(誹邯長印) 등의 봉니(封泥)가 잘 말해준다.

봉니는 공문서를 보낼 때 봉하는 데 사용되었던 것이므로 일반적으로 공문서를 받은 곳에서 출토된다. 그러므로 낙랑태수장·조선우위·염한장인 등의 봉니가 대동강 유역에서 출토되었다고 하는 것은 낙랑군의 태수와 낙랑군에 속해 있었던 조선현의 우위(右尉), 염한현(誹邯縣)의 장(長) 등이 최씨낙랑국에 공문을 보냈음을 알게 해준다.[90]

이 시기에 상당히 많은 중국인들이 최씨낙랑국에 거주하고 있었을 것이다. 그러므로 대동강 유역에서 출토된 유물은 중국과 교류를 가졌던 최씨낙랑국의 지배귀족과 동한 이후에 그곳에 거주했던 중국인들이 남긴 것으로 보아야 한다.[91]

---

90 조선현과 염한현은 낙랑군에 속해 있었던 현 이름이다(『한서』 권28 하, 「지리지」 〈낙랑군〉 조 참조).

91 신채호는 대동강 유역에 최리왕이 다스린 낙랑국이 있었음을 상기시키고, 그 지역에서 일본인들이 발굴한 중국의 유물은 낙랑국이 한나라와 교역하면서 수입한 물건들이거나 고구려가 한나라와 전쟁하면서 노획한 물건들일 것이라고 했다(신채호, 앞의 책, p. 141 참조).

최근에 강경구는 대동강 유역에서 출토된 칠기를 서한묘(西漢墓)와 흉노묘(匈奴墓) 등에서 출토된 칠기들과 비교 검토하고 대동강 유역의 칠기는 황실용으로서 낙랑군의 관리나 일반인들이 사용할 수 있는 물건이 아니었다고 주장했다.[92] 이러한 주장이 옳다면 그 칠기는 최씨낙랑국의 왕실에서 사용했던 것이라고 보아야 한다.

이상과 같이 대동강 유역을 서한의 낙랑군으로 입증하기 위해 일본인들이 제시한 유적들은 그 연대가 한사군 설치 시기와는 일치하지 않는다. 그보다는 동한 광무제의 도움으로 최씨낙랑국이 재건된 시기와 일치한다. 그러므로 대동강 유역의 유적들은 최씨낙랑국이 재건된 이후에 남겨진 것으로 보아야 한다.

끝으로 한 가지 주의해야 할 것은 중국 유물이라고 하여 모조리 중국인들이 남긴 것으로 보아서는 안 된다는 것이다. 당시에 최씨낙랑국은 동한과 긴밀한 관계를 가지고 있었고 동한으로서는 고구려를 견제하기 위해 최씨낙랑국이 필요했다. 그러므로 동한은 최씨낙랑국을 매우 후하게 대우했을 것이다. 그에 따라 최씨낙랑국에는 동한의 황실과 정부로부터 고급 물품들이 예물로 보내졌을 것이다. 대동강 유역에서 출토된 유물들은 그러한 것들일 가능성이 높다.

일부 학자들은 문헌의 기록을 무시하고 대동강 유역에서 한사군의 낙랑군 유적과 유물이 확인되었으므로 그곳은 낙랑군이 있었던 곳임에 틀림없다고 말하기도 한다. 그러나 그러한 생각은 잘못된 것이다. 대동강 유역이 한사군의 낙랑군이었다고 기록되어 있는 유적이나 유물은 존재하지 않는다.

---

92 강경구, 「낙랑칠기의 문제점」, 『한국상고사학보』, 제14호, 한국상고사학회, 1993, pp. 409~414.

그곳이 한사군의 낙랑군이었고 그곳에서 발견된 유적과 유물의 연대가 한사군의 연대와 일치한다면 그 유적과 유물은 한사군의 낙랑군의 것이 되겠지만, 그곳이 한사군의 낙랑군이 아니었다면 그곳에서 발견된 유적과 유물은 한사군의 낙랑군 유적과 유물이 될 수 없다는 점을 알아야 할 것이다.

5. 마치며

지금까지 살펴본 바와 같이 대동강 유역에 있었던 낙랑은 한사군의 낙랑군이 아니라 최씨낙랑국이었다.

대동강 유역의 낙랑을 한사군의 낙랑군으로 보는 일부 학자들은 그 근거로 고대 중국 문헌에 평양성은 한의 낙랑군이었다고 기록되어 있는 점과 『수경주』에서 오늘날 대동강을 낙랑군 패수현의 패수로 단정한 기록 등을 들고 있다.

그러나 고대 중국 문헌에 낙랑군에 있었던 것으로 기록된 평양성은 대동강 유역의 평양이 아니라 난하 유역에 있었던 평양이다. 원래 평양은 고유명사가 아니라 대읍(大邑) 또는 도읍을 의미하기 때문에 평양이라는 지명이 여러 곳에 있었던 것이다. 그리고 『수경주』에서는 고구려의 도성인 평양은 한사군의 낙랑군 땅이었다는 것을 전제로 하여 낙랑군 안에 있었던 패수를 찾음으로써 당시 패강으로 불렸던 대동강을 낙랑군의 패수로 단정했던 것이다. 그러나 패수는 여러 곳에 있었던 강 이름이므로 고구려의 도읍이 낙랑군 땅이었다는 선입관을 가지고 낙랑군의 패수를 찾은 것은 잘못이다.

고대 중국의 기록들은 한결같이 한사군의 낙랑군은 오늘날 난하 동부 유역에 있었다고 기록하고 있는 반면, 『삼국사기』는 대동강 유역에 최리왕이 다스렸던 낙랑국이 있었다고 기록하고 있다. 따라서 당시 2개의 다른 낙랑이 있었음을 알 수 있다. 하나는 난하 유역에 있었던 한사군의 낙랑군이고 다른 하나는 대동강 유역에 있었던 최씨낙랑국이었던 것이다. 그러나 지난날 일부 학자들은 한국 문헌과 중국 문헌에 보이는 낙랑을 모두 한사군의 낙랑군으로 잘못 인식하고 그 위치가 대동강 유역이었던 것으로 믿었다. 그러나 그것은 잘못임이 이 글을 통해 밝혀졌다.

최씨낙랑국은 난하 유역에 있었던 낙랑 지역 사람들이 그 지역에 위만조선이 서자 동쪽의 대동강 유역으로 이주하여 세운 나라였다. 그런데 위만조선이 서한에게 멸망되고 난하 유역의 낙랑 지역에 한사군의 낙랑군이 설치됨에 따라 한사군의 낙랑군과 최씨낙랑국이 낙랑이라는 같은 이름을 가지고 병존하게 되었던 것이다.

최씨낙랑국은 건국 초에 고구려와는 화평한 관계를 유지하면서 신라와 백제의 북변을 여러 번 침략했다. 일시적으로는 그 영토를 오늘날 춘천 지역까지 확장하기도 했다. 그러나 최씨낙랑국은 32년에 예상하지 못했던 고구려의 공격을 받고 약화되어 37년에는 나라를 잃었다.

그러나 그들은 나라를 잃은 지 7년 뒤인 44년에 동한 광무제의 도움으로 국가를 재건할 수 있었다. 당시에 동한은 동쪽에서 성장하는 고구려를 견제할 필요가 있었으므로 최씨낙랑국의 재건을 도왔던 것이다. 동한은 최씨낙랑국의 재건을 도운 뒤 그곳에 행정 연락처와 무역활동의 근거지를 마련했다. 그곳은 주로 한사군의 낙랑군과 행정 연락을 했던 것 같다. 낙랑군에서 보낸 공문을 봉인했던 봉니들이 대동강 유역에서 많이 출토된 것은 그러한 사실을 알게 해준다.

일본인들이 이른바 한사군의 낙랑군 유적과 유물로 발표한 대동강 유역에서 발굴된 유적과 유물들은 최씨낙랑국이 남긴 것들이다. 그곳에서 출토된 중국 유물은 최씨낙랑국이 재건된 뒤 그 지배귀족들이 중국에서 예물로 받은 것들과 당시에 그곳에서 거주했던 중국인들이 가지고 있었던 것들로 보아야 한다.

그런데 동한에서 최씨낙랑국 영토 안에 설치했던 행정 연락처나 무역 기지는 오래 유지되지 못했을 것이다. 왜냐하면 동한이 멸망한 뒤로 중국은 삼국·양진(兩晉)·남북조시대로 이어지는 분열과 혼란이 계속되어 밖으로 눈을 돌릴 겨를이 없었기 때문이다.

최씨낙랑국은 재건된 뒤에도 국력이 약해 활동이 미약했던 것 같다. 300년에 대방국과 더불어 신라에 귀복하여 완전히 멸망하기까지 그 활동 기록이 보이지 않는 것에서 그러한 사실을 알 수 있다.

그런데 『삼국사기』에는 낙랑군이 대동강 유역에 있었던 것으로 잘못 인식하게 하는 기록들이 보인다.

첫째는 『삼국사기』 「백제본기」 〈고이왕 13년〉조의 백제가 낙랑군의 변경을 습격했다는 기록과, 〈분서왕 7년〉조의 백제가 낙랑의 서부 현을 빼앗았다는 기록이다. 이 기록들은 낙랑군이 한반도에 있었던 것처럼 잘못 인식하도록 만들 수 있다. 그러나 당시에 백제는 오늘날 난하 서부 유역인 북경와 천진 지역을 차지하고 있었다. 그러므로 그곳에서 난하 동부 유역에 있었던 낙랑군을 쳤던 것이다.

둘째는 『삼국사기』 「신라본기」 〈유리 이사금 17년〉조의 화려·불내의 두 현 사람들이 신라를 쳐들어왔다는 기록이다. 낙랑군에는 화려와 불이라는 현이 있었는데, 불이는 불내와 통하므로 이 기록은 낙랑군이 한반도에 신라와 가까이 있었던 것처럼 잘못 인식하도록 만들 수 있다. 그러나 화려와 불내는 최씨낙랑국에 있었던 지명이었다. 최씨낙랑국은 난하 유역에서 이주해 온 사람들이 건국했기 때문에 원래 그들이 살던 곳의 지명을 그대로 사용하는 곳이 많았다. 낙랑이라는 나라 이름부터가 그러했다. 화려와 불이도 난하 유역에 있었던 지명이었는데, 그 지역에 낙랑군이 설치되면서 그곳은 현의 이름이 되었고, 그곳에서 최씨낙랑국으로 이주해 온 사람들은 최씨낙랑국 안에서 화려와 불내라는 지명을 사용하고 있었던 것이다.

『삼국사기』「지리지」에서는 당시 패강으로 불리던 대동강을 낙랑군에 있었던 패수로 보고 있다. 그 이유는 『당서』에 평양성은 한의 낙랑군인데 그 남쪽이 패수에서 끝났다고 했기 때문이라는 것이다. 그러나 『삼국사기』「지리지」 편찬자는 『당서』에 나오는 평양성을 오늘날 평양으로 잘못 인식했다. 『당서』에 나오는 평양성은 난하 유역에 있었다. 그러므로 낙랑군이나 그 안에 있었던 패수는 난하 유역에 있어야 한다.

대동강 유역에서 한사군의 낙랑군 유적과 유물이 발견되었으므로 그곳에 낙랑군이 있었다고 믿는 학자들이 있다. 그러나 그것은 잘못된 생각이다. 대동강 유역에 한사군의 낙랑군이 있었느냐 없었느냐에 따라 그 지역에서 발견된 유적과 유물들이 한사군의 낙랑군 유적과 유물인지 아닌지가 결정되는 것이다. 유적과 유물 자체에는 그곳이 한사군의 낙랑군이었다고 기록된 것이 없다는 점을 알아야 한다.

V 한의 독립과 강역 변천

1. 들어가며

이 글에서는 고조선시대부터 열국시대까지 한반도 남부를 차지하고 있었던 한(韓)의 독립과 강역 변천을 고찰하고자 한다. 한은 원래 고조선에 속해 있었던 거수국이었으나 고조선이 붕괴되자 독립국이 되었다. 한은 고조선 말기부터 독립국이 된 이후까지 강역에 큰 변화가 있었으며 이러한 강역의 변화에 따라 도읍도 옮기지 않으면 안 되었으니, 이러한 변화를 살펴보고자 하는 것이다.

지금까지는 일반적으로 한을 삼한이라 불렀으나 그것은 잘못이다. 왜냐하면 한에 대한 가장 기본이 되는 사료인 『후한서』「동이열전」과 『삼국지』「동이전」에 부여·읍루·고구려·동옥저·예 등과 더불어 그 이름이 한으로 기록되어 있을 뿐만 아니라 『후한서』「동이열전」〈한전〉에,

진한의 노인이 스스로 말하기를 자신은 진(秦)나라의 망명인인데 고역

(苦役)을 피하여 한국(韓國)으로 왔더니, 마한(馬韓)이 동쪽 경계의 땅을 나누어 그들에게 주었다고 했다.[1]

는 기록이 보인다. 이와 같은 내용이 『삼국지』「동이전」〈한전〉에도 실려 있다.[2] 위의 내용에서 중국 진(秦)나라의 망명인들은 자신들이 망명해 와서 살고 있는 한(韓)을 한국(韓國)이라 부르고 있다. 그리고 마한은 한국의 일부였다고 말하고 있다. 『삼국지』「동이전」〈왜전(倭傳)〉에도 낙랑군에서 왜(倭)에 이르는 항로를 말하면서 한국을 거친다[3] 고 하여 삼한이라 부르지 않고 한국이라 했다.

이러한 기록들은 한의 이름이 삼한이 아니라 한 또는 한국이었음을 분명하게 해준다. 한을 삼한이라 부르면 한 지역에 3개의 나라가 있었던 것 같은 분열의식을 심어주게 된다. 일제는 한민족에게 분열의식을 심어주기 위해 삼한이라는 이름을 즐겨 사용했다.

한은 고조선시대부터 오늘날 한반도 남부에 있었다. 따라서 고조선 말기에 고조선의 서부인 오늘날 요서 지역에 위만조선이 건국되었다가 망하고, 그 뒤를 이어 한사군이 설치되는 정치적 소용돌이 속에서도 한은 직접 피해를 입지 않았다. 오늘날 요서 지역에 있었던 고조선의 거수국들인 부여·고구려·숙신·옥저·예·낙랑 등은 그들의 거주지를 잃고

---

1 『후한서』 권85, 「동이열전」〈한전〉. "辰韓耆老自言秦之亡人, 避苦役, 適韓國, 馬韓割東界地與之."

2 『삼국지』 권30, 「동이전」〈한전〉. "진한은 마한의 동쪽에 있는데 그 노인들은 대대로 전하여 스스로 말하기를, 자신들은 옛 망명인으로서 진나라의 고역을 피하여 한국으로 왔더니 마한이 그들의 동쪽 경계의 땅을 분할하여 주었다고 했다(辰韓在馬韓之東, 其耆老傳世, 自言古之亡人避秦役來適韓國, 馬韓割其東界地與之)."

3 『삼국지』 권30, 「동이전」〈왜전〉. "從郡至倭, 循海岸水行, 歷韓國, 乍南乍東."

동쪽으로 이주하는 어려움을 겪어야 했지만, 한은 그러한 경험을 하지 않아도 되었던 것이다.

그러나 오늘날 요서 지역에서 일어났던 정치적 소용돌이는 한에도 간접적으로 영향을 미쳤다. 고조선 말기에 한의 영역이 줄어든 것이라든가 한이 독립국이 된 뒤 오래지 않아 신라·백제·가야 등으로 분열된 것 등은 그러한 소용돌이의 연쇄현상이었다. 그러므로 한의 독립과 변천은 그 자체에 국한된 문제가 아니라 고조선의 붕괴와 열국시대의 전개라는 상황 변화 가운데 하나였던 것이다.

2. 한의 영역 변천

고조선시대에 한(韓)의 영역은 오늘날 청천강을 북쪽 경계로 하여 한반도 남부해안에 미쳤다. 『삼국유사』에는 고조선시대에 오늘날 평양 지역이 마한에 속해 있었다고 기록되어 있다.

『삼국유사』 〈마한〉조에는, "『위지』에 이르기를, 위만이 (기자)조선을 공격하니 (기자)조선 왕 준(準)은 주위의 궁인을 거느리고 바다를 건너 남쪽의 한(韓) 땅에 이르러 나라를 열고 이름을 마한이라 했다 한다."[4] 고 기록되어 있다. 그리고 "최치원은 말하기를, '마한은 고구려이고 진한은 신라이다'라고 했다."[5]는 내용을 전하고는 이에 대한 저자 자신의 주석으로,

---

4 『삼국유사』 권1, 「기이」 〈마한〉조. "魏志云, 魏(衛)滿擊朝鮮, 朝鮮王準率宮人左右, 越海而南至韓地, 開國號馬韓."

5 『삼국유사』 권1, 「기이」 〈마한〉조. "崔致遠云, 馬韓麗也, 辰韓羅也."

이로써 동명(東明)이 일어나 이미 마한을 병합했으므로 그렇게 말했을 것임을 알 수 있다. 그러므로 고구려를 마한이라 한 것이다. 지금 사람들 가운데 어떤 사람들은 금마산(金馬山)을 생각하고 마한을 백제라 하니 대개 잘못이다. 고구려 땅에는 본래 읍산(邑山)이 있으므로 마한이라 이름한 것이다.[6]

라고 했다.

앞에 인용한 『삼국유사』 〈마한〉조의 『위지』는 『삼국지』 〈위서〉를 말하는데 그곳에는, "제후 준은 외람되게 왕이라 칭하다가 연의 망명인인 위만의 공격을 받아 정권을 빼앗기고 좌우의 궁인을 거느리고 도망하여 바다로 들어가 한(韓)의 땅에 살면서 스스로 한왕(韓王)이라 했으나 그 후손은 끊기어 없어졌다."[7] 고 기록되어 있다.

『삼국유사』 〈마한〉조에서는 준이 마한을 건국한 것처럼 기록되어 있으나 그보다 가치가 높은 사료인 『삼국지』 「동이전」 〈한전〉에는 준이 한 지역으로 망명한 뒤 그곳에 살면서 스스로 한왕이라 칭하다가 그 후손이 끊겼다고 기록되어 있다. 이로 보아 한이나 마한이라는 이름은 준이 망명하기 전부터 있었음을 알 수 있다.

여기서 중요한 것은 앞에 소개한 인용문 가운데 마한의 위치를 확인할 수 있는 내용이 있다는 점이다. 그것은 바로 마한은 고구려에 병합되었는데 그곳에 읍산(邑山)이 있었기 때문에 그러한 이름을 얻었다는

---

6 앞의 『삼국유사』 〈마한〉조 본문에 대한 주석. "以此知東明之起, 已並馬韓而因之矣. 故稱麗爲馬韓. 今人惑認金馬山, 以馬韓爲百濟者, 盖誤濫也. 麗地自有邑山, 故名馬韓也."

7 『삼국지』 권30, 「동이전」 〈한전〉. "侯準既僭號稱王, 爲燕亡人衛滿所攻奪, 將其左右宮人走入海, 居韓地, 自號韓王, 其後絶滅."

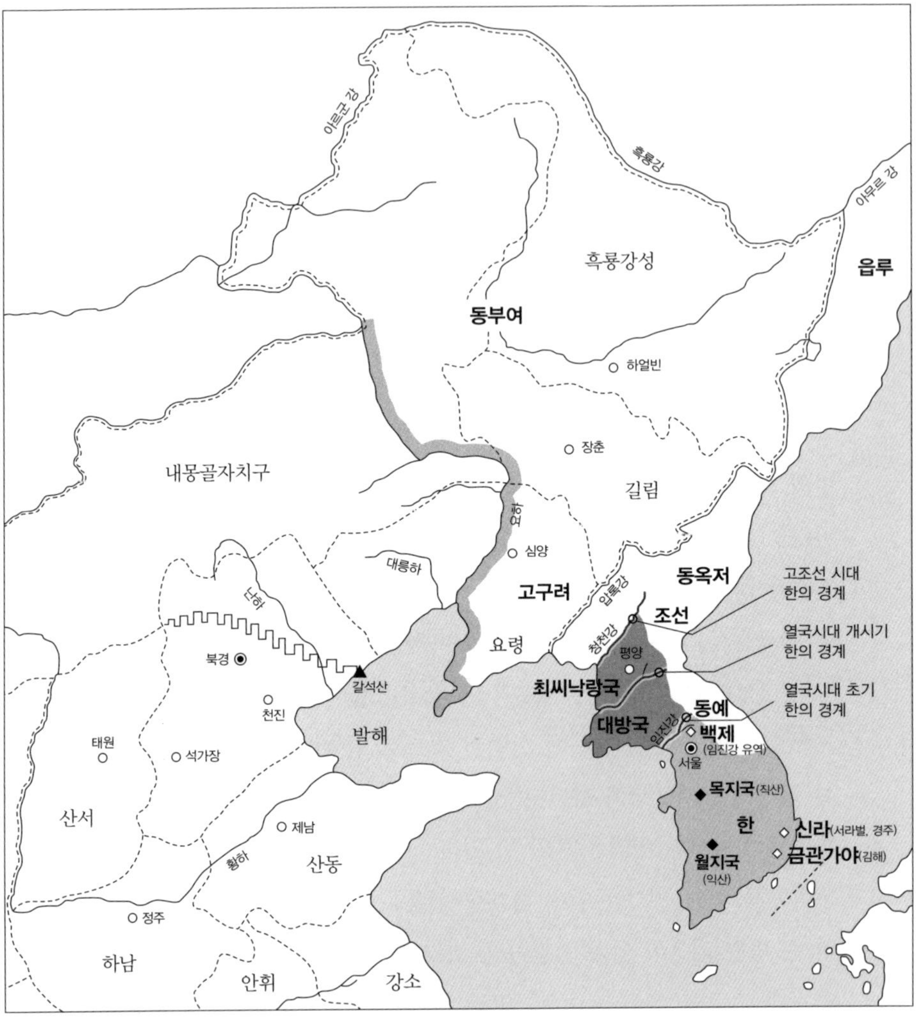
아르군 강
흑룡강
아무르 강
흑룡강성
읍루
동부여
하얼빈
장춘
내몽골자치구
길림
요하
심양
대릉하
동옥저
고구려
압록강
고조선 시대
한의 경계
난하
조선
열국시대 개시기
한의 경계
북경
갈석산
요령
청천강
평양
최씨낙랑국
열국시대 초기
한의 경계
천진
동예
대방국
임진강
백제
발해
태원
석가장
서울
(임진강 유역)
목지국(직산)
산서
제남
한
신라(서라벌, 경주)
금관가야(김해)
황하
산동
월지국
(익산)
정주
하남
안휘
강소

한의 영역 변천

『삼국유사』〈마한〉조에 실린 저자 자신의 주석이다.

이 내용이 『동사강목』〈삼한〉조에도 그대로 실려 있는데 그곳에는 읍산이 마읍산(馬邑山)으로 기록되어 있다.[8] 이로 보아 현재 통용되고 있는 『삼국유사』〈마한〉조에는 마(馬) 자가 탈락되어 마읍산이 읍산으로 잘못 기록되어 있음을 알 수 있다. 그러므로 학자들은 『삼국유사』〈마한〉조의 위 기록 가운데 나오는 읍산을 마읍산으로 고쳐 읽고 있다.[9] 따라서 마읍산이 있었던 곳이 마한이었음을 알 수 있는 것이다.

마읍산은 오늘날 평양 지역에 있었다. 『삼국유사』〈태종춘추공〉조는 당나라 소정방(蘇定方)이 고구려 평양성을 침공한 사실을 말하면서,

> (신라 무열왕) 임술(년)에 소정방에게 명하여 요동도행군대총관(遼東道行軍大摠管)으로 삼았다가 잠시 뒤에 평양도(平壤道)로 고치고, 고구려 군사를 패강에서 격파한 뒤 마읍산을 빼앗아 병영으로 삼고 마침내 평양성을 포위했다. 때마침 눈이 많이 내렸으므로 (소정방은) 포위를 풀고 돌아왔다.[10]

고 기록하고 있다. 위에 나오는 패강은 오늘날 대동강이고 평양성은 고구려 말기의 도읍으로서 오늘날 평양이었다. 그러므로 소정방이 빼앗아 병영으로 삼은 마읍산은 대동강 유역, 오늘날 평양 지역에 있었음을 알 수 있다.

---

8 『동사강목』, 부록 하, 〈삼한〉조 참조.

9 이병도, 『원문병역주 삼국유사』, 동국문화사, 1962, p. 184 참조.

10 『삼국유사』 권1, 「기이」〈태종춘추공〉조. "七年壬戌, 命定方爲遼東道行軍大摠管, 俄改平壤道, 破高麗之衆於浿江, 奪馬邑山爲營, 遂圍平壤城, 會大雪解圍還."

마읍산 지역이 마한에 속해 있었던 시기는 준이 위만에게 정권을 빼앗기고 한(韓) 지역으로 망명했던 시기이므로 서기전 190년 전후가 된다.[11] 서기전 190년대에 오늘날 요서 지역에서는 위만조선이 건국되었지만, 오늘날 요하 동쪽의 만주와 한반도 지역에는 아직 고조선이 존재하고 있었다. 고조선 말기였던 것이다. 그러므로 오늘날 평양 지역이 마한으로서 한(韓)에 속해 있었던 시기는 고조선시대였음을 알 수 있다.

오늘날 평양 지역이 마한에 속해 있었음은 『제왕운기』 기록에서도 확인할 수 있다. 『제왕운기』 〈고구려기〉에는, "고구려는 마한의 왕검성에서 나라를 열었다."[12]고 기록되어 있는데 이에 대해 『제왕운기』 저자는,

> 오늘날 서경이다.[13]

라고 주석했다. 『제왕운기』가 저술된 고려시대의 서경은 대동강 유역에 있는 오늘날 평양이었다.

고구려가 오늘날 요동 지역에서 건국되었다는 것은 여러 문헌을 통해서 확인될 뿐만 아니라 이미 잘 알려진 사실이므로 고구려가 오늘날 평양에서 건국되었다는 것은 잘못된 것이지만, 이 기록은 오늘날 평양 지역이 마한에 속해 있었음을 알게 해준다. 앞의 『삼국유사』 기록과 일치하는 것이다. 이러한 기록들은 고조선의 거수국이었던 한은 오늘날 평

---

11 위만이 서한에서 고조선 변방의 기자조선으로 망명 온 시기는 서기전 195년이지만 그가 위만조선을 건국한 연대는 불확실하다. 그런데 『사기』 「조선열전」 기록에 따르면 서기전 180년에는 이미 위만조선이 건국되어 있었다. 그러므로 위만조선의 건국 연대를 서기전 190년 전후로 잡을 수 있다.

12 『제왕운기』 「고구려기」. "開國馬韓王儉城."

13 위의 『제왕운기』 본문에 대한 주석. "今西京也."

양 지역을 포괄하고 있어 그 북쪽 경계가 오늘날 청천강 유역에 이르렀음을 알게 해준다.

그런데 고조선이 붕괴되면서 독립국이 된 한은 그 북쪽 경계가 대동강 유역으로 축소되었다. 그러한 상황은 『후한서』 「동이열전」에서 확인된다. 『후한서』 「동이열전」 〈한전〉에는 한의 북쪽에 낙랑이 있다고 했다.[14] 낙랑이 오늘날 평양을 중심으로 한 대동강 유역에 있었다는 것은 잘 알려진 사실이다.

필자는 이 낙랑을 최씨낙랑국으로 보고 있지만[15] 일부 학자들의 주장처럼 한사군의 낙랑군으로 본다 하더라도 그 위치가 오늘날 평양을 중심으로 한 대동강 유역이었다는 점은 다르지 않다. 그러므로 한은 대동강 남쪽에 있었음을 알 수 있다.

『후한서』는 동한시대 상황을 알려주는 역사서인데 중국의 동한시대는 고조선이 붕괴된 뒤로, 열국시대에 해당한다. 그러므로 한의 강역이 대동강 이남으로 줄어든 것은 고조선의 붕괴와 더불어 일어났음을 알 수 있다. 그러한 상황 변화는 다음과 같이 설명할 수 있다.

낙랑은 원래 오늘날 요서 지역에 있었던 고조선의 거수국이었다.[16] 오늘날 난하 동부 유역에 위만조선이 건국되어 낙랑 지역까지 차지하게 되자 그 지배층과 주민 일부가 한반도의 대동강 유역으로 이주했는데 고조선이 붕괴되자 최씨낙랑국을 세웠던 것이다. 그래서 한은 대동강 이북 지역을 최씨낙랑국에게 양보하고 그 강역이 대동강 이남으로 줄어

---

14 『후한서』 권85, 「동이열전」 〈한전〉. "其北與樂浪, 南與倭接."

15 윤내현, 「최씨낙랑국흥망고」, 『동아시아 연구논총』, 김문경교수정년퇴임기념, 혜안, 1996, ; 이 책의 제1장 Ⅳ 「최씨낙랑국의 건국과 흥망」 참조.

16 윤내현, 「고조선의 국가 구조」, 『고조선 연구』 하, 만권당, 2016, pp. 30~85.

들게 되었던 것이다. 한이 강역의 일부를 최씨낙랑국에게 양보한 데는 함께 고조선의 거수국이었다는 동류의식이 작용했을 것이다.

한은 독립국이 된 뒤 또 한 번의 강역 변화를 맞게 되었다. 그러한 상황은 『삼국지』「동이전」〈한전〉에 보인다. 즉,

> 한은 대방의 남쪽에 있는데 동쪽과 서쪽은 바다로 한계지어 있고 남쪽은 왜와 접하여 사방으로 4천 리가량 되었다.[17]

라고 하여 한의 북쪽에 대방이 있었던 것으로 기록되어 있다. 이전에는 한의 북쪽에 낙랑이 있었는데 이제는 대방이 자리하고 있는 것이다. 『삼국사기』에 따르면 대동강 유역에 있었던 최씨낙랑국은 대방국과 함께 300년에 신라에 투항함으로써 멸망했다.[18] 그러므로 대방국은 최씨낙랑국보다 늦게 건국되어 멸망할 때까지 그 남쪽, 오늘날 황해도 지역에 있었음을 알 수 있다.[19]

대방국이 있었던 시기 한(韓)의 북쪽 경계는 오늘날 황해도 남부이거나 그 남쪽이어야 한다. 아마도 오늘날 멸악산맥이었을 것으로 추정된다. 고대에는 대개 험준한 산맥이나 강을 국경으로 삼는 경우가 많기 때문이다. 이 대방을 한사군의 낙랑군을 분할하여 설치했던 대방군으로

---

17 『삼국지』 권30, 「동이전」〈한전〉. "韓在帶方之南, 東西以海爲限, 南與倭接, 方可四千里."

18 『삼국사기』 권2, 「신라본기」〈기림 이사금 3년〉조. "三月, 樂浪·帶方兩國歸服."

19 일부 학자들은 이 대방을 낙랑군을 분할하여 설치한 대방군으로 잘못 알고 있지만, 그러한 견해를 따른다고 하더라도 대방 지역이 황해도 지역이었다는 점에는 변함이 없다. 그러므로 필자의 논리 전개에는 지장을 주지 않는다.

보는 학자들이 있지만[20] 그것은 잘못이다. 이 대방은 대방군과는 다른 대방국이었다.[21]

대방국은 그 이름이 대방군과 같았던 것으로 보아 난하 하류 동부 유역의 대방 지역[22]에서 이주해온 사람들이 건국했을 것으로 생각된다. 『삼국지』는 동한의 뒤를 이은 중국의 삼국시대 역사를 기록한 것으로 220년부터 279년까지의 역사를 담고 있으며, 앞의 『후한서』「동이열전」〈한전〉에 기록된 것보다 늦은 시기의 상황을 말하고 있는 것이다.

최씨낙랑국과 대방국의 건국으로 인한 한의 강역 변화는 한의 외부 요인에 의한 것이었으나 한은 내부 요인으로 인한 영역의 변화도 맞게 되었다. 그것은 신라·백제·가야의 건국에 따른 것이었다. 원래 신라·백제·가야는 한에 속해 있었던 거수국들이었다. 그런데 이들이 독립성을 띠고 영역을 확대하게 됨에 따라 한의 강역은 줄어들게 되었다. 그 강역 변화를 확인하기 위해 신라·백제·가야의 건국 과정을 보자.

신라는 진한의 여섯 부(部)[23]가 중심이 되어 서한의 선제 오봉(五鳳) 원년(서기전 57년)에 나라 이름을 서나벌(徐那伐)이라 하면서 출발했다.[24] 서나벌은 서라벌(徐羅伐) 또는 서야벌(徐耶伐)이라고 쓰기도 하는

---

20 한사군은 낙랑군과 현도군 2개의 군으로 축소되었다가 낙랑군의 남부를 분할하여 대방군을 설치함으로써 3개의 군이 되었다.

21 『삼국사기』에서는 이 대방을 대방국이라 부르고 있다(주 15·18 참조).

22 이곳은 한사군의 낙랑군에 속해 있다가 분할되어 대방군이 되었다.

23 여기서 부(部)는 부락이나 촌락을 의미하지는 않는다. 부는 여러 개의 마을로 구성된 일정한 지역 단위를 말할 것이다. 위에 언급된 여섯 촌락은 부를 구성한 여러 마을 가운데 중심이 되었던 마을인 것으로 생각된다. 『삼국사기』 권1, 「신라본기」 〈유리 이사금 14년〉조에는, "고구려 왕 무휼(대무신왕)이 낙랑을 몰래 습격하여 멸하자 낙랑 사람 5천 명이 (신라로) 오므로 6부에 나누어 살게 했다."는 기록이 있다. 이 기록은 1개 부의 규모가 800명 이상의 외래인을 수용할 수 있을 정도로 컸음을 알게 해준다.

24 『삼국사기』 권1, 「신라본기」 〈시조 혁거세 거서간〉조. "始祖, 姓朴氏, 諱赫居世, 前漢

데, 서나(徐那)·서라(徐羅)·서야(徐耶)는 사로(斯盧)·사라(斯羅)·신라(新羅) 등과 같은 말로서 음을 달리 표기했다는 것은 이미 잘 알려져 있다.[25] 그리고 진한은 한의 일부로서 오늘날 경상북도 지역이었다는 것은 다 아는 사실이다.

그런데 『삼국지』「동이전」〈한전〉에는 진한과 변한 지역에 있었던 24개 거수국의 이름이 기록되어 있는데 그 가운데 사로국(斯盧國)이 있다.[26] 이것은 신라가 원래 한에 속하여 진한 지역에 있었던 하나의 거수국이었음을 알게 해준다. 한의 거수국이었던 사로(신라)가 독립국이 되었던 것이다. 신라가 독립하여 그 영역을 확대함에 따라 한의 동부 영토가 축소되는 상황이 일어났을 것은 당연하다.

백제도 원래 한의 거수국이었다. 백제는 서한 성제(成帝) 홍가(鴻嘉) 3년(서기전 18년)에 건국되었는데, 온조왕은 고구려에서 남쪽으로 내려와 한산에 이르러 도읍을 하남위례성으로 정한 것으로 전해지고 있다.[27] 한산은 오늘날 북한산으로 보고 있다.[28] 따라서 백제의 도읍이었던 하남

孝宣帝五鳳元年甲子, 四月丙辰 (一曰正月十五日) 卽位, 號居西干, 時年十三, 國號徐那伐. 先是, 朝鮮遺民, 分居山谷之間爲六村, 一曰閼川楊山村, 二曰突山高墟村, 三曰觜山珍支村, 四曰茂山大樹村, 五曰金山加利村, 六曰明活山高耶村. 是爲辰韓六部."

25 이병도, 『국역 삼국사기』, 을유문화사, 1980, p. 1의 주 3 참조.

26 『삼국지』 권30, 「동이전」 〈한전〉 참조.

27 『삼국사기』 권23, 「백제본기」 〈시조 온조왕〉조. "百濟始祖溫祚王, 其父鄒牟, 惑云朱蒙. …… 及朱蒙在北扶餘所生子來爲太子, 沸流·溫祚恐爲太子所不容, 遂與烏干·馬黎等十臣南行, 百姓從之者多. 遂至漢山, 登負兒嶽, 望可居之地, 沸流欲居於海濱, 十臣諫曰, 惟此河南之地, 北帶漢水, 東據高岳, 南望沃澤, 西阻大海, 其天險地利, 難得地勢, 作都於斯, 不亦宜乎. …… 溫祚都河南慰禮城, 以十臣爲輔翼, 國號十濟, 是前漢成帝鴻嘉三年也. …… 改號百濟."

28 이병도, 위 책, p. 352 참조.

위례성은 오늘날 한강 남부 유역에 자리했음을 알 수 있다.

그런데 「백제본기」 〈시조 온조왕 13년〉조에는, "가을 7월에 한산 아래에 책(柵)을 세우고 위례성의 민호(民戶)를 옮기고 마한에 사신을 보내 천도할 것을 고했다."[29] 고 기록되어 있고, 〈14년〉조에는, "봄 정월에 도읍을 옮겼다."[30] 고 한 것으로 보아 실제로 하남위례성으로 천도한 시기는 온조왕 14년이었을 것으로 보인다.[31] 그러므로 하남위례성에 정식으로 도읍하기 전 백제는 일시 한강 북쪽 어느 지역에 자리하고 있었던 듯 하다. 필자는 그곳을 오늘날 임진강 유역으로 보고 있다.[32]

당시에 한의 북쪽 국경은 멸악산맥이었으므로 임진강 유역은 한의 영토였다. 그러므로 백제는 한의 북부 변경에서 건국되었던 것이다. 백제가 그곳에 정착하게 된 것은 한의 양해 아래 이루어졌으며[33] 백제는 초기에 한의 거수국으로 있었다.

『후한서』 「동이열전」 〈한전〉에, 한에는 모두 78개의 국(거수국)이 있는

---

29 『삼국사기』 권23, 「백제본기」 〈시조 온조왕 13년〉조. "秋七月, 就漢山下立柵, 移慰禮城民戶, 遣使馬韓告遷都."

30 위 책, 〈시조 온조왕 14년〉조. "春正月, 遷都."

31 이 점은 일찍이 정약용·이병도 등이 지적한 바 있다(정약용, 『여유당전서』 「강역고」 〈위례고〉; 이병도, 앞 책, pp. 352~353, 주 1 참조).

32 정약용은 백제 초기의 거주지를 오늘날 정릉동과 삼양동 부근으로 보았고, 이병도는 오늘날 세검동 계곡 일대로 추정했으나(주 28 참조) 이 지역들은 심한 산골로서 나라의 도읍지로는 적당치 않다고 생각된다. 고대의 주거지가 대개 강을 끼고 이루어졌다는 점에서 볼 때 한강 이북의 백제 초기 정착지는 지금의 임진강 유역으로 보는 것이 적절하다고 생각된다. 앞에서 대방국과 한(韓)의 국경을 멸악산맥으로 추정한 바 있는데 백제는 초기에 한의 북부 국경지대에 정착했다고 보는 것이 타당할 것이다(이 책의 제1장 Ⅵ 「백제의 건국과 성장」 참조).

33 『삼국사기』 권23, 「백제본기」 〈시조 온조왕 24년〉조에는 백제가 처음 남하했을 때 한(韓)은 동북쪽 땅 100리를 떼어주어 거주하도록 했다는 기록이 보인다.

데 백제는 그 가운데 하나라고 기록되어 있는 것이라든가,[34] 『삼국지』「동이전」〈한전〉에 기록된 마한 지역에 있었던 한의 50여 개의 거수국 이름 가운데 백제가 보이는 것은 그러한 사실을 말해준다.[35] 그런데 백제는 오래지 않아 독립국으로 출발하여 한의 영토를 침범했다. 이에 따라 한의 북부 영토가 줄어들게 되었던 것이다.

가야 또한 한의 거수국으로 출발한 국가였다. 가야는 동한 세조(世祖) 광무제 건무(建武) 18년(42년)에 건국되었다.[36] 가야에는 여섯 가야가 있었는데, 그 가운데 수로왕의 대가락[大駕洛 또는 가야국(伽耶國)]이 중심을 이루고 있었으며 그 영역은 동쪽은 황산강(黃山江), 서남쪽은 창해(滄海), 서북쪽은 지리산(地理山), 동북쪽은 가야산, 남쪽은 나라의 끝이었다고 기록되어 있다.[37]

가야의 건국자로 전해오는 수로왕의 능은 오늘날 김해시에 있다. 그리고 황산강에 대해 『신증동국여지승람』에는, "김해도호부(金海都護府) 동쪽 40리의 양산군(梁山郡)과 경계"를 이루는 낙동강 일부를 이르는 이름이라고 설명되어 있다.[38] 따라서 가야 지역은 동쪽은 낙동강을 경계로 하여 동북으로 가야산, 서북은 지리산을 경계로 한 오늘날 경상남도

---

34 『후한서』 권85, 「동이열전」 〈한전〉. "韓有三種, 一曰馬韓, 二曰 辰韓, 三曰弁辰, …… 凡七十八國, 伯濟是其一國焉."

35 『삼국지』 권30, 「동이전」 〈한전〉 참조.

36 42년이라는 가야의 건국 연대는 믿기 어렵다고 보는 견해가 있다. 그러나 여기서는 가야의 위치가 한(韓) 영역 안이었다는 사실을 확인하는 것이 목적이므로 그 건국 연대는 기록에 따르기로 한다.

37 『삼국유사』 권2, 「기이」 〈가락국기〉. "東以黃山江, 西南以滄海, 西北以地理山, 東北以伽耶山, 南而爲國尾."

38 『신증동국여지승람』 권32, 「김해도호부」 〈산천〉조. "黃山江, 在府東四十里梁山郡界. …… 俗傳, 洛水南流, 至府北磊津, 又東流, 爲玉池淵, 爲黃山江, 又南流, 至府南鷲梁入海."

지역이었음을 알 수 있다. 경상남도 지역은 한의 변한 지역이었다.

가야(加耶·伽耶·伽倻)는 구야(狗邪·拘邪)·가라(加羅)·가량(加良)·가락(駕洛) 등으로 불렸다. 그런데 『삼국지』「동이전」〈한전〉에 실린 변한과 진한 지역에 있었던 한의 24개 거수국의 이름 가운데 변진구야국(弁辰狗邪國)이 보인다.[39] 변진구야국은 바로 가야국을 말할 것이다.[40] 이런 기록들은 가야가 원래 변한(변진) 지역에 있었던 한의 거수국으로 출발했음을 알게 해준다. 그런데 가야가 독립국이 되어 영역을 확대하게 되자 한의 동남부 영토가 줄어들게 되었던 것이다.

이상과 같이 한은 고조선 말기에 그 북부 지역에 최씨낙랑국과 대방국이 건국되는 외부적인 요인으로 두 번에 걸쳐 영역의 변화가 일어났다. 그리고 고조선이 붕괴되고 한이 독립국이 된 뒤에는 그의 거수국이었던 신라·백제·가야가 독립하는 내부적인 요인에 따라 다시 영토의 변화를 갖게 되었던 것이다.

이러한 영토 변화는 한이 멸망할 때까지 계속되었다. 『진서』「동이열전」〈마한전〉과 〈진한전〉에는 마한과 진한이 277년·280년·281년·286년·287년·289년·290년에 중국의 서진에 사신을 보냈던 것으로 기록되어 있다.[41] 그러므로 3세기 말까지 한이 존재하고 있었음을 알 수 있

39 『삼국지』 권30, 「동이전」 〈한전〉 참조.

40 신채호는 말하기를, 구야(狗邪)는 가라로 읽으며 대지(大池)라는 뜻을 가지고 있는데 지금의 김해라고 했다(『조선상고사』, 『단재신채호전집』 상, 단재신채호선생기념사업회, 1987, p. 108).

41 『진서』 권97, 「동이열전」 〈마한전〉. "(서진의) 무제 태강 원년과 2년에 그들의 임금이 자주 사신을 보내 토산물을 바쳤고 태강 7년·8년·10년에도 자주 사신이 왔다. 태희 원년에는 동이교위(東夷校尉) 하감(何龕)에게 와서 조공을 바쳤다. 함녕 3년에 사절이 다시 왔으며 다음 해에 또 내부(內附)하기를 청했다(武帝太康元年·二年, 其主頻遣使入貢方物, 七年·八年·十年, 又頻至. 太熙元年, 詣東夷校尉何龕上獻, 咸寧三年復來, 明

다. 그런데 『일본서기』〈진구 황후(神功皇后) 49년(기사년)〉조에,

> 모두 탁순(卓淳)(국)에 모여 신라를 공격하여 격파했다. 그리고 비자발(比自㶱)·남가라(南加羅)·녹국(㖨國)·안라(安羅)·다라(多羅)·탁순(卓淳)·가라(加羅) 등 7개의 국(國)을 평정했다. 이어서 군사를 옮겨 서쪽으로 돌아 고해진(古奚津)에 이르러 남만(南蠻)의 침미다례(忱彌多禮)를 무찔러 백제에게 주었다. 이에 그 왕인 초고(肖古)와 왕자 귀수(貴須)가 군사를 이끌고 와서 모였다. 이때 비리(比利)·벽중(辟中)·포미지(布彌支)·반고(半古) 등의 4개 읍(邑)은 스스로 항복했다.[42]

는 기록이 있다. 이 기록에 나오는 비자발(比自㶱) 등 일곱 국(國)은 경상도 지역이고, 고해진(古奚津)은 강진, 침미다례(忱彌多禮)는 해남,[43] 벽중(辟中)은 보성, 포미지(布彌支)는 나주, 반고(半古)는 나주군의 반남면 등의 전라남도 지역일 것으로 보는 견해가 있다.[44] 그리고 백제 근초고왕의 왕자 이름이 '수(須)'였으므로 위 기록은 백제 근초고왕 때의 기

年又請內附)." ; 같은 책의 〈진한전〉. "(서진의) 무제 태강 원년에 그 왕이 사신을 보내 토산물을 바쳤다. 2년에도 사신이 다시 와서 조공했으며 7년에도 또 사신이 왔다(武帝太康元年, 其王遣使獻方物, 二年復來朝貢, 七年又來)."

42 『일본서기』 권9, 〈진구 황후 49년〉조. "俱集于卓淳, 擊新羅而破之. 因以, 平定比自㶱·南加羅·㖨國·安羅·多羅·卓淳·加羅, 七國. 仍移兵, 西廻至古奚津, 屠南蠻忱彌多禮, 以賜百濟. 於是, 其王肖古及王子貴須, 亦領軍來會. 時比利·辟中·布彌支·半古, 四邑, 自然降服."

43 이도학, 『백제 고대국가 연구』, 일지사, 1995, pp. 349~352.

44 이병도, 앞 책, p. 375의 주 3 참조. 그러나 이러한 견해와는 달리 침미다례를 제주도, 벽중·포미지·반고 등을 전라북도와 충청남도 지역으로 보는 견해도 있다(전용신 옮김, 『완역 일본서기』, 일지사, 1989, pp. 165~166 참조).

사년인 369년의 상황을 기록한 것으로 보는 견해가 있다.[45] 이러한 견해에 따르면 당시까지 전라남도 지역에는 백제에 포함되지 않은 한의 세력이 아직 남아 있었다는 것이 된다. 그러므로 한의 멸망을 369년 무렵으로 잡아야 한다는 견해가 성립될 수 있다.[46]

그러나 문정창과 이병선은 비자발·남가라·녹국·안라·다라·탁순·가라 등의 지명은 한반도가 아니라 대마도와 규슈 등에 있었다고 주장하고 있다.[47] 이러한 주장이 옳다면 위의 인용문 내용은 한반도가 아니라 대마도와 규슈 등에서 일어난 사건이 되므로 한과는 관계가 없게 된다. 그러므로 한이 어느 해에 멸망했는지를 정확하게 말하기는 어렵다. 단지 3세기 말 무렵까지 존재했다고 말할 수 있을 뿐이다.

3. 한의 중심지 변천

위에서 본 바와 같이 한의 영역에 변화가 일어났다면 한의 중심지에도 변화가 일어났을 것이다. 고대국가의 중심지는 도읍이었다. 도읍은 그 나라의 정치뿐만 아니라 경제의 중심지 역할도 했기 때문이다. 그런데 지금까지는 한의 도읍지가 한 곳이었을 것으로 생각했다.

---

45 『일본서기』 기년(紀年)에 따르면 진구 황후 49년(기사년)은 249년이다. 그런데 그 내용을 『삼국사기』 기록과 비교하면 『일본서기』의 기년은 두 주갑(周甲) 내려보아야 일치한다는 것이 학계의 대체적인 견해이다. 그런 근거에서 앞의 〈진구 황후 49년〉조 기록을 120년 낮추어 369년으로 보는 것이다. 따라서 이 연대에는 이론이 있을 수 있다는 점에 유의할 필요가 있다.

46 위와 같음.

47 문정창, 『일본상고사』, 백문당, 1970, p. 277 ; 이병선, 『임나국과 대마도』, 아세아문화사, 1987, p. 265.

『후한서』「동이열전」과 『삼국지』「동이전」〈한전〉에는 한의 도읍지를 각각 목지국(目支國)과 월지국(月支國)이었다고 다르게 기록하고 있다. 그런데도 지금까지는 한의 도읍지를 한 곳으로 보았는데, 다음과 같은 이유 때문이었다. 『후한서』「동이열전」〈한전〉과 『삼국지』「동이전」〈한전〉에 실린 한에 관한 내용은 많은 부분이 같기 때문에 그 도읍에 관한 기록도 같을 것으로 보고, 월(月) 자와 목(目) 자 가운데 어느 하나가 잘못 기록되었을 것으로 보았다. 즉 목 자와 월 자는 문자 형태가 비슷하여 그것을 옮겨 베끼는 과정에서 잘못되었을 것으로 보았던 것이다.

따라서 『후한서』와 『삼국지』의 〈한전〉 기록 가운데 어느 한쪽이 잘못 기록되었을 것이라는 관점에서 사료를 취사선택했다. 그 결과 신채호와 정인보 등은 목지국보다는 월지국이 옳을 것으로 보았지만[48] 그 외의 대부분 학자들은 목지국이 옳을 것으로 보았다.[49]

이병도는 한(韓) 사회를 부족국가[50]인 여러 소국들의 연맹체였을 것으로 규정하고 『삼국지』「동이전」〈한전〉에 목지국이 월지국으로 잘못 기록되어 있다고 했다. 그 까닭은 『한원(翰苑)』의 옹씨주(雍氏注)에 인용된 『위략』이나 『후한서』에는 모두 한의 도읍지가 목지국이었다고 기록되어 있기 때문이라고 했다.[51] 천관우도 『후한서』와 『한원』〈삼한〉조 옹씨주에 인용된 『위략』에는 목지(目支)라 기록되어 있고 『삼국지』에는

---

48 신채호, 앞 책, p. 105 ; 정인보, 『조선사 연구』 상, 서울신문사, 1946, p. 116.

49 이병도, 「삼한문제의 연구」, 『한국고대사연구』, 박영사, 1981, p. 240 ; 천관우, 「목지국고(目支國考)」, 『한국사연구』 24, 한국사연구회, 1979, pp. 13~30 ; 김정배, 「목지국소고(目支國小考)」, 『천관우선생환력기념한국사학논총』, 정음문화사, 1985, pp. 121~133.

50 지금은 부족국가라는 용어를 사용하지 않지만 당시에는 고대의 초기사회를 부족국가로 보는 것이 학계의 일반적인 경향이었다.

51 이병도, 윗글, 『한국고대사연구』, p. 240.

월지(月支)라 기록되어 있는데, 이 몇 가지 다른 사본 가운데 목지가 옳을 것으로 단정했다.[52] 김정배는 분명한 이유는 밝히지 않았지만 그의 논문에서 『삼국지』 〈한전〉의 월지국에 관한 부분을 인용하면서 월지국을 목지국으로 수정한 것으로 보아 목지국이 옳은 것으로 생각했음을 알 수 있다.[53]

한의 도읍을 목지국으로 보든 월지국으로 보든 지금까지는 한의 도읍은 한 곳이었을 것이라는 관점을 견지해왔다. 그런데 기본사료에는 목지국과 월지국이 모두 한의 도읍이었던 것으로 기록되어 있는데 목 자와 월 자의 형태가 유사하다는 이유만으로 두 기록 가운데 어느 한쪽은 잘못되었을 것이라고 보는 것은 너무 성급하다는 생각이 든다. 왜냐하면 사료를 비판하거나 선택할 때는 항상 여러 가능성을 생각해야 하기 때문이다. 우선 목지국과 월지국 두 곳이 모두 도읍이었을 가능성도 생각해보아야 할 것이다. 필자는 목지국과 월지국은 같은 곳을 잘못 표기한 것이 아니라 서로 다른 곳으로서 두 곳 모두 한의 도읍지였음을 밝힌 바 있다.[54]

이를 분명히 하기 위해 우선 한에 대한 기본사료인 『후한서』 「동이열전」과 『삼국지』 「동이전」 〈한전〉에 기록된 내용을 볼 필요가 있다. 한의 도읍에 관한 『후한서』 「동이열전」 〈한전〉을 보면,

> 한에는 세 종족이 있었으니 첫째는 마한, 둘째는 진한, 셋째는 변진이다.

---

52 천관우, 앞 글, p. 16.

53 김정배, 앞 글, p. 124.

54 윤내현, 「목지국과 월지국」, 『용암차문섭박사화갑기념사학논총』, 신서원, 1989, pp. 47~66.

…… (한 가운데) 마한이 가장 강대하여 그 종족들이 함께 왕을 세워 진왕으로 삼아 목지국에 도읍하여 전체 삼한 지역의 왕으로 군림하는데 (한의) 제국왕(諸國王)의 선조는 모두 마한 종족의 사람이다.[55]

라고 기록되어 있다. 이 내용은 다음 몇 가지의 중요한 사실을 말해주고 있다. 첫째로 마한·진한·변진 등 한(韓) 전 지역을 마한의 진왕이 다스렸으며, 둘째로 그 도읍지가 목지국에 있었고, 셋째로 한에는 여러 나라가 있었는데 그 나라의 왕들은 모두가 마한 사람의 후예라는 것이다.

이 3가지 사실로부터 2가지 결론이 내려진다. 첫째는 한에는 많은 국이 있었고 각 국에는 통치자가 있었다는 것이며, 둘째는 한에 있었던 여러 국 전체를 통치하는 가장 높은 자리에 있었던 왕이 진왕이었으며 그 진왕의 도읍지가 목지국에 있었다는 것이다.

지금까지는 한에 있었던 여러 국을 독립된 정치집단으로 보는 견해가 우세했고, 한을 이러한 여러 국이나 정치집단의 연맹체로 이해하기도 했다.[56] 필자는 그러한 견해가 잘못되었음을 지적하고 한은 고조선시대에 그 거수국이었으며 고조선이 붕괴된 뒤에는 독립국이 되었음을 밝힌 바 있다.[57] 그리고 한에 있었던 여러 국들은 독립국이 된 한의 거수국들이었다고 본 바 있다.[58] 그러므로 엄격하게 말하면 목지국은 도읍이 아

---

55 『후한서』 권85, 「동이열전」 〈한전〉. "韓有三種, 一曰馬韓, 二曰辰韓, 三曰弁辰. …… 馬韓最大, 共立其種爲辰王, 都目支國, 盡王三韓之地, 其諸國王先皆是馬韓種人焉."

56 이병도, 앞 글, 『한국고대사연구』, pp. 235~299 ; 천관우, 「삼한의 성립과정」, 『사학연구』 26, 한국사학회, 1975, pp. 1~65 ; 김정배, 「삼한사회의 '국(國)'의 해석문제」, 『한국사연구』 26, 한국사연구회, 1979, pp. 1~15 ; 이현혜, 『삼한사회형성과정연구』, 일조각, 1984 참조.

57 윤내현, 「고조선과 한의 관계」, 앞 책 『고조선 연구』 하, pp. 90~138.

58 위와 같음.

니라 진왕의 직할국이었으며 한의 도읍이 그 안에 있었던 것이다. 그러나 여기서는 목지국이 논의의 대상이므로 우선 목지국이 그러한 한 전체의 도읍으로 기록되어 있다는 점만을 지적해두고자 한다.

그런데 한의 도읍에 대해 『삼국지』 「동이전」 〈한전〉은 『후한서』의 기록과 다르게 전하고 있다. 그 내용을 보면 한(韓) 안에서 마한 지역에는 모두 50여 국, 변한과 진한 지역에는 24국이 있었다고 전하면서,

> 진왕은 월지국을 다스린다. …… 변한과 진한의 합계가 24국이 된다. 그 가운데 12국은 진왕에게 신속(臣屬)되어 있다.[59]

고 했다. 『삼국지』 「동이전」 〈한전〉에 따르면 진왕은 한 전체를 통치한 것이 아니라 마한에 있는 월지국과 변한과 진한에 있었던 24개 국 가운데 12개 국 정도를 통치했다는 것이 된다. 위의 인용문 내용을 좀 융통성 있게 해석한다면 마한 지역은 월지국뿐 아니라 그 주변 지역까지 다스렸을 가능성이 있지만 어쨌든 이 시기에 진왕은 한 전체를 통치하지 않았음을 알 수 있다.

『후한서』 「동이열전」 〈한전〉에는 진왕이 한 전체를 통치했으며 도읍은 목지국이었던 것으로 기록되어 있는데, 『삼국지』 「동이전」 〈한전〉에는 진왕은 한의 일부만을 통치했으며 도읍은 월지국이었던 것으로 기록되어 있다. 『후한서』와 『삼국지』는 같은 문제에 대해 서로 다른 내용을 전하고 있는 것이다.

이 점을 어떻게 해석해야 할까? 여기서 유의해야 할 것은 『후한서』와

---

59 『삼국지』 권30, 「동이전」 〈한전〉. "辰王治月支國." "弁·辰韓合二十四國, 大國四五千家, 小國六七百家, 總四五萬戶. 其十二國屬辰王."

『삼국지』는 같은 시대에 관한 역사서가 아니라는 점이다. 『후한서』는 23년부터 220년까지의 동한시대에 관한 역사서이고, 『삼국지』는 220년부터 279년까지 동한의 뒤를 이은 삼국시대에 관한 역사서로서 『후한서』가 『삼국지』보다 앞선 시대에 관한 역사서이다. 그러므로 『후한서』 〈한전〉과 『삼국지』 〈한전〉의 내용 차이는 그 사이의 상황 변화를 말해주는 것으로 보아야 할 것이다.

『후한서』 「동이열전」 〈한전〉에는 진왕이 한 전체 지역을 다스린 것으로 되어 있으나 『삼국지』 「동이전」 〈한전〉에는 진왕이 한의 일부만을 통치한 것으로 되어 있는 것은 그 사이에 한의 강역에 변화가 있었음을 말해주는 것으로 보아야 한다. 그리고 한의 도읍지가 목지국과 월지국으로 다르게 기록되어 있는 것은 강역의 변화와 더불어 도읍이 이동했음을 말해주는 것으로 이해해야 한다.

그러한 사실을 뒷받침해주는 기록이 『삼국사기』에 보인다. 『삼국사기』 「백제본기」 〈시조 온조왕 26년〉조에,

> 7월에 왕이 말하기를, "마한은 점차 쇠약해지고 상하의 인심이 이반(離叛)하니 능히 오래 지탱하지 못할 형세이다. 만일 마한이 남에게 병합된다면 우리는 입술이 없어져 이가 시린 것과 같은 격이 될 것이니 후회하더라도 이미 늦을 것이다. 남보다 먼저 마한을 취하여 후환을 면함만 같지 못할 것이다."라고 했다. 겨울 10월에 왕은 군사를 내어 겉으로는 사냥을 한다 말하고 몰래 마한을 습격하여 마침내 그 국읍을 병합했는데, 다만 원산과 금현의 두 성은 고수하고 항복하지 아니했다.[60]

---

60 『삼국사기』 권23, 「백제본기」 〈시조 온조왕 26년〉조. "秋七月, 王曰, 馬韓漸弱, 上下離心, 其勢不能久, 儻爲他所幷, 則脣亡齒寒, 悔不可及, 不如先人而取之, 以免後艱,

는 기록이 보이고 〈온조왕 27년〉조에는,

> 여름 4월에 두 성(원산·금현)이 항복하므로 그 거주민들을 한산(漢山) 북쪽으로 옮겼다. 이에 마한은 드디어 멸망했다.[61]

는 기록이 있다. 백제 온조왕 26년(8년)에 마한은 백제에게 넓은 땅과 국읍을 빼앗겼고 그다음 해에 멸망했다는 것이다. 당시에 국읍이란 한에 속해 있던 여러 거수국의 치소(治所)를 말했다. 그러므로 8년에 마한으로부터 백제가 빼앗은 국읍은 마한에 있던 어느 거수국의 치소를 말한 것인지 마한에 있었던 한의 도읍을 말한 것인지는 분명치 않다.

그러나 9년에 마한은 멸망했다고 한 것으로 보아 이 시기에는 이미 마한이 그 도읍을 백제에게 빼앗겼던 것 같다. 그런데 23년 이후의 상황을 전하는 『후한서』와 『삼국지』 기록에 여전히 마한이 등장하고 있으며, 『진서』「동이열전」〈마한전〉에는 마한이 277년·280년·281년·286년·287년·289년·290년에 중국의 서진에 사신을 보냈던 것으로 기록되어 있다.[62] 이로 보아 마한은 9년에 멸망되지 않았음을 알 수 있다.

『삼국사기』 편찬자들은 마한에 있었던 한의 도읍 목지국을 백제가 병합한 사실을 마한이 멸망한 것으로 표현했다고 보아야 할 것이다. 따라서 이 시기에 한은 마한 지역의 북부를 잃었다고 보아야 한다.

이렇게 보면 한은 마한의 북부 지역과 그 도읍을 백제에 빼앗기고 남

冬十月, 王出師陽言田獵, 潛襲馬韓, 遂幷其國邑, 唯圓山·錦峴二城, 固守不下."

61 『삼국사기』 권23, 「백제본기」〈시조 온조왕 27년〉조. "夏四月, 二城降, 移其民於漢山之北, 馬韓遂滅."

62 주 41과 같음.

쪽으로 천도하지 않으면 안 되었을 것이다. 『삼국지』「동이전」〈한전〉 기록에 한의 진왕이 다스린 영토가 줄어들어 있고 도읍도 월지국으로 바뀌어 있는 것은 이런 상황을 말한 것이다.

이 시기에 한은 백제에게 마한의 북부를 빼앗겼고 진한과 변한 지역에서는 신라와 가야가 독립하여 영토를 확장하고 있었다. 그러므로 한은 마한 지역뿐 아니라 진한과 변한 지역의 영토도 줄어들었을 것이다. 『삼국지』「동이전」〈한전〉에 진왕이 마한 지역의 월지국과 진한과 변한의 24국 가운데 12국만을 통치한 것으로 기록되어 있는 것은 바로 이러한 상황을 말하고 있는 것이다. 이러한 변화는 일시에 일어난 것이 아니라 점진적이었을 테지만 『삼국지』「동이전」〈한전〉의 기록은 그 가운데 어느 한 시기의 상황을 전하고 있는 것이다.

『삼국지』「동이전」〈한전〉은 한에 78국이 있었다고 말하고 그 이름들을 열거하고 있는데, 『삼국지』는 3세기에 편찬되었으므로 이것은 3세기의 한반도 남부 상황을 말한 것이라고 믿는 학자들이 있다. 그러나 지금까지 살펴본 바와 같이 그러한 생각은 잘못된 것이다. 한에 78국이 있었다는 것은 3세기 이전의 상황을 말한 것이며 당시에 한의 진왕은 그 가운데 12국 정도를 다스리고 있었던 것이다. 『삼국지』「동이전」〈한전〉은 나머지 66국 지역이 어떠한 상황에 있었는지는 말하고 있지 않다. 그러나 위에서 확인한 바와 같이 『삼국사기』와 『삼국유사』 기록에 따르면 그 지역은 백제·신라·가야의 영토가 되어 있었던 것이다.

그런데 여기서 다음과 같은 의문이 제기될 수 있다. 앞에서 확인한 바와 같이 『삼국사기』에 따르면 9년에 한은 백제에게 마한 북부와 도읍을 빼앗겼으므로 이 시기에 도읍을 목지국에서 남쪽의 월지국으로 이동하지 않으면 안 되었을 것인데 그러한 사실이 그보다 훨씬 후대에 관한 역사서인 『삼국지』에 기록된 것은 어떻게 설명되어야 하는가 하는 점이다. 이 점은 『삼국지』 「동이전」의 다음 기록이 대답해준다.

> 『서경』에 이르기를, "동쪽은 바다에 닿았고 서쪽은 사막까지 이르렀다." 했으니 구복의 제도 안에 있는 것은 말할 수가 있으나 (아주 멀리 떨어져 있는) 황역 밖은 여러 번의 통역을 거쳐야 이르게 되어 [한인(漢人)의] 발걸음이나 수레가 닿지 않기 때문에 그 나라의 풍속이 중국과 다른 것을 아는 사람이 없었다. 우(虞)시대부터 주시대에 이르기까지 서융은 백환을 바쳤고 동이에서는 숙신의 조공이 있었으나 모두 여러 해가 지나서야 도달했으니 그 머나먼 거리가 이와 같다.[63]

고대에는 교통이 불편하여 중국인들은 외국에서 일어난 사건에 대해서는 그 사건이 일어난 뒤 오랜 세월이 지나서야 알게 되었다는 것이다. 이대로라면 한의 강역 변화와 도읍 이동에 관한 사실도 오랜 세월이 지난 뒤에야 중국인들이 알게 되었을 것이다. 그러므로 그러한 변화가 일어난 연대는 한국의 역사서인 『삼국사기』 기록에 따라야 한다.

그러면 목지국과 월지국의 위치는 어디였을까? 이를 밝힐 수 있는 분명한 기록은 발견할 수 없다. 그런데 지금까지 학계에서는 목지국과 월지국을 같은 곳으로 보면서도 그 위치에 대해서는 여러 견해들이 나왔다. 전라북도 익산, 충청남도 직산·공주·예산, 경기도 광주·인천 등이 그것이다.

---

63 『삼국지』 권30, 「오환선비동이전」 〈동이전〉 서(序). "書稱'東漸于海, 西被于流沙.' 其九服之制, 可得而言也. 然荒域之外, 重譯而至, 非足跡車軌所及, 未有知其國俗殊方者也. 自虞暨周, 西戎有白環之獻, 東夷有肅愼之貢, 皆曠世而至, 其遐遠也如此."

전북 익산은 일찍이 조선시대 신경준·정약용·한진서 등이 목지국으로 추정했는데[64] 그것은 위만에게 정권을 빼앗긴 준왕이 금마군(金馬郡)으로 망명했다는 전설에 따른 것이다. 『제왕운기』에 준왕이 망명한 곳은 금마군이었다고 기록되어 있는데[65] 이 금마군을 오늘날 전라북도 익산군 금마면 일대로 본 것이다. 금마라는 같은 이름 때문이었다.

준왕의 망명지를 『삼국유사』에서는 오늘날 평양 지역으로 말하고 있고[66] 『제왕운기』도 오늘날 평양 지역을 마한으로 말한 것으로 보아[67] 준왕이 망명했다는 금마군을 오늘날 전라북도 익산으로 볼 수 있을 것인지 의심스럽다. 그러나 익산이 일찍부터 한의 도읍지로 추정되어왔고 그 지역에서 청동 유물이 많이 출토된다는 것은 관심을 갖게 한다. 익산군의 금마면과 왕궁면의 접경 지역인 용화산에서는 비파형동검이 출토되었고[68] 금마면의 미륵산에서는 중국 전국시대의 동검인 도씨검(桃氏劍)이 출토되었다.[69] 금마면 오금산에서는 조문동경(粗文銅鏡)과 세형동검(細形銅劍)이 출토되었고[70] 금마면과 접한 팔봉면에서도 세형동검 조각을 포함한 청동 유물이 출토되었으며[71] 익산군 삼기면에서는 중국 동한시대의 동검이 출토되었다.[72]

---

64 신경준, 『강계지(疆界誌)』「목지국」; 정약용, 『여유당전서』「강역고」〈마한고〉; 한진서, 『해동역사』「속삼한(續三韓)」.

65 『제왕운기』 권 하, 「후조선기(後朝鮮紀)」.

66 주 4~10 참조.

67 주 12·13 참조.

68 고려대 박물관에 소장되어 있음.

69 김정배, 「준왕 및 진국과 삼한정통론의 제문제」, 『한국사연구』 13, 1976, p. 25, 도판 2.

70 김원룡, 「익산 오금산 출토 다뉴세문경과 세형동검」, 『고고미술』 제8권, 제3호, pp. 1~4.

71 김원룡, 「익산군 이제(梨堤) 출토 청동일괄유물」, 『사학연구』, 제20호.

72 부여박물관에 소장되어 있음.

고대사회에서 청동기는 지배층의 독점물이었으므로 이 지역에서 이러한 청동 유물이 출토된다는 것은 이 지역이 고대에 정치적으로 중요한 곳이었음을 알게 해준다. 이러한 점을 근거로 익산군의 금마면·왕궁면·팔봉면·삼기면 지역을 『삼국지』「동이전」〈한전〉에 기록된 여러 국 가운데 하나인 건마국(乾馬國)으로 추정하기도 했다.[73] 이 지역을 건마국으로 본 것은 전통적 견해이기는 하지만 분명한 근거가 있는 것은 아니다. 설사 이곳이 건마국이었다 하더라도 그 이름이 변하지 않고 계속 사용되었는지 알 수 없다. 지금으로서는 전라북도 익산 지역이 고대에 정치적으로 중요한 지역 가운데 하나였을 가능성이 있다는 점만을 인정할 수 있을 뿐이다.

충청남도 직산을 이병도는 목지국으로 상정했다.[74] 직산은 원래 백제 초기의 도읍인 하남위례성으로 전해왔으나 정약용과 한진서가 이를 부정했다.[75] 이병도는 목지국의 위치를 고증하면서 당시 한의 위치로 보아 그 도읍지는 한강 이남의 서해안 지역에서 찾아야 하는데, 이 지역에서 역사상 옛 도시로 전해오는 광주·직산·공주·부여·익산 등에 주목했다. 그런데 익산은 너무 남쪽에 치우쳐 있고, 광주는 백제 초기의 도읍인 하남위례성으로 추정된 곳이며, 공주와 부여는 백제 후기의 도읍지였으므로 이곳들은 일단 문제 밖에 속한다고 보았다.

그는 직산 지역이 지리적으로나 경제적으로 조건이 좋은 곳으로서 아산만에 접하여 고대에는 교통도 편리했을 것으로 추정하고, 도하리·안궁리·평궁리·신궁리 등의 도읍이나 궁궐을 연상하게 하는 지명들이

---

73 김정배, 앞 글, 『한국사연구』 26, 1979, pp. 1~15.

74 이병도, 「목지국의 위치와 그 지리」, 『한국고대사연구』, 박영사, 1976, pp. 242~248.

75 정약용, 『여유당전서』「강역고」〈마한고〉; 한진서, 『해동역사』 권3, 「마한」 참조.

많은 데 주목했다.[76] 이러한 점들을 근거로 이병도는 직산 지역이 백제의 도읍은 아니었다 하더라도 백제 이전 오랜 역사를 가진 한강 이남 제1의 고도(古都)로서 마한의 목지국이었을 것으로 상정했다. 그리고 그러한 사실이 후에 부회와전(附會訛傳)되어 직산 지역이 백제의 도읍이었다는 전설이 만들어졌을 것으로 보았다.

직산 지역은 지리적으로 보아 한(韓) 가운데 정치적 우위를 차지하고 있었던 마한의 중심지이고 자연환경이나 지명 등이 고대사회의 정치적 중심지였을 가능성을 보여준다. 그러므로 앞에서 언급한 익산과 더불어 한의 도읍지였을 가능성이 가장 큰 곳 가운데 하나이다.

공주 지역은 신채호가 한의 도읍지로 추정했다.[77] 그 근거는 『삼국사기』「백제본기」에 백제는 온조왕 13년에 그 영토가 남쪽으로 웅천(熊川)에 이르렀다는 기록에서 찾았다. 웅천은 오늘날 공주이므로 한의 도읍인 월지국(신채호는 한의 도읍지 이름을 월지국으로 보았다)은 대략 공주 부근일 것으로 본 것이다. 이러한 견해는 추측일 뿐이며 더욱이 이곳에 등장하는 웅천을 안성천(安城川)으로 보는 견해[78]도 있으므로 신채호의 견해를 그대로 따르기에는 근거가 빈약하다.

예산 지역은 김정배가 한의 도읍지로 추정했다.[79] 청동기유적과 유물이 서해안을 따라 충청도 일원에 많은데 그 중심이 예산 지역이며, 예산은 평야지대일 뿐만 아니라 문헌에 나타난 마한 50여 국의 기록 순서에 따르면 목지국의 위치가 대체로 충청남도에 해당된다는 것이다. 그러나

---

76 주 74와 같음.

77 신채호, 앞 책, p. 105.

78 이병도, 「목지국의 위치와 그 지리」, 앞 책, p. 248.

79 김정배, 「목지국소고」, 『천관우선생환력기념한국사학논총』.

유적과 유물은 계속 발견될 것이므로 지난날의 출토 상황만을 근거로 예산을 마한의 중심지로 잡는 것은 다소 성급한 판단이다. 그리고 목지국의 위치를 충청남도의 넓은 지역 가운데 예산으로만 국한해서 생각하는 점에도 문제가 있다. 그러므로 예산 지역이 목지국이었다는 주장이 설득력을 가지려면 좀더 구체적인 근거가 필요하다.

경기도 광주는 정인보가 한의 도읍지로 추정했다.[80] 『삼국지』「동이전」〈한전〉에 한의 도읍지가 월지국(정인보는 신채호와 마찬가지로 한의 도읍지를 월지국으로 보았다)으로 나오는데 『삼국지』가 편찬된 시기는 마한이 이미 백제에게 멸망한 뒤이므로 『삼국지』의 편찬자는 백제의 위례성을 한의 월지국으로 기록했을 것으로 보았다. 위례(慰禮)와 월지(月支)는 같은 뜻을 지닌 말로서 백제의 위례성(하남위례성을 말함)은 오늘날 경기도 광주 지역이었으므로 한의 월지국도 같은 지역이어야 한다고 보았던 것이다.

그런데 『삼국사기』「백제본기」 기록에 따르면 8년(온조왕 26년)에 한은 마한 지역에 있었던 도읍을 백제에게 빼앗겼다.[81] 한이 도읍 지역을 백제에게 빼앗길 당시 백제의 도읍은 하남위례성이었다.[82] 따라서 하남위례성과 한의 도읍이 같은 곳일 수는 없다. 경기도 광주는 한의 영토 가운데 너무 북쪽에 치우쳐 있다는 점도 문제가 될 것이다. 그러므로 경기도 광주를 한의 도읍 지역으로 보는 것은 설득력을 갖기 어렵다.

인천은 천관우가 한의 도읍지로 추정했다.[83] 그는 『후한서』와 『삼국

---

80 정인보, 앞 책, p. 116.

81 주 60 참조.

82 백제가 하남위례성으로 도읍을 옮긴 것은 온조왕 14년이었다(주 31 참조). 그리고 백제가 한의 도읍을 쳐 병합한 것은 온조왕 26년이었다(주 60 참조).

83 천관우, 앞 글, 『한국사연구』 24.

지』〈한전〉에 기록된 진왕이 한을 다스렸다는 내용을 부인했다. 그리고 한에는 두 진왕이 있었다고 보고 마한의 진왕은 백제 고이왕이며 진한·변한의 진왕은 신라 첨해 이사금으로 이름이 같은 다른 사람이라고 주장했다. 백제 고이왕을 진왕이라 부른 것은 백제가 옛 진국(辰國) 지역에 있었기 때문에 '옛 진국 지역의 왕'이라는 뜻이며, 신라 첨해 이사금을 진왕이라 부른 것은 신라가 진한 지역에 있었기 때문에 '진한 지역의 왕'을 뜻한다는 것이다. 그리고 마한의 진왕인 고이왕은 온조계가 아닌 비류계로서 오늘날 인천을 중심으로 백제 전 지역을 통치했다고 보고 목지국은 오늘날 인천일 것이라고 주장했다. 그는 인천의 옛 이름은 미추(彌鄒)인데 그 음이 목지(目支)와 비슷한 것으로 보아 목지는 미추의 동음이사(東音異寫)라고 보았다.[84]

그런데 천관우의 주장은 처음부터 기본사료의 내용을 무시하고 지나친 상상력에 의존하고 있다. 분명한 근거도 없이 한의 진왕을 부인하고 훨씬 후대인 백제 고이왕시대로 시기를 낮춘 것이라든가 미추와 목지가 음이 비슷하다는 이유만으로 인천이 목지였다고 주장하는 것은 설득력을 갖기 어렵다. 그리고 백제가 옛 진국 지역에 있었기 때문에 백제의 고이왕을 진왕이라 불렀을 것이라는 견해도 성립할 수 없다. 필자의 고증에 따르면 진국은 백제 지역에 있었던 것이 아니라 오늘날 요동 지역에서 청천강까지 차지하고 있었기 때문이다.[85]

지금까지 필자는 그동안 여러 학자들이 한의 도읍지로 추정했던 곳들을 소개하고 한의 도읍지가 될 가능성 여부를 고찰해보았다. 앞에서 밝힌 바와 같이 그 지역들 가운데 어느 곳도 한의 도읍지로 확정지을 수

84 앞과 같음.

85 윤내현, 「고조선과 한의 관계」, 앞 책 『고조선 연구』 하, pp. 90~104.

있는 분명한 근거는 없다. 따라서 가능성이 가장 높은 곳을 잠정적으로 인정할 수밖에 없다. 그들 가운데 한의 도읍이었을 가능성이 가장 큰 곳을 골라보면 충청남도 직산 지역과 전라북도 익산 지역이 된다. 필자는 잠정적으로 이 두 곳을 한의 도읍지로 인정하고자 한다.

앞에서 필자는 한이 도읍을 목지국에서 월지국으로 옮겼을 것으로 본 바 있다. 그러한 천도는 백제가 성장하면서 한의 북부를 잠식했기 때문이었다. 그런데 백제는 원래 한의 북쪽에 있었던 거수국이었다. 따라서 한의 천도는 북쪽에서 남쪽으로 이루어졌을 것이다. 이렇게 보면 한의 첫 번째 도읍지였던 목지국은 충청남도 직산이었고, 그다음 도읍지인 월지국은 전라북도 익산이었을 것이라는 결론에 도달하게 된다.

다음 기록도 이 가능성을 뒷받침한다. 『삼국사기』「백제본기」에,

> 시조 온조왕 24년 가을 7월에 왕이 웅천책(熊川柵)을 만드니 마한왕이 사신을 보내 나무라기를, "왕이 처음 강을 건너 발 디딜 곳이 없자 내가 동북 1백 리의 땅을 떼어 안거(安居)하도록 했으니 왕을 대우함이 두텁지 않았다 할 수 없을 것이다. 마땅히 이에 보답할 생각이 있어야 하거늘, 이제 나라가 완전하고 인민이 모여들어 대적할 자가 없다 하여 크게 성지(城池)를 만들고 우리의 강역을 침범하니 의리로 보아 그러할 수가 있겠는가." 했다. 온조왕이 부끄러이 여겨 드디어 책을 허물었다.[86]

---

86 『삼국사기』 권23, 「백제본기」 〈시조 온조왕〉조. "二十四年, 秋七月, 王作熊川柵. 馬韓王遣使責讓曰, 王初渡河, 無所容足, 吾割東北一百里之地安之, 其待王不爲不厚, 宜思有以報之, 今以國完民聚, 謂莫與我敵, 大設城池, 侵犯我封疆, 其如義何. 王慙壞遂其柵."

고 기록되어 있다. 이것은 6년(온조왕 24년)의 사건을 전하는 것으로 백제가 목지국을 차지하기 3년 전의 일이다.

백제가 웅천책을 세운 데 대해 마한왕(한왕)이 크게 노한 것이라든가 이 사건이 있은 지 3년 뒤에 백제가 목지국 지역을 차지한 사실 등으로 미루어보아 웅천책은 한의 도읍인 목지국에서 그리 멀지 않은 곳에 세워졌을 것임을 알 수 있다. 따라서 웅천의 위치를 알면 목지국의 위치를 대략 추정할 수 있을 것이다.

웅천의 위치를 확인할 수 있는 분명한 기록은 남아 있지 않지만, 신채호는 오늘날 공주로 보았고[87] 이병도는 오늘날 안성천으로 보았다.[88] 신채호는 그 근거를 제시하지 않았다. 그러나 이병도는 안성천 유역의 안성군(安城郡) 공도면(孔道面)에는 웅교리(熊橋里, 속칭 고무다리)가 있고 안성천 하류에는 평택(平澤)의 군물진[軍勿津, 군문리진(軍門里津) 또는 군문이나루라고도 한다]이 있는데 공(孔)·웅(熊)·고무·군물(軍勿)·군문(軍門) 등은 한국 고대어에서 곰을 뜻하는 고마·개마·곰의 이사(異寫)일 것으로 보았다. 이러한 점들로 미루어보아 웅천은 안성천일 것이라고 했다. 필자는 이러한 이병도의 견해에 따르고자 한다. 따라서 목지국은 안성천에서 가까운 직산 지역으로 보아 무리가 없을 것이다.

4. 마치며

지금까지 한의 독립과 강역 변천 및 그에 따른 도읍의 이동 등을 살

---

87 주 77과 같음.

88 주 78과 같음.

펴보았다. 한은 원래 고조선의 거수국으로서 오늘날 청천강 이남의 한반도 지역을 차지하고 있었다.

그런데 고조선 말기에 오늘날 요서 지역에 위만조선이 건국되어 영토를 확장하자 그 지역에 있었던 낙랑 주민 가운데 일부가 거주지를 잃고 오늘날 평양 지역으로 이주하여 최씨낙랑국을 세웠다. 이에 따라 한의 강역은 대동강 이남으로 줄어들었다. 그 후 오늘날 요서 지역에 있었던 낙랑 남부의 대방 지역 주민들 가운데 일부가 황해도 지역으로 이주하여 대방국을 세웠다. 이에 따라 한의 강역은 오늘날 멸악산맥 이남으로 줄어들게 되었다. 이러한 한의 강역 변화는 외부의 영향 때문에 일어난 것으로, 북부의 국경을 남쪽으로 이동하도록 만들었다.

그런데 한은 고조선의 붕괴로 말미암아 독립국이 된 뒤에도 커다란 강역의 변화를 겪게 되었다. 그것은 신라와 백제 및 가야의 건국과 영토 확장 때문이었다. 이들은 원래 한의 거수국들이었는데 한이 독립국이 된 뒤 오래지 않아 이들도 독립국으로 출발하여 영토를 확장했다. 이렇게 되자 한의 영토는 축소될 수밖에 없었던 것이다.

신라는 서기전 57년에 한의 동부인 진한 지역, 즉 오늘날 경주에서 건국되어 영토를 확장했다. 이에 따라 한의 동부 영토가 줄어들었다. 백제는 한의 서북부인 마한의 북부, 즉 오늘날 임진강 유역에서 건국한 뒤 얼마 안 되어 한강 남부 유역으로 도읍을 옮기고 영토를 확장했다. 이에 따라 한의 북부 영토가 줄어들었다. 가야는 한의 동남부인 변한 지역, 즉 오늘날 김해에서 건국되어 영토를 확장했다. 이에 따라 한의 동남부 영토가 줄어들었다. 이렇게 되어 한의 영토는 그 서남부 지역으로 줄어들게 되었던 것이다.

『후한서』「동이열전」〈한전〉에는 한의 진왕이 한 전체를 통치했던 것으로 기록되어 있으나 『삼국지』「동이전」〈한전〉에는 한의 진왕이 한의 일부만을 통치했던 것으로 기록되어 있다. 이것은 바로 한의 강역이 변화되었음을 말해주는 것이다.

한은 강역이 변화됨에 따라 도읍을 이동하지 않을 수 없었다. 한의 도읍은 마한 지역에 있었는데 백제가 남쪽으로 영토를 확장하면서 한의 도읍 지역을 차지하자 한은 도읍을 남쪽으로 옮기지 않으면 안 되었던 것이다. 한의 도읍이 『후한서』「동이열전」〈한전〉에는 목지국으로 기록되어 있고, 『삼국지』「동이전」〈한전〉에는 월지국으로 기록되어 있는 것은 한의 도읍이 목지국에서 월지국으로 이동했음을 말해준다. 한이 목지국에서 월지국으로 도읍을 옮긴 것은 8년(백제 온조왕 26년)이었다.

지금까지는 목지국과 월지국은 한 곳으로서 그 첫 자인 월 자와 목 자는 같은 문자였을 것인데 기록 과정에서 다른 문자로 잘못되었을 것으로 보았다. 그러나 그러한 견해는 수정되어야 할 것이다.

한의 도읍이었던 목지국과 월지국의 위치를 고증할 만한 분명한 기록은 보이지 않지만 그동안의 연구 결과와 전설 등을 참고해볼 때 목지국은 오늘날 충청남도 직산 지역으로, 월지국은 오늘날 전라북도 익산 지역으로 추정된다. 한은 3세기 말 무렵 멸망할 때까지 계속 영토가 줄어들었으므로 목지국과 월지국 외에도 그 말기의 임시 도읍이 전라남도 지역에 더 있을 가능성이 있다.

VI 백제의 건국과 성장

1. 들어가며

백제는 열국시대 초기에 고구려·신라 등의 여러 나라와 비슷한 시기에 건국되어 열국시대가 마감된 뒤 고구려·신라·백제·가야의 사국시대를 거쳐 고구려·신라·백제의 삼국정립시대까지 각축을 벌였던 나라이다. 이 기간 동안 백제는 한국사의 주류 가운데 하나였다. 그런데도 백제사는 고구려사나 신라사에 비해 연구가 많이 부족하다.

백제가 고구려나 신라보다 사료가 부족한 것도 원인이겠지만 신라가 고구려와 백제를 통합했다는 이유 때문에 남한에서는 신라사 연구를 중요하게 생각했고, 북한에서는 그 지역에 있었던 고구려를 정통으로 삼는 역사관에 따라 고구려사 연구를 중요하게 생각했기 때문이다.

그러나 생각해보면 각 시대에 존재했던 나라들은 기본적으로 모두 그 시대의 주류로서 중요성을 갖는다. 같은 시대에 존재했던 여러 나라 가운데 어느 하나만을 정통으로 인정하는 것은 공정하다고 할 수 없다. 같은 시대에 존재했던 여러 나라들은 나름대로 자신의 역할을 수행했던 역사의 주역이었다. 예를 들어 삼국시대의 역사에서 백제가 제외되거나 그 역사가 정확하게 인식되지 못할 경우 그 시기의 한국사는 균형을 잃게 될 것이다. 이러한 점에서 필자는 백제사나 가야사 연구가 부족한 것을 매우 안타깝게 생각해왔다.

이 글에서 필자는 백제사를 이해하는 데 가장 기본이 되는 몇 가지를 다루어보려고 한다. 그것은 백제 건국시조와 혈통, 건국 연대와 건국지, 건국 뒤의 발전 과정 등이다. 이는 백제사는 물론 열국시대사를 정확하게 인식하기 위해 반드시 해결해야 할 문제들이다.

백제의 건국시조를 일반적으로 온조왕으로 인식하고 있지만 비류왕이라는 설이 전해오고 있으며, 그들의 혈통에 대해서는 부여계설과 고구려계설로 나뉘어 있다. 건국 연대에 대해서는 『삼국사기』에 서기전 18년으로 기록되어 있는데도 이를 부인하고 서기 260년대로 내려보아야 한다는 주장이 제기되어 있다.

그리고 건국지에 대해서는 문헌에 '한(韓)의 북변' 또는 '대방 옛 땅'이라고 기록되어 있는데도 문헌에 보이지도 않는 '하북위례성(河北慰禮城)'을 상정하고 그곳을 북한산 주변에서 찾고 있다. 백제의 성장에 대해서도 천하를 다스리고자 했던 백제의 웅지에 대한 관심이 부족했고 백제의 남천(南遷)도 단순히 고구려의 남진에 밀린 것으로 보는 경향이 있다. 그러다 보니 백제의 중국 동부 지배에 대한 평가도 바르게 내리지 못했다.

이러한 문제들을 밝히는 것은 백제사 연구의 기초가 될 뿐만 아니라 당시의 동북아시아 국제질서를 바르게 이해하는 데에도 많은 도움이 될 것이다.

2. 백제의 건국시조와 왕실의 혈통

백제의 건국시조와 왕실의 혈통을 밝히는 데는 어려움이 있다. 백제의 건국시조에 관해서만도 온조설(溫祚說)·비류설(沸流說)·도모설(都慕說)·구태설(仇台說) 등 여러 가지 다른 내용의 기록들이 전해오기 때문이다. 그 내용을 하나하나 검토해보자.

백제의 건국시조가 온조였다는 설은 『삼국사기』「백제본기」〈시조 온조왕〉조에 보인다.

> 백제의 시조 온조왕은 그의 아버지가 추모인데 혹은 주몽이라고도 한다. (주몽은) 북부여에서 도망하여 졸본부여로 왔는데 졸본부여의 왕은 아들이 없고 딸만 셋이 있었다. 주몽이 보통 사람이 아님을 알고 그의 둘째 딸로 아내를 삼도록 했다. 오래지 않아 졸본부여왕이 세상을 뜨자 주몽이 그 자리를 이었다. 주몽이 두 아들을 낳았는데 큰아들은 비류라 하고 둘째 아들은 온조라 했다. 주몽이 북부여에 있을 때 낳은 아들이 와서 태자가 되자 비류와 온조는 태자에게 용납되지 못할까 두려워 마침내 오간(烏干)·마려(馬黎) 등 10명의 신하와 함께 남하했는데 그를 따라오는 백성이 많았다. 드디어 한산(漢山)에 이르러 부아악(負兒嶽)에 올라 살 만한 곳을 찾아보았는데 비류는 해변에 살기를 원했다. 10명의 신하가 간하기를, "생각건대 이 하남(河南)의 땅은 북쪽은 한수(漢水)로 둘러졌고 동쪽은 고악(高岳)에 의지했으며 남쪽은 기름진 땅을 바라보고 서쪽은 큰 바다에서 멀리 떨어져 있으니 그 천험지리(天險地利)가 얻기 어려운 지세라 여기에 도읍하는 것이 좋겠습니다."라고 했다. 그러나 비류는 듣지 않고 백성을 나누어 미추홀(彌鄒忽)로 가서 살았다. 이에 온조는 하남위례성에 도읍을 정하고 10명의 신하로써 보익(輔翼)을 삼아 국호를 십제(十

濟)라 하니 이때가 전한(서한) 성제의 홍가 3년(서기전 18년)이었다. 비류는 미추의 땅이 습기가 많고 물이 소금기가 많아 편안히 거주할 수 없으므로 돌아와 위례(慰禮)를 보았는데, 도읍이 안정되고 백성이 편안하므로 마침내 부끄러워하며 뉘우치고 죽으니 그 신하와 주민이 모두 위례로 돌아왔다. 이주해 온 뒤 줄곧 백성들이 즐겨 따랐으므로 뒤에 국호를 백제(百濟)라 고쳤다. 그 세계(世系)가 고구려와 마찬가지로 부여에서 나왔기 때문에 부여로써 씨(氏)를 삼았다.[1]

이처럼 백제를 건국한 인물은 온조왕으로 고구려를 건국한 추모왕(주몽왕)의 셋째 아들이라고 했다.

고구려 건국시조인 추모왕은 북부여에 있을 때 이미 결혼하여 아들이 있었는데, 졸본부여로 망명한 뒤 다시 졸본부여 공주와 결혼하여 비류와 온조 두 아들을 두었다는 것이다. 그런데 추모왕이 고구려를 건국하자 북부여에서 낳은 아들이 찾아와 태자가 되었고, 비류와 온조는 태자로부터 해를 입을까 두려워 남쪽으로 내려왔는데 온조가 하남위례성에서 백제를 건국했다는 것이다. 이 내용은 『삼국사기』「백제본기」의 본문으로 실려 있으므로 한민족에게 가장 널리 전해 내려온 백제의 건국전설일 것이다.

백제의 건국시조가 비류였다는 설은 위에 인용한 『삼국사기』「백제본기」〈시조 온조왕〉조의 주석으로 실려 있다.

일설에 이르기를, 시조는 비류왕으로 그의 아버지는 우태(優台)인데 북

1 『삼국사기』 권23, 「백제본기」 〈시조 온조왕〉조.

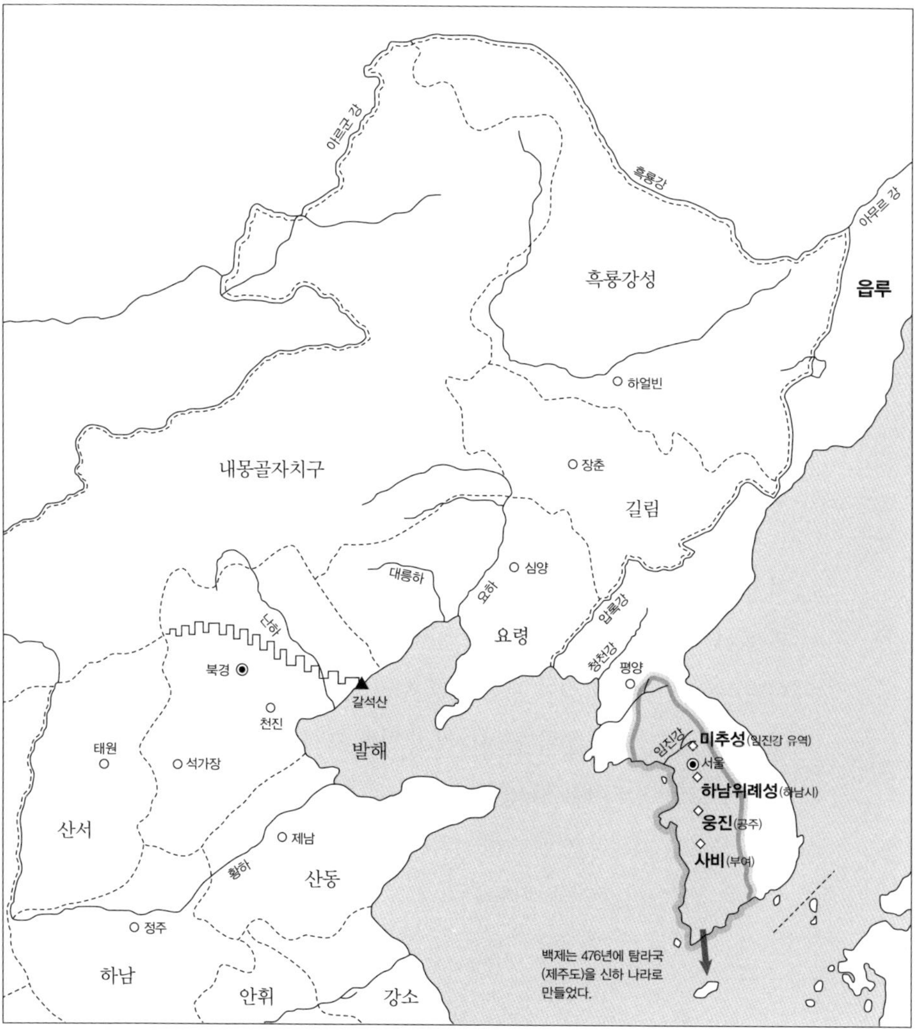

백제 전성기의 한반도 영역

부여왕 해부루의 서손(庶孫)이며 어머니는 소서노(召西奴)이니 졸본인(卒本人) 연타발(延陁勃)의 딸이었다. (소서노는) 처음에 우태에게 시집가서 두 아들을 낳았는데 큰아들은 비류요 작은 아들은 온조였다. 우태가 사망하자 (소서노는) 졸본에서 과부로 지냈다. 후에 주몽이 부여에서 용납되지 못하여 전한 건소 2년(서기전 37년) 2월에 남쪽으로 도망하여 졸본에 이르러 도읍을 세우고 국호를 고구려라 하고 소서노를 맞이하여 왕비로 삼았다. 건국할 때 소서노의 내조가 매우 컸기 때문에 주몽의 총애가 특히 두터웠고 비류 등을 마치 친아들처럼 대우했다. 주몽이 부여에 있을 때 예씨(禮氏)에게서 낳은 아들 유류(孺留)가 오자 그를 태자로 세우고 왕위를 잇도록 하기에 이르렀다.

이에 비류가 동생 온조에게 말하기를, "처음 대왕이 부여에서 난을 피하여 이곳으로 도망하여 오자 우리 어머니께서 가재(家財)를 기울여 도와서 나라 세우는 일을 이룩하는 데 많은 노력을 했다. 대왕이 세상을 떠나면 나라는 유류의 것이 될 것인데 우리가 이곳에 있으면 군더더기와 같을 것이니 답답할 뿐이다. 차라리 모친을 모시고 남쪽으로 가서 땅을 택하여 따로 국도(國都)를 세움만 같지 못하다."고 하고 드디어 아우와 함께 무리를 거느리고 패수(浿水)와 대수(帶水) 두 강을 건너 미추홀에 이르러 그곳에서 살았다 한다.[2]

---

2 『삼국사기』 권23, 「백제본기」 〈시조 온조왕〉조의 주석. "一云, 始祖沸流王, 其父優台, 北扶餘王解夫婁庶孫, 母召西奴, 卒本人延陁勃之女. 始歸于優台, 生子二人, 長曰沸流, 次曰溫祚. 優台死, 寡居于卒本, 後朱蒙不容於扶餘, 以前漢建昭二年春二月, 南奔至卒本, 立都, 號高句麗, 娶召西奴爲妃. 其於開基創業, 頗有內助, 故朱蒙寵接之特厚, 待沸流等如己子. 及朱蒙在扶餘所生禮氏子孺留來, 立之爲太子, 以至嗣位焉. 於是沸流謂弟溫祚曰, 始大王避扶餘之難, 逃歸至此, 我母氏傾家財助成邦業, 其勤勞多矣, 及大王厭世, 國家屬於孺留, 吾等徒在此, 鬱鬱如疣贅, 不如奉母氏南遊卜地, 別立國都, 遂與弟率黨類, 渡浿帶二水, 至彌鄒忽以居之."

백제를 건국한 인물은 온조가 아니라 비류였다는 것이다. 그리고 비류와 온조의 아버지는 고구려의 추모왕이 아니라 부여 해부루왕의 후손인 우태였고 어머니는 졸본부여의 소서노였으며, 백제의 첫 도읍지도 하남위례성이 아니라 미추홀이었다는 것이다.

비류가 백제의 건국시조였다는 위의 전설은 온조가 백제의 건국시조였다는 전설이 기록된 『삼국사기』「백제본기」〈시조 온조왕〉조의 주석으로 실려 있으면서도 그 본문과는 내용이 전혀 다르다. 아마도 한민족에게는 백제의 건국시조를 온조 또는 비류로 보는 2가지 전설이 전해 내려왔는데 『삼국사기』의 편찬자는 어느 것이 옳은지 분명한 판단이 서지 않았기 때문에 2가지 전설을 함께 수록했을 것이다. 이를 표로 그리면 다음과 같다.

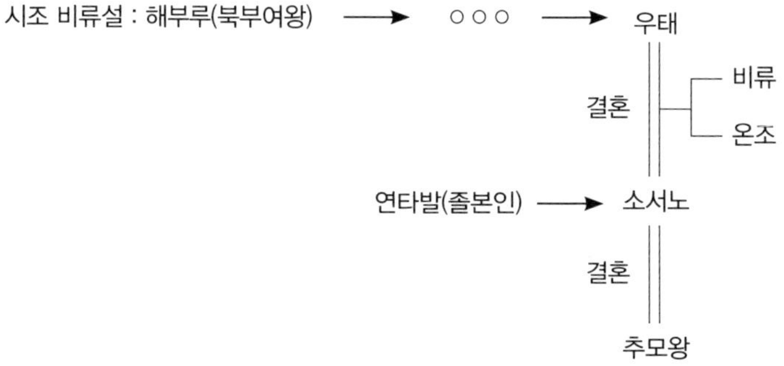

백제의 건국시조가 도모(都慕)였다는 설은 일본의 『속일본기(續日本紀)』와 『신찬성씨록(新撰姓氏錄)』에 보인다. 그 내용을 보면 『속일본기』 〈엔레키 9년〉 7월조에,

> 무릇 백제 태조 도모대왕(都慕大王)은 일신(日神)이 영(靈)을 내려 부여를 차지하여 나라를 열었는데 천제(天帝)가 비기(秘記)를 주어 한(韓)을 모두 거느려 왕이라 칭했다.[3]

고 했고 『신찬성씨록』 「우경제번(右京諸蕃)」 하(下)와 「좌경제번(左京諸蕃)」 하, 「하내국제번(河內國諸蕃)」의 〈백제〉조에,

> 동국(同國 : 백제국) 도모왕(都慕王)의 10세손인 귀수왕(貴首王)은…….[4]

> 불파련(不破連)은 백제 도모왕의 후손 비유왕(毘有王)으로부터 나왔다.[5]

> 백제국의 도모왕 18세손인 무령왕은…….[6]

> 하내련(河內連)은 백제국 도모왕의 아들 음태귀수왕(陰太貴首王)으로부터 나왔다.[7]

---

3 『속일본기』 권40, 〈엔레키 9년〉조. "夫百濟太祖都慕大王者, 日神降靈, 奄扶餘而開國, 天帝授籙, 惣諸韓而稱王."

4 『신찬성씨록』 「우경제번」 하 〈백제〉조. "同國都慕王十世孫貴須王…… ."

5 『신찬성씨록』 「우경제번」 하 〈백제〉조. "不破連, 出自百濟國都慕王之後毘有王也."

6 『신찬성씨록』 「좌경제번」 하 〈백제〉조. "百濟國都慕王十八世孫武寧王…… ."

7 『신찬성씨록』 「하내국제번」 〈백제〉조. "河內連, 出自百濟國都慕王男陰太貴須王也."

등의 내용이 보이는바 위의 일본사서 기록들은 모두 백제의 태조는 도모였다고 말하고 있다. 백제의 태조를 도모라 한 것은 일본열도로 이주한 백제인들이나 백제와 일본을 왕래한 사신들을 통해서 전달되었을 것이다.

백제의 건국시조가 구태였다는 설은 중국의 『주서』「이역열전」〈백제전〉과 『수서』「동이열전」〈백제전〉에 보인다. 그 내용을 보면 『주서』「이역열전」〈백제전〉에는,

> 백제는 그 선대에는 대체로 마한의 속국이었는데 부여에서 갈라져 나온 종족인 듯하다. 구태(仇台)란 사람이 처음으로 대방에 나라를 세우니 그 땅의 경계는 동쪽으로는 신라에 닿고 북쪽으로는 고구려와 인접했으며 서쪽과 남쪽은 모두 큰 바다로 경계지어 있다. …… 그 나라 왕은 매 계절의 중월(仲月)에 하느님과 5제(五帝)의 신에게 제사 지내고 또 해마다 계절에 따라 네 번 그의 시조 구태의 사당에 제사 드린다.[8]

고 했고 『수서』「동이열전」〈백제전〉에는,

> (부여) 동명(東明)의 후손에 구태라는 사람이 있었는데 매우 어질고 신의가 두터웠으며 대방의 옛 땅에 처음 나라를 세웠다. 한(漢)의 요동태수 공손탁(公孫度)이 딸을 주어 아내로 삼게 했으며 나라가 점점 번창하여 동이 가운데 강국이 되었다. 당초에 백가(百家)가 바다를 건너왔다고 해

---

8 『주서』 권49, 「이역열전」〈백제전〉. "百濟者, 其先蓋馬韓之屬國, 扶餘之別種. 有仇台者, 始國於帶方, 故其地界東極新羅, 北接高句麗, 西南俱限大海. …… 其王以四仲之月, 祭天及五帝之神. 又每歲四祠其始祖仇台之廟."

서 나라 이름을 백제라 불렀다. …… 해마다 매 계절의 중월(仲月)에 왕은 하느님 및 5제의 신에게 제사 지낸다. 그 시조 구태의 사당을 도성 안에 세워놓고 해마다 계절에 따라 네 번 제사를 지낸다.[9]

고 하여 좀 더 자세한 정보를 전해주고 있는데, 이와 같은 내용이 『북사』「백제열전」에도 실려 있다.[10] 『한원』에 옹씨 주석으로 인용된 『괄지지』에도 백제는 도성에 그들의 조상인 구태의 사당을 세워놓고 해마다 계절에 따라 네 번 제사를 지낸다고 기록되어 있다.[11] 이상과 같이 중국의 사서들은 모두 백제의 시조가 구태였다고 기록하고 있다.

백제의 건국시조에 관한 위의 4가지 설 가운데 온조설과 비류설은 한국 문헌에 기록된 것이고, 도모설과 구태설은 일본과 중국 문헌에 기록되어 있는 것이다. 상식으로 말한다면 백제의 건국에 관한 전설은 한국에 전해오는 것이 정확할 가능성이 크다. 그리고 일본과 중국 기록은 전달 과정이나 기록 과정에서 착오가 일어났을 가능성이 있다. 그러한 사실은 위의 사료들을 검토하면 자연스럽게 밝혀질 것이다. 우선 온조설과 비류설부터 검토해보자.

이병도는, 온조설은 온조를 우두머리로 한 온조마을 계통에 속하는 전설인 듯하고 비류설은 비류를 우두머리로 한 비류마을 계통의 전설인

---

9 『수서』 권81, 「동이열전」 〈백제전〉. "東明之後, 有仇台者, 篤於仁信, 始立其國于帶方故地. 漢遼東太守公孫度以女妻之, 漸以昌盛, 爲東夷强國. 初以百家濟海, 因號百濟. …… 每以四仲之月, 王祭天及五帝之神. 立其始祖仇台廟於國城, 歲四祠之."

10 『북사』 권94, 「백제열전」. "(扶餘) 東明之後, 仇台篤於仁信, 始立國于帶方故地. 漢遼東太守以女妻之, 遂爲東夷强國, 初以百家濟, 因號百濟. …… 其王每以四仲之月, 祭天及五祭之神, 立其始祖仇台之廟於國城, 歲四祠之."

11 『한원』의 옹씨 주석. "百濟城立其祖仇台廟, 四時祠之也."

듯하다고 보았다. 말하자면 온조와 비류 두 집단의 계통이 서로 자신들의 우두머리가 백제의 건국시조였다고 주장하며 대립했을 것으로 본 것이다.[12] 문제는 위 두 전설 가운데 어느 것이 옳으냐 하는 것이다.

온조설과 비류설 사이에는 공통점도 보이지만 차이점도 있다. 공통점은 온조와 비류는 같은 혈통의 친형제이고 그들의 어머니는 고구려 건국시조인 추모왕의 부인이었다는 것이다. 차이점은 온조설에서는 그들의 아버지는 고구려의 추모왕이었고 어머니는 졸본부여의 공주였으나, 비류설에서는 그들의 아버지는 부여의 우태였고 어머니는 졸본부여의 소서노였다는 것이다. 그러므로 백제 왕실의 혈통은 온조설을 따른다면 고구려계가 되어야 하고 비류설을 따른다면 부여계가 되어야 한다.

여기서 다음과 같은 의문을 가질 수 있다. 고구려 추모왕은 북부여에서 졸본부여로 이주하여 고구려를 건국했으므로 온조설을 따른다 하더라도 백제 왕실의 혈통은 부여계가 되어야 하는 것이 아닌가 하는 점이다. 그러나 그렇지 않다. 추모왕은 북부여에서 출생하여 그곳에서 성장했지만 그의 혈통이 부여계라는 기록은 어느 곳에서도 찾아볼 수 없다. 『삼국사기』「고구려본기」를 비롯한 여러 문헌 기록에 따르면 추모왕의 아버지는 스스로 해모수라고 하는 인물이었고[13] 『삼국유사』 기록에 따르면 해모수는 바로 단군이었다.[14] 따라서 추모왕은 북부여에서 출생하여 그곳에서 자라기는 했지만 그의 혈통은 고조선의 단군계였던 것이다. 『삼국유사』와 『제왕운기』 기록에 따르면 부여 왕실도 고조선의 단군

---

12 이병도, 「백제의 건국문제와 마한중심세력의 변동」, 『한국고대사연구』, 박영사, 1981, p. 469.

13 『삼국사기』 권13, 「고구려본기」 〈시조 동명성왕〉조 참조.

14 『삼국유사』 권1, 「기이」 〈고구려〉조에 실린 저자 자신의 주 참조.

계였으므로[15] 부여 왕실과 고구려 왕실이 같은 혈통이기는 하지만 추모왕은 바로 부여 왕실의 후손은 아니었으며 그들의 혈통은 서로 횡적 관계였다고 보아야 할 것이다.

그런데 우리의 관심을 끄는 것은 백제 왕실에서 고구려계 혈통임을 나타내는 어떤 이름이나 상징도 사용한 흔적이 보이지 않지만 부여계 혈통임을 나타내는 이름이나 상징은 보인다는 점이다. 예컨대『삼국사기』「백제본기」〈시조 온조왕〉조에,

> 그 세계(世系)가 고구려와 더불어 부여에서 함께 나왔기 때문에 부여로써 성씨를 삼았다.[16]

고 하여 백제 왕실의 성씨는 부여였다고 말하고 있다. 성씨는 바로 혈통을 나타내는 것이므로 백제 왕실은 부여계 혈통임을 알 수 있다.

그런데『삼국사기』의 편찬자는 백제 왕실의 성씨가 부여였음은 고구려 왕실과 더불어 부여에서 나왔기 때문이라고 했다. 그렇다면 고구려 왕실과 백제 왕실의 성씨는 같아야 한다. 그러나 고구려 왕실의 성씨는 고(高)였다.[17] 이로 보아 백제 왕실은 고구려계가 아니라 부여계였음을 알 수 있다. 백제 왕실이 고구려 왕실의 후손이었다면 고라는 성씨를 사용하지 않고 부여라는 성씨를 사용했을 리가 없는 것이다.

백제는 한때 나라 이름을 남부여라 고쳤는데, 이러한 사실도 백제가

---

15 『삼국유사』 권1, 「기이」 〈북부여〉조 ; 『제왕운기』 권 하, 「전조선기(前朝鮮紀)」의 주석과 「한사군급열국기」 참조.

16 『삼국사기』 권23, 「백제본기」 〈시조 온조왕〉조. "其世系與高句麗同出扶餘, 故以扶餘爲氏."

17 『삼국사기』 권13, 「고구려본기」 〈시조 동명성왕〉조. "國號高句麗, 因以高爲氏."

부여계였음을 말해준다. 『삼국사기』「백제본기」〈성왕〉조에,

봄에 도읍을 사비성으로 옮기고 국호를 남부여라 했다.[18]

고 기록되어 있다. 백제가 고구려계였다면 나라 이름까지 남부여라고 할 정도로 부여라는 이름에 연연했을 리가 없다. 그리고 『삼국사기』「백제본기」〈개로왕〉조에는 개로왕이 중국 북위에 보낸 국서(國書)에,

우리는 고구려와 더불어 부여에서 나왔습니다. 선세시(先世時)에는 고구려가 옛 정의(情誼)를 굳게 존중하더니 그 조상 쇠(釗 : 고국원왕)가 가벼이 우호를 깨뜨리고 친히 군사를 거느리고 우리 국경을 침범했습니다.[19]

라고 하여 백제 왕실이 부여에서 나왔음을 분명히 하고 있다. 여기서도 백제는 고구려와 더불어 부여에서 나왔다고 말하고 있지만[20] 이미 밝혀진 바와 같이 고구려 왕실은 부여에 의탁해 있었을 뿐 부여 왕실의 혈통은 아니었다.[21]

이상의 사실들은 백제 왕실이 고구려계가 아니라 부여계였음을 분명히 해준다. 따라서 백제 왕실을 고구려계로 전하는 온조설보다는 부여계로 전하는 비류설이 더 신빙성 있는 것으로 생각된다. 그런데 『삼국사기』「백제본기」에 기록된 백제의 초기 왕들을 보면, 2대 다루왕은 온조

---

18 『삼국사기』 권26, 「백제본기」 〈성왕 16년〉조. "春, 移都於泗沘, 國號南扶餘."

19 『삼국사기』 권25, 「백제본기」 〈개로왕 18년〉조. "臣與高句麗, 源出扶餘, 先世之時, 篤崇舊款, 其祖釗輕廢鄰好, 親率士衆, 凌踐臣境"

20 주 16 참조.

21 주 13·14 참조.

왕의 원자였고 3대 기루왕은 다루왕의 원자였으며, 4대 개루왕은 기루왕의 아들이었고 5대 초고왕은 개루왕의 아들로서 모두가 온조왕의 후손이었다.[22] 그렇다면 어떤 이유로 온조설과 비류설이 성립되어 혼란을 일으키게 되었을까.

이 점에 대해서는 『제왕운기』 〈백제기〉에 저자 자신의 주석으로 실린 다음 기록이 해답을 던져준다.

> (온조는) 어머니 및 형 은조(殷祚)와 더불어 남쪽으로 도망하여 나라를 세웠는데 은조는 나라를 세운 지 다섯 달 만에 사망했다.[23]

이 기록에는 비류가 은조(殷祚)[24]로 달리 표기되어 있기는 하지만 비류설과 온조설이 나오게 된 배경을 합리적으로 설명할 수 있는 근거를 제공해준다. 즉 비류와 온조가 함께 어머니를 모시고 남하하여 나라를 세웠는데 비류는 나라를 세운 지 다섯 달 만에 사망했다는 것이다.

따라서 비류가 사망한 뒤 왕위는 온조에게 이어졌을 것이며 그 뒤 백제의 왕위는 온조의 후손들에게 계승되었을 것이다. 그 결과 온조왕의 후손들인 백제 왕실은 온조를 그들의 시조로 받들었을 것이다. 그러므로 엄밀하게 말하면 백제의 건국시조는 비류였는데, 그가 자녀를 두지 못하고 일찍 사망하여 왕통은 그의 동생인 온조에게로 이어져 온조가 백제 왕실의 실질적인 시조로 전해졌다고 보아야 할 것이다.

---

22 『삼국사기』 권23, 「백제본기」 참조.

23 『제왕운기』 권 하, 「백제기」에 실린 저자의 주석. "(溫祚)與母兄殷祚南奔立國殷祚立五月而卒."

24 비류를 은조라고 기록했다 하여 이 기록의 내용 전부가 잘못된 것이라고 말할 수는 없다. 비류는 은조라는 다른 이름을 가지고 있었을 수도 있다.

그렇다고 하더라도 온조가 비류와 더불어 부여 우태의 아들이었다면 어떤 까닭으로 온조설에서는 이들이 고구려 건국시조 추모왕의 아들로 전해졌는지가 의문으로 남는다. 그것은 아마도 비류와 온조의 어머니인 소서노가 우태가 사망한 뒤 과부로 살다가 추모왕과 재혼했기 때문이었을 것이다. 추모왕은 비류와 온조의 계부였으므로 친아버지는 아니었지만 아버지로 불렸던 것이다.

지금까지 고찰한 바를 요약하면 다음과 같은 결론에 도달한다. 백제 왕실의 혈통은 부여계로서 비류와 온조의 아버지는 부여왕 해부루의 후손인 우태였으며 어머니는 졸본부여의 소서노였다. 그리고 백제의 건국 시조는 비류였으나 비류가 건국한 지 얼마 안 되어 사망하여 그의 동생 온조가 왕위를 계승함에 따라 온조의 후손들이 백제의 왕통을 이어가게 되었으며, 온조가 백제 왕실의 시조처럼 전해지게 되었다.

그렇다면 백제 시조를 일본 문헌에서 도모(都慕)로 표기한 것이라든가 중국 문헌에서 구태(仇台)로 표기한 것은 어떻게 해석해야 할까?

일본 문헌에 보이는 도모에 대해서 이병도는 동명(東明)을 잘못 기록한 것으로 보았다.[25] 『삼국사기』 「제사지(祭祀志)」에는 백제의 제사를 말하면서 『해동고기(海東古記)』를 인용하여 그 시조를 동명이라 하기도 하고 우태라 하기도 한다[26]고 말함으로써 백제의 시조를 동명으로 보는 설이 있었음을 말하고 있다.

그리고 같은 책 「백제본기」에는 백제가 동명묘를 설치했음을 알게 하는 기록이 보이는 반면,[27] 비류묘나 온조묘를 세웠다는 기록은 볼 수 없

---

25 이병도, 앞 글, p. 471.

26 『삼국사기』 권32, 「제사지」. "按海東古記, 或云始祖東明, 或云始祖優台."

27 『삼국사기』 권23, 「백제본기」 〈시조 온조왕〉조. "元年, 夏五月, 立東明王廟." 같은 책

다. 따라서 고대 일본인들은 동명묘를 백제 건국시조의 사당으로 잘못 알고 그를 백제의 시조 또는 태조로 표기했을 것으로 본 것이다. 이러한 이병도의 견해는 설득력이 있다.

그런데 동명은 고구려 건국시조뿐 아니라 부여의 건국시조로도 등장한다. 부여와 고구려의 건국시조가 모두 동명이라는 칭호를 사용했던 것인지, 아니면 어느 하나가 잘못 전해진 것인지 지금으로서는 밝히기 어렵다. 백제에 설치되었던 동명묘는 그들의 건국시조 이전의 원시조인 동명왕을 섬기는 사당이었을 것이다. 그러므로 백제의 동명묘는 백제 왕실이 부여계라면 부여의 건국시조 동명왕의 사당이었을 것이고, 고구려계라면 고구려 건국시조 동명왕의 사당이었을 것이다. 그런데 앞에서 확인한 바와 같이 백제 왕실은 부여계였으므로 백제의 동명묘는 부여 건국시조 동명왕의 사당이었다고 보아야 할 것이다.

중국 문헌에 보이는 구태에 대해 이병도는 백제의 고이왕을 말한 것으로 보았다.[28] 백제는 고이왕 때 여러 제도가 완비되었으므로 백제인들은 고이왕을 그들의 건국시조로 받들었을 거라는 것이다. 구태(仇台)와 고이(古尒)는 중국음으로 비슷하게 발음될 수 있으며 이 시기까지 백제가 한(삼한)의 영토를 완전히 병합하지 못했던 것도 그 근거가 된다고 했다. 이에 따라 이병도는 엄밀한 의미의 백제 건국 연대는 고이왕 27~28년인 260~261년으로 잡아야 한다고 주장했다.[29]

그러나 이홍직은 구태의 태(台) 자는 옛 음에 '이'라는 음이 있기는 하지만 부여 계통의 언어에서는 우태(優台)는 웃치로 읽은 듯하므로 태

「백제본기」의 이후 기록에 동명왕묘에 배알했다는 기록이 여러 곳에 보인다.

28 이병도, 앞 글, p. 476.

29 윗글, p. 475.

(台) 자는 그 음이 이보다는 치-디 등으로 사용되어 태-대의 음을 취한 듯하다고 보면서 우태와 고이는 그 음이 비슷하지 않으므로 같은 사람으로 보기 어렵다고 말했다.[30] 그리고 천관우는 구태가 고이왕이 아니라 건국시조 비류설에 등장하는 부여의 우태일 것으로 보았다.[31]

필자가 보기에도 구태는 그 음이 고이보다는 우태에 가까우며 천관우의 견해가 설득력을 지닌 것으로 보인다. 백제인들이 우태(구태)의 사당을 도성에 세워놓고 제사를 지냈는데 중국인들은 그것을 백제 건국시조의 사당으로 잘못 인식했던 듯하다. 우태는 부여 동명왕의 후손이며 비류와 온조의 친아버지였으므로 백제에 그를 모시는 사당과 제사의식이 있었던 것은 당연하다.

3. 백제의 건국 과정

백제의 건국을 논할 때 맨 먼저 등장하는 것은 건국 연대와 건국지일 것이다. 먼저 백제의 건국 연대를 확인해보자. 앞에서 본 바와 같이 『삼국사기』 「백제본기」 〈시조 온조왕〉조에,

> 이에 온조는 하남위례성에 도읍을 정하고 10명의 신하로써 보익을 삼아

---

30 이홍직, 「백제 건국설화에 대한 재검토」, 『한국고대사의 연구』, 신구문화사, 1971, pp. 331~332.

31 우태의 이름 가운데 우(優)는 본래 그 음이 '어구 절(於求 切)'이었으나 같은 음을 지닌 우[优(于求 切)]로 표기되다가 그것이 다시 구[仇(渠尤 切)]로 잘못 기록되었을 가능성이 있다고 보았는데, 이러한 천씨의 견해는 설득력이 있다(천관우, 「목지국고」, 『고조선사·삼한사 연구』, 일조각, 1989, p. 362의 주 7).

국호를 십제라 하니 이때가 전한(서한) 성제의 홍가 3년(서기전 18년)이 었다.[32]

고 기록되어 있으므로 이 기록을 따른다면 백제의 건국 연대는 서기전 18년이다. 백제의 건국시조를 온조가 아닌 비류로 본다 하더라도 앞에서 확인한 바와 같이 비류는 건국한 지 불과 5개월 만에 사망했다고 하므로 백제의 건국 연대에는 변화가 없을 것이다.

그런데 일부 학자들은 백제의 건국 연대를 이보다 훨씬 내려보고 있다. 그 이유는 온조왕 시대나 그 이후의 백제 초기에는 아직 국가로서 체제를 갖추지 못했기 때문이라는 것이다. 그 근거로 다음 2가지가 제시되었다.

첫째 『삼국사기』「백제본기」에 따르면, 백제는 고이왕 27~29년에 6좌평과 16등급의 관직을 설치하고 관직의 등급에 따라 옷의 색깔을 규정했으며 법령을 제정하는 등 국가의 여러 제도를 정비했다는 것이다.

둘째 『진서』「동이열전」〈마한전〉과 〈진한전〉에 따르면, 마한은 277년[진(晉) 함녕 3년, 백제 고이왕 44년]에, 진한은 280년[진(晉) 태강(太康) 원년, 백제 고이왕 47년]에 처음으로 중국 진(晉)나라에 사신을 파견했는데, 이 기록을 백제가 그 건국을 중국에 알리기 위해 사신을 파견했을 것으로 본 것이다.[33]

따라서 백제의 건국 연대를 260~261년(백제 고이왕 27~28년)으로 보

32 주 1 참조.

33 이병도, 앞 글, pp. 474~475. 일반적으로 백제가 자리 잡았던 지역을 마한으로 보고 있으나 이병도는 진한으로 보았다. 따라서 진한에서 진(晉)나라에 사신을 파견했다는 기록은 백제가 진나라에 사신을 보낸 것을 그렇게 기록했을 것으로 보았다.

았다. 이러한 견해가 나온 배경에는 『삼국사기』「백제본기」의 초기 기록은 신빙성이 없다는 의식이 작용하기도 했다.

일부 학자들은 백제가 한을 완전히 병합한 시기는 3~4세기 무렵으로 추정되며 백제는 고이왕 29년(262년)에 법령을 반포하여 율령국가에 진입했을 것으로 추정되므로 백제의 건국 연대는 고이왕 이후로 잡아야 한다는 견해를 내놓기도 했다.[34]

그런데 그러한 견해에는 다음과 같은 문제가 있다. 첫째로 관직을 비롯한 여러 제도를 정비했다는 것은 국가조직의 발전을 의미하는 것이지 건국을 의미하는 것은 아니다. 둘째로 마한과 진한이 중국 진(晉)나라에 사신을 파견했다는 기록은 기록 그대로 마한과 진한에 관한 것으로 보아야 하는 것이지 결코 백제에 관한 기록으로 고쳐 보아서는 안 된다는 것이다. 그리고 백제의 건국을 고이왕 때로 본 것은 중국 문헌에 백제에서 제사를 받든 것으로 기록된 구태와 고이왕을 같은 사람으로 인식한 것이 그 출발점이 되고 있는데, 앞에서 확인한 바와 같이 중국 문헌에 보이는 구태는 고이왕이라기보다는 비류와 온조의 아버지로 전해오는 우태였을 가능성이 더 높다.[35]

오늘날에도 지구상에는 매우 좁은 영토를 가진 국가가 존재하듯이 영토의 면적이 건국의 기준이 되는 것은 아니다. 따라서 한의 멸망이 백제 건국의 기준이 되는 것도 아니다. 그리고 고이왕 29년에 반포한 법령은 재물을 받은 모든 관리와 도적질한 자에게는 장물의 3배를 징수하고 일

---

34 이도학, 『백제 고대국가 연구』, 일지사, 1995.

35 천관우는 『일본서기』의 백제 관계 기사에 보이는 '코니'를 고이왕을 지칭하는 것으로 보고, 고이(古尒)는 '고이'가 아니라 '코니'라고 읽어야 하므로 구태가 고이와 같은 음이 될 수 없으며 같은 사람 또한 될 수 없다고 했다.

생 동안 금고에 처한다[36]는 내용으로, 부패한 관리와 도적을 동등하게 처벌함으로써 관리의 부패를 막기 위한 것이었다. 이러한 법이 나오게 된 배경은 부패한 관리가 많았기 때문인 것이다. 부패한 관리는 관권이 강한 사회에서 출현하는 것이 일반적이므로 백제는 당시에 국가권력이 매우 강한 단계에 도달했음을 알 수 있다. 따라서 고이왕시대를 백제의 건국 시기로 볼 수는 없다.

그런데 백제의 건국 문제와 관련하여 간과해서는 안 될 중요한 점이 있다. 이 점은 고구려나 신라의 건국 문제를 논하는 데서도 마찬가지로, 백제의 건국 문제는 국가의 기원 문제와는 다르다는 것이다. 지금까지 백제나 고구려·신라의 건국 문제를 논할 때 국가의 기원에 관한 이론에 근거하여 그 건국 문제를 논하는 것을 종종 보아왔다. 그러나 그것은 잘못된 것이다. 왜냐하면 국가기원에 관한 이론은 인류사회의 발전 과정에서 국가가 존재하지 않았던 시기부터 국가가 처음으로 출현하는 과정에 관한 이론으로서, 일단 국가가 출현한 뒤의 사회에는 적용되는 것이 아니기 때문이다.

이미 잘 알려져 있는 바와 같이 한반도와 만주에 처음 출현한 국가는 고조선이었다. 백제·고구려·신라의 건국은 고조선이라는 국가가 붕괴된 후 국가의 이름이 바뀌었음을 의미하는 것이지 국가가 처음 출현했다는 뜻은 아니다. 다시 말하면 한반도와 만주는 고조선시대에 이미 국가 단계의 사회에 진입했으며 그 이후는 국가가 발전하는 과정을 보여주는 시대였던 것이다. 그러므로 백제·고구려·신라는 당연히 초기부터 국가사회였으며 나라 이름이 바뀌었다는 것은 왕조의 교체를 의미하는

---

36 『삼국사기』 권24, 「백제본기」 〈고이왕 29년〉조. "春正月, 下令, 凡官人受財及盜者, 三倍徵贓, 禁錮終身."

것이지 국가가 처음 출현했다는 것을 의미하지는 않는다.

여기서 율령국가라는 용어의 개념도 분명히 해둘 필요가 있다. 율령국가란 일본 학자들이 사용하고 있는 용어인데, 중국 당나라에서 법령을 율(律)·령(令)·격(格)·식(式)으로 구분한 데서 온 말이다. 율은 형벌법이고 령은 신분법·재산법을 포함한 일반법이며, 격은 정부기관의 업무를 규정한 임시법이고 식은 율령의 시행세칙이다. 그런데 일본 학자들은 당나라는 율령으로 통치했기 때문에 율령국가라고 보아야 한다고 말하면서 일본의 고대국가도 당나라에서 율령제를 수입해서 실시한 이후는 율령국가로 불러야 한다고 주장하고 있다.

이러한 일본 학자들의 주장을 받아들인다고 하더라도 율령제가 실시된 당나라가 중국에 처음으로 출현한 국가는 아니다. 더욱 문제가 되는 것은 당시대에 율령제를 실시했다는 것은 그간 실시되어온 법령을 율·령·격·식이라는 이름을 붙여 정비했다는 뜻이지 이 시기에 율령이 처음으로 출현했다는 것은 아니라는 점이다. 앞에서 말한 바와 같이 율·령은 형벌법과 일반법으로서 이러한 성격의 법은 통치의 수단으로 필요했기 때문에 중국에서는 국가가 처음 등장했던 선진(先秦) 시대에 이미 실시되었던 것이다.

한국사에서도 고조선의 범금(犯禁) 8조 가운데 지금까지 전해오는 살인·상해·절도의 처벌에 관한 법은 형벌에 관한 법으로서 율에 해당한다. 그 내용 가운데 절도한 사람은 노비로 삼는다는 규정이 있는데 이로 보아 당시에 사회신분에 관한 규정이 있었음을 알 수 있다. 그것은 령에 해당한다. 고조선시대에 이미 율령이 실시되고 있었던 것이다. 단지 당시에 그것을 율령제라고 부르지 않았을 뿐이다. 중국도 당나라보다 훨씬 앞선 고대의 하·상·주시대에 이미 율령이 실시되었으므로 중국 학자들은 당나라를 율령국가라고 부르지 않는다. 이전부터 사용되던 법령이 당시대에 체계적으로 정리되었을 뿐인 것이다.

이와 같이 볼 때 백제의 건국을 온조왕 이후로 늦게 잡아야 할 이유는 없다. 여기서 굳이 문제를 삼는다면 지금까지 일부 학자들이 『삼국사기』「백제본기」 초기 기록의 신빙성에 대해 의문을 제기했다는 점인데, 그러한 불신을 뒷받침할 만한 근거는 없다.

더욱이 「백제본기」의 〈시조 온조왕〉조는 「고구려본기」의 동명성왕·유리왕·대무신왕 등에 관한 기록이나 「신라본기」의 혁거세 거서간·남해 차차웅·유리 이사금·탈해 이사금 등에 관한 기록보다 훨씬 역사 기록으로서 합리성이 있다. 건국시조 온조왕도 신화적 요소가 전혀 없는 매우 역사적인 인물로 그려져 있는 것이 특징이라 할 수 있다.[37]

그리고 『삼국사기』의 기록에 따르면 백제의 건국 연대는 서기전 18년, 동부여의 건국 연대는 서기전 59년,[38] 고구려의 건국 연대는 서기전 37년, 신라의 건국 연대는 서기전 57년, 가야의 건국 연대는 서기 42년으로 모두가 연대상 큰 차이 없이 고조선이 붕괴된 뒤의 격동기에 해당한다. 따라서 백제도 이 시기에 다른 나라들과 더불어 건국되었다고 보는 것이 합리적일 것이다. 이러한 점들은 백제 초기에 관한 『삼국사기』 기록이 신빙성이 있음을 말해주는 것이기도 하다.

그러므로 백제의 건국 연대는 『삼국사기』「백제본기」〈시조 온조왕〉조에 실린 서기전 18년으로 보아야 할 것이다.[39] 여기서 굳이 문제를 삼

---

37 천관우, 「삼한고」, 『고조선사·삼한사연구』, 일조각, 1989, pp. 323~324.

38 윤내현, 「부여의 분열과 변천」, 『상명사학』 제3·4합집, 쌍호조경래박사정년퇴임기념논문집, 1995, pp. 453~463 ; 이 책의 제1장 Ⅱ「동부여의 건국과 위치」 참조.

39 백제의 건국 연대를 서기전 3세기 중엽으로 올려보아야 한다는 주장도 있다. 이러한 주장은 고구려의 건국 연대를 『삼국사기』 기록보다 240여 년 올려 잡아야 하는데, 백제는 고구려 건국시조의 아들이 건국했으므로 백제의 건국 연대도 당연히 올려볼 수밖

는다면 2가지 점을 지적할 수 있다.

첫째는 온조왕보다 앞서 비류가 나라를 세웠으므로 그 즉위 기간을 추가하는 것이 합리적이지 않겠느냐는 것이다. 그러나 기록에 따르면 그 기간이 5개월에 불과했다고 하므로 건국 연대에 변화를 준다고 말할 수 없을 것이다.

둘째는 백제는 초기에 마한에게 북변의 땅을 얻어 그 거수국과 같은 위치에 있다가 온조왕 26년(8년)에 마한을 쳐서 그 도읍을 차지했으므로 백제를 이때부터 독립국으로 보는 것이 합리적이지 않겠느냐는 것이다. 이러한 의문에는 일리가 있다. 그러나 백제가 온조왕 당대에 마한을 치고 그 도읍을 차지한 것을 보면, 백제는 건국 초부터 독립국으로 출발할 의지와 계획을 이미 가지고 있었다고 보아야 할 것이다. 따라서 백제의 건국 연대를 굳이 끌어내릴 필요는 없다.

이제 백제의 건국지를 확인해보자. 앞에서 인용한 『삼국사기』「백제본기」〈시조 온조왕〉조에 따르면 백제의 건국시조는 온조였고 건국지는 하남위례성이었다.[40] 그런데 〈시조 온조왕 13년〉조와 〈14년〉조에,

---

에 없다는 논리를 바탕으로 하고 있다. 그러한 가능성을 뒷받침하는 것으로 다음 2가지를 들고 있다. 첫째는 『삼국사기』「백제본기」에 따르면 마한의 북변에서 건국된 백제는 온조왕 때 마한의 도읍까지 차지할 정도로 영토를 넓게 확장했는데, 이러한 영토 확장이 단기간에 이루어졌을 것으로는 보기 어렵다는 것이다. 따라서 상당한 기간의 백제 초기 기록이 누락되었을 것으로 본 것이다. 둘째는 일본의 『신찬성씨록』에는 『삼국사기』에 보이지 않는 백제왕의 이름들이 보이는데, 이것은 백제 초기 기록이 누락되었을 가능성을 말해준다는 것이다(『조선전사』 4, 중세편, 과학백과사전출판사, 1991, pp. 11~20 참조). 그러나 고구려 건국 연대를 올려보아야 할 것인지에 대해서도 학계의 의견이 일치되어 있지 않고, 백제가 단기간에 영토를 확장했다는 것이 전혀 불가능한 것도 아닐 뿐만 아니라 일본 문헌 기록은 왜열도에 있었던 백제에 관한 기록일 수도 있기 때문에 필자는 일단 『삼국사기』 기록을 따르기로 한다.

40 주 1 참조.

"내가 어제 나아가 한수의 남쪽을 순관(巡觀)했는데 그 땅이 기름지므로 마땅히 거기에 도읍을 정하고 오랫동안 평안할 방책을 도모할 것이다."라고 했다. 7월에 한산 아래에 책을 세우고 위례성의 민호(民戶)를 옮겼다.[41]

14년 정월에 천도했다. …… 7월에 한강 서북에 성을 쌓고 한성의 백성을 나누어 거주하도록 했다.[42]

라고 기록되어 있는 것으로 보아, 백제는 온조왕 13년에 도읍을 옮길 준비를 한 뒤 그다음 해인 온조왕 14년에 하남위례성으로 천도했던 것으로 보인다.[43]

따라서 백제의 건국지는 하남(河南)이 아니라 하북(河北)이었다고 보는 것이 옳다. 이러한 이유 때문에 백제의 건국지를 하북위례성이었을

---

41 『삼국사기』 권23, 「백제본기」 〈시조 온조왕 13년〉조. "子昨出巡觀漢水之南, 土壤膏腴, 宜都於彼, 以圖久安之計. 秋七月, 就漢山下立柵, 移慰禮城民戶."

42 『삼국사기』 권23, 「백제본기」 〈시조 온조왕 14년〉조. "春正月, 遷都. …… 秋七月, 築城漢江西北, 分漢城民."

43 하남위례성의 위치를 서울특별시 송파구에 있는 몽촌토성으로 보는 주장에는 아직 많은 의문점이 남아 있다. 몽촌토성 안에서는 이곳이 왕성임을 입증해주는 궁궐이나 관청의 건물터가 확인되지 않았다. 그리고 이 지역은 지금도 큰비가 내리면 수해를 입는 곳인데 제방 등 치수시설이 충분하지 않았던 고대에 그런 불합리한 곳에 도읍을 했을지 의문을 갖게 된다. 그보다는 오래전부터 관심을 끌어온 오늘날 하남시 교산동 일대가 하남위례성이었을 가능성이 더 큰 것 같다. 이 지역이 하남위례성이라는 것은 일찍이 정약용이 제기했고 이병도가 이 견해를 따랐으나, 몽촌토성이 발굴되면서 학자들의 관심 밖으로 밀려났다. 그러나 향토사학자들이 그 가능성을 다시 제기했고, 세종대 최정필 교수팀이 이 일대를 조사했는데 궁궐로 보이는 건물터를 비롯한 여러 유적이 확인되었다(정약용, 『여유당전서』 제6집, 「강역고」 권3, 〈위례고〉 ; 이병도, 「위례고」, 『한국고대사연구』, 박영사, 1981, pp. 482~497 ; 이병도, 『국역 삼국사기』, 을유문화사, 1980, p. 352의 주 2) ; 김윤우, 「하북위례성과 하남위례성 고」, 『사학지』 제26집, 단국대 사학회, 1993, pp. 89~103 ; 최정필, 『하남시 교산동일대 문화유적』, 1996 참조).

것으로 보고 그 위치를 오늘날 정릉,[44] 세검정[45] 또는 중랑천변[46] 지역으로 보기도 했다. 백제의 건국지가 하북위례성이었다는 기록은 보이지 않지만 하남위례성으로 도읍을 옮겼다는 기록이 있으므로 그 이전의 도읍은 그곳에 대칭되는 하북위례성이었을 것으로 본 것이다. 그러나 도읍을 옮긴 곳의 이름이 하남위례성이었다고 하여 이전 도읍의 이름이 하북위례성이었다고 단정할 수는 없다. 어쨌든 여기서 중요한 것은 백제의 건국지는 한강 이북에 있었는데 후일의 도읍인 한강 이남의 하남위례성으로 잘못 전해졌다는 것이다.

그리고 앞의 인용문에서 유의해야 할 점은 비류가 온조와 헤어져 미추홀에 가서 자리를 잡았다고 기록되어 있다는 점이다. 따라서 백제 시조가 온조가 아니라 비류였다면 그 건국지는 미추홀이 될 가능성이 있다. 이 점을 분명하게 하기 위해 백제 건국시조를 비류로 본 내용을 전하는 〈시조 온조왕〉조 주석을 보면,

> …… (비류는) 아우 온조와 함께 무리를 거느리고 패수와 대수의 두 강을 건너 미추홀에 가서 살았다고 한다. 『북사』와 『수서』에서 모두 이르기를, 동명의 후손에 구태란 사람이 있어 인신(仁信)에 돈독했다. 처음 대방의 옛 땅에 나라를 세웠는데, 한의 요동태수 공손탁은 딸을 주어 아내로 삼도록 했다. 드디어 동이의 강국이 되었다고 한다.[47]

---

44 정약용, 앞 책.

45 이병도, 「위례고」, 앞 책, pp. 491~497.

46 성주탁, 「한강유역 백제초기 성지연구」, 『백제연구』 14, 1984, p. 128.

47 『삼국사기』 권23, 「백제본기」 〈시조 온조왕〉조의 저자 자신의 주석. "…… 遂與弟率黨類, 渡浿帶二水, 至彌鄒忽以居之, 北史及隋書皆云, 東明之後有仇台, 篤於仁信, 初立國于帶方故地, 漢遼東太守公孫度以女妻之, 遂爲東夷强國."

고 기록하여 백제의 건국지가 미추홀이었다고 했다. 그리고 중국의 『북사』와 『수서』에는 백제의 건국지가 대방의 옛 땅으로 기록되어 있으며, 백제의 건국자는 구태였고 한의 요동태수 공손탁은 딸을 구태와 결혼시켰다고 말하고 있는 것이다.

그런데 중국 사서에 백제의 건국시조로 등장한 구태는 비류와 온조의 친아버지인 우태를 잘못 기록한 것이라는 점과 백제인들이 우태 사당을 도성에 모시고 제사를 지냈으므로 중국인들은 우태를 백제의 건국시조로 잘못 인식했을 것이라는 점을 앞에서 밝힌 바 있다. 그리고 공손탁은 그의 딸을 부여의 위구태(尉仇台)와 결혼시킨 바 있는데 『북사』와 『수서』의 편찬자는 구태(仇台)라는 이름의 유사성 때문에 이들을 혼동하여 백제의 시조와 연결시키는 잘못을 저질렀을 것으로 선학들은 이미 지적한 바 있다.[48]

그러므로 위의 인용문 가운데 중요한 것은 백제의 건국지가 미추홀이었다는 점과 중국 사서에 백제의 건국지가 대방의 옛 땅이었다고 기록되어 있는 점이다. 『삼국사기』 「백제본기」에 실린 백제의 건국에 관한 다른 내용의 두 전설에서 똑같이 비류가 첫 도읍으로 정했던 곳이 미추홀이라고 한 것은 이곳이 백제의 건국지였을 가능성을 말해준다.

그렇다면 대방의 옛 땅은 어느 곳을 말할까? 대방은 두 곳이 있었다. 하나는 동한 말에 공손강(公孫康)이 낙랑군의 남부를 분할하여 설치했던 난하 하류 동부 유역에 있었던 대방군이고,[49] 다른 하나는 황해도 지

48 이병도, 앞 책(1980), p. 355의 역자주 4 참조.

49 『삼국지』 권30, 「동이전」 〈한전〉. "建安中, 公孫康分屯有縣以南荒地爲帶方郡." 둔유현은 낙랑군에 속해 있었던 현 이름으로 대방군은 낙랑군의 남부를 분할하여 설치했는데 낙랑군은 지금의 난하 동부 유역에 있었다. 그러므로 대방군은 난하 하류 동부 유역에 있었음을 알 수 있다.

역에 있었던 대방국이다.[50] 그런데 잘 알려진 바와 같이 백제가 초기에 위치했던 곳은 한반도 남부에 자리하고 있었던 한의 북부 변경 지역이었다. 그리고 백제가 건국하기 전 한의 북쪽에는 대방국이 한과 국경을 접하고 있었다.[51] 따라서 백제가 초기에 자리 잡았던 곳은 대방국과 한의 국경지대로서 그곳은 때에 따라 백제의 영토가 되기도 하고 대방의 영토가 되기도 했을 것이다. 중국 사서에 백제의 건국지가 대방의 옛 땅이었다고 기록된 것은 바로 이러한 이유 때문이었을 것이다.

그런데 한과 대방국의 경계는 멸악산맥이나 임진강으로 상정된다.[52] 그리고 비류와 온조가 남하하는 과정에서 패수와 대수를 건넜다고 했는데 백제시대의 패수는 오늘날 예성강, 대수는 오늘날 임진강으로 추정된다.[53] 그러므로 백제의 건국지는 오늘날 임진강 남부 유역이었을 것이다. 여기서 문제가 되는 것은 미추홀의 위치이다. 『삼국사기』 〈지리지〉

---

50 윤내현, 「최씨낙랑국흥망고」, 『동아시아 연구논총』, 김문경교수 정년퇴임기념, 혜안, 1996, p. 408 ; 이 책의 제1장 Ⅳ 「최씨낙랑국의 건국과 흥망」 참조.

51 『삼국지』 권30, 「동이전」 〈한전〉. "한은 대방의 남쪽에 있는데 동쪽과 서쪽은 바다로 한계를 삼고 남쪽은 왜와 접경하여 영토가 사방 4천 리쯤 된다(韓在帶方之南, 東西以海爲限, 南與倭接, 方可四千里)." 낙랑군이 나뉘어 설치된 대방군은 오늘날 난하 하류 동부 유역에 있었으므로 여기에 나오는 대방은 대방군일 수가 없다. 『삼국사기』 「백제본기」 〈책계왕〉조에는, "고구려가 대방으로 쳐들어오자 대방은 우리에게 구원을 청했다. 이에 앞서 왕은 대방왕의 딸 보과에게 장가들어 부인을 삼았으므로, 이에 이르기를, '대방은 나의 장인과 장모의 국가이니 그 청에 응하지 않을 수 없다.' 하고 드디어 군사를 내어 그들을 구원하니 고구려가 원망했다(高句麗伐帶方, 帶方請救於我. 先是, 王娶帶方王女寶菓爲夫人, 故曰, 帶方我舅甥之國, 不可不副其請, 遂出師救之, 高句麗怨)."는 기록이 있고, 같은 책 「신라본기」 〈기림 이사금 3년〉조에는, "낙랑과 대방 양국이 귀복했다(樂浪·帶方兩國歸服)."는 기록이 있으니, 이러한 기록들은 백제와 신라 가까이에 대방국이 있었음을 알게 해준다.

52 윤내현, 「고조선과 한의 관계」, 『고조선 연구』 하, 만권당, 2016, p. 132~133 참조.

53 이병도, 앞 책(1980), p. 355의 주 1 참조.

에 따르면 인주(仁州)를 미추(彌鄒)라고도 했는데, 본래 고구려의 매소홀현(買召忽縣)이었으며[54] 『동국여지승람』 기록에 따르면 오늘날 인천은 본래 고구려의 매소홀현으로 미추홀이라고도 불렸다.[55] 이에 따라 오늘날 인천을 미추홀로 보는 데는 학자들의 이의가 없는 듯하다.

그렇다면 인천이 백제의 건국지였을까? 비류와 온조가 임진강을 건너 인천에 도착하는 길은 2가지로 생각해볼 수 있다.

하나는 임진강과 한강이 만나 바다로 들어가는 강화도 지역의 하류를 건너는 것으로 이 길은 바로 김포를 지나 인천에 이를 수 있다. 그러나 이곳은 강폭이 너무 넓어 건너기가 쉽지 않다.

다른 하나는 임진강 상류나 한탄강을 건너는 것으로 이 길은 다시 한강을 건너야 인천에 이를 수 있다. 비류와 온조가 임진강 하류를 건넜다면 바로 인천에 도착하여 그곳에서 나라를 건국했겠지만, 임진강 상류나 한탄강을 건넜다면 다시 한강을 건너 인천으로 가서 나라를 세웠다기보다는 한강 북쪽의 임진강 유역에서 나라를 세웠다고 보아야 할 것이다.

그러므로 백제의 건국지에 대해서는 2가지 문제점이 생긴다. 하나는 인천으로 볼 경우, 미추홀이라는 지명은 일치하지만 그곳에 이르는 통로에 문제점이 있고, 다른 하나는 한강 북쪽의 임진강 유역으로 볼 경우, 통로는 합리적인 반면에 미추홀이라는 지명을 확인해야 하는 문제점이 있다. 백제는 대방의 옛 땅에서 건국되었다고 했는데 인천 지역은

---

54 『삼국사기』 권35, 「지리지」 2, 〈율진군〉조. "邵城縣, 本高句麗買召忽縣, 景德王改名, 今仁州(一云慶原買召, 一作彌鄒)."

55 『동국여지승람』 〈인천도호부〉조. "本高句麗買召忽縣(一云彌鄒忽), …… 太宗三年, 改今名."

멸악산맥이나 임진강에서 너무 멀리 떨어져 있어서 대방국 영토에 포함된 적이 있다고 보기는 어렵다. 그리고 백제가 한에게 그 북부 일부를 할양받아 정착했다면 그곳은 한의 변경 지역이었을 것이므로 인천 지역으로 보기는 어렵다.

임진강 유역의 자연지세로 보아 한강과 만나는 하류는 강폭이 넓어 건너기가 쉽지 않았을 것이고, 그 상류나 한탄강은 건너기가 쉬웠을 것이다. 그러므로 비류와 온조가 한강 북쪽의 임진강 유역에서 백제를 건국했을 것으로 본다면 임진강과 한강 사이의 지역에서 미추홀이라는 지명을 찾아야 한다.

그런데 「광개토왕릉비문」에서 한강 이북 지역에 미추성(彌鄒城)이 있었음이 확인된다. 396년(영락 6년)에 고구려의 광개토왕은 백제를 친 적이 있는데, 46개의 백제 성을 공략한 다음 아리수(阿利水 : 오늘날 한강)를 건너 백제의 도성을 쳤다. 이때 공략한 46개의 성 가운데 22번째로 미추성이 등장한다.[56]

고구려는 북쪽에서 남하하여 오늘날 한강 남부 유역에 있었던 백제의 도성을 쳤으므로 미추성은 당연히 한강 북쪽에 있어야 하는 것이다. 이 미추성 지역이 백제의 건국지였을 것이다. 요즈음 임진강과 한탄강 유역의 성터들이 조사되고 있으므로 이러한 성터들의 성격이 구체적으로 밝혀지면 백제 건국지의 실체도 드러날 것이다.

---

56 「광개토왕릉비문」 〈영락 6년 백제정벌〉조 참조. 여기에 나오는 미추성을, 미추홀에 대한 그동안의 일반적인 견해에 따라 오늘날 인천으로 보는 견해(박시형, 『광개토왕릉비』, 사회과학원출판사, 1966, pp. 177~178)가 있으나 광개토왕 군대의 진군 방향으로 보아 인천일 수는 없다.

4. 백제의 성장과 변천

백제의 역사는 대략 네 시기로 구분된다. 제1기는 비류와 온조 일행이 고구려에서 남하하여 한의 서북부 국경 지역의 미추홀에 도읍했던 시기로 건국기라고 할 수 있으며, 제2기는 하남위례성에 도읍했던 시기로 기반 구축기라고 할 수 있다. 제3기는 웅진에 도읍했던 시기로 안정 추구기라고 할 수 있고, 제4기는 사비에 도읍했던 시기로 중흥기라고 할 수 있다.

『삼국사기』「백제본기」에 따르면 백제는 건국 뒤 바로 온조왕 원년에 동명왕묘를 세운 것으로 되어 있다. 백제 왕실의 혈통은 부여계였으므로 백제 왕실에서 세운 동명왕묘에는 부여의 건국시조인 동명왕이 모셔졌을 것인데 『삼국사기』「백제본기」에는 이후 동명왕묘에 배알했다는 기록이 자주 나온다. 이는 시조신을 통해 최고신인 하느님과 교감을 갖고자 했던 것으로 종교적으로 중요한 의미가 있다. 백제 왕실에서는 동명왕묘에서 자신들의 시조신을 통해 최고신인 하느님에게 건국을 알리고 보우(保佑)와 안녕을 빌어 신의 계보를 형성시켰던 것이다. 그리고 시조신을 통해 고조선시대에 이미 한민족의 최고신으로 자리잡은 하느님과 교감함으로써 하느님의 대리자로서 지상을 다스리고자 했음을 의미하는 것이다.

백제가 미추홀에 도읍하고 있었던 건국 초에는 북방의 말갈과 낙랑 등의 침입으로 어려운 처지에 있었다.[57] 이러한 상황에서 아직 기반이

---

57 『삼국사기』 권23, 「백제본기」 〈시조 온조왕 2년〉조와 〈13년〉조에는 온조왕이 신하들에게 북쪽의 말갈과 낙랑을 경계하는 말을 했다고 기록되어 있고, 〈3·8·10·11년〉조에는 말갈이 백제를 침입했음을 알게 하는 기록이 보이는데, 〈11년〉조의 침입 기사에는

튼튼하지 않은 데다 마한에게 영토 일부를 할양받아 건국한 백제였기 때문에 마한에 대해서는 공손한 태도를 보였다. 온조왕 10년에 신록(神鹿)을 잡아 마한에 보낸 것[58]은 이러한 사정을 알게 해준다. 온조왕은 불안한 환경을 벗어나 나라의 기틀을 튼튼히 하기 위해 하남위례성으로 도읍을 옮기기로 결심했다.

『삼국사기』「백제본기」〈시조 온조왕 13년〉조에,

> 왕이 신하들에게 이르기를, "우리나라의 동쪽에는 낙랑이 있고 북쪽에는 말갈이 있어 영토를 침략해 오므로 편안한 날이 적다. 하물며 이제 불길한 징조가 자주 나타나고 국모가 돌아가시니 스스로 편안할 수 없는 형세라 반드시 나라를 옮겨야 하겠다. 내가 어제 나아가 한수의 남쪽을 순수(巡狩)했는데 땅이 기름져서 마땅히 그곳에 도읍을 정하고 오랫동안 편안할 계책을 강구할 것이다."라고 했다.[59]

고 기록되어 있는 것은 당시의 상황을 알게 해준다. 온조왕은 마한에 사신을 보내 도읍을 옮기겠다고 보고하고 아울러 영역을 획정했는데 북쪽은 패하(浿河 : 오늘날 예성강), 남쪽은 웅천(熊川 : 오늘날 안성천), 서쪽은 바다, 동쪽은 주양(走壤 : 오늘날 춘천)에 이르렀다.[60] 마한에게 천도와

낙랑이 말갈을 사주한 것으로 되어 있다.

58 『삼국사기』 권23, 「백제본기」 〈시조 온조왕 10년〉조. "秋九月, 王出獵獲神鹿, 以送馬韓."

59 『삼국사기』 권23, 「백제본기」 〈시조 온조왕 13년〉조. "王謂臣下曰, 國家東有樂浪, 北有靺鞨, 侵軼疆境, 少有寧日. 況今妖祥屢見, 國母棄養, 勢不自安, 必將遷國. 予昨出巡觀漢水之南, 土壤膏腴, 宜都於彼, 以圖久安之計."

60 『삼국사기』 권23, 「백제본기」 〈시조 온조왕 13년〉조. "八月, 遣使馬韓告遷都, 遂畫定疆場, 北至浿河, 南限熊川, 西窮大海, 東極走壤."

영역 획정에 대해 양해를 얻은 백제는 서기전 5년(온조왕 14년)에 도읍을 하남위례성으로 옮겼다.[61]

하남위례성으로 도읍을 옮긴 온조왕은 우선 마을들을 돌아보고 백성을 위로하면서 농사에 힘쓰도록 격려했으며,[62] 한강의 서북에 성을 쌓고 한성의 주민들을 나누어 안전하게 거주하도록 했다.[63] 그리고 다음 해에는 궁궐을 신축했는데 검소하면서도 누추하지 않고 아름다우면서도 사치스럽지 않게 했다.[64] 이렇게 백성을 먼저 돌보고 궁궐을 지은 것이라든가 검소한 것 등은 모든 사람에게 이익이 되도록 해야 한다는 한민족의 홍익인간 이념이 백제의 정치에 계승되었기 때문이다.

백제는 하남위례성으로 도읍을 옮긴 뒤에도 초기에는 계속 낙랑과 말갈의 침입을 받았고 사회가 아직 안정되지 않았기 때문에 한에 순종하는 형식을 취하고 있었다. 백제는 말갈의 추장 소모(素牟)를 사로잡아 마한에 보낸 적이 있는데[65] 이것은 그러한 당시 상황을 알게 해준다. 백제가 신록을 잡아 마한에 보낸 것, 천도 계획과 영역 획정을 사전에 마한에 보고한 것, 말갈 추장 소모를 사로잡아 마한에 보낸 것 등은 백제가 초기에는 한의 거수국과 같은 위치에 있었음을 말해준다.

그러나 백제는 나라의 기초가 어느 정도 마련되자 웅지를 드러내기 시작했다. 2년(온조왕 20년)에 큰 제단을 쌓고 하느님과 토지신에게 제

---

61 『삼국사기』 권23, 「백제본기」 〈시조 온조왕 14년〉조. "春正月, 遷都."

62 『삼국사기』 권23, 「백제본기」 〈시조 온조왕 14년〉조. "二月, 王巡撫部落, 務勸農事."

63 『삼국사기』 권23, 「백제본기」 〈시조 온조왕 14년〉조. "秋七月, 築城漢江西北, 分漢城民."

64 『삼국사기』 권23, 「백제본기」 〈시조 온조왕 15년〉조. "春正月, 作新宮室, 儉而不陋, 華而不侈."

65 『삼국사기』 권23, 「백제본기」 〈시조 온조왕 18년〉조. "冬十月, 靺鞨掩至, 王帥兵逆戰於七重河, 虜獲酋長素牟送馬韓."

사를 지냈는데[66] 이는 최고신인 하느님과 지상신을 결합시켜 신의 계보를 확립한 것이다. 그리고 백제의 왕이 직접 하느님과 교감하여 하느님의 대리자로서 지상의 관리자가 되고자 했다고 보아야 한다. 그러한 온조왕의 뜻은 6년 뒤인 8년에 현실로 나타났다.

『삼국사기』「백제본기」〈온조왕 26년〉조에 따르면,

> 왕은 말하기를, "마한은 점점 쇠약해지고 상하의 인심이 이반하니 능히 오래 지탱하지 못할 형세이다. 만일 남에게 빼앗긴다면 입술이 없어지면 이가 시린 것과 같은 격이 될 것이니 그때는 후회하더라도 이미 늦을 것이다. 남보다 먼저 마한을 취하여 후환을 면함만 같지 못할 것이다."라고 했다.[67]

는 것이다. 그리고 몰래 군사를 내어 마한을 쳐서 그 국읍을 차지했으나 원산과 금현 두 성은 항복을 받지 못했는데,[68] 다음 해에 이들에게도 항복을 받아 그 성의 주민들을 한산(오늘날 남한산) 북쪽으로 이주시켜 백제는 마한의 중심부까지 차지하게 되었다.[69]

---

66 『삼국사기』 권23, 「백제본기」 〈시조 온조왕 20년〉조. "春二月, 王設大壇, 親祠天地."

67 『삼국사기』 권23, 「백제본기」 〈시조 온조왕 26년〉조. "秋七月, 王曰, 馬韓漸弱, 上下離心, 其勢不能久, 儻爲他所幷, 則脣亡齒寒, 悔不可及, 不如先人而取之, 以免後艱."

68 『삼국사기』 권23, 「백제본기」 〈시조 온조왕 26년〉조. "冬十月, 王出師陽言田獵, 潛襲馬韓, 遂幷其國邑, 唯圓山·錦峴二城, 固守不下."

69 『삼국사기』 권23, 「백제본기」 〈시조 온조왕 27년〉조. "여름 4월에 두 성의 항복을 받고 그 주민을 한산 북쪽으로 이주시켜 마한은 마침내 멸망했다(夏四月, 二城降, 移其民於漢山之北, 馬韓遂滅)."고 하여 이때 마한이 멸망한 것처럼 기록되어 있지만, 이후에도 마한의 일부를 포함한 한은 존속하고 있었음이 분명하므로 백제가 마한의 중심부인 국읍 지역을 차지한 것을 그렇게 표현한 것으로 생각된다.

온조왕 시기에 이미 마한을 치고 그 중심부까지 차지한 것을 보면 백제는 처음부터 독립국가를 건설할 생각을 하고 있었으며 초기에 한의 거수국으로 있었던 것은 그 기틀을 마련하기까지의 방편이었던 것으로 생각된다. 넓은 영토를 확보하여 국가의 기틀을 확고히 한 온조왕은 10년(온조왕 28년)에는 맏아들 다루(多婁)를 태자로 삼아 장자상속법 원칙을 세웠다. 13년에는 전국을 남부와 북부로 나누었다가[70] 2년 뒤인 15년에는 다시 동부와 서부를 설치하여[71] 전국을 동부·서부·남부·북부 등 4부의 행정구역으로 나누었다. 백제는 온조왕 때에 이미 그 영토가 오늘날 전라북도 정읍에 이르렀다.[72]

28년에 온조왕이 사망하고 다루왕이 즉위했는데 33년(다루왕 6년)에 왕은 남부의 주(州)와 군(郡)에 명령을 내려 대대적으로 논을 만들었

70 『삼국사기』 권23, 「백제본기」 〈시조 온조왕 31년〉조. "春正月, 分國內民戶爲南北部."

71 『삼국사기』 권23, 「백제본기」 〈시조 온조왕 33년〉조. "秋八月, 加置東西二部."

72 『삼국사기』 권23, 「백제본기」 〈시조 온조왕 36년〉조에는, "8월에 원산과 금현의 두 성을 수리하고 고사부리성을 쌓았다(八月, 修葺圓山·錦峴二城, 築古沙夫里城)"고 했는데, 고사부리는 오늘날 전라북도 정읍군 고부를 말한다. 정읍군 고부면 고부리에는 돌로 쌓은 고려시대의 산성이 있는데 일명 고부산성이라고 한다. 이 산성은 고려 현종 때 쌓은 것으로 추정되지만 그 안에서 고려시대와 조선시대의 기와 조각은 물론, 백제계와 신라계의 토기 조각도 출토되었다. 이로 보아 이 성은 원래 백제가 쌓아 사용하던 것을 고려시대에 증개축한 것으로 보인다. 지금까지 일부 학자들은 백제가 온조왕 때 이렇게 넓은 영토를 차지했다는 것은 불가능할 것으로 보고, 백제가 고사부리성을 쌓은 것은 온조왕 시기보다 훨씬 후대의 사실일 것으로 보았다. 그러나 한(韓)은 당시 각 지역에 거수국을 거느린 지방분권적인 국가였을 뿐만 아니라 고조선시대부터 한반도 남부에 있어서 별로 전쟁을 경험하지 않았다. 반면 백제 지배층은 원래 고조선과 위만조선, 고조선과 서한 등의 전쟁을 체험한 북부 지역에 거주했던 사람들일 뿐만 아니라 남쪽으로 이주하는 과정에서도 어려움을 많이 겪었을 것이고, 백제는 건국 초부터 중앙집권국가였으므로 결속력과 의지가 강한 군대를 가지고 있었을 것이다. 이러한 당시 상황은 백제가 넓은 영토를 쉽게 차지할 수 있도록 만들었을 것이다.

다.[73] 이로써 백제는 쌀 생산을 크게 늘릴 수 있게 되었다.

이렇게 발전을 거듭하여 경제적으로 풍요롭고 부강한 나라로 성장한 백제는 고이왕 때에 이르러 안으로는 경제 기반을 더욱 튼튼히 하고 밖으로는 신라를 견제하면서 중국 지역으로 세력을 확장하는 한편, 관제를 정돈하고 법령을 엄격히 하여 국가기강을 바로세우고자 했다.

242년(고이왕 9년)에 국가적인 사업으로 남택(南澤) 지역을 개간하여 논을 만들어[74] 경제 기반을 튼튼히 하면서 신라를 제압했다.[75] 246년(고이왕 13년)에 중국 위나라의 유주자사 관구검은 낙랑태수 유무, 대방태수 궁준(弓遵)과 더불어 고구려를 침략했는데, 고이왕은 위나라의 후방이 비어 있는 틈을 이용하여 좌장 진충을 보내 낙랑군의 변경을 습격하고 그곳 주민을 빼앗았다.[76] 낙랑군은 오늘날 난하 동부 유역에 있었으므로 위의 사실은 백제가 이 시기에 오늘날 북경과 천진 지역에 진출했음을 알게 해준다. 이후 백제는 산동성과 강소성, 절강성까지 그 세력을

---

73 『삼국사기』 권23, 「백제본기」 〈다루왕 6년〉조. "二月, 下令國南州郡, 始作稻田." 이때 백제는 도전(稻田), 즉 논을 개간했는데, 이 기록은 백제가 처음으로 논을 만들었음을 알게 하는 것이며, 이 시기부터 본격적인 농업을 했을 것으로 보는 견해가 있으나 그것은 잘못이다. 한반도에서는 신석기시대에 이미 농업이 시작되었고, 서기전 3000년 무렵에 이미 벼농사를 지었음이 일산과 김포 지역의 유적 발굴에서 확인되었다. 따라서 백제는 이 시기에 상당히 발달한 벼농사 단계에 진입해 있었을 것이며 이에 따라 각지에 벼농사를 위한 논도 있었을 것이다. 이렇게 볼 때 다루왕이 남부의 주와 군에 논을 만들도록 명령을 내린 것은 국가 차원에서 대대적으로 생산 증대를 위한 농토 개간 사업을 벌였음을 알게 하는 것이다.

74 『삼국사기』 권24, 「백제본기」 〈고이왕 9년〉조. "春二月, 命國人開稻田於南澤." 남택이 지명인지 남쪽의 큰 연못이라는 뜻인지 분명하지 않다.

75 고이왕은 240·255·266·272·278·283년에 신라를 침공했다.

76 『삼국사기』 권24, 「백제본기」 〈고이왕 13년〉조. "秋八月, 魏幽州刺史毌丘儉與樂浪太守劉茂·朔(帶)方太守王(弓)遵伐高句麗, 王乘虛遣左將眞忠, 襲取樂浪邊民, 茂聞之怒, 王恐見侵討, 還其民口."

확장하여 수나라가 중국을 통일하기 직전까지 중국 동부 해안 지역을 지배했다.[77]

백제는 260년(고이왕 27년)에 관제와 신분제를 엄격하게 정돈했다. 백제는 그동안의 국력 신장과 사회 발전에 따라 그에 걸맞은 관제와 신분제를 확립할 필요가 있었던 것이다. 그 내용을 보면,

> (고이왕) 27년 정월에 내신좌평(內臣佐平)을 설치하여 선납(宣納 : 왕명의 출납)에 관한 일을 맡고 내두좌평(內頭佐平)은 고장(庫藏 : 재정)에 관한 일을 맡고, 내법좌평(內法佐平)은 예의(禮儀 : 의전)에 관한 일을 맡고 위사좌평(衛士佐平)은 숙위병(宿衛兵 : 친위병)에 관한 일을 맡고, 조정좌평(朝廷佐平)은 형옥(刑獄 : 사법)에 관한 일을 맡고 병관좌평(兵官佐平)은 외방(外方)의 병마(兵馬 : 군사)에 관한 일을 맡도록 했다. 또 달솔(達率)·은솔(恩率)·덕솔(德率)·한솔(扞率)·나솔(奈率) 및 장덕(將德)·시덕(施德)·고덕(固德)·계덕(季德)·대덕(對德)·문독(文督)·무독(武督)·좌군(佐軍)·진무(振武)·극우(克虞)를 두었다. 6좌평은 모두 1품이요, 달솔은 2품, 은솔은 3품, 덕솔은 4품, 한솔은 5품, 나솔은 6품, 장덕은 7품, 시덕은 8품, 고덕은 9품, 계덕은 10품, 대덕은 11품, 문독은 12품, 무독은 13품, 좌군은 14품, 진무는 15품, 극우는 16품이었다. 2월에 명령을 내려 6품 이상은 자색을 입고 은으로 만든 꽃으로 관을 장식하며, 11품 이상은 비색을 입고, 16품 이상은 청색을 입게 했다.[78]

---

77 백제의 중국 동부 지역 진출에 관해서는 필자의 「백제의 중국 동부 지배」, 『전통과 현실』 7호, 고봉학술원, 1996 참조.

78 『삼국사기』 권24, 「백제본기」 〈고이왕〉조. "二十七年, 春正月, 置內臣佐平掌宣納事, 內頭佐平掌庫藏事, 內法佐平掌禮儀事, 衛士佐平掌宿衛兵事, 朝廷佐平掌刑獄事, 兵官佐平掌外兵馬事. 又置達率·恩率·德率·扞率·奈率·及將德·施德·固德·季

고 기록되어 있으며, 왕은 자대수포(紫大袖袍)와 청금고(青錦袴)를 입고 금화식오라관(金花飾烏羅冠)을 쓰고 소피대(素皮帶)를 두르고 오위리(烏韋履)를 신고 남당(南堂)에 앉아 정무를 보았다고 한다.[79] 관직을 정돈하고 품계를 정했으며 왕은 물론 관리들도 품계에 따라 정해진 색깔의 옷을 입도록 하여 신분제를 확립하고 그에 따른 권위를 세우고자 했던 것이다. 이는 왕권과 신분제가 매우 강화되었음을 알게 해준다.

고이왕은 또 중앙권력이 강해지고 사회가 발전하면서 물질에 대한 관심이 높아져 부패한 관리들이 나타나자 이를 막기 위해 엄격한 법령을 반포했다.

> (고이왕은) 29년 봄 정월에 명령을 내려 무릇 관리로서 재물을 받은 자와 도적질한 자는 장물의 3배를 벌금으로 물리고 종신금고에 처하도록 했다.[80]

뇌물을 받은 관리를 도적질한 자와 대등하게 처벌하고 받은 뇌물의 3배를 벌금으로 물게 하고 종신금고형에 처하도록 했다는 것이니 부패한 관리를 매우 엄중하게 처벌하고자 했음을 알 수 있다. 관리에 대한 정풍과 쇄신이 이루어지고 있었던 것이다.

德·對德·文督·武督·佐軍·振武·克虞. 六佐平並一品, 達率二品, 恩率三品, 德率四品, 扞率五品, 奈率六品, 將德七品, 施德八品, 固德九品, 季德十品, 對德十一品, 文督十二品, 武督十三品, 佐軍十四品, 振武十五品, 克虞十六品. 二月, 下令六品已上服紫, 以銀花飾冠, 十一品已上服緋, 十六品已上服青."

79 『삼국사기』 권24, 「백제본기」 〈고이왕〉조. "二十八年, 春正月, 初吉, 王服紫大袖袍, 青錦袴, 金花飾烏羅冠, 素皮帶烏韋履, 佐南聽事."

80 『삼국사기』 권24, 「백제본기」 〈고이왕〉조. "二十九年, 春正月, 下令, 凡官人受財及盜者, 三倍徵贓, 禁錮終身."

일부 학자들은 위의 기록을 백제가 처음으로 법을 제정하여 반포한 것이라고 보고 이에 근거하여 백제의 건국 시기를 고이왕 시대로 보기도 했다. 그러나 그러한 견해는 잘못된 것이다. 한민족은 고조선시대에 이미 법을 가지고 있었고[81] 백제가 건국되기 전 한에도 준엄한 법이 있었다.[82] 그러므로 당연히 백제에는 건국 초부터 법이 시행되고 있었다고 보아야 할 것이다. 백제가 건국되기 전에도 이미 그 지역에는 법에 따라 다스려지는 국가가 있었는데 그 뒤를 이은 백제에 법이 없었다는 논리는 성립될 수 없다.

『삼국사기』「백제본기」〈온조왕 2년〉조에는 왕족 을음(乙音)을 우보(右輔)라는 관직에 제수하여 병마(兵馬)에 관한 일을 맡겼고,[83] 전국의 민호(民戶)를 동·서·남·북 4부의 행정구역으로 나누었다고 기록되어 있다.[84] 이러한 관직과 행정구역을 설치 운영하기 위해서는 그것을 뒷받침할 법이 존재해야 한다. 따라서 백제에는 건국 초부터 이미 법이 존재했을 것이다.

앞에서 인용한 〈고이왕〉조의 기록은 백제가 처음으로 법을 시행했음을 말한 것이 아니라 앞에서 언급한 바와 같이 부패한 관리를 엄격히 다스려 문란해진 국가기강을 바로잡기 위한 조처였음을 말해주는 것이다. 부패한 관리는 국가권력이 강대해지면서 출현한다. 그러므로 이 시

---

81 『한서』「지리지」에는 기자가 망명한 시기인 서기전 1100년 무렵에 고조선에 범금 8조의 법이 있었다고 기록되어 있는데 이는 널리 알려진 사실이다.

82 『후한서』「동이열전」과 『삼국지』「동이전」의 〈한전〉 '변진'조 참조.

83 『삼국사기』 권23, 「백제본기」 〈시조 온조왕〉조. "二年, …… 三月, 王以族父乙音有智識膽力, 拜爲右輔, 委以兵馬之事." 우보(右輔)·좌보(左輔) 등에 관한 기사는 이후에도 여러 차례 나온다.

84 주 70·71 참조.

대에 백제는 이미 부패한 관리가 많이 나올 정도로 국가권력이 매우 강대해졌고 사회와 경제가 발전해 있었다고 보아야 할 것이다.

개혁정치로 국력을 튼튼히 한 고이왕의 뒤를 이은 책계왕과 분서왕은 한편으로는 고구려의 침략에 대비하면서[85] 다른 한편으로는 오늘날 북경과 천진 지역에 확보한 백제의 영토를 확장하는 데 주력했다. 그 과정에서 책계왕은 오늘날 난하 유역에서 전쟁하다 사망했고,[86] 분서왕은 낙랑군의 서쪽 현을 차지했으나 낙랑군의 태수가 보낸 자객에게 살해되었다.[87] 중국 지역의 공략에서 두 번이나 왕이 사망하는 시련을 겪은 뒤 즉위한 비류왕은 국내의 안정에 주력했다. 사람들을 파견하여 백성들의 어려움을 알아보고 그것을 해결하려고 노력했는데, 홀아비와 홀어미·고아·독신자로서 자활능력이 없는 사람들에게는 곡식을 나누어주어 생계를 유지하도록 했다.[88]

이렇게 백제가 성장하고 사회가 안정되자 신라는 백제에 사신과 예물을 보냈다.[89] 이에 대한 답례로 백제는 366년 신라에 사신을 보냈고,[90] 2년 뒤에는 좋은 말 두 필을 보냈다.[91] 이러한 사실은 신라보다는 백제에서 좋은 말이 생산되었음을 알게 해주는데 아마도 이 말들은 종마로 사용되었을 것이다. 말은 지배층의 탈것으로도 사용되었지만 전쟁용으로 사용되었으므로 이러한 말을 선물로 보냈다는 것은 백제가 신라와

---

85 『삼국사기』 권24, 「백제본기」 〈책계왕〉조. "高句麗怨, 王慮其侵寇, 修阿且城, 蛇城備之."
86 『삼국사기』 권24, 「백제본기」 〈책계왕 13년〉조.
87 『삼국사기』 권24, 「백제본기」 〈분서왕 7년〉조.
88 『삼국사기』 권24, 「백제본기」 〈비류왕 9년〉조.
89 『삼국사기』 권24, 「백제본기」 〈비류왕 34년〉조.
90 『삼국사기』 권24, 「백제본기」 〈근초고왕 21년〉조.
91 『삼국사기』 권24, 「백제본기」 〈근초고왕 23년〉조.

우의를 돈독히 하고자 했음을 알게 해준다.

이 시기에 고구려는 오늘날 요서 지역에 있었던 한사군을 완전히 몰아내고 그 지역의 고조선 옛 땅을 모두 수복한 뒤 백제와 신라를 통합하기 위해 진출 방향을 남쪽으로 잡고 있었다. 369년(백제 근초고왕 24년, 고구려 고국원왕 39년)에 고구려가 보병과 기병 2만 명으로 백제를 침공했는데 태자 근구수가 이를 맞아 싸워 고구려군을 크게 이기고 5,000여 명을 포로로 붙잡아 장군과 장교들에게 나누어주었다.[92] 2년 뒤에도 고구려군이 다시 침공해 왔는데 이를 격파한 뒤 근초고왕은 태자와 함께 3만 명의 병사를 이끌고 고구려의 평양성을 공격했다. 이때 고구려의 고국원왕은 백제군의 화살에 맞아 사망했다.[93] 또한 근초고왕은 박사 고흥으로 하여금 『서기』를 편찬하도록 하여[94] 왕실의 권위를 세우고 정통성과 신성성을 강화했다.

384년(침류왕 원년)에는 동진(東晉)에서 온 불교 승려 마라난타(摩羅難陀)를 맞아 왕실부터 불교를 받들기 시작했는데,[95] 다음 해에는 한산에 절을 짓고 10명의 승려를 두었다.[96] 불교가 왕실과 지배귀족들에게 지지를 얻게 된 것은 그 교리 가운데 윤회와 업보 사상이 왕과 귀족의

---

92 『삼국사기』 권24, 「백제본기」 〈근초고왕 24년〉조. "秋九月, 高句麗王斯由帥步騎二萬, 來屯雉壤, 分兵侵奪民戶, 王遣太子以兵徑至雉壤, 急擊破之, 獲五千餘級, 其虜獲分賜將士."

93 『삼국사기』 권24, 「백제본기」 〈근초고왕 26년〉조. "高句麗擧兵來, 王聞之伏兵於浿河上, 俟其至急擊之, 高句麗兵敗北, 冬, 王與太子帥精兵三萬, 侵高句麗攻平壤城, 麗王斯由力戰拒之, 中流矢死."

94 『삼국사기』 권24, 「백제본기」 〈근초고왕 30년〉조.

95 『삼국사기』 권24, 「백제본기」 〈침류왕〉조. "九月, 胡僧摩羅難陀自晉至, 王迎之致宮內禮敬焉, 佛法始於此."

96 『삼국사기』 권24, 「백제본기」 〈침류왕〉조. "二年, 春二月, 創佛寺於漢山, 度僧十人."

현실적 신분지위를 뒷받침해주는 합리적 논리를 제공해주었기 때문이었다. 그들의 현실적 사회지위는 전생에 좋은 일을 한 업보로 얻어졌다 하니, 이러한 불교 교리는 귀족신분제의 지배구조를 확고히 하는 데 크게 도움이 되었던 것이다.

침류왕이 사망하자 왕위 계승을 둘러싸고 백제 왕실에서는 심한 갈등이 일어났다. 태자 아신이 너무 어려 그의 숙부가 왕위를 찬탈하여 진사왕이 되었던 것이다.[97] 이러한 혼란을 틈타 북쪽의 고구려와 말갈이 백제를 침략하여 관미성을 차지하는 등 타격을 입혔다. 아신은 성장하여 왕위를 회복하고 국내의 기강을 세우려고 노력하는 한편 왜와의 관계도 증진시켰다. 아신왕은 아직기(阿直岐)를 사신으로 보내면서 좋은 말 두 필을 왜에 보냈는데, 아직기는 왜의 태자 우지노와키이라스코(菟道稚郎子)에게 경전을 가르쳤다. 그다음 해에는 왕인(王仁)을 보내 『논어』와 『천자문』을 전했는데, 그는 왜 태자의 스승이 되어 모든 전적을 가르쳤다. 진모진(眞毛津)이라는 봉의공녀(縫衣工女), 탁소(卓素)라는 야공(冶工), 서소(西素)라는 직조공(織造工) 등도 보내 진보된 백제 문물을 왜에 전했다.[98]

그러나 아신왕은 고구려 광개토왕의 강력한 남진정책에 부딪혀 수천

---

97 『삼국사기』 권24, 「백제본기」 〈진사왕〉조에는, "태자의 나이가 어리므로 숙부 진사가 즉위했다."고 기록되어 있으나 『일본서기』 「진구기(神功紀)」 〈65년〉조에는, "왕자 아화(阿花 : 阿莘)가 나이 어리므로 숙부 진사가 찬탈하여 왕이 되었다."고 기록되어 있다.

98 『삼국사기』 권25, 「백제본기」 〈아신왕 11년〉조 ; 『일본서기』 권10, 〈오진 천황(應神天皇) 14·16년〉조 ; 『고사기(古事記)』 중권, 〈오진 천황〉조 참조. 『일본서기』의 연대는 120년(2주갑)이 올라가 있으므로 오진 천황 14년(계묘)에서 이를 삭제하면 아신왕 12년(계묘)이 된다. 그리고 『고사기』에는 아직기를 아지길사(阿知吉師), 왕인을 화이길사(和邇吉師)라 했다. 이때 왕인이 전달한 『천자문』은 종요(鍾繇)가 지은 것인 듯하다.

명의 병사를 잃고[99] 남녀 포로 1,000명과 세포(細布) 1,000필을 바치고 고구려의 노객(奴客)이 되겠다는 맹세를 하는 수모를 겪어야 했다. 이때 백제는 고구려에 58개의 성과 700개의 마을을 빼앗겼고 아신왕의 아우와 대신 10명이 볼모로 잡혀갔다.[100] 이러한 상황에서 아신왕이 사망한 뒤 백제 왕실에서는 또다시 왕위 계승을 둘러싸고 갈등이 있었다. 이후 백제는 도읍인 한성을 고구려에 빼앗기기까지 현상 유지 정도에 머물러 있었다.

백제의 개로왕은 북위와 연합하여 고구려를 협공하고자 사신을 파견했으나 북위가 동의하지 않아 뜻을 이루지 못했다.[101] 거기에다 고구려의 장수왕이 파견한 밀정인 도림(道琳)에게 속아 큰 성을 쌓고 그 안에 장엄하고 화려한 궁실과 누각·대사(臺榭) 등을 짓고 부왕의 능을 웅장하게 꾸몄는데, 이 때문에 원성이 높아졌다.[102] 이 기회를 이용하여 침공한 고구려 장수왕의 군대에게 도읍인 한성은 포위되고 개로왕은 살해되었다.[103]

개로왕의 뒤를 이은 문주왕은 다시 한성을 회복했으나 그곳에 더 도읍하는 것이 유리하지 않다고 판단하여 도읍을 웅진(오늘날 공주)으로 옮겼다.[104] 웅진시대 초기의 백제는 정국이 매우 불안했다. 왕실과 대귀족들 사이에 갈등이 매우 심하여 권력을 장악하고 있던 병관좌평 해구

---

99 『삼국사기』 권25, 「백제본기」 〈아신왕 4년〉조.

100 「광개토왕릉비문」 〈영락 6년〉조. "百殘王困逼, 獻出男女生口一千人, 細布千匹, 歸王自誓, 從今以後, 永爲奴客."

101 『삼국사기』 권25, 「백제본기」 〈개로왕 18년〉조. "王以麗人屢犯邊鄙, 上表乞師於魏, 不從, 王怨之, 遂絶朝貢."

102 『삼국사기』 권25, 「백제본기」 〈개로왕 21년〉조 참조.

103 위와 같음.

104 『삼국사기』 권26, 「백제본기」 〈문주왕 원년〉조.

(解仇)가 문주왕을 살해하는 사태가 발생했고,[105] 그 뒤를 이은 삼근왕은 불과 13세의 어린 나이에 즉위했으나 3년 만에 사망하고 말았다.[106]

동성왕이 즉위하여 대내적으로는 국가기강을 바로잡고 군민(軍民)을 위문하는 등 정치적 안정을 꾀하면서,[107] 대외적으로는 중국의 남제(南齊)에 사신을 보내 교류를 갖고 우의를 돈독히 했다.[108] 그리고 신라의 이찬 비지(比智)의 딸을 왕비로 맞아[109] 동맹관계를 강화하여 국력이 성장하고 나라의 기반이 점차 튼튼해졌다. 그러나 위사좌평 백가(苩加)의 세력을 꺾으려다 그가 보낸 자객에게 살해되었다.[110]

동성왕의 뒤를 이은 무령왕은 백가의 반란을 평정하고[111] 떠돌이 생활을 하는 사람들을 정착시켜 농사를 짓도록 함으로써 사회를 안정시켰다.[112] 그리고 선왕이 닦은 기반 위에서 고구려와 말갈의 침공을 격퇴하여 군사적으로 고구려를 능가하는 강국이 되었다.[113] 중국 남조(南朝)의 양(梁)나라와도 관계를 돈독히 하여 그곳에서 사지절도독백제제군사영동대장군(使持節都督百濟諸軍事寧東大將軍) 칭호를 받기도 했다.[114] 공주에서 발굴된 무령왕릉에서는 화려한 유물이 많이 출토되었는데 이것은 당시 백제의 국력과 사회경제 수준을 알게 해준다.[115]

---

105 『삼국사기』 권26, 「백제본기」 〈문주왕 4년〉조.
106 『삼국사기』 권26, 「백제본기」 〈삼근왕 3년〉조.
107 『삼국사기』 권26, 「백제본기」 〈동성왕 원년〉조.
108 『삼국사기』 권26, 「백제본기」 〈동성왕 6년〉조.
109 『삼국사기』 권26, 「백제본기」 〈동성왕 15년〉조.
110 『삼국사기』 권26, 「백제본기」 〈동성왕 23년〉조.
111 『삼국사기』 권26, 「백제본기」 〈무령왕 원년〉조.
112 『삼국사기』 권26, 「백제본기」 〈무령왕 10년〉조.
113 『삼국사기』 권26, 「백제본기」 〈무령왕 2·3·7·12년〉조 참조.
114 『삼국사기』 권26, 「백제본기」 〈무령왕 21년〉조.
115 문화재관리국, 『무령왕릉』 발굴조사보고서, 문화공보부 문화재관리국, 1973.

무령왕의 뒤를 이은 성왕은 도읍을 사비(오늘날 부여)로 옮기고 나라 이름을 남부여로 고쳤다.[116] 이는 국가의 중흥을 꾀한 성왕의 의지 표현이었다. 성왕은 중국 남조의 양나라와 교류를 더욱 증진시켜 그곳에서 지절도독백제제군사수동장군백제왕(持節都督百濟諸軍事綏東將軍百濟王)이라는 칭호를 받았으며,[117] 신라와 연합하여 고구려의 침략을 막기도 하고[118] 장군 달사(達已)를 보내 고구려의 도살성(道薩城)을 빼앗기도 했다.[119] 성왕은 신라·가야와 연합하여 고구려군을 한강 유역에서 몰아내고 백제는 한강 하류 유역을, 신라는 한강 상류 유역을 차지했으며,[120] 백제 공주가 신라에 시집가는 등[121] 백제와 신라의 관계가 매우 우호적으로 진행되는 듯했다. 그러나 그 말년에 신라가 배신하여 백제의 동북변을 차지하자 성왕은 이에 대한 보복으로 신라를 공략하는 과정에서 사망했다.[122]

성왕의 뒤를 이어 왕위에 오른 위덕왕은 중국의 남조[당시 진(陳)]와는 물론 북조[당시 북제(北齊)]와도 우호관계를 맺었는데 북제는 위덕왕에게 사지절도독동청주제군사동청주자사(使持節都督東靑州諸軍事東靑州刺史)라는 작위를 내렸다.[123] 이는 백제가 동청주[東靑州 : 오늘날 산동성 즉묵(卽墨) 지역]를 지배하고 있던 당시 상황을 승인한 것이었다. 백제는 일찍이 고이왕 때(245년) 중국 동북부에 진출한 뒤 영역을 남쪽으

---

116 『삼국사기』 권26, 「백제본기」 〈성왕 16년〉조. "春, 都移於泗沘, 國號南扶餘."
117 『삼국사기』 권26, 「백제본기」 〈성왕 2년〉조.
118 『삼국사기』 권26, 「백제본기」 〈성왕 26년〉조.
119 『삼국사기』 권26, 「백제본기」 〈성왕 28년〉조.
120 『삼국사기』 권44, 「거칠부열전」 ; 『일본서기』 권19, 〈긴메이(欽明) 천황 9~12년〉조.
121 『삼국사기』 권26, 「백제본기」 〈성왕 31년〉조.
122 『삼국사기』 권26, 「백제본기」 〈성왕 32년〉조.
123 『삼국사기』 권27, 「백제본기」 〈위덕왕 14·17·18·19·24년〉조 참조.

로 확장하여 하북성·산동성·강소성·절강성 등지의 동부 해안 지역을 지배해왔다. 시기에 따라 영역에 변화는 있었지만 그 지배가 위덕왕 때까지 계속되다 581년 수나라가 중국을 통일함으로써 마감되었다.[124]

이 기간에 백제는 한성에서 웅진으로, 그리고 다시 사비로 도읍을 옮겼는데 중국의 동부 지배는 그대로 유지하고 있었다. 이것은 백제가 중국 동부 지배를 매우 중요하게 생각했음을 알게 해준다. 백제가 지배했던 지역은 황하 하류 유역에서 장강(長江) 하류 유역으로 이어지는 중국에서 가장 큰 평야지대이다. 이 지역은 지금도 중국 농업경제의 가장 큰 기초가 되고 있다. 백제는 이러한 경제 기반을 잃지 않으려고 노력했던 것이다.

이러한 점과 연관해서 생각해볼 때 백제가 한성에서 웅진과 사비로 도읍을 옮긴 것은, 반드시 고구려의 남하 때문만은 아니었고, 충청도와 전라도의 곡창지대를 확보하는 것이 중국의 동부 해안 지역의 곡창을 확보하는 것과 더불어 국가적으로 매우 중요하다는 생각이 작용했던 것으로 보인다. 무령왕릉에서 출토된 화려한 유물들은 피난 왕실의 면모와는 거리가 먼 것으로 높은 문화 수준과 강한 국력을 보여주고 있는데 이것은 그러한 가능성을 뒷받침해준다.

곡창지대를 기반으로 웅지를 펴려던 백제는 수나라가 중국을 통일함으로써 중국 동부에 확보했던 경제적 기반을 상실하게 되었다. 그러한 상황에서 무왕이 백제 부흥을 시도했으나 결국 실패하고, 무왕의 뒤를 이은 의자왕 때 신라와 당나라의 연합군에게 멸망하고 말았다.

---

124 윤내현, 앞 글, 『전통과 현실』 제7호 참조.

5. 마치며

지금까지 백제의 건국시조와 왕실의 혈통, 건국 연대와 건국지, 건국 뒤의 발전 과정 등을 살펴보았다. 그 결과 얻어진 바를 요약하면 다음과 같다.

백제의 건국시조는 비류왕이었으며 그의 혈통은 부여계였다. 비류와 온조의 아버지는 북부여왕 해부루의 후손인 우태였고 어머니는 졸본부여의 여인 소서노였다. 백제 왕실이 성을 부여씨라 한 이유다. 그러한 비류와 온조가 고구려 건국시조인 추모왕의 아들로 전해온 것은 추모왕이 비류와 온조의 계부였기 때문이다. 백제는 처음에 비류가 건국했지만, 그는 건국 뒤 5개월 만에 후사를 두지 못하고 사망하여 그의 동생 온조가 왕위를 잇고 그 후손들이 대대로 계승하게 되었다. 그 결과 백제의 건국시조가 온조였던 것으로 전해지게 되었다.

『삼국사기』에 따르면 백제의 건국 연대는 서기전 18년이다. 그러나 일부 학자들은 백제의 건국 연대를 이보다 훨씬 늦은 서기 260~261년의 고이왕 때로 보거나 더 늦게 보아야 한다고 주장했다. 그 근거로 이 시기에 백제는 관제와 신분등급을 확립하고 법을 엄격히 했다고 기록되어 있는 점을 들고 있다. 그러나 백제가 이 시기에 관제와 신분등급 제도를 확립하고 법을 엄격하게 한 것은 정치개혁을 단행하여 중앙권력을 한층 강화하고자 했던 것으로서 백제 사회가 정치적으로 그만큼 발전했음을 뜻한다. 따라서 백제의 건국 연대는 『삼국사기』 기록에 따라 서기전 18년으로 보아야 하며, 고이왕 때의 기록은 백제의 국가권력이 증대되었음을 뜻하는 것으로 보아야 한다.

백제의 건국지를 하북위례성으로 보는 견해가 있다. 그러나 기록에 따르면 비류는 미추홀에 도읍했으므로 백제의 건국지는 미추홀이며 그곳은 오늘날 임진강 유역에서 찾아야 한다. 미추홀에서 천도한 하남위례성은 오늘날 경기도 하남시 교산동 지역으로 추정된다.

건국한 뒤 온조왕은 한의 거수국과 같은 위치에 있으면서 안정을 꾀하는 한편 동명왕묘를 세워 왕실의 전통과 권위를 세우고자 했다. 하남위례성으로 도읍을 옮기고는 백성들을 위로하면서 농사에 힘쓰도록 격려하고 성을 쌓아 주민들이 안전하게 거주하도록 했으며 궁궐을 신축하여 왕실의 위엄을 보였다.

기반이 닦이자 온조왕은 마한을 쳐서 영토를 오늘날 정읍까지 확장하고 전국에 동부·서부·남부·북부 등 4부의 행정구역을 두었으며 그 아래에는 주와 군을 두었다. 그리고 장자상속법의 원칙을 세웠다. 다루왕은 대대적인 농지 개간 사업을 벌여 쌀 생산이 크게 늘어났다. 이러한 기반 위에서 고이왕은 안으로는 경제 기반을 더욱 튼튼히 하고 밖으로는 신라를 제압하면서 중국 지역으로 세력을 확장하는 한편, 관제를 정돈하고 법령을 엄격히 하여 국가기강을 바로세우고자 노력했다. 개혁정치가 단행되었던 것이다.

이 시기에 고이왕은 좌장 진충을 보내 난하 유역에 있던 낙랑군을 습격했다. 이후 백제는 산동성과 강소성 및 절강성 등지까지 세력을 확장하여 수나라가 중국을 통일하기 직전까지 중국 동부 해안 지역을 지배했다. 백제는 중국 동부 지역의 영역 확장에 주력했는데 그 과정에서 책계왕과 분서왕이 사망하는 시련을 겪었다. 그 뒤를 이은 비류왕은 국내의 안정에 주력했다. 어려운 백성들에게 곡식을 나누어주어 생계를 유지하도록 하고 신라와도 원만한 관계를 유지했다.

이 시기에 고구려는 오늘날 요서 지역에 있었던 한사군을 완전히 몰아내고 그 지역의 고조선 옛 땅을 모두 수복한 뒤 백제와 신라를 통합하기 위해 진출 방향을 남쪽으로 잡고 있었다. 이러한 고구려의 침략에 대응하여 백제의 근초고왕은 고구려의 평양성을 공격하여 고구려의 고국원왕을 전사시키고, 박사 고흥에게 『서기』를 편찬하도록 하여 왕실의 권위와 정통성·신성성을 강화했다. 384년에는 동진에서 온 불교 승려 마라난타를 맞아 불교를 받들기 시작했는데, 불교는 왕과 귀족의 현실적 지위를 뒷받침하는 합리적 논리를 제공해주었다.

침류왕이 사망하자 왕위 계승을 둘러싸고 심한 갈등이 있었으나, 아신왕은 왕위를 회복하여 국내의 기강을 세우고 왜와의 관계도 증진시켰다. 아직기와 왕인을 왜에 보냈는데, 아직기는 왜의 태자 우지노와키이라스코에게 경전을 가르쳤으며, 왕인은 『논어』와 『천자문』을 왜에 전하고 왜 태자의 스승이 되어 모든 전적을 가르쳤다. 그리고 진모진이라는 봉의공녀, 탁소라는 야공, 서소라는 직조공 들을 보내 진보된 백제 문물을 왜에 전했다.

그러나 아신왕은 고구려 광개토왕의 남진정책에 부딪혀 많은 군사를 잃고 넓은 땅을 빼앗기는 수모를 겪어야 했다. 백제의 개로왕은 북위와 연합하여 고구려를 협공하고자 했으나 뜻을 이루지 못하고 오히려 고구려 군대에 도읍인 한성이 포위되고 살해당하는 비운을 맞았다. 그 뒤를 이은 문주왕은 한성을 회복했으나 도읍을 웅진으로 옮겼다.

웅진시대 초기는 왕실과 대귀족들 사이에 갈등이 매우 심하여 정국이 불안했다. 동성왕이 즉위하여 국가기강을 바로잡고 정치적 안정을 꾀하면서 중국 남조의 제와 우의를 돈독히 하는 한편, 신라와도 동맹관계를 강화하여 나라의 기반이 점차 튼튼해졌다. 그러나 동성왕도 위사좌평 백가의 세력을 꺾으려다 그가 보낸 자객에게 살해되었다. 무령왕은 백가의 반란을 평정하고 사회를 안정시켜 군사적으로 고구려를 능가하는 강국이 되었다. 공주의 무령왕릉에서 출토된 화려한 유물들은 당시 백제의 국력과 사회경제 수준을 알게 해준다.

무령왕의 뒤를 이은 성왕은 도읍을 사비로 옮기고 나라 이름을 남부여로 고쳤다. 성왕은 신라·가야와 연합하여 고구려군을 한강 유역에서 몰아내고 백제는 한강 하류 유역을, 신라는 한강 상류 유역을 차지했다. 이 시기에 백제 공주가 신라에 시집가는 등 백제와 신라의 관계가 매우 우호적으로 진행되는 듯했으나 말년에 신라가 배신하여 백제의 동북변을 차지하자 성왕은 이에 대한 보복으로 신라를 공략하는 과정에서 사망했다.

성왕의 뒤를 이은 위덕왕은 중국의 남조와는 물론 북조(당시 북제)와도 우호관계를 맺었는데, 북제는 위덕왕에게 사지절도독동청주제군사동청주자사라는 작위를 내렸다. 이는 백제가 동청주를 지배하는 것을 승인한 것이다. 백제는 일찍이 245년 무렵에 중국의 동북부에 진출하여 그 동부 해안 지역을 지배해왔는데 그 지배가 위덕왕 때까지 계속되다가 581년 수나라가 중국을 통일하면서 마감되었다.

이 기간에 백제는 한성에서 웅진으로, 다시 사비로 도읍을 옮겼는데, 중국의 동부 지배는 그대로 유지하고 있었다. 이러한 상황을 통해 볼 때 백제가 한성에서 웅진과 사비로 도읍을 옮긴 것은 고구려의 남하 때문이기도 했지만 충청도와 전라도의 곡창지역과 함께 중국의 동부 해안 지역을 확보하는 것이 국가적으로 매우 중요하다고 생각했기 때문일 것이다. 이러한 곡창지역을 기반으로 웅지를 펴려던 백제는 수나라의 중국 통일로 중국 동부의 경제적 기반을 상실하게 되었다. 그러한 상황에서도 무왕은 부흥을 시도했으나 결국 실패했고 그의 뒤를 이은 의자왕 때 백제는 신라와 당나라의 연합군에게 멸망하고 말았다.

VII 신라의 건국과 주체

1. 들어가며

신라에 관한 연구는 동부여나 고구려·백제·가야 등 열국시대의 다른 나라보다 비교적 많은 편이다. 그런데도 그 건국 시기에 대해서는 통일된 견해에 이르지 못하고 있다. 신라의 건국 시기에 대한 한 가지 공통점은 건국 연대를 『삼국사기』나 『삼국유사』에 기록된 연대보다 낮게 잡고 있다는 것이다.

그런 견해들은 신라 초기에 관한 『삼국사기』나 『삼국유사』 기록은 믿을 수 없다는 인식이 밑바탕에 깔려 있다. 신라 초기에 관한 『삼국사기』나 『삼국유사』 기록을 불신하게 된 데는 다음 3가지 요인이 크게 작용했던 것으로 보인다.

첫째는 『삼국사기』 기록에 따르면 신라의 건국 연대는 서기전 57년, 고구려의 건국 연대는 서기전 37년으로 고구려가 신라보다 늦게 건국된 것으로 되어 있다. 그런데 일반적으로 고대에 한민족은 북쪽의 대륙에서 선진문화를 수입하여 발전했던 것으로 믿어왔다. 따라서 건국 연대도 북쪽의 고구려가 당연히 신라보다 빨라야 한다고 생각한 것이다.

둘째는 신라 초기에 해당하는 기록인 『후한서』「동이열전」과 『삼국지』「동이전」에 신라(당시 이름은 사로국)가 진한 지역에 있었던 여러 작은 나라 가운데 하나로 기록되어 있는데, 그러한 상황은 『삼국지』의 시대인 3세기 후반까지 계속되었을 것이므로 신라의 건국 연대가 이보다 앞설 수 없을 것으로 본 것이다.

셋째는 신라가 있던 오늘날 경주 지역에서는 신라가 처음 출현한 국가이며 그 이전에는 국가가 존재하지 않았다고 보았다. 따라서 『삼국사기』나 『삼국유사』에 기록된 신라의 건국 연대는 근대 역사학에서 말하는 국가의 시작을 말하는 것이 아니라 그보다 훨씬 원시적인 정치집단의 출현을 의미하는 것으로 보았던 것이다. 따라서 신라의 건국을 그보다 늦게 잡을 수밖에 없었다.

이러한 관점에서 보면 『삼국사기』나 『삼국유사』의 신라 초기에 관한 기록 가운데 믿을 수 없는 부분이 있을 수 있다. 예컨대 원시적인 정치집단으로 보기에는 너무 수준 높은 내용 등이 그것이다. 그러나 그러한 내용은 신라가 초기부터 국가 단계의 사회였다는 관점에서 보면 무리가 없다. 따라서 신라 초기에 관한 사료의 불신은 신라 지역의 사회 발전에 대한 잘못된 선입관에 따른 것은 아닌지 생각해볼 필요가 있다.

세계 어느 지역에서나 고대의 기록에는 불확실한 내용이 있기 마련이다. 그렇다고 하여 그 시대에 관한 기록 모두를 부인할 수는 없다. 그 가운데 믿을 수 있는 사료를 찾아내 역사 연구에 활용하는 것이 역사가의 임무이다. 그런데도 지금까지는 『삼국사기』와 『삼국유사』의 신라 초기에 관한 기록에 믿기 어려운 부분이 있다는 이유를 들어 그것들을 모두 불신하는 경향이 있었다. 신라 초기는 아직 국가 단계의 사회가 아니었을 것이라는 선입관이 작용하고 있었기 때문이다.

이러한 풍조는 신라사 전공자들에게만 책임이 있는 것이 아니며 지난날의 학문 수준과 밀접한 관계가 있다. 신라보다 앞서 있었던 고조선이나 한에 대한 연구가 충분한 성과를 거두지 못했기 때문에 신라 초기의 사회를 이들과 연결하여 설명하는 데 어려움이 있었던 것이다. 그러나 이제 고조선이나 한에 대한 연구도 증진되었으므로 필자는 그러한 연구의 기반 위에서 신라의 건국과 그 주체 및 초기 사회 성격에 대해 재검토하려고 한다.

2. 신라 건국기 사료의 인식 문제

신라의 건국 연대를 확인하기 위해 그에 관한 『삼국사기』와 『삼국유사』 기록을 보면 『삼국사기』 「신라본기」 〈혁거세 거서간〉조에,

> 시조의 성은 박씨, 이름은 혁거세였다. 전한 효선제(孝宣帝 : 선제) 오봉 원년 갑자(甲子) 4월 병진(丙辰)날에 즉위하여 왕호(王號)를 거서간이라 했는데, 그때의 나이는 13세로 나라 이름을 서나벌이라 했다. …… 고허촌장(高墟村長) 소벌공(蘇伐公)이 양산(楊山) 기슭 나정(蘿井) 곁에 있는 숲 사이를 바라본즉 말이 무릎을 꿇고 울고 있으므로 가서 보니 갑자기 말은 보이지 않고 다만 큰 알이 있을 뿐이었다. 그것을 깨뜨리니 (그 안에서) 어린아이가 나왔다. 그래서 (소벌공은) 그 아이를 거두어 길렀는데, 나이 10여 세에 이르니 뛰어나게 영리하고 숙성했다. 여섯 부 사람들은 그 아이의 출생이 이상했던 까닭에 그를 높이 받들다가 이때에 이르러 그를 세워 임금을 삼았던 것이다. 진인(辰人)들은 호(瓠 : 바가지)를 박

(朴)이라 했는데 처음에 큰 알이 호(瓠)와 같았다 하여 박을 성으로 삼았다. 거서간은 진인(辰人)의 말에 왕이란 뜻이다.[1]

라고 하여 신라는 서기전 57년(전한 선제 오봉 원년)에 박혁거세가 13세로 즉위하여 건국되었는데, 처음에는 나라 이름이 서나벌이었다고 말하고 있다. 그리고 『삼국유사』 〈신라 시조 혁거세왕〉조에는,

전한 지절(地節) 원년 임자(壬子) 3월 1일에 여섯 부의 조상들이 자제들을 거느리고 알천(閼川) 가에 모여서 의논하기를, 우리가 위에 백성을 다스릴 군주가 없어 백성들이 모두 방일하여 제 맘대로 하니 어찌 덕 있는 사람을 찾아 임금으로 삼아 나라를 세우고 도읍을 정하지 아니하랴 하였다. 이에 높은 곳에 올라 남쪽을 바라보니 양산 아래 나정 곁에 이상스러운 기운이 전광(電光)같이 땅에 비치더니 거기에 흰 말 한 마리가 꿇어앉아 절하는 형상을 하고 있었다. 그곳을 찾아가 보니 하나의 붉은 알이 있었는데 말은 사람을 보고 길게 울더니 하늘로 올라가버렸다. 그 알을 쪼개어 어린아이를 얻었는데 외모가 단정하고 아름다웠다. 아이를 경이하게 여겨 동천(東川)에서 목욕시키니 몸에서 광채가 나고 새와 짐승이 따라 춤추며 하늘과 땅이 진동하고 해와 달이 청명했다. 그래서 그를 혁거세왕이라 이름하고 위호(位號)를 거슬감(居瑟邯)이라 했다.[2]

고 하여 박혁거세는 서기전 69년(전한 선제 지절 원년)에 출생했다고 말하고 있다.

---

1 『삼국사기』 권1, 「신라본기」 〈시조 혁거세 거서간〉조.

2 『삼국유사』 권1, 「기이」 〈신라 시조 혁거세왕〉조.

위의 내용에서 박혁거세가 알에서 출생했다는 것은 비과학적이기는 하지만 세계 어느 지역에서나 고대의 시조나 건국시조 전설에는 그들 조상의 출생을 신성화하기 위해 수식된 비과학적인 요소가 있는 것을 흔히 볼 수 있다. 따라서 박혁거세의 출생에 비과학적인 요소가 있다 하여 다른 내용까지 믿을 수 없는 것이라고 말할 수는 없다.

위의 내용 가운데 우선 박혁거세의 출생 연대와 즉위 연대에 관한 기록을 보면, 『삼국사기』에는 서기전 57년에 13세의 나이로 즉위했다 했고 『삼국유사』에는 서기전 69년에 출생했다고 했는데, 서기전 69년에 출생했다면 서기전 57년에 13세가 되므로 박혁거세의 출생 연대와 즉위 연대에 관한 두 기록은 일치한다. 그러므로 신라의 건국시조 박혁거세가 즉위한 연대는 서기전 57년으로 보는 데 이의가 있을 수 없다.

여기서 첫 번째로 등장하는 문제는 박혁거세가 즉위하던 당시의 신라 사회가 역사학에서 말하는 국가사회 수준에 도달했느냐 하는 점이다. 지금까지 일부 학자들은 당시의 신라 사회는 국가 수준의 사회 단계에 이르지 못했을 것으로 보았다.

당시의 신라가 국가사회 단계에 이르지 못했을 것으로 보는 견해는 주로 『후한서』 「동이열전」, 『삼국지』 「동이전」 기록에 근거하고 있다. 『후한서』 「동이열전」에 따르면 한반도 남부에는 한(韓)이라는 나라가 있어 그 안에는 마한·진한·변한(또는 변진)이라 불리는 지역이 있었는데 마한에는 54국, 진한과 변한에는 각각 12국이 있어 모두 78국이 있었다고 한다.[3] 그리고 『삼국지』 「동이전」에는 이들 78국의 이름이 기록되어

3 『후한서』 권85, 「동이열전」 〈한전〉. "韓有三種, 一曰馬韓, 二曰辰韓, 三曰弁辰. 馬韓在西, 有五十四國, …… 辰韓在東, 十有二國, …… 弁辰在辰韓之南, 亦十有二國, …… 凡七十八國."

있는데 오늘날 경상남북도 지역이었던 진한과 변한의 24국 가운데 사로국이 있었음이 확인된다.[4] 신라는 사로라고도 불렸다.[5] 그러므로 변한과 진한 지역의 나라 이름 가운데 보이는 사로국은 위치나 나라 이름으로 보아 신라 또는 그 전신임이 분명하다.

그런데 한(韓) 지역에 있었던 78개 국의 성격에 관해 지금까지 일부 학자들은 그들 하나하나를 아직 국가사회 단계에 이르지 못한 독립된 작은 정치집단(학자에 따라서는 이를 군장사회라 부르기도 하고 소국이라 부르기도 한다)으로 보았다.[6] 그리고 『후한서』는 중국의 동한시대(23~220년), 『삼국지』는 중국의 삼국시대(220~265년)의 상황을 기록한 역사서이므로 사로국은 『삼국지』의 시대인 3세기 후반까지는 아직 국가 단계의 사회에 진입하지 못한 작은 정치집단이었을 것으로 보았다.[7]

이렇게 본다면 박혁거세는 작은 정치집단의 지도자로서 추장 같은 존재였다고 말할 수밖에 없게 된다. 따라서 신라는 아직 국가사회 단계에 이르지 못했기 때문에 박혁거세의 즉위를 신라의 건국으로 볼 수 없게 되는 것이다. 이러한 논리를 적용한다면 신라는 물론 백제와 가야의 건국에 관한 기록이 모두 불합리한 것이 된다. 그뿐만 아니라 이들의 초기

---

4 『삼국지』 권30, 「동이전」 〈한전〉 '변진'조 참조.

5 『삼국사기』 권4, 「신라본기」 〈지증 마립간 4년〉조. "群臣上言, 始祖創業已來, 國名未定, 惑稱斯羅, 惑稱斯盧, 惑言新羅……."

6 김정배, 「삼한사회의 '국(國)'의 해석문제」, 『한국고대국가의 기원과 형성』, 고려대 출판부, 1986, pp. 223~240. 군장사회는 치프덤 소사이어티(chiefdom society)를 번역한 말인데, 치프덤 소사이어티는 국가 단계보다 앞선 사회 단계를 말한다. 그런데 군장이라는 말은 중국인들이 이미 국가 단계에 들어선 이민족 국가의 군주에 대한 호칭으로 사용했다. 따라서 군장사회는 치프덤 소사이어티와 같은 뜻을 지닌 말이 될 수가 없으며, 필자는 치프덤 소사이어티를 추방사회로 번역하여 사용하고 있다.

7 이종욱, 『신라국가형성사연구』, 일조각, 1982, pp. 255~258. 이종욱은 3세기 말 무렵에 이르러서야 사로국이 신라로서 모습을 드러냈을 것으로 보았다.

에 관한 『삼국사기』 기록들, 예컨대 영토 확장에 관한 기록들도 모두 불합리한 것이 되고 만다. 『삼국지』 「동이전」에는 한 지역에 78개의 국이 3세기 후반까지 그대로 유지되고 있었던 것처럼 기록되어 있는데, 백제나 신라 또는 가야가 이보다 앞서 주변의 나라들을 공략하여 영토를 확장했다는 것은 『삼국지』 기록과 부합되지 않기 때문이다.

여기서 우리는 『삼국사기』 기록을 따를 것인가, 아니면 『삼국지』 기록을 따를 것인가라는 문제에 부딪히게 된다. 지금까지는 『삼국지』가 『삼국사기』보다 먼저 편찬되었다는 이유 때문에 『삼국사기』를 불신하는 경향이 있었다. 그러나 생각해보면 두 기록 모두 그럴 만한 근거를 가지고 있다. 『삼국사기』의 편찬자들은 이미 출간되어 있는 『후한서』 「동이열전」, 『삼국지』 「동이전」 내용을 알고 있었을 텐데 그것과 상충되는 내용을 『삼국사기』에 실었을 리 없다. 이렇게 보면 『삼국사기』와 『삼국지』 기록은 모두 진실을 담고 있을 가능성이 있다. 따라서 두 내용을 모두 충족할 수 있는 경우를 생각해볼 필요가 있다.

여기서 필자는 『후한서』 「동이열전」, 『삼국지』 「동이전」의 서(序)에 기록된 다음 내용을 음미할 필요가 있다고 생각한다. 『후한서』 「동이열전」 서(序)에 중국인들이 이민족의 문물에 대한 지식을 갖게 된 것은 한(漢)나라가 중흥한 뒤부터였다고 말하고 있다.[8] 이로 보아 고대에 중국인들의 이민족에 관한 지식은 불확실했을 수도 있고 상황이 변화된 뒤 늦게야 그 사실을 알았을 수도 있다.

『삼국지』 「오환선비동이전」 〈동이전〉의 서(序)는 그러한 사실을 분명

---

8 『후한서』 권85, 「동이열전」 서. "自中興之後, 四夷來賓, 雖時有乖畔, 而使驛不絶, 故國俗風土, 可得略記." 이 내용은 한나라와 동이의 관계를 설명하는 과정에서 한 말이기 때문에 한나라가 중흥한 이후로 보는 것이 옳을 것이다.

하게 해준다. 즉 고대 중국인들은 동쪽으로는 중국 동해, 서쪽으로는 사막에 이르는 오늘날 중국 중심부의 풍속은 알고 있었지만 그 밖의 지역은 오랜 세월이 지난 다음에야 정보를 입수할 수 있었다고 말하고 있는 것이다.[9] 따라서 『후한서』 「동이열전」이나 『삼국지』 「동이전」의 내용도 이러한 시각에서 분석해보아야 한다.

이러한 관점에서 보면 『후한서』 「동이열전」과 『삼국지』 「동이전」의 동이에 관한 기록은 기본적으로는 중국의 동한시대와 삼국시대의 동이 상황을 기록한 것이지만, 그 이전에 있었던 사실도 많이 포함되어 있을 것이라는 점을 쉽게 알 수 있다. 『후한서』 「동이열전」과 『삼국지』 「동이전」의 동이에 관한 기록 가운데 종교나 언어 등을 포함한 사회풍속은 쉽게 변하는 것이 아니기 때문에 그 이전부터 당시까지 그대로 존속되고 있었을 가능성이 있지만, 영토나 정치적인 상황은 당시에는 이미 변화된 그 이전의 상황일 수가 있다.

『후한서』 「동이열전」과 『삼국지』 「동이전」 기록 가운데 다음 내용은 그러한 변화된 상황과 신라의 건국 연대를 논하는 데 중요한 실마리를 제공해준다. 즉 『후한서』 「동이열전」에서는 한에 78개의 국이 있었다고 말하면서 한의 진왕[辰王(大王, 큰 왕)]이 78개 국을 모두 다스렸다고 했다.[10] 그러나 『삼국지』 「동이전」에서는 한에 78개의 국이 있었다고 말하고 그 이름을 일일이 열거하면서도 한의 진왕은 그 가운데 변한과 진한

---

9 『삼국지』 권30, 「오환선비동이전」 〈동이전〉 서. "書稱'東漸于海, 西被于流沙'. 其九服之制, 可得而言也. 然荒域之外, 重譯而至, 非足跡車軌所及, 未有知其國俗殊方者也. 自虞暨周, 西戎有白環之獻, 東夷有肅愼之貢, 皆曠世而至, 其遐遠也如此."

10 『후한서』 권85, 「동이열전」 〈한전〉. "韓有三種, 一曰馬韓, 二曰辰韓, 三曰弁辰. 馬韓在西, 有五十四國, …… 辰韓在東, 十有二國, …… 弁辰在辰韓之南, 亦十有二國, …… 凡七十八國. …… 馬韓最大, 共立其種爲辰王, 都目支國, 盡王三韓之地."

지역에 있었던 12개의 국만을 다스렸다고 말하고 있다.[11] 그렇다면 진왕의 다스림을 받지 않았던 나머지 66개 국은 어떻게 되었을까? 이에 대한 설명은 찾아볼 수 없다.

『후한서』「동이열전」, 『삼국지』「동이전」의 위 내용을 종합해볼 때 다음과 같은 가설을 세울 수 있다. 원래 한에는 78개의 국이 있어 그들은 모두 진왕의 통치를 받았는데, 그 후 정치적 상황 변화에 따라 12개 국만이 진왕의 영역으로 남고 나머지 66개 국은 진왕의 통치에서 벗어나 독립국이 되었거나 다른 나라의 영역에 포함되었을 가능성이 있다. 이렇게 보면 『삼국사기』 기록을 분명하게 설명할 수 있게 된다. 『삼국사기』에 따르면 『삼국지』가 편찬되기 전에 한 지역에서는 이미 신라·백제·가야가 건국되어 영토를 확장하고 있었다. 한의 영토는 줄어들 수밖에 없었고, 중국의 삼국시대에 해당하는 시기에 이르러서는 그 영토가 크게 줄어들었을 것이다. 그러므로 『후한서』「동이열전」과 『삼국지』「동이전」의 내용 차이는 다음과 같이 해석된다.

원래 한에는 78개의 국이 있었는데 중국의 삼국시대에 해당하는 시기에 이르러서는 그 가운데 12개 국만이 한의 진왕 통치 아래 있었고 나머지 66개 국은 신라와 백제·가야의 영토가 되었다는 것이다. 그러므로 『삼국지』「동이전」에는 한의 78개 국 이름이 기록되어 있지만, 『삼국지』가 편찬될 당시에는 이들 가운데 상당수가 신라나 백제·가야의 영토에 편입되어 이미 존재하지 않았다고 보아야 할 것이다.

따라서 신라의 건국 연대를 『삼국지』의 시대인 3세기 후반 이후로 내려보는 것은 옳지 않다. 신라 지역은 원래 한의 78개 거수국 가운데 하

---

11 『삼국지』 권30, 「동이전」 〈한전〉. "弁·辰韓合二十四國, …… 其十二國屬辰王."

나인 사로국으로서 진왕의 통치를 받았으나 오래지 않아 독립국으로 출발하여 그 영역을 확장했다고 보아야 한다. 그렇게 보면 다음 2가지가 문제로 남는다. 하나는 『삼국사기』에 기록된 신라의 건국 연대인 서기전 57년은 고구려의 건국 연대인 서기전 37년보다 앞서는데 과연 그것이 가능한가 하는 점이고, 다른 하나는 건국기의 신라 사회가 역사학에서 말하는 국가사회 단계에 진입해 있었는가 하는 점이다.

3. 신라 건국의 핵심세력

우선 신라의 건국 연대에 대한 분명한 인식을 갖기 위해 신라가 고구려보다 먼저 건국되는 것은 불가능한 것인지를 살펴보자. 『삼국사기』에 고구려의 건국 연대는 서기전 37년, 백제의 건국 연대는 서기전 18년, 신라의 건국 연대는 서기전 57년으로 기록되어 있어 삼국 가운데 신라의 건국이 가장 앞선 것으로 되어 있다. 이에 대해 지난날 일부 학자들은 의문을 품어왔다. 고구려·백제·신라 가운데 가장 남쪽에 있었던 신라가 가장 북쪽에 있었던 고구려보다 앞서 건국되었다는 것은 믿기 어렵다고 생각했던 것이다.

한민족이나 한민족의 고대문화는 북쪽의 대륙에서 들어왔다고 믿고 있었기 때문에 정치적인 성장도 북쪽의 고구려 지역이 남쪽의 신라 지역보다는 당연히 앞섰을 것으로 생각했다. 따라서 신라가 고구려보다 먼저 건국되었다는 것은 문화 흐름의 대세로 보아 타당하지 않다고 보았다. 그러한 생각은 일반론의 시각에서 볼 경우 부분적으로 타당성을 지닌다.

왜냐하면 한민족의 활동 무대 가운데 남부는 삼면이 바다로 둘러싸여 있어 외부와의 접촉이 자유롭지 못했고, 북부는 육지로 대륙과 연접되어 있어 다른 지역과 접촉이 빈번했다. 따라서 북부지역이 남부지역보다 외부의 자극과 영향을 많이 받아 문화 발전이나 정치 성장이 빨랐을 가능성이 있기 때문이다. 이러한 관점에서 본다면 당연히 북쪽에서 먼저 국가가 출현했어야 한다. 그러나 신라의 경우는 좀 다르다.

여기서 유의해야 할 것은 고구려나 신라는 한반도와 만주에 등장했던 가장 이른 국가가 아니라는 점이다. 한반도와 만주에는 고구려나 신라에 앞서 고조선이라는 국가가 있었다.[12] 그러나 지금까지는 고조선에 대한 연구가 부족하여 고조선이 한반도와 만주 전 지역을 통치한 국가였다는 사실을 알지 못했다.[13] 고구려나 신라를 그들이 자리한 지역에 처음 등장한 나라였다고 믿은 것이다. 그러한 시각에서 고구려의 건국이 신라보다 앞서야 한다고 생각했던 것이다.

그러나 고구려나 신라는 그 지역에 처음 등장했던 나라가 아니라 고조선이 분열되면서 일어난 나라들이었다. 이미 밝혀진 바와 같이 고조선시대에 고구려는 고조선의 거수국으로서 오늘날 요서 서부인 난하 유역에 있었다.[14] 그런데 고조선 말기에 오늘날 요서 지역에 서한의 망명객인 위만이 위만조선을 건국하여 영토를 확장함에 따라 고구려 주민들은 거주지를 잃고 동쪽으로 이동했는데, 고조선이 붕괴되자 오늘날 요동에서 고구려라는 독립국을 세웠다.[15] 고구려인들은 이동 과정에서 여

---

12 윤내현, 「사회진화상의 고조선 위치」, 『고조선 연구』 상, 만권당, 2015, pp. 131~154.

13 고조선 영토가 한반도와 만주 전 지역이었음은, 윤내현, 「고조선의 강역과 국경」, 위 책, pp. 221~372 참조.

14 윤내현, 「고조선의 국가 구조」, 『고조선 연구』 하, 만권당, 2016, pp. 37~43.

15 윤내현, 「열국시대의 개시와 그 변천」, 『전통과 현실』 제6호, 고봉학술원, pp. 239~290 ; 윤내현, 「고구려의 이동과 건국」, 『백산학보』 제45호, 백산학회, pp. 5~30.

러 곳으로 흩어졌는데 고구려를 건국한 핵심세력은 상당한 기간 동안 북부여에 의탁해 있다가 오늘날 요동으로 이동했다.[16] 따라서 고구려가 건국된 시기는 고구려인들이 이동을 시작한 때부터 상당한 세월이 지난 뒤였다고 보아야 할 것이다.

한편 신라가 건국된 경주 지역은 고조선시대에는 고조선의 거수국인 한에 속해 있었다.[17] 그런데 서기전 1세기 무렵에 고조선이 붕괴되자 한은 독립국이 되었고,[18] 진왕이 독립국의 국왕으로서 한의 전 지역을 통치하게 되었다.[19] 그러나 고조선의 붕괴로 갑자기 독립국으로 출발하게 된 한은 강력한 통치체제를 갖추고 있지 못했다. 사회가 혼란할 수밖에 없었고, 이러한 상황에서 신라가 건국되었다. 따라서 신라의 건국이 고구려보다 뒤져야 할 이유가 없는 것이다.

『삼국유사』는 신라의 건국 배경을, "우리들은 위에 백성을 다스릴 군주가 없어 백성들이 모두 멋대로 행동하며 제맘대로 하니 어찌 덕 있는 사람을 찾아 임금으로 삼아 나라를 세우고 도읍을 정하지 아니하랴 하였다."[20] 고 전하고 있다. 고조선이 붕괴된 뒤 한이 독립하여 한반도 남부 지역을 통치하고 있었지만 통치 조직과 통치 능력이 부족하여 사회가 혼란했음을 말해주고 있는 것이다. 이러한 상황에서 신라가 건국되었던 것이다.

---

16 앞 글, pp. 7~15.

17 윤내현, 「고조선의 국가 구조」, 앞 책, pp. 69~72.

18 윤내현, 「열국시대의 개시와 그 변천」, 앞 책, 또는 이 책의 제1장 I 「열국시대의 시작과 변천」 참조.

19 『후한서』 권85, 「동이열전」 〈한전〉. "馬韓最大, 共立其種爲辰王, 都目支國, 盡王三韓之地."

20 『삼국유사』 권1, 「기이」 〈신라 시조 혁거세왕〉조. "我輩上無君主臨理蒸民, 民皆放逸, 自從所欲, 盍覓有德人, 爲之君主, 立邦設都乎."

여기서 신라 초기의 성격을 분명하게 알려면 신라를 건국한 핵심세력은 어떤 사람들이었는지를 알 필요가 있을 것이다. 『삼국사기』 〈시조 혁거세 거서간〉조에 따르면 신라를 건국한 세력은 알천 양산촌(閼川楊山村)·돌산 고허촌(突山高墟村)·자산 진지촌(觜山珍支村)·무산 대수촌(茂山大樹村)·금산 가리촌(金山加利村)·명활산 고야촌(明活山高耶村)으로 이들은 원래 진한의 여섯 부였다[21]고 했다. 이 내용은 신라가 여섯 마을이 모여 이루어진 것으로 오해하기 쉽게 만든다. 그렇게 본다면 신라는 몇 개의 마을이 모인 작은 집단일 뿐 국가 규모의 사회였다고 볼 수 없는 것이다.

그러나 위의 내용은 알천 양산촌·돌산 고허촌·자산 진지촌·무산 대수촌·금산 가리촌·명활산 고야촌 등의 여섯 마을은 신라가 건국되기 전에 이미 진한의 여섯 부였다고 말하고 있다. 그리고 그 주민들은 원래 고조선 백성들이었다는 것이다. 『삼국유사』에도 이들이 진한의 여섯 부였다고 적혀 있다.[22] 여기서 우리는 2개의 중요한 정보를 얻게 된다. 신라를 건국한 사람들은 원래 고조선 백성들이었다는 것과, 신라가 건국되기 전 이들은 진한의 여섯 부를 이루고 있었다는 것이다.

지난날 일부 학자들은 고조선을 한반도 북부에 있었던 작은 정치집단으로 보았기 때문에 신라를 건국한 사람들이 원래 고조선 백성들이었다면 그들은 당연히 북쪽에서 이주해 온 사람들이어야 한다고 생각했

---

21 『삼국사기』 권1, 「신라본기」 〈시조 혁거세 거서간〉조. "先是, 朝鮮遺民, 分居山谷之間爲六村, 一曰閼川楊山村, 二曰突山高墟村, 三曰觜山珍支村, 四曰茂山大樹村, 五曰金山加利村, 六曰明活山高耶村, 是爲辰韓六部. 高墟村長蘇伐公, 望陽山麓, 蘿井傍林間, 有馬跪而嘶, 則往觀之, 忽不見馬, 只有大卵, 剖之, 有嬰兒出焉, 則收而養之, 及年十餘歲, 岐嶷然夙成, 六部人, 以其生神異, 推尊之, 至是, 立爲君焉."

22 『삼국유사』 권1, 「기이」 〈신라 시조 혁거세왕〉조 참조.

다.[23] 그러나 『삼국사기』에는 그들이 '조선유민(朝鮮遺民)', 즉 '조선의 남은 백성'이라고 표현했을 뿐 이주민이라고는 말하지 않았다.[24] 근래의 연구 결과에 따르면 고조선은 한반도와 만주 전 지역을 통치했던 나라로 신라가 건국된 경주 지역도 고조선의 영토였다.[25] 그러므로 신라를 건국했던 사람들은 북쪽에서 이주한 사람들이라기보다는 고조선시대부터 그 지역에 거주했던 토착인들이라고 보는 것이 옳다.

이들은 원래 6개의 마을을 이루고 살았는데 진한의 여섯 부가 되었다는 것이다. 『삼국사기』에 따르면 부(部)는 고구려·신라·백제에 모두 설치되어 있었는데, 규모의 차이는 있었겠지만 많은 마을들로 구성된 상당히 큰 행정구역이었다. 그러므로 진한의 부도 각각 여러 개의 마을들로 구성되어 있었을 것이다. 위에 언급된 6개의 마을은 각 부의 중심을 이루고 이를 대표하는 마을이었다고 보아야 한다. 이러한 정황으로 미루어 여섯 마을 촌장 가문은 고조선 이래 그 지역에 정치 기반을 가지고 있었던 토착 명문거족이었다고 보아야 할 것이다.

그런데 진한은 백제나 신라가 건국되기 전 한의 일부로서 그 지역에는 12개의 거수국이 있었다. 그 가운데 하나가 신라의 전신인 사로국이었다. 여기서 거수국과 부(部)는 어느 쪽이 더 규모가 큰 단위였는가 하는 문제가 대두된다. 당연히 한에서는 거수국이 부보다 규모가 큰 단위였을 것이다. 고조선이나 한에서 거수국은 지방정권으로서 중앙정권 바로 아래 있었기 때문이다. 그러므로 부는 거수국 안에 설치되어 있었던

---

23 이병도는 고조선이 오늘날 평양 지역에 있었다고 보고 이 고조선의 유민들이 남하하여 진한을 형성했을 것으로 보았다(이병도, 『국역 삼국사기』, 을유문화사, 1980, p. 1의 주 4 참조).

24 주 21의 원문 참조.

25 윤내현, 「고조선의 강역과 국경」, 앞 책 『고조선 연구』 상 참조.

행정구역으로 보아야 할 것이다. 그러던 것이 고구려나 사로(신라) 등과 같은 거수국들이 독립하여 영토가 확장되면서 부도 이전보다 큰 행정구역으로 변모되었다고 보아야 할 것이다.

그렇게 본다면 신라를 건국한 진한의 여섯 부는 진한의 거수국들에 설치되어 있었던 많은 부 가운데 일부였는데 신라의 전신인 사로국 지역에 있었을 것이다. 이들 여섯 부 모두가 사로국에 속해 있었는지 아니면 다른 거수국의 부도 일부 포함되어 있었는지는 지금으로서는 확인할 길이 없지만, 신라는 진한의 여섯 부 면적의 영토를 가지고 출발했던 것이다.

지금까지 살펴본 바와 같이 신라 건국의 핵심세력은 고조선시대에도 오늘날 경주 지역에 살고 있었던 토착인들이었다. 그들은 고조선이 붕괴된 뒤에는 한에 속해 있었던 진한의 여섯 부를 형성하고 있었는데, 이들 각 부의 중심세력이었던 여섯 마을 씨족은 고조선 이래 그 지역의 명문거족이었다. 고조선이 붕괴된 뒤 한이 독립국이 되었으나 사회 혼란이 계속되므로 이들은 새로운 통치 조직의 필요성을 느끼고 신라를 건국했던 것이다.

4. 신라 초기의 사회 수준

박혁거세 거서간이 즉위한 서기전 57년 무렵의 신라 사회는 어느 단계의 사회였을까? 국가사회 수준에 이르렀을까, 그렇지 못했을까? 여기서 생각해보아야 할 것은 신라가 건국되기에 앞서 이 지역은 한의 영토였고 그 이전에는 고조선의 영토였다는 점이다. 고조선은 2,300여 년 동안 한반도와 만주 전 지역의 광대한 영토를 통치한 국가로서 존속했고 고조선이 붕괴된 뒤에는 한이 한반도 남부에서 그 뒤를 이었다.

따라서 신라는 그 지역에 처음 등장한 국가가 아니었다. 한반도와 만주 지역에 처음 등장한 국가는 고조선이었다. 신라의 출현은 정확하게 말한다면 왕조의 교체였다. 단지 영토가 이전의 고조선이나 한보다 줄어들었을 뿐이다. 여기서 유의해야 할 것은 영토의 면적은 국가사회를 규정하는 요소가 아니라는 점이다. 오늘날에도 영토가 아주 작은 국가가 존재하고 있다는 사실을 상기할 필요가 있다. 역사 발전의 순리로 볼 때 이미 존재했던 국가의 뒤를 이은 나라가 국가 단계의 사회가 아니었다는 것은 특별한 사유가 없는 한 불합리하다.

그렇지만 이를 분명히 하기 위해 우선 신라의 나라 이름부터 검토해보자. 앞에서 살펴본 바와 같이 신라는 한의 진한 지역에서 사로국을 전신으로 하여 건국되었다. 그렇다면 신라는 어느 시기까지 한의 거수국이었고 어느 시기에 독립국이 되었을까? 이 변화의 시점은 바로 신라의 건국 연대, 즉 신라왕조의 시작 연대가 될 것이다. 이를 확인하기 위해 먼저 신라의 나라 이름에 대해 살펴볼 필요가 있다. 『삼국사기』「신라본기」〈지증 마립간 4년〉조에,

> 군신(群臣)이 아뢰기를, "시조가 창업한 이래로 나라 이름이 일정하지 아니하여 혹은 사라(斯羅)라 하고 혹은 사로(斯盧)라 하며 혹은 신라(新羅)라 말하는데 신들의 생각으로는 '신(新)'은 덕업이 날로 새롭다는 뜻이요, '라(羅)'는 사방을 망라한다는 뜻인즉 그것으로 국호를 삼는 것이 마땅할 듯합니다."[26]

---

26 『삼국사기』 권4, 「신라본기」〈지증 마립간 4년〉조. "群臣上言, 始祖創業已來, 國名未定, 或稱斯羅, 或稱斯盧, 或言新羅, 臣等以爲, 新者德業日新, 羅者網羅四方之義,

라고 하여 신라가 사라·사로·신라 등으로 불렸다고 말하고 있다. 그러므로 혼란을 없애기 위해 나라 이름을 확정할 필요가 있었다는 것이다.

위의 인용문 내용에 따르면 503년(지증 마립간 4년)에 '신라'라는 나라 이름이 처음으로 확정된 듯하지만, 『삼국사기』에는 이보다 앞서 307년(기림 이사금 10년)에 "나라 이름을 다시 신라라 했다."[27] 고 적혀 있다. 이로 보아 신라는 307년 이전에도 나라 이름을 신라라 한 적이 있었으며 여러 번에 걸쳐 나라 이름이 바뀌었음을 알 수 있다. 이러한 과정에서 나라 이름이 사라·사로·신라 등으로 혼용되는 상황에 이르게 되었던 것이다.[28]

그러므로 후대에 이러한 이름들이 신라의 나라 이름으로 혼용되었다 해서 이들이 처음부터 동시에 혼용되었다고 볼 수는 없으며, 그러한 이름이 나온 순서가 있었을 것이다. 여기서 박혁거세 거서간이 즉위하면서 나라 이름을 서나벌이라 했다[29]는 점에 유의할 필요가 있다. 신라 초기의 나라 이름은 서나벌이었던 것이다.

그런데 신라가 독립국이 되기 전 한의 상황을 전하는 『삼국지』 「동이전」에는 신라의 전신으로 사로국이 있었던 것으로 기록되어 있다. 이로써 다음과 같은 사실을 알 수 있다. 신라가 독립하기 전에는 한의 거수국인 사로국이 있었는데 박혁거세 거서간이 독립국을 세우고 나라 이름을 서나벌이라 함으로써 신라가 출범하게 되었다는 것이다. 그러므로 신라의 건국 연대를 박혁거세 거서간이 즉위하여 서나벌이라는 나라 이

則其爲國號宜矣."

27 『삼국사기』 권2, 「신라본기」 〈기림 이사금 10년〉조. "復國號新羅."

28 사라·사로·신라 등은 같은 의미를 지닌 말이라고 보고 있지만 그렇다고 하여 음이 다른 이름들이 처음부터 같이 사용되었다고 볼 수는 없을 것이다.

29 주 1 참조.

름을 사용한 서기전 57년으로 잡는 데 이의가 있을 수 없다.

그러나 여기서 문제가 되는 것은 지금까지는 신라 초기사회를 국가 단계의 사회로 보지 않았다는 점이다. 대개 원시사회·부족국가·추방사회·성읍국가 등으로 보아왔다.[30] 이러한 견해들 가운데 성읍국가로 본 견해를 제외하고는 신라 초기사회를 국가 단계의 사회로 보지 않았다는 점에서는 일치한다. 성읍국가로 본 견해도 그것을 고대국가의 이름으로 사용하고는 있지만 역사학에서 일반적으로 말하는 국가 단계의 사회를 말하는 것 같지는 않다.[31]

위의 견해들은 대개 내물 마립간(356~401년)시대나 그 이후에 신라가 국가 단계의 사회에 도달했을 것으로 보고 그 이전은 국가보다 낮은 사회 단계에 머물렀을 것으로 추정했다. 따라서 신라 초기사회가 다소 수준 높은 사회였던 것처럼 기술된 4세기 중엽 이전의 『삼국사기』 기록은 믿을 수 없는 것으로 취급했다.

신라 초기사회를 원시사회로 본 견해는 유물사관을 따르는 학자들이 제기했다. 사적유물론자들은 인류사회의 발전 과정에서 국가 단계 이전의 사회 단계는 원시사회로 보고 있으므로 신라가 내물 마립간이나 그 이후에 국가 단계의 사회에 진입했다면 그 이전은 원시사회가 되어야 하는 것이다.[32]

---

30 신라 초기사회에 대한 지금까지의 견해에 대해서는 다음 논문에 잘 정리되어 있으므로 참고하기 바람. 이문기, 「신라 상고기의 통치 조직과 국가형성 문제」, 『한국고대국가의 형성』, 민음사, 1990, pp. 247~284.

31 천관우는 사로(신라) 초기를 성읍국가 단계로 보면서도 사로는 5대 파사 이사금 때 영역국가로 출발하면서부터 고대국가로 첫발을 내딛게 되었다고 말했다. 이로 보아 천관우는 성읍국가를 국가 단계의 사회로 보지 않았음을 알 수 있다(천관우, 『고조선사·삼한사 연구』, 일조각, 1989, p. 269·295 참조).

32 武田幸男, 「朝鮮の國家形成と三國」, 『新朝鮮史入門』, 1981 참조.

신라 초기사회를 부족국가로 본 견해는, 인류의 초기사회는 씨족에서 부족으로 발전했다고 보고 신라의 초기사회를 부족국가로 상정했던 것이다. 따라서 부족국가란 국가라는 용어를 사용하고 있기는 하지만 엄밀한 의미에서는 국가가 출현하기 전의 부족사회를 말하는 것이다. 실제로 이러한 용어를 사용한 학자들도 부족국가보다 훨씬 늦게 고대국가가 출현한 것으로 보고 있는 점으로 미루어보아 부족국가라는 용어는 국가 단계의 사회를 의미하지 않음을 알 수 있다.[33] 부족국가라는 용어는 국가의 기원에 관한 연구가 충분하지 않았던 시기에 서양사학계에서 사용하고 있던 것을 그대로 받아들인 것이었다.

신라의 초기사회를 추방사회[34]로 본 견해는, 초기의 신라 사회는 마을들이 연맹체를 형성하고 있었을 것으로 보고 그 사회 단계를 국가사회보다 앞선 단계인 추방사회로 본 것이다. 이러한 견해는 인류사회 발전에 관한 이론인 신진화론에 따른 것이다. 그 이론에 따르면 인류사회는 무리사회(band society)·부족사회(tribal society)·추방사회(chiefdom society)의 발전 과정을 거쳐 국가사회(state society)에 이르게 된다. 신라 초기사회는 아직 국가사회 단계에 이르지 못했을 것으로 보고 그 전

---

33 김철준은 인류사회의 발전 과정을 부족국가 → 부족연맹 → 고대국가라는 도식으로 설정하고, 신라는 3세기 초에 부족국가 단계에 들어선 뒤 진평왕 때(579~631년) 고대국가가 완성된 것으로 보았다. 따라서 이 견해에 따른다면 부족국가는 고대국가보다 훨씬 앞 단계의 사회였으며, 신라 초기사회는 아직 부족국가 단계에도 이르지 못했다는 것이 된다(김철준, 「한국고대국가발달사」, 『한국민족문화사대계』 I -민족·국가사, 고려대 민족문화연구소, 1964, pp. 507~525).

34 이러한 견해를 제출한 학자들은 추방사회라는 용어를 사용하지 않고 추장사회·촌락사회·군장사회 등의 용어를 사용하고 있다. 이것들은 치프덤 소사이어티(chiefdom society)를 번역한 말이다. 그런데 필자는 그러한 번역어들이 적합하지 않다고 생각되어 필자가 사용하는 추방사회라는 말로 대체했다.

단계인 추방사회로 상정한 것이다.[35]

여기서 혼동을 피하기 위해 추방사회라는 용어의 뜻을 잠깐 정리하고 넘어가자. 추방사회란 영어의 chiefdom society를 번역한 것인데 국가사회가 출현하기 직전의 사회 단계를 말한다. 학자에 따라서는 이를 추장사회·촌락사회·족장사회·군장사회 등으로 번역한다. 그런데 추장사회라 할 경우 chief(추장)의 뜻은 전달되지만 dom(영역)의 뜻은 전달되지 않는 약점이 있고, 촌락사회라 할 경우 촌락은 마을을 말하는데 chiefdom은 마을연맹체사회로서 촌락사회보다는 규모가 큰 사회이므로 그 뜻이 같지 않다. 족장사회라 할 경우 족장의 의미를 씨족장·부족장·종족장 등 여러 가지로 상정할 수 있기 때문에 그 의미가 분명하지 않으며, 군장사회라 할 경우 고대 중국인들은 이민족 국가의 통치자를 군장이라 불렀으므로 국가 이전의 사회 단계만을 의미하는 chiefdom society와는 또 다르다.

따라서 그 의미를 정확하게 전달하는 번역어가 필요한데 chief는 추장, dom은 영역을 의미하므로 추장을 의미하는 추(酋) 자와 국가보다는 작은 규모의 영역을 의미하는 방(邦) 자를 결합한 추방사회라는 말이 적합할 것이다.[36]

신라 초기사회를 성읍국가로 본 견해는 부족국가라는 용어가 학술용

---

35 이종욱, 앞 책 참조.

36 장광직(張光直)은 일찍이 chiefdom을 추방으로 번역하여 사용했으며 그 사회를 intervillage aggregate society(촌락집합체사회 또는 촌군사회)라 부르기도 했다[張光直, 「從夏商周三代考古論三代關係與中國古代國家的形成」, 杜正勝 編, 『中國上古史論文選集』, 華世出版社, 民國 68(1979), pp. 314~317]. 필자는 chiefdom의 번역어 문제에 대해 장광직 교수와 충분히 의견을 나눈 뒤 추방이라는 용어를 사용해오고 있다(장광직 지음, 윤내현 옮김, 『상문명』, 민음사, 1989, pp. 456~457).

어로 적합하지 않다는 지적을 받으면서 나온 것이다. 국가 기원에 관한 연구가 진전되면서 인류사회는 무리사회 → 부족사회 → 추방사회의 발전 과정을 거쳐 국가사회에 이르게 된다는 것을 신진화론자들이 밝혀내면서, 부족사회는 국가사회보다 훨씬 앞서 존재했던 사회로서 아직 국가 단계의 사회가 아니었기 때문에 부족과 국가를 결합한 부족국가란 용어는 있을 수 없다는 지적이 나오게 되었다. 이에 따라 서양의 고대국가가 도시국가였으므로 한국의 고대국가도 그랬을 것이라고 추정하고 도시를 한국의 고대 문헌에 보이는 성읍으로 바꿔 성읍국가라는 용어를 사용하게 되었던 것이다.[37]

그런데 고대 그리스와 같은 사회는 상업사회로서 여러 곳에 거주하던 사람들이 상업하기 좋은 곳으로 모여들어 도시가 이루어지고 그것이 국가로 발전하여 도시국가가 형성되었지만, 한국이나 중국과 같은 농업사회는 각 지역의 농업 마을들이 그대로 유지되면서 연맹체(또는 집합체)를 형성하여 국가로 발전했기 때문에 신라의 초기사회는 도시국가와 같은 성읍국가일 수가 없다.[38] 여기서 유의해야 할 것은 고대 서양의 도시국가는 국가 단계의 사회를 말하는데, 앞에서 말한 바와 같이 신라 초기사회를 성읍국가로 보는 학자들은 당시를 아직 국가 단계에 도달하기 전의 사회로 보고 있으므로 그 용어의 개념과 적용에 모순을 드러내고 있다는 점이다.[39]

이상과 같이 지금까지의 견해들은 여러 가지 다른 용어를 사용하고

---

37 천관우 엮음, 『한국고대사의 쟁점』, 일조각, 1975, pp. 187~234.

38 신라의 초기 사회를 추방사회(그의 용어를 따르면 촌락사회 또는 추장사회)로 본 이종욱도 당시의 사회를 마을연맹체사회로 보고 있다(주 35 참조).

39 주 31 참조.

있지만 신라 초기의 사회를 국가 단계의 사회로 보고 있지 않다는 점에서는 같다. 지금까지 신라 초기사회를 국가사회 이전의 저급한 사회로 본 것은 2가지 문제점을 지니고 있다. 하나는 신라가 건국되기 전의 한반도와 만주 사회에 대한 연구가 부족했다는 점이고, 또 하나는 국가사회에 대한 개념 정의가 분명하지 않았다는 점이다.

지난날에는 고조선을 국가 단계의 사회로 보지 않았고 그 영역도 한반도 북부의 일부분이었을 것으로 추정했다. 따라서 한반도 남부에 인류사회가 형성된 것은 한(삼한)시대나 그보다 조금 앞선 시기였을 것으로 보았는데, 그렇다면 초기의 인류사회인 한은 당연히 낮은 단계의 사회였을 수밖에 없고, 한의 일부였던 진한에서 출발한 신라의 초기사회도 낮은 단계의 사회일 수밖에 없다는 선입관이 자리하고 있었다.

그런데 신라 초기사회 성격을 밝히는 데 어떤 선입관이 작용한다는 것은 바람직하지 않다. 일체의 선입관을 배제하고 신라 초기사회를 검증하여 인류사회 발전 과정에서 각 단계의 사회가 갖는 특징 가운데 어느 것이 신라 초기와 합치하는지를 확인하는 것이 옳은 연구 방법일 것이다. 그러한 작업을 진행하기 위해 우선 인류사회의 발전 과정에서 각 단계의 사회가 갖는 특징을 알 필요가 있다.

인류사회 발전 과정의 첫 번째 단계는 무리사회로서 이 단계의 사회에서는 사람들이 무리를 지어 떠돌이생활을 하는데, 구성원들이 완전히 평등한 사회였다. 사냥·고기잡이·그러모으기를 하며 생활하던 구석기시대가 이에 해당한다. 두번째 단계는 부족사회로서 이 단계의 사회에서는 혈연집단인 씨족이 붙박이 생활에 들어가 마을을 이루게 되는데, 구성원들은 서열이 있는 평등한 사회였다. 농경과 목축을 하며 생활했던 전기 신석기시대가 이에 해당한다. 여기서 유의해야 할 점은 부족이라는 말은 인디언 사회에 대한 용어로서 그것과 개념이 일치한 용어가 한국사회에는 존재하지 않았다는 것이다. 그러므로 한국의 고대사회에는 부족사회라는 말보다는 마을사회(또는 씨족마을사회)라는 말이 더 적합할 것이다. 세 번째 단계는 추방사회로서 이 단계의 사회는 여러 마을들이 연맹체(또는 집합체)를 형성하고 구성원 사이에 신분과 빈부의 차이가 일어난 계층사회로서 추장과 같은 지배자가 출현한다. 농경과 목축이 발달한 후기 신석기시대가 이에 해당한다. 네번째 단계는 국가사회 단계로서 이 단계의 사회는 권력이 법으로 뒷받침되는 합법적 권력이 출현한 사회로서 대체로 청동기시대가 이에 해당한다.[40]

위의 사회 발전 과정에서 뒷시대는 앞시대 사회에 존재했던 요소들이 그대로 계승되어 양적으로 팽창되면서 위에 언급한 새로운 요소들이 추

---

40 인류사회 발전에 관한 이론틀과 그 적용 문제에 관해서는 다음 글을 참조하기 바람. 윤내현, 「사회진화상의 고조선 위치」, 앞 책 『고조선 연구』 상, pp. 121~154 ; 「고조선의 국가 구조」, 앞 책 『고조선 연구』 하, pp. 73~85. 여기서 유의해야 할 점은 국가사회에 대한 정의는 예나 지금이나 근본적으로 바뀌지 않았다는 것이다. 일찍이 모건은 문명사회를 '거주 형태가 혈연 결합에서 지역 유대로 바뀌고, 공권력이 출현한 사회'라고 정의했는데, 엥겔스는 문명사회와 국가사회를 같은 시대로 인식하여 위의 개념을 국가사회에 적용했다. 그런데 요즈음 학자들(신진화론자들 포함)은 공권력이라는 개념을 좀 더 명확히 하기 위해 '합법적인 권력'이라는 말로 대체했다. 여기서 문제가 되는 것은 위의 2가지 요소는 유럽의 고대사회에는 합당하지만 동아시아 고대사회에는 합당하지 않다는 것이다. 즉 한국이나 중국과 같은 농경사회에서는 국가사회가 출현한 뒤에도 거주 형태는 씨족 결합, 즉 혈연 결합을 유지하고 있었다. 국가가 출현한 뒤에도 마을들은 씨족 중심으로 형성되어 있었던 것이다. 따라서 동서양의 국가사회에 공통으로 적용할 수 있는 개념은 합법적인 권력의 출현이라는 하나의 요소뿐이다. 그리고 신진화론 학자들이 내놓은 무리사회·부족사회·추방사회·국가사회라는 인류사회 발전론은 지난날의 견해를 부인한 것이 아니라 더 구체화한 것이다. 모건은 문명사회 이전을 문화 발전 정도를 기준으로 하여 야만사회·미개사회 두 단계로 나누었는데, 엥겔스는 이것을 경제 면을 기준으로 하여 원시공동체라는 한 단계로 설정했다. 이것을 신진화론자들은 사회생활의 성격을 기준으로 무리사회·부족사회·추방사회라는 세 단계로 더 구체적인 구분을 한 것이다. 따라서 위의 어떤 이론틀을 적용하더라도 국가사회 단계의 개념이 달라지는 것은 아니다.

가되는 것이다. 그리고 각 사회 단계에서는 위에 언급되지 않은 다른 요소들도 보이지만 그것들은 주된 요소가 아니며 부수적으로 나타나는 것들이다. 따라서 위에 언급된 주된 요소가 확인되면 그 사회를 어느 한 단계의 사회로 볼 수 있는 것이다.

그러면 신라 초기사회는 어느 단계였을까? 『삼국사기』「신라본기」〈시조 혁거세 거서간〉조에 따르면 신라를 건국한 중심세력으로 여섯 마을이 등장하는데, 그 마을들은 신라가 건국되기 전 진한의 여섯 부였다고 했다. 부는 하나의 마을이 아니라 여러 개의 마을로 구성되어 있었다. 그리고 각 마을에는 촌장이 있었고 그들은 박혁거세를 받들어 거서간으로 삼았는데 거서간은 왕이라는 뜻이었다.[41] 이로 보아 신라 초기는 이미 마을연맹체 여러 개가 모여 형성된 사회였고 사회신분에 차이가 있는 계층사회였던 것이다. 따라서 신라 초기사회는 추방사회보다 낮은 사회 단계일 수는 없다.

그러면 신라 초기사회는 추방사회였는가, 그보다 발전된 국가사회였는가? 국가사회에는 추방사회의 요소가 대부분 존속되고 있다. 그것들이 양적으로 팽창되어 있을 뿐이다. 그러므로 신라 초기사회에 추방사회 요소들이 보인다는 이유만으로 신라 초기사회를 추방사회로 규정해서는 안 된다. 신라 초기사회가 추방사회였는지 국가사회였는지를 확인하기 위해서는 당시에 국가사회의 특징인 법이 존재했는지 그렇지 않았는지를 확인해야 한다. 법의 존재 유무는 추방사회와 국가사회를 구분짓는 기준이 되기 때문이다.

그런데 신라 초기사회에 법이 존재했는지를 확인할 수 있는 기록은

---

41 주 1 참조.

찾아볼 수 없다. 그렇다고 법이 없었다고 말할 수는 없다. 그러한 사실이 반드시 기록으로 남아 있는 것은 아니기 때문이다. 따라서 그 전후 시기의 상황을 살펴볼 필요가 있다. 『후한서』「동이열전」과 『삼국지』「동이전」〈한전〉에는 신라가 건국되기 전 진한과 변한에 법이 있었는데 매우 준엄했다고 적혀 있다. 『후한서』「동이열전」〈한전〉에,

> 변진 사람과 진한 사람들은 섞여 사는데 성곽과 의복은 모두 같지만 언어와 풍속에는 다른 점이 있다. 그 사람들의 형체는 모두 장대하고 머리칼은 아름다우며 의복은 깨끗하다. 그리고 형벌과 법은 준엄하다.[42]

고 했는데 이와 같은 내용이 『삼국지』「동이전」〈한전〉에도 실려 있다.[43] 진한과 변한은 한의 일부였으므로 한 사회는 이미 준엄한 법에 따라 통치되는 국가사회였음을 알게 해주는 것이다. 법이 준엄했다는 것은 상당히 발달한 법이 존재했다는 것으로서 그 사회는 초기 국가사회가 아니라 상당히 발달한 국가사회였음을 말해준다.[44]

그런데 고조선이 붕괴되기 전에 한은 고조선의 거수국이었다.[45] 고조선에 범금 8조의 법이 있었던 것처럼 고조선은 법에 따라 통치되는 국가사회였다.[46] 그러므로 신라가 건국된 지역은 고조선시대에 비록 그 중

---

42 『후한서』 권85, 「동이열전」〈한전〉'변진'조. "弁辰與辰韓雜居, 城郭衣服皆同, 言語風俗有異. 其人形皆長大, 美髮, 衣服絜清. 而刑法嚴峻."

43 『삼국지』 권30, 「동이전」〈한전〉'변진'조. "法俗特嚴峻."

44 고조선 건국 이전부터 고조선의 붕괴로 한이 독립국이 된 이후까지 한 지역의 사회 변천 과정에 대해서는 다음 글을 참조. 윤내현, 「삼한 지역의 사회 변천」, 『백산학보』 제35, 백산학회, 1988, pp. 71~137.

45 윤내현, 「고조선과 한의 관계」, 앞 책 『고조선 연구』 하, pp, 89~138.

46 주 12 참조.

심부는 아니었지만 이미 법에 따라 통치되는 국가 단계의 사회였고 고조선이 붕괴되어 한이 독립국이 된 뒤에는 법이 한층 준엄해진 발달한 국가사회였음을 알 수 있다. 그러므로 그 뒤를 이은 신라는 당연히 법에 따라 통치되는 국가사회였다고 보아야 한다. 신라는 건국 초부터 국가사회였기 때문에 『삼국사기』에 기록된 건국 연대를 부인할 이유가 없다. 이 건국 연대는 정확하게 말하면 왕조의 교체 연대인 것이다.

여기서 고조선이 한반도 남부의 한(韓) 지역까지 통치했다는 점에 의문을 제기하는 학자가 있을 수 있다. 그렇다고 하더라도 신라가 초기부터 국가사회였다는 필자의 논리에 변화가 있을 수 없다. 왜냐하면 신라의 전신인 진한에 준엄한 법이 존재했다는 『후한서』와 『삼국지』 기록은 부인할 수 없기 때문이다. 이렇게 보면 신라 초기를 수준 높은 사회로 기록한 『삼국사기』 내용을 의심할 이유가 없는 것이다.

국가사회는 대체로 세계 어느 지역에서나 청동기시대에 출현했는데, 신라가 건국된 서기전 1세기의 한반도와 만주는 이미 청동기시대를 지나 매우 발달한 철기시대에 이르러 있었다. 따라서 발달한 국가사회 단계에 이르렀을 것임은 의심할 여지가 없다. 이러한 고고학적인 결과는 문헌 기록을 통해 본 결과를 뒷받침한다.

끝으로 언급하고 싶은 것은 일부 학자들이 왕호의 사용, 왕실의 구성, 왕명의 특징, 통치 조직 등을 근거로 신라의 국가사회 진입 시기를 밝혀 보려는 노력을 하기도 했는데, 그러한 것들은 국가사회를 특징짓는 주 요소가 아니라는 점이다. 왕호 사용이나 왕실의 구성 또는 왕명의 특징이 사회 성격과 반드시 관계를 갖는 것도 아니며 통치 조직의 정도가 국가사회를 규정짓는 것도 아니다. 예컨대 중국에서는 진제국(秦帝國) 이전에는 통치자를 왕이라 했고 진제국시대부터는 황제라 하여 통치자의 칭호가 달랐으며 전국시대 초기에는 독립한 여러 나라가 아직 왕호를 사용하지 않고 이전에 사용하던 제후의 작위를 사용하고 있었지만 이들을 모두 국가로 보는 데 이의가 없다. 그리고 상나라나 주나라의 경우 통치 조직의 중요한 요소인 정부 조직이나 관료 제도가 아직 자세하게 밝혀지지 않은 상태이지만 국가사회로 인정받고 있다.

5. 마치며

지금까지 신라의 건국과 관계된 『삼국사기』, 『삼국유사』, 『후한서』, 『삼국지』 등의 기록을 분석하여 신라 건국의 핵심세력과 건국 연대 및 신라 초기의 사회 성격 등을 밝혀보고자 했다. 그 결과로 얻어진 바를 요약하면 다음과 같다.

기존 연구는 신라를 건국한 핵심세력을 북쪽에서 이주해 온 사람들로 보았으며, 『삼국사기』에 기록된 신라의 건국 연대에 대해서도 고구려보다 앞선다는 이유 때문에 그 신빙성에 의문을 품는 학자들이 많았다. 그리고 일반적으로 신라 초기사회를 역사학이나 인류학이 말하는 국가사회 단계에 이르지 못한 낮은 사회 단계였을 것으로 보았다.

그러나 그러한 견해들은 잘못된 것임이 밝혀졌다. 신라를 건국한 핵심세력은 다른 지역에서 이주해 온 사람들이 아니라 고조선시대부터 이미 경주를 중심으로 경상북도 지역에 살고 있었던 토착인들로서 그 지역의 명문거족이었다. 그들은 고조선이 붕괴된 뒤 한의 일부인 진한의 여섯 부를 형성하고 있었는데, 고조선이 붕괴하여 사회 혼란이 계속되자 자신들의 지역에서나마 이를 바로잡을 필요성을 느끼고 신라를 건국했던 것이다.

신라와 고구려의 건국 과정을 보면 두 나라는 모두 고조선의 붕괴가 가져온 혼란 속에서 건국되었지만 신라는 그 지역 토착인들이 건국한 반면, 고구려는 오늘날 요서 서부 난하 유역에서 이주해 온 고구려족이 오늘날 요동 지역에서 건국했다. 따라서 고구려는 신라보다 오랜 건국 준비 과정이 필요했다. 이러한 당시 상황으로 보아 신라의 건국이 고구려보다 앞서는 것이 타당하다고 생각된다.

『삼국사기』에 기록된 신라의 건국 연대인 서기전 57년은 그대로 믿어도 좋을 것이다. 다만 여기서 문제가 되는 것은 서기전 57년에 출발한 신라 사회가 처음부터 역사학이나 인류학에서 말하는 국가 단계의 사회였느냐 하는 점이다. 지금까지는 한반도와 만주를 지배했던 고조선이나 고조선의 뒤를 이어 한반도 남부를 지배했던 한에 대한 연구가 충분하지 않았기 때문에 신라 이전의 한반도 사회에 대한 인식이 부족했고, 그 결과 신라 이전의 사회는 미개했을 것으로 보았다. 이에 따라 신라 초기는 인류사회 진화 과정의 초기 단계에 해당했을 것으로 상정했기 때문에 국가 단계의 사회로 볼 수 없었다.

그러나 앞에서 살펴본 바와 같이 한반도와 만주 전 지역을 통치했던 고조선은 이미 국가 단계의 사회였고 한반도 남부에서 그 뒤를 이었던 한은 준엄한 법으로 통치되었던 발달된 국가사회였다. 그렇다면 그 뒤를 이어 한의 진한 지역에서 건국되었던 신라가 국가 단계의 사회가 아닐 수 없다. 신라는 한반도에 처음 출현했던 국가가 아니라 앞서 출현했던 고조선과 한 등의 국가들의 뒤를 이은 나라로서 엄격하게 말하면 신라의 건국은 왕조의 교체를 의미하는 것이다.

VIII 가야의 건국과 체제

1. 들어가며

가야는 고구려·백제·신라와 더불어 6세기까지 존속했던 국가이다. 그런데도 가야는 고구려나 백제·신라와 비교해볼 때 충분한 평가를 받지 못했다. 그것은 가야에 관한 기록이 너무 부족하다는 점에도 원인이 있었지만, 그동안 학계에서 가야가 존재했던 대부분의 기간을 삼국시대라고 이름지어 고구려·백제·신라가 그 시대의 주역이었던 것으로 인식한 데도 원인이 있었다. 이 시기를 삼국시대라 부르게 된 것은 고구려·백제·신라 삼국을 중심으로 기술한 『삼국사기』 때문이기도 하지만 일본이 가야에 임나일본부를 설치하고 그 지역을 지배했으므로 가야사는 한국사보다는 일본사에 속해야 한다는 일본인들의 생각이 반영된 것이기도 했다.

요즈음 고고학적 발굴에 따라 가야의 실체와 높은 국력이 확인되고 그에 대한 연구 성과도 크게 늘어나고 있는 것은 매우 바람직한 일이다.

그러나 아직까지도 가야의 건국 연대나 초기의 사회 수준, 그 성장 과정 등에 대해 의견이 분분하다. 여러 가지 이유가 있겠지만 가장 중요한 것은 가야가 건국되기 전 그 지역의 사회 수준에 대한 이해가 부족하기 때문이라고 할 수 있다.

가야가 건국되기 전 그 지역은 한(삼한)의 영토였고 그 전에는 고조선의 영토였다. 가야 지역은 고조선이나 한(韓)의 중심부가 아니었기 때문에 그 당시를 대표할 수 있는 수준의 사회나 문화가 그 지역에 있었다는 기록은 있을 수 없고 그에 상응하는 유적도 남아 있을 수 없다. 그렇다 하더라도 가야는 고조선과 한의 영토에 속해 있었기 때문에 고조선과 한을 계승한 세력임은 분명하다. 따라서 가야를 바르게 이해하기 위해서는 먼저 고조선과 한에 대한 이해가 충분히 있어야 한다.

그런데 지난날에는 고조선의 영토를 가야 지역까지 포함해서 생각하지도 않았고, 한에 대해서도 국가사회 단계가 아닌 낮은 사회 단계였을 것으로 보았다. 따라서 가야 초기는 당연히 국가 단계가 아닌 낮은 단계의 사회였을 것으로 평가했다. 그 결과 가야의 건국 연대를 옛 문헌에 기록된 연대보다 늦게 잡거나, 가야 초기의 사회 수준과 그 사회의 성장 과정 등을 실제보다 낮게 평가하는 잘못을 저질렀다.

그러나 요즈음에 와서 고조선은 이미 국가 단계의 사회에 진입해 있었고[1] 그 영토는 가야 지역을 포괄하고 있었으며,[2] 고조선의 뒤를 이은 한은 상당히 발달한 수준의 국가사회였다는 사실을 확인해 주는 연구 결과를 보이고 있다.[3] 그러므로 그러한 기초 위에서 가야의 건국 연대

---

1 윤내현, 「사회진화상의 고조선 위치」, 『고조선 연구』 상, 만권당, 2015, pp. 131~154.

2 윤내현, 「고조선의 강역과 국경」, 위 책, pp. 321~372.

3 이 책의 제1장 V 「한의 독립과 강역 변천」 참조.

와 초기의 사회 성격 및 성장 과정 등을 고찰할 필요가 있다. 이는 가야 자체에 대한 인식을 바르게 할 뿐만 아니라 당시의 한반도 사회 전반을 바르게 이해하는 데도 도움을 줄 것이다.

2. 가야의 건국 연대

가야에 관한 기본사료가 『삼국유사』 〈가락국기(駕洛國記)〉라는 점에는 이의가 없다. 그러므로 〈가락국기〉에 실린 수로왕의 가야 건국 연대에 관한 기록을 보면,

> 후한 세조 광무제 건무 18년 임인(壬寅) 3월 계욕일(禊浴日)에 거주한 곳의 북쪽 구지(龜旨)에서 수상한 소리와 기운이 있었다. …… 여섯 알이 변화하여 동자(童子)가 되었는데 용모가 매우 뛰어나므로 바로 상(床)에 앉히고 여러 사람이 배하(拜賀)하고 극진히 공경했다. …… 그달 보름날에 즉위했다.[4]

고 하여 가야의 건국 연대는 동한 광무제 건무 18년이었다고 말하고 있다. 『삼국유사』 「왕력(王曆)」편도 "가락국을 가야라고도 부른다."고 하면서 건국 연대를 똑같이 기록하고 있다.[5] 동한 건무 18년은 42년이다.

---

4 『삼국유사』 권2, 「기이」, 〈가락국기〉. "後漢世祖光武帝建武十八年壬寅三月禊浴之日, 所居北龜旨有殊常聲氣. …… 而六卵化爲童子. 容貌甚偉, 仍坐於床, 衆庶拜賀, 盡恭敬止. …… 其於月望日卽位也."

5 『삼국유사』 권1, 「왕력」 〈가락국〉조.

그런데 한국사학계에서는 일반적으로 가야의 건국 연대에 관한 이러한 문헌 기록을 믿지 않는 경향이 있다. 그러면서도 가야의 건국 연대에 대해 통일된 견해를 가지고 있지 못하다. 그동안 나온 가야의 건국 연대에 관한 견해는 대략 3가지로 나누어진다. 첫째는 가야의 건국 연대를 〈가락국기〉의 기록보다 올려보아 서기전 2세기 무렵 위만조선 시기로 보는 견해이며, 둘째는 〈가락국기〉 기록을 어느 정도 인정하여 서기전후 시기로 보는 견해이고, 셋째는 〈가락국기〉 기록보다 훨씬 내려보아 서기 2세기 무렵이나 그 이후로 보는 견해이다. 이 가운데 셋째의 견해가 가장 우세하다.

이러한 기존의 견해들은 대체로 가야 건국 연대에 관한 기본사료의 내용을 가볍게 취급하고 있다는 데 공통점이 있다. 그런데 그들이 내놓은 근거들 또한 매우 불확실하고 추상적이다. 그들의 견해를 분명하게 알기 위해 그들이 제시한 주요한 근거들을 살펴볼 필요가 있다.

가야의 건국 연대를 서기전 2세기로 올려본 견해는 가야가 위만조선 시대인 서기전 2세기 무렵에 성립되었을 것으로 보고, 수로왕은 가야의 시조가 아니라 여섯 가야 연맹체가 형성될 때 그 맹주였던 인물로 보았다.[6] 즉 가야의 성립을 수로왕 출현 이전으로 올려본 것이다. 그리고 〈가락국기〉에 따르면 가야는 수로왕부터 10세(世)가 지나 532년에 멸망했는데, 1세의 기간을 평균 30년으로 친다면 수로왕이 가야의 맹주가 된 것은 200년대가 되어야 하므로 가야의 건국과 수로왕의 등장을 42년으로 기록한 〈가락국기〉 내용은 믿을 수 없다고 주장했다.[7]

---

6 이병도, 「수로왕고(首露王考)」, 『한국고대사연구』, 박영사, 1981, pp. 314~322 ; 『한국사』, 고대편, 을유문화사, 단기 4292, pp. 384~385.

7 이병도, 「수로왕고」, 위 책(1981), p. 321 ; 위 책(단기 4292), p. 384.

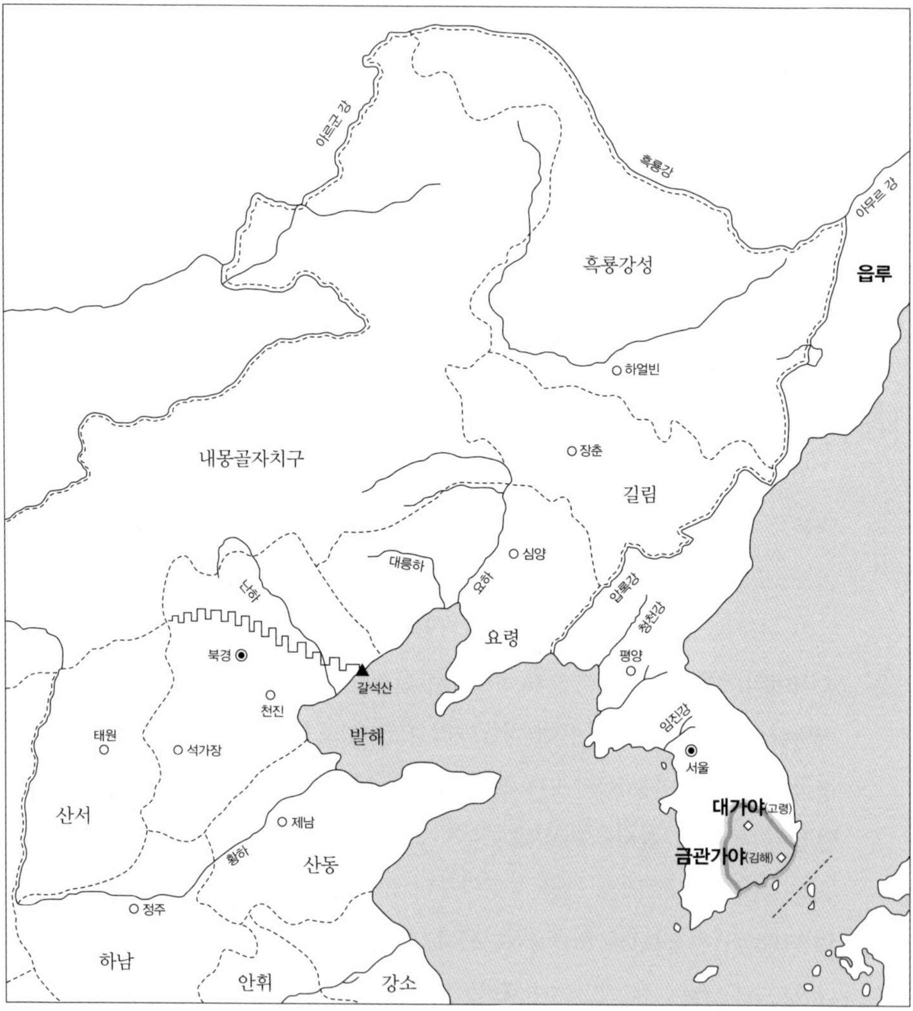
아르군 강
흑룡강
아무르 강
흑룡강성
읍루
하얼빈
내몽골자치구
장춘
길림
대릉하
심양
난하
요하
압록강
청천강
북경
갈석산
요령
평양
천진
임진강
태원
석가장
발해
서울
대가야(고령)
산서
제남
금관가야(김해)
황하
산동
정주
하남
안휘
강소

가야의 전성기 강역

이러한 견해는 위만조선은 그 옆에 있었던 진국[또는 중국(衆國)]이 중국의 한(漢)나라와 교통하는 것을 막았다는 『사기』 〈조선열전〉 기록[8]에 근거하고 있다. 지금까지의 통설에 따라 위만조선의 위치를 한반도 북부로, 진국의 위치를 한반도 남부로 상정한다면 당시 진국의 주변에는 진국과 같은 소국들이 많이 있었을 것이므로 가야도 그 가운데 하나였을 것이라고 본 것이다. 따라서 가야는 위만조선시대에 이미 존재했다고 보아야 하며, 수로왕은 가야의 시조가 아니라 가야연맹체 형성 시기의 맹주로 보아야 한다는 것이다. 이러한 견해에는 다음의 3가지 문제점이 있다.

첫째는 위만조선과 진국의 위치 문제인데, 지금까지는 위만조선을 한반도 북부에, 진국을 한반도 남부에 있었던 것으로 보았지만 필자는 그렇게 보지 않는다. 위만조선은 오늘날 요서 지역에 있었으며[9] 진국은 오늘날 요하 동부 유역에 있었다.[10] 따라서 가야의 건국지인 한반도 남부의 사회 상황을 설명하기 위해 오늘날 만주 지역에 있었던 위만조선이나 진국의 상황을 연결하는 것은 무리인 것이다.

둘째는 가야의 왕력 문제이다. 일부 학자들은 가야 왕 10명이 즉위한 기간을 300년으로 잡고 이를 가야의 멸망 연대에서 거꾸로 계산하여 수로왕의 등장 연대를 확인하는 방법을 취하고 있다. 그렇게 보면 수로

---

8 『사기』 권115, 「조선열전」. "(왕위가) 아들에게 전해지고 손자 우거에 이르렀는데, 꾀에 넘어가 한나라에서 망명 온 사람들이 많아졌고 또 (서한에) 들어와 천자를 알현하지도 않았으며, 진번 주변의 여러 나라들이 글을 올려 천자를 알현하고자 하면 또 가로막고 통하지 못하게 했다(傳子至孫右渠, 所誘漢亡人滋多, 又未嘗入見, 眞番旁衆國欲上書見天子, 又擁閼不通)."

9 윤내현, 「위만조선과 한사군의 위치」, 앞 책 『고조선 연구』 상, pp. 467~481.

10 윤내현, 「고조선과 한의 관계」, 『고조선 연구』 하, 만권당, 2016, pp. 90~104 ; 「고조선의 국가 구조」, 같은 책, pp. 62~65.

왕의 등장 연대는 200년대가 되어 문헌에 기록된 가야의 건국 연대인 42년보다 훨씬 늦게 된다. 그러나 그러한 연구 방법은 옳지 않다. 왜냐하면 가야 왕들은 우리가 생각하는 것보다 장수했을 수도 있고, 〈가락국기〉를 포함한 문헌 기록에 일부 가야 왕들이 누락되었을 수도 있기 때문이다.

셋째는 가야라는 이름을 가진 정치세력의 등장과 가야라는 독립국가가 출현한 것을 구별해야 한다는 것이다. 가야라는 이름을 가진 정치세력이 등장했다 하더라도 그것이 독립국이 아니라 어떤 국가에 속해 있었던 정치집단의 이름이었거나 국가 단계의 사회수준에 이르지 못한 정치집단의 이름이었다면 그 시대를 가야의 건국 연대로 잡을 수는 없다. 역사에서 논하는 가야의 건국 연대는 가야라는 이름이 출현한 연대를 의미하는 것이 아니라 가야가 독립국으로 출발한 연대를 말하는 것이기 때문이다.

위와 같은 문제점이 있는데도 가야의 건국 연대를 〈가락국기〉에 기록된 연대보다 올려본 견해는 중요한 시사를 한다. 그것은 42년 이전에 가야 지역에는 이미 가야국의 뿌리가 되는 정치세력이 존재했다고 본 점이다. 그들이 아직 가야라는 독립국가를 출현시키지 못했다 하더라도 그 기초가 된 정치세력이 존재했던 것은 분명하기 때문이다. 이 점에 대해서는 뒤에서 다시 논하게 될 것이다.

가야의 건국 연대를 2세기 무렵이나 그 이후로 내려보는 학자들의 견해가 갖는 문제점은 다음 3가지로 요약된다.[11]

첫째, 가야의 건국 연대가 42년으로 기록된 『삼국유사』의 〈가락국기〉

---

11 김태식, 『가야연맹사』, 일조각, 1993, pp. 40~58.

는 고려 문종 말기에 금관지주사(金官知州事)가 찬술한 것을 요약해서 실은 것인데,[12] 그 내용을 얼마나 믿을 수 있을 것인지 의심스럽다는 것이다. 특히 〈가락국기〉에서 참고했다는 개황력(開皇曆)에 실린 가야국의 왕력은 신라 왕력과의 관계 아래 정해졌을 것으로 추정되므로 이를 믿기가 어렵다는 것이다.[13]

그러나 42년이라는 가야의 건국 연대는 『삼국유사』〈가락국기〉에만 보이는 것이 아니다. 『삼국사기』〈김유신전〉에도,

> 김유신은 왕경(王京) 사람이다. 그의 12대조 수로는 어떤 사람인지 알지 못한다. 후한 건무 18년 임인에 구봉(龜峰)에 올라가 가락(駕洛)의 아홉 촌을 바라보고 드디어 그곳에 이르러 나라를 열고 나라 이름을 가야라 했다가 뒤에 금관국(金官國)으로 고쳤다. 그의 자손이 서로 계승하여 9대손 구해(仇亥)에 이르렀는데, 구해를 구차휴(仇次休)라고도 부르며 유신에게 증조부가 된다.[14]

고 하여 가야국을 세운 김수로왕이 김유신의 12대조라고 하면서 『삼국유사』〈가락국기〉와 같은 연대를 싣고 있다. 편찬자들이 유학자와 불교 승려라는 전혀 다른 학문 성향을 지닌 『삼국사기』와 『삼국유사』에 가야의 건국 연대가 똑같이 기록되었다는 것은 적어도 고려시대에는 가야의

---

12 『삼국유사』 권2, 「기이」〈가락국기〉의 주석.

13 김태식, 앞 책, pp. 40~41.

14 『삼국사기』 권41, 「열전」〈김유신전〉. "金庾信, 王京人也, 十二世祖首露, 不知何許人也. 以後漢建武十八年壬寅登龜峰, 望駕洛九村, 遂至其地開國, 號曰加耶, 後改謂金官國. 其子孫相承, 至九世孫仇亥, 或云仇次休, 於庾信爲曾祖."

건국 연대를 42년으로 보는 것이 일반화되어 있었음을 알게 해준다.[15]

둘째, 〈가락국기〉에 따르면 수로왕의 재위 기간은 42년부터 199년까지 158년 동안인데 이렇게 긴 기간 동안 왕위에 있었다는 것을 믿을 수 없다는 것이다. 이러한 수로왕의 재위 연대는, 탈해 이사금이 출생하여 신라에 이르기 전 금관국 해변에 이르렀는데 그 시기가 박혁거세시대였다는 전설과, 파사 이사금시대에 수로왕이 음즙벌국(音汁伐國)과 실직곡국(悉直谷國)의 영토 분쟁을 중재했다는 전설의 연대에 맞추기 위해 아마도 실제보다 올려서 조정했을 가능성이 있다는 것이다. 더욱이 신라의 초기 연대는 여러 가지로 믿기 어려운 부분이 있으므로 신라의 연대에 맞추어 조정된 가야의 연대는 신빙성이 없다는 것이다.[16]

수로왕의 재위 기간이 너무 긴 것이라든가 수로왕부터 마지막 왕인 구형왕까지는 불과 10세(世)인데 그 기간이 너무 길다는 것 때문에 가야의 왕력에 의문을 제기할 수는 있다. 그리고 그에 따라 가야 왕력을 재검토하거나 그 복원을 위해 연구를 진행할 수는 있을 것이다. 그러나 그러한 내용이 바로 가야의 건국 연대를 상향 조정한 것으로 단정하고 건국 연대를 끌어내리는 데에는 문제가 있다. 그러한 문제점은 여러 가지 이유로 발생할 수 있기 때문이다. 앞에서 말한 바와 같이 가야 왕실의 세계(世系)가 전해지는 과정에서 왕명이 누락되었을 수도 있는 것이다. 그런데도 왕력에 대한 의문을 바로 가야의 건국 연대를 끌어내리는 방향으로 논리를 전개하는 것은 가야의 건국이 그렇게 빠를 수 없을 것

---

15 『삼국사기』와 『삼국유사』의 편찬자들이 유학자와 불교 승려라는 전혀 다른 성향을 지닌 사람들이었다는 점으로 미루어볼 때 이들이 채용한 사료도 같지 않았을 가능성이 있다.

16 주 13과 같음.

이라는 선입관이 작용하고 있었던 것으로 보인다.

셋째, 중국의 삼국시대에 관한 기록인 『삼국지』 「동이전」 〈한전〉에 한(韓) 지역에 있었던 78개의 나라 이름이 기록되어 있는 것을 근거로 그 시대에 해당하는 3세기 무렵까지 한반도 남부에는 78개의 나라가 존재했으며, 가야는 그 가운데 하나였을 뿐이지 독립국일 수는 없다는 것이다.[17] 이러한 『삼국지』 「동이전」 〈한전〉의 기록에 관한 인식은 가야뿐 아니라 신라·백제의 건국 연대까지도 『삼국사기』의 기록보다 내려잡도록 만들었다.

그러나 그런 견해는 사료를 잘못 이해하고 있는 것이다. 『삼국지』 「동이전」 〈한전〉에는 한에 속해 있었던 78개의 나라 이름이 기록되어 있기도 하지만, 한의 진왕은 그 가운데 12국만을 다스렸다는 기록도 있다.[18] 이 내용은 서로 모순된 것처럼 보인다. 『후한서』 「동이열전」 〈한전〉에는 진왕이 한에 있었던 78개의 국을 모두 통치했다[19]고 적혀 있는 것으로 보아 『후한서』가 말하는 중국의 동한시대보다 늦은 삼국시대에도 한에 78개의 국이 있었다면 당연히 그 나라들은 진왕의 통치를 받아야 했을 것이다. 그런데 그 가운데 12국만이 진왕의 통치를 받고 있었다는 것은 무엇을 말하는 것일까?

한에는 원래 78개의 국이 있어 진왕의 통치를 받았지만 중국의 삼국시대에 해당하는 시기에 이르러서는 그 가운데 12개 국만 진왕의 통치

17 김태식, 앞 책, p. 58.

18 『삼국지』 권30, 「동이전」 〈한전〉. "馬韓在西, …… 凡五十餘國. …… 弁·辰韓合二十四國. …… 其十二國屬辰王." 이 문장에는 마한에 50여 국, 변한과 진한에 24국이 있었던 것으로 되어 있지만 〈한전〉에 기록된 나라 이름은 78개이다.

19 『후한서』 권85, 「동이열전」 〈한전〉. "韓有三種, 一曰馬韓, 二曰辰韓, 三曰弁辰. …… 凡七十八國, …… 馬韓最大, 共立其種爲辰王, 都目支國, 盡王三韓之地."

를 받고 있었다는 것이다. 따라서 나머지 66개 국이 있었던 지역은 이미 진왕의 통치를 벗어난 상태에 있었음을 알 수 있다. 이러한 내용을 『삼국사기』와 『삼국유사』의 신라·고구려·백제·가야에 관한 기록과 연결해보면 66개의 국이 진왕의 통치를 벗어나게 된 이유를 알게 된다. 그것은 그 지역에 신라·백제·가야가 건국되어 영토를 확장했기 때문이었던 것이다. 그러므로 『삼국지』「동이전」 기록은 가야가 3세기 이전에 이미 건국되었음을 간접적으로 말해주고 있다.

이상과 같이 가야의 건국 연대를 올려보거나 내려잡은 지금까지의 견해는 분명한 근거가 없었다. 특히 가야의 건국 연대를 내려본 견해에는 고구려·백제·신라를 포함한 한국 고대사회의 수준을 실제보다 낮게 평가해온 지난날의 학문 경향이 영향을 주었다고 볼 수 있다.

가야의 건국 연대를 정확하게 알기 위해서는 당시 한반도의 정치 상황에 대한 이해가 필요하다. 주변의 여건으로 보아 가야의 건국이 가능했겠는지를 살펴볼 필요가 있는 것이다. 가야가 건국되기 전인 서기전 1세기 무렵에 한반도와 만주에는 정치적인 변화가 소용돌이치고 있었다. 고조선의 붕괴와 동부여[20]·고구려·읍루·동옥저·동예·최씨낙랑국·한 등의 건국이 그것이다. 고조선의 붕괴와 위의 여러 나라들의 건국은 단순한 왕조의 분열과 교체가 아니라 주민 이동을 동반하는 격동의 상황을 가져왔다.[21]

---

20 오늘날 학계에서는 이 시기의 부여를 북부여라고 믿고 있지만 그것은 잘못이다. 북부여는 북경에서 가까운 지금의 난하 상류 유역에 있었고, 이 시기에 고구려의 북쪽에 있었던 부여는 동부여였다(윤내현, 「부여의 분열과 변천」, 『상명사학』 제3·4합집, 쌍호조경래박사정년퇴임기념논문집, 1995, pp. 447~480 ; 이 책의 제1장 Ⅱ 「동부여의 건국과 위치」 참조).

21 윤내현, 「열국시대의 개시와 그 변천」, 『전통과 현실』 제6호, 1996, pp. 239~290 ; 이

동부여·고구려·읍루·동옥저·동예·최씨낙랑국의 건국 주체세력들은 원래 오늘날 요서 지역에 거주하고 있었으나 그곳에 위만조선이 서자 동쪽으로 이동하여 오늘날 요하 동쪽의 만주와 연해주 및 한반도 북부에 나라를 세웠던 것이다.[22] 그 과정에서 큰 사회 혼란이 있었을 것은 말할 필요가 없다. 고조선이 붕괴됨에 따라 한반도 남부의 한(韓)도 독립을 했는데, 한 지역은 북부만큼 큰 혼란을 겪지는 않았지만 오늘날 요동 지역에 있었던 진국에서 주민이 이동해 온 데다 급작스러운 독립으로 충분한 통치력을 갖추지 못했다.[23]

따라서 한(韓) 사회는 안정되지 못한 상태였고, 그 변방이었던 진한과 변한 지역은 더 심했을 것이다. 그러한 상황에서 서기전 57년에 진한 지역에서 신라가 건국되었고, 서기전 18년에는 마한의 북부에서 백제가 건국되었다. 그리고 신라와 백제는 건국하자마자 영토를 확장하기 시작했는데, 이에 따라 한의 영토는 크게 줄어들게 되었다.

이러한 당시의 한반도 남부 상황으로 보아 그 영향을 받은 변한 지역 주민들이 42년 무렵에 가야를 건국했을 개연성은 충분하다. 그러므로 분명한 근거 없이 문헌에 보이는 가야의 건국 연대를 부인하고 그보다 올려보거나 내려볼 이유가 없다. 가야의 건국 연대에 관한 분명한 자료를 새로 발견하지 못하는 한 기존의 문헌 기록을 부인할 수는 없는 것이다. 따라서 지금으로서는 42년이라는 연대를 사용하는 것이 지극히 당연하다 할 것이다.

『삼국사기』「신라본기」〈탈해 이사금〉조에는 77년에 신라가 가야와

책의 제1장 Ⅰ「열국시대의 시작과 변천」 참조.

22 위와 같음.

23 위와 같음.

전쟁을 했다고 기록되어 있고,[24] 〈파사 이사금〉조에는 87년에 신라는 서쪽으로는 백제와 이웃하고 남쪽으로는 가야와 접하고 있었다고 기록되어 있다.[25] 이러한 기록들은 가야가 77년 이전에 건국되었음을 분명히 말해주고 있는 것이다.

그러므로 이제 문제로 등장하는 것은 가야가 건국되었던 42년 무렵에 변한 사회가 국가 단계의 사회에 진입해 있었느냐 그렇지 못했느냐 하는 점이다. 이 점을 확인하기 위해 가야 건국 시기의 사회 상황을 검토해보겠다.

3. 건국기의 가야 사회

건국기 가야의 사회 성격을 알기 위해서는 먼저 건국 과정에 대한 기록을 볼 필요가 있다. 『삼국유사』 〈가락국기〉에는 가야의 건국 과정에 대해서,

> 천지가 처음으로 열린 뒤로 이곳에 아직 나라 이름이 없고 또한 군주나 신하의 칭호도 없더니, 세월이 지나 아도간(我刀干)·여도간(汝刀干)·피도간(彼刀干)·오도간(五刀干)·유수간(留水干)·유천간(留天干)·신천간(神天干)·오천간(五天干)·신귀간(神鬼干) 등의 아홉 간이 있어 이들

---

24 『삼국사기』 권1, 「신라본기」 〈탈해 이사금 21년〉조. "秋八月, 阿飡吉門與加耶兵, 戰於黃山津口, 獲一千餘級, 以吉門爲波珍飡, 賞功也."

25 『삼국사기』 권1, 「신라본기」 〈파사 이사금 8년〉조. "秋七月, 下令曰, 朕以不德, 有此國家, 西鄰百濟, 南接加耶, 德不能綏, 威不足畏, 宜繕葺城壘, 以待侵軼."

이 추장으로서 백성(百姓)을 거느렸는데 모두 100호(戶)였고 7만 5,000명이었다. 대부분 산야(山野)에 도읍하고 우물을 파서 물을 마시고 농사를 지어 식량을 조달했다.

후한 세조 광무제 건무 18년 임인 3월 계욕일에 북쪽 구지에서 수상한 소리와 기운이 있었다. 많은 사람을 큰 소리로 불러 이곳에 200~300명이 모였는데 사람의 소리가 나는 듯했으나 그 형상은 보이지 않았다. 그리고 소리만 내어 말하기를, "이곳에 사람이 있느냐?" 하니 아홉 간들이 이르기를, "우리들이 여기 있다." 했다. 또 말하기를, "여기가 어디냐?" 하니 대답하기를, "구지이다."라고 했다. 그러자 "황천(皇天)이 나에게 이곳을 다스려 나라를 새롭게 하여 임금이 되라고 명했으므로 그렇게 하기 위해 내려왔다. 너희들은 마땅히 산마루 위의 흙을 파면서 노래하되, '거북아 거북아 머리를 내밀어라. 내밀지 않으면 구워서 먹으리라.' 하고 땅을 밟으면서 춤추면 대왕을 맞게 되고 큰 기쁨과 더불어 도약이 있을 것이다."라고 말했다.

아홉 간들은 그 말처럼 모두 기쁘게 노래하고 춤추다가 조금 뒤에 머리를 들어 쳐다보니 자색 줄이 하늘에서 내려와 땅에 닿은지라 줄 끝을 찾아보니 붉은 폭에 금합(金盒)이 싸여 있는 것이 보여 그것을 열어보니 황금알이 6개 있었는데 둥글기가 해 같았다. 그곳에 모였던 무리의 사람들이 모두 경희(驚喜)하여 다 같이 백배(百拜)하고 조금 있다가 다시 싸서 아도(我刀)의 집으로 돌아와 의자 위에 두고 무리는 각기 흩어졌다. 하루가 지나 다음 날 새벽에 많은 사람이 다시 모여 금합을 여니 여섯 알이 진화하여 동자가 되었는데 용모가 매우 뛰어나므로 평상에 앉히고 많은 사람이 배하(拜賀)하고 극진히 공경했다. 나날이 자라 10여 일이 지나니 신장이 9척이나 된 것은 은(殷)의 천을(天乙)과 같았고, 그 얼굴이 용과 같은 것은 한(漢)의 고조(高祖)와 같았으며, 눈썹의 팔채(八彩)는 당고(唐高)와 같았고 눈에 동자가 둘씩 있는 것은 우순(虞舜)과 같았다. 그달 보름날에 즉위했다. 처음으로 나타났다고 하여 이름을 수로라 했는데 혹은 수릉(首陵)이라고도 하며 나라를 대가락 또는 가야국이라고도 일컬으니 곧 여섯 가야 가운데 하나였다. 나머지 다섯 사람은 각각 가서 다섯 가야의 주(主)가 되었다.[26]

고 했다. 위의 내용 가운데 가야의 건국시조가 하늘에서 내려온 알에서 태어났다는 것은 그들의 건국시조를 신성화하기 위한 고대인들의 의식이 반영된 것으로 고조선 이래 전승되어온 한민족의 하느님 숭배사상이 이어지고 있었음을 알 수 있다.

위의 인용문 머리 부분의 내용에 따르면, 가야가 건국되기 전 그 지역은 미개했던 것처럼 보인다. 그러나 자세히 음미해보면 그렇지 않다. 고대 전설이나 설화에는 시간이 매우 압축되어 있다. 따라서 가야의 건국전설도 그러한 관점에서 해석해야 한다.

위의 인용문 내용을 보면 천지가 개벽했던 태초에 가야 지역에는 나라도 없고 군주나 신하의 칭호도 없었다 했다. 태초에 그러한 사정은 세계 어느 곳이나 마찬가지였다. 그리고 오랜 세월이 흘러 한(干 또는 汗)이라 불리는 추장이 나타나 그 지역을 다스렸다 했다. 칸(干) 또는 한(汗)은 고대에 동북아시아 지역에서 우두머리 또는 통치자를 부르는 칭호였다. 그러므로 이 시기에 이미 정치권력이 출현했음을 알 수 있다. 국가가 출현하기 직전에 정치권력을 가진 추장이 다스리는 사회가 형성되는 것은 세계사의 보편적인 발전 과정이다. 오늘날 국제학계에서는

26 『삼국유사』 권2, 「기이」 〈가락국기〉.

이 단계의 사회를 추방(酋邦)이라 부른다.[27]

위의 내용으로 보아 가야 지역에는 가야라는 국가가 출현하기 전에 9개의 추방이 형성되어 있었음을 알 수 있다. 추방은 마을사회가 발전하여 마을연맹체를 형성한 시기로서 고고학적으로는 후기 신석기시대에 해당하는데, 필자는 이를 고을사회 또는 고을나라라고 부르는 것이 좋을 것 같다는 견해를 이미 밝혔다.[28] 고을나라 단계의 사회를 거쳐 가야가 건국되었다는 것은 가야 지역이 인류사회의 보편적인 발전 과정을 거쳤음을 말해주고 있는 것이다.

한(干 또는 汗)이라 불리는 추장들이 통치하던 시대에 그 지역에는 이미 성을 가진 사람들이 100호나 된다 했고 주민의 수는 모두 7만 5,000명이라 했다. 당시 성을 가졌던 백성(百姓)[29]들은 귀족들로서 100호라는 숫자는 가계(家系)를 의미한 것으로 보아야 할 것이다. 그런데 아홉 간(干)이 다스리던 추방사회 단계에서 가야 지역에는 7만 5,000명이 거주했다 했으므로 1호당 인구를 5명으로 계산하면 1만 5,000호가 있었다는 것이 된다. 이를 아홉으로 나누면 1,600호 정도가 된다.

그러므로 도식적으로 말하면 가야 지역에는 1,600호 정도의 고을나라(추방) 9개가 있었다는 것이 된다. 『삼국지』「동이전」〈한전〉에 따르면 가야가 건국되기 전 한(韓)의 진한과 변한에는 24개의 국이 있었는데

27 주 1과 같음.

28 위와 같음.

29 원문에서는 백성이 100호나 된다 했다. 흔히 백성을 국민 모두를 뜻하는 것으로 해석하지만 그러한 개념은 모든 사람이 성을 가진 뒤에 생겼다. 원래 백성은 성을 가진 모든 사람이라는 뜻으로, 고대에는 지배귀족만이 성을 가지고 있었고 일반 서민은 성이 없었기 때문에 백성이란 귀족들을 지칭하는 말이었다. 따라서 백성이 100호였다는 것은 100개 가문의 귀족이 있었음을 말하는 것으로 해석하는 것이 타당할 것이다.

대국(大國)은 4,000~5,000가(家), 소국(小國)은 600~700가였다 했으므로 가야 지역의 고을나라들은 한에 있었던 국 가운데 중급 정도의 인구에 해당했던 것이다. 그런데 이것은 가야 지역에 있었던 고을나라들의 크기를 평준화한 것으로서 실제로는 그 크기가 같지 않았을 것이므로 그 규모가 한전에 기록된 국과 비슷했을 것이다.

위의 인용문은 고을나라 단계에서 가야 지역은 이미 우물을 파서 수원(水源)을 만들고 논밭을 갈아 농사짓는 발달한 농경사회를 이루고 있었음을 말해주고 있다. 자연수원만을 이용하지 않고 우물을 파서 물을 마시는 등 인공으로 수원을 마련했다는 것은 자연을 활용하는 기술이 매우 발달했음을 말해주는 것이다. 이러한 가야 지역에서 동한 광무제 건무 18년, 즉 42년에 가야가 건국되었다는 것이다.

그러므로 앞의 가야 건국전설에 따르면 가야는 그 지역 토착인들의 사회가 성장하여 건국되었음을 알 수 있다. 그런데 그러한 사실을 의심하도록 만드는 기록이 있다. 『삼국사기』 〈김유신전〉에,

> 신라 사람들은 스스로 이르기를, 소호금천씨(少昊金天氏)의 후예이므로 성을 김(金)이라 한다고 하는바 유신의 비문에도 헌원(軒轅)의 후예요 소호(少昊)의 종손이라 했으니 그렇다면 남가야의 시조 수로도 신라와 같은 성(姓)이 되는 것이다.[30]

라고 한 것이 그것이다. 이 기록에 따르면 김유신의 선조인 가야의 수로왕은 중국 고대 전설에 등장하는 소호금천씨(少昊金天氏)의 후손이었다

30 『삼국사기』 권41, 「열전」 〈김유신전〉 상. "羅人自謂少昊金天氏之後, 故姓金, 庾信碑亦云, 軒轅之裔, 少昊之胤, 則南加耶始祖首露與新羅同姓也."

는 것이 된다. 그러나 앞에 소개된 『삼국유사』 〈가락국기〉에 따르면 수로왕은 하늘에서 내려온 금빛 나는 알에서 태어난 것으로 되어 있다.[31] 그리고 같은 책 「왕력」편에도,

> 수로왕은 임인 3월에 알에서 태어났는데 그달에 즉위했다. 158년을 다스렸다. 금빛 나는 알에서 태어났으므로 성을 김씨라 했다.[32]

고 했다. 수로왕이 알에서 태어났다는 것을 그대로 믿을 수는 없지만 기본사료에서는 그가 소호금천씨의 후손이었다고 말하지 않고 있는 것이다. 소호금천씨는 중국 전설에 등장하는 인물로서 실존했던 인물일 가능성은 희박하다. 여기서 생각해보아야 할 것은 신라는 당나라와 연합하기 위해 진덕왕 때부터 당나라의 복제(服制)와 연호를 사용하기로 하는 등 당나라의 문물을 따르고 있었다는 점이다.[33] 김유신의 비문은 그 뒤에 제작되었다. 그러므로 모화사상에 따라 김유신이 소호금천씨의 후예인 것처럼 윤색되었을 가능성이 크다.

아마도 수로왕은 가야 지역의 토착인 출신인데, 그의 출생을 신비화하는 과정에서 하늘에서 내려온 금빛 알에서 태어났다고 전해졌을 것이다. 이렇게 보면 수로왕을 포함한 가야를 건국한 사람들은 가야 지역의 토착인들로 고조선 이래 그 지역에 세력 기반을 가지고 있었던 명문거족이었을 것이다. 이들은 고조선이 붕괴된 뒤 한(韓)이 독립했으나 사회

---

31 주 26 참조.

32 『삼국유사』 권1, 「왕력」 〈가락국기〉. "首露王, 壬寅三月卵生. 是月卽位, 理一百五十八年, 因金卵而生, 故姓金氏."

33 『삼국사기』 권5, 「신라본기」 〈진덕왕 2~4년〉조.

가 혼란하고, 그들의 북쪽에서는 신라가, 한의 북부에서는 백제가 독립국을 세우자 이에 자극을 받아 자신들도 독립국을 세웠을 것이다.

필자는 고조선은 국가 단계의 사회였고[34] 한반도와 만주 전역을 통치했다고 주장한 바 있는데,[35] 이러한 필자의 견해를 받아들인다면 가야 지역은 가야가 건국되기 훨씬 전 고조선시대에 이미 국가 단계의 사회에 진입해 있었다는 것이 된다. 그리고 고조선이 붕괴하고 여러 나라가 건국되면서 그곳은 독립국인 한(韓)의 일부가 되었다. 따라서 위에서 말한 가야 지역의 고을나라 단계는 고조선이 건국되기 전의 상황이고, 그 뒤 고조선시대와 한시대를 거쳐 가야시대에 이르렀다고 보아야 한다. 그렇다면 건국할 때의 가야는 당연히 국가 단계의 사회여야 하는 것이다. 특별한 재해가 일어나지 않는 한, 뒤의 사회는 앞의 사회 수준을 계승하기 때문이다.

건국 당시의 가야가 국가 단계의 사회였음은 『후한서』와 『삼국지』의 기록을 통해 확인된다. 『후한서』 「동이열전」 〈한전〉에,

> 변진과 진한은 섞여 사는데, …… 형(刑)과 법(法)은 준엄했다.[36]

고 했고 『삼국지』 「동이전」 〈한전〉에도,

> 변진과 진한은 섞여 사는데, …… 법과 풍속은 특별히 준엄했다.[37]

---

34 주 1과 같음.
35 주 2와 같음.
36 『후한서』 권85, 「동이열전」 〈한전〉. "弁辰與辰韓雜居, …… 而刑法嚴峻."
37 『삼국지』 권30, 「동이전」 〈한전〉. "弁辰與辰韓雜居, …… 法俗特嚴峻."

고 하여 한(韓)시대에 진한과 변한 지역의 법이 매우 준엄했다고 말하고 있다. 이미 잘 알려져 있는 바와 같이 법이 존재하여 그것이 권력을 뒷받침하는 합법적인 권력이 출현하면 그 사회를 국가 단계의 사회라고 하는데, 한민족의 역사에서 법이 출현한 사회는 고조선시대였다.[38] 따라서 그 뒤의 사회는 당연히 국가 단계의 사회이며, 한(韓)의 형(刑)과 법(法)이 준엄했다는 것은 그것이 매우 강화되었음을 뜻하는 것으로 그만큼 발달한 국가사회였음을 말해준다. 이러한 사회의 뒤를 이은 가야도 건국 초부터 당연히 국가 단계의 사회여야 하는 것이다.

가야가 건국되기 전부터 그 지역이 국가 단계의 사회에 진입해 있었음은 고고학 자료로도 확인된다. 대표적인 유적은 경상남도 창원시 동읍의 덕천리 유적과 다호리 유적이다.[39] 덕천리와 다호리는 가야의 중심지였던 김해에서 서쪽으로 그리 멀지 않은 곳이며 낙동강에서 남쪽으로 약 2킬로미터 떨어진 가까운 곳이다. 따라서 이 유적들은 가야 지역의 사회 발전을 알게 해주는 중요한 유적이다.

덕천리 유적은 경남대 박물관이 1992년 10월부터 1993년 3월까지 지석묘(支石墓)·석관묘[石棺(槨)墓]·석개토광묘(石蓋土壙墓) 등을 발굴했는데, 치아·인골(人骨) 일부와 비파형동검·석검(石劍)·석촉(石鏃)·단도마연토기(丹塗磨研土器)·관옥(管玉)·무문토기편(無文土器片)·나무 조각·칠기 조각 등이 출토되었다.[40] 이 유적은 순수한 공동묘지로서

38 주 1 참조.

39 다호리 유적은 경상남도 의창군 동면 다호리로 알려져 있고, 덕천리 유적은 경상남도 창원군 동면 덕천리로 알려져 있으나 행정구역의 개편에 따라 두 유적 모두 창원시 동읍에 속하게 되었다.

40 경남대 박물관, 『창원 덕천리 유적』, 지도위원회의 및 현장설명회 자료, 1996년 3월 6일 ; 李相吉 著, 武末純一 譯, 「韓國·昌原德川里遺跡發掘調査槪要」, 『古文化談

당시에 주거 공간과 묘지 지역이 분리되어 있었음을 알게 해주었고, 묘지에서 출토된 석물들은 매우 발달된 가공기술을 보여주어 당시에 석물을 가공하는 전문 기능인이 있었음을 알게 해주었다.

특히 제1호 지석묘는 다른 묘들과 달리 상석(上石)의 무게가 29톤에 이르는 대형이며, 그 주위는 잘 다듬은 돌판을 쌓아 동서 17.5미터, 남북 56미터에 이르는 묘역을 만들었는데 바닥에도 돌판을 깔았다.[41] 이러한 구조로 보아 이 묘는 당시 상당히 높은 신분의 묘였음에 틀림없으며, 그의 씨족과 측근들이 때때로 묘역에 모여 제사의식을 가졌을 것이다. 이것은 당시의 사회가 신분이나 직업 면에서 매우 분화되어 있었음을 알게 해준다. 아마도 이 고분은 고조선 말기 이 지역 거수의 묘이거나 명문거족의 족장 묘일 것이다.

이 유적의 연대는 문화재연구소에서 실시한 방사성탄소연대측정 결과 서기전 9세기 무렵으로 나타났다.[42] 따라서 이 유적의 연대는 가야가 건국되기 훨씬 전인 고조선 후기에 해당한다. 가야가 건국되기 훨씬 전에 이 지역은 이미 사회신분의 분화와 빈부의 차이가 심하고 직능에 따른 전문인들이 출현한 사회를 이루고 있었던 것이다.

다호리 유적은 국립중앙박물관이 1988년부터 1991년까지 발굴했는데, 이곳은 50기가 넘는 무덤이 밀집되어 있는 공동묘역이었다. 부분적

叢』第32集, 九州古文化研究會, 1994.

41 위와 같음.

42 발굴자들은 이 유적의 연대를 이미 발굴된 다른 곳의 지석묘들과 비교해볼 때 서기전 4세기쯤 될 것으로 보았다. 그러나 문화재연구소의 방사성탄소연대측정 결과는 그보다 훨씬 올라간 서기전 9세기 무렵으로 나왔다. 필자는 과학적 연대인 서기전 9세기를 사용하고자 한다. 여기서 유의해야 할 점은 지금까지 지석묘에 대한 연대는 과학적인 측정으로 얻어진 것이 아니고 추측 연대라는 점이다. 요즈음 다른 지석묘 유적들도 방사성탄소측정을 해본 결과, 추정 연대보다 훨씬 올라가는 것으로 나타났다.

으로 도굴되긴 했지만 이 유적에서는 동검(銅劍)·동모(銅鉾)·동경(銅鏡)·청동 대구(帶鉤 : 허리띠고리)·동환(銅環)·동탁(銅鐸)·오수전(五銖錢)·단추형 동기(銅器)·쌍두관상동기(雙頭管狀銅器)·우각형(牛角形) 동기 등의 청동기, 철검(鐵劍)·철모(鐵鉾)·철과(鐵戈)·철사(鐵鉈)·철촉(鐵鏃)·철도(鐵刀)·철부(鐵斧)·철퇴(鐵槌)·철따비·철겸(鐵鎌 : 쇠낫)·철착(鐵鑿 : 쇠끌)·철제 대팻날·나선형 철기·철낚싯바늘·철괴(鐵塊) 등의 철기, 칠궁(漆弓)·궁시(弓矢)·칠기(漆器)화살통·칠기봉(漆器棒)·칠기찰갑(漆器札甲)·칠기두(漆器豆)·칠기배(漆器杯)·칠기발(漆器鉢)·칠기개(漆器蓋)·칠기잔·칠기환(漆器環)·칠기붓·칠기부채·원통형 칠기 등의 칠기와 지석(砥石 : 숫돌)·석부(石斧)·석제 대팻날·목제합(木製盒)·토기·노끈·동아줄·유리구슬·천하석제식옥(天河石製飾玉)·토제 방추차 등 아주 다양한 유물이 출토되었다.[43] 이 유적은 서기전 1세기 무렵의 것으로 추정되었다.[44]

위의 출토 유물에서 알 수 있듯이 가야 지역은 가야가 건국되기 전인 서기전 1세기 무렵에 이미 매우 발달된 철기문화시대에 진입해 있었다. 그 주민들은 다양한 철제 농구를 사용하여 발달된 농경생활을 하고 있었으며, 칠기를 사용하는 수준 높은 문화생활을 하고 있었다. 이 유적에서 출토된 다섯 자루의 붓은 연구 결과 중국 한시대에 사용했던 것들과 같은 것으로 문자의 필사용이었다는 것이 확인되었다.[45] 연구자는 이곳

---

43 이건무 등, 「의창 다호리유적 발굴진전보고(Ⅰ)」, 『고고학지』 제1집, 한국고고미술연구소, 1989, pp. 5~174 ; 「창원 다호리유적 발굴진전보고(Ⅱ)」, 『고고학지』 제3집, 한국고고미술연구소, 1981, pp. 5~111 ; 「창원 다호리유적 발굴진전보고(Ⅲ)」, 『고고학지』 제5집, 한국고고미술연구소, 1994, pp. 5~113.

44 이건무 등, 「의창 다호리유적 발굴진전보고(Ⅰ)」, p. 53.

45 이건무, 「다호리 출토 붓에 대하여」, 『고고학지』 제4집, 한국고고미술연구소, 1992, pp.

에서 함께 출토된 여러 유물로 보아 교역에 필요한 서류들을 만드는 데 이 붓이 사용되었을 것으로 추측했다. 이로 보아 그 당시 이 지역에서는 이미 활발한 교역이 이루어지고 있었고 매우 높은 서사문화(書寫文化)가 있었음을 알 수 있다.

경제적으로나 문화적으로 이러한 수준 높은 사회는 매우 발달한 국가 단계여야 한다. 따라서 가야 지역은 가야가 건국되기 훨씬 전 고조선 말기인 서기전 1세기 무렵에 이미 발달한 국가 단계의 사회에 진입해 있었고, 이러한 수준 높은 사회는 고조선이 붕괴된 뒤 한(韓)시대로 이어졌으며 이를 이어 가야가 건국되었던 것이다. 그리므로 가야가 건국되던 시기에 그 지역은 발달한 국가사회 단계에 이르러 있었을 것임은 의심할 여지가 없다.

4. 가야 국가의 성장

한의 변한 지역 세력이 성장하여 가야가 건국되었다는 점에는 이견이 없다.[46] 가야의 뿌리는 변한에 있으며, 가야는 가라(加羅)·가량(加良)·가라(訶羅)·가라(呵囉)·가락(伽落)·가락(駕洛)·가야(加耶)·가야(伽倻)·임나가라(任那加羅)·임나가량(任那加良)·아라(阿羅)·아야(阿耶)·아나(阿那) 등으로 표기되었다.[47] 『삼국지』「동이전」〈한전〉에는 진한과

5~23.

46 『남제서』 권58, 「동남이열전」 〈가라국전〉에는, "加羅國, 三韓種也."라고 했는데, 이는 가야가 건국된 변한 지역이 삼한, 즉 한에 속해 있었기 때문이다.

47 가야에 대한 이러한 표기의 출전에 대해서는 조희승, 『가야사연구』, 사회과학출판사, 1994, pp. 16~17 참조.

변한 지역에 모두 24개의 국이 있었다고 기록되어 있는데, 그 나라 이름들 가운데 변진구야국(弁辰狗邪國)과 변진안야국(弁辰安邪國)이 보인다. 구야국과 안야국은 그 음이 비슷하니 가야의 전신일 가능성이 높다.[48]

그런데 『삼국유사』 〈가락국기〉에 따르면 하늘에서 내려온 6개의 황금알에서 태어난 6명의 동자 가운데 가장 먼저 태어난 수로는 대가락(또는 가야국)의 왕으로 즉위했고 나머지 5명은 다섯 가야의 주(主)가 되었다.[49] 이 내용에 따르면 수로왕이 즉위한 나라는 대가락, 즉 대가야였는데 이를 가야국이라고도 불렀음을 알 수 있다. 그리고 나머지 다섯 가야의 통치자들은 왕이 아니라 주(主)라고 불렀던 것으로 보아 이들과 수로왕 사이에는 지위에 차등이 있었음을 알 수 있다. 수로왕은 다섯 가야의 주들보다 먼저 태어났으므로 이들의 큰형으로서 대가야 왕실은 다섯 가야 주실(主室)의 종가(宗家)이기도 했던 것이다.

지금까지는 가야의 성격을 여섯 가야가 연맹을 형성한 연맹체로 여겨왔으나 연맹체라는 용어는 여섯 가야가 모두 동등한 지위에 있었을 때 사용할 수 있는 것이다. 그러므로 가야에는 적합하지 않다. 수로왕의 대가야를 포함한 여섯 가야가 모두 가야라는 같은 나라 이름을 사용했다는 것은 자신들이 가야라는 한 나라에 속해 있다는 의식을 가지고 있었기 때문이다.

그리고 대가야의 수로왕은 왕이라는 칭호를 사용하고 다른 다섯 가야의 통치자들은 주라는 칭호를 사용하여 차등관계를 인정한 것은 다섯 가야가 대가야의 통치 아래 있었음을 알게 해준다. 다섯 가야의 주들은

---

48 구야국이 금관가야의 전신일 것이라는 점에 대해서는 학계에 이론이 없다.

49 『삼국유사』 권2, 「기이」 〈가락국기〉. "其於月望日卽位也, 始現故諱首露, 或云首陵, 國稱大駕洛, 又稱伽耶國, 卽六伽耶之一也, 餘五人各歸爲五伽耶主."

대가야 왕실을 그들의 종가로 받들었을 것인데, 이것은 중국 주나라의 봉국제 요소 가운데 하나인 종법제(宗法制)와 비슷하다. 다섯 가야의 주들은 고조선이나 한(韓)에 있었던 거수와 같은 지위로서 대가야의 수로왕을 그들 공동의 군주로 받들었을 것이다. 따라서 가야의 국가 성격은 한의 통치체제를 이은 것으로 왕 밑에 거수와 같은 주가 있는 형태의 봉국제 국가였다고 보아야 할 것이다.

그런데 『삼국유사』 「기이」 〈오가야(五伽耶)〉조에서는 다섯 가야의 이름으로 아라가야(阿羅伽耶)·고령가야(古寧伽耶)·대가야(大伽耶)·성산가야(星山伽耶)·소가야(小伽耶) 등을 소개하고[50] 5가야에 대한 주석에, "『가락국기찬(駕洛國記贊)』에 따르면 자색 끈 하나가 내려와 6개의 둥근 알을 주었는데, 그 가운데 다섯은 각 읍으로 돌아가고 하나는 이 성(城)에 남았는데 바로 하나는 수로왕이 되고 나머지 다섯은 각각 5가야의 주가 되었다 하니 금관(金官)이 이 다섯 수(數)에 들지 않은 것은 당연하다."[51] 고 기록했다. 위의 다섯 가야에는 수로왕의 금관가야가 들어있지 않다는 것이다.

여기서 유의해야 할 것은 앞에 인용된 〈가락국기〉에서는 수로왕의 금관가야를 대가야라 했는데, 위의 〈오가야〉조에는 금관가야가 아닌 다른

---

50 『삼국유사』 권1, 「기이」 〈오가야〉조. 이 기록에는 오가야의 위치에 대해, 아라가야는 아야가야(阿耶伽耶)라고도 하는데 고려시대의 함안(咸安), 고령가야는 고려시대의 함녕(咸寧), 대가야는 고려시대의 고령(固寧), 성산가야는 경산(京山) 또는 벽진(碧珍), 소가야는 고려시대의 고성(固城)이라고 했다. 이들을 오늘날의 지명으로 보면 아라가야는 경상남도 함안군 일대, 고령가야는 경상북도 상주군 함창읍 일대, 대가야는 경상북도 고령군 일대, 성산가야는 경상북도 성주군 일대, 소가야는 경상남도 고성군 일대가 된다.

51 『삼국유사』 권1, 「기이」 〈오가야〉조. "按駕洛國記贊云, 垂一紫纓, 下六圓卵, 五歸各邑, 一在茲城, 則一爲首露王, 餘五各爲伽耶之主, 金官不入五數, 當矣."

대가야가 소개되어 있다는 점이다. 이 대가야는 오늘날 경상북도 고령군 일대에 있었다.[52] 이것은 대가야가 오늘날 김해 지역에 있었던 금관가야에서 고령군 지역의 가야로 옮겨졌음을 말한다. 그 시기가 언제였는지 분명한 기록은 없다. 그러나 이것은 금관가야의 몰락과 고령군 지역 대가야의 대두를 의미하는 것으로 가야의 정치적 중심지가 옮겨졌음을 뜻한다고 보아야 할 것이다.

『삼국사기』「신라본기」〈법흥왕〉조에는 532년에, "금관(본가야)의 국주(國主) 김구해가 비(妃) 및 세 아들, 즉 큰아들 노종(奴宗), 둘째아들 무덕(武德), 막내아들 무력(武力)과 더불어 국고의 보물을 가지고 신라에 투항하니 법흥왕은 그들을 예로써 대접하고 상등(上等)의 자리를 주고 그 본국을 식읍으로 삼게 했다."[53] 고 기록되어 있다. 이 기록에서 금관가야의 통치자인 김구해를 왕이라 부르지 않고 주라고 칭한 것으로 보아 금관가야가 대가야의 지위를 잃은 것은 이보다 앞선 시기, 즉 532년 이전이었음을 알 수 있다.

가야의 영토에 대해서는 『삼국유사』〈가락국기〉에,

> 동쪽은 황산강, 서남쪽은 창해, 서북쪽은 지리산, 동북쪽은 가야산이 경계가 되어 있었고 남쪽은 나라의 끝이 되어 있었다.[54]

고 기록되어 있다. 가야의 건국자로 전해오는 수로왕의 능은 오늘날 김

---

52 주 50 참조.

53 『삼국사기』 권4, 「신라본기」〈법흥왕 19년〉조. "金官國主金仇亥, 與妃及三子, 長曰奴宗, 仲曰武德, 季曰武力, 以國帑寶物來降, 王禮待之, 授位上等, 以本國爲食邑."

54 『삼국유사』 권2, 「기이」〈가락국기〉. "東以黃山江, 西南以滄海, 西北以地理山, 東北以伽耶山, 南而爲國尾."

해시에 있다. 그리고 황산강에 대해 『신증동국여지승람』에는 "김해도호부 동쪽 40리의 양산군과 경계"를 이루는 낙동강 일부를 이르는 이름이라고 설명되어 있다.[55] 따라서 가야 지역은 동쪽은 낙동강을 경계로 하여 동북은 가야산, 서북은 지리산을 경계로 한 오늘날 경상남도 일부였다. 경상남도 지역은 한(韓)의 변한 지역이었다. 위의 인용문에서 말한 지역은 금관가야가 대가야였던 가야 초기의 강역이었을 것이다.

그런데 가야계의 지명을 통해 본 가야의 영역은, 북쪽은 낙동강 상류 유역인 상주와 선산 일대, 동쪽은 대구·창녕·밀양·양산·부산·김해 일대의 경계선으로 낙동강 동쪽 지역, 서쪽은 소백산 줄기와 섬진강을 잇는 경계선으로서 매우 넓은 지역으로 나타난다.[56] 이 지역은 가야가 가장 강성했던 시기의 강역이었을 것이다.

그리고 요즘의 고고학적 발굴 결과에 따르면 고령계로 분류되는 가야계 질그릇이 오늘날 고령군과 김해를 포함하여 동쪽은 낙동강을 경계선으로 하여, 서쪽으로는 거창·합천·함양·산청·의령·진양·하동·사천·고성 등을 비롯하여 전라북도 남원군의 일부 지역에서 출토되고 있는데[57] 이 지역은 아마도 고령 지역으로 대가야가 옮겨 간 뒤의 가야 영역일 것이다.

가야 지역은 가야가 독립하기 전부터 대량의 철 생산을 기반으로 사회가 크게 발전했다. 이에 관련된 기록은 『후한서』「동이열전」과 『삼국

---

55 『신증동국여지승람』 권32, 「김해도호부」 〈산천〉조. "黃山江, 在府東四十里梁山郡界. …… 俗傳, 洛水南流, 至府北磊津, 又東流, 爲玉池淵, 爲黃山江, 又南流, 至府南鷲梁入海."

56 조희승, 앞 책, pp. 29~37.

57 이명식, 「대가야의 역사·지리적 환경과 경역」, 『가야사연구』-대가야의 정치와 문화, 1995, pp. 83~88.

지』「동이전」에도 보이지만[58] 그동안 가야 지역의 고고학적 발굴 결과로도 확인되었다. 가야의 여러 유적에서는 철제 농구와 무기는 물론, 투구·갑옷·마구류 등 매우 발달된 철제품이 출토되고 있는 것이다.[59]

가야는 94년에 신라의 마두성(馬頭城)을 공격하여 포위한 바 있고[60] 97년에는 신라의 남쪽 변경을 습격하여 가성주(加城主) 장세(長世)를 죽인 바 있다.[61] 그리고 102년에는 음즙벌국과 실직곡국이 영토 문제로 다투다가 신라의 파사 이사금에게 이에 대한 판결을 요청했는데, 이를 난처하게 여긴 파사 이사금은 금관가야의 수로왕이 나이가 많고 지식도 많으므로 그를 불러 물어보는 것이 좋겠다 하여 수로왕이 이 문제를 판결했다 한다.[62]

---

58 『후한서』 권85, 「동이열전」 〈한전〉 '진한'조에는, "그 나라에서는 철이 생산되는데 예(濊)·왜·마한이 모두 와서 그것을 사 갔다. 모든 무역에 철을 화폐로 사용했다(國出鐵, 濊·倭·馬韓並從市之. 凡諸貿易皆以鐵爲貨)." 했고, 『삼국지』 권30, 「동이전」 〈한전〉 '변진'조에는, "그 나라에서는 철이 생산되는데 한·예·왜가 모두 와서 그것을 사 갔다. 시장에서 모든 매매는 철로 이루어져 마치 중국에서 돈을 사용하는 것과 같았으며, 또 두 군(낙랑군과 현도군)에도 공급했다(國出鐵, 韓·濊·倭皆從取之, 諸市買皆用鐵, 如中國用錢, 又以供給二郡)."고 했다. 『후한서』 「동이열전」에서는 철의 생산에 관한 기사가 '진한'조에서만 보이지만, 『삼국지』 「동이전」에서는 '변진'조에서 이를 말하고 있는 것으로 보아 진한과 변한 두 지역에서 철이 생산되었음을 알 수 있다. 이는 요즘의 고고학적 발굴로도 확인되는데, 가야의 여러 유적에서는 화폐 대용으로 사용되었던 철정(鐵鋌)이 출토된다.

59 그동안 간행된 가야 유적의 발굴보고서 목록은, 권주현, 「가야사 논저목록」, 『한국고대사논총』 8, 가락국사적개발연구원, pp. 412~423 참조.

60 『삼국사기』 권1, 「신라본기」 〈파사 이사금 15년〉조. "春二月, 加耶賊圍馬頭城, 遣阿飡吉元, 將騎一千擊走之."

61 『삼국사기』 권1, 「신라본기」 〈파사 이사금 17년〉조. "九月, 加耶人襲南鄙, 遣加城主長世, 拒之, 爲賊所殺."

62 『삼국사기』 권1, 「신라본기」 〈파사 이사금 23년〉조. "秋八月, 音汁伐國與悉直谷國爭疆, 詣王請決, 王難之謂, 金官國首露王, 年老, 多智識, 召問之, 首露立議, 以所爭之地, 屬音汁伐國."

이에 신라의 파사 이사금은 여섯 부에 명하여 함께 모여 수로왕의 판결에 대한 노고를 치하하는 잔치를 베풀도록 했는데, 다섯 부는 이찬에게 연회를 주관하도록 했으나 한기부(漢祇部)만이 신분이 낮은 사람을 시켜 연회를 주관하도록 했다. 이에 수로왕은 노하여 그의 부하를 시켜 한기부의 주(主)를 죽이고 본국으로 돌아갔다고 한다.[63]

이러한 사실들은 가야가 건국 초부터 상당히 강한 나라로 자리를 굳히고 있었고 주변의 나라들한테 존경받는 위치에 있었음을 알게 해준다. 그리고 115년과 116년에는 가야와 신라가 서로 침공하는 전쟁이 있었다. 이 전쟁은 가야가 신라의 남부 변경을 침공한 것에서 야기되었는데 그 결과는 결코 신라에 유리하지 않았다.[64] 이것은 당시 가야의 국력이 신라보다 약하지 않았음을 알게 해준다.

3세기 초부터 가야와 신라는 화평을 유지했다. 이는 201년에 가야가 신라에 화평을 청하여 이루어졌다.[65] 209년에는 포상팔국(浦上八國)이 가야를 침략하려고 하자 가야는 신라에 구원을 요청했는데 신라는 태자 우로(于老)와 이벌찬 이음(利音)으로 하여금 여섯 부의 군사를 이끌고 가서 가야를 돕도록 했다.[66] 212년에는 가야가 왕자를 신라에 볼모로

---

63 『삼국사기』 권1, 「신라본기」 〈파사 이사금 23년〉조. "於是, 王命六部, 會饗首露王, 五部皆以伊湌爲主, 唯漢祇部, 以位卑者主之, 首露怒, 命奴耽下里, 殺漢祇部主保齊而歸."

64 『삼국사기』 권1, 「신라본기」 〈지마 이사금 4년〉조. "春二月, 加耶寇南邊. 秋七月親征加耶, 帥步騎度黃山河, 加耶人伏兵林薄, 以待之, 王不覺直前, 伏發圍數重, 王揮軍奮擊, 決圍而退."; 〈5년〉조, "秋八月, 遣將侵加耶, 王帥精兵一萬, 以繼之, 加耶嬰城固守, 會久雨, 乃還."

65 『삼국사기』 권2, 「신라본기」 〈내해 이사금 6년〉조. "春二月, 加耶國請和."

66 『삼국사기』 권2, 「신라본기」 〈내해 이사금 14년〉조. "秋七月, 浦上八國, 謀侵加羅, 加羅王子來請救, 王命太子于老, 與伊伐湌利音, 將六部兵, 往救之, 擊殺八國將軍, 奪所虜六千人, 還之."

보냈다.[67]

그러나 이후 『삼국사기』 「신라본기」에 가야에 관한 기록이 상당히 긴 기간 동안 등장하지 않은 것을 보면 가야와 신라의 관계가 소원해졌던 것으로 생각된다. 그런데 고구려가 남진정책을 실시하자 그 영향이 신라는 물론 가야에까지 미쳤다. 400년에 고구려의 광개토왕은 기병과 보병 5만 명을 파견하여 당시 고구려의 보호 아래 있던 신라에 침입한 왜군을 토벌한 바 있는데 이 과정에서 고구려군은 금관가야의 종발성(從拔城)을 함락했다.[68]

이 전쟁으로 김해의 금관가야는 세력이 크게 약화되어 대가야의 지위를 상실하게 되었고 고령군 지역으로 대가야가 옮겨졌을 가능성이 있다. 고고학적 발굴 결과에 따르면 5세기 무렵에 고령 양식의 가야 질그릇이 확산되는 현상을 보이는데,[69] 이것은 이 시기에 고령군 지역의 대가야가 세력을 확대하여 가야의 주도권을 잡게 되었음을 알게 해주는 것이다.

그 후 가야는 고구려의 남진을 막기 위해 신라·백제 등과 협력했는데, 481년에 고구려가 말갈과 더불어 신라를 침공하자 가야가 백제와 연합하여 신라를 도운 것은 그러한 사실을 말해준다.[70] 그리고 495년에 가야는 신라에 꼬리가 5척이나 되는 흰 꿩을 예물로 보내 화친을 표시

---

67 『삼국사기』 권2, 「신라본기」 〈내해 이사금 17년〉조. "春三月, 加耶送王子爲質."

68 「광개토왕릉비문」 〈영락 10년〉조. "倭賊退…… 來背急, 追至任那加羅從拔城, 城卽歸服."

69 이희준, 「토기로 본 대가야의 권역과 그 변천」, 『가야사연구』, 1995, pp. 412~418.

70 『삼국사기』 권3, 「신라본기」 〈소지 마립간 3년〉조. "三月, 高句麗與靺鞨入北邊, 取孤鳴等七城, 又進軍於彌秩夫, 我軍與百濟加耶援兵, 分道禦之, 賊敗退, 追擊破之泥河西, 斬首千餘級."

하기도 했으며,[71] 508년에 가야국 왕은 신라에 요청하여 신라의 이찬 비조부(比助夫)의 여동생과 혼인했다.[72] 또 524년에는 신라의 법흥왕이 남쪽 변경을 순행했는데, 이때 가야국 왕이 그곳으로 가서 회합을 갖기도 했다.[73]

이러한 상황이 계속되는 동안 금관가야는 국력이 매우 약화되어 나라를 유지하기 어렵게 되었고, 532년에 신라에 투항하여 종말을 고하게 되었다.[74] 이러한 사건이 일어난 뒤 가야는 신라의 팽창을 막기 위해 백제와 연합하는 정책을 취하게 되었다. 554년에 백제의 성왕이 가야와 연합하여 신라의 관산성(管山城)을 친 것[75]은 그러한 사실을 말해주는 것이다. 이에 영토를 확장하고 있던 신라의 진흥왕(眞興王)은 배후의 위험한 세력을 없애기 위해 562년에 이사부(異斯夫)에게 명하여 사다함(斯多含)과 더불어 가야를 치게 했는데, 이 전쟁으로 가야는 완전히 멸망하고 말았다.[76]

---

71 『삼국사기』 권4, 「신라본기」 〈소지 마립간 18년〉조. "春二月, 加耶國送白雉, 尾長五尺."

72 『삼국사기』 권4, 「신라본기」 〈법흥왕 9년〉조. "春三月, 加耶國王遣使請婚, 王以伊湌比助夫之妹送之." 여기에 나오는 가야국 왕은 고령의 대가야왕을 말할 것이다. 왜냐하면 이 시기에 금관가야는 이미 가야의 주도권을 갖는 대가야의 지위를 상실했기 때문이다.

73 『삼국사기』 권4, 「신라본기」 〈법흥왕 11년〉조. "秋九月, 王出巡南境拓地, 加耶國王來會."

74 주 53과 같음.

75 『삼국사기』 권4, 「신라본기」 〈진흥왕 15년〉조. "秋七月, …… 百濟王明穠與加良, 來攻管山城."

76 『삼국사기』 권4, 「신라본기」 〈진흥왕 23년〉조. "9월에 가야가 반기를 드니 왕은 이사부에게 명하여 가야를 토벌하도록 했는데, 사다함을 시켜 돕도록 했다. 사다함은 5,000명의 기병을 영솔하고 먼저 전단문으로 달려들어가 흰 기를 세우니 성안이 놀라고 두려워하여 어찌할 바를 몰랐는데, 이사부가 병사를 이끌고 그곳에 이르니 일시에 모두 항복했다(九月, 加耶叛, 王命異斯夫討之, 斯多含副之, 斯多含領五千騎, 先馳入栴檀門, 立白旗, 城中恐懼, 不知所爲, 異斯夫引兵臨之, 一時盡降)." 이와 같은 내용이 『삼국사기』

5. 마치며

지금까지 가야의 건국 연대, 건국 초의 사회 수준, 건국 뒤의 성장 등을 살펴보았다. 그 결과를 요약하면 다음과 같다.

가야에 관한 기본사료인 『삼국유사』 〈가락국기〉와 『삼국사기』 〈김유신전〉에는 가야가 42년에 건국되었다고 기록되어 있다. 그런데도 지금까지는 이 연대를 믿지 않는 경향이 있었다. 그러나 신라·백제·고구려의 건국과 한(韓)의 쇠퇴라는 당시 주변의 정치 상황을 살펴볼 때 42년에 가야가 독립국으로 출범했을 개연성은 충분히 있다. 그리고 42년은 기본사료에 나타난 가야의 건국 연대이므로 이를 부인할 분명한 근거가 없는 한 그대로 받아들이는 것이 옳다.

가야는 그 지역 토착인들이 건국했는데 그들은 가야를 건국하기 훨씬 전부터 정치세력을 형성하고 있었다. 그들은 고조선시대와 한(韓)시대를 거치면서 지방의 명문거족으로 성장하여 정치 기반을 가지고 있었다. 그런데 고조선이 붕괴되고 한이 독립했으나 통치질서가 확립되지 못해 사회가 어지럽자 그들은 가야국을 세워 독립했던 것이다.

가야는 한의 변한 지역에서 건국되었으므로 한의 사회 수준을 계승한 나라인데, 한은 고조선을 계승한 나라 가운데 하나로서 상당히 발달한 국가 단계의 사회였다. 따라서 가야는 건국 초부터 국가 단계의 사회였고, 42년은 가야가 독립국으로 출범한 연대임이 한층 분명해지는 것이다. 문헌 기록과 고고학적 발굴 결과들은 그러한 사실을 뒷받침해준다.

가야에서는 고조선 건국 이래 한민족 종교사상의 핵심을 이루었던 하

권44, 「열전」 〈사다함전〉에도 보인다. 여기 등장하는 가야는 고령의 대가야를 말할 것이다. 왜냐하면 김해의 금관가야는 532년에 이미 망했기 때문이다.

느님 숭배사상이 그대로 이어지고 있었다. 그리고 가야의 국가 성격은 봉국제 국가로서 금관가야를 대가야라 부르고 그 통치자가 가야의 국왕으로서 가야 전체를 통치했고, 그 밑에 다섯 가야가 있어 그 통치자들을 주(主)라 했는데, 그들은 대가야의 왕을 공동의 군주로 받들었다. 이러한 봉국제는 고조선과 한의 거수국제와 같은 것이다.

가야는 400년 무렵까지는 오늘날 김해 지역에 있었던 금관가야가 대가야로서 가야 전체를 통치했으나, 400년에 고구려 광개토왕의 공격을 받은 뒤로는 금관가야의 국력이 극도로 약화되어 가야 전체의 통치권을 갖는 대가야가 오늘날 고령군 지역으로 옮겨 가게 되었다. 그 후 금관가야는 532년에 신라에 투항했고, 가야의 나머지 세력은 고령군 지역 대가야의 통솔 아래 562년까지 존속했다.

가야의 강역은 초기에는 오늘날 김해를 중심으로 동쪽은 낙동강을 경계로 하여 동북은 가야산, 서북은 지리산을 경계로 한 오늘날 경상남도 일부였다. 그러나 4세기 무렵에는 북쪽은 낙동강 상류 유역인 상주와 선산 일대, 동쪽은 대구·창녕·밀양·양산·부산·김해 일대의 경계선으로 낙동강 동쪽의 지역, 서쪽은 소백산 줄기와 섬진강을 잇는 경계선으로서 매우 넓은 지역을 차지하여 가장 강성함을 보여주었다. 금관가야가 몰락하고 대가야가 오늘날 고령군 지역으로 옮겨 간 5세기에는 영역이 고령군과 김해를 포함해 동쪽은 낙동강을 경계선으로 하고 서쪽으로는 거창·합천·함양·산청·의령·진양·하동·사천·고성 등을 비롯해 전라북도 남원군의 일부 지역에 이르렀던 것으로 보인다.

가야 지역은 가야가 독립국으로 출범하기 전부터 대량의 철 생산을 기반으로 사회가 크게 발전했는데, 가야국은 독립한 초기에 이미 신라를 침공할 정도의 국력이었으며 수로왕의 명망 또한 매우 높았다. 3세기 초부터는 신라와 서로 돕는 화평관계를 유지했는데, 400년에 신라를 침범한 왜군을 토벌하기 위해 남하한 고구려 군대에게 금관가야는 큰 피해를 입었다.

이리하여 금관가야가 몰락하고 대가야가 오늘날 고령군 지역으로 옮겨 간 뒤에 가야는 신라·백제 등과 고구려의 남진을 막는 데 힘을 모았으며 혼인동맹을 맺는 등 우호를 돈독히 했다. 이러한 상황에서 금관가야가 532년에 신라에 투항했던 것이다. 그 후 가야는 신라의 팽창을 막기 위해 백제와 연합하여 신라를 견제하는 정책을 폈다. 이러한 가야의 정책을 못마땅하게 생각한 신라 진흥왕은 배후의 세력을 제거하기 위해 562년에 가야를 침공했는데 이로써 가야는 완전히 멸망하고 말았다.

韓國列國史研究

제 2 장 ◉ 열국의 발전과 내외활동

I 동부여의 패권 쇠퇴

1. 들어가며

이 글은 열국시대에 존재했던 동부여의 국가사회 성격을 고찰하는 데 목적이 있다. 옛 기록에는 5개의 부여가 등장하는데 부여·북부여·동부여·졸본부여·남부여가 그것이다.[1] 졸본부여는 고조선이 붕괴된 뒤 고구려가 건국되었던 오늘날 요동 지역에 있었고 남부여는 백제가 사비성(오늘날 충청남도 부여)으로 도읍을 옮기면서 고친 나라 이름이었다. 이들은 위치가 분명하지만 부여·북부여·동부여는 그렇지 못하다.

지금까지는 부여와 북부여를 하나로 생각하여 그 위치를 고구려의 북쪽으로 보았으며, 동부여는 그보다 동쪽인 오늘날 함경도 지역에 있었을 것으로 추정했다. 부여와 북부여를 고구려의 북쪽으로 본 것은 『후한

---

1 윤내현, 「부여의 분열과 변천」, 『상명사학』 제3·4합집, 쌍호조경래박사정년퇴임기념논문집, 1995, pp. 447~480 참조.

서』「동이열전」과 『삼국지』「동이전」에 고구려의 북쪽에 부여가 있었던 것으로 기록되어 있기 때문이었다. 그러나 『사기』〈화식열전〉과 『삼국사기』「고구려본기」에 따르면 부여는 오늘날 북경 북쪽 난하 상류 유역에, 동부여는 고구려 북쪽 오늘날 길림성 북부와 내몽골자치구 동부 및 흑룡강성에 있었다. 그리고 북부여는 오늘날 난하 상류 유역인 부여의 북쪽에 있었다.[2]

그러므로 지금까지 『후한서』「동이열전」과 『삼국지』「동이전」에 보이는 고구려 북쪽의 부여를 북부여로 인식한 것은 잘못이다. 그것은 동부여였던 것이다. 따라서 필자가 이 글에서 동부여라 부르는 국가는 지금까지 일부 학자들이 부여 또는 북부여라 불렀던 나라다.

고조선의 후계세력으로 한반도 북부와 만주에 있었던 고구려·읍루·동옥저·동예·최씨낙랑국 등은 고조선의 붕괴 과정에서 한때 왕실이 끊겼다가 새로 건국된 나라지만, 동부여는 고조선의 거수국이었던 부여가 그 위치만 옮겼을 뿐 한 번도 왕실이 끊긴 적이 없는 나라였다. 그리고 고구려 왕실은 독립국을 세우기 전 북부여의 도움을 받았고, 백제 왕실은 동부여 왕실의 후손이었다. 그러므로 동부여는 고조선의 뒤를 이은 여러 나라 가운데 가장 정통성을 지닌 국가였다고 말할 수 있다.

필자는 이러한 동부여의 국가 성격과 사회 성격을 이해하기 위해 영토·정치·경제·사회·문화·대외관계 등을 고찰하려 한다. 동부여의 정치·경제·사회·문화에는 고조선의 요소가 잘 이어져 내려왔을 것이며, 대외관계는 동부여가 고구려와 중국의 정치세력 사이에서 펼친 정책의 결과가 어떠했는지를 보여줄 것이다. 그러므로 동부여의 정치·경제·사

---

2 앞과 같음.

회·문화·대외관계 등을 살펴보는 것은 고조선의 그것이 후대의 사회에 어떤 형태로 이어졌으며 당시의 국제 상황은 어떠했는지를 이해하는 데 도움이 될 것이다.

2. 동부여의 강역과 정치

동부여는 오늘날 난하 상류 유역에 있었던 북부여 왕실이 동쪽으로 이동하여 세운 국가였다. 부여는 원래 고조선의 서북부, 오늘날 난하 상류 유역에 있었던 거수국이었다.[3] 그런데 오늘날 난하 동부 유역에 위만조선이 건국되어 그 지역을 차지하게 되자 부여는 다소 북쪽으로 이동하게 되었다. 그래서 북부여라는 이름을 갖게 되었다.[4]

그런데 오늘날 요서 지역은 위만조선이 멸망한 뒤 서한의 영토가 되어 그 지역에 서한의 군현(한사군)이 설치되었고,[5] 위만조선의 건국과 서한 군현의 설치 과정에서 요서 지역에 있었던 고조선의 거수국들은 대부분 오늘날 요동 지역과 한반도 북부로 이동했다.[6] 그러한 상황에서 고조선의 거수국 가운데 북부여만이 홀로 오늘날 요서 서북쪽에 자리하고 있다는 것은 북부여에 이롭지 못했다. 그래서 북부여의 해부루왕은 서기전 59년에 동쪽의 가섭원, 즉 오늘날 길림성 부여현 지역으로 이주

---

3 윤내현, 「고조선의 국가 구조」, 『고조선 연구』 하, 만권당, 2016, pp. 32~33.
4 주 1과 같음.
5 윤내현, 「위만조선과 한사군의 위치」, 『고조선 연구』 상, 만권당, 2015, pp. 457~481.
6 윤내현, 「열국시대의 개시와 그 변천」, 『전통과 현실』 제6호, 1995, pp. 239~290 ; 이 책의 제1장 Ⅰ 「열국시대의 시작과 변천」 참조.

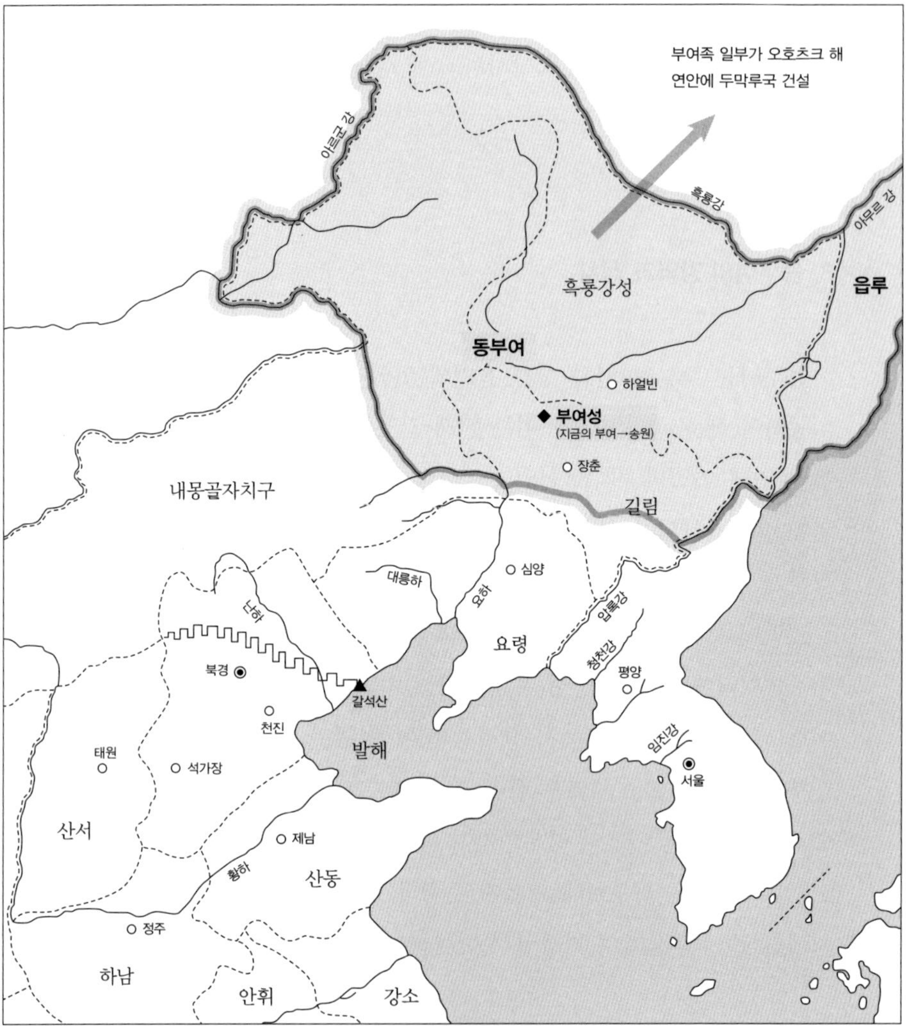

부여족 일부가 오호츠크 해
연안에 두막루국 건설
아르군 강
흑룡강
아무르 강
흑룡강성
읍루
동부여
하얼빈
◆ 부여성
(지금의 부여→송원)
장춘
내몽골자치구
길림
심양
대릉하
요하
난하
압록강
요령
청천강
평양
북경
갈석산
천진
임진강
태원
석가장
발해
서울
산서
제남
황하
산동
정주
하남
안휘
강소

동부여의 전성기 강역

했는데, 여기서 동부여라는 이름을 얻게 되었던 것이다.[7] 『삼국지』「동이전」〈부여전〉에 그 주민들은 토착인들[8]이라고 하면서도,

> 그 나라 노인들은 스스로 말하기를, 옛날에 망명한 사람들이라고 했다.[9]

고 기록한 것은 그러한 사정을 전하는 것이다.

그러므로 동부여는 새로운 나라 이름을 사용하기는 했지만 고조선시대부터 계속해서 부여의 통치집단이 그대로 혈통을 유지하고 있었다. 새로운 지역으로 이주한 뒤에는 기반을 닦는 데 다소 어려움이 있었지만 정치적으로는 정통성을 유지하고 있었던 것이다.

반면에 고구려는 고조선이 붕괴되는 과정에서 한때 나라와 지배층의 혈통이 끊기는 상황을 겪어야 했으며 그 통치자의 후손인 추모왕은 북부여 왕실의 도움을 받으며 성장했다. 읍루나 동옥저·동예 등도 명확한 기록은 남아 있지 않지만 동부여와 같은 정통성은 유지하지 못했던 것 같다. 따라서 동부여는 그들의 정통성에 근거하여 한반도와 만주에 있었던 여러 나라 가운데 패자(覇者)가 되어야 한다고 생각했을 것이다. 이러한 동부여 사람들의 의식은 훗날 고조선의 옛 땅을 수복해야겠다는 '다물이념(多勿理念)'을 국시로 표방한 고구려[10]와 충돌할 수밖에 없었을 것이다.

동부여는 일찍부터 넓은 영토를 확보했던 것으로 보인다. 『후한서』

---

7 윤내현, 「부여의 분열과 변천」, 앞 책 『상명사학』 제3·4합집, pp. 463~473.

8 『삼국지』 권30, 「동이전」 〈부여전〉. "其民土著."

9 『삼국지』, 권30, 「동이전」 〈부여전〉. "國之耆老自說古之亡人."

10 윤내현, 「고구려의 다물이념 실천」, 『죽당이현희교수화갑기념한국사논총』, 1997, pp. 21~42.

「동이열전」〈부여국전〉에 따르면 현도군에서 북쪽으로 1천 리 떨어진 곳으로 고구려의 북쪽, 읍루의 서쪽, 선비의 동쪽을 차지하여 북쪽은 약수(弱水)가 국경을 이루고 있었는데 면적은 사방 2천 리였다.[11] 『삼국지』「동이전」〈부여전〉에도 이와 같은 내용이 보인다.[12] 당시 고구려는 오늘날 길림성 남부와 평안북도 지역을 차지하고 있었고 읍루는 연해주 지역에 있었으며 선비는 오늘날 요서 북쪽의 내몽골자치구 지역에 있었고 약수는 오늘날 흑룡강으로 추정된다. 그러므로 동부여는 오늘날 길림성 북부와 내몽골자치구 동부 및 흑룡강성 전부를 차지하는 넓은 영토를 가지고 있었던 것이다.

이를 좀 더 구체적으로 알기 위해 당시 선비와 약수의 위치를 확인해 보자. 선비의 위치를 확인하기 위해서는 부여의 이동 과정을 살펴볼 필요가 있다. 부여는 원래 고조선의 거수국으로 오늘날 난하 상류 유역에서 오환과 이웃하고 있었다.[13] 그런데 오늘날 요서 지역에 위만조선이 서자 다소 북쪽으로 이동하여 북부여라는 이름을 얻었다가 다시 동쪽으로 이동하여 동부여가 되었다.[14]

이 기간에 오늘날 요서 지역에서는 위만조선이 멸망하고 그 지역에 서한의 군현이 설치되어 있었다.[15] 그런데 동부여의 서쪽에 선비가 있었

---

11 『후한서』 권85, 「동이열전」 〈부여국전〉. "夫餘國, 在玄菟北千里. 南與高句麗, 東與挹婁, 西與鮮卑接, 北有弱水, 地方二千里."

12 『삼국지』 권30, 「동이전」 〈부여전〉.

13 『사기』 권129, 「화식열전」. "무릇 연 또한 발해와 갈석 사이의 사람이 많이 사는 고장인데, 남쪽으로는 제·조와 통하고 동북변에는 호가 있으며…… 북쪽은 오환·부여와 이웃했다(夫燕亦勃·碣之間一都會也, 南通齊·趙, 東北邊胡. …… 北鄰烏丸·夫餘)."; 주 3 참조.

14 윤내현, 「부여의 분열과 변천」, 앞 책 『상명사학』 제3·4합집 참조.

15 오늘날 요서 지역에는 서기전 108년에 낙랑군·임둔군·진번군이, 서기전 107년에는

다고 했으므로 선비는 오환의 동쪽, 서한의 군현 북쪽에 있었을 것이다. 선비는 오늘날 요서 북쪽의 내몽골자치구 지역에서 동부여와 국경을 접하고 있었다고 보아야 할 것이다.

약수는 『후한서』「동이열전」〈부여국전〉과 『삼국지』「동이전」〈부여전〉에서는 부여의 북쪽 국경이었다고 기록되어 있는데, 『진서』「동이열전」〈숙신씨전〉에서는 읍루의 북쪽 국경으로도 등장하는 강으로서[16] 오늘날 흑룡강과 아무르 강이다. 흑룡강과 아무르 강은 같은 강인데 중국인들과 러시아인들이 서로 다르게 부르고 있다.

강의 상류는 서남에서 동북으로 흘러 내몽골자치구와 몽골의 경계를 이루는데 아르군 강이라 불리고, 중류는 서북쪽에서 동남으로 흘러 흑룡강성과 러시아의 경계를 이루는데 흑룡강이라 불리며, 하류는 서남에서 동북으로 흘러 연해주를 관통하고 오호츠크 해로 흘러들어가는데 아무르 강이라 불린다.

따라서 동부여가 오늘날 흑룡강성과 그 남쪽 지역을 차지하고 있었고 읍루가 아무르 강 남쪽의 연해주 지역에 있었다면 동부여와 읍루의 북쪽 국경을 이루었던 강은 흑룡강과 아무르 강이 되어 앞의 『후한서』「동이열전」〈부여국전〉, 『삼국지』「동이전」〈부여전〉, 『진서』「동이열전」〈숙신씨전〉에 나오는 약수와 일치한다.[17]

그러므로 동부여는 오늘날 길림성 북부와 내몽골자치구 동부 및 흑룡

현도군이 설치되어 4개의 군이 있었으나 고구려의 공략으로 그 영역이 줄어들어 서기전 82년에 임둔군과 진번군은 폐지되고 낙랑군과 현도군만 남게 되었다. 그러므로 이 시기에는 낙랑군과 현도군만이 오늘날 요서 서부 지역에 위치하고 있었다.

16 『진서』 권97, 「동이열전」〈숙신씨전〉. "肅愼氏一名挹婁, 在不咸山北, 去夫餘可六十日行, 東濱大海, 西接寇漫汗國, 北極弱水."

17 이 책의 제1장 Ⅰ「열국시대의 시작과 변천」 주 11·12 본문 참조.

강성 전부를 영토로 차지하고 있었음을 알 수 있다. 동부여는 오래지 않아 읍루를 신하 나라로 만들어 그 영향권을 연해주까지 확장했다. 동부여가 읍루를 병합한 시기는 정확하게 알 수 없으나 『후한서』 「동이열전」 〈읍루전〉에 읍루는 "한(漢)나라가 일어난 이후부터 부여에 신속(臣屬)되었다."[18] 했고, 『삼국지』 「동이전」 〈읍루전〉에는 "한 이후부터 부여에 신속되었다."[19]고 했다.

중국의 한시대는 서한과 동한을 모두 포괄하는데 『후한서』 「동이열전」 〈읍루전〉에 '한나라가 일어난 이후부터'라고 표현하고 있는 것으로 보아 동부여가 읍루를 병합한 시기는 서한시대였던 것으로 추정된다. 서한은 서기전 202년부터 서기 6년까지이므로 서기 6년 이전에 동부여는 읍루를 신하 나라로 만들어 그 영향권을 연해주까지 펼쳤다고 보아야 한다.

그런데 여기서 유의해야 할 점이 있다. 그것은 앞에 인용된 『진서』 「동이열전」 〈숙신씨전〉에는 읍루의 북쪽에 약수가 있다고 했으나 『후한서』 「동이열전」과 『삼국지』 「동이전」의 〈읍루전〉에는 "그 북쪽 끝이 어디까지인지 알 수가 없다."[20]고 하여 서로 다르다는 점이다. 읍루의 북쪽에 대해 이처럼 다르게 기록된 것은 다음과 같은 이유 때문이었을 것이다. 읍루의 북쪽에는 약수, 즉 아무르 강이 있었는데 그 북쪽에는 나라가 없었다. 따라서 읍루는 북쪽에 국경이 형성되어 있지 않았던 것이고, 필요에 따라 아무르 강 북쪽까지도 차지할 수 있었기 때문에 그 끝

---

18 『후한서』 권85, 「동이열전」 〈읍루전〉. "自漢興已後, 臣屬夫餘."

19 『삼국지』 권30, 「동이전」 〈읍루전〉. "自漢已來, 臣屬夫餘."

20 『후한서』 권85, 「동이열전」 〈읍루전〉. "不知其北所極." ; 『삼국지』 권30, 「동이전」 〈읍루전〉에도 같은 내용이 실려 있다.

을 알 수 없다고 표현했을 것이다.

동부여는 한반도와 만주에 있었던 여러 나라 가운데 맨 먼저 가장 넓은 영토를 확보했던 국가였다. 『삼국지』「동이전」〈부여전〉에 동부여는 8만 호였다고 기록되어 있는데[21] 이것은 아마도 초기의 호수였던 것 같다. 동부여는 5개의 큰 행정구역으로 나뉘어 있었던 것으로 보인다. 『삼국지』「동이전」〈부여전〉에,

> 제가(諸加)는 나누어서 사출도(四出道)를 주관했는데 큰 곳은 수천 가(家), 작은 곳은 수백 가였다.[22]

고 했는데 이는 동부여 국토를 4개의 방향으로 나누어 각 지역을 가(加)가 다스렸음을 말한다. 이러한 가들을 총칭하여 제가(諸加)라 불렀는데, 제가가 다스렸던 사출도 외에 동부여의 중앙에는 왕이 직접 다스렸던 직할지역이 있었을 것이다.

「광개토왕릉비문」에 따르면 고구려의 광개토왕은 동부여를 쳐서 64개의 성과 1,400개의 마을을 차지한 적이 있는데 각 성에는 압로(鴨盧)가 있었다.[23] 그러므로 1개의 성 밑에는 20여 개의 마을이 있었음을 알 수 있는데 이 지역을 압로가 통치했을 것이다. 압로는 가(加)의 지시를 받았을 것이고 압로 밑에는 각 마을에 촌장이 있었을 것이다. 그러므로 동부여의 통치 조직은 왕·가·압로·촌장 등의 중앙집권체제의 행정조직

---

21 『삼국지』 권30, 「동이전」 〈부여전〉. "戶八萬."

22 『삼국지』 권30, 「동이전」 〈부여전〉. "諸加別主四出道, 大者主數千家, 小者數百家."

23 「광개토왕릉비문」 〈영락 20년〉조. "二十年庚戌, 東夫餘舊是鄒牟王屬民, 中叛不貢, 王躬率往討. …… 又其慕化隨官來者, 味仇婁鴨盧·卑斯麻鴨盧·○立婁鴨盧……. 凡所攻破城六十四, 村一千四百."

으로 형성되어 있었을 것이다.

동부여에서는 초기부터 왕위세습제가 확립되어 있었다. 이것은 고조선의 제도를 계승한 것이었다. 동부여의 건국시조인 해부루왕의 뒤를 금와왕이, 그 뒤를 금와왕의 큰아들인 대소(帶素)가 이었다.[24] 금와왕은 해부루왕의 친아들은 아니었지만 그가 아들이 없어 산천에 기도를 드리다가 얻어 친아들과 같이 기르고 태자를 삼았으므로 친아들에게 상속한 것과 같다.[25]

부여의 마여왕(麻余王)이 사망했을 때 그의 아들 의려(依慮)는 겨우 6세였지만 왕위에 올랐다.[26] 그리고 마여왕은 서자였지만 간위거왕에게 적자가 없었기 때문에 그가 왕위에 올랐다.[27] 이러한 사실을 통해 부여는 건국 초부터 장자상속이라는 왕위상속제가 확립되어 있었는데 적자가 없을 경우 서자가 왕위를 이었음을 알 수 있다.

그러나 동부여의 왕권은 절대적이지는 않았던 것 같다. 마여가 왕위에 오를 때 제가가 옹립한 형식을 취한 것이라든가,[28] 동부여의 풍속에 가뭄이나 장마가 계속되어 오곡이 여물지 않으면 그 허물을 왕에게 돌려 왕을 바꾸거나 죽일 수 있었던 것은 그런 사실을 알게 해준다.[29] 그리고 동부여에는 제가평의회(諸加評議會)가 있어 국가의 중요한 일을

---

24 『삼국유사』 권1, 「기이」 〈동부여〉 참조.

25 위와 같음. 『삼국사기』 권13, 「고구려본기」 〈시조 동명성왕〉조에도 같은 내용이 실려 있다.

26 『삼국지』 권30, 「동이전」 〈부여전〉. "麻余死, 其子依慮年六歲, 立以爲王."

27 『삼국지』 권30, 「동이전」 〈부여전〉. "尉仇台死, 簡位居立. 無適子, 有孽子麻余, (簡)位居死, 諸加共立麻余."

28 위와 같음.

29 『삼국지』 권30, 「동이전」 〈부여전〉. "舊夫餘俗, 水旱不調, 五穀不熟, 輒歸咎於王, 或言當易, 或言當殺."

결정했다. 마여가 왕위에 오를 때 제가의 옹립을 받는 형식을 취했던 것으로 보아[30] 제가평의회는 왕위 계승·정책 수립·형벌 적용·대외관계 등 국가의 중대사를 결정하는 기구였던 것으로 생각된다.

동부여에는 체계적인 관직이 있었던 것으로 보이는데, 중앙관직의 일부가 『삼국지』「동이전」〈부여전〉에 소개되어 있다.

> 나라에는 군왕이 있고 모두 여섯 가축의 이름으로 관명(官名)을 정했는데 마가(馬加)·우가(牛加)·저가(豬加)·구가(狗加)·대사(大使)·대사자(大使者)·사자(使者)가 있었다.[31]

이들은 중앙의 관직으로서 마가·우가·저가·구가는 제가로서 가장 높은 관직이었고 그 밑에 대사·대사자·사자가 있었을 것이다. 같은 책 〈부여전〉에는 간위거왕의 숙부가 우가의 자리에 있었다는 기록이 있는데,[32] 이로 미루어보아 제가의 자리에는 왕족과 같은 높은 귀족 출신이 오를 수 있었던 것으로 보인다.

---

30 주 27 참조.

31 『삼국지』 권30, 「동이전」 〈부여전〉. "國有君王, 皆以六畜名官, 有馬加·牛加·豬加·狗加·大使·大使者·使者."; 『후한서』 권85, 「동이열전」 〈부여국전〉. "以六畜名官, 有馬加·牛加·狗加."

32 『삼국지』 권30, 「동이전」 〈부여전〉. "정시(正始) 연간(年間)에 유주자사 관구검이 고구려를 토벌하면서 현도태수 왕기(王頎)를 부여에 파견했다. (간)위거는 대가(大加)를 보내 교외에서 (왕기를) 맞아 군량을 제공하도도록 했다. (간위거의) 계부인 우가(牛加)가 딴마음을 품자 (간)위거는 계부 부자를 죽이고 그들의 재물을 몰수하고 조사관을 파견하여 재산 목록을 만들어 관청으로 보냈다(正始中, 幽州刺史毌丘儉討句麗, 遣玄菟太守王頎詣夫餘, (簡)位居遣大加郊迎, 供軍糧, 季父牛加有二心, (簡)位居殺季父父子, 籍沒財物, 遣使簿斂送官)."

3. 동부여의 경제와 사회

동부여에는 송화강, 눈강, 흑룡강, 아르군 강, 우수리 강 등 크고 긴 강줄기가 뻗어 있고, 중국인들이 동북평원이라 부르는 넓은 평야가 이어져 농사짓기에 알맞은 지역인데, 『후한서』「동이열전」〈부여국전〉에,

> 동이의 영역에서 가장 평평한 지역으로 그 땅은 오곡이 자라기에 알맞았다. 좋은 말·붉은 옥·담비·살쾡이 등이 생산되고 큰 구슬은 마치 대추와 같았다.[33]

고 하여 오곡이 생산될 정도로 농업이 발달했고, 이와 더불어 좋은 말이 생산될 정도로 목축업도 발달했으며, 담비·살쾡이·붉은 옥·큰 진주 등이 생산될 정도로 자연산물도 풍부했다고 기록되어 있다. 동부여의 관직 이름에 마가·우가·저가·구가 등 가축의 이름을 사용한 것도 목축업이 매우 발달했음을 알게 해준다. 당시는 발달된 철기시대였기 때문에 철기는 농업과 목축업이 발달하도록 하는 데 크게 이바지했을 것이다.

『후한서』「동이열전」〈부여국전〉과 『삼국지』「동이전」〈부여전〉에는 궁실과 창고와 감옥이 있었다[34]고 기록되어 있는데, 창고가 있었다는 것은 잉여생산물을 저장해두었음을 알게 해주는 것이다. 이는 동부여에

---

33 『후한서』 권85, 「동이열전」 〈부여국전〉. "於東夷之域, 最爲平敞, 土宜五穀. 出名馬·赤玉·貂豽, 大珠如酸棗."

34 『후한서』 권85, 「동이열전」 〈부여국전〉. "有宮室·倉庫·牢獄." ; 『삼국지』 권30, 「동이전」, 〈부여전〉에도 같은 내용이 실려 있다.

물산이 비교적 풍부했음을 짐작하게 해준다. 따라서 동부여인들의 생활 수준은 비교적 높아서 음식을 먹고 마시는 데는 조두(俎豆)라는 그릇을 사용했으며, 모임에서는 술잔을 서로 권했는데 권하기 전에 술잔을 씻는 위생적인 습관이 있었다.[35]

동부여인들은 청결하고 우아한 복식을 즐겼는데, 이에 대해 『삼국지』 「동이전」 〈부여전〉에,

> 국내에 있을 때에는 흰옷을 좋아하여 흰 베로 만든 큰 소매 달린 도포와 바지를 입었고 가죽신을 신었으며, 외국에 나갈 때에는 비단옷·수놓은 옷·모직옷을 즐겨 입었고, 대인(大人)은 그 위에다 여우·살쾡이·원숭이·흰색이나 검은색의 담비가죽으로 만든 갖옷을 입고 금이나 은으로 장식한 모자를 착용했다.[36]

고 했다. 이런 고급스러운 옷차림은 경제적 여유 없이는 불가능한 것으로, 동부여인들은 일상생활에 상당히 경제적 여유가 있었으며 수준 높은 미의식도 갖고 있었음을 알게 해준다.

그리고 동부여인들이 이러한 고급 옷과 장식품을 사용했다는 것은 비단이나 모직물 등의 옷감을 생산하는 방직 기술은 물론 모피와 금·은 등을 가공하는 수공업 기술이 매우 발달해 있었음을 알게 해준다. 오늘

---

35 『후한서』 권85, 「동이열전」 〈부여국전〉. "飮食用俎豆, 會同拜爵洗爵, 揖讓升降."; 『삼국지』 권30, 「동이전」 〈부여전〉에도 같은 내용이 실려 있다.

36 『삼국지』 권30, 「동이전」 〈부여전〉. "在國衣尙白, 白布大袂, 袍·袴, 履革鞜. 出國則尙繒繡錦罽, 大人加狐狸·狖·白黑貂之裘, 以金銀飾帽." 백의(白衣)를 일반적으로 흰옷으로 번역하는데, 백의는 무늬가 없는 옷이라는 의미도 있다. 그러므로 '의상백(衣尙白)'이나 '백포(白布)'는 흰색 옷이 아니라 무늬가 없는 옷을 말할 수도 있다.

날 길림성 성성초 유적에서는 개털실과 양털실을 혼합하여 짠 매우 발달한 고조선시대의 모직물이 출토된 바 있고[37] 명주도 고조선시대에 이미 생산되었는데,[38] 동부여의 모직이나 비단 생산 기술은 이러한 고조선의 전통을 이어받았을 것이다. 방직이나 수공업 기술은 짧은 기간에 숙달되는 것이 아니므로 이러한 제품들은 전문 수공업자들이 생산했을 것이다. 이러한 사실은 동부여의 수공업이 높은 수준에 이르렀다는 것을 말해준다.

동부여인들은 강인하고 용감했다. 그들은 항상 체력을 단련하여 체격이 크고 성질이 굳세고 용감하면서도 근엄하고 후덕하여 다른 나라를 쳐들어가거나 노략질하지 않았다.[39] 그러나 다른 나라가 쳐들어왔을 때는 이를 용납하지 않았다. 그들은 활·화살·칼·창 등의 무기를 집집마다 보유하여 유사시에 대비하고 있었는데, 전쟁이 일어났을 경우에는 귀족인 제가들이 솔선해서 전투하여 모범을 보였고, 낮은 신분인 하호(下戶)들은 모두 양식을 가져와 그것으로 음식을 만들어 공급했다.[40] 이렇게 귀족부터 하층민까지 온 국민이 일치단결해서 적군에 대항했기 때문에 『위략』에 이르기를, "그 나라는 매우 부강하여 선대로부터 일찍이 적에게 파괴된 일이 없었다."[41] 고 했다.

---

37 吉林省博物館·永吉縣文化館, 「吉林永吉星星哨石棺墓第三次發掘」, 『考古學集刊』 3(中國社會科學出版社, 1983), p. 120 ; 趙承澤, 「星星哨石棺墓織物殘片的初步探討」, 『考古學集刊』 3, pp. 126~127.

38 『한서』 권28 하, 「지리지」 하. "殷道衰, 箕子去之朝鮮, 教其民以禮義, 田蠶織作."

39 『후한서』 권85, 「동이열전」 〈부여국전〉. "其人麤大彊勇而謹厚, 不爲寇鈔." ; 『삼국지』 권30, 「동이전」 〈부여전〉에도 같은 내용이 실려 있다.

40 『삼국지』 권30, 「동이전」 〈부여전〉. "以弓矢刀矛爲兵, 家家自有鎧仗. …… 有敵, 諸加自戰, 下戶俱擔糧飮食之."

41 『삼국지』 권30, 「동이전」 〈부여전〉에 실린 『위략』. "其國殷富, 自先世以來, 未嘗破

동부여인들은 예의도 바르고 성격도 명랑했다. 그들은 사람을 만나면 서로 허리를 굽혔다가 펴는 인사를 하고 겸손해하는 예법이 있었으며[42] 통역이 말을 전할 때는 꿇어앉아서 손으로 땅을 짚고 가만가만 이야기하여 예절을 지켰다.[43] 그리고 늙은이 젊은이 할 것 없이 낮이나 밤이나 길을 다닐 때는 모두 노래를 즐겨 부르기 때문에 온종일 노래 소리가 끊이지 않았다.[44] 이처럼 동부여 사람들은 명랑했고 그 사회는 매우 풍요롭고 즐거운 사회였다.

동부여에서는 법과 형벌이 엄격했다. 동부여의 법 가운데 일부가 『후한서』「동이열전」〈부여국전〉에 전해오는데,

> 그 풍속에 형벌은 엄준하고 각박하여 사형의 처벌을 받은 사람은 그 가족을 모두 몰수하여 노비로 삼았으며, 도둑질한 자는 도둑질한 물건 값의 12배를 변상해야 했고, 남자든 여자든 음란한 짓을 하면 모두 사형에 처했는데 부인이 투기하는 것을 더욱 나쁘게 생각하여 죽인 뒤 다시 산 위에다 시체를 버려두었다.[45]

고 했다. 『삼국지』「동이전」〈부여전〉에도 같은 내용이 실려 있는데, 투기하여 사형을 받고 버려진 시체를 그 여자의 집에서 가져가려면 소와

壞." ; 『진서』 권97, 「동이열전」 〈부여국전〉에도 같은 내용이 실려 있다.

42 『후한서』 권85, 「동이열전」 〈부여국전〉. "會同拜爵洗爵, 揖讓升降." ; 『삼국지』 권30, 「동이전」 〈부여전〉에도 같은 내용이 실려 있다.

43 『삼국지』 권30, 「동이전」 〈부여전〉. "譯人傳辭, 皆跪, 手據地竊語."

44 『후한서』 권85, 「동이열전」 〈부여국전〉. "行人無晝夜, 好歌吟, 音聲不絶." ; 『삼국지』 권30, 「동이전」 〈부여전〉. "行道晝夜, 無老幼皆歌, 通日聲不絶."

45 『후한서』 권85, 「동이열전」 〈부여국전〉. "其俗用刑嚴急, 被誅者皆沒其家人爲奴婢, 盜一責十二, 男女淫皆殺之, 尤治惡妒婦, 旣殺, 復尸於山上."

말을 바쳐야 한다는 내용이 추가되어 있다.[46] 이러한 엄격한 법과 형벌 체계는 고조선의 것을 이어받은 것으로, 생명과 재산을 보호하고 통치 질서를 유지하는 데 그 목적이 있었다.

그러나 법의 집행이 엄격하기는 했지만 결코 잔혹하지는 않았던 듯하다. 나라의 축제 기간과 같은 경사스러운 시기에는 형벌 집행을 중단하고 죄수들을 풀어주어 개과천선의 길을 가도록 기회를 주었다. 다음에 말하게 될 영고(迎鼓)라는 제천행사(祭天行事) 때 형옥(刑獄)을 중단하고 죄수들을 풀어주었다는 것은 그러한 사실을 알게 한다.[47]

법의 출현은 역사학이나 인류학에서 국가 단계의 사회와 그 이전 단계의 사회를 구분하는 기준으로 삼는다. 한민족의 사회에서는 고조선시대에 법이 출현했으므로 고조선부터를 국가 단계의 사회로 보고 있는데,[48] 동부여의 법이 엄격했다는 것은 그 사회가 그만큼 발달한 국가 단계의 사회였다는 것을 말해주는 것이다.

특히 음란한 행위를 가혹하게 처벌한 것은 씨족사회의 질서를 유지하기 위한 것이었다. 한민족의 고대사회는 씨족마을이 그 기초를 이루고 있었다. 다시 말하면 국가의 기초를 이루는 사회조직은 씨족마을이었던 것이다.[49] 그러한 씨족마을에서 음란한 행위가 용납된다면 씨족 내부의 질서가 흐트러지고, 그렇게 되면 사회질서와 통치 조직을 유지할 수 없게 된다. 그러므로 이를 특별히 엄격하게 다루었던 것이다. 이 점은 농

---

46 『삼국지』 권30, 「동이전」 〈부여전〉. "用刑嚴急, 殺人者死, 沒其家人爲奴婢, 竊盜一責十二, 男女淫, 婦人妒, 皆殺之, 尤憎妒, 已殺, 尸之國南山上, 至腐爛, 女家欲得, 輸牛馬乃與之."

47 주 52 참조.

48 윤내현, 「사회진화상의 고조선 위치」, 앞 책 『고조선 연구』 상, pp. 131~154.

49 윤내현, 「고조선 사회의 신분 구성」, 앞 책 『고조선 연구』 하, pp. 262~271.

업사회인 한민족의 고대사회가 상업사회인 서양의 고대사회와 다른 점이다.

동부여 사회는 왕과 제가를 비롯한 지배귀족·평민·하호·노비 등의 신분으로 구성되어 있었다. 왕과 제가·하호·노비 등이 있었음은 앞에 인용된 내용들에서 이미 확인되었는데, 『삼국지』「동이전」〈부여전〉에,

> 읍락(邑落)에는 호민(豪民)·민(民)·하호가 있었는데 모두가 노복(奴僕)이었다.[50]

는 기록이 있어 호민과 민이 있었음을 알게 해준다. 그런데 호민은 민 가운데 부유한 사람들을 말하므로 호민과 민은 재산에서 빈부의 차이가 있었을 뿐 신분은 같았다. 그리고 위의 내용에서 호민·민·하호를 모두 노복으로 표현한 것은 이들이 그만큼 일을 많이 했다는 뜻으로 이해된다. 왜냐하면 동부여에는 노비라는 신분이 따로 있었기 때문에[51] 이들이 모두 노복일 수는 없는 것이다. 고대사회에서 신분제가 강화되는 것은 역사 발전의 한 면을 보여주는 것인데 동부여는 신분제가 분명한 사회 단계에 진입해 있었던 것이다.

그러나 동부여에서는 중국의 고대사회와는 달리 신분에 따른 차별 대우가 그리 심하지 않았던 것으로 보인다. 『후한서』「동이열전」〈부여국전〉에,

---

50 『삼국지』 권30, 「동이전」 〈부여전〉. "邑落有豪民·民·下戶, 皆爲奴僕." 이 기록은 송본(宋本)·전본(殿本)에 따른 것이며 현재 통용되는 판본에는, "읍락에는 호민이 있는데 하호라고 불리는 사람들은 모두 노복이었다(邑落有豪民, 名下戶皆爲奴僕)."고 기록되어 있다.

51 주 45의 인용문 내용 참조.

> 납월(臘月)에 지내는 제천행사에는 날마다 계속해서 크게 모여서 마시고 먹었으며 노래하고 춤을 추었는데 그 이름을 영고라 했다. 이때에는 형옥을 중단하고 죄수를 풀어주었다.[52]

고 했는데, 이와 같은 내용이 『삼국지』「동이전」〈부여전〉에도 보인다.[53] 이것은 동부여인들의 하느님 숭배사상이 돈독했음을 알게 해주며, 이와 더불어 동부여에서는 사회신분에 대한 차별이 심하지 않았다는 사실도 알게 해준다.

영고라는 제천행사와 같은 국가적인 축제 때에는 온 국민이 크게 모여 함께 먹고 마시며 춤추고 노래했으며 죄수를 풀어주기까지 했다는 것인데, 이러한 상황은 중국의 고대사회에서는 상상도 할 수 없는 일이다. 중국의 고대사회에서는 신분이 다르면 같은 자리에 서거나 앉을 수도 없었다. 그런데 동부여는 신분제도가 확립된 사회였으면서도 국가적인 축제와 같은 즐거운 날에는 신분에 따른 차별대우를 별로 하지 않았던 것이다. 이것은 더불어 행복하게 살아야 한다는 고조선의 건국이념인 홍익인간(弘益人間) 정신이 정치사상과 사회사상으로 이어지고 있었기 때문일 것이다.

동부여인들은 전쟁할 때에도 하느님에게 제사를 지내 보우를 빌 뿐만 아니라 소를 잡아서 그 발굽을 보고 하느님의 뜻을 파악했는데 발굽이 갈라져 있으면 흉하고 발굽이 붙어 있으면 길하다고 생각했다.[54] 이것은

---

52 『후한서』 권85, 「동이열전」 〈부여국전〉. "以臘月祭天, 大會連日, 飮食歌舞, 名曰迎鼓. 是時斷刑獄, 解囚徒."

53 『삼국지』 권30, 「동이전」 〈부여전〉에서는 전체 내용은 같지만 대회를 국중대회(國中大會)로, 납월(臘月)을 은정월(殷正月)로 표기했다.

54 『삼국지』 권30, 「동이전」 〈부여전〉. "有軍事亦祭天, 殺牛觀蹄以占吉凶, 蹄解者爲凶,

동부여인들의 하느님 숭배사상이 돈독했음을 알게 해주는 것이다. 부여의 건국시조 동명왕[55]은 하늘에서 내려온 기(氣)를 받아 잉태된 뒤 출생한 것으로 전해오는데[56] 이것도 부여족의 하느님 숭배사상을 알게 하는 것이다. 그리고 부여인들은 기(氣)를 생명의 근원으로 인식했으며 그것은 하늘에서 내려온다고 믿었음도 알 수 있다. 하느님은 고조선 종교의 주신(主神)이었는데 부여족의 하느님 숭배사상은 고조선의 그것을 계승한 것이었다.

동부여인들은 조상에 대한 숭배나 부모에 대한 효도, 가족을 보호하는 정신도 지극했던 것으로 생각된다. 장례를 후하게 치른 것이라든가 형이 사망하면 동생이 형수를 아내로 맞는 풍속이 있었다는 것은 이를 말해준다.[57] 장례는 기간이 길수록 영화로운 것으로 생각했기 때문에 상주(喪主)가 빨리 장사 지내고 싶어 하지 않아 다른 사람들이 강권하여 실랑이를 벌이는 것을 예절로 삼았고, 상중(喪中)에는 남녀 모두 흰옷을 입는데 부인은 베로 만든 얼굴을 가리는 옷을 입고 몸에 패물은 일절 걸치지 않았다.[58] 이러한 후하고 격식이 갖추어진 장례는 조상을 숭배하

合者爲吉." ; 『후한서』 권85, 「동이열전」 〈부여국전〉에도 같은 내용이 실려 있다.

55 이 부여는 동부여가 아니라 오늘날 난하 상류 유역에 있었던 원래의 부여이며, 동명왕은 이 부여의 건국시조였다. 왜냐하면 동명왕은 부여의 건국시조이면서 동시에 부여족의 시조로 전해오는데, 동부여는 부여의 후계세력으로서 동명왕이 동부여의 건국시조였다면 부여족의 시조가 될 수 없기 때문이다. 그리고 동부여의 건국시조는 해부루였음이 여러 기록을 통해 확인된다.

56 『논형(論衡)』 「길험편(吉驗篇)」 ; 『후한서』 「동이열전」 〈부여국전〉 ; 『삼국지』 「동이전」 〈부여전〉에 실린 『위략』 참조.

57 『삼국지』 권30, 「동이전」 〈부여전〉. "厚葬, 有槨無棺." "兄死妻嫂."

58 『삼국지』 권30, 「동이전」 〈부여전〉에 실린 『위략』. "其俗停喪五月, 以久爲榮. 其祭亡者, 有生有熟. 喪主不欲速而他人彊之, 常諍引以此爲節, 其居喪, 男女皆純白, 婦人着布面衣, 去環珮."

는 정신과 부모를 받드는 효도가 의식으로 표출되었을 것이다. 동생이 홀로 된 형수를 아내로 맞는 풍속은 여인이 혼자서 살아가기 힘든 고대 사회에서 가족을 보호해야 한다는 정신이 생활에 반영되었다고 보아야 할 것이다.

4. 동부여의 대외관계

동부여가 건국된 서기전 59년은 한반도와 만주에서는 고조선이 붕괴되어 여러 나라로 분립되어가는 혼란기였고 중국은 서한 말기였다. 동부여가 건국되고 21년이 지난 뒤 그 남쪽, 오늘날 요동 지역에서는 고구려가 건국되었다. 동부여는 건국 초에 새로운 이주지에서 국가의 기반을 닦는 데 어려움이 있었을 것이므로 국력이 강하지 못했을 것이다. 그런데도 서한은 동부여의 환심을 사려고 매우 노력했던 것 같다. 『후한서』「동이열전」〈부여국전〉에,

> 그 나라 왕의 장례에는 옥갑(玉匣)을 사용하므로 (서)한의 조정에서는 언제나 옥갑을 미리 현도군에 갖다두어 왕이 죽으면 그 옥갑을 취하여 장례를 치르게 했다.[59]

59 『후한서』 권85, 「동이열전」 〈부여국전〉. "其王葬用玉匣, 漢朝常豫以玉匣付玄菟郡, 王死則迎取以葬焉." 이 내용에서 한조(漢朝)라고 표현했으므로 서한인지 동한인지 분명하지 않으나 이 기사가 동한을 건립한 광무제와 관련된 기사보다 먼저 나오므로 서한에 관한 내용으로 추정된다.

는 기록이 있다. 동부여왕의 장례에 사용할 옥갑을 서한에서 미리 만들어 동부여에서 가까운 현도군에 두었다가 동부여왕이 사망하면 갖다 사용하도록 했다는 것이다. 서한이 동부여에 이렇게 호의를 베푼 것은 고조선의 영토였던 오늘날 요서 지역을 차지하고 있었던 서한으로서는 고조선의 후계세력 가운데 패자였던 동부여와 대립관계에 있고 싶지 않았기 때문이었을 것이다. 더욱이 고구려가 건국된 뒤에는 고조선의 옛 땅 수복을 기치로 내걸고 영토를 확장하는 고구려를 견제하기 위한 전략적 측면도 작용했을 것이다.

동부여는 초기에 패자의 위치를 지키면서 고구려와 화친관계를 갖고자 했던 것 같다. 『삼국사기』「고구려본기」〈유리왕〉조에는 동부여 대소왕이 사신을 보내 고구려의 유리왕을 꾸짖은 내용이 실려 있다.

> 우리의 선왕(금와왕)이 그대의 선군(先君) 동명(東明)과 사이가 좋았는데도 우리의 신하를 유인하여 이곳으로 도망쳐 오게 한 것은 인민을 모두 취하여 나라를 이루려 함이니 무릇 나라에는 크고 작은 차이가 있고 사람에는 어른과 아이의 구별이 있는 것이다. 작은 것이 큰 것을 섬기는 것은 예의요, 아이가 어른을 섬기는 것은 순리이다. 지금 왕이 능히 예의와 순리로써 나를 섬긴다면 하늘이 반드시 그대를 도와 국업(國業)이 오래갈 것이지만 만일 그렇지 않다면 사직을 보전하려 할지라도 어려울 것이다.[60]

---

60 『삼국사기』 권13,「고구려본기」〈유리명왕 28년〉조. "我先王與先君東明王相好, 而誘我臣逃至此, 欲完聚以成國家, 夫國有大小, 人有長幼, 以小事大者禮也, 以幼事長者順也. 今王若能以禮順事我, 則天必佑之, 國祚永終, 不然, 則欲保其社稷難矣."

이 내용은 2가지 사실을 전해준다. 하나는 고구려는 건국 초에 동부여와 사이가 좋았다는 점이요, 다른 하나는 동부여는 스스로 고구려보다는 대국으로 행세했다는 점이다. 동부여는 패자를 자처했던 것이다.

그러나 고구려가 영토를 확장하고 국력을 키워나가자 동부여는 고구려를 외교적으로 제압할 필요를 느꼈다. 그래서 동부여는 서기전 6년에 고구려에 볼모를 요구했다. 『삼국사기』「고구려본기」〈유리왕〉조에,

> 정월에 부여왕 대소가 사신을 (고구려에) 보내 내빙(來聘)하고 볼모를 교환하기를 청했는데 (고구려)왕은 부여의 강대함을 꺼리어 태자 도절(都切)을 인질로 삼으려 했으나 도절이 두려워 가지 아니하니 (부여왕) 대소가 노했다.[61]

는 기록이 보인다. 이는 동부여가 고구려와 볼모를 교환해둠으로써 서로 배신할 수 없도록 하기 위함이었을 것이다. 그러나 이러한 조처가 이루어지지 않자 그해 겨울에 동부여는 군사 5만 명으로 고구려를 침공했다. 이 전쟁에서 동부여군은 큰 눈을 만나 얼어 죽은 사람이 많이 생겨 퇴각했다.[62] 이렇게 되어 동부여는 외교와 무력으로 고구려를 제압하려던 계획이 수포로 돌아갔다.

그 후 동부여의 대소왕이 사신을 보내 고구려를 꾸짖었을 때에도[63] 고구려의 유리왕은 건국한 지도 오래되지 않았고 국력도 약한 상태이니

---

61 『삼국사기』 권13, 「고구려본기」 〈유리명왕 14년〉조. "春正月, 扶餘王大素, 遣使來聘, 請交質子, 王憚扶餘强大, 欲以太子都切爲質, 都切恐不行, 帶素恚之."

62 위의 〈유리명왕 14년〉조. "冬十一月, 帶素, 以兵五萬來侵, 大雪, 人多凍死乃去."

63 주 60 참조.

치욕을 참고 후일을 도모할 수밖에 없다고 생각하고, "나는 바다의 귀퉁이에 치우쳐 있어 예의를 알지 못했더니 지금 대왕의 말씀을 들으니 어찌 명령을 따르지 않을 수 있겠습니까."[64] 라는 내용의 답서를 보냈다. 고구려는 현실적으로 동부여가 패자임을 인정하고 있었던 것이다.

그러나 13년에 벌인 전쟁에서 동부여는 고구려에게 크게 패배함으로써 패자의 위치가 흔들리기 시작했다. 이해에 동부여군은 고구려를 침공했는데, 고구려 왕자 무휼(無恤)은 학반령(鶴盤嶺)의 계곡에 군사를 매복해두었다가 급습했다. 동부여군은 말을 버리고 산으로 도주했는데, 고구려군은 이들을 1명도 남기지 않고 잡아 죽임으로써 큰 승리를 거두었다.[65]

상황이 고구려에 유리하게 전개되자 21년 12월에 고구려는 동부여 정벌에 나섰는데, 다음 해까지 계속된 전쟁에서 처음에는 고구려군이 우세하여 동부여왕 대소가 전사하는 등 동부여군은 타격을 입었다. 그러나 끈질긴 동부여군의 반격에 고구려군도 큰 피해를 입고 퇴각했다.[66] 고구려군을 격퇴하기는 했지만 이 전쟁으로 동부여는 왕을 잃는 큰 피해를 입어 동부여 왕실 내부에서는 동요가 일어났다.

22년에 동부여 대소왕이 전사한 뒤 그의 동생(금와왕의 막내아들)은 동부여가 다시 일어나기 힘들 것으로 생각하고 동부여를 떠나 갈사수(曷思水)에 이르러 갈사국(曷思國)을 세웠고, 동부여왕의 사촌동생도 나라를 부흥시키기 힘들겠다 생각하여 1만여 명의 무리를 이끌고 고구려

---

64 『삼국사기』 권13, 「고구려본기」 〈유리명왕 28년〉조. "寡人僻在海隅, 未聞禮義, 今承大王之敎, 敢不惟命之從."

65 『삼국사기』 권13, 「고구려본기」 〈유리명왕 32년〉조.

66 『삼국사기』 권14, 「고구려본기」 〈대무신왕 4·5년〉조 참조.

에 투항했다. 고구려 대무신왕은 그를 맞아 낙씨(絡氏)라는 성을 하사하여 연나부(掾那部)에 살도록 하고 왕의 작위를 주었다.[67] 이후 동부여의 국력은 급격히 약화되었다.

무력으로 고구려를 제압하는 것이 불가능해진 동부여는 외교를 통한 견제와 화친의 정책을 펼쳤다. 중국의 동한과 고구려 양국에 사신을 보내 화친관계를 추구한 것이다. 동부여는 48년에 중국 동한에 사신과 예물을 보냈는데 동한의 광무제가 후하게 답례함으로써 양국 관계는 매우 친밀해져 이후 매년 사신의 왕래가 있게 되었다.[68] 77년과 105년에는 고구려에도 사신과 함께 뿔이 셋인 사슴, 꼬리가 긴 토끼, 털색이 매우 투명하고 꼬리가 없는 호랑이 등을 예물로 보냈다.[69] 이러한 동부여의 외교는 동한을 이용하여 고구려를 견제하면서 화친을 유지하려는 속셈이 있었던 것으로 보인다.

그러나 동부여는 한때 동한과 충돌하기도 했다. 111년에 동부여 왕은 보병과 기병 7,000~8,000명을 이끌고 동한의 낙랑군을 습격했다.[70] 이 전쟁에 관해서는 자세한 내용이 전하지 않으나, 낙랑군은 고조선의 옛 영토인 오늘날 요서 서부 난하 유역에 있었으므로 이를 수복하고자 했을 가능성이 있다.

동부여는 전쟁 뒤 바로 동한과 화친관계를 회복했다. 120년에 동부여

---

67 『삼국사기』 권14, 「고구려본기」 〈대무신왕 5년 4·7월〉조. 기록에 따르면 고구려 대무신왕은 고구려에 투항한 동부여 왕의 사촌동생을 왕으로 삼았다고 했는데, 고구려에는 왕(王)·후(侯) 등의 작위 이름이 있었다.

68 『후한서』 권85, 「동이열전」 〈부여국전〉. "建武中, …… 二十五年, 夫餘王遣使奉貢, 光武厚荅報之, 於是使命歲通."

69 『삼국사기』 권15, 「고구려본기」 〈태조대왕 25·53년〉조 참조.

70 『후한서』 권85, 「동이열전」 〈부여국전〉. "至安帝永初五年, 夫餘王始將步騎七八千人寇鈔樂浪, 殺傷吏民, 後復歸附."

왕은 태자 위구태에게 예물을 주어 동한에 사신으로 보냈는데, 동한에서는 그에게 인장과 비단을 예물로 주었다.[71] 동부여 태자의 동한 방문으로 두 나라 관계는 매우 돈독해졌던 것으로 보인다. 그러한 사실은 다음 해의 고구려와 동한의 전쟁 기사를 통해 알 수 있다.

이 시기에 고구려는 고조선의 옛 땅인 오늘날 요서 지역을 수복하기 위해 계속해서 동한을 공격하고 있었다. 121년 12월에도 고구려의 태조왕은 마한과 예맥의 1만여 기병을 이끌고 현도성(玄菟城)을 포위했는데, 동부여의 위구태가 군사 2만여 명을 이끌고 와서 동한을 돕는 바람에 고구려는 크게 패했다.[72] 다음 해에도 고구려의 태조왕이 마한·예맥과 더불어 요동 지역을 공격했는데, 동부여 왕이 원병을 보내 동한을 도와 고구려군을 격파했다.[73]

고조선을 계승한 열국의 패자로 군림하고자 했던 동부여는, 고구려가 성장함에 따라 그 지위를 유지할 수 없게 되자 끝내는 이민족의 국가인 동한과 협력하여 동족 국가인 고구려의 성장을 견제하고자 했던 것이다. 이러한 협동전쟁을 치른 뒤 동부여와 동한의 관계는 더욱 밀착되어 136년에는 동부여왕이 직접 동한을 방문하여 크게 환대를 받았다. 이후 동부여와 동한은 160년대 중반까지 화친관계를 유지했다.

그러나 167년에 동부여왕 부태(夫台)가 2만여 명의 군사를 이끌고 동한의 현도군을 공격함으로써 동부여와 동한의 관계가 한동안 악화되었

---

71 『후한서』 권85, 「동이열전」 〈부여국전〉. "永寧元年, 乃遣嗣子尉仇台詣闕貢獻, 天子賜尉仇台印綬金綵."

72 『삼국사기』 권15, 「고구려본기」 〈태조대왕 69년〉조. "十二月, 王率馬韓·穢貊一萬餘騎, 進圍玄菟城, 扶餘王遣子尉仇台, 領兵二萬, 與漢兵幷力拒戰, 我軍大敗."

73 『삼국사기』 권15, 「고구려본기」 〈태조대왕 70년〉조. "王與馬韓·穢貊侵遼東, 扶餘王遣兵救破之."

다가,[74] 174년에 동부여에서 동한에 사신을 보냄으로써 다시 화평한 관계가 회복되었다.[75] 동부여는 동한을 이용하여 고구려를 견제하면서도 기회를 보아 낙랑군이나 현도군을 공격한 것을 보면 고조선의 옛 땅인 오늘날 요서 지역을 수복해야겠다는 생각은 고구려와 마찬가지였던 것 같다.

동한 말에 이르러 동부여의 서쪽에는 공손씨(公孫氏)라는 새로운 세력이 등장했다. 동한 말 요동태수였던 공손탁은 농민봉기와 각 지역 할거 세력의 등장으로 사회가 혼란해진 틈을 이용하여 독립세력으로 성장했다. 공손씨 세력은 동부여·고구려·선비·동한에 둘러싸여 있었는데 이들 세력 모두와 적대관계를 맺는 것은 이로울 것이 없었다. 그래서 공손탁은 동부여와 친밀한 관계를 맺기 위해 그의 딸을 동부여 왕에게 출가시켰다.[76] 이는 동부여와 공손씨가 연맹을 맺어 고구려와 선비를 견제하려는 데 목적이 있었던 것이다. 그러나 공손씨의 세력이 동한의 뒤를 이은 삼국시대의 위나라에게 283년에 멸망하게 됨에 따라 동부여는 위나라와 국경을 접하게 되었다.

이보다 앞서 220년에 중국의 북방에서는 조조(曹操)의 아들 조비(曹丕)가 동한의 헌제(獻帝)를 폐위시키고 위나라를 세웠는데, 동부여는 그 해 3월에 위나라에 사신을 파견했다.[77] 그리고 공손씨가 멸망한 뒤에는 위나라와 적극적인 협력관계를 취했다. 246년에 위나라의 유주자사 관

---

74 『후한서』 권85, 「동이열전」 〈부여국전〉. "永康元年, 王夫台將二萬餘人寇玄菟, 玄菟太守公孫域擊破之, 斬首千餘級."

75 『후한서』 권85, 「동이열전」 〈부여국전〉. "至靈帝熹平三年, 復奉章貢獻."

76 『삼국지』 권30, 「동이전」 〈부여전〉. "公孫度雄張海東, …… 時句麗·鮮卑彊, 度以夫餘在二虜之間, 妻以宗女."

77 『삼국지』 권2, 「문제기(文帝紀)」 〈연강(延康) 원년 3월〉조.

구검이 고구려를 침략하면서 현도태수(玄菟太守) 왕기(王頎)를 동부여에 보내 지원을 요청하자 동부여의 간위거왕은 대가(大加)를 교외까지 보내 그를 맞게 하고 군량(軍糧)을 공급했다.[78]

이에 따라 동부여 왕실 내부에는 분열이 일어났다. 그 당시 우가(牛加)의 자리에 있었던 간위거왕의 숙부는 위나라에 군량을 지원하는 왕의 행동에 반감을 가지고 있었는데, 이를 알아차린 간위거왕은 그의 숙부 부자를 죽이고 재산을 몰수했다.[79] 간위거왕의 숙부가 반감을 가진 것은 동족 국가인 고구려를 침략하는 이민족의 군대를 지원한 데 대한 반발이었을 것이다. 이로 보아 중국의 세력을 이용하여 동족의 국가인 고구려를 견제하려 했던 동부여의 정책에 대해서는 동부여의 지배층 내부에서도 반대 세력이 있었음을 알 수 있다.

265년에 중국 북부에서는 위나라가 멸망하고 진(晉)나라가 섰다. 동부여는 진나라에도 자주 사신을 보내 화친관계를 유지하고 있었는데, 이 시기에 동부여의 서쪽에서는 모용선비(慕容鮮卑)가 성장하여 자주 진나라의 변경을 침략하고 있었다. 모용선비는 동부여에도 위험한 세력이었는데, 285년에 모용외(慕容廆)는 동부여를 침략했다. 이 전쟁에서 동부여는 크게 패하여 동부여왕 의려(依慮)가 자살하고 왕의 동생과 아들들은 동옥저로 피난했다. 모용외는 동부여의 도읍을 점령하여 동부여 사람 1만여 명을 붙잡아가지고 돌아갔다.[80]

---

78 『삼국지』 권4, 「삼소제기(三少帝紀)」 〈정시(正始) 7년〉조 ; 권30, 「동이전」 〈부여전〉 ; 『삼국사기』 권17, 「고구려본기」 〈동천왕 20년〉조 등 참조.

79 『삼국지』 권30, 「동이전」 〈부여전〉. "正始中, 幽州刺史毌丘儉討句麗, 遣玄菟太守王頎詣夫餘, 位居遣大加郊迎, 供軍糧. 季父牛加有二心, 位居殺季父父子, 籍沒財物, 遣使簿斂送官."

80 『자치통감』 권81, 「진기(晉紀)」 〈세조무황제(世祖武皇帝) 태강 6년〉조. "自是每歲犯邊,

동부여는 진나라의 도움으로 의라왕(依羅王)을 세워 재건했으나 국력이 약하여 자주 모용외의 침략을 받았다. 모용외는 동부여를 침략할 때마다 사람들을 잡아다가 중국에 노예로 팔아넘겼다.[81] 그 후 동부여는 국력이 회복되지 못하고 약한 나라로 겨우 유지하다가[82] 410년에는 고구려 광개토왕에게 64개의 성과 1,400개의 마을을 빼앗겨 대부분의 영토를 잃고[83] 작은 나라로 전락했다.

동부여의 영토가 줄어들고 국력이 약화되자 동부여의 신하 나라로 있던 읍루인들이 이 기회를 이용하여 동부여에 반기를 들었다.[84] 동부여는 이를 진압할 힘도 없었으며, 나라를 더 지탱할 수 없었던 동부여 왕실은 494년 2월에 나라를 들어 고구려에 투항했는데,[85] 이로써 동부여는 멸망했다. 고조선이 붕괴한 뒤 그 뒤를 이은 여러 나라 가운데 가장 북쪽에서 가장 넓은 영토를 가지고 패자로 출발했던 동부여는 552년 만에 멸망하고 말았다.

又東擊扶餘, 扶餘王依慮自殺, 子弟走保沃沮, 廆夷其國城, 驅萬餘人而歸."

81 『진서』 권97, 「동이열전」 〈부여국전〉. "明年, 夫餘後王依羅遣詣龕, 求率見人還復舊國, 仍請援. …… 羅得復國. 爾後每爲廆掠其種人, 賣於中國."

82 『자치통감』 권97, 「진기」 〈효종목황제 영화 2년〉조와 『진서』 권109, 「재기」 9, 〈모용황〉조에는 346년에 모용선비에게 부여가 멸망한 것으로 기록되어 있는데, 이 기록에 나오는 부여를 지금까지 일부 학자들은 고구려 북쪽에 있었던 부여(이 부여를 일부 학자들은 북부여로 보았으나 필자는 동부여로 보고 있음)로 잘못 인식하여 이 시기에 동부여가 모용선비에게 멸망되었다가 재건되었다고 보았다. 그러나 346년에 모용선비에게 멸망한 부여는 동부여가 아니라 오늘날 난하 상류 유역에 있었던 원래의 부여였다(윤내현, 「부여의 분열과 변천」, 앞 책 『상명사학』제3·4합집, pp. 474~476 참조).

83 주 23 참조.

84 『위서』 권100, 「열전」 〈고구려전〉. "今夫餘爲勿吉所逐."

85 『삼국사기』 권19, 「고구려본기」 〈문자왕 3년〉조. "二月, 扶餘王及妻孥, 以國來降."

5. 마치며

동부여는 서기전 59년에 오늘날 난하 상류 북쪽의 북부여인들이 오늘날 길림성 북부 부여현 지역으로 이동하여 세운 나라로, 고조선이 붕괴된 뒤 후계세력으로 일어난 여러 나라 가운데 가장 정통성을 지닌 나라였다. 그뿐만 아니라 일찍이 오늘날 길림성 북부와 내몽골자치구 동부 및 흑룡강성 전부를 차지하는 넓은 영토를 확보하여 여러 나라 가운데 가장 큰 나라로 등장했는데, 서기 6년 이전에 이미 오늘날 연해주 지역에 있었던 읍루까지 병합함으로써 더욱 넓은 영토를 갖게 되었다. 따라서 동부여는 고조선을 계승한 여러 국가 가운데 패자를 자처했다.

동부여는 5개의 큰 행정구역으로 나뉘어 있었다. 중앙에는 왕의 직할지역이 있었고 지방에는 4개의 구역으로 나뉘어 가(加)가 다스리는 사출도가 있었다. 가들을 총칭하여 제가라 했다. 직할지역과 사출도에는 여러 개의 성이 있었고 성의 주변에는 마을들이 있었는데 성에 압로가 있어 주변의 마을들을 다스렸다. 하나의 성 아래는 약 20개의 마을이 있었는데 각 마을에는 촌장이 있었다. 그러므로 동부여의 통치 조직은 왕·가·압로·촌장 등의 행정조직을 갖춘 중앙집권체제로 구성되어 있었던 것이다. 그리고 중앙에는 마가·우가·저가·구가 등 제가의 높은 관직이 있었고 그 아래 대사·대사자·사자 등의 관직이 있었다.

동부여에서는 초기부터 왕위세습제가 실시되었다. 이것은 고조선시대에 확립된 것을 계승한 것이었다. 그러나 동부여는 전제왕권은 아니었다. 흉년이 들면 그 책임을 왕에게 물어 왕을 바꾸거나 죽일 수도 있었고, 국가의 중요한 일은 제가평의회에서 결정하기도 했다. 동부여의 왕권은 제한을 받고 있었던 것이다.

동부여에는 크고 긴 강줄기들이 뻗어 있고 넓은 평야가 있어 농업과 목축이 발달했고 자연물산도 풍부했다. 따라서 동부여인들의 생활 수준은 비교적 높았다. 동부여인들은 복식도 청결하고 우아한 것을 즐겼는데, 국내에서는 흰옷을 입고 가죽신을 신었으며 외국에 나갈 때에는 비단옷이나 수놓은 옷 또는 모직옷을 입고 고급 동물 가죽으로 만든 갖옷에 금이나 은으로 장식한 모자를 썼다. 이러한 사실은 동부여의 수공업이 매우 발달해 있었음을 말해주는 것이기도 하다.

동부여인들은 강인하고 용감했으나 다른 나라를 침략하는 것을 좋아하지는 않았다. 그렇지만 다른 나라가 자신들을 침략했을 때에는 이를 용서하지 않고 온 국민이 합심하여 막아내었다. 또 예의 바르고 명랑하여 길에서 사람을 만나면 서로 인사하고 겸손해하며 낮이나 밤이나 길을 다닐 때는 노래를 즐겨 불렀다. 동부여에서는 법과 형벌이 엄격했다. 이러한 법과 형벌 체계는 고조선의 것을 이어받은 것이었다. 그러나 법의 집행이 결코 잔혹하지는 않았다. 경사스러운 날에는 형벌 집행을 중단하고 죄수들을 풀어주어 재생의 기회를 주기도 했다.

동부여 사회는 여러 신분으로 구성되어 있었지만 차별대우는 심하지 않았다. 이것은 고조선 이래의 홍익인간 정신이 정치사상과 사회사상에 반영되었기 때문인 것이다. 동부여인들은 하느님 숭배사상도 돈독했는데 이것도 고조선의 종교사상을 계승한 것이다. 동부여인들은 조상 숭배나 부모에 대한 효도, 가족을 보호하는 정신도 지극했다.

동부여는 초기에 고구려는 물론 중국과도 화친관계를 유지했으나 고구려에 대해서는 패자로 군림했고, 중국에 대해서는 고조선의 옛 땅인 오늘날 요서 지역을 수복하기 위해 때때로 낙랑군과 현도군을 공격하기도 했다. 그러나 고구려가 국력이 성장하고 고조선의 옛 땅을 수복하기 위한 영토 확장에 들어가면서부터 동부여는 패자의 위치를 유지하기 어렵게 되었고, 결국 중국 세력을 이용하여 고구려를 견제하는 정책을 폈다. 때로는 고구려와 중국의 전쟁에 중국을 돕기도 했다. 121년과 그다음 해에 고구려가 현도성과 요동을 공격하자 동부여가 동한을 도운 것이라든가 246년에 위나라가 고구려를 침략할 때 위나라에 군량을 공급한 것은 그러한 예이다.

동족의 국가를 견제하기 위해 이민족의 국가를 돕는 이러한 동부여의 정책은 지배층 내부의 분열을 가져왔고 주체의식의 약화를 가져와 동부여의 국력은 극도로 쇠퇴해갔다. 이런 상황에서 285년에 모용선비의 침략으로 동부여왕 의려가 자살하고 왕의 동생과 아들들은 동옥저로 피난하는 수모를 겪어야 했다. 동부여는 진나라의 도움으로 재건되었으나 국력이 약화되어 자주 모용선비의 침략을 받다가 410년에는 고구려 광개토왕에게 대부분의 영토를 잃고 작은 나라로 전락했다. 이 기회를 이용하여 동부여의 신하 나라로 있던 읍루가 반란을 일으켰는데 동부여는 진압할 능력조차 없었다. 나라를 지탱할 수 없었던 동부여는 494년에 고구려에 투항함으로써 552년 만에 멸망하고 말았다.

II 고구려의 다물이념

1. 들어가며

이 글에서는 고구려의 대외정책, 특히 대외전쟁이 갖는 의미를 확인하고자 한다. 고구려는 한반도와 만주를 통합한 통일국가를 이루지는 못했지만 나당(羅唐) 연합군에게 멸망할 때까지 동북아시아에서 가장 강성한 국가였다. 『삼국사기』「고구려본기」를 보면 고구려는 건국한 뒤부터 멸망할 때까지 주변 국가들과 계속 전쟁을 했다. 그런데 그러한 전쟁은 단순히 영토 확장만을 위한 것은 아니었다.

고구려는 초기에 주변 소국들을 병합함으로써 전쟁 성격이 영토 확장에 있는 듯한 면을 보여주었다. 그러나 어느 정도 영토가 확보되고 국력이 충실해진 뒤부터는 오늘날 요서 지역으로 진출을 꾀해 중국의 서한 및 그 뒤를 이은 동한과 계속 충돌했다. 서한과 동한은 중국의 통일제국으로서 고구려에게는 힘겨운 전쟁 상대였다. 고구려는 오늘날 요서 지역을 차지하기 위해 이들 제국과 전쟁을 계속했던 것이다.

그런데 중국이 분열되고 중국의 북부에 이민족들이 침입하여 단명의 황조(皇朝)들이 흥망을 거듭하던 중국의 동진시대와 남북조시대의 혼란기에 고구려는 중국 지역으로 진출을 중단하고 남쪽 한반도의 백제와 신라로 진출 방향을 바꾸었다. 고구려의 전쟁이 단순히 영토 확장만을 목적으로 한 것이었다면 중국이 혼란했던 시기에 이를 침공하는 것이 고구려로서는 유리했을 것이다. 그런데 그러한 유리한 상황을 외면하고 고구려는 전쟁 방향을 남쪽으로 돌린 것이다. 고구려가 그러한 상황을 판단하지 못했을 리 없으며 거기에는 그럴 만한 이유가 있었을 것이다.

고구려의 대외전쟁은 고구려의 건국이념이나 기본정책과 깊은 관계를 가지고 있었을 가능성이 있다. 그리고 거기에는 고구려 사람들의 의식이 반영되어 있을 것이다. 따라서 이 글은 단순히 전쟁 기록을 확인하는 작업이 아니라 고구려 기본정책의 일면을 고찰하는 것이며, 고조선의 뒤를 이은 열국시대에 한민족이 지니고 있었던 의식의 일부를 확인하는 작업도 될 것이다.

2. 고구려의 지반 구축

졸본부여에서 나라를 세운 고구려의 추모왕은 나라의 기틀을 튼튼히 하기 위해 영토를 확장하기 시작했는데, 맨 먼저 통합한 나라는 송양왕이 다스리던 비류국이었다. 이에 대해 『삼국사기』「고구려본기」〈시조 동명성왕 원년〉조에,

> 왕은 비류수 중에 채소 잎사귀가 흘러내려오는 것을 보고 상류에 사람이 살고 있음을 알았다. 그래서 사냥을 하면서 찾아가 비류국에 이르렀다.

그 국왕 송양이 나와 보고 말하기를, "과인이 바다 귀퉁이에 치우쳐 있어 일찍이 군자를 얻어보지 못하다가 오늘 의외로 서로 만나보니 또한 다행한 일이 아닌가. 그런데 나는 그대가 어디서 왔는지 모르겠다." 했다. (이에 왕은) 대답하기를, "나는 천제의 아들인데 이곳에 와서 모처(某處)에 도읍했다."고 했다. 송양이 말하기를, "우리는 여기서 여러 대에 걸쳐 왕으로 있었지만 땅이 좁아 두 임금을 섬기기는 어렵겠다. 그대는 도읍을 정한 지 며칠 되지 않으니 우리의 부용(附庸)이 되는 것이 어떤가."라고 했다. 그 말에 왕은 분노하여 그와 시비를 하다가 또한 서로 활쏘기를 하여 재주를 시험해보니 송양이 대항할 수 없었다.[1]

고 했고 〈2년〉조에는,

2년 여름 6월 (비류국왕) 송양이 나라를 들어 항복하자 (왕은) 그곳을 다물도(多勿都)라 하고 송양을 봉하여 그곳의 주(主)로 삼았다. 고구려 말에 옛 땅의 회복을 다물(多勿)이라 하므로 그렇게 이름한 것이다.[2]

라고 했다. 이 내용으로 비류국이 고구려 건국 다음 해인 서기전 36년(추모왕 2년)에 고구려에 병합되었음을 알 수 있는데, 이 기록들은 또 고

---

1 『삼국사기』 권13, 「고구려본기」 〈시조 동명성왕〉조. "王見沸流水中有菜葉逐流下, 知有人在上流者, 因以獵往尋, 至沸流國. 其國王松讓出見曰, 寡人僻在海隅, 未嘗得見君子, 今日邂逅相遇, 不亦幸乎, 然不識吾子自何而來. 答曰, 我是天帝子, 來都於某所. 松讓曰, 我累世爲王, 地小不足容兩主, 君立都日淺, 爲我附庸可乎. 王忿其言, 因與之鬪辯, 亦相射以校藝, 松讓不能抗."

2 『삼국사기』 권13, 「고구려본기」 〈시조 동명성왕〉조. "二年, 夏六月, 松讓以國來降, 以其地爲多勿都, 封松讓爲主, 麗語謂復舊土爲多勿, 故以名焉."

구려의 기본이념을 알게 하는 2가지 중요한 사실을 말해주고 있다. 첫째로 추모왕은 자신을 하느님의 아들이라 했고, 둘째로 고구려는 비류국이 있었던 곳을 다물도라 명명했는데 다물(多勿)이란 고토 회복의 뜻을 지닌 말이었다는 것이다.

그런데 비류국은 원래 고구려 땅이 아니었다. 원래 고구려는 고조선의 서부인 오늘날 요서 지역에 있었던 거수국이었는데 오늘날 요서 지역에 위만조선이 서고 다시 그곳에 서한의 군현이 설치되는 과정에서 영토를 잃은 고구려인들이 부여에 의탁해 있다가 동남쪽으로 이동하여 오늘날 요동 지역에서 서기전 37년에 고구려를 재건했던 것이다.[3] 그러므로 새로 건국된 고구려의 이웃에 있었던 비류국은 이전에 고구려 영토에 포함된 적이 없다. 비류국은 처음부터 오늘날 요동 지역에 있었던 고조선의 거수국으로서[4] 고구려와는 지리적 위치와 크기는 달랐지만 대등한 지위에 있었는데 고조선이 붕괴된 뒤 독립국이 되었던 것이다.

그런데 고구려는 비류국을 병합한 뒤 그 이름을 고토 회복을 뜻하는 다물도로 바꾸었다. 고구려가 그의 영토인 적이 없는 비류국 지역을 다물도라 명명한 것은 그럴 만한 이유가 있었을 것이다.[5] 위에서 말한 바

---

3 윤내현, 「고구려의 이동과 건국」, 『백산학보』 45집, 1995, pp. 5~30 ; 이 책의 제1장 Ⅲ 「고구려의 건국과 연대」 참조.

4 윤내현, 「고조선의 국가 구조」, 『고조선 연구』 하, 만권당, 2016, pp. 65~66.

5 지난날 일부 학자들은 비류국이 이전에 졸본 땅이 아니었던 점을 들어 이 기록은 잘못된 것으로 보았다. 즉 후대의 산상왕 때 왕의 형이었던 발기가 산상왕에 반기를 들어 비류를 들어 요동태수 공손강에게 투항한 일이 있다. 그런데 나중에 고구려가 한나라 병사를 치고 비류를 탈환한 뒤 다물도라 했을 것이라고 보고 이것을 잘못 기록했을 것으로 생각했던 것이다(이병도, 『국역 삼국사기』, 을유문화사, 1980, p. 219 주 3 ; 「동명성왕전」, 『호암사화집』 참조). 그러나 그것은 옳지 않다. 지난날 학계에서는 고구려나 비류국이 고조선의 거수국이었다는 사실을 알지 못했기 때문에 고구려의 비류국 병합을 고조선과 연관해서 설명하지 못했던 것이다.

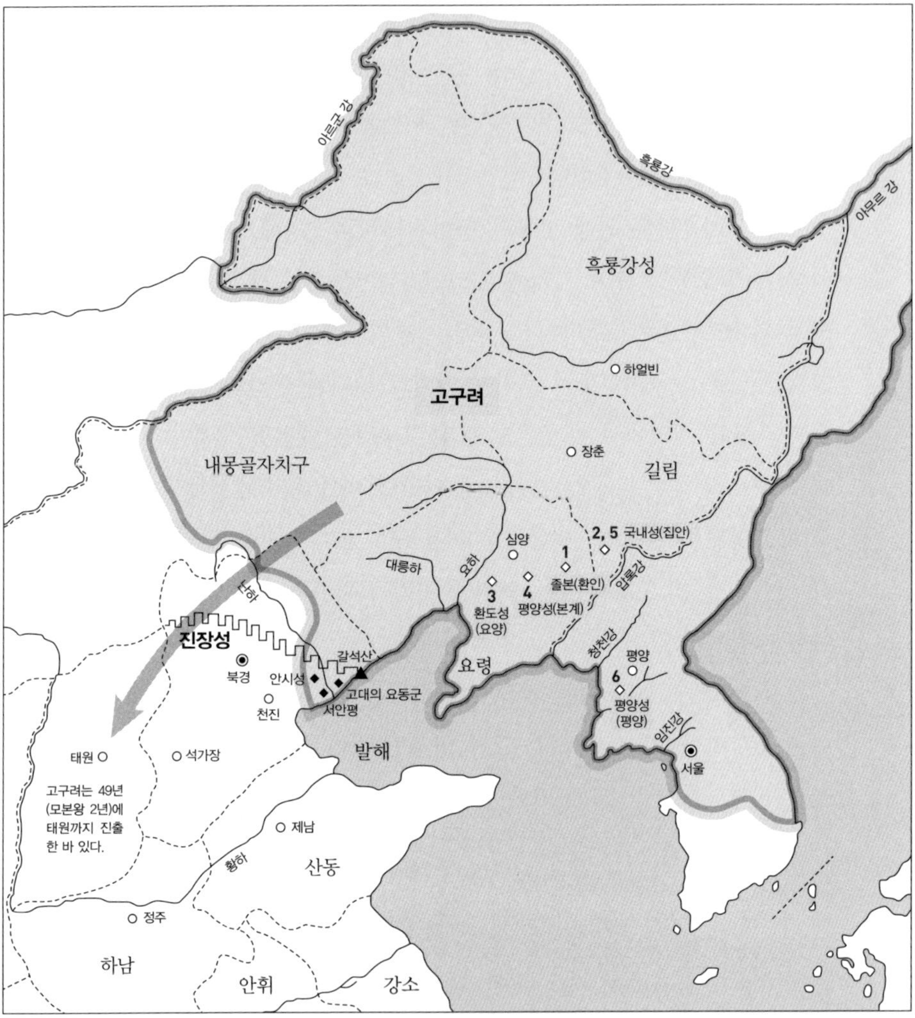

고구려의 전성기 강역(5세기 후반)

와 같이 비류국은 고조선의 거수국이었다. 따라서 고구려가 비류국을 병합하고 그곳의 이름을 다물도라 했다면 그것은 고구려가 고조선을 계승하겠다는 이념의 표현으로 보아야 할 것이다. 그랬기 때문에 고구려는 고조선의 옛 땅을 병합한 뒤 그곳에 고토 회복의 의미를 지닌 다물도라 명명했을 것이다.

그러한 고구려의 뜻은 추모왕이 자신을 천제의 아들, 즉 하느님의 아들이라 한 것에 잘 나타나 있다. 잘 알려진 바와 같이 고조선에서는 통치자를 단군이라 했는데, 단군은 하느님의 아들이라는 뜻이다.[6] 추모왕이 자신을 하느님의 아들이라 했다는 것은 자신을 고조선의 단군과 동격으로 인식하고 있었음을 말해준다. 『삼국유사』「기이」〈고구려〉조의 저자 주석에는 추모왕(주몽왕)은 단군의 아들이었다고 기록되어 있는데,[7] 고대의 전설에서는 후손을 아들로 표현하는 경우가 많으므로 추모왕은 고조선의 단군 후손일 것으로 생각된다. 이는 추모왕으로 하여금 자신은 하느님의 혈통을 이어받았으며 고조선이 추구했던 천하질서를 재건할 의무가 있다고 생각하도록 만들었을 것이다.

이러한 사실들은 추모왕이 고구려를 건국한 뒤 고조선의 영토 회복만을 추구했던 것이 아니라 고조선의 통치질서와 천하질서까지 재건하는

---

6 윤내현, 「고조선의 통치 조직」, 앞 책 『고조선 연구』 하, pp. 143~147.

7 『삼국유사』 권1, 「기이」 〈고구려조〉의 저자 자신의 주석. "『단군기』에 이르기를, '단군이 서하 하백의 딸과 친하여 아들을 낳아 부루라 이름했다.' 했는데, 지금 이 기록(『삼국유사』「기이」편 기록)을 살펴보건대, 해모수가 하백의 딸을 사통하여 뒤에 주몽을 낳았다 했다. 『단군기』에, '아들을 낳아 부루라 이름했다.' 했으니 부루와 주몽은 어머니가 다른 형제일 것이다(壇君紀云, 君與西河河伯之女要親, 有産子, 名曰夫婁, 今按此記, 則解慕漱私河伯之女而後産朱蒙. 壇君紀云, 産子名曰夫婁, 夫婁與朱蒙異母兄弟也)." 이 기록에 따르면 단군과 해모수는 같은 사람이었으며 주몽왕은 단군의 아들로 인식되었음을 알 수 있다.

것을 목표로 하고 있었음을 말해준다. 비류국이 고구려 건국 2년 만에 첫 번째로 병합된 나라였다는 점은, 이것이 고구려의 국시(國是)였을 가능성을 말해주는 것이기도 하다.

추모왕은 서기전 32년(추모왕 6년)에는 오이(烏伊)와 부분노(扶芬奴)에게 명하여 태백산(오늘날 백두산) 동남에 있는 행인국을,[8] 서기전 28년 11월에는 부위염(扶尉猒)을 시켜 북옥저를 멸하고 두 곳을 모두 성읍을 만들었다.[9] 그리고 서기전 9년(유리왕 11년)에는 선비(鮮卑)를 쳐서 속국을 만들었다.[10]

주변의 소국들을 병합하며 국가의 기틀을 다지던 고구려는 12년(유리왕 31년)에 중국과 충돌하게 되었다. 당시 중국은 서한 왕실의 외척이었던 왕망이 정권을 찬탈하여 국호를 신(新)이라 고치고 유가이론(儒家理論)에 맞는 나라를 만들고자 개혁을 단행했고 주변의 이민족을 하대했다. 고구려와 왕망의 충돌은, 왕망이 흉노를 치기 위해 현도군의 고구려현 사람들을 군사로 동원했는데 이들이 서한의 국경 밖으로 도망하여 고구려국으로 옴으로써 일어났다. 당시 상황에 대해 『후한서』「동이열전」〈고구려전〉에,

---

8 『삼국사기』 권13, 「고구려본기」 〈시조 동명성왕〉조. "六年, …… 冬十月, 王命烏伊·扶芬奴, 伐太白山東南荇人國, 取其地爲城邑."

9 『삼국사기』 권13, 「고구려본기」 〈시조 동명성왕〉조. "十年, …… 冬十一月, 王命扶尉猒, 伐北沃沮滅之, 以其地爲城邑." 북옥저는 동옥저의 북쪽, 오늘날 함경북도와 연해주 지역을 차지하고 있었다(『후한서』「동이열전」과 『삼국지』「동이전」의 〈동옥저전〉). 옥저는 원래 고조선의 거수국으로서 오늘날 요서 지역에 있었으나 그곳에 위만조선이 서자 영토를 잃고 동쪽으로 이동하여 오늘날 함경도 지역에서 나라를 세웠던 것이다. 위의 내용은 북옥저가 서기전 32년보다 앞서 건국되었음을 말해준다.

10 『삼국사기』 권13, 「고구려본기」 〈유리명왕 11년〉조.

왕망 초에 구려(고구려)의 병사를 징발하여 흉노를 정벌하게 했으나, 그들이 가고 싶어 하지 않자 강압적으로 그들을 보냈더니 모두 국경 밖으로 도망하여 (중국의 변경을) 침략했다. 요서대윤(遼西大尹) 전담(田譚)이 그들을 추격하다가 전사했다. 왕망은 장수 엄우(嚴尤)에게 명하여 그들을 추격하도록 했는데, (엄우는) 구려 후(侯) 추(騶)를 꾀어 국경 안으로 들어오게 하고는 그의 목을 베어 장안(長安)에 전달했다. 왕망은 크게 기뻐하면서 고구려왕의 칭호를 바꾸어 하구려(下句驪) 후(侯)라 부르게 했다. 이에 맥인(貊人)이 변방을 노략질하는 일이 더 심해졌다.[11]

고 했다. 이에 관한 기사가 『한서』 「왕망전(王莽傳)」[12]과 『삼국사기』 「고구려본기」 〈유리왕 31년〉조에 실려 있는데, 『삼국사기』에는 위의 인용문에 나오는 구려의 병사가 우리 병사로, 흉노는 호(胡)로, 구려 후(侯) 추(騶)는 장수 연비(延丕)로 기술되어 있으며 맥인에 대해서는 표기하지 않았지만 문맥으로 보아 고구려 사람으로 인식했음을 알 수 있다.[13]

---

11 『후한서』 권85, 「동이열전」 〈고구려전〉. "王莽初, 發句驪兵以伐匈奴, 其人不欲行, 彊迫遣之, 皆亡出塞爲寇盜. 遼西大尹田譚追擊, 戰死. 莽令其將嚴尤擊之, 誘句驪侯騶入塞, 斬之, 傳首長安. 莽大說, 更名高句驪王爲下句驪侯. 於是貊人寇邊愈甚."

12 『한서』 권99 중, 「왕망전」 중 〈시건국(始建國) 4년〉조.

13 『삼국사기』 권13, 「고구려본기」 〈유리명왕〉조. "31년에 한의 왕망이 우리 군사를 징발하여 호(胡)를 정벌했는데, 우리 사람들이 가고 싶어 하지 않는지라 강제로 압박하여 그들을 보내니 모두 국경 밖으로 도망하여 범법자가 되어 (한나라를) 침략했다. 요서군의 대윤 전담이 그들을 추격하다가 죽으니, 한의 주군(州郡)은 우리에게 허물을 돌렸다. 엄우가 왕망에게 아뢰기를, '맥인이 법을 어겼지만 주군에 영을 내려 그들을 위로하도록 하는 것이 마땅할 것입니다. 지금 그들에게 너무 큰 죄를 내리면 그들이 끝내 배반할까 염려됩니다. 부여의 족속 가운데 반드시 그들과 화동할 자가 있을 것이니 흉노를 극복하지 못한 이때에 부여와 예맥이 다시 일어나면 이는 큰 걱정거리가 될 것입니다.'라고 했다. 왕망은 듣지 않고 엄우에게 명하여 그들을 공격하도록 했는데, 엄우는 우리 장수 연비를 꾀어 목을 베어 경사(京師)에 전했다. 왕망은 이를 기뻐하고 우리 왕

위의 인용문 내용을 왕망이 오늘날 요동에 있었던 고구려국의 군사를 동원했던 것으로 인식하는 학자들이 있으나 그것은 잘못이다. 독립국이었던 고구려의 군사를 왕망이 동원했다는 것은 사리에 맞지 않는다. 『삼국사기』에서 구려를 우리 병사라고 표현한 것은, 편찬자들이 당시의 상황을 잘못 이해했거나 또는 그들이 현도군의 고구려현에 거주하고 있기는 하지만 원래 자신들과 동족이었기 때문일 것이다.

고구려는 왕망의 침략을 응징하기 위해 14년(유리왕 33년)에 오이와 마리로 하여금 신(新)으로 가는 길목에 있는 서쪽의 양맥(梁貊)을 쳐서 병합하게 하고 신(新)의 현도군 고구려현을 습격하여 빼앗았다.[14] 당시에 고구려현은 오늘날 요하 서부 연안에 있었던 것으로 추정되므로[15]

의 명칭을 하구려 후라 바꾸고 이를 천하에 포고하여 모두 알게 했다. 이렇게 되자 한나라 변지(邊地)를 침공하는 일이 더욱 잦아졌다(三十一年, 漢王莽發我兵伐胡, 吾人不欲行, 强迫遣之, 皆亡出塞, 因犯法爲寇. 遼西大尹田譚追擊之, 爲所殺, 州郡歸咎於我. 嚴尤奏言, 貊人犯法, 宜令州郡, 且慰安之. 今猥被以大罪, 恐其遂叛, 扶餘之屬, 必有和者, 匈奴未克, 扶餘·穢貊復起, 此大憂也. 王莽不聽, 詔尤擊之, 尤誘我將延丕斬之, 傳首京師. 莽悅之, 更名吾王爲下句麗侯, 布告天下, 令咸知焉. 於是, 寇漢邊地愈甚)." 이 기록에서는 왕망이 동원한 군사를 우리 군사라고 표현함으로써 그 군사가 오늘날 요동에 있었던 고구려국의 군사였던 것으로 잘못 인식하도록 만들고 있다. 왕망이 독립국이었던 고구려국의 군사를 동원했다는 것은 상식적으로도 맞지 않는다. 그들의 군현이었던 현도군의 고구려현 군사를 동원했다고 보는 것이 합리적이다. 오늘날 요서 지역에 있었던 현도군의 고구려현에는 고구려 사람들이 거주하고 있었기 때문에 고구려현이라 이름지어졌다. 따라서 『삼국사기』의 편찬자는 『한서』 「왕망전」과 『후한서』 「동이열전」에 기록된 고구려를 고구려국으로 잘못 이해했거나, 아니면 그들도 고구려족이기 때문에 우리 군사라고 표현했을 것으로 생각된다.

14 『삼국사기』 권13, 「고구려본기」 〈유리명왕〉조. "三十三年, …… 秋八月, 王命烏伊·摩離領兵二萬, 西伐梁貊滅其國, 進兵襲取漢高句麗縣." 이 기록에서 『삼국사기』의 편찬자는 고구려현을 한의 고구려현이라 표기했으나 이 시기는 서한과 동한의 사이로서 왕망이 나라 이름을 신이라고 고쳤다. 그러므로 신의 고구려현이라고 표현하는 것이 옳다.

15 윤내현, 「위만조선과 한사군의 위치」, 『고조선 연구』 상, 만권당, 2015, p. 486. 한사군

이 시기에 이미 고구려는 오늘날 요서 지역에 진출했음을 알 수 있다. 『후한서』「동이열전」〈동옥저전〉에, "(서한) 무제가 (위만)조선을 멸하고 옥저 땅을 현도군으로 삼았는데, 후에 이맥(夷貊)이 침략하므로 군(郡)을 고구려 서북으로 옮겼다."[16]고 한 기록은 고구려가 현도군의 고구려현을 차지할 때의 상황을 말하고 있는 것이다.[17]

고구려는 26년(대무신왕 9년)에는 오늘날 압록강 상류 유역에 있던 개마국과 구다국을 병합했으며,[18] 28년(대무신왕 11년)에는 동한의 요동태수가 쳐들어온 것을 물리쳤고,[19] 32년(대무신왕 15년)에는 오늘날 대동강 유역에 있었던 최씨낙랑국을 쳐서 복종하게 하는 한편,[20] 동한에 사

은 오늘날 요서 지역에 있었고 그 가운데 현도군은 오늘날 요하 서부 유역에 있었다. 그러므로 현도군에 속해 있었던 고구려현은 당연히 요하 서부 유역에 있어야 하는 것이다.

16 『후한서』 권85, 「동이열전」 〈동옥저전〉. "武帝滅朝鮮, 以沃沮地爲玄菟郡. 後爲夷貊所侵, 徙郡於高句驪西北, 更以沃沮爲縣, 屬樂浪東部都尉."

17 『후한서』 권85, 「동이열전」 〈동옥저전〉에는 위의 인용문에 이어 동한 광무제와 고구려의 관계에 대해 언급하고 있다. 그러므로 위의 내용은 광무제 직전인 왕망시대의 상황을 말하고 있는 것이다.

18 『삼국사기』 권14, 「고구려본기」 〈대무신왕〉조. "9년 10월에 왕이 개마국을 친히 정벌하여 그 왕을 죽이고 백성을 위안시켰으며, 약탈은 하지 않고 다만 그 땅을 군현으로 삼았다. 12월에 구다국 왕이 개마가 멸망했다는 소식을 듣고 자기에게도 해가 미칠까 두려워 나라를 들고 와서 항복했다. 이로 말미암아 영토를 점점 널리 개척하게 되었다(九年, 冬十月, 王親征蓋馬國, 殺其王, 慰安百姓, 毋虜掠, 但以其地爲郡縣. 十二月, 句茶國王, 聞蓋馬滅, 懼害及己, 擧國來降, 由是, 拓地浸廣)."

19 『삼국사기』 권14, 「고구려본기」 〈대무신왕〉조. "11년 가을 7월에 한나라의 요동태수가 병사를 거느리고 와서 치자, 왕은 여러 신하를 모아놓고 싸워서 지킬 계책을 물었다. …… 한나라의 장수는 말하기를, '…… 지금 온 글을 보니 말이 온순하고 공손하니 어찌 입을 빌어 황제께 보고하지 아니하랴.' 하고는 드디어 철수했다(十一年, 秋七月, 漢遼東太守, 將兵來伐, 王會群臣, 問戰守之計. …… 漢將謂, …… 今聞來旨, 言順且恭, 敢不藉口以報皇帝, 遂引退)."

20 『삼국사기』 권14, 「고구려본기」 〈대무신왕 15년〉조. "최리왕은 고각이 소리를 내지 아

신을 보내 화해했다.[21] 그리고 37년(대무신왕 20년)에는 최씨낙랑국을 병합했다.[22] 고구려는 아직 국력이 충실하지 않았기 때문에 동한에 대해서는 화친하는 척하면서 영토를 확장하고 있었던 것이다.

고구려의 성장을 동한이 그대로 두고 볼 리 없었다. 고구려가 강대국이 되면 동한으로서는 동쪽에 위험한 세력을 두는 것이 되기 때문이다. 그래서 동한은 바다 건너 대동강 유역을 침략하여 최씨낙랑국의 재건을 도왔다. 그리고 그곳에 군사와 교역의 교두보를 확보했다.[23] 이러한 동한의 전략에는 2가지 의도가 있었을 것으로 생각된다. 하나는 최씨낙랑국 사람들은 그들의 조국을 멸망시킨 고구려에 대해 불만을 가지고 있

니하므로 방비를 하지 않고 있다가 갑자기 우리 군사가 성 아래에 이른 뒤에야 고각이 다 부서진 것을 알았다. 그래서 드디어 그 딸을 죽이고 나와서 항복했다(崔理以鼓角不鳴, 不備, 我兵掩至城下, 然後知鼓角皆破, 遂殺女子, 出降)."

21 『삼국사기』 권14, 「고구려본기」 〈대무신왕 15년〉조. "遣使入漢朝貢, 光武帝復其王號. 是建武八年也." ; 『후한서』 권85, 「동이열전」 〈고구려전〉. "建武八年, 高句驪遣使朝貢, 光武復其王號."

22 『삼국사기』 권14, 「고구려본기」 〈대무신왕〉조. "二十年, 王襲樂浪滅之." 여기에 나오는 낙랑을 한사군의 낙랑군으로 잘못 인식할 수 있다. 그러나 한사군의 낙랑군은 313년(미천왕 14년)에 축출되었으므로 이 시기에 멸망된 낙랑은 한사군의 낙랑일 수가 없다. 앞의 『삼국사기』 「고구려본기」 〈대무신왕 15년〉조의 기록(주 20)과 연결해볼 때 이때 멸망된 낙랑은 대동강 유역에 있었던 최씨낙랑국임을 알 수 있다.

23 『삼국사기』 권14, 「고구려본기」 〈대무신왕〉조. "二十七年, 秋九月, 漢光武帝, 遣兵渡海伐樂浪, 取其地爲郡縣, 薩水已南, 屬漢." 낙랑을 치기 위해 동한의 군사가 바다를 건넜고 침공 지역의 위치가 살수, 즉 오늘날 청천강 남쪽이었다. 그러므로 이 낙랑은 오늘날 요서 지역에 있었던 한사군의 낙랑군이 아니라 최씨낙랑국이 있었던 오늘날 평안남도 지역이었음을 알 수 있다. 『삼국사기』 「신라본기」 〈기림 이사금 3년(300년)〉조에는 오늘날 평안남도 지역에 있던 낙랑이 신라에 귀부한 사실이 적혀 있는데, 이 낙랑을 국(國)이라 부르고 있다. 이로 보아 동한의 광무제가 이 지역을 친 뒤에 최씨낙랑국이 재건되었음을 알 수 있다. 동한은 재건된 최씨낙랑국과는 친밀한 관계를 맺어 군사와 교역의 거점으로 활용했을 가능성이 있다. 이러한 사실을 이 지역이 동한에 속하게 된 것처럼 표현한 것으로 생각된다.

었을 것이므로 그곳을 치는 것이 비교적 쉬울 것이라는 판단에서였을 것이다. 다른 하나는 그곳에 최씨낙랑국을 부활시켜 동한과 친밀한 관계를 가진 나라를 고구려의 배후에 두고 고구려의 성장을 견제하자는 의도에서였을 것이다.

당시까지 고구려는 중국 세력과 마찰을 빚는 경우도 있었지만 대개 고구려의 주변, 즉 오늘날 요동 지역에 있는 국가나 세력들을 병합하여 지반을 구축해갔다. 그러나 그 지반이 어느 정도 확고해지면서 고구려는 오늘날 요서 지역으로 진출하는 데 적극성을 보이게 된다.

3. 고구려의 요서 수복

고구려는 기본적인 지반을 다지고 있었던 시기에는 서쪽의 대국인 서한이나 동한과는 가능하면 직접적인 마찰을 피하고 있었던 것으로 보인다. 그러나 동한으로서는 고구려의 성장을 그대로 둘 수 없었다. 그래서 고구려의 배후인 오늘날 대동강 유역을 침공했던 것이다.

고구려 또한 이러한 동한의 전략을 그대로 두고 볼 수만은 없었다. 그래서 49년(모본왕 2년)에 동한의 우북평군(右北平郡)·어양군(漁陽郡)·상곡군(上谷郡)·태원군(太原郡) 등에 쳐들어갔는데, 동한의 요동태수 제융(祭肜)이 화친을 원하므로 다시 국경을 정상화시켰다.[24] 당시에 우

---

24 『삼국사기』 권14, 「고구려본기」 〈모본왕〉조. "二年, 春, 遣將襲漢北平·漁陽·上谷·太原, 而遼東太守蔡彤, 以恩信待之, 乃復和親."; 『후한서』 권85, 「동이열전」 〈고구려전〉. "建武二十五年, 春, 句驪寇右北平·漁陽·上谷·太原, 而遼東太守祭肜以恩信招之, 皆復款塞." 요동태수의 이름이 『삼국사기』에는 채동(蔡彤)으로, 『후한서』에는 제융(祭肜)으로 기록되어 있는데, 이 사람은 중국 사람이므로 『삼국사기』보다는 중국 기

북평군·어양군·상곡군 등은 오늘날 난하 서쪽 북경 주변 지역이었고 태원군은 오늘날 산서성(山西省) 태원시(太原市)로서 북경에서 서남쪽으로 멀리 떨어져 황하가 가까운 곳에 있다. 따라서 이 시기에 고구려는 오늘날 북경을 넘어 동한 영토 깊숙이 진출했던 것이다. 기록에 따르면 이후에 고구려는 북경 동쪽에 있는 난하 유역에서 동한과 전쟁을 한 것으로 보아 동한과 화친을 약속하면서 태원까지 쳐들어갔던 군사를 철수했던 것으로 보인다.

이후 태조왕 때부터 고구려는 본격적으로 지반 확장에 나서 오늘날 요하 동쪽은 물론 요서 지역 확보에도 적극성을 보였다. 55년(태조왕 3년)에는 요서에 10개의 성을 쌓아 동한의 침략에 대비했으며,[25] 다음 해에는 동옥저를 멸하여 병합함으로써 고구려의 영토가 동쪽은 동해에 이르고 남쪽은 살수, 즉 오늘날 청천강에 이르렀다.[26] 68년(태조왕 16년)에는 갈사국(曷思國)을,[27] 72년(태조왕 20년)에는 조나국(藻那國)을,[28] 74

록인 『후한서』에 따랐다.

25 『삼국사기』 권15, 「고구려본기」 〈태조대왕〉조. "三年, 春二月, 築遼西十城, 以備漢兵." 여기서 말하는 요서가 오늘날 요서를 말하는지 동한의 요서군이 있었던 지역을 말하는지 분명하게 알 수가 없다. 동한의 요서군은 오늘날 요서보다는 서쪽인 난하 중류와 그 서부 유역이었다. 그러므로 이 시기에 고구려는 오늘날 요서 지역에 이미 진출해 있었음을 알 수 있다. 중국이나 일본 학자들은 오늘날 요서 지역에서 발견되는 성들을 모두 진 시황제가 쌓은 만리장성과 연결하는데, 그것은 잘못된 것이며 고구려가 쌓은 성들이 많다.

26 『삼국사기』 권15, 「고구려본기」 〈태조대왕〉조. "四年, 秋七月, 伐東沃沮, 取其土地爲城邑, 拓境東至滄海, 南至薩水."

27 『삼국사기』 권15, 「고구려본기」 〈태조대왕〉조. "十六年, 秋八月, 曷思王孫都頭, 以國來降, 以都頭爲于台."

28 『삼국사기』 권15, 「고구려본기」 〈태조대왕〉조. "二十年, 春二月, 遣貫那部沛者達賈伐藻那, 虜其王."

년(태조왕 22년)에는 주나국(朱那國)을 병합했다.[29] 동옥저는 오늘날 함경도에 위치했고, 갈사국·조나국·주나국 등은 오늘날 요하 동쪽의 만주에 있었던 나라들이었다. 고구려는 이러한 나라들을 모두 병합함으로써 서쪽은 오늘날 요서 일부를 포함하고 남쪽은 청천강을 경계로 하여 남만주 일대에 걸친 넓은 영토를 확보하게 되었다.

이렇게 국력의 기초를 튼튼히 한 고구려는 이때부터 본격적으로 서방에 진출했다. 105년(태조왕 53년)에 고구려는 동한의 요동군(오늘날 난하 하류 유역)에 쳐들어가 여섯 현(縣)을 약탈했으나 요동태수 경기(耿夔)에게 패했다.[30] 그러나 118년(태조왕 66년)에는 예맥과 더불어 현도성에 쳐들어가 낙랑군의 화려성(華麗城)을 공격했다.[31] 고구려의 서방 진격은 자연히 동한과의 격전을 가져왔으며 전쟁 규모도 확대되었다. 121년(태조왕 69년)의 전쟁은 그러한 상황을 말해준다. 이에 대한 『삼국사기』 기록을 보면,

> (태조왕) 69년 봄에 (동)한의 유주자사 풍환(馮煥), 현도태수 요광(姚光),

---

29 『삼국사기』 권15, 「고구려본기」 〈태조대왕〉조. "二十二年, 冬十月, 王遣桓那部沛者薛儒伐朱那, 虜其王子乙音爲古鄒加."

30 『삼국사기』 권15, 「고구려본기」 〈태조대왕〉조. "五十三年, …… 王遣將入漢遼東, 奪掠六縣, 太守耿夔出兵拒之, 王軍大敗." ; 『후한서』 권85, 「동이열전」 〈고구려전〉. "和帝元興元年春, 復入遼東, 寇略六縣, 太守耿夔擊破之, 斬其渠帥."

31 『삼국사기』 권15, 「고구려본기」 〈태조대왕〉조. "六十六年, …… 王與濊貊襲漢玄菟, 攻華麗城." ; 『후한서』 권85, 「동이열전」 〈고구려전〉. "元初五年, 復與濊貊寇玄菟, 攻華麗城." 지난날 일부 학자들은 낙랑군이 대동강 유역에 위치하여 현도군과는 멀리 떨어져 있었다고 믿었기 때문에 현도군을 습격하고 낙랑군의 화려성을 공격했다는 것은 있을 수 없는 일이라고 보았으나(이병도, 『국역 삼국사기』, p. 241의 주 6) 그러한 견해는 잘못되었다. 낙랑군은 현도군과 연접하여 오늘날 난하 동부 유역에 있었다. 위의 기록은 현도군과 낙랑군이 연접해 있었음을 말해주는 내용인 것이다.

> 요동태수 채풍(蔡諷) 등이 군사를 거느리고 침략해 와서 예맥의 거수를 공격하여 살해하고 병마와 재물을 모두 빼앗아갔다. 왕이 아우 수성(遂成)을 시켜 군사 2,000여 명을 이끌고 풍환과 요광을 맞아 싸우도록 했는데, 수성이 사람을 보내 거짓 항복하니 풍환 등은 그것을 믿었다. 수성이 험한 곳에 의지하여 대군을 막는 동시에 몰래 군사 3,000여 명을 보내 현도와 요동 두 군을 공격하여 그 성곽을 불사르고 2,000여 명을 죽이거나 붙잡아왔다. 4월에는 왕이 선비 8,000여 명과 더불어 (요동군의) 요대현(遼隊縣)을 공격하니 요동태수 채풍이 군사를 거느리고 신창(新昌)에 출전했다가 전사했다. (그의 부하) 공조연(功曹掾) 용단(龍端)과 병마연(兵馬掾) 공손포(公孫酺)는 채풍을 위해 몸으로 막다가 모두 진중에서 사망하니 죽은 자가 100여 명이나 되었다.[32]

고 했다.

다음 해에도 고구려는 마한·예맥의 군사와 더불어 요동에 쳐들어갔으나 부여가 원병을 보내 동한을 지원하므로 실패했다.[33] 이때 부여가

---

32 『삼국사기』 권15, 「고구려본기」 〈태조대왕〉조. "六十九年, 春, 漢幽州刺史馮煥·玄菟太守姚光·遼東太守蔡諷等, 將兵來侵, 擊殺濊貊渠帥, 盡獲兵馬財物. 王乃遣弟遂成, 領兵二千餘人, 逆煥·光等, 遂成遣使詐降, 煥等信之. 遂成因據險以遮大軍, 潛遣三千人, 攻玄菟·遼東二郡, 焚其城郭, 殺獲二千餘人. 夏四月, 王與鮮卑八千人, 往攻遼隊縣, 遼東太守蔡諷, 將兵出於新昌, 戰沒. 功曹掾龍端·兵馬掾公孫酺, 以身扞諷, 俱沒於陣, 死者百餘人."; 『후한서』 권85, 「동이열전」 〈고구려전〉에도 같은 내용이 실려 있는데, 거기에는 수성을 왕의 사자(嗣子)라 했으며, 수성의 군사가 현도와 요동을 공격하여 성곽을 불태우고 2,000여 명을 살상하자 동한은 광양(廣陽)·어양·우북평·탁군(涿郡) 속국의 군대 3,000여 명을 보내 이를 구했다는 내용이 추가되어 있다. 그리고 용단을 병조연(兵曹掾)이라 했고 공조(功曹) 경모(耿耗)가 추가되어 공조 경모, 병조연 용단, 병마연 공손포 3명이 채풍을 위해 막다가 사망한 것으로 되어 있다.

33 『삼국사기』 권15, 「고구려본기」 〈태조대왕〉조. "七十年, 王與馬韓·濊貊侵遼東, 扶餘

동한을 도운 것은 고구려의 성장을 견제하기 위해서였을 것이다.[34] 146년(태조왕 94년)에 고구려는 동한의 요동군 서안평현에 쳐들어가 대방현령(帶方縣令)을 죽이고 낙랑군 태수의 처자를 붙잡았다.[35]

147년부터 164년까지의 차대왕 시대에는 국내 정치가 문란하여 서방으로 진출하는 데는 적극적이지 못했다. 이러한 상황은 다음의 신대왕 시대(165~178년)까지 영향을 미쳐 고구려는 동한과의 관계에서 낮은 자세를 취했다. 168년에 동한의 현도태수 경림(耿臨)이 침략하여 고구려군 수백 명을 죽이니 고구려는 동한에 항복했으며[36] 다음 해에는 동한

王遣兵救破之." ; 『후한서』 권85, 「동이열전」 〈고구려전〉. "가을에 궁(태조왕)이 마침내 마한·예맥의 수천 기병을 이끌고 현도를 포위했는데, 부여왕이 아들 위구태로 하여금 2만여 명의 군사를 거느리고 가도록 하여 (동한의) 주군과 더불어 힘을 합하여 이를 토벌 격파하고 500여 명을 참수했다(秋, 宮遂率馬韓·濊貊數千騎圍玄菟, 扶餘王遣子尉仇台將二萬餘人, 與州郡幷力討破之, 斬首五百餘級)." ; 『후한서』 권5, 「효안제기(孝安帝紀)」에는 건광(建光) 원년 12월에 고구려·마한·예맥이 현도성을 포위하므로 부여왕이 아들을 보내 주군과 힘을 합하여 격파했다 했고, 다음 해인 연광(延光) 원년 봄 2월에도 부여왕이 아들에게 군사를 거느려 보내 현도를 구하고 고구려·마한·예맥을 격파했다 했으니 이 전쟁은 전년 겨울부터 다음 해 봄까지 이어졌던 듯하다.

34 고구려의 건국시조 추모왕이 졸본부여에서 고구려를 건국하기 전 얼마 동안 부여에 의탁해 있었다는 사실은 잘 알려져 있다. 그러므로 부여는 당연히 자신들이 고조선의 후계세력 가운데 패자로서 고구려보다는 우위에 있어야 한다고 생각했을 것이다. 그런데 고구려가 세력을 키워 패자의 자리를 차지하려고 하자 이를 견제할 필요를 느꼈을 것이다.

35 『삼국사기』 권15, 「고구려본기」 〈태조대왕〉조. "九十四年, …… 秋八月, 王遣將, 襲漢遼東西安平縣, 殺帶方令, 掠得樂浪太守妻子." ; 『후한서』 권85, 「동이열전」 〈고구려전〉. "質·桓之間, 復犯遼東西安平, 殺帶方令, 掠得樂浪太守妻子." 동한의 요동군 서안평현에 쳐들어가 낙랑군의 속현인 대방의 현령을 죽이고 낙랑군 태수의 처자를 붙잡았다는 사실은 요동군과 낙랑군이 인접했음을 알게 해준다. 당시 요동군은 오늘날 난하 하류 유역에 있었으므로 낙랑군도 그곳과 인접한 지역에 있었던 것이 된다.

36 『삼국사기』 권16, 「고구려본기」 〈신대왕〉조. "四年, 漢玄菟郡太守耿臨來侵, 殺我軍數百人, 王自降乞屬玄菟." ; 『후한서』 권85, 「동이열전」 〈고구려전〉. "建寧二年, 玄菟太守耿臨討之, 斬首數百級, 伯固降服, 乞屬玄菟云."

의 현도군 관리 공손탁이 부산적(富山賊)을 토벌하자 고구려는 대가(大加) 우거(優居)와 주부(主簿) 연인(然人) 등에게 군사를 거느리고 가서 돕도록 했던 것이다.[37]

그러나 172년(신대왕 8년)부터는 고구려에 유리하도록 상황이 호전되었다. 이해에 동한은 대군으로 고구려에 쳐들어왔는데, 고구려는 성을 굳게 지키다가 저들이 지쳐 돌아가자 명림답부(明臨荅夫)가 수천 명의 기병을 이끌고 뒤를 추격해 동한의 군사를 대파하여 말 한 필도 돌아가지 못하도록 했다.[38] 184년(고국천왕 6년)에는 동한의 요동태수가 군사를 일으켜 고구려를 침략했는데, 왕자 계수(罽須)가 맞아 싸웠으나 이기지 못하므로 왕이 친히 정예 기병을 이끌고 좌원(坐原)에서 동한군(東漢軍)을 격파했다. 이 전쟁에서 잘려 나간 동한군의 머리가 산처럼 쌓였다.[39]

동한 말기인 197년(고국천왕 19년) 무렵에 이르러 중국에서는 황건농민군(黃巾農民軍)의 봉기와 군웅할거가 계속되어 사회가 혼란하자 고구려로 망명 오는 동한인(東漢人)들이 매우 많았으며,[40] 217년(산상왕 21년)

---

37 『삼국사기』 권16, 「고구려본기」 〈신대왕〉조. "五年, 王遣大加優居·主簿然人等, 將兵助玄菟太守公孫度, 討富山賊."; 『삼국지』 권30, 「동이전」 〈고구려전〉. "公孫度之雄海東也, 伯固遣大加優居·主簿然人等助度擊富山賊, 破之."

38 『삼국사기』 권16, 「고구려본기」 〈신대왕〉조. "8년 겨울 11월에 한(漢)은 대군으로 우리 나라를 향해 왔는데…… 한인(漢人)들은 공격했으나 이기지 못하고 사졸들이 굶주리므로 이끌고 돌아가자, (명림)답부는 수천 명의 기병을 이끌고 그 뒤를 추격하여 좌원(坐原)에서 싸웠는데 한군은 크게 패하여 한 필의 말도 돌아가지 못했다. 왕은 크게 기뻐하여 답부에게 좌원과 질산(質山)을 내려 식읍으로 삼도록 했다(八年, 冬十一月, 漢以大兵嚮我, …… 漢人攻之不克, 士卒飢餓, 引還. 荅夫帥數千騎追之, 戰於坐原, 漢軍大敗, 匹馬不反. 王大悅, 賜荅夫坐原及質山爲食邑)."

39 『삼국사기』 권16, 「고구려본기」 〈고국천왕〉조. "六年, 漢遼東太守興師伐我, 王遣王子罽須拒之, 不克, 王親帥精騎往與漢軍戰於坐原, 敗之, 斬首山積."

40 『삼국사기』 권16, 「고구려본기」 〈고국천왕〉조. "十九年, 中國大亂, 漢人避亂來投者甚多. 是漢獻帝建安二年也."

에는 동한의 평주인(平州人) 하요(夏瑤)가 1천여 호의 동한인들을 이끌고 투항해 왔는데, 고구려에서는 이들을 책성(柵城)에 살게 했다.[41]

220년에 중국에서는 동한이 멸망하고 위·촉한·오 세 나라가 분립한 삼국시대가 시작되었는데, 위나라가 중국의 북방을 차지하고 있어 고구려는 자연히 위나라와 가까이 있게 되었다. 고구려와 위는 서로의 관계에 매우 신중했던 것으로 보인다. 234년(동천왕 8년)에 위나라는 고구려에 사신을 보내 화친을 맺었는데,[42] 2년 뒤인 236년에는 중국 남부의 오나라도 사신을 보내 고구려와 화친을 맺고자 했다. 그러나 고구려는 오나라 사신의 목을 베어 위나라에 보내고,[43] 다음 해에는 위나라에 연호의 개칭을 축하하는 사신을 보냈다.[44] 이러한 사실들은 고구려가 위나라와 화친관계를 갖기 위해 매우 조심스럽게 행동했음을 알게 해준다.

338년에 고구려는 주부(主簿)와 대가(大加)에게 군사 1,000명을 주어 위나라가 요동의 공손연을 치는 것을 도와주었다.[45] 당시의 요동은 오늘날 난하 유역으로 원래 고조선의 영토였다. 고구려는 건국 이후 고조선 영토 수복을 주요한 정책의 하나로 삼고 있었기 때문에 당시의 요동 지역에 공손씨와 같은 독자세력이 성장하는 것을 용납할 수 없었을 것이

---

41 『삼국사기』 권16, 「고구려본기」 〈산상왕〉조. "二十一年, 秋八月, 漢平州人夏瑤, 以百姓一千餘家來投, 王納之, 安置柵城."

42 『삼국사기』 권17, 「고구려본기」 〈동천왕〉조. "八年, 魏遣使, 和親."

43 『삼국사기』 권17, 「고구려본기」 〈동천왕〉조. "十年, 春二月, 吳王孫權遣使者胡衛, 通和, 王留其使, 至秋七月斬之, 傳首於魏."; 『삼국지』 권3, 「명제기(明帝紀)」 〈청룡(青龍) 4년〉조. "秋七月, 高句麗王宮, 斬送孫權使胡衛等首."

44 『삼국사기』 권17, 「고구려본기」 〈동천왕〉조. "十一年, 遣使如魏, 賀改年號, 是景初元年也."

45 『삼국사기』 권17, 「고구려본기」 〈동천왕〉조. "十二年, 魏太傅司馬宣王, 率衆討公孫淵, 王遣主簿大加, 將兵千人助之."; 『삼국지』 권30, 「동이전」 〈고구려전〉. "景初二年, 太尉司馬宣王率衆討公孫淵, 宮遣主簿大加將數千人助軍."

다.[46] 고구려가 위나라의 공손연 토벌을 도와준 것은 그러한 이유에서였다. 그러나 그 지역을 위나라가 차지하도록 할 수도 없었다. 그래서 242년(동천왕 16년)에 고구려는 요동군의 서안평현을 쳐들어가 위나라의 군사를 격파했다.[47]

이렇게 고구려가 위나라의 영토로 진출하는 것을 위나라로서는 그대로 두고 볼 수가 없었다. 246년(동천왕 20년)에 위나라는 유주자사 관구검으로 하여금 1만여 명의 군사를 이끌고 고구려를 치도록 했다. 고구려의 동천왕은 보병과 기병 2만여 명을 이끌고 나가 이를 맞아 싸워 결국 승리했지만 막대한 피해를 입었다.

동천왕은 처음에 비류수 위에서 위나라 군사 3,000여 명을 목베었고 또 양맥(梁貊)의 계곡에서도 3,000여 명을 목베거나 사로잡았다. 이러한 승리로 고구려군은 자만에 빠졌다. 반면에 위나라 군사는 결사적으로 싸웠다. 그 결과 고구려군 1만 8,000여 명이 전사하기에 이르렀고, 관구검의 군사가 환도성(丸都城)을 치니 동천왕은 남옥저로 도망했다. 그러나 고구려는 계략을 꾸며 유유(紐由)로 하여금 음식을 가져가 위나라 장수를 접대하다가 찔러 죽이게 하고 이때를 이용하여 일시에 위나라 군사를 치니, 그들은 낙랑군을 거쳐 도망했다.[48]

---

46 공손씨는 동한 말부터 삼국시대까지 당시의 요동 지역에서 활약했던 호족인데, 처음에 공손탁이 군리로 임명되어 나중에 요동태수가 되었고, 그의 영역을 확장한 뒤 190년에 자립하여 요동후(遼東侯)·평양목(平州牧)이 되어 강력한 지방정권을 수립했다. 그 후 그의 아들 공손강과 손자 공손연이 계승했는데, 공손연은 위나라에 복종하기를 거부하고 스스로 연왕(燕王)이라 하며 백관을 두었다.

47 『삼국사기』 권17, 「고구려본기」 〈동천왕〉조. "十六年, 王遣將, 襲破遼東西安平."; 『삼국지』 권30, 「동이전」 〈고구려전〉. "正始三年, 宮寇西安平."

48 『삼국사기』 권17, 「고구려본기」 〈동천왕 28년〉조. 여기서 참고해야 할 것은 위나라 군사가 그들의 본거지로 도망하면서 낙랑군을 거쳐 갔다는 사실이다. 지난날 일부 학자

고구려는 이렇게 서쪽으로 진출을 기도하면서도 다른 한편으로는 남쪽의 신라를 제어하려고 노력했다. 고구려는 245년(동천왕 19년)에 신라의 북변을 침공했는데, 신라는 이에 대항하지 못하고 물러났다.[49] 그리고 3년 뒤인 248년(동천왕 22년)에는 신라가 고구려에 사신을 보내 화친을 맺었다.[50]

259년(중천왕 12년)에는 위나라 장수 위지해(尉遲楷)가 쳐들어왔는데, 중천왕은 정예 기병 5,000명을 거느리고 나가 싸워 양맥의 계곡에서 이를 격파하고 적군 8,000여 명의 머리를 베었다.[51] 280년(서천왕 11년)에는 숙신이 고구려에 침입하여 변방의 주민들을 죽였는데, 고구려는 장수 달가(達賈)에게 군사를 주어 그 추장을 죽이고 그들의 600여 가(家)를 부여 남쪽의 오천(烏川)으로 옮겼으며, 숙신의 6, 7개 부락한테 항복을 받아 부용(附庸)을 삼았다.[52]

3세기 말 무렵에 이르러 중국의 서진은 외척이 정권을 장악하기 시작

들은 낙랑군이 오늘날 평안남도 대동강 유역에 있었다고 보았는데 만약 그러한 견해가 옳다면 이때 위나라의 군사는 남쪽으로 도망했다는 것이 된다. 그들의 본거지로 도망하는데 고구려에서 서쪽으로 가지 않고 어찌해서 남쪽의 한반도로 도망했을 것인가? 위나라 군사가 낙랑군을 거쳐 도망했다는 사실은 낙랑군이 고구려의 서쪽, 즉 오늘날 요서 지역에 있었음을 알게 해주는 것이다.

49 『삼국사기』 권17, 「고구려본기」 〈동천왕〉조. "十九年, …… 冬十月, 出師侵新羅北邊." ; 『삼국사기』 권2, 「신라본기」 〈조분 이사금〉조. "十六年, 冬十月, 高句麗侵北邊, 于老將兵出擊之, 不克, 退保馬頭柵, 其夜苦寒."

50 『삼국사기』 권17, 「고구려본기」 〈동천왕〉조. "二十二年, 春二月, 新羅遣使結和." ; 『삼국사기』 권2, 「신라본기」 〈침해 이사금〉조. "二年, …… 二月, 遣師高句麗結和."

51 『삼국사기』 권17, 「고구려본기」 〈중천왕〉조. "十二年, …… 魏將尉遲楷, 將兵來伐, 王簡精騎五千, 戰於梁貊之谷敗之, 斬首八千餘級."

52 『삼국사기』 권17, 「고구려본기」 〈서천왕〉조. "十一年, 冬十月, 肅愼來侵, 屠害邊民, …… 遣達賈往伐之, 達賈出奇掩擊, 拔檀盧城, 殺酋長, 遷六百餘家於扶餘南烏川, 降部落六七所, 以爲附庸."

하여 8왕의 난이 일어나는 등 정권 내부가 몹시 혼란했다. 이러한 기회를 틈타 중국 북쪽에 거주하던 이민족들은 세력을 키워 중국 북부로 진출하고자 했는데, 그 가운데 동북 지역에서는 선비가 성장하고 있었다. 이러한 선비의 모용외가 293년(봉상왕 2년)과 296년(봉상왕 5년) 두 차례에 걸쳐 고구려를 침략했으나 패하고 다시는 침범하지 못했다.[53]

304년에 이르러 저족(氐族)이 중국 북부에 대성(大成)을 건국한 것을 시작으로 흉노·선비·갈(羯)·저(氐)·강(羌) 등의 이민족들이 중국의 북부에 16개나 되는 단명의 정권들을 세워 교체가 거듭되는 혼란기가 계속되었다. 고조선의 옛 땅인 오늘날 요서 지역 탈환을 위해 노심초사해온 고구려로서는 이러한 좋은 기회를 놓칠 리가 없었다. 그래서 미천왕은 과감하게 서진(西進)정책을 폈다.

> (미천왕) 3년 가을 9월에 왕은 군사 3만 명을 이끌고 현도군에 침입하여 8,000명을 사로잡아 평양으로 옮겼다.[54]

> (미천왕) 12년 가을 8월에 장수를 보내 요동군의 서안평현을 쳐서 이를

---

53 『삼국사기』 권17, 「고구려본기」 〈봉상왕〉조. "二年, 秋八月, 慕容廆來侵, …… 時新城宰北部小兄高奴子, 領五百騎迎王, 逢賊奮擊之, 廆軍敗退." ; 『삼국사기』 권17, 「고구려본기」 〈봉상왕〉조. "五年, 秋八月, 慕容廆來侵, 至故國原, …… 王以高奴子爲新城太守, 善政有威聲, 慕容廆不復來寇."

54 『삼국사기』 권17, 「고구려본기」 〈미천왕〉조. "三年, 秋九月, 王率兵三萬侵玄菟郡, 虜獲八千人, 移之平壤." 이 기록에 대해 당시 평양 지역에는 아직도 한사군의 낙랑군이 존재하고 있었으므로 8,000명을 현도군에서 평양 지역으로 옮겼다는 것은 잘못된 기록으로 보는 견해가 있다(이병도, 『국역 삼국사기』, p. 273의 주 3). 그러나 그러한 견해는 잘못된 것이다. 오늘날 평양 지역에는 한사군의 낙랑군이 아니라 최씨낙랑국이 있었는데, 최씨낙랑국은 300년에 망했으므로 이 시기에는 평양 지역이 고구려 영토에 속해 있었다.

차지했다.[55]

(미천왕) 14년 겨울 10월에 낙랑군에 쳐들어가 남녀 2,000여 명을 사로잡았다.[56]

(미천왕) 15년 가을 9월에 남쪽으로 대방군에 쳐들어갔다.[57]

(미천왕) 16년 봄 2월에 현도성을 공격하여 격파했는데 죽이거나 획득한 사람이 매우 많았다.[58]

고구려는 302년(미천왕 3년)에 현도성 공격을 시작으로 311년(미천왕 12년)에는 요동군의 서안평현을 차지했고, 313년(미천왕 14년)에는 낙랑군을 침공했으며, 다음 해에는 대방군에 쳐들어갔고, 그다음 해에는 현도군을 격파했던 것이다. 이렇게 해서 고구려는 오늘날 난하 유역까지 고조선 옛 땅을 완전히 수복했다.

지난날 일부 학자들은 한사군의 낙랑군이 대동강 유역에 있었던 것으로 잘못 인식하여, 이때의 고구려가 서쪽과 남쪽에서 전쟁을 했던 것으로 이해했다. 그러나 전혀 방향이 다른 두 지역에서 동시에 전쟁을 한다는 것은 전략상 매우 무모하다. 고구려가 그런 무모한 전쟁을 했을 리가 없다. 위에 인용된 내용들은 당시 고구려가 같은 지역에서 계속 전쟁을

---

55 『삼국사기』 권17, 「고구려본기」 〈미천왕〉조 "十二年, 秋八月, 遣將襲取遼東西安平."

56 『삼국사기』 권17, 「고구려본기」 〈미천왕〉조. "十四年, 冬十月, 侵樂浪郡, 虜獲男女二千餘口."

57 『삼국사기』 권17, 「고구려본기」 〈미천왕〉조. "十五年, …… 秋九月, 南侵帶方郡."

58 『삼국사기』 권17, 「고구려본기」 〈미천왕〉조. "十六年, 春二月, 攻破玄菟城, 殺獲甚衆."

했음을 말하고 있는 것이다. 다시 말하면 고구려의 미천왕은 계속해서 서쪽으로 진격하면서 서로 인접해 있던 현도군·낙랑군·대방군·요동군 등을 공격했던 것이다. 그 지역은 오늘날 난하 유역이었다.

미천왕은 319년과 320년에도 자주 군사를 보내 요동군을 침공했으나 큰 성과를 거두지는 못했던 것으로 보인다.[59] 그런데 현도군·낙랑군·대방군 지역은 원래 고조선 영토였고 요동군은 진제국 이래 중국에 속해 있었다. 이 시기에 고구려는 현도군·낙랑군·대방군을 차지하여 고조선의 옛 땅을 완전히 되찾았던 것이다.

4. 고구려의 천하질서

고구려는 315년에 서쪽으로 오늘날 난하 유역까지를 영토에 포함시켜 서쪽의 고조선 영토를 수복하는 데 일단 성공했다. 『삼국사기』「고구려본기」 기록에 따르면 이 시기까지 고구려는 주로 서쪽으로 진출을 꾀하여 중국 지역에 있었던 나라들과 무력 충돌을 했으며 한반도에 있었던 백제나 신라와는 충돌이 거의 없었다. 고구려와 백제 왕실은 자신들이 부여에서 왔다는 친밀한 의식을 가지고 있었고,[60] 신라는 245년에

---

59 『삼국사기』 권17, 「고구려본기」 〈미천왕 20·21년〉조.

60 『삼국사기』 권25, 「백제본기」 〈개로왕 18년〉조에는 백제의 개로왕이 중국의 북위에 보낸 국서가 실려 있는데 거기에는, "신(臣)은 고구려와 더불어 근원이 부여에서 나왔습니다. 그러므로 선대에는 옛 우의를 매우 돈독히 했습니다. 그런데 그 선조인 쇠(釗 : 고국원왕)가 가벼이 이웃 간의 우호를 깨뜨리고 친히 군사를 거느려 우리 국경을 짓밟았습니다. 그래서 신의 선조인 수(須 : 근구수왕)는 군사를 정비하여 번개같이 기회를 타서 달려가 돌풍처럼 공격하여 화살과 돌멩이가 잠시 오간 끝에 쇠의 목을 베어 높이 매달았습니다. 이후부터는 감히 남쪽을 엿보지 못했습니다(臣與高句麗, 源出扶餘, 先世

고구려에 제압당한 뒤 248년에 고구려와 화친을 맺고서 일단 현실 상황에 안주하고 있었던 것이다.[61]

그러나 오늘날 요서 지역을 완전히 수복한 뒤 고국원왕 때부터는 고구려의 정책에 변화가 있었음을 볼 수 있다. 이때부터 고구려는 중국 지역의 나라들과는 되도록 충돌을 피하고 화친을 유지하려고 노력했다. 왜냐하면 고조선의 영토였던 오늘날 요서 지역을 수복하여 일단 고구려가 그 지역에서 추구했던 목표는 달성되었으므로 현상을 유지하는 것이 중요하다고 생각했기 때문이었을 것이다.

그 대신 고구려는 남쪽으로 진출을 꾀하여 백제 및 신라와 잦은 충돌을 보였다. 고조선에서 추구했던 천하질서를 완성하기 위해서는 고조선의 영토였던 한반도까지 그들의 통치영역에 들어와야 한다고 생각했기 때문일 것이다. 미천왕의 뒤를 이은 고국원왕 시대는 이러한 정책 변화의 과도기였던 것으로 보인다. 미천왕의 낙랑군·현도군·대방군·요동군 침공을 받은 선비 모용씨가 보복해 올 경우를 생각해 이에 대처해야 했기 때문이다.

337년(고국원왕 7년)에 모용외의 아들 모용황은 전연(前燕)을 건국했다. 그리고 2년 뒤인 339년에 고구려에 침입했는데, 고국원왕은 이들에게 화맹(和盟)을 청하여 돌려보냈다.[62] 그리고 다음 해에는 모용황에게

之時, 篤崇舊款. 其祖釗輕廢隣好, 親率士衆, 凌踐臣境. 臣祖須整旅電邁, 應機馳擊, 矢石暫交, 梟斬釗首. 自爾已來, 莫敢南顧)."라는 내용이 보인다. 고구려의 고국원왕이 백제를 치기 전까지 백제는 고구려를 동족으로 생각하고 우의를 돈독히 하고 있었음을 알 수 있다. 이러한 생각은 고구려에서도 마찬가지였을 것이다.

61 주 49·50 참조.

62 『삼국사기』 권18, 「고구려본기」 〈고국원왕〉조. "九年, 燕王皝來侵, 兵及新城, 王乞盟, 乃還."

세자를 사절로 보냈다.[63] 영토가 연접되어 있는 중국의 세력과 대립을 피하기 위해서였을 것이다.

그러나 황하 중류 유역으로 진출을 꾀하는 모용황으로서는 배후에 고구려라는 강한 세력을 그대로 둘 수가 없었다. 그래서 342년에 모용황은 친히 정병 4만 명을 거느리고 남쪽 길로, 다른 한편으로는 장사(長史) 왕우(王寓)에게 따로 군사 1만 5,000명을 주어 북쪽 길로 고구려에 침입했다. 이때 모용황은 궁궐에 불을 질러 환도성을 허물고 고국원왕의 어머니와 남녀 5만 명을 사로잡고 미천왕릉을 발굴하여 그 시체와 보물들을 가지고 돌아갔다.[64]

다음 해에 고구려에서는 왕의 동생으로 하여금 진귀한 예물을 많이 가지고 가서 전연에 칭신(稱臣)하는 조건으로 미천왕의 유골은 돌려받았으나 왕의 어머니는 볼모로 그대로 남겨두었다.[65] 345년에도 모용황은 그의 동생 모용각(慕容恪)을 보내 고구려의 남소성(南蘇城)을 빼앗아 군대를 주둔시키고 돌아갔다.[66] 이 시기에 고구려는 오늘날 요서 일부를 잃게 되었던 것이다.

355년(고국원왕 25년)에 고구려는 사신을 전연에 보내 다른 볼모를 주고 왕의 어머니를 환국토록 하여 전연과 고구려의 관계는 일단 원만하게 되었다.[67] 이러한 복잡한 상황에서도 고구려는 중국 남부의 한족(漢

---

63 『삼국사기』 권18, 「고구려본기」 〈고국원왕〉조. "十年, 王遣世子, 朝於燕王皝."

64 『삼국사기』 권18, 「고구려본기」 〈고국원왕 12년〉조.

65 『삼국사기』 권18, 「고구려본기」 〈고국원왕〉조. "十三年, 春二月, 王遣其弟稱臣入朝於燕, 貢珍異以千數, 燕王皝, 乃還其父尸, 猶留其母爲質."

66 『삼국사기』 권18, 「고구려본기」 〈고국원왕〉조. "十五年, 冬十月, 燕王皝, 使慕容恪, 來攻拔南蘇, 置戍而還."

67 『삼국사기』 권18, 「고구려본기」 〈고국원왕〉조. "二十五年, …… 冬十二月, 王遣使詣燕, 納質修貢, 以請其母, 燕王儁許之, 遣殿中將軍刀龕, 送王母周氏歸國, 以王爲征

族) 정권인 동진에 336년과 343년 두 차례나 사신을 보내 화친관계를 유지하고 있었다.[68] 이러한 사실은 이 시기에 고구려가 중국에 있는 세력들과 화친을 유지하기 위해 얼마나 노력했는가를 알게 해준다. 고구려가 이 시기에 특별히 중국의 세력들과 화친관계를 유지하려고 노력했던 것은 남쪽으로 진출할 때 배후세력을 무마하기 위해서였던 것으로 보인다.

전연과의 관계가 원만해지자 고구려는 백제 정벌에 나섰다. 369년(고국원왕 39년)에 고국원왕은 군사 2만 명을 이끌고 백제에 쳐들어가 치양(雉壤 : 오늘날 황해도 배천)에서 싸웠으나 패했다.[69] 이로 인해 고구려와 백제 사이의 평화는 깨지고 전쟁이 계속되었다. 2년 뒤인 371년에 백제 근초고왕은 3만 명의 군사를 이끌고 평양성에 쳐들어갔는데 고국원왕은 이를 막다가 전사했다.[70]

바로 전해인 370년(고국원왕 40년)에 전연은 전진(前秦)에게 멸망했는데, 이때 전연의 태부(太傅) 모용평(慕容評)이 고구려로 도망오자 고구려는 이를 붙잡아 전진에 보냈다.[71] 당시 고구려와 전진은 마찰이 없었고 고구려가 이렇게 우호적이었기 때문에 화친관계가 계속되어 372년(소수림왕 2년)에는 전진왕 부견(苻堅)이 사신과 불교 승려 순도(順道)를

東大將軍營州刺史, 封樂浪公王如故."

68 『삼국사기』 권18, 「고구려본기」 〈고국원왕〉조. "六年, 春三月, …… 遣使如晉貢方物." "十三年, …… 秋七月, …… 遣使如晉朝貢."

69 『삼국사기』 권18, 「고구려본기」 〈고국원왕〉조. "三十九年, 秋九月, 以兵二萬, 南伐百濟, 戰於雉壤, 敗績."

70 『삼국사기』 권18, 「고구려본기」 〈고국원왕〉조. "四十一年, 冬十月, 百濟王率兵三萬, 來攻平壤城, 王出師拒之, 爲流矢所中, 是月二十三日薨."

71 『삼국사기』 권18, 「고구려본기」 〈고국원왕〉조. "四十年, 秦王猛伐燕, 破之, 燕太傅慕容評來奔, 王執送於秦."

고구려에 보내 불상과 경문(經文)을 전하니 고구려도 이에 회사(廻謝)했다.[72] 이러한 평화적 상황은 고구려의 남진정책에 크게 도움이 되었을 것이다.

고구려는 375년(소수림왕 5년)에 백제의 수곡성(水谷城 : 오늘날 황해도 신계군)을 치고 그다음 해에도 백제의 북부 국경을 침공했다.[73] 이에 백제는 377년에 3만 명의 군사로 고구려의 평양성을 침공했는데, 고구려도 백제를 침공하는 한편 전진에 사신을 보내 화친을 유지했다.[74]

384년에 고구려에서는 소수림왕이 사망하고 고국양왕이 즉위했고, 중국의 동북부에서는 전진에게 멸망한 전연 모용황의 아들 모용수(慕容垂)가 후연(後燕)을 건국했다. 전부터 고구려와 모용씨는 관계가 좋지 않았다. 따라서 이 시기에 오늘날 난하 하류 유역에 있었던 요동군과 난하 서쪽으로 옮겨졌던 대방군·현도군을 고구려가 침공하기도 하고 후연이 이를 탈환하기도 하는 전쟁이 있었다.[75]

---

72 『삼국사기』 권18, 「고구려본기」 〈소수림왕〉조. "二年, 夏六月, 秦王苻堅遣使及浮屠順道, 送佛像·經文, 王遣使廻謝, 以貢方物."

73 『삼국사기』 권18, 「고구려본기」 〈소수림왕〉조. "五年, …… 秋七月, 攻百濟水谷城." "六年, 冬十一月, 侵百濟北鄙,"

74 『삼국사기』 권18, 「고구려본기」 〈소수림왕〉조. "七年, 冬十月, …… 百濟將兵三萬, 來侵平壤城. 十一月, 南伐百濟, 遣使入苻秦, 朝貢."

75 『삼국사기』 권18, 「고구려본기」 〈고국양왕〉조. "2년 6월에 왕이 군사 4만 명을 내어 요동을 습격했다. 이전에 후연왕 모용수는 대방왕 모용좌(慕容佐)에게 명을 내려 용성(龍城)을 진수(鎭守)하도록 했는데, 모용좌는 우리 군사가 요동을 습격했다는 소식을 듣고 사마(司馬) 학경(郝景)을 보내 군사를 거느리고 그곳을 구하도록 했다. 우리 군사는 그들을 공격하여 패배시키고 마침내 요동과 현도를 함락하여 남녀 1만 명을 사로잡아 가지고 돌아왔다. 겨울 11월에 후연의 장수 모용농(慕容農)은 군사를 이끌고 와서 침략하여 요동과 현도 두 군을 회복했다. 처음에 유주(幽州)와 기주(冀州)의 유민이 많이 와서 투항하므로 모용농은 범양(范陽)의 방연(龐淵)을 요동태수로 삼아 그들을 초무(招撫)토록 했다(二年, 夏六月, 王出兵四萬襲遼東, 先是. 燕王垂命帶方王佐, 鎭龍城, 佐

이러한 상황에서도 고구려는 남진정책을 중단하지 않았다. 386년(고국양왕 3년)에 고구려는 백제를 침공했는데,[76] 이에 대응해서 백제도 389년과 그다음 해에 두 차례에 걸쳐 고구려를 침공하여 도압성(都押城)을 격파하고 주민 200여 명을 사로잡아 갔다.[77] 392년에 고구려는 사신을 신라에 보내 수호관계를 맺었는데, 신라의 내물 마립간은 그의 조카 실성(實聖)을 고구려에 볼모로 보냈다.[78] 이렇게 되어 신라는 완전히 고구려의 통제 아래 있게 되었다.

이러한 국제정세 아래서 392년에 고구려에서는 고국양왕이 사망하고 광개토왕이 즉위했다. 광개토왕은 원년(392년) 7월 백제를 쳐서 10개의 성을 빼앗고 10월에도 백제의 관미성(關彌城)을 공격하여 함락했다. 그리고 그해 9월에는 북쪽의 거란을 쳐서 500여 명을 사로잡았으며, 이전에 거란이 잡아간 고구려인 1만여 명을 이끌고 돌아왔다.[79]

393년과 394년에 고구려는 백제가 남변(南邊)을 침략하므로 이를 막고 7개의 성을 쌓아 백제의 침략에 대비했다.[80] 다음 해에 광개토왕은

聞我軍襲遼東, 遣司馬郝景, 將兵救之, 我軍擊敗之, 遂陷遼東·玄菟, 虜男女一萬口而還. 冬十一月, 燕慕容農, 將兵來侵, 復遼東·玄菟二郡. 初, 幽冀流民多來投, 農以范陽龐淵爲遼東太守, 招撫之)."

76 『삼국사기』 권18, 「고구려본기」 〈고국양왕〉조. "三年, …… 秋八月, 王發兵南伐百濟."

77 『삼국사기』 권18, 「고구려본기」 〈고국양왕〉조. "六年, …… 秋九月, 百濟來侵掠南鄙部落而歸." "七年, 秋九月, 百濟遣達率眞嘉謨, 攻破都押城, 虜二百人以歸."

78 『삼국사기』 권18, 「고구려본기」 〈고국양왕〉조. "九年, 春, 遣使新羅修好, 新羅王遣姪實聖爲質."

79 『삼국사기』 권18, 「고구려본기」 〈광개토왕 원년〉조. "秋七月, 南伐百濟, 拔十城. 九月, 北伐契丹, 虜男女五百口, 又招諭本國陷沒民口一萬而歸. 冬十月, 攻陷百濟關彌城."

80 『삼국사기』 권18, 「고구려본기」 〈광개토왕〉조. "二年, 秋八月, 百濟侵南邊, 命將拒之." "三年, 秋七月, 百濟來侵, 王率精騎五千, 逆擊敗之, 餘寇夜走. 八月, 築國南七城, 以備百濟之寇."

친히 패수(오늘날 예성강)에서 백제와 싸워 크게 이기고 8천여 명을 사로잡아 백제를 제압했다.[81] 광개토왕은 346년에 전연에게 멸망한 북부여[82] 지역이었던 오늘날 난하 상류 유역을 이미 차지하고 있었고[83] 395년에는 고구려의 서쪽에 있었던 비려(碑麗)[84]를 정벌했으며,[85] 다음 해인 396년에는 백제를 침공하여 58개의 성과 700개의 마을을 빼앗고 백제 왕의 동생과 대신 10명을 볼모로 데리고 갔다. 이때 백제의 아신왕은

---

81 『삼국사기』 권18, 「고구려본기」 〈광개토왕〉조. "四年, 秋八月, 王與百濟戰於浿水之上, 大敗之, 虜獲八千餘級."

82 『자치통감』 권97, 「진기」 〈효종목황제 영화 2년〉조. "처음에 부여는 녹산에 거주했는데, 백제의 침략을 받아 부락이 쇠퇴하고 흩어져서 서쪽의 연 가까이로 이주했으나 미리 방어를 하지 않았다. 연왕 (모용)황은 세자 준을 파견하여 모용군·모용각·모여근 세 장군과 군사 1만 7,000명의 기병을 이끌고 부여를 습격하도록 했다. 준은 중군에 있으면서 지휘를 하고 군대의 업무는 모두 각에게 맡겼다. 마침내 부여를 빼앗고 그 왕 현(玄)과 부락 주민 5만여 명을 사로잡아 돌아왔다. (모용)황은 현을 진군장군으로 삼고 그의 딸로 처를 삼도록 했다(初, 夫餘居于鹿山, 爲百濟所侵, 部落衰散, 西徙近燕而不設備. 燕王皝遣世子儁, 帥慕容軍·慕容恪·慕輿根三將, 軍萬七千騎, 襲夫餘. 儁居中指授, 軍事皆以任烙. 遂拔夫餘, 虜其王玄及部落五萬餘口而還. 皝以玄爲鎭軍將軍, 妻以女)."; 『진서』 권109, 「재기」 9, 〈모용황〉조. "(모용)황 3년에 세자를 보내 각과 더불어 기병 1만 7,000명을 이끌고 동쪽의 부여를 습격하도록 했는데, 그것을 이기고 그 왕과 부의 무리 5만여 명을 붙잡아 돌아왔다(三年, 遣世子儁與恪率騎萬七千東襲扶餘, 克之, 虜其王及部衆五萬餘口以還)."

83 광개토왕 시대에 북부여 지역이 고구려에 병합되어 있었음은 「모두루묘지」에, 광개토왕 때 모두루가 북부여 수사(守事)로 있었다고 기록된 내용을 통해 알 수 있다(허흥식 엮음, 『한국금석전문』, 고대, 아세아문화사, 1984, p. 14 참조). 북부여의 위치에 대해서는, 윤내현, 「부여의 분열과 변천」, 『상명사학』 제3·4합집, 쌍호조경래교수정년기념논문집, 1995, 또는 이 책의 제1장 Ⅱ 「동부여의 건국과 위치」 참조.

84 비려는 거란의 일부로 추정된다(박시형, 『광개토왕릉비』, 사회과학원출판사, 1966, p. 162 참조). 그런데 박시형은 비려의 위치를 오늘날 대릉하 유역으로 보았으나 이 점은 다시 생각해보아야 한다. 오늘날 요서 지역은 당시 이미 고구려 영토에 포함되어 있었으므로 비려는 그보다 서쪽에 있어야 한다. 비려의 위치는 오늘날 난하 서부 유역이었을 것이다.

85 「광개토왕릉비문」 〈영락 5년〉조 참조.

앞으로 영구히 고구려의 노객(奴客 : 신하)이 될 것을 맹세했다.[86] 398년에는 숙신을 정벌하여 남녀 300여 명을 붙잡아오고 숙신으로 하여금 고구려에 조공을 바치도록 했다.[87] 400년에는 고구려의 신하 나라가 되어 있는 신라에 쳐들어온 왜구와 왜구를 조종한 임나가라를 정벌했다.[88]

한편 그해(광개토왕 9년)에 고구려는 후연에 사신을 보냈는데, 후연은 고구려왕이 거만하다는 트집으로 고구려에 쳐들어와 남소(南蘇)와 신성(新城) 두 군을 빼앗았다.[89] 그러나 다음 해 고구려가 후연의 숙군성(宿軍城)을 치자 평주자사(平州刺史)가 성을 버리고 도망했고,[90] 그다음 해에도 고구려는 후연을 공략했다.[91] 404년에 고구려는 대방(오늘날 황해도)[92] 지역에 침입한 왜구를 궤멸했고,[93] 405년과 406년에는 고구려의 요동성과 본저성(本底城)에 후연이 쳐들어왔으나 성공하지 못하고 오히려 많은 인명 피해를 내고 돌아갔다.[94]

408년(광개토왕 17년)에 고구려는 사신을 보내 후연 왕 모용운(慕容

---

86 「광개토왕릉비문」 〈영락 6년〉조 참조.

87 「광개토왕릉비문」 〈영락 8년〉조 참조.

88 「광개토왕릉비문」 〈영락 10년〉조 참조.

89 『삼국사기』 권18, 「고구려본기」 〈광개토왕〉조. "九年, 春正月, 王遣使入燕朝貢. 二月, 燕王盛以我王禮慢, 自將兵三萬襲之, 以驃騎大將軍慕容熙爲前鋒, 拔新城 · 南蘇二城, 拓地七百餘里, 徙五千餘戶而還."

90 『삼국사기』 권18, 「고구려본기」 〈광개토왕〉조. "十一年, 王遣兵攻宿軍, 燕平州刺史慕容歸, 棄城走."

91 『삼국사기』 권18, 「고구려본기」 〈광개토왕〉조. "十三年, 冬十一月, 出師侵燕."

92 이곳은 한사군의 낙랑군을 분할하여 설치했던 대방군이 있었던 곳이 아니라 그와는 다른 대방국이 있었던 곳이다.

93 「광개토왕릉비문」 〈영락 14년〉조 참조.

94 『삼국사기』 권18, 「고구려본기」 〈광개토왕〉조. "十四年, 春正月, 燕王熙來攻遼東……." "十五年, …… 冬十二月, 燕王熙襲契丹, …… 士馬疲凍, 死者屬路, 攻我本底城, 不克而還."

雲)에게 종족의 예를 베풀어 화친을 맺었다.[95] 모용운은 원래 고구려의 사람으로 성이 고씨였는데, 모용수(慕容垂)의 아들 모용보(慕容寶)가 태자로 있을 때 그를 양자로 삼아 모용씨 성을 하사했다. 그렇기 때문에 고구려에서는 그를 종족의 예로 대했던 것인데, 모용운은 이를 매우 기쁘게 받아들였다. 410년에 고구려는 동부여가 조공을 바치지 않으므로 이를 정벌했는데 이때 64개 성과 1,400여 개의 마을을 함락시켰다.[96]

이와 같이 고구려는 광개토왕 시대에 동서남북의 주변에 있는 여러 나라들을 제압하고 고구려 중심의 천하질서를 확립했다. 이로써 고구려는 건국 초부터 추구해온 다물이념, 즉 고조선의 천하질서를 회복한다는 국가시책이 명분상으로는 일단 달성된 것으로 보인다.[97]

광개토왕의 뒤를 이어 즉위한 장수왕은 413년(장수왕 원년)에 중국 남부의 동진에 사신을 보내 국서를 전하고 도화색(桃花色)의 말을 선물했고,[98] 424년(장수왕 12년)에는 신라가 사신을 보내니 이를 후하게 대접했으며,[99] 425년과 435년·437년에는 중국 북부를 통합해가고 있던 북

---

95 『삼국사기』 권18, 「고구려본기」 〈광개토왕〉조. "十七年, 春三月, 遣使北燕, 且敍宗族, 北燕王雲, 遣侍御史李拔, 報之." 여기에서는 (모용)운을 북연의 왕이라 했으나 사실은 후연의 마지막 왕(자신들은 황제라 칭했다)이었다. 북연은 409년에 풍발(馮跋)이 후연을 멸망시키고 건국했다. 『삼국사기』의 편찬자는 후연과 북연을 혼동한 것 같다.

96 「광개토왕릉비문」 〈영락 20년〉조 참조.

97 노태돈은 5세기 고구려 사람들에게는 고구려를 중심으로 한 천하관(天下觀)이 형성되어 있었다고 본 바 있는데, 이러한 그의 생각은 매우 옳다. 다만 그러한 천하관은 고구려 당시에 형성된 것이라기보다는 고조선시대에 이미 형성되어 있었던 것을 고구려 사람들이 계승한 것으로 보아야 할 것이다.

98 『삼국사기』 권18, 「고구려본기」 〈장수왕〉조. "元年, 遣長史高翼入晉奉表, 獻赭白馬, 安帝封王高句麗王樂安郡公."

99 『삼국사기』 권18, 「고구려본기」 〈장수왕〉조. "十二年, 春二月, 新羅遣使修聘, 王勞慰之特厚."

위에 사신을 보내 화친을 맺었다.[100]

이후 고구려는 중국에 있던 나라들과는 화친을 유지하면서 백제와 신라를 침공하는 정책을 폈다. 이 시기에 이미 백제와 신라는 강대한 고구려에 위압당하고 있기는 했지만 그들도 날로 성장하고 있었기 때문에 고구려는 후환을 없앨 필요가 있다고 생각했을 것이다. 그리고 고구려가 추구하는 천하질서를 실질적으로 완수하기 위해서는 이들을 독립국으로 두기보다는 병합하여 하나의 국가를 이루는 것이 바람직하다고 생각했을 것이다.

고구려는 장수왕 시대에 439년 11월·12월, 462년 3월, 465년 2월, 466년 3월, 467년 2월, 468년 4월, 469년 2월, 470년 2월, 472년 2월·7월, 473년 2월·8월, 474년 3월·7월, 475년 2월·8월, 476년 2월·7월·9월, 477년 2월·9월, 479년 3월·9월, 484년 10월, 485년 5월·10월, 486년 4월, 487년 5월, 488년 2월·4월·8월, 489년 2월·6월·10월, 490년 5월·9월에 북위에 사신을 보냈다. 455년·474년·478년에는 중국 남조의 송(宋)에도 사신을 파견했으며, 송의 정권을 찬탈하여 건국된 남제도 고구려와 화친을 원하므로 고구려는 480년[101]과 481년에 남제에도 사신을 보냈다.[102] 고구려는 국경을 접하고 있던 북위에는 거의 매년, 어떤 해에는 두세 번 사신을 보냈음을 알 수 있다.

---

100 『삼국사기』 권18, 「고구려본기」 〈장수왕〉조. "十三年, 遣使如魏貢." "二十三年, 夏六月, 王遣使入魏朝貢, 且請國諱, 世祖嘉其誠款, 使錄帝系及諱以與之, 遣員外散騎侍郎李敖, 拜王爲都督遼海諸軍事征東將軍領護東夷中郎將遼東郡開國公高句麗王. 秋, 王遣使入魏謝恩." "二十五年, 春二月, 遣使入魏朝貢."

101 이때의 고구려 사신은 남제로 향하던 중 해상에서 북위에 붙잡혀 남제에 도달하지는 못했다. 북위는 고구려가 황위를 찬탈하여 건국한 남제와 화친하려는 것은 옳지 않은 것이라고 불편한 심기를 보였다.

102 『삼국사기』 권18, 「고구려본기」 〈장수왕〉조 해당 연도의 기록 참조.

반면에 신라나 백제와는 관계가 원만하지 못했다. 440년(장수왕 28년)에 신라 사람들이 고구려의 변방 장수를 죽이니 장수왕은 신라를 치려 했으나, 신라 눌지 마립간이 사신을 보내 사죄하므로 그만두었다.[103] 그러나 고구려는 454년(장수왕 42년)에 신라의 북부 변경을 침공했고,[104] 468년에는 장수왕이 말갈병(靺鞨兵) 1만 명을 이끌고 신라의 실직주성(悉直州城 : 강원도 삼척)을 쳐서 빼앗았으며,[105] 489년에도 신라에 침공하여 고산성(孤山城)을 함락했다.[106]

이보다 앞서 469년에는 백제가 고구려의 남부 변경을 침공했는데,[107] 장수왕은 475년에 군사 3만 명을 이끌고 쳐들어가 백제의 도읍인 한성을 함락하여 개로왕을 죽이고 남녀 8,000여 명을 사로잡아 왔다.[108]

이후 고구려는 598년(영양왕 9년)에 중국을 통일한 수나라와 충돌[109]하기까지 중국에 있는 나라들과 화친관계를 유지했다. 그러나 남쪽으로

---

103 『삼국사기』 권18, 「고구려본기」 〈장수왕〉조. "二十八年, 新羅人襲殺邊將, 王怒將擧兵討之, 羅王遣使謝罪, 乃止."

104 『삼국사기』 권18, 「고구려본기」 〈장수왕〉조. "四十二年, 秋七月, 遣兵侵新羅北邊."

105 『삼국사기』 권18, 「고구려본기」 〈장수왕〉조. "五十六年, 春二月, 王以靺鞨兵一萬, 攻取新羅實直州城."

106 『삼국사기』 권18, 「고구려본기」 〈장수왕〉조. "七十七年, ……秋九月, 遣兵侵新羅北邊, 陷孤山城."

107 『삼국사기』 권18, 「고구려본기」 〈장수왕〉조. "五十七年, …… 秋八月, 百濟兵侵入南鄙."

108 『삼국사기』 권18, 「고구려본기」 〈장수왕〉조. "六十三年, …… 九月, 王帥兵三萬侵百濟, 陷王所都漢城, 殺其王扶餘慶, 虜男女八千而歸."

109 『삼국사기』 권20, 「고구려본기」 〈영양왕〉조. "9년에 왕은 말갈의 무리 1만여 명을 거느리고 요서에 쳐들어갔는데 영주총관(營州摠官) 위충(韋冲)이 이를 격퇴했다. 수나라 문제는 이를 듣고 크게 노하여 한왕(漢王) 양(諒)과 왕세적(王世績) 두 사람을 원수로 삼아 수군와 육군 30만 명을 거느리고 와서 치도록 명령했다(九年, 王率靺鞨之衆萬餘, 侵遼西, 營州摠管韋冲, 擊退之. 隋文帝聞而大怒, 命漢王諒·王世績並爲元帥, 將水陸三十萬來伐)."

백제와 신라의 침공은 계속되었다. 이 기간 동안에 중국은 정치적으로 많은 변화가 있었다. 중국의 북부에서는 북위가 분열되어 534년에는 동위(東魏), 다음 해 535년에는 서위(西魏)가 섰으며, 550년에 동위는 북제(北齊), 557년에 서위는 북주(北周)라고 나라 이름을 바꾸었다가 577년에 북제는 북주에 병합되었다.

그리고 남부의 황조(皇朝)인 남제(南齊)는 502년에는 양(梁)으로, 557년에는 진(陳)으로 바뀌었다. 581년에는 북주의 외척인 양견(楊堅)이 선양(禪讓)의 형식으로 제위에 올라 나라 이름을 수(隋)라 하고 589년에 남조의 진(陳)을 병합함으로써 중국을 통일했다. 고구려는 이러한 동위·북제·북주·남제·양·진 등의 나라들에 사신을 보내 화친을 유지했던 것이다.

그러나 이후 고구려는 서쪽으로는 중국을 통일한 수·당과 충돌하고 남쪽으로는 백제와 신라를 정복하기 위한 전쟁을 계속함으로써 어려움을 겪게 되었고 끝내는 나당 연합군에게 멸망하고 말았다.

5. 마치며

지금까지 고구려가 말기에 수·당과 충돌하기 전까지 『삼국사기』「고구려본기」에 실린 고구려의 대외관계 기록(주로 전쟁 기록)을 살펴보면서 고구려 대외전쟁의 기본 목표를 확인하고자 했다. 그 결과 고구려 대외전쟁의 성격을 세 단계로 나눌 수 있었다.

첫 번째 단계는 추모왕(서기전 37~20년) 때부터 민중왕(서기 44~47년) 때까지로 주변의 작은 나라들을 병합하여 지반을 확립하는 시기였다. 두 번째 단계는 모본왕(48~52년) 때부터 미천왕(300~330년) 때까지로 오늘날 요서 지역으로 진출하는 시기였다. 이 기간에 고구려는 남쪽의 백제나 신라와는 거의 마찰이 없었다. 백제와는 동족이라는 논리를 내세워 화평을 유지했고, 신라와는 신하 나라 관계를 맺음으로써 갈등의 요인을 없앴다. 세번째 단계는 고국원왕(331~370년) 때부터로 남쪽의 백제와 신라를 침공한 시기였다. 이 기간에는 중국에 있었던 나라들에 자주 사신을 파견하여 화친관계를 유지했다.

고구려의 대외정책에 보이는 이러한 분명한 변화는 무엇을 의미하는 것일까? 고구려가 오늘날 요서 지역으로 진출하던 시기는 중국에 서한과 동한이라는 거대한 통일제국이 있던 시기였으며, 고구려의 대외전쟁이 남쪽의 백세와 신라를 향하던 시대는 중국이 여러 나라로 분열되어 흥망과 혼란이 거듭되던 시기였다. 그러므로 일반 상식으로 본다면 중국이 분열되어 혼란하던 시기에 고구려는 서쪽으로 진출을 계속했어야 할 것이다. 그러나 고구려는 이를 중단하고 전쟁 방향을 남쪽으로 옮겼다. 이를 통해 고구려가 오늘날 요서 지역으로 진출했던 것은 맹목적인 영토 확장이 아니라 다른 목표가 있었음을 알 수 있다. 이 시기에 고구려는 서쪽 방향에서 추구했던 목표가 이미 달성되었으므로 그 전쟁 방향을 남쪽으로 옮겼다고 보아야 할 것이다.

이러한 방향 전환이 있기 직전 미천왕 때인 315년에 고구려는 오늘날 요서 지역에 있었던 중국의 군현을 모두 축출하여 오늘날 난하 유역까지를 그 판도에 넣고 있었다. 이 지역은 원래 고조선의 영토였으나 고조선 말기에 위만조선이 차지했고 그 뒤를 이어 서한이 차지하여 한사군을 설치했던 곳이다. 고구려가 이 지역을 차지한 뒤 전쟁 방향을 남쪽으로 옮겼다는 사실은 오늘날 요서 지역에서 고구려 목표는 고조선의 영토를 수복하는 것이었음을 알게 해준다.

따라서 남쪽으로 전쟁의 방향을 전환한 것도 고조선의 영토를 수복하기 위한 것이었다는 추론이 가능하다. 고조선의 영토는 한반도 남부 해안까지였기 때문에 이 지역을 병합하기 위한 것이었다고 보아야 할 것이다. 전쟁의 방향을 전환한 고구려는 광개토왕 때(392~412년)에 이르러 서쪽으로는 오늘날 요서 밖의 비려, 북쪽으로는 부여와 숙신, 남쪽으로는 백제와 가야·왜구 등을 침공하여 신하 나라 관계를 맺었으며, 신라는 이미 전부터 신하 나라가 되어 있었다.

따라서 이때 고구려는 한반도와 만주 전 지역은 물론 그 밖까지 호령함으로써 형식적이지만 고조선의 천하질서는 회복되었던 것이다. 이들 나라를 완전히 병합하지는 못했지만 이들을 신하 나라로 삼아 조공을 바치도록 했으니 고조선시대의 거수국과 비슷한 천하질서가 일단 이루어졌다.

그러나 장수왕 때(413~491년)부터 고구려는 명실상부한 천하질서를 이루기 위해 한반도와 만주 전 지역을 직접지배 영역으로 만들 필요를 느끼고 백제와 신라를 병합하기 위한 전쟁에 주력하게 되었다. 이 기간 동안 고구려는 배후에 적을 만들지 않기 위해 중국에 있는 나라들에 사신을 자주 파견하여 화친관계를 유지했다. 그러나 고구려가 백제와 신라를 병합하지 못한 상황에서 중국에 수·당이라는 거대한 통일제국이 출현하여 이들과도 마찰을 빚음으로써 어려운 상황을 맞이했다.

결론적으로 고구려의 대외전쟁은 한반도와 만주를 재통합하여 고조선의 천하질서를 재건하기 위한 것으로, 바로 다물이념의 실현을 위한 것이었다. 형식적이기는 하였지만 그러한 이념은 광개토왕 때에 이루어졌다. 그러나 장수왕 때부터 추구했던 실질적인 통합에는 끝내 실패하고 말았다. 고구려가 고조선의 천하질서를 재건하고자 했던 것은 자신들이 고조선의 계승자라고 믿고 있었기 때문이다.

고구려 사람들이 이러한 의식을 가졌음은 「광개토왕릉비문」으로도 뒷받침된다. 그 내용을 보면, "백제와 신라는 옛날에 속민(屬民)이었다."[110] 했고, "동부여는 옛날에 추모왕의 속민이었다."[111] 고 했는데 이것은 역사 사실과는 다르다. 광개토왕 이전에 백제와 신라가 고구려의 지배를 받은 일이 없고 동부여도 추모왕의 지배를 받은 적이 없다. 그러므로 이것은 고구려시대가 아닌 그 이전 고조선시대의 상황을 말한 것으로 보아야 할 것이다. 고조선시대에는 한반도와 만주의 모든 거주민이 고조선의 속민이었기 때문이다. 고구려 사람들은 추모왕을 단군의 후손이라고 믿었으므로 고구려는 고조선을 계승한 나라이기 때문에 백제와 신라 및 동부여를 포함한 한반도와 만주의 거주민들은 당연히 고구려왕의 속민이 되어야 한다고 믿었던 것이다.

이러한 고구려 사람들의 의식은 고조선의 천하질서를 재건해야 한다는 다물이념으로 나타났는데, 그것은 단순히 영토만의 병합이 아니라 통치질서와 사상의 재건까지를 의미하는 것이었다고 보아야 할 것이다.

---

110 「광개토왕릉비문」. "百殘·新羅舊是屬民, 由來朝貢."

111 「광개토왕릉비문」. "東夫餘舊是鄒牟王屬民, 中叛不貢."

III 읍루·동옥저·동예의 사회

1. 들어가며

여기서는 열국시대에 한반도와 만주에 있었던 여러 나라 가운데 읍루·동옥저·동예의 사회 수준과 성격을 밝히고자 한다. 이 세 나라는 당시 이웃해 있었던 여러 다른 나라들보다 비교적 일찍 멸망했기 때문에 자세한 기록이 남아 있지 않다. 따라서 이들에 관한 지금까지의 인식은 사실과 다를 가능성이 있다.

지금까지는 이들의 사회 수준을 동부여나 고구려·한 등과 대등한 수준으로 보지 않고 아직 정치권력자가 출현하지 않았던 아주 낙후한 사회로 인식했다. 그런데 정치권력자가 출현하지 않은 사회 단계는 개개의 마을이 독립되어 있었던 마을사회로서 이러한 단계의 사회는 대개 고고학적으로 전기 신석기시대였다. 열국시대는 매우 발달한 철기시대였는데 이 시기에 존재했던 읍루와 동옥저·동예에 과연 통치자가 출현하지 않았을 것인지 의문을 갖게 한다.

그리고 『후한서』 「동이열전」과 『삼국지』 「오환선비동이전」 〈동이전〉은 동부여·고구려·한 등과 같이 왕이 통치했던 동이의 여러 나라들에 관한 기록인데, 만약 읍루·동옥저·동예가 통치자가 없는 수준의 사회였다면 이들이 동부여·고구려·한 등과 대등하게 하나의 '전(傳)'으로 실릴 수 있었을까. 이들 사회가 하나의 통치 조직으로 묶이지 않고 마을 단위로 나뉘어 있었다면 그들은 아직 종족을 이루지 못했다는 것이 되는데, 그렇다면 어떻게 넓은 지역의 거주민들이 읍루나 동옥저·동예라는 하나의 이름으로 불릴 수 있었을까.

이상의 의문들은 이들 사회가 인류 역사의 발전 과정에서 어느 위치에 있었을 것인지 재검토하기를 요구한다. 따라서 필자는 먼저 읍루·동옥저·동예의 사회 수준을 검토하고자 한다. 이들이 과연 국가 이전 단계에 해당하는 낙후된 사회였겠는가, 아니면 동부여나 고구려·한 등과 대등한 수준의 사회였겠는가를 확인하려는 것이다.

그리고 이어서 읍루·동옥저·동예의 사회 성격과 문화 내용을 고찰하려 한다. 이러한 고찰을 통해 고조선의 뒤를 이은 여러 나라 가운데 이들 사회가 지닌 특성들을 잘 인식할 수 있기 때문이다. 이들은 모두 고조선의 뒤를 이은 정치집단이었으므로 서로 공통성을 지니고 있었지만 각 지역의 자연환경 차이에 따른 차별성 또한 있었을 것이다. 특히 읍루가 자리 잡고 있었던 오늘날 연해주 지역은 때때로 고조선의 영향권에 들어 있었을 뿐 영속적으로 속하지는 않았다. 따라서 그 지역의 사회 성격이나 문화 내용에는 한민족과 다른 점이 많았을 것이다. 그렇다면 이들을 한민족에 포함시킬 수 있을 것인지 의문이 생긴다.

그러므로 이 글은 읍루·동옥저·동예의 사회 수준과 사회 성격 및 문화 내용을 고찰하여 이들 사회를 바르고 깊게 인식함은 물론, 열국시대의 사회상을 총체적으로 균형 있게 인식하게 할 것이다.

2. 읍루 · 동옥저 · 동예의 사회 수준

읍루·동옥저·동예는 고조선을 계승한 여러 나라 가운데 가장 동쪽의 바닷가에 있었던 나라들로서 서로 남북으로 연접해 있었다. 이들의 위치에 관한 『후한서』 「동이열전」, 『삼국지』 「동이전」 기록에 따르면 읍루는 서남쪽은 동부여, 동쪽은 넓은 바다, 남쪽은 북옥저와 접했고,[1] 동옥저는 서쪽은 고구려, 동쪽은 넓은 바다, 북쪽은 읍루·동부여, 남쪽은 예맥과 접했으며,[2] 동예는 북쪽은 고구려·옥저, 남쪽은 진한, 동쪽은 넓은 바다, 서쪽은 낙랑과 접했다.[3]

당시에 동부여는 오늘날 길림성 북부와 내몽골자치구 동부 및 흑룡강성 전부를, 고구려는 오늘날 평안북도와 길림성 남부를, 낙랑(최씨낙랑국)은 오늘날 평안남도를, 진한은 오늘날 경상북도를 차지하고 있었으므로 읍루는 오늘날 연해주 지역에, 동옥저는 오늘날 함경남북도 지역에, 동예[4]는 오늘날 함경남도 남부에서 강원도 지역까지 차지하고 있었음을 알 수 있다.[5]

---

1 『후한서』 권85, 「동이열전」 〈읍루전〉. "挹婁, …… 在夫餘東北千餘里, 東濱大海, 南與北沃沮接, 不知其北所極."

2 『후한서』 권85, 「동이열전」 〈동옥저전〉. "東沃沮在高句驪蓋馬大山之東, 東濱大海, 北與挹婁·夫餘, 南與濊貊接. 其地東西夾, 南北長, 可折方千里."

3 『후한서』 권85, 「동이열전」 〈예전〉. "濊北與高句驪·沃沮, 南與辰韓接, 東窮大海, 西至樂浪."

4 예나 옥저·부여는 원래 오늘날 요서 지역에 있었으나 그곳에 위만조선이 건국됨에 따라 동쪽으로 이동하여 독립국을 세웠다. 그러므로 원래의 예·옥저·부여와 구별하기 위해 『후한서』 「동이열전」과 『삼국지』 「동이전」에 등장하는 예·옥저·부여를 동예·동옥저·동부여라 부른다.

5 이들의 위치에 관해서는 이 책의 제1장 I 「열국시대의 시작과 변천」의 주 4~주 15 본문 참조.

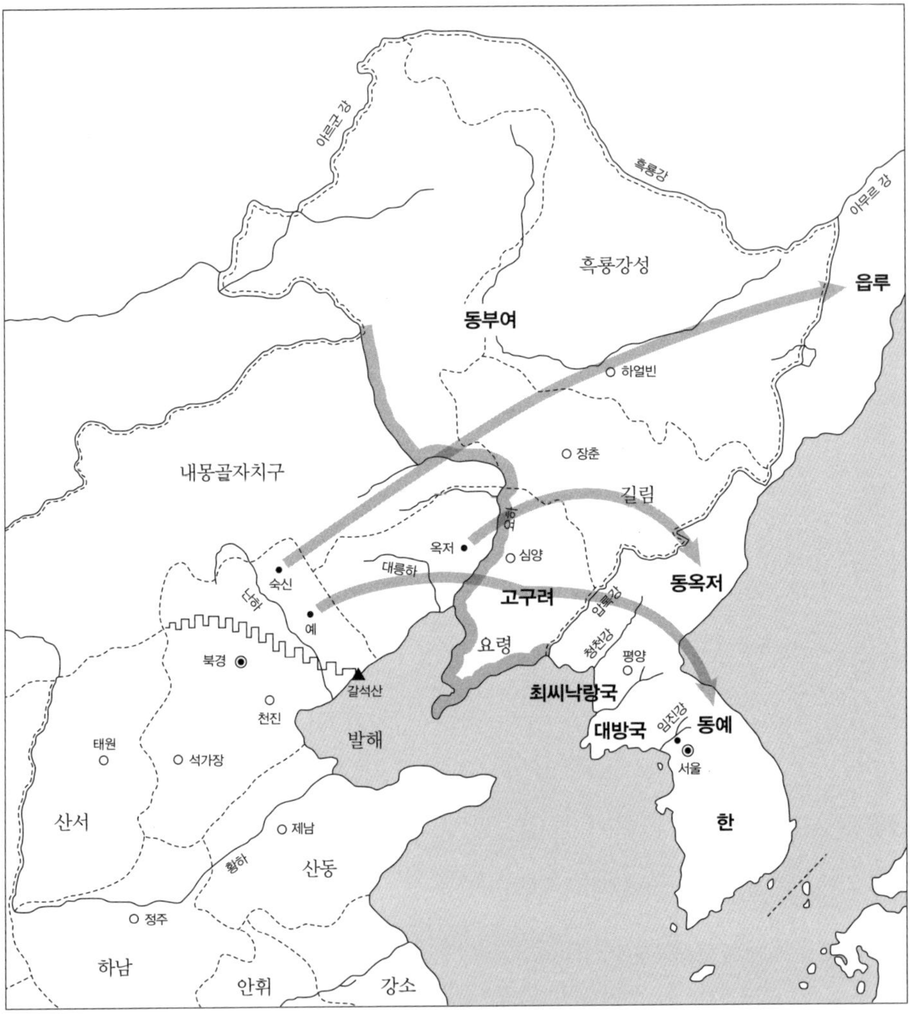

읍루(숙신) · 동옥저 · 동예의 위치 및 이동도

위의 세 나라 가운데 읍루에 대해서는 옛 숙신이었다고 밝히고 있다.[6] 『후한서』「동이열전」과 『삼국지』「동이전」에는 여러 나라가 등장하는데, 그 가운데 오직 읍루에 대해서만 옛 숙신의 나라였다고 밝히고 있는 것이다. 그것은 다음과 같은 이유 때문이었다. 읍루·동옥저·동예는 모두 고조선의 거수국으로 오늘날 요서 지역에 있다가 동쪽으로 이동하여 세워진 나라들인데 다른 나라들은 고조선 거수국 시기의 이름을 그대로 사용했으나 읍루만은 새로운 이름을 사용했기 때문이다. 읍루는 고조선의 거수국으로 오늘날 요서 지역에 있을 때에는 숙신이라 불렸던 것이다.[7] 다시 말해 읍루는 숙신족이 동쪽으로 이동해 세운 나라였다.[8]

위의 인용문 가운데 동옥저에 대해서 〈동옥저전〉에는 읍루의 남쪽에 동옥저가 있었다고 기록되어 있는데, 〈읍루전〉에는 읍루의 남쪽에 북옥저가 있었다고 말하고 있다. 그리고 〈동옥저전〉에는, "북옥저가 있어 치구루(置溝婁)라고도 하는데 남옥저에서 800여 리 되는 곳에 있으며 그 풍속은 모두가 남옥저와 같다."[9] 고 했다. 이로 보아 동옥저는 남부와 북부로 나뉘어 있어 각각 남옥저와 북옥저라 불렸고 그 전체를 통칭하여 동옥저라 했음을 알 수 있다.

위의 인용문 가운데 동예에 대해서는 '예(濊)'라는 이름으로 기록했으므로 그 나라의 이름이 예였음을 알 수 있는데, 〈동옥저전〉에는 '예맥(濊

---

6 『후한서』 권85, 「동이열전」 〈읍루전〉. "挹婁, 古肅愼之國也."

7 윤내현, 「고조선의 국가 구조」, 『고조선 연구』 하, 만권당, 2016, pp. 50~53.

8 윤내현, 「열국시대의 개시와 그 변천」, 『전통과 현실』 제6호, 고봉학술원, pp. 239~290, 또는 이 책의 제1장 Ⅰ「열국시대의 시작과 변천」 참조.

9 『후한서』 권85, 「동이열전」 〈동옥저전〉. "又有北沃沮, 一名置溝婁, 去南沃沮八百餘里, 其俗皆與南同." 북옥저는 치구루라고도 부른다 했는데, 고구려 말에 성(城)을 '구루'라 했고 고구려는 동옥저 지역에 책성을 설치한 바 있으므로 치구루라는 이름은 성을 의미하는 '구루'에서 왔을 것으로 보는 견해가 있다.

貊)'이라 기록되어 있다. 이로 보아 이 나라의 공식 이름은 예(濊)였지만 그곳에는 맥족(貊族)이 많이 거주하고 있어서 때로는 예맥이라고도 불렀음을 알 수 있다. 맥족은 일정한 지역에 집단으로 거주하고 있어서 이들을 맥국(貊國)이라 부르기도 했다.[10]

읍루·동옥저·동예는 오늘날 요서 지역에서 이동한 나라들이었으므로 그 지배층은 이주민이 주류를 이루었겠지만 거주민의 대부분은 그 지역의 토착인들이었을 것이다. 이들은 모두 이전에는 고조선의 국민이었으므로 같은 민족이라는 의식을 가지고 있었을 것이다. 다만 읍루의 경우 오늘날 연해주 지역은 완전한 고조선 영토가 아니었고 때때로 고조선의 영향권에 속했을 뿐이므로, 그 지역 토착인들은 지배층인 숙신족과 같은 민족이라는 의식이 약했을 것이다.

읍루·동옥저·동예가 나라를 세운 시기에 대해서는 정확한 기록이 없다. 따라서 당시 한반도와 만주의 정치 상황을 통해 추정할 수밖에 없다. 『후한서』「동이열전」과 『삼국지』「동이전」에 기록되어 있는, 한반도와 만주에 있었던 여러 나라들은 고조선이 붕괴되면서 분열된 정치집단들이므로 그들이 독립한 시기는 서로 큰 차이가 없었을 것이다. 이들 나라 가운데 건국 연대가 분명한 것을 보면 동부여는 서기전 59년, 신라는 서기전 57년, 고구려는 서기전 37년 등이다. 읍루·동옥저·동예의 건국

---

10 『삼국사기』 권1, 〈유리 이사금 17년〉조. "17년 가을 9월에 화려와 불내 두 현의 사람들이 공모연합하여 기병을 이끌고 북쪽 경계를 침범했는데, 맥국의 거수가 군사로써 곡하(曲河) 서쪽에서 가로막아 이를 깨뜨리니 왕이 기뻐하여 맥국과 호의를 맺었다(十七年, 秋九月, 華麗·不耐二縣人, 連謀率騎兵犯北境, 貊國渠帥以兵, 要曲河西敗之, 王喜, 與貊國結好)."; 〈19년〉조. "19년 가을 8월에 맥국의 거수가 사냥하여 금수를 잡아 그것을 바쳤다(十九年, 秋八月, 貊帥獵得禽獸, 獻之)." 맥국의 우두머리를 거수라고 부른 것으로 보아 맥국은 독립국가는 아니었고 동예에 속해 있었던 지방정권, 즉 거수국이었던 것으로 생각된다.

연대도 이와 비슷할 것이다.

지금까지는 읍루·동옥저·동예를 국가 수준의 사회 단계에 진입하지 못한 낙후된 사회로 인식했다. 그렇게 보게 된 것은 『후한서』 「동이열전」과 『삼국지』 「동이전」에 다음과 같은 기록들이 보이기 때문이다.

> (읍루에는) 군장은 없었고 읍락에는 각각 대인(大人)이 있었다.[11]

> (읍루에는) 대군장은 없었고 읍락에는 각각 대인이 있었다.[12]

> (동옥저에는) 읍락에 장수(長帥)가 있었다.[13]

> (동옥저에는) 대군장은 없었고 각 읍락에 대를 잇는 장수가 있었다.[14]

> (동예에는) 대군장은 없고 관직으로는 후(侯)·읍군(邑君)·삼로(三老) 등이 있다.[15]

> (동예에는) 대군장은 없었고 한(漢) 이래로 관직으로는 후·읍군·삼로 등이 있어 하호를 통치했다.[16]

---

11 『후한서』 권85, 「동이열전」 〈읍루전〉. "無君長, 其邑落各有大人."

12 『삼국지』 권30, 「동이전」 〈읍루전〉. "無大君長, 邑落各有大人."

13 『후한서』 권85, 「동이열전」 〈동옥저전〉. "有邑落長帥."

14 『삼국지』 권30, 「동이전」 〈동옥저전〉. "無大君王, 世世邑落, 各有長帥."

15 『후한서』 권85, 「동이열전」 〈예전〉. "無大君長, 其官有侯·邑君·三老."

16 『삼국지』 권30, 「동이전」 〈예전〉. "無大君長, 自漢已來, 其官有侯·邑君·三老, 統主下戶."

대군장 또는 대군왕(大君王)이 없었다는 것은 왕이나 그와 대등한 통치자가 없었음을 의미하는 것으로 아직 국가 수준의 사회였다고 볼 수 없는 것이다. 그러나 그렇게 단정하기에는 몇 가지 문제가 있다.

첫째, 『후한서』「동이열전」과 『삼국지』「동이전」에 실린 부여·고구려·한(삼한) 등은 이미 왕이 통치했던 나라들이었다. 말하자면 「동이열전」이나 〈동이전〉은 중국인들이 동이라 불렀던 사람들의 나라들에 관한 기록이다. 그러므로 「동이열전」에 읍루·동옥저·동예가 이들과 대등하게 독립된 항목으로 실렸다는 것은 이들과 동등한 사회 수준이었을 가능성이 있다.

둘째, 위의 인용문에 따르면 읍루와 동옥저에는 각 읍락에 대인이나 장수가 있었고, 동예에는 후·읍군·삼로 등의 관직이 있었다. 이러한 관직이나 직책이 있었다면 이들을 거느린 더 높은 지위의 통치자가 존재해야 한다. 위의 관직이나 직책을 최고 우두머리로 생각할 수도 있으나 그러한 사회는 각 마을이 독립되어 있는 사회 단계로서 전기 신석기시대에나 상정할 수 있는 것이다. 그러나 열국시대는 이미 발달한 철기시대였고 『후한서』「동이열전」과 『삼국지』「동이전」 기록을 보더라도 읍루·동옥저·동예가 신석기시대와 같은 낮은 사회 수준이나 문화 수준은 아니었다.

셋째, 『후한서』「동이열전」〈예전〉에 동예의 "노인들은 자신들이 고구려와 같은 종족이라고 말하는데 언어·법령·풍속이 대체로 비슷했다."[17] 고 했고, 『삼국지』「동이전」〈동옥저전〉에 동옥저는 "음식·주거·의복·예절은 고구려와 흡사하다."[18] 고 했는데, 이것은 동예와 동옥저가

17 『후한서』 권85, 「동이열전」〈예전〉. "耆舊自謂與句驪同種, 言語法俗大抵相類."
18 『삼국지』 권30, 「동이전」〈동옥저전〉. "飮食居處, 衣服禮節, 類似句麗."

고구려와 비슷한 사회 수준과 문화 수준에 이르렀음을 말해준다. 더욱이 법의 존재는 그 사회가 국가 단계에 진입해 있었다[19]는 것을 말해주는 것인데, 동예의 법령이 고구려와 비슷했다면 사회 수준도 비슷했다고 보아야 한다.

넷째, 『진서』 「동이열전」 〈숙신씨전〉에 숙신씨는 읍루라고도 부르는데 "부자(父子)가 대대로 군장이 되었다."[20]는 기록이 있으니, 이에 따르면 읍루에는 이미 세습군주제가 확립되어 있었던 것이다. 또 위나라 경원(景元 : 260~263년) 말 무렵에 읍루의 사신이 위나라에 왔는데, 위나라 황제가 읍루의 왕 녹(傉)에게 닭·비단·모직물·솜 등을 하사했다는 기록이 있다.[21] 이는 읍루에서 통치자를 왕이라 불렀음을 알게 해준다. 『삼국사기』 「신라본기」 〈남해 차차웅 16년〉조에, "북명인(北溟人)이 밭을 갈다 예(濊) 왕의 인장을 얻어 그것을 바쳤다."[22]는 기록이 있는데, 이것은 동예에서 통치자를 왕이라 불렀음을 알게 해준다. 읍루나 동예도 동부여나 고구려·한 등과 마찬가지로 왕이 통치했던 나라인 것이다.

이상의 검토를 통해 볼 때 읍루·동옥저·동예는 동부여·고구려·한과 마찬가지로 국가 단계의 사회로 보는 것이 타당할 것이다. 읍루·동옥저·동예는 동부여·고구려·최씨낙랑국·한 등과 더불어 고조선의 뒤

---

19 윤내현, 「사회진화상의 고조선 위치」, 『고조선 연구』 상, 만권당, 2015, pp. 131~170 참조.

20 『진서』 권97, 「동이열전」 〈숙신씨전〉. "肅愼氏一名挹婁, …… 父子世爲君長."

21 『진서』 권97, 「동이열전」 〈숙신씨전〉. "魏景元末, 來貢楛矢·石砮·弓甲·貂皮之屬. 魏帝詔歸於相府, 賜其王傉雞·錦罽·緜帛."

22 『삼국사기』 권1, 「신라본기」 〈남해 차차웅〉조. "十六年, 春二月, 北溟人耕田, 得濊王印獻之." 북명의 위치에 대해서는 강릉과 원산 두 견해가 있으나 이 시기 신라의 국력으로 보아 그 세력이 원산까지 미쳤다고는 보기 힘들고 강릉으로 보는 것이 타당할 것이다.

를 이은 정치집단이었는데, 고조선은 이미 국가 단계의 사회였다. 고조선의 뒤를 이은 읍루·동옥저·동예가 국가가 아니었다면 그 사회가 이전보다 퇴보했다는 것이 되어 사회 발전 이론상 맞지 않는다.

그렇다면 왜 『후한서』「동이열전」과 『삼국지』「동이전」에 읍루·동옥저·동예 등에는 대군장 또는 대군왕이 없었다고 기록되었을까. 그것은 『후한서』와 『삼국지』 편찬 연대와 관계가 있다. 이 책들은 이들 나라가 다른 나라에 신속(臣屬)되거나 복속된 뒤에 편찬되었다. 읍루는 서한시대에 동부여의 신하 나라가 되었으며,[23] 북옥저는 서기전 28년에,[24] 동옥저는 서기 56년에 고구려에 병합되었다.[25] 동예의 멸망 연대에 대해서는 정확한 기록은 없지만 『삼국사기』에 245년에 고구려가 신라의 북변을 침공한 기록[26]이 있는 것으로 보아 이미 이 시기에 고구려와 신라가 국경을 접하고 있었으므로, 동예는 그 전에 멸망했을 것으로 생각된다. 읍루만은 뒤에 나라를 재건했지만 이들은 『후한서』와 『삼국지』가 편찬되기 전에 일단 동부여의 신하 나라가 되어 군주가 없는 상황이 계속되었던 것이다. 왕이나 대군주 또는 대군왕이 없었다고 기록된 것은 바로 이 때문이었다.

지금까지 살펴본 바와 같이 읍루·동옥저·동예는 국력이나 영토의 크기 및 존속 기간에는 서로 차이가 있었지만 건국해서 멸망할 때까지

---

23 『후한서』 권85, 「동이열전」 〈읍루전〉에, "自漢興已後, 臣屬夫餘"라 했는데 한나라가 일어난 이후라 했으니 여기서 말하는 한은 서한을 의미할 것이다. 그러므로 읍루는 서한이 멸망한 6년 이전에 부여(동부여)에 복속되었음을 알 수 있다.

24 『삼국사기』 권13, 「고구려본기」 〈동명성왕 10년〉조.

25 『삼국사기』 권15, 「고구려본기」 〈태조대왕 4년〉조.

26 『삼국사기』 권17, 「고구려본기」 〈동천왕〉조. "十九年, …… 冬十月, 出師侵新羅北邊." ; 『삼국사기』 권2, 「신라본기」 〈조분 이사금〉조. "十六年, 冬十月, 高句麗侵北邊, 于老將兵出擊之, 不克, 退保馬頭柵, 其夜苦寒."

독립국가였다는 점에서 똑같았다. 이들은 서기전 1세기 후반기에 건국되어 오래 존속하지 못하고 『후한서』와 『삼국지』가 편찬되던 시기에는 모두 동부여나 고구려·신라 등에 통합됨으로써 왕이나 대군주 또는 대군왕이 없는 사회가 되었던 것이다.

3. 읍루의 사회와 문화

읍루는 오늘날 연해주 지역에 위치하여 아무르 강 유역을 북부로 하고 두만강을 남쪽 경계로 하고 있었다.[27] 그 지역에는 읍루가 건국되기 전부터 한민족과 체형·체질이 비슷한 사람들이 거주했다. 그러나 말은 동부여·고구려와 달랐다. 『삼국지』「동이전」〈읍루전〉에,

> 사람들의 생김새는 부여 사람들과 흡사하지만 언어는 부여나 고구려와 같지 않았다.[28]

고 한 기록에서 그것을 알 수 있다. 이와 같은 내용이 『후한서』「동이열전」에도 보인다.[29] 읍루 사람들은 체질적으로는 동부여나 고구려 사람과 거의 같았음을 알 수 있는데, 이것은 연해주 지역에 읍루가 건국되기 전부터 체질이 한민족과 거의 같은 사람들이 살고 있었음을 알게 해준

---

27 이 책의 제1장 Ⅰ「열국시대의 시작과 변천」의 '2. 고대 문헌에 나타난 열국의 위치' 참조.

28 『삼국지』 권30, 「동이전」 〈읍루전〉. "其人形似夫餘, 言語不與夫餘·句麗同."

29 『후한서』 권85, 「동이열전」 〈읍루전〉. "人形似夫餘, 而言語各異."

다. 그러나 이들은 부여나 고구려 사람과는 다른 말을 사용했다고 했는데, 이것은 읍루가 건국되기 전 고조선시대에 읍루 지역이 완전히 고조선 영토에 포함되지 않았기 때문이다. 그러한 이유 때문에 그곳 토착인들은 고조선과 다른 언어를 사용하고 있었던 것이다. 읍루를 건국한 숙신족은 원래 고조선 국민이었으므로 부여족과 같은 말을 사용했겠지만, 읍루 주민의 다수는 오늘날 연해주 지역 토착인들로 구성되어 있었으므로 그들의 말은 동부여나 고구려와 달랐던 것이다.

그뿐만 아니라 풍속에서도 동부여나 고구려와 다른 점이 많았다. 모두가 편발(編髮)을 한 것이라든가 결혼하고자 할 때에는 남자가 여자의 머리에 깃털을 꽂아주고 여자가 결혼을 승낙하면 그것을 뽑아가지고 집으로 왔다가 다음에 예를 갖추어 신부를 맞는 것, 부인들은 정숙한 반면 처녀들은 그렇지 않은 것, 건강한 사람을 귀하게 여기고 노인을 천하게 여긴 것, 사람이 죽으면 그날 곧바로 들에다 장사 지내는데 나무로 작은 곽을 만들고 돼지를 잡아 그 위에 올려놓고 죽은 사람의 양식이라고 한 것, 근심하거나 슬퍼하지 않는 것을 숭상하여 부모가 죽어도 남자는 곡을 하지 않은 것 등이다.[30] 읍루의 법은 엄격하여 도둑질한 사람은 그 물건의 많고 적음에 관계없이 모두 죽였기 때문에 비록 들에다 물건을 놓아두어도 훔쳐가는 사람이 없었다고 한다.[31]

여기서 읍루 사람들의 민족 문제를 생각해볼 필요가 있다. 읍루의 지배족인 숙신족은 원래 고조선 국민이었으므로 당연히 한민족에 포함된

---

30 『진서』 권97, 「동이열전」 〈숙신씨전〉. "俗皆編髮." "將嫁娶, 男以毛羽揷女頭, 女和則持歸, 然後致禮娉之. 婦貞而女淫, 貴壯而賤老. 死者其日卽葬之於野, 交木作小槨, 殺猪積其上, 以爲死者之糧. 性凶悍, 以無憂哀相尙, 父母死, 男子不哭泣, 哭者謂之不壯."

31 『진서』 권97, 「동이열전」 〈숙신씨전〉. "相盜竊, 無多少皆殺之, 故雖野處而不相犯."

다. 그러나 읍루가 있었던 오늘날 연해주 지역은 고조선에 완전히 속해 있지는 않았으며, 그 지역 토착인들은 언어와 풍속 등에서 한민족과는 다른 문화 요소도 많았다. 따라서 읍루의 원주민은 한민족에 포함시킬 수 없겠지만, 그 나라는 한민족인 숙신족이 건국했고 지배층은 한민족이었으며 상당히 오랫동안 한민족의 나라인 동부여의 지배를 받았으므로 그 국가 성격은 한민족의 국가라 할 수 있다. 나중에 발해가 이 지역을 차지한 것은 이러한 역사적 배경 위에서 가능했을 것이다.

읍루의 마을에는 대인(大人)이라 불리는 촌장이 있었다. 〈읍루전〉의 "읍락에는 각각 대인이 있었다."[32]는 기록은 이것을 알게 한다. 읍락은 마을을 말하므로 각 마을에는 일반 주민보다는 신분이 높은 대인이 있어서 마을을 통솔했던 것이다. 열국시대의 여러 나라에서는 일반 주민을 하호라 불렀으므로 읍루에서도 그렇게 불렀을 것이다. 따라서 읍루의 각 마을에 거주한 하호들은 촌장인 대인의 통솔을 받았던 것이다.

또 〈읍루전〉에는 "읍루 지역은 기후가 매우 추워서 항상 굴속에서 사는데, 굴이 깊은 것을 귀하게 여겨 대가(大家)는 아홉 계단을 내려가야 닿을 정도로 깊으며 계단이 많을수록 좋다고 했다."[33]는 기록이 보인다. 여기서 대가는 단순히 큰 집이라기보다는 지체가 높은 사람이 사는 집을 의미하므로 읍루에는 대가라 불린 귀족들이 있었음을 알 수 있다. 대가들 사이에도 신분에 차등이 있었겠지만 이들이 읍루의 지배귀족이었을 것이다. 그러므로 읍루는 하호·대인·대가·왕실 등으로 신분에 차등이 있는 사회 구조를 하고 있었던 것이다.

---

32 주 11·12와 같음.

33 『후한서』 권85, 「동이열전」 〈읍루전〉. "土氣極寒, 常爲穴居, 以深爲貴, 大家至接九梯."; 『삼국지』 권30, 「동이전」 〈읍루전〉. "常穴居, 大家深九梯, 以多爲好."

여기서 유의해야 할 것은 읍루인들이 굴속에서 살았다고 해서 그들의 사회나 문화를 지하 움집에서 생활했던 신석기시대 수준으로 평가해서는 안 된다는 것이다. 그들이 그러한 주거환경을 선택한 것은 추운 기후 때문이었다. 굴속은 여름에는 시원하고 겨울에는 따뜻하여 여름과 겨울의 기온차가 심한 읍루 지역에서는 더없이 좋은 주택이 되었을 것이다. 그런데 『진서』「동이열전」〈숙신씨전〉에는 "여름철에는 나무 위에서 살았고 겨울철에는 땅굴에서 살았다."[34]는 기록이 있는 것으로 보아 여름철에는 원두막 같은 집에서 살기도 했던 것 같다.

읍루의 주민들은 사회신분에 차등이 있었지만 공동체의식은 강했다. 그들은 마을 한가운데 공중변소를 만들어놓고 그 주위에 집을 짓고 살았다.[35] 마을 주민들이 화장실을 함께 사용했던 것이다. 이렇게 마을 주민들이 화장실을 공동으로 사용하는 것은 오늘날에도 중국의 촌락에서 흔히 볼 수 있는 것으로 공동체의식이 강했음을 말해준다.

읍루 지역에는 험준한 산이 많았을 뿐만 아니라 여름에는 매우 덥고 겨울에는 혹독하게 추워 사람이 살기에 열악한 자연환경이었다.[36] 그러나 읍루 사람들은 강한 공동체의식을 기반으로 이러한 자연환경을 개척하여 오곡과 마포를 생산하고 소·말·돼지 등의 가축을 길러 농업과 목축을 발전시켰다. 자연산물 가운데 붉은 옥과 질 좋은 담비가죽은 외국

---

34 『진서』 권97, 「동이열전」 〈숙신씨전〉. "夏則巢居, 冬則穴處."

35 『후한서』 권85, 「동이열전」 〈읍루전〉. "作廁於中, 圜之而居."; 『삼국지』 권30, 「동이전」 〈읍루전〉. "作溷在中央, 人圍其表居." 이 구절들을 일반적으로 "방 중앙에 변소를 만들어놓고 둥그렇게 모여 산다."고 번역하는데 그것은 읍루의 문화 수준을 낮게 보려는 선입관이 작용한 때문이다. 그보다는 마을의 중앙에 공중변소를 만들어 함께 사용했다고 보는 것이 타당할 것이다.

36 『후한서』 권85, 「동이열전」 〈읍루전〉. "土地多山險." "處於山林之間." "夏則裸袒, 以尺布蔽其前後."; 『삼국지』 권30, 「동이전」 〈읍루전〉에도 같은 내용이 보인다.

에 널리 알려진 특산물이었다.[37] 특히 돼지는 고기는 먹고 가죽은 옷을 만들었으며, 털은 포(布)를 짜는 데 사용했고, 돼지기름은 겨울에 바람과 추위를 막기 위해 몸에 바르는 데 이용하여 읍루 사람들에게는 매우 중요한 가축이었다.[38]

『진서』「동이열전」〈숙신씨전〉에는, "읍루 사람들은 말이 있으나 타지 않고 단지 재산으로만 여겼다."[39]는 기록이 보인다. 읍루는 그 지역의 자연환경으로 보아 동부여나 고구려보다 유목적 요소가 훨씬 많았을 것으로 생각된다. 따라서 그들이 말을 가지고 있으면서 타지 않았다는 것은 믿기 어렵다. 유목민들은 말을 매우 귀중하게 여기는데 종족에 따라서는 그들이 소유한 전마(戰馬)를 평소에는 타지 않고 그 힘을 축적했다. 읍루 사람들도 말을 매우 귀중하게 여겨 아끼기 때문에 평소에는 잘 타지 않았던 것으로 생각된다. 위의 〈숙신씨전〉 내용은 그러한 상황을 말할 것이다.[40]

읍루 사람들은 매우 우수한 활을 생산했고 그것을 잘 다루었는데, 이는 숙신족의 전통이 이어진 것이다. 고조선의 거수국이었던 숙신은 특

---

37 『후한서』 권85, 「동이열전」 〈읍루전〉. "有五穀·麻布, 出赤玉·好貂." "好養豕, 食其肉, 衣其皮." ; 『삼국지』 권30, 「동이전」 〈읍루전〉. "有五穀·牛·馬·麻布." "其俗好養猪, 食其肉, 衣其皮." "出赤玉·好貂, 今所謂挹婁貂是也." ; 『진서』 「동이열전」 〈숙신씨전〉에는, 읍루에 소와 양이 없었다고 기록되어 있다. 그런데 위의 『삼국지』에는 소가 사육되었다고 하여 다르게 말하고 있다. 소는 농경과 깊은 관계가 있는데, 읍루에는 농경을 하는 지역이 많지 않아서 소의 사육이 일반화되지 않았기 때문에 다르게 기록된 것이 아닌가 생각된다.

38 『진서』 권97, 「동이열전」 〈숙신씨전〉. "多畜猪, 食其肉, 衣其皮, 績毛以爲布." ; 『후한서』 권85, 「동이열전」 〈읍루전〉. "冬以豬膏塗身, 厚數分, 以禦風寒."

39 『진서』 권97, 「동이열전」 〈숙신씨전〉. "有馬不乘, 但以爲財產而已."

40 국사편찬위원회, 『중국정사조선전 역주』 1, 국사편찬위원회, 1987, p. 356 참조.

산품인 활·화살·돌화살촉 등의 무기를 자주 중국으로 수출했다.[41] 중국인들은 그것을 매우 귀중하게 여겼는데, 서주 무왕은 그의 큰딸인 태희(太喜)가 결혼할 때 돌화살촉에 숙신이 보낸 것이라는 명문을 새겨 예물로 주면서 가보로 전하도록 하기도 했다.[42] 읍루는 바로 이러한 숙신의 전통을 계승하고 있었던 것이다. 또한 읍루 사람들은 힘이 세고 용감하며 전쟁을 잘해 주변국들을 자주 침범했기 때문에 모두 두려워하는 존재였다. 『후한서』「동이열전」〈읍루전〉에,

> 그 종족의 수는 비록 적지만 매우 용감하고 힘이 세며 험한 산중에 살았다. 또 활을 잘 쏘아서 사람의 눈을 쏘아 꿰뚫을 수 있었다. 활의 길이는 넉 자였는데 그 힘이 쇠뇌와 같았다. 화살대는 호(楛)나무를 사용했는데 그 길이는 한 자 여덟 치였다. 청석(青石)으로 화살촉을 만들고 촉에는 모두 독약을 바르므로 사람이 맞으면 즉사했다. 배를 잘 타고 노략질을 좋아했으므로 이웃 나라들이 꺼리고 걱정거리로 여겼으나 끝내 굴복시키지 못했다.[43]

고 한 것은 그러한 사정을 알게 해준다. 『삼국지』「동이전」〈읍루전〉에도 이와 같은 내용이 실려 있다.[44]

---

41 윤내현, 「고조선과 중국의 교섭」, 앞 책 『고조선 연구』 하, pp. 441~442, 452~453.

42 『국어』 권5, 「노어(魯語)」 하.

43 『후한서』 권85, 「동이열전」 〈읍루전〉. "種衆雖少, 而多勇力, 處山險, 又善射, 發能入人目. 弓長四尺, 力如弩. 矢用楛, 長一尺八寸, 青石爲鏃, 鏃皆施毒, 中人卽死. 便乘船, 好寇盜, 鄰國畏患, 而卒不能服."

44 『삼국지』 권30, 「동이전」 〈읍루전〉에는, 활과 화살의 전통은 숙신으로부터 이어진 것이라는 내용이 추가되어 있다.

그런데 읍루 사람들은 여름에는 몹시 덥고 겨울에는 혹독하게 추운 기후에서 생활했을 뿐만 아니라, 읍루가 건국되기 전에는 나라가 존재하지 않아 통제 없는 사회에서 생활했기 때문에 풍속이 다른 나라들보다 자유로운 편이었다. 『후한서』 「동이열전」 〈읍루전〉에,

> 겨울에는 돼지기름을 몸에 바르는데 그 두께를 몇 푼이나 되게 하여 바람과 추위를 막는다. 여름에는 알몸에다 한 자 정도의 베 조각으로 앞뒤만 가리고 다닌다. 그 사람들은 더러운 냄새가 나고 불결하다.[45]

고 한 것은 그러한 사정을 말해준다. 다른 나라 사람들이 보기에는 읍루 사람들이 겨울에 몸에 돼지기름을 바르고 다닌 것이라든가 여름에 베 한 조각으로 앞뒤를 가리고 다닌 것이 매우 불결하고 미개해 보였을 것이다. 따라서 『후한서』 「동이열전」과 『삼국지』 「동이전」 〈읍루전〉 기록자들은 읍루의 풍속을 평하여,

> 동이들은 음식을 먹을 때 대부분 조두(俎豆)를 사용했으나 오직 읍루만이 그러지 못했으니 그 법도나 풍속이 (동이 가운데에서) 가장 기강이 없었다.[46]

고 했다. 읍루를 세운 숙신족은 고조선의 문화를 계승하고 있어서 수준

45 『후한서』 권85, 「동이열전」 〈읍루전〉. "冬以豕膏塗身, 厚數分, 以禦風寒. 夏則裸袒, 以尺布蔽其前後, 其人臭穢不潔." ; 『삼국지』 권30, 「동이전」 〈읍루전〉에도 같은 내용이 실려 있다.

46 『후한서』 권85, 「동이열전」 〈읍루전〉.

이 높았겠지만, 읍루가 건국되기 전 그 지역에는 국가가 없었기 때문에 토착인들의 사회 수준이나 문화 수준은 다른 나라보다 낮은 것이 당연하다. 그러나 이들의 풍속이나 문화를 단순히 미개했던 것으로 평가해서는 안 된다. 그보다는 그 지역의 혹독한 자연환경의 산물이라는 점에서 하나의 문화 유형으로 이해해야 할 것이다.

읍루는 동부여의 지배층 내부에 분열이 일어나고 국력이 약화된 기회를 이용해[47] 나라를 재건했는데, 263년 무렵에 읍루가 중국 위나라에 사신을 보낸 기록이 있는 것으로 보아[48] 이 시기에 어느 정도 국권을 회복했던 것 같다. 그 후 언제 읍루가 멸망했는지는 분명하지 않지만, 읍루의 후신이라는 물길(勿吉)에 관한 기록인 〈물길전(勿吉傳)〉이 『위서』에 실려 있고 연흥 연간(471~475년)의 기록에 물길이 을력지(乙力支)라는 사람을 사신으로 북위에 보냈다고 되어 있는 것으로 보아,[49] 읍루는 이보다 앞서 나라 이름이 물길로 바뀌었던 것으로 생각된다.[50]

---

47 246년에 위나라의 유주자사 관구검이 고구려를 침략하면서 동부여에 지원을 요청하자 동부여의 간위거왕은 군량을 공급했다(『삼국지』 권4, 「삼소제기」 〈정시 7년〉조 ; 권30, 「동이전」 〈부여전〉 ; 『삼국사기』 권17, 「고구려본기」 〈동천왕 20년〉조 등 참조). 이 때문에 동부여 왕실 내부에는 분열이 일어나게 되었다. 당시 우가(牛加)의 자리에 있던 간위거왕의 숙부는 위나라에 군량을 지원하는 왕의 행동에 대해 반감을 가지고 있었는데, 이를 알아차린 간위거왕은 그의 숙부 부자를 죽이고 재산을 몰수했던 것이다(『삼국지』 권30, 「동이전」 〈부여전〉). 이러한 지배층 내부의 분열은 국력의 약화를 가져왔을 것이다.

48 주 20 참조.

49 『위서』 권100, 「열전」 〈물길전〉. "去延興中, 遣使乙力支朝獻."

50 『북제서』 권4, 「문선제기(文宣帝紀)」 〈천보(天保) 5년〉조에, "가을 7월 무자(戊子)에 숙신이 사신을 보내 조공했다(秋七月戊子, 肅愼遣使朝貢)."는 기록이 있는 것을 들어 읍루가 이때까지 존재했다고 보는 견해가 있으나 여기에 나오는 숙신이 읍루라는 근거는 없다. 숙신은 원래 오늘날 요서 지역에 있었으나 고조선이 붕괴되면서 오늘날 연해주로 이주하여 읍루를 세웠으므로 원래의 숙신 거주지인 오늘날 요서 지역에 숙신족이 일부 남아 있었을 것이다. 이들은 나중에도 숙신이라 불렸을 것이다. 그리고 연해주의

4. 동옥저의 사회와 문화

오늘날 함경북도 동북 끝인 두만강에서 함경남도에 이르기까지 해안을 따라 있었던 동옥저는 서기전 1세기 후반에 건국되어 그 일부인 북옥저는 서기전 28년에, 동옥저 전체는 서기 56년에 고구려에 병합되었으므로 불과 100여 년이라는 짧은 기간 동안 존재했다.

동옥저의 영토는 동서로는 좁고 남북으로는 길어 사방 1천 리를 반으로 접은 것 같은 형상이었는데,[51] 산을 등지고 바다를 향해 있으며 토질이 비옥하여 오곡이 잘 자라고 농사짓기에 적합했다.[52] 따라서 농업이 발달했을 뿐만 아니라 물고기·소금·해초류 등의 해산물도 풍부했다.[53] 그러나 소와 말은 많지 않았다.[54] 『삼국지』 「동이전」 〈동옥저전〉에 따르면 동옥저의 가구 수는 5천 호쯤이었다고 하므로[55] 한 가구의 인원을 5명으로 계산하여 동옥저의 인구를 2만 5,000명 정도로 추산할 수 있다.

『후한서』 「동이열전」과 『삼국지』 「동이전」의 〈동옥저전〉을 보면 동옥저의 "읍락에는 각각 대를 잇는 장수가 있었다."[56]고 했으므로, 동옥저에서는 촌장을 장수라 불렀으며 이들의 신분은 세습되었음을 알 수 있

읍루는 뒤에 물길·말갈 등으로 이름이 바뀌었는데도 여전히 숙신이라는 이름이 같이 사용되었다. 그러므로 위의 〈천보 5년〉조에 보이는 숙신을 읍루로 보기는 어려울 것 같다.

51 『후한서』 권85, 「동이열전」 〈동옥저전〉. "其地東西夾, 南北長, 可折方千里."

52 『후한서』 권85, 「동이열전」 〈동옥저전〉. "土肥美, 背山向海, 宜五穀, 善田種."

53 『후한서』 권85, 「동이열전」과 『삼국지』 권30, 「동이전」 〈동옥저전〉에, 고구려는 동옥저를 병합한 뒤 물고기·소금·해초류 등을 징수했다는 기록이 보인다. 이것은 동옥저 지역에서 해산물이 풍부하게 생산되었음을 알게 해주는 것이다.

54 『삼국지』 권30, 「동이전」 〈동옥저전〉 참조.

55 『삼국지』 권30, 「동이전」 〈동옥저전〉. "戶五千."

56 주 13·14와 같음.

다. 그리고 『삼국지』「동이전」〈동옥저전〉에는, 동옥저에는 원래 거수가 있었는데 당시 이들은 스스로 삼로(三老)라 일컬었으며 고구려에서는 동옥저를 병합한 뒤 그 지역 인물 가운데서 대인(大人)을 두어 사자(使者)로 삼아 토착 거수와 함께 통치하게 하고 대가(大加)로 하여금 조세를 통괄하여 수납하도록 했다는 기록도 보인다.[57] 열국시대에는 일반 주민을 하호(下戶)라 했으므로 위 기록을 종합해볼 때 동옥저는 하호·장수·삼로·대가·왕실 등의 신분으로 구성된 사회 구조를 하고 있었음을 알 수 있다. 이는 단편적인 기록들을 근거로 한 것이므로 동옥저의 사회 구조를 충분히 설명했다고 말할 수는 없다. 그러나 동옥저 사회는 신분 분화가 명확했고 그것이 세습되었다는 것을 알 수 있다.

동옥저 사람들은 성질이 질박하고 정직하며 굳세고 용감했는데 특히 창을 잘 다루며 보전(步戰)에 능했다.[58] 그리고 그들의 언어와 음식·거처·의복 등은 고구려와 비슷했다.[59] 동옥저는 원래 옥저로서 부여·고구려 등과 더불어 고조선의 거수국이었기 때문에 같은 문화 배경을 가지고 있었던 것이다.

동옥저에는 민며느리 풍속이 있었음이 『위략』에 전해온다. 여자의 나이가 10살이 되기 전에 혼인을 약속하고 신랑 집에서 그 여자를 데려다 길러 장성하면 다시 친정으로 돌아가게 하고는 여자의 집에 돈을 지불한 뒤 신랑 집으로 오게 하여 아내로 삼았다는 것이다.[60] 신랑이 여자

57 『삼국지』 권30, 「동이전」 〈동옥저전〉. "沃沮諸邑落渠帥, 皆自稱三老. …… 句麗復置其中大人爲使者, 使相主領. 又使大加統責其租稅."

58 『후한서』 권85, 「동이열전」 〈동옥저전〉. "人性質直彊勇, 便持矛步戰."; 『삼국지』 권30, 「동이전」 〈동옥저전〉에도 같은 내용이 실려 있다.

59 『후한서』 권85, 「동이열전」 〈동옥저전〉. "言語·飮食·居處·衣服類似句驪."

60 『삼국지』 권30, 「동이전」 〈동옥저전〉에 실린 『위략』. "其嫁娶之法, 女年十歲, 已相設

집에 돈을 지불한 것은 신랑이 가족을 보호할 경제력이 있음을 보여주기 위한 것이었다고 생각된다.

동옥저 사람들은 장사 지낼 때 길이가 10여 장(丈)이나 되고 한쪽 끝부분에 문을 설치한 큰 목곽(木槨)을 만들어 유골을 넣을 수 있도록 했다. 사람이 죽으면 우선 시체를 임시로 매장하여 가죽과 살을 모두 썩게 한 뒤에 뼈만 추려 곽 속에 안치했다. 온 집안 식구의 유골을 모두 하나의 곽에 넣어두며 살아 있을 때와 같은 모습으로 죽은 사람의 숫자대로 목상(木像)을 만들었다. 또 질솥에 쌀을 담아서 곽의 문 곁에다 매달아 놓았다.

시체를 가매장하여 가죽과 살이 모두 썩은 뒤에 뼈만 추려 가족의 곽에 넣는 풍속은 오늘날에도 비슷한 유풍으로 남아 있다. 죽은 사람을 일단 가매장하여 가죽과 살을 모두 썩게 한 뒤에 그 유골을 선산(先山)으로 이장하는 풍속이 그것이다. 그리고 죽은 사람과 닮은 목상을 만들어 보관했다는 것은 오늘날 사망한 사람을 잊지 않기 위해 위패나 사진을 보관하는 것과 같은 의미를 지녔을 것이다.

동옥저 사람들이 온 집안 식구의 유골을 하나의 곽 속에 함께 안치했다는 것은, 가족을 기초로 한 공동체의식이 매우 강했음을 보여준다. 형식은 지역에 따라 다소 다르다고 하더라도 고대사회에서 공동묘장제도가 출현한 것은, 씨족은 살아서는 한곳에 모여 살면서 사회조직의 기초가 되고 사망한 뒤에도 같은 곳에 묻혀 함께 있어야 한다는 의식이 작용했기 때문인 것이다. 이러한 생각으로 가족을 같은 곳에 함께 묻는 것은 구석기시대 말기에 보이기 시작하여 신석기시대에는 씨족이 일정한

許. 壻家迎之, 長養以爲婦, 至成人, 更還女家. 女家責錢, 錢畢, 乃復還壻."

곳에 함께 묻히는 공동묘지가 출현했던 것이다.

아메리카 인디언 사회에서도 촉타(Choctas)와 체로키(Cherokee) 종족은 사망자의 뼈를 특별한 용기에 넣어 사당에 안장했는데 같은 씨족은 같은 사당에 들어갔으며, 투스카로라(Tuscarora) 종족은 같은 공동묘지에 묻혔는데 그 공동묘지 안에는 씨족의 줄이 있어서 같은 씨족은 같은 줄에 묻혔다.[61] 비록 매장 방법은 다르지만 동옥저의 풍속도 바로 이러한 씨족 관념의 전통에서 나온 것이었다고 보아야 할 것이다.

동옥저는 영토가 좁고 인구도 적은 나라로서 부여·고구려·동예 등의 큰 나라와 국경을 접하고 있어 그 사이에서 핍박을 받다가 결국 고구려에 병합되었던 것이다.[62] 동옥저는 동북쪽 읍루의 노략질에도 항상 대비해야 했다. 읍루는 배를 타고 다니며 노략질하기를 좋아했으므로, 읍루와 맞닿아 있었던 북옥저 사람들은 그들을 두려워하여 여름철에는 언제나 깊은 산속의 바위굴에서 살면서 수비하고, 겨울철에 얼음이 얼어 뱃길이 통하지 않아야 산에서 내려와 마을에서 살았다고 한다.[63]

동옥저는 고구려에 병합된 뒤 원래 고구려에 속해 있었던 하호보다도 낮은 대우를 받아 노예는 아니었지만 노복과 같은 처지에 있었다. 고구려는 그 지역 사람을 뽑아 대인을 두고 그를 사자(使者)로 삼아 토착의 거수와 함께 동옥저 지역을 통치하도록 했다. 또 대가로 하여금 조세를 통괄 수납하도록 했는데, 맥(貊)·포(布)·어(魚)·염(鹽)·해초류 등을

---

61 모건 지음, 최달곤·정동호 옮김, 『고대사회』, 현암사, 1978, pp. 94~95.

62 『후한서』 권85, 「동이열전」 〈동옥저전〉. “其土迫小, 介於大國之間, 遂臣屬句驪.”; 『삼국지』 권30, 「동이전」 〈동옥저전〉. “國小, 迫于大國之間, 遂臣屬句麗.”

63 『삼국지』 권30, 「동이전」 〈동옥저전〉. “挹婁喜乘船寇鈔, 北沃沮畏之, 夏月恆在山巖深穴中爲守備, 冬月冰凍, 船道不通, 乃下居村落.”; 『후한서』 권85, 「동이열전」 〈동옥저전〉에도 같은 내용이 보인다.

천 리나 되는 먼 곳에서 져 나르게 했다. 그리고 동옥저의 미인을 고구려에 보내도록 하여 첩이나 종으로 삼기도 했다.[64]

동옥저의 북부인 북옥저에 동부여가 있었다는 견해가 있다.[65] 그것은 『후한서』「동이열전」과 『삼국지』「동이전」에 등장하는 오늘날 길림성 북부와 내몽골자치구 동부 및 흑룡강성 지역에 있었던 부여를 북부여로 인식하고 북부여의 동쪽에 동부여가 있었으므로 그렇다면 동부여의 위치는 함경도 지역이 되어야 한다고 생각한 것이다. 그러나 그것은 잘못이다. 북부여는 오늘날 난하 상류 유역에 있었고 오늘날 길림성 북부와 내몽골자치구 동부 및 흑룡강성 지역에 있었던 부여, 즉 『후한서』「동이열전」과 『삼국지』「동이전」에 등장하는 부여는 동부여였던 것이다.[66]

5. 동예의 사회와 문화

『후한서』「동이열전」과 『삼국지』「동이전」〈예전〉에 따르면, 동예는 북쪽은 고구려·동옥저와, 남쪽은 진한과 접했고 동쪽은 바다, 서쪽은 최씨낙랑국과 접했다.[67] 그런데 고구려는 오늘날 평안북도와 길림성 남

---

64 『후한서』 권85, 「동이열전」〈동옥저전〉. "句驪復置其中大人爲使者, 以相監領, 責其租稅, 貂·布·魚·鹽·海中植物, 發美女爲婢妾焉." ; 『삼국지』 권30, 「동이전」〈동옥저전〉, "句麗復置其中大人爲使者, 使相主領, 又使大加, 統責其租稅, 貊布·魚·鹽·海中食物, 千里擔負致之, 又送其美女, 以爲婢妾, 遇之如奴僕."

65 노태돈, 「부여국의 경역과 그 변천」, 『국사관논총』, 제4집, 1989, p. 45.

66 이 책의 제1장 Ⅱ「동부여의 건국과 위치」 참조.

67 『후한서』 권85, 「동이열전」〈예전〉. "濊北與高句驪·沃沮, 南與辰韓接, 東窮大海, 西至樂浪." ; 『삼국지』 권30, 「동이전」〈예전〉, "濊南與辰韓, 北與高句麗·沃沮接, 東窮大海, 今朝鮮之東皆其地也."

부에, 동옥저는 오늘날 함경남북도에, 최씨낙랑국은 오늘날 평안남도에, 진한은 오늘날 경상북도에 있었으므로 동예의 위치는 오늘날 함경남도 남부에서 강원도 지역이었음을 알 수 있다.

동예는 읍루·동옥저와 마찬가지로 서기전 1세기 후반에 건국되어 서기 245년 이전에 멸망했을 것으로 추정되므로,[68] 읍루나 동옥저보다는 오래 존속했지만 열국시대의 다른 나라들보다는 단명한 왕조였다. 동예 사람들은 보전(步戰)에 능했는데 길이가 3장(丈)이나 되는 창을 만들어 때로는 여러 사람이 함께 잡고 사용하기도 했다. 동예에서는 낙랑단궁(樂浪檀弓)이라는 명궁이 생산되었다.[69]

동예 지역은 평야가 부족하고 산악이 많아서 산과 강은 그들의 중요한 생활 터전이었다. 그랬기 때문에 모든 산과 강에는 마을 소유의 경계가 있어서 다른 마을 사람은 그곳을 함부로 침범하면 안 되었다.[70] 이로 보아 동예 사람들의 생활에서 산이나 강에서 할 수 있는 사냥·고기잡이·그러모으기 등은 큰 비중을 차지했던 것으로 생각된다.

그러나 동예인들은 오늘날 강원도 지역으로 이주하기 전 고조선의 거수국으로, 오늘날 요서 지역에 위치했던 시기에 이미 발달한 농경생활 경험을 가지고 있었으므로 이곳으로 이주한 뒤에도 농업이 경제생활에서 주가 되었던 것으로 보인다. 『후한서』 「동이열전」 〈예전〉에, "삼을 심고 누에를 기를 줄 알며 무명베를 짜고 새벽에 별자리의 움직임을 관찰

---

68 주 26 본문 참조.

69 『후한서』 권85, 「동이열전」 〈예전〉. "能步戰, 作矛長三丈, 或數人共持之. 樂浪檀弓出其地."

70 『후한서』 권85, 「동이열전」 〈예전〉. "其俗重山川, 山川各有部界, 不得妄相干涉." ; 같은 내용이 『삼국지』 권30, 「동이전」 〈예전〉에도 있다.

하여 그해에 풍년이 들 것인지 흉년이 들 것인지를 미리 알았다."[71]는 기록이 보이는데, 이것은 동예 사람들이 농경을 했음은 물론 길쌈을 해서 삼베와 명주·무명베 등을 생산했음을 알게 해준다. 특히 동예 사람들은 오랜 농경의 경험으로 새벽의 별자리 움직임을 보고 그해의 농사 결과를 미리 예측했는데, 이것은 훗날 천문학의 발달을 가져오게 했을 것이다.

여기서 관심을 끄는 것은 동예에서 이 시기에 이미 무명베가 생산되었다는 점이다. 흔히 한국에 목화가 전달된 것은 고려 때 문익점이 중국에서 목화씨를 가져온 것이 처음이라고 알려져 있다. 따라서 그 전에는 무명베가 생산되지 않았다고 믿어왔다. 그러나 그러한 견해는 잘못된 것이다. 한국에서는 열국시대에 이미 무명베가 생산되었다. 문익점이 중국에서 가져온 목화씨는 아마도 그 이전에 재배되던 것보다 생산량이 많은 신품종이었을 것이다.

동예는 산악 지역이면서 해변에 위치했으므로 멧짐승과 해산물이 생산되었다. 『후한서』「동이열전」〈예전〉에 따르면, 동예에는 표범이 많이 살고 있었고 과하마(果下馬)가 생산되었으며 바다에서는 반어(班魚)가 잡혔는데, 이러한 것들은 동예의 특산물로서 중국에 수출되었다.[72]

『삼국지』「동이전」〈예전〉에 따르면 동예의 가구 수는 2만 호였다고

---

71 『후한서』 권85, 「동이열전」〈예전〉. "知種麻, 養蠶, 作緜布. 曉候星宿, 豫知年歲豐約."; 『삼국지』 권30, 「동이전」〈예전〉. "有麻布, 蠶桑作緜, 曉候星宿, 豫知年歲豐約." 면포(緜布)는 원래 비단을 뜻했으나 무명베가 생산된 뒤로는 무명베를 뜻하는 것으로 그 의미가 바뀌었다. 『후한서』와 『삼국지』가 편찬될 당시 중국에서는 이미 무명베가 생산되었으므로 위 문장에 나오는 면포는 무명베로 해석하는 것이 옳을 것이다.

72 『후한서』 권85, 「동이열전」〈예전〉. "又多文豹, 有果下馬, 海出班魚, 使來皆獻之."

하므로[73] 1호의 거주인을 5명으로 보면 동예의 총인구는 10만 명쯤 되었을 것이다. 동예에는 "그 관직으로 후(侯)·읍군·삼로 등이 있어 하호를 통치했다."[74]고 한 것으로 보아 당시 다른 나라들과 마찬가지로 동예에서도 일반 주민을 하호라 불렀음을 알 수 있는데, 그 위에 삼로·읍군·후·왕실 등의 신분이 있었음을 알 수 있다. 이것은 동예에 관한 단편적인 기록을 통해 본 것이므로 동예의 사회 구조를 완전하게 설명했다고는 말할 수 없지만 당시 동예는 신분 분화가 명확한 사회였음을 알 수 있다. 이것은 동예가 인류사회의 진화 과정에서 상당히 발달한 국가 단계에 도달해 있었음을 알게 해준다.

『삼국지』「동이전」〈예전〉에 따르면, 동예 노인들은 예로부터 스스로 말하기를 고구려와 같은 종족이라고 했는데, 동예 사람들은 성품이 조심스럽고 진실하며 욕심이 적고 염치가 있어 남에게 구걸하거나 도움을 청하지 않았다. 그리고 언어와 법령 및 풍속은 대체로 고구려와 같았고 의복은 다소 다른 점이 있었다.[75]

동예의 노인들이 자신들은 고구려와 같은 종족이라고 말한 것은, 동예가 고구려와 더불어 고조선의 거수국이었기 때문이다. 그들은 원래 같은 국가에 속해 있었기 때문에 같은 겨레라는 의식을 가지고 있었던 것이다. 그리고 이들의 언어와 법령 및 풍속이 고구려와 같은 것도 이들이 원래 고구려·부여 등과 더불어 고조선의 거수국이었기 때문이다. 이들은 고조선의 거수국으로 있으면서 공통의 문화 요소를 갖게 되었던

---

73 『삼국지』 권30, 「동이전」〈예전〉. "戶二萬."

74 주 15·16과 같음.

75 『삼국지』 권30, 「동이전」〈예전〉. "其耆老舊自謂與句麗同種. 其人性愿慤, 少嗜欲, 有廉恥, 不請匄. 言語法俗大抵與句麗同, 衣服有異."; 『후한서』 권85, 「동이열전」〈예전〉. "耆舊自謂與句驪同種, 言語法俗大抵相類. 其人性愚慤, 少嗜欲, 不請匄."

것이다. 특히 동예의 법령이 고구려와 같았다는 것은 동예의 사회 수준이 고구려와 대등했음을 말해주는 것이다. 그리고 의복에 고구려와 차이점이 있었던 것은 자연환경의 차이에서 오는 생활의 차이 때문이었을 것이다.

동예에서는 사람의 생명과 재산을 철저하게 보호하여 사람을 죽인 사람은 사형에 처했고, 각 마을 생활권의 경계를 함부로 침범하면 그 벌로 노예와 소·말 등을 부과했는데 이를 '책화(責禍)'라 했다. 동예의 법령은 엄격했기 때문에 도둑질하는 사람이 거의 없었다.[76] 이와 같이 동예의 법이 엄격했다는 것은 동예가 발달한 국가 단계의 사회였음을 알게 해주는 것이다.

동예 사람들이 입었던 옷은 남녀가 모두 목둘레의 옷깃을 둥글게 만든 곡령(曲領)이었는데 남자의 경우는 넓이가 여러 치 되는 은화를 옷깃에 꿰매어 장식했다.[77] 이것은 고구려 사람들이 비단에 수놓은 옷을 입고 금과 은으로 장식했던 것과 아주 비슷하다고 볼 수 있다.[78]

동예 사람들은 같은 성끼리는 결혼하지 않았다. 이것은 동성끼리는 결혼하지 않은 한민족의 풍속과 같은 것이다. 또 동예 사람들은 꺼리고 금하는 것이 많아서 병을 앓거나 사람이 죽으면 바로 옛 집을 버리고 다시 새 집을 지어서 살았다.[79] 병자나 사망한 사람이 살았던 집은 위생

---

76 『후한서』 권30, 「동이열전」 〈예전〉. "邑落有相侵犯者, 輒相罰, 責生口牛馬, 名之爲責禍. 殺人者償死. 少寇盜."; 『삼국지』 권30, 「동이전」 〈예전〉에도 같은 내용이 실려 있다.

77 『삼국지』 권30, 「동이전」 〈예전〉. "男女衣皆著曲領, 男子繫銀花廣數寸以爲飾."; 『후한서』 권85, 「동이열전」 〈예전〉. "男女皆衣曲領."

78 『삼국지』 권30, 「동이전」 〈고구려전〉 참조.

79 『후한서』 권85, 「동이열전」 〈예전〉. "多所忌諱, 疾病死亡, 輒捐棄舊宅, 更造新居."; 『삼국지』 권85, 「동이전」 〈예전〉에도 같은 내용이 실려 있다.

상 좋지 않다고 생각했던 것이다.

동예에서는 해마다 10월이면 하느님에게 제사를 지냈는데 모든 사람이 밤낮으로 술 마시며 노래 부르고 춤을 추었으며 이를 '무천(舞天)'이라 했다.[80] 이와 같은 행사가 부여·고구려·한에도 있었는데 동부여에서는 매년 12월에 열어 영고라 했고, 고구려에서는 동예와 같은 시기인 10월에 열어 동맹(東盟)이라 했으며, 한에서는 매년 5월과 10월 두 번에 걸쳐 있었는데 이를 일반적으로 5월제·10월제라 부른다.[81]

열국시대에 가장 북쪽에 있었던 동부여에서 고구려와 동예를 거쳐 가장 남쪽의 한에 이르기까지 한반도와 만주에 있었던 여러 나라가 하느님을 섬기는 제천의식을 똑같이 가지고 있었다는 것은 이들이 같은 종교를 가지고 있었음을 말해준다. 이는 하느님을 최고신으로 섬겼던 고조선의 선교를 이어받은 것이었다.

여기서 유의해야 할 것은, 제천의식과 같은 큰 행사가 있을 때에는 나라 안의 모든 사람이 함께 음식을 먹고 술을 마시며 노래하고 춤을 추었다는 점이다. 중국에서는 신분이 다른 사람이 함께 음식을 먹고 술 마시며 노래하고 춤춘다는 것은 상상도 할 수 없는 일이다. 이것은 열국시대가 비록 신분제 사회이기는 했지만 신분에 대한 차별대우가 심하지 않았음을 말해준다. 한민족의 사회에는 모든 사람이 더불어 행복하게 살아야 한다는 홍익인간 정신이 자리하고 있었기 때문일 것이다.

동예 사람들은 하느님을 최고신으로 받드는 한편, 호랑이도 신으로

---

80 『후한서』 권85, 「동이열전」 〈예전〉. "常用十月祭天, 晝夜飮酒歌舞, 名之爲舞天." ; 『삼국지』 권30, 「동이전」 〈예전〉에도 같은 내용이 실려 있다.

81 『후한서』 권85, 「동이열전」과 『삼국지』 권30, 「동이전」 참조.

섬겨 제사 지냈다.[82] 하느님을 섬기는 것은 고조선 이래 한민족 전체의 신앙으로 열국시대에도 여러 나라가 모두 하느님을 최고신으로 받들었지만 호랑이는 예족의 수호신이었기 때문에 예족 사이에서만 받들어졌던 것이다. 단군사화(壇君史話)에는 각 씨족의 수호신으로 환웅과 곰·호랑이가 등장하는데 이 호랑이는 예족의 수호신이었을 것이다.[83] 이로 보아 예족은 고조선 건국세력 가운데 하나였음을 알 수 있다.

여기서 한 가지 짚고 넘어가야 할 것이 있다. 그것은 『삼국지』「동이전」〈예전〉에 불내예(不耐濊)에 관한 기록이 보인다는 것이다. 245년(정시 6년)에 단단대령(單單大領) 동쪽에 있었던 불내예가 고구려에 복속되자 중국 위나라의 낙랑태수 유무와 대방태수 궁준이 이를 쳤으며, 247년(정시 8년)에 불내예가 조공을 하자 위나라 조정은 불내예의 통치자를 불내예왕으로 봉했다는 것이다. 그 후 불내예왕은 백성들 사이에 섞여 살면서 계절마다 위나라에 와서 조알(朝謁)했다는 것이다.[84]

이 기록은 동예가 247년 무렵까지도 대군장이 없는 낙후된 사회였음을 알게 하는 것이라고 보는 견해가 있다.[85] 비록 불내예의 통치자가 위나라에게 불내예왕으로 봉함을 받았지만 백성들 사이에 섞여 살 정도로 정치적 권위가 없었으므로 실제로 동예는 대군장이 없는 사회가 계속되었다는 것이다. 그러나 이 견해는 잘못된 것이다. 불내예는 위나라와 고

---

82 『후한서』 권85, 「동이열전」 〈예전〉. "又祠虎以爲神." ; 『삼국지』 권30, 「동이전」 〈예전〉. "又祭虎以爲神."

83 윤내현, 「고조선의 종교와 사상」, 앞 책 『고조선 연구』 하, p. 376 참조.

84 『삼국지』 권30, 「동이전」 〈예전〉. "正始六年, 樂浪太守劉茂·帶方太守弓遵以領東濊屬句麗, 興師伐之. 不耐侯等擧邑降. 其八年, 詣闕朝貢, 詔更拜不耐濊王. 居處雜在民間, 四時詣郡朝謁."

85 국사편찬위원회, 앞 책, p. 281.

구려 사이에 있었으므로 그 위치는 오늘날 요서 지역으로 동예가 아니었다. 불내예의 거주지는 예족이 오늘날 강원도 지역으로 이주하여 동예를 건국하기 전 고조선시대의 거주지로 그곳에 예족의 일부가 남아 있어 불내예라 불렸던 것이다.

6. 마치며

지금까지 고조선을 계승한 여러 국가 가운데 가장 동쪽의 바닷가에 남북으로 연접해 있던 읍루·동옥저·동예의 사회 수준과 사회 성격 그리고 문화 내용 등을 살펴보았다.

우선 위치를 보면 읍루가 가장 북쪽으로 오늘날 연해주 지역에, 동옥저는 오늘날 함경남북도 지역에, 동예는 오늘날 함경남도 남부에서 강원도 지역에 걸쳐 있었다.

이들은 모두 오늘날 요서 지역에 있었던 고조선의 거수국들이 이동하여 세운 나라들인데 읍루는 숙신이, 동옥저는 옥저가, 동예는 예가 이동하여 건국했다. 동옥저는 북옥저와 남옥저로 나뉘어 있었는데 북옥저는 치구루라고도 불렸다. 그리고 동예 지역에는 맥족이 집단을 이루고 거주했으므로 동예는 예맥이라고도 불렸고 맥족의 거주지는 맥국이라고도 불렸다. 이들의 건국 연대에 관해서는 기록이 남아 있지 않은데 당시 주변의 정치 상황으로 보아 서기전 1세기 무렵으로 추정된다. 그리고 읍루는 서기 6년 이전에 동부여의 신하 나라가 되었으며 북옥저는 서기전 28년에, 동옥저는 서기 56년에 고구려에 병합되었고 동예는 서기 245년 이전에 멸망했다. 모두 단명한 왕조였다.

지금까지는 읍루·동옥저·동예의 사회를 매우 낙후한 수준으로 인식하여 왕이나 군장 또는 대군장과 같은 통치자가 없었을 것으로 보았는데 그것은 잘못임이 확인되었다. 그러한 견해는 『후한서』「동이열전」과 『삼국지』「동이전」 기록에 따른 것인데, 앞에서 본 바와 같이 이들은 『후한서』와 『삼국지』가 편찬되던 시기에는 이미 멸망하여 다른 나라에 속해 있었으므로 왕이나 군장 또는 대군장과 같은 최고 통치자가 없었기 때문에 그렇게 기록되었던 것이다. 읍루·동옥저·동예는 비록 단명하기는 했지만 동부여나 고구려 등과 거의 대등한 수준의 사회로서 왕이 통치했던 독립국이었다.

읍루의 인구는 기록이 남아 있지 않아 알 수가 없다. 동옥저의 가구 수는 5천 호쯤 되었다고 하므로 총인구는 2만 5,000명 정도 되었을 것이고, 동예의 가구 수는 2만 호쯤 되었다고 하므로 총인구는 10만 명쯤 되었을 것이다. 읍루 사람들은 힘이 세고 용감하며 전쟁을 잘하여 주위의 나라들을 자주 침범했기 때문에 모두 두려워하는 존재였으며, 동옥저 사람들은 성질이 질박하고 정직하며 굳세고 용감했는데 특히 창을 잘 다루며 보전(步戰)에 능했고, 동예 사람들은 성품이 조심스럽고 진실하며 욕심이 적고 염치가 있어 남에게 구걸하거나 도움을 청하지 않았다. 원래 동옥저는 옥저, 동예는 예로서 그들은 고구려와 더불어 고조선의 거수국이었기 때문에 스스로 고구려와 같은 종족이라고 생각했는데 언어·음식·법령·풍속이 대체로 고구려와 같았다.

그러나 읍루만은 다른 점이 있었다. 읍루가 있었던 오늘날 연해주 지역에는 읍루가 건국되기 전부터 한민족과 체형이나 체질이 비슷한 사람들이 거주하고 있었지만 그들의 말이나 문화 내용에는 한민족과 다른 점이 많았다. 이 지역은 완전한 고조선 영토가 아니었기 때문이다. 그러나 읍루의 지배족인 숙신족은 한민족이었고 읍루는 한민족의 나라인 동부여의 지배를 오랫동안 받았기 때문에 읍루는 한민족의 국가로 보아야 하며 그 주민들은 유사 한민족이라 할 수 있다. 뒤에 발해가 이 지역을 차지한 것은 이러한 역사적 배경과 관계가 있다.

읍루는 하호·대인·대가·왕실, 동옥저는 하호·장수·삼로(거수)·대가·왕실, 동예는 하호·삼로·읍군·후·왕실 등으로 사회신분이 나뉘어 있어 신분 분화가 명확한 사회였다. 이것은 인류사회의 진화 과정에서 볼 때 상당히 발달한 국가 단계였음을 말해준다. 그러나 읍루·동옥저·동예 사람들은 사회신분에 차등이 있었는데도 공동체의식은 매우 강했다. 읍루에서 마을의 중앙에 공중변소를 만들어놓고 함께 사용했던 것은 공동체의식이 강했음을 알게 해주는 것이고, 동옥저 사람들이 한 가족의 유골을 같은 목곽에 안치했던 장례 풍속은 씨족조직의 기초가 되는 가족의식이 강했음을 보여주는 것이며, 동예에서 같은 성끼리 결혼하지 않았던 것도 씨족의식에서 출발한 것이었다.

읍루 지역에는 험준한 산이 많았을 뿐만 아니라 여름에는 매우 덥고 겨울에는 혹독하게 추워 사람이 살기에 열악한 자연환경이었지만 읍루 사람들은 강한 공동체의식을 기반으로 이러한 자연환경을 개척하여 오곡과 마포를 생산하고 소·말·돼지 등의 가축을 길러 농업과 목축을 발전시켰다. 자연산물 가운데 붉은 옥과 질 좋은 담비가죽은 외국에 널리 알려진 특산물이었다. 동옥저는 산을 등지고 바다를 향해 있었고 토질이 농사짓기에 알맞아 농업이 발달했을 뿐만 아니라 물고기·소금·해초류 등의 해산물이 풍부했다. 그러나 소와 말은 많지 않았다. 동예 지역은 평야가 부족하고 산악이 많아서 산과 강은 그들의 중요한 생활 터전이었다. 그러나 농업이 경제생활의 주가 되었다. 그들은 농경과 더불어 길쌈을 하여 삼베·명주·무명베 등을 생산했다. 목화는 고려 때 문익점이 처음으로 한국에 들여온 것으로 알려져 있으나 열국시대에 동예에서 이미 무명베가 생산되었으므로 문익점이 중국에서 가져온 목화씨는 그 이전에 재배하던 것보다 생산량이 많은 신품종이었을 것으로 생각된다. 동예는 산악 지역이면서 해변에 위치했으므로 멧짐승과 해산물도 생산되었다.

읍루와 동예에서는 좋은 활이 생산되었다. 읍루 사람들은 매우 우수한 활을 생산했고 그것을 잘 다루었는데 이는 숙신족의 전통이 이어진 것이다. 동예에서도 낙랑단궁이라는 명궁이 생산되었으며 동예 사람들은 보전에 능했는데 길이가 3장이나 되는 긴 창을 사용하기도 했다.

동예에서는 법령이 엄격했기 때문에 도둑질하는 사람이 거의 없었다. 그리고 병을 앓거나 사람이 죽으면 위생상 좋지 않다고 생각하여 바로 옛 집을 버리고 다시 새 집을 지어서 살았다. 이러한 점은 동옥저도 마찬가지였을 가능성이 있다. 또 동예에서는 해마다 10월이면 하느님에게 제사를 지내는 '무천'이라는 풍속이 있었는데, 이와 같은 풍속이 동부여와 고구려·한 등에도 있었다. 열국시대에 가장 북쪽에 있었던 동부여부터 고구려와 동예를 거쳐 가장 남쪽의 한에 이르기까지 한반도와 만주에 있었던 여러 나라가 하느님을 섬기는 제천의식을 똑같이 가지고 있었다는 것은 이들이 같은 종교를 가지고 있었음을 말해준다. 이것은 하느님을 최고신으로 섬겼던 고조선의 선교를 이어받은 것이었다.

제천의식과 같은 큰 행사가 있을 때에는 나라 안의 모든 사람이 함께 술 마시고 노래하며 춤을 추었는데, 이것은 열국시대가 비록 신분제사회이기는 했지만 신분에 대한 차별대우가 심하지 않았음을 알게 해준다. 한민족의 사회에는 모든 사람이 더불어 행복하게 살아야 한다는 홍익인간 이념이 자리하고 있었기 때문이다.

동예 사람들은 호랑이도 신으로 섬겼다. 하느님은 고조선 이래 한민족 전체의 최고신이었으며 호랑이는 예족의 수호신으로서 예족 사이에서만 받들어졌다. 단군사화에 등장하는 호랑이는 바로 예족의 수호신이었다. 예족은 고조선 건국에 참여한 종족이었던 것이다. 동예의 멸망이나 그 뒤의 상황에 대해서는 기록이 남아 있지 않아 알 수가 없지만 245년 이전에 멸망되었을 것으로 추정되는데 그 북부는 고구려에, 남부는 신라에 통합되었을 것이다.

읍루를 세운 숙신족은 비록 고조선의 문화를 계승하고 있었지만 그 지역 토착인들은 사회 수준이나 문화 수준이 다른 나라보다 낮았다. 그러나 이들의 풍속이나 문화를 단순히 미개했던 것으로 평가해서는 안 될 것이며 그 지역의 혹독한 자연환경의 산물이라는 점에서 하나의 문화 유형으로 이해해야 할 것이다. 동부여에 병합되어 있던 읍루는 263년 무렵에 어느 정도 국권이 회복되었는데, 470년 이전에 나라 이름이 물길로 바뀌었다.

동옥저는 영토가 좁고 인구도 적은 나라로 주변의 큰 나라들에게 핍박을 받다가 결국 56년에 완전히 고구려에 병합되었는데, 그 후 그들은 원래 고구려에 속해 있었던 하호보다도 낮은 대우를 받아 노예는 아니었지만 노복과 같은 처지에 있었다. 일부 학자들은 북옥저를 동부여로 보지만 그것은 잘못된 것이다. 그들이 북부여로 보는 오늘날 길림성 북부와 내몽골자치구 동부 및 흑룡강성을 차지하고 있었던 부여는 북부여가 아니라 동부여였던 것이다.

IV 한의 사회 수준과 성격

1. 들어가며

여기서는 한(韓)의 사회 수준과 성격을 확인해보자. 한은 고조선의 뒤를 이은 열국 가운데 하나로 한반도 남부에 있었다. 그러므로 고조선의 붕괴 과정에서 일어난 사회 혼란이 북방 지역보다는 덜했을 것이고, 고조선의 국가 성격이나 사회 성격을 많이 보존하고 있었을 가능성이 있다. 그리고 한은 고조선의 뒤를 이었기 때문에 사회 수준이나 경제 수준은 고조선보다 낮지 않았을 것이다. 그런데도 지난날 일부 학자들은 한의 사회 수준을 너무 낮게 평가했다. 한은 국가 이전의 사회 단계일 것으로 본 것이라든가, 한에 속해 있었던 여러 국들을 한의 거수국이 아니라 독립된 정치집단으로 본 것[1] 등은 그런 예다. 고조선이 이미 국가 단

1 한에 속한 국들을 군장사회나 치프덤 등으로 본 것이 대표적이다(김정배, 「삼한사회의 '국(國)'의 해석문제」, 『한국고대의 국가기원과 형성』, 고려대 출판부, pp. 223~240).

계의 사회였는데, 그 뒤를 이은 한이 국가 단계의 사회가 아니었다면 고조선 이후의 한반도는 발전했던 것이 아니라 퇴보했다는 특수한 상황이 되어야 한다.

하지만 그러한 상황으로 보기는 어려울 것 같다. 비록 단편적이기는 하지만 한이 고조선보다 발전한 사회였을 것이라는 점을 말해주는 자료가 보이기 때문이다. 예컨대 한에는 준엄한 법이 있었다고 말한 것이라든가, 진한 지역에서는 철이 많이 생산되어 중국·동예·왜 등의 외국에 수출했다고 말한 『후한서』와 『삼국지』의 기록 등이 그것이다. 법의 존재는 그 사회가 국가 단계였음을 말해주는 것인데, 법이 준엄했다면 그 법은 상당히 발달한 것으로 그 사회가 국가 단계에 들어선 지 오래되었음을 알게 해주는 것이다. 그리고 고조선은 전기와 중기는 청동기시대였고 후기는 철기시대였는데, 한은 철을 수출할 정도였으므로 고조선보다는 발달한 철기사회였던 것이다. 따라서 한의 사회 수준은 고조선보다 높은 단계였을 가능성이 있다.

『후한서』「동이열전」과 『삼국지』「동이전」에 따르면 한은 78개의 거수국으로 구성되어 있었는데, 이러한 국가 구조는 기본적으로 고조선의 것을 이어받은 것이다. 그리고 한의 각 거수국에 하느님을 받드는 천군(天君)이라는 종교지도자가 있었고 여러 곳에 소도(蘇塗)라는 종교 성지가 있었던 것은, 고조선에서 하느님을 최고신으로 받들었던 것이나 신단(神壇)이라는 종교 성지가 있었던 것과 비슷하다. 이러한 것들은 고조선의 사회 성격이 한에 계승되고 있었음을 보여준다.

따라서 한은 고조선의 국가 구조와 사회 성격을 비교적 충실하게 이어받은 발전한 사회였음을 시사받게 된다. 이러한 한 사회의 수준과 성격에 대한 고찰과 그 결과는 열국시대 사회 전체를 구명하는 기초 자료가 될 것이다. 따라서 이 글은 단순히 한에 대한 인식의 차원에서 그치는 것이 아니라 열국시대의 사회상을 총체적으로 이해하는 기초가 된다는 점에서 의미가 있을 것이다.

2. 한의 국가 구조

잘 알려져 있는 바와 같이 한에 관한 기본사료는 『후한서』 「동이열전」과 『삼국지』 「동이전」 〈한전〉이다. 그런데 지난날 일부 학자들은 『삼국지』가 『후한서』보다 먼저 편찬되었다는 이유 때문에 한국 고대사 연구에서 『후한서』 「동이열전」보다 『삼국지』 「동이전」이 사료로서 더 가치가 있는 것으로 평가했다. 그 결과 한국 고대사를 연구하는 데 『삼국지』 「동이전」만을 사료로 채택하는 경우를 많이 보게 된다.

그런데 『후한서』가 『삼국지』보다 먼저 편찬된 것은 사실이지만 『후한서』와 『삼국지』는 중국의 동한시대와 삼국시대라는 각각 다른 시대에 관한 역사서이다. 그리고 『후한서』가 『삼국지』보다 늦게 편찬되었다고는 하지만 『후한서』는 예로부터 전해오던 그 나름의 사료에 기초하여 편찬되었다. 그러므로 『후한서』와 『삼국지』는 각각 독자적인 가치를 지니고 있는 역사서라는 점을 필자는 이미 지적한 바 있다.[2] 이 점은 『후한서』와 『삼국지』 〈한전〉도 마찬가지다.

여기서 『후한서』 「동이열전」 〈한전〉과 『삼국지』 「동이전」 〈한전〉 기록을 살펴볼 필요가 있다. 한이 어떤 사회 구조를 지닌 국가였는지를 알기 위해 그에 관한 사료를 보면 『후한서』 「동이열전」 〈한전〉에, 한에는 마

---

2 윤내현, 「고조선 관계 사료」, 『고조선 연구』 상, 만권당, 2015, pp. 32~34 ; 이 책의 「여는 글」 '2. 기본사료와 이용 방법' 참조.

한·진한·변진이라는 3개의 지역이 있었고 78개의 국으로 구성되어 있었다고 기록되어 있다.[3] 그리고 『삼국지』 「동이전」 〈한전〉에는,

> 한(韓)은 대방의 남쪽에 있는데 동쪽과 서쪽은 바다로 한계를 삼고 남쪽은 왜와 접경하여 면적이 사방 4천 리쯤 된다. 세 종류가 있으니, 첫째는 마한, 둘째는 진한, 셋째는 변한인데, 진한은 옛 진국이다. …… 원양국(爰襄國)·모수국(牟水國)·상외국(桑外國)·소석색국(小石索國)·대석색국(大石索國)·우휴모탁국(優休牟涿國)·신분고국(臣濆沽國)·백제국(伯濟國)·속로부사국(速盧不斯國)·일화국(日華國)·고탄자국(古誕者國)·고리국(古離國)·노람국(怒藍國)·월지국(月支國)·자리모노국(咨離牟盧國)·소위건국(素謂乾國)·고원국(古爰國)·막로국(莫盧國)·비리국(卑離國)·점리비국(占離卑國)·신흔국(臣釁國)·지침국(支侵國)·구로국(狗盧國)·비미국(卑彌國)·감해비리국(監奚卑離國)·고포국(古蒲國)·치리국국(致利鞠國)·염로국(冉路國)·아림국(兒林國)·사로국(駟盧國)·내비리국(內卑離國)·감해국(感奚國)·만로국(萬盧國)·벽비리국(辟卑離國)·구사오단국(臼斯烏旦國)·일리국(一離國)·불미국(不彌國)·지반국(支半國)·구소국(狗素國)·첩로국(捷盧國)·모로비리국(牟盧卑離國)·신소도국(臣蘇塗國)·막로국(莫盧國)·고랍국(古臘國)·임소반국(臨素半國)·신운신국(臣雲新國)·여래비리국(如來卑離國)·초산도비리국(楚山塗卑離國)·일난국(一難國)·구해국(狗奚國)·불운국(不雲國)·불사분야국(不斯濆邪國)·원지국(爰池國)·건마국(乾馬國)·초리국

---

3 『후한서』 권85, 「동이열전」 〈한전〉. "韓有三種, 一曰馬韓, 二曰辰韓, 三曰弁辰. 馬韓在西, 有五十四國, 其北與樂浪, 南與倭接. 辰韓在東, 十有二國, 其北與濊貊接. 弁辰在辰韓之南, 亦十有二國, 其南亦與倭接. 凡七十八國."

> (楚離國) 등 모두 50여 국이 있었다. …… 진한은 마한의 동쪽에 있었는데…… 처음에는 6국이었으나 점차 나뉘어 12국이 되었다. 변진도 12국이었다. …… 이저국(已柢國)·불사국(不斯國)·변진미리미동국(弁辰彌離彌凍國)·변진접도국(弁辰接塗國)·근기국(勤耆國)·난미리미동국(難彌離彌凍國)·변진고자미동국(弁辰古資彌凍國)·변진고순시국(弁辰古淳是國)·염해국(冉奚國)·변진반로국(弁辰半路國)·변진낙노국(弁辰樂路國)·군미국[軍彌國(변군미국弁軍彌國)]·변진미오야마국(弁辰彌烏邪馬國)·여담국(如湛國)·변진감로국(弁辰甘路國)·호로국(戶路國)·주선국[州鮮國(마연국馬延國)]·변진구야국(弁辰狗邪國)·변진주조마국(弁辰走漕馬國)·변진안야국[弁辰安邪國(마연국馬延國)]·변진독로국(弁辰瀆盧國)·사로국(斯盧國)·우유국(優由國) 등이 있어서 변한과 진한의 합계가 24국이었다.[4]

고 하여 한에 있었던 78국의 이름이 기록되어 있고, 전체 내용이 『후한서』「동이열전」〈한전〉보다는 자세하다. 『후한서』〈한전〉에 실린 내용을 더 구체적으로 기록한 것이라고 말할 수 있다.

그런데 『삼국지』가 『후한서』보다 먼저 편찬되었고 『삼국지』「동이전」과 『후한서』「동이열전」의 내용은 골격이 거의 비슷하면서도 『삼국지』가 더 자세하다는 이유로 『후한서』「동이열전」은 『삼국지』「동이전」을 축약해서 베꼈을 것으로 일부 학자들은 보아왔다. 그러나 『후한서』는 『삼국지』와는 다른 사료를 근거로 하여 편찬되었으므로 그렇게 보는 것은 잘못이다. 『후한서』「동이열전」과 『삼국지』「동이전」의 내용이 비슷

4 『삼국지』 권30, 「동이전」〈한전〉.

한 것은, 역사란 창작이 아니라 있었던 사실을 기술한 것이기 때문이다.

『후한서』「동이열전」 서문에, 중국인들은 한나라가 중흥한 뒤부터 이웃 이민족들에 대해 알게 되었으며 그것을 사서에 기록할 수 있게 되었다고 말하고 있다.[5] 그러한 지식은 시대가 올라갈수록 빈약했을 것이다. 한반도와 만주에 대한 중국인들의 지식도 동한시대에는 삼국시대보다 빈약했을 것이다. 그러니 『후한서』「동이열전」은 『삼국지』「동이전」보다 내용이 빈약할 수밖에 없었을 것이다. 『후한서』「동이열전」에는 한에 78개의 국이 있었다고만 기록되어 있는 반면, 『삼국지』「동이전」에는 그 국명들이 자세히 기록된 것도 그러한 상황이 반영된 것으로 보아야 할 것이다.

그런데 『삼국지』가 3세기에 편찬되었다는 이유 때문에 『삼국지』「동이전」 〈한전〉에 78개의 국이 있었다고 기록된 내용은 3세기의 한반도 남부 상황을 말한 것이라고 믿는 학자들이 있다. 그것은 잘못 생각한 것이다. 『후한서』「동이열전」이나 『삼국지』「동이전」은 당시 상황을 기록하는 것이 주된 목적이기는 했지만 그 이전의 상황도 싣고 있다. 『삼국지』「동이전」 기록만 봐도 〈고구려전〉의 왕망(서기 8~23년)부터 건안 연간(서기 196~220년)까지, 〈동옥저전〉의 위만(서기전 195년)부터 건무 6년(서기 30년)까지, 〈예전〉의 기자(서기전 12세기)부터 서한 무제(서기전 141~87년)까지, 〈한전〉의 제후 준(서기전 195년 무렵)부터 건안 연간까지의 내용은 분명히 『삼국지』가 주된 대상으로 하고 있는 중국의 삼국시대보다 앞선 시대의 상황이다.[6]

---

5 『후한서』 권85, 「동이열전」 〈한전〉. "自中興之後, 四夷來賓, 雖時有乖畔, 而使驛不絶, 故國俗風土, 可得略記."

6 『삼국지』 권30, 「오환선비동이전」 〈동이전〉 부분 참조.

그러므로 『삼국지』 〈한전〉에 보이는 78개의 국을 『삼국지』가 편찬된 3세기에 한반도에 있었던 국들의 명칭이라고 단정할 수는 없다. 『후한서』 「동이열전」 〈한전〉에는 마한의 진왕이 한의 전 지역(마한·진한·변한 또는 변진)을 다스렸던 것으로 기록되어 있고, 『삼국지』 「동이전」 〈한전〉에는 진왕이 12국 정도만을 다스렸던 것으로 되어 있는데, 이것은 한의 영토가 줄어들었음을 의미한다. 『삼국사기』와 『삼국유사』 기록에 따르면 한이 있었던 한반도 남부에서는 백제·신라·가야 등이 건국되어 영토를 확장하고 있었다. 그러므로 한의 진왕이 통치했던 영역은 줄어들 수밖에 없었다.[7] 『후한서』 「동이열전」 〈한전〉과 『삼국지』 「동이전」 〈한전〉의 내용 차이는 바로 이러한 상황의 변화를 말하고 있다고 보아야 할 것이다. 다시 말하면 『후한서』와 『삼국지』의 한전이 말한 한의 78국은 한 초기에 있었던 나라들이며, 『삼국지』가 편찬된 3세기에는 이들 국의 대부분은 백제·신라·가야에 병합되었고 12국 정도만 한에 속해 있었다고 보아야 한다.

이에 대해 다음과 같은 의문이 제기될 수 있다. 『삼국지』가 편찬되던 시기에 백제·신라·가야가 이미 건국되어 영토를 확장하고 있었는데 『삼국지』 「동이전」 한전에는 백제·신라·가야의 이름만 보일 뿐[8] 영토 확장에 관한 당시의 상황이 자세히 기록되어 있지 않은 것은 어떤 이유에서였을까 하는 것이다. 그것은 한이 중국과는 멀리 떨어져 있어서 당시의 상황을 중국인들이 자세히 알지 못했을 수도 있고, 중국과는 별로

---

7 윤내현, 「목지국과 월지국」, 『용암차문섭박사화갑기념사학논총』, 1989, pp. 52~58 ; 이 책의 제1장 V 「한의 독립과 강역 변천」 참조.

8 주 4에 인용된 한의 거수국 명칭에 백제국 = 백제, 변진구야국 = 가야, 사로국 = 신라 등이 보인다.

이해관계가 없는 지역이기 때문에 자세하게 언급할 필요성을 느끼지 않았을 수도 있는 것이다.

그런데 이 국들은 한에 속해 있었던 나라들이므로 이들이 독립국일 수는 없다. 만약 이들이 독립국이었다면 이들을 묶어 한이라는 하나의 항목에 포함시켜 서술했을 리가 없다. 그러므로 이들은 한이라는 국가에 속해 있었던 국들이었다고 보아야 한다. 『후한서』와 『삼국지』 〈한전〉에 이들이 '국(國)'이라고 표기되었다는 이유 때문에 이들을 독립된 정치집단(군장사회, chiefdom)으로 보는 학자가 있다. 그러나 '국(國)' 자는 원래 국가를 의미하는 문자가 아니었고 서주시대에 제후가 거주하는 읍을 지칭하는 문자로 만들어졌는데, 그 의미가 확대되어 제후국을 뜻하게 되었다.[9]

『후한서』 「동이열전」 〈한전〉에 진왕은 한의 전 지역을 다스렸다고 했으므로, 그 지역에 있었던 78국은 모두 한에 속해 진왕의 통치를 받았다고 보아야 할 것이다. '진(辰)'이나 '신'은 한국 고대어에서 크다는 의미였으므로 진왕은 78개의 국을 거느린 큰 왕 또는 대왕(大王)을 의미했을 것이다. 진왕의 통치를 받았던 한의 78국 지배자는 거수라 불렸던 것으로 보인다. 『후한서』 「동이열전」 〈한전〉에,

> 여러 작은 별읍(別邑)에는 각각 거수가 있는데, 강대한 자를 신지(臣智)라 이름하고 다음에 검측(儉側)이 있으며 다음에는 번지(樊秖)가 있고 다음에는 살해(殺奚)가 있으며 다음에는 읍차(邑借)가 있다.[10]

9 윤내현, 『상주사(商周史)』, 민음사, 1984, pp. 128~130 ; 니시지마 사다오 지음, 변인석 옮김, 『중국고대사회경제사』, 학문사, 1985, pp. 34~36.

10 『후한서』 권85, 「동이열전」 〈한전〉. "諸小別邑, 各有渠帥, 大者名臣智, 次有儉側, 次

했고 『삼국지』「동이전」〈한전〉의 '마한'조에는,

> (나라마다) 각각 장사(長帥)가 있는데, 세력이 강대한 사람은 스스로 신지라 이름하고 그다음은 읍차라 했다.[11]

고 했고 '변진'조에는,

> 변진도 12국인데 여러 작은 별읍에도 각각 거수가 있다. 그 가운데 세력이 큰 사람을 신지라 이름하고 그다음에 험측(險側)이 있으며 다음에는 번예(樊濊)가 있고 다음에는 살해가 있으며 다음에는 읍차가 있다.[12]

고 했다. 이 기록들을 종합해볼 때 한에서는 여러 소국의 지배자를 거수라 불렀는데, 마한 지역에서는 이들을 장수(長帥)라고도 불렀음을 알 수 있다. 따라서 이들이 다스렸던 소국은 거수국이라 불러야 할 것이다. 이와 같은 최고 통치자가 여러 거수국을 거느리는 지방분권적인 통치 제도는 고조선에서 이미 실시되었던 것으로,[13] 한의 제도는 고조선의 그것을 계승했다고 볼 수 있다.

위의 인용문 내용에 따르면 한의 거수들은 세력 규모에 따라 신지(臣智)·검측(儉側)·번지(樊秖)·살해(殺奚)·읍차(邑借) 등의 작위가 있었

有樊秖, 次有殺奚, 次有邑借."

11 『삼국지』 권30, 「동이전」 〈한전〉. "各有長帥, 大者自名爲臣智, 其次爲邑借."

12 『삼국지』 권30, 「동이전」 〈한전〉. "弁辰亦十二國, 又有諸小別邑, 各有渠帥, 大者名臣智, 其次有險側, 次有樊濊, 次有殺奚, 次有邑借."

13 윤내현, 「고조선의 국가 구조」, 『고조선 연구』 하, 만권당, 2016, pp. 30~85.

다.[14] 이러한 다섯 종류의 작위는 중국의 서주에서 제후들에게 주어졌던 공(公)·후(侯)·백(伯)·자(子)·남(男)이라는 다섯 등급의 작위와 비슷했을 것으로 생각된다.

한에 속해 있었던 거수국들은 진왕에 대해 일정한 의무를 지고 있었던 것으로 보인다. 그러한 내용은 마한과 백제의 관계에서 확인된다. 『후한서』「동이열전」〈한전〉에서는 백제를 한에 있었던 78개 국 가운데 하나라고 했고,[15] 『삼국지』「동이전」〈한전〉에는 마한에 있었던 50여 국의 이름 가운데 백제국이 보인다.[16] 그러므로 백제는 독립국이 되기 전에는 한에 속해 있었던 거수국이었음을 알 수 있다. 『삼국사기』「백제본기」〈시조 온조왕〉조에,

> 10년 가을 9월에 왕이 사냥을 나가서 신록을 잡아 마한에 보냈다.[17]

> 13년 …… 가을 8월에는 마한에 사신을 보내 천도를 보고하고 강역을 획정했는데, 북쪽은 패하에 이르고 남쪽은 웅천에 한(限)하고 서쪽은 대해(大海)에 이르고 동쪽은 주양(走壤)에 극(極)했다.[18]

---

14 『삼국지』「동이전」〈한전〉에는 검측을 험측, 번지를 번예라 하여 『후한서』「동이열전」〈한전〉과 달리 기록했으나 앞선 시대의 사료를 바탕으로 기록한 『후한서』에 따랐다. 그리고 마한 지역에는 다섯 종류의 작위 가운데 신지와 읍차만 있었던 것으로 기록되어 있는데, 그 이유는 마한 지역은 진한이나 변한 지역보다 인구밀도가 높은 거수국이 많아 신지와 읍차 사이에 해당하는 검측·번지·살해 등의 작위가 많지 않았기 때문인 것으로 생각된다.

15 『후한서』 권85, 「동이열전」〈한전〉. "伯濟是其一國焉."

16 주 4 참조.

17 『삼국사기』 권23, 「백제본기」〈시조 온조왕〉조. "十年, 秋九月, 王出獵獲神鹿, 以送馬韓."

18 『삼국사기』 권23, 「백제본기」〈시조 온조왕〉조. "十三年, …… 八月, 遣使馬韓告遷都, 遂劃定疆埸, 北至浿河, 南限熊川, 西窮大海, 東極走壤."

18년 겨울 10월에 말갈이 엄습해 오니 왕이 군사를 거느리고 칠중하(七重河)에서 맞아 싸워 추장 소모를 사로잡아 마한에 보내고 그 나머지 적들은 모두 구덩이에 묻어 죽였다.[19]

등의 기록이 보인다.

백제의 온조왕이 사냥해서 잡은 신록을 마한에 보냈다는 것은 그 지역의 생산품을 마한에 보냈다는 것으로, 이러한 형식의 조공이 있었을 가능성이 있으며, 도읍의 이동과 강역의 범위를 보고했다는 것은 정치적으로 중요한 사항을 보고했음을 알게 해준다. 그리고 전쟁에서 사로잡은 말갈의 추장을 보냈다는 것은 전쟁의 결과를 보고하고 주요 전리품을 바쳤음을 알게 해준다.

위의 인용문에는 백제에서 이러한 것들을 보내거나 보고한 대상이 마한이었다고 기록되어 있지만, 앞에서 말한 바와 같이 마한의 진왕이 한 전체를 통치했으므로 백제에서 보고한 대상은 마한의 진왕이었을 것이다. 이로 미루어보아 백제의 온조왕은 마한의 진왕에게 일정한 의무를 지고 있었음을 알 수 있는데, 위의 인용문에 나타난 것들은 그러한 의무 가운데 일부에 불과할 것이다.

각 지역의 거수들이 진왕에 대해 공납의 의무를 지고 있었음은 『삼국사기』의 다음 기록에서도 확인된다. 즉 『삼국사기』 「신라본기」 〈시조 혁거세 거서간〉조에,

38년 2월 호공(瓠公)을 마한에 보내서 수빙(修聘)했는데 마한왕이 호공

19 『삼국사기』 권23, 「백제본기」 〈시조 온조왕〉조. "十八年, 冬十月, 靺鞨掩至, 王帥兵逆戰於七重河, 虜獲酋長素牟送馬韓, 其餘賊盡坑之."

을 꾸짖어서 말하기를, 진한·변한 두 한은 우리의 속국인데 근년에는 직공(職貢)을 보내지 아니하니 대국을 섬기는 예가 이 같을 수 있느냐고 했다.[20]

고 한 것에서 알 수 있다. 마한왕은 진왕으로서 신라의 사신인 호공에게 한의 속국인 진한과 변한이 요즘 들어 공납을 충실하게 이행하지 않는 것을 꾸짖고 있는 것이다. 신라는 진한 지역에 있었던 거수국 가운데 하나였기 때문에 그렇게 말했던 것이다.

그뿐만 아니라 한의 거수국들은 정치적으로 중요한 사항을 진왕의 승낙을 받아 결정했던 것으로 보인다. 이미 결정된 사항이라 하더라도 진왕의 승낙이 없으면 실행할 수 없었던 것 같다. 『삼국사기』「백제본기」〈온조왕〉조에는 백제의 온조왕이 웅천에 성책을 설치했는데, 마한의 진왕이 사신을 보내 꾸짖자 그것을 철수했다는 내용이 보인다.[21] 이러한 상황은 비록 성책에만 국한되지 않고 정치적 중요 사항들에도 적용되었을 것이다.

이상의 기록들은 한의 거수국이었던 백제가 진왕에게 일정한 의무를

---

20 『삼국사기』 권1, 「신라본기」〈시조 혁거세 거서간〉조. "三十八年, 春二月, 遣瓠公聘於馬韓, 馬韓王讓瓠公曰, 辰·弁二韓, 爲我屬國, 比年不輸職貢, 事大之禮, 其若是乎."

21 『삼국사기』 권23, 「백제본기」〈시조 온조왕〉조. "24년 가을 7월에 왕이 웅천책을 만들었는데 마한왕이 사신을 보내 꾸짖기를, '왕이 처음 하수(河水)를 건너 발 디딜 곳이 없자 내가 동북쪽 1백 리의 땅을 떼어 안거케 했으니 왕을 대우함이 두터웠다 할 것이다. 마땅히 이에 보답할 생각이 있어야 하거늘 이제 나라가 완전하고 인민이 모여드니 우리와 대적할 자가 없다 말하면서 성과 해자를 크게 만들고 우리의 강역을 침범하니 의리로 보아 그럴 수 있겠는가.' 했다. 왕은 부끄러이 여기고 드디어 책(柵)을 허물었다(二十四年, 秋七月, 王作熊川柵, 馬韓王遣使策讓曰, 王初渡河, 無所容足, 吾割東北一百里之地安之, 其待王不爲不厚, 宜思有以報之, 今以國完民聚, 謂莫與我敵, 大設城池, 侵犯我封疆, 其如義何, 王慙遂壞其柵)."

지고 있었고 정치적으로 중요한 사항의 결정은 진왕의 승낙을 받아야 했음을 알게 해준다. 그런데 이러한 백제와 진왕의 관계는 백제에만 적용되었던 것이 아니라 한에 속해 있었던 모든 거수국에 공통으로 적용되었다고 보아야 할 것이다.

거수국의 규모에 대해 『후한서』 「동이열전」 〈한전〉에는, "큰 나라는 만여 호(戶)이고 작은 나라는 수천 가(家)인데 각기 산과 바다 사이에 있었다."[22] 고 했는데, 『삼국지』 「동이전」 〈한전〉의 '마한'조에도 같은 내용이 보이며,[23] '변진'조에서는, "큰 나라는 4,000~5,000가이고 작은 나라는 600~700가였다."[24] 했다.

이로 보아 거수국들은 크기에 차이가 있었으며, 마한 지역의 거수국들이 다른 지역의 거수국들보다 규모가 컸음을 알 수 있다. 마한 지역은 한반도 남서부의 곡창지대에 자리하고 있어 거주 인구가 많았기 때문일 것이다. 그런데 각 거수국의 주민들은 한곳에 모여 도시를 이루었던 것이 아니라 여러 곳에 흩어져 많은 마을을 이루고 있었다.

『후한서』 「동이열전」 〈한전〉에, "그들은 읍락에 섞여 산다."[25] 고 한 것이라든가, 『삼국지』 「동이전」 〈한전〉에, "그들은 산과 바다 사이에 흩어져 산다."[26] 고 한 것은 이를 알게 해준다. 그런데 마을의 규모를 평균 50호 정도로 계산한다면 규모가 큰 거수국은 200여 개, 규모가 작은 거수국은 30여 개 정도의 마을로 구성되어 있었을 것이다.

지금까지 고찰한 바를 종합해보면, 한에는 최고 통치자인 진왕이 있

---

22 『후한서』 권85, 「동이열전」 〈한전〉. "大者萬餘戶, 小者數千家, 各在山海間."

23 『삼국지』 권30, 「동이전」 〈한전〉 '마한'조. "大國萬餘家, 小國數千家."

24 『삼국지』 권30, 「동이전」 〈한전〉 '변진'조. "大國四五千家, 小國六七百家, 總四五萬戶."

25 『후한서』 권85, 「동이열전」 〈한전〉. "邑落雜居."

26 『삼국지』 권30, 「동이전」 〈한전〉. "散在山海間."

었고 그 밑에는 많은 거수국이 있었다. 각 거수국은 거수에게 위임 통치되었지만, 거수들은 진왕에게 일정한 의무를 이행해야 했고 중요한 정책의 결정도 진왕의 재가를 받아야 했다. 거수들은 그가 통치하는 거수국의 크기에 따라 신지·검측·번지·살해·읍차 등의 차등적인 작위를 가지고 있었는데, 거수국의 규모는 큰 것은 200여 개의 마을, 작은 것은 30여 개의 마을로 구성되어 있었다.

3. 한의 통치 조직

위에서 확인한 바와 같이 한의 통치자는 진왕이었는데 『후한서』「동이열전」〈한전〉에는, "진왕은 목지국에 도읍하고 전체 삼한 지역의 왕으로 군림했다."[27] 고 기록되어 있고, 『삼국지』「동이전」〈한전〉에는, "진왕은 월지국을 통치했다."[28] "(변한과 진한의 24국 가운데) 12국은 진왕에게 속해 있었다."[29] 고 기록되어 있다. 『후한서』〈한전〉과 『삼국지』〈한전〉에 한의 도읍이 목지국과 월지국으로 다르게 기록되어 있는 것은 이 기간에 도읍을 옮겼기 때문일 것으로 필자는 본 바 있다.[30]

그런데 엄밀하게 말하면 목지국이나 월지국은 도읍이 아니었다. 읍(邑)은 마을을 의미하는데, 도읍(都邑)은 국가의 통치자가 거주하는 가장 우두머리 읍이라는 뜻이다. 그런데 월지국이나 목지국은 그 이름이

27 『후한서』 권85, 「동이열전」〈한전〉. "(辰王)都目支國, 盡王三韓之地."

28 『삼국지』 권30, 「동이전」〈한전〉. "辰王治月支國."

29 『삼국지』 권30, 「동이전」〈한전〉. "其十二國屬辰王."

30 윤내현, 「목지국과 월지국」, 앞 책(1989), pp. 47~66 ; 이 책의 제1장 V 「한의 독립과 강역 변천」 참조.

보여주듯이 읍이 아니라 국이었다. 그리고 앞에서 확인한 바와 같이 국은 많은 읍, 즉 마을들로 구성되어 있었다. 그러므로 목지국과 월지국은 진왕이 다스렸던 직할국이었다고 보아야 할 것이다. 앞에서 인용한 "진왕은 월지국을 통치했다."[31]는 표현은 바로 그러한 사실을 말한 것으로 보아야 할 것이다. 그리고 월지국이라는 이름이 마한에 있었던 50여 거수국의 이름에 들어 있는 것은 이를 말해준다. 그러므로 한의 도읍은 초기에는 목지국 안에 있던 어느 읍이었다가 나중에 월지국의 어느 읍으로 옮겨졌다고 보아야 할 것이다.

진왕이 거주했던 도읍과는 달리 여러 거수국에는 거수가 거주하는 국읍이 있었다. 『후한서』 「동이열전」 〈한전〉에,

> 여러 국읍에서는 한 사람이 하느님에 대한 제사를 주재했는데 천군이라 불렀다.[32]

는 기록이 있고 『삼국지』 「동이전」 〈한전〉에도,

> 귀신을 믿기 때문에 국읍은 각각 한 사람을 세워 하느님에 대한 제사를 주재했는데, 그를 이름하여 천군이라 했다.[33]

는 기록이 있는데 이 기록들은 각 거수국에 국읍이 있었음을 말해준다. 국읍에는 천군이 거주했다고만 했을 뿐 거수가 거주했다는 말은 하지

---

31 주 28과 같음.

32 『후한서』 권30, 「동이열전」 〈한전〉. "諸國邑各以一人主祭天神, 號爲天君."

33 『삼국지』 권30, 「동이전」 〈한전〉. "信鬼神, 國邑各立一人, 主祭天神, 名之天君."

않았지만 각 거수국의 거수는 당연히 국읍에 거주했을 것이다.

그러므로 한의 사회 구조는 다음과 같이 설명할 수 있다. 목지국과 월지국에 있던 도읍에는 진왕과 그 일족 및 평민 그리고 진왕과 그 일족에 봉사하는 서민·노예 등이 거주했지만 진왕과 그 일족이 주된 거주자였고, 각 거수국의 국읍에는 거수·천군과 그 일족 및 평민 그리고 이들에 봉사하는 서민·노예 등이 거주했겠지만 주된 거주자는 거수와 천군 및 그 일족이었을 것이다. 그리고 도읍과 국읍을 제외한 많은 일반 소읍이나 읍락에는 평민과 서민들이 거주했을 것이다. 이러한 신분구조를 도식화하면 진왕과 그 일족 → 거수와 그 일족 → 평민 → 서민 → 노예가 될 것이다. 그리고 천군은 종교적 특수 신분이었을 것이다.

한에는 진왕의 통치를 보필하기 위한 관직들이 있었는데, 『삼국지』 「동이전」 〈한전〉에는 한에 위솔선(魏率善)·읍군(邑君)·귀의후(歸義侯)·중랑장(中郎將)·도위(都尉)·백장(伯長) 등의 관직이 있었고, 간혹 신지(臣智)를 우대하여 신운견지보(臣雲遣支報)·안야축지(安邪蹴支)·분신리아불례(濆臣離兒不例)·구야진지렴(狗邪秦支廉)이라는 칭호를 더하기도 했다고 소개되어 있다.[34] 이 관직 이름들은 거의 중국의 관직 이름에서는 볼 수 없는 것들이다. 이것은 한에 중국과는 전혀 다른 독자적인 관직체계가 이미 세워져 있었음을 말해준다. 『삼국사기』 「백제본기」에는, "마한의 구장(舊將) 주근(周勤)이 우곡성(牛谷城)에 웅거하여 반하였다."[35]는 기록이 있는데, 이로 미루어보아 한에는 군사 업무를 주관하

---

34 『삼국지』 권30, 「동이전」 〈한전〉. "臣智或加優呼臣雲遣支報安邪蹴支濆臣離兒不例狗邪秦支廉. 其官有魏率善·邑君·歸義侯·中郎將·都尉·伯長."

35 『삼국사기』 권23, 「백제본기」 〈시조 온조왕〉조. "三十四年, 冬十月, 馬韓舊將周勤居牛谷城叛."

는 장군(將軍) 또는 장수(將帥)라는 관직도 있었던 것 같다. 위에 언급한 관직들은 한의 중앙정부에 있었던 관직의 일부에 불과할 것이다. 그리고 한의 거수국에도 이와 비슷한 관직이 존재했을 것이다.

한의 통치 조직에는 혈연적인 요소와 종교적인 요소도 있었다. 먼저 혈연 조직에 관한 기록을 보면 『후한서』「동이열전」〈한전〉에,

> (마한·변한·진한 가운데) 마한이 가장 강대하여 그 종족들이 함께 왕을 세워 진왕으로 삼아 목지국에 도읍하고 전체 삼한 지역의 왕으로 군림하며 여러 국의 왕은 선조가 모두 마한 종족 사람이었다.[36]

는 기록이 보인다. 이로 보아 각 거수국의 거수들은 그 선조가 마한 사람이었음을 알 수 있다. 그 마한 사람은 일반 평민이나 서민은 아니었을 것이며 진왕의 왕자나 근친이었을 것이다. 진왕은 그의 아들이나 근친들을 각 지역의 거수로 봉함으로써 통치 조직에서 혈연 조직을 강화해 나갔을 것이다. 통치 조직에 이러한 혈연 조직이 확립됨으로써 진왕가(辰王家)와 거수가(渠帥家) 사이에는 종가(宗家)와 분가(分家)라는 종법적(宗法的)인 관계가 성립했을 것이다.

『삼국지』「동이전」〈한전〉에는,

> 진왕은 항상 마한 사람으로 왕을 삼는데, 대대로 세습하였다.[37]

---

36 『후한서』 권85, 「동이열전」〈한전〉. "馬韓最大, 共立其種爲辰王, 都目支國, 盡王三韓之地. 其諸國王先皆是馬韓人焉."

37 『삼국지』 권30, 「동이전」〈한전〉. "辰王常用馬韓人作之, 世世相繼."

는 기록이 보인다. 이 기록은 한에서 왕위가 세습되었음을 알게 해주는데, 이러한 세습제는 중앙의 진왕에 국한되지 않고 거수국에서도 마찬가지였을 것이다. 왕위가 세습되었다는 것은 왕권이 상당히 강했다는 것을 말해준다.

통치 조직의 종교적 요소는, 각 거수국의 국읍에 하느님에 대한 제사를 주재한 천군이 있었다는 『후한서』「동이열전」과 『삼국지』「동이전」〈한전〉 기록을 통해 알 수 있다.[38] 『후한서』「동이열전」과 『삼국지』「동이전」〈한전〉에는 진왕이 어떤 신을 섬겼는지, 또는 한의 나라신이 어떤 신이었는지에 대해서는 직접 언급하지 않았다. 그러나 모든 거수국의 국읍에 하느님에 대한 제사를 주재하는 천군이 있었다고 말한 것으로 보아 한의 나라신은 하느님이었음을 알 수 있다.

그런데 한의 도읍에 천군이나 종교를 주재하는 인물이 있었다는 기록은 찾아볼 수 없다. 한의 여러 국읍에 종교를 주관하는 천군이 있었다면 도읍에도 당연히 종교를 주재하는 인물이 있었을 것이다. 그런데도 별도의 기록이 없는 것으로 보아 도읍에서 종교를 주재했던 인물은 진왕이었을 것으로 생각된다. 한의 진왕은 정치적인 최고 통치자이면서 동시에 종교적으로도 최고 지도자였던 것이다. 한에서 하느님을 최고신으로 섬긴 것이라든가 진왕이 종교와 정치를 모두 관장한 것은, 고조선에서 단군의 지위와 비슷했던 것이다. 이러한 유사성은 고조선의 제도를 이어받고 있었기 때문이다.

한의 중앙에서는 진왕이 종교와 정치를 모두 장악함으로써 강력한 권력을 가질 수 있었으나, 거수국에서는 거수가 정치만을 관장하고 종교

---

38 주 32·33 참조.

는 천군이 관장하여 정치와 종교를 분리함으로써 그 권력을 분산시켰던 것으로 보인다. 이것은 지방의 권력을 중앙보다 약화시켜 진왕의 권위를 높이기 위한 조처였을 것으로 생각된다.

한에서는 하느님을 나라신으로 섬기는 한편, 주민들을 위한 종교 성지로 소도라는 것이 있었다. 『후한서』「동이열전」〈한전〉에,

> 소도를 만들어 거기다가 큰 나무를 세우고서 방울과 북을 매달아놓고 귀신을 섬긴다.[39]

고 했고 『삼국지』「동이전」〈한전〉에는 이보다 구체적으로,

> 여러 나라에는 별읍이 있으니 그것을 소도라 한다. 그곳에 큰 나무를 세우고 방울과 북을 매달아놓고 귀신을 섬긴다. 그 지역으로 도망온 사람은 누구든 돌려보내지 아니하므로 도적질하는 것을 좋아하게 되었다. 그들이 소도를 세운 뜻은 부도(浮屠)와 같으나 행하는 바의 좋고 나쁜 점은 다르다.[40]

고 했다. 소도는 일반 주민들이 신을 섬기는 장소였는데, 죄를 짓고도 그곳으로 도망하면 돌려보내지 않아서 잡을 수 없었다고 한다. 그래서 『삼국지』〈한전〉에는 한 사람들이 도적질하는 것을 좋아했던 것처럼 기록되어 있지만 그것은 사실과 다를 것이다. 그러한 병폐도 있을 수 있다

---

39 『후한서』 권85, 「동이열전」〈한전〉. "又立蘇塗, 建大木以縣鈴鼓, 事鬼神."

40 『삼국지』 권30, 「동이전」〈한전〉. "又諸國各有別邑, 名之爲蘇塗. 立大木, 縣鈴鼓, 事鬼神. 諸亡逃其中, 皆不還之, 好作賊. 其立蘇塗之義, 有似浮屠, 而所行善惡有異."

는 것이 이 말의 참뜻일 것이다. 죄수도 일단 성스러운 종교 성지에 들어오면 보호를 받을 만큼 종교가 권위를 가지고 있었음을 말해주는 것이다. 세계 어느 지역에서나 고대사회에서는 종교가 가장 높은 지위에 있었지만 이것은 한민족의 종교에 대한 인식과 자세를 말해주는 것이기도 하다. 소도를 세운 뜻을 부도(浮屠)와 같다고 했는데, 부도는 불교를 의미하므로 소도는 불교 사찰과 같은 역할을 했음을 알 수 있다. 한의 사람들은 소도에서 현실과 내세의 행복을 빌면서 마음의 평안을 얻었을 것이며 바르게 사는 법을 깨닫고자 했을 것이다.

한의 최고신이 하느님이었다든가 한의 여러 곳에 종교 성지인 소도가 있었던 것은, 고조선의 최고신이 하느님이었고 고조선에도 중앙에 신단(神壇)이라는 종교 성지가 있었던 것과 아주 비슷하다. 이는 한이 고조선의 종교 전통을 비교적 충실하게 계승하고 있었음을 말해준다.

한에는 통치와 사회질서를 유지하기 위한 수단으로서 엄격한 법이 있었다. 그 법의 내용이 어떤 것이었는지 각 조항에 관한 기록은 남아 있지 않다. 그러나 『후한서』「동이열전」〈한전〉과 『삼국지』「동이전」〈한전〉의 '변진'조에,

> 형법이 매우 엄격하다.[41]

> 법규와 관습은 특별히 준엄하다.[42]

는 기록이 보인다. 이 기록이 〈한전〉의 '변진'조에 보인다는 이유 때문

---

41 『후한서』 권85, 「동이열전」 〈한전〉 '변진'조. "而刑法嚴峻."

42 『삼국지』 권30, 「동이전」 〈한전〉 '변진'조. "法俗特嚴峻."

에 그러한 법은 한 전체에 있었던 것이 아니라 변진 지역에만 존재했을 것으로 보는 견해가 있을 수 있다. 그러나 그렇게 볼 수는 없다. 한이 하나의 국가였는데 법이 일부 지역에만 존재하고 다른 지역에는 존재하지 않았다는 것은 상상할 수 없기 때문이다. 변진 지역에 있었던 법은 당연히 한 전체에 통용되었던 법이라고 보아야 할 것이다.

법의 존재 유무는 인류 사회의 발전 과정에서 그 사회가 국가 단계의 사회였는지 그 이전의 사회였는지를 구분하는 기준이 된다. 그런데 한국사에서는 고조선시대에 이미 범금 8조의 법이 출현하여 그 사회가 국가 단계였음이 밝혀진 바 있다.[43] 한은 고조선의 뒤를 이은 사회로서 당연히 고조선보다 발달되고 엄격한 법을 가지고 있었을 것이다. 위의 '변진'조 기록은 그러한 상황을 말하고 있는 것이다.

지금까지 살펴본 바와 같이 한의 최고 통치자인 진왕은 정치와 종교를 모두 관장하고 있었다. 그리고 한에는 거수들에게 위임 통치된 많은 거수국이 있었는데, 거수국에는 정치와 종교가 분리되어 있어 거수는 정치만을 관장했고 종교는 천군이 관장했다. 진왕은 마한에 거주했는데 왕위세습제가 이미 확립되어 있었으며 각국의 거수들도 진왕 일족으로서 대대로 세습되었다.

한의 통치 조직에는 혈연 조직과 종교 조직의 요소가 복합되어 있었으며 중국과는 다른 독자적인 관료체계도 가지고 있었다. 그리고 매우 엄격한 법이 있어서 이것이 통치와 사회질서 유지를 위한 수단으로 활용되었던 것이다.

---

43 윤내현, 「사회진화상의 고조선 위치」, 앞 책 『고조선 연구』 상, pp. 131~154.

4. 한의 사회경제

한의 경제는 농업이 바탕이었지만 상업도 발달해 있었고 해외무역도 상당한 수준에 이르렀던 것으로 보인다. 우선 농업에 관한 기록을 보면 『후한서』「동이열전」〈한전〉에,

> 마한 사람들은 농사 짓고 누에 칠 줄 알며 길쌈하여 무명베를 짰다.[44]

> (진한은) 토질이 비옥하여 오곡이 잘 자란다. 누에를 치고 뽕나무를 가꿀 줄 알며 비단과 베를 짰다.[45]

고 했고 『삼국지』「동이전」〈한전〉에도,

> 그 주민들은 토착인들로서 곡식을 심으며 누에를 치고 뽕나무를 가꿀 줄 알며 무명베를 짰다.[46]

> (변진의) 토지는 비옥하여 오곡과 벼가 잘 자란다. 누에 치고 뽕나무 가꾸는 것을 잘 알며 비단과 베를 짰다.[47]

---

44 『후한서』 권85, 「동이열전」〈한전〉. "馬韓人知田蠶, 作緜布."

45 『후한서』 권85, 「동이열전」〈한전〉'진한'조. "土地肥美, 宜五穀, 知蠶桑, 作縑布."

46 『삼국지』 권30, 「동이전」〈한전〉. "其民土著, 種植, 知蠶桑, 作綿布." 면포(緜布)는 원래 비단을 뜻했으나 나중에 무명베로 의미가 바뀌었다. 『삼국지』가 편찬된 시기에 중국에서는 이미 무명베가 생산되고 있었으므로 위 문장의 면포는 무명베로 해석하는 것이 옳을 것이다.

47 『삼국지』 권30, 「동이전」〈한전〉'변진'조. "土地肥美, 宜種五穀及稻, 曉蠶桑, 作縑布."

고 했다. 이러한 기록들은 한에서는 이미 벼를 비롯하여 오곡을 재배했고 누에를 길러 명주와 비단을 짰으며 목화를 길러 무명베를 생산했음을 알게 해준다.

황해북도 봉산군 지탑리 유적과 평양시 삼석구역 남경 유적을 비롯한 한반도와 만주의 신석기시대와 청동기시대의 유적들에서는 여러 종류의 곡물이 출토되었고,[48] 경기도 일산과 김포에서는 서기전 3000~2000년 무렵의 볍씨가 출토되었다.[49] 이와 같이 벼를 비롯한 오곡은 고조선이 건국되기 전에 이미 재배되었으므로 고조선의 뒤를 이은 한에서는 당연히 그 전통을 잇고 있었을 뿐만 아니라 한층 더 발달되어 있었을 것이다. 삼베·모직·명주 등이 고조선시대에 이미 생산되고 있었으므로[50] 한에서는 이것이 한층 일반화되었을 것이며 여러 종류의 비단이 생산되었을 것이다.

여기서 문제로 등장하는 것은 한에서 면포, 즉 무명베를 생산했다는 것이다. 한국에서 목화가 재배된 것은 1363년(고려 공민왕 12년)에 원나라에 서장관으로 갔던 문익점이 귀국할 때 목화씨를 가져온 것에서 비롯되었다고 알려져 있다. 그런데 『후한서』와 『삼국지』에서는 그보다 훨씬 앞선 한에서 이미 무명베를 생산했다고 기록하고 있는 것이다. 따라서 고려시대에 문익점이 목화를 처음으로 재배했다고 말하는 것은 수정되어야 한다.

---

48 김용간·석광준, 「남경유적에서 나온 낟알을 통하여 본 팽이그릇주민의 농업」, 『남경유적에 관한 연구』, 과학백과사전출판사, 1984, pp. 191~202 ; 장호수 엮음, 『북한의 선사고고학』 3, 청동기시대와 문화, 백산문화, 1992, p. 297의 표 참조.

49 임효재, 『한국고대문화의 흐름』, 집문당, 1992, p. 69 ; 한국선사문화연구소·경기도, 『일산 새도시 개발지역 학술조사 보고』 I , 한국선사문화연구소, 1992, p. 29.

50 윤내현, 「고조선 사람들의 의식주와 풍속」, 앞 책 『고조선 연구』 하, pp. 302~305.

목화는 여러 종류가 있다. 현재 한국에서 재배되고 있는 것만 하더라도 아시아면과 육지면 두 종류인데 경기도 이북에서는 아시아면이, 경기도 이남에서는 육지면이 주로 재배되는 것으로 알려져 있다. 목화의 종류가 많다는 점으로 미루어보아 문익점이 목화씨를 가져오기 전에도 그와는 다른 종류의 목화가 이미 한반도에서 재배되고 있었고 그것을 이용하여 무명베를 생산했다고 보아야 할 것이다. 그러던 것이 문익점이 그때까지 한국에서 재배하던 목화보다 생산성이 높고 질이 좋은 목화를 중국에서 발견하고 그 씨를 가져와 새로운 종류의 목화를 보급했다고 보아야 할 것이다.

한에서는 농업이 매우 발달했던 것으로 보인다. 지금도 한반도 남부는 강을 끼고 있는 넓은 평야로 형성된 곡창지대가 많은데 이러한 자연환경은 당시에도 큰 차이가 없었을 것이다. 한에는 농업과 관계된 풍속이 전국적으로 퍼져 있었는데 그것은 농업이 매우 일반화되어 있었음을 말해주는 것이다. 『후한서』「동이열전」〈한전〉에,

> 해마다 5월에는 농사일을 마치고 귀신에 제사를 지내는데 낮이나 밤이나 술자리를 베풀고 떼지어 노래 부르고 춤춘다. 춤을 출 때에는 수십 명이 서로 줄을 서서 따르며 땅을 밟고 장단을 맞춘다. 10월에 농사의 추수를 끝내고는 또다시 이와 같이 한다.[51]

고 했고 『삼국지』「동이전」〈한전〉에도,

---

51 『후한서』 권85, 「동이열전」〈한전〉. "常以五月田竟祭鬼神, 晝夜酒會, 群聚歌舞, 舞輒數十人相隨, 蹋地爲節. 十月農功畢, 亦復如之."

해마다 5월이면 씨뿌리기를 마치고 귀신에게 제사를 지낸다. 떼를 지어 모여서 노래와 춤을 즐기며 술 마시고 노는 데 밤낮을 가리지 않는다. 그들의 춤은 수십 명이 모두 일어나서 뒤를 따라가며 땅을 밟고 구부렸다 치켜들었다 하면서 손과 발로 서로 장단을 맞추는데 그 가락과 율동은 중국의 탁무와 비슷하다. 10월에 농사일을 마치고도 이렇게 한다.[52]

고 했다. 이것은 한의 전국적인 풍속을 기록한 것이다.

그러므로 이 기록은 한에서 농업이 전 국민의 생산활동이었음을 알게 해준다. 이러한 5월과 10월의 풍속은 신에게 풍년을 빌고 감사하는 의식이었을 것인데 떼를 지어서 했던 노래와 춤은 일종의 종교의식으로서, 오늘날의 농악과 강강술래는 이것이 발전한 것으로 생각된다. 한 사람들은 자신들의 생활에서 농업을 매우 중요하고 성스러운 생산활동으로 생각했기 때문에 신에게 풍년을 빌고 감사하는 의식을 전국적인 풍속으로 행했다고 보아야 할 것이다.

한이 있었던 한반도 남부는 지금도 물산이 풍부한 지역인데 당시에도 그런 상황은 다르지 않았던 것 같다. 『삼국지』「동이전」〈한전〉에,

동물과 초목은 대략 중국과 같다. 큰 밤이 생산되는데 그 크기가 배만큼 크다. 또 세미계(細尾雞)가 산출되는데 그 꼬리의 길이는 모두 5척 남짓 된다.[53]

---

52 『삼국지』 권30, 「동이전」 〈한전〉. "常以五月下種訖, 祭鬼神, 羣聚歌舞, 飮酒晝夜無休. 其舞, 數十人俱起相隨, 踏地低昻, 手足相應, 節奏有似鐸舞. 十月農功畢, 亦復如之."

53 『삼국지』 권30, 「동이전」 〈한전〉. "禽獸草木略與中國同. 出大栗, 大如梨. 又出細尾雞, 其尾皆長五尺餘."

고 했고 『후한서』「동이열전」〈한전〉에도,

> 큰 밤이 산출되는데 그 크기가 배만큼 크며, 꼬리가 긴 닭이 있는데 꼬리의 길이는 5척이나 된다.[54]

고 하여 한 지역의 물산이 대체로 중국과 비슷할 정도로 풍부하다고 말했다. 그리고 중국에서는 볼 수 없는 큰 배와 꼬리가 5자나 되는 세미계(細尾雞 또는 장미계長尾雞)라는 닭이 생산된다고 말하고 있다. 이로 보아 한 지역의 자연 물산은 비교적 풍부했음을 알 수 있다.

한에서는 이러한 자연 산물과 농산물·수공업 제품 등이 상품화되어 상업도 상당히 발달해 있었던 것으로 보인다. 『후한서』「동이열전」〈한전〉에,

> 마한의 서쪽 바다의 섬 위에 주호국(州胡國)이 있다. …… 배를 타고 왕래하면서 한(韓)의 국중(國中)에서 물건을 사고판다.[55]

고 했는데 같은 내용이 『삼국지』「동이전」〈한전〉에도 보인다.[56] 이로 보아 한에는 이미 시장이 개설되어 있었음을 알 수 있는데,[57] 그곳에서

---

54 『후한서』 권85, 「동이열전」〈한전〉. "出大栗如梨. 有長尾雞, 尾長五尺."

55 『후한서』 권85, 「동이열전」〈한전〉. "馬韓之西, 海島上有州胡國, …… 乘船往來, 貨市韓中." 주호국을 오늘날 제주도로 보는 견해가 있으나 제주도는 마한의 남쪽으로 그 방향이 이 기록과 맞지 않는다. 여기에서는 마한의 서쪽이라 했으므로 그 방향으로 보아 오늘날 강화도로 추정된다.

56 『삼국지』 권30, 「동이전」〈한전〉. "又有州胡在馬韓之西海中大島上, …… 乘船往來, 市買韓中."

57 다음에 인용할 『삼국지』「동이전」〈한전〉 '변진'조에는 한의 시장에서 모든 매매가 철

여러 지역에서 생산된 다양한 상품들이 거래되었을 것이다.

한은 외국과의 무역도 활발했다. 이에 관해서는 『후한서』「동이열전」〈한전〉 '진한'조에,

> 그 나라에서는 철이 생산되는데 예·왜·마한 등이 모두 와서 사간다. 모든 무역에 있어 철을 화폐로 사용한다.[58]

고 했고 『삼국지』「동이전」〈한전〉 '변진'조에도,

> 나라에서는 철이 생산되는데 한·예·왜인들이 모두 와서 사 간다. 시장에서 모든 매매는 철로 이루어져 마치 중국에서 돈을 사용하는 것과 같으며 또 (낙랑군과 대방군의) 두 군에도 공급했다.[59]

고 기록되어 있다. 이 기록은 진한 지역에서는 철이 많이 생산되어 국내의 마한은 물론, 외국의 예와 왜 그리고 중국의 낙랑군과 대방군과도 무역했음을 알게 해준다. 이 기록은 고고학적으로도 뒷받침되는데, 그동안 한반도 남부에서 발굴된 이 시기의 여러 유적에서는 매우 발달한 철기와 화폐로 사용되었던 것으로 보이는 철정(鐵鋌)이 많이 출토되었다.[60] 그리고 이 시기에 왜열도는 오랫동안 반도에서 철을 수입해 사용했다는

로 이루어졌다고 말하고 있어 시장이 개설되어 있었음을 분명하게 보여준다.

58 『후한서』 권85, 「동이열전」〈한전〉 '진한'조. "國出鐵, 濊·倭·馬韓並從市之. 凡諸貿易, 皆以鐵爲貨."

59 『삼국지』 권30, 「동이전」〈한전〉 '변진'조. "國出鐵, 韓·濊·倭皆從取之. 諸市買皆用鐵, 如中國用錢, 又以供給二郡."

60 김원룡, 『한국고고학개설』, 제3판, 일지사, 1986, p. 140·246.

데 학자들은 동의하고 있다.[61]

철이 국외로 수출될 정도였다면 당연히 다른 특산품들도 수출되었을 것이다. 그러나 당시 사회 상황에서 다른 상품들은 철만큼 큰 비중을 차지하지 못했기 때문에 기록에 남아 있지 않을 것이다. 이런 국내 교역과 국제 무역을 통해 한은 상당히 큰 경제적 이익을 얻었을 것이다.

한은 이상과 같은 국력과 경제력을 바탕으로 멀리 중국에도 사신을 보내 정치적 교류를 가졌다. 『진서』「동이열전」〈마한전〉에,

> (서진) 무제 태강 원년(280년)과 2년에 그들의 왕이 자주 사신을 파견하여 토산품을 조공했고, 태강 7년(286년), 8년(287년), 10년(289년)에도 자주 왔다. 태희(太熙) 원년(290년)에는 동이교위(東夷校尉) 하감(何龕)에게 와서 조공을 바쳤다. 함녕(咸寧) 3년(277년)에 다시 (사절이) 왔으며 이듬해에 또 내부(內附)하기를 청했다.[62]

고 했고 〈진한전〉에도,

> (서진) 무제 태강 원년(280년)에 왕이 사신을 보내 토산품을 바쳤다. 태강 2년에 다시 와서 조공했으며 태강 7년에 또 왔다.[63]

---

61 안춘배, 「고고학상에서 본 고대 한일교섭」, 『한국민족학연구』 1, 단국대 한국민족학연구소, 1993, pp. 59~61.

62 『진서』 권97, 「동이열전」 〈마한전〉. "武帝太康元年·二年, 其主頻遣使入貢方物, 七年·八年·十年, 又頻至. 太熙元年, 詣東夷校尉何龕上獻, 咸寧三年復來, 明年又請內附."

63 『진서』 권97, 「동이열전」 〈진한전〉. "武帝太康元年, 其王遣使獻方物. 二年復來朝貢, 七年又來."

고 했다. 그런데 위에 인용된 〈진한전〉은 〈마한전〉과 그 연대와 내용이 겹치고 있다. 당시에 한이 마한과 진한으로 분열되어 같은 시기에 양쪽에서 따로 사신을 보냈을 것이라고는 생각되지 않는다. 아마도 『진서』의 편찬자는 마한과 진한을 나누어 기록하면서 같은 사실을 양쪽에 수록했을 것으로 생각된다.

어떻든 위의 내용은 한이 3세기 말 무렵까지도 중국의 통일국가였던 서진과 정치적 교류를 하고 있었음을 말해준다. 그런데 고대사회에서 사신이 왕래하면서 가지고 간 토산품은 단순한 예물이 아니라 무역 상품의 성격도 갖는다. 고대에는 민간무역이 발달하지 않았기 때문에 사신 왕래를 이용한 관무역(官貿易)이 국제 무역에서 중요한 위치를 차지했다. 따라서 한이 서진과 사신 왕래를 가졌다는 것은 이를 통해 서진과 관무역이 이루어졌다는 것을 말하기도 하는 것이다.

한은 왜열도와도 교류가 있었다. 서기전 3세기 무렵에 시작되어 서기 3세기까지 약 600년 동안 왜열도에서 존속된 야요이문화(彌生文化)는 그 주요소가 한반도에서 건너간 것이라는 데 학자들은 동의하고 있다.[64] 그리고 이 문화를 가지고 한반도에서 왜열도로 건너간 이주민들은 북규슈(北九州)를 중심으로 일본의 이곳저곳에 소국들을 건립했을 것으로 보고 있다.[65] 왜열도로 이주했던 사람들은 대부분 한반도 남부에서 건너간 사람들로서 한의 주민이었던 것이다.

이와 같이 한이 서진 및 왜열도와 사신 왕래와 교류가 있었다는 것은

---

64 심봉근, 「야요이문화를 통하여 본 한·일문화의 교류관계」, 『한국사론』 16-고대 한·일관계사, 국사편찬위원회, 1986, pp. 36~65 ; 전영래, 「청동기의 비교 Ⅲ(일본과 비교)」, 『한국사론』 13-한국의 고고학 Ⅱ·하, 국사편찬위원회, 1983, pp. 448~509.

65 조희승, 『일본에서 조선소국의 형성과 발전』, 과학백과사전출판사, 1990, p. 44.

한의 조선술과 항해술이 매우 발달해 있었다는 것도 알게 해준다. 한 지역에서 성장한 백제가 훗날 해양대국으로 발전한 것은 바로 이러한 한의 우수한 조선술과 해양술을 이어받았기 때문이다.

지금까지 살펴본 바와 같이 한은 풍부한 자연물산과 발달된 농업·수공업을 바탕으로 이미 시장경제가 성립되어 있었고, 중국 및 일본과도 상당히 활발한 무역이 이루어져 재정이 비교적 충실했을 것으로 생각된다. 그러한 해외 교류와 무역은 발달된 조선술과 해양술이 뒷받침했을 것이다.

5. 마치며

지금까지 『후한서』와 『삼국지』 및 『삼국사기』의 기록을 중심으로 한의 국가 구조와 통치 조직 및 사회경제 수준을 검토해보았다. 그 결과로 얻어진 바를 요약하면 다음과 같다.

한은 78개 정도의 거수국으로 구성된 거수국제 국가였는데 오늘날 경기도와 충청도 및 전라도 지역인 마한에는 54개 또는 55개의 거수국이 있었고, 오늘날 경상북도 지역인 진한과 경상남도 지역인 변한에는 각각 12개 정도의 거수국이 있었다. 그러므로 마한이나 진한·변한 또는 각 지역의 거수국들은 독립된 지역이나 독립된 정치집단이 아니었고 한에 속해 있었던 지역 단위 또는 행정 단위[66]였다.

거수국들은 여러 마을들로 구성되어 있었는데, 대개 마한 지역의 거

66 이러한 행정 단위는 중앙집권적인 것이 아니라 지방분권적인 것이었다.

수국들이 규모가 컸고 진한과 변한 지역의 것들은 규모가 작았다. 거수국 가운데 큰 것은 200여 개의 마을로, 작은 것은 30여 개의 마을로 구성되어 있었던 것으로 추정된다.

한의 최고 통치자인 진왕은 각 지역의 거수국을 그 지역의 거수에게 위임하여 통치했는데, 거수들은 그가 통치하는 거수국의 규모와 세력의 차이에 따라 신지·검측·번지·살해·읍차 등의 차등적인 작위가 주어졌다. 한의 모든 거수들은 최고 통치자인 진왕을 그들 공동의 군주로 받들어야 했으며 정치적인 중요한 사항을 그에게 보고하고 재가를 받아야 했고 그 지역의 산물을 공납하는 등 일정한 의무를 지고 있었다.

한은 그 사회 구조의 기초가 마을들로 구성되어 있었으므로 마을집적 사회라고 부를 수도 있다. 이러한 국가 구조와 사회 구조는 기본적으로 고조선의 그것과 일치하는 것으로서, 한은 고조선의 그것을 그대로 보존하고 있었음을 알 수 있다.

이러한 사회 구조를 가지고 있었기 때문에 한의 마을은 그 성격에 따라 신왕이 거주하는 도읍, 거수가 거주하는 국읍, 일반 주민이 거주하는 읍 등으로 분류될 수 있으며, 사회 구성원의 신분은 진왕과 그 일족, 천군과 그 일족, 거수와 그 일족, 평민, 서민, 노예 등으로 분류될 수 있다.

한에는 최고 통치자인 진왕을 보좌하기 위해 위솔선·읍군·귀의후·중랑장·도위·백장·장수(또는 장군) 등의 관직이 있었고 간혹 신지를 우대하여 신운견지보·안야축지·분신리아불례·구야진지렴이라 불렀는데, 이러한 관제는 중국과는 다른 독자적인 것이었다.

한의 통치 조직에는 혈연적인 요소와 종교적인 요소가 있었다. 각 지역의 거수를 진왕의 왕자나 근친으로 봉한 것이라든가 진왕이나 거수들이 대대로 세습된 것 등은 혈연적인 요소였다. 이러한 조직은 진왕가(辰王家)와 거수가(渠帥家) 사이에 종가와 분가라는 종법질서를 출현시켰을 것이다. 그리고 중앙의 진왕은 종교와 정치를 모두 관장한 반면, 거수국에는 거수와는 별도로 천군이라는 종교를 관장하는 직책을 두었고, 각 지역에는 일반 주민들의 종교의식 장소로 소도라는 것이 설치되어 있었는데, 이러한 것들은 종교적 요소였다. 거수국에서는 중앙과 달리 정치와 종교의 담당자가 분리되어 있었던 것은 지방의 권력을 중앙보다 약화시키기 위한 조처였을 것으로 생각된다. 이러한 통치 조직을 가진 한에는 엄격한 법이 있어 이것이 통치와 사회질서 유지의 수단으로 활용되었다.

한에는 농업에 알맞는 곡창지역이 많아 농업이 일반화되어 있었는데 이미 벼를 비롯한 오곡과 명주·비단·무명베 등이 생산되었다. 한의 자연산물은 중국과 맞먹을 정도로 풍부했고, 배만큼 큰 밤, 꼬리가 다섯 자나 되는 세미계 등은 한의 특산물이었다. 이러한 농산물과 수공업 제품 및 자연산물들이 상업을 발달시켜 시장이 형성되었다. 특히 진한 지역에서 많이 생산된 철은 국내의 마한 지역에는 물론, 중국·동예·왜 등에도 수출되었는데, 철은 시장에서 화폐 대용으로 사용되기도 했다.

한은 조선술과 항해술이 발달되어 중국의 서진에 자주 사신을 파견하며 정치 교류를 가졌고 왜열도에도 자주 왕래했다. 이러한 왕래를 통해서도 무역이 활발하게 이루어졌을 것이다. 한의 발달된 조선술과 항해술은 한의 뒤를 이어 같은 지역을 기반으로 성장한 백제에 전승되어 백제가 해양대국으로 성장하는 기반이 되었다.

V 백제의 중국 동부 지배

1. 들어가며

이 글은 백제의 대(對)중국 활동 가운데 중국 동부 지역 진출 상황을 살펴보기 위한 것이다. 백제가 중국의 동부 해안 지역에 진출해 그 지역을 지배한 사실은 『송서』, 『남제서』, 『양서』, 『남사』, 『북제서(北齊書)』, 『통전』, 『문헌통고(文獻通考)』 등의 중국 역사서에 기록되어 있다. 그런데도 백제가 중국에 진출했던 시기의 진(晉)나라 역사서인 『진서』를 포함한 북조 계통의 역사서와 한국의 『삼국사기』 등에는 그러한 사실에 대한 직접적인 기록이 보이지 않는다.

백제의 중국 진출에 관해서는 이미 몇몇 학자들이 논의한 바가 있다. 그런데도 열국시대의 역사를 복원하는 데 이 문제는 빼놓을 수 없는 중요한 위치를 차지하므로 다시 한 번 이를 검토해보고자 하는 것이다. 따라서 이 글은 선학들이 발굴한 자료와 연구 내용을 재구성하고 이를 보완하는 작업이 될 것이다.

일찍이 조선시대의 학자 신경준은 비록 충분하게 설명하지는 않았지만 한국과 중국의 사료에 근거하여 백제가 한때 요서와 월주(越州) 땅을 차지했다는 것은 의심할 바 없다고 말했다. 그리고 한국의 사서들에서 그러한 기록을 발견할 수 없는 것은 그에 관한 기록을 빠뜨렸기 때문일 것이라고 했다.[1] 신채호도 중국의 사료에 근거하여 백제가 요서·산동·강소·절강 등을 차지했을 것으로 보았고,[2] 정인보도 백제의 중국 진출 사실을 인정했다.[3]

백제의 중국 진출에 관한 사실은 김세익이 한 편의 학술논문을 제출하면서 치밀한 연구가 진행되었다. 그는 「중국 료서지방에 있었던 백제의 군에 대하여」[4]라는 논문에서 중국의 『송서』, 『남제서』, 『양서』, 『남사』, 『통전』 등에 기록된 백제의 중국 진출에 관한 내용과 이와 연관된 한국과 중국의 여러 문헌 기록, 그 당시 백제의 국력 및 주변 여러 나라의 정세 등을 고찰하고 백제가 요서 지역에 진출하여 그곳을 지배했음을 확인했다.

이와 비슷한 시기에 김상기도 「백제의 요서경략에 대하여」[5]라는 논문을 발표했는데, 중국 문헌에 보이는 백제의 요서 진출에 관한 기록을 상세하게 검토하여 그 사실을 확인함으로써 김세익과 같은 결론에 도달했

---

1 『증보문헌비고』 권14, 「여지고(輿地考)」 2, 역대국계(歷代國界) 2.

2 신채호, 『조선상고사』, 단재신채호전집 상(개정판), 단재신채호선생기념사업회, 1987, pp. 204~205.

3 정인보, 『조선사 연구』 하, 서울신문사, 1947, pp. 60~65.

4 김세익, 「중국 료서지방에 있었던 백제의 군에 대하여」, 『력사과학』, 1967년 1호, pp. 1~10 ; 「중국 료서지방에 있었던 백제의 군에 대하여」(계속), 『력사과학』, 1967년 3호, pp. 13~23.

5 김상기, 「백제의 요서경략에 대하여」, 『동방사논총』, 서울대 출판부, 1984, pp. 426~433(원래 『백산학보』, 제3호, 1967에 실렸음).

다. 그 후 방선주는 「백제군의 화북(華北)진출과 그 배경」[6]에서 김세익과 김상기의 논리를 더욱 발전시켜 백제가 진출했던 지역은 요서에 국한된 것이 아니라 남쪽으로 산동성과 강소성에 이르렀다고 보았다.

백제가 중국의 동부 해안 지역에 진출하여 그곳을 지배했다는 사실은 당시 백제의 국력을 알게 해주며, 백제가 해양 활동을 활발히 한 국가였음을 말해주는 것이기도 하다.

중국의 동부 해안 지역은 선사시대부터 황하 중류 유역과는 구별되는 문화권으로 한반도 및 만주와 밀접한 문화 교류를 가지고 있었으며, 그곳에 거주했던 사람들은 황하 중류 유역의 거주민들인 제하족(諸夏族)에 의해 동이라 불렸다. 그리고 서한 무제는 위만조선의 우거왕을 반대하고 서한으로 이주한 예군 남려 등 28만 명을 받아들여 오늘날 발해만(渤海灣) 서부 연안 창주지구(滄州地區)에 창해군(蒼海郡)을 설치하여 그곳에 거주하도록 했다.[7] 따라서 중국 동부 해안 지역에는 한민족이 많이 거주하고 있었다. 이러한 기초 위에서 백제의 중국 동부 해안 지역 진출이 쉬웠던 것이다.

또 고구려와 백제가 멸망한 뒤에는 고구려 유민인 이정기(李正己) 일가가 산동성 지역에서 치청번진(淄青藩鎮)을 경영하면서 당(唐) 황실에 대항했다.[8] 그 뒤를 이어 장보고 대사가 이 지역을 차지하고 해상권을 장악했는데,[9] 이러한 활동을 가능하게 했던 것도 그 전에 백제가 이 지

6 방선주, 「백제군의 화북진출과 그 배경」, 『백산학보』, 제11호, 1971, pp. 1~30.

7 윤내현, 「창해군의 위치와 성격」, 『고조선 연구』 상, 만권당, 2015, pp. 514~539 참조.

8 김문경, 「당대(唐代) 고구려 유민의 번진(藩鎮)」, 『당고구려 유민과 신라교민』, 일신사, 1968, pp. 25~52.

9 윤내현, 「중국 동부 해안 지역과 한반도-만주 지역의 상호관계」, 『장보고 해양경영사연구』, 이진, 1993, pp. 51~90.

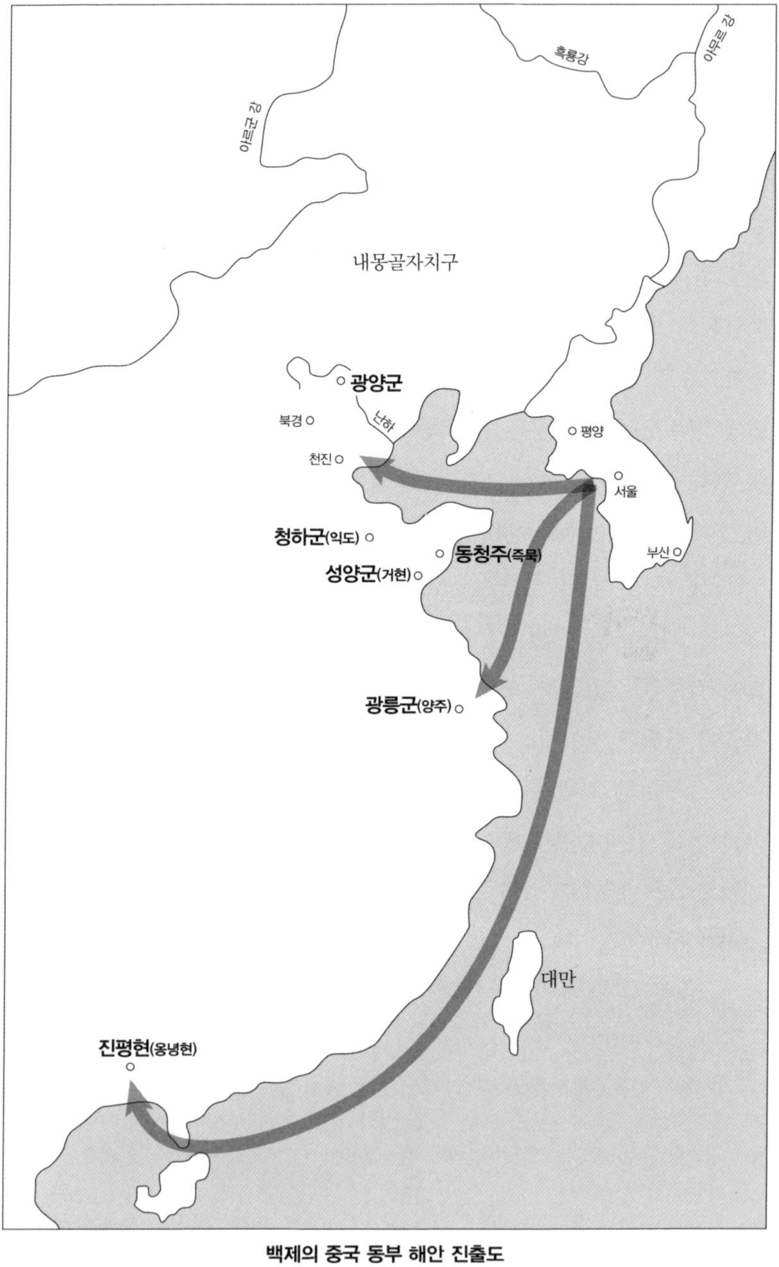

백제의 중국 동부 해안 진출도

역에 진출했던 것과 무관하지 않은 것이다.

따라서 백제의 중국 동부 해안 지역 진출은 단순히 백제의 대외진출이라는 점에서만이 아니라 한민족과 중국 동부 해안 지역의 관계를 깊이 이해하는 데도 크게 도움이 될 것이다.

2. 백제의 중국 진출 사료 검토

백제의 중국 동부 해안 지역 진출에 관한 사료는 앞에 언급한 글들에 잘 정리되어 있지만 필자의 논리 전개를 위해 그 기록들을 다시 한 번 보겠다. 이에 관한 기록은 『송서』에서부터 보인다.

송나라는 동진(317~419년)의 뒤를 이어 420년부터 478년까지 중국 남부에 있었던 남북조시대의 남조 왕조이다. 중국을 통일하여 삼국분립시대를 마감한 서진(266~316년)이 남흉노(南匈奴)의 전조(前趙)에게 멸망한 뒤 서진 세력이 남쪽으로 이동하여 동진이 시작되었다. 이 시기에 중국 북부는 흉노·갈·선비·저·강 등의 이민족들이 세운 16개 왕조가 교체를 거듭하면서 혼란이 계속되었다. 그 뒤를 이어 남북조시대가 오고, 선비족이 세운 북위가 중국의 북부 지역을 통일했다. 남부 지역에서는 송·제·양·진(陳)의 네 왕조가 차례로 교체되었다.

그러므로 동진시대부터 남북조시대에 이르기까지 북방은 이민족들이 차지하고 있었고 한족(漢族)의 왕조는 중국의 남부에서 이어지고 있었던 것이다. 『송서』는 이러한 남조의 네 왕조 가운데 하나인 송나라에 관한 사서로서 심약(沈約 : 441~513년)이 편찬한 것이다. 그는 송시대부터 양시대까지 살았으며, 송나라에서는 상서령(尙書令)이라는 관직에 있었고 제나라에서도 높은 관직에 있어서, 그가 편찬한 『송서』는 신빙성이 높은 사서로 평가받고 있다.

백제의 중국 진출에 관한 『송서』 〈백제전〉 기록을 보면,

> 백제국은 본래 고려(고구려)와 더불어 요동의 동쪽 1천여 리에 함께 있었는데, 그 후 고려(고구려)는 요동을 침략하여 소유하게 되었고 백제는 요서를 침략하여 소유하게 되었는데, 백제가 다스리는 곳을 진평군(晉平郡) 진평현(晉平縣)이라 했다.[10]

는 것이다. 백제가 요서에 진출하여 그곳을 소유했는데, 그 시기를 분명하게 말하고 있지는 않지만 고구려가 요동을 차지하고 있던 시기였던 것으로 말하고 있다. 그리고 백제가 다스리는 곳을 진평군 진평현이라 불렀다고 한다. 이 기록은 『송서』에 실려 있는 것이므로 백제의 요서 진출은 송시대보다 내려올 수는 없다.

송나라의 뒤를 이은 제나라의 역사서 『남제서』에는 백제의 요서 진출에 관한 직접적인 기록은 보이지 않는다. 남조의 제나라는 중국 북부에 있었던 제나라와 구별하기 위해 남제라 부르는데, 『남제서』는 양나라의 소자현(蕭子顯)이 편찬했다. 그런데 그 안의 〈백제전〉은 현재 일부만 남아 있을 뿐이고 첫머리 일부는 없어져 전하지 않는다. 그러므로 없어진 부분에 그런 기록이 있었는지도 모른다. 『송서』의 편찬자인 심약은 남제에서도 관직에 있었으므로 남제에서 백제의 중국 진출을 몰랐을 리 없다. 게다가 남제의 역사를 전한 『자치통감』 「제기(齊紀)」에는 백제의 요

10 『송서』 권97, 「이만열전」 57, 〈백제전〉. "百濟國, 本與高驪, 俱在遼東之東千餘里, 其後高驪略有遼東, 百濟略有遼西, 百濟所治謂之晉平郡晉平縣."

서 진출에 관한 기록이 실려 있다.[11] 이런 사실들은 『남제서』 〈백제전〉의 없어진 부분에 그런 기록이 실려 있었을 가능성을 시사해준다.[12]

그런데 현재 남아 있는 『남제서』 〈백제전〉 부분에도 백제가 중국에서 활동했음을 간접적으로 전해주는 내용이 있다. 백제가 남제에 보낸 국서의 내용 가운데,

> 이해에 (북)위 오랑캐가 또다시 기병 수십만을 동원하여 백제를 공격하여 그 경계에 들어가니 모대(牟大)가 장군 사법명(沙法名)·찬수류(贊首流)·해례곤(解禮昆)·목간나(木干那)를 파견하여 무리를 거느리고 오랑캐군을 기습 공격하여 그들을 크게 격파했다.[13]

는 기록이 보인다. 북위는 중국 남북조시대에 북방에 있었던 북조의 나라로 선비족의 탁발씨(拓跋氏)가 건국했다. 모대(牟大)는 백제의 동성왕을 말한다.[14] 그리고 위에 언급된 백제 장군들의 성 가운데 사씨·해씨·목씨는 백제의 대귀족이었다.[15] 이로 보아 위의 기록은 중국 북방에 있었던 북위와 백제 사이에 있었던 전쟁에 관한 기록임이 분명하다.

『남제서』 〈백제전〉은 이어서,

---

11 『자치통감』 권136, 「제기」 2, 〈세조 상지하(上之下) 영명 6년〉조.

12 김세익, 앞 글, 『력사과학』, 1967년 1호, p. 2.

13 『남제서』 권58, 「열전」 39, 〈백제전〉. "是歲, 魏虜又發騎數十萬攻百濟, 入其界, 牟大遣將沙法名·贊首流·解禮昆·木干那率衆襲擊虜軍, 大破之." 모대는 백제의 동성왕이다.

14 『삼국사기』 권26, 「백제본기」 〈동성왕〉조. "동성왕의 이름은 모대인데 문주왕의 동생 곤지의 아들이다(東城王, 諱牟大, 文周王弟昆支之子)."

15 『수서』 권81, 「동이열전」 〈백제전〉. "백제는…… 나라 안에 대성(大姓) 8족이 있으니 사씨·연씨·협씨·해씨·진씨·국씨·목씨·묘씨 등이다."

> 지난 경오년(490년)에는 험윤(獫狁)이 잘못을 뉘우치지 않고 군사를 일으켜 깊숙이 쳐들어왔다. 신(臣)은 사법명 등을 파견하여 군사를 거느리고 역습케 하여 밤에 번개처럼 기습 공격하니 흉리(匈梨)는 당황하여 마치 바닷물이 들끓듯 붕괴되었다. 이 기회를 타서 쫓아가 베니 시체가 들을 붉게 물들였다. 이로 말미암아 그 예기(銳氣)가 꺾여 고래처럼 사납던 것이 그 흉포함을 감추었다. 지금 천하가 조용한 것은 실로 (사법)명 등의 전략전술에 의한 것이니 그 공훈을 찾아 마땅히 표창해주어야 할 것이다.[16]

라고 하고는 사법명을 비롯한 공로자들에게 표창으로 관작을 제수했다고 말하고, 남제에서도 이들에게 관작을 내려줄 것을 요청하고 있다. 위 문장에서 험윤과 흉리는 북위를 말한다.[17]

백제와 북위의 전쟁에 관한 기록은 『삼국사기』「백제본기」에도 보이지만 내용이 매우 간략하다.

> (동성왕) 10년에 위나라가 군사를 보내어 쳐들어왔으나 우리에게 패배했다.[18]

16 『남제서』 권58, 「동남이열전(東南夷列傳)」 39, 〈백제전〉. "去庚午年, 獫狁弗悛, 擧兵深逼. 臣遣沙法名等領軍逆討, 宵襲霆擊, 匈梨張惶, 崩若海蕩, 乘奔追斬, 僵尸丹野, 由是摧其銳氣, 鯨暴韜凶. 今邦宇謐靜, 實名等之略, 尋其功勳, 宜在褒顯."

17 험윤은 중국 북방에 있었던 후대의 흉노를 주나라 사람들이 부르던 명칭이다. 이 문장에 나오는 험윤과 흉리는 위에 인용한 문장의 내용과 연결해볼 때 북위를 낮추어 부른 것임을 알 수 있다.

18 『삼국사기』 권26, 「백제본기」 〈동성왕 10년〉조. "十年, 魏遣兵來伐, 爲我所敗."

동성왕 10년은 488년이다. 그러므로 앞에서 인용한 『북제서』 〈백제전〉에 보이는 연대인 490년과는 2년의 차이를 보여준다. 이런 연대 차이를 어느 한쪽의 기록이 잘못된 것으로 보고, 『남제서』 〈백제전〉에 실린 글은 국서이므로 그 연대가 정확할 것이니 그것을 따르는 것이 바람직하다는 견해가 있다.[19]

그러나 『남제서』 〈백제전〉에 실린 국서의 내용을 보면 백제와 북위의 전쟁은 여러 해에 걸쳐 있었다. 그런데 『삼국사기』에서는 488년에 있었던 전쟁에 관해서만 간단하게 싣고 다른 해에 있었던 전쟁에 대해서는 언급하지 않았다. 그러므로 백제와 북위는 488년과 490년 전후에 걸쳐 전쟁했다고 보는 것이 합리적일 것이다. 『삼국사기』는 신라에 관한 기록은 비교적 충실하지만 고구려와 백제에 관한 기록은 매우 빈약한데, 특히 백제에 그러한 현상이 심하다는 것은 잘 알려진 사실이다.

이때의 전쟁은 북위가 바다를 건너와 백제를 침으로써 일어난 것으로 보는 견해가 있다.[20] 그러나 북위는 선비족으로서 유목민이었다. 그들은 바다에 대한 지식이 전혀 없었고 해군도 없었다. 앞의 『남제서』 〈백제전〉의 인용문에도 나타난 바와 같이 북위의 군사는 기병(騎兵)이었다. 그러므로 북위의 기병이 바다를 건너 백제를 쳤다는 것은 상상할 수 없는 일이다.[21] 그렇다고 북위가 육로로 고구려를 경유하여 백제를 쳤다는 것은 더욱 불가능하다. 당시 고구려는 장수왕 때로서 국력이 매우 강했으므로 북위에게 통로를 빌려주었을 리 없다.

이러한 당시의 정황으로 보아 백제와 북위의 전쟁은 중국 북부 지역

---

19 김세익, 앞 글, 『력사과학』, 1967년 1호, p. 9.
20 이병도, 『국역 삼국사기』 「백제본기」, 을유문화사, 1980, p. 399의 주 5.
21 김상기, 앞 글, p. 430 ; 김세익, 앞 글, 『력사과학』, 1967년 1호, p. 9.

에서 일어난 사건으로 보아야 할 것이다. 『남제서』 〈백제전〉에는 백제의 장군들이 제수받은 관직명으로 행건위장군(行建威將軍) 광양태수(廣陽太守), 행건위장군 조선태수(朝鮮太守), 가행용양장군(假行龍驤將軍) 대방태수(帶方太守), 가행건위장군(假行建威將軍) 광릉태수(廣陵太守), 가행광무장군(假行廣武將軍) 청하태수(淸河太守), 행용양장군(行龍驤將軍) 낙랑태수(樂浪太守), 행건무장군(行建武將軍) 성양태수(城陽太守), 행진무장군(行振武將軍) 조선태수 등이 보인다. 여기에 나오는 광양(廣陽)·조선(朝鮮)·대방(帶方)·광릉(廣陵)·청하(淸河)·성양(城陽) 등은 중국에 있었던 지명이다.[22] 이 점은 뒤에서 자세히 논의할 것이다.

『남제서』 〈백제전〉에 실린 백제와 북위의 전쟁에 관한 기록은 백제가 중국에 영토를 가지고 있었음을 말해준다. 따라서 『남제서』는 비록 백제의 요서 진출을 직접 말하고 있지는 않지만 그것을 인정하고 있다고 보아야 할 것이다.

남제의 뒤를 이은 양나라의 역사서인 『양서』 〈백제전〉에는 백제의 중국 진출에 관해 『송서』보다 더 자세한 내용이 실려 있다.

> 그 나라는 본래 구려(고구려)와 더불어 요동 동쪽에 있었는데, 진(晉)나라 때 구려(고구려)가 이미 요동을 침략하여 소유했고, 백제 또한 요서·진평 두 군의 땅에 웅거하면서 소유하여 스스로 백제의 군을 설치했다.[23]

---

22 방선주, 앞 글, pp. 4~10. 여기에 나오는 조선은 한사군 가운데 낙랑군에 있던 현 이름이었고, 대방은 낙랑군을 분할하여 설치했던 군 이름이었다. 그런데 이 시기에는 한사군이 고구려에게 축출된 뒤였다. 따라서 조선이나 대방이라는 행정구역 이름은 원래 한사군이 있던 오늘날 요서 지역에 있지 않았고 오늘날 난하 서쪽으로 이동해 있었다.

23 『양서』 권54, 「열전」 48, 〈백제전〉. "其國本與句驪在遼東之東, 晉世句驪旣略有遼東, 百濟亦據有遼西·晉平二郡地矣, 自置百濟郡."

이 기록에 따르면 중국 진나라 때 고구려는 이미 요동을 차지하고 있었고, 백제 또한 요서군과 진평군을 차지하여 그곳에 백제군을 설치했다는 것이다. 그러므로 백제가 요서 지역에 진출한 것은 진(晉)시대 이전임을 알 수 있다.

『양서』「백제전」은 『송서』「백제전」과 거의 같은 내용을 싣고 있으면서도 더 구체적이다. 백제가 다스리던 곳이 요서군과 진평군이라고 말하여 그 지리적인 범위와, 그곳을 백제의 군이라 불렀다고 밝히고 있다. 그리고 그것이 진(晉)시대에 이미 설치되어 있었다고 말함으로써 그 설치 시기를 어느 정도 짐작할 수 있게 한다.

지난날 일부 학자들은 앞에 소개된 『송서』와 『양서』의 〈백제전〉에 실려 있는 기록이 비슷한 점을 들어 『양서』는 『송서』에 실린 것을 옮겨 적었을 것으로 보기도 했다. 그러나 위에서 지적한 바와 같이 『양서』에 실린 내용이 『송서』보다 더 구체적인 것으로 보아 『양서』가 『송서』에 실린 것을 단순히 옮겨 적었다고 말하기는 어렵다. 아마도 같은 계통의 것이면서도 『양서』가 더 상세한 사료에 의거했을 것으로 보는 것이 정확할 것이다.[24]

『양서』는 당 태종 때 위징(魏徵)과 요사렴(姚思廉)이 편찬했다고 전해 오는데 사실상의 편찬자는 요사렴이었다고 한다. 그는 수·당대에 관직에 있었는데, 그의 아버지 요찰(姚察)의 유고를 정리·보완하여 『양서』를 완성했다. 요찰은 수나라가 건국되기 전 남조 시기에 원고를 작성했을 것이니, 그 사료적 가치는 비록 『송서』에는 못 미친다고 하더라도 상당히 높다고 말할 수 있을 것이다.

---

24 김상기, 앞 글, p. 427.

위에 인용한 『양서』 〈백제전〉 기록과 같은 내용이 『남사』 〈백제전〉에 보인다.[25] 그 내용이 똑같은 것으로 보아 『양서』 〈백제전〉의 내용을 그대로 옮긴 것이 아닌가 한다. 이렇게 같은 내용이 그대로 실려 있다는 사실은, 『남사』의 편찬자인 이연수(李延壽)는 백제가 요서를 차지했다는 『송서』와 『양서』의 내용을 사실로 인정했음을 알게 해준다. 『송서』, 『남제서』, 『양서』 등의 남조 역사서들을 보면, 그들은 백제와 자주 사신의 왕래가 있었고 긴밀한 외교관계를 맺고 있었다. 따라서 백제에 관한 소식을 비교적 자세하게 알고 있었다고 보아야 할 것이다.

당시대에 두우(杜佑)가 편찬한 『통전』 〈백제〉조에도,

> 진(晉)시대에 구려(고구려)가 이미 요동을 침략하여 소유했는데, 백제 또한 요서·진평 두 군에 웅거했다.[26]

고 하여 『송서』와 『양서』의 기록을 따르고 있는데, 이와 같은 기록은 『자치통감』[27] 『문헌통고』[28] 『계동록(啓東錄)』[29] 등의 후세 역사서들에서도 보인다. 이처럼 중국의 역대 사서들은 백제의 요서 진출 사실을 의심하지 않고 받아들이고 있다.

---

25 『남사』 권79, 「열전」 69, 〈백제전〉. "그 나라는 본래 고구려와 더불어 요동의 동쪽 1천여 리에 있었는데, 진(晉)시대에 고구려가 이미 요동을 침략하여 소유했고 백제 또한 요서·진평 두 군에 웅거하면서 소유하여 백제의 군을 설치했다(其國本與句麗俱在遼東之東千餘里, 晉世句麗旣略有遼東, 百濟亦據有遼西·晉平二郡地矣, 自置百濟郡)."

26 『통전』 권185, 「변방」 1, 〈동이〉 상, '백제'조. "晉時句麗旣略有遼東, 百濟亦據有遼西·晉平二郡."

27 『자치통감』 권136, 「제기」 2, 〈세조 상지하 영명 6년〉조.

28 『문헌통고』 권326, 「사예고」 3, 〈백제〉조.

29 『계동록』 권1, 〈백제〉조.

그런데 백제가 진출했던 지역과 거리가 먼 곳에 있었던 남조의 역사서인 『송서』, 『남제서』, 『양서』 등에는 그러한 사실이 비교적 구체적으로 기록되어 있는데, 백제가 진출했던 지역에 있었던 중국 북부 여러 왕조의 역사서에서는 이에 관한 기록을 볼 수가 없다.

역사서에 실린 내용은 많은 역사 사실 가운데 편찬자가 취사선택한 것이다. 편찬자의 의식에 따라 어떤 사실이 실릴 수도 있고 그러지 않을 수도 있다. 따라서 어느 역사서에 실려 있는 사실이 다른 역사서에는 실려 있지 않았다 하여 그 사실을 부인할 수는 없다.

그러나 백제가 중국 동부 해안 지역에 진출했다는 사실을 확실히 하기 위해 그러한 기사가 실려 있지 않은 여러 역사서들의 백제에 관한 기록들을 살펴볼 필요가 있다. 앞에서 본 바와 같이 『양서』 〈백제전〉에 따르면 백제는 진(晉)시대에 이미 요서 지역에 진출했었다. 그런데 백제가 진출했던 지역에 있었던 진(晉)나라나 북위 등 중국 북부 나라들의 역사서에는 이에 대한 기록이 없다.

『진서』 「동이열전」에는 〈마한전〉과 〈진한전〉이 있을 뿐 〈백제전〉은 없다. 진나라는 백제에 대한 지식이 없었던 것일까? 그렇지 않다. 『진서』의 본기(本紀)에 해당하는 「제기(帝紀)」에는 백제와 사신 왕래를 했던 기록이 있다. 372년[함안(咸安) 2년],[30] 373년[영강(寧康) 1년],[31] 384년[태

---

30 『진서』 권9, 「제기」 간문제(簡文帝). "2년 봄 정월 신축에 백제와 임읍(林邑)왕이 각각 사신을 보내 방물을 바쳤다(二年春正月辛丑, 百濟·林邑王各遣使貢方物)." 같은 해, "6월에 사신을 보내 백제왕 여구를 알현하고 그를 진동장군으로 삼아 낙랑태수를 거느리도록 했다(六月, 遣使拜百濟王餘句爲鎭東將軍, 領樂浪太守)."

31 『삼국사기』 권24, 「백제본기」 〈근초고왕〉조. "28년 2월에 사신을 진나라에 보내 조공했다(二十八年, 春二月, 遣使入晉朝貢)."

원(太元) 9년],[32] 386년(태원 11년),[33] 416년[의희(義熙) 12년][34]에 백제와 진나라 사이에는 사신의 왕래와 무역이 있었던 것으로 기록되어 있다. 이로 보아 진나라에서는 백제에 대한 정보를 가지고 있었을 것인데도 『진서』에는 〈백제전〉이 없는 것이다. 의도적으로 빼버린 것이 아닌가 생각된다. 그러나 백제의 중국 진출을 알 수 있는 간접적인 기록들은 발견된다.

위에 든 백제와 진나라의 사신 왕래 기록 가운데 372년의 『진서』 기록에는 진나라에서 사신을 보내 백제왕 여구(餘句 : 근초고왕)를 진동장군(鎭東將軍)으로 삼고 낙랑태수를 거느리도록 했다고 되어 있다. 낙랑군은 원래 오늘날 난하 동부 유역에 있었으나 고구려 미천왕에게 축출되자 모용외가 그 유민을 모아 영주(營州) 서남에 낙랑의 교군(僑郡)을 설치하여 살도록 했다.[35] 그러므로 이 시기에 낙랑군은 오늘날 난하 서쪽에 있었다. 그러한 낙랑군의 태수를 백제왕에게 거느리도록 했다는

---

32 『진서』 권9, 「제기」 〈효무제 9년〉조. "가을 7월 무술에…… 백제가 사신을 보내 방물을 가져와 바쳤다(秋七月戊戌……百濟遣使來貢方物)." 이해에 진(晉)나라의 승려 마라난타가 백제에 와서 불교를 전파하기도 했다. ; 『삼국사기』 권24, 「백제본기」 〈침류왕 원년〉조. "가을 7월에 사신을 보내 진나라에 들어가 조공했다. 9월에는 호승(胡僧) 마라난타가 진나라에서 오니 왕이 그를 맞이하여 궁 안에 있게 하고 예로써 공경하니 불법이 이로부터 비롯되었다(秋七月, 遣使入晉朝貢. 九月, 胡僧摩羅難陀自晉至, 王迎致宮內禮敬焉, 佛法始於此)."

33 『진서』 권9, 「제기」 〈효문제 11년〉조. "여름 4월에 백제 왕세자 여휘를 사지절·도독·진동장군·백제왕으로 삼았다(夏四月, 百濟王世子餘暉爲使持節·都督·鎭東將軍·百濟王)."

34 『삼국사기』 권25, 「백제본기」 〈전지왕〉조. "12년에 동진의 안제가 사신을 보내 왕을 책명하여 사지절도독백제제군사진동장군백제왕을 삼았다(十二年, 東晉安帝遣使册命王爲使持節都督百濟諸軍事鎭東將軍百濟王)."

35 『독사방여기요(讀史方輿紀要)』 권18. "亦在營州西南, 晉建興初, 慕容廆僑置郡於此, 以處樂浪流民."

것은 당시에 백제가 오늘날 난하 서부 지역을 다스리고 있었음을 알게 해주는 것이다. 진나라에서 백제가 그 지역을 다스리고 있는 현실을 인정한 것으로 보아야 할 것이다.

『진서』〈재기(載記)〉에 실린 모용황의 기실참군(記室參軍) 봉유(封裕)가 한 말 가운데 다음과 같은 내용이 있다. "고구려·백제 및 우문(宇文)·단부(段部)의 사람들은 모두 군사력에 변화가 있는데, 그들은 중국처럼 의리를 생각하면서 오늘에 이른 것이 아니기 때문에 모두가 우리에게 귀의하려는 생각이 마음에 있다."[36]는 것이다. 봉유는 당시 모용씨를 둘러싸고 있는 주위의 여러 정치세력에 대해, 그 세력들은 약화되고 있을 뿐만 아니라 의리를 모르기 때문에 자신들이 유리할 것이라고 말함으로써 모용황을 안심시키고 있는 내용이다.

당시에 고구려·우문씨·단부 등은 모용씨와 접경해 있었던 모용씨의 강한 적대세력이었다. 그런데 봉유의 말 가운데는 그러한 세력 가운데 백제도 포함되어 있다. 만약 백제가 바다 건너 한반도 남부에 있었다면 모용씨가 걱정할 세력이 아니었을 것이다. 이로 보아 백제는 중국 북부의 모용씨와 가까운 지역에 영토를 가지고 있었음을 알 수 있다.[37]

『자치통감』〈진기〉에는 346년에 녹산에 있던 부여가 백제의 침략을 받아 서쪽으로 이주했다는 기록이 있다.[38] 백제가 한반도 남부에만 있었다면 이 기록의 내용을 합당하게 설명할 수가 없다. 당시에 부여는 두

---

36 『진서』 권109, 「재기」〈모용황〉조. "皝記室參軍封裕諫曰, ……句麗·百濟及宇文·段部之人, 皆兵勢所徙, 非如中國慕義而至, 咸有思歸之心."

37 김세익, 앞 글, 『력사과학』, 1967년 1호, p. 8.

38 『자치통감』 권97, 「진기」〈효종목황제 영화 2년〉조. "처음에 부여는 녹산에 거주했는데 백제의 침략을 받아 부락이 쇠퇴하고 흩어져서 서쪽의 연 가까이로 이주했으나 미리 방어를 하지 않았다(初, 夫餘居于鹿山, 爲百濟所侵, 部落衰散, 西徙近燕而不設備)."

곳에 있었는데 하나는 길림성 북부와 내몽골자치구 동부 및 흑룡강성을 차지하고 있었고, 다른 하나는 난하 상류 유역에 있었다.[39] 그러므로 위의 내용은 백제가 고대의 요서, 즉 오늘날 난하 유역에 있었던 자기 영토에서 난하 상류 유역에 있었던 부여를 동남쪽에서 공격했다고 보면 합리적으로 설명된다. 이로써 백제는 고대의 요서, 즉 오늘날 난하 유역에 영토를 가지고 있었음을 알 수 있다.

지금까지 고찰한 바와 같이 『진서』에는 〈백제전〉이 없을 뿐만 아니라 백제의 중국 진출에 관한 직접적인 기록은 보이지 않지만 백제의 중국 진출을 확인할 수 있는 간접적인 기록들은 보이고 있다.

남북조시대 북위의 역사서 『위시』에는 〈백제전(百濟傳)〉이 있으나 그 내용은 백제 개로왕이 북위에 보낸 국서와 그에 대한 답신이 거의 전부를 차지하고 있고 백제의 중국 진출에 대해서는 전혀 언급되어 있지 않다. 더욱이 앞에서 『남제서』 〈백제전〉과 『삼국사기』 「백제본기」를 통해 확인된 백제와 북위의 전쟁에 대해서도 한마디 언급도 없다.

개로왕의 국서는 백제와 고구려의 전쟁에 북위가 백제와 연합해줄 것을 요청한 것이므로 북위의 권위를 한껏 인정한 것이니 북위로서는 매우 흡족한 내용임에 틀림없다. 그러나 백제의 중국 진출이나 북위가 백제에게 패한 전쟁은 북위로서는 명예롭지 못한 사건이 아닐 수 없다. 이로 보아 북위에 불리한 내용은 제외했던 것으로 생각된다.

---

39 윤내현, 「고조선의 국가 구조」, 『고조선 연구』 하, 만권당, 2016, pp. 32~33 참조 ; 「부여의 분열과 변천」, 『상명사학』 제3·4합집, 쌍호조경래박사정년퇴임기념논문집, 1995, pp. 447~480 참조. 고조선시대에 부여는 난하 상류 유역에 있었으나 오늘날 요서 지역에 위만조선이 건국되고 이어서 한사군이 설치되자 오늘날 길림성 북부와 내몽골자치구 동부 및 흑룡강성 지역으로 이동했다. 그러나 난하 상류 유역에는 여전히 부여족의 일부가 남아 있었다.

그러나 『위서』에서도 백제가 중국에 진출해 있었을 가능성을 보여주는 간접적인 기록은 보인다. 〈물길전〉 내용을 보면,

> 태화(477~499년) 초에 또 말 500필을 바쳤다. …… (물길국은) 스스로 말하기를, 그 나라에서 먼저 고구려 마을 열 곳을 격파하고 은밀히 백제와 더불어 수로(水路)를 따라 힘을 합쳐 고구려를 취할 것을 꾀하려고 하는데 을력지(乙力支)를 대국(大國)에 사신으로 보내 그것이 옳은지 그 논지를 묻고자 한다.[40]

고 했다. 물길이 백제와 함께 고구려를 치려고 하는데 그것이 옳은지 아닌지를 을력지를 사신으로 파견하여 북위의 의견을 묻고 있는 것이다. 그런데 물길은 백제와 함께 고구려를 치는 데 수로를 이용하려 하고 있다고 말하고 있다.

당시 물길의 위치는 고구려의 북쪽으로 오늘날 연해주 지역이었다.[41] 을력지는 북위에 이르는 데 그의 나라를 출발하여 배를 타고 난하를 거슬러 서쪽으로 오르다가 태려하(太沴河)에 이르러 배를 물속에 감추어 두고 남으로 육로를 걸어서 낙고수(洛孤水)를 건너 거란의 서쪽 국경을 따라 화룡(和龍)에 이르렀다고 말하고 있다.[42]

이러한 내용으로 보아 물길의 남쪽에는 고구려가 있었음이 분명하므

---

40 『위서』 권100, 「열전」 〈물길전〉. "太和初, 又貢馬五百匹. ……自云其國先破高句麗十落, 密共百濟謀從水道幷力取高句麗, 遣乙力支奉使大國, 請其可否."

41 물길의 위치를 오늘날 흑룡강성 지역으로 보는 견해가 있는데 이는 옳지 않다. 이 시기에 고구려는 옛 부여의 영토를 포괄하고 있었는데, 그 영역의 동북 경계는 오늘날 흑룡강이었다. 따라서 물길은 흑룡강 밖에 있어야 하는 것이다.

42 주 40의 〈물길전〉 참조.

로, 한반도 남부에 있었던 백제와 연합하여 수로를 이용하여 고구려를 치기 위해서는 동해로 신라의 해안을 거쳐야 한다. 그것은 쉽지도 않겠지만 고구려의 동부는 산악지역이어서 전략적으로 별 가치가 없다. 따라서 물길과 백제가 연합하여 치려고 했던 고구려 지역은 전략적으로 가치가 있는 고구려의 서부이거나 발해 북쪽 연안이었을 것이다. 이렇게 보면 백제가 한반도 남부에서 군대를 움직이기보다는 고구려 서쪽의 요서 지역에 백제 영토가 있어 그 군대를 움직일 계획이었다고 보아야 할 것이다.[43]

북위가 분열하여 일어난 북제의 역사서인 『북제서』 〈후주기(後主紀)〉에도 백제가 중국에 진출했음을 간접적으로 말해주는 기록이 있다. '무평(武平) 2년(571년)'조에,

> 봄 정월 …… 무인(戊寅)에 백제왕 여창(餘昌)을 사지절(使持節)·도독(都督)·동청주자사(東青州刺史)로 삼았다.[44]

는 기록이 보인다. 『삼국사기』 「백제본기」 〈위덕왕 17년〉조에도 이와 같은 내용이 실려 있다.[45] 사지절(使持節)은 황제의 신임 표시인 부절(符節)을 소유했다는 뜻이며, 도독(都督)은 군사의 최고 책임자이고 자사(刺史)는 행정의 최고 책임자이다. 그러므로 위의 내용은 북제가 백제의

---

43 김세익, 앞 글, 『력사과학』, 1967년 1호, p. 10.

44 『북제서』 권8, 「제기」 〈후주기〉, '무평 2년'조. "二年春正月, ……戊寅, 以百濟王餘昌爲使持節·都督·東青州刺史."

45 『삼국사기』 권27, 「백제본기」 〈위덕왕 18년〉조. "고제(高齊)의 후주가 또 왕을 사지절·도독·동청주제군사·동청주자사로 삼았다(高齊後主又以王, 爲使持節·都督·東青州諸軍事·東青州刺史)." 북제 황실의 성이 고씨였으므로 북위를 고제라고도 부른다.

위덕왕에게 동청주(東青州)의 군사와 행정의 대권을 맡겼다는 것이다.

그런데 이러한 관직은 중국 영역 안의 관직으로서 영역 밖에서는 사용되지 않았다. 그러므로 동청주는 중국 안에서 찾아야 한다. 동청주는 다음에 다시 확인되겠지만 오늘날 산동성 동남부로서 그 치소(治所)는 교주만(膠州灣) 안에 있는 불기성(不其城)이었다.[46] 이곳은 현재 광역의 청도시(青島市) 지역으로 해로의 요충지이다. 이러한 중요한 지역의 문무 대권을 백제왕이 장악하고 있었던 것이다. 이것은 백제가 해상활동을 활발하게 했음을 뜻하고, 그 이전부터 중국 지역에 진출해 있었다는 사실을 간접적으로 말해주는 것이기도 하다. 북제는 그러한 현실 상황을 인정했던 것이다.

이상과 같이 북조의 역사서들은 남조의 역사서들처럼 백제의 중국 진출을 직접 말하지는 않았지만 그러한 사실을 시사하는 간접적인 기록은 여러 곳에서 확인된다. 이러한 남조와 북조 역사서들의 기록을 종합해 볼 때 백제의 중국 진출은 움직일 수 없는 사실이었음을 알 수 있다.

3. 백제의 중국 진출지의 지리적 위치

앞에서 사료를 통해 살펴본 바와 같이 백제가 중국에 진출했다면 그 지리적 위치는 어디였을까? 앞에서 인용한 『송서』〈백제전〉에는 백제가 진출했던 곳을 요서군 지역이었다고 말하면서 그곳을 진평군 진평현이라 불렀다고 했다.[47] 그러나 백제가 진출했던 요서군이 어느 시대의 요

---

46 방선주, 앞 글, pp. 3~4.

47 주 10 참조.

서군인지를 밝히지 않고 있다. 이 요서군의 위치를 오늘날의 요서 지역으로 단정해서는 안 될 것이다. 왜냐하면 중국 역사상 행정구역은 여러 번에 걸쳐 바뀌었기 때문이다.

그런데 『송서』 〈백제전〉과 거의 같은 내용을 싣고 있는 『양서』 〈백제전〉에는, 백제가 진(晉)시대에 요서·진평 두 군을 소유하여 스스로 백제의 군을 설치했다고 했다.[48] 이 기록에 따르면 백제가 진출했던 지역은 진시대의 요서군과 진평군이었다는 것이 된다. 그런데 『진서』 〈지리지〉에는 요서군은 보이지만 진평군은 보이지 않는다. 진평군은 다른 이름이 잘못 기록된 듯하다.

진평군에 관한 기록은 보이지 않으므로 이를 확인하는 문제는 뒤로 미루고 우선 요서군에 관한 기록을 보자. "요서군은 진제국(秦帝國)에서 설치했는데, 3개의 현(縣)을 거느린다."고 말하고는 양락(陽樂)·비여(肥如)·해양(海陽) 등의 현이 있다고만 했을 뿐 자세한 정보는 제공하지 않고 있다.[49] 그러나 이 기록에 따르면 진(晉)시대의 요서군은 진제국에서 설치한 것이므로 진제국시대부터 진(晉)나라에 이르기까지 위치가 변하지 않았음을 알 수 있다.

이를 확실히 하기 위해 『위서』 「지형지(地形志)」를 보면, 요서군에 대해 『진서』 〈지리지〉와 마찬가지로, 진제국에서 설치했는데 3개의 현을 거느린다고 말하고는 비여·양락·해양 등의 현 이름을 들고 있다. 이들 현 가운데 비여현에 대해,

48 주 23 참조.

49 『진서』 권14, 「지리지」 상, 〈요서군〉조. "遼西郡, 秦置. 統縣三, 戶二千八百. 陽樂·肥如·海陽."

> 비여현은 양한(兩漢)시대부터 진(晉)시대에 이르기까지 (요서군에) 속했다. 고죽산사(孤竹山祠)·갈석(碣石)·무왕사(武王祠)·영지성(令支城)·황산(黃山)·유하(濡河)가 있다.[50]

고 했다. 위의 기록들을 통해 볼 때 요서군은 진제국에서 설치했는데, 서한시대부터 진나라에 이르기까지 위치에 변화가 없었다.

위의 내용 가운데 비여현에 있는 고죽산사·갈석·유하 등은 위치가 이미 확인되어 있다. 고죽산사는 고죽국의 사당일 것인데 고죽국은 오늘날 난하 유역에 있었고,[51] 갈석은 난하 동부 유역에 있는 산의 이름이며[52] 유하는 일반적으로 유수(濡水)라 불렸는데 난하의 옛날 이름이었다.[53] 이로 보아 진(晉)시대의 요서군은 오늘날 난하 유역에 있었음을 알 수 있다.

이를 다시 한 번 확인하기 위해 『한서』 〈지리지〉를 보면, 요서군은 진제국에서 설치했는데 차려(且慮)·해양(海陽)·신안평(新安平)·유성(柳城)·영지(令支)·비여(肥如)·빈종(賓從)·교려(交黎)·양락(陽樂)·호소(狐蘇)·도하(徒河)·문성(文成)·임투(臨渝)·유(絫) 등 14개의 현이 있

---

50 『위서』 권106 상, 「지형지」 상, 〈요서군〉조. "遼西郡, 秦置. 令縣三, 戶五百三十七, 口一千九百五. 肥如, 二漢, 秦屬. 有孤竹山祠·碣石·武王祠·令支城·黃山·濡河."

51 이 점은 중국사 전공 학자들 사이에서는 이미 상식으로 되어 있지만 고죽국의 위치에 대해서는 다음 문헌을 참고 바람. 陳槃, 『不見於春秋大事表之春秋方國稿』 冊1, 「孤竹」, 中央硏究院歷史語言硏究所, 民國 59(1970), pp. 28~31 ; 譚其驤 主編, 『中國歷史地圖集』, 第1冊, 原始社會·夏·商·西周·春秋·戰國時期, 地圖出版社, 1982, pp. 20~21.

52 윤내현, 「고조선의 서쪽 경계」, 앞 책 『고조선 연구』 상, pp. 226~233.

53 譚其驤 主編, 『中國歷史地圖集』, 第5冊, 隋·唐·五代十國時期, 地圖出版社, 1982, pp. 3~4 참조.

었던 것으로 기록되어 있다.[54] 그리고 위의 현들 가운데 해양현에 대해서는 용선수(龍鮮水)가 있는데 동쪽에서 봉대수(封大水)로 들어간다 했고, 신안평에 대해서는 이수(夷水)가 있는데 동쪽에서 새외(塞外)로 들어간다고 했으며, 영지현에 대해서는 고죽성(孤竹城)이 있다고 했고, 비여현에 대해서는 현수(玄水)가 있는데 동쪽에서 유수(濡水)로 들어간다고 했다.[55]

위의 내용에서 몇 가지 사실을 확인할 수 있다. 우선 신안평현에 있는 이수가 동쪽에서 새외(塞外)로 들어간다 했으니 서한시대의 요서군은 국경지대에 있었음을 알 수 있다. 새(塞)는 국경에 설치된 요새를 말하기 때문이다.[56] 그리고 영지현에 고죽성이 있다 했는데 앞에서 말한 바와 같이 고죽국은 오늘날 난하 유역에 있었다.[57] 따라서 요서군의 영지현은 북경 근처에 있는 오늘날 난하 유역에 있었음을 알 수 있다.

또 해양현에는 용선수가 있는데 동쪽으로 흐른다 했고, 비여현에는 현수가 있는데 동쪽에서 유수로 들어간다 했는데, 『수경주(水經注)』「유

---

54 『한서』 권28 하, 「지리지」 8 하, 〈요서군〉조 참조.

55 위의 『한서』 「지리지」 〈요서군〉조. "海陽, 龍鮮水東入封大水." "新安平, 夷水東入塞外." "令支, 有孤竹城." "肥如, 玄水東入濡水."

56 『한서』 권93, 「영행전(佞幸傳)」, 「등통전(鄧通傳)」의 주석에, "요(徼)는 새(塞)와 같은 것이다. 동북에 있는 것을 새라 부르고 서남에 있는 것을 요라 이른다. 새라는 것은 장새(鄣塞)가 이름이 된 것이고 요는 요차(徼遮)의 뜻을 취한 것이다(徼猶塞也. 東北謂之塞, 西南謂之徼. 塞者, 以鄣塞爲名, 徼者, 取徼遮之義也)."라고 하여 새는 요와 같은 것이지만 있는 곳에 따라 달리 불렀다고 했다. 그리고 『사기』 권91, 「경포열전(鯨布列傳)」의 주석으로 실린 『사기색은(史記索隱)』에는, "요(徼)라고 하는 것은 변경에 있는 정(亭)과 장(鄣)을 말한다. 요로써 변방을 둘러싸고 항상 그것을 지킨다(徼謂邊境亭·鄣, 以徼繞邊陲, 常守之也)."고 하여 요는 변방의 요새라고 설명하고 있다. 그러므로 새는 변방의 요새였음을 알 수 있다.

57 주 51과 같음.

수(濡水)」조에 따르면 용선수는 유수의 지류였다.[58] 그러므로 용선수와 현수가 있었던 해양현과 비여현은 유수의 서부 유역에 있었음을 알 수 있다. 유수는 앞에서 말했듯이 난하의 옛 이름이었다.[59]

이상의 내용을 종합해보면 서한부터 진(晉)나라에 이르는 시기의 요서군은 오늘날 난하 유역에 있었는데 그 대부분 지역은 난하 서부 유역이었음을 알 수 있다. 진제국과 서한시대에 난하 하류 유역에는 요동군이 있었는데 그 동쪽 경계는 갈석산이었다. 그리고 요동군의 서북쪽에 요서군이 있었다.[60] 그런데 앞의 인용문에 따르면 진(晉)나라의 요서군 비여현에 갈석이 포함되어 있다. 이로 보아 서한부터 진(晉)에 이르는 시기에 요서군의 위치는 변화가 없었지만 그 범위는 다소 변화가 있었던 듯하다.

지금까지 확인한 것처럼 백제가 진출했던 요서군은 오늘날 난하 서부 유역이었다. 그러나 진평군에 관해서는 그 자체에 대한 기록이 없으므로 위치를 확인할 길이 없다. 이를 보완할 수 있는 기록이 『통전』에 보인다.

백제의 중국 진출에 관한 기록이 당시대에 두우가 편찬한 『통전』〈백제조〉에도 실려 있음을 앞에서 말했는데,[61] 거기에는 진(晉)시대에 백제가 요서·진평 두 군에 웅거했다고 말하고는 그 위치에 대해 주석하기를, "오늘날 유성(柳城)과 안평(安平) 사이"라 했다.[62] 그리고 『문헌통

---

58 역도원, 『수경주』 권14, 「유수」.

59 주 53과 같음.

60 윤내현, 「고조선의 서쪽 경계」, 앞 책 『고조선 연구』 상, pp. 229~235.

61 주 26 참조.

62 『통전』 권185, 「변방」 1, 〈동이〉 상, '백제'조의 주석. "今柳城安平之間."

고』에서도 이를 받아 그 위치를 "당시대의 유성과 북평 사이"라 했다.[63] 그러므로 당시대의 유성·안평·북평의 위치를 확인할 필요가 있다. 이 지명들은 『통전』에서 언급했으므로 그 위치를 『통전』의 기록을 통해 확인하는 것이 순리일 것이다.

『통전』 〈주군(州郡)〉조를 보면 유성군에 대해,

> 동쪽으로 요하까지는 480리이고, 남쪽으로 바다까지는 260리이며, 서쪽으로 북평군(北平郡)까지는 200리이고, 북쪽으로 거란의 경계까지는 50리이다. 동남으로 안동부(安東府)에 이르는 데 270리이고, 서남으로 북평군에 이르는 데 370리이다.[64]

라고 했고 북평군에 대해서는,

> 동쪽으로 유성군까지는 700리이고, 남쪽으로 바다까지는 100리이며, 서쪽으로 어양군(漁陽郡)까지는 300리이고, 북쪽으로 국경까지는 180리이다. 동남쪽으로 임유관(臨楡關)에 이르는 데 180리이고, 서남쪽으로 마성현(馬城縣)에 이르는 데 180리이며, 서북으로 석성현(石城縣)에 이르는 데 140리이고, 동북으로 유성군에 이르는 데 700리이다.[65]

---

63 『문헌통고』 권326, 「사예고」 3, '백제'조의 주석. "唐柳城北平之間."

64 『통전』 권178, 「주군」 8, 〈유성군〉조. "東至遼河四百八十里, 南至海二百六十里, 西至北平郡二百里, 北至契丹界五十里. 東南到安東府二百七十里, 西南到北平郡三百七十里."

65 『통전』 권178, 「주군」 8, 〈북평군〉조. "東至柳城郡七百里, 南至海一百里, 西至漁陽郡三百里, 北至塞百八十里. 東南到臨楡關一百八十里, 西南到馬城縣一百八十里, 西北到石城縣一百四十里, 東北到柳城郡七百里."

라고 했다. 유성군과 북평군은 요하에서 서쪽으로 480리 밖에 있었는데, 오늘날 북경 가까이에 있었던 어양군에서 멀지 않은 곳이었다. 안평은 심주(深州)에 속해 있었던 현 이름인데, 심주는 전국시대에는 조(趙)나라와 진(秦)나라에 속하여 상곡군(上谷郡)과 거록군(鉅鹿郡)의 땅이었고 서한시대에는 탁군(涿郡)의 땅이었다고 했다.[66] 그곳은 오늘날 하북성 안평 지역이었다.[67]

『신당서』 〈지리지〉를 보면 유성군에는 현이 유성현 하나밖에 없었는데 그 위치에 대해,

> 유성현은 중앙에 위치하여 서북쪽은 해(奚)와 접했고, 북쪽은 거란과 접경했으며, 동북진(東北鎭)의 의무려산사(醫巫閭山祠)가 있고, 또 동쪽에는 갈석산이 있다.[68]

고 했는데, 갈석산이 난하 동부 유역에 있음은 잘 알려진 사실이다.[69]

앞의 『통전』 인용문 내용 가운데 유성군과 북평군의 거리에 대해 〈유성군〉조에서는 200리와 370리라 했는데 〈북평군〉조에서는 700리라 하여 상당한 차이를 보이고 있다. 그러한 차이는 당(唐)시대에 행정구역 개편이 있을 때, 그 전과 후의 각각 다른 시기의 거리를 기록했기 때문인 것으로 생각된다.

---

66 『통전』 권178, 「주군」 8, 〈심주〉조 참조.

67 譚其驤 主編, 『中國歷史地圖集』, 第2册, 秦·西漢·東漢時期, 地圖出版社, 1982, pp. 27~28 참조.

68 『신당서』 권39, 「지리지」 29, 〈영주 유성군〉조. "柳城, 中, 西北接奚, 北接契丹. 有東北鎭醫巫閭山祠, 又東有碣石山."

69 윤내현, 「고조선의 서쪽 경계」, 앞 책 『고조선 연구』 상, pp. 226~233 참조.

위의 기록들을 종합해보면 유성군은 오늘날 요하에서 서쪽으로 480리 떨어져 있었고, 동쪽에 갈석산이 있었으므로 그 위치가 오늘날 난하 유역이었음을 알 수 있다. 그리고 북평군은 유성군에서 서쪽으로 수백리 떨어진 곳에 있었다. 따라서 『통전』과 『문헌통고』에 기록된 백제의 진출 지역은 오늘날 난하 유역에서 서쪽으로 하북성 중부에 이르렀을 것으로 추정된다.[70]

유성을 오늘날 요령성 조양(朝陽)으로 보는 견해가 있지만[71] 그러한 견해는 성립될 수가 없다. 당시대의 유성은 갈석산의 서쪽에 있었는데 조양 지역은 갈석산보다 동쪽이기 때문이다.

그러면 『송서』와 『양서』의 「백제전」에 요서군과 함께 언급된 진평군은 당시의 행정구역에 보이지 않는데 어느 곳을 의미할까? 『통전』 〈평주(平州)〉조를 보면 다음과 같은 설명이 있다.

> 평주는 은(상)시대에는 고죽국이었고 춘추시대에는 산융(山戎)과 비자(肥子) 두 나라 땅이었다. 전국시대에는 연나라에 속했고 진제국에서는 우북평과 요서 두 군의 경역(境域)을 삼았는데 양한(兩漢)에서도 이를 따랐다. 진(晉)나라에서는 요서군에 속하게 했는데 후위(後魏) 또한 요서군이라 했다. 수나라 초에 평주를 설치했는데 (수나라) 양제 초에 주(州)를 폐지하고 다시 북평군을 설치했다. 대당(大唐)에서도 이를 따랐다.[72]

---

70 당시대의 안평과 북평군 위치에 대해서는, 譚其驤 主編, 『中國歷史地圖集』, 第5冊, 隋·唐·五代·十國時期, 地圖出版社, 1982, pp. 38~39 참조.

71 김세익, 앞 글, 『력사과학』 1967년 3호, p. 18.

72 『통전』 권178, 「주군」 8, 〈평주〉조. "平州, 殷時孤竹國, 春秋山戎·肥子二國地也. 戰國時屬燕, 秦爲右北平及遼西二郡之境, 二漢因之. 晉屬遼西郡, 後魏亦曰遼西郡, 隋初置平州, 煬帝初州廢復置北平郡, 大唐因之."

이로 보아 평주·요서군·북평군은 영역이 일정하지는 않았지만 같은 지역에서 그 이름이 바뀌었음을 알 수 있다. 이에 따라 백제가 진출했던 진평군은 요서군과 접해 있었던 지역으로서 晉나라의 평주를 뜻할 것으로 보는 견해가 있다.[73]

그런데 『송서』「지리지」〈광주군(廣州郡)〉조를 보면 울림군(鬱林郡)에 진평현이 있었음이 확인된다.[74] 이곳은 오늘날 광서장족자치구(廣西壯族自治區) 옹녕현(邕寧縣)으로서 옹녕현에는 현재 백제향(百濟鄕)이라는 지명이 있다.[75] 이곳에 백제라는 지명이 남아 있는 것으로 보아 『송서』와 『양서』의 〈백제전〉에 보이는 진평군은 『송서』「지리지」에 보이는 울림군의 진평현을 잘못 기록했을 것으로 보는 견해가 있다.[76] 이 견해를 따른다면 당시 백제는 북쪽의 난하 서부 유역과 남쪽의 광서장족자치구 옹녕현 지역에 근거지를 가지고 있었다는 것이 된다.

여기서 한 가지 알아야 할 것은 중국 고대의 행정구역이었던 요서군과 요동군은 오늘날 요서나 요동과는 전혀 다른 곳에 있었다는 점이다. 요동군은 오늘날 난하 하류 유역에 있었고 요서군은 그 서북쪽에 있었는데, 난하 유역의 서부 지역을 차지하고 있었던 것이다.

진(晉)시대를 지나 북위시대에도 백제는 중국에서 활동을 계속했던 것으로 보인다. 그러한 사실은 앞에서 인용한 『남제서』〈백제전〉 기록에

---

73 주 71과 같음.

74 『송서』 권38, 「지리지」〈주군〉 '광주군'조. "晉平令, 吳立曰長平, 晉武帝太康元年更名." ; 譚其驤 主編, 『中國歷史地圖集』, 第4冊, 東晉十六國·南北朝時期, 地圖出版社, 1982, pp. 25~26의 5·⑤.

75 地圖出版社 編, 『中華人民共和國分省地圖集』, 新華書店上海發行所, 1984, p. 90의 6-E.

76 황유복, 「백제의 중국 진출과 진평군의 위치에 대하여」, 제5차 조선학 국제학술토론회 논문 요지, 1997, pp. 2~3.

서 확인된다.[77] 『남제서』 〈백제전〉에는 백제가 북위와 싸워 승리한 사실과, 그 전쟁에 참가했던 장수들에게 공로로 중국의 관직을 제수했는데 이를 제나라에서 승인한 사실이 기록되어 있다.

그 내용을 보면 고달(高達)에게 행건위장군 광양태수, 양무(楊茂)에게 행건위장군 조선태수를 주었다가 고달을 가행용양장군 대방태수로, 양무를 가행건위장군 광릉태수로 옮겨 제수했고, 회매(會邁)를 가행광무장군 청하태수로, 모유(慕遺)를 행용양장군 낙랑태수로, 왕무(王茂)를 행건무장군 성양태수로, 장새(張塞)를 행진무장군 조선태수로 제수했다. 여기에 나오는 광양·조선·대방·광릉·청하·낙랑·성양 등은 모두 중국 지명이었다.

『위서』 「지형지」를 보면,

광양군(廣陽郡) : 연화(延和) 원년에 익주(益州)를 설치했는데 진군(眞君) 2년에 고쳐서 군(郡)을 삼았다.

조선(朝鮮) : 양한(兩漢)부터 진(晉)나라에 이르기까지는 낙랑에 속했으나 나중에 없어졌다. 연화 원년에 조선민(朝鮮民)을 비여(肥如)로 옮겨 다시 설치해 (북평군에) 속했다.

대방(帶方) : 양한시대에는 (낙랑군에) 속했으며 진(晉)시대에는 대방군에 속했다가 나중에 없어졌다. 정광(正光) 말에 다시 (낙랑군에) 속했다.

광릉군(廣陵郡) : 흥화(興和) 때에 동예주(東豫州)를 나누어 설치했다.

청하군(淸河郡) : 한나라의 고제(高帝)가 설치했다.

---

77 주 13·16의 본문 참조.

낙랑군(樂良郡) : 전한 무제가 설치했는데 양한시대부터 진(晉)시대까지는 낙랑이라 했는데 나중에 바뀌었다가 없어졌다. 정광 말에 다시 설치했다.

성양군(城陽郡) : 태화 3년에 설치했는데 나중에 없어졌다가 무정(武定) 초에 다시 설치했다.[78]

등으로 기록되어 있다. 조선·대방·낙랑은 원래 서한이 위만조선을 멸망시키고 설치했던 군현(한사군)의 이름인데, 이 시기에는 고구려에게 이들 군현이 이미 축출된 뒤였다. 따라서 이들은 원래의 위치에 있지 않았고 그 유민들을 정착시키기 위해 오늘날 난하 서부 유역에 교치(僑置)되었던 것이다.

위의 인용문 가운데 조선에 대한 설명은 그러한 사실을 분명하게 보여준다. 여기서 주의해야 할 것은 요즘 통용되고 있는 중국 역사지도에 이 시기의 낙량군(樂良郡 : 낙랑군의 이름이 변경되었음) 위치가 오늘날 요하 서부의 대릉하 유역으로 잘못 표시되어 있다는 점이다.[79] 그러한 잘못은 고대의 요서와 오늘날 요서를 같은 곳으로 잘못 알고 있기 때문에 일어난 오류인 것이다. 고대에 나타나는 요서는 오늘날 북경 북부 지역이었다.

---

78 『위서』 권106 상·중, 「지형지」 상·중. "廣陽郡 : 延和元年置益州, 眞君二年改爲郡." "朝鮮 : 二漢·晉屬樂浪, 後罷. 延和元年徙朝鮮民於肥如, 復置, 屬焉." "帶方 : 二漢屬, 晉屬帶方, 後罷. 正光末復屬." "廣陵郡 : 興和中分東豫州置." "清河郡 : 漢高帝置." "樂良郡 : 前漢武帝置, 二漢·晉曰樂浪, 後改, 罷. 正光末復." "城陽郡 : 太和三年置, 後罷, 武定初復."

79 譚其驤 主編, 『中國歷史地圖集』, 第4冊, 東晉十六國·南北朝時期, 地圖出版社, 1982, pp. 61~62.

광양군은 오늘날 하북성 융화(隆化) 지역으로 난하 상류 유역이었고,[80] 광릉군은 오늘날 강소성 양주(揚州) 지역이었으며,[81] 청하군은 오늘날 산동성 익도(益都) 지역이었다.[82] 그런데 성양군의 위치에는 다소 문제가 있다. 남북조시대의 성양군은 오늘날 하남성 신양(信陽) 지역이었는데,[83] 이곳은 중국의 내륙 깊은 곳이어서 백제가 영향력을 행사했다고 보기는 어렵다. 따라서 다른 곳을 가리켰을 가능성이 있는데, 앞의 광릉군과 청하군의 중간 지점에 진(晉)시대의 성양군이 있다. 그곳은 오늘날 산동성 거현(莒縣) 지역으로 바다에서 가까운 곳이다. 이러한 지리 조건으로 보아 『남제서』 〈백제전〉에 보이는 성양군은 진(晉)시대의 성양군을 말하는 것으로 생각된다.[84]

이렇게 보면 남북조시대에 백제가 중국에서 영향력을 행사했던 지역은 오늘날 하북성 난하 유역에서 동부해안을 따라 산동성을 거쳐 강소성의 남부까지 이르렀으며, 남쪽의 광서장족자치구 울림군 지역에도 근거지를 마련했을 가능성이 있는 것이다.

백제가 중국에서 지배권을 행사한 것은 북위 멸망 후 북제시대까지도 계속되었던 것으로 보인다. 앞에 소개한 바와 같이 『북제서』 〈후주기〉와 『삼국사기』 「백제본기」 〈위덕왕 17년〉조에는 북제에서 백제의 위덕왕을 사지절·도독·동청주자사로 삼았다는 기록이 있다.[85] 백제 위덕왕이 동청주의 문무 대권을 장악한 것을 북제가 인정했다는 것이다.

---

80 앞 책, pp. 50~51.

81 앞 책, pp. 27~28.

82 주 80과 같음.

83 앞 책, pp. 65~66.

84 방선주도 성양을 이곳으로 상정했다(방선주, 앞 글, p. 9).

85 주 44·45 참조.

동청주는 오늘날 어느 곳인가? 『북제서』에는 〈지리지〉가 없다. 그런데 북위가 분열하여 534년에 동위, 535년에 서위가 섰는데 550년에 동위는 북제, 57년에 서위는 북주라고 나라 이름을 고쳤다. 따라서 북제는 북위의 행정구역 이름을 대개 그대로 따르고 있었다.

그러므로 『위서』「지형지」를 보면 청주(青州)가 있는데 이에 대해,

> 후한시대에는 치소(治所)가 임치(臨淄)였는데 사마덕종(司馬德宗)은 치소를 동양(東陽)으로 했고 위(魏)는 그것을 따랐다.[86]

고 했는데 『독사방여기요(讀史方輿紀要)』에는 청주에 대해,

> 처음에 북청주(北青州)의 치소는 동양(東陽)이었고 남청주(南青州)의 치소는 광릉(廣陵)이었다. 나중에 남청주를 없애고 북청주를 바로 청주(青州)라고 불렀다. 효건(孝建) 2년에 역성(歷城)으로 옮겨 치소로 삼았다가 대명(大明) 8년에 동양으로 돌아와 치소로 삼았다. 태시(泰始) 중에 회하(淮河)의 북쪽을 잃게 되어 청주를 임시로 옮겨 울주(鬱州)를 치소로 했다. 전에 9개의 군을 통괄했는데 제군(齊郡)·제남(齊南)·낙안(樂安)·고밀(高密)·평창(平昌)·북해(北海)·동래(東萊)·장광(長廣) 등은 모두 옛 군이다. ……태시 4년에 다시 청주를 나누었는데 동청주의 치소는 불기성(不其城)으로 오늘날 내주부(萊州府) 교주(膠州)에 있는데 즉묵현(卽墨縣) 서남 50리이다.[87]

---

86 『위서』 권106 중, 「지형지」 중, 〈청주〉조. "青州, 後漢治臨淄, 司馬德宗治東陽, 魏因之."

87 『독사방여기요』 권4, 「역대주역형세(歷代州域形勢)」 4, 남북조·수, 〈청주〉조. "初, 北青

라고 했다. 이 내용에서 보면 청주는 한때 동양을 치소로 삼았다고 했는데, 앞의 『위서』「지형지」에서도 청주의 치소가 동양이었다고 했다. 그러므로 이 두 청주는 같은 곳임을 알 수 있다. 『독사방여기요』의 내용으로 보아 동청주는 청주를 나누어 설치했던 곳으로 그 치소는 불기성이었는데 즉묵에서 서남 방향으로 50리 지점에 있었음을 알 수 있다.

즉묵은 지금도 그 지명을 그대로 가지고 산동성에 있는데 그 서남쪽에 불기성이 있었다.[88] 그러므로 동청주는 오늘날 교주만(膠州灣) 연안으로 광역의 청도시(青島市) 지역이었음을 알 수 있다. 이 지역은 이전의 북위시대에 백제가 지배했던 지역에 포함된다. 이 지역에 대한 백제의 지배는 계속되고 있었다고 보아야 하겠다.

지금까지 살펴본 바와 같이 백제는 북쪽으로는 오늘날 난하 유역부터 남쪽으로는 강소성의 남부에 이르는 지역에 지배권을 행사했다. 이러한 사실은 최치원의 글에서도 확인된다. 『삼국사기』〈최치원전〉에 실린 '상태사시중장(上太師侍中狀)'에,

> 고(구)려와 백제는 전성했을 때 강한 군사가 백만 명이어서 남쪽으로는 오(吳)와 월(越)을 침공하고 북쪽으로는 (중국 북부의) 유(幽)·연(燕)·제(齊)·노(魯) 등의 지역을 흔들어 중국의 큰 두통이 되었으며, 수(隋)

州治東陽, 南青州治廣陵. 後省南青州, 而北青州直曰青州. 孝建二年, 移治歷城, 大明八年, 還治東陽. 泰始中失淮北, 青州僑治鬱州. 舊統郡九, 曰齊郡, 曰齊南, 曰樂安, 曰高密, 曰平昌, 曰北海, 曰東萊, 曰長廣, 皆故郡也. …… 泰始四年, 友分青州置東青州, 東青州治不其城, 在今萊州府膠州, 卽墨縣西南五十里."

88 譚其驤 主編, 『中國歷史地圖集』, 第4冊, 東晉十六國·南北朝時期, 地圖出版社, 1982, pp. 48~49.

황제가 세력을 잃은 것은 저 요동(오늘날 요서)을 정벌했기 때문이다.[89]

라는 내용이 보인다. 이 글에서 백제가 침공했다고 말한 북쪽의 유(幽)·연·제·노는 오늘날 난하 유역부터 산동성에 이르는 지역이며, 오나라는 강소성 지역에 있었고 월나라는 절강성 지역에 있었으므로 월나라가 있었던 절강성 지역을 제외하면 앞에서 확인된 백제의 중국 지배 영역과 일치한다.

위의 최치원의 표현을 과장된 것으로 보는 견해가 있지만[90] 앞에서 고찰된 여러 사료들은 그것이 사실이었음을 뒷받침해준다. 위의 최치원의 글은 당나라의 태사시중(太師侍中)에게 쓴 편지인데, 백제의 중국 침공이 사실이 아니었다면 그러한 내용을 감히 적을 수 없었을 것이다.

4. 백제의 중국 진출 시기와 배경

지금까지 백제가 중국에 진출했던 지역을 확인해보았다. 이제 언제부터 백제가 그 지역에 진출했으며 역사적 배경은 무엇이었는지를 살펴보도록 하겠다.

앞에서 살펴본 『송서』와 『양서』의 「백제전」에는 백제는 진(晉)시대에 이미 요서 지역에 진출해 있었는데 그 시기는 고구려가 요동에 진출했던 시기와 같은 때라고 했다. 그러므로 백제가 요서 지역에 진출한 시기

---

89 『삼국사기』 권46, 「열전」 6, 〈최치원전〉. "高麗 · 百濟全盛之時, 强兵百萬, 南侵吳 · 越, 北撓幽 · 燕 · 齊 · 魯, 爲中國巨蠹, 隋皇失馭, 由於征遼."

90 이병도, 앞 책, p. 677.

는 진(晉)시대보다 앞섰다는 뜻이 된다. 진(晉)시대보다 앞선 시기로서 고구려가 요동에 진출했던 시기여야 하는 것이다.

그런데 모두 아는 바와 같이 고구려는 오늘날 요동 지역에서 건국되었으므로, 『송서』와 『양서』가 「백제전」에서 말한 고구려가 진출했던 요동은 고구려가 건국한 지역을 뜻하지 않을 것이다. 고대에는 지금과 달리 일반적 의미의 요동은 오늘날 요서 지역이었고, 행정구역인 요동군은 오늘날 난하 하류 유역에 있었다. 그런데 오늘날 요서 지역에 한사군이 설치된 뒤 일반적 의미의 요동은 오늘날 요동 지역으로 이동했으나 요동군은 난하 유역에 그대로 있었다.[91] 행정구역은 개편이 있기까지는 이동하지 않기 때문이다.

그런데 『송서』와 『양서』가 편찬된 시기는 한사군이 설치된 이후에 해당하므로 오늘날 요동이 일반적 의미의 요동으로 불리고 있었다. 그곳은 고구려 건국지이므로 그곳에는 처음부터 고구려가 자리 잡고 있었다. 그러므로 『송서』와 『양서』의 「백제전」에서 말한 고구려가 진출했던 요동은 일반적 의미의 요동이 아니라 요동군을 말한 것이다. 그러면 고구려는 어느 시기에 요동군 지역에 진출했을까? 먼저 이에 관한 기록을 살펴보자.

고구려가 요동에 진출한 기록 가운데 가장 이른 연대는 49년이다. 『삼국사기』 「고구려본기」 〈모본왕〉조에,

> 모본왕 2년(49년) 봄에 왕이 장수를 보내 한나라의 (우)북평·어양·상곡·태원을 습격했으나 (한의) 요동태수 채동(蔡彤 : 제융)이 은의(恩誼)

91 윤내현, 「고조선의 서쪽 경계」, 앞 책 『고조선 연구』 상, pp. 234~242 참조.

와 신의로써 우리를 대접하므로 곧 다시 화친했다.[92]

고 했는데 이와 같은 내용이 『후한서』「동이열전」에도 보인다.[93] 우북평·어양·상곡은 서한과 동한시대에 동북의 국경지역에 위치했던 군 이름인데, 태원군(太原郡)의 위치는 이들보다 훨씬 서쪽의 황하 유역으로 오늘날 산서성 태원시(太原市) 지역이었다.[94]

당시 요동군은 태원군보다는 훨씬 동쪽에 있었으므로 모본왕 때 고구려는 요동군을 넘어 그보다 훨씬 서쪽까지 진출했던 것이다. 그러나 위에 인용된 기록의 내용으로 보아 고구려는 그 지역을 계속 차지하고 있지는 않았던 듯하다.

『삼국사기』「고구려본기」〈태조대왕〉조에는 고구려가 여러 차례 요동군을 쳐들어간 기록이 보인다. 105년에는 고구려가 장수를 파견하여 요동군에 쳐들어가 여섯 현을 빼앗았으나 요동태수 경기(耿夔)에게 패했으며,[95] 121년에는 동한의 유주자사 풍환, 현도태수 요광, 요동태수 채풍 등이 군사를 거느리고 고구려로 쳐들어오므로 태조왕은 아우 수성으로 하여금 군사 2,000여 명을 이끌고 맞서 싸우도록 했는데, 수성은 현

---

92 『삼국사기』 권14, 「고구려본기」〈모본왕 2년〉조. "二年, 春, 遣將襲漢北平·漁陽·上谷·太原, 而遼東太守蔡彤, 以恩信待之, 乃復和親."

93 『후한서』 권85, 「동이열전」〈고구려전〉. "(光武帝)二十五年春, 句驪寇右北平·漁陽·上谷·太原, 以遼東太守祭肜以恩信招之, 皆復款塞." 이 기록에서는 북평을 우북평으로, 요동태수 채동을 제융으로 기록하고 있는데, 한시대 행정구역 이름으로 우북평이 있었고 요동태수는 중국의 관리이므로 이 기록이 옳을 것이다.

94 譚其驤 主編, 『中國歷史地圖集』, 第2冊, 秦·西漢·東漢時期, 地圖出版社, 1982, pp. 40~41.

95 『삼국사기』 권15, 「고구려본기」〈태조대왕 53년〉조. "王遣將入漢遼東, 奪掠六縣, 太守耿夔出兵拒之, 王軍大敗." ; 『후한서』 권85, 「동이열전」〈고구려전〉. "後句驪王宮, ……和帝元興元年春, 復入遼東, 寇略六縣, 太守耿夔擊破之, 斬其渠帥."

도와 요동 두 군을 공격하여 성곽을 불태우고 2,000여 명을 죽이거나 붙잡아 왔다. 또 그해 여름 4월에는 태조왕이 선비(鮮卑) 8,000명과 더불어 요동군의 요대현을 공격했는데, 요동태수 채풍이 군사를 거느리고 신창에 출전했다가 전사했다. 이때 사망한 동한의 병사는 100여 명이나 되었다.[96] 동한의 질제(質帝)와 환제(桓帝)시대인 146년부터 167년까지도 고구려는 요동군의 서안평현을 쳐들어가 대방령(帶方令)을 죽이고 낙랑태수 처자를 붙잡았다.[97]

지금까지 살펴본 바와 같이 고구려는 49년부터 이미 요동 지역에 진출하기 시작하여 150년대에 이르기까지 여러 차례에 걸쳐 요동군을 습격하거나 요동군 지역에서 진쟁을 했다. 이러한 고구려와 중국 사이의 전쟁은 계속되어 고구려 미천왕 때인 313년부터 315년까지는 난하 동쪽에 있었던 현도군과 낙랑군을 난하 서쪽으로 완전히 축출했던 것이다. 그렇다면 이 시기에 백제도 요서 지역에 진출했을까? 그렇다고 말하기에는 너무 막연하고 근거가 빈약하다.

---

96 『삼국사기』 권15, 「고구려본기」 〈태조대왕 69년〉조. "六十九年, 春. 漢幽州刺史馮煥·玄菟太守姚光·遼東太守蔡諷等, 將兵來侵, 擊殺濊貊渠帥, 盡獲兵馬財物. 王乃遣弟遂成, 領兵二千餘人, 逆煥·光等, 遂成遣使詐降, 煥等信之. 遂成因據險, 以遮大軍, 潛遣三千人, 攻玄菟·遼東二郡, 焚其城郭, 殺獲二千餘人. 夏四月, 王與鮮卑八千人, 往攻遼隊縣, 遼東太守蔡諷, 將兵出於新昌, 戰沒. 功曹掾龍端·兵馬掾公孫酺, 以身扞諷, 俱沒於陣, 死者百餘人."; 『후한서』 권85, 「동이열전」 〈고구려전〉. "建光元年春, 幽州刺史馮煥·玄菟太守姚光·遼東太守蔡諷等將兵出塞擊之, 捕斬濊貊渠帥, 獲兵馬財物. 宮乃遣嗣子遂成將二千餘人逆光等, 遣使詐降, 光等信之. 遂成因據險阝戹以遮大軍, 而潛遣三千人攻玄菟·遼東, 焚城郭, 殺傷二千餘人. ……夏, 復與遼東鮮卑八千餘人攻遼隊, 殺略吏人. 蔡諷等追擊於新昌, 戰歿, 功曹耿秏·兵曹掾龍端·兵馬掾公孫酺以身扞諷, 俱沒於陳, 死者百餘人."

97 『후한서』 권85, 「동이열전」 〈고구려전〉. "質·和之間, 復犯遼東西安平, 殺帶方令, 掠得樂浪太守妻子."

그러므로 백제가 요서에 진출했음을 알게 하는 좀 더 분명한 근거를 찾을 필요가 있다. 그런 기록들이 『삼국사기』「백제본기」에 보인다. 『삼국사기』「백제본기」〈고이왕〉조에는 246년(백제 고이왕 13년)에 중국 위나라의 유주자사 관구검이 낙랑태수 유무, 삭방태수 왕준과 더불어 고구려를 침략했는데, 백제는 이 틈을 이용하여 좌장 진충으로 하여금 낙랑의 변경을 습격하고 그곳 주민을 빼앗았다는 기록이 있다.[98]

낙랑은 2개가 있었다. 낙랑군과 최씨낙랑국이 그것이다. 위의 낙랑군에는 태수가 있었으므로 백제의 좌장 진충이 쳐들어간 낙랑은 낙랑군이었음을 알 수 있다. 낙랑군은 오늘날 요서 서부 변경인 난하 동부 유역에 있었다.[99] 진충은 북경 근처 난하 유역에서 전쟁을 했던 것이다.

백제가 이전부터 난하 유역에 근거지를 가지고 있었던 것인지, 이 시기에 처음으로 진충 장군이 바다를 건너가 근거지를 만든 것인지 위의 내용만으로는 알 수가 없다. 그러나 위나라의 고구려 침략으로 그 지역이 비게 되자 진충 장군이 바로 군사를 움직인 것으로 보아 진충 장군이 한반도 남부에서 바다를 건너갔다고 보기는 어렵다. 따라서 백제는 이전부터 난하 유역에 근거지를 가지고 있었다고 보는 것이 합리적일 것이다.

『삼국사기』「백제본기」〈책계왕〉조에,

> 13년(298년) 가을 9월에 한(漢)이 맥인(貊人)들과 함께 쳐들어오므로 왕

---

98 『삼국사기』 권24, 「백제본기」〈고이왕〉조. "十三年, 秋八月, 魏幽州刺史毌丘儉與樂浪太守劉茂·朔方太守王遵伐高句麗, 王乘虛遣左將眞忠, 襲取樂浪邊民."

99 윤내현, 「위만조선과 한사군의 위치」, 앞 책 『고조선 연구』 상, pp. 467~481.

이 나아가 막다가 적병에게 해를 입어 돌아가셨다.[100]

는 기록이 있다. 298년은 중국 진(晉)나라 혜제 때이다. 그러므로 위 기록에서 한(漢)은 한족(漢族), 즉 중국인들이라는 뜻이다. 그리고 맥인은 중국이 오늘날 요서 지역에 한사군을 설치하고 그 지역을 그들의 영토로 편입시킬 때 동쪽으로 이주하지 못하고 그 지역에 그대로 남아 있었던 맥족을 말할 것이다. 고조선시대에 맥족은 난하 유역에 거주하고 있었으나, 요서 지역에 위만조선이 서고 다시 한사군이 설치되자 그 일부가 동쪽으로 이주를 했다.[101] 따라서 맥족의 일부는 이 시기에 난하 유역이나 그곳에서 가까운 지역에 거주하고 있었던 것이다. 한족이 오늘날 난하 유역에 살고 있었던 맥인들을 동원한 것으로 보아 이 전쟁은 난하 유역에서 있었던 것으로 보는 것이 합리적일 것이다.

『삼국사기』「백제본기」〈분서왕〉조에도,

7년(304년) 봄 2월에 몰래 군사를 보내 낙랑의 서부 현을 공격하여 빼앗았다. 겨울 10월에는 왕이 낙랑태수가 보낸 자객에게 해를 입어 돌아가셨다.[102]

---

100 『삼국사기』 권24, 「백제본기」〈책계왕〉조. "十三年, 秋九月, 漢與貊人來侵, 王出禦爲敵兵所害薨."

101 윤내현, 「고조선의 국가 구조」, 앞 책 『고조선 연구』 하, pp. 43~46 ; 「열국시대의 개시와 그 변천」, 『전통과 현실』 제6호, 고봉학술원, 1995, pp. 239~290 ; 이 책의 제1장 I 「열국시대의 시작과 변천」 참조.

102 『삼국사기』 권24, 「백제본기」〈분서왕〉조. "七年, 春二月, 潛師襲取樂浪西縣, 冬十月, 王爲樂浪太守所遣刺客賊害薨."

는 기록이 보인다. 백제의 분서왕은 군사를 보내 낙랑의 서부 현을 빼앗았으며, 그로 말미암아 낙랑태수가 보낸 자객에게 살해당했다. 현은 군에 속해 있었던 행정구역이고 태수는 군을 다스리는 지방관리였으므로 이 낙랑은 낙랑군이었음이 분명하다. 그런데 앞에서 말한 바와 같이 낙랑군은 오늘날 난하 동부 유역에 있었다. 그러므로 이 전쟁은 난하 유역에서 일어났던 것이다.

이상의 기록들은 백제가 246년 이전에 이미 오늘날 난하 유역에 진출했음을 알게 해준다. 백제가 진출했던 난하 유역은 앞에서 확인한 것처럼 요서군 지역이었던 것이다. 이보다 앞서 고구려는 이미 요동 지역에 진출하여 중국과 승패가 반복되는 싸움을 계속하고 있었던 것이다.

그러면 백제는 언제까지 요서군 지역을 포함한 중국 동부 해안 지역의 지배권을 행사하고 있었을까? 앞에서 이미 확인한 것처럼 이에 관한 가장 늦은 시기의 기록은 『북제서』 〈후주기〉와 『삼국사기』 「백제본기」 〈위덕왕 17년〉조이다. 북제 후주가 백제의 위덕왕을 사지절·도독·동청주자사로 삼았다는 것이다.[103] 백제의 위덕왕이 동청주의 문무 대권을 장악한 것을 북제가 인정했다는 것이다.

북제의 후주 위(緯)가 재위했던 연대는 565년부터 577년까지이다. 북위가 분열하여 534년에 동위, 535년에 서위가 섰다가 이들이 각각 북제와 북주라 했는데, 577년에 북제는 북주에게 멸망당했다. 그로부터 오래지 않은 581년에 북주의 정권은 외척인 양견에게 넘어가 수나라가 건국되었다. 수나라는 589년에 남쪽의 진(陳)나라를 멸망시키고 중국을 통일했다.

---

103 주 44·45 참조.

그러므로 백제의 위덕왕이 중국 북제의 후주로부터 사지절·도독·동청주자사를 제수받은 것은 수나라가 중국을 통일하기 불과 10여 년 전이었다. 이러한 사실을 종합해볼 때 백제가 중국 동부 해안 지역에 대한 지배권을 포기한 시기는 수나라가 중국을 통일한 시기이거나 그보다 불과 몇 년 앞선 시기였을 것으로 추정된다.

이상과 같이 백제는 246년 이전부터 588년 무렵까지 매우 오랫동안 중국 동부 해안 지역을 지배했다. 그 영역은 초기에는 오늘날 난하 유역부터 하북성 중부까지였으나 그 영역을 점차 남쪽으로 확대하여 산동성을 포괄하고 강소성 남부에까지 이르렀다. 최치원의 글에 따르면 절강성도 백제의 지배권에 들어 있었을 가능성이 있으나 구체적인 사료가 확인되지 않는다. 그리고 광서장족자치구 옹녕현 지역에도 근거지를 가지고 있었을 가능성이 있다.

그렇다면 다음과 같은 의문이 남는다. 한반도 남부에 있었던 백제가 거대한 중국의 동부 해안 지역을 지배했다는 것이 과연 가능했을까? 그리고 백제가 그곳에 진출한 것은 과연 어떤 의미를 지니고 있을까?

이 점을 확인하기 위해 당시 중국의 상황을 살펴볼 필요가 있다. 백제의 진충 장군이 낙랑을 쳐들어갔던 246년은 중국의 삼국시대 말기였다. 중국은 이보다 앞서 동한 말에 황건농민봉기(黃巾農民蜂起)를 토벌한다는 명분으로 각지의 군웅이 할거했는데, 그러한 세력 가운데 북방에서는 220년에 조조의 아들인 조비가 위(魏)를, 남서부에서는 221년에 유비(劉備)가 촉한(蜀漢)을, 남동부에서는 229년에 손권(孫權)이 오(吳)를 건국하여 삼국시대가 되었다.

이 시기에 중국의 동북부에서는 동한 말부터 공손탁·공손강·공손연 3대가 요동 지역(오늘날 난하 유역)을 장악하고 독자세력으로 할거하고 있었다. 이 세력은 238년에 위나라의 사마의(司馬懿)에게 멸망했지만,

이 사건은 당시에 요동 지역이 위나라에 완전히 장악되지 않았음을 알게 해준다. 그로부터 오래지 않아 246년에 위나라의 유주자사 관구검이 고구려를 침략하자 그 후방이 비어 있는 기회를 이용하여 백제의 좌장 진충이 낙랑군을 쳤던 것이다.

266년에는 사마염(司馬炎)이 위의 원제(元帝)를 폐하고 선양(禪讓)의 형식으로 즉위하여 진(晉)나라를 건국했다. 이에 앞서 263년에 촉은 위나라에게 멸망했다. 진나라는 280년에 오나라를 멸망시키고 중국을 통일했다. 그러나 진나라는 내부의 정권다툼과 기근 때문에 오래가지 못하고 316년에 멸망했다. 이를 이후의 동진(東晉)과 구별하기 위해 서진(西晉)이라 부른다. 서진이 멸망한 뒤 중국 북부 지역은 흉노·갈·선비·저·강 등 이민족의 활동무대로 변했다. 120여 년 동안 이들이 세운 나라는 16개가 넘는다. 중국인들은 이를 '5호(胡) 16국(國)'이라 부른다.

한편 서진이 멸망하자 진(晉)나라 귀족들은 남쪽으로 이주하여 317년에 건강[建康 : 오늘날 남경(南京)]에서 사마예(司馬叡)를 추대하여 진조(晉朝)를 재건했는데 이것이 동진이다. 동진의 귀족들은 남방의 풍요로운 경제를 기반으로 안일한 생활을 계속하다가 420년에 무장(武將) 유유(劉裕)에게 정권을 빼앗겨 송나라가 건국되었다. 송나라가 건국된 뒤 중국 남부에서는 170여 년 동안에 제(齊)·양(梁)·진(陳) 등의 나라가 교체되어 약체의 왕조를 벗어나지 못했다.

한편 북방에서는 386년에 선비족의 탁발씨가 북위를 건국하여 439년에는 북방을 통일했다. 이 시기에 남방에서는 송·제·양·진 등의 나라가 교체되었는데 이 시대를 남북조시대라고 부른다. 그 후 북위가 분열되어 534년에 동위, 535년에 서위가 건국되었는데 이들은 나라 이름을 북제와 북주로 고쳤다. 577년에 북제는 북주에게 멸망했고, 581년에는 북주의 외척인 양견이 선양을 받는 형식으로 제위에 올라 수나라를 건국했다. 589년에 수나라는 남조의 진(陳)을 멸망시켜 중국을 통일했다.

백제가 중국에 진출하여 활동했던 시기는 바로 이러한 시대였다. 한족(漢族)들의 세력은 지극히 약화되어 중국대륙을 지배할 능력이 없었고 그때까지 중국 정치와 문화의 중심지였던 북방 지역은 여러 이민족들에게 유린되어 있었다. 이 시기에 중국 북방을 유린했던 흉노·갈·선비·저·강 등은 뒤에 동아시아 역사에서 자취를 감춘 종족들로서 고구려나 백제보다 강한 세력은 결코 아니었다. 이러한 당시의 상황을 놓고 보면 이 시기에 고구려와 백제가 중국에 진출한 것을 불가능한 것으로 보아야 할 이유가 전혀 없다.

그런데 백제가 바다 건너 중국의 동부 지역에 진출해야 했던 이유는 과연 무엇이었을까? 지금까지는 백제가 고구려와 패권을 다투면서 남하하는 고구려 세력을 배후에서 견제하려는 목적에서였을 것으로 보아왔다.[104] 그러한 견해에 일리가 없는 것은 아니지만, 그것은 백제와 고구려의 패권다툼만을 너무 확대 해석한 것으로 생각된다. 백제와 고구려의 사이가 나빠진 것은 고구려 고국원왕 때 전쟁하면서부터였다. 그 전에는 백제와 고구려는 사이가 나쁘지 않았다.

그러한 사실은 백제의 개로왕이 중국의 북위에 보낸 국서의 내용에서 확인된다.[105] 그 내용으로 보아 고구려 고국원왕이 백제를 침략하기 전까지는 백제와 고구려의 사이가 매우 좋았음을 알 수 있다. 고구려가 백제를 친 것은 고국원왕 39년으로 369년이었다.

---

104 김상기, 앞 글, p. 428.

105 『삼국사기』 권25, 「백제본기」 〈개로왕 18년〉조. "臣與高句麗, 源出扶餘, 先世之時, 篤崇舊款. 其祖釗輕廢隣好, 親率士衆, 凌踐臣境. 臣祖須整旅電邁, 應機馳擊, 矢石暫交, 梟斬釗首. 自爾已來, 莫敢南顧."; 『위서』 권100, 「열전」 88, 〈백제전〉에도 같은 내용이 실려 있다.

백제는 이보다 훨씬 전부터 난하 유역에 진출해 있었다. 다시 말하면 백제가 난하 유역에 진출했던 시기는 고구려와 우의가 돈독했던 때였다. 그러므로 고구려의 남하를 견제하기 위해 백제가 중국에 진출했다고 보기는 어렵다. 앞에 인용된 『삼국사기』 「백제본기」 〈고이왕 13년〉조에 따르면, 위나라의 유주자사 관구검이 고구려를 쳤을 때 백제의 좌장 진충은 북위의 낙랑군을 공격했다. 백제가 낙랑군을 친 것은 자신의 영역을 확장하면서 동시에 고구려를 돕기 위한 목적이었을 것이다.

따라서 초기에 백제가 요서(오늘날 난하 서부 유역)에 진출하고 고구려가 요동(오늘날 난하 유역)에 진출했던 것은, 고조선의 옛 땅이었던 오늘날 요서를 빼앗아간 중국을 응징하고 그곳을 되찾기 위해서였을 것이다. 고구려는 오늘날 요동에서 건국하기 전 고조선시대에는 오늘날 요서 지역에 있었으므로 그곳은 고구려의 옛 땅이기도 했다.[106] 부여도 오늘날 요동으로 이주하기 전 고조선시대에는 난하 상류 유역에 있었으므로[107] 부여의 후예로 자처했던 백제로서는 조상들의 옛 땅을 찾는다는 생각도 가지고 있었을 것이다. 따라서 중국 진출 초기에는 백제와 고구려 사이에 협력이 이루어졌을 것이다.

그러나 369년에 백제와 고구려가 전쟁을 치른 뒤 두 나라 사이의 상황은 바뀌었을 것이다. 중국에서 두 나라 관계도 서로 견제하는 상황이 되었을 것이다. 백제 개로왕이 북위에 보낸 국서에서 고구려가 백제와 맺었던 화친을 먼저 깼음을 논한 뒤 북위에게 함께 고구려를 치자고 제안하고 있는 것은 이를 알게 한다.[108]

---

106 윤내현, 「고조선의 국가 구조」, 앞 책 『고조선 연구』 하, pp. 37~43.
107 위 책, pp. 32~33.
108 『위서』 권100, 「열전」 88, 〈백제전〉 참조.

그런데 『남제서』 〈백제전〉에는 백제의 진출 지역에서 공로를 세운 백제의 장수와 관리들에게 백제가 관직을 제수했음을 물론, 남제(南齊)에서도 관직을 제수받은 것으로 기록되어 있다. 남제에서 이들에게 관직을 제수한 것은 어떤 이유에서였을까? 앞에서 설명한 바와 같이 당시에 북조(北朝)는 이민족들의 정권이었고 남조(南朝)는 한족(漢族)의 정권이었다. 그런데 자신들의 힘으로 북방을 회복할 능력이 없었던 남조로서는 북방 회복에 백제의 힘을 빌릴 필요가 있다고 생각했을 것이다. 백제로서도 한족 정권인 남조의 관직을 제수받는 것이 그 지역 토착민을 지배하는 데 도움이 되었을 것이다.

이러한 상호 이해관계는 백제와 남조를 매우 친밀한 관계로 만들었고 백제와 북조는 소원한 관계를 만들었을 것이다. 백제가 남조와는 잦은 사신 왕래와 무역이 있었던 것으로 기록되어 있는 반면, 북조와는 그러한 활동을 가진 기록이 별로 보이지 않는 것은 그것을 말해준다. 백제가 중국에서 활동한 지역은 주로 북조의 영역에 속한 지역이었으므로, 이러한 상황도 북조와 관계를 소원하게 만든 원인이 되었을 것이다.

북조의 역사서에 백제의 중국 진출에 관한 기록이 빠진 것도 이러한 상황과 관련이 있을 것이다. 그러나 마침내 북조도 백제의 중국 진출을 현실적으로 인정하지 않을 수 없었던 것이다. 북제가 백제 위덕왕을 사지절·도독·동청주자사로 제수한 것은 그러한 사실을 말해준다.

5. 마치며

지금까지 살펴본 바와 같이 백제는 일찍부터 중국 동부 해안 지역에 진출하여 그곳을 지배했다. 백제가 중국에 처음으로 진출했던 지역은 요서군과 진평군 지역이었던 것으로 기록에 나타난다. 기록에 요서군과 진평군으로 지칭된 곳은 오늘날 난하 유역에서 서남으로 하북성 중부의 안평 지역까지와 광서장족자치구의 옹녕현 지역이었다.

난하 유역에서 하북성 중부까지를 차지하고 기반을 닦은 백제는 그 세력을 점차 남쪽으로 확장하여 오늘날 산동성 지역을 거쳐 강소성 남부 양주 지역까지를 장악했다. 백제는 오늘날 절강성까지 진출했을 가능성도 있지만 분명한 기록을 찾을 수 없다. 어느 시기까지 광서장족자치구 옹녕현 지역에 근거지를 가지고 있었는지도 확실하게 알 수가 없다. 백제가 차지하고 있었던 이 지역은 중국의 동부 해안 지역으로 한반도 남부에 있었던 본국으로부터 관리와 연락이 쉬운 지역이었다.

백제가 중국에 진출한 시기는 246년 이전으로 추정되는데, 이보다 앞서 고구려는 이미 당시의 요동(오늘날 난하 유역) 지역에 진출해 있었다. 백제는 589년 수나라가 중국을 통일하기 바로 전까지 중국의 동부 해안 지역을 지배했다. 이러한 고구려의 요동 진출과 백제의 동부 해안 지역 진출은 고조선의 옛 땅을 수복하고 지난날 고조선의 영토를 침략한 중국을 응징하기 위한 것이었다고 생각된다. 고조선시대에는 고구려와 부여가 난하 유역에 있었으므로 이는 고구려의 옛 땅과 백제 왕실 조상들의 옛 땅을 수복한다는 의미가 포함되어 있었다.

백제가 중국에 진출했던 시기는 중국이 위·촉한·오의 세 나라로 분열되었던 시기인데, 뒤에 한때 진(晉)나라에 의한 통일 시기가 있었다고는 하지만 그것은 잠시였고 중국 북방은 이민족들의 정권이 흥망을 거듭하면서 혼란이 계속되었다. 이런 혼란은 백제가 중국에 진출하여 그 지역을 계속 지배하는 데 유리한 조건을 제공했다.

당시에 한족 정권은 중국의 남부에서 남조를 형성하고 있었으나 세력이 매우 약했다. 이들은 백제의 힘을 빌어 북방을 수복해보자는 생각을 가지고 있었다. 따라서 이들은 백제와 화친을 유지하면서 중국 동부 해안 지역에서 활동하는 백제 관리와 장수들에게 사지절·도독·자사·장군·태수 등의 중국 관직을 제수했다. 백제로서도 그러한 관직이 필요했다. 왜냐하면 중국의 관직은 현지의 한족들과 토착인들을 지배하는 데 명분을 제공해주기 때문이다.

백제가 중국 동부 해안 지역을 지배한 것은 340년이 넘는 오랜 기간이었다. 이 기간 동안 백제와 고구려의 관계에 변화가 있었다. 초기의 화친관계가 무너지고 대립관계로 바뀌면서 중국에 진출한 양국의 세력도 서로 견제하는 관계로 변했을 것이다. 그뿐만 아니라 백제와 중국은 이 기간 동안 내외적으로 많은 변화가 있었다. 그러므로 백제가 처음부터 끝까지 같은 영역을 계속 지배했을 것이라고 생각할 수는 없다. 지금으로서는 그 영역 변천 과정을 구체적으로 확인할 수 있는 자료가 보이지 않지만 그 말기까지 산동성 지역을 지배하고 있었음은 분명하다. 지배 영역의 변천에 관한 구체적인 내용은 앞으로 보완되어야 할 과제다.

산동성을 중심으로 한 중국의 동부 해안 지역에서는 이후 당시대에 고구려 유민 이정기 일가가 치청번진을 형성하고 작은 왕국과 같은 세력으로 55년 동안 당조(唐朝)에 대항했다. 그리고 치청번진이 멸망한 뒤에는 바로 장보고 대사가 이 지역을 차지하고 해상권을 장악했다. 이러한 한민족의 활동은 이전에 백제가 이 지역을 지배했던 역사적 기초 위에서 가능했던 것이다.

VI 신라의 정체성 확보

1. 들어가며

여기서는 신라가 고구려와 백제를 통합할 수 있는 국가적 기틀이 마련된 진평왕 때까지의 발전 과정을 확인해보자. 이 기간에 신라에서는 통치자 이름이 거서간(居西干)·차차웅(次次雄)·이사금(尼師今)·마립간(麻立干)·왕(王) 등으로 여러 번 바뀌었다. 이 가운데 거서간·차차웅·이사금·마립간은 통치자에 대한 한민족의 호칭이고, 왕은 중국의 호칭이다. 따라서 통치자 이름을 기준으로 할 때 마립간시기까지는 민족 고유의 문화가 우세를 보였던 반면에, 왕호(王號)를 사용한 시기에는 중국문화의 영향을 강하게 받았을 것임을 짐작할 수 있다.

그런데 신라사를 보면 거서간·차차웅·이사금시대는 건국 초기로서 국가의 기반을 닦는 시기였고, 마립간시대는 국가와 통치자에 대한 권위를 강화해나간 시기였으며, 왕호시대는 신라가 국내외적으로 강성한 나라로 군림하기 시작한 시기였다. 이와 같이 신라사에서는 통치자의 이름과 각 시기의 성격 변화가 궤를 같이하고 있는 것이다. 그러므로 필자는 신라의 발전 과정을 신라 초기·마립간시기·왕호시기 등 세 시기로 구분하여 고찰하려고 한다.

신라 초기사회를 지금까지는 대체로 국가 단계에 진입하기 전의 사회 단계로 보았다.[1] 이는 신라 건국 전에 한반도와 만주를 지배했던 고조선과 그 뒤를 이어 한반도 남부를 지배했던 한(韓)에 대한 연구가 충분히 되어 있지 못했기 때문이었다. 필자는 고조선과 한에 대한 연구를 통해 이들은 이미 국가 단계의 사회에 진입해 있었음을 밝힌 바 있다. 그렇다면 그 뒤를 이은 왕조인 신라는 당연히 초기부터 국가 단계여야 한다. 국가 단계 사회의 뒤를 이어 출현한 왕조가 국가 단계 이전의 사회로 퇴보하는 경우는 세계 어느 지역에서도 보기 드물기 때문이다.

신라가 초기부터 국가 단계의 사회였다는 사실은 문헌 사료를 통해서도 확인된다. 이에 대한 필자의 견해는 밝힌 바 있다.[2] 그러므로 이 글은 신라가 건국된 뒤 어떤 발전 과정을 겪었는지 살펴보는 것이 목적이다. 다시 말하면 이 글은 '신라국가 발달사'가 될 것이다. 그리고 특정한 문제를 다루는 것이 아니라 신라의 발전 과정을 시대순으로 정리해나갈 것이므로 『삼국사기』「신라본기」 기록이 주된 자료가 될 것이다.

신라의 역사는 고구려와 백제를 병합함으로써 절정에 이르렀지만 그것은 하루아침에 얻어진 것이 아니었다. 오랜 기간에 걸친 기반 축조 작업과 성장 과정이 있었다. 그러한 성장의 특징을 이룬 것은 무엇이었을

---

1 이종욱은 『신라국가형성사연구』(일조각, 1982)를 간행한 바 있는데, 책 제목이 보여주듯이 신라 초기는 아직 국가 단계의 사회가 아니었다는 전제에서 출발하고 있다. 이종욱은 신라가 어느 시기에 국가 단계의 사회를 형성했는지 밝히고자 했던 것이다.

2 윤내현, 「신라 초기의 사회성격에 대한 재검토」, 『고문화』 제49집, 한국대학박물관협회, 1996, pp. 133~150.

까? 이를 확인하는 것은 고구려·백제와 대비해서 신라 사회의 특징을 인식하는 작업이 될 뿐만 아니라 민족통일 과업을 눈앞에 두고 있는 오늘의 한민족에게 시사하는 바도 클 것이다.

2. 신라 초기의 발전

신라는 서기전 57년(혁거세 거서간 원년, 전한 선제 오봉 원년)에 건국되었는데, 건국 때의 나라 이름은 서나벌(徐那伐)이었다.[3] 신라는 사로(斯盧)라고도 불렸는데,[4] 『삼국지』「동이전」〈한전〉에는 한(韓)나라의 진한 지역에 사로국이 있었던 것으로 기록되어 있어 사로국이 서나벌의 전신이었음을 알게 해준다.

신라 건국의 핵심세력은 알천 양산촌·돌산 고허촌·자산 진지촌·무산 대수촌·금산 가리촌·명활산 고야촌 등 여섯 촌락(마을)이었는데, 그곳에 거주한 사람들은 원래 고조선 백성들이었으며 고조선이 붕괴된 뒤에는 진한의 여섯 부가 되었다.[5] 부(部)는 여러 개의 마을로 구성된 행정구역이었으므로,[6] 위의 여섯 마을은 각 부의 중심을 이루는 마을이었을 것이다.

---

3 『삼국사기』 권1, 「신라본기」 〈시조 혁거세 거서간〉조.

4 『삼국사기』 권4, 「신라본기」 〈지증 마립간 4년〉조.

5 『삼국사기』 권1, 「신라본기」 〈시조 혁거세 거서간〉조.

6 『삼국사기』 권1, 「신라본기」 〈유리 이사금 14년〉조에는 고구려 왕 무휼(대무신왕)이 낙랑(최씨낙랑국)을 멸하니 낙랑 사람 5,000명이 오므로 여섯 부에 나누어 살게 했다고 기록되어 있는바, 이로 보아 여섯 부는 다른 나라 사람 5,000명을 수용할 수 있을 정도의 큰 규모였음을 알 수 있다.

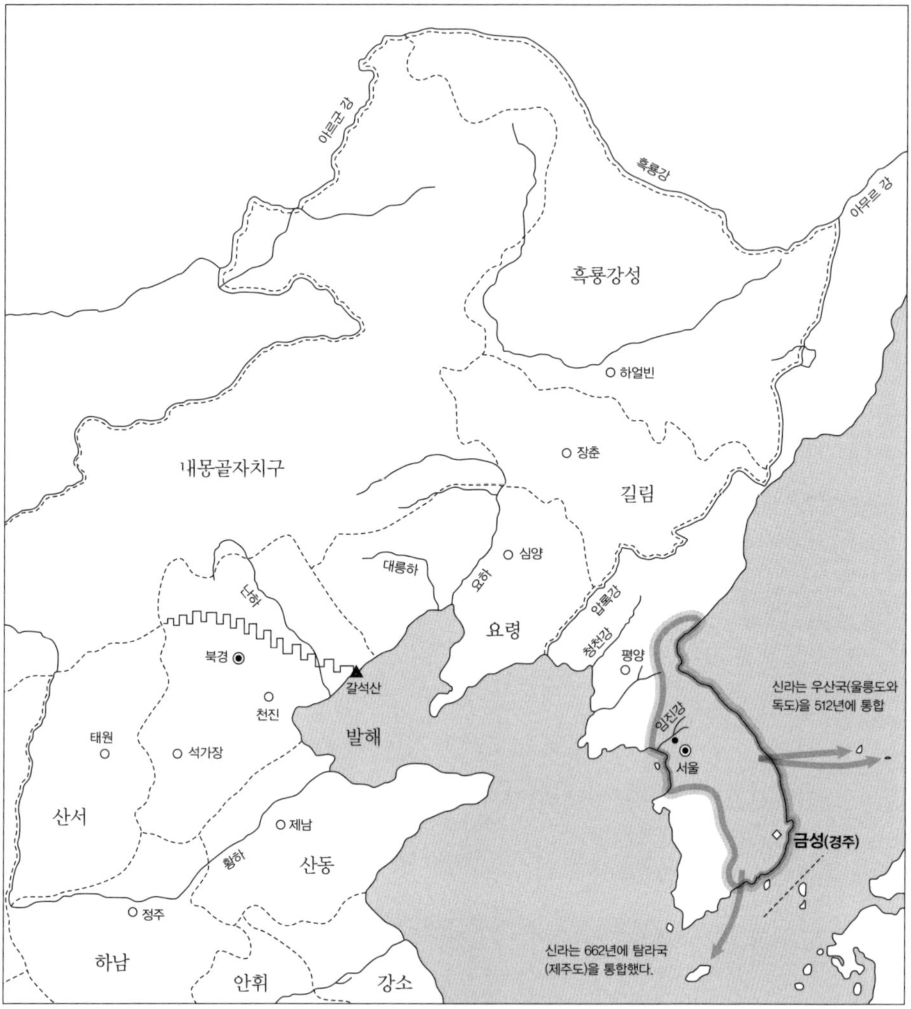
아르군 강
흑룡강
아무르 강
흑룡강성
하얼빈
장춘
길림
내몽골자치구
심양
대릉하
요하
난하
압록강
요령
청천강
평양
북경
갈석산
천진
발해
임진강
서울
신라는 우산국(울릉도와 독도)을 512년에 통합
태원
석가장
산서
제남
금성(경주)
황하
산동
정주
신라는 662년에 탐라국 (제주도)을 통합했다.
하남
안휘
강소

신라의 강역(6세기 후반)

따라서 신라는 많은 마을들로 형성된 국가였다. 신라의 모체가 되었던 진한의 여섯 부는 신라가 건국된 뒤에도 신라의 여섯 부를 형성하고 있었다. 그러한 상황은 『삼국사기』 「신라본기」 〈시조 혁거세 거서간 17년〉조에 혁거세 거서간이 여섯 부를 순행했다고 적혀 있는 것에서 알 수 있다.[7] 이러한 여섯 부는 나중에 신라의 영토가 확장되면서 그 영역도 넓어졌겠지만 건국 초에는 진한의 여섯 부가 그대로 이어지고 있었을 것이다. 그리고 〈혁거세 거서간 17년〉조의 내용은, 신라 사회의 기초는 농사짓고 뽕나무를 길러 누에 치고 길쌈하는 전형적인 농업마을이었음을 말해주고 있다.

신라가 국가의 기반을 닦아나가자 주변에서 스스로 항복해 오는 나라들이 있었는데, 이 가운데는 오늘날 경상남도 지역에 있었던 나라들도 있었다.[8] 이러한 기반 위에서 서기전 37년(혁거세 거서간 21년)에는 도성인 금성(金城)을 쌓고 서기전 32년(혁거세 거서간 26년)에는 금성에 궁실을 지어 왕실의 위엄을 세웠다. 그리고 신라가 독립국임을 대외에 알리기 위해 한(韓)의 왕실에 사신을 파견했다. 그러한 사실은 『삼국사기』 「신라본기」 〈혁거세 거서간 38년〉조에,

봄 2월에 호공을 마한에 보내 수빙했는데 마한왕이 호공을 꾸짖어 말하

---

7 『삼국사기』 권1, 「신라본기」 〈시조 혁거세 거서간 17년〉조. "王巡撫六部, 妃閼英從焉. 勸督農桑, 以盡地利."

8 『삼국사기』 권1, 「신라본기」 〈시조 혁거세 거서간 19년〉조. "春正月, 卞韓以國來降." 나중에 변한 지역에서는 가야가 건국되므로 이 시기에 변한 지역이 모두 신라에 항복했다고 보기는 어렵고 그 일부가 항복했다고 보아야 할 것이다. 그런데 지금의 경상남도 지역인 변한 지역의 나라들이 신라에 항복해 왔다면 그보다 더 가까이 있었던 나라들도 당연히 항복해 왔을 것이므로, 실제로는 변한 지역뿐 아니라 진한 지역의 여러 나라들도 항복해 왔을 것이다.

기를, 진한과 변한 두 한은 우리의 속국인데 근년에는 공물을 보내지 아니하니 대국을 섬기는 예의가 이와 같을 수가 있느냐고 했다. 호공이 대답하기를, 우리나라는 두 사람의 성인(聖人 : 혁거세 거서간과 왕비 알영을 말함)이 일어나면서부터 인사(人事)가 바로잡히고 천시(天時)는 고르며 창고가 가득 차고 인민(人民)이 서로 공경하고 겸양하니 진한의 남은 백성부터 변한·낙랑·왜인에 이르기까지 두려워하지 않는 사람이 없다. 그러나 우리 임금은 겸손하여 아래 신하를 보내 인사를 치르니 이는 예의로서는 지나치다고 말할 수 있는데, 도리어 대왕(大王)이 진노하여 군대로써 나에게 겁을 주니 도대체 무슨 뜻이냐고 했다.[9]

는 내용에서 알 수 있다. 마한왕은 한 전체를 통치했던 진왕으로서[10] 그가 마한 지역에 있었기 때문에 그렇게 부른 것인데, 위 내용에서 우리는 2가지를 확인할 수 있다. 첫째는 진한과 변한은 원래 진왕의 지배 아래 있었는데, 신라가 건국된 시기에 이르러서는 이 지역의 나라들이 공납을 하지 않을 정도로 진왕의 통치력이 약화되었고, 둘째는 신라 사신 호공의 말이나 태도로 보아 신라는 이미 진왕의 통치를 받을 의사가 없는 독립국임을 분명히 하고 있다는 점이다.

---

9 『삼국사기』 권1, 「신라본기」 〈시조 혁거세 거서간 38년〉조. "春二月, 遣瓠公聘於馬韓, 馬韓王讓瓠公曰, 辰卞二韓, 爲我屬國. 比年不輸職貢, 事大之禮, 其若是乎. 對曰, 我國自二聖肇興, 人事修, 天時和, 倉庾充實, 人民敬讓, 自辰韓遺民, 以至卞韓·樂浪·倭人, 無不畏懷, 而吾王謙虛, 遣下臣修聘, 可謂過於禮矣, 而大王赫怒, 劫之以兵, 是何意耶."

10 마한왕이 한 전체를 통치했던 진왕이었음은 마한왕을 서쪽의 한왕이라 한 다음 글에서도 알 수 있다. 『삼국사기』 권1, 「신라본기」 〈시조 혁거세 거서간 39년〉조. "마한왕이 사망했는데 어떤 사람이 왕에게 말하기를, 서쪽의 한왕은 전에 우리 사신을 욕보였으니……."

신라가 건국된 진한 지역은 원래 마한에 종속되어 한의 일부를 이루고 있었다는 사실을 생각해볼 때, 신라의 이와 같은 태도는 대담한 것이고 독립을 천하에 알린 것이었다고 보아야 한다. 이러한 신라의 독립과 성장을 축하하기 위해 동옥저는 사신과 말 20필을 보냈다.[11]

이처럼 오늘날 경주 지역에서 건국된 신라는 건국시조인 혁거세 거서간시대에 이미 영토가 경주 부근뿐 아니라 경상남도 일부 지역에까지 확대되었으며, 독립국으로서의 기반도 상당히 튼튼했던 것이다.

이러한 기반 위에서 즉위한 남해 차차웅(서기전 4~서기 23년)은 시조묘(始祖廟)를 건립하여 왕실의 신성성과 권위를 확립했고, 유리 이사금(24~56년)은 백성들의 생활이 안정되도록 노력하면서 정치제도의 정비를 단행하여 국가의 기반을 확고히 했다. 그는 관리로 하여금 자활능력이 없는 백성들의 생활을 돌보아주도록 하는 한편,[12] 여섯 부의 이름을 바꾸고 성(姓)을 하사했는데 그 내용을 보면,

> 여섯 부의 이름을 고치고 성을 하사했는데, 양산부(楊山部)를 양부(梁部)라 하고 성을 이(李)라 했으며, 고허부(高墟部)를 사량부(沙梁部)라 하고

---

11 『삼국사기』 권1, 「신라본기」 〈시조 혁거세 거서간 53년〉조. "동옥저의 사신이 와서 좋은 말 20필을 바치고 말하기를, 저희 군주께서는 남쪽의 한에 성인이 나셨다는 말을 듣고 신을 보내 축하를 드리는 것이라고 했다." 동옥저가 신라에 좋은 말을 예물로 보낸 것으로 보아 신라에서는 좋은 말이 생산되지 않았던 듯하다. 그렇게 보면 신라의 지배층은 기마족일 것이라는 일부 학자들의 주장은 성립될 수 없다. 그들이 기마족이었다면 당연히 좋은 말들을 가지고 있어야 하기 때문이다.

12 『삼국사기』 권1, 「신라본기」 〈유리 이사금 5년〉조. "담당 관리에게 명하여 곳곳의 홀아비·홀어미·고아·늙은이·병든 이 등 자활능력이 없는 사람들을 위문하고 그들에게 양식을 주어 부양하도록 했더니, 이에 이웃 나라 사람들로서 이를 듣고 온 사람이 무리를 이루었다(仍命有司, 在處存問, 鰥寡孤獨老病不能自活者, 給養之. 於是, 鄰國百姓聞而來者, 衆矣)."

> 성을 최(崔)라 했고, 대수부(大樹部)를 점량부(漸梁部)라 하고 성을 손(孫)이라 했으며, 우진부(于珍部)를 본피부(本彼部)라 하고 성을 정(鄭)이라 했고, 가리부(加利部)를 한기부(漢祇部)라 하고 성을 배(裴)라 했으며, 명활부(明活部)를 습비부(習比部)라 하고 성을 설(薛)이라 했다.[13]

고 기록되어 있다. 이것은 신라 건국 이전부터 사용되어 오던 여섯 부의 이름을 바꿈으로써 신라의 국가적 면모를 쇄신하고, 각 부의 핵심 씨족

---

13 『삼국사기』 권1, 「신라본기」 〈유리 이사금 9년〉조. 이에 대해 『삼국유사』 권1, 「기이」 〈신라 시조 혁거세왕〉조에는 다음과 같이 기록되어 있다. "진한 땅에는 옛날에 여섯 촌이 있었다. 첫째는 알천 양산촌으로 남쪽이니 지금의 담암사(曇巖寺) 방면이다. 촌장은 알평(謁平)이라 했는데, 처음 표암봉(瓢嵓峰)에 내려와 이 사람이 급량부(及梁部) 이씨의 조상이 되었다. 둘째는 돌산 고허촌으로 촌장은 소벌도리(蘇伐都利)라 했는데, 처음 형산(兄山)에 내려와 이 사람이 사량부(沙梁部) 정씨의 조상이 되었다. 지금은 남산부(南山部)라 하여 구량벌(仇良伐)·마등오(麻等烏)·도북(道北)·회덕(迴德) 등 남촌이 여기에 속한다. 셋째는 무산 대수촌이니 촌장은 구례마(俱禮馬)라 했는데, 처음 이산(伊山)에 내려와 이 사람이 점량부(漸梁部)와 모량부(牟梁部) 손씨의 조상이 되었다. 지금은 장복부(長福部)라고 하여 박곡촌(朴谷村) 등 서촌이 여기에 속한다. 넷째는 자산 진지촌이니 촌장을 지백호(智伯虎)라 했는데, 처음 화산(花山)에 내려와 이 사람이 본피부(本彼部) 최씨의 조상이 되었다. 지금은 통선부(通仙部)라 하여 시파(柴巴) 등 동남촌이 여기에 속한다. (최)치원은 본피부 사람이니 지금 황룡사 남쪽의 미탄사(味呑寺) 남쪽에 옛 터가 있다 하니 이것이 최후(崔侯)의 옛 집자리임이 거의 분명하다. 다섯째는 금산 가리촌이니 촌장은 기타(祇沱)라 했는데 처음 명활산(明活山)에 내려와 이 사람이 한기부(漢歧部) 또는 한기부(韓歧部)라고도 하는 배씨의 조상이 되었다. 지금은 가덕부(加德部)라 하여 상하서지(上下西知)·내아(乃兒) 등 동촌이 여기에 속한다. 여섯째는 명활산 고야촌이니, 촌장은 호진(虎珍)이라 했는데 처음 금강산(金剛山)에 내려와 이 사람이 습비부(習比部) 설씨의 조상이 되었다. 지금의 임천부(臨川部)이니 물이촌(勿伊村)·잉구미촌(仍仇旀村)·궐곡(闕谷) 등 동북촌이 여기에 속한다. 위의 글을 보건대 이 여섯 부의 조상들이 모두 하늘에서 내려온 것 같다. 노례왕 9년에 비로소 여섯 부의 이름을 고치고 또 여섯 성을 하사했다. 지금 풍속에는 중흥부(中興部)를 어미, 장복부(長福部)를 아비, 임천부(臨川部)를 아들, 가덕부(加德部)를 딸이라 하는데 그 이유는 자세하지 않다."

에게 성을 하사함으로써 귀족으로서의 체모를 갖추도록 했던 것으로 보인다. 그리고 관제를 정돈하여 17등급을 두었는데 그 내용을 보면,

> 또 관직을 설치하여 17등급을 두었는데 첫째는 이벌찬(伊伐飡), 둘째는 이척찬(伊尺飡), 셋째는 잡찬(迊飡), 넷째는 파진찬(波珍飡), 다섯째는 대아찬(大阿飡), 여섯째는 아찬(阿飡), 일곱째는 일길찬(一吉飡), 여덟째는 사찬(沙飡), 아홉째는 급벌찬(級伐飡), 열째는 대나마(大奈麻), 열한째는 나마(奈麻), 열두째는 대사(大舍), 열셋째는 소사(小舍), 열넷째는 길사(吉士), 열다섯째는 대오(大烏), 열여섯째는 소오(小烏), 열일곱째는 조위(造位)였다.[14]

고 했다. 혁거세 거서간이 호공을 마한에 사신으로 보낸 것이라든가 남해 차차웅이 탈해를 대보(大輔)로 삼은 기록이 있는 것으로 보아, 이전에도 어느 정도 정돈된 관직이 있었으며 이 시기에 이르러 그 등급과 서열 체계를 구체적으로 확실하게 규정했던 것으로 보인다. 이것은 국가의 권력체계가 그만큼 강화되었음을 말해준다.

여섯 부의 이름 변경과 그 중심 씨족들에 대한 성의 하사 및 관직의 등급과 서열 확정 등은 신라가 국가로서의 면모와 체제를 확립했음을 의미한다. 이 시기에 신라는 가배(嘉排)라는 행사를 만들어 국민의 결합을 공고히 하기도 했다.[15] 가배는 여섯 부의 여자들을 두 패로 나누어 길쌈으로 겨루는 것으로서 8월 15일에 결과를 발표하고 함께 음식과 가무를 즐기는 거국적인 축제행사였다.

---

14 『삼국사기』 권1, 「신라본기」 〈유리 이사금 9년〉조.

15 위와 같음.

유리 이사금은 안으로는 정치체제와 통치 조직을 정돈하고 국민의 단결을 공고히 하는 조처를 취하는 한편 영토 확장에도 힘을 기울여 42년(유리 이사금 19년, 건무 18년)에 이서국(伊西國 : 오늘날 경북 청도군 지역)을 쳐서 멸망시켰다.[16] 이것은 신라가 다른 나라를 공격한 첫 번째 기록으로, 이때 신라는 이서국을 직접 통치하지 않고 상당한 자치권을 부여했던 것으로 보인다. 297년(유례 이사금 14년)에 이서국이 신라의 금성(왕성)을 공격했다는 기록은 그것을 알게 해준다.[17] 이후 신라의 영토 확장은 계속되어 탈해 이사금(57~80년) 때에는 우시산국(于尸山國 : 오늘날 경남 울산)과 거칠산국(居柒山國 : 오늘날 경남 동래)을 통합했다.[18]

신라는 토착인 중심으로 국가의 기반과 조직을 튼튼히 하면서 외래인도 포용하는 정책을 취했다. 탈해 이사금(57~79년)과 호공의 등장은 그것을 알게 해준다. 탈해 이사금은 다파나국(多婆那國)[19] 출생으로 신라에서 성장하여 남해 차차웅 때에 그의 사위가 되어 벼슬이 대보에 이르렀는데, 남해 차차웅이 사망하면서 아들이나 사위 가운데 어질고 나이가 많은 사람이 왕위를 계승하라는 유언에 따라 왕위에 올랐다.[20] 그리고 호공은 원래 왜인(倭人)으로 박을 허리에 차고 바다를 건너왔기 때문에 그렇게 불렀다. 그는 탈해 이사금 때에 벼슬이 대보에 이르렀다.[21]

외래인인 탈해가 이사금에 오른 것이라든가 호공이 대보라는 높은 벼

---

16 『삼국유사』 권1, 「기이」 〈제3 노례왕〉조. "建虎(武)十八年, 伐伊西國滅之."

17 『삼국사기』 권2, 「신라본기」 〈유리 이사금 14년〉조.

18 『삼국사기』 권44, 「거도열전(居道列傳)」.

19 『삼국사기』 「신라본기」 〈탈해 이사금〉조에는 다파나국의 위치에 대해 왜국의 동북 1천리쯤 되는 곳에 있었다 했으나 오늘날 어느 곳을 말하는지 정확하게 알 수가 없다. 그러나 이 내용은 탈해가 신라의 토착인이 아니라 외래인이었음을 말해준다.

20 『삼국사기』 권1, 「신라본기」 〈탈해 이사금〉조.

21 『삼국사기』 권1, 「신라본기」 〈혁거세 거서간 38년〉조 ; 〈탈해 이사금 2년〉조.

슬에 오를 수 있었던 것은 그들이 유능했기 때문이기도 했겠지만, 신라에서는 외래인에 대한 차별이 적었을 뿐만 아니라 그들을 포용한 정책의 결과였다고 보아야 할 것이다. 탈해는 이사금에 오른 뒤 신라 건국의 핵심세력인 혁거세 후손들을 주주(州主)와 군주(郡主)로 임명하여 주(州)와 군(郡)을 다스리도록 했다.[22] 이는 외래세력인 탈해 이사금이 기존의 통치세력과 결합을 공고히 하기 위해 취한 조처였을 것이다.

파사 이사금(80~111년)은 생산을 독려하여 경제적 기반을 튼튼히 하고 생활이 어려운 백성들을 돕는 한편 국방에도 힘을 기울였다.[23] 이 시기에 신라는 본격적인 영토 확장을 꾀했다. 음즙벌국(音汁伐國 : 오늘날 경북 월성군 안강 지역)·실직국(悉直國 : 오늘날 강원도 삼척 지역)·압독국(押督國 : 오늘날 경북 경산군 압량 지역)·비지국(比只國 : 오늘날 창녕 지역)·다벌국(多伐國 : 오늘날 경북 대구 또는 영일군 지역)·초팔국(草八國 : 오늘날 경북 경주 부근 또는 경남 합천군 초계면) 등의 항복을 받았으며,[24] 굴아화촌(屈阿火村 : 오늘날 경남 울산 서쪽)을 차지하여 현(縣)을 설치했고[25] 내령군(奈靈郡 : 오늘날 경북 영주)도 차지했다.[26] 이때 신라는 낙동강 동쪽 대부분 지역과 서쪽 일부 지역도 차지했던 것으로 보인다.

파사 이사금은 10명의 사신을 각지에 파견하여 앞서 탈해 이사금이 임명한 주주와 군주들이 공무에 충실한지를 감찰하여 잘못한 자에게는 벌을 주도록 했다.[27] 이는 통치자의 권한을 강화해나가는 정형을 보여준

---

22 『삼국사기』 권1, 「신라본기」 〈탈해 이사금 11년〉조.
23 『삼국사기』 권1, 「신라본기」 〈파사 이사금 2·3년〉조.
24 『삼국사기』 권1, 「신라본기」 〈파사 이사금 23·29년〉조.
25 『삼국사기』 권34, 「지리지」 1, 〈임관군(臨關郡)〉조.
26 『삼국사기』 권35, 「지리지」 2, 〈내령군〉조.
27 『삼국사기』 권1, 「신라본기」 〈파사 이사금 11년〉조.

다. 일성 이사금(134~153년) 때인 138년에는 도읍에 정사당(政事堂)을 설치했는데,[28] 이것은 국가의 중대사를 논의하는 회의 장소였던 것으로 보인다. 이로 보아 이 시기에 신라는 통치자의 권위를 강화하고 통치 조직과 관제를 정돈하는 작업이 상당히 진행되었던 것으로 생각된다. 영토의 확장에 따른 통치력과 통치 조직의 정비였을 것이다.

아달라 이사금(154~183년)에 이르러서는 계립령(鷄立嶺 : 오늘날 충북과 경북 사이 조령)과 죽령(竹嶺 : 강원도 삼척 하장면)을 열어 한반도의 중심부와 동부해안으로 통하는 도로를 확보했다.[29] 이것은 각 지역 사이의 교통을 편리하게 했을 뿐만 아니라, 문물의 교류를 촉진했고, 167년(아달라 이사금 14년)에 신라가 한강 유역에 진출하는 기반이 되었다.[30]

이러한 신라의 성장은 백제에 위협을 주었고,[31] 왜열도 고을나라들의 맹주였던 히미코(卑彌呼)가 보낸 사신의 예방(禮訪)을 받기도 했다.[32] 185년(벌휴 이사금 2년)에는 소문국(召文國 : 오늘날 경북 의성)을 병합했고,[33] 내해 이사금(196~229년) 때인 209년에는 포상팔국(낙동강 하류와 경남 남해안 일대에 있었을 것으로 추정되는 여덟 나라)의 침략을 받은 가야를 구원해주었으며,[34] 3년 후인 212년에는 가야의 왕자를 볼모로 삼

---

28 『삼국사기』 권1, 「신라본기」 〈일성 이사금 5년〉조.

29 『삼국사기』 권2, 「신라본기」 〈아달라 이사금 3·5년〉조 참조.

30 『삼국사기』 권2, 「신라본기」 〈아달라 이사금 14년〉조 참조.

31 『삼국사기』 권2, 「신라본기」 〈아달라 이사금 14년〉조. 백제가 신라 서부 두 성을 공격해 1,000명을 사로잡아 갔는데 신라왕이 기병 8,000명, 일길찬 흥선(興宣)이 군사 2만 명을 거느리고 백제를 압박하니 백제가 크게 두려워하여 잡아갔던 남녀를 돌려보냈다.

32 『삼국사기』 권2, 「신라본기」 〈아달라 이사금 20년〉조. 히미코는 『삼국지』 권30, 「동이전」 〈왜전〉에도 등장하는 인물로 당시 왜열도에 있었던 많은 고을나라들의 맹주였던 것으로 보인다.

33 『삼국사기』 권2, 「신라본기」 〈벌휴 이사금 2년〉조.

34 『삼국사기』 권2, 「신라본기」 〈내해 이사금 14년〉조.

아[35] 가야의 보호국으로 군림했다. 그리고 231년(조분 이사금 2년)에는 감문국(甘文國 : 오늘날 경북 금릉 개령면)을, 236년(조분 이사금 7년)에는 골벌국(骨伐國 : 오늘날 경북 영천)을 병합했다.[36]

조분 이사금(230~246년)의 뒤를 이은 첨해 이사금(247~261년)은 아들이 없어 국인(國人)들이 김씨인 미추 이사금(262~283년)을 세웠다. 지금까지 박씨와 석씨가 왕위를 이어왔으나 김씨 왕이 등장한 것이다.[37] 미추는 알지(閼智)의 후손이었다. 알지는 계림(雞林) 출신으로 탈해 이사금이 데려다 궁중에서 길렀는데, 벼슬이 대보에 이르렀다. 미추의 어머니는 박씨였으므로 신라 왕실과 관계 없는 혈통은 아니었지만 아버지 계열로는 왕실 계통이 아닌 미추가 왕위에 올랐다는 것은 신라가 왕위 계승 문제에 비교적 개방적이었음을 알게 한다. 유능한 인물이라면 아버지가 왕실 계통이 아니더라도 왕위에 오를 기회를 주었던 것이다.

신라는 300년(기림 이사금 3년)에는 최씨낙랑국(오늘날 대동강 유역)과 대방국(오늘날 황해도) 지배세력의 투항을 받아들였고,[38] 307년에는 나라 이름을 신라로 고쳤다.[39] 이 기간에 신라가 성장할 수 있는 기초가 다져졌던 것이다.

---

35 『삼국사기』 권2, 「신라본기」 〈내해 이사금 17년〉조.

36 『삼국사기』 권2, 「신라본기」 〈조분 이사금 2년〉조.

37 『삼국사기』 권2, 「신라본기」 〈미추 이사금〉조.

38 『삼국사기』 권2, 「신라본기」 〈기림 이사금 3년〉조. 최씨낙랑국은 오늘날 대동강 유역에 있었고 대방국은 오늘날 황해도에 있었다. 이 나라들이 북방의 고구려에게 멸망하자 그 지배세력이 남쪽의 신라에 귀순했던 것이다.

39 『삼국사기』 권2, 「신라본기」 〈기림 이사금 10년〉조. "復國號新羅." 다시 국호를 신라라 했다고 말한 것으로 보아 이전에도 신라라 불렀음을 알 수 있다. 그러나 이후에도 신라의 나라 이름은 사라·사로·서나벌 등이 혼용되므로 503년(지증 마립간 4년)에 다시 신라로 확정했다.

3. 마립간시대의 발전

내물 마립간(356~401년)[40]이 즉위하면서 통치자 이름이 '이사금'에서 '마립간'으로 바뀌었다. 김대문의 설명에 따르면 '마립(麻立)'이란 신라 방언으로 말뚝을 말하는데, 말뚝은 푯말의 뜻으로 자리를 정해두는 것이니 왕의 푯말은 주가 되고 신하의 푯말은 아래에 배열되어 있으므로, 이 때문에 그와 같이 이름한 것이라고 했다.[41]

이와는 달리 이전에 통치자의 칭호였던 차차웅은 원래 무(巫)를 의미했으나 당시에는 존장자(尊長者)를 뜻하는 말이었고,[42] 이사금은 연치(年齒)가 많음을 뜻하는 말이었다.[43] 따라서 차차웅과 이사금은 연장자를 뜻하는 말로서 통치자라는 의미가 약하지만, 마립간은 정치적 권력의 서열을 나타낸 말로서 통치자라는 뜻이 강했다. 이러한 통치자 이름

---

40 『삼국유사』「왕력」에는 내물 마립간부터 마립간이라는 칭호를 사용한 것으로 되어 있으나 『삼국사기』「신라본기」에는 이보다 늦은 눌지 마립간(417~457년) 때 마립간이라는 칭호를 처음 사용한 것으로 되어 있다. 학계에서는 『삼국유사』 기록을 따르고 있는데 필자도 이를 따르기로 한다.

41 『삼국사기』 권3, 「신라본기」 〈눌지 마립간〉조. "金大問云, 麻立者, 方言謂橛也. 橛謂試操, 准位而置, 則王橛爲主, 臣橛列於下, 因以名之." 이병도는 아유카이 후사노신(鮎貝房之進)의 견해를 따라 마립은 머리·마루 등의 말과 어원이 같은 말로서 극소(極所) 정상(頂上)을 뜻하는 것으로 보고, 간(干)은 한(汗)으로서 우두머리를 뜻하므로 마립간은 폐하·전하 등과 같은 존칭어였을 것으로 보았다(이병도, 『국역 삼국사기』, 을유문화사, 1980, p. 43의 주 2). 김대문의 견해를 따르든 아유카이 후사노신의 견해를 따르든 마립간은 통치자의 권위를 나타내는 이름임에는 틀림없다.

42 『삼국사기』 권1, 「신라본기」 〈남해 차차웅〉조. "次次雄, 或云慈充. 金大問云, 方言謂巫也. 世人以巫事鬼神尙祭祀, 故畏敬之, 遂稱尊長者, 爲慈充."

43 『삼국사기』 권1, 「신라본기」 〈유리 이사금〉조. "金大問則云, 尼師今方言也. 謂齒理, 昔南解將死, 謂男儒理·壻脫解曰, 吾死後, 汝朴昔二姓, 以年長而嗣位焉. 其後, 金姓亦興, 三姓以齒長相嗣, 故稱尼師今."

의 변천은 이 시기에 왕권이 한층 강화되었음을 알게 해준다. 내물 마립간 이전에는 박·석·김 세 성이 왕위를 맡았으나, 내물 마립간 때부터는 김씨가 왕위를 세습했는데, 이것도 왕권이 강화되었음을 알게 해주는 증표이다.[44]

내물 마립간은 대내적으로는 홀아비·홀어미·고아·아들 없는 노인 등을 위문하고 식량을 주어 생활을 돕고 효도와 우애로 행실이 남다른 사람에게는 관직 1급(級)씩을 주는 덕치(德治)를 베풀었다.[45] 그리고 대외적으로는 백제·고구려·전진 등과 우호적인 외교관계를 맺었다. 신라는 백제 사신이 가져온 좋은 말 두 필을 예물로 받은 일이 있고,[46] 신라의 사신 위두(衛頭)는 고구려 사절의 길 안내를 받아 중국의 전진에 들어가 부견을 만나기도 했다.[47]

부견은 위두에게, "그대의 말에 해동(海東)의 형편이 옛날과는 다르다고 했는데 왜 그러냐."고 묻자 위두는, "중국에서도 이미 시대가 변하고 명호(名號)가 바뀌었는데 지금 해동이라고 옛날과 같을 수 있겠는가."라고 대답했다.[48] 이것은 한반도 남부의 정치적인 변화에 대해 정보가 어두웠던 부견에게 한반도 남부에서 한(韓)이 이미 세력을 잃고 백제·신라·가야가 독립국으로 성장하고 있는 정치 상황의 변화를 말해준 것이라고 생각된다.

신라는 안으로는 정치적 성장과 사회 안정을 가져왔고 밖으로는 고구

---

44 이 시기의 왕위 계승에 관해서는, 이종욱, 『신라상대 왕위 계승 연구』, 영남대 민족문화연구소, 1980 참조.

45 『삼국사기』 권3, 「신라본기」 〈내물 이사금 2년〉조.

46 『삼국사기』 권3, 「신라본기」 〈내물 이사금 13년〉조.

47 『삼국사기』 권3, 「신라본기」 〈내물 이사금 26년〉조.

48 위와 같음.

려·백제·전진 등과 우호적인 외교를 맺고 있었지만, 세력이 너무 크게 팽창한 고구려의 압력을 감당할 수가 없었다. 그래서 고구려와 원만한 관계를 유지하기 위해 392년(내물 마립간 37년)에 이찬 대서지(大西知)의 아들 실성(實聖)을 고구려에 볼모로 보냈다.[49] 실성이 귀국하여 마립간에 오른 뒤에는 다시 내물 마립간의 아들 복호(卜好)를 볼모로 보냈다.[50] 이 시기에 고구려는 신라를 자신들에게 신속(臣屬)되어 있는 거수국 정도로 생각하여 400년에는 신라에 쳐들어온 왜구와 왜구를 조종한 임나가라를 정벌하여 신라를 보호하기도 했다.[51]

그런데 427년(고구려 장수왕 15년, 신라 눌지 마립간 11년)에 고구려가 오늘날 평양으로 도읍을 옮기고,[52] 고조선의 옛 땅을 완전히 통합하는 천하통일을 완수하기 위해 본격적으로 남진정책을 취하자,[53] 신라는 433년(눌지 마립간 17년)에 백제와 동맹을 맺어[54] 고구려의 남진에 대항했다. 455년(눌지 마립간 39년)에는 고구려가 백제를 침범하자 군사를 보내 백제를 구원하기도 했다.[55] 475년(자비 마립간 18년)에는 고구려 장수왕이 백제를 침공하여 도읍인 한성이 함락되고 백제의 개로왕도 죽음을 당했는데, 이때 개로왕은 태자 문주를 신라에 보내 구원병을 요청했다. 이에 신라는 1만 명의 군사를 파견하여 고구려군을 퇴각시켰다.[56]

---

49 『삼국사기』 권3, 「신라본기」 〈내물 이사금 37년〉조.

50 『삼국사기』 권3, 「신라본기」 〈실성 마립간 11년〉조.

51 「광개토왕릉비문」 〈영락 10년〉조 참조.

52 『삼국사기』 권18, 「고구려본기」 〈장수왕 15년〉조.

53 이 책의 제2장 Ⅱ 「고구려의 다물이념」 참조.

54 『삼국사기』 권3, 「신라본기」 〈눌지 마립간 17년〉조. "秋七月, 百濟遣使請和, 從之."

55 『삼국사기』 권3, 「신라본기」 〈눌지 마립간 39년〉조. "冬十月, 高句麗侵百濟, 王遣兵救之."

56 『삼국사기』 권3, 「신라본기」 〈자비 마립간 17년〉조. "秋, 七月, 高句麗王巨連, 親率兵

신라의 소지 마립간(479~499년)은 고구려의 남진을 막기 위해 백제와의 동맹을 더욱 공고히 하는 한편 가야와도 동맹을 맺었다. 그리고 왕실의 권위를 높이고 통치력을 강화하는 일련의 조처들을 취했다.

481년(소지 마립간 3년)에 신라는 백제·가야와 연합하여 고구려의 남진을 막았고,[57] 484년(소지 마립간 6년)에도 고구려가 북쪽 변경을 침공하자 신라는 백제와 연합하여 이를 모산성(母山城)에서 크게 격파했던 것이다.[58] 그리고 487년(소지 마립간 9년)에는 신라 건국시조 혁거세가 출생한 나정(蘿井)에 신궁(神宮)을 짓고 사방에 우역(郵驛)을 설치하고 관도(官道)를 수리했으며 반월성(半月城)을 수축하여 왕이 다음 해에 그곳으로 거처를 옮겼다.[59]

攻百濟,百濟王慶, 遣子文周救援, 王出兵救之, 未至百濟已陷, 慶亦被害." ; 『삼국사기』 권26, 「백제본기」 〈문주왕〉조. "蓋鹵王在位二十一年, 高句麗來侵圍漢城, 蓋鹵嬰城自固, 使文周求救於新羅, 得兵一萬廻, 麗兵雖退, 城破王死."

57 『삼국사기』 권3, 「신라본기」 〈소지 마립간 3년〉조. "三月, 高句麗與靺鞨入北邊, 取孤鳴等七城, 又進軍於彌秩夫, 我軍與百濟加耶援兵, 分道禦之, 賊敗退, 追擊破之泥河西, 斬首千餘級."

58 『삼국사기』 권3, 「신라본기」 〈소지 마립간 6년〉조. "秋七月, 高句麗侵北邊, 我軍與百濟合擊於母山城下, 大破之."

59 『삼국사기』 권3, 「신라본기」 〈소지 마립간 9·10년〉조. "春二月, 置神宮於奈乙, 奈乙始祖初生地處也. 三月, 始置四方郵驛, 命所司修理官道. 秋七月, 葺月城." "春正月, 王移居月城." 원문에 나을에 신궁을 설치했다 했는데, 나을은 시조가 처음 출생한 곳이라 했으므로 혁거세 거서간이 출생한 나정을 말함을 알 수 있다. 정(井)의 옛 음은 얼이므로 나을은 나정의 다른 표기인 것이다(이병도, 『국역 삼국사기』, p. 49 주 1 참조). 신궁을 김씨 성의 첫 번째 왕인 미추 이사금을 모신 김씨 시조묘일 것으로 보는 견해가 있으나 그렇게 볼 수는 없을 것 같다. 당시 정치적으로 대통합을 추구하던 신라가 정치적으로 분열을 일으킬 수 있는 김씨 시조묘를 만들었다고 보기는 어렵다. 그보다는 신라의 건국시조 혁거세 거서간이 태어난 곳에 신라인 모두가 받들 수 있는 나라신인 하느님과 박씨·석씨·김씨의 시조를 함께 모시는 신궁을 지었다고 보아야 할 것이다. 그것이 씨족의 시조묘였다면 명칭을 궁이 아니라 묘라 했을 것이다.

신라에는 이미 혁거세를 모신 시조묘가 있었는데도 혁거세의 출생지인 나정에 신궁을 지은 것은, 건국시조의 출생을 신성화하고 수호신에 대한 숭배를 강화함으로써 왕실의 권위를 높이고 왕권을 강화하기 위한 조처였을 것이다. 시조묘는 건국시조의 사당이었지만 엄밀하게 말하면 박씨의 시조묘로 석씨나 김씨 왕들에게는 큰 의미가 없었을 것이다. 따라서 이들 모두가 받들 수 있는 수호신의 신전이 필요했을 것이다.

그리고 공문을 전달하고 역마(驛馬)를 공급하는 우역을 전국 각지에 설치한 것은 통신망을 강화하여 통치를 쉽게 하고 외적의 침입에 효과적으로 대응하기 위해서였을 것이다. 이런 시설은 각 지역의 문물 교류를 촉진하는 역할도 했을 것이다. 반월성을 수리하여 왕이 그곳으로 거처를 옮긴 것도 왕실의 권위를 높이기 위한 조처였을 것이다.

소지 마립간시대의 이러한 일련의 종교적·정치적 조처는 신라 자체의 정치적 성장에서 온 것이기도 하겠지만, 고구려의 강력한 남진정책에 자극을 받아 이에 효과적으로 대응하기 위함이었을 것으로 생각된다. 소지 마립간은 백성들을 보살피는 데도 힘을 기울여 홀아비·홀어미·고아·독신으로 의지할 곳이 없는 사람들을 위문하고 곡식을 내려주었으며, 중죄인을 제외한 죄수들을 사면해주었고, 놀고먹는 사람들을 농업 생산에 종사하도록 했다.[60] 490년에는 도읍에 시장을 개설하여 전국 각지의 생산물이 교환되고 유통되도록 했다.[61] 이러한 일련의 조처는 신라의 경제 성장을 촉진하고 사회 기반을 튼튼히 하는 데 크게 기여했

---

60 『삼국사기』 권3, 「신라본기」 〈소지 마립간 10·11년〉조. "二月, 幸一善郡, 存問鰥寡孤獨, 賜穀有差. 三月, 至自一善, 所歷州郡獄囚, 除二死悉原之." "春正月, 驅遊食百姓歸農."

61 『삼국사기』 권3, 「신라본기」 〈소지 마립간 12년〉조. "初開京師市肆, 以通四方之貨."

을 것이다.

그리고 백제와의 동맹을 더욱 돈독하게 하기 위해 혼인동맹을 맺었다. 493년(소지 마립간 15년)에 백제의 동성왕은 신라에 사신을 보내 혼인을 청했는데, 소지 마립간은 이벌찬 비지의 딸을 보내 혼인관계를 맺었다.[62] 이는 신라가 백제와 혼인을 통해 동맹관계를 더욱 공고히 한 것으로, 이러한 동맹관계는 남진하는 고구려를 견제하는 데 양국이 다 필요성을 느꼈기 때문에 이루어졌던 것이다.

이후 494년(소지 마립간 16년)에 고구려가 신라를 침공하여 견아성(犬牙城 : 위치 미상)을 포위하자 백제의 동성왕은 군사 3,000명을 파견하여 신라군을 도와 고구려군의 포위를 풀도록 했다.[63] 그리고 다음 해에는 고구려군이 백제를 침공하여 치양성을 포위하자, 신라는 장수 덕지(德智)로 하여금 군사를 이끌고 가 백제를 돕게 하여 고구려군을 격퇴했다.[64] 이와 같이 신라와 백제의 고구려 남진에 대한 동맹관계는 돈독했던 것이다.

지증 마립간(500~513년)은 14년이라는 짧은 기간 왕위에 있었지만, 소지 마립간이 닦은 정치적·사회적 기반 위에서 국가의 권위를 공고히 하는 작업을 진행했다.

첫째로, 나라 이름을 명확히 하고 통치자 이름을 바꾸었다. 신라는 이미 나라 이름을 '신라'로 정했음에도 사라·사로·신라 등이 혼용되고

---

62 『삼국사기』 권3, 「신라본기」 〈소지 마립간 15년〉조. "春三月, 百濟王牟大, 遣使請婚, 王以伊伐湌比智女送之."

63 『삼국사기』 권3, 「신라본기」 〈소지 마립간 16년〉조. "秋七月, 將軍實竹等, 與高句麗, 戰薩水之原, 不克, 退保犬牙城, 高句麗兵圍之, 百濟王牟大, 遣兵三千, 救解圍."

64 『삼국사기』 권3, 「신라본기」 〈소지 마립간 17년〉조. "秋八月, 高句麗圍雉壤城, 百濟請救, 王命將軍德智, 率兵以救之, 高句麗衆潰, 百濟王遣使來謝."

있었다. 나라 이름이 이렇게 혼용되는 것은 바람직하지 않다고 생각하여 대신들로 하여금 이에 관하여 논의하게 했다. 503년(지증 마립간 4년)에 대신들이 덕업(德業)이 날로 새롭다는 뜻을 지닌 신(新)과, 사방을 망라한다는 뜻을 지닌 라(羅)를 합한 신라(新羅)를 나라 이름으로 하고 왕의 존호(尊號)를 신라 국왕이라 부르는 것이 좋겠다는 의견을 올리자, 지증 마립간은 그렇게 시행하게 했다.[65]

나라 이름을 신라로 명확히 함과 더불어 통치자 이름도 신라 국왕이라 하여 왕호를 사용하도록 했 것이다. 이로써 신라에 왕호가 처음 출현하게 되었는데, 이에 따라 지증 마립간의 뒤를 이은 법흥왕(514~539년)부터는 마립간이라 부르지 않고 왕이라 부르게 되었다.

둘째로, 예제(禮制)와 행정제도를 정비하여 국가와 사회의 기강을 바로세우고자 했다. 504년(지증 마립간 5년)에는 예제를 바로세우기 위해 상복법(喪服法)을 제정하여 반포했고,[66] 다음 해에는 주(州)·군(郡)·현(縣)의 행정제도와 군사제도를 정돈하여 군주(軍主)를 두었다.[67] 군주라는 이름은 185년(벌휴 이사금 2년)에 이미 사용되었지만, 당시의 군주는 전쟁시 지휘관에게 주는 일시적인 이름이었으나 이때에 이르러 행정단위인 주(州)의 군무(軍務)를 총괄하는 관직의 이름이 되었다. 514년에

---

65 『삼국사기』 권4, 「신라본기」 〈지증 마립간 4년〉조. "冬十月, 群臣上言, 始祖創業已來, 國名未定, 或稱斯羅, 或稱斯盧, 或言新羅, 臣等以爲, 新者德業日新, 羅者網羅四方之義, 則其爲國號宜矣. 又觀自古有國家者, 皆稱帝稱王, 自我始祖立國, 至今二十二世, 但稱方言, 未正尊號, 今群臣一意, 謹上號新羅國王, 王從之." 307년에 이미 나라 이름을 신라로 정했으나 이때까지도 다른 이름들과 혼용되고 있으므로 이를 다시 확정하여 사용하도록 했던 것이다(주 39 참조).

66 『삼국사기』 권4, 「신라본기」 〈지증 마립간 5년〉조. "夏四月, 制喪服法, 頒行."

67 『삼국사기』 권4, 「신라본기」 〈지증 마립간 6년〉조. "春二月, 王親定國內州郡縣. 置悉直州, 以異斯夫爲軍主, 軍主之名, 始於此."

지증 마립간이 사망하자 시호(諡號)를 지증이라 하여 신라에서는 처음으로 시법(諡法)이 실시되었는데,[68] 이것은 지증 마립간이 생전에 예제에 깊은 관심을 가졌던 결과다. 이러한 조처들은 국가기강과 사회질서를 바로세우기 위해 실시했을 것이다.

셋째로, 국토방위에 최선을 다했다. 지증 마립간은 504년에 사람들을 동원하여 파리(波里 : 오늘날 강원도 삼척 부근)·미실(彌實 : 오늘날 경북 영일 흥해)·진덕(珍德 : 위치 미상)·골화(骨火 : 오늘날 경북 영천) 등 12개의 성을 쌓았으며,[69] 다음 해에는 오늘날 강원도 삼척에 실직주(悉直州)를 설치하고 이사부(異斯夫)를 그곳의 군주(軍主)로 삼았다.[70] 이러한 조처들은 국방을 튼튼히 하기 위한 것이었는데 특히 북방의 고구려 침공을 크게 의식했던 것으로 보인다.

넷째로, 경제 성장을 촉진하는 정책을 취했다. 지증 마립간은 505년(지증 마립간 6년)에는 담당 관리에게 명하여 겨울에 얼음을 저장해두었다가 여름에 사용할 수 있게 했으며, 해운업을 통해 경제적 이익을 얻을 수 있도록 하는 제도도 확립했다.[71] 512년(지증 마립간 13년)에는 이찬 이사부가 하슬라주(何瑟羅州 : 오늘날 강원도 강릉)의 군주(軍主)가 되어 우산국(于山國 : 오늘날 울릉도와 독도)을 복속시킴으로써 활동 영역이 동해안으로 크게 확대되었는데,[72] 이때 우산국을 복속시키게 된 것은 앞

---

68 『삼국사기』 권4, 「신라본기」 〈지증 마립간 15년〉조. "王薨, 諡曰智證, 新羅諡法, 始於此."

69 『삼국사기』 권4, 「신라본기」 〈지증 마립간 5년〉조. "秋九月, 徵役夫, 築波里·彌實·珍德·骨火等十二城."

70 주 67 참조.

71 『삼국사기』 권4, 「신라본기」 〈지증 마립간 6년〉조. "冬十一月, 始命所司藏氷. 又制舟楫之利."

72 『삼국사기』 권4, 「신라본기」 〈지증 마립간 13년〉조. "夏六月, 于山國歸服, 歲以土宜

서 제정된 해운업을 장려하는 제도가 영향을 주었을 것으로 생각된다. 509년(지증 마립간 10년)에는 도읍에 동시(東市)를 설치하여[73] 각지 상품들의 유통을 촉진했다. 신라에서는 이보다 앞서 490년에 도읍에 시장을 설치했는데,[74] 이때 이와 별도로 동시를 설치했다는 것은 이 사이에 상업이 크게 발달했음을 알게 하는 것이다.

다섯째, 사회 안정을 유지하기 위해 노력했다. 지증 마립간은 502년(지증 마립간 3년)에 순장(殉葬)제도를 폐지했다. 전에는 왕이 사망하면 남녀 각각 다섯 사람을 순장했는데, 이러한 순장을 금했던 것이다.[75] 이는 인간 생명의 존엄성에 대한 자각이 일어났음을 의미한다. 같은 해에 각 주의 군주에게 명하여 농사를 권상하도록 하고 우경(牛耕)을 장려했다.[76] 우경의 확산은 노동능률을 높여 생산을 크게 증대시켰을 것이다. 506년(지증 마립간 7년)에 가뭄과 기근이 들자 창고를 열어 구호물자를 지급했다.[77] 그리고 514년에는 도읍 부근의 아시촌(阿尸村 : 오늘날 경남 함안 지역으로 추정)에 소경(小京)을 설치하고 6부와 남지(南地) 주민 일부를 이곳으로 이주시켰다.[78] 이것은 도읍 주변 지역을 개발하여 지방보

爲貢."

73 『삼국사기』 권4, 「신라본기」 〈지증 마립간 10년〉조. "春正月, 置京都東市." ; 『삼국사기』 권38, 「직관지(職官志)」 상에는 "東市典智證王九年置"라 하여 지증 마립간 9년에 동시가 설치되었던 것으로 기록되어 있어 1년의 차이가 있으나 필자는 「신라본기」 기록에 따랐다.

74 주 61 참조.

75 『삼국사기』 권4, 「신라본기」 〈지증 마립간 3년〉조. "春三月, 下令禁殉葬, 前王薨, 則殉以男女各五人, 至是禁焉."

76 『삼국사기』 권4, 「신라본기」 〈지증 마립간 3년〉조. "三月, 分命州郡主, 勸農, 始用牛耕."

77 『삼국사기』 권4, 「신라본기」 〈지증 마립간 7년〉조. "春夏, 旱, 民饑, 發倉賑救."

78 『삼국사기』 권4, 「신라본기」 〈지증 마립간 15년〉조. "春正月, 置小京於阿尸村. 秋七

다 중앙의 경제력을 강화하고 정치적으로나 사회적으로 국가의 안정을 이루기 위한 조처였을 것이다.

지금까지 살펴본 바와 같이 마립간시대는 신라 사회가 안정되고 왕권이 강화되었으며 그 기반 위에서 국력이 크게 신장된 시기였다. 그러한 상황은 지증 마립간 시대에 종합적으로 나타났다. 이 시기의 국력 신장은 고고학 자료로도 확인되는데, 이 기간에 축조된 황남대총(皇南大塚)[79]을 비롯한 거대한 고분들은 그러한 사실을 말해준다.

4. 왕호시대의 도약

신라에서 통치자를 왕으로 부른 것은 법흥왕(514~539년)이 처음이었지만 그렇게 부르기로 결정한 것은 지증 마립간 때였다. 그리고 신라에서 처음으로 시법(諡法)이 시행된 것도 지증 마립간의 사망 때부터였다. 통치자를 왕이라 부른 것은 고구려와 백제에서는 건국 때부터 이미 실시되고 있었는데, 그것은 중국식 호칭이었다. 시법도 마찬가지였다. 이러한 중국식의 칭호나 예법을 신라가 이 시기에 와서야 채택했다는 것은 신라가 고구려나 백제보다 외래문물의 채택이 늦었음을 알게 한다. 이것을 신라 사회의 낙후성으로 해석하는 견해가 있으나, 그보다는 오히려 신라가 고구려나 백제보다 한민족의 고유문화를 지키려고 노력했던 사회였다고 보는 것이 타당할 것이다.

月, 徙六部及南地人戶充實之."

79 문화재관리국 문화재연구소, 『황남대총』, 경주시 황남동 제98호고분 북분발굴조사보고서, 문화재관리국, 1985 ; 남분발굴조사보고서, 문화재관리국, 1993.

고유문화를 고수해오던 신라 사회가 지증 마립간을 기점으로 중국식 제도를 도입하여 사용하게 되었다는 것은 단순한 외래문화의 수용이 아니라 고유문화와 외래문화의 혼합을 의미한다. 이러한 이질문화의 혼합은 그것들이 혼합되는 과정에서 서로 자극과 영향을 주고받아 새로운 문화를 창출하게 되는 것이다. 따라서 이 시기에 신라는 비약적인 발전을 하게 된다.

법흥왕은 517년(법흥왕 4년)에 병부(兵府)를 설치했고[80] 다음 해에는 주산성(株山城 : 위치 미상)을 쌓았다.[81] 병부를 설치했다는 것은 이전부터 내려오던 군사행정을 정돈하여 총괄하는 부서를 설치했음을 말하는 것으로, 이는 국방을 튼튼히 하기 위한 조치였을 것이다. 그리고 520년(법흥왕 7년)에는 율령을 반포하고 문무백관들의 공식 복장에 차등과 서열을 두는 제도를 제정했다.[82] 이때 반포된 율령이 어떤 내용이었는지는 분명하게 알 수가 없으나, 신라에서 실시되었던 기존의 율령에 당시 중국·고구려·백제 등에서 실시하고 있었던 율령들을 참작하여 보강했을 것이다. 이 율령에는 일반 형법과 신분법은 물론 병부 설치와 운영 및 문무백관의 서열과 복장의 차등 등에 관한 규정이 포함되어 있었을 것으로 생각된다.

법흥왕은 대외관계에도 노력을 기울여 중국 남조에 사신을 보냈고 가야와는 혼인동맹을 맺었다. 법흥왕은 521년(법흥왕 8년)에 사신으로 하여금 토산품을 가지고 중국 남조의 양나라를 방문하게 했으며,[83] 다음

---

80 『삼국사기』 권4, 「신라본기」 〈법흥왕 4년〉조. "夏四月, 始置兵府."

81 『삼국사기』 권4, 「신라본기」 〈법흥왕 5년〉조. "春二月, 築株山城."

82 『삼국사기』 권4, 「신라본기」 〈법흥왕 7년〉조. "春正月, 頒示律令, 始制百官公服, 朱紫之秩."

83 『삼국사기』 권4, 「신라본기」 〈법흥왕 8년〉조. "遣使於梁貢方物." ; 『양서』 권54, 「동이

해에는 대가야 국왕이 신라에 사신을 보내 태자의 배필을 청하자 법흥왕은 이찬 비조부(比助夫)의 누이동생과 혼인토록 했다.[84] 신라는 이미 백제와 혼인동맹을 맺고 있었는데, 이 시기에 멀리 중국의 남조에 사신을 보냈고 가야와도 혼인동맹을 맺음으로써 국제사회에서도 튼튼한 기반을 마련했던 것이다.

528년(법흥왕 15년)에는 불교를 공인하여[85] 다음 해에 살생을 금하는 명령을 내렸으며,[86] 531년에는 전국의 담당 관리에게 명령을 내려 제방들을 수리하도록 하여[87] 농업 생산 증대에 만전을 기하도록 했고, 후대의 재상인 상대등(上大等) 제도를 실시하여 국사를 총괄하도록 했다.[88] 532년에는 금관가야가 항복해 왔으며,[89] 536년에는 처음으로 건원(建元)이라는 연호를 사용했다.[90] 중국식 왕호를 사용하기 시작하고 재상격으로 귀족회의를 주관하는 등 정치 실권을 장악했던 상대등[91] 제도를

열전」〈신라전〉에는 신라 사신이 백제 사신의 안내를 받아 양나라에 왔던 것으로 기록되어 있다.

84 『삼국사기』 권4, 「신라본기」〈법흥왕 9년〉조. "春三月, 加耶國王遣使請婚, 王以伊湌比助夫之妹送之." ; 『신증동국여지승람』「고령현 연혁조」에 인용된 최치원의 『석순응전(釋順應傳)』에는 대가야국 이뇌왕의 월광태자가 신라의 이찬 비지배[比枝輩 : 비조부(比助夫)]의 딸과 결혼했던 것으로 기록되어 있다.

85 『삼국사기』 권4, 「신라본기」〈법흥왕 15년〉조. "肇行佛法."

86 『삼국사기』 권4, 「신라본기」〈법흥왕 16년〉조. "下令禁殺生."

87 『삼국사기』 권4, 「신라본기」〈법흥왕 18년〉조. "春三月, 命有司修理隄防."

88 『삼국사기』 권4, 「신라본기」〈법흥왕 18년〉조. "夏四月, 拜伊湌哲夫爲上大等, 摠知國事. 上大等官, 始於此, 如今之宰上."

89 『삼국사기』 권4, 「신라본기」〈법흥왕 19년〉조. "金官國主金仇亥, 與妃及三子, 長曰奴宗, 仲曰武德, 季曰武力, 以國帑寶物來降. 王禮待之, 授位上等, 以本國爲食邑, 子武力仕之角干." 『삼국유사』〈가락국기〉에는 금관국왕의 이름이 구해가 아니라 구형(仇衡 또는 仇衝)으로 기록되어 있다.

90 『삼국사기』 권4, 「신라본기」〈법흥왕 23년〉조. "始稱年號, 云建元元年."

91 이기백, 「상대등고(上大等考)」, 『신라정치사회사연구』, 일조각, 1977, pp. 89~132.

설치하고 독자적인 연호를 사용했다는 것은, 동아시아 지역에 있었던 다른 왕조들과 대등한 국가임을 천명한 것이었다고 보아야 할 것이다.

특히 신라의 불교 공인은 단순한 외래문화의 수용이라는 점을 벗어나 매우 중요한 의미를 갖는다. 그러므로 이를 자세하게 살펴볼 필요가 있다. 신라가 불교를 공인하기까지는 고구려나 백제와 달리 상당히 긴 세월이 필요했으며 큰 저항을 받기도 했다. 그 과정은 다음과 같다.

눌지 마립간(417~457년) 때 고구려에서 묵호자(墨胡子)라는 승려가 신라의 일선군(一善郡 : 오늘날 구미 선산)에 들어왔는데, 모례(毛禮)라는 사람이 토굴에 방을 만들어 그를 모셨다. 그때 중국 양나라 사신이 향을 가지고 왔는데 그 이름과 용도를 잘 모르고 있었으나 묵호자가 그것을 가르쳐주고 불교의 삼보(三寶)에 대해서도 설명해주었다. 이때 공주가 병으로 위독했는데 왕실에서 묵호자에게 향을 사르고 축원을 드리게 했더니 병이 나았다. 그 뒤 묵호자는 모례에게 갈 곳이 있다 하고는 사라졌다. 소지 마립간 때에 이르러 아도화상(阿道和尙)이 부하 세 사람과 더불어 모례의 집에 왔다가 몇 년을 머물다 사망했는데, 그 부하 세 사람이 남아 불경을 강독하니 신자가 생겼다. 이쯤 되자 법흥왕은 불교를 일으키려 했으나 신하들이 따르지 않아 이차돈의 죽음까지 부르게 되었다.[92] 당시 상황에 대해 『삼국사기』 〈법흥왕〉조에,

> 이에 이르러 왕도 불교를 일으키려 했으나 군신(群臣)이 불교를 신봉하지 아니하고 입으로 떠들기만 하므로 왕은 난감했다. 가까운 신하 이차돈이 아뢰기를, "청하옵건대 신의 목을 베어 중의(衆議)를 정하십시오."

---

92 『삼국사기』 권4, 「신라본기」 〈법흥왕 15년〉조.

하니 왕은 말하기를, "본시 도(道)를 일으키려 하는 것이거늘 무죄한 사람을 죽이는 것은 잘못이다."고 했다. 이차돈이 대답하기를, "만일 도가 행해질 수 있다면 신은 비록 죽는다 해도 유감이 없습니다."고 했다. 왕은 이에 군신을 불러 불교를 일으키는 문제에 대해 물으니 모두 말하기를, "지금 중들을 보건대 머리를 깎고 이상한 옷을 입고 말하는 바가 이상하고 거짓스러워 상식적인 도가 아니니, 지금 만일 그것을 그대로 내버려둔다면 후회가 있을까 두렵습니다. 신들은 비록 중죄를 입을지라도 감히 어명을 받들지 못하겠습니다."라고 했다. 그러나 이차돈만은 홀로 말하기를, "지금 군신의 말은 옳지 않습니다. 무릇 비상한 사람이 있은 다음에 비상한 일이 있는 것인데, 듣건대 불교는 그 뜻이 깊다 하므로 믿지 않는 것은 옳지 않을 것 같습니다."라고 했다. 왕은 말하기를, "여러 사람의 말을 깨뜨릴 수 없고 너만 홀로 다른 의견을 말하니 둘 다 따를 수 없다." 하고는 드디어 그를 형리(刑吏)에게 내려 그의 목을 베려 하는데 이차돈이 죽음에 앞서 말하기를, "나는 불법(佛法)을 위해 형을 받게 되었으니, 불(佛)에 만약 신령(神靈)이 있다면 내가 죽고서 반드시 이상한 일이 있을 것이다."라고 했다. 그를 베자 잘라진 데서 피가 용솟음쳤는데 핏빛이 젖과 같이 희었다. 여러 사람이 보고 괴이하게 여기어 다시는 불사(佛事)를 반대하지 않았다.[93]

라고 기록되어 있다.

신라에서 불교가 공인되기까지는 묵호자가 신라에 들어온 뒤 무려 100여 년이라는 긴 세월이 걸렸다. 그런데도 많은 신하들은 왕명을 거

93 앞과 같음.

역하면서까지 불교의 공인에 반대했고 결국 이차돈의 죽음을 가져왔다. 이러한 상황은 고구려나 백제와는 매우 다른 것이다. 신라 사회에 이처럼 불교가 뿌리내리기 어려웠던 것은 그만큼 신라 사회가 한민족의 고유사상을 강하게 가지고 있었다는 것을 말해준다. 훗날 544년(진흥왕 5년)에 가서야 백성들에게 불교 승려가 되는 것이 허용되었다[94]는 사실은 당시 신라 사회가 불교에 얼마나 강하게 저항했는지를 알게 해준다.

위의 인용문 내용에서 확인되듯이 신하들이 불교의 공인을 반대한 것은 불교 승려의 행위나 말하는 바가 상식적인 도(道)가 아니기 때문이라는 것이었다. 신라 사람들이 상식적인 도라고 생각했던 것은 무엇이었을까? 그것은 그들의 생활 속에 뿌리내려져 있었던 한민족 고유의 종교사상이었을 것이다.

신라에 전래된 불교는 고구려나 백제와 마찬가지로 대승불교였다. 대승불교에는 윤회사상과 업보사상이 들어 있는데, 이는 현실의 귀족신분제를 뒷받침하는 이론이 되었다. 왕부터 노예에 이르기까지 현실에 존재하는 모든 신분은 전생의 업보에 따라 주어졌다는 것이다. 왕이나 지배귀족에게는 신분제를 유지하는 데 더없이 유리한 이론이었다. 그런데 신라 사회에는 현실적으로 왕권이 강화되고 귀족신분제가 자리 잡고 있는데도 한민족의 고유사상인 모든 사람이 더불어 이익이 되고 행복해야 한다는 홍익인간 이념이 깊이 자리하고 있었을 것이다.

윤회사상과 업보사상은 그 추구하는 바가 홍익인간과 다르기 때문에 충돌을 일으킬 수밖에 없었던 것이다. 이러한 충돌은 결국 이차돈의 죽음을 가져왔던 것인데, 현실적으로 왕과 귀족에게 유리한 윤회사상과

---

94 『삼국사기』 권4, 「신라본기」 〈진흥왕 5년〉조.

업보사상을 받아들이게 되었다고 보아야 할 것이다. 그러나 그것은 왕실과 지배귀족 사회의 현상이었을 것이고 일반 서민들의 정서에는 홍익인간 이념이 널리 자리하고 있었을 것이다. 그리고 윤회사상과 업보사상을 따르는 지배귀족들의 정서에도 홍익인간 이념이 혼재되어 있었을 것이다. 이렇게 다른 가치관을 지닌 한민족 고유문화와 외래문화의 만남은 서로 자극과 영향을 주어 새로운 문화를 창출하게 되었던 것이다. 이후 신라가 급속하게 발전한 것은 이런 이유 때문이었다.

지증 마립간과 법흥왕이 다져놓은 기반 위에서 진흥왕(540~575년), 진지왕(576~578년), 진평왕(579~631년)시대에 신라는 크게 도약을 하게 되었다. 신라가 훗날 고구려와 백제를 병합할 수 있었던 국력의 기초는 이 시기에 구축되었다고 말할 수 있다.

진흥왕은 안으로는 불교를 일으키고 국사(國史)를 편찬하는가 하면 음악을 발전시키는 등 문화 진흥에 힘썼고, 화랑도를 창설하여 나라의 기둥인 젊은 인재들이 민족 주체성을 확보할 수 있도록 심신을 단련시켰다. 이 시기에 강역도 크게 확장되었다. 밖으로는 백제와는 물론 중국의 북조 및 남조와도 유대관계를 공고히 하여 국제사회에서의 위상을 튼튼히 하고 민족 통합의 기반을 닦았다.

이 시기의 불교 진흥을 보면, 544년(진흥왕 5년)에는 흥륜사(興輪寺)가 준공되었고 백성들이 불교 승려가 되는 것을 허락했다.[95] 549년(진흥왕 10년)에는 중국 남조의 양나라에 유학 갔던 신라 승려 각덕(覺德)이 부처의 사리를 가져왔고,[96] 553년(진흥왕 14년)에는 반월성 동쪽에 새로운 궁궐을 짓다가 황룡사(黃龍寺)라는 불교 사원으로 고쳐 566년에 완

---

95 앞과 같음.

96 『삼국사기』 권4, 「신라본기」 〈진흥왕 10년〉조.

공했다.[97] 이해에 기원사(祇園寺)와 실제사(實際寺)를 준공했고,[98] 574년(진흥왕 35년)에는 황룡사에 1장(丈) 6척(尺)의 큰 불상을 주성(鑄成)했으며,[99] 576년(진흥왕 37년)에는 수나라에 들어갔던 안홍법사(安弘法師)가 능가만경(稜伽鬘經)과 부처의 사리를 가지고 돌아왔다.[100] 585년(진평왕 7년)에는 승려 지명(智明)이, 589년(진평왕 11년)에는 원광법사(圓光法師)가 불법을 구하러 중국 남조의 진(陳)나라에 들어갔다가 원광법사는 600년에, 지명은 602년에 귀국했다.[101] 596년(진평왕 18년)에 승려 담육(曇育)이 불법을 구하기 위해 수나라에 들어갔다가 605년에 귀국했으며,[102] 613년(진평왕 35년)에는 수나라의 사신 왕세의(王世儀)가 황룡사에서 불경을 강의했고,[103] 622년(진평왕 44년)에는 진평왕이 친히 황룡사에 들렀다.[104]

이와 같이 신라가 불교 진흥에 힘쓴 것은, 그것이 당시 신라 사회에 형성된 귀족신분제를 유지하는 데 필요한 이론적 근거를 마련해주기도 했지만, 불교를 통해 신라 문화의 국제화를 꾀하는 데 도움이 되기도 했기 때문일 것이다. 여기서 유의해야 할 것은 당시 신라가 불교를 공인했음에도 신라 왕실에서 받들었던 최고신은 여전히 전통적인 민족신이었다는 점이다. 그것은 역대 왕들이 신라 건국시조 혁거세의 출생지에 세

97 『삼국사기』 권4, 「신라본기」 〈진흥왕 14·27년〉조.
98 『삼국사기』 권4, 「신라본기」 〈진흥왕 27년〉조.
99 『삼국사기』 권4, 「신라본기」 〈진흥왕 35년〉조.
100 『삼국사기』 권4, 「신라본기」 〈진흥왕 37년〉조.
101 『삼국사기』 권4, 「신라본기」 〈진평왕 7·11·22·24년〉조.
102 『삼국사기』 권4, 「신라본기」 〈진평왕 18·27년〉조.
103 『삼국사기』 권4, 「신라본기」 〈진평왕 35년〉조.
104 『삼국사기』 권4, 「신라본기」 〈진평왕 44년〉조.

워진 신궁에 참배했다는 기록에서 알 수 있다.[105]

진흥왕은 왕실의 권위를 높이고 정통성을 세우기 위해 역사를 편찬했다. 국사를 편찬하여 군주와 신하의 잘한 점과 그렇지 못한 점을 기록해 두어야만 후세에 그 내용을 바르게 알 수 있을 것이라는 이찬 이사부의 건의에 따라 진흥왕은 대아찬 거칠부 등에 명하여 널리 문사를 모아 국사를 편찬하도록 했던 것이다.[106] 진흥왕은 문화 진흥에도 힘을 기울였다. 가야의 우륵이 그의 조국이 쇠퇴하자 가야금을 가지고 신라로 왔는데, 진흥왕은 계고(階古)·법지(法知)·만덕(萬德) 등으로 하여금 우륵에게서 음악을 배우게 했다. 우륵은 그들의 소질을 살려 계고에게는 금(琴)을, 법지에게는 노래를, 만덕에게는 춤을 가르쳤다.[107]

진흥왕은 화랑도를 창설하여 인재를 양성하고 전통의 가치관을 계승 발전시키도록 했다. 이에 대해 『삼국사기』「신라본기」〈진흥왕〉조에,

> 37년 봄에 비로소 원화(源花)를 받들게 했다. 처음에 군주와 대신들이 인재를 알지 못함을 유감으로 여겨 사람들을 끼리끼리 모으고 떼지어 놀게 하여 그 행실을 본 뒤 그들을 발탁하여 쓰려고 미녀 2명을 가리었다. …… 그 후 다시 미모의 남자를 뽑아 곱게 단장하여 이름을 화랑(花郎)이라 하여 그를 받들게 하니 무리가 구름같이 모여들어 서로 도의를 닦기도 하고 서로 가락으로 즐기기도 하면서 산과 강을 돌아다니니 멀리까지 가보지 아니한 곳이 없었다. 이것으로 그들 가운데 착하고 착하지 않은 사람을 알게 되어 착한 사람을 가려내어 조정에 추천하게 되었다. 그

---

105 『삼국사기』 권4, 「신라본기」 〈진지왕 2년〉조 ; 〈진평왕 2년〉조 참조.
106 『삼국사기』 권4, 「신라본기」 〈진흥왕 6년〉조.
107 『삼국사기』 권4, 「신라본기」 〈진흥왕 12·13년〉조.

런 까닭에 김대문의 『화랑세기』에 이르기를, "현명한 재상과 충신이 이로부터 솟아나고 좋은 장수와 용맹스러운 병사가 이로 말미암아 나왔다."라고 했다.[108]

고 기록되어 있다. 유능하고 아름다운 젊은이를 뽑아 수양을 쌓고 호연지기(浩然之氣)를 기르게 한 뒤, 그 가운데 착한 사람을 발탁하여 조정의 관리로 채용했는데 현명한 재상과 충신, 용맹스러운 장수와 병사가 그 가운데서 나왔다는 것이다. 그리고 이어서,

최치원의 난랑비(鸞郎碑) 서(序)에 이르기를, "우리나라에는 현묘(玄妙)한 도(道)가 있으니 이를 풍류(風流)라 이른다. 그 교(敎)를 설치하게 된 기원에 대해서는 『선사(仙史)』에 자세히 실려 있는데 실로 삼교(유가 · 도가 · 불가)를 포괄하여 중생을 교화했다. 그리하여 그들은 들어와서는 가문에 효도하고 나아가서는 나라에 충성하니 이것은 노사구(魯司寇 : 공자)의 주지(主旨) 그대로이며, 인위적으로 하지 않는 처신으로 일하고 말하지 않으면서 행동하는 가르침은 바로 주주사(周柱史 : 노자)의 종지(宗旨) 그대로이며, 어떤 잘못도 저지르지 않고 오직 착한 일만을 받들어 행하니 이것은 축건태자(竺乾太子 : 석가)의 교화(敎化) 그대로라 했다.[109]

고 기록되어 있다. 위의 글은 최치원이 지은 난랑(鸞郎)이라는 화랑도의

---

108 주 100과 같음.

109 『삼국사기』 권4, 「신라본기」 〈진흥왕 37년〉조. "崔致遠鸞郎碑序曰, 國有玄妙之道, 曰風流, 設教之源, 備詳仙史, 實乃包含三教, 接化羣生. 且如入則孝於家, 出則忠於國, 魯司寇之旨也. 處無爲之事, 行不言之教, 周柱史之宗也. 諸惡莫作, 諸善奉行, 竺乾太子之化也."

비문 내용인데, 이에 따르면 화랑도는 풍류라고도 불렸으며 그 교(敎)의 설치 기원에 대해서는 『선사(仙史)』, 즉 선(仙)의 역사책에 자세히 기록되어 있다는 것이다. 선교(仙敎)란 고조선시대의 국교였다. 따라서 화랑도는 고조선 이래 전해 내려온 한민족 고유의 가치관과 이념을 계승하여 생활에 실천하는 것을 수련의 기준으로 삼았음을 알 수 있다. 그 가치관과 이념의 내용은 공자·노자·석가의 가르침을 모두 포괄하고 있었다는 것이다.

진흥왕은 한편으로는 신라 사회와 문화를 국제화하기 위해 외래 종교인 불교를 진흥하면서, 다른 한편으로는 민족 정체성과 정통성을 확보하고 유지하기 위해 국사를 편찬하여 그것을 통해 정의와 민족정기를 알도록 하고, 화랑도를 설립하여 젊은이들로 하여금 한민족의 가치관과 이념을 계승 발전시키도록 했던 것이다.

이러한 국력의 기반 위에서 진흥왕은 영토 확장에도 힘을 기울였다. 신라는 원래 백제와 연맹하여 고구려의 남하에 대응하고 있었다. 541년(진흥왕 2년)에 백제가 사신을 보내 화약을 청하자 이를 수락했고,[110] 548년(진흥왕 9년)에는 고구려가 백제를 침공하자 장군 주령(朱玲)으로 하여금 군사 3,000명을 거느리고 가서 백제를 돕게 했다.[111]

그러나 신라의 국력이 충실해지면서 백제와의 관계에 변화가 일어났다. 550년(진흥왕 11년)에는 백제가 고구려의 도살성(오늘날 충남 천안 또는 증평으로 추정)을 치고 이에 대한 응징으로 고구려가 백제의 금현성(金峴城 : 오늘날 세종특별자치시 전의면으로 추정)을 공격하여 두 나라의

110 『삼국사기』 권4, 「신라본기」 〈진흥왕 2년〉조.
111 『삼국사기』 권4, 「신라본기」 〈진흥왕 9년〉조.

군사가 피로에 지치자 신라는 이 틈을 이용하여 두 성을 빼앗았다.[112] 다음 해에 진평왕은 백제의 성왕과 연합하여 고구려를 쳐서 백제는 한강 하류 유역을, 신라는 한강 상류 유역을 차지했고 죽령 이북 고현(高峴 : 오늘날 함남 안변군과 강원도 회양군 사이의 철령) 이남의 10개 군도 신라 영토가 되었는데,[113] 그로부터 2년 뒤인 553년에 신라는 백제가 차지하고 있던 한강 하류 유역을 침공하여 신주(新州 : 치소는 오늘날 경기도 광주)를 설치함으로써[114] 한강 유역 전부를 차지하게 되었다.

그동안 신라와 연맹관계를 유지해오던 백제로서는 이러한 신라의 행동에 배신감을 느끼지 않을 수 없었다. 그리하여 다음 해에 백제 성왕은 신라의 관산성(오늘날 충북 옥천)을 침공했는데, 이 전투에서 백제는 장수와 병사 3만여 명을 잃고 성왕도 전사했다.[115] 555년에 진흥왕은 북

---

112 『삼국사기』 권4, 「신라본기」 〈진흥왕 11년〉조. "春正月, 百濟拔高句麗道薩城, 三月, 高句麗陷百濟金峴城, 王乘兩國兵疲, 命伊湌異斯夫, 出兵擊之, 取二城, 增築, 留甲士一千戍之."

113 『삼국사기』 권44, 「거칠부열전」. "진흥왕 12년 신미(辛未)에 왕은 거칠부와 구진 대각찬, 비태 각찬, 탐지 잡찬, 비서 잡찬, 노부 파진찬, 서력부 파진찬, 비차부 대아찬, 미진부 아찬 등 여덟 장군에게 명하여 백제와 더불어 고구려를 침공했는데, 백제 사람들이 먼저 평양(오늘날 서울 부근)을 공격하여 격파했고, 거칠부 등은 승리의 기회를 이용하여 죽령 이북 고현 이내의 10개 군을 차지하기에 이르렀다[(眞興王) 十二年辛未, 王命居柒夫, 及仇珍大角湌·比台角湌·躭知迊湌·非西迊湌·奴夫波珍湌·西力夫波珍湌·比次夫大阿湌·未珍夫阿湌等, 八將軍, 與百濟侵高句麗, 百濟人先攻破平壤, 居柒夫等乘勝取, 竹嶺以外高峴以內十郡, 至是]." ; 『삼국사기』 권4, 「신라본기」 〈진흥왕 12년〉조. "왕은 거칠부 등에게 명령을 내려 고구려를 쳐서 승리하고 10개의 군을 차지했다(王命居柒夫等, 侵高句麗, 乘勝取十郡)."

114 『삼국사기』 권4, 「신라본기」 〈진흥왕 14년〉조. "秋七月, 取百濟東北鄙, 置新興(興, 恐州之訛, 濟紀作州), 以阿湌武力爲軍主." ; 『삼국사기』 권26, 「백제본기」 〈성왕 31년〉조. "秋七月, 新羅取東北鄙置新州."

115 『삼국사기』 권4, 「신라본기」 〈진흥왕 15년〉조. "백제왕 명농(성왕)이 가량과 함께 와서 관산성을 공격하므로, 군주 각간 우덕, 이찬 탐지 등이 맞아 싸웠으나 불리하게 되자

한산에 순행하여 강역을 획정했고,[116] 다음 해에는 동부해안을 따라 북상하여 오늘날 안변(安邊) 지역에 비열홀주(比列忽州)를 설치했으며,[117] 562년(진흥왕 23년)에는 가야가 반기를 들자 이를 평정했다.[118]

이렇게 하여 신라는 당시까지 역사상 가장 넓은 영토를 확보할 수 있었는데, 이는 단지 영토가 넓어졌다는 의미뿐 아니라 한강과 황해를 따라 중국과 직접 통할 수 있는 외교 통로를 확보했다는 점에서도 중요한 의미를 갖는다. 당시 신라 강역은 오늘날 경남 창령, 서울 북한산, 함남 함흥 황초령, 함남 이원군 마운령 등에 세워진 진흥왕순수비와 단양의 적성비(赤城碑)[119]가 잘 말해준다. 이렇게 넓은 영토를 확보한 진흥왕은 정치적으로나 경제적으로 중앙이 지방보다 강해야 한다는 원리를 실천하기 위해 귀족의 자제와 6부의 부호들을 국원(國原)으로 이주시켰다.[120] 그 결과 신라는 일단 균형 잡힌 국가 구조를 이루게 되었다.

신라는 이 시기에 중국과의 외교에도 힘을 기울였다. 564년(진흥왕 25

신주의 군주 김무력이 주병을 이끌고 그곳으로 와서 교전을 함에 이르러 비장인 삼년산군의 고우도도가 순식간에 쳐서 백제왕을 죽였다. 이에 여러 군사들이 승리의 분위기를 타고 백제군에게 크게 이겼는데, 좌평 4명과 병사 2만 9,600명을 베어 죽이니 말 한 필도 살아 돌아간 것이 없었다(百濟王明襛(聖王)與加良, 來攻管山城, 軍主角干于德, 伊湌耽知等, 逆戰失利, 新州軍主金武力, 以州兵赴之, 及交戰, 裨將三年山郡高于都刀, 急擊殺百濟王. 於是, 諸軍乘勝大克之, 斬佐平四人, 士卒二萬九千六百人, 匹馬無反者).";『삼국사기』 권26, 「백제본기」 〈성왕 32년〉조. "가을 7월에 왕은 신라를 습격하고자 보병과 기병 50명을 이끌고 밤에 구천(오늘날 옥천 부근)에 이르렀는데, 신라가 복병을 내어 맞아 싸우니 난병에게 해를 입고 돌아가셨다(秋七月, 王欲襲新羅, 親帥步騎五十, 夜至狗川, 新羅伏兵發與戰, 爲亂兵所害薨)."

116 『삼국사기』 권4, 「신라본기」 〈진흥왕 16년〉조.

117 『삼국사기』 권4, 「신라본기」 〈진흥왕 17년〉조.

118 『삼국사기』 권4, 「신라본기」 〈진흥왕 23년〉조.

119 단국대 사학회, 『사학지』 12, 단양신라적성비 특집호, 단국대 사학회, 1978 참조.

120 『삼국사기』 권4, 「신라본기」 〈진흥왕 19년〉조.

년)에 중국 북조의 북제에 사신을 보냈는데, 다음 해에는 북제로부터 사지절동이교위낙랑군공신라왕(使持節東夷校尉樂浪郡公新羅王)이라는 칭호를 받았으며,[121] 이해에 중국 남조의 진(陳)은 신라에 사신과 승려를 파견하면서 불교 경론(經論) 1,700여 권을 보내왔다.[122]

신라는 566·567·568·570·571·578년에 중국 남조의 진(陳)나라에 사신을 보냈고 572년(진흥왕 33년)에는 중국 북조의 북제에도 사신을 보냈다.[123] 이러한 신라의 대(對)중국 외교는 중국에 통일국가인 수나라가 들어선 진평왕 때에도 계속되었다. 594년(진평왕 16년)에는 수나라 문제가 진평왕을 상개부낙랑군공신라왕(上開府樂浪郡公新羅王)이라 칭하는 조서(詔書)를 보냈고,[124] 596·600·602·604 ·611년에는 신라가 수나라에 사신을 파견했는데[125] 수나라도 신라에 사신을 보내기도 했다.[126] 이렇게 돈독한 관계를 토대로 신라는 611년 사신 파견 때 수나라에 고구려를 치기 위한 군사를 동원해줄 것을 청했는데, 수나라 양제는 이를 수락하고 군사를 일으켰다.[127]

당나라가 들어선 뒤에도 신라의 대중국 외교는 변함없었다. 621년(진평왕 43년, 당 고조 4년)에 신라가 사신을 파견하여 당나라의 건국을 축하하자, 당나라 고조는 친히 신라 사신들을 위로하고 그림 병풍과 비단

---

121 『삼국사기』 권4, 「신라본기」 〈진흥왕 25·26년〉조.
122 『삼국사기』 권4, 「신라본기」 〈진흥왕 26년〉조.
123 『삼국사기』 권4, 「신라본기」 해당 연조 참조.
124 『삼국사기』 권4, 「신라본기」 〈진평왕 16년〉조.
125 『삼국사기』 권4, 「신라본기」 해당 연조 참조.
126 『삼국사기』 권4, 「신라본기」 〈진평왕 35년〉조.
127 『삼국사기』 권4, 「신라본기」 〈진평왕 33년〉조. 고구려를 치기 위한 수나라 양제의 군사 출동 상황에 관해서는 『삼국사기』 「고구려본기」 〈영양왕 22·23년〉조 참조.

300필을 진평왕에게 보냈다.[128] 신라는 623·625·626 ·627·629·631년에도 당나라에 사신을 파견하여 관계를 돈독히 했다.[129] 신라는 중국에 통일국가가 출현하기 전부터 대중국 외교를 벌여왔고, 통일국가인 수나라와 당나라가 들어선 뒤에는 이를 한층 발전시켜 고구려를 협공하는 방향으로 이용했다. 중국 세력을 이용하여 고구려를 치고자 하는 전략은 이미 이 시기부터 진행되고 있었던 것이다.

이상에서 살펴본 바와 같이, 신라는 왕호를 사용한 법흥왕 때부터 비약적인 발전을 했는데, 진흥왕 때에는 그 절정에 이르렀다. 신라는 한민족 고유의 가치관과 이념을 바탕으로 정체성을 유지 발전시키면서 불교를 통해 신라의 사회와 문화를 국제화하려고 노력했다. 이 시기에 신라는 당시까지 역사상 가장 넓은 영토를 확보했고 강본약지(強本弱枝)의 국가 구조도 형성되었다. 그리고 중국과 외교에서도 성공을 거두어 고구려를 협공하는 형세를 이루었다. 이러한 일련의 상황은 훗날 신라가 백제와 고구려를 병합하는 기초가 되었다.

5. 마치며

지금까지 『삼국사기』「신라본기」 기록을 골격으로 신라 초기·마립간시대·왕호시대 등 세 시기로 구분하여 신라 국가의 발달 과정을 살펴보았다. 이를 요약하여 정리하면 다음과 같다.

신라 초기는 신라가 건국된 서기전 57년부터 서기 355년까지로, 이

---

128 『삼국사기』 권4, 「신라본기」 〈진평왕 43년〉조.

129 『삼국사기』 권4, 「신라본기」 해당 연조 참조.

기간에 신라의 통치자는 혁거세·차차웅·이사금 등으로 불렸다. 이 시기는 신라가 국가의 기틀을 잡는 시기였는데, 건국의 주체세력인 여섯 부의 단결을 공고히 하고 생산을 장려하여 국가의 경제적 기반을 튼튼히 하면서 신라가 독립국으로 출범했음을 다른 나라에 알리고, 주변 지역을 병합하여 영토를 확장해나가는 시기였다.

신라는 건국시조인 혁거세 거서간시대에 이미 도성인 금성을 쌓고 그곳에 궁실을 지어 국가의 기초를 세우고, 호공을 한(韓)왕에게 보내 신라가 독립국임을 알렸다. 남해 차차웅은 시조묘를 건립하여 왕실의 신성성과 권위를 확립했고, 유리 이사금은 정치제도를 정비하여 국가의 기반을 확립했다. 그는 여섯 부의 이름을 바꾸고 성을 하사하여 각 부의 핵심 씨족이 지배귀족으로서의 체모를 갖추도록 했다. 그리고 17등급을 두어 관직의 등급과 서열 체계를 구체적으로 규정했다. 가배라는 행사를 시작해 국민의 결합을 공고히 하기도 했다.

신라는 토착인들이 중심이 되어 국가의 기반과 조직을 튼튼히 하면서도 외래인까지 포용하는 정책을 취했다. 탈해 이사금과 호공의 등장은 그것을 알게 해준다. 탈해 이사금은 통치자가 된 뒤 혁거세 거서간의 후손들을 주주와 군주로 임명하여 주와 군을 다스리도록 함으로써 기존의 통치세력과 결합을 공고히 하려고 노력했다.

파사 이사금은 생산을 독려하여 경제적 기반을 튼튼히 하고 생활이 어려운 백성들을 돕는 한편 국방에도 힘을 기울였다. 그리고 유리 이사금시대에 시작된 영토 확장이 이 시기에는 본격적으로 진행되어 낙동강 동쪽 지역을 거의 다 차지했고 서쪽의 일부 지역도 차지하게 되었다. 파사 이사금은 사신들을 파견하여 주주와 군주들을 감독하고, 일성 이사금은 정사당을 설치했는데, 이는 영토 확장에 따른 통치자의 권위와 통치 조직의 강화였다.

아달라 이사금에 이르러서는 한반도의 중심부와 동부해안으로 통하는 도로를 확보하여 각 지역 사이의 교통을 편리하게 했을 뿐만 아니라 문물의 교류를 촉진했고 한강 유역에 진출하는 기반을 마련했다. 이 시기에 신라는 백제를 위협했고, 왜열도의 맹주였던 히미코가 보낸 사신의 예방을 받기도 했으며, 가야의 보호국으로 군림했다.

262년에 미추 이사금이 통치자가 되자 박씨·석씨와 더불어 김씨 왕이 등장했다. 미추는 어머니가 박씨였으므로 신라 왕실과 관계가 없는 혈통은 아니었지만 이것은 신라가 왕위 계승에 개방적이었음을 알게 한다. 307년에는 나라 이름을 신라로 고쳤는데, 이 시기까지는 신라의 초기로서 기초를 다지는 시기였다고 말할 수 있다.

마립간시대는 356년부터 513년까지로, 내물 마립간이 즉위하면서 통치자의 이름이 이사금에서 마립간으로 바뀌었는데, 마립간은 이사금보다 훨씬 더 권위를 갖는 이름이었다. 내물 마립간 이전에는 박씨·석씨·김씨 세 성이 왕위를 맡았으나 내물 마립간 때부터는 김씨가 왕위를 세습했는데, 이것도 왕권이 강화되었음을 알게 해준다. 내물 마립간은 안으로는 덕치를 베풀면서 밖으로는 백제·고구려·전진 등과 우호적인 외교관계를 맺었다. 그러나 너무 크게 팽창한 고구려의 압력을 감당할 수가 없었기 때문에 고구려와 원만한 관계를 유지하기 위해 실성과 복호를 볼모로 보내는 등 고구려에 신속(臣屬)된 상태가 되었다.

그런데 427년에 고구려가 오늘날 평양으로 도읍을 옮기고 본격적으로 남진정책을 펴자, 신라는 백제와 동맹관계를 맺어 고구려의 남진에 대항했다. 소지 마립간은 백제와 동맹을 더욱 공고히 하는 한편 가야와도 동맹관계를 맺었다. 그리고 나정에 신궁을 짓고 반월성을 수축하여 왕이 그곳으로 거처를 옮김으로써 왕실의 권위를 높이고 통치력을 강화했다. 그는 의지할 곳 없는 백성들에게 곡식을 내려주고 죄수들을 사면

하는 한편, 농업 생산을 장려하고 백제와는 혼인동맹을 맺어 관계를 더욱 돈독히 했다.

지증 마립간은 14년이라는 짧은 기간 동안 왕위에 있었지만 소지 마립간이 닦은 정치적·사회적 기반 위에서 국가의 권위를 공고히 하는 작업을 진행했다. 첫째로 신라라는 나라 이름을 명확히 하고 통치자 이름을 왕으로 바꾸었다. 둘째로 상복법을 제정하여 예제를 바로세우고 주·군·현의 행정제도와 군사제도를 정돈하여 국가와 사회의 기강을 바로세우고자 했다. 셋째로 요충지에 성을 쌓고 실직주에 군주(軍主)를 두는 등 국토방위를 강화했다. 넷째로 해운업에 관한 제도를 마련하고 도읍에 동시(東市)를 설치하는 등 경제 성장을 촉진하는 정책을 폈다. 다섯째 순장을 금하고 농사를 권장하고 우경을 장려했으며 소경(小京)을 설치하는 등 사회 안정을 유지하기 위해 노력했다.

마립간시대는 신라 사회가 안정되고 왕권이 강화되었으며 그러한 기반 위에서 국력이 크게 신장된 시기였다. 그러한 상황은 지증 마립간시대에 종합적으로 나타났다. 이 시기의 국력 신장은 고고학 자료에서도 확인되는데, 이 기간에 축조된 황남대총을 비롯한 거대한 고분들은 그러한 사실을 말해준다.

왕호시대는 514년 법흥왕 때부터였다. 신라가 이렇게 늦게 중국식 왕호를 사용하기 시작한 것은 고구려나 백제보다 한민족의 고유문화를 지키려고 노력했던 사회였음을 알게 해준다. 법흥왕은 군사행정을 정돈하여 병부를 설치했고 율령을 반포하여 문무백관들의 공식 복장에 차등과 서열을 두는 제도를 제정했다. 대외관계에도 노력을 기울여 중국 남조에 사신을 보냈고 가야와는 혼인동맹을 맺었다. 그리고 불교를 공인했고 제방들을 수리하여 농업 생산 증대에 만전을 기하도록 했다. 재상에 해당하는 상대등 제도를 실시했고 건원이라는 독자적인 연호를 사용하여 동아시아의 다른 왕조들과 대등한 국가임을 천명했다.

신라에서 불교가 공인되기까지는 100여 년이라는 긴 세월이 걸렸고 신하들은 왕명을 거역하면서까지 불교의 공인에 반대하여 이차돈의 죽음을 가져왔다. 이처럼 신라 사회에 불교가 자리 잡기 어려웠다는 것은 한민족 고유사상이 그만큼 강하게 뿌리내려져 있었음을 말해준다. 서로 다른 가치관을 지닌 한민족 고유문화와 외래문화의 만남은 새로운 문화를 창출하게 되었다. 이후 신라가 급속하게 발전하게 된 것은 이런 이유 때문이었다.

지증 마립간과 법흥왕이 구축한 기반 위에서 진흥왕·진지왕·진평왕 시대에 신라는 큰 도약을 했다. 진흥왕은 불교를 일으켜 귀족신분제를 유지하는 이론적 근거로 삼음과 동시에 신라 문화를 국제화했고 국사를 편찬하여 왕실의 권위와 정통성을 세웠다. 우륵으로 하여금 가야금을 가르치게 하는 등 문화 진흥에 힘썼고, 화랑도를 창설하여 젊은 인재들이 민족 주체성을 갖도록 했다. 경남 창령, 서울 북한산, 함남 함흥 황초령, 함남 이원군 마운령 등에 세워진 진흥왕순수비와 단양의 적성비가 잘 말해주듯이 이 시기에 신라의 영토는 당시까지 역사상 가장 넓었다. 백제는 물론 중국의 북조 및 남조와도 유대관계를 공고히 하여 국제사회에서의 위상을 튼튼히 하고 민족 통합의 기반을 닦았다.

이상에서 살펴본 바와 같이 신라는 왕호를 사용한 법흥왕 때부터 비약적인 발전을 했는데, 진흥왕 때에는 그 절정에 이르렀다. 신라는 한민족 고유의 가치관과 이념을 바탕으로 정체성을 유지 발전시키면서 불교를 통해 신라의 사회와 문화를 국제화하려고 노력했다. 이 시기에 넓은 영토와 강본약지의 국가 구조도 형성되었다. 중국과 외교에서도 성공을 거두어 고구려를 협공하는 형세를 이루었다. 이러한 일련의 상황은 훗날 신라가 백제와 고구려를 병합하는 기초가 되었다.

VII 가야의 왜열도 진출

1. 들어가며

가야와 왜열도의 관계를 다루는 데서 가장 먼저 등장하는 문제는 '임나일본부'일 것이다. 사실 가야와 왜열도의 관계는 일본인들이 연구를 시작했다고 해도 지나친 말이 아니다. 그 연구의 핵심은 임나일본부에 관한 것이었다. 잘 알려져 있는 바와 같이 일본인들은 주장하기를, 임나(任那)는 4세기 중반부터 6세기 중반까지 약 200년 동안 한국 남부에 있었던 일본의 식민지로서, 그곳을 통치하기 위해 일본부(日本府)가 설치되어 있었다고 한다. 그들은 임나일본부의 위치를 김해나 고령으로 보았다. 이러한 일본인들의 주장은 지난날 한국 침략을 그들의 고토 수복의 일환으로 합리화하는 데까지 전개되었다.

고대에서 한국과 일본의 사회 발전 수준의 차이로 볼 때 일본이 한국 남부를 지배했다는 논리는 성립될 수 없다. 한국에서는 서기전 25세기 무렵에 이미 청동기시대가 시작되었고, 서기전 24세기에는 한반도와 만주 전역을 영토로 하는 고조선이라는 국가가 출현했다. 그러나 왜열도에는 서기전 3세기 무렵부터 서기 3세기 무렵까지의 야요이문화(彌生文化) 시기에 이르러서야 비로소 한국에서 청동기문화와 철기문화가 전달되었고, 6세기 무렵에 이르러서야 기나이(畿內)의 야마토(大和) 세력이 주변 세력들을 겨우 통합하기 시작했다.

이와 같이 한국보다 사회 발전이 매우 더디고 뒤떨어졌던 왜열도의 세력이 자신들의 국가도 제대로 갖지 못한 상황인 4세기 무렵에 한반도 남부에 임나일본부를 설치하고 그 지역을 지배했다는 것은 있을 수 없는 일이다. 그런데도 일본인들은 『일본서기』의 기록을 근거로 제시하고 있다. 『일본서기』에는 그들의 주장을 뒷받침하는 것처럼 보이는 기록들이 있다. 그리고 『삼국사기』와 「진경대사탑비문(眞境大師塔碑文)」, 「광개토왕릉비문」 등에는 임나의 위치가 한반도 남부로 나타난다. 따라서 이러한 점들을 어떻게 해석해야 할 것인지가 문제로 등장한다.

예전에 비해 일본인들은 그들이 고대에 한반도 남부를 지배했다는 주장에서 한 걸음 물러나 있다. 임나일본부는 정치적 지배를 위해 설치했던 기관이 아니라 외교관계나 상업교류를 위한 기관이었을 것으로 의미를 축소하고 있는 것이다. 그러면서도 임나일본부가 한반도 남부에 있었다는 주장은 굽히지 않고 있다.

그러한 가운데 한국(남북한 포함) 학계에서는 임나일본부의 위치를 한반도가 아닌 왜열도나 대마도로 보는 견해가 나왔다. 이들의 주장에는 근거가 있다. 임나(가야)라는 지명이 왜열도와 대마도에도 있었음이 분명하게 확인되기 때문이다. 그렇다면 임나일본부가 한반도에 있었다고 속단해서는 안 될 것이다.

고고학적 발굴 결과에 따르면, 일찍부터 한반도에서 왜열도로 문화전파가 매우 강하게 이루어졌음이 확인된다. 그뿐만 아니라 한반도에서 왜열도로 이동한 주민도 상당히 많았다. 한반도와 왜열도의 문화 격차로 볼 때, 이들 이주민들은 왜열도를 문명사회로 진입시키고 일본이라는 국가를 출현시키는 데 이바지했을 것이 분명하다. 이러한 면에서 한반도와 왜열도의 관계는 재검토할 필요가 있다. 이를 위해 먼저 임나일본부에 대한 지금까지의 오류를 바로잡고 가야와 왜열도의 문화와 정치교류를 고찰하려고 한다.

2. 지금까지의 임나 연구 개관

임나에 관한 연구는 일본에서 오랜 역사를 갖는다. 임나에 관한 기록이 일본의 정사인 『일본서기』에 많이 실려 있어 『일본서기』 연구는 바로 임나 연구라는 인상을 줄 정도이다. 그 책에는 '임나일본부'라는 용어가 5회, '일본부'라는 용어는 앞의 임나일본부라는 기록을 포함하여 모두 35회나 등장한다.[1] 따라서 일본의 임나 연구는 『일본서기』의 연구과정과 궤를 같이하며, 임나일본부와 연관을 가질 수밖에 없었다.

일본인들의 임나에 관한 연구는 고대에 일본이 가야 지역에 임나일본부를 설치하고 그 지역을 지배했다는 것으로서 바로 일본사의 일부로 인식했던 것이다. 그 연구가 시작된 시기는 일본에서 그들의 국학운동(國學運動)이 일어나 『고사기』와 『일본서기』 등 고전에 대한 연구가 활발했던 에도(江戶)시대 말기부터였다고 말할 수 있다.[2]

그러나 임나의 역사를 총체적으로 다룬 논저를 중심으로 본다면 먼저

---

1 김태식, 『가야연맹사』, 일조각, 1993, p. 321.

2 이병선, 『임나국과 대마도』, 아세아문화사, 1987, p. 1.

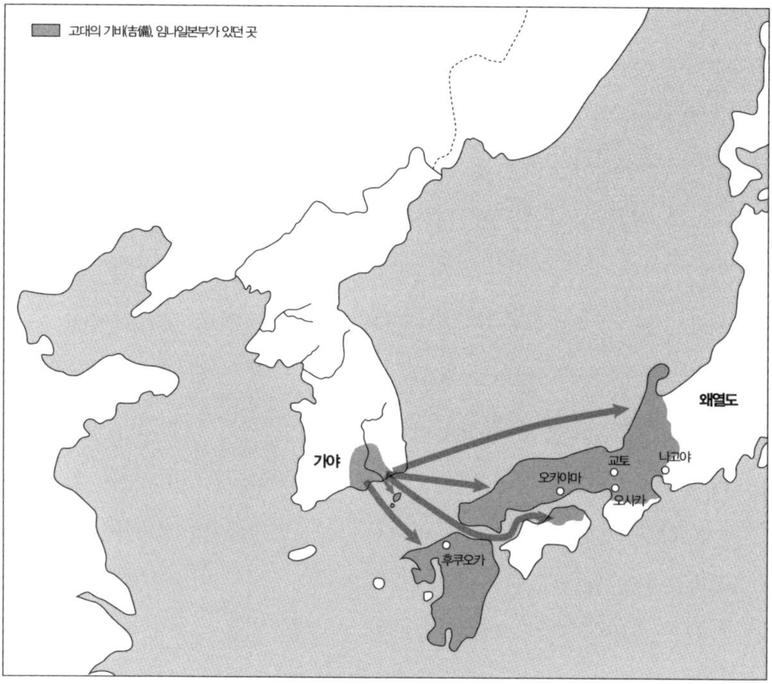

가야인들의 왜열도 진출도

1720년에 완성된 『대일본사(大日本史)』의 〈임나전(任那傳)〉을 들 수 있다. 물론 이 〈임나전〉은 『일본서기』에 실린 임나 관계 기사, 즉 오진(崇神) 천황 65년부터 고토쿠(孝德) 천황 다이카(大化) 2년까지의 기록을 단순히 편년으로 정리한 것이기 때문에 이것을 본격적인 임나 연구라고 할 수는 없다. 학술적인 임나 연구는 메이지(明治)시대에 이르러서야 본격화되었다고 말할 수 있다.[3]

---

3 末松保和, 「任那興亡史」, 『古代の日本と朝鮮』, 吉川弘文館, 1996, p. 8. 제2장 Ⅶ의 '2. 지금까지의 임나 연구 개관' 내용은 위의 「임나흥망사」 '제1장 임나사연구의 회고'

메이지시대에 대외관계에 관심을 갖게 되면서 임나 연구도 본격화되었는데, 이때 간 마사토모(管政友)의 『임나고(任那考)』 세 권이 출간되었다. 『임나고』는 1893년(메이지 26년)에 완성되었으나 1907년(메이지 40년)에 『간 마사토모 전집』을 편찬할 때 처음으로 공간(公刊)되었다. 이 책은 임나 관계의 지명들을 한반도로 본 최초의 저서로서 일본의 침략주의를 뒷받침하는 이론을 제시한 계몽서라고 할 수 있다. 그는 왜(倭)와 신라·고구려·백제의 관계를 모두 임나 관계 안에 포함시키고 있으며, 자신의 〈고구려호태왕비명고(高句麗好太王碑銘考)〉의 연구 성과를 임나의 위치를 한반도로 확정하는 데 결정적 근거로 이용했다.

다음으로 나카 미치요(那珂通世)의 〈가라고(加羅考)〉를 들 수 있는데, 이 글은 1894년부터 1896년까지 『사학잡지(史學雜誌)』에 연재했던 〈조선고사고(朝鮮古史考)〉 가운데 제8장이다. 이 글은 가라(加羅)가 등장한 전 기간을 다루었는데, 가라를 주체로 기술한 통고(通考)라고 할 수 있다. 그는 한국 문헌에 보이는 가라 여러 나라는 『일본서기』의 임나 여러 나라를 말한다고 보았다.

나카 미치요의 미완성 저서인 『외교역사(外交繹史)』도 임나 연구서이다. 그 제2권은 위의 〈조선고사고〉이고, 제3권은 〈태고외교고(太古外交考)〉, 제4권은 〈삼한조공지(三韓朝貢志)〉인데, 제3권에는 임나국의 조공, 제4권에는 진구 황후의 신라 정벌, 백제의 복속, 아직기와 왕인의 내조(來朝), 고구려 고비고(古碑考), 신라의 질자(質子) 등을 고증하는 내용이 있어 모두 임나 역사와 관계있는 것이다.

와 이병선의 『임나국과 대마도』 제1장 「임나연구의 회고」 가운데 '일본 사가들의 임나 연구' 및 김태식의 『가야연맹사』 부록 「임나일본부문제의 연구사 검토」를 종합하여 정리한 것이다.

그다음은 쓰다 소키치(津田左右吉)의 〈임나강역고(任那疆域考)〉를 들 수 있다. 이 글은 1913년에 간행된 『조선역사지리(朝鮮歷史地理)』 제7편으로, 임나 여러 나라의 강역과 위치 등을 고증했다. 요컨대 『일본서기』에 보이는 임나 여러 나라의 위치를 한반도로 본 글이다. 부록으로 〈한사(韓史)에 보이는 광의(廣義)의 가야 및 「가락국기」의 여섯 가야에 대하여〉라는 글을 싣고 있는데, 여기에서는 『삼국사기』 「신라본기」에 보이는 광의의 가야, 임나부의 별명으로서의 가야, 「가락국기」의 여섯 가야, 『남제서』의 가라(加羅), 임나부의 소재를 대가야로 보는 오류, 여섯 가야의 이름의 유래 등을 논증하고 있다.

1924년에 발표된 『고사기 및 일본서기의 연구』 총론 제2절에 〈우리(일본) 민족과 지나인(支那人) 및 한인(韓人)과의 교섭〉이 있고, 본론 제1장에는 진구 황후의 '신라정토(新羅征討) 이야기'가 실려 있다. 여기서 쓰다 소키치는 앞서 간 마사토모와 나카 미치요가 실제의 연대를 추정해가면서까지 역사 사실화한 진구 황후의 신라 토벌 기사를 하나의 이야기에 불과한 것으로 보았다.

이러한 쓰다 소키치의 견해는 『고사기』나 『일본서기』의 기록을 비판적으로 보았다는 점에서는 의미가 있다. 그러나 주의해야 할 것은 그러한 이야기가 만들어진 배경에는 역사적 사실이 있었을 것으로 보고 그것을 가야와 연결하고 있다는 점이다.

다음으로 이마니시 류(今西龍)의 연구를 들 수 있다. 그의 〈가라강역고(加羅疆域考)〉는 원래 『사림(史林)』 제4권 제3·4호에 연재된 것으로, 나중에 『조선고사(朝鮮古史)의 연구(硏究)』에 수록되었다. 제목은 강역고(疆域考)이지만 내용은 가라에 관한 한국과 일본의 문헌 기록을 망라하여 가라의 사적(史跡)을 연구한 것으로 가라총고(加羅總考)라고 할 수 있다. 이 글을 보완하기 위해 〈기문반파고(己汶伴跛考)〉를 『사림』 제7권제4호에 실었는데, 이것도 『조선고사의 연구』에 수록되었다. 이 글들을 통해 이마니시 류는 가라 여러 나라의 위치를 한반도로 단정했다.

이마니시 류는 1930년부터 1932년까지 『문교(文教)의 조선(朝鮮)』에 〈백제사강화(百濟史講話)〉를 연재했는데, 1934년에 발간된 그의 『백제사연구(百濟史研究)』에 수록되었다. 〈백제사강화〉에는 백제와 일본의 관계에 대해 적혀 있지만 그 가운데 임나에 관한 내용도 많다. 이마니시 류는 조선총독부 고적조사위원으로서 1917년 가야 지역을 답사하여 지상의 유적과 유물을 확인하고 고분의 발굴조사에도 착수했다는 사실을 기억할 필요가 있다. 그 대부분의 내용은 『다이쇼 6년도 고적조사보고(大正六年度古蹟調査報告)』에 수록되었다. 그의 가야 지역 조사는 말년까지도 계속되었는데, 그의 현지 조사는 문헌 연구에 영향을 주었다.

그다음으로 들 수 있는 것은 당시로서는 드물게 한국인으로서 임나를 연구한 이홍직의 「임나문제를 중심으로 한 〈긴메이기(欽明紀)〉의 정리-주요 관계인물의 정리」인데 이 논문은 『청구학총』 제25호에 실려 있다. 이 글은 주제와 부제가 말하듯이 임나 문제에서 가장 중요하다고 볼 수 있는 〈긴메이 천황기(欽明天皇紀)〉의 대한(對韓) 관계 기사를 거기에 나오는 주요 인물을 중심으로 이해하려고 한 것이다. 같은 인물이 여러 종류의 원사료(原史料)에 각각 다른 형태와 다른 이름으로 나타나므로 그 같은 점과 차이점을 식별하지 않고는 〈긴메이기〉를 바로 이해할 수가 없기 때문에 이를 밝히고자 했던 것이다. 이것도 임나를 한반도로 상정하여 〈긴메이기〉의 기사를 분석한 임나사 연구였다.

다음으로는 아유카이 후사노신(鮎貝房之進)의 『잡고(雜考)』 제7집 『일본서기 조선지명고(朝鮮地名考)』 상·하권을 들 수 있다. 이 책은 1937년에 간행되었는데 상권은 〈신대기(神代紀)〉부터 〈오진기(應神紀)〉까지, 하권은 〈유랴쿠기(雄略紀)〉부터 〈천지기(天智紀)〉까지 『일본서기』에 나타난 140여 개의 크고 작은 지명을 한국의 지명으로 추정했다. 그는 각 지명의 옛 음을 중시하여 그것에 해당하는 지명을 한국 문헌에서 찾아내는 방법을 사용했다. 지금까지의 연구는 거의 『삼국사기』와 『삼국유사』의 기록을 이용하는 정도였으나, 그는 그 후의 한국 문헌은 물론, 5만분의 1 지도까지 동원하여 그것들을 한국의 지명에 맞추려고 노력했는데 지명으로 사용된 한자의 일본음·한국음·중국음을 동원했다.

그다음으로 들 수 있는 것은 이케우치 히로시(池內宏)의 『일본상대사(日本上代史)의 일연구(一硏究)-일선(日鮮)의 교섭과 일본서기』이다. 이 책은 저자가 도쿄대에서 〈일선교섭사(日鮮交涉史)〉라는 제목으로 강의한 초고를 보완한 것인데, 1947년에 간행되었지만 최초의 강의는 1918년에 시작한 것이기 때문에 앞에서 말한 쓰다 소키치의 여러 연구와 거의 같은 시기의 것이다. 이 책의 특징은 『일본서기』와 『삼국사기』 내용의 분석과 비판을 통해 쓰다 소키치의 연구를 한층 치밀하게 보완한 점이다. 주요 골격은 삼국시대 한반도 역사의 일부로서, 일본 상대사(上代史)의 대외적 단면으로서 일본과 한반도의 관계를 부각시켜 『일본서기』의 가치를 연구하고 562년 안라(安羅)에서 일본 관가(官家)의 몰락까지를 체계화했다.

그다음으로 들 수 있는 것은 스에마쓰 야스카즈(末松保和)의 연구로, 그는 1933년에 간행된 이와나미강좌(岩波講座) 『일본역사』의 일부로 『일한관계』를 집필했다. 이 책의 제1부는 주로 정치외교 면을, 제2부는 주로 문화 전래를 고찰했는데, 결론적으로 『신찬성씨록』의 여러 번(蕃)의 성씨(姓氏)를 숫자로 표시하여 일본과 한반도의 관계를 종합적으로 평가한 것이다.

스에마쓰 야스카즈는 또 1949년에 『임나흥망사(任那興亡史)』를 출판했는데, 이 책은 『일본서기』에 나오는 신라·백제·고(구)려를 포함한 임나 관계 지명을 한반도로 보고 이를 둘러싼 여섯 가야의 성쇠를 고찰한 것이다. 그동안의 임나사 연구를 총정리한 이 책은 1977년에 6판이 간행될 정도로 일본과 국제학계에 큰 영향을 주었다.

다음으로 1978년에 간행된 이노우에 히데오(井上秀雄)의 『임나일본부와 왜』를 들 수 있는데, 내용은 이른바 임나일본부에 대하여, 임나일본부의 행정조직, 고대 일본의 이른바 남조선 경영 등이 서술되어 있다. 그는 임나일본부를 가야 지역 호족들이 구성한 연합체로서 일본열도에 있었던 왜 왕권과는 관계없는 것으로 보고 있지만, 『일본서기』에 보이는 임나 관계의 나라 이름과 지명을 모두 한반도의 지명으로 단정하여 서술하고 있어 이케우치와 스에마쓰, 두 사람의 방법을 답습하고 있다.

일본인들은 이상과 같은 문헌 연구가 진행되는 동안 가라(加羅)의 유적과 유물을 조사·발굴하는 고고학적 연구도 병행했다. 일본 학자로서 최초로 한국의 역사 유적과 유물을 조사한 것은 1902년 무렵에 세키노 다다시(關野貞)의 한국의 고건축 조사였다. 그의 조사는 고건축물이 주가 되었지만 그 밖에도 일반 역사 유적과 유물까지 널리 조사되었는데, 러일전쟁과 일본의 한국 강점기인 1914년까지 진행되었다. 1916년에는 조선총독부가 '고적 및 유물 보존규칙'과 '고적조사위원회 규정'을 공포하여 유적과 유물 조사는 영속화·조직화되었다. 그 후 다소의 변화가 있기는 했지만 1945년까지 30년 동안 조선총독부의 고적조사위원회는 이 방면 사업을 총괄했다.

이 위원회의 활동에 대해서는 관계자의 한 사람이었던 우메하라 스에지(梅原末治)의 저서 『조선고대의 문화-조선고적조사사업의 경과와 그 사업을 통하여 본 반도 고대의 문화』와 『조선고대의 묘제(墓制)』에 정리·수록되어 있다. 그의 기록을 따라 가야 지역의 조사 사업을 보면 1906년 가을 경주를 탐방한 이마니시 류가 도중에 경상남도 김해의 패총을 발견하여 조사한 것을 시작으로 1910년에는 세키노 다다시가 경상북도 고령의 고분을 조사했다. 세키노 다다시의 조사 결과는 『조선고적도보(朝鮮古蹟圖譜)』 제3권에 수록되어 있다. 1916년 고적조사위원회가 설립되자 그 최초 5개년 계획의 2년째의 조사 계획으로서 삼한·가야·백제(경기도·충청남북도·경상남북도·전라남북도)의 조사가 예정되었는데 대체로 그대로 실시되었다. 구로이타 가쓰미(黑板勝美)는 8월부터 9월에 걸쳐 경상북도 고령군과 경상남도 김해군의 고분과 기타 유적을 조사했고, 이마니시 류는 9월부터 다음 해 1월까지 경상북도 선산군·달성군·고령군·성주군·김천군과 경상남도 함안군·창령군을 조사했다. 또 도리이 류조(鳥居龍藏)는 10월부터 다음 해 1월에 걸쳐 경상북도 경주군·영주군·안동군·대구부·달성군과 경상남도 거창군·협천군·진주군·사천군·통영군·동래군·밀양군·김해군 및 울릉도의 석기시대 유적과 고분 및 기타 유적을 조사했다.

이와는 별도로 특별조사로서 다니이 기요이치(谷井濟一)가 전라남도 나주군 반남면 옹관고분을 조사했다. 이에 대한 이마니시 류의 상세한 보고와 다니이 기요이치의 간략한 보고는 1920년에 발간된 『다이쇼 6년도 고적조사보고』에 수록되어 있다. 다음 해인 1918년에는 9월부터 10월에 걸쳐 하마다 고사쿠(浜田耕作)와 우메하라 스에지의 경상남북도·충청남북도의 조사가 있었는데, 그 가운데 성주·고령·창녕에서 여러 자리의 고분을 조사했다. 또 하라다 요시토(原田淑人)는 7월부터 8월에 걸쳐 경상북도 경주군·경산군·청도군·김천군·상주군과 경상남도 양산군·동래군의 여러 유적을 조사했다. 이에 대한 보고는 1922년에 간행된 『다이쇼 7년도 고적조사보고』에 수록되어 있다. 그리고 1918년부터 1920년에 걸쳐 다니이 기요이치의 고령·성주·창녕·김해·함안 등 여러 지역의 고적 조사가 이루어졌다.

이어서 1920년에는 우마즈카 제이치로(馬場是一郎)와 오가와 게이키치(小川敬吉)가 경상남도 양산군 양산면 북정동의 부부총(夫婦塚)을 발굴했고, 하라다(浜田)와 우메하라(梅原)가 김해 패총을 발굴했다. 전자는 1927년에 고적조사특별보고 제5책 『양산부부총(梁山夫婦塚)과 그 유물』로 간행되었고, 후자는 1922년에 『다이쇼 9년도 고적조사보고 제1책』으로 간행되었다.

가야의 옛 땅에 관한 조사는 위에 언급한 몇 년 동안을 절정으로 하여 일단락되었다. 그 뒤에도 수시로 부분적인 조사는 이루어졌는데, 1923년에 고이즈미 아키오(小泉顯夫)와 노모리 겐(野守健)이 경상북도 달성군 달서면에서 고적 조사를 했고, 이는 1934년에 『다이쇼 12년도 고적조사보고 제1책』으로 발간되었다. 그리고 1934년부터 이듬해에 걸쳐서는 가야모토 가메지로(榧本龜次郎)가 김해 회현리 패총을 조사했고, 1938년에는 사이토 다다시(齋藤忠)가 대구 부근의 고분을, 아리미스 교이치(有光教一)는 전라남도 나주군 반남면 고분을 발굴 조사했다. 반남면 고분 발굴 조사 내용은 『쇼와(昭和) 13년도 고적조사보고』에 수록되어 있다. 다음 해에는 아리미스 교이치와 사이토 다다시가 고령 고분에 대해 조사했다.

가야 지역에 대한 일본인들의 이런 조사와 발굴은 『삼국사기』, 『삼국유사』에 가야 지역으로 기록된 한반도 남부가 바로 『일본서기』에 기록된 임나일 것이라는 전제에서 시작되었다. 문헌 사학자들의 그동안의 연구 결과가 그러한 생각을 하도록 뒷받침하고 있었던 것이다. 그들의 조사와 발굴은 매우 짧은 기간에 이루어졌지만, 가야의 묘제 등이 신라·왜열도의 것과 공통성이 있음이 확인되어 한반도와 왜열도 사이에 문화의 교류가 있었음을 알게 해주었는데, 일본인들은 그러한 현상을 일본 문화의 한반도 진출로 해석하여 일본이 한반도 남부를 지배한 근

거라고 주장했다.[4]

이처럼 일본인들의 임나 연구는 매우 끈질기고 적극적이었다. 19세기 말에 간 마사토모부터 본격적으로 시작된 임나 연구는 학자에 따라 『일본서기』 기록을 분석하는 데 다소 차이를 보이기는 했지만, 기본적으로 『일본서기』에 등장하는 임나와 한국 문헌에 등장하는 가야 또는 가라를 같은 곳으로 단정하고 『일본서기』 기록에 따라 고대에 일본이 임나일본부를 설치하여 가야가 있었던 한반도 남부 지역을 지배했다고 주장한 것이다. 그리고 일본인들은 임나를 주체로 하여 고대 일본과 신라·백제·고구려·중국의 관계를 체계화하려고 시도했다.

일본인들 가운데 임나일본부를 왜와 가야 사이의 교역이나 외교의 통로였을 것으로 그 의미를 축소해서 보는 견해가 있기는 하지만[5] 그것은 소수의 견해일 뿐이다. 일본에서 간행된 사전류에는 대부분 임나일본부는 고대에 일본이 한반도 남부의 가야 지역을 지배했던 통치기구로 설명되어 있어, 이러한 견해가 일본인들 의식의 주류를 형성하고 있음을 알 수 있다.

일본인들이 임나 연구를 거의 독점하고 있던 시기에 이홍직 같은 한국 학자의 임나 연구가 없었던 것은 아니지만 그것은 기본적으로 일본인들의 주장과 궤를 같이한 것이었다. 1960년대 들어서야 일본인들이 주장한 임나일본부설에 대한 반론이 제기되기 시작했다.

첫 번째 반론은 김석형의 '삼한·삼국의 왜열도 안의 분국설(分國說)'

---

4 末松保和, 「任那興亡史」, 앞 책, p. 17.

5 吉田晶, 「古代國家の形成」, 『岩波講座 日本史』 2-古代 2, 岩波書店, 1975, pp. 54~57 ; 請田正幸, 「6世紀前期の日朝關係-任那日本府を中心として」, 『朝鮮史研究會論文集』 11, 1974 ; 『古代朝鮮と日本』, 龍溪書舍, 1974, p. 195.

이다.[6] 그는 백제·신라·가야·고구려는 사회적으로나 문화적으로 뒤떨어진 왜열도에 그들의 분국(分國)을 가지고 있었는데, 『일본서기』에 등장하는 임나도 그 가운데 하나였다는 것이다. 즉 『일본서기』에 보이는 임나는 한반도의 가야가 아니라 왜열도 안에 있었던 분국이었다는 주장이다.[7] 이러한 김석형의 견해는 조희승이 한층 체계화하여 가야사 전체가 복원되고 가야인들의 왜열도 진출 문제로까지 확대·발전되었다.[8]

두 번째는 문정창의 견해로서 '임나의 대마도 위치설'이다.[9] 그는 임나의 위치를 한반도로 보지 않고 대마도 지역으로 보았다. 임나는 대마도·일기(壹岐)·오도열도(五島列島)에 있었던 나라의 연방체였으며, 『일본서기』에 임나와 관계를 가지고 등장하는 백제·신라·고(구)려도 한반도에 있었던 백제·신라·고구려가 아니라 대마도에 있었던 백제·신라·고(구)려였다고 주장했다. 이러한 문정창의 주장은 국어학자이며 옛 지명 연구가인 이병선이 한층 발전시켰다.[10] 이병선은 이를 입증하기 위해 여러 차례 대마도를 방문하여 그곳에 가야·백제·신라·고구려 계통의 지명이 남아 있음을 확인하고 『일본서기』에 등장하는 임나는 대마도 지역에 있었던 임나임에 틀림없다고 주장했다.

세 번째는 천관우·김현구 등의 견해로서 『일본서기』에 등장하는 임나의 위치를 일본인들이 보아온 것과 마찬가지로 한반도 남부로 인정하

---

6 김석형 자신은 "삼한·삼국의 일본열도 안의 분국"이라 표현했지만, 당시 왜열도에는 백제·신라·가야와 더불어 고구려의 분국도 있었다고 생각되므로 삼한·사국(四國)으로 표현하는 것이 옳을 것이다.

7 김석형, 「삼한·삼국의 일본열도 내 분국들에 대하여」, 『력사과학』, 1963년 1호 ; 『초기 조일관계사』 하, 사회과학출판사, 1988.

8 조희승, 『가야사연구』, 사회과학출판사, 1994.

9 문정창, 「임나론」, 『일본상고사』, 백문당, 1970, pp. 587~631.

10 이병선, 앞 책.

면서도 그 성격을 달리 규정하는 것이다. 천관우는 『일본서기』의 임나 관계 기사의 진실성에 의문을 품고 주격(主格)으로 되어 있는 왜를 백제로 고쳐 읽으면 당시의 역사 상황과 일치하는 부분이 많다면서, 『일본서기』에 기록된 '왜의 임나 지배'는 '백제의 가야 지배'가 변조된 것이라고 보고, 임나일본부는 백제가 가야를 지배하기 위해 파견한 군사령부였다고 주장했다.[11]

김현구도 천관우와 비슷한 견해를 보였다. 그는 『일본서기』 〈긴메이 천황기〉의 내용을 재분석하여, 임나는 백제의 직할령 또는 그것을 통할하는 기관이 있었던 지역 이름이고 임나일본부는 그곳을 통할하고 있었던 백제의 기관 이름이었을 것으로 보았다.[12] 백제는 그의 직할령인 임나에 군사를 파견하여 주둔시키고 군령(郡令)·성주(城主) 등의 군사지휘자로 하여금 그 지역을 통괄하도록 했으며 본국의 백성들도 그곳에 가서 살게 했다는 것이다. 그러나 백제는 신라와 국제관계상 그곳에 부분적으로 왜인 용병을 배치하고 왜계(倭系) 백제 관료로 하여금 그들을 지휘하도록 했다는 것이다.[13]

이 밖에도 임나일본부가 한반도에 있었다는 점에는 동의하면서도 그것은 일본의 가야 지배기관이 아니라 가야와 왜 사이의 교역이나 외교 기관이었을 것으로 보는 견해가 있다. 이병도는 분명한 근거를 들지는 않았지만 임나일본부는 원래 왜국이 가야 여러 나라와 무역관계를 위해 설치했던 공적 상관(商官)인데, 나중에 가야 여러 나라가 신라의 압력에

---

11 천관우, 「복원가야사(중)」, 『문학과 지성』 29, 1977, p. 925 ; 「임나일본부 관견」, 『가야사연구』, 일조각, 1991, pp. 159~165.

12 김현구, 『大和政權の對外關係研究』, 吉川弘文館, 1985 ; 『임나일본부연구』, 일조각, 1993.

13 김현구, 위 책(1985), pp. 201~233 ; 위 책(1993), pp. 183~191.

못 이겨 왜인의 원조를 구하게 됨에 따라 이곳이 그 역할의 중심이 되었던 것 같다고 보았다.[14] 이근우는 임나일본부는 6세기 초가 지나서야 국제적으로 등장하기 시작한 야마토 세력과는 아무런 실제적 연관이 없었던 것 같고, 5세기 이전의 규슈(九州) 왜 왕조와 관련된 문물의 수용 통로였을 것이라고 했다.[15] 김태식도 임나일본부는 기본적으로 백제·가야와 왜 사이의 교역기관의 성격을 갖고 있었다고 보면서 설치의 주체는 왜가 아니라 백제와 가야였을 것이라고 보았다.[16] 이정희와 이영식은 우케다 마사유키(請田正幸)의 견해[17]를 받아들여 임나일본부는 왜가 가야 여러 나라와 외교 교섭을 위해 임시 파견한 사신단으로 보았다.[18]

이상과 같이 『일본서기』에 등장하는 임나일본부에 대해서는 그 위치를 한반도 남부의 가야 지역, 왜열도 지역, 대마도 지역으로 보는 3가지 견해가 있는데, 아직까지는 한반도의 가야 지역에 있었다는 견해가 우세한 편이다. 그리고 임나일본부의 성격에 관해서는 왜의 가야 지역 지배기구라는 견해, 백제의 가야 지배기구라는 견해, 왜와 가야의 교역기관이라는 견해, 왜와 가야의 외교 통로라는 견해 등이 있는데, 일본에서는 아직도 왜의 가야 지역 지배기구라는 견해가 통념화되어 있다.

---

14 이병도, 「낙동강유역의 지리와 상·하가라」, 『한국고대사연구』, 박영사, 1976, p. 305.

15 이근우, 「일본서기 임나관계 기사에 관하여」, 『청계사학』 2, 한국정신문화연구원, pp. 29~34.

16 김태식, 「530년대 안라의 '일본부' 경영에 대하여」, 『울산사학』 4, 1991, pp. 9~20 ; 앞 책(1993), pp. 234~235.

17 주 5 우케다 마사유키(請田正幸)의 논문과 같음.

18 이정희, 「고대 일본의 정치적 세력 성장에 대하여-임나일본부와의 관계 검토를 위한 일시론으로」, 『한국전통문화연구』 1, 효성여대 한국전통문화연구소, 1985, pp. 197~198 ; 李永植, 「古代日本の任那派遣氏族の研究-的臣·吉備臣·河內直を中心として」, 富士ゼロックス·小林節太郎記念基金 1989年度研究助成論文, 1990, pp. 48~49.

3. 임나일본부의 위치

임나일본부를 다루는 데서 가장 먼저 등장하는 문제는 임나의 위치이다. 왜냐하면 임나가 한반도 남부의 가야 지역에 있었다면 오늘의 한국 영토 안에 포함되는 것이므로 한국사의 주된 범위 안에서 논의되어야 하고, 한국 영토 밖에 있었다면 한국사의 주된 범위라기보다는 외연적 문제로 다루어져야 하기 때문이다.

앞에서 말한 바와 같이 '임나'는 일본 문헌에 많이 등장하는데 『일본서기』에만 215회, 『신찬성씨록』에는 7회 나타난다.[19] 임나의 위치에 대해서는 한반도 남부의 가야 지역이었다는 견해와 왜열도 안에 있었다는 견해, 대마도 지역에 있었다는 견해가 나와 있는데, 그러한 견해들은 각각 나름의 근거를 가지고 있으므로 이를 모두 고찰해볼 필요가 있다.

첫째로 임나일본부가 한반도 남부의 가야 지역에 있었다는 견해의 근거를 보자. 임나가 한반도에 있었다는 근거로는 「광개토왕릉비문」과 「진경대사탑비문」, 『삼국사기』 〈강수전(强首傳)〉 등의 기록이 있다. 「광개토왕릉비문」에는,

> 10년 경자(庚子)에 왕은 명령을 내려 보병과 기병 5만 명을 파견하여 신라를 구원하도록 했다. (고구려군이) 남거성(男居城)으로부터 신라성(新羅城)에 이르니 그 안에 왜인들이 가득차 있었다. 관병(고구려군)이 막 도착하자 왜적들은 퇴각하는데 …… 고구려군이 그 뒤를 급히 추격하여 임나가라(任那加羅)의 종발성(從拔城)에 이르니 성은 즉시 항복했다.[20]

---

19 김태식, 앞 책, p. 323.

20 「광개토왕릉비문」 〈영락 10년〉조. "十年庚子, 敎遣步騎五萬, 往球新羅. 從男居城, 至

는 내용이 있다. 400년(광개토왕 영락 10년)에 당시 고구려의 보호 아래 있던 신라를 침략한 왜적을 치기 위해 그들을 추격하는 과정에서 임나가라의 종발성에 이르러 항복을 받았다는 것이다. 이 전쟁은 신라 영토에서 일어났으므로 고구려군이 왜적을 추격하여 도달한 임나가라는 한반도에 있었던 지명으로 보아야 한다는 것이다. 가야를 가라(加羅)라고도 불렀는데, 「진경대사탑비문」에는 금관가야가 임나로 표기되어 있으므로 종발성은 금관가야에 있었던 성이라는 견해가 일반적이다.

「진경대사탑비문」은 924년에 신라 경명왕의 명에 따라 만들어진 것인데, 오늘날 경상남도 창원군 상남면의 봉림사지(鳳林寺址)에 있었다. 그 비문 내용 가운데 진경대사의 가계에 대해,

> 대사(大師)의 휘(諱)는 심희(審希)이고 속성(俗姓)은 신김씨(新金氏)인데 그 선조는 임나 왕족이다. 초발(草拔)의 성지(聖枝)가 항상 인병(隣兵)에게 괴로움을 당하여 우리나라에 투항했다. 그의 먼 조상은 흥무대왕(興武大王)이다.[21]

라고 했다. 흥무대왕은 김유신에 대한 추존호(追尊號)인데, 김유신은 금관가야 수로왕의 후손으로 금관가야 마지막 왕 구해의 증손자였다.[22] 따라서 진경대사의 선조가 임나 왕족이었다는 것은 금관가야의 왕족이었음을 말하는 것으로, 여기서 임나는 금관가야를 말한 것으로 보아야 한

新羅城, 倭滿其中. 官兵方至, 倭賊退……來背急, 追至任那加羅從拔城, 城卽歸服."

21 허흥식 엮음, 「창원봉림사진경대사보월능공탑비」, 『한국금석전문』 고대, 아세아문화사, 1984, pp. 256~257.

22 『삼국사기』 권41, 「열전」 〈김유신전〉.

다는 것이다.

『삼국사기』〈강수전〉에 따르면 강수는 중원경(中原京 : 오늘날 충청북도 충주) 사량(沙梁) 사람인데 신라 태종왕(太宗王)이 이름을 묻자,

> 신은 본래 임나가량(任那加良) 사람으로 이름은 자두(字頭)입니다.[23]

라고 대답했다고 한다. 신라 중원경, 즉 오늘날 충청북도 충주 출신인 강수가 본래 임나가량 사람이라고 대답했다면 임나가량은 한반도에 있었던 지명으로 보아야 한다는 것이다.

이상의 내용을 근거로 임나는 금관가야로 보아야 한다는 것이 지금까지의 통설이다. 이에 대해 임나의 위치를 대마도로 본 이병선은 광개토왕이 임나가라의 종발성을 항복받았다는 것은 고구려가 대마도까지 진출했음을 알게 하며, 진경대사의 조상이 임나의 왕족이었다는 내용은 그가 대마도에 있었던 임나국 왕족의 후손이었음을 알게 하는 것이라고 보았다. 그리고 강수는 본래 임나가량 사람이었다는 말은 그의 본관이 대마도의 임나가량이라는 뜻이라고 해석했다. 그러나 이러한 해석은 임나가라가 대마도에 있었다는 것을 전제로 했을 때 가능한 것이다. 그러한 전제 없이 위의 인용문들을 읽을 경우 임나가라를 한반도 지역으로 보는 것이 더 합리적일 것이다.

둘째로 임나일본부가 왜열도에 있었다는 견해의 근거를 보자. 왜열도 안에 가야·백제·신라·고구려 계통의 지명이 많이 있다는 것은 잘 알려져 있는데 『삼국지』「동이전」〈왜전〉에는,

---

23 『삼국사기』 권46, 「열전」〈강수전〉. "臣本任那加良人, 名字頭."

> 왜인은 대방의 동남 큰바다 가운데 있는데 …… 군(郡)에서 왜에 도달하려면 해안을 돌아 바닷길로 한국(韓國)을 거쳐 약간 남쪽으로, 약간 동쪽으로 가면 그 북부 연안의 구야한국(狗邪韓國)에 이르게 되는데 7,000여 리가 된다. 드디어 하나의 바다를 건너 1,000여 리를 가면 대마국(對馬國)에 이른다.[24]

는 기록이 보인다. 위의 기록에 보이는 한국은 일반적으로 삼한이라 부르는 한을 말한다. 그곳에서 약간 동쪽, 약간 남쪽으로 가면 왜의 북부 연안에 있는 구야한국에 도달하게 되고, 다시 바다를 건너면 대마도에 이른다는 것이다. 이 내용에 따르면 왜는 오늘날 규슈에 있었고 규슈의 북부 연안에 구야한국이 있었다.

그런데 『삼국지』「동이전」〈한전〉의 '변진'조에는 한의 변진 지역에 있었던 나라 이름으로 변진구야국이 보인다. 가야는 구야(狗邪)라고도 불렸으므로 한에 있었던 변진구야국은 가야의 전신일 것이라는 점에 학자들은 동의하고 있다. 그러므로 왜열도의 규슈 북부에 있었던 구야한국도 가야한국, 즉 가야였음을 알 수 있다.

또 『일본국군연혁고(日本國郡沿革考)』에는 비중(備中)의 하양(賀陽 : 가야)에 대해 하양은 78촌인데 옛날의 가야국이며 이름이 향옥(香屋)·문옥(蚊屋)·하야(賀夜)·하양 등으로 바뀌었다고 기록되어 있는데, 시대에 따라 한자가 다르게 표기되었지만 그 일본음은 모두 가야이므로 이곳은 고대에 가야, 즉 임나 지역이었을 가능성이 있다고 보고 있다.[25]

---

24 『삼국지』 권30, 「동이전」 〈왜전〉. "倭人在帶方東南大海之中, ……從郡至倭, 循海岸水行, 歷韓國, 乍南乍東, 到其北岸狗邪韓國, 七千餘里, 始度一海, 千餘里至對馬國."

25 조희승, 앞 책, pp. 368~370.

비중은 오늘날 오카야마 현(岡山縣) 지역이다. 따라서 가야는 규슈 북부에도 있었고 오카야마 현 지역에도 있었음을 알 수 있다. 이 외에도 가라계 지명이 왜열도에 널리 분포되어 있음은 잘 알려진 사실이다.[26]

왜열도 안에도 신라라는 지명이 있었다는 사실이 기록을 통해 확인된다. 『속일본기』 〈덴표(天平) 15년〉조 기록을 보면,

> 비전국(備前國) (사람이) 말하기를 읍구군(邑久郡) 신라읍(新羅邑) 구포(久浦)에 매우 큰 물고기 52마리가 떠내려왔는데, 길이가 2장 3척 이하 1장 2척 이상이고 거죽이 종이 같고 눈은 쌀알 같으며 소리는 사슴의 울음과 같았다. 그러므로 노인들이 모두 이르기를 일찍이 (이런 물고기에 대해서는) 들은 바가 없다고 했다.[27]

고 했는바, 이것은 왜열도 안에 신라라는 지명이 있었음을 말해준다. 비전국은 오늘날 오카야마 현 지역에 있었다. 고구려와 백제 계통의 지명도 오늘날 오카야마 현 지역에 많이 남아 있다.[28]

『일본서기』에 등장하는 임나나 고구려·백제·신라 등이 왜열도에 있었다면 당시 일본 상황으로 보아 이들은 마을연맹체(고을나라) 정도의 규모였을 것이다. 따라서 그러한 나라의 이름이 위의 하양이나 신라읍과 같이 남아 있었다고 보아야 할 것이다. 이상의 기록들은 임나, 즉 가야라는 지명이 왜열도에도 있었음을 알게 해준다.

---

26 이병선, 앞 책, pp. 130~134.

27 『속일본기』 권15, 〈덴표 15년 5월 병인〉조. "備前國言, 邑久郡新羅邑久浦漂著大魚五十二隻, 長二丈三尺已下, 一丈二尺已上, 皮薄如紙, 眼似米粒, 聲如鹿鳴, 故老皆云, 未嘗聞也."

28 조희승, 앞 책, pp. 593~597.

셋째로 임나일본부가 대마도에 있었다는 견해의 근거를 보자. 『환단고기(桓檀古記)』「태백일사(太白逸史)」〈고구려국본기(高句麗國本紀)〉에

> 임나는 본래 대마도의 서북 경계에 있었는데 북쪽은 바다로 떨어져 있었으며 치소가 있었는데 국미성(國尾城)이라 했고 동쪽과 서쪽에 각각 마을이 있어 혹은 공물을 바치기도 하고 혹은 배반하기도 했다. 뒤에 대마(對馬)의 두 섬이 드디어 임나의 제압을 받았기 때문에 이때부터 임나는 비로소 대마 전체의 칭호가 되었다. …… 영락 10년에 삼가라(三加羅)가 모두 우리에게 돌아왔다. 이로부터 바다와 육지의 여러 왜가 모두 임나에 통합되니 이를 열 나라로 나누어 다스렸는데, 이름하여 연정(聯政)이라 했다.[29]

는 기록이 보인다. 이 기록은 임나가 대마도였음을 알게 하는 것으로, 이를 인정한다면 임나 문제 해결에 결정적인 기록이 될 것이다.[30]

그러나 『환단고기』를 위서(僞書)로 보는 학자들이 있어[31] 이를 사료로 이용하는 데는 아직 문제가 있으므로 다른 근거들을 보기로 하자. 『일본서기』〈오진 천황기(崇神天皇紀)〉에는 임나의 위치에 대해,

> 임나국(任那國)이 소나가시치(蘇那曷叱知)를 보내 조공했다. 임나는 쓰

---

29 『환단고기』「태백일사」〈고구려국본기〉. "任那者, 本在對馬島西北界, 北阻海, 有治曰國尾城, 東西各有墟落或貢或叛. 後對馬二島, 遂爲任那所制, 故自是任那, 乃對島全稱也. ……永樂十年三加羅盡歸我, 自是海陸諸倭, 悉統於任那, 分治十國, 號爲聯政."

30 이병선, 앞 책, pp. 42~43.

31 조인성, 「규원사화와 환단고기」, 『한국사시민강좌』, 제2집, 1988, pp. 71~88.

쿠시국(筑紫國)으로부터 2,000여 리 떨어진 거리에 있다. 북쪽은 바다로 멀리 떨어져 있어 계림(鷄林)의 서남쪽에 있다.[32]

고 했다. 임나가 왜에 조공했다는 이 기사는 왜가 한반도 남부에 있었던 임나(가야)를 지배했다는 근거로 자주 인용되는데 여기 등장하는 임나는 한반도의 가야일 수가 없다. 왜냐하면 한반도의 가야는 오늘날 경상남도에 있었으므로 그 북쪽은 바다가 아니었으며 계림, 즉 오늘날 경주 남쪽에 위치했으므로 서남쪽에 있었다는 표현도 옳지 않다. 그리고 쓰쿠시국은 오늘날 왜열도 규슈의 후쿠오카(福岡)로 추정되므로, 그곳에서 2,000여 리 떨어져 북쪽이 바다로 막혀 있는 곳은 대마도일 수밖에 없다는 주장이 있다.[33]

그리고 대마도는 kara-sima의 차훈(借訓) 표기로서 대마(對馬) 그 자체가 가라(加羅)를 의미한다고 한다. 대(對)는 상대(相對)·대등(對等)·병(並)·비견(比肩)·적(敵)·등(等)·쌍(雙) 등의 뜻이 있는데, 이 말의 옛 어형은 'ᄀᆞᆲ'으로서 그 어근은 'ᄀᆞᆯ·갈'이며, 마(馬)의 훈은 '걸'이다. 따라서 대마(對馬)는 kara를 같은 음을 가진 두 자로 표기한 이중표기라는 것이다. kara를 표기하면서 대마라는 한자를 채택한 것은 마한을 대(對)하고 있다는 의미를 나타내기 위해서였다는 것이다. 그러므로 대마도는 가라국이었다는 것이다.[34]

대마도에는 가라계 지명이 많이 남아 있다. 이나향(伊奈鄕)의 중심 마

---

32 『일본서기』 권5, 〈오진 천황기 65년〉조. "秋七月, 任那國遣蘇那曷叱知, 令朝貢也. 任那者去筑紫國, 二千餘里, 北阻海以在鷄林之西南."

33 주 9와 같음 ; 이병선, 앞 책, p. 100.

34 이병선, 앞 책, pp. 138~140.

을인 이나촌(伊奈村)의 해안 쪽에 한량(韓良)이라는 지명이 있는데, 한량은 kara로 읽히며 『진도기사(津島紀事)』에는 이곳이 가라(加邏)로 표기되어 있다. 대마(對馬) 상도(上島) 북쪽 연안에 위치한 좌호(佐護)에는 カラスの原(karasu no hara)라는 지명이 있다. 이곳은 한량과 가까운 곳이다. 좌호의 심산(深山)에서 남쪽으로 8킬로미터가량 떨어진 곳에 나전(懶田)이 있는데 이곳에는 율서(栗栖 : kurusu)라는 지명이 있다. 대마 상도 서해안에는 당주(唐州 : kara-su)라는 지명이 있는데, 『해동제국기(海東諸國記)』에는 가라수(加羅愁)로 표기되어 있다. 대마 하도(下島)의 천모만(淺茅灣) 연안에는 흑나(黑懶 : kuro-se)라는 지명이 있다. 이런 지명들은 모두 가라계 지명이다.[35]

또 대마도에 있는 고리(古里 : huru-sato)·후목(朽木 : huru-ki)·하곡(賀谷 : gaja) 등의 지명도 가라계 지명으로 보고 있다. huru는 kara(韓·加羅) 또는 kuro(黑)의 다른 형태인 kuru에서 변한 것이고, gaja는 gara에서 변한 것이다.[36] 지금까지 든 가야계 지명들은 대마도 전체가 임나(가라, 가야)였거나 대마도에 임나가 있었음을 알게 해준다.

지금까지 한반도와 왜열도 및 대마도에 모두 임나나 가야 또는 가라로 불린 지명이나 나라 이름이 있었음을 확인했다. 그러므로 임나라는 지명이나 나라 이름이 있었다는 것만으로 그곳에 임나일본부가 있었다고 보는 것은 잘못이다. 임나는 한반도와 왜열도 및 대마도에 모두 있었으므로 『일본서기』에 임나일본부와 관계를 가지고 나타나는 임나는 어느 곳에 있었던 임나였는지를 밝히는 작업이 필요할 것이다.

그런데 『일본서기』에는 한반도의 가야가 멸망한 뒤에도 임나가 존재

35 앞 책, pp. 140~144.
36 앞 책, pp. 144~146.

했던 것으로 기록되어 있다. 한반도의 가야는 562년에 멸망했는데,[37] 왜는 575년에 임나와 신라 및 백제에 사신을 보냈고[38] 600년 임나와 신라가 전쟁할 때 임나를 도왔으며,[39] 그해에 임나와 신라에 사신을 보냈고 임나와 신라도 왜에 사신을 보내 조공했으며, 623년에는 임나와 신라 사신이 함께 왜에 왔고[40] 638년에는 임나·백제·신라 사신이 함께 왜에 조공했으며,[41] 645년에는 고구려·백제·신라가 왜에 사신을 보내 조공했는데 백제의 사신은 임나의 사신을 겸했으며,[42] 646년에는 임나·고구려·백제·신라가 함께 왜에 사신을 보내 조공했다[43]는 등의 기록이 그것이다. 이러한 기록들은 『일본서기』에 등장하는 임나는 한반도 남부에 있었던 가야가 아니었음을 분명하게 해준다.

그러므로 『일본서기』에 임나일본부가 있었던 것으로 기록된 임나는 왜열도나 대마도에서 찾아야 할 것이다. 여기서 먼저 생각해야 할 것은 『일본서기』의 내용을 보는 기본 시각이다. 『삼국사기』, 『삼국유사』 등 한국 역사서들은 한국에서 있었던 사실들을 위주로 기록했고, 『사기』나

---

37 『삼국사기』 권4, 「신라본기」 〈진흥왕 23년〉조. "9월에 가야가 반기를 드니 왕은 이사부에게 명하여 가야를 토벌하도록 했는데, 사다함으로 하여금 돕도록 했다. 사다함은 5,000명의 기병을 이끌고 먼저 전단문으로 달려 들어가 흰 기를 세우니 성안이 놀라 두려워하여 어찌할 바를 몰랐는데 이사부가 병사를 이끌고 그곳에 이르니 일시에 모두 항복했다(九月, 加耶叛, 王命伊斯夫討之, 斯多含副之, 斯多含領五千騎, 先馳入栴檀門, 立白旗, 城中恐懼, 不知所爲, 伊斯夫引兵臨之, 一時盡降)." 이와 같은 내용이 『삼국사기』 권44, 「열전」 〈사다함전〉에도 보인다. 여기에 등장하는 가야는 고령의 대가야를 말할 것이다. 왜냐하면 김해의 금관가야는 532년에 이미 망했기 때문이다.

38 『일본서기』 권20, 〈비다쓰 천황 4년〉조.

39 『일본서기』 권22, 〈스이코 천황 8년〉조.

40 『일본서기』 권22, 〈스이코 천황 31년〉조.

41 『일본서기』 권23, 〈긴메이 천황 10년〉조.

42 『일본서기』 권25, 〈고토쿠 천황 다이카(大化) 원년〉조.

43 『일본서기』 권25, 〈고토쿠 천황 다이카 2년〉조.

『한서』 등 중국 역사서들은 중국에서 있었던 사실들을 위주로, 『일본서기』나 『고사기』 등 일본 역사서들은 왜열도에서 있었던 사실을 위주로 기록했을 것이라는 점을 먼저 생각해야 한다.

다른 나라나 다른 지역과 관계된 기록도 있겠지만 그것은 부수적일 것이다. 이렇게 본다면 『일본서기』에 보이는 임나 관계 기사도 기본적으로는 왜열도 안에서의 사실을 위주로 기술했다고 보아야 할 것이다. 그러므로 『일본서기』의 임나·백제·신라·고구려 관계 기사 가운데는 한반도나 대마도와 관계된 것도 섞여 있겠지만 그 주류는 왜열도 안에 있었던 임나·백제·신라·고구려에 관한 기사라고 보아야 할 것이다.

지난날 임나일본부가 한반도에 있었다고 본 견해의 근본적인 잘못은 『일본서기』에 등장하는 임나(가야)를 모두 한반도에 있는 가야로 보았다는 점이다. 『일본서기』에 등장하는 중국은 대륙의 중국이 아니라 왜열도 안의 중국으로 보면서[44] 임나(가야)나 고구려·백제·신라는 왜열도가 아닌 한반도에 있었던 나라로 해석한 것은 모순이 아닐 수 없다.

그러한 사실을 『일본서기』 기록을 통해 확인할 수 있다. 『일본서기』 〈유랴쿠(雄略) 천황 7년〉조에는 다음과 같은 기록이 있다.

> 8월, 관리로 있던 기비노유게베노 오조라(吉備弓削部 虛空)가 갑자기 집으로 돌아왔다. 기비노시모쓰미치노오미(吉備下道臣) 사키쓰야(前津屋)는 오조라를 머무르게 하여 심부름을 시키면서 달이 지나도록 교토(京都)에 돌아가는 것을 허락해주지 않았다. 천황은 무게쓰기미마쓰라오(身毛君大夫)를 보내 (오조라를) 불렀다. 오조라는 부름을 받고 와서 말하기

44 다음의 주 45 본문에 나오는 중국(中國) 참조.

를, "사키쓰야는 어린 여자를 천황 사람이라 하고 큰 여자를 자기 사람이라 하여 경쟁하여 서로 싸우게 하고는 어린 여자가 이기면 칼을 빼어 죽입니다. 또 작은 수탉을 천황의 닭이라 부르고 털을 뽑고 날개를 자르고 큰 수탉을 자기의 닭이라 부르며 방울·쇠붙이 등을 달아주고는 경쟁하여 싸우게 하여 털을 뽑힌 닭이 이기면 또 칼을 뽑아 죽입니다."라고 했다. 천황이 이 말을 듣고 물부(物部)의 군사 30명을 보내 사키쓰야 등 일족 70명을 죽였다.

이해에 기비노카미쓰미치노오미(吉備上道臣) 다사(田狹)가 임금을 옆에 모시고 있으면서 친구에게 (자신의 부인인) 와카히메(稚媛)를 대단히 칭찬하여, "천하의 미인이라도 내 아내보다는 못할 것이다. 상냥하고 명랑하며 좋은 점을 모두 갖추고 있다. 밝고 온화하며 좋은 용모를 다 갖추고 있다. 향수나 화장을 더 하지 않아도 이 시대에 비길 사람이 없을 것이다. 이 시대에 홀로 빼어났다."고 말했다. 천황이 귀를 기울여 멀리서 (그 말을) 듣고는 마음으로 기뻐했다. 스스로 와카히메를 찾아서 후궁으로 삼으려고 했다. 그래서 다사를 임나국사(任那國司)로 임명했다. 얼마 뒤에 천황은 와카히메에게 행차했다. 신하 다사는 와카히메에게 장가들어 에키미(兄君)와 오토키미(弟君)를 낳았다. 다사가 임명된 곳에 이르러 천황이 그의 부인을 총애한다는 것을 듣고는 신라에 구원을 청하기 위해 들어가려고 했다. 그때 신라는 중국[中國 : 왜(倭)]을 섬기지 않았다. 천황은 신하 다사의 아들인 오토키미와 기비노아마노(吉備海部) 아타이아카오(直赤尾)에게 명령을 내려, "너희들은 가서 신라를 쳐라."고 했다. 그때 고치노아야노테히토(西漢才伎) 간인치리(歡因知利)가 측근에 있었는데 (천황 앞에) 나아가 아뢰어 말하기를, "저보다 재주가 있는 사람이 한국(韓國 : 가라쿠니)에는 많이 있습니다. (그들을) 불러서 일하게 하십시오."라고 했다. 천황이 여러 신하에게 명령을 내려, "그러면 간인치리를 오토키미 등과 같이 백제에 보내 칙서를 내려 재주 있는 사람을 바치도록 하라."고 했다. 이에 오토키미는 명을 듣고 군사를 거느리고 가서 백제에 이르러 그 나라에 들어갔다. 국신(國神)이 늙은 여자가 되어 갑자기 길에 나타났다. 오토키미가 신라에 가는 길이 얼마나 먼가를 물었더니 노파는 대답하기를, "다시 하루를 간 뒤에야 도착하는 것이 가능할 것이다."라고 했다. 오토키미는 스스로 길이 멀다고 생각하여 신라를 치지 않고 돌아왔다. 백제가 바친 요즘에 온 재기[才伎 : 공인(工人)]를 대도(大嶋)에 모아놓고 바람을 기다린다고 핑계하며 오래 머물러서 몇 달이 지났다. 임나국사 다사노오미(田狹臣)는 오토키미가 (신라를) 치지 않고 간 것을 기뻐하여 몰래 사람을 백제에 보내 오토키미에게 주의를 주어 말하기를, "너의 목이 얼마나 단단하기에 사람을 치는가. 전해 듣건대 천황은 내 아내를 총애하여 마침내 아이를 가졌다고 한다. 지금 두려운 것은 화가 몸에 미치는 것이 발을 뗄 사이도 없이 곧 닥치리라는 것이다. 내 아들인 너는 백제에 자리를 잡고 일본과는 통하지 말라. 나는 임나에 거점을 가지고 또한 일본과 통하지 않겠다."고 했다. 오토키미의 부인 구스히메(樟媛)는 나라를 생각하는 마음이 깊고 군신(君臣)의 의리를 중하게 여겼다. 충성심이 빛나는 태양을 뛰어넘고 절개가 푸른 소나무보다 굳었다. (그녀는) 이 모반을 싫어하여 몰래 남편을 죽여 방 안에 숨겨 묻고서 아마노(海部) 아타이아카오(直赤尾)와 같이 백제가 바친 손재주 있는 공인들을 거느리고 대도(大嶋)에 머물러 있었다. 천황은 오토키미가 없어졌다는 것을 듣고 히타카노키시카타시와코안젠(日鷹吉士堅磐固安錢)을 보내 다시 명을 받들도록 했다. 마침내 공인들을 왜국(倭國) 아토(吾礪)의 히로키쓰노무라(廣津邑)에 살게 했는데 병들어 죽은 사람이 많았다. 그래서 천황은 오토모노무로야오무라지(大伴大連室屋)에게 조서를 내려 야마토노아야노아타이쓰카(東漢直掬)에게 명하여 신한[新漢 : 새로 온 도래(渡

> 來)인]인 스에쓰쿠리노코쿠이(陶部高貴)·구라쓰쿠리켄쿠이(安部遣貴)·에카키인시라가(畫部因斯羅我)·니시키고리조안나코무(錦部定安那錦)·오사묘안라(譯語卯安那) 등을 우에모모하라(上桃原)·시타모모하라(下桃原)·마카미노하라(眞神原)의 세 곳에 옮겨 살게 했다.[45]

이 내용은 크게 두 부분으로 나뉜다. 앞부분은 기비노유게베노 오조라가 천황에게 죽음을 당하게 된 경위를 설명한 기사이고, 뒷부분은 기비노카미쓰미치노오미 다사가 임나국사가 되어 천황을 배반하게 된 경

---

45 『일본서기』 권14, 〈유랴쿠 천황 7년 8월〉조. "八月, 官者吉備弓削部虛空, 取急歸家, 吉備下道臣前津屋, 留使虛空, 經月下肯聽上京都. 天皇遣身毛君大夫召焉, 虛空被召來言, 前津屋, 以小女爲天皇人, 以大女爲己人, 競令相鬪, 見幼女勝, 卽拔刀而殺, 復以小雄鷄, 呼爲天皇鷄, 拔毛剪翼, 以大雄鷄, 著鈴·金距, 競令鬪之, 見禿鷄勝, 亦拔刀而殺. 天皇聞是言, 遣物部兵士三十人, 誅殺前津屋幷族七十人. 是歲, 吉備上道臣田狹, 侍於殿側, 盛稱稚媛於朋友曰, 天下麗人, 莫若吾婦. 茂矣綽矣, 諸好備矣. 曄矣溫矣, 種相足矣, 鉛花弗御, 蘭澤無加, 曠世罕儔, 當時獨秀者也. 天皇傾耳遙聽, 而心悅焉, 便欲自求稚媛爲女御. 拜田狹爲任那國司. 俄而, 天皇幸稚媛. 田狹臣娶稚媛, 而生兄君·弟君. 田狹旣之任所, 聞天皇之幸其婦, 思欲求援而入新羅, 于是, 新羅不事中國. 天皇詔田狹臣子弟君與吉備海部直赤尾曰, 汝宜往伐新羅, 於是, 西漢才伎歡因知利在側, 乃進而奏曰, 巧於奴者, 多在韓國, 可召而使. 天皇詔群臣曰, 然則宜以歡因知利, 副弟君等, 取道於百濟, 幷下勅書, 令獻巧者. 於是, 弟君銜命, 率衆, 行到百濟, 而入其國, 國神化爲老女, 忽然逢路, 弟君取訪國之遠近, 老女報言, 復行一日, 而後可到. 弟君自思路遠, 不伐而還. 集聚百濟所貢今來才伎於大嶋中, 託稱候風, 淹留數月, 任那國司田狹臣, 乃喜弟君不伐而還, 密使人於百濟, 戒弟君曰, 汝之領項, 有何牢錮而伐人乎, 傳聞, 天皇幸吾婦, 遂有兒息, 今恐, 禍及於身, 可蹻足待, 吾兒汝者, 跨據百濟, 勿使通於日本. 吾者據有任那, 亦勿通於日本. 弟君之婦樟媛, 國家情深, 君臣義切, 忠踰白日, 節冠青松, 惡斯謀叛, 盜殺其夫, 隱埋室內, 乃與海部直赤尾將百濟所獻手末才伎, 在於大嶋. 天皇聞弟君不在, 遣日鷹吉士堅磐固安錢, 使共復命. 遂卽安置於倭國吾礪廣津邑, 而病死者衆. 由是, 天皇詔大伴大連室屋, 命東漢直掬, 以新漢陶部高貴·鞍部堅貴·畫部因斯羅我·錦部定安那錦·譯語卯安那等, 居于上桃原·下桃原·眞神原三所."

위를 설명한 기사다. 뒷부분은 일본이 임나일본부를 설치하고 임나 지역을 지배했다는 근거로 제시되는 사료인데, 그 내용에 따르면 임나(가야)와 신라·백제는 매우 가까운 곳에 있었다.

앞부분 내용이 왜열도 안에서 일어난 사건을 기술한 것이라는 데에는 학자들 사이에 이의가 없다. 그러나 뒷부분에 대해서는 가야와 신라·백제가 한반도에 있었다는 선입관 때문에 이것을 왜열도와 한반도 사이의 국제관계를 말하는 것으로 해석했었다. 그러나 선입관을 갖지 않고 읽으면 앞부분의 기비노유게베노 오조라에 관한 기록이 왜열도 안에서 일어난 사건을 기술한 것과 마찬가지로 이와 연속된 기비노카미쓰미치노오미 다사의 임나국사에 관한 기록도 왜열도 안에서 일어난 사건을 기술했다고 보는 것이 순리일 것이다.

그 내용에서 기비노카미쓰미치노오미 다사가 바다를 건너 멀리 한반도에 간 것으로 볼 수 있는 문구는 보이지 않고 오히려 왜 또는 일본[46]과 임나·신라·백제는 매우 가까이 있었던 것으로 느껴진다. 특히 간인치리가 천황에게 한국(가라쿠니)에는 자기보다 재주 있는 사람이 많으니 그들을 불러서 쓰라고 한 내용에서 가라쿠니 사람은 외국인이라기보다는 왜열도 안의 사람들을 말했다고 보아야 할 것이다.

이를 좀 더 분명히 하기 위해 〈유랴쿠 천황 23년〉조를 보면 신라 침공에 관한 기록이 있다.

> 이때 신라를 정벌하러 간 장군 기비노오미(吉備臣) 오시로(尾代)는 행군

---

46 학자들은 이 시기에 일본이라는 이름은 아직 등장하지 않았기 때문에 여기에 일본으로 기록된 것은 후대의 개작일 것으로 보고 있지만, 그것은 필자의 논지 전개에 지장을 주지 않기 때문에 필자는 본문의 기록에 따라 그대로 사용했다.

이 기비국(吉備國)에 이르자 (그의) 집을 지나게 되었다. 뒤에 거느린 500명의 에조(蝦夷 : 일본 선주민족 아이누족의 옛 이름)들이 천황이 사망했다는 것을 듣고 서로 이야기하기를, "우리나라를 다스리는 천황은 이미 사망했다. 때를 놓치지 말아야 한다."고 했다. 그리고 집결하여 부근의 군을 노략질했다. 이에 오시로는 집에서 나와 사바노미나토(娑婆水門)에서 에조를 만나 싸우면서 (그들을) 쏘았다.[47]

기비노오미 오시로는 신라를 정벌하기 위해 행군하는 도중에 기비국에 이르러 그의 집을 지나게 되었는데, 그곳에 머무르는 동안에 천황이 사망하자 에조들이 그 기회를 이용해 반란을 일으키므로 기비노오미 오시로는 집을 나와 그들과 싸웠다는 것이다. 위 내용은 2가지 추정을 가능하게 한다. 하나는 기비노오미 오시로는 기비국 출신이었다는 점이다. 그는 기비국 출신이었기 때문에 기비노오미 오시로라고 불렸을 것이다. 이렇게 보면 앞의 기비노유게베노 오조라나 기비노카미쓰미치노오미 다사 등도 기비국 출신이었을 가능성이 있다. 다른 하나는 기비국의 오시로가 신라를 정벌하기 위한 행군 도중에 기비국에 있는 그의 집에 머무른 것으로 보아 신라는 기비국에서 멀지 않은 곳에 있었을 가능성이 있다는 점이다.

신라가 기비국 지역 또는 그곳에서 멀지 않은 곳에 있었다면 신라와 가까이 있었던 임나와 백제도 그 지역에 있었다는 것이 된다. 앞에서 가야(賀陽)와 신라읍이 모두 오늘날 오카야마 현 지역에 있었음을 확인했

---

47 『일본서기』 권14, 〈유랴쿠 천황 23년〉조. "是時, 征新羅將軍, 吉備臣尾代, 行至吉備國過家, 後所率五百蝦夷等, 聞天皇崩, 乃相謂之曰, 領制吾國天皇旣崩, 時不可失也. 乃相聚結, 侵寇傍郡. 於是, 尾代從家來, 會蝦夷於娑婆水門, 合戰而射."

는데 기비국도 오늘날 오카야마 현 지역에 있었다. 이러한 사실을 놓고 볼 때 다사가 임나국사로 임명되었던 임나, 즉 임나일본부가 있었던 임나는 왜열도의 오카야마 현 지역이었다고 보아야 할 것이다.

그리고 『일본서기』에 기록된 왜와 임나(가야)·고구려·백제·신라의 관계 기사는 대부분 왜열도 안에서 일어난 사건을 기록한 것으로 당시 왜열도 안에 있었던 소국들이 항쟁하면서 통합되어가는 과정을 기술한 것이라고 보아야 할 것이다.

4. 가야의 왜열도 진출

앞에서 확인된 바와 같이 한반도에 있었던 국가들-고구려·백제·신라·가야(임나)-과 같은 이름을 가진 나라나 지역이 대마도와 왜열도에도 있었다. 이렇게 같은 이름이 여러 곳에 등장하게 된 것은 어떤 연유였을까? 그에 대한 설명을 하기 위해서는 먼저 고대에 한국과 일본의 사회 발전 과정과 상호관계를 살펴볼 필요가 있다.

고고학적으로 볼 때 한반도와 만주는 지금부터 1만 년 전에 구석기시대가 끝나고 신석기시대가 시작되었으며 서기전 2500년 무렵에는 청동기시대가 시작되었는데,[48] 이를 사회 발전 단계로 보면 지금부터 1만 년

---

48 지금까지는 한국의 청동기문화 시작 연대를 서기전 10세기 이전으로 올려보지 않았지만, 요즘 한반도와 만주에서는 서기전 25~26세기로 올라가는 청동기 유적들이 발굴되었다. 한반도에서 발굴된 유적 가운데 하나는 문화재관리국 발굴단이 발굴한 경기도 양평군 양수리의 고인돌 유적으로, 유적에서 채취한 숯의 방사성탄소연대측정 결과는 서기전 1950±200년으로 나왔는데 교정연대는 서기전 2325년 무렵이 된다(Chan Kirl Park and Kyung Rin Yang, "KAERI Radiocarbon Measurements Ⅲ" *RADIO-CARBON*,

전에 마을사회가 시작되었고 서기전 4000년(지금부터 6,000년 전) 무렵에는 고을나라가 형성되었으며, 서기전 2333년(지금부터 4,330여 년 전)에는 고조선이 건국되어 국가가 출현했다.[49] 그리고 고조선 후기인 서기전 800년 무렵에는 철기시대가 시작되었다.

그런데 왜열도에서는 신석기문화인 조몬문화(繩文文化)가 서기전 3세기 무렵까지 계속되다가 서기전 3세기 무렵에 청동기문화와 철기문화가 혼합된 야요이문화가 출현하여 서기 3세기 무렵까지 약 600년간 계속되다가 고훈문화(古墳文化)로 이어졌다. 왜열도에서의 신석기시대 종료와 청동기시대 시작은 한반도와 만주보다 무려 2,200여 년이나 늦었다. 그리고 한반도와 만주에서는 1,700여 년이라는 오랜 기간의 청동기시대가 계속된 후 철기시대가 시작되었는데, 왜열도에서는 청동기와 철기가 동시에 사용되기 시작하였다. 왜열도에서 청동기문화와 철기문화가 동시에 나타난 것은 그것들이 혼합된 문화가 늦게야 한반도로부터 전달되었기 때문이었다. 구석기시대부터 한반도에서 왜열도로 문화가 전달되어왔지만[50] 특히 야요이문화는 바로 한반도의 문화가 전달되어 형성된 것이었다.

---

vol. 16, no. 2, 1974, p. 197). 다른 하나는 목포대 박물관이 발굴한 전남 영암군 장천리 주거지 유적이다. 이 청동기시대 유적은 수집된 숯에 대한 방사성탄소측정 결과 그 연대가 서기전 2190±120년(4140±120 B.P.), 1980±120년(3930±120 B.P.)으로 나왔는데, 교정연대는 서기전 2630년·2365년 무렵이 된다(최성락, 『영암 장천리 주거지』 2, 목포대 박물관, 1986, p. 46). 그리고 만주에서는 하가점하층문화라 불리는 청동기문화가 발견되었는데 그 연대는 서기전 2410년 무렵으로 확인되었다(中國社會科學院考古研究所 編著, 『中國考古學中碳十四年代數據集』, 文物出版社, 1983, p. 24).

49 윤내현, 「사회진화상의 고조선 위치」, 『고조선 연구』 상, 만권당, 2015, pp. 131~170 참조.

50 김원룡, 「고대 한일관계」, 『이화사학연구』, 제13·14합집, 1983, p. 163 ; 임효재, 「신석기시대의 한일문화교류」, 『한국사론』 16-고대한일관계사, 국사편찬위원회, 1986.

조몬시대에 매우 완만히 발전하던 왜열도는 야요이시대에 접어들어 급격한 변화와 발전을 보게 되었다. 야요이문화는 한반도로부터 강한 문화 영향을 받아 돌연히 형성된 것으로 이전과는 완전히 다른 새로운 사회 단계에 접어들게 되었던 것이다. 조몬문화 사람들은 사냥이나 고기잡이·그러모으기의 경제생활을 기반으로 떠돌이생활을 했으나, 야요이문화 사람들은 벼농사 위주의 농경과 질그릇·묘제·청동기·철기 등 새로운 문화 요소를 가지고 정착생활을 하는 생산경제사회에 진입했다.

야요이문화는 한반도에서 가까운 거리에 있는 서북 규슈 지방에서 시작되어 그 말기에는 홋카이도(北海道) 일부를 제외한 왜열도 전 지역에 확산되었다. 한반도인들이 일찍이 서기전 8000년 전(지금부터 1만 년 전)에 이미 농경과 더불어 정착생활에 들어갔던 것과 비교하면 왜열도인들의 정착생활은 매우 늦게 시작되었다.

야요이문화 질그릇의 원류는 한반도의 무문토기였으며[51] 야요이문화 질그릇과 함께 출토된 자루 달린 마제석검(磨製石劍)·석촉(石鏃)·유구석부(有溝石斧)·삼각석도(三角石刀) 등의 석기도 한반도의 무문토기 요소에서만 보이는 독창적인 것이다.[52] 이 시기에 고인돌무덤도 한반도에서 왜열도로 전달되었다. 왜열도의 고인돌무덤은 대부분 한반도의 고인돌무덤과 같은 양식을 하고 있으며 그곳에서 출토된 유물도 같다.

이전 시대의 조몬 유적은 대부분 강어귀나 해안의 산기슭 또는 산중에 있었지만 고인돌 유적은 거의가 크고 작은 평야를 낀 대지(臺地) 위에 자리 잡고 있다. 이것은 조몬문화인들은 사냥과 고기잡이·그러모으

---

51 심봉근, 「야요이문화를 통하여 본 한·일문화의 교류관계」, 『한국사론』 16-고대한일관계사, 국사편찬위원회, 1986, pp. 36~46.

52 윗글, pp. 47~50.

기의 경제생활을 했던 반면, 야요이문화인들은 평야를 생산장으로 하여 농경을 했음을 알게 해주는 것이다. 이 시기부터 왜열도에서는 불에 탄 벼 등이 출토되는데, 그 지역은 고인돌 분포 지역과 겹친다. 이러한 사실은 고인돌과 벼농사가 동시에 한반도에서 왜열도로 전달되었음을 알게 해준다.[53]

왜열도의 북규슈 지방에서는 야요이문화 중기가 시작되면서 한반도 남부에서 만든 청동기를 그대로 반입하여 사용하기 시작하였다.[54] 한반도의 제품이 그대로 왜열도에 반입된 것을 학계에서는 '박재동기(舶載銅器)'라 부른다. 한반도에서 '배에 실려온 동기' 가운데 대표적인 것은 다뉴세문경(多鈕細紋鏡) · 세형동검 · 동과(銅戈) · 동모(銅矛) · 동탁 등이다.

이 시기에 철기도 한반도 남부에서 왜열도로 수출되었다. 왜열도에서 철을 생산한 시기는 대체로 5세기 후반부터 6세기 초반 또는 6세기 중반 사이일 것으로 일본 학자들은 보고 있는데, 그들이 철을 생산하기까지는 한반도에서 계속 철을 수입해서 사용했다는 것이다.[55] 한반도에서 왜열도로 전달된 철기 가운데 중요한 것 하나는 자루식 철제도끼이다. 왜열도에서 철제도끼가 급격히 증가한 것은 야요이문화 중기부터였다. 철제도끼는 쌀을 생산하는 도구를 제작하는 공구로서 매우 중요한 의미를 지니고 있었을 것이다.

이처럼 야요이문화의 주요소들이 거의 같은 시기에 한반도에서 왜열도로 전달되었다는 사실은, 그것이 토착인들을 통해 수입되었던 것이

---

53 앞 글, pp. 58~65.

54 전영래, 「청동기의 비교 Ⅲ(일본과의 비교)」, 『한국사론』 13-한국의 고고학Ⅱ · 하, 국사편찬위원회, 1983, pp. 448~512.

55 안춘배, 「고고학상에서 본 고대 한일교섭」, 『한국민족학연구』 1, 단국대 한국민족학연구소, 1993, p. 59.

아니라 그러한 문화 요소들을 가진 사람들이 한반도에서 왜열도로 대거 이주했음을 말해주는 것이다. 그것들이 토착인들을 통해 수입되었다면 여러 문화 요소들이 같은 시기에 나타나지 않고 단계적으로 나타날 것이다. 특히 청동 무기와 청동 의기(儀器)는 지배계층의 권위를 뒷받침하는 것들로서 그들이 독점했던 것이기 때문에 다른 집단들에게 판매할 수 있는 성질의 것이 아니었다. 이렇게 볼 때 야요이문화의 주체는 한반도에서 왜열도로 이주해 간 사람들로 보아야 할 것이다. 이들은 왜열도에서 마을을 이루고 살면서 자루식 철제도끼를 이용하여 원시림으로 울창한 왜열도를 개간하면서 정치세력을 형성했을 것이다.[56]

왜열도에서 야요이문화가 전개되었던 서기전 3세기부터 서기 3세기에 이르는 기간은 한반도에서는 고조선 말기부터 열국시대 전기에 해당한다. 따라서 한민족의 왜열도 이동은 고조선 말기부터 급격히 증가하여 열국시대에도 그대로 이어지고 있었던 것이다. 그런데 청동기문화와 철기문화 그리고 벼농사가 전달된 야요이문화시기에는 이미 경제적으로 잉여생산도 가능했고 이에 따라 사회구성원 사이에 빈부의 차이와 신분의 분화도 일어났다. 더욱이 이들은 한반도에서 고조선과 그 뒤를 이은 열국시대에 이미 국가라는 정치조직을 가지고 생활한 경험이 있었다. 따라서 이들은 왜열도로 이주한 뒤 여러 마을이 집합한 고을나라[57]를 형성시켰을 것이고, 이것이 발전하여 소국을 출현시켰을 것이다.

---

56 조희승, 『일본에서 조선소국의 형성과 발전』, 과학백과사전출판사, 1990, p. 44.

57 필자는 인류학자들이 말하는 치프덤(chiefdom) 단계의 사회를 한국의 고대 상황에 맞는 이름으로 '고을나라'라 부르고 있다(윤내현, 「인류진화상의 고조선 위치」, 『사학지』, 제26집, 단국대 사학회, 1993, pp. 1~45 참조). 이 이름은 일본의 경우에도 그대로 적용될 수 있을 것이다. 한국어의 고을이라는 말이 일본어에 고호리라는 말로 그대로 남아 있기 때문이다.

야요이문화시기에 한반도에서 들어간 이주민이 형성한 고을나라나 소국들이 북규슈 지역을 시발점으로 하여 왜열도의 여기저기에 출현하게 되었던 것이다.[58] 이후 4세기 무렵에 이르면 한반도에서 고훈문화라는 새로운 문화가 전달되는데, 이 시기에 고훈문화인들은 고을나라인 소국들을 통합하여 하나의 국가를 출현시키는 작업에 착수하게 되었던 것이다. 이 시기에도 한민족의 왜열도 이주와 문화의 전달은 계속되었다. 4세기 말부터 5세기에 걸쳐서 북규슈와 긴키(近畿) 지방을 중심으로 한 왜열도에는 한국의 도질토기(陶質土器)가 반입되어 이를 기반으로 스에키(須惠器)라 불리는 토기가 생산되기 시작했다. 이러한 왜열도의 초기 스에키는 한반도의 가야 질그릇과 밀접한 관계를 가진 것으로 확인되고 있다.[59]

일본 오사카 부(大阪府) 노나카(野中)고분과 기후 현(岐阜縣) 아소비쓰카(遊塚)고분에서는 가야 질그릇이 출토되었는데, 이것들은 한반도의 가야에서 그 당시 반입된 것이었다. 그리고 아소비쓰카고분에서는 가야 질그릇과 함께 당시 왜열도에서 만들어진 토기도 출토되었는데, 이들을 비교해볼 때 당시 왜열도에서 생산된 초기 도질토기는 가야 질그릇과 아주 밀접한 관계가 있는 것으로 확인되었다. 이렇게 왜열도에서는 4세기 말부터 5세기 전반에 걸친 시기에 한반도에서 가야 질그릇을 들여와 그것을 기초로 5세기 전반에 왜열도 자체에서 도질토기를 만들 수 있게

---

58 주 56과 같음. 이 책에서는 소국이라는 말을 사용하고 있으나 필자는 그 나라의 성격으로 보아 '고을나라'라는 말이 더 적절할 것으로 생각한다. 이후 고을나라들은 '소국'으로 발전했을 것이다. 한반도인들이 일본열도에 진출하여 많은 소국을 형성했을 것이라는 견해는 일찍이 김석형이 제출했다.

59 니시타니 다다시(西谷 正), 「가야와 왜의 문물교류」, 『가야사론(加耶史論)』, 고려대 한국학연구소, 1993, pp. 123~156.

되었는데 이것을 초기 스에키라고 한다.[60]

4세기부터 철정도 한반도의 가야에서 왜열도로 전달되었다. 철정은 4세기 초에 북규슈에서 보이기 시작하여 5세기 중엽에는 긴키 지방을 중심으로 서일본에 걸쳐 본격적으로 나타난다. 왜열도에서는 이러한 철을 사용하여 본격적인 철기 생산이 이루어졌던 것이다.[61] 예전에는 왜열도에서 출토되는 철정을 신라에서 반입된 것으로 보았으나, 한반도의 가야 유적에서 철정이 많이 출토됨에 따라 가야에서 반입되었을 것으로 보는 견해가 우세해지고 있다.[62]

왜열도에서는 한반도에서 철정이 반입되어 새로운 단야도구(鍛冶道具)로서 망치와 집게가 출현하고, 5세기 초에는 마구류(馬具類)로서 철제 재갈이나 안교(안장) 등이 만들어지기 시작하여 5세기 전반에 재갈·안교·등자·행엽(말 띠 드리개) 등의 철제 마구 세트와 말투구 등이 완성되었다. 이러한 마구류는 후쿠오카 현 이케노카미(池ノ上)고분, 시가 현(滋賀縣)의 신가이(新開)고분, 오사카 부 곤다마루야마(譽田丸山) 유적 등에서 출토되었고 말투구는 와카야마 현(和歌山縣) 오타니(大谷)고분에서 출토되었는데, 이러한 유물은 한반도의 가야 유적에서 출토된 것과 같은 것이었다.[63]

이와 더불어 5세기 중엽 후반에는 철제의 투구·갑옷·견갑 등 무구 세트가 완성되는데, 이러한 갑주(甲胄) 제조 기술도 한반도의 가야에서 들어간 것이었다. 왜열도의 갑주는 시기에 따라 변화를 보이는데, 이러

---

60 앞 글, p. 127.

61 앞 글, p. 124.

62 앞 글, p. 128.

63 앞 글, pp. 128~153.

한 변화는 한반도 가야에서 일어난 변화와 똑같았다. 따라서 그러한 기술 변화는 한반도의 영향을 받은 것이 틀림없다.[64]

왜열도에서 출토된 이 시기의 칼에는 그림이나 명문을 상감한 것이 보이는데, 이러한 상감 기술은 한반도의 가야와 백제에서 보이는 것으로 그 기술도 한반도에서 들어간 것이었다.[65] 왜열도의 이 시기 고분에서 출토되는 귀걸이도 한반도 가야의 것과 비슷했다.[66]

이상과 같이 이 시기에 왜열도에서 출토되는 유물들은 한반도의 가야 것이거나 그 영향을 받은 것들이며, 이러한 유물이 출토되는 고분도 한반도의 가야 고분과 비슷하다. 즉 나라 지방의 초기 고총고분(高塚古墳)은 입지 조건·내부 구조·장법 등에서 한반도의 가야 고분과 비슷한 양상을 띠고 있다.[67] 말할 필요도 없이 고총고분은 당시의 지배계층의 무덤으로서 고분이나 그곳에서 출토된 유물은 당시의 지배세력의 성격을 알게 해주는데, 이들이 한반도의 가야 계통이었다는 사실은 당시 이 지역의 지배세력이 가야계였음을 말해준다.

이렇게 볼 때 왜열도와 대마도 지역에 있었던 가야·고구려·백제·신라는 바로 한반도에서 이주해 간 사람들이 살았던 곳의 이름이었고 동시에 그들이 세운 소국의 이름이었던 것이다. 따라서 같은 이름이 왜열도 안에서도 여러 곳에 등장할 가능성이 있는 것이다. 그러므로 임나일본부가 있었던 임나도 그 가운데 하나였다고 보아야 할 것이다. 그리고 『일본서기』에 보이는 왜·고구려·백제·신라·가야 사이의 전쟁이나 교

---

64 앞 글, p. 154.

65 위와 같음.

66 앞 글, pp. 154~155.

67 윤석효, 「가야의 왜지진출에 대한 일연구」, 백산학회 엮음, 『백제·신라·가야사 연구』, 백산자료원, 1995, p. 302.

류에 관한 기록은 왜열도에서 국가가 성립되어가는 과정을 보여주는 것으로 인식해야 할 것이다.

일찍이 가야인들이 왜열도에 이주했음은 문헌 기록을 통해서도 확인된다. 『고사기』에 기록된 일본의 건국신화를 보면, 아마테라스노오호미카미(天照大御神)와 다카키신(高木神)의 명에 따라 손자인 히코호노니니기노미코토(日子番能邇邇藝命)가 아메노코야네노미코토(天兒屋命)·후토다마노미코토(布刀玉命)·아메노우즈메노미코토(天宇受賣命)·이시코리도메노미코토(伊斯許理度賣命)·다마노야노미코토(玉祖命) 등의 오반서(五伴緖)를 거느리고 구슬·거울·칼 등 삼신기(三神器)를 휴대하고 구름을 헤치고 다카치호(高千穗)의 구지후루타케(久士布流多氣)에 강림하여 나라를 세웠다고 한다.[68]

위의 건국설화 가운데 천신 다카키신(高木神)이 나무와 관련된 이름으로 되어 있는 것은 단군(檀君)의 이름에 나무 이름의 한자가 들어간 것과 비슷하고, 히코호노니니기노미코토의 강림지인 구지후루타케는 가야국의 수로왕이 강림했다는 구지봉과 그 음이 비슷하며, 구슬·거울·칼 등 일본의 3가지 신기(神器)는 단군사화에 나오는 천부인(天符印) 3개와 비슷하다. 히코호노니니기노미코토가 강림할 때 따라온 오반서는 고구려 건국 초의 다섯 부족을 연상하게 한다.

그리고 히코호노니니기노미코토가 구지후루타케에 자리를 잡을 때 "이곳은 한국(韓國)을 바라보고 있고 가사사(笠沙)의 곶(岬)과도 바로 통해 있어 아침 해가 바로 비치는 나라, 저녁 해가 비치는 나라이다. 그러므로 여기는 정말 좋은 곳이다."[69]라고 했다고 한다.

---

68 노성환 역주, 『고사기』, 예전사, 1987, pp. 166~176.

69 위 책, p. 171·176.

여기서 한국(韓國)은 한반도를 의미한다. 한국을 일본인들은 가라쿠니로 읽는데, 한민족은 한(韓)을 가라로 발음하지 않는다. 따라서 위의 한국(韓國)은 원래 가야국이었던 것이 나중에 표기가 바뀌었거나 넓은 의미로서 한국이라 표기했지만 그 의미는 가야국이었기 때문에 가라라고 읽었을 것이다. 이상의 사실들을 통해 볼 때 위의 건국설화 주인공들은 한반도의 가야에서 이주해 간 사람들이었을 것이다.

실제로 『신찬성씨록』에는 스스로 가야의 후손임을 자처했던 일본 귀족들의 성씨가 많이 보인다. 이들을 열거하면 다음과 같다.

미치다노무라지(道田連) : 임나국(任那國) 가라 왕실에서 나왔다.

오이치노오비토(大市首) : 임나국인(任那國人) 쓰누가아라시토에서 나왔다.

시미즈노오비토(淸水首) : 임나국인 쓰누가아라시토에서 나왔다.[70]

다타라노키미(多多良公) : 어간명국주(御間名國主 : 임나국왕, 가야국왕) 이리구모왕한테서 나왔다.[71]

사키타노오비코(辟田首) : 임나국왕 쓰누가아라시토에서 나왔다.

---

70 『신찬성씨록』 권22, 「우경제번」 하. "道田連, 出自任那國賀羅賀室王也." "大市首, 出自任那國人都怒賀阿羅斯止也." "淸水首, 出自任那國人都怒何阿羅志止也."

71 『신찬성씨록』 권25, 「산성국제번(山城國諸蕃)」. "多多良公 : 出自御間名國主爾利久牟王也."

오토모노미야쓰코(大伴造) : 임나국왕 용주왕(龍主王)의 후손 좌리왕(佐利王)한테서 나왔다.[72]

도요쓰노미야쓰코(豊津造) : 임나국인 사라고무에서 나왔다.

가라히토(韓人) : 도요쓰노미야쓰코와 같은 조상이다.

아라라노키미(荒荒公) : 임나국 풍귀왕(豊貴王)의 후손이다.[73]

미마나노키미(三間名公) : 임나국왕 모유지왕(牟留知王)의 후손이다.[74]

일본 각지에는 가야계의 성씨가 『신찬성씨록』에 기록된 것보다 훨씬 많다.[75] 『속일본기』에는 미농국(美濃國) 석전군(席田郡)의 대령직(大領職)에 있었던 자인(子人)과 오지(吾志)가 한반도의 가야에서 이주해 간 사람들의 후손임을 말한 내용이 있는데,

자인(子人) 등은 6세(世) 조부인 오루와시치(乎留和斯知)가 가라쿠니(賀羅國)에서 일본열도로 건너왔는데, 당시에는 풍속에 미숙하여 성씨를 바

72 『신찬성씨록』 권26, 「대화국제번(大和國諸蕃)」. "辟田首, 出自任那國主都怒加阿羅志等也." "大伴造, 出自任那國主龍主王孫佐利王也."

73 『신찬성씨록』 권27, 「섭진국제번(攝津國諸蕃)」. "豊津造, 出自任那國人左李金也." "韓人, 豊津造同祖, 左李金之後也." "荒荒公, 任那國豊貴王之後也."

74 『신찬성씨록』 권30, 「미정잡성 우경(未定雜姓 右京)」. "三間名公, 彌麻奈國主牟留知王之後也."

75 조희승, 앞 책(1994), pp. 246~248 참조.

꾸지 않았지만 나라 이름을 따라 성씨를 삼고 싶어 했다. 이에 가라니야 쓰코(賀羅造)라는 성씨를 하사했다.[76]

고 기록되어 있다. 이 내용은 임나일본부가 설치되었던 시기보다는 후대의 상황을 말한 것이지만 한반도의 가야에서 왜열도로 이주한 사람들이 있었다는 사실을 뒷받침해주는 것으로, 이러한 이주 현상은 매우 일찍부터 있었다고 보아야 할 것이다.

지금까지 살펴본 것처럼, 한반도의 가야·고구려·백제·신라 사람들은 왜열도에 진출하여 그곳에 집단마을을 이루고 거주하면서, 그들이 지니고 있었던 선진 문화를 전달했다. 그뿐만 아니라 고국에서 체험한 정치적 경험을 기반으로 왜열도의 이곳저곳에 소국을 출현시킴으로써 왜열도가 국가 단계의 사회로 발전할 수 있는 길을 열었다. 그들은 고국에서 살았던 곳의 지명이나 나라 이름을 새로 이주한 곳의 이름으로 사용함으로써 왜열도의 이곳저곳에 가야·고구려·백제·신라라는 지명과 나라 이름을 남겨놓았다. 그 결과 가야 계통의 지명이 왜열도의 구주 지역, 세토 내해(瀨戶內海) 지역, 긴키 지역에 많이 있게 되었고, 그 지역에 가야 소국들도 존재하게 되었던 것이다.[77]

이러한 왜열도의 가야 소국들은 한반도에 있었던 본국과 밀접한 관계를 맺고 있었을 것으로 생각되는데, 한반도의 본국은 562년에 멸망했으

76 『속일본기』 권21, 「준닌(淳仁) 천황」 〈덴표호지(天平寶字) 2년 10월 정묘〉조. "美濃國席田郡大領外正七位上子人, 中衛无位吾志等言, 子人等六世祖父乎留和斯知, 自賀羅國慕化來朝, 當時未練風俗, 不著姓字, 望隨國號, 蒙賜姓字, 賜姓賀羅造."

77 조희승은 문헌 기록과 지명·유적·유물 분포 등을 통해 이토지마·무나가다·아사구라·히무카·기비·기이 지역에 가야 소국들이 존재했으며 이들이 뒤에 긴키 지역으로 동천(東遷)했다고 보고 있다(『가야사연구』, pp. 283~579).

나 그들은 646년 무렵까지도 계속 활동했던 것으로 『일본서기』에 나타나 있다.[78]

5. 마치며

지금까지 살펴본 바와 같이 고대 한반도와 왜열도의 관계에 대해서는 일본인들이 임나일본부 문제를 중심으로 매우 일찍부터 연구했다. 그들의 연구는 기본적으로 4세기 중반부터 6세기 중반까지 약 200년간 왜가 한반도 남부의 가야에 임나일본부를 설치하고 그 지역을 지배했다는 것을 전제로 하고 있었다. 『일본서기』에는 임나(가야)·고구려·백제·신라 등의 나라 이름이 등장하는데, 그 나라들을 한국사에 등장하는 가야·고구려·백제·신라와 같은 나라로 보았던 것이다.

그러나 그러한 견해에는 결정적인 잘못이 있다. 임나(가야)나 고구려·백제·신라라는 이름은 한반도뿐만 아니라 대마도와 왜열도에도 있었다. 그런데도 그들은 『일본서기』에 등장하는 이 이름들을 한반도에 있었던 나라 이름으로 한정하여 『일본서기』 기록을 해석했던 것이다. 그 결과 『일본서기』에 실린 임나·고구려·백제·신라에 관한 기사는 모두 한반도와 왜열도의 관계를 말하는 내용으로 해석되었다.

상식으로 생각하더라도 『일본서기』는 일본 역사책이므로 왜열도에서 일어난 사건을 위주로 기술되었을 것이며, 『일본서기』에 등장하는 임나·고구려·백제·신라는 왜열도에 있었던 나라로 보아야 할 것이다.

---

78 주 38~43 참조.

실제로 이들이 한반도가 아니라 왜열도에 있었던 나라임을 분명하게 하는 기록들이 『일본서기』에 보인다. 임나(가야)·고구려·백제·신라는 한반도 남부뿐 아니라 왜열도와 대마도의 여러 곳에 있었으므로 『일본서기』의 이들에 관한 기록은 여러 지역에 관한 것이 혼합되어 있다고 보아야 한다. 따라서 이들에 관한 각 기록들을 올바르게 이해하려면 그 기록이 어느 곳에 있는 임나·고구려·백제·신라에 관한 것인지를 분석하는 작업이 우선되어야 할 것이다.

일본부가 설치되어 있었다는 임나는 기비국 지역에 있었던 것으로 『일본서기』에 나타나는데, 그곳은 오늘날 오카야마 현 지역이다. 이 지역에 백제와 신라도 있었다. 따라서 이들에 관한 『일본서기』 기록은 당시 왜열도 안에 있었던 소국들의 관계를 기술한 것으로서 이들이 통합되어 나중에 일본이라는 국가를 출현시키게 되었던 것이다. 한반도에 있었던 임나·고구려·백제·신라라는 나라 이름과 같은 나라 이름이 왜열도와 대마도에도 있었던 것은 한민족이 한반도에서 왜열도와 대마도로 이주함으로써 일어난 현상이었던 것이다.

한반도에서 왜열도와 대마도를 향한 문화 전파는 구석기시대부터 신석기시대를 거치면서 계속되었지만 서기전 3세기 무렵부터 서기 3세기 무렵까지 왜열도의 야요이문화 시기에 현저했다. 야요이문화는 청동기문화와 철기문화가 복합된 문화로서 왜열도에 돌연히 출현했는데, 한민족이 왜열도로 이주하면서 가지고 간 것이었다. 야요이문화에 앞선 조몬문화 시기 사람들은 사냥·고기잡이·그러모으기의 경제를 기초로 떠돌이생활을 했으나 야요이문화인들은 벼농사 등의 발달된 농경을 하면서 마을을 이루고 정착생활을 했다.

왜열도의 야요이문화 시기에 한반도는 고조선 말기와 열국시대 전기로서 매우 발달된 국가 단계의 사회였다. 따라서 이 시기에 한반도에서 왜열도나 대마도로 이주한 한민족은 고도로 발달한 문화를 가지고 있었을 뿐만 아니라 국가라는 조직에서 생활한 풍부한 정치 경험도 가지고 있었다. 이러한 경험을 바탕으로 이들은 마을연맹체(고을나라)를 기초로 한 소국을 출현시켰다. 이들은 새로운 거주지와 새로 건국한 소국에 그들의 본국 이름을 붙여 사용했는데, 왜열도와 대마도에 임나(가야)·고구려·백제·신라라는 이름이 등장하게 된 것은 그 때문이다.

왜열도에는 야요이문화의 뒤를 이어 4세기 무렵에 고훈문화가 출현하는데, 이 문화는 한반도 가야 지역에서 건너간 것이었다. 4세기 말부터 5세기에 걸쳐서 북규슈와 긴키 지방을 중심으로 한 왜열도에는 한국의 도질토기가 반입되어 이를 기반으로 스에키라 불리는 토기가 생산되기 시작했다. 4세기부터 철정도 한반도의 가야에서 왜열도로 전달되어 이것을 이용한 본격적인 철기 생산을 할 수 있게 되었다. 5세기 초에는 철제 마구류가 만들어지기 시작하여 5세기 전반기에 재갈·안교·등자·행엽 등의 철제 마구 세트와 말투구 등이 완성되었고, 5세기 후반에는 철제 투구·갑옷·견갑 등 무구 세트가 완성되었는데, 이러한 갑주의 제조 기술도 한반도의 가야에서 건너간 것이었다. 이 시기에 왜열도에서 출토된 칼에는 그림이나 명문을 상감한 것이 있는데, 이러한 상감 기술도 한반도의 가야와 백제에서 건너간 것이었다. 또 왜열도의 고분에서 출토된 귀걸이도 한반도 가야의 것과 비슷하다.

출토된 유물뿐 아니라 나라 지방의 초기 고총고분은 입지 조건·내부 구조·장법 등에서 한반도의 가야 고분과 비슷한 양상을 띠고 있다. 이러한 사실은 이 유적과 유물의 주인공들이 한반도의 가야계였음을 말해준다. 한반도의 가야인들이 왜열도로 이주했음은 일본의 건국신화가 가야의 건국신화와 비슷한 점, 그들은 가라쿠니[韓國]가 보이는 곳에 자리를 잡은 점, 일본 귀족의 성씨 가운데 가야의 후손이 많이 보이는 점 등에서도 확인된다. 고훈문화인들은 소국들을 병합하여 국가를 출현시키는 작업에 착수했다.

한반도에서 이주한 가야인들은 왜열도의 이곳저곳에서 가야 소국을 형성하고 한반도의 본국과 밀접한 관계를 가지면서 활동했는데, 한반도의 본국은 562년에 멸망했으나 왜열도에서는 646년 무렵까지도 활동을 했던 것으로 기록에 나타난다. 한반도에서 왜열도로 이주한 가야인들은 한민족의 발달한 문화를 그곳에 전달했을 뿐만 아니라 왜열도에 정치적 경험을 전달하여 일본이라는 국가를 출현하도록 하는 데도 중요한 역할을 했던 것이다.

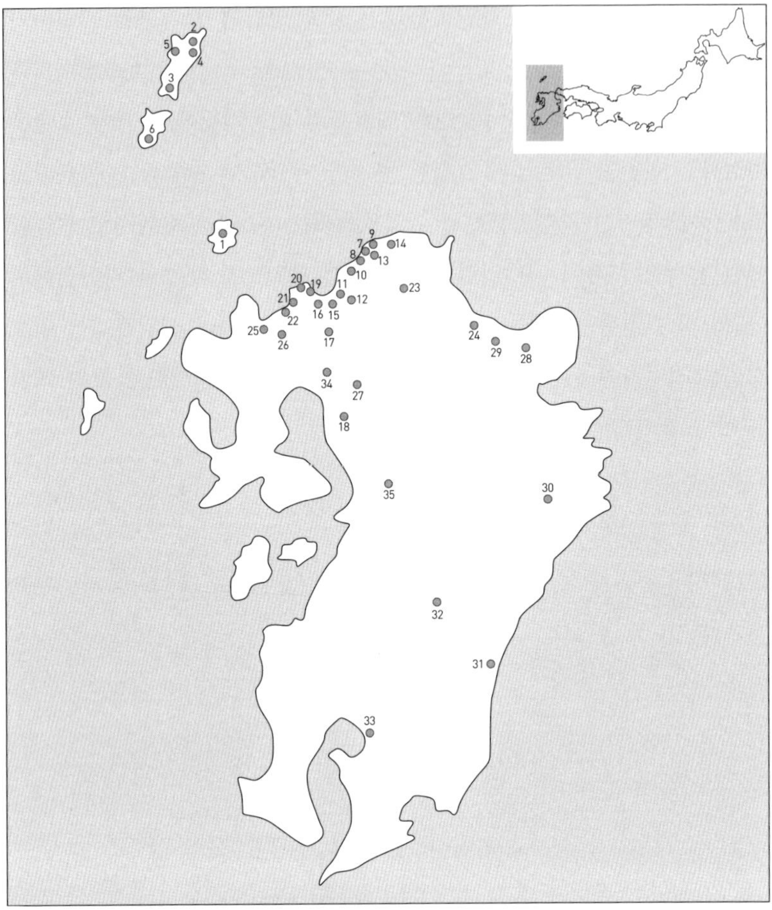

가야 계통 지명 분포도 1 : 규슈 지구

왜열도의 가야 계통 지명 1

지도 번호	현재 지명	지명 소재지	비 고
1	가라카미(唐神)	나가사키 현 이키 섬	
2	가라사키(韓崎)	나가사키 현 쓰시마 가미아가타 군	뱃나루 이름
3	가라쓰(唐洲)	〃 〃 〃	〃
4	가라쓰시(唐舟志)	〃 〃	〃
5	가라사키(사오자키)(棹崎)	〃 〃 가미아가타 군	〃
6	간자키(神崎)	〃 〃 시모아가타 군	〃
7	아라키(荒木)	후쿠오카 현 무나가타 군	향명
8	아라지(荒自)	〃 〃	〃
9	오아라(大荒)	〃 〃	〃
10	고아라(小荒)	〃 〃	〃
11	아라쓰사키(荒津崎)	〃 후쿠오카 시	뱃나루 이름
12	아라토야마(荒戸山)	〃 〃	산 이름
13	가라야(辛家)	〃 무나가타 군	향명
14	가라보(唐坊)	〃 〃	촌명
15	아라히라(荒平)	〃 소오라 군(사와라)	
16	아라히토(良人)	〃 이토 군	향명
17	〃	〃 나카 군	〃
18	아라키(荒木)	〃 미쓰마 군	마을 이름
19	가라(韓良, 加夜)	〃 시마 군	향명
20	가라도마리(韓泊)	〃 〃	
21	게야(芥屋)	〃 〃	마을 이름
22	가라(加羅)	〃 〃	〃
23	가야노모리(柏森)	〃 이이즈카 시	
24	아야하타(綾幡)	〃 지쿠조 군 쓰이키 정	향명
25	가라쓰(唐津)	사가 현 가라쓰 시	뱃나루 이름
26	가카라(加唐, 各羅)	〃 히가시마쓰우라 군	마을 이름
27	아야베(漢部, 綾部)	〃 미야키 군	〃
28	가라시마(辛島, 韓島)	오이타 현 우사 군	향명
29	아나이시(穴石)	〃 시모게 군	〃
30	아라타(新田)	〃 오노 군	마을 이름
31	가라야(韓家)	미야자키 현 고유 군	향명
32	가라쿠니(韓國)	〃 고바야시 시	산과 신사명
33	가라쿠니 우즈미네 신사	나가사키 현 아히라 군	신사명
34	아라스키(阿良須岐)	사가 현 기시마 군	향명
35	가라이에(辛家)	구마모토 현 기쿠치 군	〃

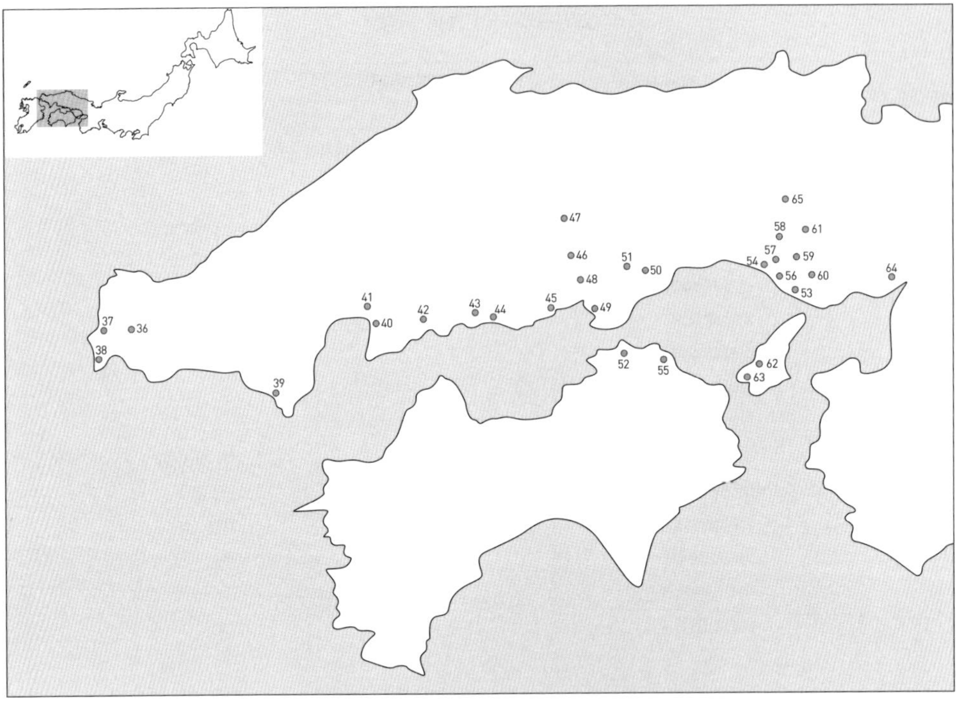

가야 계통 지명 분포도 2 : 세토 내해 지구

왜열도의 가야 계통 지명 2

지도 번호	현재 지명	지명 소재지	비 고
36	아야키(綾木)	야마구치 현 미네 군	
37	아야라기(綾羅木)	〃 도요우라 군	
38	아나도(穴戶, 穴門)	〃 남부 지역	
39	가라호(可良浦, 韓浦)	〃 구마게 군	나루 이름
40	가로토(鹿老渡)	히로시마 현 아키 군	〃
41	가베(漢弁)	〃 〃	향명
42	가라카와(加羅加波)	〃 미츠기 군	마을 · 신사명
43	야스나(安那, 安娜)	〃 후쿠야마 군	고을 · 바다명
44	도모쓰(鞆津)	〃 〃	바다 나루
45	아나다(穴田)	오카야마 현 가와카미 군	향명
46	가야(가요, 賀陽)	〃 기비 군	고을 이름
47	아라토(新砥)	〃 아테쓰 군	마을 이름
48	가라비토사토(辛人里)	〃 쓰쿠보 군	〃
49	가야베(茅部)	〃 마니와 군	〃
50	아야베(綾部)	〃 도마타 군	향명
51	가라고토우라(唐琴浦)	〃 고지마 군	나루 이름
52	아야(阿野, 綾漢)	가가와 현 아야우타 군	고을 이름
53	가라도마리(韓泊)	효고 현 인남 군(가고가와 시)	마을 · 나루명
54	가라무로리(韓室里)	〃 시카마 군	마을 이름
55	가야(賀野)	〃 이보 군	〃
56	가야(鹿谷)	〃 가고 군	〃
57	아나나시(穴無)	〃 시카마 군	향명
58	아야베(漢部)	〃 〃	마을 이름
59	가라니(辛荷) 섬	〃 이보 군	섬 이름
60	아라이(荒井)	〃 가고 군	마을 이름
61	아라타(荒田)	〃 다카 군	향명 · 신사명
62	아나가(阿那賀)	〃 아와지 섬	마을 이름
63	아나노우라(阿那之浦)	〃 아와지 섬 미하라 군	나루 이름
64	아노(穴太)	〃 아마가사키 시	마을 이름
65	아나시(穴師, 痛足)	〃 시소 군	〃

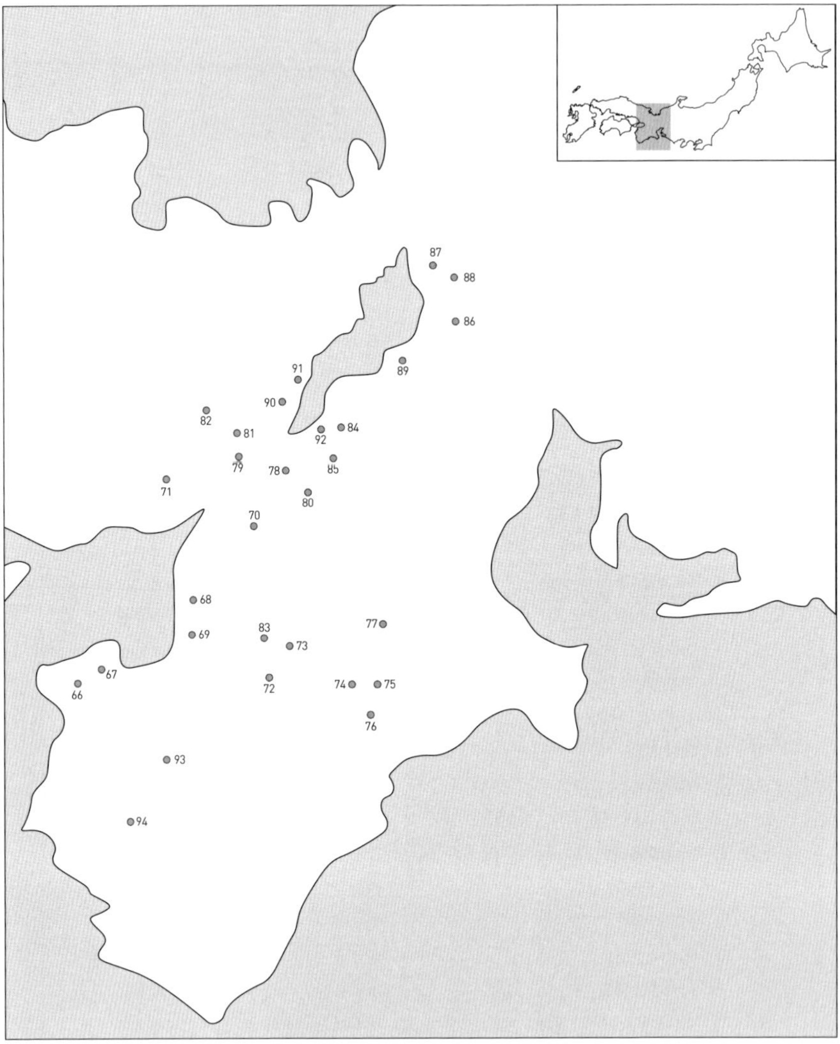

가야 계통 지명 분포도 3 : 긴키 지구

왜열도의 가야 계통 지명 3

지도 번호	현재 지명	지명 소재지		비 고
66	가라쿠니(唐國)	오사카 부	센보쿠 군	마을 이름
67	아나시(穴師, 安師)	〃	〃	마을 · 신사명
68	아라(安良)	〃	니시나리 군	향명
69	아라하카(荒陵)	〃	〃	마을 이름
70	가라무로리(韓室里)	〃	마무다 군	〃
71	가야노(萱野)	〃	도요노 군	〃
72	가야후리(萱振)	〃	미나미가와치 군	〃
73	아노(穴太)	〃	야오 시	〃
74	가야노모리(栢森)	나라 현	다카이치 군	
75	가야나루미(加夜奈留美)	〃	〃	신사 이름
76	아노(賀名生, 穴太, 穴穗)	〃	요시노 군	마을 이름
77	가라코(唐古, 韓人)	〃	시키 군	마을 · 못 이름
78	가야하시(河陽橋)	교토 부(야마시로)		다리 이름
79	가라하시(唐橋)	교토 부	교토 시 시모교 구	마을 이름
80	아라레마쓰바라(安良松原)	〃	우지 군	
81	아노(穴生)	〃	〃 (현 고조 시)	마을 이름
82	아노(穴太)	〃	가메오카 시	〃
83	가라쿠니(韓國, 唐國)	오사카 부	후지이데라 시	마을 · 신사명
84	아라(穴良)	시가 현	구리타 군	향명
85	아라(安羅)	〃	〃	신사 이름
86	아나(阿那)	〃	사카타 군	향명
87	가라쿠니(唐國)	〃	히가시아자이 군	마을 이름
88	아야도(綾戶)	〃	〃	〃
89	가야노(蚊野, 蚊屋野)	〃	가모 군	향명
90	가라사키(韓崎, 唐崎)	〃	오쓰 시(시가 군)	마을 이름
91	아노(穴太, 穴穗)	〃	〃	〃
92	아나(吾名, 穴)	〃	가모 군(현 구사쓰 시)	〃
93	아라카와(安樂川, 荒川)	와카야마 현	나가 군	향명
94	아라타(荒田)	〃	아라타 군	

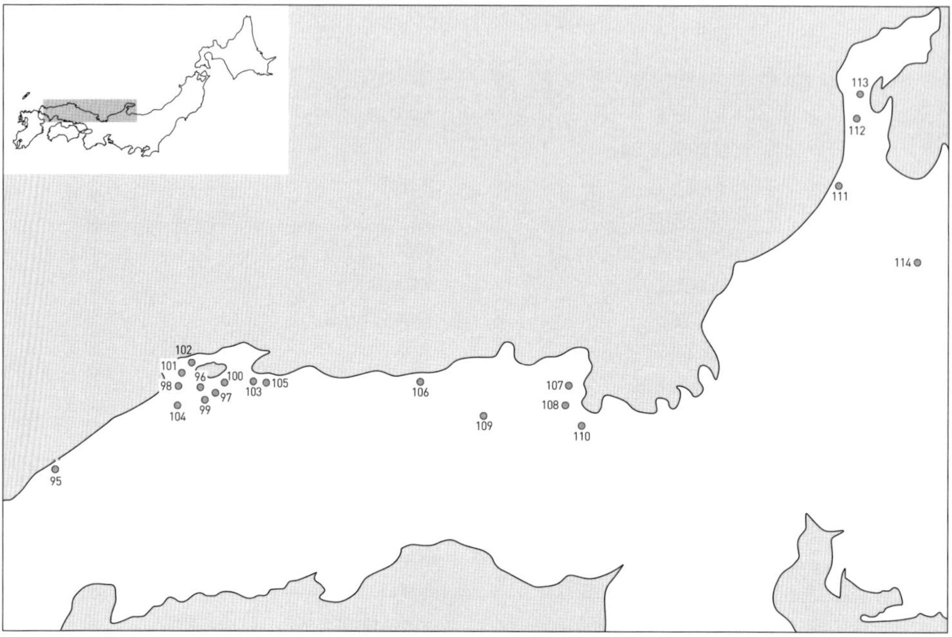

가야 계통 지명 분포도 4 : 동해 연안 지구

왜열도의 가야 계통 지명 4 [79]

지도 번호	현재 지명	지명 소재지		비 고
95	가라사키(辛崎)	시마네 현	나가 군	나루 이름
96	아다카야(아라카야 出雲)	〃	마쓰에 시	향명
97	아다카야(阿太加夜)	〃	〃	신사 이름
98	가야노사토(加夜里)	〃	가무도 군	마을 이름
99	아요(아야 阿用)	〃	오하라 군	〃
100	아라와이(阿羅波比)	〃	마쓰에 시	
101	아라카야(荒茅)	〃	이즈모 시	마을 이름
102	아라키(荒木, 阿羅城)	〃	〃	〃
103	아라시마(荒島)	〃	노기 군	〃
104	가야하라(草原)	〃	이이시 군	향명
105	가야(蚊屋)	돗토리 현	사이호쿠 군	〃
106	가야(賀陽, 加也)	효고 현	기노사키 군	〃
107	가야(加悅)	교토 부	여(요)사 군	마을 이름
108	아야베(綾部)	〃	아야베 시	향명
109	가야(가이)바라(柏原)	효고 현	히가미 군	마을 이름
110	아라베(荒部, 漢部)	교토 부	구와타 군	향명
111	구리카라(俱利伽羅)	이시카와 현	가호쿠 군	마을 · 고개명
112	아라키(荒木)	〃	하쿠이 군	향명
113	구마가부토아라키시히코 (久麻加夫都阿良加志比古)	〃	나나오 시	신사 이름
114	아라키(荒城, 阿良木)	기후 현 요시키(吉城) 군의 옛 이름		고을 이름
115	가라시나(韓級)	군마 현 가라(甘良) 군		향명

79 여기에 소개한 왜열도의 가야 계통 지명 일람표와 그 위치도는, 조희승, 앞 책(1994), pp. 229~236에서 옮겨 온 것임.

VIII 한반도말갈의 성격

1. 들어가며

이 글은 열국시대에 백제와 신라의 북쪽에 있었던 말갈의 성격을 밝히는 데 목적이 있다. 『삼국사기』에는 말갈이 백제와 신라를 침략한 기록이 많이 보이는데, 한국이나 중국의 어느 문헌에서도 한반도에 말갈이라는 나라가 있었다는 기록은 찾아볼 수 없다. 그러므로 이 말갈을 어떻게 보아야 할 것인지가 문제로 등장한다.

일부 학자들은 강원도 지역에 있었던 동예를 말갈로 잘못 기록했을 것으로 보았다.[1] 그리고 이 말갈은 중국 문헌에 등장하는 말갈과는 달

---

1 이병도, 『국역 삼국사기』, 을유문화사, 1980, p. 19의 주 2 및 말갈에 대한 주석 참조 ; 박진욱, 「백제·신라에 이웃하였던 말갈에 대하여」, 『력사과학』, 1978년 3호, 과학백과사전출판사, pp. 21~29 ; 유원재, 「삼국사기 위말갈고(僞靺鞨考)」, 『사학연구』 29, 1979, pp. 1~42.

리 가짜 말갈일 것으로 보기도 했다.[2] 『삼국사기』에는 말갈이 신라의 북쪽 변경을 침략했다고 기록되어 있는데, 신라의 북쪽에는 동예가 있었기 때문이다. 그러나 그렇게 보는 데는 문제가 있다. 말갈은 신라보다는 백제와의 관계에서 훨씬 먼저 언급되고 있을 뿐만 아니라 그들은 백제의 북쪽 변경도 침략했다고 기록되어 있기 때문이다. 백제의 북쪽이라면 동예가 있었던 강원도보다는 황해도 남부 지역이어야 한다.

또한 『삼국사기』에는 백제와 신라 북쪽에 있었던 말갈 외에도 고구려에 속하여 만주 지역에 있었던 말갈과 중국 당나라에 속했던 말갈도 등장한다. 그리고 중국 문헌에는 고구려의 북쪽, 오늘날 내몽골자치구 동부에서 몽골 동부와 연해주에 이르는 지역에 있었던 말갈도 등장한다. 따라서 말갈은 매우 넓은 지역에 흩어져 있었음을 알 수 있다.

이러한 말갈들은 거주 지역이 전혀 다르고 서로 다른 세력을 이루었거나 다른 정치집단에 속해 있으면서도 말갈이라는 같은 이름을 사용하고 있었다. 이들의 특징은 모두가 전쟁에 능하다고 표현되거나 전쟁과 관계된 기록에 군대로 등장한다는 점이다. 따라서 백제와 신라 북쪽에 있었던 말갈의 성격을 밝히기 위해서는 이러한 여러 지역의 말갈에 대한 검토가 필요하다.

그러므로 필자는 먼저 『삼국사기』에 등장하는 말갈의 종류를 살펴보고 『삼국사기』와 중국 문헌에 보이는 말갈들의 기원과 기본 성격을 확인한 다음, 백제와 신라의 북쪽에 있었던 말갈의 성격에 대해 고찰하려고 한다. 이 글은 말갈, 특히 백제와 신라의 북쪽에 있었던 말갈의 성격 그 자체를 밝히는 데 일차적인 목적이 있지만 열국시대에 한반도와 만

---

2 유원재, 앞 글 ; 채태형, 「삼국사기의 말갈관계 기사에 대하여」, 『력사과학』, 1992년 3호, pp. 40~43.

주의 주민 구성의 실태를 확인함으로써 당시의 상황을 정확하게 이해하는 데도 목적이 있다.

2. 『삼국사기』에 보이는 말갈

『삼국사기』에는 네 종류의 말갈이 보인다. 첫째는 고구려에 속하여 만주 지역에 있었던 말갈이며, 둘째는 백제와 신라의 북쪽에 있었던 말갈이고, 셋째는 중국 당나라에 속해 있었던 말갈이며, 넷째는 발해의 말갈이다. 이들은 그들이 속해 있었던 정치세력이 다르고 거주지가 달랐는데도 모두 말갈이라는 같은 이름으로 불렸다.

『삼국사기』에서 말갈이 처음 등장한 것은 서기전 37년으로 고구려의 기록에 보인다. 즉 『삼국사기』 「고구려본기」 〈시조 동명성왕〉조에,

> (고구려의) 땅이 말갈부락과 연접했으므로 침략당하여 해를 입을까 염려하여 드디어 그들을 쳐 물리치니 말갈이 두려워 복종하면서 감히 침범하지 못했다.[3]

고 했다. 이 말갈은 고구려 건국 초에 고구려와 연접된 곳에 있었으므로 그 위치가 오늘날 요동 지역이었을 것이다. 나중에 고구려는 오늘날 요동 지역을 모두 차지하게 되었으므로 이 말갈 지역도 고구려의 영토 안에 들어왔을 것이다.

---

3 『삼국사기』 권13, 「고구려본기」 〈시조 동명성왕〉조. "其地連靺鞨部落, 恐侵盜爲害, 遂攘斥之, 靺鞨畏服, 不敢犯焉."

『삼국사기』에는 고구려에 속하여 만주 지역에 있었던 말갈이 보이는데, 그들은 위의 말갈일 가능성이 있다. 만주 지역에 있었던 고구려 말갈에 관한 기록을 보면,

> (고구려 영양왕) 9년에 왕이 말갈인 1만여 명을 거느리고 (수나라의) 요서 지방을 침략하니 영주총관(營州摠管) 위충(韋冲)이 이를 격퇴했다.[4]

> (고구려 보장왕) 4년에 우리 군대와 말갈이 합한 군대가 진을 쳤는데 길이가 40리였다. (당) 황제가 그것을 바라보고 두려워하는 빛이 있었다.[5]

> (고구려 보장왕) 13년 겨울 10월에 장수 안고(安固)를 파견하여 군사를 내어 말갈병과 함께 거란을 공격했는데, 송막도독(松漠都督) 이굴가(李窟哥)가 그것을 방어하여 신성(新城)에서 우리 군대가 크게 패했다.[6]

는 것 등이다. 위의 인용문들에 보이는 말갈은 고구려가 수나라나 당나라 또는 거란과 전쟁을 하는 데 동원했던 말갈이므로 고구려에 속하여 만주 지역에 있었던 말갈임을 알 수 있다.

이와 달리 한반도 중부 지역에도 말갈이 있었다. 이들은 백제와 신라를 침략했는데, 백제와의 관계에서 먼저 등장한다. 『삼국사기』 「백제본

---

4 『삼국사기』 권20, 「고구려본기」 〈영양왕〉조. "九年, 王率靺鞨之衆萬餘, 侵遼西, 營州摠管韋冲, 擊退之."

5 『삼국사기』 권21, 「고구려본기」 〈보장왕 4년〉조. "我軍與靺鞨合兵爲陣, 長四十里, 帝望之有懼色."

6 『삼국사기』 권22, 「고구려본기」 〈보장왕 13년〉조. "…… 冬十月, 王遣將安固, 出師及靺鞨兵擊契丹, 松漠都督李窟哥禦之, 大敗我軍於新城."

기」 〈시조 온조왕〉조에는,

> 2년(서기전 17년) 봄 정월에 (온조왕은) 군신(群臣)에게 이르기를, "말갈은 우리의 북쪽 경계에 연접하여 있는데 그 사람들은 용감하지만 거짓이 많으니 마땅히 병기를 수선하고 양곡을 저축하여 방위할 계획을 세워야 할 것이다."라고 했다.[7]

고 기록되어 있다. 이러한 온조왕의 말갈 침략에 대한 정확한 예측도 기록에서 볼 수 있다.

> (온조왕) 3년 가을 9월에 말갈이 북쪽 경계를 침범하므로 왕이 강한 병사들을 거느리고 급히 쳐서 이를 크게 격파했는데, 적으로서 살아서 돌아간 자가 열에 한둘뿐이었다.[8]

> (온조왕) 8년 봄 2월에 말갈적(靺鞨賊) 3,000명이 쳐들어와 위례성을 포위하므로 왕이 성문을 닫고 나가지 않았다. 10일이 지나 적이 양식이 다하여 돌아가자, 왕은 날쌘 병사를 뽑아 그들을 대부현(大斧峴)까지 추격하여 한 번의 싸움으로 그들을 이겼는데 죽이거나 사로잡은 자가 500여 명이었다.[9]

---

7 『삼국사기』 권23, 「백제본기」 〈시조 온조왕〉조. "二年, 春正月, 王謂群臣曰, 靺鞨連我北境, 其人勇而多詐, 宜繕兵積穀爲拒守之計."

8 『삼국사기』 권23, 「백제본기」 〈시조 온조왕〉조. "三年, 秋九月, 靺鞨侵北境, 王帥勁兵, 急擊大敗之, 賊生還者十一二."

9 『삼국사기』 권23, 「백제본기」 〈시조 온조왕〉조. "八年, 春二月, 靺鞨賊三千來圍慰禮城, 王閉城門不出, 經旬賊糧盡而歸, 王簡銳卒, 追及大斧峴, 一戰克之, 殺虜五百餘人."

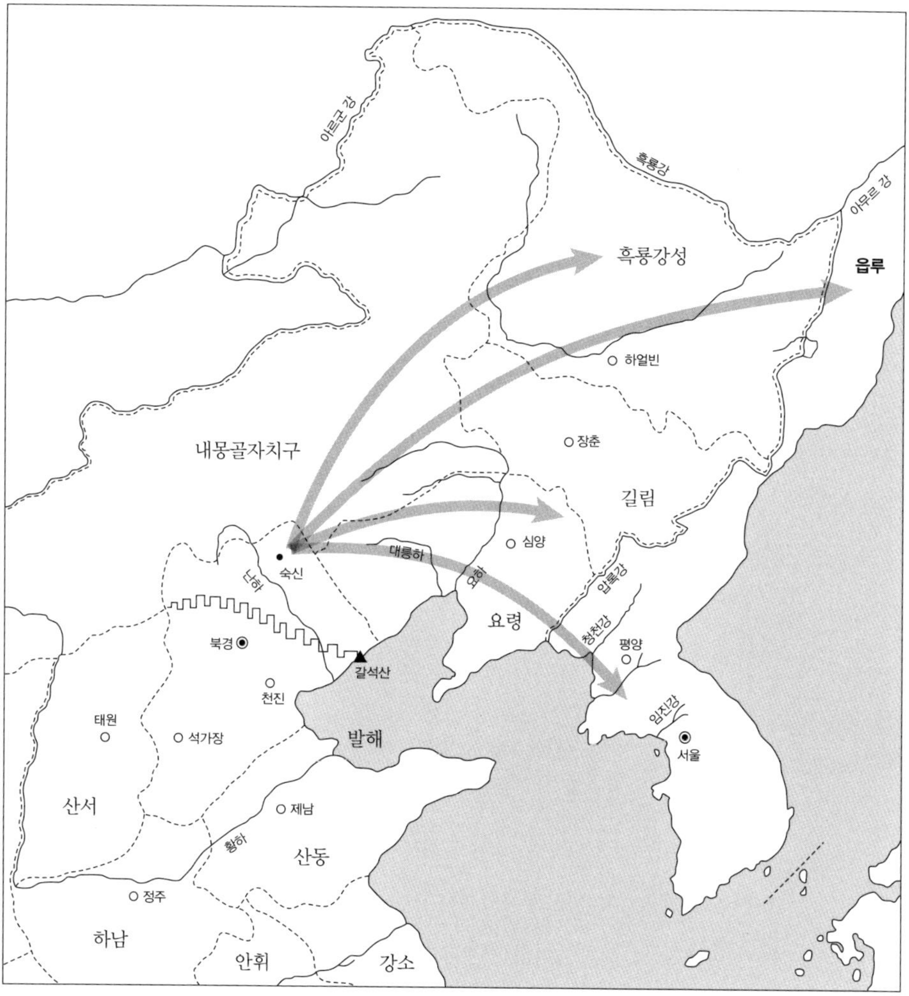

숙신족의 이동과 말갈의 분포도

이후 백제는 말갈과 전쟁을 자주 했는데, 온조왕 때만 7회의 전쟁 기록이 보인다. 그 가운데 6회는 말갈이 쳐들어온 것이고 1회는 온조왕이 사냥하다가 말갈과 부딪친 것이었다. 그 후 다루왕 때 6회, 초고왕 때 2회, 구수왕 때 3회, 진사왕 때 2회, 동성왕 때 1회, 무령왕 때 3회 등 모두 24회의 전쟁 기록이 보인다.

말갈이 쳐들어간 백제 지역이 지금 어느 곳이었는지를 구체적으로 밝힌다는 것은 어려운 일이지만, 말갈이 백제의 북쪽에 있었던 것만은 분명하다. 그러한 사실은 앞에 인용한 〈온조왕 3년〉조를 비롯하여 다음 기록들에서 확인된다.

> (온조왕) 10년 겨울 10월에는 말갈이 북쪽 변경을 침범하므로 왕이 군사 200명을 보내서 곤미천(昆彌川) 상에서 막아 싸우게 했는데, 아군이 패하고 청목산(靑木山)에 의거하여 스스로 보호했다.[10]

> (온조왕) 13년 여름 5월에 왕이 신하들에게 이르기를, "나라의 동쪽에는 낙랑이 있고 북쪽에는 말갈이 있어 영토를 침략해 오므로 편안한 날이 적다. 하물며 이제 불길한 징조가 자주 나타나고 국모(國母)가 돌아가니 스스로 편안할 수 없는 형세라 반드시 나라를 옮겨야겠다. 내가 어제 나아가 한수의 남쪽을 돌아보았는데 땅이 기름져서 마땅히 그곳에 도읍을 정하고 오랫동안 편안할 계책을 도모할 것이다."라고 했다.[11]

---

10 『삼국사기』 권23, 「백제본기」 〈시조 온조왕〉조. "十年, ……冬十月, 靺鞨寇北境, 王遣兵二百拒戰於昆彌川上, 我軍敗績, 依靑木山自保."

11 『삼국사기』 권23, 「백제본기」 〈시조 온조왕〉조. "十三年, ……夏五月, 王謂臣下曰, 國家東有樂浪, 北有靺鞨, 侵軼疆境, 少有寧日, 況今妖祥屢見, 國母棄養, 勢不自安, 必將遷國, 予昨出巡觀漢水之南, 土壤膏腴, 宜都於彼, 以圖久安之計."

(다루왕) 28년 가을 8월에 말갈이 북쪽 변경을 침략했다.[12]

(구수왕) 7년 겨울 10월에 왕성(王城)의 서문(西門)에서 불이 났다. 말갈이 북쪽 변경을 침범하므로 군사를 보내 막았다.[13]

(진사왕) 7년 여름 4월에 말갈이 북쪽 변경의 적현성(赤峴城)을 공격하여 함락시켰다.[14]

이 인용문들은 모두가 말갈이 백제의 북쪽 변경을 침략했다고 말하고 있다. 이런 기록들은 말갈이 백제의 북쪽에 있었음을 말해준다.

말갈은 신라의 북쪽 변경도 자주 침략했다. 신라와 말갈의 전쟁기록 가운데 가장 이른 것은 125년(지마 이사금 14년)의 기록이다. 『삼국사기』 「신라본기」 〈지마 이사금 14년〉조에,

봄 정월에 말갈이 (신라의) 북쪽 경계에 크게 쳐들어와 관리와 백성을 죽이고 노략질했다. 가을 7월에는 또 대령책(大嶺柵)을 습격하여 이하(泥河)를 지나오므로 왕이 백제에 글을 보내 구원을 청했는데, 백제가 다섯 장군을 보내 신라를 도우니 적이 듣고 물러갔다.[15]

---

12 『삼국사기』 권23, 「백제본기」 〈다루왕〉조. "二十八年, ……秋八月, 鞢鞨侵北鄙."

13 『삼국사기』 권24, 「백제본기」 〈구수왕〉조. "七年, 冬十月, 王城西門火, 靺鞨寇北邊, 遣兵拒之."

14 『삼국사기』 권25, 「백제본기」 〈진사왕〉조. "七年, ……夏四月, 靺鞨攻陷北鄙赤峴城."

15 『삼국사기』 권1, 「신라본기」 〈지마 이사금〉조. "十四年, 春正月, 靺鞨大入北境, 殺掠吏民. 秋七月, 又襲大嶺柵, 過於泥河, 王移書百濟請救, 百濟遣五將軍助之, 賊聞而退."

고 했다. 이 기록에 따르면 말갈이 신라의 북쪽 변경을 침략했으므로 말갈의 위치는 신라의 북쪽이었음을 알 수 있다. 신라와 말갈의 관계를 말하는 기록 가운데 말갈이 신라의 북쪽에 있었음을 알게 하는 기록들을 들면 다음과 같다.

> (내물 마립간) 40년 8월에 말갈이 북쪽 변경을 침략하므로 군사를 내어 이를 실직(悉直) 들에서 크게 깨뜨렸다.[16]

> (자비 마립간) 11년 봄에 고구려가 말갈과 더불어 북쪽 변경의 실직성(悉直城)을 습격했다.[17]

> (소지 마립간) 2년 11월에 말갈이 북쪽 변경을 침범했다.[18]

> (소지 마립간) 3년 3월에 고구려가 말갈과 더불어 북쪽 변경에 침입하여 호명(狐鳴) 등 일곱 성을 취하고 다시 미질부(彌秩夫)로 진군하므로 아군은 백제·가야의 구원병과 더불어 길을 나누어 막았다. 적이 패배하여 물러가므로 그들을 추격하여 이하(泥河) 서쪽에서 격파하고 1천여 명을 참수했다.[19]

---

16 『삼국사기』 권3, 「신라본기」 〈내물 이사금〉조. "四十年, 秋八月, 靺鞨侵北邊, 出師, 大敗之於悉直之原."

17 『삼국사기』 권3, 「신라본기」 〈자비 마립간〉조. "十一年, 春, 高句麗與靺鞨襲北邊悉直城."

18 『삼국사기』 권3, 「신라본기」 〈소지 마립간〉조. "二年, ……十一月, 靺鞨侵北邊."

19 『삼국사기』 권3, 「신라본기」 〈소지 마립간〉조. "三年, ……三月, 高句麗與靺鞨入北邊, 取狐鳴等七城, 又進軍於彌秩夫, 我軍與百濟·加耶援兵, 分道禦之, 賊敗退, 追擊破之泥河西, 斬首千餘級."

(태종무열왕) 2년에 고구려가 백제·말갈과 더불어 군사를 연합하여 우리의 북쪽 변경을 침범하여 33개의 성을 취했다.[20]

이상의 인용문들에서 본 것처럼 말갈은 신라의 북쪽에 있었다. 그런데 여기서 유의할 점은 말갈이 신라를 침략하기 시작한 시기는 백제를 침략하기 시작한 시기보다 140여 년이나 늦다는 점이다.

이런 사실은 다음과 같은 추리를 가능하게 한다. 즉 초기에는 지리적으로 말갈이 백제와 가까운 곳에 있었는데 시대가 내려오면서 신라와도 가까워졌을 것이라는 점이다. 잘 알려진 것처럼 백제와 신라의 건국지는 임진강 유역과 경주 지역으로 백제의 건국지가 훨씬 북쪽이었다.

필자는 백제의 건국지를 임진강 유역으로, 그 북쪽 경계를 멸악산맥으로 보고 있다.[21] 그렇게 보면 온조왕 때 말갈이 백제의 북쪽 국경을 침략했으므로 말갈의 위치는 멸악산맥보다 북쪽이어야 한다. 그러므로 이 시기에는 말갈이 경주에서 건국된 신라와 국경을 접할 수 없다. 백제의 북쪽 경계를 멸악산맥보다 남쪽으로 잡더라도 오늘날 한강보다 더 남쪽으로 내려오지는 않으므로 말갈이 신라와 맞닿는 것은 불가능하다.

신라의 초기 기록에 말갈과 접촉한 기록이 보이지 않는 것은 이러한 사정을 반영한 것으로 보아야 할 것이다. 그 후 신라의 영토가 북쪽으로 확장됨에 따라 말갈과 맞닿게 되고, 이에 따라 말갈이 신라의 북쪽 경계를 침략하는 사건이 발생했을 것이다. 이렇게 볼 때 이 말갈은 한반도

---

20 『삼국사기』 권5, 「신라본기」 〈태종무열왕〉조. "二年, ……高句麗與百濟靺鞨, 連兵, 侵軼我北境, 取三十三城."

21 고조선이 붕괴된 뒤 마한의 영역은 멸악산맥 이남으로 축소되었는데(윤내현, 「고조선과 한의 관계」, 『고조선 연구』 하, 만권당, 2016, pp. 132~133 참조), 백제는 마한의 북부 변경에서 건국되었으므로 멸악산맥 이남의 임진강 유역으로 추정하는 것이다.

중부 지역에 있었음을 알 수 있다.

『삼국사기』에는 위의 말갈들과는 다른 중국 당나라에 속해 있었던 말갈이 보인다. 그러한 기록 가운데 당나라의 말갈임을 분명하게 알 수 있는 것만을 보면 다음과 같다.

> (고구려 보장왕) 2년 윤 6월에 당 태종이 말하기를, "개소문(蓋蘇文)은 그의 군주를 시해하고 국정(國政)을 전횡하니 진실로 참을 수 없다. 오늘의 병력으로써 그를 취하는 것은 어렵지 않으나 다만 백성들을 괴롭히고 싶지 않으므로 이제 내 거란과 말갈을 시켜 고구려를 길들이고자 하는데 어떻겠는가?"[22]

> (고구려 보장왕) 3년 7월에 당제(唐帝)가 출병하려 하는데, 홍주(洪州)·요주(饒州)·강주(江州)의 3주에 명하여 배 400척을 만들어 군량을 싣게 하고, 영주도독(營州都督) 장검(張儉) 등을 보내 유주·영주 두 도독의 군사와 거란·해(奚)·말갈을 거느리고 먼저 요동을 공격하여 그 형세를 보게 하고…….[23]

> (신라 선덕왕) 12년 9월에 큰 나라 당에 사신을 보내 (당제에게) 말하기를, "고구려와 백제가 우리나라를 침입하여 (우리는) 여러 번 수십 개의

---

22 『삼국사기』 권21, 「고구려본기」 〈보장왕〉 상. "二年, …… 閏六月, 唐太宗曰, 蓋蘇文弑其君而專國政, 誠不可忍, 以今日兵力, 取之不難, 但不欲勞百姓, 吾欲使契丹·靺鞨擾之何如."

23 『삼국사기』 권21, 「고구려본기」 〈보장왕〉 상. "三年, 秋七月, 帝將出兵, 勑洪饒江三州, 造船四百艘, 以載軍糧, 遣營州都督張儉等, 帥幽·營二都督兵及契丹·奚·靺鞨, 先擊遼東, 以觀其勢……."

성이 공습을 받았습니다. …… 배신(陪臣 : 저의 신하)을 보내 대국(大國)에 귀의하여 일부 군사를 빌어 구원을 받으려고 하는 것입니다."고 했다. …… 당제는 말하기를, "내가 변경의 병사를 조금 보내 거란과 말갈을 거느리고 곧 요동으로 쳐들어가면 그대의 나라는 자연히 풀려 1년 동안의 공격과 포위는 늦출 수 있을 것이나……."[24]

이 기록들은 당나라에 속한 말갈이 있었음을 말해준다.

이러한 말갈 외에도 『삼국사기』에는 발해의 말갈에 관한 기록도 약간 보인다. 발해는 고구려의 옛 영토를 차지하고 있었고, 발해의 주민 가운데 말갈이 있었다는 것은 이미 잘 알려진 사실이다. 그에 관한 것을 보면 다음과 같다.

(신라 성덕왕) 32년 7월에 당 현종(玄宗)은 발해말갈이 바다를 건너 등주[登州 : 산동성 봉래현(蓬萊縣)]에 침입해 오므로 태복원외경(太僕員外卿 : 당나라 관직) 김사란(金思蘭 : 신라 왕족)을 귀국하게 하여 이내 왕에게 개부의동삼사(開府儀同三司) · 영해군사(寧海軍使)의 직을 추가하여 제수하고 군사를 내어 말갈의 남변을 치게 했다.[25]

개원(開元) 21년(신라 성덕왕 32년)에 당에서 사신을 보내 권유하기를, "말

---

24 『삼국사기』 권5, 「신라본기」 〈선덕왕〉조. "十二年, 秋九月, 遣使大唐上言, 高句麗 · 百濟, 侵凌臣國, 累遭攻襲數十城, …… 謹遣陪臣, 歸命大國, 願乞偏師, 以存救援, …… 帝曰, 我少發邊兵, 摠契丹 · 靺鞨, 直入遼東, 爾國自解, 可緩爾一年之圍……."

25 『삼국사기』 권8, 「신라본기」 〈성덕왕〉조. "三十二年, 秋七月, 唐玄宗, 以渤海靺鞨越海入寇登州, 遣太僕員外卿金思蘭歸國, 仍加授王爲開府儀同三司寧海軍使, 發兵擊靺鞨南鄙."

> 갈발해가 밖으로 번한(蕃翰) 노릇을 한다고 일컬으면서 안으로는 교활한 마음을 가지고 있다. 지금 군사를 내어 죄를 물으려 하니 그대도 군사를 출동하여 서로 앞뒤에서 공격하는 것이 되게 하라." 했다.[26]

이 인용문들은 발해말갈에 관한 기록인데, 다 아는 것처럼 발해는 고구려가 망한 뒤 그 유민들이 건국하여 고구려 영토였던 만주와 연해주를 차지하고 있었다. 따라서 고구려말갈은 발해가 건국된 뒤에는 발해말갈에 포함되었을 것이다.

지금까지 살펴본 바와 같이 『삼국사기』에는 다른 성격을 지닌 말갈들이 등장한다. 첫째는 고구려에 속해 만주 지역에 있었던 말갈, 둘째는 백제와 신라의 북쪽에 자리 잡고 한반도 중부에 있었던 말갈, 셋째는 당나라에 속해 있었던 중국 지역의 말갈, 넷째는 발해에 속해 있었던 만주와 연해주 지역의 말갈 등이다. 이 가운데 발해말갈은 이전에 만주 지역에 있었던 고구려말갈을 포함하고 있었다고 보아야 할 것이다.

3. 말갈의 정체와 변천

말갈의 성격을 정확하게 이해하기 위해서는 그 정체를 알 필요가 있다. 말갈은 어떤 종족이었으며 어떤 연유로 여러 지역에 흩어져 살게 되었을까? 이 점에 대해 지금까지는 대체로, 말갈은 원래 숙신이었는데 읍루와 물길로 불리다가 말갈이 되었다고 보아왔다.

---

26 『삼국사기』 권43, 「열전」 〈김유신전〉 하. "開元二十一年, 大唐遣使教諭曰, 靺鞨渤海, 外稱藩翰, 內懷狡猾, 今欲出兵問罪, 卿亦發兵相爲掎角."

먼저 말갈에 대한 이러한 인식이 옳은지부터 살펴보자. 중국 문헌에서 말갈이 가장 먼저 등장하는 것은 563년[북제 무성제(武成帝) 하청(河清) 2년]의 기록이다. 『북제서』 「무성제기(武成帝紀)」 〈하청 2년〉조에,

> 이해에 실위(室韋)·고막해(庫莫奚)·말갈·거란이 나란히 사신을 보내 조공했다.[27]

는 내용이 보인다. 이 기록 이전에는 중국 문헌에서 말갈이라는 이름이 보이지 않으므로 전에는 말갈이 다른 이름으로 불렸을 것이다.

그런데 『수서』, 『구당서』, 『신당서』에 이르면 〈말갈전(靺鞨傳)〉이 독립된 항목으로 설정되어 있다.[28] 이것은 수·당시대에 이르러 중국인들에게 말갈이 하나의 종족 이름으로 분명하게 인식되었음을 알게 해준다. 말갈에 대해 『수서』 「동이열전」 〈말갈전〉에,

> 말갈은 고구려의 북쪽에 있다. 읍락마다 추장이 따로 있어 하나로 통일되어 있지 않다. 모두 7종이 있다. 그 첫째는 속말부(粟末部)로서 고구려와 인접해 있는데 정병이 수천 명으로 용감한 병사가 많아 늘 고구려를 침입했다. 둘째는 백돌부(伯咄部)로서 속말의 북쪽에 있으며 정병이 7,000이다. 셋째는 안거골부(安車骨部)로서 백돌의 동북쪽에 있다. 넷째는 불열부(拂涅部)로서 백돌의 동쪽에 있다. 다섯째는 호실부(號室部)로서 불열의 동쪽에 있다. 여섯째는 흑수부(黑水部)로서 안거골의 서북쪽

---

27 『북제서』 권7, 「무성제기」 〈하청 2년〉조. "是歲, 室韋·庫莫奚·靺鞨·契丹竝使朝貢."
28 『수서』와 『구당서』에는 〈말갈전〉이 있고, 『신당서』에는 「흑수말갈전(黑水靺鞨傳)」이 있다.

에 있다. 일곱째는 백산부(白山部)로서 속말의 동남쪽에 있다. (이들은) 정병이 모두 3,000에 불과한데 흑수부가 가장 굳세고 건장했다.[29]

고 기록되어 있다. 『구당서』와 『신당서』의 「동이열전」 〈고(구)려전〉에도 말갈은 고구려의 북쪽에 있었던 것으로 되어 있다.[30] 이 말갈은 『삼국사기』에 나오는 말갈과는 다른 곳에 거주했던 말갈로서 『삼국사기』에 등장한 말갈보다 큰 세력을 형성하고 있었던 것으로 보인다. 일반적으로 말갈이라고 하면 바로 이 말갈을 말한다. 이들이 『삼국사기』에 보이는 말갈과 다른 곳에 거주했음은 위의 인용문 내용에서도 확인되지만 『구당서』에 〈말갈전〉과 〈발해말갈전〉이 따로 설정되어 있는 것은 이를 분명하게 해준다.

그런데 『구당서』 「북적열전(北狄列傳)」 〈말갈전〉에는,

말갈은 곧 숙신의 땅이니 후위 때에는 물길이라 했다. 경사(京師)에서 동북으로 6,000여 리 밖에 있다. 동쪽은 바다에 이르고 서쪽은 돌궐과 접하며, 남쪽은 고구려와 경계하고 북쪽은 실위와 인접해 있다. 그 나라는 모두 수십 부(部)나 되는 데 각각 추수(酋帥)가 있어 더러는 고구려에 부용(附庸)되어 있고 더러는 돌궐에 신속(臣屬)되어 있다. 그런데 흑수말갈이 가장 북방에 있으면서 제일 강성하여 늘 용맹을 과시하므로 항상 이

29 『수서』 권81, 「동이열전」 〈말갈전〉. "靺鞨, 在高麗之北, 邑落俱有酋長, 不相總一. 凡有七種, 其一號粟末部, 與高麗相接, 勝兵數千, 多驍武, 每寇高麗中. 其二曰伯咄部, 在粟末之北, 勝兵七千. 其三曰安車骨部, 在伯咄東北. 其四曰拂涅部, 在伯咄東. 其五曰號室部, 在拂涅東. 其六曰黑水部, 在安車骨西北. 其七曰白山部, 在粟末東南. 勝兵竝不過三千, 而黑水部尤爲勁健."

30 뒤의 주 34·35 참조.

웃 나라의 걱정거리가 되었다.[31]

고 하여 말갈은 이전에 숙신이 거주하던 곳에 위치했는데 북위(후위) 때에는 이들을 물길이라 불렀다는 것이다. 그러므로 말갈의 정체를 확실하게 알기 위해 『위서』 〈물길전〉과 『북사』 〈물길전〉을 보면,

물길국은 고구려의 북쪽에 있는데 옛 숙신국이다.[32]

물길국은 고구려의 북쪽에 있는데 말갈이라고도 한다.[33]

고 기록되어 있다. 이 기록들을 종합해보면 숙신이 물길로 불리다가 다시 말갈로 불렸음을 알 수 있다.

그런데 지금까지는, 말갈은 원래 숙신이었는데 읍루로 불리다가 물길로 불렸고 마지막으로 말갈로 불렸다고 보아왔는데, 앞의 인용문들에서는 숙신이 물길로 불리다가 말갈로 불렸다고 말할 뿐 읍루에 대해서는 언급이 없다. 이 점을 어떻게 해석하느냐가 문제이다.

『후한서』 「동이열전」과 『삼국지』 「동이전」 〈읍루전〉을 보면 읍루는 옛 숙신이라고 했으므로 읍루라는 이름이 숙신에서 왔음을 알 수 있다. 그런데도 앞의 인용문들에서는 읍루에 대해서 한마디 언급도 없는 것이

---

31 『구당서』 권199 하, 「북적열전」 〈말갈전〉. "靺鞨, 蓋肅愼之地, 後魏謂之勿吉, 在京師東北六千餘里. 東至於海, 西接突厥, 南界高麗, 北鄰室韋. 其國凡爲數十部, 各有酋帥, 或附於高麗, 或臣於突厥, 而黑水靺鞨最處北方, 尤稱勁健, 每恃其勇, 恆爲鄰境之患."

32 『위서』 권100, 「열전」 〈물길전〉. "勿吉國, 在高句麗北, 舊肅愼國也."

33 『북사』 권94, 「열전」 〈물길전〉. "勿吉國在高句麗北, 一曰靺鞨."

다. 한편 『신당서』 「북적열전」 〈흑수말갈전〉에는,

> 흑수말갈은 숙신의 땅에 있는데 또한 읍루라고도 하며 북위(후위) 때에는 물길로도 불렸다. 경사(京師)에서 동북으로 6,000리 밖에 있는데 동쪽은 바다에 접하고 서쪽은 돌궐에 닿으며 남쪽은 고구려에, 북쪽은 실위와 접해 있다.[34]

고 했다. 여러 말갈 가운데 흑수말갈은 읍루로도 불렸다는 것이다. 따라서 숙신 가운데 일부가 읍루가 되었으며 이들을 흑수말갈이라고 불렀음을 알 수 있다. 이상의 내용을 종합해보면 숙신 가운데 일부는 물길이 되었다가 말갈로 변했으나 다른 일부는 읍루가 되었다가 물길을 거쳐 흑수말갈이 되었음을 알 수 있다.

말갈은 앞에서 확인한 『삼국사기』에 보이는 여러 종류의 말갈 외에도 거주지를 달리하는 일곱 부(部)의 말갈이 고구려의 북쪽에 자리 잡고 있었던 것이다. 당시에 이들이 흩어져 있었던 지역은 대체로 내몽골자치구 적봉(赤峰)의 북쪽 지역에서 몽골 동부와 연해주 지역까지였던 것으로 추정된다.

이들의 거주지는 『구당서』와 『신당서』 「동이열전」의 〈고(구)려전〉을 통해 알 수 있다. 『구당서』 「동이열전」 〈고(구)려전〉을 보면 말갈은 고구려의 평양성 북쪽에 있었는데, 평양성은 옛날 한사군의 낙랑군 지역으로 그곳에서 동쪽 바다 건너에는 신라가 있었고 남쪽 바다 건너에는 백

---

34 『신당서』 권219, 「북적열전」 〈흑수말갈전〉. "黑水靺鞨居肅愼地, 亦曰挹婁, 元魏時曰勿吉. 直京師東北六千里, 東瀕海, 西屬突厥, 南高麗, 北室韋."

제가 있었으며 서북쪽으로 요수를 건너면 영주가 있었다.[35] 『신당서』 「동이열전」의 〈고(구)려전〉에서도 같은 내용이 보인다.[36]

위의 인용문 내용에 따르면, 고구려 평양성은 옛날에 한사군의 낙랑군이 있었던 곳으로 신라와 백제의 서북쪽 바다 건너에 있어야 한다. 이 평양은 대동강 유역의 평양일 수 없다. 왜냐하면 대동강 유역의 평양에서 신라와 백제 사이에는 바다가 없기 때문이다.

신라와 백제에서 바다를 건넌 서북쪽은 오늘날 요서 서부 지역이 되어야 한다. 고대의 요수는 오늘날 난하였으며[37] 한사군의 낙랑군 위치는 오늘날 난하 동부 유역이었다.[38] 그러므로 위의 인용문에 나오는 고구려 평양성은 오늘날 난하 동부 유역에 있었음을 알 수 있다. 그런데 말갈이 그 북쪽에 있었다고 했으니, 그 지역은 오늘날 내몽골자치구로서 적봉의 북쪽 지역이 된다. 그리고 훗날 흑수말갈이라 불린 읍루가 있었던 곳이 연해주 지역이었다는 것은 이미 잘 알려진 사실이다. 그러므로 말갈 일곱 부가 흩어져 살았던 지역은 대체로 적봉 북쪽의 내몽골자치구 동부부터 몽골 동부와 연해주 지역까지였음을 알 수 있다.

여기서 주의해야 할 것은 말갈이 오늘날 내몽골자치구 동부와 몽골 동부 및 연해주 지역을 모두 차지하고 있지는 않았다는 것이다. 그 지역 여기저기에 집단을 이루고 흩어져 살고 있었다고 보아야 한다.

어떤 까닭으로 말갈은 오늘날 내몽골자치구 동부에서 몽골 동부와 연

---

35 『구당서』 권199 상, 「동이열전」 〈고(구)려전〉. "高麗者, 出自扶餘之別種也. 其國都於平壤城, 卽漢樂浪郡之故地, 在京師東五千一百里. 東渡海至於新羅, 西北渡遼水至于營州, 南渡海至于百濟, 北至靺鞨."

36 『신당서』 권220, 「동이열전」 〈고(구)려전〉 참조.

37 윤내현, 「고조선의 서쪽 경계」, 『고조선 연구』 상, 만권당, 2015, pp. 229~239.

38 윤내현, 「위만조선과 한사군의 위치」, 위 책, pp. 469~481.

해주 및 만주와 한반도에 이르는 넓은 지역에 흩어져 살게 되었을까? 이 점을 확인하기 위해 우선 숙신의 위치를 확인해보자. 숙신은 고조선의 서부 변경에 있었던 거수국으로서 고조선의 거수국 가운데 가장 먼저 중국과 사신 왕래와 교역을 가졌던 것으로 문헌에 나타난다.[39]

숙신에 대해서 『사기집해(史記集解)』에는 동북의 이(夷)라고 하여[40] 숙신이 중국의 동북쪽에 있었음을 말하고 있다. 그리고 『춘추좌전(春秋左傳)』〈소공(昭公) 9년〉조에는 서주 초에 숙신·연박(燕亳)은 중국의 북쪽 땅이었다고 기록되어 있다.[41] 숙신이 서주의 영토에 속했던 것처럼 표현한 것은, 천하는 모두 중국 천자의 지배 아래 있어야 한다는 중국인들의 천하사상에 따른 표현으로 사실과는 다르다. 그러나 위의 기록은 숙신이 연나라와 가까이 있었음을 알게 해준다.

학자에 따라 위 기록 가운데 연(燕)과 박(亳)을 떼어 읽기도 하고 붙여 읽기도 하지만 어느 쪽으로 읽든 연나라 지역을 의미한다는 점에서는 같다. 연나라는 중국의 가장 동북쪽에 위치하여 오늘날 천진과 북경 지역을 중심으로 난하 서쪽에 위치해 있었으므로[42] 위의 내용은 숙신이 그곳에서 가까운 지역에 있었음을 알게 해준다.

『사기』〈사마상여전(司馬相如傳)〉에,

> 오유(烏有) 선생은 말하기를…… 또한 제(齊)의 동쪽에는 큰 바다가 펼쳐져 있고 남쪽에는 낭야(琅邪)가 있으며 성산(成山)에서 유람하고 지부

---

39 윤내현, 「고조선의 국가 구조」, 『고조선 연구』 하, 만권당, 2016, pp. 50~53.

40 『사기』 권1, 「오제본기」의 숙신에 대한 주석으로 실린 『사기집해』. "鄭玄曰, 息愼, 或謂之肅愼, 東北夷."

41 『춘추좌전』 권23, 〈소공 9년〉조. "及武王克商, ……肅愼·燕亳吾北土也."

42 윤내현, 「고조선의 서쪽 경계」, 앞 책 『고조선 연구』 상, p. 233.

(之罘)에서 활을 쏘며 발해(勃澥 : 渤海)에 배 띄우고 맹제(孟諸)에서 놀며 곁에는 숙신과 이웃했다.[43]

는 내용이 보인다. 제(齊)는 오늘날 산동성 지역이었으며 낭야(琅邪)·성산(成山)·지부(之罘) 등은 산동성에 있는 지명이다.[44] 맹제(孟諸)는 오늘날 하남성 동부의 상구현(商丘縣)에 있었는데 산동성과 경계지역이다.[45] 그러므로 숙신은 오늘날 산동성 가까이에 발해와 멀지 않은 곳에 있었음을 알 수 있다. 이상의 내용으로 보아 숙신은 난하에서 가까운 오늘날 요서 지역에 있었을 것이다.

그런데 고조선 말기에 고조선의 서부였던 요서 지역에는 위만조선이 건국되었다. 고조선의 거수국이었던 기자조선의 정권을 빼앗은 위만은 오늘날 대릉하까지 영토를 확장했다.[46] 그러므로 이 기간에 요서 지역에 있었던 고조선의 거수국들은 그들의 영토를 잃고 동쪽으로 이주하지 않으면 안 되었을 것이다. 그 후 서한 무제가 위만조선을 멸망시키고 그 지역에 서한의 행정구역인 한사군을 설치하자, 이에 반대하며 그 지역의 주민 가운데 일부가 또 이주하는 현상이 일어났을 것이다. 이 시기에 숙신의 주민들도 다른 지역으로 이주했을 것이다.

그러한 이주 과정에서 숙신족의 일부는 원주지(原住地)에 그대로 남

---

43 『사기』 권117, 「사마상여전」. "烏有先生曰 : ……且齊東階巨海, 南有琅邪, 觀乎成山, 射乎之罘, 浮勃澥, 游孟諸, 邪與肅愼爲隣."

44 『中國古今地名大辭典』, 臺灣商務印書館, 民國 64(1975), p. 1109·385·109 ; 譚其驤 主編, 『中國歷史地圖集』, 第2冊-秦·西漢·東漢時期, 地圖出版社, 1982, pp. 19~20 참조.

45 위의 『中國古今地名大辭典』, p. 447.

46 윤내현, 「위만조선과 한사군의 위치」, 앞 책 『고조선 연구』 상, pp. 467~481 참조.

아 있게 되고, 다른 곳으로 이동한 사람들은 무리를 지어 여러 곳으로 흩어지는 상황이 일어났을 것이다. 그 결과 이들은 오늘날 난하 서쪽은 물론 내몽골자치구 동부에서 몽골 동부·연해주·만주·한반도 등 여러 지역에 흩어져 살게 되었을 것이다. 이들이 나중에 읍루나 물길로 불리다가 다시 말갈로 불리게 되었을 것이다.

그러면 말갈이라는 이름은 어디에서 비롯되었을까? 말갈의 어원을 밝히는 일은 지금으로서는 추론밖에 할 수 없지만, 그 이름이 한민족에게서 불려지기 시작했다는 점은 분명한 것 같다.[47] 앞에서 확인한 바와 같이 중국 문헌에서 말갈이라는 이름이 처음으로 등장한 것은 북제시대인 563년이었다.[48] 그러나 『삼국사기』에는 서기전 37년 고구려의 건국시조 추모왕 때의 기록에 이미 보인다.

고구려 초기의 말갈 기록과 백제·신라와 말갈의 관계에 관한 『삼국사기』 기록은 중국 문헌에는 보이지 않는다. 그러므로 이러한 백제 및 신라와 말갈 관계 기록은 『삼국사기』가 편찬되기 전에 전해오던 한민족의 옛 문헌에 의거했을 것이다. 말갈이라는 이름이 중국 문헌보다 훨씬 일찍 『삼국사기』에 등장한다는 사실은 이 이름이 한민족에게서 불려지기 시작했음을 알게 해준다.

이 점에 대해 다음과 같은 의문을 제기할 수도 있다. 말갈이 『삼국사기』 기록에서 먼저 보인다고는 하지만 『삼국사기』가 편찬된 시기는 중국에서 말갈이라는 이름이 사용된 뒤이므로 『삼국사기』의 편찬자들이

---

47 말갈이라는 이름이 한민족에게서 불리기 시작했으므로 말갈은 순수한 한국어였을 것이다. 그것이 한자로 표기되면서 말갈(靺鞨)이 되었을 것이다. 그러므로 말갈은 말(馬)과 관계된 기마족속일 가능성이 있다.

48 주 27 참조.

중국 사람들이 사용하던 말갈이라는 이름을 말갈에 관한 초기 기록부터 사용했을 수도 있지 않겠느냐는 것이다.

그러나 그 전의 한국 문헌에 숙신 등 다른 이름으로 기록되어 있던 것을 『삼국사기』 편찬자들이 후대에 중국인들이 부른 말갈이라는 이름으로 전부 고쳐 기록했을 것으로는 보기 어렵다. 그러려면 중국인들에게 말갈이라 불린 종족이 이전에는 무엇이라 불렸는지에 대한 분명한 역사 지식을 갖고 있어야 하는데 그러기는 쉽지 않기 때문이다. 그러므로 말갈이라는 이름은 한민족이 숙신의 후예를 부르던 이름이었는데, 그것이 그들 자신이나 중국인들에게 전달되어 여러 지역에 거주하는 숙신의 후손 전체를 부르는 이름으로 정착되었다고 보아야 한다.

따라서 말갈족의 이름 변화는, 한반도로 이주했던 집단은 '숙신→말갈', 연해주로 이주하여 읍루를 세웠던 집단은 '숙신→읍루→물길→말갈', 오늘날 내몽골자치구 동부와 연해주 지역에 있었던 집단과 중국에 속해 있었던 집단은 '숙신→물길→말갈'이라는 과정을 거쳤음을 알 수 있다.

한규철은 발해말갈에 대해 언급하면서 말갈은 특정한 종족에 대한 이름이 아니라 중국인들이 만주 지역 거주민 또는 고구려 변방인들을 이르는 범칭이었을 것이라고 했다.[49] 이러한 한규철의 견해는 발해시대에는 상당히 타당성이 있는 것으로 생각된다. 그러나 그보다 앞선 시대에 관한 한국과 중국 문헌 기록에서는 말갈이라는 이름을 분명히 다른 종족의 이름과 구분하여 사용하고 있다. 다음에 확인되겠지만 『삼국사기』에서도 고구려나 낙랑 또는 당나라 군사와 연합하여 전쟁에 참가한 말

---

49 한규철, 「발해인이 된 고구려말갈」, 『발해의 대외관계사』, 신서원, 1995, pp. 35~82.

갈을 이들과 구분하여 말갈이라 하고 있다. 말갈이 고구려나 낙랑 또는 당나라 군사들과 같은 종족이었다면 굳이 말갈이라 구분하여 불렀을 리가 없다.

그러므로 말갈은 원래 숙신족을 부르던 이름이었는데, 세월이 흐르면서 거기에 다른 종족도 포함되었을 것이다. 그런데 그들은 전쟁이나 약탈을 일삼는 집단으로서 생활이 안정되지 못했고 농업마을 사람들보다 풍속이나 문화 수준이 낮았으므로 나중에는 말갈이라는 이름이 천민 또는 문화 수준이 낮은 변방인들까지를 포함하여 부르는 이름으로 확대되었을 가능성이 있는 것이다.

4. 신라와 백제 북쪽 말갈의 성격

『삼국사기』에 등장하는 여러 말갈 가운데 그동안 한국사 학자들의 관심을 끌어온 것은 백제와 신라의 북쪽에 있었던 말갈이다. 백제와 신라의 북쪽 변경을 자주 침략했던 이 말갈은 도대체 어떤 세력이었을까 하는 것이 학자들의 관심이었다.

그동안 학계에서는 이 말갈을 동예로 보아왔다.[50] 이에 따라 이 말갈을 중국 문헌에 등장하는 말갈과 구별하여 가짜 말갈로 보았다.[51] 그러나 그렇게 보는 데에는 문제가 있다. 말갈이라는 이름은 한국 문헌에 먼저 등장하는데, 나중에 등장한 중국 문헌의 말갈이 진짜이고 한국 문헌의 말갈은 가짜라는 논리는 아무래도 설득력이 없다. 다음 사실들은 말

---

50 주 1과 같음.
51 주 2와 같음.

갈이 동예가 아니었음을 말해준다.

첫째로 『삼국사기』에 동예와 말갈이 함께 등장하는 기록이 있다는 점이다. 『삼국사기』 〈지리지〉에,

> 명주(溟州)는 본래 고구려의 하서량[河西良 : 하슬라(何瑟羅)라고도 함]인데 나중에 신라에 속했다. 가탐(賈耽)의 『고금군국지(古今郡國志)』에 이르기를, "지금 신라 북쪽 경계 명주는 대개 예(濊)의 고국(古國)이다."라고 했다. 전사(前史)에는 부여를 예(濊)의 땅이라 했는데 그것은 잘못이다. 선덕왕 때 이곳으로 소경(小京)을 만들고 사신(仕臣 : 소경의 장관)을 두었다. 태종(무열)왕 5년, 즉 당 현경(顯慶 : 고종의 연호) 3년에 하슬라 땅이 말갈에 연접해 있기 때문에 경(京)을 폐지하고 주(州)를 만들어 군주(軍主)를 두고 그곳을 진수(鎭守)하도록 했다.[52]

는 기록이 보인다. 명주(溟州)는 본래 예(濊)의 옛 땅으로 하슬라(何瑟羅)였는데, 신라 선덕왕 때 소경(小京)을 두었으나 그곳이 말갈의 땅과 연접해 있어서 태종무열왕 5년에 소경을 폐지하고 주(州)를 만들었다는 것이다. 여기에 나오는 예(濊)는 신라 북쪽에 있었던 예로서 일반적으로 동예라 부른다는 것은 다 아는 사실이다. 그런데 위의 인용문에서는 분명히 동예와 말갈을 같은 집단의 이름으로 사용하고 있지 않다. 이는 동예와 말갈이 다른 집단이었음을 말해준다.

---

52 『삼국사기』 권35, 「지리지」 2, 〈명주〉조. "溟州, 本高句麗河西良(一作何瑟羅), 後屬新羅. 賈耽古今郡國志云, 今新羅北界溟州, 蓋濊之古國, 前史以扶餘爲濊地, 蓋誤. 善德王時爲小京置仕臣, 太宗王五年, 唐顯慶三年, 以何瑟羅地連靺鞨, 罷京爲州置軍主以鎭之."

둘째로 『삼국사기』에는 말갈에 관한 기록도 보이지만 동예에 관한 기록도 보인다는 점이다.

(고구려 양원왕) 4년 봄 정월에 (동)예의 병사 6,000명을 이끌고 백제의 독산성(獨山城)을 공격하니 신라 장군 주진(朱珍)이 와서 구원하므로 이기지 못하고 물러났다.[53]

(백제 성왕) 26년 봄 정월에 고구려왕 평성(平成)이 (동)예와 공모하여 한북(漢北) 독산성을 치니 왕이 사신을 신라에 보내 구원을 청했다.[54]

가탐의 『사이술(四夷述)』에는, "진한은 마한의 동쪽에 있는데 동쪽은 바다에 닿고 북쪽은 동예와 접했다."고 했다.[55]

삭주(朔州)는 가탐의 『고금군국지』에 이르기를, "고구려의 동남쪽, (동)예의 서쪽, 옛날 맥(貊)의 땅이니 대개 지금 신라의 북쪽 삭주이다."라고 했다.[56]

이 기록들은 분명히 동예에 관한 기록이다. 이와 같이 『삼국사기』에는

---

53 『삼국사기』 권19, 「고구려본기」 〈양원왕〉조. "四年, 春正月, 以濊兵六千, 攻百濟獨山城, 新羅將軍朱珍來援, 故不克而退."

54 『삼국사기』 권26, 「백제본기」 〈성왕〉조. "二十六年, 春正月, 高句麗王平成與濊謀, 攻漢北獨山城, 王遣使請求於新羅."

55 『삼국사기』 권34, 「지리지」 1. "賈耽四夷述曰, 辰韓在馬韓東, 東抵海, 北與濊接."

56 『삼국사기』 권35, 「지리지」 2. "朔州, 賈耽古今郡國志云, 句麗之東南, 濊之西, 古貊地, 蓋今新羅北朔州."

말갈의 기록도 보이지만 동예에 관한 기록도 보인다. 따라서 말갈을 동예를 가리키는 것으로 보기는 어렵다. 『삼국사기』 편찬자들이 같은 정치집단의 이름을 일관성 없이 동예와 말갈 2가지로 혼용해서 썼다고는 볼 수 없기 때문이다. 그러므로 동예와 말갈은 다른 집단으로 보는 것이 옳을 것이다.

셋째로 말갈이 등장하는 지리적 위치가 동예로 보기는 어렵다는 점이다. 앞에서 이미 확인한 바와 같이 말갈은 신라보다는 백제와의 관계에서 훨씬 먼저 등장한다. 말갈이 백제와의 관계에서 등장한 것은 서기전 17년부터인데,[57] 신라를 침략한 것은 125년부터였다.[58] 만약 말갈이 동예였다면 말갈은 백제보다는 신라와의 관계에서 먼저 등장했어야 한다. 왜냐하면 『후한서』 「동이열전」과 『삼국지』 「동이전」에 따르면, 진한과 동예는 경계를 접하고 남북에 있었는데, 신라는 진한에서 건국되었기 때문이다. 진한은 오늘날 경상북도 지역이었고 동예는 오늘날 강원도 지역이었다. 반면에 백제는 마한의 서북부, 오늘날 임진강 유역에서 건국되었다. 그러므로 백제 북쪽에 있었던 말갈은 신라와 국경을 접할 수 없었던 것이다.

이와 같은 3가지 사실들은 동예와 말갈이 같은 집단이 아니었음을 분명하게 해준다. 백제와 신라의 북쪽에 있었던 말갈의 성격을 분명히 밝히기 위해 말갈의 위치를 구체적으로 확인할 수 있는 『삼국사기』 기록을 검토해보자.

말갈은 온조왕 10년에 백제의 북쪽 변경을 쳐들어갔는데, 백제군은

---

57 주 7 참조.
58 주 15 참조.

곤미천에서 싸우다가 패하고 청목산(青木山)으로 옮긴 바 있다.[59] 그런데 백제는 아신왕 4년, 그전에 패수 전쟁에서 고구려에 패한 보복을 하기 위해 왕이 친히 군사를 거느리고 한수를 건너 청목령(青木嶺)에 이르렀으나 큰 눈을 만나 회군한 바 있다.[60] 그러므로 백제가 말갈과 싸웠던 청목산은 백제의 북부에 있었음을 알 수 있다.

말갈은 온조왕 11년에 병산책을 쳐들어가 파괴했고,[61] 다루왕 3년에는 마수산(馬首山) 서쪽을, 7년에는 마수성과 병산책을 침략했다. 그런데 온조왕 8년에 백제가 마수성과 병산책을 쌓자 낙랑이 "이런 행동은 우리 땅을 잠식하려는 뜻이 있는 것 아니냐."고 화를 냈다는 기록이 있다.[62] 낙랑이 백제의 북쪽에 있었다는 데는 이론이 없다. 그러므로 말갈이 쳐들어왔던 마수성과 병산책은 백제의 북부에 있었음을 알 수 있다.

말갈은 진사왕 3년에 관미령(關彌嶺)을 쳐들어간 적이 있는데,[63] 그 8년에 고구려는 관미성을 쳐서 함락시켰다.[64] 그러므로 관미성은 백제의 북부에 있었음을 알 수 있다.

이상의 사실들은 말갈이 백제의 정북방, 오늘날 임진강 북쪽에 자리잡았음을 알게 해준다. 따라서 말갈이 동예일 수 없는 것이다. 아울러

---

59 『삼국사기』 권23, 「백제본기」 〈시조 온조왕〉조. "十年, 冬十月, 靺鞨寇北境, 王遣兵二百拒戰於昆彌川上, 我軍敗績, 依青木山自保."

60 『삼국사기』 권25, 「백제본기」 〈아신왕〉조. "四年, ……冬十一月, 王欲報浿水之役, 親帥兵七千人過漢水, 次於青木嶺下, 會大雪, 士卒多凍死, 廻軍至漢山城, 勞軍士."

61 『삼국사기』 권23, 「백제본기」 〈시조 온조왕〉조. "十一年, 夏四月, 樂浪使靺鞨襲破瓶山柵, 殺掠一百餘人."

62 『삼국사기』 권23, 「백제본기」 〈시조 온조왕〉조. "八年, ……秋七月, 築馬首城, 竪瓶山柵, 樂浪太守使告曰, 頃者, 聘問結好, 意同一家, 今逼我疆, 造立城柵, 或者其有蠶食之謀乎."

63 『삼국사기』 권25, 「백제본기」 〈진사왕〉조. "三年, ……秋九月, 與靺鞨戰關彌嶺, 不捷."

64 『삼국사기』 권25, 「백제본기」 〈진사왕〉조. "八年, ……冬十月, 高句麗攻拔關彌城."

말갈의 지리적 위치로 보아 신라가 초기에 말갈과 접촉할 수 없었음도 알게 해준다.

한 가지, 말갈의 지리적 위치와 연관하여 유의해야 할 점은 말갈의 위치가 일정하지 않고 계속 변했을 것이라는 점이다. 말갈은 오랜 기간에 걸쳐 백제의 북쪽에 있었던 것으로 기록되어 있는데, 그 기간에 백제는 영토에 변화가 있었고 이에 따라 북쪽 국경도 변화가 있었다. 그런데도 국경 변화와는 상관없이 말갈은 계속 백제의 북부를 침략했다. 이 점은 신라와의 관계에서도 마찬가지다. 신라 지마 이사금 14년에 말갈이 신라의 북쪽 변경을 침략한 후, 신라의 영토가 북쪽으로 확장된 뒤에도 말갈은 계속 신라의 북쪽 변경을 침략하고 있다. 이러한 사실은 말갈이 한 곳에서 붙박이생활을 한 것이 아니라 이동했음을 알게 해준다.

백제와 신라 북쪽에 있었던 말갈에 대해 다음과 같은 생각을 할 수도 있다. 백제와 신라 북쪽에 있었던 말갈은 같은 집단이 이동한 것이 아니라 다른 집단이었을 수도 있다는 것이다. 그런데 『삼국사기』에서 백제·신라와 관계된 말갈의 기록을 보면, 백제와 관계된 기록이 나타나는 기간에는 신라와 관계된 기록은 보이지 않으며, 신라와 관계된 기록이 나타나는 기간에는 백제와 관계된 기록은 보이지 않는다. 이를 정리하면 다음과 같다.[65]

> 서기전 17년(온조왕 2년)~서기 108년(기루왕 32년) : 백제와의 관계에서만 나타나고 신라와의 관계는 보이지 않는다.

---

65 유원재, 「삼국사기 위말갈고」, pp. 6~8에는 말갈과 백제 및 신라의 관계를 출현 시기에 따라 정리하여 표를 만들어 실었으니 참고하기 바람.

125년(지마 이사금 14년)~203년(내해 이사금 8년) : 125년(백제 기루왕 49년)의 백제와 관계된 기록 1건을 제외하고는 모두 신라와 관계를 가지고 나타난다.

210년(초고왕 45년)~391년(진사왕 7년) : 백제 관계에서만 나타나고 신라와의 관계는 보이지 않는다.

395년(내물 마립간 40년)~481년(소지 마립간 3년) : 신라와 관계를 가지고 나타나고 백제와의 관계는 보이지 않는다.

482년(동성왕 4년)~507년(무령왕 7년) : 백제와 관계를 가지고 나타나고 신라와의 관계는 보이지 않는다.

위의 분류 가운데 125년부터 203년까지 말갈이 신라와 관계를 가지고 나타나는 기간에 백제와 관계를 가진 기록이 125년에 1건 보이는데, 그것은 신라가 말갈의 침략을 받자 백제에게 구원을 요청하므로 백제가 5명의 장수를 파견했다는 내용이다. 그러므로 실제로 이것은 말갈이 신라를 침공한 사건을 기록한 것으로 보아야 한다.

따라서 말갈이 백제를 침공한 시기에는 신라를 침공한 기록이 전혀 보이지 않고, 신라를 침공한 시기에는 백제를 침공한 기록이 전혀 보이지 않는다. 이것은 백제와 신라 북쪽에 있었던 말갈이 같은 집단으로서 이동했음을 알게 해준다.

그렇다면 말갈은 어떤 세력이었을까? 우선 말갈에 대한 다음 기록에 관심을 가질 필요가 있다.

(백제 온조왕) 18년 겨울 10월에 말갈이 엄습해 오니 왕이 군사를 거느리고 칠중하에서 맞아 싸워 추장 소모를 사로잡아 마한에 보내고 나머지 적들은 모두 생매장했다.[66]

(백제 고이왕) 25년 봄에 말갈의 장(長) 나갈(羅渴)이 좋은 말 10필을 바치니 왕은 그 사신을 우대하여 돌려보냈다.[67]

이 인용문에서는 말갈의 우두머리를 추장이라고 부르고 있다. 그러나 『삼국사기』에서 고구려 · 백제 · 신라 · 최씨낙랑국 · 대방 등의 나라 통치자에 대해서는 모두 왕이라는 칭호를 사용하고 있다. 동예에 대해서도 "북명인이 밭을 갈다가 (동)예왕의 인장을 얻어 그것을 바쳤다."[68] 고 기록한 것으로 보아 그 통치자를 왕이라 했음을 알 수 있다. 그런데 말갈에 대해서는 이들과 달리 추장이라는 칭호를 사용하고 있는 것이다. 이것은 말갈이 국가가 아니라 그보다 작은 집단이었음을 알게 해준다.

그런데 『삼국사기』에 보이는 여러 말갈은 모두 전쟁 기록 속에 나타나며 군대로 등장한다. 그들은 주로 전쟁하는 집단이었다. 물론 말갈 사람 모두가 전쟁에 참여했는지는 알 수 없지만 적어도 『삼국사기』 기록에 나타난 말갈들은 모두 전쟁하는 집단이었다. 앞에서 말한 바와 같이 한반도 중부에 있었던 말갈은 항상 백제와 신라의 북쪽에 있었는데, 백

---

66 『삼국사기』 권23, 「백제본기」 〈시조 온조왕〉조. "十八年, 冬十月, 靺鞨掩至, 王帥兵逆戰於七重河, 虜獲酋長素牟送馬韓, 其餘賊盡坑之."

67 『삼국사기』 권24, 「백제본기」 〈고이왕〉조. "二十五年, 春, 靺鞨長羅渴獻良馬十匹, 王優勞使者以還之."

68 『삼국사기』 권1, 「신라본기」 〈남해 차차웅〉조. "十六年, 春二月, 北溟人耕田, 得濊王印獻之."

제와 신라의 북부 국경은 남북으로 이동했다. 그러므로 백제와 신라의 국경 변화에 따라 말갈의 위치도 변했을 것이다. 이는 그들이 필요에 따라 이동해 다니는 집단이었음을 알게 해준다.

백제와 신라의 북쪽에 있었던 말갈의 성격을 구체적으로 이해하기 위해 『삼국사기』에 백제 또는 신라와 관계를 가지고 등장하는 말갈에 관한 기록을 표로 만들면 아래와 같다.

아래 표에서 알 수 있듯이 한반도 중부의 말갈은 거의 전쟁과 관련된 기록에 나타나는데 주로 백제와 신라를 침략했다. 백제나 신라가 말갈의 관계 기록에서 우호관계를 보여주는 기록은 백제 구수왕 25년에 말갈 추장 나갈(羅渴)이 좋은 말 10필을 백제에 보냈다는 것이 유일하다.

신라와 관계된 말갈 기록

지마 이사금	14년 정월	말갈이 북쪽 변경을 침략하여 관리와 백성을 죽임
	14년 7월	말갈이 대령책을 몰래 습격하고 이하(泥河)를 지나옴
일성 이사금	4년 2월	말갈이 새(塞)에 들어와 장령(長嶺)의 5책(柵)을 불질렀음
	6년 8월	말갈이 장령을 몰래 습격하여 인민을 노략함
	6년 10월	말갈이 습격했으나 우레가 심하니 곧 물러감
	7년 2월	장령에 책을 설치하여 말갈을 방비함
	9년 7월	왕이 여러 대신들과 말갈을 칠 것을 논의함
내해 이사금	8년 10월	말갈이 국경을 침범함
내물 마립간	40년 8월	말갈이 북쪽 변경을 침략하므로 실직에서 방어함
자비 마립간	11년 봄	고구려가 말갈과 더불어 북쪽 변경 실직성을 침략함
소지 마립간	2년 11월	말갈이 북쪽 변경을 침범함
	3년 3월	고구려가 말갈과 더불어 북쪽 변경에 침입함
태종무열왕	2년 정월	고구려가 백제 · 말갈과 더불어 북쪽 변경을 침략함
	5년 3월	하슬라가 말갈과 가까워서 경(京)을 파하고 주(州)로 고침
	8년 5월	고구려군과 말갈군이 연합하여 술천성(述川城)을 공격함

백제와 관계된 말갈 기록

온조왕	2년 정월	왕은 말갈을 방어할 계획을 세우라고 군신(群臣)에게 지시함
	3년 9월	말갈이 북경(北境)을 침범하므로 왕이 그들을 격파함
	8년 2월	말갈 3,000명이 내습하여 위례성을 포위함
	10년 10월	말갈이 북쪽 변경을 침범하여 백제군이 패함
	11년 4월	낙랑이 말갈을 시켜 병산책을 침략함
	13년 5월	왕이 신하들에게 동쪽에 낙랑이 있음을 걱정함
	18년 10월	말갈이 침입하니 왕이 추장 소모를 사로잡음
	22년 9월	왕이 사냥하다가 말갈을 만나 싸워 격파함
	40년 9월	말갈이 술천성을 공격함
	40년 11월	말갈이 부현성을 습격하여 100여 명을 죽이고 약탈함
다루왕	3년 10월	흘우(屹于)가 마수산 서쪽에서 말갈과 싸워 승리함
	4년 8월	곤우(昆優)가 말갈과 싸워 이겨 200여 명의 목을 벰
	7년 9월	말갈이 마수성을 함락하고 백성들의 집을 불태움
	28년 8월	말갈이 북쪽 경계를 침입함
	29년 2월	왕은 우곡성을 쌓아 말갈에 대비하도록 명함
기루왕	32년 7월	말갈이 우곡에 들어와서 주민들을 약탈해 감
	49년	말갈의 침략을 당한 신라가 도움을 청해 장군 5명 파견
초고왕	45년 10월	말갈이 사도성(沙道城)에 쳐들어와 성문에 불을 지름
	49년 9월	진과(眞果)가 말갈의 석문성(石門城)을 습격하여 빼앗음
	49년 10월	말갈이 강한 기병으로 공격해 와서 술천에 이름
구수왕	3년 8월	말갈이 쳐들어와 적현성을 포위 공격함
	7년 10월	말갈이 북쪽 변경을 침범하므로 이를 막음
	16년 10월	말갈이 우곡의 경계에 들어와 사람과 물건을 약탈함
	25년 봄	말갈 추장 나갈이 좋은 말 10필을 바침
진사왕	2년 9월	관미령에서 말갈과 싸웠으나 이기지 못함
	7년 4월	말갈이 북쪽 변경의 적현성을 쳐서 함락시킴
동성왕	4년 9월	말갈이 한산성을 습격하여 300여 호를 사로잡음
무령왕	3년 9월	말갈이 마수책을 세우고 고목성(高木城)으로 공격해 옴
	6년 7월	말갈이 고목성을 격파하고 주민을 죽이거나 잡아감
	7년 5월	책(柵)을 세우고 장령성(長嶺城)을 쌓아 말갈에 대비함
	7년 10월	고구려의 고로(高老)가 말갈과 공모하여 한성을 치려 함
의자왕	15년 8월	고구려 · 말갈과 함께 신라의 30여 성을 쳐부숨

앞에서 확인한 바와 같이 말갈은 숙신의 후예였다. 숙신은 고조선의 거수국으로 중국과 가까운 오늘날 요서 지역에 자리 잡아 고조선의 거수국들 가운데 가장 일찍 중국과 교류를 가졌다.[69] 그런데 숙신의 사신은 중국을 방문할 때 활·화살·화살촉을 예물로 가지고 갔던 것으로 기록되어 있다. 고대에는 민간무역이 이루어지지 않았기 때문에 사신이 가지고 간 예물은 국제교역의 상품 역할을 했다.[70] 숙신은 그들의 특산품인 활·화살·화살촉을 중국의 특산품과 교환하거나 높은 가격으로 팔았던 것이다.

그런데 숙신이 이러한 무기를 중국에 수출했다는 것은 무기 만드는 기술이 매우 뛰어났음을 뜻한다. 무기 만드는 기술이 뛰어났다면 그것을 다루는 솜씨나 전쟁능력도 뛰어났을 것이다. 이러한 숙신은 고조선 말기에 와서 오늘날 요서 지역에 위만조선이 건국되고 이어서 한사군이 설치됨에 따라 여러 곳으로 흩어져 이주했는데, 연해주의 읍루를 제외하고는 국가를 세우지 못하고 주로 약탈이나 전쟁에 종사하면서 생활했던 것으로 보인다. 이들은 한반도와 만주에서는 말갈이라 불렸으나 중국인들에게는 계속 숙신이라 불리다가 북위 때(386~534년) 물길로 불렸으며 그 뒤에 말갈이라는 이름으로 통일된 듯하다.

이들이 한반도와 만주 지역에서 말갈이라 불린 뒤에도 한반도와 만주 밖에서는 중국인들에게 계속 숙신이라 불렸음은 이 기간의 여러 중국 문헌에 숙신이라는 이름이 등장할 뿐만 아니라 『삼국사기』「고구려본기」에도 다음과 같은 기록들이 확인되는 것에서 알 수 있다.

즉 고구려 태조왕은 즉위 69년(121년)에 태후묘(太后廟)에 제사를 지

---

69 윤내현, 「고조선과 중국의 교섭」, 앞 책 『고조선 연구』 하, pp. 441~453.

70 위 책, pp. 451~453.

내기 위해 부여 지역을 방문했는데, 그때 숙신의 사신이 와서 붉은 여우 가죽으로 만든 가죽옷과 백응(白鷹 : 흰 매)·백마를 바쳤다는 기록이 있으며,[71] 동천왕 20년(247년)에 위나라가 고구려를 침략한 일이 있는데, 그들이 돌아가면서 숙신의 남쪽 경계에 이르러 돌에 명문을 남겼다는 기록이 있고,[72] 서천왕 11년(280년)에는 숙신이 고구려를 침략하자 이를 쳐 복속시켰다는 기록이 있다.[73] 이러한 기록들을 보더라도 이 시기에 고구려 밖에는 여전히 숙신이라 불리는 집단이 있었음을 알 수 있다.

그런데 한반도 중부 지역의 말갈은 백제와 신라를 자주 침략했으면서도 고구려를 침략한 기록은 보이지 않는다. 고구려 및 낙랑(최씨낙랑국)과는 우호적인 관계에 있었던 것 같다. 백제의 온조왕 11년에 낙랑은 말갈을 시켜 백제의 병산책을 침략하도록 했고,[74] 백제의 무령왕 7년[75]과 신라의 소지 마립간 3년[76]과 태종무열왕 2년 및 8년에는 고구려가 말갈과 연합하여 백제의 한성과 신라의 북쪽 변경 및 신라의 술천성(述川城)을 침략했다.[77]

---

71 『삼국사기』 권15, 「고구려본기」 〈태조대왕 69년〉조. "冬十月, ……肅愼使來, 獻紫狐裘及白鷹白馬, 王宴勞以遣之."

72 『삼국사기』 권17, 「고구려본기」 〈동천왕 20년〉조. "是役也, 魏將到肅愼南界, 刻石紀功."

73 『삼국사기』 권17, 「고구려본기」 〈서천왕 11년〉조. "冬十月, 肅愼來侵, 屠害邊民. ……拜達賈爲安國君, ……兼統梁貊·肅愼諸部落."

74 『삼국사기』 권23, 「백제본기」 〈시조 온조왕〉조. "十一年, 夏四月, 樂浪使靺鞨襲破瓶山柵, 殺掠一百餘人."

75 『삼국사기』 권19, 「고구려본기」 〈문자왕 16년〉조. "왕이 장수 고로를 시켜 말갈과 함께 백제의 한성을 공략하게 하여 횡악(橫岳) 아래에 주둔했던바, 백제가 군대를 내어 마주 싸우므로 이에 퇴군했다(王遣將高老與靺鞨, 謀欲攻百濟漢城, 進屯於橫岳下, 百濟出師逆戰, 乃退)."

76 『삼국사기』 권3, 「신라본기」 〈소지 마립간〉조. "三年, ……三月, 高句麗與靺鞨入北邊, 取孤鳴等七城."

77 『삼국사기』 권5, 「신라본기」 〈태종무열왕〉조. "二年, 春正月, ……高句麗與百濟靺鞨,

여기서 유의해야 할 것은 고구려가 말갈과 연합하여 백제와 신라를 침략한 시기는 백제 북쪽에 있었던 최씨낙랑국이 멸망한 뒤라는 사실이다.[78] 그러므로 말갈은 원래 낙랑국의 남부에 있었는데, 고구려가 그 지역을 차지한 뒤에는 고구려의 남부에 있게 되었다고 보아야 할 것이다.

그런데 고구려·최씨낙랑국·숙신(후의 말갈) 등은 고조선시대에 오늘날 요서 지역에 서로 가까이 있었던 거수국들이었으므로[79] 이들은 친밀한 관계에 있었다고 보아야 할 것이다. 그러나 비록 백제의 왕실이 고구려에서 갈라져 나왔다고는 하지만 백제와 신라는 한반도 남부의 토착세력이었다. 그러므로 오늘날 요서 지역에서 이주해 온 말갈과는 친밀한 관계가 아니었던 것이다.

말갈은 오늘날 요서 지역에서 이주해 왔다는 점에서 최씨낙랑국이나 고구려와 같은 처지였다. 그러므로 최씨낙랑국이나 고구려는 전쟁에 능한 그들에게 어느 정도의 독립성을 인정해주면서 전쟁에 이용했던 것으로 보인다. 결과적으로 백제와 신라의 북쪽에 있었던 말갈은 처음에는 최씨낙랑국에 부용(附庸)된 집단이었으나 최씨낙랑국이 멸망한 300년 이후에는 고구려에 부용된 집단이 되었다고 보아야 할 것이다. 이들이 부용집단이었음은 『구당서』「북적열전」〈말갈전〉에, 그들은 모두 수십 부(部)나 되는데 각각 추수(酋帥)가 있어 더러는 고구려에 부용되어 있고 더러는 돌궐에 신속되어 있었다고[80] 기록되어 있는 것에서도 알 수

連兵, 侵軼我北境.” “八年, ……五月九日, 高句麗將軍惱音信與靺鞨將軍生偕, 合軍, 來攻述川城.”

78 낙랑국(최씨낙랑국)은 300년에 멸망했다(『삼국사기』 권2, 「신라본기」 〈기림 이사금 3년〉조 참조).

79 윤내현, 「고조선의 국가 구조」, 앞 책 『고조선 연구』 하, pp. 30~53.

80 주 31 참조.

있는데, 이러한 상황은 백제와 신라의 북쪽에 있었던 말갈의 경우도 다르지 않았던 것이다.

5. 마치며

지금까지 살펴본 바와 같이 말갈은 여러 종류가 등장한다. 『삼국사기』에 기록된 것만 보더라도 고구려에 속하여 만주 지역에 있었던 말갈, 백제와 신라의 북쪽 한반도 중부에 있었던 말갈, 중국 당나라에 속해 있었던 말갈, 발해에 속해 있었던 만주와 연해주 지역의 말갈 등 네 종류가 있었다. 그리고 중국 문헌에서는 속말부·백돌부·안거골부·불열부·호실부·흑수부·백산부 등 일곱 부의 말갈이 오늘날 내몽골자치구 적봉 북쪽에서 몽골 동부 및 연해주에 이르는 지역에 분포되어 있었던 것으로 기록되어 있다.

이와 같이 말갈은 여러 지역에 거주하고 있었고 그 성격이 달랐는데도 말갈이라는 같은 이름으로 불리고 있었다. 이것은 그들이 비록 서로 다른 지역에 거주하게 되었지만 원래 같은 종족이었기 때문이다. 그들은 원래 숙신이었다. 숙신은 고조선의 거수국으로 한민족의 일부였으므로 말갈은 한민족이었던 것이다.

숙신은 원래 오늘날 요서 지역, 즉 난하 동부 유역에 있던 고조선의 거수국이었다. 그런데 위만조선이 건국되어 오늘날 요서 지역을 차지하자 그 지역에 있었던 고조선의 거수국들은 영토를 잃고 이동하지 않으면 안 되었다. 그 과정에서 숙신도 여러 지역으로 흩어지는 상황을 맞게 되었다. 그 후 위만조선이 멸망하고 한사군이 설치되자 그 지역에 남아 있던 토착인들이 다시 한 번 이동하는 상황이 일어났다. 이런 과정을 거쳐 숙신은 여러 지역으로 흩어져 살게 되었는데 일부는 한반도와 만주에, 일부는 중국의 동북 변경에, 일부는 내몽골자치구 동부에서 몽골 동부 및 연해주 지역에 흩어져 살면서 새로운 이름으로 불리게 되었다.

그런데 오늘날 내몽골자치구와 몽골 동부 및 연해주 지역에 있었던 여러 말갈 가운데 흑수말갈만이 '숙신 → 읍루 → 물길 → 말갈'이라는 이름 변화를 거쳤고 다른 말갈들은 '숙신 → 물길 → 말갈'이라는 이름 변화를 거쳤으며, 백제와 신라 북부에 있었던 말갈과 고구려에 속해 있었던 말갈은 '숙신 → 말갈'이라는 이름 변화를 거쳤다.

말갈이라는 이름은 중국보다 한민족이 먼저 사용했다. 숙신의 일부가 한반도로 이동해 오자 한민족은 그들을 말갈이라고 불렀다. 한민족이 그들을 말갈이라 불렀음은 서기전 37년의 기록에서 이미 보인다. 그러나 중국에서는 이들을 계속 숙신이라 부르다가 북위시대에 이르러 물길이라 불렀고, 북조 말기인 563년 무렵에 말갈이라 불렀다. 그러므로 말갈이라는 이름은 한민족이 원래 사용했던 것을 중국인들이 받아들이게 됨에 따라 그들을 총칭하는 이름으로 통용되었던 것으로 보인다.

여러 지역으로 흩어진 숙신족 가운데 연해주 지역으로 이동했던 일부는 읍루라는 나라를 세웠다. 그러나 다른 집단들은 나라를 세우지 못하고 그 지역에 있었던 나라의 부용집단이 되었다. 숙신은 원래 우수한 활과 화살·화살촉 등을 생산하여 중국에 수출했으며 무기를 잘 다루고 전쟁에도 능숙했는데, 그러한 전통이 말갈에게 이어졌던 것 같다. 그러한 성격은 백제와 신라 북쪽에 있었던 말갈의 경우도 마찬가지였다. 이들은 주로 전쟁이나 약탈을 하면서 생활하는 집단이었다.

지금까지는 백제와 신라 북쪽에 있었던 말갈은 동예를 잘못 기록한 것으로 인식해왔다. 그러나 그러한 견해는 수정되어야 할 것 같다. 이들은 원래 백제의 북쪽, 오늘날 황해도 남부를 차지하여 최씨낙랑국에 부용된 집단이었다. 그러나 최씨낙랑국이 멸망하고 그 지역이 고구려의 영토가 된 뒤에는 고구려의 부용집단이 되었다. 이들은 오늘날 황해도 남부 지역에 있었으므로 강원도 지역에 있었던 동예일 수는 없다.

이 말갈은 신라의 북쪽 변경을 침략하기도 했다. 그러한 사실 때문에 이들을 동예로 잘못 인식했던 것이다. 그러나 말갈이 신라의 북부를 침략한 것은 125년 이후로, 백제를 침략하기 시작한 서기전 17년보다 140여 년이 지난 뒤부터였다. 이는 신라가 영토를 북쪽으로 확장한 후 말갈과 접촉하기 시작했음을 말해준다. 그러므로 말갈이 처음부터 신라 북쪽에 있었던 동예일 수는 없다. 그리고 말갈이 백제의 북부는 물론 신라의 북부도 침략하여 문헌에 위치가 일정하게 나타나지 않은 것은 이들이 필요에 따라 이동하는 집단이었음을 알게 해준다.

한마디로 백제와 신라 북쪽에 있었던 말갈은 동예나 독립된 나라가 아니었고, 최씨낙랑국에 종속되어 있다가 최씨낙랑국이 멸망한 뒤에는 고구려에 종속된 부용집단이었다.

韓國列國史研究

제3장 ◉ 열국시대에 대한 종합 검토

I 열국시대의 정치 변화

1. 들어가며

열국시대는 한민족이 첫 번째로 맞은 정치 분열기였다. 고조선이 붕괴되면서 출현한 열국시대는 한민족이 분열하여 여러 나라를 세웠다는 점에서 정치적으로 매우 큰 사건이 아닐 수 없다. 지금부터 1만 년 전, 한반도와 만주 각지에 마을들이 출현한 뒤 이들은 수천 년에 걸쳐 점진적인 통합을 이루어가며 고조선이라는 큰 나라를 출현시켰고, 이에 따라 한민족이 형성되었다. 그런 고조선이 붕괴되면서 여러 나라가 등장하게 되었으므로 이 시기에는 고조선시대와는 다른 정치적 특징들이 나타났을 것이다. 이를 고찰하는 것이 이 글의 목적이다.

열국들은 독립 초기에는 자신들의 지역 기반을 확장하고 이를 확고히 하는 데 힘을 쏟았다. 그러나 점차 사회가 안정되면서 고조선의 붕괴 원인을 살펴보고 그러한 전철을 밟지 않으려고 노력하게 되었다. 그 결과 대부분의 나라는 고조선시대의 지방분권적인 거수국제 통치 조직을 버리고 중앙집권적인 통치 조직을 확립해나가게 되었다. 이러한 통치 조직의 변화는 그 양상이나 속도가 나라에 따라 달랐지만, 그것은 국가 구조와 사회 구조의 변화를 동반하는 것으로서 가장 큰 정치적 변화라고 말할 수 있을 것이다.

이러한 중앙집권적 통치 조직은 자연히 관료조직의 발달을 가져왔고 그것은 사회신분의 차등을 확대시켰다. 그 결과 신분제와 귀족제가 발달했는데, 새로운 변화를 정착시키기 위해서는 그것을 뒷받침할 제도의 개선과 법령의 정비 및 이론적 근거가 필요했다. 이러한 현상은 열국시대의 여러 나라에서 나타나는 특징이라고 말할 수 있다.

열국들은 정치적으로 안정되면서 중요한 과제를 느끼게 되었다. 그것은 민족의 재통합이었다. 고조선이 건국됨에 따라 한반도와 만주의 거주민들은 같은 나라의 국민이라는 귀속의식과 공동체의식을 갖게 되었으며 그 결과 한민족이 형성되었다. 그런데 고조선이 붕괴되자 고조선 안에 있었던 여러 지방세력들이 독립하여 각각 나라를 세움으로써 민족의 분열을 가져오게 되었던 것이다. 또한 그 과정에서 매우 많은 주민들이 오늘날 요서 지역에서 요동 지역으로 이동하게 되었는데, 이곳저곳으로 흩어져 감에 따라 그들은 같은 혈족이면서도 다른 나라에서 살아야 하는 상황이 일어났다.

이러한 상황은 민족 재통합의 필요성을 절실하게 느끼게 했을 것이고 여러 나라는 그러한 길을 모색하게 되었을 것이다. 그것은 결국 열국시대를 마감하고 고구려 · 백제 · 신라 · 가야의 사국시대와 고구려 · 백제 · 신라의 삼국시대 및 신라와 발해의 남북국시대를 거쳐 고려에 이르도록 하는 출발점이 되었다. 그러므로 이러한 사실들을 확인하는 것은 열국시대에 대한 이해는 물론, 그 뒤의 한국사 흐름을 바르게 인식하는 데도 도움이 될 것이다.

2. 중앙집권제의 확립

열국시대 정치가 고조선시대와 다른 중요한 특징은 통치 제도에서 중앙집권제를 확립했다는 것이다. 고조선은 각 지역에 많은 거수국을 거느리고 거수로 하여금 자신의 거수국을 통치하도록 했던 지방분권 국가였다. 그러한 통치 제도가 열국시대에는 중앙집권제로 바뀌고 있었다. 그 상황은 나라에 따라 달라 멸망하기까지 지방분권적인 거수국제를 유지했던 나라가 있었는가 하면, 건국 초부터 중앙집권제였던 나라도 있었다. 중앙집권제였던 나라에도 지방분권적인 요소는 다소 남아 있었다.

열국 가운데 읍루·동옥저·동예·최씨낙랑국 등에 관해서는 충분한 기록이 남아 있지 않기 때문에 통치 제도가 어떠했는지를 확인할 길이 없다. 그러나 한과 가야는 고조선의 통치 제도인 거수국제를 그대로 이어받아 멸망할 때까지 지방분권적인 통치 제도를 유지했고, 동부여·백제·신라는 초기부터 중앙집권제를 채택했으며, 고구려는 2가지가 복합된 제도를 취했다.

『후한서』「동이열전」과 『삼국지』「동이전」에 따르면 한(삼한)에는 원래 78개의 거수국이 있었는데 국력이 약화되어 영토가 축소됨에 따라 거수국은 12개로 줄어들었다.[1] 그러나 거수국제라는 통치 제도가 바뀌었다는 기록은 보이지 않는다. 그리고 가야도 아라가야·고령가야·대가

---

1 『후한서』 권85, 「동이열전」 〈한전〉에는 한에는 78개의 국이 있었으며 한의 진왕이 이를 모두 다스렸다고 기록되어 있는 반면, 『삼국지』 권30, 「동이전」 〈한전〉에는 한에는 78개의 국이 있었다고 말하면서도 진왕은 그 가운데 12개 국만을 다스렸다고 기록되어 있다. 이것은 한에는 원래 78개의 거수국이 있었으나 영토가 축소됨에 따라 거수국의 수가 12개로 줄어들었음을 말해주고 있는 것이다. 이 시기에 신라·백제·가야가 한의 영토를 분할하여 독립국을 세움으로써 영토가 줄어들었던 것이다.

야·성산가야·소가야 등 다섯 가야로 일컬어지는 봉국들이 대가야를 공동의 군주로 받드는 봉국제 국가였는데, 대가야(금관가야)의 위치가 오늘날 김해 지역에서 고령 지역으로 이동하는 변화가 있기는 했으나 멸망할 때까지 통치 제도에는 변함이 없었다.[2]

봉국제는 기본 성격이 거수국제와 같은 것이므로 고조선의 통치 제도였던 거수국제는 한(韓)을 거쳐 가야로 이어졌다고 보아야 할 것이다. 가야는 562년에 멸망했으므로 그때까지 한반도의 남동부에서 고조선의 통치 제도가 이어지고 있었던 것이다. 한이나 가야와는 달리 동부여·백제·신라 등은 건국 초부터 중앙집권제를 실시했다. 물론 왕권의 강한 정도는 나라에 따라 달랐다.

동부여의 통치 제도는 초기부터 중앙집권제였다. 서기전 59년에 해부루왕이 건국한 동부여는 5개의 큰 행정구역으로 나뉘어 있었는데, 중앙에는 왕의 직할 지역이 있었고 사방 네 곳에는 사출도라 불리는 지역이 있어서 가(加)가 다스렸다.[3] 「광개토왕릉비문」에 따르면 사출도 아래에는 성이 있어서 압로가 다스렸고, 성 아래는 일반 마을이 있었는데 그곳에는 촌장이 있었다.[4] 동부여는 초기부터 이와 같이 중앙집권의 통치

---

2 학계에서는 가야의 국가 성격을 연맹왕국으로 보고 있으나 연맹왕국은 여섯 가야가 대등하다는 의미를 담고 있다. 그러나 실제로 대가야의 통치자는 왕으로 불렸고 다섯 가야의 통치자는 주(主)로 불리는 등 차등관계를 보여주고 있으며, 그들은 모두 가야라는 칭호를 사용함으로써 같은 나라에 속해 있음을 표시했다. 그리고 대가야 왕실은 다섯 가야의 종가였다. 이러한 점들은 가야가 연맹왕국이 아니라 봉국제 국가였음을 알게 해준다. 윤내현, 「가야의 건국과 성장에 대한 재고찰」, 『사학지』, 제30집, 1997, pp. 27~56 ; 이 책의 제1장 Ⅷ 「가야의 건국과 체제」 참조.

3 『삼국지』 권30, 「동이전」 〈부여전〉. "諸加別主四出道, 大者主數千家, 小者數百家." 사출도를 다스리는 가들을 총칭하여 제가라 했다.

4 「광개토왕릉비문」 〈영락 20년〉조. "二十年庚戌, 東夫餘舊是鄒牟王屬民, 中叛不貢, 王躬率往討. …… 又其慕化隨官來者, 味仇婁鴨盧·卑斯麻鴨盧·○立婁鴨盧……

제도를 갖추고 있었으며 장자상속의 왕위세습제도 확립되어 있었다.[5]

그러나 왕권은 별로 강하지 못했다. 간위거왕에게 적자가 없어 서자였던 마여가 왕위에 오를 때 제가(諸加)의 옹립 형식을 취했고,[6] 동부여의 풍속에 가뭄이나 장마가 계속되어 오곡이 여물지 않으면 그 허물을 왕에게 돌려 왕을 바꾸거나 죽일 수 있었다.[7] 그리고 일종의 제가평의회가 있어 국가의 중요한 일을 결정했는데, 이것은 왕위 계승·정책 수립·형벌 적용·대외관계 등 국가의 중대사를 결정하는 기구였던 것으로 생각된다. 왕권이 이처럼 제가의 영향을 받고 있었다는 것은 그 권력이 아직 전제화되어 있지 않았다는 것을 말해준다.

고조선이 붕괴된 뒤 북부여에서 동쪽으로 이동하여 동부여를 건국한 부여 왕실은 시대 상황의 변화에 따라 지방분권적인 고조선의 거수국제를 버리고 중앙집권적인 통치 제도를 채택했을 것이다. 그렇지만 아직 지방분권적인 통치의 관습이 남아 있는 데다 관료 제도가 발달하지 못했기 때문에 왕권은 크게 성장하지 못했던 것 같다.

서기전 18년에 비류가 건국한 백제도 초기부터 중앙집권제였다.[8] 비

凡所攻破城六十四, 村一千四百." 이 내용에 따르면 고구려의 광개토왕은 동부여를 쳐서 64개의 성과 1,400개의 마을을 차지한 적이 있는데, 각 성에는 압로가 있었다. 그러므로 1개의 성 밑에는 20여 개의 마을이 있었음을 알 수 있는데, 이 지역을 압로가 통치했을 것이다. 압로는 가(加)의 지시를 받았을 것이고 압로 밑에는 각 마을에 촌장이 있었을 것이다. 그러므로 동부여의 통치 조직은 왕·가·압로·촌장 등의 중앙집권 체제의 행정조직으로 형성되어 있었을 것이다.

5 이 책의 제2장 Ⅰ「동부여의 패권 쇠퇴」 참조.

6 『삼국지』 권30, 「동이전」 〈부여전〉. "尉仇台死, 簡位居立. 無適子, 有孽子麻余, (簡)位居死, 諸加共立麻余."

7 『삼국지』 권30, 「동이전」 〈부여전〉. "舊夫餘俗, 水旱不調, 五穀不熟, 輒歸咎於王, 或言當易, 或言當殺."

8 백제의 건국시조가 비류였음은 이 책의 제1장 Ⅵ「백제의 건국과 성장」에서 자세하게

류의 뒤를 이은 온조왕은 10년(온조왕 28년)에 큰아들인 다루를 태자로 삼음으로써 장자상속법의 원칙을 세웠고,[9] 13년에는 전국을 남부와 북부로 나누었다가 2년 뒤인 15년에는 다시 동부와 서부를 설치함으로써 전국을 동부·서부·남부·북부 등 4개의 행정구역으로 나누었다.[10] 다루왕은 33년(다루왕 6년)에 남부의 주와 군에 명령을 내려 대대적인 농지 개간 사업을 벌였다는 기록이 있는데,[11] 이것은 동부·서부·남부·북부가 직접 왕의 명령을 받는 행정구역이었음을 알게 해준다. 백제는 초기부터 중앙집권체제로 통치되었던 것이다.

이러한 강력한 통치력을 바탕으로 백제는 짧은 기간에 영토를 크게 넓힐 수 있었다. 온조왕은 8년(온조왕 26년)에 마한을 쳐서 그 국읍을 차지했고,[12] 다음 해에는 원산과 금현 두 성까지 항복을 받음으로써 마한의 중심부까지 차지하게 되었다.[13] 그리고 백제는 온조왕 때 이미 영토가 오늘날 전라북도 정읍에 이르렀다.[14] 이렇게 빠른 속도로 백제가 영

논했음.

9 『삼국사기』 권23, 「백제본기」 〈시조 온조왕 28년〉조.

10 『삼국사기』 권23, 「백제본기」 〈시조 온조왕 31년〉조. "春正月, 分國內民戶爲南北部." ; 〈33년〉조. "秋八月, 加置東西二部."

11 『삼국사기』 권23, 「백제본기」 〈다루왕 6년〉조. "二月, 下令國南州郡, 始作稻田."

12 『삼국사기』 권23, 「백제본기」 〈시조 온조왕 26년〉조. "冬十月, 王出師陽言田獵, 潛襲馬韓, 遂幷其國邑, 唯圓山·錦峴二城, 固守不下."

13 『삼국사기』 권23, 「백제본기」 〈시조 온조왕 27년〉조. "夏四月, 二城降, 移其民於漢山之北, 馬韓遂滅" 이때 마한이 멸망한 것처럼 기록되어 있지만, 이후에도 마한의 일부를 포함한 한(韓)은 존속하고 있었음이 분명하므로 백제가 마한의 중심부인 국읍 지역을 차지한 것을 그렇게 표현한 것으로 생각된다.

14 『삼국사기』 권23, 「백제본기」 〈시조 온조왕 36년〉조에는, "8월에 원산과 금현의 두 성을 수리하고 고사부리성을 쌓았다."고 했는데, 고사부리는 오늘날 전라북도 정읍군 고부를 말한다. 정읍군 고부면 고부리에는 돌로 쌓은 고려시대의 산성이 있는데 일명 고부산성이라고 한다. 이 산성은 고려 현종 때 쌓은 것으로 추정되지만 그 안에서 고려

토를 확장할 수 있었던 것은, 당시 한(마한은 그 일부)이 각 지역에 거수국을 거느린 지방분권적인 국가였을 뿐만 아니라 한반도 남부에 자리잡아 큰 전쟁을 경험하지 않았기 때문이었다.

반면에 백제의 지배층은 원래 고조선과 위만조선, 고조선과 서한 등의 전쟁을 체험한 북부 지역에 거주했던 사람들일 뿐만 아니라 남쪽으로 이주하는 과정에서도 어려움을 많이 겪었다. 그리고 백제는 건국 초부터 중앙집권국가였으므로 결속력과 의지가 강한 군대를 가지고 있었을 것이다. 이러한 상황은 백제가 쉽게 넓은 영토를 차지할 수 있도록 만들었을 것이다. 백제는 영토를 확장하는 과정에서 여러 차례 한(韓)과 큰 전쟁을 했을 것이고, 그러한 전쟁을 거치면서 왕권은 더욱 강화되었을 것이다.

그러나 백제의 관직에는 지방분권제의 유풍이 부분적으로 남아 있었다. 『삼국사기』「백제본기」〈개로왕 18년〉조에 따르면 당시 백제는 여례(餘禮)와 장무(張茂)를 사신으로 삼아 중국 북위에 국서를 보냈는데, 여례의 관직에 불사후(弗斯侯)라는 칭호가 들어 있으며,[15] 『송서』「이만열전」〈백제국전〉에는 여기(餘紀)를 우현왕(右賢王), 여곤(餘昆)을 좌현왕(左賢王)으로 부르고 있다.[16] 그리고 『남제서』「동남이열전」〈백제국전〉에는 면중왕(面中王)·도한왕(都漢王)·팔중후(八中侯)·아착왕(阿錯

시대와 조선시대의 기와 조각은 물론, 백제계와 신라계의 토기 조각도 출토되었다. 이로 보아 이 성은 백제가 쌓아 사용했던 것을 고려시대에 증개축한 것으로 보인다.

15 『삼국사기』 권25, 「백제본기」〈개로왕 18년〉조. 국서의 내용에, "삼가 본국의 관군장군(冠軍將軍) 부마도위(駙馬都尉) 불사후(弗斯侯) 장사(長史) 여례(餘禮)"라 했다.

16 『송서』 권97, 「이만열전」〈백제국전〉. 행관군장군(行冠軍將軍) 우현왕 여기를 관군장군으로, 행정로장군(行征虜將軍) 좌현왕 여곤과 행정로장군 여훈(餘暈)을 모두 정로장군(征虜將軍)으로 삼았다는 내용이 보인다.

王)·매로왕(邁盧王)·불사후·매라왕(邁羅王)·벽중왕(辟中王)·불중후(弗中侯)·면중후(面中侯) 등의 칭호가 보인다.[17] 왕이나 후는 봉국제의 통치 조직에서 제후왕이나 제후에게 주어지는 칭호였다.

위의 기록들은 봉국제의 통치 제도에서 사용했던 작위 이름을 백제에서 사용했음을 알게 해준다. 그러나 백제의 본국에서는 고대 봉국제와 같이 일정한 지역을 이들에게 위임하여 통치하는 지방분권적 통치는 하지 않았고 그에 상응하는 예우에 그쳤던 것으로 보인다.[18] 그러나 건국 초에는 이들이 정치에 상당한 발언권을 가지고 있었을 것이며 왜열도와 중국 동부 해안 지역의 백제 진출 지역에는 실제로 이러한 제후들이 분봉되었을 가능성이 있다.

서기전 57년에 혁거세 거서간이 건국한 신라는 초기부터 중앙집권제의 통치 제도였지만 왕권은 백제만큼 강하지 못했을 것으로 생각된다. 신라는 진한 여섯 부의 대표들이 모여 혁거세를 거서간으로 추대함으로써 건국되었고, 진한의 여섯 부는 신라의 행정구역이 되었다. 그런 사실은 혁거세 거서간이 왕비 알영(閼英)과 함께 여섯 부를 순행하면서 백성들을 위로하고 농사짓고 뽕나무 기르는 것을 장려하여 토지에서 최대의 생산을 내도록 했다는 『삼국사기』 기록으로 알 수 있다.[19]

---

17 『남제서』 권58, 「동남이열전」 〈백제국전〉 참조.

18 『삼국사기』를 비롯한 옛 문헌의 백제에 관한 기록에서 제후왕이나 제후가 일정한 지역을 위임받아 통치했다는 기록은 찾아볼 수 없다. 『남사』 권79, 「동이열전」 〈백제전〉에, "그 나라 안에는 22담로(檐魯)가 있는데 모두 왕의 자제와 종족에게 나누어 웅거토록 했다."고 기록하고는 "이는 중국의 군현(郡縣)과 같은 말이다."라고 설명하고 있어 백제는 봉국제나 거수국제와 같은 지방분권의 체제가 아니라 군현제의 중앙집권제였음을 알게 해주고 있다.

19 『삼국사기』 권1, 「신라본기」 〈시조 혁거세 거서간 17년〉조. "王巡撫六部, 妃閼英從焉. 勸督農桑, 以盡地利."

여섯 부는 뒤에 신라의 영토가 확대되면서 그 면적도 넓어졌을 것이다. 혁거세 거서간이 여섯 부를 직접 순행하면서 농민들에게 생산을 독려했다는 것은 여섯 부가 거서간에게 직접 통치받는 행정구역이었음을 알게 해준다. 그러나 왕권은 별로 강하지 않았을 것이다. 혁거세는 여섯 부 대표들의 추대로 거서간이 되었으므로 왕권에 이들의 영향력이 상당히 크게 작용했을 것이다.

신라에서는 중앙권력을 강화하고 왕의 권위를 높이기 위해 여러 가지 조처를 취했다. 503년(지증 마립간 4년)에 통치자의 칭호를 마립간에서 왕으로 고친 것이라든가[20] 505년에 주·군·현의 행정제도와 군사제도를 정돈하여 군주(軍主)를 둔 것,[21] 517년(법흥왕 4년)에 병부를 설치한 것,[22] 531년에 후대의 재상인 상대등 제도를 실시하여 국사를 총괄하도록 한 것[23] 등은 그러한 사실을 말해준다.

신라에서는 중앙집권제의 통치 제도가 실시되고 있었지만 부분적으로는 지방분권제의 요소도 남아 있었다. 신라는 42년(유리 이사금 19년)에 이서국을 쳐서 멸한 것을[24] 시작으로 3세기 전반까지 우시산국과 거칠산국을 통합했고,[25] 음즙벌국·실직국·압독국·비지국·다벌국·초팔

---

20 『삼국사기』 권4, 「신라본기」 〈지증 마립간 4년〉조. "冬十月, ……又觀自古有國家者, 皆稱帝稱王, 自我始祖立國, 至今二十二世, 但稱方言, 未正尊號, 今群臣一意, 謹上號新羅國王, 王從之."

21 『삼국사기』 권4, 「신라본기」 〈지증 마립간 6년〉조. "春二月, 王親定國內州郡縣. 置悉直州, 以異斯夫爲軍主, 軍主之名, 始於此."

22 『삼국사기』 권4, 「신라본기」 〈법흥왕 4년〉조. "夏四月, 始置兵部."

23 『삼국사기』 권4, 「신라본기」 〈법흥왕 18년〉조. "夏四月, 拜伊湌哲夫爲上大等, 摠知國事. 上大等官, 始於此, 如今之宰相."

24 『삼국유사』 권1, 「기이」 〈제3 노례왕〉조. "建虎(武)十八年, 伐伊西國滅之."

25 『삼국사기』 권44, 「거도열전」.

국 등의 항복을 받았으며[26] 굴아화촌과 내령군도 차지했다.[27] 또 소문국·포상팔국·감문국·골벌국 등을 병합했다.[28] 그런데 이들 가운데는 신라에게 상당한 자치권을 부여받은 나라가 있었던 것 같다. 이미 신라에게 멸망한 이서국이 297년(유례 이사금 14년)에 신라의 금성(왕성)을 공격했다는 기록은 그것을 알게 해준다.[29]

한·가야와 부여·백제·신라가 고조선의 지방분권적 통치 제도를 이어받거나, 아니면 새로운 중앙집권적 통치 제도를 채택했던 것과는 달리 고구려는 이 두 제도를 복합하는 형식을 가졌다. 서기전 37년에 졸본부여에서 고구려를 세운 추모왕은 영토를 확장하기 시작했는데 맨 먼저 통합한 나라는 송양왕이 다스리던 비류국이었다. 『삼국사기』 「고구려본기」에 따르면 고구려는 추모왕 2년(서기전 36년)에 비류국을 통합하여 그곳을 다물도라 하고 송양왕을 봉하여 그곳의 주(主)로 삼았는데,[30] 〈유리명왕 2년(서기전 18년)〉조에는 왕이 다물(多勿) 후(侯) 송양의 딸을 왕비로 맞았다고 했다.[31]

여기서 유의해야 할 것은 고구려에서 송양을 주(主)로 삼았는데 그를 후(侯)라고 부르고 있다는 사실이다. 이것은 주(主)는 제후에 해당한다는 것을 알게 해준다. 『삼국유사』 〈가락국기〉에 따르면 대가야(금관가야)의 통치자인 수로에 대해서는 왕이라는 칭호를 사용한 반면, 다섯 가야

---

26 『삼국사기』 권1, 「신라본기」 〈파사 이사금 23·29년〉조.

27 『삼국사기』 권34, 「지리지」 1, 〈임관군〉조 ; 권35, 「지리지」 2, 〈내령군〉조.

28 『삼국사기』 권2, 「신라본기」 〈조분 이사금 2년〉조.

29 『삼국사기』 권2, 「신라본기」 〈유례 이사금 14년〉조.

30 『삼국사기』 권13, 「고구려본기」 〈시조 동명성왕〉조. "二年, 夏六月, 松讓以國來降, 以其地爲多勿都, 封松讓爲主."

31 『삼국사기』 권13, 「고구려본기」 〈유리명왕 2년〉조.

의 통치자들에 대해서는 주라는 칭호를 사용했다.[32] 이로 미루어보아 주는 일반 관직의 이름은 아니었고 상당히 자율권이 주어진 일정한 지역의 통치자에게 주어진 칭호였음을 알 수 있다. 고조선의 거수나 고대 중국의 제후에 해당했던 것이다.

『후한서』「동이열전」〈고구려전〉에는 중국의 왕망이 현도군의 고구려현 사람들을 동원하여 흉노를 치려 했는데, 그들이 모두 국경 밖의 고구려국으로 도망하자 고구려 후(侯) 추(騶)를 유인하여 국경 안으로 들어오게 한 뒤 목을 베었다는 기록이 있다.[33] 여기에 등장하는 고구려 후인 추는 고구려국의 제후를 말할 것이다.

당시에 오늘날 요서 지역에는 현도군의 고구려현이 자리하고 있었고 요동 지역에는 고구려국이 있었다. 그런데 중국 관제에 따르면 현을 다스리는 관리를 령(令)이나 장(長)이라 했으므로 현도군의 고구려현 관리를 후(侯)라고 기록했을 리 없다. 이 기록은 고구려에 제후가 있었음을 알게 해준다.

그리고 『삼국지』「동이전」〈고구려전〉에는, "모든 대가들도 스스로 사자·조의·선인을 두었는데 그 명단은 모두 왕에게 보고해야 하며, 그들은 마치 중국의 경(卿)이나 대부(大夫)의 가신(家臣)과 같은 것으로 회합할 때의 좌석 차례에선 왕가의 사자·조의·선인과 같은 열에는 앉지

---

32 『삼국유사』 권2, 「기이」 〈가락국기〉. "처음으로 나타났다고 하여 이름을 수로라 했는데 혹은 수릉(首陵)이라고도 하며, 나라를 대가락 또는 가야국이라고도 일컬으니 곧 여섯 가야 가운데 하나였다. 나머지 다섯 사람은 각각 가서 다섯 가야의 주가 되었다."

33 『후한서』 권85, 「동이열전」 〈고구려전〉. "王莽初, 發句驪兵以伐匈奴, 其人不欲行, 彊迫遣之, 皆亡出塞爲寇盜. 遼西大尹田譚追擊, 戰死. 莽令其將嚴尤擊之, 誘句驪侯騶入塞, 斬之, 傳首長安."

못한다."[34]는 기록이 보인다. 이것은 고구려의 대가들은 비록 왕실과 대등하지는 않았지만 독자적인 관리를 거느리고 있었음을 말해주는 것으로서 상당히 독립권을 가지고 있었음을 알 수 있다.

『삼국사기』「고구려본기」에 따르면 신대왕은 차대왕의 태자였던 추안(鄒安)을 양국군(讓國君)으로 봉하여 구산뢰(狗山瀨)와 누두곡(婁豆谷) 두 곳을 그에게 준 바 있고,[35] 서천왕은 그의 동생 달가(達賈)를 안국군(安國君)으로 삼고 중앙과 지방의 군사에 대한 일을 맡게 하고, 더불어 양맥(梁貊)과 숙신의 여러 부락도 통솔하도록 했는데[36] 이들은 모두 제후에 해당했을 것이다.

『삼국사기』「고구려본기」에는 앞의 다물도에 관한 내용과 대비되는 기록이 보인다. 고구려는 서기전 32년(추모왕 6년)에 태백산(오늘날 백두산) 동남에 있었던 행인국을,[37] 서기전 28년 11월에는 북옥저를 멸망시켜 두 곳을 모두 성읍을 만들었다고 했다.[38] 앞에 소개된 「광개토왕릉비문」에 따르면 부여에는 행정구역으로 성(城)이 있었고 그 아래 20여 개

---

34 『삼국지』 권30, 「동이전」 〈고구려전〉. "諸大加亦自置使者·皁衣·先人, 名皆達於王, 如卿·大夫之家臣, 會同坐起, 不得與王家使者·皁衣·先人同列."

35 『삼국사기』 권16, 「고구려본기」 〈신대왕 2년〉조. "王卽賜狗山瀨·婁豆谷二所, 仍封爲讓國君."

36 『삼국사기』 권17, 「고구려본기」 〈서천왕 11년〉조. "拜達賈爲安國君, 知內外兵馬事, 兼統梁貊·肅愼諸部落."

37 『삼국사기』 권13, 「고구려본기」 〈시조 동명성왕〉조. "六年, …… 冬十月, 王命烏伊·扶芬奴, 伐太白山東南荇人國, 取其地爲城邑."

38 『삼국사기』 권13, 「고구려본기」 〈시조 동명성왕〉조. "十年, …… 冬十一月, 王命扶尉猒, 伐北沃沮滅之, 以其地爲城邑." 북옥저는 동옥저의 북쪽, 즉 오늘날 함경북도 지역을 차지하고 있었다(『후한서』「동이열전」과 『삼국지』「동이전」의 〈동옥저전〉). 옥저는 원래 고조선의 거수국으로 오늘날 요서 지역에 있었다. 그런데 오늘날 요서 지역에 위만조선이 서자 영토를 잃고 동쪽으로 이동하여 오늘날 함경도 지역에서 나라를 세웠던 것이다. 위의 내용은 북옥저가 서기전 32년보다 앞서 건국되었음을 말해준다.

의 일반 마을이 있었다.[39] 고구려가 행인국과 북옥저를 병합하여 만든 성읍은 성이 있는 읍이라는 뜻으로, 「광개토왕릉비문」에 나오는 성과 같은 행정구역이었을 것이다.

이상을 종합해볼 때 고구려는 주변의 나라들을 통합한 뒤 비류국처럼 반(半)독립적인 곳으로 만들기도 하고, 행인국이나 북옥저처럼 완전히 복속시켜 행정구역으로 만들기도 했던 것이다. 이것은 고구려 초기의 통치 조직이 지방분권적 요소와 중앙집권적 요소가 섞여 있었음을 알게 해준다. 물론 중앙집권적 요소가 주축을 이루었을 것이다.

고구려에서는 중앙집권체제를 계속 강화해나갔던 것으로 보인다. 『삼국사기』「고구려본기」에 따르면 22년(대무신왕 5년)에 동부여왕의 사촌동생이 1만여 명을 이끌고 고구려에 투항했는데, 고구려의 대무신왕은 그를 왕으로 삼고 연나부에 살도록 했다.[40] 그리고 비류부(沸流部)의 장(長)을 맡았던 구도(仇都)·일구(逸苟)·분구(焚求) 등의 대신들이 탐욕스럽고 더러운 짓을 하자, 대무신왕은 이들을 내쫓아 서인(庶人)으로 만들고 남부(南部) 사자(使者) 추발소(鄒敎素)를 비류의 부장(部長)으로 삼았다.[41]

그런데 연나부는 고구려 건국 초부터 있었던 다섯 부 가운데 하나였으므로, 그곳에 살게 된 동부여 왕의 사촌동생에게 독립성은 부여하지 않았을 것이며 단지 왕이라는 작위를 주고 그에 상응하는 예우를 하는 데 그쳤을 것이다. 그리고 연나부 부장을 맡고 있던 귀족들을 서인으로

---

39 주 4 참조.

40 『삼국사기』 권14, 「고구려본기」 〈대무신왕 5년〉조. "秋七月, 扶餘王從弟謂國人曰, ……乃與萬餘人來投, 王封爲王, 安置掾那部."

41 『삼국사기』 권14, 「고구려본기」 〈대무신왕 15년〉조. "春三月, 黜大臣仇都·逸苟·焚求等三人爲庶人, 此三人爲沸流部長, 資貪鄙, …… 遂使南部使者鄒敎素代爲部長."

만들고 다른 부(남부, 관나부) 출신을 그 부장으로 삼았다는 것은, 왕이 신분을 격상시키거나 격하시킬 수 있는 권한을 가지고 있었음을 말해주는 것으로 왕권이 강했음을 알 수 있다.

이와 같은 왕권은 중국 동한과 잦은 전쟁을 하면서 영토를 확장해나갔던 태조왕 때에 이르러서는 매우 신장되었던 것으로 보인다. 태조왕 때부터 고구려는 본격적으로 지반 확장에 나서 오늘날 요하 동쪽은 물론, 요서 지역 확보에도 적극성을 보였던 것이다.

55년(태조왕 3년)에 동한의 침략에 대비하기 위해 요서에 10개의 성을 쌓았으며,[42] 다음 해에는 동옥저를 병합하여 고구려의 영토가 동쪽은 창해(오늘날 동해)에 이르고 남쪽은 살수(오늘날 청천강)에 이르렀다.[43] 68년(태조왕 16년)에는 갈사국을,[44] 72년(태조왕 20년)에는 조나국을,[45] 74년(태조왕 22년)에는 주나국을 병합했다.[46] 고구려는 이들을 모두 병합함으로써 서쪽으로는 오늘날 요서 일부까지, 남쪽으로는 청천강을 경계로 하여 남만주 일대에 이르는 넓은 영토를 차지하게 되었다.

고구려는 이때부터 서방 진출을 본격화하여 105년(태조왕 53년)에는 동한의 요동군(오늘날 난하 하류 유역)에 쳐들어갔으나 요동태수 경기에

---

42 이 책의 제2장 Ⅱ「고구려의 다물이념」 주 25 참조.

43 『삼국사기』 권15,「고구려본기」〈태조대왕〉조. "四年, 秋七月, 伐東沃沮, 取其土地爲城邑, 拓境東至滄海, 南至薩水."

44 『삼국사기』 권15,「고구려본기」〈태조대왕〉조. "十六年, 秋八月, 曷思王孫都頭, 以國來降, 以都頭爲于台."

45 『삼국사기』 권15,「고구려본기」〈태조대왕〉조. "二十年, 春二月, 遣貫那部沛者達賈伐藻那, 虜其王."

46 『삼국사기』 권15,「고구려본기」〈태조대왕 22년〉조. "冬十月, 王遣桓那部沛者薛儒伐朱那, 虜其王子乙音爲古鄒加."

게 패했다.[47] 그러나 118년(태조왕 66년)에는 예맥과 더불어 현도성에 쳐들어가 낙랑군의 화려성을 공격했다.[48] 고구려의 서방 진격은 자연히 동한과 격전을 벌이게 했으며 전쟁 규모도 확대되었다. 121년(태조왕 69년) 봄에 예맥 거수가 동한의 유주자사 풍환과 현도태수 요광, 요동태수 채풍 등의 공격을 받고 사망하자 태조왕의 아우 수성이 현도군과 요동군을 공격하여 성곽을 불지르고 2,000여 명을 죽이거나 붙잡아 왔으며, 4월에는 태조왕이 친히 요동군을 공격하여 요동태수 채풍과 동한의 관리와 군사 100여 명을 살해했다.[49]

다음 해에도 고구려는 마한·예맥의 군사와 같이 요동에 쳐들어갔으나 부여가 동한을 지원하는 바람에 실패했으며,[50] 146년(태조왕 94년)에 고구려는 동한의 요동군 서안평현에 쳐들어가 대방현령을 죽이고 낙랑군 태수의 처자를 붙잡았다.[51] 이와 같이 규모가 크고 잦은 전쟁 과정에서 고구려의 왕권은 매우 강화되었을 것이다.

이러한 기초 위에서 고구려는 166년(신대왕 2년)에 국상(國相)제도를

---

47 『삼국사기』 권15, 「고구려본기」 〈태조대왕 53년〉조. "王遣將入漢遼東, 奪掠六縣, 太守耿夔出兵拒之, 王軍大敗."; 『후한서』 권85, 「동이열전」 〈고구려전〉. "和帝元興元年春, 復入遼東, 寇略六縣, 太守耿夔擊破之, 斬其渠帥."

48 이 책의 제2장 Ⅱ 「고구려의 다물이념」 주 31 참조.

49 이 책의 제2장 Ⅱ 「고구려의 다물이념」 주 32 참조.

50 『삼국사기』 권15, 「고구려본기」 〈태조대왕〉조. "七十年, 王與馬韓·濊貊侵遼東, 扶餘王遣兵救破之."; 『후한서』 권85, 「동이열전」 〈고구려전〉. "秋, 宮遂率馬韓·濊貊數千騎圍玄菟, 扶餘王遣子尉仇台將二萬餘人, 與州郡幷力討破之, 斬首五百餘級."; 『후한서』 권5, 「효안제기」에는 건광 원년 12월에 고구려·마한·예맥이 현도성을 포위하므로 부여왕이 아들을 보내 주군(州郡)과 힘을 합해 격파했다 했고, 다음 해인 연광 원년 봄 2월에도 부여왕이 아들에게 군사를 거느려 보내 현도를 구하고 고구려·마한·예맥을 격파했다 했으니 당시 전쟁은 전년 겨울부터 다음 해 봄까지 이어졌던 듯하다.

51 이 책의 제2장 Ⅱ 「고구려의 다물이념」 주 35 참조.

신설하고 명림답부를 그 자리에 임명했는데, 그에게 중앙과 지방의 병권을 총괄 지휘할 수 있는 권한과 양맥(梁貊) 부락의 통치권까지 부여했다.[52] 이에 앞서 고구려에는 좌보와 우보가 있었는데 이를 합하여 국상을 두게 되었던 것이다. 191년(고국천왕 13년)에는 을파소가 국상이 되어 정사를 맡았는데, 고국천왕은 "귀천을 막론하고 만일 국상에게 복종하지 않는 자가 있으면 일족을 멸하리라."고 했다.[53] 이러한 사실은 국상이 매우 강한 권력을 가지고 있었음을 알게 해주는데, 그것은 강한 왕권을 배경으로 하고 있었다.

지금까지 살펴본 바와 같이 열국시대의 통치 조직에는 한과 가야처럼 지방분권적인 것, 동부여·백제·신라처럼 중앙집권적인 것, 고구려처럼 두 제도를 복합한 것 등 세 종류가 있었다. 그런데 3세기 말 무렵에 한이, 562년에 가야가 멸망함으로써 지방분권적 통치 제도는 자취를 감추게 되었다.

이보다 앞서 고구려에서는 2세기 전반에 왕권이 강화됨에 따라 지방분권적 요소는 쇠퇴하고 중앙집권적 통치 제도로 바뀌었다. 그리고 중앙집권적이었던 국가 가운데서도 동부여는 왕권이 크게 신장하지 못한 상태에서 멸망했기 때문에 열국 가운데 가장 늦게까지 남아 있었던 백제·신라·고구려 세 나라에서 왕권의 신장과 더불어 중앙집권제가 더욱 강화되었던 것이다. 그러므로 열국시대는 지방분권적 통치 제도에서 중앙집권적 통치 제도로 바뀌는 시기였다고 말할 수 있다.

---

52 『삼국사기』 권16, 「고구려본기」 〈신대왕 2년〉조. "拜荅夫爲國相, 加爵爲沛者, 令知內外兵馬, 兼領梁貊部落, 改左右輔爲國相, 始於此."

53 『삼국사기』 권16, 「고구려본기」 〈고국천왕 13년〉조. "王知其意, 乃除爲國相, 令知政事, …… 王有敎曰, 無貴賤, 苟不從國相者, 族之."

3. 신분등급제의 강화

고조선시대의 사회신분은 고조선이 존속했던 2,300여 년 동안 계속 확대되었고, 그것이 열국시대에 이르러서는 중앙집권제의 통치 조직이 확립되고 왕권이 강화됨에 따라 더욱 체계화되어 신분등급제를 출현시켰다.

『후한서』「동이열전」〈부여국전〉에, 부여에서는 육축(六畜)의 이름으로 관직 이름을 지어 마가·우가·구가 등의 관직이 있었으며,[54] 부여의 모든 마을은 이런 제가에 속해 있었다고 기록되어 있다. 그리고 『삼국지』「동이전」〈부여전〉에는, 이들 제가는 사출도를 주관했으며 대사·대사자·사자 등의 관직도 있었다고 말하고 있다.[55]

위의 관직 가운데 대사·대사자·사자 등은 일반 관직이었겠지만 제가는 일정한 지역을 통치했을 뿐만 아니라 왕의 즉위에도 간여할 정도로 막강한 힘을 가지고 있었다.[56] 그러므로 이들의 신분은 부여에서 왕실 바로 다음에 위치한 귀족이었다고 보아야 할 것이다.

『삼국지』「동이전」〈고구려전〉에 따르면 고구려에서는 왕족으로서 대가(大加)인 자는 모두 고추가(古雛加)로 불렸는데, 소노부(消奴部)는 본래 국주(國主)였으므로 당시에 비록 왕이 되지 못했지만 그 적통을 이은 대인(大人)은 고추가로 불렸고, 절노부(絶奴部)는 대대로 왕실과 혼

---

54 『후한서』 권85, 「동이열전」 〈부여국전〉. "以六畜官名, 以馬加·牛加·狗加, 其邑落皆主屬諸加." ; 『삼국지』 권30, 「동이전」 〈부여전〉에는 저가(豬加)가 추가되어 있다.

55 『삼국지』 권30, 「동이전」 〈부여전〉. "皆以六畜名官, 有馬加·牛加·豬加·狗加·大使·大使者·使者. …… 諸加別主四出道."

56 『삼국지』 권30, 「동이전」 〈부여전〉. "諸加共立麻余."라 하여 마여왕을 제가가 함께 옹립했다고 말하고 있다.

인했으므로 그 대인도 고추가의 칭호를 얻었다. 모든 대가들은 스스로 사자·조의·선인을 두었는데 그 명단을 모두 왕에게 보고하여야 했으며, 대가의 사자·조의·선인은 중국의 경(卿)이나 대부의 가신과 같은 것이었다.[57]

그리고 고구려의 대가들은 농사짓지 않았으므로 일하지 않고 먹는 인구가 1만여 명이나 되었는데, 하호들이 멀리서 양식·고기·소금을 운반해다 공급했다.[58] 고구려에서는 범죄자가 있으면 제가가 모여서 평의(評議)하여 사형에 처하고 처자(妻子)는 몰수하여 노비로 삼았다.[59] 이 내용으로 보아 대가(大加)·고추가·대가(大家)·제가 등으로 불린 사람들은 고구려의 정치에 크게 영향을 끼친 귀족들이었음을 알 수 있다.

『후한서』「동이열전」과 『삼국지』「동이전」〈한전〉에 따르면 한(韓)의 여러 거수국에는 거수가 있었는데, 강대한 자를 신지라 했고 그다음을 차례로 검측·번지·살해·읍차라 했다.[60] 그리고 각 국읍에는 하느님을 섬기는 천군이 있었다.[61] 신지·검측·번지·살해 등은 거수들의 작위였고 천군은 종교지도자에 대한 칭호였다. 이들은 한의 최고 통치자였던 진왕 다음 서열의 높은 귀족 신분이었던 것이다.

---

57 『삼국지』 권30, 「동이전」 〈고구려전〉. "王之宗族, 其大加皆稱古雛加. 涓奴部本國主, 今雖不爲王, 適統大人, 得稱古雛加. …… 絶奴部世與王婚, 加古雛之號. 諸大加亦自置使者·皁衣·先人, 名皆達於王, 如卿大夫之家臣."

58 『삼국지』 권30, 「동이전」 〈고구려전〉. "其國中大家不佃作, 坐食者萬餘口, 下戶遠擔米糧魚鹽供給之."

59 『삼국지』 권30, 「동이전」 〈고구려전〉. "有罪諸加評議, 便殺之, 沒入妻子爲奴婢."

60 『후한서』 권85, 「동이열전」 〈한전〉. "諸小別邑, 各有渠帥, 大者名臣智, 次有儉側, 次有樊秖, 次有殺奚, 次有邑借."; 『삼국지』 권30, 「동이전」 〈한전〉에는 거수를 장수라 했고 신지·검측·번지·읍차 가운데 신지와 읍차만 기록되어 있다.

61 『후한서』 권85, 「동이전」 〈한전〉. "諸國邑各以一人主祭天神, 號爲天君."; 『삼국지』 권30, 「동이전」 〈한전〉에도 같은 내용이 실려 있다.

『삼국사기』「신라본기」에 따르면 신라는 한에 속해 있었던 진한 여섯 부의 대표들인 고허촌장 소벌공을 비롯한 양산촌·진지촌·대수촌·가리촌·고야촌의 장(長)들이 혁거세를 거서간으로 추대함으로써 건국되었다.[62] 이 여섯 마을은 신라가 건국되기 전에는 진한 여섯 부의 중심세력이었다. 따라서 여섯 부의 대표들은 고조선 이래 그 지역의 명문거족이었던 것이다.[63] 이들이 신라를 건국했으므로 이들은 신라의 정치에 매우 큰 영향력을 행사하면서 귀족으로 군림했을 것이다. 나라에 큰일이 생기면 여러 사람이 모여 만장일치제로 결정했다는 화백(和白)제도는 이러한 귀족들의 협의체였을 것이다.[64]

『삼국사기』「백제본기」에 따르면 백제는 한에 속했던 마한의 북부에서 건국되었다. 백제의 건국시조는 비류왕이었는데, 그가 건국한 지 다섯 달 만에 사망하자 동생 온조왕이 뒤를 이어 나라의 기틀을 잡았다.[65] 그런데 비류와 온조가 고구려에서 한 지역으로 망명할 때 오간·마려 등 10명의 신하가 함께 남하했으며, 온조왕이 하남위례성에 도읍을 정한 것도 이들의 의견을 받아들인 것이었다. 그리고 이들로 보익을 삼았다 하여 처음에는 나라 이름을 십제라 했다고 전한다.[66] 이에 따른다면 백

---

62 『삼국사기』 권1, 「신라본기」 〈시조 혁거세 거서간〉조.

63 윤내현, 「신라 초기의 사회성격에 대한 재검토」, 『고문화』, 제49집, 한국대학박물관협회, 1996, pp. 133~150.

64 『수서』 권81, 「동이열전」 〈신라전〉. "其有大事, 則聚群官詳議而定之." ; 『신당서』 권220, 「동이열전」 〈신라전〉. "事必與衆議, 號和白, 一人異則罷."

65 윤내현, 「백제의 건국과 성장에 대한 재고찰」, 『민속문학과 전통문화』, 박이정, 1997, pp. 435~478.

66 『삼국사기』 권23, 「백제본기」 〈시조 온조왕〉조. "及朱蒙在北扶餘所生子來爲太子, 沸流·溫祚恐爲太子所不容, 遂與烏干·馬黎十臣南行, 百姓從之者多. 遂至漢山, 登負兒嶽, 望可居之地, 沸流欲居於海濱, 十臣諫曰, 惟此河南之地, 北帶漢水, 東據高岳, 南望沃澤, 西阻大海, 其天險地利, 難得之勢, 作都於斯, 不亦宜乎. …… 溫祚都

제에서도 건국 초부터 오간·마려 등 10명의 신하와 그 일족은 정치에 영향력을 행사하는 귀족으로 군림했을 것이다.

『삼국유사』 〈가락국기〉에 따르면 가야는 아도간·여도간·피도간·오도간·유수간·유천간·신천간·오천간·신귀간 등의 아홉 간(干)이 하늘에서 내려온 여섯 알에서 태어난 동자들을 받들어 가야를 건국했다. 동자들 가운데 맨 먼저 태어난 수로는 대가락(또는 가야국)의 왕이 되었고 나머지 다섯 동자는 다섯 가야의 주(主)가 되었던 것이다.[67] 따라서 대가락의 왕실은 다섯 가야 주들의 종가였으며, 다섯 가야 주들은 수로왕을 공동의 군주로 받들었을 것이다. 그러므로 다섯 가야의 주들은 제후 또는 거수와 같은 지위의 가야 귀족이있으며 아홉 간들도 그 아래 서열의 귀족이었던 것이다.

이상과 같이 열국시대의 여러 나라들에는 건국 초부터 왕실보다는 지위가 낮지만 국가의 정치에 영향력을 행사하는 귀족들이 있었다. 그러나 아직은 고조선시대의 지방분권적인 거수국제 통치 제도가 부분적으로 남아 있었고, 그렇지 않은 국가라 하더라도 그 유풍이 남아 있었을 뿐만 아니라 국가의 기틀도 확고하지 못했기 때문에 그것을 제도적으로 강화하는 단계는 아니었다.

그러나 국가의 기반이 잡히면서 강력한 통치체제를 구축하기 위해 중앙의 왕권을 강화하고 귀족신분제를 제도적으로 확립할 필요를 느끼게 되었다. 그러한 작업은 신라에서 맨 먼저 진행되었다. 신라에서는 32년(유리 이사금 9년)에 6부의 이름을 고치고 이들에게 성(姓)을 하사했으며

河南慰禮城, 以十臣爲輔翼, 國號十濟."

67 『삼국유사』 권2, 「기이」 〈가락국기〉.

17등급의 신분제를 제정했다.[68] 건국의 중심세력이었던 여섯 부의 이름을 바꾸고 그들에게 왕실에서 성을 하사함으로써 명실상부한 귀족이 되었으며, 관직의 등급을 분명하게 하여 귀족들의 서열은 물론, 그 위에 있는 왕실의 권위를 확립했던 것이다.

이후에도 신라에서는 계속해서 신분제를 강화하는 조처를 취했다. 504년(지증 마립간 5년)에는 상복법(喪服法)을 제정하여 반포했고,[69] 514년에는 처음으로 시법(謚法)이 실시되었으며,[70] 520년(법흥왕 7년)에는 율령을 반포하고 문무백관들의 공식 복장에 차등과 서열을 두는 제도를 제정했는데,[71] 태대각간(太大角干)에서 대아찬(5등급)까지는 자색, 아찬(6등급)에서 급찬(9등급)까지는 비색, 대나마(10등급)와 나마(11등급)는 청색, 대사(12등급)에서 선저지[先沮知 : 조위(造位)라고도 부름, 17등급]까지는 황색을 입었다.[72] 이러한 조처들은 예제(禮制)를 정돈하고 신분제를 더욱 공고히 하기 위함이었을 것이다.

---

68 『삼국사기』 권1, 「신라본기」 〈유리 이사금 9년〉조. "봄에 6부의 이름을 고치고 이어 성을 하사하니 양산부를 양부라 하여 성을 이라 했고, 고허부를 사량부라 하여 성을 최라 했으며, 대수부를 점량부라 하여 성을 손이라 했고, 우진부를 본피부라 하여 성을 정이라 했으며, 가리부를 한기부라 하여 성을 배라 했고, 명활부를 습비부라 하여 성을 설이라 했다. 또 관직을 베풀어 17등(等)을 두니 제1은 이벌찬, 제2는 이척찬, 제3은 잡찬, 제4는 파진찬, 제5는 대아찬, 제6은 아찬, 제7은 일길찬, 제8은 사찬, 제9는 급벌찬, 제10은 대나마, 제11은 나마, 제12는 대사, 제13은 소사, 제14는 길사, 제15는 대오, 제16은 소오, 제17은 조위였다."

69 『삼국사기』 권4, 「신라본기」 〈지증 마립간 5년〉조. "夏四月, 制喪服法, 頒行."

70 『삼국사기』 권4, 「신라본기」 〈지증 마립간 15년〉조. "王薨, 謚曰智證, 新羅謚法, 始於此."

71 『삼국사기』 권4, 「신라본기」 〈법흥왕 7년〉조. "春正月, 頒示律令, 始制百官公服, 朱紫之秩."

72 『삼국사기』 권33, 「잡지」 〈색복지(色服志)〉. "法興王制, 自太大角干至大阿湌紫衣, 阿湌至級湌緋衣, 並牙笏, 大奈麻·奈麻青衣, 大舍至先沮知黃衣."

신라에서는 이러한 관등제를 골품제(骨品制)[73]와 연계시켜 운영함으로써 신분제를 더욱 철저히 했다. 『삼국사기』와 『삼국유사』 기록에 따르면 '골(骨)'은 왕이 될 수 있는 신분으로서 성골(聖骨)과 진골(眞骨)이 있었고 그 아래에 6개의 '두품(頭品)'이 있었다. 가장 높은 신분인 성골은 성골끼리 결혼해야만 그 자식들도 성골이 되었다. 진덕왕까지는 왕들이 성골 출신이었으며 무열왕부터는 진골 출신이었다. 진골에는 왕족인 김씨와, 전 왕족이며 왕비족인 박씨 및 가야의 왕족인 신김씨가 포함되어 있었다.

그다음 신분인 6두품·5두품·4두품은 일반 귀족이었으며 3두품·2두품·1두품은 평민이었나. 출신 신분에 따라 관등에 오르는 데도 제한이 있어서 진골은 가장 높은 관등인 이벌찬까지 승진할 수 있었고, 득난(得難)이라고도 불리는 6두품은 제6관등인 아찬까지, 5두품은 제10관등인 대나마까지, 4두품은 제12관등인 대사까지로 승진이 제한되어 있었다. 귀족제와 신분제가 철저히 혈통과 연계되어 있었던 것이다.

백제에서도 260년(고이왕 27년)에 16등급제를 제정하여 신분에 의한 관료 제도를 확립했다.[74] 왕은 자색수포와 청금고를 입고 금화식오라관

---

73 이기동, 『신라 골품제사회와 화랑도』, 일조각, 1984 참조.

74 『삼국사기』 권24, 「백제본기」 〈고이왕 27년〉조. "봄 정월에 내신좌평을 두어 선납에 관한 일을 맡게 하고, 내두좌평은 고장(庫藏)에 관한 일을 맡게 하고, 내법좌평은 예의에 관한 일을 맡게 하고, 위사좌평은 숙위병에 관한 일을 맡게 하고, 조정좌평은 형벌에 관한 일을 맡게 하고, 병관좌평은 외방의 병마에 관한 일을 맡게 했다. 또 달솔·은솔·덕솔·한솔·나솔 및 장덕·시덕·고덕·계덕·대덕·문독·무독·좌군·진무·극우를 두었다. 여섯 좌평은 모두 1품이요, 달솔은 2품, 은솔은 3품, 덕솔은 4품, 한솔은 5품, 나솔은 6품, 장덕은 7품, 시덕은 8품, 고덕은 9품, 계덕은 10품, 대덕은 11품, 문독은 12품, 무독은 13품, 좌군은 14품, 진무는 15품, 극우는 16품이었다. 2월에 명을 내려 6품 이상은 자색을 입고 은으로 만든 꽃으로 관을 장식하며, 11품 이상은 비색을 입고, 16품 이상은 청색을 입게 했다."

을 쓰고 소피대를 두르고 오위리를 신고 남당에 앉아 정무를 보았으며,[75] 16등급의 품계를 정하고 그것을 다시 옷 색깔로써 관료층을 구분하여 제1관료층은 자주색 관복을, 제2관료층은 붉은색 관복을, 제3관료층은 푸른색 관복을 입도록 했으며 왕도 위엄을 갖춘 옷을 입도록 했다. 이는 신분제가 매우 강화되었음을 알게 해준다.

백제에는 사씨(沙氏)·연씨(燕氏)·협씨(劦氏)[76]·해씨(解氏)·진씨(眞氏)·국씨(國氏)·목씨(木氏)·묘씨(苗氏) 등 8개의 대성(大姓)이 있어서 이들이 문벌을 이루고 있었는데,[77] 이것은 신분등급제가 이미 확립되어 있었음을 알게 해준다.

333년부터 455년까지 100여 년 동안에 『삼국사기』「백제본기」에 보이는 고위 관직을 보면 진씨는 진의(眞義 : 내신좌평)·진정(眞淨 : 조정좌평)·진고도(眞高道 : 내신좌평)·진가모(眞嘉謨 : 병관좌평)·진무(眞武 : 좌장에 임명되었다가 병관좌평으로 승진) 등 여섯 자리, 해씨는 해충(解忠 : 달솔)·해수(解須 : 내법좌평)·해구(解丘 : 병관좌평)·해수(解須 : 상좌평) 등 네 자리로 진씨와 해씨가 가장 많았다.[78] 이러한 사실은 이들이 가장 특권을 가진 문벌이었음을 알게 해준다. 이러한 문벌은 백제의 후기에 완성되었을 가능성이 있지만 그것은 백제의 성장과 더불어 점진적으로 형성되었을 것이다.

---

75 『삼국사기』 권24, 「백제본기」 〈고이왕〉조. "二十八年, 春正月, 初吉, 王服紫大袖袍, 靑錦袴, 金花飾烏羅冠, 素皮帶烏韋履, 坐南堂聽事."

76 『북사』 권94, 「백제열전」에는 '리(刕)'로 기록되어 있으나 『태평어람(太平御覽)』 「사이부(四夷部)」 〈백제〉조에는 '협(劦)'으로 기록되어 있다.

77 『북사』 권94, 「열전」 〈백제전〉. "國中大姓有八族, 沙氏·燕氏·刕氏·解氏·眞氏·國氏·木氏·苗氏."

78 『삼국사기』 「백제본기」의 〈비류왕 30년〉, 〈근초고왕 2년〉, 〈근구수왕 2년〉, 〈진사왕 6년〉, 〈아신왕 2·7년〉, 〈전지왕 2·3년〉, 〈비유왕 3년〉조 참조.

고구려의 신분제 확립에 대해서는 명확한 기록이 남아 있지 않다. 그러나 다음 기록을 볼 때 1~2세기 사이에 확립되었을 것으로 생각된다. 『삼국사기』「고구려본기」〈대무신왕 15년(32년)〉조에는,

> 드디어 남부 사자 추발소를 (그들) 대신 부장으로 삼았다. …… 왕이 듣고 말하기를, 발소가 위엄을 부리지 않고 능히 지혜로써 악인(惡人)을 징계했으니 가히 능란하다 하고 성을 내려 대실(大室)씨라 했다.[79]

는 기록이 보인다. 남부(南部)는 고구려의 다섯 부 가운데 하나인 관노부(灌奴部 : 관나부)를 말한다. 사자 추발소를 일컬으면서 그의 출신 부족명을 관직 앞에 붙이고 있다. 이것은 출신 부족을 매우 중요시했음을 알게 해준다. 그리고 새로운 성을 하사했다는 것은 그의 신분을 한층 높여주었음을 뜻한다.

이와 같이 고구려에서 출신 부족을 중요시했음을 알게 하는 기록이 『삼국사기』「고구려본기」〈태조대왕〉조와 〈차대왕〉조에서도 보인다.

> 태조대왕 20년(72년) 봄 2월에 관나부 패자(沛者) 달가를 보내 조나를 쳐 그 왕을 사로잡았다.[80]

> 태조대왕 22년(74년) 겨울 10월에 왕이 환나부(桓那部) 패자 설유(薛儒)

---

79 『삼국사기』 권14, 「고구려본기」〈대무신왕 15년〉조. "遂使南部使者鄒敎素, 代爲部長. …… 王聞之曰, 敎素不用威嚴, 能以智懲惡, 可謂能矣, 賜姓曰大室氏."

80 주 45와 같음.

를 보내 주나를 쳐 그 왕자 을음(乙音)을 사로잡아 고추가를 삼았다.[81]

차대왕 2년(147년) 봄 2월에 관나부인(貫那部人) 패자 미유(彌儒)를 좌보로 삼았다. …… 가을 7월에 환나부 우태(于台) 어지류(菸支留)로 좌보를 삼고 대주부(大主簿)의 작(爵)을 더했다.[82]

차대왕 20년(165년) 겨울 10월에 연나부(椽那部) 조의 명림답부가 백성들이 견디지 못함을 이유로 왕을 시해했다.[83]

이처럼 달가·설유·미유·어지류·명림답부의 이름 앞에 관직 이름과 더불어 출신 부족 이름을 표기하고 있다. 이것은 고구려에서도 신라의 골품제와 마찬가지로 혈통을 매우 중요시했음을 알게 해준다. 고구려의 신분제 성립 시기에 대해서는 정확한 기록이 보이지 않으나 위의 기록들로 보아 1~2세기 사이에 점진적으로 성립되었을 것이다.

『후한서』「동이열전」〈고구려전〉에 고구려의 풍속을 말하면서 "대가(大加)와 주부(主簿)는 모두 책(幘)을 쓰는데 중국의 관책(冠幘)과 같기는 하지만 뒤로 늘어뜨리는 부분이 없으며 소가(小加)는 절풍(折風)을 쓰는데 그 모양이 고깔과 같다."[84] 고 하여 대가와 소가의 모자가 달랐다

---

81 주 46과 같음.

82 『삼국사기』 권15, 「고구려본기」 〈차대왕〉조. "二年, 春二月, 拜貫那部沛者彌儒爲左輔. ……秋七月, ……以桓那于台菸支留爲左輔, 加爵爲大主簿."

83 『삼국사기』 권15, 「고구려본기」 〈차대왕〉조. "二十年, 冬十月, 椽那皁衣明臨荅夫, 因民不忍弑王."

84 『후한서』 권85, 「동이열전」 〈고구려전〉. "大加·主簿皆著幘, 如冠幘而無後. 其小加著折風, 形如弁."

고 말하고 있다. 이것은 고구려에도 신분에 따라 복식에 차이가 있었음을 말해준다.

지금까지 살펴보았듯이 신라·백제·고구려에서 귀족제와 신분제가 제정된 것은, 신라에서는 32년이었고 백제에서는 260년이었으며 고구려에서는 1세기부터 2세기 사이에 점진적으로 이루어졌던 것으로 보인다. 그러므로 열국시대에 귀족신분제는 대략 3세기까지는 확립되었다고 말할 수 있을 것이다.

4. 민족 재통일의 추진

열국시대는 한민족이 정치적으로 분열됨으로써 시작되었다. 그러나 비록 한민족은 여러 나라로 분열되어 있었지만 민족의식은 오히려 강화되었다. 고조선 말기에 고조선의 서부 영토였던 오늘날 요서 지역에 위만조선이 들어서고, 이어서 그 지역에 서한의 군현이 설치됨에 따라 그 지역의 고조선 주민들은 오늘날 요동 지역으로 이주하게 되었다. 이들이 동부여·고구려·읍루·동옥저·동예·최씨낙랑국·대방국 등을 건국했는데, 이들의 건국지에는 토착인들이 거주하고 있었으므로 토착인들과 이주민들이 혼합되었을 것이다. 따라서 정치적으로는 분열되었지만 민족의 혼합은 강화되었던 것이다.

그리고 이주 과정에서 같은 종족이나 씨족이 다른 지역으로 흩어지는 상황도 일어났을 것이다. 다음 기록들은 그러한 사실을 알게 해준다. 『후한서』「동이열전」〈고구려전〉에,

> 왕망은 크게 기뻐하며 고구려왕의 칭호를 고쳐서 하구려 후라 부르게 했

다. 이에 맥인이 변방을 노략질하는 일이 더욱 심해졌다.[85]

는 기록이 보인다. 중국의 왕망이 고구려왕을 하구려 후로 격하시켜 부르자 맥인들이 분개하여 중국의 변경을 자주 침략했다는 것이다. 이것은 고구려의 서부 변경, 즉 중국과의 국경지대에 맥족이 살고 있었음을 알게 해준다.

그런데 『후한서』「동이열전」과 『삼국지』「동이전」의 〈고구려전〉과 〈동옥저전〉에는 고구려와 동옥저의 남쪽은 예맥과 접했다[86]고 했고, 『후한서』「동이열전」〈한전〉에서는, 진한은 그 북쪽으로 예맥과 접했다[87]고 하여 동예를 예맥이라고도 부르고 있다. 동예를 예맥이라 부른 것은 동예 지역에 예족과 함께 맥족도 거주하고 있었기 때문일 것이다.

이렇게 보면 맥족은 고구려 지역에도 거주하고 있었고 동예 지역에도 거주하고 있었음을 알 수 있다. 고조선시대에 맥족은 예족과 더불어 난하 동부 유역에 거주하고 있었는데, 그 지역에 위만조선이 건국되자 동쪽으로 이동하게 되었다. 그러므로 이들이 고구려와 동예 두 지역에서 거주하게 된 것은 이주하는 과정에서 흩어졌기 때문이라고 보아야 할 것이다.

한국과 중국의 옛 문헌에는 한반도의 여러 곳과 만주 및 연해주 지역에 말갈이 거주했던 것으로 나타난다. 필자는 이를 숙신의 후예로 본 바

---

85 『후한서』 권85, 「동이열전」〈고구려전〉. "莽大說, 更名高句驪王爲下句驪侯, 於是貊人寇邊愈甚."

86 『후한서』 권85, 「동이열전」과 『삼국지』 권30, 「동이전」〈고구려전〉. "高句麗, 在遼東之東千里, 南與朝鮮·濊貊, 東與沃沮, 北與夫餘接." ; 『삼국지』 권30, 「동이전」〈동옥저전〉. "東沃沮, …… 南與濊貊接."

87 『후한서』 권85, 「동이열전」〈한전〉. "辰韓在東, 十有二國, 其北與濊貊接."

있다. 고조선시대에 숙신은 오늘날 요서 지역에 거주하고 있었는데, 그 곳에 위만조선이 건국되자 동쪽으로 이동하면서 한반도와 만주 및 연해주 등의 여러 지역으로 흩어지게 되었으며 그 이름도 말갈로 바뀌어 불리게 되었다고 본 것이다.[88] 이러한 필자의 견해가 옳다면 이것도 오늘날 요서 지역 거주민들이 동쪽으로 이동하는 과정에서 여러 곳으로 흩어졌다는 근거가 된다.

같은 종족이나 씨족이면서도 여러 곳에 흩어져 살게 된 이들은 여러 나라가 하루빨리 고조선시대처럼 하나로 통합되기를 바랐을 것이다. 그러나 통치자와 지배귀족들의 입장은 달랐을 것이다. 궁극적으로 여러 나라는 하나로 통합되어야 하겠지만 그 통합은 자신들의 나라를 중심으로 이루어져야 한다고 생각했을 것이며, 그러기 위해서는 우선 국력을 길러야 한다고 생각했을 것이다.

그런데 열국시대는 역사적으로 볼 때 필연적으로 민족 통합을 추구하게 되어 있었다. 그것은 다음과 같은 2가지 이유 때문이었다. 하나는 앞에서 말한 민족의 통합의식 때문이었고 또 하나는 경제관념의 변화 때문이었다.

경제관념의 변화를 보자. 고조선은 중기까지는 청동기시대였다. 청동은 귀한 물건이었고 지배층의 독점물이었기 때문에 생산도구로는 사용되지 않았다. 따라서 이 시기에는 석기가 주된 도구였고 이 때문에 노동능률이 오르지 않아서 토지를 개간하는 데 한계가 있었다. 그래서 넓은 빈터는 버려져 있었으며 아무도 관심이 없었다.

그러나 고조선 후기에 이르러 철기가 보급되면서 상황은 달라졌다.

---

88 윤내현, 「열국시대의 한반도말갈」, 『한민족학 연구』 3, 단국대 한민족학연구소, 1996, pp. 27~49 ; 이 책의 제2장 Ⅷ 「한반도말갈의 성격」 참조.

철기는 생산도구로 보급되어 노동능률을 크게 높여주었다. 많은 빈터가 개간되었고 개간되지 않은 땅들이라도 개간이 가능한 땅으로 인식되어 경제적 가치를 지니게 되었다. 그 결과 귀족들 사이에 더 많은 토지를 차지하려는 토지쟁탈전이 벌어져 고조선 사회를 혼란으로 몰아넣었다. 이것은 고조선을 붕괴하게 만든 요인 가운데 하나였다.

그러한 토지에 대한 관념은 열국시대에도 계속되어 그 의미가 더 확장되었다. 넓은 토지를 확보해두는 것이 경제적으로 크게 도움이 된다는 생각이 귀족들의 차원을 넘어 국가적인 관심사가 되었던 것이다. 넓은 영토를 확보하는 것이 부강한 나라가 되는 길이라고 믿게 되었다. 그러니 영토겸병전쟁은 일어날 수밖에 없었고, 궁극적으로는 열국의 통합을 가져오는 결과를 낳았다. 열국시대는 민족 분열에서 시작되었지만 민족 재통합을 지향하고 있었던 것이다.

영토겸병전쟁은 열국시대 초기부터 시작되었지만, 4세기까지는 대개 주변의 작은 나라들을 병합하면서 지역 기반을 다지는 시기였고, 그 뒤로는 본격적인 민족통합전쟁으로 진입한 시기였다고 말할 수 있을 것이다. 그것은 369년(고구려 고국원왕 39년, 백제 근초고왕 24년)의 고구려 남진에서 시작되었다.

열국 가운데 맨 먼저 건국된 나라는 서기전 59년에 건국된 동부여였다. 동부여가 건국되고 21년이 지난 뒤 그 남쪽, 오늘날 요동 지역에서 고구려가 건국되었다. 동부여는 스스로 열국의 패자로 자처했다. 동부여 대소왕이 사신을 보내 고구려 유리왕을 꾸짖기를, "무릇 나라에는 크고 작은 차이가 있고 사람에는 어른과 아이의 구별이 있다. 작은 것이 큰 것을 섬기는 것은 예의요, 아이가 어른을 섬기는 것은 순리이다. 지금 왕이 능히 예의와 순리로써 나를 섬긴다면 하늘이 반드시 그대를 도와 국업이 오래갈 것이지만 만일 그렇지 않다면 사직을 보전하려 할지라도 어려울 것"[89] 이라고 했다는 『삼국사기』「고구려본기」〈유리왕〉조의 기록은 그것을 알게 해준다.

동부여는 읍루를 신하 나라로 만들기도 했지만[90] 고조선의 고토 수복이나 한민족의 재통합에 적극적이지 못했고, 고구려를 정치적으로 제압하는 정도에 만족하려 했다.[91] 그런데 13년에 동부여는 고구려와의 전쟁에서 크게 패함으로써[92] 패자의 위치에 동요를 가져오게 되었다. 무력으로 고구려를 제압하는 것이 불가능해진 동부여는 중국의 동한을 끌어들여 고구려를 견제하고자 했다.[93] 그러나 그것도 실패하여 동부여 왕실은 494년에 고구려에 투항하고 말았다.[94]

비록 성공하지는 못했지만 민족 재통합 의식이 가장 강했던 나라는 고구려였다. 추모왕은 고구려를 건국한 바로 다음 해인 서기전 36년에 비류국을 병합했는데 그곳을 다물도라 이름 지었다. 다물이란 고구려

---

89 『삼국사기』 권13, 「고구려본기」〈유리명왕 28년〉조. "夫國有大小, 人有長幼, 以小事大者禮也, 以幼事長者順也. 今王若能以禮順事我, 則天必佑之, 國祚永終, 不然, 則欲保其社稷難矣."

90 『후한서』 권85, 「동이열전」〈읍루전〉에는 읍루가, "한나라가 일어난 후 부여에 신속되었다." 했는바, 한나라가 일어난 후라 했으니 여기서 말하는 한은 서한을 의미할 것이다. 그러므로 읍루는 서한이 멸망한 6년 이전에 부여(동부여)에 복속되었을 것이다.

91 부여왕 대소는 고구려에 사신을 보내 볼모 교환을 요청한 바 있다. 『삼국사기』 권13, 「고구려본기」〈유리명왕 14년〉조. "春正月, 扶餘王帶素, 遣使來聘, 請交質子, 王憚扶餘强大, 欲以太子都切爲質, 都切恐不行, 帶素恚之."

92 『삼국사기』 권13, 「고구려본기」〈유리명왕 32년〉조.

93 『후한서』 권85, 「동이열전」〈부여국전〉. "建武中, …… 二十五年, 夫餘王遣使奉貢, 光武厚荅報之, 於是使命歲通." "永寧元年, 乃遣嗣子尉仇台詣闕貢獻, 天子賜尉仇台印綬金綵." ; 『삼국사기』 권15, 「고구려본기」〈태조대왕 69년〉조. "十二月, 王率馬韓·穢貊一萬餘騎, 進圍玄菟城, 扶餘王遣子尉仇台, 領兵二萬, 與漢兵幷力拒戰, 我軍大敗." ; 〈태조대왕 70년〉조, "王與馬韓·穢貊侵遼東, 扶餘王遣兵救破之."

94 『삼국사기』 권19, 「고구려본기」〈문자명왕 3년〉조. "二月, 扶餘王及妻孥, 以國來降."

말로 옛 땅을 회복한다는 뜻이었다.[95] 그런데 비류국은 고구려의 영토가 아니었다. 그러므로 고구려에서 그곳을 병합하고 고토 회복이라고 생각한 것에는 다른 의미가 있었다고 보아야 할 것이다. 비류국은 원래 고조선의 거수국이었다. 따라서 고구려에서 그곳을 다물도라 이름 지은 것은 고조선의 옛 땅을 되찾았다는 뜻으로 받아들여야 할 것이다. 이것은 고구려인들의 의식을 말해주는 것인데, 그들은 자신들이 고조선의 옛 땅을 되찾아야 한다고 믿었음을 알게 해준다.

이런 고구려인들의 생각은 「광개토왕릉비문」에서도 확인된다. 「광개토왕릉비문」 〈영락 6년〉조에는 "백제와 신라는 옛날에 고구려의 속민으로서 이전부터 조공을 바쳐왔다."[96] 고 기록되어 있고, 〈20년〉조에는 "동부여는 옛날에 추모왕의 속민이었다."[97] 고 되어 있다. 그런데 실제로는 백제와 신라가 고구려에 속한 적이 없으며 동부여도 추모왕의 통치 아래 들어온 적이 없다. 그러므로 위의 내용은 사실과 다르다.

그렇다면 고구려인들이 위와 같이 말한 것은 어떤 뜻이었을까? 고구려가 건국되기 전 북만주의 동부여 지역과 한반도 남부의 백제와 신라 지역은 고조선에 속해 있었다.[98] 그러므로 「광개토왕릉비문」의 위 내용은 고조선에 적용해야만 타당하다. 그런데 전설에 따르면 고구려 건국 시조인 추모왕의 아버지는 해모수였다. 해모수는 단군에 대한 다른 칭호였으므로[99] 추모왕은 고조선의 통치자였던 단군의 아들이 되는 것이

---

95 『삼국사기』 권13, 「고구려본기」 〈시조 동명성왕〉조. "二年, 夏六月, 松讓以國來降, 以其地爲多勿都, 封松讓爲主, 麗語謂復舊土爲多勿, 故以名焉."

96 「광개토왕릉비문」 〈영락 6년〉조. "百殘·新羅, 舊是屬民, 由來朝貢."

97 「광개토왕릉비문」 〈영락 20년〉조. "二十年庚戌. 東夫餘舊是鄒牟王屬民."

98 윤내현, 「고조선의 강역과 국경」, 『고조선 연구』 상, 만권당, 2015, pp. 221~372.

99 김상기, 「국사상에 나타난 건국설화의 검토」, 『동방사논총』, 서울대 출판부, 1984, pp. 6

다. 전설에서는 후손을 아들로 표현하기도 하므로 고구려인들은 그들의 건국시조인 추모왕을 단군의 아들이나 후손으로 믿고 있었음을 알 수 있다.

따라서 고구려인들은 추모왕과 자신들은 단군의 후손이므로 동부여·백제·신라 사람들은 당연히 자신들의 속민이어야 한다고 생각했을 것이다. 위의 「광개토왕릉비문」의 내용은 이러한 고구려인들의 의식을 말해주는 것으로 보아야 할 것이다. 고구려인들은 고조선의 옛 땅을 되찾아 한민족을 재통합해야 한다고 생각했던 것이다. 비류국을 병합하여 그곳을 다물도라 이름했던 것도 그러한 고구려인들의 의식이 반영된 것이었다.

고구려는 서기전 32년(추모왕 6년)에 태백산(오늘날 백두산) 동남에 있었던 행인국을,[100] 서기전 28년에는 북옥저를[101] 병합했고 서기전 9년(유리왕 11년)에는 선비를 속국으로 만들었다.[102] 14년(유리왕 33년)에는 서쪽의 양맥(梁貊)을 병합했고 현도군 고구려현을 빼앗았다.[103] 당시 고구려현은 오늘날 요하 서부 연안에 있었던 것으로 추정된다.[104] 고구려는 26년(대무신왕 9년)에는 오늘날 압록강 상류 유역에 있었던 개마국과

~7의 주 7 참조.

100 『삼국사기』 권13, 「고구려본기」 〈시조 동명성왕〉조. "六年, …… 冬十月, 王命烏伊·扶芬奴, 伐太白山東南荇人國, 取其地爲城邑."

101 주 38 참조.

102 『삼국사기』 권13, 「고구려본기」 〈유리명왕 11년〉조.

103 이 책의 제2장 Ⅱ 「고구려의 다물이념」의 주 14 참조.

104 윤내현, 「위만조선과 한사군의 위치」, 앞 책 『고조선 연구』 상, p. 486. 한사군은 오늘날 요서 지역에 있었고, 그 가운데 현도군은 오늘날 요하 서부 유역에 있었다. 그러므로 현도군에 속해 있었던 고구려현은 당연히 요하 서부 유역에 있어야 한다.

구다국을,[105] 37년(대무신왕 20년)에는 최씨낙랑국을 병합했다.[106]

이상과 같이 고구려는 주변의 나라들을 병합하여 그 지반이 어느 정도 확고해지자 오늘날 요서 지역으로 진출하는 데 적극성을 보이게 된다. 미천왕(300~330년) 때까지 중국과 잦은 전쟁을 하면서 오늘날 요서 지역으로 진출했다. 그러나 315년에 중국의 군현을 오늘날 요서 지역에서 완전히 몰아낸 뒤 고국원왕(331~370년) 때부터는 전쟁 방향을 남쪽으로 돌렸다.[107] 고구려가 오늘날 요서 지역으로 진출하던 시기에는 중국에 서한과 동한이라는 거대한 나라가 있었고 진출 방향을 남쪽으로 바꾼 시기에는 중국이 여러 나라로 분열되어 있었다. 따라서 중국 지역으로 진출하기에 유리한 시기였는데도 고구려가 진출 방향을 남쪽으로 바꾸었다는 것은 그들이 단순히 영토 확장만을 추구하지 않았다는 것을 말해준다.

오늘날 요서 지역은 원래 고조선 영토였다. 그런데 고조선 말기에 그곳에 위만조선이 건국되었고 위만조선이 멸망한 뒤에는 서한의 군현이 설치되었다. 그러므로 고구려가 오늘날 요서 지역에서 중국의 군현을 완전히 축출한 것은 고조선 옛 땅을 되찾았음을 의미한다. 고구려가 고

---

105 『삼국사기』 권14, 「고구려본기」 〈대무신왕〉조. "九年, 冬十月, 王親征蓋馬國, 殺其王, 慰安百姓, 毋虜掠, 但以其地爲郡縣. 十二月, 句茶國王, 聞蓋馬滅, 懼害及己, 擧國來降, 由是, 拓地浸廣."

106 『삼국사기』 권14, 「고구려본기」 〈대무신왕〉조. "二十年, 王襲樂浪滅之." 여기에 나오는 낙랑을 한사군의 낙랑군으로 잘못 인식할 수 있다. 그러나 한사군의 낙랑군은 313년(미천왕 14년)에 축출되었으므로 이 시기에 멸망한 낙랑은 한사군의 낙랑일 수가 없다. 『삼국사기』 「고구려본기」 〈대무신왕 15년〉조 기록과 연결해볼 때 이때 멸망된 낙랑은 대동강 유역에 있었던 최씨낙랑국임을 알 수 있다.

107 369년(고국원왕 39년)에 고구려가 백제를 쳐들어감으로써 고구려와 백제가 처음으로 충돌하게 되었다(『삼국사기』 권18, 「고구려본기」 〈고국천왕 39년〉조 참조).

조선의 서부 지역을 되찾은 뒤에 진출 방향을 남쪽으로 돌린 것으로 보아 고구려의 영토 확장 목적은 고조선의 천하질서 회복에 있었음을 알 수 있다. 바로 한민족의 재통합이 목적이었던 것이다.[108]

백제도 건국 초부터 자신들이 천하를 다스려야 한다고 생각했던 것으로 보인다. 온조왕은 서기전 2년(온조왕 20년)에 큰 제단을 쌓고 하느님과 토지신에게 제사를 지낸 바 있는데,[109] 이는 최고신인 하느님과 지상신을 결합시켜 신의 계보를 확립한 것이었다. 그리고 백제의 왕이 직접 하느님과 교감하여 하느님의 대리자로서 지상의 관리자가 되고자 했음을 의미한다. 백제의 영토 확장은 바로 그러한 생각을 실천한 것이라고 보아야 할 것이다.

백제는 나라의 기초가 어느 정도 마련되자 그러한 뜻을 드러내기 시작했다. 그러한 뜻은 8년(온조왕 26년)에 현실로 나타났다. 백제는 몰래 군사를 내어 마한을 쳐서 그 국읍을 차지했고,[110] 다음 해에는 원산과 금현을 항복받아 그 성의 주민들을 한산(漢山 : 오늘날 남한산) 북쪽으로 이주시킴으로써 백제는 마한의 중심부까지 차지하게 되었다.[111] 백제는 온조왕 때 영토가 오늘날 전라북도 정읍에 이르렀다.[112] 3세기 말에는

---

108 윤내현, 「고구려의 다물이념 실천」, 『죽당이현희교수화갑기념한국사학논총』 동방도서, 1997, pp. 21~42.

109 『삼국사기』 권23, 「백제본기」 〈시조 온조왕〉조. "二十年, 春二月, 王設大壇, 親祠天地."

110 『삼국사기』 권23, 「백제본기」 〈시조 온조왕〉조. "冬十月, 王出師陽言田獵, 潛襲馬韓, 遂幷其國邑, 唯圓山·錦峴二城, 固守不下."

111 주 13 참조.

112 『삼국사기』 권23, 「백제본기」 〈시조 온조왕 36년〉조에는, "八月, 修葺圓山·錦峴二城, 築古沙夫里城."이라 했다. 여기서 고사부리는 오늘날 전라북도 정읍군 고부를 말한다(주 14 참조). 지금까지 일부 학자들은 백제가 온조왕 때 이렇게 넓은 영토를 차지했다는 것은 불가능할 것으로 보고 백제가 고사부리성을 쌓은 것은 온조왕 시기보다 훨씬 후대의 사실일 것으로 보았다. 그러나 한(韓)은 당시 각 지역에 거수국을 거느린 지방

한(韓)을 멸망시키고 영토가 오늘날 전라남도의 해안에 이르렀다. 그러나 백제는 고구려나 신라·가야 지역으로 진출하기보다는 바다 건너 중국의 동부 해안 지역에 더 큰 관심을 가지고 있었다.

백제는 3세기 중반에 이르러 안으로는 경제 기반을 더욱 튼튼히 하고 밖으로는 신라를 견제하면서[113] 중국 지역으로 세력을 확장했다. 이 시기에 백제는 오늘날 북경과 천진 지역에 진출했고, 그 후 산동성과 강소성 및 절강성 등지까지 그 세력을 확장하여 수나라가 중국을 통일하기 바로 전까지 중국 동부 해안 지역을 지배했다.[114] 백제가 바다 건너 중국의 동부 해안 지역에 진출하면서도 한반도의 고구려·신라·가야와는 비교적 화평한 관계를 유지하고 있었던 것은 그 밑바탕에 같은 겨레라는 의식이 깔려 있었기 때문인 것으로 생각된다.[115]

신라는 초기부터 민생안정에 힘쓰고[116] 고유 문물을 보존 유지하려고

분권적인 국가였을 뿐만 아니라 고조선시대부터 한반도 남부에 있어 별로 전쟁을 경험하지 않았다. 그러나 백제 지배층은 원래 고조선과 위만조선, 고조선과 서한 등의 전쟁을 체험한 북부 지역에 거주했던 사람들일 뿐만 아니라 남쪽으로 이주하는 과정에서도 어려움을 많이 겪었을 것이고, 백제는 건국 초부터 중앙집권국가였으므로 결속력과 의지가 강한 군대를 가지고 있었을 것이다. 이러한 당시의 상황은 백제가 쉽게 넓은 영토를 차지할 수 있도록 만들었을 것이다.

113 고이왕은 240·255·266·272·278·283년에 신라를 침공했다(『삼국사기』 해당 연조 참조).

114 이 책의 제2장 V 「백제의 중국 동부 지배」 참조.

115 백제 개로왕이 중국 북위에 보낸 국서에, "신은 고구려와 함께 부여에서 나왔으므로 선대에는 우의를 매우 돈독히 했습니다."라는 내용이 보이는데, 이것은 같은 겨레라는 의식이 있었음을 알게 해준다(『위서』 권100, 「고구려전」과 『삼국사기』 권25, 「백제본기」 〈개로왕 18년〉조 참조). 백제와 신라의 관계는 『삼국사기』 권24, 「백제본기」 〈비류왕 34년〉조, 〈근초고왕 21·23년〉조 참조.

116 『삼국사기』 권1, 「신라본기」 〈시조 혁거세 거서간 17년〉조. "王巡撫六部, 妃閼英從焉. 勸督農桑, 以盡地利."

노력하면서[117] 국가의 기틀을 닦는 데 주력했다. 고구려나 백제보다 앞서 귀족신분제와 관등체제를 정돈하고[118] 국민의 결합을 공고히 하기도 했다.[119] 이러한 기반 위에서 42년(유리 이사금 19년)에 이서국,[120] 탈해 이사금(57~80년) 때에는 우시산국과 거칠산국,[121] 파사 이사금(80~111년) 때에는 음즙벌국·실직곡국·압독국·비지국·다벌국·초팔국[122]과 굴아화촌[123]·내령군 등을 병합했다.[124] 이때 신라는 낙동강 동쪽 지역을 거의 다 차지했고 서쪽의 일부 지역도 차지했다.

아달라 이사금(154~183년) 때에 이르러서는 계립령(鷄立嶺)과 죽령(竹嶺)을 열어 한반도의 중심부와 동부해안으로 통하는 도로를 확보하여[125] 167년에는 한강 유역에 진출했고,[126] 185년(벌휴이사금 2년)에는 소문국,[127] 231년과 236년(조분 이사금 2·7년)에는 감문국과 골벌국을 병합했다.[128] 300년(기림 이사금 3년)에는 최씨낙랑국과 대방국의 투항을

---

117 최고 통치자에 대해 신라에서는 중국 용어인 왕이라는 칭호를 사용하지 않고 한민족의 칭호인 거서간·이사금·마립간 등을 사용했다는 것은 그러한 사실을 알게 해준다.

118 『삼국사기』 권1, 「신라본기」 〈유리 이사금 9년〉조. "春, 改六部之名, 仍賜姓, 楊山部爲梁部, 姓李, 高墟部爲沙梁部, 姓崔, 大樹部爲漸梁部, 姓孫, 于珍部爲本彼部, 姓鄭, 加利部爲漢祇部, 姓裴, 明活部爲習比部, 姓薛. 又設官, 有十七等, 一伊伐飡, 二伊尺飡, 三迊飡, 四波珍飡, 五大阿飡, 六阿飡, 七一吉飡, 八沙飡, 九級伐飡, 十大奈麻, 十一奈麻, 十二大舍, 十三小舍, 十四吉士, 十五大烏, 十六小烏, 十七造位."

119 『삼국사기』 권1, 「신라본기」 〈유리 이사금 9년〉조.

120 주 24와 같음.

121 주 25와 같음.

122 주 26과 같음.

123 『삼국사기』 권34, 「지리지」 1, 〈임관군〉조.

124 『삼국사기』 권35, 「지리지」 2, 〈내령군〉조.

125 『삼국사기』 권2, 「신라본기」 〈아달라 이사금 3·5년〉조 참조.

126 『삼국사기』 권2, 「신라본기」 〈아달라 이사금 14년〉조 참조.

127 『삼국사기』 권2, 「신라본기」 〈벌휴 이사금 2년〉조.

128 『삼국사기』 권2, 「신라본기」 〈조분 이사금 2·7년〉조.

받아들였고,[129] 307년에는 나라 이름을 신라로 고쳤다.[130] 이 기간에 신라는 국력의 기초를 다졌던 것이다. 내물 마립간(356~401년) 때에 이르러서는 안으로는 정치적 성장과 사회 안정을 가져왔고, 밖으로는 고구려·백제·전진 등과 우호적인 외교를 맺고 있었다.[131]

가야는 대량의 철 생산을 기반으로 사회가 크게 발전한 바탕 위에서 건국되었다. 그러한 가야는 94년에 신라의 마두성을 공격하여 포위한 바 있고,[132] 97년에는 신라의 남쪽 변경을 습격하여 가성주(加城主) 장세를 죽인 바 있으며,[133] 115년과 116년에는 가야와 신라가 서로 침공하는 전쟁이 있었는데, 그 결과는 결코 신라에 유리하지 않았다.[134] 이것은 당시 가야의 국력이 신라보다 약하지 않았음을 말해준다. 그러나 3세기에 들어서면서 신라와 화평을 유지하다가[135] 212년에는 가야가 왕자를 신라에 볼모로 보낼 정도로 약화되었다.[136]

---

129 『삼국사기』 권2, 「신라본기」 〈기림 이사금 3년〉조. 최씨낙랑국은 오늘날 대동강 유역에 있었고 대방국은 오늘날 황해도에 있었던 것으로 추정되는데, 이때 신라가 그 지역까지 차지했던 것은 아니다. 이 나라들이 북방의 고구려에게 멸망되자 그 지배세력이 남쪽의 신라에 귀순했던 것이다.

130 이 책의 제2장 Ⅵ「신라의 정체성 확보」 주 39 참조.

131 『삼국사기』 권3, 「신라본기」 〈내물 이사금 13·26년〉조.

132 『삼국사기』 권1, 「신라본기」 〈파사 이사금 15년〉조. "春二月, 加耶賊圍馬頭城, 遣阿湌吉元, 將騎一千擊走之."

133 『삼국사기』 권1, 「신라본기」 〈파사 이사금 17년〉조. "九月, 加耶人襲南鄙, 遣加城主長世, 拒之, 爲賊所殺."

134 『삼국사기』 권1, 「신라본기」 〈지마 이사금 4년〉조. "春二月, 加耶寇南邊. 秋七月親征加耶, 帥步騎度黃山河, 加耶人伏兵林薄, 以待之, 王不覺直前, 伏發圍數重, 王揮軍奮擊, 決圍而退."; 〈5년〉조. "秋八月, 遣將侵加耶, 王帥精兵一萬, 以繼之, 加耶嬰城固守, 會久雨, 乃還."

135 『삼국사기』 권2, 「신라본기」 〈내해 이사금 6년〉조. "春二月, 加耶國請和."

136 『삼국사기』 권2, 「신라본기」 〈내해 이사금 17년〉조. "春三月, 加耶送王子爲質."

이러한 상황에서 369년(고구려 고국원왕 39년, 백제 근초고왕 24년)에 고구려가 백제를 침공한 사건은 백제는 물론, 신라와 가야에도 자극을 주었고 한반도 안의 정국을 크게 변화시켰다. 백제는 고구려와 치열한 전쟁을 계속하는 가운데도 중국의 동부 해안 지역을 여전히 지배하는 한편, 왜국에도 진출하여 선진문물을 전했다.[137] 그러나 고구려 광개토왕의 강력한 남진정책에 부딪혀[138] 백제는 고구려의 노객(奴客)이 되겠다는 맹세를 하는 수모를 겪어야 했고,[139] 신라도 고구려의 압력을 감당할 수가 없어서 고구려의 신하 나라가 되고 말았다.[140]

400년에 고구려는 신라에 침입한 왜군을 토벌하면서 금관가야의 종발성을 함락했는데,[141] 이때 금관가야는 대가야의 지위를 상실하게 되었고 대가야가 고령군 지역으로 옮겨졌다. 그런데 427년(고구려 장수왕 15년)에 고구려가 오늘날 평양으로 도읍을 옮기고[142] 본격적인 남진정책을 펴자,[143] 신라와 백제는 동맹관계를 맺어[144] 고구려의 남진에 대항했

---

137 『삼국사기』 권25, 「백제본기」 〈아신왕 11년〉조 ; 『일본서기』 권10, 〈오진 천황 14년〉조 ; 『고사기』 중권, 〈오진 천황〉조 참조. 『일본서기』의 연대는 120년(2주갑)이 올라가 있으므로 오진 천황 14년(계묘)에서 이를 삭제하면 아신왕 12년(계묘)이 된다. 그리고 『고사기』에는 아직기를 아지길사, 왕인을 화이길사라 했다. 이때 왕인이 전달한 『천자문』은 종요가 지은 것인 듯하다.

138 『삼국사기』 권25, 「백제본기」 〈아신왕 4년〉조.

139 「광개토왕릉비문」 〈영락 6년〉조. "百殘王困逼, 獻出男女生口一千人, 細布千匹, 歸王自誓, 從今以後, 永爲奴客."

140 『삼국사기』 권3, 「신라본기」 〈내물 마립간 37년〉조 ; 〈실성 마립간 11년〉조 ; 「광개토왕릉비문」 〈영락 10년〉조 참조.

141 「광개토왕릉비문」 〈영락 10년〉조. "倭賊退……來背急, 追至任那加羅從拔城, 城卽歸服."

142 『삼국사기』 권18, 「고구려본기」 〈장수왕 15년〉조.

143 주 108과 같음.

144 『삼국사기』 권3, 「신라본기」 〈눌지 마립간 17년〉조. "秋七月, 百濟遣使請和, 從之."

다.[145] 그러나 백제는 개로왕 때 한성을 고구려에 빼앗기고 475년(문주왕 원년)에 도읍을 웅진(오늘날 공주)으로 옮겼다.[146] 백제는 웅진에서 대내적으로는 국가기강을 바로잡고 군민(軍民)을 위문하는 등 정치적인 안정을 꾀하면서,[147] 대외적으로는 남제·신라 등과 우의를 돈독하게 하고[148] 국가의 기반을 튼튼히 했다.[149]

신라는 지증 마립간(500~513년) 시대에 이르러서는 사회가 안정되고 왕권이 강화되었으며 그러한 기반 위에서 국력이 크게 신장되었다. 법흥왕(514~539년) 이후 신라는 백제·가야와 동맹관계를 더욱 공고히 하면서 중국 남조와도 외교관계를 돈독히 했다. 이러한 신라의 외교는 중국을 통일한 수나라와 당나라에도 그대로 이어졌다.

백제는 538년(성왕 16년)에 도읍을 사비(오늘날 부여)로 옮기고 나라이름도 남부여로 고쳐[150] 분위기를 쇄신하고 국력을 강화하는 데 힘썼다. 그 결과 한때는 신라·가야와 연합하여 고구려군을 한강 유역에서 몰아내는 등 군사적으로 고구려보다 우세한 면을 보이기도 했다.[151] 가야는 고구려의 남진을 막기 위해 신라·백제 등과 협력했으나[152] 562년

---

145 『삼국사기』 권3, 「신라본기」 〈눌지 마립간 39년〉조 ; 〈자비 마립간 17년〉조 ; 권26, 「백제본기」 〈문주왕〉조 ; 권3, 「신라본기」 〈소지 마립간 3·6·15·16·17년〉조 참조.

146 『삼국사기』 권26, 「백제본기」 〈문주왕 원년〉조.

147 『삼국사기』 권26, 「백제본기」 〈동성왕 원년〉조.

148 『삼국사기』 권26, 「백제본기」 〈동성왕 6·15년〉조.

149 공주에서 발굴된 무령왕릉의 규모와 출토된 유물은 백제의 튼튼한 국가 기반을 알게 해주었다. 문화재관리국, 『무령왕릉』 발굴조사보고서, 문화공보부 문화재관리국, 1973.

150 『삼국사기』 권26, 「백제본기」 〈성왕 16년〉조. "春, 移都於泗沘, 國號南扶餘."

151 『삼국사기』 권44, 「거칠부열전」 ; 『일본서기』 권19, 〈긴메이 천황 9~12년〉조.

152 『삼국사기』 권3, 「신라본기」 〈소지 마립간 3년〉조. "三月, 高句麗與靺鞨入北邊, 取孤鳴等七城, 又進軍於彌秩夫, 我軍與百濟加耶援兵, 分道禦之, 賊敗退, 追擊破之泥河西, 斬首千餘級." ; 〈18년〉조. "春二月, 加耶國送白雉, 尾長五尺." ; 『삼국사기』 권

에 신라에게 완전히 멸망했다.[153] 가야는 민족통합의 전쟁에는 본격적으로 참여해보지 못했지만 일찍부터 왜열도에 진출하여 그곳에 분국(分國)을 세우고 한민족의 문화를 전달했는데, 그 분국들은 한반도의 본국이 멸망한 뒤에도 임나(가야)라는 이름을 그대로 사용하면서 왜열도에서 활동했다.[154]

신라는 지증 마립간과 법흥왕이 다져놓은 기반 위에서 진흥왕(540~575년), 진지왕(576~578년), 진평왕(579~631년)시대에 크게 도약했다. 진흥왕은 안으로는 불교를 일으키고 국사를 편찬하는가 하면 음악을 발전시키는 등 문화 진흥에 힘썼고 화랑도를 창설하여 나라의 기둥인 젊은 인재들이 민족 주체성을 확보할 수 있도록 심신을 단련시켰다. 이 시기에 강역도 크게 확장되었다. 밖으로 백제는 물론, 중국의 북조·남조와도 유대관계를 공고히 하여 국제사회에서 위상을 튼튼히 하고 민족통합의 기반을 닦았다.

신라의 대(對)중국 외교는 통일국가인 수나라와 당나라가 들어선 뒤로는 한층 더 발전하여 고구려를 협공하는 방향으로 이용했다. 결국 신라는 당나라의 군사를 끌어들여 고구려와 백제를 공격함으로써 한반도의 영토겸병전쟁에서 최후의 승리자가 될 수 있었다. 열국시대 초기에 민족통합 의지가 가장 강했던 나라는 고구려였지만 그 뜻을 이루지 못하고 최후 승리의 자리를 신라에게 빼앗기고 말았던 것이다.

이상과 같이 열국시대는 그 시작과 더불어 영토겸병전쟁이 계속되었

4, 「신라본기」 〈법흥왕 9년〉조. "春三月, 加耶國王遣使請婚, 王以伊湌比助夫之妹送之." ; 〈11년〉조. "秋九月, 王出巡南境拓地, 加耶國王來會."

153 이 책의 제1장 Ⅷ 「가야의 건국과 체제」의 주 76 참조.

154 이 책의 제2장 Ⅶ 「가야의 왜열도 진출」 참조.

는데, 4세기까지는 지역 기반을 구축하는 데 그쳤으나 그 이후의 전쟁은 규모가 훨씬 커졌을 뿐만 아니라, 고구려·백제·신라 사이의 본격적인 민족통합전쟁으로 성격이 바뀌었다. 그 결과 신라가 백제와 고구려를 병합하기에 이르렀다. 그러므로 열국시대는 한민족이 재통합을 추진했던 시기라고 말할 수 있다.

5. 마치며

지금까지 열국시대의 정국 변화 가운데 가장 중요하다고 생각되는 3가지 문제를 살펴보았다. 중앙집권제도의 강화, 귀족신분제의 확립, 민족 재통일의 추진 등이 그것이다.

고조선시대의 통치 제도는 지방분권적인 거수국제였다. 고조선의 뒤를 이은 열국시대의 통치 조직에는 한(韓)과 가야처럼 지방분권적인 것, 동부여·백제·신라처럼 중앙집권적인 것, 고구려처럼 두 제도를 복합한 것 등 세 종류가 존재했다. 그런데 369년에 한이, 562년에 가야가 멸망함으로써 지방분권적인 통치 제도는 자취를 감추게 되었다. 이보다 앞서 고구려에서 2세기 전반에 왕권이 강화됨에 따라 지방분권적 요소는 쇠퇴하고 중앙집권적 통치 제도로 변했다.

그리고 중앙집권적인 국가 가운데서도 동부여는 왕권이 크게 신장하지 못한 상태에서 멸망했고, 열국 가운데 가장 늦게까지 남아 있었던 고구려·백제·신라 세 나라에서는 왕권의 신장과 더불어 중앙집권제가 더욱 강화되었다. 그러므로 열국시대는 지방분권적 통치 제도가 쇠퇴하고 중앙집권적 통치 제도가 확립된 시기였다고 말할 수 있을 것이다.

열국시대는 귀족신분제가 강화되는 시기이기도 했다. 한반도와 만주 지역에서 사회신분의 분화가 일어나기 시작한 것은 후기 신석기시대인 서기전 4000년 무렵부터였는데, 그 후 신분의 분화는 계속되어 고조선 2,300여 년 동안 더욱 확대화·체제화되었다. 열국시대에 이르러서는 중앙집권제의 통치 조직이 확립되고 왕권이 강화됨에 따라 신분제도가 더욱 체계화되어 귀족제가 출현했다. 이를 귀족신분제라고 부를 수 있을 것이다.

열국시대에 비교적 일찍 멸망한 동부여와 가야에도 귀족들이 존재했고 신분제가 체계화되었음을 알게 하는 기록들이 보인다. 그러나 시대의 변화에 맞게 새로운 귀족제와 신분제가 제정된 것은, 신라에서는 32년이었고 백제에서는 260년이었으며 고구려에서는 1세기부터 2세기 사이에 점진적으로 이루어졌던 것으로 보인다. 그러므로 열국시대에 귀족신분제는 대략 3세기까지는 확립되었다고 말할 수 있다. 그러나 그 뒤로도 신분제는 계속 강화되었으므로 열국시대는 귀족신분제가 강화되는 시기였다고 할 수 있을 것이다.

열국시대는 한민족이 재통합을 추진한 시기였다고 할 수도 있다. 열국시대는 한민족의 정치적 분열과 더불어 시작되었지만, 초기부터 영토를 확장해야겠다는 생각을 모든 나라가 가지고 있어서 처음부터 영토겸병전쟁이 일어날 수밖에 없었다. 그러한 영토겸병전쟁에는 영토는 넓을수록 나라에 이익이 된다는 경제관념과 한민족은 재통합되어야 한다는 의식이 작용하고 있었다.

영토겸병전쟁의 성격은 대략 4세기 무렵에 변화를 가져왔는데, 당시까지는 대개 주변의 작은 나라들을 병합하면서 지역 기반을 다지는 시기였다고 한다면, 그 뒤는 본격적인 민족통합전쟁으로 진입한 시기였다고 볼 수 있다. 그러한 전쟁의 결과 북방에서는 고구려가 주변의 나라들을 통합한 뒤 대국으로 군림하면서 남진을 하게 되었고 남방에서는 백제·신라·가야가 이에 대항했는데, 가야는 민족통합전쟁에 본격적으로 참여해보지 못한 상태에서 멸망했다.

따라서 고구려·백제·신라 세 나라가 민족통합의 각축전을 벌이다가 신라가 최후의 승리자가 되어 한반도를 통합하게 되었다. 그러므로 열국시대는 한민족의 재통합을 추진해가는 과정이었다고도 볼 수 있다.

II 열국시대의 경제 수준

1. 들어가며

이 글에서는 열국시대의 경제가 어느 수준에 이르렀으며 성격은 어떠했는가를 밝히고자 한다. 열국시대는 한민족의 분열에서 시작되어 다시 통합을 추진해가는 시기였으며, 통치 제도가 지방분권제에서 중앙집권제로 변화하고 있었고 신분의 분화가 확대되어 귀족제가 확립된 시기였다. 이러한 사회격동기에 그것을 뒷받침했던 경제는 어떠했는가를 살펴보고자 하는 것이다.

열국시대 초기에 가장 북쪽에 있었던 나라는 동부여와 읍루였고 가장 남쪽에 있었던 나라는 한이었다. 그 중간지대에 고구려·동옥저·동예·최씨낙랑국·대방국 등이 있었다. 그러나 북방에서는 고구려가 동부여·동예·최씨낙랑국·대방국 등을 통합했고 남방에서는 한이 분열되어 백제·신라·가야가 건국되었다. 따라서 고구려는 고조선의 경제를 계승하면서 동부여와 읍루·동옥저·동예·최씨낙랑국·대방국의 경제를 통합했고, 백제와 신라·가야는 한의 경제 수준을 계승하고 있었다. 그러므로 고구려의 경제는 고조선의 경제 수준과 고구려가 통합한 여러 나라의 경제 수준을 바탕으로 인식해야 하며, 백제와 신라·가야의 경제는 한의 경제 수준을 바탕으로 인식해야 할 것이다.

『삼국지』「동이전」에는 한에 대해 말하기를 "동물과 초목은 대략 중국과 비슷하다."[1] 고 했고, 『수서』〈신라전〉에도 "신라의 오곡·과일·채소·새·동물 등의 물산은 대략 중국과 같다."[2] 고 했다. 이로 보아 당시 한반도의 자연산물은 중국과 거의 차이가 없었던 것으로 보인다. 한반도와 만주에 있었던 여러 나라 가운데 중국에서 가장 멀리 떨어져 있었던 한(韓)의 동식물이 중국과 거의 같았다면 그 중간지대에 있었던 다른 나라들의 동식물은 당연히 중국이나 한과 거의 같았을 것이다.

이러한 현상은 자연의 동식물에만 국한되지 않았고 농작물과 가축은 물론, 수공업 제품도 마찬가지였을 것이다. 열국시대가 시작되기 전 한반도와 만주의 거주민들은 고조선이라는 하나의 국가에 속해 있었다. 그리고 열국시대가 시작되면서 비록 정치적으로는 여러 나라로 분열되어 있었지만 같은 민족으로서 비교적 왕래가 쉬웠다. 따라서 중앙과 지방, 각 지역이 갖는 자연환경의 차이 등에 따라 생산품이나 경제 수준에 약간의 차이는 있었겠지만 근본적으로는 다르지 않았을 것이다.

그런데도 지금까지는 열국시대의 각 나라에 대한 개별적인 연구만 진행하여 각 나라들의 물산이 다르고 농업·목축업·수공업·상업 등도 근본적으로 차이가 있는 것으로 인식했다. 이제부터는 여러 나라의 경제에 대한 자료를 검토하고 종합하여 그것을 열국시대 한반도와 만주의

---

1 『삼국지』 권30, 「동이전」 〈한전〉. "禽獸草木略與中國同."

2 『수서』 권81, 「동이열전」 〈신라전〉. "其種五穀·果菜·鳥獸物產, 略與華同."

전체적인 경제 수준과 성격으로 평가해야 할 것이다.

여기서 유의할 것은 이 시대에 관한 기본문헌인 『후한서』「동이열전」이나 『삼국지』「동이전」, 『삼국사기』, 『삼국유사』 등에 기록된 내용은 지극히 일부라는 점이다. 실제로는 그보다 훨씬 높은 경제 수준에 도달해 있었을 것이다. 당시는 매우 발달된 철기시대였기 때문이다. 열국시대 초기인 서기 전후 시기에 이미 철로 만든 삽·가래·쇠스랑·보습·송곳·손칼·도끼·자귀·톱·끌 등 한민족 전통의 도구들이 거의 사용되었다.[3] 따라서 열국시대 전 기간에는 이보다 훨씬 발달된 철제 생산도구가 사용되었다는 점도 생각해야 할 것이다.

2. 열국시대의 농업과 목축업

열국시대의 여러 나라는 북쪽으로 오늘날 내몽골자치구 동부와 흑룡강성 및 연해주에서 남쪽으로는 한반도 남부 해안선에 이르는 지역에 자리 잡았다. 열국 가운데 가장 북쪽에 있었던 동부여는 오늘날 길림성 북부와 내몽골자치구 동부 및 흑룡강성을 차지하고 있었는데,[4] 동부여의 농업과 목축에 대해 『후한서』「동이열전」 〈부여국전〉에,

> (부여는) 동이 지역 가운데 가장 평탄하고 넓은 곳으로서 토질은 오곡이 자라기에 알맞다. 명마(名馬)와 붉은 옥과 담비·살쾡이가 생산되며 큰

---

3 사회과학원 고고학연구소, 『조선고고학개요』, 과학백과사전출판사, 1977, pp. 173~175.

4 이 책의 제1장 Ⅱ「동부여의 건국과 위치」 참조.

구슬은 대추만큼 크다.[5]

고 했다. 『삼국지』「동이전」〈부여전〉에도 이와 비슷한 기록이 보이는데 거기에는 “5가지 과일은 생산되지 않는다.”, “그 나라 사람들은 가축을 잘 기른다.”, “아름다운 구슬이 산출된다.” 등의 내용이 추가되어 있다.[6] 동부여에서 생산되지 않았다는 5가지 과일이 어떤 것이었는지는 알 수 없으나 이것들이 생산되지 않았던 것은 아마도 자연조건과 관계가 있는 듯하다.

위의 기록들에서 오곡이 잘된다고 말한 것이라든가 명마가 생산되고 목축을 잘했다고 말한 것 등은 동부여에 농업과 목축이 매우 발달해 있었음을 알게 해준다. 『삼국지』「동이전」〈부여전〉에는, 위나라의 관구검이 고구려를 침공할 때 현도태수 왕기를 동부여에 파견했는데, 동부여의 간위거왕은 대가(大加)를 보내 왕기를 교외에서 맞게 하고 군량을 제공했다[7]는 기록이 보인다. 이로 보아 동부여에는 막대한 잉여 농산물이 저장되어 있었음을 알 수 있다.

북부여의 건국 전설에는 말·소·돼지·닭 등이 등장하고,[8] 동부여에서는 소를 잡아서 그 발굽을 가지고 길흉을 점치기도 했고[9] 여섯 가축

---

5 『후한서』 권85, 「동이열전」 〈부여국전〉. “於東夷之域, 最爲平敞, 土宜五穀. 出名馬·赤玉·貂豽, 大珠如酸棗.”

6 『삼국지』 권30, 「동이전」 〈부여전〉. “多山陵, 廣澤, 於東夷之域最平敞, 土地宜五穀, 不生五果.” “其國善養牲, 出名馬, 赤玉·貂狖·美珠, 珠大者如酸棗.”

7 『삼국지』 권30, 「동이전」 〈부여전〉. “正始中, 幽州刺史毌丘儉討句麗, 遣玄菟太守王頎詣夫餘, 位居遣大加郊迎, 供軍糧.”

8 『논형』 권2, 「길험편」.

9 『후한서』 권85, 「동이열전」 〈부여국전〉. “殺牛, 以蹏占其吉凶.”; 『삼국지』 권30, 「동이전」 〈부여전〉에도 같은 내용이 보이는데, 거기에는 발굽이 갈라지면 흉하고 합해지

의 이름을 따서 관직 이름을 만들어 마가·우가·구가 등의 관직이 있었는데,[10] 이러한 사실은 동부여가 건국되기 전 북부여 시절부터 부여 사람들에게는 목축이 널리 퍼져 있었음을 알게 해준다. 그리고 위의 〈부여전〉에 "붉은 옥·담비·살쾡이·아름다운 구슬이 생산된다."고 했고, 『위서』 〈고구려전〉에는 "황금은 동부여에서 나온다."[11]는 내용이 있는 것으로 보아 자연산물도 비교적 풍부했던 것으로 생각된다. 『후한서』「동이열전」 〈부여국전〉과 『삼국지』「동이전」 〈부여전〉에는 "궁실과 창고와 감옥이 있다."[12] 고 했는데, 창고는 잉여 생산물을 보관하기 위한 것으로 보아야 할 것이다.

읍루의 농업과 목축에 대해서는 『후한서』「동이열전」 〈읍루전〉에,

> 오곡과 마포(麻布)가 있으며 적옥(赤玉)과 좋은 담비가 산출된다.[13]

고 했는데 『삼국지』「동이전」 〈읍루전〉에는 소와 말도 생산된다고 했다.[14] 이 기록들은 읍루에서도 오곡과 소·말이 생산되는 등 농경과 목축이 상당히 발달해 있었고 붉은 옥과 담비 같은 자연 특산물도 생산되

면 길한 것으로 생각했다는 내용이 추가되어 있다.

10 『후한서』 권85, 「동이열전」 〈부여국전〉. "以六畜名官, 有馬加·牛加·狗加." ; 『삼국지』 권30, 「동이전」 〈부여전〉에는 저가가 추가되어 있다.

11 『위서』 권100, 「열전」 〈고구려전〉. "旦黃金出自夫餘, 珂則涉羅所產." 원문에는 황금은 부여에서 나온다고 되어 있지만 이 시기의 부여는 동부여를 말하므로 필자는 본문에서 동부여로 표현했다.

12 『후한서』 권85, 「동이열전」 〈부여국전〉과 『삼국지』「동이전」의 〈부여전〉. "有宮室·倉庫·牢獄."

13 『후한서』 권85, 「동이열전」 〈읍루전〉. "有五穀·麻布, 出赤玉·好貂."

14 『삼국지』 권30, 「동이전」 〈읍루전〉. "有五穀·牛·馬·麻布."

었음을 알게 해준다. 특히 읍루에는 돼지 기르는 것이 널리 퍼져 있었는데, 그 고기는 음식으로 이용했고 가죽은 옷을 만들었으며 기름은 겨울에 몸에 발라 추운 바람을 막았다고 한다.[15] 이러한 사실은 읍루인들이 목축을 해서 얻은 것들을 여러 용도로 이용하는 지혜를 가지고 있었음을 알게 해준다.

동옥저의 농업과 목축에 대해서는 『후한서』 「동이열전」 〈동옥저전〉에,

> 토질은 비옥하며 산을 등지고 바다를 향해 있어 오곡이 잘 자라고 농사짓기에 적합하다.[16]

고 한 것으로 보아 동옥저에서도 오곡이 생산되었고 농업이 주된 산업이었음을 알 수 있다. 그리고 동옥저가 고구려에 병합된 뒤, 고구려는 동옥저에게 담비·무명베·물고기·소금 등과 여러 가지 해산물들을 조세로 징수했는데,[17] 이것은 동옥저에서 이러한 것들이 풍부하게 생산되었음을 알게 해준다.

동예의 농업과 목축에 대해서는 『후한서』 「동이열전」 〈예전〉에,

> 새벽에 별자리의 움직임을 관찰하여 그해의 풍흉을 미리 안다.[18]

---

15 『후한서』 권85, 「동이열전」 〈읍루전〉. "好養豕, 食其肉, 衣其皮, 冬以豕膏塗身, 厚數分, 以禦風寒." ; 『삼국지』 권30, 「동이전」 〈읍루전〉에도 같은 내용이 실려 있다.

16 『후한서』 권85, 「동이열전」 〈동옥저전〉. "土肥美, 背山向海, 宜五穀, 善田種." ; 『삼국지』 권30, 「동이전」 〈동옥저전〉에도 같은 내용이 보인다.

17 『후한서』 권85, 「동이열전」 〈동옥저전〉. "責其租稅, 貂布魚鹽, 海中食物." ; 『삼국지』 권30, 「동이전」 〈동옥저전〉에도 같은 내용이 실려 있다.

18 『후한서』 권85, 「동이열전」 〈예전〉. "曉候星宿, 豫知年歲豊約." ; 『삼국지』 권30, 「동이전」 〈예전〉에도 같은 내용이 보인다.

마을을 침범하는 사람이 있으면 벌로 노예와 소·말을 부과하는데 이를 책화라 한다.[19]

무늬 있는 표범이 많고 과하마가 있으며 바다에서는 반어가 나는데 사절(使節)이 오면 언제나 그것들을 바친다.[20]

는 기록이 확인될 뿐 농업에 관한 직접적인 언급은 보이지 않는다. 그러나 새벽에 별자리의 움직임을 보고 풍년을 예측한다는 것은 오랜 세월의 경험이 쌓인 것이다. 그러므로 이것은 농업이 매우 발달했음을 추측하게 해주는데, 『삼국지』「동이전」〈예전〉에 "동예의 땅은 기름지다."[21]고 한 것은 그러한 사실을 뒷받침해준다. 마을을 침범한 벌로 소와 말을 부과했고 과하마가 특산물로 생산되었다는 것은 그것들을 기르는 것이 일반적이었음을 말해준다. 그리고 표범이 많고 반어가 생산되었다는 것은 자연산물도 적지 않았음을 알게 해준다.

이상의 동부여와 읍루·동옥저·동예의 농업과 목축은 뒤에 이 나라들이 고구려에 통합됨으로써 고구려 경제의 기초가 되었다. 고구려의 농업과 목축에 대해서는 『후한서』「동이열전」과 『삼국지』「동이전」에 재배했던 곡물이나 가축의 종류 등을 기록하지 않았지만,

농사를 지을 땅이 적어서 힘껏 농사를 지어도 자급하기에 부족하기 때문

---

19 『후한서』 권85, 「동이열전」 〈예전〉. "邑落有相侵犯者, 輒相罰, 責生口牛馬, 名之爲責禍." ; 『삼국지』 권30, 「동이전」 〈예전〉에도 같은 내용이 보인다.

20 『후한서』 권85, 「동이열전」 〈예전〉. "又多文豹, 有果下馬, 海出班魚, 使來皆獻之."

21 『삼국지』 권30, 「동이전」 〈예전〉. "土地饒."

> 에 그 습속에 음식을 아낀다.[22]

는 기록이 있다. 이것은 고구려에는 비록 농경지가 많지는 않았지만 농업이 주된 산업이었음을 알게 해주며 여러 가지 농작물이 재배되었을 것임을 추측하게 해준다.

고구려인들은 공공모임에 갈 때는 모두 비단에 수놓은 의복을 입고 금과 은으로 장식했는데,[23] 이러한 사실은 고구려인들의 생활이 결코 궁핍하지 않았음을 말해준다. 그리고

> 그 나라의 대가들은 농사를 짓지 않으므로 앉아서 먹는 인구가 1만여 명이나 되는데, 하호들이 먼 곳에서 양식·물고기·소금을 운반해다 그들에게 공급한다.[24]

는 기록도 보이는데, 이것은 고구려에 농업과 어업·제염업 등이 상당히 발달해 있었음을 알게 해준다. 그뿐만 아니라 농업이 발달해 1만여 명이 일하지 않고 먹고 살 수 있을 정도로 잉여생산이 있었음도 알게 해준다. 고구려에는 집집마다 작은 창고가 있어 이를 '부경(桴京)'이라 부른다[25]고 했는데, 부경은 곡물을 보관하는 창고였을 것이다.

열국 가운데 가장 남쪽에 위치했던 한(韓)은 기후가 따뜻하고 습기도

---

22 『후한서』 권85, 「동이열전」 〈고구려전〉. "少田業, 力作不足以自資, 故其俗節於飮食." ; 『삼국지』 권30, 「동이전」 〈고구려전〉에도 같은 내용이 보인다.

23 『후한서』 권85, 「동이열전」 〈고구려전〉. "其公會衣服皆錦繡, 金銀以自飾."

24 『삼국지』 권30, 「동이전」 〈고구려전〉. "其國中大家不佃作, 坐食者萬餘口, 下戶遠擔米糧魚鹽供給之."

25 『삼국지』 권30, 「동이전」 〈고구려전〉. "家家自有小倉, 名之爲桴京."

많으며 토질이 비옥하므로 농업이나 목축이 더 발달했을 것이다. 백제·신라·가야는 각기 한의 일부를 차지하여 건국되었으므로 한의 농업과 목축을 계승하고 있었을 것이다. 이에 관한 기록을 보면 『후한서』「동이열전」〈한전〉에,

> 마한 사람들은 농사짓고 누에를 칠 줄 알며 길쌈하여 무명베를 짠다. 큰 밤이 산출되는데 그 크기가 배만큼 크며, 꼬리가 긴 닭이 있는데 꼬리의 길이가 5척이나 된다.[26]

고 했는데, 『삼국지』「동이전」〈한전〉에도 이러한 기록이 보인다. 거기에는 "누에 치고 뽕나무를 기를 줄 안다."[27]는 내용이 추가되어 있다. 이러한 상황은 같은 한에 속해 있었던 진한과 변한도 마찬가지였다. 진한과 변한에 관한 기록을 보면,

> (변한과 진한은) 토질이 비옥하여 오곡과 벼가 자라기에 알맞고 누에치기와 뽕나무 가꾸는 것을 알아 비단과 무명베를 짜며 소와 말을 타고 부릴 줄 안다.[28]

---

26 『후한서』 권85, 「동이열전」〈한전〉. "馬韓人知田蠶, 作緜布. 出大栗如梨, 有長尾雞, 尾長五尺."

27 『삼국지』 권30, 「동이전」〈한전〉. "種植, 知蠶桑, 作綿布." "出大栗, 大如梨. 又出細尾雞, 其尾皆長五尺餘."

28 『삼국지』 권30, 「동이전」〈한전〉 '변진'조. "土地肥美, 宜種五穀及稻, 曉蠶桑, 作縑布, 乘駕牛馬."; 『후한서』 권86, 「동이열전」〈한전〉 '진한'조. "土肥美, 宜五穀, 知蠶桑, 作縑布."

고 되어 있다.

위의 기록들은 한에서는 벼를 비롯한 오곡이 생산되고 있었고 누에를 치고 뽕나무를 심어 명주 등의 비단을 생산했을 뿐만 아니라, 목화를 재배하여 무명베도 생산했음을 알게 해준다. 그리고 유실수를 심어 밤 등의 과일을 생산했고, 목축이 발달하여 닭과 말·소 등의 가축을 길렀고 소와 말은 부리는 데 이용했음도 알게 해준다.

한의 농업 수준은 전 지역이 거의 비슷했을 텐데, 다음 기록은 그러한 상황을 말해준다. 『후한서』「동이열전」〈한전〉의,

> 해마다 5월에는 농사일을 마치고 귀신에게 제사를 지내는데, …… 10월에 농사의 추수를 끝내고 또다시 이와 같이 한다.[29]

는 것이 그것이다. 해마다 온 국민이 하느님에게 농사가 잘되기를 빌고 또 수확을 감사하는 제사를 지냈다는 것은 한의 전 지역이 농경사회였음을 알게 해주는 것이다. 그리고 『삼국사기』「백제본기」와 「신라본기」에는 자연재해 때문에 보리·콩·조 등의 곡식이 피해를 입었다는 기록이 여러 곳에 보이는데, 이러한 기록들은 한의 전 지역이 농업을 경제의 기본으로 삼고 있었음을 알게 해준다.

『위서』〈백제전〉에는 백제에는 "오곡이 있다."[30] 고 했는데, 이는 백제에서 다양한 곡물이 생산되었음을 알게 해준다. 『삼국사기』「백제본기」

---

29 『후한서』 권85, 「동이열전」〈한전〉. "常以五月田竟, 祭鬼神, …… 十月農功畢, 亦復如之." ; 『삼국지』 권30, 「동이전」〈한전〉에도 같은 내용이 보인다.

30 『위서』 권100, 「열전」〈백제전〉. "有五穀."

에 따르면 온조왕은 부락들을 순무(巡撫)하고 농사를 권장했는데,[31] 이것은 백제가 초기부터 농업을 매우 중시했음을 알게 해준다. 그리고 백제는 33년(다루왕 6년)에 남부 지역의 주군(州郡)에 명을 내려 대대적으로 논을 만들게 했으며,[32] 242년(고이왕 9년)에는 나라 사람들에게 명하여 남쪽의 늪지대를 논으로 개간하도록 했는데,[33] 이것은 백제가 벼농사를 확대해갔음을 알게 해준다.

그뿐만 아니라 330년에는 벽골지(碧骨池)라는 매우 큰 저수지를 건설했고,[34] 510년에는 전국의 제방을 튼튼하게 보수하고 떠돌아다니는 사람들을 정착시켜 농사를 짓도록 했다.[35] 이것은 이전부터 백제에 관개시설이 있었음을 알게 해주는 것인데, 저수지를 건설하고 관개시설을 보수함으로써 많은 천수답(天水沓)들이 기름진 논으로 바뀌어 생산이 크게 증대되었을 것이다.

『삼국지』「동이전」〈한전〉에는, "마한 사람들은 소나 말을 탈 줄 모르기 때문에 소나 말은 모두 장례용으로 써버린다."[36]는 기록이 보이지만,

---

31 『삼국사기』 권23, 「백제본기」〈시조 온조왕 14년〉조. "二月, 王巡撫部落, 務勸農事."

32 『삼국사기』 권23, 「백제본기」〈다루왕 6년〉조. "二月, 下令國南州郡, 始作稻田." 이 기록에 처음으로 도전(稻田)을 만들었다고 했으므로 백제에는 이 시기에 처음으로 논이 출현했다고 보는 학자가 있으나 벼는 고조선이 건국되기 전부터 재배되었으므로 그러한 견해는 옳지 않다. 여기서 처음으로 도전을 만들었다는 것은 왕명을 받아 국가적인 사업으로 대규모의 논을 만든 것이 처음이었다는 뜻으로 이해해야 한다.

33 『삼국사기』 권24, 「백제본기」〈고이왕 9년〉조. "春二月, 命國人開稻田於南澤."

34 『삼국사기』 권2, 「신라본기」〈흘해 이사금 21년〉조. "始開碧骨池, 岸長一千八百步." 벽골지는 오늘날 전라북도 김제에 있는데, 이곳은 당시 신라 영토가 아니라 백제 영토였다. 따라서 벽골지 기사가 「신라본기」에 들어 있는 것은 『삼국사기』 편찬자의 착각으로 보인다(이병도, 『국역 삼국사기』, 을유문화사, p. 36의 주 1 참조).

35 『삼국사기』 권26, 「백제본기」〈무령왕 10년〉조. "春正月, 下令完固堤防, 驅內外游食者歸農."

36 『삼국지』 권30, 「동이전」〈한전〉. "不知乘牛馬, 牛馬盡於送死."

이것은 오히려 마한 지역에서도 소와 말 등의 가축을 길렀음을 알게 해준다. 마한에서는 소와 말을 탈것으로보다는 생산노동용으로 활용했을 것으로 생각된다. 『삼국사기』「백제본기」〈시조 온조왕〉조에는, "한성 사람 집의 말이 소를 낳았는데 머리는 하나요 몸은 둘이었다."[37]는 기록이 보이는데, 말이 소를 낳았다는 점은 의심스럽지만 이 내용은 백제에서도 초기부터 소와 말을 길렀음을 알게 해준다. 이러한 백제의 목축은 마한의 그것을 계승했을 것이다.

『삼국사기』「신라본기」〈시조 혁거세 거서간〉조에는 혁거세 거서간이 그의 아내 알영과 더불어 6부를 순행하면서 농사짓고 뽕나무 기르는 것을 장려하고 토지에서 최대의 이익을 얻도록 하라고 독려했다[38]는 기록이 있다. 이 기록은 신라도 초기부터 농업에 힘썼음을 알게 해준다. 『삼국사기』「신라본기」에 따르면, 신라에서는 벼의 품종 개량에 힘썼는데 186년에는 남신현(南新縣)에서, 242년에는 고타군(古陀郡)에서, 294년에는 다사군(多沙郡)에서 우량 품종을 발견했다.[39]

그리고 관개시설의 확장에도 힘을 기울였는데 144년에 모든 주군(州郡)에 명을 내려 제방을 보수하도록 했고,[40] 429년에는 둘레가 2,170보

---

37 『삼국사기』 권23, 「백제본기」 〈시조 온조왕 25년〉조. "春二月, ……漢城人家馬生牛, 一首二身."

38 『삼국사기』 권1, 「신라본기」 〈시조 혁거세 거서간 17년〉조. "王巡撫六部, 妃閼英從焉, 勸督農桑, 以盡地利."

39 『삼국사기』 권2, 「신라본기」 〈벌휴 이사금 3년〉조. "秋七月, 南新縣進嘉禾." ; 〈조분 이사금 13년〉조. "秋, 大有年, 古陀郡進嘉禾." ; 〈유례 이사금 11년〉조. "秋七月, 多沙郡進嘉禾."

40 『삼국사기』 권1, 「신라본기」 〈일성 이사금 11년〉조. "春二月, 下令, 農者政本, 食惟民天, 諸州郡修完堤防, 廣闢田野."

나 되는 시제(矢堤)라는 큰 저수지를 건설했었으며[41] 531년에도 제방을 보수하도록 명을 내렸다.[42] 이러한 관개시설들이 천수답을 기름진 논으로 만들어 농경지가 매우 확대되었을 것이다.

『수서』에는 신라는 땅이 비옥하여 같은 농토에서 논농사와 밭농사를 겸했다[43]고 했는데, 이것은 신라 사람들의 농경기술이 매우 발달해 있었음을 알게 해준다. 신라에서는 일찍부터 농기구를 개량하는 등 농업기술 개발에도 힘썼던 것으로 보인다. 『삼국유사』에 유리 이사금(24~56년)시대에 보습과 사람이 타는 수레가 제작되었다[44]고 기록되어 있는 것은 그런 사정을 알게 해준다. 『삼국사기』 〈지증 마립간〉조에는 502년에 밭갈이와 논갈이에 처음으로 소를 이용했다는 기록이 있는데, 아마도 이 시기에 소를 새롭게 이용하는 방법이 개발되었던 듯하다.[45]

고구려와 백제·신라·가야에서는 여러 가지 과일도 생산되었다. 『삼국사기』 「고구려본기」와 「신라본기」에는 이상기후를 말하면서 10월에 복숭아꽃과 자두꽃이 피었다고 했는데,[46] 이것은 고구려와 신라에 이러한 과일나무들이 있었음을 알게 해준다. 고구려와 신라에 있었던 과일

---

41 『삼국사기』 권3, 「신라본기」 〈눌지 마립간 13년〉조. "新築矢堤, 岸長二千一百七十步."

42 『삼국사기』 권4, 「신라본기」 〈법흥왕 18년〉조. "春三月, 命有司修理堤防."

43 『수서』 권81, 「동이열전」 〈신라전〉. "田甚良沃, 水陸兼種."

44 『삼국유사』 권1, 「기이」 〈제3 노례왕〉조. "製作耜及藏氷庫, 作車乘."

45 『삼국사기』 권4, 「신라본기」 〈지증 마립간 3년〉조. "三月, 分命州郡主, 勸農, 始用牛耕." 이 내용 가운데 "우경을 처음으로 사용했다."는 표현이 있는 것을 들어 신라에서는 이때 처음으로 소를 농경에 이용했다고 보는 견해가 있다. 그러나 『삼국지』 「동이전」 〈한전〉에 변한과 진한 사람들은 소를 타거나 부릴 줄 안다고 했고, 『삼국유사』 〈노례왕〉조에는 유리 이사금시대에 이미 보습과 사람이 타는 수레를 만들었다고 했으므로 위에서 말한 우경은 일반적인 우경과는 다른 것으로 보아야 한다.

46 『삼국사기』 권19, 「고구려본기」 〈안원왕 10년〉조. "冬十月, 桃李華."; 권4, 「신라본기」 〈진흥왕 원년〉조. "冬十月, 地震, 桃李華."

나무들은 백제와 가야에도 있었을 것이다.

『삼국사기』「신라본기」〈파사 이사금〉조에는, "가야적(加耶賊)이 마두성을 공위(攻圍)하므로 아찬 길원(吉元)을 보내 기병 1천 명을 이끌고 쳐서 쫓았다."[47]는 기록이 보이는데, 신라는 초기부터 많은 기병을 가지고 있었음을 알 수 있다. 이것은 목축이 발달되어 있었음을 말하는 것이다. 이러한 신라의 농업과 목축은 변진 지역의 발달된 농업과 목축이 기초가 되었던 것이다.

가야의 농업이나 목축에 관해서는 기록이 남아 있지 않지만 가야의 중심인 금관가야가 자리한 오늘날 김해 지역은 넓은 평야로 농경지대였다. 따라서 가야는 건국 초부터 농업을 중요시했을 것이다. 가야 지역은 원래 변한이었는데 이곳은 철이 많이 생산된 곳이었다. 따라서 가야가 건국되기 전부터 철기문화가 발달해 있었다.

가야 지역이었던 다호리에서 발굴된 서기전 1세기의 고조선 말기 유적에서는 다양한 청동기와 철기를 비롯하여 철검·철모·철과·철사(鐵鉈)·철촉·철도·철부·철퇴·철따비·철겸·철착·철제 대팻날·나선형 철기·철낚싯바늘·철괴 등의 철기가 출토되었다.[48] 이것으로 가야가 건국되기 전에 가야 지역은 이미 매우 발달된 철기문화시대에 진입해 있었음을 알 수 있다. 그 주민들은 다양한 철제 농구를 사용하여 발달된 농경생활을 하고 있었으며 철기를 사용하는 수준 높은 문화생활을 향유

---

47 『삼국사기』 권1, 「신라본기」〈파사 이사금 15년〉조. "春二月, 加耶賊圍馬頭省, 遣阿湌吉元, 將騎一千擊走之."

48 이건무 등, 「의창 다호리유적 발굴진전보고(Ⅰ)」, 『고고학지』 제1집, 한국고고미술연구소, 1989, pp. 5~174 ; 「창원 다호리유적 발굴진전보고(Ⅱ)」, 『고고학지』 제3집, 한국고고미술연구소, 1981, pp. 5~111 ; 「창원 다호리유적 발굴진전보고(Ⅲ)」, 『고고학지』 제5집, 한국고고미술연구소, 1994, pp. 5~113.

하고 있었던 것이다.

이 유적에서는 다섯 자루의 붓도 출토되었는데 문자의 필사용이었다.[49] 이 붓들은 출토된 유물들로 보아 교역에 필요한 서류들을 만드는 데 사용되었을 것이다. 당시에 이 지역에서는 이미 활발한 교역이 이루어지고 있었고 매우 높은 서사문화(書寫文化)가 있었던 것이다. 이러한 수준 높은 사회는 고조선이 붕괴된 뒤 한(변한)을 거쳐 가야로 이어졌다. 그러므로 가야는 당연히 농업과 목축업·수공업 등이 발달된 사회였을 것이다. 가야의 여러 유적에서는 매우 다양하고 발달한 철제품들이 출토되는데 갑옷과 무구류는 물론, 여러 가지 농구와 마구류가 포함되어 있다. 이는 그러한 사정을 알게 해준다.

3. 열국시대의 수공업과 상업

열국 가운데 가장 북쪽에 있었던 동부여의 수공업에 관한 기록을 보면 『후한서』 「동이열전」 〈부여국전〉에,

> (동부여 사람들은) 활·화살·칼·창 등으로 병기를 삼는다. …… 음식을 먹고 마시는 데는 조두를 사용한다.[50]

는 것이 있다. 『삼국지』 「동이전」 〈부여전〉에는, "집집마다 자체적으로

---

49 이건무, 「다호리 출토 붓에 대하여」, 『고고학지』 제4집, 한국고고미술연구소, 1992, pp. 5~23.

50 『후한서』 권85, 「동이열전」 〈부여국전〉. "以弓矢刀矛爲兵. …… 食飮用俎豆."

갑옷과 무기를 보유한다."[51]는 내용이 추가되어 있다. 활·화살·칼·창 등의 병기와 갑옷을 집집마다 자체 보유했던 것으로 보아 이것들이 아주 많이 생산되었을 것이며, 당시는 발달한 철기시대였으므로 병기는 청동으로 만든 것도 있었지만 철제도 있었을 것이다.

그리고 동부여 사람들은 음식을 먹고 마시는 데 조두를 사용했다고 하므로 이러한 그릇을 동부여의 온 국민이 사용하려면 생산량이 매우 많았을 것이다. 이로 미루어보아 동부여에는 그릇을 만드는 수공업이 매우 발달했을 것으로 생각된다. 그리고 이러한 그릇과 앞에 언급된 병기들은 전문인들이 생산했을 것이므로 이러한 것들을 생산하는 수공업이 이미 전업화되어 있었을 것이다.

『삼국지』「동이전」〈부여전〉에는,

> (동부여 사람들은) 외국에 나갈 때에는 비단옷·수놓은 옷·모직옷을 즐겨 입고 대인은 그 위에다 여우·살쾡이·원숭이 또는 희거나 검은 담비 가죽으로 만든 갖옷을 입으며 금·은으로 모자를 장식한다.[52]

고 한 것으로 보아 동부여에서는 비단과 모직물 그리고 금과 은을 가공하여 만든 장신구들이 생산되었고 자수도 매우 발달해 있었을 것이다. 여우·살쾡이·원숭이·담비가죽으로 만든 갖옷은 매우 고급스러운 모피의류였을 것이다. 이러한 점들로 미루어볼 때 동부여의 수공업은 매우 발달했을 것으로 생각된다.

---

51 『삼국지』 권30, 「동이전」 〈부여전〉. "以弓矢刀矛爲兵, 家家自有鎧仗."

52 『삼국지』 권30, 「동이전」 〈부여전〉. "在國衣尙白, 白布大袂, 袍·袴, 履革鞜. 出國則尙繒繡錦罽, 大人加狐·狸·狖·白黑貂之裘, 以金銀飾帽."

이들 여러 나라 가운데 가장 동북쪽에 있었던 읍루의 수공업에 관해서는 『후한서』 「동이열전」과 『삼국지』 「동이전」의 〈읍루전〉에 "삼베가 생산된다."[53]고 한 것으로 보아 읍루에는 삼베 길쌈을 하는 가정이 많았음을 알 수 있다. 그리고 읍루에서도 좋은 활이 생산되었는데, 『후한서』 「동이열전」 〈읍루전〉에,

> 활의 길이는 넉 자인데 그 위력은 쇠뇌와 같다. 화살대로는 호(楛)를 쓰는데 길이는 한 자 여덟 치나 되며 청석으로 화살촉을 만들었으니 (이는 읍루가) 옛 숙신씨의 나라이기 때문이다.[54]

라고 한 것으로 보아 읍루에는 활·화살·화살촉을 만드는 수공업이 매우 발달해 있었음을 알 수 있다.

고조선의 거수국이었던 숙신은 활을 잘 만들어 그것을 중국에 수출했는데, 중국에서는 그것을 매우 귀하게 여겼다. 서주를 건국한 무왕은 숙신에서 수입한 화살촉에 '숙신에서 만든 것'이라는 명문을 새겨 그의 장녀 태희가 결혼할 때 예물로 주면서 가보로 간직하도록 했을 정도였다.[55] 그러한 제조기술을 이어받은 읍루의 활과 화살은 매우 높은 수준에 이르러 있었을 것이다.

---

53 『후한서』 권85, 「동이열전」. "有五穀麻布." ; 『삼국지』 권30, 「동이전」 〈읍루전〉. "有五穀牛馬麻布."

54 『삼국지』 권30, 「동이전」 〈읍루전〉. "其弓長四尺, 力如弩, 矢用楛, 長尺八寸, 青石爲鏃, 古之肅愼氏之國也." ; 『후한서』 권85, 「동이열전」 〈읍루전〉에도 같은 내용이 실려 있다.

55 『국어』 권5, 「노어」 하. "昔武王克商, 通道於九夷百蠻, 使各以其方賄來貢, 使無忘職業, 於是肅愼氏貢楛矢石砮, 其長尺有咫. 先王欲昭其令德之致遠也, 以示後人, 使永監焉. 故銘其楛曰肅愼氏貢矢, 以分太姬, 配虞胡公而封諸陳."

동부여와 읍루 그리고 한의 중간지대에 있었던 고구려·동옥저·동예의 수공업에 관해 『후한서』「동이열전」〈고구려전〉을 보면,

> 그들은 공공모임에서는 모두 비단에 수놓은 의복을 입고 금과 은으로 장식한다.[56]

고 되어 있는데, 고구려에서 비단에 수놓은 옷감과 금은을 가공한 장신구가 많이 생산되었음을 알게 해준다. 고구려 사람들은 "금과 은 및 재물을 모두 써서 후장(厚葬)을 한다."[57]는 기록도 보이는데, 그들이 가지고 있었던 금과 은은 대부분 가공된 장식품이었을 것이다. 이러한 기록들은 고구려의 수공업이 높은 수준에 이르렀음을 알게 해준다.

동옥저의 수공업에 관해서는 구체적인 기록이 없다. 그러나 『후한서』「동이열전」과 『삼국지』「동이전」〈동옥저전〉에 따르면, 고구려가 동옥저를 병합한 뒤 그곳에서 조세로 받아들인 품목 가운데 무명베가 들어 있다.[58] 이것은 동옥저에서 무명베가 많이 생산되었음을 알게 해준다. 그리고 『후한서』「동이열전」〈동옥저전〉에,

> (동옥저 사람들은) 창을 잘 다루며 보전(步戰)을 잘한다. 언어·음식·거처·의복이 고구려와 비슷하다.[59]

---

56 『후한서』 권85, 「동이열전」〈고구려전〉. "其公會衣服皆錦繡, 金銀以自飾."; 『삼국지』 권30, 「동이전」〈고구려전〉에도 같은 내용이 보인다.

57 『후한서』 권85, 「동이열전」〈고구려전〉. "金銀財幣盡於厚葬."; 『삼국지』 권30, 「동이전」〈고구려전〉에도 표현은 다소 다르지만 같은 내용이 보인다.

58 주 17 참조.

59 『후한서』 권85, 「동이열전」〈동옥저전〉. "便持矛步戰, 言語·食飮·居處·衣服類似句

는 기록이 보이는데, 이로 보아 동옥저에서는 창을 비롯한 여러 가지 무기가 생산되었을 것이고 생활 수준은 고구려와 비슷했을 것이다. 따라서 동옥저의 수공업 수준도 고구려와 크게 차이가 나지 않았다고 보아야 할 것이다.

동예의 수공업에 관해서는 『후한서』「동이열전」과 『삼국지』「동이전」의 〈예전〉에,

> 삼을 심고 누에를 기를 줄 알며 길쌈하여 무명베를 짠다.[60]

> 보전(步戰)에 능하며 길이가 3장(丈)이나 되는 창을 만들어 때로는 여러 사람이 함께 잡고 사용하기도 한다. 낙랑단궁이 그 지방에서 산출된다.[61]

등의 기록이 보인다. 이로 보아 동예에서는 명주와 무명베가 생산되었고 창과 활을 비롯한 보전(步戰)에 필요한 여러 가지 무기가 생산되었음을 알 수 있다.

이들 여러 나라 가운데 가장 남쪽에 있었던 한의 수공업에 관한 기록을 살펴보면 『후한서』「동이열전」〈한전〉에, "마한 사람들은 농사짓고 누에를 칠 줄 알며 길쌈하여 무명베를 짠다."[62] 고 했는데, 『삼국지』「동

驪." ; 『삼국지』 권30, 「동이전」〈동옥저전〉에도 같은 내용이 보이는데, 거기에는 언어가 빠져 있고 예절이 추가되어 있다.

60 『후한서』 권85, 「동이열전」〈예전〉. "知種麻養蠶, 作緜布." ; 『삼국지』 권30, 「동이전」〈예전〉에도 같은 내용이 보인다.

61 『후한서』 권85, 「동이열전」〈예전〉. "能步戰, 作矛長三丈, 或數人共持之, 樂浪檀弓出其地." ; 『삼국지』 권30, 「동이전」〈예전〉에도 같은 내용이 보인다.

62 『후한서』 권85, 「동이열전」〈한전〉. "馬韓人知田蠶, 作緜布."

이전」〈한전〉에는 "뽕나무를 기를 줄 안다."는 내용이 추가되어 있다.[63] 이 기록은 마한의 농업 가정에서는 누에를 길러 명주를 짜고 목화를 따서 무명베를 짜는 등의 길쌈하는 가정이 일반화되어 있었음을 알게 해준다.

그리고 마한에서는 금·은·비단·모직물 등이 많이 생산되었던 듯하다. 『후한서』「동이열전」〈한전〉에,

> (마한 사람들은) 금·보화·비단·모직물 등은 귀하게 여기지 않으며, ……오직 구슬을 귀중하게 여겨서 옷에 꿰매어 장식하기도 하고 목이나 귀에 달기도 한다.[64]

고 했는데, 『삼국지』「동이전」〈한전〉에도 이와 같은 내용이 실려 있으며 거기에는 "구슬을 재보(財寶)로 여긴다."고 하여 구슬의 가치를 더 강조하고 있는 한편, 진귀하게 여기지 않은 품목에 은(銀)이 추가되어 있고 금(錦)과 수(繡)라는 비단의 이름이 구체적으로 밝혀져 있다.[65] 마한 사람들이 구슬을 재보로 여긴 것은 그것이 귀했기 때문이었을 것이고, 금은과 모직물 및 금(錦)·수(繡) 등의 비단을 진귀하게 여기지 않은 것은 그것들이 많이 생산되어 비교적 흔했기 때문일 것이다. 구슬은 제조기술이 발달하지 못했던 당시에는 생산량이 많지 않았기 때문에 진귀한 물건으로 취급되었을 것이다. 마한과 함께 한에 속해 있었던 진한과

---

63 『삼국지』 권30, 「동이전」〈한전〉. "種植, 知蠶桑, 作綿布."

64 『후한서』 권85, 「동이열전」〈한전〉. "不貴金寶錦罽, ……唯重瓔珠, 以綴衣爲飾, 及縣頸垂耳."

65 『삼국지』 권30, 「동이전」〈한전〉 "以瓔珠爲財寶, 或以綴衣爲飾, 或以縣頸垂耳, 不以金銀錦繡爲珍."

변한 지역의 상황도 이와 크게 다르지 않았을 것이다.

위의 기록들에 따르면 나라에 따라 수공업 생산품에 차이가 있는 것처럼 보인다. 그러나 『후한서』「동이열전」과 『삼국지』「동이전」에 기록된 것이 각 나라의 생산품을 망라한 것은 아니며, 이들 여러 나라는 고조선을 계승한 나라들이기 때문에 생산품에 큰 차이는 없었을 것이다. 다만 자연환경에 따라 약간 다를 수는 있다. 따라서 위에 언급된 제품들은 열국시대의 모든 나라에서 생산되었다고 보아야 할 것이다.

그렇게 보면 열국시대 초기에 오늘날 한민족이 기본 옷감으로 사용하는 비단(명주 포함)·무명베·삼베·모직물 등이 이미 생산되었으며, 여우·살쾡이·원숭이·담비 등의 가죽으로 만든 고급 모피의류도 생산되었다. 이 가운데 무명베를 제외한 다른 제품들은 고조선시대에도 생산되었으므로[66] 이 시기에는 품질이 매우 우수했을 것이다. 광주광역시 신창동에서 발굴한 서기전 1세기 무렵 유적에서는 가야금과 함께 베틀의 바디도 출토되어[67] 열국시대에 베틀을 이용하여 옷감을 생산했음을 알게 해주었다.

그리고 자수가 유행하여 비단에 수놓은 옷을 만들어 입었고 금과 은의 가공기술도 발달하여 금관을 비롯한 여러 가지 장신구가 생산되었다. 금·은·보화·비단·모직물 등은 귀하게 여기지 않을 정도였으니 이것들이 널리 보급되어 있었음을 알 수 있다. 다만 구슬은 진귀하게 여겼다고 한 것으로 보아 생산량이 많지 않았던 것 같다. 북과 비파 등의 악기도 생산되었는데, 그것을 연주할 곡도 있었다고 하므로 열국시대의

66 윤내현, 「고조선 사람들의 의식주와 풍속」, 『고조선 연구』 하, 만권당, 2016, pp. 297~305.

67 「조선일보」 1997년 7월 23일자 16면(문화면) 화보 참조.

음악 수준은 상당히 높았던 것으로 생각된다. 고조선시대에 이미 피리·공후·방울·북·석경 등의 악기가 있었으므로[68] 열국시대에는 이보다 더 많은 악기가 있었을 것이다.

그리고 활·화살·화살촉·칼·창 등을 비롯한 여러 가지 무기가 생산되었는데 청동제와 철제 2가지 다 있었을 것이다. 이 시기에 철기는 농구로도 널리 사용되었는데, 청동 무기와 철제 농구는 고조선시대부터 사용되었으므로 이것들이 이 시기에는 한층 발달되고 일반화되어 있었을 것이다. 그런데 위에서 든 생산품들은 중국인들이 입수한 단편적인 정보에 따른 것이므로 실제로는 이보다 훨씬 다양한 수공업 제품이 열국에서 생산되었을 것이다.

여기서 관심을 끄는 것은 이 시기에 무명베가 생산되었다는 것이다. 무명베의 원료인 목화는 고려 때 문익점이 처음 중국에서 들여온 것으로 알려져 있으나, 『후한서』 「동이열전」과 『삼국지』 「동이전」에는 열국시대에 이미 한반도에서 무명베가 생산되었다고 기록되어 있으니 한민족이 목화를 재배한 것은 매우 오래전부터였넌 것으로 생각된다. 문익점이 가져온 목화는 아마도 생산량이 많은 신품종이었을 것이다.

『일본서기』에는 백제 근초고왕이 왜의 사신 이파이(爾波移)에게 오색찬란한 비단과 각궁전(角弓箭)·철정 등을 준 일이 있고,[69] 비단 짜는 여자 기술자들을 보낸 일도 있으며 좋은 말을 보내기도 했고,[70] 불상을 만드는

---

68 윤내현, 「고조선의 과학과 예술」, 앞 책, 『고조선 연구』 하, pp. 418~421.

69 『일본서기』 권9, 〈진구 황후 46년〉조. "爰斯摩宿禰卽以傔人爾波移與卓淳人過古二人, 遣于百濟國, 慰勞其王. 時百濟肖古王, 深之歡喜, 而厚遇焉. 仍以五色綵絹各一匹, 及角弓箭, 并鐵鋌四十枚, 幣爾波移."

70 『일본서기』 권10, 〈오진 천황 14년〉조. "百濟王貢縫衣工女, 曰眞毛津, 是今來目衣縫之始祖也." ; 〈15년〉조. "百濟王遣阿直伎, 貢良馬二匹."

기술자, 절을 짓는 기술자, 불탑을 만드는 기술자, 기와를 만드는 기술자 등을 보내기도 했다.[71] 이러한 사실은 백제의 목축과 수공업이 매우 발달해 있었음을 말해준다.

신라도 진한의 수공업을 계승했기 때문에 매우 발달해 있었을 것이다. 『삼국사기』「신라본기」에 따르면, 일성 이사금은 민간에서 금과 은 그리고 주옥을 사용하는 것을 금하는 명령을 내렸다.[72] 그러한 명령을 내린 것은 그 이전에 민간인들이 금과 은 그리고 주옥을 많이 사용했기 때문일 것이며 그러한 풍속은 진한에서 이어졌을 것이다. 금과 은은 한(韓) 지역에서 많이 채굴하고 모직물·금(錦)·수(繡) 등은 자신들이 생산한 물품들이었을 것이다. 그동안 발굴된 마한과 백제·신라 유적에서 금관을 비롯한 금이나 은으로 만든 제품들이 많이 출토된 것은 한(韓) 지역에서 금과 은이 비교적 많이 채굴되었을 것임을 알게 해준다.[73]

그리고 "진한 사람들은 누에치기와 뽕나무 가꾸는 법을 알고 비단과 무명베를 짠다."[74]는 기록도 보이는데, 이것으로 한(韓) 사람들이 비단과 무명베를 생산했음을 알 수 있다. 『삼국사기』「신라본기」〈유리 이사금〉조에는 6부의 여인들을 두 편으로 나누어 7월 16일부터 8월 15일까

---

71 『일본서기』 권20, 〈비다쓰 천황 6년〉조. "百濟國王, 付還使大別王等, 獻經論若干卷, 幷律師·禪師·比丘尼·呪禁師·造佛工·造寺工六人."; 권21, 〈스슌 천황 원년〉조. "百濟國遣恩率首信·德率蓋文·那率福富味身等, 進調幷獻佛舍利, 僧聆照律師·令威·惠衆·惠宿·道嚴·令開等, 寺工太良未太·文賈古子·鑪盤博士將德白昧淳, 瓦博士麻奈文奴·陽貴文·㥄貴文·昔麻帝彌, 畫工白加."

72 『삼국사기』 권1, 「신라본기」 〈일성 이사금 11년〉조. "又下令, 禁民間用金銀珠玉."

73 전라남도 나주군 반남면 신촌리의 유적과 충청남도 공주의 백제 무령왕릉, 경상북도 경주의 신라 왕릉들에서 금관과 금이나 은으로 만든 유물이 많이 출토된 것은 그러한 사실을 뒷받침해준다.

74 『후한서』 권85, 「동이열전」 〈한전〉 '진한'조. "知蠶桑, 作縑布."

지 날마다 새벽부터 밤 10시까지 길쌈을 한 뒤, 진 편에서 이긴 편에 술과 음식을 차려서 대접하고 노래와 춤 그리고 여러 가지 오락을 즐겼는데 이를 가배라 했다[75]는 기록이 있다. 이것은 신라의 거의 모든 가정이 길쌈을 했음을 알게 해준다. 신라의 가정은 대부분 농사짓고 길쌈하는 전형적인 농업 가정이었던 것이다.

『삼국사기』「직관지(職官志)」에는 신라에 설치되어 있었던 관청 가운데 갑옷 생산을 담당한 흑개감(黑鎧監), 비단 생산을 담당한 조하방(朝霞房)과 금전(錦典), 염색을 담당한 염전(染典), 칠기 생산을 담당한 칠전(漆典), 가죽제품의 생산을 담당한 피전(皮典), 가죽신발 생산을 담당한 탑전(鞜典)과 화전(靴典), 옷감 생산을 담당한 마전(麻典) 등이 있었음이 확인되는데, 이것은 이러한 관청이 필요할 정도로 신라의 수공업이 발달했음을 알게 해준다.

열국시대의 모든 나라는 건국 초부터 영토겸병전쟁을 했기 때문에 전쟁 때에는 필요한 무기의 수요가 많아져 무기공업도 발달했다. 『삼국사기』「신라본기」의 기록 가운데, 신라는 167년에 백제와의 전쟁에 2만 8,000명의 군사를 동원했고,[76] 289년에는 왜병이 쳐들어온다는 소식을 듣고 배를 수리하고 갑옷과 병기를 수선했다[77]는 기록은 그러한 사정을 알게 해준다. 그리고 558년에 신라인 나마(奈馬) 신득(身得)은 포(砲)와

---

75 『삼국사기』 권1, 「신라본기」 〈유리 이사금 9년〉조. "王旣定六部, 中分爲二, 使王女二人, 各率部內女子, 分朋造黨, 自秋七月旣望, 每日早集大部之庭, 績麻, 乙夜而罷, 至八月十五日, 考其功之多少, 負者置酒食, 以謝勝者, 於是歌舞百戲, 皆作謂之嘉俳."

76 『삼국사기』 권2, 「신라본기」 〈아달라 이사금 14년〉조. "八月, 命一吉湌興宣, 領兵二萬伐之. 王又率騎八千, 自漢水臨之, 百濟大懼, 還其所掠男女, 乞和."

77 『삼국사기』 권2, 「신라본기」 〈유례 이사금 6년〉조. "夏五月, 聞倭兵至, 理舟楫, 繕甲兵."

노(弩)를 만들었는데[78] 이것은 무기의 개발도 이루어지고 있었음을 알게 해준다.

『후한서』「동이열전」〈한전〉'진한'조와 『삼국지』「동이전」'변진'조에는, "그 나라에는 철이 생산되는데 예·왜·마한이 모두 와서 사 간다."[79]고 했는데, 이 기록은 당시에 철이 많이 생산되는 진한은 물론, 그것을 사 간 예와 왜·마한 등도 철기공업이 상당히 발달해 있었음을 알게 해준다. 그랬기 때문에 가공 원료인 철이 필요했을 것이다. 열국시대가 발달한 철기시대였다[80]는 점과 오늘날 일본의 나라 현 이소노카미(石上)신사에 보관되어 있는 백제에서 만든 칠지도(七支刀)가 백 번 담금질하여 연조(鍊造)한 백련철(百鍊鐵)이라는 점은 열국의 철기 가공기술이 매우 발달해 있었음을 알게 해준다.

『삼국유사』〈황룡사장륙(皇龍寺丈六)〉조에는, 574년에 장륙(丈六) 불상이 주조되었는데 무게가 3만 5,007근으로서 여기에 소요된 황금은 1만 198푼이었으며 두 보살 불상에 든 철은 1만 2,000근이요 황금은 1만 136푼이었는데 황룡사에 모셨다[81]는 기록이 있다. 이렇게 발달한 신라

---

78 『삼국사기』 권4, 「신라본기」〈진흥왕 19년〉조. "奈麻身得作砲弩上之, 置之城上."

79 『후한서』 권85, 「동이열전」〈한전〉'진한'조. "國出鐵, 濊·倭·馬韓並從市之."; 『삼국지』 권30, 「동이전」〈한전〉'변진'조에 같은 내용이 들어 있는데 마한이 한(韓)으로 표기되어 있다.

80 그동안 발굴 결과를 보면 한(韓)의 여러 유적에서 다양한 철기들이 출토되고 있는데, 서기전 1세기 유적으로 보고 있는 김해 조개무지 유적과 웅천 조개무지 유적에서 이미 많은 철제 도구들이 출토된 바 있고, 백제·신라·가야의 여러 유적에서 철기가 많이 출토되고 있는 것은 잘 알려진 사실이다. 한(韓)의 철기에 대해서는, 최종규, 『삼한고고학연구』, 서경문화사, 1995, pp. 141~155 참조. 이 책의 저자가 생각하는 철기 연대와 필자의 생각에는 다소 차이가 있으나 철기 종류를 파악하는 데는 참고가 된다.

81 『삼국유사』 권3, 「탑상(塔像)」〈황룡사장륙〉조. "輸其金鐵於京師, 以大建六年甲午三月鑄成丈六尊像, 一鼓而就. 重三萬五千七斤, 入黃金一萬一百九十八分, 二菩薩入

의 금속 공예기술은 이전 시대의 기술을 계승했을 것이다.

『후한서』「동이열전」〈한전〉에는 진한의 풍속을 말하면서 "북과 비파를 좋아한다."[82] 고 적고 있는데, 『삼국지』「동이전」〈한전〉에는, 변진에는 "비파가 있는데 그 모양은 축(筑)과 같고 연주하는 음곡(音曲)도 있다."[83] 고 했다. 앞에서 소개한 광주광역시 신창동 유적에서는 서기전 1세기 무렵의 가야금이 출토되어 위의 기록을 뒷받침했다.[84] 이로 보아 한(韓)에서는 북이나 비파와 같은 악기가 생산되었으며 그것이 널리 보급되어 있었을 것으로 생각된다. 악기는 정확한 음을 내야 하기 때문에 정교한 가공기술을 필요로 한다. 그러니 한의 수공업은 매우 정교한 단계에 도달했음을 알 수 있다.

이상과 같은 농업과 목축업 및 수공업의 발달은 상업의 발달을 가져왔다. 『후한서』「동이열전」과 『삼국지』「동이전」의 〈한전〉에, 변한과 진한에서는 철이 많이 생산되는데, 한·예·왜인들이 모두 와서 사 가며 시장에서 모든 매매는 철로 이루어져 철이 화폐와 같은 역할을 했다[85] 고 기록되어 있다. 이런 교역은 철에 국한되지 않고 모든 물품에 해당되었을 것이다. 마한 서쪽 바다의 섬에 주호국이 있는데 배를 타고 왕래하면서 한(韓)나라 안에서 물건을 사고판다[86] 고 했는데, 이러한 상거래 상

鐵一萬二千斤, 黃金一萬二百三十六分, 安於皇龍寺."

82 『후한서』 권85, 「동이열전」〈한전〉'진한'조. "俗憙歌舞飮酒鼓瑟."

83 『삼국지』 권30, 「동이전」〈한전〉'변진'조. "有瑟, 其形似筑, 彈之亦有音曲."

84 주 67과 같음.

85 같은 내용이 『후한서』에는 '진한'조에 실려 있고 『삼국지』에는 '변진'조에 실려 있다. 『삼국지』 권30, 「동이전」〈한전〉'변진'조. "國出鐵, 韓·濊·倭皆從取之, 諸市買皆用鐵, 如中國用錢."; 『후한서』 권85, 「동이열전」〈한전〉'진한'조. "國出鐵, 濊·倭·馬韓並從市之, 凡諸貿易, 皆以鐵爲貨."

86 『후한서』 권85, 「동이열전」〈한전〉. "馬韓之西, 海嶋上有州胡國, 其人短小, 髡頭, 衣

황은 주호국과 한에만 해당되는 것이 아니라 열국의 모든 지역이 비슷했을 것이고, 상거래의 발달로 각지에 시장이 생겨났을 것이다.

거래 규모가 커지면서 국가에서는 대규모의 시장을 만들어 이를 관리할 필요를 느끼게 되었다. 그래서 신라에서는 490년에 도읍에 시장을 개설하고 사방의 생산품이 이곳에서 거래되도록 했으며,[87] 509년에는 다시 도읍에 동시(東市)를,[88] 695년에는 서시(西市)와 남시(南市) 2개의 시장을 열었다.[89] 이러한 사실은 당시 상업이 발달해가는 과정을 알게 해준다. 『삼국유사』 〈태종춘추공〉조에는 당시 신라의 시장 물가는 베 한 필에 벼 30석 또는 50석으로 국민들은 태평성대라 했다[90]는 기록이 보이는데, 이것은 시장이 일반 국민들의 생활과 밀접한 관계를 맺고 있었음을 알게 해준다.

교통의 발달은 상거래를 한층 촉진했을 것이다. 『삼국사기』 「신라본기」에 따르면 신라는 156년에는 계립령을,[91] 158년에는 죽령의 도로를 개통했고[92] 487년에는 사방에 우역을 두고 관도를 수리했다.[93] 또 「백

韋衣, 有上無下, 好養牛豕, 乘船往來貨市韓中." ; 『삼국지』 권30, 「동이전」 〈한전〉에도 문장은 다소 다르지만 같은 내용이 보인다.

87 『삼국사기』 권3, 「신라본기」 〈소지 마립간 12년〉조. "初開京師市肆, 以通四方之貨."

88 『삼국사기』 권4, 「신라본기」 〈지증 마립간 10년〉조. "春正月, 置京都東市." ; 『삼국사기』 「직관지」 상(上)에는 동시전(東市典)으로 기록되어 있다.

89 『삼국사기』 권8, 「신라본기」 〈효소왕 4년〉조. "冬十月, ……置西南二市." ; 『삼국사기』 「직관지」 상에는 서시전(西市典)·남시전(南市典)으로 기록되어 있다.

90 『삼국유사』 권1, 「기이」 〈태종춘추공〉조. "城中市價布一疋租三十碩或五十碩, 民謂之聖代."

91 『삼국사기』 권2, 「신라본기」 〈아달라 이사금 3년〉조. "開雞立嶺路."

92 『삼국사기』 권2, 「신라본기」 〈아달라 이사금 5년〉조. "開竹嶺."

93 『삼국사기』 권3, 「신라본기」 〈소지 마립간 9년〉조. "三月, 始置四方郵驛, 命所司修理官道."

제본기」에 따르면 백제는 498년(동성왕 20년)에 웅진교(熊津橋)를 건설했고,[94] 『삼국유사』「흥법(興法)」〈아도기라(阿道基羅)〉조에는 신라의 도읍 서천(西川)에 놓은 다리의 이름으로 금교[金橋 : 송교(松橋)라고도 부른다]가 보이고,[95] 「기이(紀異)」〈도화녀비형랑(桃花女鼻荊郎)〉조에는 신라의 신원사(神元寺) 북쪽 개천에 놓은 다리의 이름인 귀교(鬼橋)가 보인다.[96] 이러한 도로와 교량 건설 사업은 이전부터 계속된 것으로 각 지역의 문물 교류에 크게 도움을 주었을 것이다.

물자 운송 수단은 육로에서는 소와 말 그리고 수레 등이 이용되었고 강이나 바다에서는 배가 이용되었다. 『삼국사기』「백제본기」〈비유왕〉조에는 백제의 궁궐 남쪽 연못 가운데에서 불이 났는데 불꽃이 수레바퀴 같았다[97]는 기록이 보인다. 이 내용을 통해 이미 백제에 수레가 있었음을 알 수 있다. 그리고 「신라본기」〈실성 마립간〉조에는 동해에서 고기를 잡았는데 그 크기가 수레에 가득했다[98]는 기록이 보이고, 〈눌지 마립간〉조에는 백성에게 소가 끄는 수레의 사용법을 가르쳐주었다[99]는 기록이 보이며, 〈문무왕〉조에는 수레 2,000대에 쌀 4,000석과 벼 2만 2,000여 석을 실었다[100]는 기록이 보인다. 이러한 기록들은 당시 운송 수단으

---

94 『삼국사기』 권26, 「백제본기」〈동성왕 20년〉조. "設熊津橋."

95 『삼국유사』 권3, 「흥법」〈아도기라〉조. "一曰金橋東天鏡林. 金橋謂西川之橋, 俗訛呼云松橋也."

96 『삼국유사』 권1, 「기이」〈도화녀비형랑〉조. "王曰, 然則汝使鬼衆, 成橋於神元寺北渠, ……成大橋於一夜, 故名鬼橋."

97 『삼국사기』 권25, 「백제본기」〈비유왕 21년〉조. "夏五月, 宮南池中有火, 焰如車輪終夜而滅."

98 『삼국사기』 권3, 「신라본기」〈실성 마립간 15년〉조. "東海邊獲大魚, 有角, 其大盈車."

99 『삼국사기』 권3, 「신라본기」〈눌지 마립간 22년〉조. "教民牛車之法."

100 『삼국사기』 권6, 「신라본기」〈문무왕 2년〉조. "王命庾信與仁問·良圖等九將軍, 以車二千餘兩, 載米四千石·租二萬二千餘石, 赴平壤."

로 수레가 널리 이용되었음을 알게 해준다.

『후한서』「동이열전」과 『삼국지』「동이전」〈한전〉에 마한의 서쪽 섬에 주호국이 있었는데 배를 타고 한(韓)에 왕래하면서 물건을 사고팔았다[101]는 기록이 보인다. 이러한 항해술은 한 지역에서 건국된 백제와 신라·가야 등에 이어졌을 것이다. 『삼국사기』「백제본기」〈무왕〉조에는 왕이 매번 배를 타고 왕흥사(王興寺)에 갔다는 기록이 보이고, 〈무왕 39년〉조에는 왕이 빈부(嬪婦)들과 함께 큰 연못에서 배를 띄우고 놀았다는 기록이 보인다.[102] 그리고 372·429·484·521·567·577·581·621년 등 여러 차례에 걸쳐 백제의 배들이 중국으로 항해했다는 기록이 『삼국사기』에 남아 있다. 그뿐만 아니라 『일본서기』에는 '백제배'라 불린 선박을 만들었음을 알게 하는 기록도 보이는데,[103] 이것은 백제배가 그만큼 유명했기 때문일 것이다.

그리고 『삼국사기』「신라본기」〈유례 이사금〉조에는 왜병이 쳐들어온다는 소식을 듣고 배를 수리했다[104]는 기사가 보이고, 〈지증 마립간〉조에는 선박을 이용한 이익을 최대화하는 제도를 수립했다[105]는 기록도 보인다. 512년에 신라가 우산국(오늘날 울릉도와 독도)을 병합한 것[106]은

---

101 주 86과 같음.

102 『삼국사기』 권27, 「백제본기」〈무왕 35년〉조. "王每乘舟, 入寺行香."; 〈무왕 39년〉조. "春三月, 王與嬪御泛舟大池."

103 『일본서기』 권25, 〈고토쿠 천황 하쿠치(白雉) 원년〉조. "遣倭漢直縣·白髮部連鐙·難波吉士胡床, 於安藝國, 使造百濟船二雙."

104 『삼국사기』 권2, 「신라본기」〈유례 이사금 6년〉조. "夏五月, 聞倭兵至, 理舟楫, 繕甲兵."

105 『삼국사기』 권4, 「신라본기」〈지증 마립간 6년〉조. "冬十一月, 始命所司藏氷, 又制舟楫之利."

106 『삼국사기』 권4, 「신라본기」〈지증 마립간 13년〉조. "夏六月, 于山國歸服, ……伊湌異斯夫爲何瑟羅州軍主, 謂于山人愚悍, 難以威來, 可以計服, 乃多造木偶師子, 分載戰船, 抵其國海岸, 誑告曰, 汝若不服, 則放此猛獸踏殺之, 國人恐懼則降."

발달한 항해술 없이는 불가능했을 것이다. 이렇게 발달한 선박 관계의 업무를 관할하기 위해 신라에서는 583년에 중앙에 선부서(船府署)를 설치했다.[107] 이러한 사실들은 백제와 신라의 조선기술이나 항해술이 매우 우수했음을 알게 해준다.

『후한서』「동이열전」〈부여국전〉에는 49년(동한 건무 25년)에 부여왕이 사신을 보내 공물을 바치므로 동한의 광무제가 후하게 보답하니 이에 사절이 해마다 왕래했으며,[108] 120년에는 부여 태자 위구태가, 136년에는 부여왕이, 161년에는 부여 사신이, 174년에도 부여 사신이 동한을 방문하고 공물을 바쳤다[109]는 기록이 보인다. 그리고 고구려도 32년과 111년에 동한에 사신을 보내 공납했다[110]는 기록이 보인다. 이후로도 고구려·백제·신라 등은 중국과 잦은 사신 왕래가 있었다.

고대에 왕이나 태자 또는 사신이 다른 나라를 방문할 때 가지고 간 물건들은 자기 나라의 특산물로서 순수한 예물도 있었지만 교역품이 대부분이었다. 고대에는 민간무역이 발달하지 못했기 때문에 사신이 왕래할 때 자기 나라의 특산물을 가지고 가서 비싼 값으로 팔거나 그 나라의 특산품과 교환해 왔던 것이다. 그러므로 동부여와 고구려의 왕이나 태자 또는 사신이 동한을 방문했다는 것은 외교적인 문제기도 하지만 이에 따라 국제 무역이 이루어졌던 것이며, 사신들이 가지고 간 물건은 수출품으로서 의미가 있었던 것이다.

『후한서』「동이열전」과 『삼국지』「동이전」〈예전〉에, 동예에서는 낙랑

---

107 『삼국사기』 권4, 「신라본기」〈진평왕 5년〉조. "春正月, 始置船府署大監·弟監各一員."

108 『후한서』 권85, 「동이열전」〈부여국전〉. "建武二十五年, 夫餘王遣使奉貢, 光武厚荅報之, 於是使命歲通."

109 『후한서』 권85, 「동이열전」〈부여국전〉 참조.

110 『후한서』 권85, 「동이열전」〈고구려전〉 참조.

단궁이 생산되고 무늬 있는 표범과 과하마·반어가 나는데 동한에 사절이 올 때마다 빠짐없이 가져온다[111]고 한 것은 사신들이 왕래할 때 자기 나라의 특산품을 가지고 갔음을 알게 해준다. 고구려의 중심지였던 길림성 집안의 태왕묘(太王墓) 부근에서는 전국시대의 명도전(明刀錢)·안양포(安陽布)·평음포(平陰布)를 비롯하여 서한시대의 오수전(五銖錢)·반량전(半兩錢), 왕망시대의 신망전(新莽錢), 동한시대의 오수전 등 서기전 3세기 무렵부터 서기 1세기 무렵까지의 중국 화폐가 대량으로 출토되었다.[112] 이는 고조선 말기부터 고구려가 건국된 후까지 이 지역과 중국 사이에 국제 무역이 이루어졌음을 알게 해주는 증거이다.

열국은 왜열도에도 생산품을 수출했다. 서기전 3세기부터 시기 3세기까지 왜열도에 존재했던 야요이문화와 뒤를 이어 4세기 무렵에 시작된 고훈문화는 고조선 말기와 열국시대의 문화가 전달되어 형성된 것이었다. 야요이문화 사람들은 벼농사 위주의 농경과 질그릇·묘제·청동기·철기 등 새로운 문화 요소를 가지고 있었는데 야요이문화 질그릇의 원류는 한반도의 무문토기였으며,[113] 야요이문화 질그릇과 함께 출토되는 자루 달린 마제석검과 석촉·유구석부(有溝石斧)·삼각석도(三角石刀) 등의 석기도 한반도에서만 보이는 독창적인 것이다.[114] 이 시기에 고인돌무덤도 한반도에서 왜열도로 전해졌다.[115]

---

111 『후한서』 권85, 「동이열전」 〈예전〉. "樂浪檀弓出其地, 又多文豹, 有果下馬, 海出班魚, 使來皆獻之." ; 『삼국지』 권30, 「동이전」 〈예전〉. "樂浪檀弓出其地, 其海出班魚皮, 土地饒文豹, 又出果下馬, 漢桓時獻之."

112 古兵, 「吉林集安歷年出土的古代錢幣」, 『考古』, 1964年 2期, pp. 83~85.

113 심봉근, 「야요이문화를 통하여 본 한·일문화의 교류관계」, 『한국사론』 16-고대한일관계사, 국사편찬위원회, 1986, pp. 36~46.

114 위 글, pp. 47~50.

115 위 글, pp. 58~65.

왜열도의 북규슈 지방에서는 야요이문화 중기가 시작되면서 한반도 남부에서 제조된 청동기를 그대로 수입하여 사용하기 시작했다.[116] 한반도의 제품이 그대로 왜열도에 수입된 것을 학계에서는 '박재동기'라 부르는데 그 가운데 대표적인 것은 다뉴세문경·세형동검·동과·동모·동탁 등이다. 이 시기에 철기도 한반도 남부에서 왜열도로 수출되었다. 왜열도에서 철을 생산한 시기는 대체로 5세기 후반부터 6세기 초반 또는 6세기 중반 사이일 것으로 일본 학자들은 보고 있는데, 그들이 철을 생산하기까지는 한반도에서 계속 철을 수입해서 사용했다.[117]

4세기 무렵에 이르면 한반도에서 왜열도에 고훈문화라는 새로운 문화가 전해졌다. 4세기 말부터 5세기에 걸쳐서 북규슈와 긴키 지방을 중심으로 한 왜열도에는 한국의 도질토기가 반입되어 이를 기반으로 스에키라 불리는 토기가 생산되기 시작했다.[118] 4세기부터 철정도 한반도에서 왜열도로 수출되었다.[119] 5세기 중엽 후반에는 철제의 투구·갑옷·견갑 등 무구 세트가 완성되는데 이러한 갑주(甲冑 : 갑옷)의 제조기술도 한반도에서 건너간 것이었다.[120]

지금까지 살펴본 바와 같이 열국시대에는 상업도 매우 발달해서 국내의 시장에서는 각 지역의 산물들이 활발하게 거래되었고 중국과 왜열도에도 수출되었다.

---

116 전영래, 「청동기의 비교 Ⅲ(일본과의 비교)」, 『한국사론』 13-한국의 고고학 Ⅱ·하, 국사편찬위원회, 1983, pp. 448~512.

117 안춘배, 「고고학상에서 본 고대 한일교섭」, 『한국민족학연구』 1, 단국대 한국민족학연구소, 1993, p. 59.

118 니시타니 다다시, 「가야와 왜의 문물교류」, 『가야사론』, 고려대 한국학연구소, 1993, pp. 123~156.

119 위 글, p. 124.

120 위 글, p. 154.

4. 열국시대의 경제 성격

고조선 전기와 중기에는 석기로 된 농기구를 사용하여 노동능률이 오르지 않았기 때문에 집단노동을 했다. 그러나 고조선 후기에 이르러 철제 농기구가 보급되면서 노동능률이 오르자 1가(家)나 1호(戶)가 단위가 된 개체생산이 출현했다.

철기문화가 더욱 발달한 열국시대에는 이러한 상황이 한층 보편화되었다. 『후한서』「동이열전」〈부여국전〉에,

> (동부여에는) 궁실과 창고·감옥이 있다.[121]

고 했고 『삼국지』「동이전」〈고구려전〉에도,

> 고구려에는 집집마다 작은 창고가 있어 그 이름을 '부경'이라 한다.[122]

고 했는데 이 기록들은 부여와 고구려에 집집마다 창고에 보관해두어야 할 많은 잉여생산물이 있었음을 알게 해준다. 집집마다 창고가 있었다는 것은 이 시기에 1가(家)나 1호(戶)가 단위가 된 개체생산이 널리 보급되어 있었음을 알게 해준다.

이러한 기반 위에서 소토지 소유자들도 많이 나타나게 되었을 것이다. 『삼국사기』「고구려본기」〈고국천왕 13년〉조에,

---

121 『후한서』 권85, 「동이열전」〈부여국전〉. "有宮室·倉庫·牢獄." ; 『삼국지』 권30, 「동이전」〈부여전〉에도 같은 내용이 보인다.

122 주 25와 같음.

서압록곡(西鴨淥谷) 좌물촌(左勿村)의 을파소란 사람은 유리왕조의 대신 을소(乙素)의 손(孫)으로서 성질이 강직·과감하고 지려(智慮)가 깊으나 세상에 쓰이지 못하고 농사에 전력하여 자급(自給)하고 있으니 대왕께서 나라를 다스리려면 이 사람이 아니고는 아니될 것입니다.[123]

라고 하면서 안류(晏留)라는 사람이 을파소를 고국천왕에게 천거했다는 기록이 보인다. 위의 내용은 을파소가 별로 많은 농토를 가지고 있지 않은 소토지 소유자였을 가능성을 보여준다. 『삼국사기』「고구려본기」〈미천왕 원년〉조에는, 나중에 미천왕이 된 을불(乙弗)은 왕이 되기 전 왕실 내부의 갈등으로 몸을 피해 신분을 감추고 수실촌(水室村)의 음모(陰牟)란 사람 집에서 머슴살이를 했다는 기록이 보인다.[124] 을불은 그를 알아볼 수 있는 귀족들을 피해 생활했을 것이므로 음모는 시골의 소토지 소유자였을 것이다.

『삼국사기』「백제본기」〈비유왕 21년〉조에는 가뭄이 들어 곡식이 자라지 않아 백제 백성들이 굶주려 신라로 흘러들어가는 사람이 많았다는 기록이 보인다.[125] 그리고 『삼국사기』「열전」에는 백제 사람 도미(都彌)가 실려 있는데, 그는 벽촌의 소민(小民)이었으나 그의 아내에게는 하녀

---

123 『삼국사기』 권16, 「고구려본기」〈고국천왕 13년〉조. "西鴨淥谷左勿村乙巴素者, 琉璃王大臣乙素之孫也, 性質剛毅, 智慮淵深, 不見用於世, 力田自給, 大王若欲理國, 非此人則不可."

124 『삼국사기』 권17, 「고구려본기」〈미천왕 원년〉조. "諱乙弗, 西川王之子古鄒加咄固之子, 初烽上王疑弟咄固有異心, 殺之, 子乙弗畏害出遁, 始就水室村人陰牟家, 傭作, 陰牟不知其何許人, 使之甚苦……."

125 『삼국사기』 권25, 「백제본기」〈비유왕 21년〉조. "秋七月, 旱, 穀不熟, 民饑, 流入新羅者多."

가 있었던 것으로 되어 있다.[126] 흉년에 신라로 흘러들어간 백제 국민과 벽촌의 소민으로서 하녀를 두고 살았던 도미는 아마도 작은 토지를 소유한 자경농들이었을 것이다.

『삼국사기』「신라본기」〈문무왕 4년〉조에는 국민들이 함부로 재산과 농토를 사찰에 기증하는 것을 금했다는 기록[127]이 보이는데, 이것은 신라의 일반 국민들은 토지를 소유하고 있었음을 알게 해준다. 그리고 『삼국유사』에는 원광(圓光) 스님이 살던 가서갑(嘉栖岬)에 설치한 점찰보(占察寶)에 한 시주 여승이 자신이 가지고 있던 토지 100결을 모두 바쳤다[128]는 기록이 있는가 하면, 자장(慈藏) 스님은 승려가 되기 전 시끄러운 세상을 싫어하여 처자를 버리고 자신이 소유한 모든 땅을 희사하여 원녕사(元寧寺)를 지었다[129]는 기록도 보인다. 시주 여승이나 자장은 소토지 소유자 가운데 다소 부유한 편이었을 것이다.

『삼국사기』「고구려본기」〈고국천왕 16년〉조에는 고구려에서는 3월부터 7월까지 관청의 곡식을 내어 어려운 사람들에게 빌려주고 10월에 환납하도록 하는 진대법(賑貸法)을 실시했다는 기록이 보인다.[130] 이러한 제도의 실시는 국민들이 자신의 토지를 가지고 있거나 다른 사람 소유의 토지에서 일해서 임금을 받을 수 있는 조건에서만 가능한 것으로서 소토지 소유가 일반화되었음을 알게 해준다.

---

126 『삼국사기』 권48, 「열전」 〈도미〉 참조.

127 『삼국사기』 권6, 「신라본기」 〈문무왕 4년〉조. "禁人擅以財貨·田地·施佛寺."

128 『삼국유사』 권4, 「의해(義解)」 〈원광서학(圓光西學)〉조. "故光於所住嘉栖岬, 置占察寶, 以爲恒規. 時有檀越尼, 納田於占察寶, 今東平郡之田一百結是也."

129 『삼국유사』 권4, 「의해」 〈자장정률(慈藏定律)〉조. "早喪二親, 轉厭塵譁. 捐妻息, 捨田園, 爲元寧寺."

130 『삼국사기』 권16, 「고구려본기」 〈고국천왕 16년〉조. "命有司, 每年自春三月至秋七月, 出官穀, 以百姓家口多少, 賑貸有差, 至冬十月, 還納以爲恒式, 內外大悅."

다른 한편으로는 노동능률이 오르고 생산이 증대됨에 따라 토지겸병이 심해져 대토지 소유자들이 늘어나게 되었다. 『후한서』 「동이열전」 〈부여국전〉에,

> 사람이 죽어 장사 지낼 적에는 곽(槨)은 사용하지만 관(棺)은 쓰지 않는다. 사람을 죽여 순장하는데, 많을 때는 그 수를 백으로써 헤아린다.[131]

는 기록이 보이는데, 무덤에 순장된 사람은 노예였을 것이다. 따라서 이 기록은 동부여에 많은 노예를 소유한 사람들이 있었음을 알게 해준다. 백으로 숫자를 헤아리는 노예를 순장시켰다면 그들이 소유한 노예는 이보다 훨씬 많았을 것이다. 그러한 노예들은 생산노동에도 종사했을 것이므로 이 기록은 동부여에 많은 노예를 부려 농사를 지은 대토지 소유자들이 존재했음을 알게 해준다.

『삼국지』 「동이전」 〈고구려전〉에는,

> 그 나라의 대가들은 농사를 짓지 않으므로 앉아서 먹는 인구가 1만여 명이나 되는데, 하호들이 먼 곳에서 양식·물고기·소금을 운반해다가 그들에게 공급한다.[132]

고 했는데, 여기 등장하는 대가들은 대토지를 소유한 귀족들이고, 하호들은 그들의 토지를 경작하는 소작농들인 것이다.

---

131 『후한서』 권85, 「동이열전」 〈부여국전〉. "死則有槨無棺, 殺人殉葬, 多者以百數." ; 『삼국지』 권30, 「동이전」 〈부여전〉에도 같은 내용이 보인다.

132 주 24 참조.

이들이 대토지를 소유하게 된 과정은 여러 길이 있었다. 매매로 취득하기도 했겠지만 권력을 이용해 남의 토지를 강탈하기도 했으며 왕에게 하사받기도 했다. 『삼국사기』「고구려본기」〈고국천왕 12년〉조에,

> 중외대부(中畏大夫) 패자(沛者) 어비류(於畀留)와 평자(評者) 좌가려(左可慮)는 모두 왕후의 친척으로 나라의 권세를 잡았는데, 그 자제들은 모두 세력을 믿고 교만하고 사치하여 남의 자녀를 빼앗고 농토와 다른 사람의 집을 약탈하므로 국인(國人)이 원망하고 분개했다.[133]

고 했는데, 이 기록은 당시에 왕실의 친척이나 귀족들이 권세를 이용했 토지를 겸병하는 현상이 있었음을 알게 해준다.

이러한 불법적인 토지 강탈과는 달리 왕실의 친척 또는 왕실이나 국가에 공로가 있는 사람으로서 토지를 하사받기도 했다. 『삼국사기』「고구려본기」〈신대왕 2년〉조에는 명림답부가 차대왕을 시해한 사건이 일어나자 차대왕의 태자 추안은 도망하여 숨어 있다가 신대왕의 사면령을 듣고 왕 앞에 나타나니, 왕은 그에게 구산뢰와 누두곡 두 곳을 하사하고 그를 양국군에 봉했다는 기록이 있다.[134]

『삼국사기』「백제본기」에는 백제에서도 657년에 41명의 왕자들에게 좌평의 벼슬과 식읍을 주었다[135]는 기록이 보이는데, 이렇게 식읍을 하

133 『삼국사기』 권16, 「고구려본기」〈고국천왕 12년〉조. "中畏大夫沛者於畀留·評者左可慮, 皆以王后親戚, 執國權柄, 其子弟, 並恃勢驕侈, 掠人子女, 奪人田宅, 國人怨憤."

134 『삼국사기』 권16, 「고구려본기」〈신대왕 2년〉조. "初明臨荅夫之難, 次大王太子鄒安逃竄, 及聞嗣王赦令, 卽詣王門, ……王卽賜狗山瀨·婁豆谷二所, 仍封爲讓國君."

135 『삼국사기』 권28, 「백제본기」〈의자왕 17년〉조. "春正月, 拜王庶子四十一人爲佐平, 各賜食邑."

사한 것은 이전에도 있었을 것이다. 그리고 『삼국사기』「신라본기」에는 금관가야의 국왕인 김구해가 투항해 오니 신라에서는 그에게 그 본국을 식읍으로 주었다[136]는 기록이 보인다. 이것은 백제와 신라에도 왕실의 친척이나 그에 준하는 사람에게 식읍으로 넓은 토지를 하사하는 제도가 있었음을 알게 해준다.

『삼국사기』「고구려본기」에서는 다음과 같은 기록들도 보인다. 유리왕의 왕자 여진(如津)이 물에 빠져 죽었는데, 비류인(沸流人) 제수(祭須)가 그 시체를 발견하여 왕에게 알리므로 왕은 제수에게 금 10근(斤)과 농토 10경(頃)을 내렸다.[137] 그리고 유리왕은 선비와의 전쟁에서 승리해 선비를 속국으로 만든 부분노(扶芬奴)에게 식읍을 내리려 했는데 그가 사양하므로 그 대신 황금 3천 근과 양마(良馬) 10필을 하사했다.[138]

또 신대왕은 고구려를 침략한 동한군(東漢軍)을 크게 무찔러 승리한 국상 명림답부에게 좌원과 질산 두 곳을 하사하여 식읍으로 삼도록 했고,[139] 동천왕은 중국 위나라의 관구검이 침략해 왔을 때 공로를 세운 밀우(密友)에게 거곡(巨谷)과 청목곡(靑木谷)의 땅을, 유옥구(劉屋句)에게는 압록두눌하원(鴨淥杜訥河原)의 땅을 내려 식읍을 삼도록 했으며,[140] 봉상왕은 선비족 모용외의 침략을 물리친 고노자(高奴子)에게 곡

---

136 『삼국사기』 권4, 「신라본기」 〈법흥왕 19년〉조. "金官國主金仇亥, 與妃及三子, ……以國帑寶物來降, 王禮待之, 授位上等, 以本國爲食邑."

137 『삼국사기』 권13, 「고구려본기」 〈유리명왕 37년〉조. "夏四月, 王子如津溺水死, 王哀慟, 使人求屍不得, 後沸流人祭須得之, 以聞, 遂以禮葬於王骨嶺, 賜祭須金十斤田十頃."

138 『삼국사기』 권13, 「고구려본기」 〈유리명왕 11년〉조 참조.

139 『삼국사기』 권16, 「고구려본기」 〈신대왕 8년〉조 참조.

140 『삼국사기』 권17, 「고구려본기」 〈동천왕 20년〉조 참조.

림(鵠林)을 식읍으로 하사했다.[141]

『삼국사기』「신라본기」에는, 진흥왕이 가야와의 전쟁에서 큰 공을 세운 사다함에게 좋은 농토와 포로 200명을 상으로 주었는데, 사다함은 이를 사양했으나 왕이 굳이 주므로 이를 받아 포로는 자유민으로 풀어주고 농토는 병사들에게 나누어주었다[142]는 기록이 보인다. 신라에서도 국가의 공로자에게 토지를 하사하는 제도가 있었던 것이다. 이러한 사실들은 왕실이나 국가에 공로를 세워 넓은 토지나 식읍을 하사받기도 했음을 알게 해준다. 이들은 대토지 소유자들이었던 것이다.

열국시대에 가장 넓은 토지의 소유자는 왕과 왕실이었다. 왕이 넓은 토지를 하사할 수 있었다는 것은 그만큼 많은 토지를 마음대로 할 수 있었다는 것이다. 왕이나 왕실이 소유한 토지는 전국의 넓은 공지도 있었고 직접 경영하는 장원(莊園)도 있었다. 『위략』에는 염사치(廉斯鑡)라는 사람이 한(韓)에서 낙랑군으로 망명을 가다가 호래(戶來)라는 사람을 만났는데, 그는 한족(漢族)으로서 벌목을 하다 한(韓)의 습격을 받아 포로로 잡혀와 노예가 되었다고 말하면서 자기와 같이 잡혀온 사람이 1,500명이나 된다고 하니, 염사치는 이를 신(新)나라에 알려 이들을 구했다는 내용이 실려 있다.[143]

1,500명을 포로로 잡아왔다면 그것은 개인의 행위라기보다는 국가에서 한 것이며, 이들이 일했던 곳도 국가의 장원이었다고 보아야 할 것이다. 그러므로 이것은 한(韓)에 국가의 장원이 있었음을 알게 해준다. 이

---

141 『삼국사기』 권17, 「고구려본기」 〈봉상왕 2년〉조 참조.

142 『삼국사기』 권4, 「신라본기」 〈진흥왕 23년〉조. "九月加耶叛, 王命異斯夫討之, 斯多含副之, ……論功, 斯多含爲最, 王賞以良田及所虜二百口, 斯多含三讓, 王强之, 乃受其生口, 放爲良人, 田分與戰士, 國人美之."

143 『삼국지』 권30, 「동이전」 〈한전〉에 실린 『위략』 참조.

러한 제도는 한 지역에서 건국된 백제와 신라·가야에도 이어졌을 가능성이 있다.

『삼국사기』「고구려본기」〈유리명왕 22년〉조에는 왕이 나라를 다스리는 일보다는 사냥에 몰두하므로 협부(陜父)가 이에 대해 간언했는데, 왕은 크게 노하여 협부를 벼슬에서 파면하고 관원(官園)의 사무를 보게 하니 협부가 분개하여 남쪽의 한(韓)으로 도망했다는 기록이 보인다.[144] 관원은 국가에서 경영하는 장원인데 국가의 소유와 왕 또는 왕실의 소유가 분명하게 구분되어 있지 않았던 당시에 관원은 왕실의 장원과 같은 것이었다고 보아야 할 것이다.

5. 마치며

지금까지 열국시대에 관한 기본사료인 『후한서』「동이열전」, 『삼국지』「동이전」, 『삼국사기』, 『삼국유사』 등의 기록을 통해 열국시대의 농업·목축업·수공업·상업 등을 살펴보고 경제 성격을 이야기했다. 그 결과를 요약하면 다음과 같다.

열국시대의 여러 나라는 농업이 매우 발달해 있었는데 이미 벼·보리·조·콩 등의 오곡이 생산되었고 복숭아와 자두 등 여러 가지 과일도 생산되었다. 귀족들은 일하지 않고 소작료를 받아 생활했고, 집집마다 창고가 있고, 동부여가 위나라의 관구검에게 군량미를 지원한 사실 등은 당시 상당히 많은 잉여생산이 있었음을 알게 해준다.

---

144 『삼국사기』 권13, 「고구려본기」〈유리명왕 22년〉조 참조.

『삼국사기』에 따르면 백제와 신라는 건국 초부터 왕이 직접 전국을 순행하면서 농업의 생산 증대를 적극 권장했다. 벽골지와 시제 같은 큰 저수지를 건설했고 관개시설을 확장하거나 보수했으며 인민들이 정착하여 농사를 짓도록 하는 데 주력했다. 특히 쌀 생산을 늘리기 위해 논을 개간하는 데 힘썼고 벼의 품종을 개량하는 데도 노력을 기울였다. 농구의 개량에도 힘을 기울여 일찍이 보습을 개량하기도 하고, 농경기술도 발달하여 조건이 되는 곳에서는 같은 농토에서 밭농사와 논농사를 겸하기도 했고 소를 이용하는 여러 가지 방법이 개발되기도 했다. 이러한 상황은 여러 나라가 거의 비슷했다.

농업을 바탕으로 목축도 발달하여 말·소·돼지·개·닭 등이 가축으로 길러졌는데, 특히 북방은 명마의 산지로 널리 알려졌다. 동옥저에서 생산된 과하마도 그 가운데 하나였다. 열국이 많은 기병을 가질 수 있었던 것은 발달한 목축업에 기초하고 있었던 것이다.

지역에 따라 자연 특산물도 다양했는데, 해안 지역에서는 반어 등의 바닷물고기와 소금을 비롯한 여러 가지 해산물이 생산되었고, 산악지역에서는 담비·살쾡이·표범 등의 자연동물과 금·은·붉은 옥·구슬 등의 귀금속과 보석이 생산되었다. 이러한 사실은 당시에 어업·제염업·광업도 상당한 수준에 올라 있었음을 알게 해준다.

열국시대에는 수공업도 발달했다. 음식을 담는 그릇으로는 조두가 많이 생산되었고 한민족의 전통 옷감인 삼베·무명베·비단·모직물 등도 이 시기에 이미 베틀을 이용하여 생산했다. 그리고 여우·살쾡이·원숭이·담비 등의 가죽을 이용한 고급 모피의류도 생산되었다. 비단은 금(錦)·수(繡) 등 여러 종류가 있었고 그 위에 자수를 놓기도 했다. 장신구로는 금·은·구슬 등을 가공한 것이 생산되었다.

신라에서 여섯 부의 여인들이 두 편으로 나뉘어 길쌈을 한 뒤, 진 편에서 이긴 편에 술과 음식을 대접하고 노래와 춤 그리고 여러 가지 오락을 즐긴 '가배'라는 행사가 있었다는 것은 당시에 거의 모든 가정이 길쌈을 했음을 알게 해준다. 열국시대에는 북과 비파 등의 악기도 생산되었는데, 고조선시대에 이미 피리·공후·방울·북·석경 등의 악기가 있었으므로 열국시대에는 이보다 더 많은 악기가 있었을 것이다.

열국시대에는 활·화살·화살촉·칼·창·갑옷 등의 다양한 무구도 생산되었는데, 이 가운데 활과 화살·화살촉은 특히 유명하여 고조선시대부터 중국에 수출했다. 동예에서 생산된 낙랑단궁도 그 가운데 하나였다. 당시에는 유사시를 대비해서 집집마다 갑옷과 무기를 보유했으므로 무구의 생산량이 매우 많았을 것이다.

열국시대의 모든 나라는 건국 초부터 영토겸병전쟁을 시작했으므로 전쟁 무기가 필요해서 무기공업도 발달했다. 신라가 167년에 백제와의 전쟁에서 2만 8,000명의 군사를 동원한 것이라든가 289년에 왜병이 쳐들어온다는 소식에 배를 수리하고 갑옷과 병기를 수선한 것 등은 그러한 사정을 알게 해준다. 무기 개발도 이루어졌는데, 558년에 신라인 나마 신득이 포와 노를 만든 것은 하나의 예이다.

백제에서 왜의 사신에게 오색찬란한 비단과 각궁전·철정 등을 준 것이라든가 비단 짜는 여자 기술자, 불상을 만드는 기술자, 절을 짓는 기술자, 불탑을 만드는 기술자, 기와를 만드는 기술자 등을 왜에 보낸 것, 신라에서는 민간에서 금과 은 그리고 주옥을 사용하지 못하도록 한 것이라든가 갑옷 생산을 담당한 흑개감, 비단 생산을 담당한 조하방과 금전, 염색을 담당한 염전, 칠기 생산을 담당한 칠전, 가죽제품의 생산을 담당한 피전, 가죽신발 생산을 담당한 탑전과 화전, 옷감 생산을 담당한 마전 등의 관청을 설치한 것, 그동안 발굴된 마한·백제·신라 유적에서 금관을 비롯한 금이나 은으로 만든 제품이 많이 출토된 것 등은 백제와 신라의 수공업이 매우 발달해 있었음을 알게 해준다.

그리고 오늘날 일본의 나라 현 이소노카미 신사에 보관되어 있는 백제에서 만든 칠지도가 백 번 담금질하여 연조한 백련철이라는 점은 열국의 금속 가공기술이 매우 발달해 있었음을 알게 해준다. 그리고 황룡사의 장륙 불상은 무게가 3만 5,007근으로 여기에 소요된 황금은 1만 198푼이었고 두 보살 불상에 든 철은 1만 2,000근, 황금은 1만 136푼이었다는 것은 신라의 높은 금속 공예기술을 알게 해준다.

농업과 목축업 및 수공업의 발달은 상업의 발달을 가져왔다. 변한과 진한에서는 예·왜·마한에 철을 수출했으며, 철이 화폐와 같은 역할을 하기도 했다. 그리고 주호국 사람들은 한(韓)나라 안에서 물건을 사고팔았는데, 이러한 상거래는 열국의 모든 지역에서 이루어졌다. 그리고 상거래의 발달은 시장을 출현시켰다. 신라에서 도읍에 동시·서시·남시 등의 시장을 개설하여 각지의 산물이 거래되도록 한 것은 상업이 발달해가는 과정을 알게 해준다. 당시에 시장은 일반 국민들의 생활과 밀접한 관계를 맺고 있었다.

교통의 발달은 상거래를 한층 촉진했을 것이다. 백제가 웅진교를 건설한 것, 신라가 계립령·죽령 등의 도로를 뚫은 것, 우역을 두고 관도를 수리한 것, 금교와 귀교를 건설한 것 등은 당시 도로 확충 사업이 이루어졌음을 알게 하는데, 이것은 각 지역의 문물 교류에 크게 도움을 주었을 것이다. 물자 운송 수단은 육로에서는 소와 말, 수레 등이 이용되었고 강이나 바다에서는 배가 이용되었다. 백제는 조선술과 항해술이 뛰어나 중국과 왜열도를 자주 왕래했고 왜에서는 '백제배'라 불리는 배의 종류가 있을 정도였다. 이렇게 발달한 선박 관계의 업무를 관할하기 위해 신라에서는 선부서라는 관부를 설치했다. 이러한 사실들은 백제와 신라의 조선기술이나 항해술이 매우 우수했음을 말해준다.

상거래는 국내에서만이 아니라 국제적으로도 이루어졌다. 중국과의 무역은 대개 사신이 왕래할 때 특산품을 가지고 가서 그곳의 물품과 교환하거나 비싼 값으로 판매하는 방식이었다. 그리고 왜열도에는 한반도의 주민들이 진출하면서 가지고 가거나 그들을 통해서 수출했다. 고구려의 중심지였던 길림성 집안에서 서기전 3세기부터 서기 1세기까지 사용되던 중국 화폐가 대량 출토된 것은 고조선 말기부터 열국시대 초까지 이 지역과 중국의 교역이 활발했음을 알게 해준다.

왜열도에서는 서기전 3세기부터 서기 3세기까지의 야요이문화와 4세기부터 그 뒤를 이은 고훈문화에서, 한반도에서 수입해 간 청동기와 철기를 비롯한 여러 가지 제품이 출토되고 있다. 특히 철은 6세기 무렵에 왜열도에서 철을 생산하기까지 줄곧 한반도에서 수입해 갔다.

경제 성장과 더불어 경제 성격에도 변화가 일어났다. 그것은 노동능률이 증대된 데서 비롯되었다. 고조선 후기부터 철기가 농기구로 보급되면서 노동능률이 오르게 되자 1가(家)나 1호(戶)가 단위가 된 개체생산이 출현하게 되었는데, 열국시대에는 이것이 확산되어 집단노동이 와해되었다. 그리고 소토지 소유자가 출현했고 대토지 소유자와 소작인의 관계도 형성되었다.

당시 집집마다 작은 창고가 있을 정도로 소토지 소유자들이 많았지만, 한편으로는 노동능률이 오르고 생산이 증대됨에 따라 토지겸병이 심해져서 대토지소유자들이 늘어나게 되었다. 노비를 수백 명씩 거느리고 일하지 않고도 하호한테 소작료를 받아 생활한 귀족들도 많았다.

이들이 대토지를 소유하게 되는 과정은 몇 가지가 있었다. 첫째는 매매를 하는 것이고, 둘째는 권력을 이용하여 토지를 강탈하는 것이며, 셋째는 왕실의 근친이나 그에 준하는 사람으로서 토지를 하사받은 것이며, 넷째는 왕실이나 국가에 대한 공로로 토지를 하사받은 것이었다. 이들은 토지를 경작한 하호들한테 소작료를 받아 생활했다. 따라서 토지 소유자와 소작인 사이에는 1호 또는 1가 단위의 생산관계가 성립되었다.

열국시대에 가장 넓은 토지의 소유자는 왕과 왕실이었다. 왕이 넓은 토지를 하사한 기록이 많은 것은 그러한 사실을 알게 해준다. 왕이나 왕실이 소유한 토지는 전국의 넓은 공터도 있었고 직접 경영하는 장원도 있었다. 한(韓)에서는 중국인 1,500명을 포로로 잡아와 노예로 만들어 일을 시켰다는 기록이 있는데, 이곳은 국가의 장원이었을 것이며 이러한 제도는 백제와 신라·가야에도 이어졌을 가능성이 있다. 그리고 고구려에서는 협부라는 사람이 왕에게 간언하다 노여움을 사 관직에서 파면되고 관원의 사무를 보게 했다는 기록이 있는데, 관원은 국가에서 경영하는 장원이었다. 국가의 소유와 왕 또는 왕실의 소유가 분명하게 구분되지 않았던 당시에 관원은 왕실의 장원과 같은 것이었다.

III 열국시대의 사회 상황

1. 들어가며

이 글에서는 열국시대의 사회 성격을 밝히고자 한다. 우선 사람이 살아가는 데 가장 기본이 되는 의식주를 고찰한 다음, 그 사회를 유지한 기본질서로서 신분구조를 확인하고, 마지막으로 당시의 생활상을 알 수 있는 풍속에 대해 살펴보려고 한다.

열국시대는 비록 정치적으로는 분열되어 여러 나라가 독립해 있었지만 그들은 모두 고조선의 뒤를 계승하고 있었으므로 당시의 의식주와 신분구조 및 생활풍속은 모두 고조선의 것이 계승되고 있었다. 따라서 그 기본이 되는 것은 같았으나 사회가 발전하면서 의식주나 신분구조·생활풍속 등은 한층 다양하고 복잡해지면서도 다른 한편으로는 정돈되는 면도 있었다. 그리고 나라와 지역에 따라 다소 차이가 있는 것도 있었다.

열국시대의 의식주와 신분구조 및 생활풍속에 관해서는 『후한서』「동이열전」, 『삼국지』 「동이전」, 『삼국사기』, 『삼국유사』 등의 문헌 기록과 벽화를 비롯한 고고학 자료 등을 통해 확인할 수 있다. 이러한 자료들에 따르면, 열국시대의 의식주는 북부에 있었던 부여·고구려·동옥저·동예나 남부에 있었던 한은 지역에 따라 약간씩 차이는 있어도 기본적으로는 모두 비슷했으며 그러한 성격은 고구려·백제·신라·가야로까지 이어졌다. 연해주에 자리한 읍루만은 달랐는데, 그것은 그들이 아직 한민족의 문화에 완전히 동화되지 않았기 때문이었을 것이다.

그리고 신분구조를 보면, 초기에는 고조선의 것이 계승되면서 더욱 세분화되어 왕·종교지도자·귀족·관료 등의 지배신분과 평민·하호·노비 등의 피지배신분으로 나뉘어 있었는데, 열국시대 후기로 오면서 왕과 종교지도자를 제외한 지배신분은 사(士)로 통칭되었고, 피지배신분 가운데 평민과 하호는 서인(庶人)으로 통칭되어, 피지배신분은 서인·향민과 부곡민·노비 등이 있었다. 이러한 신분구조의 변화는 열국시대의 사회가 그 이전과 이후 사이에서 어떤 성격을 갖는지를 알게 하는 자료가 될 것이다.

열국시대의 생활풍속들은 고조선의 것을 잇고 있을 뿐만 아니라 오늘날 한민족의 풍속에서 중요시되는 것들이 당시에 이미 존재했음을 보여주고 있다. 이것은 한민족의 풍속들이 매우 오랜 전통을 가지고 이어져 온 것임을 알게 해준다. 오늘날 그 가운데 일부는 외래의 것으로 잘못 알고 있는데 그러한 오류도 바로잡아줄 것이다.

따라서 열국시대의 의식주와 신분구조 및 사회풍속을 살펴보는 것은 당시의 사회 성격을 밝히는 작업이 될 뿐만 아니라, 한국 고대사의 전개 과정을 바르게 이해하는 데도 중요한 의미를 지닐 것이다.

2. 열국시대의 의식주

의식주는 사람이 살아가는 데 가장 기본이 되므로 열국시대의 사회와 문화를 바르게 이해하기 위해서는 당시의 의식주를 살펴볼 필요가 있다. 열국시대의 의식주에 대한 자료는 충분하지 않지만, 현재 남아 있는 자료만을 보더라도 이 시기에 이미 한민족 전통 의식주의 기초가 형성되었던 것으로 보인다.

이에 관한 기록들을 보면 『후한서』 「동이열전」 〈고구려전〉에,

> 동이들이 서로 전해오기를 고구려는 부여의 별종이라 하는데 그러한 까닭으로 언어와 법칙이 같은 것이 많다.[1]

고 하여 의식주를 포함한 생활풍속이 고구려와 부여는 같았을 가능성을 시사해주는데, 『삼국지』 「동이전」의 〈고구려전〉에는,

> 동이의 옛말에 따르면 고구려는 부여의 별종이라 하는데, 말이나 풍속 따위는 부여와 같은 점이 많으나 기질이나 의복은 다른 점이 있다.[2]

고 말함으로써 고구려와 부여의 기질이나 의복은 기본적으로 같지만 약간 다르다고 말하고 있다. 그리고 『후한서』 「동이열전」과 『삼국지』 「동이전」 〈동옥저전〉에는, 동옥저의 "언어 · 음식 · 거처 · 의복은 고구려와 비

---

1 『후한서』 권85, 「동이열전」 〈고구려전〉. "東夷相傳以爲夫餘別種, 故言語法則多同."

2 『삼국지』 권30, 「동이전」 〈고구려전〉. "東夷舊語以爲夫餘別種, 言語諸事, 多與夫餘同, 其性氣衣服有異."

슷하다."[3]고 했고, 『삼국지』「동이전」〈예전〉에는, 동예의 "언어와 법속이 대개 고구려와 같으나 의복은 다른 점이 있다."[4]고 했다.

이상의 내용들로 보아, 열국 가운데 북부 지역에 있었던 부여·고구려·동옥저·동예 등의 의복은 그 나라가 자리 잡은 지역의 자연환경 차이에 따라 다소 차이는 있었지만 기본적으로는 같았음을 알 수 있다.

다만 가장 동북부에 있던 읍루는 『후한서』「동이열전」과 『삼국지』「동이전」의 〈읍루전〉에, 동이 가운데 가장 법도와 기강이 없다고 한 것이라든가, 그 사람들은 겨울에는 돼지가죽으로 옷을 만들어 입고 돼지기름을 몸에 바르며 여름에는 알몸에다 한 자 정도의 베조각으로 앞뒤만 가리고 다닌다고 한 것[5]으로 보아 열국의 다른 나라와는 의복이 달랐던 것으로 생각된다.

읍루의 지배층은 숙신족으로서 고조선시대에는 오늘날 요서 지역에 거주했으나 고조선이 붕괴되자 연해주 지역으로 이주하여 읍루를 건국했는데, 그곳에는 토착인들이 거주하고 있었다. 따라서 읍루 주민의 주류는 그곳 토착인들이었을 것이다. 그런데 읍루가 자리 잡은 연해주는 때에 따라서는 고조선의 영향권에 들어 있기는 했지만 완전한 영토는 아니었다. 그러므로 그 풍속이 한민족과는 달랐던 것이고 의복에서도 차이가 있었던 것으로 생각된다.

---

3 『후한서』 권85, 「동이열전」 〈동옥저전〉. "言語·飮食·居處·衣服有似句驪." ; 『삼국지』 권30, 「동이전」 〈동옥저전〉에도 같은 내용이 보이는데, 거기에는 언어 대신에 예절이 언급되어 있다.

4 『삼국지』 권30, 「동이전」 〈예전〉. "言語·法俗大抵與句麗同, 衣服有異."

5 『후한서』 권85, 「동이열전」 〈읍루전〉. "好養豕, 食其肉, 衣其皮, 冬以豕膏塗身, 厚數分, 以禦風寒. 夏則裸袒, 以尺布蔽其前後." "唯挹婁獨無, 法俗最無綱紀者也." ; 『삼국지』 권30, 「동이전」 〈읍루전〉에도 같은 내용이 보인다.

여기서 문제로 남는 것은 북부에 있었던 나라들의 의복과 남부에 있었던 한(韓)의 의복이 같았느냐는 점이다. 『후한서』「동이열전」과 『삼국지』「동이전」에서는 이에 관한 기록을 찾아볼 수 없다. 다만 같은 책 〈한전〉 '변진'조에 "변진 사람들은 진한 사람들과 섞여 사는데 성곽과 의복은 모두 같으나 언어와 풍속은 다른 점이 있다."[6]는 기록이 보일 뿐이다. 변한과 진한 사람들은 의복이 같았다는 것이다. 이를 좀더 확대 해석한다면 마한도 변한·진한과 더불어 한(韓)에 속해 있었으므로 의복이 같았을 것이다.

그런데 『위서』「열전」〈백제전〉에 "백제인들의 의복과 음식은 고구려와 같다."[7]고 했고, 『북사』「열전」〈신라전〉에는 신라의 "풍속·형정(刑政)·의복은 대략 고구려·백제와 같다."[8]고 했다. 고구려와 백제의 옷차림이 비슷했음은 『직공도(職貢圖)』에 들어 있는 〈백제국사도(百濟國使圖)〉를 통해서도 알 수 있다.[9] 그런데 〈백제국사도〉에서 관심을 갖게 하는 것은 백제 옷에 흰 동정이 달렸다는 점이다. 한민족이 어느 때부터 옷에 흰 동정을 달았는지 알 수 없는데 이 그림은 백제에서 이미 그러한 옷을 입었음을 알게 해주었다.

백제와 신라는 한(韓)의 일부를 차지하여 건국되었다. 그러므로 그들의 의복은 한의 그것을 계승하고 있었다고 보아야 할 것이다. 이렇게 보면 열국시대 초기 북부에 있었던 부여·고구려·동옥저·동예 등과 남부

---

6 『후한서』 권85, 「동이열전」 〈한전〉. "弁辰與辰韓雜居, 城郭衣服皆同, 言語風俗有異." ; 『삼국지』 권30, 「동이전」 〈한전〉에도 같은 내용이 보인다.

7 『위서』 권100, 「열전」 〈백제전〉. "其衣服飮食與高句麗同." ; 『북사』 권94, 「열전」 〈백제전〉과 『수서』 권81, 「동이열전」 〈백제전〉에도 같은 내용이 보인다.

8 『북사』 권94, 「열전」 〈신라전〉. "風俗·刑政·衣服略與高麗·百濟同."

9 김용준, 「백제의 복식에 관한 자료」, 『문화유산』, 1959년 6호, 과학원출판사, pp. 64~66.

에 있었던 한의 의복은 거의 같았음을 알 수 있다. 한반도와 만주에 있었던 여러 나라의 의복은 지역에 따라 약간의 차이가 있었을 뿐 기본적으로는 같았던 것이다.

그러므로 열국 가운데 어느 나라든 한 나라만이라도 자세한 지식을 얻을 수 있다면 그것을 당시 한민족의 의복으로 일반화할 수 있을 것이다. 그런데 『후한서』「동이열전」과 『삼국지』「동이전」〈예전〉에는 "남녀가 모두 곡령의 옷을 입는다."[10]고 하여 한민족은 일찍부터 목둘레가 둥근 옷깃을 사용했음을 알게 해준다. 그리고 고구려 의복은 안악 제3호 무덤과 대안리 제1호 무덤·쌍기둥무덤·춤무덤·약수리 벽화무덤, 통구 제4호 무덤 등의 벽화에 비교적 자세하게 남아 있다.

열국시대 남자 평상복은 저고리·바지·겉옷으로 구성되어 있어서 한민족 전통의상의 기본이 이미 갖추어져 있었다.[11] 저고리의 길이는 허리까지 내려오고 소매는 양복저고리만큼 좁고 깃이 곧으며 허리에 띠를 맸다. 깃과 소매 끝, 도련에는 선을 댔는데 선은 검은색이 많았으나 화려하게 장식한 것도 있었다. 앞은 완전히 갈라져 있었으며 깃의 여밈새는 왼쪽 여밈새, 오른쪽 여밈새, 맞 여밈새 등이 혼용되었다.

저고리는 소매통이 좁은 것과 넓은 것, 선이 단조로운 것과 화려한 것 등이 있었는데, 이것은 신분의 차이에서 온 것으로 생각된다. 노동에 종사하는 평민이나 서민은 일하기 좋은 소매통이 좁고 선이 단조로운 저고리를 입었고, 귀족들은 위엄을 보이기 위해 소매통이 넓고 선이 화려한 저고리를 입었다. 바지도 통이 좁은 것과 넓은 것 2가지가 있었는데

---

10 『후한서』 권85, 「동이열전」 〈예전〉. "男女皆衣曲領." ; 『삼국지』 권30, 「동이전」 〈예전〉에도 같은 내용이 보인다.

11 최원희, 「과거 우리나라 남자 평상복」, 『고고민속』, 1966년 2호, 사회과학원출판사, p. 8.

통이 좁은 것은 노동하는 사람들이 입었고 통이 넓은 것은 귀족들이 입었다. 그러나 귀족들도 사냥이나 전투를 할 때는 통이 좁은 바지를 입었고 그 위에다 행전을 쳤음이 여러 고분의 벽화에서 확인된다.

겉옷은 길이가 짧은 것과 긴 것 두 종류가 있는데, 길이가 짧은 것은 크기가 저고리와 비슷했고 긴 것은 두루마기와 비슷했다. 길이가 짧은 것은 덧저고리라고도 부른다. 길이가 짧은 겉옷은 아무때나 입을 수 있었고, 길이가 긴 것은 예의를 갖출 필요가 있을 때마다 입었다. 겉옷의 여밈새는 맞 여밈새와 어깁 여밈새 두 종류가 있었다.

저고리나 겉옷 위에는 반드시 허리에 띠를 맸는데, 띠는 색실·천·가죽 등으로 만들었으며 그 위에 금속장식품을 달기도 했다. 『후한서』「동이열전」〈고구려전〉에, 고구려 사람들은 "공공모임에는 모두 비단에 수놓은 의복을 입고 금과 은으로 장식한다."[12]고 한 것이라든가, 〈한전〉에 "구슬을 귀중히 여겨서 옷에 꿰매어 장식하기도 하고 목이나 귀에 달기도 한다."[13]고 한 것은 그러한 사실을 뒷받침해준다.

남자들은 머리에 상투를 틀었는데, 외상투와 쌍상투 두 종류가 있었으나 외상투가 보편적이었다. 그리고 머리에 쓰는 것은 머릿수건·절풍·책·관·패랭이 등 여러 종류가 있었다. 머릿수건은 모두 검은색 천으로 머리를 완전히 싸매어 뒤에다 동여매는 것이었다. 주로 낮은 신분의 사람들이 사용했지만 귀족들도 사냥할 때는 사용했다.

절풍과 책에 관해서는 『후한서』「동이열전」〈고구려전〉에,

12 『후한서』 권85, 「동이열전」 〈고구려전〉. "其公會衣服皆錦繡, 金銀以自飾." ; 『삼국지』 권30, 「동이전」 〈고구려전〉에도 같은 내용이 보인다.

13 『후한서』 권85, 「동이열전」 〈한전〉. "唯重瓔珠, 以綴衣爲飾, 及縣頸垂耳."

> 대가와 주부는 머리에 책을 쓰는데 (중국의) 관책과 같기는 하지만 뒤로 늘어뜨리는 부분이 없다. 소가는 절풍을 쓰는데 모양이 고깔 같다.[14]

고 한 것으로 보아, 책은 절풍보다 높은 신분의 사람들이 착용했음을 알 수 있다. 책은 모자 테에 윗부분을 덧댄 것인데 앞보다 뒤가 더 높으며 두 가닥으로 갈라지면서 앞으로 구부러져 있다. 모자의 둘레가 있고 뒤가 뾰족하게 솟은 것도 있다. 벽화에 따르면 책을 쓴 인물들은 긴 겉옷을 입고 있으며 왕의 측근이거나 문관이었던 것으로 보인다.[15]

절풍은 검은색 테가 있고 앞쪽에는 흰색 가리개를 붙였으며 양 옆에는 아래로 늘어진 끈을 날아 턱 밑에서 잡아매도록 되어 있다. 활동하기 편리하므로 주로 무사들이 썼다.[16] 그러나 절풍도 신분에 따라 재료와 장식에 차이가 있었다. 『위서』와 『북사』의 「열전」 〈고구려전〉에,

> 머리에는 절풍을 쓰니 그 모양이 고깔과 비슷했으며 모서리에 새의 깃을 꽂는데 귀천에 따라 차이가 있다.[17]

> 사람들은 모두 머리에 절풍을 쓴다. 그 모양이 고깔과 같은데 사인(士人)은 2개의 새깃을 꽂는다. 귀한 사람들은 그 관을 소골(蘇骨)이라고 하는데, 대부분 자줏빛 비단으로 만들어 금이나 은으로 장식한다.[18]

---

14 『후한서』 권85, 「동이열전」 〈고구려전〉. "大加 · 主簿皆著幘, 好冠幘而無後, 其小加著折風, 形如弁." ; 『삼국지』 권30, 「동이전」 〈고구려전〉에도 같은 내용이 보인다.

15 사회과학원 력사연구소, 『조선전사』 3, 중세편 고구려사, 1991, pp. 375~376.

16 위 책, p. 375.

17 『위서』 권100, 「열전」 〈고구려전〉. "頭著折風, 其形如弁, 旁揷鳥羽, 貴賤有差."

18 『북사』 권94, 「열전」 〈고구려전〉. "人皆頭著折風, 形如弁, 士人加揷二鳥羽, 貴者, 其

고 한 것은 그러한 사정을 알게 해준다.

관은 화려하게 장식하여 왕이나 높은 귀족이 착용했으며, 패랭이는 낮은 신분의 사람들이 썼는데 후대의 것과 다름이 없었다. 관은 안악 제3호 무덤·쌍기둥무덤·팔청리 벽화무덤·덕흥리 벽화무덤 등의 주인공이 쓰고 있으며, 패랭이는 안악 제1호 무덤과 감신무덤 벽화의 사냥꾼이 쓰고 있다.

남자 신발은 목이 있는 것과 없는 것이 있는데 특징은 모두 코가 도드라져 있다는 점이다. 이러한 신발의 특징은 한민족의 오랜 전통이었다.[19] 신발은 가죽신과 짚신이 있었다. 『후한서』「동이열전」〈한전〉에 "베로 만든 도포를 입고 짚신을 신는다."[20]고 기록되어 있는 것과, 『삼국지』「동이전」〈한전〉에 "베로 만든 도포를 입고 발에는 가죽신을 신고 다닌다."[21]고 되어 있는 것은 이를 알게 해준다.

문헌과 벽화에 나타난 여자 옷은 바지·저고리·치마·겉옷·저고리와 치마가 붙어 있는 옷·등거리·앞치마·모자·수건·한삼·띠·신발 등이다.[22] 『북사』「열전」〈고구려전〉에 "부인들은 치마와 저고리에 선을 두른다."[23]고 했고, 『주서』「이역열전」〈고구려전〉에 "부인들은 치마와 속옷을 갖추어 입고 옷자락이나 소매에 선을 두른다."[24]고 한 것으로 보아 저고리와 치마 그리고 속옷을 입는 것이 일반적이었음을 알 수 있다. 여

冠曰蘇骨, 多用紫羅爲之, 飾以金銀."

19 남자의 머리 모양과 머리쓰개 및 신발이 등장하는 벽화는, 사회과학원 력사연구소, 앞 책, p. 377의 표를 참조할 것.

20 『후한서』 권85, 「동이열전」〈한전〉. "布袍草履."

21 『삼국지』 권30, 「동이전」〈한전〉. "衣布袍, 足履革蹻蹋."

22 최원희, 「고구려 녀자 옷에 관한 연구」, 『문화유산』, 1962년 2호, 과학원출판사, p. 27.

23 『북사』 권94, 「열전」〈고구려전〉. "婦人裙襦加襈."

24 『주서』 권49, 「이역열전」〈고구려전〉. "婦人服裙襦, 裾袖皆爲襈."

자의 저고리도 남자의 저고리처럼 길었다. 허리에 띠를 두른 경우도 있었는데 대개 바지와 함께 입었을 때 그러했다. 오늘날의 한복 저고리처럼 길이가 짧은 것도 있었는데 일반적인 것은 아니었고 노동에 종사하는 여자들이 입었다.[25] 치마의 길이는 여러 가지가 있었는데 발을 덮은 것, 발까지 내려온 것, 무릎 아래까지 온 것 등이었고 주름치마와 색동치마 그리고 치마에 선을 댄 것은 매우 특징적인 것이었다.

여자 옷에는 저고리와 치마가 분리되어 있지 않은 통옷도 있었고 일할 때 입는 앞치마도 있었다. 두루마기와 같이 긴 겉옷도 있었는데 깃이 곧고 소매 끝과 깃·도련에 선을 댔으며 허리에는 띠를 맸다. 겉옷은 색깔과 무늬·장식 등을 아름답게 꾸몄다. 소매통은 후대로 내려오면서 점차 넓어졌다.[26] 깃의 여밈새는 남자 옷과 마찬가지로 왼쪽 여밈새, 오른쪽 여밈새, 맞 여밈새 등이 혼용되어 있었다. 백제의 여자 겉옷은 소매품이 고구려 것보다 넓었는데,[27] 이것은 남부가 북부보다 기후가 더 따뜻했기 때문이었을 것이다.

여자의 머리 형태에는 올린 머리와 내린 머리가 있었는데, 『북사』「열전」〈백제전〉에 "처녀 적에는 머리를 땋아 뒤로 드리웠다가 시집가면 두 갈래로 나누어 머리 위로 틀어올린다."[28]는 기록이 있는 것으로 보아 올린 머리는 기혼 여성의 머리 모양이었고 내린 머리는 미혼 여성의 머

---

25 안악 제3호 무덤의 벽화에 보이는 발로 방아를 찧는 여자는 길이가 짧은 저고리를 입었다.

26 사회과학원 력사연구소, 앞 책, p. 378.

27 『삼국사기』 권33, 「잡지」 2, 〈색복지〉. "通典云, 百濟其衣服男子, 略同於高麗, 婦人衣似袍而袖微大."

28 『북사』 권94, 「열전」 〈백제전〉. "女辮髮垂後, 已出嫁, 則分爲兩度, 盤於頭上."; 『주서』 권49, 「이역열전」 〈백제전〉에도 같은 내용이 실려 있는데 거기에는 변발(辮髮)이 편발(編髮)로 되어 있다.

리 모양이었음을 알 수 있다. 올린 머리는 틀어올려 얹은 머리와 고리 모양으로 틀어올린 머리가 있었다. 신분에 따라 비녀와 머리꽂이가 달랐는데, 왕비나 귀족 여성들은 보석이나 귀금속으로 만든 비녀와 머리꽂이를 여러 개 꽂았다. 드물긴 하지만 여자는 머리에 머릿수건이나 털모자를 쓰는 경우가 있었는데, 이것은 고구려 벽화에서 확인되며 『구당서』「동이열전」〈고(구)려전〉에 "부인들은 머리에 건귁(巾幗 : 머릿수건)을 쓴다."[29] 고 한 것에서도 알 수 있다. 여자의 신발은 남자의 것과 비슷하나 모양이 예쁘고 크기가 작은 것이 특징이다.

열국시대 사람들은 옷을 매우 정결하게 입었다. 『후한서』「동이열전」〈한전〉에 "그 사람들의 모습은 모두 신체가 장대하고 머리칼이 아름다우며 의복은 깨끗하다."[30] 고 한 것이라든가, 『남사』「동이열전」〈백제전〉에 "의복이 깨끗하다."[31] 고 말한 것에서 알 수 있다. 그리고 모자와 저고리·바지 등을 부르는 이름이 지역에 따라 달랐는데, 백제에서는 모자를 관(冠), 저고리를 복삼(複衫), 바지를 곤(褌)이라 했고[32] 신라에서는 모자를 유자례(遺子禮), 저고리를 위해(尉解), 바지를 가반(柯半), 신발은 세(洗)라 했다.[33]

그리고 그들은 형편에 따라 옷과 장신구를 여러 가지 재료와 색깔을 이용해 만들었지만 일반적으로 흰옷을 즐겨 입었다. 『삼국지』「동이전」의 〈고구려전〉과 〈부여전〉에,

---

29 『구당서』 권199, 「동이열전」 〈고(구)려전〉. "婦人首加巾幗."

30 『후한서』 권85, 「동이열전」 〈한전〉. "其人形皆長大, 美髮, 衣服絜淸."

31 『남사』 권79, 「동이열전」 〈백제전〉. "衣服潔淨."

32 『양서』 권54, 「제이열전」 〈백제전〉. "呼帽曰冠, 襦曰複衫, 袴曰褌."

33 『양서』 권54, 「제이열전」 〈신라전〉. "其冠曰遺子禮, 襦曰尉解, 袴曰柯半, 靴曰洗."

> 그들은 공공모임에서는 모두 비단에 수놓은 의복을 입고 금과 은으로 장식한다.[34]

> 국내에 있을 때의 의복은 흰색을 숭상하여 흰 베로 만든 큰 소매 달린 도포와 바지를 입고 가죽신을 신는다. 외국에 나갈 때에는 비단옷·수놓은 옷·모직옷을 즐겨 입고, 대인은 그 위에 여우·살쾡이·원숭이·희거나 검은 담비가죽으로 만든 갖옷을 입으며 금은으로 모자를 장식한다.[35]

고 한 것은 이를 알게 한다. 열국시대에는 삼베·무명베·비단·모직물·동물가죽 등이 이미 생산되고 있었으므로[36] 이것들이 옷을 만드는 재료로 이용되었을 것은 말할 필요가 없을 것이다.

그런데 백제에서는 260년에, 신라에서는 520년에 관복 색깔을 등급에 따라 규정했는데 이에 따라 일반인들은 옷 색깔에 제한을 받게 되었다. 백제에서는 6품 이상은 자색, 11품 이상은 비색, 16품 이상은 청색을 입었고,[37] 신라에서는 태대각간에서 대아찬(5등급)까지는 자색, 아찬(6등급)에서 급찬(9등급)까지는 비색, 대나마(10등급)와 나마(11등급)는 청색, 대사(12등급)에서 선저지(조위라고도 부름, 17등급)까지는 황색을 입었다.[38] 이러한 규정이 제정됨에 따라 일반인들은 색깔의 선택에 제약을

---

34 『삼국지』 권30, 「동이전」 〈고구려전〉. "其公會, 衣服皆錦繡金銀以自飾." ; 『후한서』 권85, 「동이열전」 〈고구려전〉에도 같은 내용이 보인다.

35 『삼국지』 권30, 「동이전」 〈부여전〉. "在國衣尙白, 白布大袂, 袍·袴, 履革鞜. 出國則尙繒繡錦罽, 大人加狐·狸·狖·白黑貂之裘, 以金銀飾帽."

36 이 책의 제3장 Ⅱ 「열국시대의 경제 수준」 참조.

37 『삼국사기』 권24, 「백제본기」 〈고이왕 27년〉조. "二月, 下令六品已上服紫, 以銀花飾冠, 十一品已上服緋, 十六品已上服靑."

38 『삼국사기』 권4, 「신라본기」 〈법흥왕 7년〉조. "春正月, 頒示律令, 始制百官公服, 朱紫

받게 되었던 것이다.

열국시대의 음식은 고조선의 것을 계승했으므로 고조선시대보다 더 발전되어 있었을 것이다. 『한서』 「지리지」에 따르면 서기전 1100년 무렵 기자가 고조선으로 망명했을 때 고조선의 농민들은 변(籩)과 두(豆)를 사용하고 있었는데,[39] 변은 대나무그릇이었고 두는 나무그릇이었다.[40] 이것은 한민족이 고조선시대부터 수준 높은 음식문화를 가지고 있었음을 알게 해주는데, 그 전통이 열국시대에도 그대로 이어지고 있었다. 『후한서』 「동이열전」 〈예전〉에 "음식은 변과 두로 마시고 먹는다."[41]고 한 것은 그러한 사실을 알게 해준다.

그리고 『후한서』 「동이열전」과 『삼국지』 「동이전」의 서(序)에는, 한반도와 만주의 주민들은 "그릇으로는 조(俎)와 두(豆)를 사용한다."[42]고 했는데, 〈부여전〉에도 같은 내용이 보인다. 조는 굽이 낮고 편편한 그릇이고 두는 굽이 높은 그릇이다. 이로 보아 열국시대에는 고조선시대보다 그릇이 한층 더 다양하게 발달했음을 알 수 있다. 『구당서』 「동이열전」 〈신라전〉에 "식기는 버드나무그릇을 쓰는데 구리그릇과 질그릇도 있다."[43]고 한 것은 열국시대에 식기의 재료가 다양했음을 말해준다.

고조선시대에 이미 벼·보리·조·기장·콩·팥·수수·피 등의 곡물이 재배되고 있었는데,[44] 『후한서』 「동이열전」과 『삼국지』 「동이전」을 비롯

之秩." ; 권33, 「잡지」 〈색복지〉. "法興王制, 自太大角干至大阿湌紫衣, 阿湌至級湌緋衣, 並牙笏, 大奈麻·奈麻青衣, 大舍至先沮知黃衣."

39 『한서』 권28 하, 「지리지」 하. "殷衰道, 箕子去之朝鮮, ……其田民飮食以籩豆."

40 위의 『한서』 「지리지」에 대한 주석. "師古曰, 以竹曰籩, 以木曰豆."

41 『후한서』 권85, 「동이열전」 〈예전〉. "飮食以籩豆."

42 『후한서』 권85, 「동이열전」 서(序). "器用俎豆."

43 『구당서』 권199, 「동이열전」 〈신라전〉. "其食用柳桮, 亦以銅及瓦."

44 윤내현, 「고조선 사람들의 의식주와 풍속」, 『고조선 연구』 하, 만권당, 2016, p. 311.

한 중국의 옛 문헌 여러 곳에 한반도와 만주의 "토질은 오곡이 자라기에 알맞다." 또는 "토질이 비옥하여 오곡이 잘 자란다." 등의 기록이 있는 것[45]은, 이러한 곡물들이 계속 재배되었음을 알게 해준다. 따라서 오곡을 비롯한 다양한 식료를 이용한 음식이 만들어졌을 것이다. 그런데 후대로 내려오면서 남부에 있었던 백제와 신라에서는 쌀 생산 증대에 힘을 기울였는데,[46] 이것은 쌀밥이 주식으로 자리를 잡아가고 있었음을 알게 해준다.

『주서』「이역열전」〈백제전〉에 백제의 "오곡과 각종 과일·채소 및 술·음식·반찬·의약품은 거의 중국과 같다."[47]고 한 것이나 『수서』「동이열전」〈신라선〉에 "오곡·과일·채소·새·짐승 등의 물산은 대략 중국과 같다."[48]고 한 것은 열국시대에 한민족은 여러 종류의 과일과 채소·의약품을 생산했고 반찬을 만들어 먹었으며, 이러한 음식은 백제와 신라가 다르지 않았음을 알게 해준다. 그리고 『위서』「열전」〈백제전〉에는 "백제인들의 의복과 음식은 고구려와 같다."[49]고 했는데, 이것은 고구려의 음식도 백제나 신라와 다르지 않았음을 알게 해준다.

『후한서』「동이열전」과 『삼국지』「동이전」의 〈동옥저전〉에는 고구려가

45 『후한서』 권85, 「동이열전」〈부여국전〉. "土宜五穀." ; 〈읍루전〉. "有五穀·麻布." ; 〈동옥저전〉. "土肥美, 背山向海, 宜五穀, 善田種." ; 〈한전〉'진한'조. "土地肥美, 宜五穀." ; 『삼국지』「동이전」에도 같은 내용이 보인다.

46 백제는 33년에 남부 지역의 주군(州郡)에 명을 내려 대대적으로 논을 만들게 했으며, 242년에는 나라 사람들에게 명하여 남쪽의 늪지대를 논으로 개간하도록 했는데 이것은 백제가 벼농사를 확대해갔음을 알게 해준다. 그리고 신라에서는 벼의 품종 개량에 힘썼는데 186년에는 남신현에서, 242년에는 고타군에서, 294년에는 다사군에서 우량 품종을 발견했다. 이것도 신라에서 벼농사에 힘을 기울였음을 알게 해준다.

47 『주서』 권49, 「이역열전」〈백제전〉. "五穀雜果菜蔬及酒醴餚藥品之屬, 多同於內地."

48 『수서』 권81, 「동이열전」〈신라전〉. "其五穀果菜鳥獸物產, 略與華同."

49 주 7과 같음.

동옥저를 병합한 다음 조세로 담비·베·물고기·소금·해산물 등을 징수했다는 기록이 나오는데, 이것으로 보아 여러 종류의 물고기와 해산물이 식료로 사용되었고, 소금이 생산되어 조미료로 사용되었음을 알 수 있다.

특히 남부 지역에서는 회를 즐겨 먹었다. 『수서』「동이열전」〈백제전〉에 백제 사람들은 "대개 익혀 먹지 않는다."[50]고 한 것이라든가, 『신당서』「동이열전」〈신라전〉에 "음식을 불에 익혀 먹지 아니하여 날짐승이나 길짐승을 날로 먹는다."[51]고 한 것은 그러한 사실을 알게 해준다. 한민족이 회를 먹는 전통은 실로 오래된 것이다.

앞에서 본 바와 같이 『주서』「이역열전」〈백제전〉에는 백제에 술이 있었음을 말하고 있는데, 『삼국지』「동이전」과 『남사』「동이열전」의 〈고구려전〉에는 고구려 사람들은 "술을 잘 빚는다."[52]고 기록되어 있다. 고조선시대의 여러 유적에서 술잔이 출토된 것으로 보아 고조선 사람들은 이미 술을 빚었던 것으로 추정되며, 열국시대에 이르러서는 양조기술이 한층 발달되었던 것으로 생각된다. 술이 있었다면 식초도 생산되어 조미료로 사용했을 것이다. 술은 시간이 지나면 자연히 식초가 되기 때문이다.

『삼국유사』〈문무왕 법민(法敏)〉조에는, 거득공(車得公)이 안길(安吉)을 맞아 잔치를 벌였는데 차린 음식이 50가지나 되었다[53] 했고, 『삼국사기』「신라본기」〈신문왕〉조에는, 왕이 부인을 맞기 위해 폐백 15수레,

---

50 『수서』 권81, 「동이열전」〈백제전〉. "多不火食."

51 『신당서』 권220, 「동이열전」〈신라전〉. "不火食, 噬禽獸."

52 『삼국지』 권30, 「동이전」과 『남사』 권79, 「동이열전」의 〈고구려전〉. "善藏釀."

53 『삼국유사』 권2, 〈문무왕 법민〉조. "車得公聞而走出, 携手入宮, 喚出公之妃與安吉共宴, 具饌至五十味."

쌀·술·기름·꿀·간장·된장·포·젓갈 135수레, 벼 150수레를 보냈다[54]고 했는데, 이 기록들은 다소 후대에 관한 것이기는 하지만 이러한 음식들은 그 이전부터 발전해왔을 것이다. 이로 보아 열국시대의 음식은 50가지가 넘었을 것이며 한민족의 전통음식은 이 시기에 이미 갖추어졌던 것으로 보인다.

열국시대 사람들은 음식을 절약하는 풍습이 있었다. 『삼국지』「동이전」과 『위서』「열전」의 〈고구려전〉에 고구려 사람들은 음식을 절약한다는 기록이 보이는데, 음식을 절약하는 풍습은 고구려에 국한된 것이 아니라 열국 전체에 해당되었을 것이다. 음식을 절약하는 풍습은 한민족의 오랜 전통이었기 때문이다.

열국시대의 일반 주거 지역은 대부분 산기슭이나 구릉지대였다. 『위서』「열전」〈백제전〉에 백제는 "지대가 대부분 낮고 습하여 모두 산에서 산다."[55]고 한 것이라든가, 『구당서』「동이열전」〈고(구)려전〉에 고구려 사람들의 "주거는 반드시 산골짜기에 있다."[56]고 한 것은 그러한 사실을 말해준다. 위의 기록에서는 지대가 낮아 습기가 많아서 사람들이 산에서 산다고 했는데, 그런 이유도 있었겠지만 농경지를 더 넓게 확보하려는 목적도 있었을 것이다. 오늘날에도 주거 지역은 평지보다 약간 높은 지대를 선택하는데, 이것은 한민족의 매우 오랜 전통이다.

열국시대의 집은 기능에 따라 여러 종류가 있었지만 신분이나 경제력

---

54 『삼국사기』 권8, 「신라본기」 〈신문왕 3년〉조. "幣帛十五轝, 米酒油蜜醬豉脯醢一百三十五轝, 租一百五十車."

55 『위서』 권100, 「열전」 〈백제전〉. "地多下濕, 率皆山居." ; 『수서』 권81, 「동이열전」 〈백제전〉에도 같은 내용이 보인다.

56 『구당서』 권199, 「동이열전」 〈고(구)려전〉. "其所居必依山谷." ; 『신당서』 권220, 「동이열전」 〈고(구)려전〉에도 같은 내용이 보인다.

에 따라 규모에 차이가 있었다. 『후한서』 「동이열전」 〈부여국전〉에 동부여에는 "궁실과 창고와 감옥이 있다."[57]고 한 것이라든가, 『삼국지』 「동이전」 〈고구려전〉에 고구려에는 "큰 창고는 없고 집집마다 조그만 창고가 있으니 그 이름을 '부경'이라 한다."[58]고 한 것에서 알 수 있듯이 궁실·감옥·창고 등으로 구분되는 건물들이 있었는데, 집집마다 창고 옆의 중심부에는 가족이 거처하는 본채가 있었다. 그리고 필요에 따라서는 본채인 큰 집 뒤편에 사위가 거처할 작은 별채를 지었는데 그 집을 서옥(壻屋)이라 했다.[59] 이러한 사실들은 열국시대에 이미 용도에 따라 여러 종류의 집들이 지어졌음을 알게 해준다.

살림집의 구조를 보면 부엌은 대개 집의 서쪽에 설치했던 것으로 보인다. 『삼국지』 「동이전」 〈한전〉 '변진'조에 "집들은 모두 서쪽에 부엌을 설치한다."[60]고 한 것은 그것을 말해준다. 그리고 난방시설로서 온돌이 일반화되어 있었는데, 이것은 문헌 기록과 벽화 및 고고학 자료로 확인된다. 그동안 발굴된 고고학 자료에 따르면 온돌은 고조선 말기 서기전 2세기 무렵에 이미 사용되었는데[61] 열국시대에는 한층 발전되었다.

---

57 『후한서』 권85, 「동이열전」 〈부여국전〉. "有宮室·倉庫·牢獄." ; 『삼국지』 권30, 「동이전」에도 같은 내용이 보인다.

58 『삼국지』 권30, 「동이전」 〈고구려전〉. "無大倉庫, 家家自有小倉, 名之爲桴京."

59 『삼국지』 권30, 「동이전」 〈고구려전〉. "女家作小屋於大屋後, 名壻屋."

60 『삼국지』 권30, 「동이전」 〈한전〉. "施竈皆在戶西."

61 정찬영, 『압록강, 독로강 류역 고구려 유적발굴보고』, 유적발굴보고 제13집, 과학백과사전출판사, 1983, pp. 48~51 ; 김정문, 「세죽리 유적 발굴 중간 보고」, 『고고민속』 1964년 2호, 사회과학원출판사, p. 48 ; 정찬영, 「북창군 대평리 유적발굴보고」, 『고고학 자료집』, 제4집, 사회과학원출판사, 1974, pp. 141~143, 145~146 ; 정찬영, 「우리나라 구들의 유래와 발전」, 『고고민속』, 1966년 4호, 사회과학원출판사, pp. 16~18. 이 보고서들 가운데 압록강·독로강 유역 유적을 정찬영은 고구려 유적으로 보고 있는데, 그 견해는 고구려의 건국 연대를 서기전 2세기 이전으로 올려 보았기 때문이다. 고구려

『구당서』「동이열전」〈고(구)려전〉에 "겨울철에는 모두 구덩이를 길게 파서 밑에다 숯불을 지펴 난방을 한다."[62]는 기록이 있는 것으로 보아 열국시대에는 고래를 이용한 온돌 난방이 일반화되어 있었던 것으로 보인다. 고국원왕 무덤·약수리 벽화무덤 등의 벽화에 보이는 부엌 모양과 그동안 발굴된 유적들에서 확인된 바에 따르면, 아궁이와 고래는 직각을 이루고 있었는데 이런 형식은 고조선에서 이어진 것이다.[63]

고구려의 일반 집들에 설치되었던 아궁이는 고래보다 한 단 낮았고 고래의 어귀에는 부넘기를 만들어 불이 휘감기면서 잘 들도록 했고 역풍도 막았다. 그리고 구들의 높이는 방 안에 앉아서 생활하는 데 알맞도록 했다. 구들 높이를 보면, 대평리 유적 집자리는 25센티미터, 동대자 유적 집자리는 20~25센티미터, 토성리 유적 집자리는 10~25센티미터로 대개 25센티미터 정도였다. 그리고 집의 북쪽 벽에서 6미터 정도 떨어진 곳에 굴뚝을 설치했는데, 거기에는 굴뚝에 연결된 곳에 1미터 정도의 개자리가 있었다.[64]

이러한 구조를 갖춘 온돌에는 바람이 거꾸로 불어와도 일단 개자리에서 되돌아가게 되며 부넘기에서도 다시 처리되므로 불이 잘 들게 된다. 온돌은 백제 초기 유적인 몽촌토성의 발굴 과정에서도 확인되어 열국시대에 널리 이용되었음을 알게 해주었는데, 이 시기의 온돌은 오늘날 한민족이 사용하는 온돌 구조와 기술의 기본을 모두 갖추고 있었다.

고구려의 무덤벽화에 나타난 생활상을 보면 당시 사람들은 방 안에

건국 연대를 서기전 37년으로 본다면 이 유적은 고조선 말기 유적이 된다.

62 『구당서』 권199, 「동이열전」〈고(구)려전〉. "冬月皆作長坑, 下燃熅火以取暖."

63 최상준 등, 『조선기술발전사』 2, 삼국시기·발해·후기신라편, 과학백과사전출판사, 1996, p. 80.

64 위 책, p. 90.

낮은 평상이나 좌상을 놓고 그 위에 앉아서 생활했다. 『삼국유사』 〈가락국기〉에는 하늘에서 내려온 황금알 6개를 아도간의 집에 두었더니 사내아이로 변했는데 이들이 평상 위에 앉자 모두가 축하했다[65]는 기록이 있다. 이로 보아 열국시대에 지배층은 평상이나 좌상을 놓고 그 위에 앉아서 생활했음을 알 수 있다. 피지배층은 이런 생활을 했다고는 생각하기 어렵고, 아마도 방 안에서 평상이나 좌상을 대신할 수 있는 깔개로 돗자리나 멍석을 사용했을 것이다.[66]

집의 규모나 건축자재는 피지배층과 지배층 사이에 차이가 컸다. 열국시대의 일반 주택은 초가집이었으나 궁궐·신묘(神廟)·관부·사찰 등은 기와집이었다. 『구당서』 「동이열전」 〈고(구)려전〉에 "모두 모초(茅草)로 이엉을 엮어 지붕을 덮는데, 오직 불사·신묘·왕궁·관부만이 기와를 쓴다."[67]고 한 것은 그러한 사실을 전해준다. 『삼국지』 「동이전」 〈한전〉에 "거처는 초가(草家)에 토실(土室)을 만들어 사는데 그 모양은 마치 무덤과 같다."[68]고 한 것은 일반 초가의 모습을 말한 것이다.

경상북도 경주시의 황남리 고분 발굴 과정에서는 4세기 이전의 집자리가 확인되었는데 3간집으로 추정되었다. 이것은 피지배층 살림집의 한 유형으로 볼 수 있을 것이다. 반면에 고구려의 무덤벽화와 평양시 역포구역 정릉사 유적의 1호 구역 10호 집자리에서 확인된 건물은, 넓은 집둘레를 담장과 회랑으로 둘러치고 다락채식 문을 설치했으며 우진각

---

65 『삼국유사』 권2, 〈가락국기〉. "而六卵化爲童子, 容貌甚偉, 仍坐於床, 衆庶拜賀."

66 사회과학원 력사연구소, 앞 책, p. 384.

67 『구당서』 권199, 「동이열전」 〈고(구)려전〉. "皆以茅草葺舍, 唯佛寺·神廟及王宮·官府乃用瓦." ; 『신당서』 권220, 「동이열전」 〈고(구)려전〉에도 같은 내용이 보인다.

68 『삼국지』 권30, 「동이전」 〈한전〉. "居處作草屋土室, 形如冢."

지붕을 하고 있었다. 이러한 집은 지배층의 집이었던 것이다.[69]

그런데 신분등급제가 확립되면서 신분의 등급에 따라 주택의 규모와 외형에도 일정한 제한이 있게 되었다. 『삼국사기』「잡지」〈옥사지(屋舍志)〉에는 진골과 6두품·5두품·4두품의 주택 규모에 대한 규정이 실려 있는데,

> 4두품부터 백성까지는 방의 길이나 너비가 15척을 넘지 못하며 산유목(山楡木)을 쓰지 못하고 천장에 수초(水草)를 그리지 못하며 당와(唐瓦)를 덮지 못하고 수두(獸頭)·비첨(飛簷)·공아(栱牙)·현어(懸魚)를 설치하지 못하며 금·은·유(鍮)·식·동·납으로 장식하지 못한다. 섬돌은 산석(山石)을 쓰지 못하고 담장은 6척(尺)을 넘지 못하며 또 담에 보를 가설하지 못하고 석회도 바르지 못한다. 대문(大門)과 사방문(四方門)을 만들지 못하고 마구는 2필을 둘 만하게 만든다.[70]

등으로 규정되어 있다.

주택에 대한 이러한 규정은 신분등급제가 확립되면서 내려진 조처였던 것이다. 그런데 이렇게 주택 규모에 차등을 둔 것은 그 내용으로 보아 당시 사람들이 주택을 매우 화려하게 꾸미고 또 그러한 사람들이 많아 그것을 억제하기 위해서였을 것이다.

---

69 최상준 등, 앞 책, pp. 90~92.

70 『삼국사기』 권34, 「잡지」 〈옥사지〉. "四頭品至百姓, 室長廣不過十五尺, 不用山楡木, 不施藻井, 不覆唐瓦, 不置獸頭飛簷栱牙懸魚, 不以金銀鍮石銅鑞爲飾, 階砌不用山石, 垣墻不過六尺, 又不架梁, 不塗石灰, 不作大門四方門, 廐容二馬."

3. 열국시대의 신분구조

인류사회에 신분의 분화가 일어난 것은 국가가 출현하기 직전의 사회 단계로서 후기 신석기시대였던 것으로 학자들은 보고 있다. 전기 신석기시대의 공동묘지 유적에서는 무덤들의 규모나 그곳에서 출토된 부장품의 양과 질이 무덤들 사이에 큰 차이가 없는 점으로 보아 빈부와 신분이 평등한 사회였음을 알 수 있다. 그러나 후기 신석기시대의 공동묘지에서는 일반 무덤보다 규모가 크고 부장품의 양이 많거나 질이 우수한 무덤이 발견된다. 이것은 이 시기에 경제적으로 부유하고 사회적으로 신분이 높은 사람이 출현했음을 알게 해준다.[71]

이러한 사회신분의 분화는 청동기시대에 국가가 출현하게 됨에 따라 더욱 확대되었다. 한반도와 만주에서도 청동기시대가 시작되고 고조선이 건국되어 존속한 2,300여 년 동안 계속 확대되고 체계화되었다. 열국시대에는 그러한 신분 분화가 계속되면서 그것이 정치조직과 사회조직으로 더욱 공고해졌다. 열국시대의 모든 사회신분이나 그 성격을 자세하게 파악할 수 있는 내용이 문헌에서 확인되는 것은 아니다. 그러나 『후한서』「동이열전」과 『삼국지』「동이전」, 『삼국사기』 등의 기록을 종합해보면 어느 정도 윤곽을 잡을 수 있다. 이러한 기록들에는 열국시대에 왕·귀족·관료·평민·하호·향민과 부곡민·노비 등이 있었던 것으로 나타난다.

---

71 황하 유역과 장강 유역의 섬서·하남·산동의 용산문화(龍山文化)와 동부 해안의 대문구문화(大汶口文化) 중기가 이 단계에 해당하는데(장광직 지음, 윤내현 옮김, 『상문명』, 민음사, pp. 454~455), 한반도와 만주 지역에서도 이 시기의 유적에서 돌무지무덤이 확인되어 빈부와 신분의 분화가 일어났음을 알게 해주었다.

이 가운데 왕·귀족·관료는 지배신분이었고 평민·하호·부곡민·노비는 피지배신분이었다. 높은 관직은 대부분 왕족이나 귀족들이 맡고 있어서 엄밀하게 말하면 왕족·귀족·관료는 중복되어 있었다. 그리고 이들은 지배신분이라는 같은 성격을 지니고 있었다.

먼저 지배신분에 대한 기록을 보면 『삼국지』「동이전」〈부여전〉에,

> 부여국에는 군왕이 있고, 모두 여섯 가축의 이름으로 관직 이름을 지어 마가·우가·저가·구가·대사·대사자·사자가 있다. …… 제가들은 별도로 사출도를 주관하는데, 큰 곳은 수천 가(家)이며 작은 곳은 수백 가였다.[72]

고 했고, 『후한서』「동이열전」〈부여국전〉에는 "여섯 가축의 이름으로 관직 이름을 지어 마가·우가·구가 등이 있었으며, 그 나라의 마을은 모두 제가에 소속되었다."[73] 고 했다. 이로 보아 동부여에는 왕을 정점으로 하여 그 밑에 마가·우가·저가·구가 등으로 불리는 제가가 있었고, 그 아래에는 대사·대사자·사자 등의 관직이 있었음을 알 수 있다.

『삼국지』「동이전」〈고구려전〉에도,

> 그 나라에는 왕이 있고 벼슬로는 상가(相加)·대로(對盧)·패자·고추가·주부·우태·승(丞)·사자·조의·선인이 있으며, 신분의 높낮이에

---

72 『삼국지』 권30, 「동이전」〈부여전〉. "國有君王, 皆以六畜名官, 有馬加·牛加·豬加·狗加·大使·大使者·使者. ……諸加別主四出道, 大者主數千家, 小者數百家."

73 『후한서』 권85, 「동이열전」〈부여국전〉. "以六畜名官, 有馬加·牛加·狗加, 其邑落皆主屬諸加."

> 따라 각각 등급이 있다. …… 왕의 종족으로 대가인 사람은 모두 고추가라 불린다. …… 제대가(諸大加)들도 스스로 사자·조의·선인을 두는데, 그 이름을 모두 왕에게 보고해야 한다. …… 범죄자가 있으면 제가들이 모여 평의하여 사형에 처하고 처자는 몰수하여 노비로 삼는다.[74]

고 하여 고구려에도 왕을 정점으로 그 밑에 제가가 있었고, 그 밑에 상가·대로·패자·고추가·주부·우태·승·사자·조의·선인 등의 관직이 있었음을 알 수 있다. 위의 인용문에 보이는 제대가는 제가 가운데 신분이 높은 사람들을 말하는 것으로, 고구려의 제가는 동부여의 제가와 같은 신분이었다.

열국시대에 남부에 있었던 한(韓)의 통치 조직은 북부에 있었던 동부여나 고구려와는 달리 고조선의 통치 제도였던 지방분권의 봉국제를 계승하고 있었다. 따라서 그 지배신분의 성격이 동부여나 고구려와는 다소 달랐지만 지배층과 피지배층으로 이루어진 기본구조는 같았다. 『후한서』「동이열전」〈한전〉에,

> 마한이 가장 강대하여 그 종족들이 함께 왕을 세워 진왕으로 삼고 목지국에 도읍하여 전체 삼한 지역의 왕으로 군림하며 (한의) 여러 나라 왕

---

74 『삼국지』 권30, 「동이전」 〈고구려전〉. "其國有王, 其官有相加·對盧·沛者·古雛加·主簿·優台·丞·使者·皁衣·先人, 尊卑各有等級. …… 王之宗族, 其大加皆稱古雛加. …… 諸大加亦自置使者·皁衣·先人, 名皆達於王. …… 有罪諸加評議, 便殺之, 沒入妻子爲奴婢." 『삼국사기』 「고구려본기」에 보이는 3세기 말 무렵까지의 고구려 관직을 보면 위에 언급된 것 외에도 우보·좌보·대주부·구사자·대사자·대형·소형·조의 등이 있다.

의 선대는 모두 마한 종족의 사람이다.[75]

모든 작은 마을에는 각각 거수가 있으니 강대한 자를 신지라 하고 그다음은 검측, 그다음은 번지, 그다음은 살해, 그다음은 읍차가 있다.[76]

고 하여 한(韓)에는 진왕이라는 최고 통치자가 있었고, 그 밑에 검측·번지·살해·읍차 등의 작위를 가진 거수가 있었음을 알게 해준다. 그리고 『삼국지』「동이전」〈한전〉에는 한(韓)에 위솔선·읍군·귀의후·중랑장·도위·백장 등의 관직이 있었다[77]고 기록되어 있다. 따라서 한에는 진왕을 정점으로 하여 각 지역의 거수 및 위솔선·읍군·귀의후·중랑장·도위·백장 등의 관료들이 지배층을 형성하고 있었던 것이다.

한의 마한과 진한 지역에서 건국된 백제와 신라에는 한보다 발전된 신분제와 관료제가 있었다. 백제에는 왕을 정점으로 하여 사씨·연씨·협씨[78]·해씨·진씨·국씨·목씨·묘씨 등의 큰 문벌이 있었으며[79] 초기에는 우보·좌보·좌군·장군 등의 관직이 있었는데, 260년(고이왕 27년)에 내신좌평·내두좌평·내법좌평·위사좌평·조정좌평·병관좌평·달

---

75 『후한서』 권30, 「동이열전」 〈한전〉. "馬韓最大, 共立其種爲辰王, 都目支國, 盡王三韓之地, 其諸國王先皆是馬韓種人焉."

76 『후한서』 권85, 「동이열전」 〈한전〉. "諸小別邑, 各有渠帥, 大者名臣智, 次有儉側, 次有樊秖, 次有殺奚, 次有邑借." ; 『삼국지』 권30, 「동이전」 〈한전〉 '변진'조에도 같은 내용이 보이는데 거기에는 검측이 험측으로, 번지가 번예로 표기되어 있다.

77 『삼국지』 권30, 「동이전」 〈한전〉. "其官有魏率善·邑君·歸義侯·中郎將·都尉·伯長."

78 『북사』 권94, 「열전」 〈백제전〉에는 '리(劦)'로 기록되어 있으나 『태평어람』 「사이부」 〈백제〉조에는 '협'으로 기록되어 있다.

79 『북사』 권94, 「열전」 〈백제전〉. "國中大姓有八族, 沙氏·燕氏·劦氏·解氏·眞氏·國氏·木氏·苗氏."

솔·은솔·덕솔·한솔·나솔 및 장덕·시덕·고덕·계덕·대덕·문독·무독·좌군·진무·극우 등의 16등급의 관등제를 확립했다.[80]

그리고 신라에는 왕 아래에 건국의 중심세력이었던 여섯 부의 문벌이 있어 이들이 가장 높은 신분이었고, 관직은 초기에는 대보(大輔) 등이 있었으나 32년(유리 이사금 9년)에 이벌찬·이척찬·잡찬·파진찬·대아찬·아찬·일길찬·사찬·급벌찬·대나마·나마·대사·소사·길사·대오·소오·조위 등 17등급의 관등제를 제정했다.[81] 이러한 신라의 관등제는 나중에 골품제와 연계되어 운영됨으로써 신분제가 더욱 확고해졌다. 백제와 신라는 한(韓)과는 달리 중앙집권국가였으므로 지배신분이 등급화되고 그 권한이 더욱 강화되었던 것이다.

한의 변한 지역에서 건국된 가야는 한과 같은 지방분권의 봉국제를 실시하고 있었는데, 『삼국유사』 〈가락국기〉에 따르면 가야에는 최고 통치자인 대가락(가야국)의 수로왕이 있었고, 그 아래에는 다섯 가야의 주(主)가 있었다. 그리고 아궁(我躬)·여해(汝諧)·피장(彼藏)·오상(五常)·유공(留功)·유덕(留德)·신도(神道)·오능(五能)·신귀(臣貴) 등의 관직

---

80 『삼국사기』 권24, 「백제본기」 〈고이왕 27년〉조. "春正月, 置內臣佐平掌宣納事,內頭佐平掌庫藏事, 內法佐平掌禮儀事, 衛士佐平掌宿衛兵事, 朝廷佐平掌刑獄事, 兵官佐平掌外兵馬事. 又置達率·恩率·德率·扞率·奈率及將德·施德·固德·季德·對德·文督·武督·佐軍·振武·克虞. 六佐平並一品, 達率二品, 恩率三品, 德率四品, 扞率五品, 奈率六品, 將德七品, 施德八品, 固德九品, 季德十品, 對德十一品, 文督十二品, 武督十三品, 佐軍十四品, 振武十五品, 克虞十六品. 二月, 下令六品已上服紫, 以銀花飾冠, 十一品已上服緋, 十六品已上服靑."

81 『삼국사기』 권1, 「신라본기」 〈유리 이사금 9년〉조. "春, 改六部之名, 仍賜姓, 楊山部爲梁部, 姓李, 高墟部爲沙梁部, 姓崔, 大樹部爲漸梁部, 姓孫, 于珍部爲本彼部, 姓鄭, 加利部爲漢祇部, 姓裴, 明活部爲習比部, 姓薛. 又設官, 有十七等, 一伊伐湌, 二伊尺湌, 三迊湌, 四波珍湌, 五大阿湌, 六阿湌, 七一吉湌, 八沙湌, 九級伐湌, 十大奈麻, 十一奈麻, 十二大舍, 十三小舍, 十四吉士, 十五大烏, 十六小烏, 十七造位."

이 있었는데, 신라(계림)의 관제를 따라 각간(角干)·아질간(阿叱干)·급간(級干) 등의 등급을 두었다.[82] 가야도 왕을 정점으로 하여 지배신분인 다섯 가야의 주와 여러 종류의 관직이 있었는데, 관직은 등급화되어 있었던 것이다.

읍루·동옥저·동예에 대해서는 『삼국지』 「동이전」 〈읍루전〉에 "마을마다 대인(大人)이 있다."[83]고 했고, 『후한서』 「동이열전」 〈동옥저전〉에는 "마을에는 장수(長帥)가 있다."[84]고 했으며, 예전에는 "그들의 관직으로는 후(侯)와 읍군(邑君)과 삼로(三老)가 있다."[85]고 했다. 그러므로 읍루·동옥저·동예에는 평민보다는 신분이 높은 대인·장수·후·읍군·삼로가 있었음을 알 수 있다. 『삼국지』와 『후한서』의 위의 기록들은 고구려가 이들 지역을 통합한 뒤의 상황을 말한 것이므로 이들보다 신분이 높은 왕이나 제가들에 관한 언급은 볼 수가 없다. 그러나 이들은 동부여나 고구려·한 등과 마찬가지로 원래 고조선의 거수국이었는데 고조선이 붕괴되면서 독립한 나라들이었다. 따라서 이들이 고구려에 통합되기 전에는 왕과 제가들이 있었을 것이다.

열국시대에는 위에 언급한 정치의 지배신분 외에도 종교의 권위를 가진 신분이 있었다. 고조선시대에는 종교가 정치보다 위에 있어서 단군

---

82 『삼국유사』 권2, 〈가락국기〉. 가야가 건국되기 전 아도간·여도간·피도간·오방간·유수간·유천간·신천간·오천간·신귀간 등 아홉 간이 추장으로서 각 지역을 다스렸는데, 가야가 건국된 뒤에는 이들이 관료가 되었다. 나중에 그것이 본문에 보이는 이름으로 바뀌었다.

83 『후한서』 권85, 「동이열전」 〈읍루전〉. "其邑落各有大人." ; 『삼국지』 권30, 「동이전」 〈읍루전〉에도 같은 내용이 보인다.

84 『후한서』 권85, 「동이열전」 〈동옥저전〉. "有邑落長帥." ; 『삼국지』 권30, 「동이전」 〈동옥저전〉에도 같은 내용이 보인다.

85 『후한서』 권85, 「동이열전」 〈예전〉. "其官有侯 · 邑君 · 三老."

은 종교의 권위로 국가를 통치했다. 따라서 단군은 종교의 최고 지도자이면서 동시에 정치의 최고 권력자였던 것이다. 고조선이 붕괴되고 열국시대가 시작되면서 종교의 권위는 다소 쇠퇴했지만 그 기본 성격은 이어지고 있었다.

『삼국지』「동이전」〈한전〉에,

> 귀신을 믿기 때문에 국읍들은 각각 한 사람씩을 세워서 하느님에 대한 제사를 주재하게 하는데, 그 사람을 천군이라 부른다. 또 여러 나라에는 각각 별읍이 있으니 그것을 소도라 한다. 그곳에 큰 나무를 세우고 방울과 북을 매달아놓고 귀신을 섬긴다. 그곳으로 도망온 사람은 누구든 돌려보내지 아니하므로 도적질하는 것을 좋아하게 되었다.[86]

고 했는데, 이 기록은 당시 한에는 천군이라는 종교지도자가 있었고 종교가 상당히 강한 권위를 가지고 있었음을 알게 해준다. 한은 고조선의 통치 제도를 그대로 잇고 있었기 때문에 종교 면에서도 다른 나라들보다 고조선시대의 성격을 비교적 충실하게 이어가고 있었던 것이다.

『삼국사기』에 따르면 고구려는 20년(대무신왕 3년)에 동명왕묘를 세웠고,[87] 22년(대무신왕 5년)에는 동부여와의 전쟁에서 어려움을 겪게 되자 왕이 하느님에게 도움을 빌었으며,[88] 백제는 20년(온조왕 38년)에 큰 단

---

86 『삼국지』 권30, 「동이전」〈한전〉. "信鬼神, 國邑各立一人主祭天神, 名之天君. 又諸國各有別邑, 名之爲蘇塗. 立大木, 縣鈴鼓, 事鬼神. 諸亡逃至其中, 皆不還之, 好作賊." ; 『후한서』 권85, 「동이열전」〈한전〉에도 같은 내용이 보인다.

87 『삼국사기』 권14, 「고구려본기」〈대무신왕 3년〉조. "春三月, 立東明王廟."

88 『삼국사기』 권14, 「고구려본기」〈대무신왕 5년〉조. "王以糧盡士饑, 憂懼不知所爲, 乃乞靈於天, 忽大霧, 咫尺不辨人物七日."

을 쌓고 천지신에게 제사를 지냈고,[89] 227년(구수왕 14년)에는 비를 내려달라고 동명묘에 빌었다.[90] 신라는 6년(남해 차차웅 3년)에 시조묘를 세웠고,[91] 25년(유리 이사금 2년)에는 시조묘에 제사를 지냈다.[92]

이와 같이 열국시대의 여러 나라들은 하느님이나 땅신 또는 건국시조에 대한 숭배가 계속되고 있었고, 그것은 종교의식의 중요한 부분을 차지하고 있었다. 이 나라들은 고조선이나 한과는 달리 통치체제가 중앙집권적이었고 왕권이 강화되고 있었으므로, 종교지도자들은 권위가 다소 약화되고는 있었지만 여전히 지배신분이었다.

이제 피지배신분에 대한 기록을 보면 『삼국지』「동이전」〈부여전〉에,

> 마을에는 호민 · 민 · 하호가 있는데 모두 노복이다.[93]

라고 했다. 동부여의 마을들에는 호민 · 민 · 하호 등의 신분이 있었다는 것이다. 그런데 여기서 우선 문제되는 것은 이들이 모두 노복이었다고 표현된 점이다. 과연 이들이 노복과 같은 신분이었을까?

이 의문점은 『태평어람』의 다음 기록이 풀어준다. 『태평어람』「사이

---

89 『삼국사기』 권23, 「백제본기」〈시조 온조왕 38년〉조. "王築大壇, 祠天地."

90 『삼국사기』 권24, 「백제본기」〈구수왕 14년〉조. "王祈東明廟, 乃雨."

91 『삼국사기』 권1, 「신라본기」〈남해 차차웅 3년〉조. "春正月, 立始祖廟."

92 『삼국사기』 권1, 「신라본기」〈유리 이사금 2년〉조. "春二月, 親祀始祖廟." 고구려 · 백제 · 신라의 종교에 관한 기록은 여러 문헌에서 이보다 훨씬 많이 보이지만 이 나라들에 종교의식이 있었다는 것을 말하기 위해 그 일부만을 제시했다.

93 『삼국지』 권30, 「동이전」〈부여전〉. "邑落有豪民 · 民 · 下戶, 皆爲奴僕." 이 내용은 송본(宋本) 또는 전본(殿本) 『삼국지』에 따른 것인데 통용본(通用本) 『삼국지』에는, "마을에는 호민이 있으며 하호라 불리는 사람은 모두 노복이다(邑落有豪民, 名下戶皆爲奴僕)."라고 기록되어 있다. 통용본보다는 송본이나 전본이 사료로서 가치가 높으므로 그것을 따랐다.

부」〈고구려〉조에 "대가는 밭갈이를 하지 않으며 하호는 부세(賦稅)를 바치는 것이 노비와 같다."[94]고 한 것이 그것이다. 이 내용에 따르면 하호는 노비가 아니라 귀족인 대가들 밑에서 노비와 같이 혹사당했던 신분이다. 이로 보아 앞의 『삼국지』「동이전」〈부여전〉에서 호민·민·하호는 모두 노복이었다고 말한 것은 이들의 신분이 노비와 같았다는 뜻이 아니라 노비처럼 혹사당했음을 말하는 것으로 이해해야 할 것이다.

『삼국지』「동이전」〈한전〉에 한의 풍속에 대해 "그들의 풍속은 옷과 모자를 착용하는 것을 좋아하여 하호들도 군(郡)에 가서 조알(朝謁)할 적에는 모두 옷과 모자를 빌려 착용한다."[95]고 했다. 이 기록은 하호가 노비가 아니었음을 말해준다. 다음에 언급하겠지만 당시 노비는 사람으로 대우받지 못했고 동물과 같이 재산으로 취급되었다. 따라서 군에 가서 조알할 처지가 아니었으며 더욱이 옷과 모자를 빌려 착용한다는 것은 상상도 할 수 없는 일이었다.

『후한서』「동이열전」〈부여국전〉과 『삼국지』「동이전」의 〈부여전〉에 "그 풍속은 형벌이 엄하고 각박하여 사형을 당한 사람은 그 집 사람을 모두 적몰하여 노비로 삼는다."[96]고 한 것이라든가, 〈고구려전〉에 "범죄자가 있으면 제가들이 모여서 평의하여 사형에 처하고 처자는 몰수하여 노비로 삼는다."[97]고 한 것은 열국시대에 호민·민·하호와는 별도로 노비라 불리는 신분이 있었음을 알게 해준다. 따라서 이들은 같은 신분이

94 『태평어람』 권783, 「사이부」〈고구려〉. "大家不田作, 下戶給賦稅如奴."

95 『삼국지』 권30, 「동이전」〈한전〉. "其俗好衣幘, 下戶詣郡朝謁, 皆假衣幘."

96 『후한서』 권85, 「동이열전」〈부여국전〉. "其俗用刑嚴急, 被誅者皆沒其家人爲奴婢." ; 『삼국지』 권30, 「동이전」〈부여전〉에도 같은 내용이 보인다.

97 『삼국지』 권30, 「동이전」〈고구려전〉. "有罪諸加評議, 便殺之, 沒入妻子爲奴婢." ; 『후한서』 권85, 「동이열전」〈고구려전〉에도 같은 내용이 보인다.

아니었던 것이다.

노비라는 신분이 있었으므로 호민·민·하호는 노비보다 높은 신분이었지만 이 가운데 하호는 매우 혹사당하는 신분이었다. 『삼국지』「동이전」〈예전〉에 "한대(漢代) 이래로 후·읍군·삼로의 관직이 있어서 하호를 통치한다."[98]고 했는데, 이 기록은 하호가 관리들의 통치를 받는 피지배신분이었음을 말해준다.

하호의 생활에 대해 〈부여전〉에는 "적군의 침입이 있으면 제가들이 몸소 전투를 하고, 하호들은 양식을 져다가 음식을 만든다."[99]고 했고, 〈고구려전〉에는 "그 나라 안의 대가들은 농사를 짓지 않으므로 앉아서 먹는 인구가 1만여 명이나 되는데, 하호들이 먼 곳에서 양식·고기·소금을 운반해다가 그들에게 공급한다."[100]고 했다. 이러한 기록들은, 하호는 전쟁 때에도 가장 혹사를 당했고 평화로운 시기에도 귀족인 대가들에게 소작료를 바칠 뿐만 아니라 대가들의 안락한 생활을 위해 봉사했음을 알게 해준다. 하호는 사람으로 대우받았던 신분 가운데 가장 낮은 신분이었던 것이다.

이보다 낮은 신분에 노비가 있었다. 노비는 사람이 아니라 동물과 같이 재산으로 취급되었다. 노비는 사람이 아니었기 때문에 법이 적용되는 대상이 아니다. 그 생명도 주인이 마음대로 할 수 있었다. 『후한서』「동이열전」〈부여국전〉에, "사람을 죽여 순장하는데 많을 때에는 100으로써 헤아린다."[101]고 했는데, 순장당한 사람들은 노비로서 그들의 목숨

---

98 『삼국지』 권30, 「동이전」〈예전〉. "自漢已來, 其官有侯·邑君·三老, 統主下戶."

99 『삼국지』 권30, 「동이전」〈부여전〉. "有敵, 諸加自戰, 下戶俱擔糧飮食之."

100 『삼국지』 권30, 「동이전」〈고구려전〉. "其國中大家不佃作, 坐食者萬餘口, 下戶遠擔米糧·魚·鹽供給之."

101 『후한서』 권85, 「동이열전」〈부여국전〉. "殺人殉葬, 多者以百數."

은 주인에게 예속되어 있었음을 알 수 있다. 그리고 『신당서』 「동이열전」 〈백제전〉에, "사람을 죽인 자는 3명의 노비를 보내 속죄한다."[102] 고 했는데, 이 기록은 노비는 어떤 것에 대한 대가나 배상을 지불할 때도 사용되었음을 알게 해준다.

노비는 재산이었으므로 매매가 가능했다. 노비의 값은 일정하지 않았겠지만 대략 어른은 비단 40필, 어린이는 비단 20필쯤 되었던 것 같다. 『후한서』 「동이열전」 〈고구려전〉에 따르면, 중국 동한 안제(安帝)는 고구려에 말하기를 "지금 이후로는 동한의 현관(縣官)들과 싸우지 말 것이며 스스로 귀순하여 포로를 돌려보내면 그 숫자만큼 모두 속전(贖錢)을 지불하되 한 사람당 비단 40필을 주고 어린이는 어른의 반을 주겠다."[103] 고 했다. 고구려가 포로로 붙잡아간 동한 사람들을 돌려보내면 어른은 한 사람당 비단 40필, 어린이는 한 사람당 비단 20필을 대가로 쳐주겠다는 것이다. 당시에 포로는 노비 신분으로 전락되었으므로 이것은 노비 값이었다고 보아야 할 것이다.

그러면 어떤 사람들이 노비가 되었을까? 첫째는 혈통에 따른 것으로 고조선시대 이래의 노비 후손들로서 그 신분이 승계된 사람들이었다. 『삼국유사』 〈가락국기〉에 따르면, 허왕후(許王后)가 가야에 도착할 때 신보(申輔)와 조광(趙匡)이라는 후행 2명과 노비 20여 명이 따라왔다고 했는데, 수로왕은 일반인들은 각각 방 하나씩에 쉬게 하고 노비들은 방 하나에 대여섯 명씩 들도록 했으며,[104] 이 노비들은 가야에 온 지 7~8

102 『신당서』 권220, 「동이열전」 〈백제전〉. "殺人者, 輸奴婢三贖罪."

103 『후한서』 권85, 「동이열전」 〈고구려전〉. "自今已後, 不與縣官戰鬬而自以來附送生口者, 皆與贖直, 縑人四十匹, 小口半之."

104 『삼국유사』 권2, 〈가락국기〉. "王后於山外別浦津頭, ……其地侍從媵臣二員, 名曰申輔·趙匡, …… 或臧獲幷計二十餘口." "上命有司, 引媵臣夫妻曰, '人各以一房安置,

년이 지나도록 자식을 낳지 못하고 고향을 그리워하다가 고향 쪽으로 머리를 두고 죽었다.[105] 이 기록은 가야에 양인과 노비가 있었으며 노비의 신분으로 허왕후를 따라온 사람들은 그 뒤에도 가야에서 노비의 신분으로 살았음을 알게 해준다.

둘째는 범죄자나 그 가족으로서 노비가 된 사람들이었다. 『삼국사기』 「열전」 〈석우로전(昔于老傳)〉에는 신라의 석우로가 왜의 사신 갈나고(葛那古)를 희롱하여 "조만간 너희 왕을 염노(鹽奴)로 삼고 왕비를 찬부(爨婦)로 삼겠다."[106]고 말했다는 기록이 있다. 이는 당시 죄를 짓고 소금을 만드는 일에 종사하는 염노가 있었음을 알게 해준다.

그리고 범죄자의 가족이 노비가 되는 경우는 앞에서 소개했지만[107] 『구당서』 「동이열전」 〈백제전〉에도 "그 법을 적용함에 있어 반역한 자는 죽이고 그 가속은 적몰한다."[108]고 했다. 이는 공적(公籍)에서 기록을 삭제함으로써 법적으로 사람으로 대우받지 못하도록 한 것으로 노비가 되었다는 뜻이다.

셋째는 포로로서 노비가 된 사람들이다. 『삼국지』 「동이전」 〈한전〉에 실린 『위략』에는, 호래를 비롯한 한인(漢人) 1,500명이 한(韓)의 포로가 되었는데 머리를 깎이고 노예가 되어 3년 동안이나 일하고 있었다는 내용이 기록되어 있다.[109] 『삼국사기』 「백제본기」 〈근초고왕〉조에는, 고구

已下臧獲各一房五六人安置'."

105 『삼국유사』 권2, 〈가락국기〉. "其餘臧獲之輩, 自來七八年間, 未有茲子生, 唯抱懷土之悲, 皆首丘而沒."

106 『삼국사기』 권45, 「열전」 〈석우로전〉. "早晩以汝王爲鹽奴, 王妃爲爨婦."

107 주 96·97 참조.

108 『구당서』 권199 상, 「동이열전」 〈백제전〉. "其用法, 叛逆者死, 籍沒其家."

109 『삼국지』 권30, 「동이전」 〈한전〉에 실린 『위략』 참조.

려군이 백제에 쳐들어오자 "왕은 태자를 파견하여 병사를 거느리고 곧장 치양에 이르게 했는데, 고구려군을 급히 쳐서 깨뜨리고 5,000여 명을 사로잡아 그 포로와 획득한 물건은 장수와 사졸에게 나누어주었다."[110]는 기록이 보이고, 「열전」 〈계백전〉에는 백제의 계백 장군이 전쟁에 나가면서 "내 처자가 잡혀 노비가 될지도 모르니 살아서 욕을 보는 것보다 죽어서 시원함만 같지 못하다 하고 마침내 가족을 모두 죽이고 황산(黃山)의 들에 이르러 3개의 군영을 설치했다."[111]고 한 기록이 보이는데, 이러한 사실들은 포로는 대부분 노비가 되었음을 알게 해준다.

지금까지 지배신분인 왕·귀족·관료와 피지배신분인 하호·노비에 대해 살펴보았다. 그런데 이 외에도 동부여에는 호민·민이라는 신분이 있었음을 앞에서 확인했다.[112] 이들은 어떤 신분이었을까?

호민과 민은 고조선시대부터 있던 신분이었다. 고조선시대에는 노동능률이 오르지 않아 집단노동을 했다. 하나하나의 마을은 주민 모두가 집단으로 귀족에게 종속되어 노동에 종사했다. 이들은 대대로 같은 곳에 거주하며 일해야 했기 때문에 거주 이전의 자유가 없었다. 이들이 하호였다. 이들과는 달리 귀족에서 분화되어 귀족 신분을 잃기는 했지만 거주 이전의 자유가 있고 스스로 땅을 개간하여 생활한 자경농민이 있었다. 이들이 민이었다. 그리고 민 가운데 부유한 사람이 호민이었다. 따라서 민과 호민은 경제적으로는 차이가 있었지만 사회신분은 같았다.

---

110 『삼국사기』 권24, 「백제본기」 〈근초고왕 24년〉조. "王遣太子以兵徑至雉壤, 急擊破之, 獲五千餘級, 其虜獲分賜將士."

111 『삼국사기』 권47, 「열전」 〈계백전〉. "恐吾妻孥沒爲奴婢, 與其生辱, 不如死快, 遂盡殺之, 至黃山之野, 設三營."

112 주 93 참조.

이들은 하호보다는 높은 신분이었지만 피지배신분이었다.[113]

이러한 신분 체계는 고조선이 붕괴된 뒤 열국시대 초기에도 계승되었다. 그러나 세월이 흐르면서 점차 변화가 일어났다. 고조선 후기부터 사용되기 시작한 철기가 노동능률을 높여주어 기존의 집단노동은 무너지고 1가(家)나 1호(戶) 단위의 개체생산이 이루어졌다. 따라서 지배신분인 토지 소유주와 하호 사이의 생산관계가 1가나 1호 또는 개인 단위로 이루어져 하호들은 거주 이전의 자유도 갖게 되었고, 그들 가운데는 어느 정도 재산을 가진 사람도 나타나게 되었다. 이에 따라 하호가 민 또는 호민과 비슷한 신분의 성격을 갖게 되어 구분이 어려워졌다. 게다가 고조선이 붕괴되면서 오늘날 요서에서 요동 지역으로, 북만주와 한반도 북부에서 남부로 주민들이 이동하여 그 지역 토착인들과 섞여 살게 되니 지난날의 사회질서를 유지하기가 어려워졌다. 그 결과 민(호민 포함)과 하호는 하나의 신분으로 통합되었다.

그런데도 동부여에 관한 기록에서 호민과 민에 관한 기록이 보이는 것은, 동부여는 다른 나라들과는 달리 왕실과 통치 조직이 중단되지 않았기 때문이다. 고조선이 붕괴되고 여러 나라가 건국되는 과정에서 다른 나라들은 왕실이 끊기고 새로 건국해야 하는 상황이 일어났으나, 동부여는 북부여가 동쪽으로 이동하여 건국하기는 했지만 왕실과 통치 조직이 그대로 이어졌다. 따라서 고조선시대의 신분질서가 계승되고 있었던 것이다.

열국시대에 민과 하호가 하나의 신분으로 통합되었음은 다음 기록들로 알 수 있다. 『북사』「열전」〈백제전〉에 "도성에는 1만 호가 거주하고

---

113 윤내현, 「고조선 사회의 신분 구성」, 앞 책 『고조선 연구』 하, pp. 261~295 참조.

5부로 나뉘었는데 상부(上部)·전부(前部)·중부(中部)·하부(下部)·후부(後部)가 있으며, 부에는 5항(巷)이 있어 사(士)와 서인(庶人)이 거주한다."[114] 고 했고, 『수서』「동이열전」〈백제전〉에는 "기내(畿內)는 5부로 나뉘었는데 부에는 5항(巷)이 있으며 사(士)와 인(人)이 거주한다."[115] 고 하여 도성과 기내의 거주민을 사(士)와 서인(또는 인)이라는 2개의 신분으로 구분했다.

이에 대한 인식을 분명히 하기 위해 『삼국사기』「고구려본기」〈대무신왕〉조를 보면 거기에는, 구도·일구·분구 등 세 사람을 비류부의 장으로 삼았는데, 너무 탐욕스러워 남의 처자와 재산을 빼앗으므로 이들을 내쫓아 서인을 만들었다는 기록이 보인다.[116] 이로 보아 서인은 귀족이 아닌 그 아래 신분이었음을 알 수 있다. 그러므로 사(士)는 지배신분인 귀족이었고 서인은 피지배신분인 일반 백성이었던 것이다.

서인은 양인이라고도 불렸다. 『삼국사기』「신라본기」〈진흥왕〉조에는, 가야를 치는 데 사다함의 공로가 크므로 왕은 좋은 농토와 포로 200명을 상으로 주었는데 사다함은 이를 받아 포로는 놓아주어 양인이 되게 하고 농토는 전사들에게 나누어주었다[117] 는 기록이 보인다. 포로는 노비가 되는 것이 원칙인데 이들을 놓아주어 양인이 되게 했다는 것이다. 여기서 양인은 자유로운 신분으로서 서인을 말한다.

---

114 『북사』 권94, 「열전」〈백제전〉. "都下有萬家, 分爲五部, 曰上部·前部·中部·下部·後部, 部有五巷, 士庶居焉."

115 『수서』 권81, 「동이열전」〈백제전〉. "畿內爲五部, 部有五巷, 士人居焉."

116 『삼국사기』 권14, 「고구려본기」〈대무신왕 15년〉조. "春三月, 黜大臣仇都·逸苟·焚求等三人爲庶人. 此三人爲沸流部長, 資貪鄙, 奪人妻妾·牛馬·財貨, 恣其所欲, 有不與者, 卽鞭之, 人皆忿怨."

117 『삼국사기』 권4, 「신라본기」〈진흥왕 23년〉조. "王賞以良田及所虜二百口, 斯多含三讓, 王强之, 乃受其生口, 放爲良人, 田分與戰士."

『삼국사기』에는 민·백성 등의 표현도 보이는데 이들은 모두 서인·양인을 말하는 것으로 평민이었다. 평민은 신분적으로는 피지배층이었으나 자유민이었고 대부분은 농민이었으나 상인과 수공업자도 있었다. 평민 가운데는 부유한 호민이나 중소토지 소유자도 있었고 재능에 따라 낮은 벼슬을 할 수도 있었으나 몰락하여 품팔이나 머슴살이를 하는 사람들도 있었을 것이다.

그런데 열국시대에는 서인이나 노비와는 다른 향민과 부곡민도 있었던 것으로 보인다. 『삼국사기』「잡지」〈지리지〉에 신라에는 9주(州)가 관할하는 군현이 무려 450곳이었다고 말하면서, "『방언(方言)』에는 이른바 향·부곡 등 잡소(雜所)는 구체적으로 기록하지 않았다."[118]라고 주석했다. 군현을 말하면서 향과 부곡에 대해 언급한 것으로 보아 이들은 행정구역이었던 것으로 생각되는데, 그 성격에 관해서는 잡소라고만 했을 뿐 그 이상의 설명은 없다. 그러나 고려시대의 상황을 통해 유추해볼 때 향과 부곡은 노비와 비슷한 천민들이 거주했던 행정구역이었을 것으로 생각된다. 따라서 향과 부곡이 있었다는 것은 향민과 부곡민이라는 천민이 있었음을 말해준다.

『삼국지』「동이전」〈동옥저전〉에 "고구려는 그 지역 인물 가운데 대인을 두고 사자로 삼아 함께 통치하도록 했다. 또 대가로 하여금 조세를 통괄 수납하도록 하여 맥·포·어·염·해초류 등을 천 리나 되는 거리에서 져 나르게 하고, 또 동옥저의 미인을 보내게 하여 종이나 첩으로 삼았으니 그들을 노복처럼 대했다."[119]는 기록이 있다.

---

118 『삼국사기』 권34, 「잡지」 〈지리지〉 1. "九州所管郡縣無慮四百五十 : 方言所謂鄉·部曲等雜所, 不復具錄."

119 『삼국지』 권30, 「동이전」 〈동옥저전〉. "(高)句麗復置其中大人爲使者, 使相主領, 又使

「광개토왕릉비문」에는 신래한예(新來韓濊)를 수묘인(守墓人)으로 삼은 기록이 있다. 신래한예는 백제·가야 등의 남쪽 출신을 말하는 것인데 이들 수묘인에 대해 말하기를, "또 제정하기를 수묘인들은 이제부터는 다시는 서로 팔아넘기지 못하며 비록 부유한 자가 있다고 할지라도 역시 함부로 사들이지 못할 것이니 만약 이 법령을 위반하는 자가 있으면 판 자는 형벌을 받을 것이요 산 자는 자신이 수묘(守墓)를 하도록 하라."[120] 고 했다.

위의 『삼국지』「동이전」〈동옥저전〉의 기록에 따르면, 고구려는 동옥저를 통합한 뒤 그 주민들을 노복처럼 대했다. 이들은 서인보다 천대받고 있었지만 그렇다고 노비는 아니었다. 그리고 위의 「광개토왕릉비문」의 규정에 해당한 수묘인들은 서인이나 노비는 아니었는데 그 처우는 노비에 가까웠다. 위의 기록들은 이들을 향민이나 부곡민이라 부르지 않았지만 아마도 향민과 부곡민은 이러한 대우를 받았던 사람들이었을 것으로 생각된다.

지금까지 살펴본 바와 같이 열국시대의 신분구조는 초기에는 왕과 귀족·관료·종교지도자로 구성된 지배신분이 있었고, 민(호민 포함)·하호·향민과 부곡민·노비 등의 피지배신분이 있었다. 그런데 생산관계의 변화와 주민 이동 및 정치 상황 변화로 후대에 내려오면서 민과 하호는 점차 같은 신분으로 통합되어 서인이 되었다. 그 결과 피지배신분은 서인·향민과 부곡민·노비 등이 있게 되었다. 이 가운데 서인은 일반 백

大加統責其租稅, 貊·布·魚·鹽·海中食物, 千里擔負致之, 又送其美女, 以爲婢妾, 遇之如奴僕."

120 「광개토왕릉비문」. "又制, 守墓人, 自今以後, 不得更相轉賣, 雖有富足之者, 亦不得擅買, 其有違令, 賣者刑之, 買人制令守墓之."

성으로서 인·양인·평민·백성 등으로 불리기도 했다.

4. 열국시대의 생활풍속

한민족은 동아시아 사람들 가운데서 체격이 큰 편이며 굳세고 용감했다. 중국인들의 기록에서 그러한 사실을 알 수 있는데, 『후한서』〈동이열전』과 『삼국지』「동이전」의 〈부여전〉·〈동옥저전〉·〈예전〉·〈한전〉·〈읍루전〉 등에,

> (동부여) 사람들은 체격이 크고 성질은 굳세고 용감하며 근엄·후덕하다. 다른 나라를 쳐들어가거나 노략질하지 않는다.[121]

> (동옥저) 사람들의 성질은 질박하고 정직하며 굳세고 용감하다.[122]

> (동예) 사람들의 성품은 우직하고 건실하며 욕심이 적어 남에게 구걸하지 않는다.[123]

> (마한) 사람들은 씩씩하고 용감하다.[124]

---

121 『삼국지』 권30, 「동이전」 〈부여전〉. "其人麤大, 性彊勇謹厚, 不寇鈔."

122 『후한서』 권85, 「동이열전」 〈동옥저전〉. "人性質直彊勇." ; 『삼국지』 권30, 「동이전」 〈동옥저전〉에도 같은 내용이 실려 있다.

123 『후한서』 권85, 「동이열전」 〈예전〉. "其人性愚慤, 少嗜欲, 不請匄." ; 『삼국지』 권30, 「동이전」 〈예전〉에도 같은 내용이 보인다.

124 『후한서』 권85, 「동이열전」 〈한전〉 '마한'조. "其人壯勇." ; 『삼국지』 권30, 「동이전」

(변진) 사람들의 모습은 모두 신체가 장대하고 머리칼이 아름답다.[125]

(읍루) 사람들은 매우 용감하고 힘이 세다.[126]

고 한 것에서 알 수 있다.

그러나 『후한서』 「동이열전」 〈고구려전〉에는 고구려에 대해, "그 나라 사람들은 성질이 흉악하고 급하며, 기력이 있고 전투를 잘하고 노략질하기를 좋아하여 옥저와 동예를 모두 복속시켰다."[127] 고 하여 앞의 기록들과는 다소 다른 평가를 하고 있다. 중국인들이 고구려에 대해 이렇게 좋지 않게 기록한 것은 고구려와 잦은 전쟁을 했기 때문일 것이다. 고구려는 고조선의 옛 땅을 되찾기 위해 오늘날 요서 지역으로 진출을 꾀했던 것이다. 그러므로 고구려 사람들이 흉악하고 급하며 기력이 있고 전투를 잘했다는 것은 그들이 굳세고 용감했다는 것을 말해주는 것이라고 보아야 한다. 그리고 위의 〈고구려전〉에 고구려 사람들은 "걸을 때 모두 달음박질하듯 빨리 간다."[128] 고 한 것은 항상 전쟁에 대비해야 했던 당

〈한전〉 '마한'조에는 "其人性彊勇"이라고 했다.

125 『후한서』 권85, 「동이열전」 〈한전〉 '변진'조. "其人形皆長大, 美髮, 衣服絜淸." ; 『삼국지』 권30, 「동이전」 〈한전〉 '변진'조에도 같은 내용이 보이는데 거기에는 '미발(美髮)'을 '장발(長髮)'이라 표기했다.

126 『삼국지』 권30, 「동이전」 〈읍루전〉. "人多勇力." 읍루의 지배층은 오늘날 요서 지역에서 이주해 간 숙신으로서 한민족에 속하지만, 피지배층은 연해주의 토착인들로서 원래는 한민족에 포함되지 않았다. 그러나 뒤에 부여·고구려·발해 등이 이 지역을 지배했으므로 이 지역의 많은 주민들이 한민족에 동화되었을 것이다. 따라서 열국시대의 한민족에 이들을 포함시키는 것이 가능할 것이다.

127 『후한서』 권85, 「동이열전」 〈고구려전〉. "其人性凶急, 有氣力, 習戰鬪, 好寇鈔, 沃沮·東濊皆屬焉." ; 『삼국지』 권30, 「동이전」 〈고구려전〉에도 비슷한 내용이 보인다.

128 『후한서』 권85, 「동이열전」 〈고구려전〉. "行步皆走." ; 『삼국지』 권30, 「동이전」 〈고구

시 상황과 연관하여 이해해야 할 것이다.

열국시대 사람들은 굳세고 용감하여 학문을 사랑하면서도 무술을 숭상하는 기풍을 지녔다. 『구당서』「동이열전」〈고(구)려전〉에 "습속은 서적을 매우 좋아하여 문지기·말먹이 따위의 가장 미천한 집에 이르기까지도 각 거리마다 큰 집을 지어 경당(扃堂)이라 부르고, 자제들이 결혼할 때까지 밤낮으로 이곳에서 독서와 활쏘기를 익히게 한다."[129] 고 했고, 『수서』「동이열전」〈백제전〉에도 "풍속이 말타기와 활쏘기를 숭상하며 고서(古書)와 사서(史書)를 읽고 관리의 일도 잘 본다."[130] 고 했다. 그리고 『북사』「열전」〈신라전〉에는 "8월 15일에는 풍악을 울리고 관인(官人)들로 하여금 활쏘기를 하게 하여 말과 베를 상으로 준다."[131] 고 했고, 가야 유적들에서는 무구류(武具類)의 유물이 많이 출토되고 있다. 이런 것들은 한민족이 학문을 사랑하면서도 활쏘기와 같은 무술도 숭상했음을 알게 해주는데, 이미 오래전부터 이런 풍속이 전해왔던 것이다. 오늘날 상무정신은 쇠퇴했지만 남다른 향학열과 교육열에서 그 오랜 전통을 찾아볼 수 있다.

한민족은 나라를 사랑하고 부모에 효도하며 일을 억지로 만들어 하지

려전〉에도 같은 내용이 보인다.

129 『구당서』 권199 상, 「동이열전」〈고(구)려전〉. "俗愛書籍, 至於衡門廝養之家, 各於家衢造大屋, 謂之扃堂, 子弟未婚之前, 晝夜於此讀書習射." ; 『신당서』 권220, 「동이열전」〈고(구)려전〉에도 같은 내용이 보인다.

130 『수서』 권81, 「동이열전」〈백제전〉. "俗尙騎射, 讀書史, 能吏事." ; 『삼국사기』 권24, 「백제본기」〈비류왕 17년〉조에는 궁성 서쪽에 사대(射臺)를 짓고 매월 초하루와 보름에 활 쏘는 연습을 했다는 기록이 보이는데, 이것은 백제 사람들이 무술을 중요시했음을 알게 해준다.

131 『북사』 권94, 「열전」〈신라전〉. "八月十五日設樂, 令官人射, 賞以馬布." ; 『구당서』 권199 상, 「동이열전」〈신라전〉에도 같은 내용이 보인다.

않고 말보다는 행동을 앞세우며, 나쁜 짓은 하지 않고 착한 일을 받들어 행하는 것을 도덕과 윤리의 기초로 삼았다. 이러한 덕목들은 고조선에서 전해 내려온 것인데 열국시대에는 그것이 사회생활 속에 깊이 뿌리 내려져 있었다.[132] 흔히 이러한 덕목은 유가나 도가 또는 불교의 가르침에서 온 것이라고 생각하지만, 사실은 그러한 외래 종교가 들어오기 전부터 한민족의 생활에 자리하고 있었다.

이러한 도덕과 윤리의 덕목을 지니고 살았던 한민족은 매우 겸손했는데, 『삼국지』「동이전」〈부여전〉에 "통역인이 이야기를 전할 때에는 모두 꿇어앉아서 손으로 땅을 짚고 가만가만 이야기한다."[133]고 한 것에서 알 수 있다. 또한 질서를 지키는 생활을 했는데, 『후한서』「동이열전」〈한전〉에 "길에 다니는 사람들은 길을 양보한다."[134]고 한 것이라든가, 『후한서』「동이열전」〈예전〉에 "그 풍속은 산천을 중요시하여 산천마다 각 마을의 경계가 있어서 함부로 침범하지 않는다."[135]고 한 것, 『삼국지』「동이전」〈예전〉에 "마을을 함부로 침범하면 벌로 노예·소·말을

---

132 『삼국사기』 권4, 「신라본기」〈진흥왕 37년〉조의 난랑비(鸞郎碑) 서(序). "國有玄妙之道, 曰風流, 設敎之源, 備詳仙史, 實乃包含三敎, 接化群生, 且如入則孝於家, 出則忠於國, 魯司寇之旨也. 處無爲之事, 行不言之敎, 周柱史之宗也. 諸惡莫作, 諸善奉行, 竺乾太子之化也." 부모에 효도하는 것, 나라에 충성하는 것, 일을 억지로 만들지 않는 것, 말없이 행동하는 것, 나쁜 짓을 하지 않는 것, 착한 일들을 받들어 행하는 것 등의 가르침의 기원에 대해서는 선(仙)의 역사에 자세히 기록되어 있다고 하여 그것이 고조선시대부터 전해 내려온 것임을 말하고 있다.

133 『삼국지』 권30, 「동이전」〈부여전〉. "譯人傳辭, 皆跪, 手據地竊語."

134 『후한서』 권85, 「동이열전」〈한전〉. "行者讓路." ; 『삼국지』 권30, 「동이전」〈한전〉에도 같은 내용이 보인다.

135 『후한서』 권85, 「동이열전」〈예전〉. "其俗重山川, 山川各有部界, 不得妄相干涉." ; 『삼국지』 권30, 「동이전」〈예전〉에도 같은 내용이 보인다.

부과하는데 이를 책화라 한다."[136]는 것 등은 이를 알게 해준다.

열국시대 사람들은 근엄하고 후덕할 뿐만 아니라 예의를 지키는 생활을 했다. 앞의 『삼국지』「동이전」〈부여전〉에서 동부여 사람들은 근엄·후덕하다고 말한 것이라든가, 『후한서』「동이열전」〈부여국전〉에 "회합 때에는 잔을 권하고 잔을 씻는 예(禮)가 있고 출입 시에는 읍양(揖讓)의 예가 있다."[137]고 한 것 등은 한민족이 나름의 예법을 가지고 있었음을 말해준다.

『후한서』「동이열전」〈한전〉에 "혼인은 예의에 맞게 한다."[138]고 했고, 『삼국지』「동이전」〈한전〉에는 "혼인하는 예법은 남녀의 분별이 있다."[139]고 하여 혼인도 예법에 맞게 했음을 말하고 있다. 그리고 『북사』「열전」〈고구려전〉에는 "혼인에 있어서는 남녀가 서로 사랑하면 바로 결혼시킨다. 남자 집에서는 돼지고기와 술만 보낼 뿐이지 재물을 보내주는 예는 없다. 만일 여자 집에서 재물을 받는 사람이 있으면 사람들은 모두 수치스럽게 여기며 '딸을 계집종으로 팔아먹었다'고 한다."[140]는 기록이 보이고, 『주서』〈이역열전〉〈고(구)려전〉에도 "혼인에는 대체로 재물이나 폐백이 없으며 만일 재물을 받는 사람이 있으면 '계집종으로 팔아먹었다'고 하여 매우 부끄럽게 여긴다."[141]는 기록이 보인다. 이것은

---

136 『삼국지』 권30, 「동이전」〈예전〉. "其邑落相侵犯, 輒相罰責生口牛馬, 名之爲責禍."

137 『후한서』 권85, 「동이열전」〈부여국전〉. "會同拜爵洗爵, 揖讓升降." ; 『삼국지』 권30, 「동이전」〈부여전〉에도 같은 내용이 보인다.

138 『후한서』 권85, 「동이열전」〈한전〉. "嫁娶以禮."

139 『삼국지』 권30, 「동이전」〈한전〉. "嫁娶禮俗, 男女有別."

140 『북사』 권94, 「열전」〈고구려전〉. "有婚嫁, 取男女相悅卽爲之, 男家送猪酒而已, 無財聘之禮, 或有受財者, 人共恥之, 以爲賣婢."

141 『주서』 권49, 「이역열전」〈고(구)려전〉. "婚娶之禮, 略無財幣, 若受財者, 謂之賣婢, 俗甚恥之." ; 『신당서』 권220, 「동이열전」〈고(구)려전〉에도 표현은 간략하지만 같은 내

결혼할 때 당사자들의 의견이 매우 존중되었으며 허례허식이 없고 서로 물질적인 부담을 주지 않았음을 알게 해준다.

이러한 일반적인 혼인 풍속과는 달리 지역에 따라서는 특수한 결혼 풍속도 있었다. 결혼한 뒤 상당 기간 동안 신랑이 신부의 집에 머무는 서옥 풍속과 어린 여자를 맞아 성장하면 아내로 삼는 민며느리 풍속이 그것이다.

『삼국지』「동이전」〈고구려전〉에 "그 풍속은 혼인할 때 구두로 미리 정하고 여자의 집에서 몸채 뒤편에 작은 별채를 짓는데 그 집을 서옥이라 부른다. 해가 저물 무렵에 신랑이 신부의 집 문 밖에 도착하여 자기의 이름을 밝히고 궤배(跪拜 : 무릎을 꿇고 절함)하면서 아무쪼록 신부와 더불어 잘 수 있게 해달라고 청한다. 이렇게 두세 번 거듭하면 신부의 부모는 그때서야 작은 집에 가서 자도록 허락하고, 신랑이 가져온 돈과 폐백을 서옥에 쌓아둔다. 아들을 낳아서 장성하면 남편은 아내를 데리고 자기 집으로 돌아간다."[142]고 한 것은 그것을 알게 해준다. 결혼한 뒤 신랑이 상당 기간 신부 집에 머무는 풍속은 근세 조선 초까지도 이어졌으며, 첫아들을 친정에서 낳는 것은 이 풍속의 잔재이다.

『위략』에 동옥저의 풍속에 대해 "그 나라의 혼인하는 풍속은 여자의 나이가 10세가 되기 전에 혼인을 약속하고, 신랑 집에서는 그 여자를 맞이하여 장성하도록 길러 아내로 삼는다. 여자가 성인이 되면 다시 친정

용이 보인다.

142 『삼국지』 권30, 「동이전」 〈고구려전〉. "其俗作婚姻, 言語已定, 女家作小屋於大屋後, 名壻屋. 壻暮至女家戶外, 自名跪拜, 乞得就女宿, 如是者再三, 女父母乃聽使就小屋中宿, 傍頓錢帛. 至生子已長大, 乃將婦歸家." ; 『후한서』 권85, 「동이열전」 〈고구려전〉에는 이에 대해서 "其昏姻皆就婦家, 生子長大, 然後將還."이라고 짧게 언급하고 있다.

으로 돌아가게 한다. 여자의 친정에서는 돈을 요구하는데, 신랑 집에서 돈을 지불한 뒤 다시 신랑 집으로 데려온다."[143]고 했다. 이러한 민며느리 풍속은 21세기 초까지도 한반도 서북 지방 일부에 남아 있었다.

열국시대에는 사회질서를 유지하기 위해 예의와 함께 엄격한 법이 존재했다. 고조선시대에 이미 범금 8조가 있었는데 열국시대에는 그러한 법이 한층 더 엄격해졌다. 『후한서』「동이열전」〈고구려전〉에 "범죄자가 있으면 제가들이 모여 평의한 뒤 곧 사형에 처하고 그 처자는 몰수하여 노비로 삼는다."[144]고 한 것이라든가, 『후한서』「동이열전」〈한전〉에 "형과 법은 준엄하다."[145]고 한 것, 『삼국지』「동이전」〈한전〉에 "법규와 관습은 특별히 준엄하다."[146]고 한 것 등에서 알 수 있다.

『후한서』「동이열전」〈부여국전〉과 『삼국지』「동이전」〈부여전〉에 따르면, 동부여의 형벌은 엄하고 각박하여 사람을 죽인 사람은 사형에 처하고 그 집안사람은 모두 노비로 삼았다. 그리고 도둑질을 하면 그 12배를 배상하도록 했고, 남녀 간에 음란한 짓을 하거나 부인이 투기하면 모두 죽였는데 투기하는 것을 더욱 미워하여 죽이고 나서도 그 시체를 나라의 남쪽 산 위에 버려서 썩게 했다. 만일 친정에서 그 부인의 시체를 가져가려면 소와 말을 바쳐야 내어주었다고 한다.[147]

---

143 『삼국지』 권30, 「동이전」〈동옥저전〉에 실린 『위략』. "其嫁娶之法, 女年十歲, 已相設許. 壻家迎之, 長養以爲婦. 至成人, 更還女家, 女家責錢, 錢畢, 乃復還壻."

144 『후한서』 권85, 「동이열전」〈고구려전〉. "無牢獄, 有罪, 諸家評議便殺之, 沒入妻子爲奴婢."

145 『후한서』 권85, 「동이열전」〈한전〉. "而刑法嚴峻."

146 『삼국지』 권30, 「동이전」〈한전〉. "法俗特嚴峻."

147 『삼국지』 권30, 「동이전」〈부여전〉. "用刑嚴急, 殺人者死, 沒其家人爲奴婢. 竊盜一責十二, 男女淫, 婦人妒, 皆殺之. 尤憎妒, 已殺, 尸之國南山上, 至腐爛, 女家欲得, 輸牛馬乃與之." ; 『후한서』 권85, 「동이열전」〈부여국전〉에도 같은 내용이 보이는데, 시

그리고 『구당서』「동이열전」〈고(구)려전〉에 따르면, 고구려에서는 반란을 음모한 자가 있으면 많은 사람을 불러모아 횃불을 들고 서로 다투어 지지게 하여 온몸이 짓무른 뒤에 참수하고 가속(家屬)은 모두 몰수했으며, 성을 지키다가 적에게 항복한 자, 전쟁에서 패배한 자, 사람을 죽이거나 겁탈한 자는 목을 베었고, 물건을 도둑질한 자는 그 물건의 12배를 물어주게 했으며, 소와 말을 죽인 자는 노비로 삼았는데, 대체로 법을 준엄하게 적용하므로 범법자가 적었고 심지어는 길가에 떨어진 물건도 줍지 않았다고 한다.[148] 이것은 다소 후대에 관한 기록이기는 하지만 이러한 준엄한 법 전통은 일찍부터 있었을 것이다.

『북사』「열전」〈백제전〉에 따르면, 백제에서는 반역한 자, 퇴각한 군사, 사람을 죽인 자는 목을 베었고 도둑질한 자는 귀양을 보내는 동시에 그 장물의 2배를 징수했으며, 부인이 간통하면 남편 집의 계집종으로 삼았다.[149] 그리고 〈신라전〉에는 신라의 형정(刑政)은 고구려·백제와 비슷하다[150]고 했다. 이상의 기록들로 보아 열국시대에는 나라에 따라 다소 차이는 있었지만 고조선시대보다 법이 준엄했음을 알 수 있다.

한민족은 항상 긍정적이고 낙천적이었다. 열국시대에 여러 나라로 분열된 상황에서도 결코 낙담하지 않았다. 『삼국지』「동이전」〈부여전〉에는 "길에 다닐 때에는 낮에나 밤에나 늙은이 젊은이 할 것 없이 모두 노

체를 여자의 집에서 가져가려면 소와 말을 바쳐야 한다는 부분은 생략되어 있다.

148 『구당서』 권199, 「동이열전」〈고(구)려전〉. "其法, 有謀反叛者, 則集衆持火炬競燒灼之, 燋爛備體, 然後斬首, 家悉籍沒. 守城降敵, 臨陣敗北, 殺人行劫者斬. 盜物者, 十二培酬贓, 殺牛馬者, 沒身爲奴婢. 大體用法嚴峻, 少有犯者, 乃至路不拾遺."

149 『북사』 권94, 「열전」〈백제전〉. "其刑罰, 反叛·退軍及殺人者, 斬. 盜者, 流, 其贓兩培徵之, 婦犯姦, 沒入夫家爲婢."

150 주 8과 같음.

래를 부르기 때문에 온종일 노래 소리가 그치지 않는다."[151] 고 했고, 『삼국지』「동이전」〈고구려전〉에는 "그 백성들은 노래와 춤을 좋아하여 나라 안의 마을마다 밤이 되면 남녀가 떼지어 모여서 서로 노래하며 유희를 즐긴다."[152] 고 했으며, 『후한서』「동이열전」〈한전〉에는 "그들의 풍속은 노래하고 춤추며 술 마시고 비파 뜯기를 좋아한다."[153] 고 했다. 이러한 사실은 예부터 한민족의 성격은 매우 긍정적이고 낙천적이었음을 알게 해준다.

한민족은 예부터 절약하는 생활을 하면서 미리 준비하는 습관이 강했다. 『후한서』「동이열전」〈고구려전〉에 고구려는 "농사지을 땅이 적어서 힘껏 농사를 지어도 자급하기에 부족하기 때문에 그 습속에 음식을 아낀다."[154] 고 했다. 고구려 사람들은 농토가 부족하기 때문에 절약하는 생활을 했다는 것인데, 정도의 차이는 있었겠지만 다른 나라에서도 비슷한 생활을 했을 것이다. 『후한서』「동이열전」〈고구려전〉에 "장례에 사용할 물건들을 조금씩 미리 준비한다."[155] 고 했고, 『삼국지』「동이전」〈고구려전〉에는 "남녀가 결혼하면 곧 죽어서 입고 갈 수의를 미리 조금

---

151 『삼국지』 권30, 「동이전」 〈부여전〉. "行道晝夜無老幼皆歌, 通日聲不絶." ; 『후한서』 권85, 「동이열전」 〈부여국전〉에도 같은 내용이 보인다.

152 『삼국지』 권30, 「동이전」 〈고구려전〉. "其民喜歌舞, 國中邑落, 暮夜男女群聚, 相就歌戲." ; 『후한서』 권85, 「동이열전」 〈고구려전〉에도 같은 내용이 보인다.

153 『후한서』 권85, 「동이열전」 〈한전〉. "俗憙歌舞飮酒鼓瑟." ; 『삼국지』 권30, 「동이전」 〈한전〉. "有瑟, 其形似筑, 彈之亦有音曲." 이는 당시에 음악이 매우 발달되어 있었음을 알게 해준다.

154 『후한서』 권85, 「동이열전」 〈고구려전〉. "少田業, 力作不足以自資, 故其俗節於飮食." ; 『삼국지』 권30, 「동이전」 〈고구려전〉에도 표현은 다소 다르지만 같은 내용이 보인다.

155 『후한서』 권85, 「동이열전」 〈고구려전〉. "便稍營送終之具."

씩 만들어둔다."[156]고 했는데, 이것은 한민족은 예로부터 미리 준비하는 습관이 철저했음을 알게 해준다.

한민족은 깨끗한 것을 좋아했고 위생관념이 매우 강했다. 『후한서』「동이열전」〈고구려전〉에 "모두 깨끗한 것을 좋아한다."[157]고 한 것이나, 『후한서』「동이열전」〈예전〉에 "꺼리고 금하는 것이 많아서 병을 앓거나 사람이 죽으면 곧 옛 집을 버리고 다시 새 집을 지어 산다."[158]고 한 것은 그러한 사실을 말해준다. 사람이 병을 앓거나 죽으면 환자나 시신에서 해로운 균이 전염되는 것을 막기 위해 새로운 집을 지어 이사했을 것이다.

같은 성끼리 결혼하지 않는 것과 머리를 틀어 묶어 상투를 하는 것은 한민족의 오랜 풍속이었다. 『후한서』「동이열전」〈예전〉에 "동성끼리는 혼인하지 않는다."[159]고 했고, 『삼국지』「동이전」〈한전〉에 "머리칼을 틀어 묶고 상투를 드러내는데 마치 날카로운 병기와 같다."[160]고 한 것에서 이를 알 수 있다. 당시 같은 성끼리 혼인하지 않는 것이 일반화되어 있었는지는 확인할 수 없지만 이런 전통이 매우 오래되었음을 알 수 있다. 그리고 상투에 대해 유의할 점은 그것이 한민족만의 풍습은 아니라는 것이다. 고대에 남월(南越)에도 상투를 하는 풍습이 있었고, 진시황제릉에서 출토된 도용(陶俑)들에도 상투를 한 것들이 있었다. 단지 한민

156 『삼국지』 권30, 「동이전」 〈고구려전〉. "男女已嫁娶, 便稍作送終之衣."

157 『후한서』 권85, 「동이열전」 〈고구려전〉. "皆絜淨自憙."

158 『후한서』 권85, 「동이열전」 〈예전〉. "多所忌諱, 疾病死亡, 輒捐棄舊宅, 更造新居."; 『삼국지』 권30, 「동이전」 〈예전〉에도 같은 내용이 보인다.

159 『후한서』 권85, 「동이열전」 〈예전〉. "同姓不昏."; 『삼국지』 권30, 「동이전」 〈예전〉에도 같은 내용이 보인다.

160 『삼국지』 권30, 「동이전」 〈한전〉. "魁頭露紒, 如炅兵."; 『후한서』 권85, 「동이열전」 〈한전〉에도 표현은 다소 차이가 있지만 같은 내용이 보인다.

족의 상투는 끝이 날카로운 것이 특징이라 할 것이다.

한민족은 장례를 후하고 정성스럽게 치르는 습관이 있었다. 『후한서』「동이열전」〈부여국전〉에 "그 나라 왕의 장사에는 옥갑을 사용한다."[161] 고 했고, 『삼국지』「동이전」〈부여전〉에는 "여름에 사람이 죽으면 모두 얼음에 넣어 장사 지내며 사람을 죽여서 순장을 하는데 많을 때는 100명가량이나 된다. 장사를 후하게 지낸다."[162] 고 했고, 『후한서』「동이열전」〈고구려전〉에는 "장례를 치를 때에는 금과 은 및 재물을 모두 써 후장(厚葬)을 하며 돌을 쌓아 봉분을 만들고 소나무와 잣나무를 심는다."[163] 고 했다.

『위략』에는 동부여의 장례 풍속에 대해 "그 나라 습속은 다섯 달 동안 초상을 지내는데 오래 둘수록 영화롭게 여긴다. 죽은 이에게 제사 지낼 때에는 날것과 익은 것을 함께 쓴다. 상주는 빨리 장사 지내고 싶어 하지 않지만 다른 사람들이 강권하기 때문에 언제나 실랑이를 벌이는 것으로 예절을 삼는다. 상복은 남녀 모두 순백색으로 입고 부인은 베로 만든 면의(面衣)를 착용하며 반지나 패물 따위를 몸에서 떼어내는데 대체로 중국과 비슷하다."[164] 고 했다.

장례를 후하게 치르는 것은 유가의 영향이라고 생각하는 사람들이 많

---

161 『후한서』 권85, 「동이열전」 〈부여국전〉. "其王葬用玉匣." ; 『삼국지』 권30, 「동이전」 〈부여전〉. "漢時, 夫餘王葬用玉匣."

162 『삼국지』 권30, 「동이전」 〈부여전〉. "其死, 夏月皆用氷, 殺人徇葬, 多者百數, 厚葬." ; 『후한서』 권85, 「동이열전」 〈부여국전〉에도 순장에 대한 기록이 보인다.

163 『후한서』 권85, 「동이열전」 〈고구려전〉. "金銀財幣盡於厚葬, 積石爲封, 亦種松柏." ; 『삼국지』 권30, 「동이전」 〈고구려전〉에도 표현은 다소 다르지만 같은 내용이 보인다.

164 『삼국지』 권30, 「동이전」 〈부여전〉에 실린 『위략』. "其俗停喪五月, 以久爲榮. 其祭亡者, 有生有熟. 喪主不欲速而他人彊之, 常諍引以此爲節. 其居喪, 男女皆純白, 婦人着布面衣, 去環珮. 大體與中國相彷彿也."

다. 그러나 위에서 본 바와 같이 그것은 유가의 영향으로 시작된 것이 아니다. 한민족이 고대부터 가지고 있었던 매우 오랜 전통이다.

장례 풍속에는 북쪽의 동부여부터 남쪽의 한에 이르기까지 같은 점이 있었다. 『후한서』「동이열전」〈부여국전〉에, 동부여에서는 "죽어서 장사 지낼 때 곽은 사용하지만 관을 쓰지 않는다."[165] 고 했고, 『삼국지』「동이전」〈한전〉에, 한에서도 "그들의 장례식에는 곽은 있으나 관은 사용하지 않는다."[166] 고 하여 동부여와 한의 매장 방법이 같았음을 전하고 있다.

열국시대의 여러 나라에는 하느님을 경배하는 거국적인 축제도 있었다. 이것은 고조선 이래 한민족이 최고신으로 받들어온 하느님에 대한 숭배의식을 계승한 것이었다. 『후한서』「동이열전」〈부여국전〉과 『삼국지』「동이전」의 〈부여전〉에, "납월(12월)에 지내는 제천행사에는 매일 크게 모여서 마시고 먹으며 노래하고 춤을 추는데 그 이름을 영고라 하며, 이때에 형옥을 중단하고 죄수를 풀어준다."[167] 고 했다. 『후한서』「동이열전」〈고구려전〉에는 "10월에 하늘에 제사 지내는 큰 모임이 있으니 그 이름을 동맹이라 한다."[168] 고 했고, 『후한서』「동이열전」〈예전〉에도 "해마다 10월이면 하늘에 제사를 지내는데 주야로 술 마시며 노래 부르

---

165 『후한서』 권85, 「동이열전」〈부여국전〉. "死則有槨無棺." ; 『삼국지』 권30, 「동이전」〈부여전〉에도 같은 내용이 보인다.

166 『삼국지』 권30, 「동이전」〈한전〉. "其葬有槨無棺."

167 『후한서』 권85, 「동이열전」〈부여국전〉. "以臘月祭天, 大會連日, 飮食歌舞, 名曰迎鼓. 是時斷刑獄, 解囚徒." ; 『삼국지』 권30, 「동이전」〈부여전〉에는 납월이 은정월(殷正月)로 기록되어 있다.

168 『후한서』 권85, 「동이열전」〈고구려전〉. "以十月祭天大會, 名曰東盟." ; 『삼국지』 권30, 「동이전」〈고구려전〉에는 "以十月祭天, 國中大會, 名曰東盟."이라고 하여 이 의식이 나라의 큰 행사였다고 말하고 있다.

고 춤추니 이를 무천이라 한다."[169]고 했다. 또 『후한서』 「동이열전」 〈한전〉에는, 한에서는 "해마다 5월에는 농사일을 마치고 귀신에게 제사를 지내는데 낮이나 밤이나 술자리를 베풀고 떼지어 노래 부르며 춤춘다. 춤출 때에는 수십 명이 서로 줄을 서서 땅을 밟으며 장단을 맞춘다. 10월에 농사의 추수를 끝내고는 또다시 이와 같이 한다."[170]고 했다.

동부여에서는 12월, 고구려와 동예에서는 10월, 한에서는 5월과 10월에 하느님에 대한 제사의식을 치러 그 시기에는 차이가 있었지만 의식의 성격과 내용은 모두 비슷했다. 열국시대에 이러한 거국적인 종교의식이 가장 북쪽에 있었던 동부여에서 가장 남쪽에 있었던 한에 이르기까지 한반도와 만주 전 지역에서 이루어졌다는 것은, 당시 한민족은 여러 나라로 분열되어 있었지만 그 주요한 풍속은 공유하고 있었다는 것을 알게 해준다.

여기서 특히 유의해야 할 것은 이러한 제천의식에서 남녀 상하 차별없이 함께 먹고 마시며 즐겼다는 사실이다. 이것은 한민족이 신분의 차이에 따른 차별대우를 심하게 하지 않았음을 알게 해준다. 고대 중국에서는 신분이 다른 사람들이 함께 음식과 술, 노래와 춤을 즐긴다는 것은 상상도 할 수 없는 일이었다. 한민족이 신분의 차이에 따른 차별대우를 심하게 하지 않은 것은, 더불어 행복하게 살아야 한다는 홍익인간 이념

---

169 『후한서』 권85, 「동이열전」 〈예전〉. "常用十月祭天, 晝夜飮酒歌舞, 名之爲舞天." ; 『삼국지』 권30, 「동이전」 〈예전〉에도 같은 내용이 보인다.

170 『후한서』 권85, 「동이열전」 〈한전〉. "常以五月田竟祭鬼神, 晝夜酒會, 群聚歌舞, 舞輒數十人相隨蹋地爲節, 十月農功畢, 亦復如之." ; 『삼국지』 권30, 「동이전」 〈한전〉에도 같은 내용이 보이는데, 거기에는 춤을 출 때 수십 명이 모두 일어나 뒤를 따라가면서 땅을 밟고 구부렸다 치켜들었다 하면서 손과 발로 서로 장단을 맞추는데 그 가락과 율동은 중국의 탁무(鐸舞)와 비슷하다 했다.

이 사회사상에 반영되었기 때문일 것이다.

열국시대에 이미 설·한가위 등의 명절이 지켜지고 있었다. 『수서』「동이열전」〈신라전〉에 신라의 풍속이 대략 고구려·백제와 같다고 말하면서 "매년 정월 원단(元旦)에 서로 하례(賀禮)하는데, 왕은 연회를 베풀어 관원들의 노고를 치하한다. 이날에는 일신과 월신에 제사를 올린다. 8월 15일에는 풍악을 울리고 관인들로 하여금 활을 쏘게 하여 말과 베를 상으로 준다."[171] 한 것으로 그것을 알 수 있다. 그리고 투호(投壺)·농주희(弄珠戲)·바둑·윷·쌍륙·활쏘기·제기차기·연날리기 등의 놀이도 있었다.[172]

열국시대 여러 나라들은 많은 풍속을 공유했지만 지역에 따라 다른 것도 있었다. 『삼국지』「동이전」〈한전〉에는 "큰 새의 깃털을 사용하여 장사를 지내는데, 그것은 죽은 사람이 새처럼 날아다니라는 뜻이다."[173] 라고 하여 한에서는 장례를 지낼 때 큰 새의 깃털을 묻어주는 풍속이 있었음을 전해 주고 있다.

『삼국지』「동이전」〈동옥저전〉에 동옥저 사람들은 "장사 지낼 때 큰 나무 곽을 만드는데, 길이가 10여 장(丈)이나 되며 한쪽 머리를 열어놓

---

171 『수서』 권81, 「동이열전」〈신라전〉. "每正月旦相賀, 王設宴會, 班賚群官, 其日拜日月神. 至八月十五日, 設樂, 令官人射, 賞以馬布." ; 『삼국사기』 권1, 「신라본기」〈유리이사금 9년〉조에는 신라의 6부를 두 편으로 나누어 왕녀 두 사람으로 하여금 양편의 부녀자들을 거느리고 7월 16일[기망(旣望)]부터 길쌈을 하게 하여 8월 15일에 그 결과를 보아 진 편은 술과 음식을 장만하여 가무와 온갖 유희를 즐기는 풍속이 있었는데 이를 가배라 했다는 기록이 보인다. 아마도 여자들은 길쌈으로, 남자들은 활쏘기로 시합을 하며 즐겼던 것 같다.

172 『수서』 권81, 「동이열전」〈백제전〉에는 백제에 투호·위기(圍棊 : 바둑)·저포(樗蒲)·악삭(握槊 : 쌍륙)·농주지희(弄珠之戲) 등이 있었다고 기록되어 있으며, 『삼국사기』에는 활쏘기·제기차기·연날리기 등에 관한 기록이 보인다.

173 『삼국지』 권30, 「동이전」〈한전〉. "以大鳥羽送死, 其意欲使死者飛揚."

아 문을 만든다. 사람이 죽으면 시체는 모두 가매장을 하되 겨우 형체가 덮일 만큼 묻었다가 가죽과 살이 다 썩은 다음에 뼈만 추려 곽 속에 안치한다. 온 집안 식구들을 모두 하나의 곽 속에 넣어두는데, 살아 있을 때와 같은 모습을 죽은 사람의 수대로 나무에 새겨 놓는다. 또 질솥에 쌀을 담아서 곽의 문 곁에다 엮어 매단다."[174] 고 했는데, 이것은 한민족 전체의 풍속이었던 것 같지는 않다.

『후한서』「동이열전」〈고구려전〉에 고구려 사람들은 "무릎을 꿇고 절할 때 한쪽 다리는 펴서 끈다."[175] 고 했는데, 〈한전〉에는 한 사람들은 "궤배할 줄 모르며 장유(長幼)의 차례와 남녀의 분별 따위의 예가 없다."[176] 고 했다. 이것은 남부 사람들이 북부 사람들보다 자유로운 생활을 했음을 알게 해준다. 장유유서와 남녀유별을 엄격하게 따졌던 유가 문화 속에서 생활했던 중국인들의 눈에는 한반도 남부의 자유로운 생활이 예법이 없는 것처럼 보였을 것이다.

같은 한(韓) 영역 안에서도 동부와 서부의 풍속에 차이가 있었다. 『후한서』「동이열전」〈한전〉 '진한'조에, 진한 사람들은 "소나 말을 타고 다닌다."[177] 고 했고, 〈한전〉 '마한'조에는, 마한 사람들은 "소와 말을 탈 줄

---

174 『삼국지』 권30, 「동이전」〈동옥저전〉. "其葬, 作大木槨, 長十餘丈, 開一頭作戶, 新死者皆假埋之, 才使覆形, 皮肉盡, 乃取骨置槨中. 擧家皆共一槨, 刻木如生形, 隨死者爲數. 又有瓦鑩, 置米其中, 編縣之於槨戶邊."; 『후한서』 권85, 「동이열전」〈동옥저전〉에도 표현이 다소 간략하기는 하지만 같은 내용이 보인다.

175 『후한서』 권85, 「동이열전」〈고구려전〉. "而跪拜曳一脚."; 『삼국지』 권30, 「동이전」〈고구려전〉에도 같은 내용이 보인다.

176 『후한서』 권85, 「동이열전」〈한전〉. "不知跪拜, 無長幼男女之別."; 『삼국지』 권30, 「동이전」〈한전〉에도 표현은 다소 다르지만 같은 내용이 보인다.

177 『후한서』 권85, 「동이열전」〈한전〉 '진한'조. "乘駕牛馬."

모른다."[178] 고 하여 한의 동부 지역 사람들은 소와 말을 탈것으로 이용했고, 서부 지역 사람들은 그렇지 않았음을 말하고 있다. 서부 지역에서 소와 말을 탈것으로 이용하지 않은 것은, 그곳이 농경지대였으므로 소와 말은 주로 농경용으로 이용했기 때문일 것이다.

『후한서』「동이열전」〈부여국전〉과 『삼국지』「동이전」〈부여전〉에 동부여에서는 "전쟁을 하게 되면 그때에도 하늘에 제사를 지내고 소를 잡아서 그 발굽을 가지고 길흉을 점친다."[179] 고 했는데, 이러한 풍속이 다른 나라에도 있었던 것 같지는 않다. 그리고 『후한서』「동이열전」〈부여국전〉에, "형이 죽으면 동생이 그 형수를 아내로 삼는다."[180] 고 했는데 모든 사람이 그랬다는 뜻은 아닐 것이다. 여자가 혼자서 세상을 살아가는 것은 힘들기 때문에 이를 보호한다는 뜻에서 동생이 홀로 된 형수를 아내로 삼는 풍속도 있었음을 알게 해준다.

『후한서』「동이열전」〈읍루전〉에, 읍루 지방은 "기후가 매우 추워서 항상 굴속에서 산다. 굴의 깊이가 깊은 것을 귀하게 여겨서 대가는 아홉 계단을 내려가야 그 바닥에 닿을 수 있을 정도로 깊다."[181] 고 했고, 또 "돼지 기르기를 좋아하며 그 고기는 먹고 가죽은 옷을 만들어 입는다.

---

178 『후한서』 권85, 「동이열전」 〈한전〉 '마한'조. "不知騎乘牛馬." ; 『삼국지』 권30, 「동이전」 〈한전〉 '마한'조에도 같은 내용이 보인다.

179 『후한서』 권85, 「동이열전」 〈부여국전〉. "有軍事亦祭天, 殺牛, 以蹏占其吉凶." ; 『삼국지』 권30, 「동이전」 〈부여전〉에는 "蹄解者爲凶, 合者爲吉."이라는 내용이 추가되어 있다.

180 『후한서』 권85, 「동이열전」 〈부여국전〉. "兄死妻嫂." ; 『삼국지』 권30, 「동이전」 〈부여전〉에는 "與匈奴同俗."이라는 내용이 추가되어 있다.

181 『후한서』 권85, 「동이열전」 〈읍루전〉. "土氣極寒, 常爲穴居, 以深爲貴, 大家至接九梯." ; 『삼국지』 권30, 「동이전」 〈읍루전〉에도 같은 내용이 보이는데 거기에는 "大家深九梯, 以多爲好."라고 되어 있다.

겨울에는 돼지기름을 몸에 바르는데 그 두께를 몇 푼이나 되게 하여 바람과 추위를 막는다."[182] 고 했는데, 이러한 풍속은 읍루가 있었던 연해주의 열악한 자연환경에 온 것으로 그곳만의 풍속이었을 것이다. 그리고 "마을 한가운데에 공중변소를 만들어놓고 그 주위에 둥그렇게 모여 산다."[183]는 기록도 〈읍루전〉에 보이는데, 이러한 풍속은 오늘날 중국의 농촌에서 그 잔재를 볼 수 있다. 하나의 공중화장실을 마을 사람들이 공동으로 사용하는 것은 바로 이러한 풍속의 잔재이다.

나라에 따라 종교 풍속에도 조금씩 다른 점이 있었다. 하느님을 최고신으로 받드는 것은 열국이 같았지만 지역에 따라 나름의 토속신과 종교의식을 가지고 있었다. 『삼국지』「동이전」〈고구려전〉에, 고구려는 "거처하는 좌우에 큰 집을 세우고 그곳에서 귀신에게 제사 지낸다. 또 영성(零星)과 사직(社稷)에도 제사 지낸다."[184] 고 했고, 또 "그 나라의 동쪽에 큰 굴이 있는데 그것을 수혈(隧穴)이라 부른다. 10월에 온 나라에서 크게 모여 수신(隧神)을 맞이하여 나라의 동쪽 강 위에 모시고 가서 제사를 지내는데 나무로 만든 수신을 신의 좌석에 모신다."[185] 고 했다.

---

182 『후한서』 권85, 「동이열전」 〈읍루전〉. "好養豕, 食其肉, 衣其皮. 冬以豕膏塗身, 厚數分, 以禦風寒."

183 『후한서』 권85, 「동이열전」 〈읍루전〉. "作厠於中, 圜之而居." ; 『삼국지』 권30, 「동이전」 〈읍루전〉에도 같은 내용이 실려 있다. 지금까지는 이 문구를 "집 한가운데에 변소를 만들어놓고 그 주위에 빙 둘러 모여 산다."고 해석했는데, 그것은 읍루의 생활 수준을 낮게 평가하려는 의도적인 해석이었다고 생각된다. 상식적으로 생각하더라도 집 안에 변소를 만들어놓고 그 주위에 둘러 모여 산다는 것은 있을 수 없는 일이다. 그러므로 이 문구는 공중변소를 둘러싸고 마을이 구성되었음을 말한 것으로 보아야 한다.

184 『삼국지』 권30, 「동이전」 〈고구려전〉. "於所居之左右立大屋, 祭鬼神, 又祀靈星·社稷." ; 『후한서』 권85, 「동이열전」 〈고구려전〉에도 표현은 간략하지만 같은 내용이 보인다.

185 『삼국지』 권30, 「동이전」 〈고구려전〉. "其國東有大穴, 名隧穴, 十月國中大會, 迎隧神

그리고 『후한서』 「동이열전」 〈예전〉에는, 동예는 "호랑이를 신으로 여겨 제사 지낸다."[186]고 했고, 『삼국지』 「동이전」 〈한전〉에는, 한의 "여러 나라에는 각각 별읍이 있으니 그것을 소도라 한다. 그곳에 큰 나무를 세우고 방울과 북을 매달아놓고 귀신을 섬긴다. 그 지역으로 도망온 사람은 누구든 돌려보내지 아니하므로 도적질하는 것을 좋아하게 되었다."[187]고 했다. 또 〈한전〉 '변진'조에는, 변진은 진한과 "언어와 법속은 비슷하지만 귀신에게 제사 지내는 방식은 달라서 문의 서쪽에 모두들 조신(竈神)을 모신다."[188]고 했다. 이러한 기록들은 지역에 따라 서로 다른 신앙 대상과 숭배 방법이 있었음을 알게 해준다.

5. 마치며

지금까지 열국시대의 사회 성격을 알기 위해 당시의 의식주와 신분구조 및 생활풍속 등을 살펴보았다. 그 결과를 요약하면 다음과 같다.

첫째, 의식주를 보자. 열국시대 초기, 북부에 있었던 동부여·고구려·

還于國東上祭之, 置木隧于神坐." ; 『후한서』 「동이열전」 〈고구려전〉에는 '수신(隧神)'이 '수신(襚神)'으로 표기되어 있으며, 『한원』에 인용된 『위략』에는 동(東) 자 다음에 수(水) 자가 있다.

186 『후한서』 권85, 「동이열전」 〈예전〉. "又祠虎以爲神." ; 『삼국지』 권30, 「동이전」 〈예전〉에도 같은 내용이 보인다.

187 『삼국지』 권30, 「동이전」 〈한전〉. "又諸國各有別邑, 名之爲蘇塗. 立大木, 縣鈴鼓, 事鬼神. 諸亡逃至其中, 皆不還之, 好作賊." ; 『후한서』 권85, 「동이열전」 〈한전〉에도 표현이 간략하기는 하지만 같은 내용이 보인다.

188 『삼국지』 권30, 「동이전」 〈한전〉. "弁辰與辰韓雜居, 亦有城郭, 衣服居處與辰韓同. 言語法俗相似, 祠祭鬼神有異, 施竈皆在戶西."

동옥저·동예 등과 남부에 있었던 한의 의복은 지역에 따라 약간의 차이가 있었을 뿐 기본적으로는 같았다. 이것은 고구려·백제·신라·가야로 이어졌다. 이들은 모두 고조선을 계승한 나라로서 그 문화 배경과 생활 기반이 같았기 때문이다. 단지 연해주에 자리했던 읍루만은 달랐는데 그것은 지배층을 제외한 주민의 대다수가 그 지역 토착인들로서 아직 한민족의 문화에 동화되지 않은 상태였기 때문이다.

열국시대 사람들은 옷을 매우 깨끗하게 입었는데, 목둘레가 둥근 옷깃을 사용했다. 남자 옷은 저고리·바지·겉옷으로 구성되어 있어서 한민족 전통의상의 기본이 이미 갖추어져 있었다. 저고리는 오늘날 양복저고리 길이와 비슷했고 앞은 완전히 갈라져 있었으며 곧은 깃을 달고 소매끝·깃·도련에는 선을 달았으며 허리에는 띠를 맸다. 옷의 여밈새는 오른쪽 여밈새와 왼쪽 여밈새 및 맞 여밈새가 혼용되었다.

저고리는 소매통이 좁은 것과 넓은 것, 선이 단조로운 것과 화려한 것 등이 있었는데 이것은 신분의 차이에서 온 것으로 생각된다. 평민이나 서민은 소매통이 좁고 선이 단조로운 저고리를 입었고, 귀족들은 소매통이 넓고 선이 화려한 저고리를 입었다. 바지도 통이 좁은 것은 노동을 하는 사람들이 입었고 통이 넓은 것은 귀족들이 입었다. 그러나 귀족들도 사냥이나 전투를 할 때는 통이 좁은 바지를 입었고 그 위에다 행전을 쳤다.

겉옷은 길이가 짧은 것과 긴 것 두 종류가 있었는데, 짧은 것은 크기가 저고리와 비슷했고 긴 것은 두루마기와 비슷했다. 짧은 겉옷은 아무때나 입을 수 있는 것이었고, 긴 것은 예의를 갖출 필요가 있을 때 입었다. 겉옷의 여밈새는 맞 여밈새와 어김 여밈새 두 종류가 있었다. 저고리나 겉옷 위에는 반드시 허리에 띠를 맸는데 띠는 색실·천·가죽 등으로 만들었으며 그 위에 금속장식품을 달기도 했다.

남자들의 머리는 상투를 틀었는데, 외상투와 쌍상투 두 종류가 있었으나 외상투가 보편적이었다. 그리고 머리에 쓰는 것은 절풍·책·관·머릿수건·패랭이 등 여러 종류가 있었다. 책과 절풍은 귀족들이 착용했지만 책은 더 높은 신분의 귀족이 착용했고 관은 왕이나 높은 귀족이 착용했으며, 머릿수건과 패랭이는 낮은 신분의 사람들이 사용했지만 귀족들도 사냥을 할 때는 머릿수건을 착용했다. 남자 신발은 가죽신과 짚신이 있었는데 모두 코가 도드라져 있어서 한민족 신발의 오랜 전통을 보여주었다.

여자 옷은 저고리·치마·바지·속옷·겉옷 등이었다. 여자의 저고리는 남자의 저고리처럼 길었다. 허리에 띠를 두른 경우도 있었다. 저고리 길이가 짧은 것도 있었는데 주로 노동에 종사하는 여자들이 입었다. 치마의 길이는 여러 가지가 있었는데 발을 덮은 것, 발까지 내려온 것, 무릎 아래까지 온 것 등이 있었다. 주름치마와 색동치마 그리고 치마에 선을 댄 것도 있었다.

여자 옷에는 저고리와 치마가 분리되어 있지 않은 통옷도 있었고 앞치마도 있었다. 두루마기와 같이 긴 겉옷도 있었는데 허리에는 띠를 맸다. 소매통은 후대로 내려오면서 점차 넓어졌고 옷의 여밈새는 남자 옷과 마찬가지로 오른쪽 여밈새와 왼쪽 여밈새 및 맞 여밈새가 혼용되었다. 백제의 여자 겉옷은 소매 품이 고구려 것보다 넓었는데, 이것은 남부가 북부보다 기후가 더 따뜻했기 때문이다.

여자의 머리 형태에는 올린 머리와 내린 머리가 있었는데, 올린 머리는 기혼 여성의 머리 모양이었고 내린 머리는 미혼 여성의 머리 모양이었다. 신분에 따라 비녀와 머리꽂이가 달랐는데, 왕비나 귀족 여성들은 보석이나 귀금속으로 만든 비녀와 머리꽂이를 여러 개 꽂았다. 여자는 머릿수건이나 털모자를 쓰는 경우가 있었다. 여자의 신발은 남자의 것과 비슷하나 모양이 예쁘고 크기가 작은 것이 특징이다.

모자와 저고리·바지 등을 부르는 이름이 지역에 따라 달랐는데 백제에서는 모자를 관, 저고리를 복삼, 바지를 곤이라 했고, 신라에서는 모자를 유자례, 저고리를 위해, 바지를 가반, 신발은 세라 했다. 그들은 옷과 장신구를 형편에 따라 여러 가지 재료와 색깔로 만들었지만 일반적으로 흰옷을 즐겨 입었다. 옷감으로는 삼베·무명베·비단·모직물·동물가죽 등이 이용되었다. 그런데 백제에서는 260년에, 신라에서는 520년에 등급에 따라 관복 색깔을 규정함에 따라 일반인들은 옷 색깔에 제한을 받게 되었다.

열국시대의 음식은 고조선시대보다 더 발전되어 있었다. 열국시대의 음식그릇은 변·두·조 등이었으며 재료는 대나무·버드나무·구리 등 다양했다. 열국시대에는 벼·보리·조·기장·콩·팥·수수·피 등의 곡물이 재배되어 음식 재료로 이용되었고 쌀밥이 주식으로 자리를 잡아가고 있었다. 특히 남부 지역에서는 회를 즐겨 먹었다. 그리고 각종 과일·채소·반찬·술·식초·소금·물고기·해산물·의약품 등이 생산되었다. 기름·꿀·간장·된장·포·젓갈 등의 한민족 전통음식이 이 시기에 이미 갖추어져 있었다. 열국시대 사람들은 음식을 절약하는 풍습이 있었는데 이것도 한민족의 오랜 전통 가운데 하나이다.

열국시대의 일반 주택은 대개 산기슭이나 구릉지대에 있었다. 이 또한 한민족의 오랜 전통이다. 당시에 집은 기능에 따라 궁실·감옥·주택·창고·서옥 등 여러 종류의 집이 있었다. 살림집의 구조를 보면 부엌은 대개 집의 서쪽에 설치했다. 그리고 난방시설로서 온돌이 널리 퍼져 있었다. 아궁이와 고래는 직각을 이루고 있었으며 아궁이가 고래보다 한 단 낮아 불이 잘 들고 역풍도 막도록 되어 있었다. 굴뚝이 연결된 곳에는 개자리가 설치되어 있었다. 이러한 온돌 구조는 오늘날 한민족이 사용하는 온돌 구조와 기술의 기본을 모두 갖춘 것이었다.

당시 지배층은 방 안에 낮은 평상이나 좌상을 놓고 그 위에 앉아서 생활했다. 피지배층은 방 안에 돗자리나 멍석을 깔았을 것이다. 집의 규모나 건축자재는 피지배층과 지배층 사이에 차이가 컸는데, 일반 주택은 초가집이었으나 궁궐·신묘·관부·사찰 등은 기와집이었다. 그리고 신분등급제가 확립되면서 신분의 등급에 따라 주택의 규모와 외형에도 제한이 있게 되었다.

둘째, 신분구조를 보자. 열국시대에는 고조선시대의 사회신분이 더욱 세분화되었다. 이를 크게 나누면 왕·종교지도자·귀족·관료·평민·하호·향민과 부곡민·노비 등이 있었다. 왕·종교지도자·귀족·관료들은 지배신분이었고, 평민·하호·향민과 부곡민·노비는 피지배신분이었다. 이 신분들 가운데 관료는 대개 귀족이 맡았으므로 이들은 같은 신분으로 볼 수 있다. 그리고 평민은 자유민으로서 이들 가운데 부유한 사람을 호민이라 불렀으며, 하호는 노예는 아니었으나 귀족에 종속되어 있는 사람들이었다. 향민과 부곡민은 노비와 같은 천민으로서 향·부곡이라는 행정구역 안에 거주하는 사람들이었다. 노비는 동물과 같이 재산으로 취급되어 공법이 적용되지 않는 신분이었다.

노비는 주인이 죽으면 순장되기도 하고 매매도 가능했는데 값은 대략 어른은 비단 40필, 어린이는 비단 20필쯤 되었다. 당시 노비 신분으로 전락하는 길은 대개 3가지였다. 첫째는 혈통에 따른 것으로 노예의 후손, 둘째는 범죄자나 범죄자 가족, 셋째는 전쟁 포로 등이었다.

이러한 신분구조는 열국시대가 전개되면서 다소 바뀌어갔다. 이를테면 평민과 하호의 구분이 없어졌다. 철기문화의 발달로 1가나 1호가 노동단위가 된 개체생산이 가능해져 생산관계가 바뀜에 따라 하호들도 어느 정도 재산을 가지거나 독립적인 노동력이 되어 그 성격이 평민과 다르지 않게 되었던 것이다. 그 결과 열국시대 후기에는 평민과 하호의 구분이 없어져 이들을 통칭하여 서인이라 했다. 서인은 인·민·백성·양인이라고도 불렀다. 그리고 지배층을 통칭하여 사(士)라고 불러 서인과 구분했다. 그러므로 열국시대 후기의 신분구조는 왕을 정점으로 하여 특수층인 종교지도자와 일반 지배층인 사 및 피지배층인 서인·향민과 부곡민·노비 등으로 이루어져 있었다.

셋째, 생활풍속을 보자. 한민족은 동아시아 사람들 가운데 체격이 크고 굳세며 용감했다. 그들은 학문을 사랑하면서도 무술을 숭상하는 기풍을 지니고 있었다. 오늘날 상무정신은 쇠퇴했지만 학문을 사랑하는 기풍은 이어지고 있다.

한민족은 나라를 사랑하고 부모에 효도하며 일을 억지로 만들어 하지 않고 말보다는 행동을 앞세우며, 나쁜 짓은 하지 않고 착한 일을 받들어 행하는 것을 도덕과 윤리의 기초로 삼았다. 흔히 이러한 덕목들은 유가나 도가 또는 불교의 가르침에서 온 것이라고 생각하지만 그렇지 않다. 이것들은 그러한 외래문화가 들어오기 전부터 한민족의 생활에 자리하고 있었던 덕목이다.

열국시대 사람들은 매우 겸손했으며 근엄하고 후덕할 뿐만 아니라 한민족 나름의 예법에 따라 예의를 지켰다. 일상생활은 물론, 혼인에서도 예법을 중시했을 뿐만 아니라 본인들의 의사를 우선으로 하여 허식이 없었고 물질적 부담을 주지 않았다. 결혼 풍속에는 특수한 것도 있었다. 결혼한 뒤 상당 기간 신랑이 신부 집에 머무는 서옥 풍속과 어린 여자를 맞아 성장하면 아내로 삼는 민며느리 풍속이 그것이다.

열국시대의 법은 엄격했다. 고조선시대에 이미 범금 8조가 있었는데 열국시대에는 그러한 법이 한층 더 엄격해진 것이다. 동부여에서는 살인한 사람을 사형에 처하고 그 집안사람은 적몰하여 노비로 삼았다. 그리고 도둑질을 하면 12배를 배상하도록 했고 남녀 간에 음란한 짓을 하거나 부인이 투기하면 모두 죽였는데, 투기하는 것을 더욱 미워하여 죽이고 나서 시체를 나라의 남쪽 산 위에 버려서 썩게 했다. 친정에서 죽은 부인의 시체를 가져가려면 소와 말을 바쳐야 내주었다.

그리고 고구려에서는 반란을 음모한 자가 있으면 많은 사람을 불러모아 횃불을 들고 서로 다투어 지지게 하여 온몸이 짓무른 뒤에 참수하고 가속은 모두 몰수했으며, 성을 지키다가 적에게 항복한 자, 전쟁에서 패배한 자, 사람을 죽이거나 겁탈한 자는 목을 베었고, 물건을 도둑질한 자는 12배를 물어주게 했으며, 소와 말을 죽인 자는 노비로 삼았다.

백제에서는 반역한 자, 퇴각한 군사, 사람을 죽인 자는 목을 베었고, 도둑질한 자는 귀양 보내는 동시에 그 장물의 2배를 징수했으며, 부인이 간통하면 남편 집의 계집종으로 삼았다. 신라의 법은 고구려·백제와 비슷했다.

한민족은 항상 긍정적이고 낙천적이었다. 열국시대에 여러 나라로 분열된 상황에서도 결코 낙담하지 않았다. 항상 노래 부르고 춤추고 술 마시고 악기 연주를 즐겼다. 그리고 절약하는 생활을 하면서 미리 준비하는 습관이 강했다. 음식을 아낀 것이라든가 장례용 물건들을 미리 준비한 것 등은 그러한 사실을 알게 해준다.

한민족은 깨끗한 것을 좋아했고 위생관념이 매우 강했다. 그래서 병을 앓거나 사람이 죽으면 곧 옛 집을 버리고 다시 새 집을 지어 살았다. 동성끼리 결혼하지 않고 머리를 상투 트는 것도 한민족의 오랜 전통이었다. 그리고 장례를 후하고 정성스럽게 치르는 습관이 있었다. 지역에 따라서는 다섯 달 동안 초상을 치르는 곳도 있었다. 장례를 후하게 치르는 것을 유가문화의 영향이라고 생각하는 사람들이 많으나 원래 한민족이 가지고 있었던 매우 오랜 전통인 것이다. 북쪽의 동부여부터 남쪽의 한에 이르기까지 장례 풍속에 같은 점도 있었는데 매장할 때 곽은 사용하지만 관은 쓰지 않았다.

열국시대의 여러 나라에는 하느님을 경배하는 거국적인 축제도 있었다. 이것은 고조선 이래 한민족이 최고신으로 받들어온 하느님에 대한 숭배의식을 계승한 것이었다. 이것을 동부여에서는 영고, 고구려에서는 동맹, 동예에서는 무천이라 했고, 한에도 그런 의식이 있었으나 이름은 전하지 않는다.

이러한 축제가 동부여에서는 12월, 고구려와 동예에서는 10월, 한에서는 5월과 10월에 치러져 그 시기에는 차이가 있었지만 의식의 성격과 내용은 모두 같았다. 열국시대에 이러한 거국적인 종교의식이 가장 북쪽에 있던 동부여에서 가장 남쪽에 있던 한에 이르기까지 한반도와 만주 전 지역에서 치러졌다는 것은, 당시 한민족은 여러 나라로 분열되어 있었지만 주요 풍속은 공유하고 있었다는 것을 알게 해준다.

이러한 제천의식에서는 신분의 차별 없이 남녀 상하가 함께 음식 먹고 술 마시며 노래하고 춤추면서 즐겼다. 이는 더불어 행복하게 살아야 한다는 홍익인간 이념이 사회사상에 반영되었기 때문일 것이다.

한민족의 중요한 명절인 설과 한가위 등이 열국시대에 이미 명절로서 지켜지고 있었고, 투호·농주희·바둑·윷·쌍륙·활쏘기·제기차기·연날리기 등의 놀이도 있었다. 열국은 대부분의 풍속을 공유하였지만 지역에 따라 다소 차이를 보이는 것도 있었다.

한에서는 장례를 지낼 때 큰 새의 깃털을 묻어주는 풍속이 있었고, 동옥저 사람들은 시체를 가매장하여 가죽과 살이 다 썩은 다음에 뼈만 추려 나무로 만든 큰 곽 속에 안치했는데, 가족을 모두 하나의 곽 속에 넣어두었다.

한반도 남부 사람들이 북부 사람들보다 자유로운 생활을 했다. 그리고 같은 한(韓) 안에서도 진한 지역에서는 소나 말을 탈것으로 이용한 반면에 마한 사람들은 그러지 않았다. 마한 지역은 농경지대로서 소와 말을 농경용으로 이용했기 때문이다. 동부여에서는 전쟁 때에 소를 잡아서 하늘에 제사 지내고 그 발굽을 가지고 길흉을 점쳤고, 형이 죽으면 동생이 그 형수를 아내로 삼는 풍속이 있었다.

읍루 지방은 기후가 매우 춥기 때문에 주로 굴속에 살았으며 돼지기름을 몸에 발라 바람과 추위를 막았다. 그들은 공동체의식이 강하여 마을 한가운데에 공중변소를 만들어놓고 그 주위에 주택을 짓고 모여 살았다. 이런 풍속은 오늘날 중국 농촌에서 그 잔재를 찾아볼 수 있다.

나라에 따라 종교 풍속에도 다소 차이가 있었다. 하느님을 최고신으로 받든 것은 마찬가지였지만 지역에 따라 나름의 토속신과 종교의식을 가지고 있었다. 고구려에서는 거처하는 좌우에 큰 집을 세우고 그곳에서 귀신에게 제사 지냈는데 영성과 사직도 받들었으며, 10월에는 수신(隧神)을 맞아 나라의 동쪽 강 위에서 제사를 지냈다. 동예에서는 호랑이를 신으로 섬겼으며, 한의 여러 지역에는 소도라는 종교 성지가 있었다. 또 변진에서는 문의 서쪽에 조신(竈神)을 모셨다. 이상과 같이 여러 나라의 주된 풍속은 거의 같지만 나라나 지역에 따라 약간의 다른 점도 있었다.

IV 열국시대 문화의 성격

1. 들어가며

열국시대는 정치적으로는 고조선이 붕괴되어 여러 나라로 분열된 시대였으나 정신적으로는 고조선을 계승하고 있었다. 그리고 그 중기에 이르면 유가(儒家)와 불교라는 외래문화가 유입되고 철기를 비롯한 금속문화가 매우 발달했다. 이 글에서는 이러한 문제들을 종합적으로 다루어보고자 한다.

고대사회에서는 종교가 가장 상위의 문화를 형성하고 있었을 뿐만 아니라 종합문화의 성격도 지니고 있었다. 그러므로 고대사회의 문화를 이해하기 위해서는 먼저 그 시대의 종교를 이해해야 한다. 여기서는 당시 종교 성격을 고찰하는 것에서 출발해보자. 열국시대의 여러 나라는 고조선을 계승한 나라들이었으므로 그 종교도 고조선의 종교를 계승하고 있었겠지만, 고조선의 붕괴라는 정치적 상황 변화와 유가와 불교라는 외래문화의 유입으로 그 성격에 변화가 일어났을 것이다.

이러한 종교 성격의 변화는 그 사상과 철학 체계 및 학문 전반에 영향을 주었을 것이다. 하느님을 최고신으로 한 여러 신들의 보호를 받는다고 생각했던 고조선이 붕괴되는 것을 보면서 신의 권위에 대해 의문을 품게 되었을 것이다. 이에 따라 이 시기에 인간의 능력에 대한 자각이 일어나게 되었을 것이다. 이러한 자각은 외래문화의 자극이라는 또 하나의 충격을 받으면서 다양한 관념체계를 성립시켰을 것이고 자연과학의 발달도 가져왔을 것이다.

고대인들의 자연에 대한 관심은 신의 뜻을 파악하기 위한 노력에서 시작되지만, 그러한 노력과 지식이 축적되어 자연과학의 발달을 가져오게 된다. 『삼국사기』에는 천문현상과 자연현상에 관한 기록이 많이 보이는데, 이러한 기록들도 초기에는 종교적 관심에서 시작되었다가 결과적으로는 자연과학의 발달을 가져왔을 것이다. 그러므로 그 기록들을 정리하여 그 의미를 해석해보려고 한다.

그리고 철과 금·은·동 등 금속의 이용 정도를 문헌 기록과 출토된 유물을 통해 확인해보려고 한다. 금속기술은 당시의 최첨단 과학기술로서 열국시대의 문화를 가늠하는 하나의 기준이 될 수 있다고 생각되기 때문이다.

열국시대의 문화로는 언어·문학·예술 등 여러 분야를 종합적으로 다루어야겠지만 이를 모두 살피는 것은 오히려 번거로울 수 있으므로 논의의 범위를 좁히고자 한다.

2. 열국시대의 종교 변화

열국시대의 여러 나라는 하느님을 최고신으로 받들었다. 이것은 고조선의 선교(仙敎)[1]를 그대로 이어받은 것이었다. 열국시대의 여러 나라가 하느님을 최고신으로 받들었다는 사실은 그들의 건국시조에 관한 전설과 풍속이 하느님과 연결되어 있다는 점에서 확인된다. 먼저 열국시대 각 나라의 건국시조 전설을 보자.

부여 건국시조의 전설은 『논형』 「길험편」에 실려 있다. 그 내용에 따르면 부여의 건국시조인 동명은 하느님의 기(氣)를 받고 태어났다.[2] 『후한서』 「동이열전」 〈부여국전〉과 『위략』에도 같은 내용이 실려 있다.[3] 부여 사람들은 그들의 건국시조를 하느님의 후손이라고 믿고 있었던 것이다. 동부여의 건국에 대해서는 『삼국사기』 「고구려본기」 〈시조 동명성왕〉조에 실려 있는데, 동부여는 북부여 왕실이 하느님의 계시를 받고 동쪽으로 이동하여 세운 것으로 되어 있다.[4] 당시 하느님의 계시는 나라를 이동

---

1 윤내현, 「고조선의 종교와 사상」, 『고조선 연구』 하, 만권당, 2016, pp. 353~389.

2 『논형』 권2, 「길험편」. "북쪽의 이족(夷族)인 탁리국(槖離國) 왕의 몸종이 임신을 했으므로 왕은 그녀를 죽이려고 했다. 그런데 몸종이 대답하여 말하기를, 크기가 달걀만 한 기(氣)가 하늘에서 나에게로 내려왔기 때문에 임신하게 되었다고 했다. 나중에 아들을 낳았으므로 그 아이를 돼지우리에 버렸더니 돼지가 입김으로 그 아이를 불어 죽지 않았다. …… 왕은 그 아이가 하느님의 아들일 것으로 생각하여 그의 어머니에게 그를 거두어 기르도록 하고 그의 이름을 동명이라 했으며 소와 말을 기르는 일을 맡아보도록 했다. 동명은 활을 잘 쏘았으므로 왕은 그가 그의 나라를 빼앗을까 두려워하여 그를 죽이고자 했다. 동명은 남쪽으로 도망하여 엄호수(掩淲水)에 이르러 활로 강물을 치니 물고기와 자라들이 떠올라 다리를 만들었다. 동명은 강을 건널 수 있었지만 곧 물고기와 자라들이 흩어지니 쫓아오던 병사들은 강을 건널 수 없었다. 그리하여 북쪽의 이족은 부여국을 갖게 되었다."

3 『후한서』 권85, 「동이열전」 〈부여국전〉과 『위략』에 실린 부여 건국시조의 전설은 『논형』 「길험편」의 내용과 같지만, 『삼국지』 권30, 「동이전」 〈부여전〉에 실린 『위략』에서는 동명이 출생한 나라를 고리지국(高離之國)이라 했고, 『후한서』 「동이열전」 〈부여국전〉에서는 색리국(索離國)이라 했으며 동명이 건넌 강을 시엄수(施掩水)라 했다.

4 『삼국사기』 권13, 「고구려본기」 〈시조 동명성왕〉조. "뒤에 부여의 국상 아란불이 말하기를, '일전에 하느님이 저에게 강림하시어 이르기를, 장차 나의 자손으로 하여금 이곳에

시킬 정도로 큰 영향력을 가지고 있었음을 알게 해준다.

고구려 건국시조에 관한 전설을 보면 『삼국사기』 「고구려본기」 〈시조 동명성왕〉조에 고구려 건국시조인 주몽왕의 아버지는 해모수라고 했다.[5] 해모수는 '해의 머슴애' 즉 해의 아들을 한자로 음사(音寫)한 것으로 고조선의 단군도 해모수라 불렸다.[6]

단군은 하느님의 아들을 뜻하는 천자와 같은 의미를 지닌 칭호였는데, 한민족은 해를 하느님의 상징으로 생각하여 단군을 해의 아들, 즉 해모수라고도 불렀던 것이다. 그러므로 『삼국사기』 〈동명성왕〉조에서는 고구려의 건국시조인 주몽을 하느님의 후손이라고 말하고 있는 것이다.

주몽의 출생 전설은 『위서』 「열전」 〈고구려전〉, 『삼국유사』 「기이」 〈고구려〉조, 이규보의 『동명왕편』, 「광개토왕릉비문」 등에도 보이는데, 고구려 당시의 기록인 「광개토왕릉비문」에도 "추모왕은 하느님의 아들이요 어머니는 하백의 딸이었다. 알을 깨고 나왔는데 나면서부터 성스러운 덕이 있었다."[7] 고 하여 고구려 건국시조인 주몽왕, 즉 추모왕은 하느님의 아들이라 말하고 있다.

신라 건국시조에 관한 전설을 보면 『삼국유사』 「기이」 〈신라 시조 혁거세왕〉조에 신라의 건국시조인 혁거세왕은 붉은 알에서 태어났는데 그

나라를 세우도록 하려 하니 너희 나라는 다른 곳으로 피하라. 동쪽의 바닷가에 가섭원이라는 곳이 있는데 땅이 기름지고 오곡에 알맞으니 도읍을 할 만하다고 했습니다.'라고 했다. 아란불이 드디어 왕에게 권하여 그곳으로 도읍을 옮기고 나라 이름을 동부여라 했다."

5 『삼국사기』 권13, 「고구려본기」 〈시조 동명성왕〉조.

6 김상기, 「국사상에 나타난 건국설화의 검토」, 『동방사논총』, 서울대 출판부, 1984, pp. 6~7의 주 7 참조.

7 「광개토왕릉비문」. "惟昔始祖鄒牟王之創基也, 出自北夫餘, 天帝之子, 母河伯女郞. 剖卵降出, 生子有聖."

곳에 전광과 같은 기운이 비쳤고 알을 지키던 흰 말은 하늘로 올라갔다고 말함으로써[8] 혁거세는 하늘에서 보낸 인물이었음을 시사하고 있다. 신라 사람들에게 혁거세왕은 하느님의 후손으로 인식되었던 것이다.

가야의 건국시조에 관한 전설을 보면 『삼국유사』 〈가락국기〉에 대가야의 수로왕은 물론, 다섯 가야의 주(主)들이 모두 하늘에서 내려 보낸 알에서 출생했다고 말하고 있다.[9] 하느님의 후손이라는 것이다.

이상과 같이 부여·동부여·고구려·신라·가야의 시조나 건국시조는 모두 하느님의 아들이거나 후손 또는 하늘에서 내려온 것으로 표현되어 있다는 점에서는 같은 성격을 지니고 있다.

한(韓)의 경우는 고조선의 거수국이 그대로 이어지면서 독립국이 되었으므로 건국시조에 관한 전설은 존재하지 않지만 그 종교에 대해서는 『후한서』 「동이열전」과 『삼국지』 「동이전」의 〈한전〉에,

> 여러 국읍에 각각 한 사람이 하느님의 제사를 주재하는데, 그 사람을 천군이라 부른다.[10]

고 하여 하느님을 받들었음을 말하고 있다. 이를 통해 볼 때 고조선의 종교가 그대로 이어지고 있었음을 알 수 있다.

읍루·동옥저·동예·최씨낙랑국은 그들의 시조나 건국시조에 관한 전설이 전해지지 않지만 『제왕운기』 「한사군급열국기」에,

---

8 『삼국유사』 권1, 「기이」, 〈신라 시조 혁거세왕〉조 ; 『삼국사기』 권1, 「신라본기」 〈시조 혁거세 거서간〉조에도 표현은 다소 다르지만 같은 내용이 실려 있다.

9 『삼국유사』 권2, 「기이」, 〈가락국기〉.

10 『후한서』 권85, 「동이열전」 〈한전〉. "諸國邑各以一人主祭天神, 號爲天君." ; 『삼국지』 권30, 「동이전」에도 표현은 다소 다르지만 같은 내용이 실려 있다.

> 각자가 국가라 칭하고 서로 침략했으니, 70이 넘는 그 숫자 어찌 다 밝혀지겠는가? 그 가운데 큰 나라가 어느 것인가? 먼저 부여와 비류가 이름을 떨쳤고, 다음은 시라(신라)와 고례(고구려)이며, (그다음은) 남북옥저(남옥저와 북옥저)·예·맥이 따르더라. 이들 나라 여러 임금님들이 누구의 후손인가 묻는다면, 그들의 혈통 또한 단군에서 이어졌다.[11]

고 하여 열국시대에 한반도와 만주에 있었던 여러 나라의 통치자들이 모두 단군의 후손이었다고 말한 것으로 보아 이들 나라가 고조선을 계승한 나라들이었음을 알 수 있다. 고조선의 단군은 통치자이면서 동시에 종교지도자였는데 단군이라는 칭호는 중국의 천자처럼 하느님의 아들이라는 뜻을 지니고 있었다. 열국의 왕들이 이러한 단군의 뒤를 이었다면 그 나라들의 종교는 당연히 고조선의 그것을 계승한 것으로서 하느님을 숭배했을 것이다.

지금까지 살펴본 바와 같이 열국시대의 여러 나라 종교는 하느님을 최고신으로 받드는 고조선의 선교를 계승했다는 점에서 동일성을 지니고 있었다. 열국시대의 종교가 고조선의 선교를 이어받았음은 다음의 기록들에서도 알 수 있다.

신라의 실성 마립간 12년(413년)에 낭산(狼山) 위의 구름 모양이 마치 누각과 같고 향기가 널리 퍼져 오랫동안 없어지지 아니한 일이 있었는데, 이를 보고 왕은 말하기를, "이는 반드시 선령(仙靈)이 하늘에서 내려

---

11 『제왕운기』 권 하, 「한사군급열국기」. "各自稱國相侵凌, 數餘七十何足徵, 於中何者是大國, 先以扶餘沸流稱, 次有尸羅與高禮, 南北沃沮穢貊膺, 此諸君長問誰後, 世系亦自檀君承."

와 노는 것이리라." 했다.[12] 고조선에서는 종교지도자를 선인[13]이라 했는데 선령은 이들의 영혼을 말할 것이다. 그리고 최치원은 '난랑비 서(序)'에서 신라의 풍류(화랑도)를 설명하면서 그 기원에 대해 『선사(仙史)』에 자세히 기록되어 있다고 했는데,[14] 이것은 신라의 화랑도가 고조선의 선교 정신을 이어받고 있었음을 말해준다.

열국시대에는 이와 더불어 조상신과 토지신·산천신 등의 자연신에 대한 숭배도 이루어지고 있었으며 나라나 지역에 따라 서로 다른 토속신앙이 존재했다.

동부여는 24년(추모왕 14년)에 고구려 추모왕의 어머니 유화가 사망하자 태후의 예로 장사하고 신묘(神廟)를 세웠으며,[15] 고구려는 9년(유리명왕 28년)에 태자 해명(解明)이 자결하자 묘를 세우고 창원(槍原)이라 했으며,[16] 20년(대무신왕 3년)에는 건국시조 사당인 동명왕묘를 세운 뒤[17]

---

12 『삼국사기』 권3, 「신라본기」 〈실성 마립간 12년〉조. "秋八月, 雲起狼山, 望之如樓閣, 香氣郁然, 久而不歇. 王謂是必仙靈降遊, 應是福地, 從此後, 禁人斬伐樹木."

13 『삼국사기』 권17, 「고구려본기」 〈동천왕 21년〉조에는 단군왕검을 선인왕검(仙人王儉)이라 부르고 있다. 고조선시대에 종교지도자를 선인이라 불렀음은, 윤내현, 「고조선의 종교와 사상」, 앞 책 『고조선 연구』 하, pp. 354~359를 참조할 것.

14 『삼국사기』 권4, 「신라본기」 〈진흥왕 37년〉조. "國有玄妙之道, 曰風流. 設敎之源, 備詳仙史."

15 『삼국사기』 권13, 「고구려본기」 〈시조 동명성왕 14년〉조. "秋八月, 王母柳花薨於東扶餘, 其王金蛙, 以太后禮葬之, 遂立神廟."; 『삼국사기』 권32, 「잡지」 〈제사〉조에도 인용되어 있다.

16 『삼국사기』 권13, 「고구려본기」 〈유리명왕 28년〉조. "走馬觸之而死, 時年二十一歲, 以太子禮, 葬於東原, 立廟, 號其地爲槍原."

17 『삼국사기』 권14, 「고구려본기」 〈대무신왕 3년〉조. "春三月, 立東明王廟."; 『삼국사기』 권32, 「잡지」 〈제사〉조에는 고구려에 부여신과 등고신(登高神)을 모신 2개의 신묘가 있었는데 부여신은 여신이었고 등고신은 시조신으로 부여신의 아들이었다고 기록되어 있다. 이를 통해 부여신은 유화부인이며 등고신은 추모왕임을 알 수 있다.

왕들이 자주 졸본에 가서 동명묘에 제사를 지냈다.[18] 백제에서도 서기전 18년(온조왕 원년)에 동명왕묘를 세운[19] 뒤 왕들은 그곳을 배알했으며,[20] 서기전 2년(온조왕 17년)에는 국모(國母)의 묘를 세우고 제사를 지내기도 했다.[21] 신라에서도 6년(남해 차차웅 3년)에 시조묘를 세웠고,[22] 170년에는 이를 중수했을 뿐만 아니라[23] 역대 왕들은 친히 시조묘에 제사를 지냈다.[24] 이러한 기록들은 열국시대에 조상신 숭배가 매우 중요했음을 알게 해준다.

『삼국사기』에는 고구려·백제·신라의 왕들이 천신·지신·산신·하천

---

18 『삼국사기』 권16, 「고구려본기」 〈신대왕 3년〉조 ; 권16, 〈고국천왕 2년〉조 ; 권17, 〈동천왕 2년〉조 ; 권17, 〈중천왕 13년〉조 ; 권18, 〈고국원왕 2년〉조 ; 권19, 〈안장왕 3년〉조 ; 권19, 〈평원왕 2년〉조 ; 권20, 〈건무왕(영류왕) 2년〉조 참조 ; 권32, 「잡지」 〈제사〉조에는 신대왕 3년은 4년으로, 고국천왕 2년은 원년으로 기록되어 있다.

19 『삼국사기』 권23, 「백제본기」 〈시조 온조왕 원년〉조. "夏五月, 立東明王廟." 백제는 부여계였으므로 백제에서 세운 동명왕묘는 고구려의 동명왕묘와는 달리 부여의 건국시조인 동명왕의 묘였을 것이다.

20 『삼국사기』 권23, 「백제본기」 〈다루왕 2년〉조 ; 권24, 〈구수왕 14년〉조 ; 권24, 〈책계왕 2년〉조 ; 권24, 〈분서왕 2년〉조 ; 권24, 〈비류왕 9년〉조 ; 권25, 〈아신왕 2년〉조 ; 권25, 〈전지왕 2년〉조 등 참조 ; 『삼국사기』 권32, 「잡지」 〈제사〉조에는 계왕 2년에도 동명왕묘에 배알했다고 기록되어 있다. 그리고 〈제사〉조에는 『책부원구(冊府元龜)』를 인용하여 그 시조 구태의 묘를 도성에 세워놓고 사계절로 제사를 지냈다고 했는데, 이 내용은 『주서』 「이역열전」 〈백제전〉과 『수서』 「동이열전」 〈백제전〉에도 보인다. 구태는 비류와 온조의 아버지로 전해오는 우태를 잘못 기록했을 가능성이 있다. 이 책의 제1장 Ⅵ 「백제의 건국과 성장」 참조.

21 『삼국사기』 권23, 「백제본기」 〈시조 온조왕 17년〉조. "夏四月, 立廟以祀國母."

22 『삼국사기』 권1, 「신라본기」 〈남해 차차웅 3년〉조. "春正月, 立始祖廟."

23 『삼국사기』 권2, 「신라본기」 〈아달라 이사금 17년〉조. "春二月, 重修始祖廟."

24 『삼국사기』 권1, 「신라본기」 〈유리 이사금 2년〉조. "春正月, 親祀始祖廟, 大赦." ; 〈탈해 이사금 2년〉조. "二月, 親祀始祖廟." 이후에도 신라왕들의 시조묘에 대한 제사는 계속된 것으로 기록되어 있는데, 『삼국사기』 권32, 「잡지」 〈제사〉조에는 왕들이 시조묘에 봄·가을·여름·겨울 사철 제사를 지냈다고 기록되어 있다.

신 등에게 제사를 지낸 기록이 보인다.[25] 그리고 『후한서』「동이열전」〈고구려전〉에는 고구려 사람들은 귀신·사직·영성에 제사 지내기를 좋아한다고 기록되어 있는데,[26] 귀신은 조상신과 자연신, 사직신은 토지신과 곡물신, 영성신은 별신을 뜻한다. 이 신들의 성격으로 보거나 『삼국사기』「잡지」〈제사〉조에 신라에도 일월제(日月祭)와 오성제(五星祭)가 있었다고 한 것으로 보아 이러한 신들을 숭배한 것은 고구려만이 아니었다. 그러므로 열국시대 종교의 숭배 대상은 천신, 즉 하느님을 최고신으로 하여 그 밑에 조상신과 지신·산신·하천신·사직신·영성신 등의 여러 신들로 구성되어 있었음을 알 수 있다.

『후한서』「동이열전」과 『삼국지』「동이전」 기록에 따르면 고구려에서는 수신(襚神, 隧神)이라 불리는 큰 굴을 숭배했으며,[27] 동예에서는 호랑이를 숭배했고,[28] 한에는 소도라는 종교 성지가 있었다.[29] 이것은 나라에 따라 독자적인 토속신앙도 가지고 있었음을 알게 해준다. 고구려에서 섬겼던 큰 굴은 곰이 살았던 곳으로 곰은 고구려족의 수호신이었고,

25 『삼국사기』 권14, 「고구려본기」〈대무신왕 5년〉조와 권16, 〈산상왕 7년〉조에는 왕이 천신과 산천신에 기원했다는 기록이 보이고, 권23·24·25「백제본기」〈시조 온조왕 38년〉조, 〈다루왕 2년〉조, 〈고이왕 5·14년〉조, 〈비류왕 10년〉조, 〈근초고왕 2년〉조에는 왕이 천신과 지신에게, 〈고이왕 10년〉조에는 천신과 지신 및 산천신에게, 〈아신왕 2년〉조에는 동명왕묘와 천신 및 지신에게 제사를 지냈다고 했고, 권1·2「신라본기」〈파사 이사금 30년〉조에는 산천신에게 풍년을 빌었고, 〈일성 이사금 5년〉조와 〈기림 이사금 3년〉조에는 태백산에 제사를 지냈다고 기록되어 있다.

26 『후한서』 권85, 「동이열전」〈고구려전〉. "好事鬼神·社稷·零星."

27 『후한서』 권85, 「동이열전」〈고구려전〉. "其國東有大穴, 號襚神, 亦以十月迎而祭之." ; 『삼국지』 권30, 「동이전」〈고구려전〉에도 같은 내용이 보인다.

28 『후한서』 권85, 「동이열전」〈예전〉. "又祠虎以爲神." ; 『삼국지』 권30, 「동이전」〈예전〉에도 같은 내용이 보인다.

29 『후한서』 권85, 「동이전」〈한전〉. "又立蘇塗, 建大木以縣鈴鼓, 事鬼神." ; 『삼국지』 권30, 「동이전」〈한전〉에도 같은 내용이 보인다.

동예가 섬겼던 호랑이는 예족의 수호신이었던 것으로 생각된다.[30]

그런데 열국시대 후기에 이르러 한민족의 신앙생활에 큰 변화가 일어났다. 4세기 후반에 유가와 불교가 전래되면서, 특히 불교는 이후 지배층의 종교로 군림하게 되었다. 『삼국사기』에 따르면 유학은 372년(소수림왕 2년)에 고구려가 태학(太學)을 세우고 자제들을 교육함으로써 보급되기 시작했다.[31] 불교는 같은 해에 전진의 승려 순도가 불상과 경문을 가지고 고구려에 들어오면서 전해졌는데,[32] 그 2년 뒤에는 승려 아도(阿道)가 고구려에 들어왔으며,[33] 375년(소수림왕 5년)에 고구려는 처음으로 초문사(肖門寺)를 지어 그곳에 순도가 주재하도록 했고, 또 이불란사(伊弗蘭寺)를 지어 그곳에 아도가 있게 함으로써 비로소 불교가 본격적으로 일어나기 시작했다.[34]

백제에 불교가 전래된 것은 384년(침류왕 원년)에 호승(胡僧) 마라난타가 진(晉)에서 들어오자 왕이 그를 맞아 궁 안에 두고 예경(禮敬)함으로써 비롯했는데,[35] 다음 해에 침류왕은 한산에 절을 짓고 승려 10명을

---

30 윤내현, 「고조선의 종교와 사상」, 앞 책 『고조선 연구』 하, pp. 712~713 참조.

31 『삼국사기』 권18, 「고구려본기」 〈소수림왕 2년〉조. "立太學, 敎育子弟."

32 『삼국사기』 권18, 「고구려본기」 〈소수림왕 2년〉조. "夏六月, 秦王苻堅遣使及浮屠順道, 送佛像經文, 王遣使廻謝, 以貢方物."

33 『삼국사기』 권18, 「고구려본기」 〈소수림왕 4년〉조. "僧阿道來." 승려 아도에 대해 『해동고승전』에는 위(魏)에서 왔다고 했고, 『삼국유사』 권3, 〈순도조려(順道肇麗)〉조에는 진(晉)에서 왔다고 기록되어 있으나 당시 고구려는 전진과 가까운 관계였으므로 전진에서 왔을 가능성이 있다.

34 『삼국사기』 권18, 「고구려본기」 〈소수림왕 5년〉조. "春二月, 始創肖門寺, 以置順道, 又創伊佛蘭寺, 以置阿道, 此海東佛法之始." 여기에서 초문(肖門)은 성문(省門)을 잘못 기록한 것이라고 『해동고승전』에서는 밝히고 있다.

35 『삼국사기』 권24, 「백제본기」 〈침류왕 원년〉조. "胡僧摩羅難陁自晉至, 王迎致宮內禮敬焉, 佛法始於此."

두었다.[36] 신라에 불교가 전래된 것은 눌지 마립간(417~457년) 때 묵호자라는 승려가 고구려에서 신라에 들어옴으로써 비롯되었다. 그 뒤 소지 마립간(479~499년) 때 아도화상이라는 승려가 부하 세 사람과 함께 들어와 불법을 전파하여 신도가 늘어났는데, 법흥왕(514~539년) 때에 이르러서는 불교를 공인하려 했으나 신하들의 반대에 부딪혀 뜻을 이루지 못하다가 이차돈의 순교를 거쳐 528년(법흥왕 15년)에야 비로소 공인되었다.[37] 법흥왕은 다음 해에 명을 내려 살생을 금했고,[38] 544년(진흥왕 5년)에는 흥륜사가 지어졌다.[39]

이와 같이 고구려·백제·신라에서 불교는 처음부터 왕실의 지원을 받으면서 보급되었는데, 왕실에서는 이와 더불어 한민족의 전통신앙에도 관심을 기울였다. 392년에 고구려 고국양왕은 명을 내려 불교를 믿어 복을 구하라 하면서도 담당 관리에게 명하여 국사(國社)를 건설하고 종묘를 수리하도록 했으며,[40] 487년에 신라 소지 마립간이 나을(奈乙)에 신궁을 짓자[41] 이후 신라왕들은 신궁에 참배했다.[42] 국사는 나라의 토지신을 모신 곳이며 종묘는 조상신을 모신 곳이니 이는 한민족 고유 신앙의 일부였던 것이다. 그리고 나을에 지은 신궁은 신라의 나라신인 하느

---

36 『삼국사기』 권24, 「백제본기」 〈침류왕 2년〉조. "春二月, 創佛寺於漢山, 度僧十人."
37 『삼국사기』 권4, 「신라본기」 〈법흥왕 15년〉조 참조.
38 『삼국사기』 권4, 「신라본기」 〈법흥왕 16년〉조. "下令禁殺生."
39 『삼국사기』 권4, 「신라본기」 〈진흥왕 5년〉조 "春二月, 興輪寺成."
40 『삼국사기』 권18, 「고구려본기」 〈고국양왕 9년〉조. "三月, 下教, 崇信佛法求福, 命有司, 立國社修宗廟."
41 『삼국사기』 권3, 「신라본기」 〈소지 마립간 9년〉조. "春二月, 置神宮於奈乙, 奈乙始祖初生地處也."
42 『삼국사기』 권3, 「신라본기」 〈소지 마립간 17년〉조 ; 〈지증 마립간 3년〉조 ; 〈법흥왕 3년〉조 등 참조.

님과 박씨·석씨·김씨의 시조를 함께 모신 신전이었을 것이다.

이 신궁에 대해 김씨 성의 첫 번째 왕인 미추 이사금을 모신 김씨 시조묘일 것으로 보는 견해가 있으나 그렇게 보기는 어려울 것 같다. 그 이유는 다음과 같다. 첫째, 정(井)의 옛 음은 얼이므로 나을(奈乙)은 나정(蘿井)의 다른 표기로 신라의 건국시조 혁거세 거서간이 출생한 곳이었다.[43] 그러므로 김씨 시조묘를 박씨 시조인 혁거세 거서간이 출생한 곳에 지었다는 것은 이해할 수 없다. 둘째, 미추 이사금은 김씨로서 첫 번째 왕위에 오른 인물이지만 김씨의 시조는 아니었다. 김씨의 시조는 알지(閼智)였다.[44] 셋째, 그것이 씨족의 시조묘였다면 그 이름을 묘라 했을 것이다. 그런데 신궁이라 한 것으로 보아 김씨의 시조묘가 아님을 알 수 있다. 넷째, 당시 신라의 지배층은 박·석·김으로 형성되어 있어서 정치적으로 대통합을 추구해야 할 상황에 있었다. 그런 상황에서 씨족의 분열을 초래할 위험이 있는 김씨 시조묘를 왕실이 주관하여 따로 만들었다고 보기는 어렵다. 따라서 그보다는 신라의 건국시조 혁거세 거서간이 태어난 곳에 신라의 나라신인 하느님과 박씨·석씨·김씨의 시조를 함께 모시는 신궁을 지었다고 보아야 할 것이다.

불교가 전래되어 보급되던 시기에 국사와 신궁을 짓고 종묘를 수리했다고 하는 것은 필요에 따라 외래 종교인 불교를 공인하고 보급하면서도 한민족의 고유 신앙을 정돈하여 체계화할 필요가 있다고 생각했기 때문일 것이다. 그런데 불교는 한민족 고유의 신앙보다 교리가 훨씬 더 체계적이었고 교단의 운영도 조직화되어 있었다. 그뿐만 아니라 불교의 교리에는 윤회와 업보 사상이 있어서 현생의 사회신분은 전생의 업보로

---

43 이병도, 『국역 삼국사기』, 을유문화사, 1980, p. 49 주 1 참조.

44 『삼국사기』 권1, 「신라본기」 〈탈해 이사금 9년〉조 참조.

얻어진 것이라고 말함으로써 왕과 지배귀족의 현실적 지위를 합리화했다. 따라서 점차 지배층의 종교로 자리 잡게 되었고 한민족의 고유 종교는 피지배층의 종교로 전락하는 결과를 가져왔다. 즉 열국시대 후기 사회의 종교적 특징은, 불교는 상층부를, 한민족의 고유 종교는 하층부를 형성하는 이중구조가 형성되어갔다는 점이다.

그러나 여기서 유의해야 할 것은 지배귀족의 신봉 대상이었던 이 시기의 불교에는 한민족 고유 종교 요소가 많이 포함되어 있어서 혼합종교의 성격을 띠고 있다는 점이다.[45] 지배귀족들이 비록 불교를 신봉하고는 있었지만 그들의 생활과 정서에는 조상으로부터 전해받은 한민족 고유의 가치관이 매우 깊이 자리하고 있었기 때문이다.

3. 열국시대의 사상과 학술

고대인들은 모든 자연현상은 물론, 인간만사까지 신들이 섭리하고 있다고 믿었다. 따라서 그들의 신앙은 결코 형식적인 것이 아니었다. 고조선시대에서 열국시대에 이르기까지 이러한 믿음은 이어지고 있었다.

『삼국사기』에는 고구려 대무신왕이 동부여를 치는 도중에 포위를 당했는데 하느님에게 도움을 빌었더니 홀연히 큰 안개가 끼어 지척에서도 사람을 분별할 수가 없게 되자 그 기회를 이용하여 왕은 군사들과 더불어 그곳을 탈출할 수가 있었고,[46] 산상왕은 아들이 없어 산천에 기도했

---

45 김동선, 「삼국시대 신라 혼합종교의 성격에 관하여」-특히 샤머니즘과 불교를 중심으로, 제5회 조선학 국제학술토론회 발표문, 1997.

46 『삼국사기』 권14, 「고구려본기」 〈대무신왕 5년〉조. "……王以糧盡士饑, 憂懼不知所

더니 꿈에 하느님이 나타나, 내가 너의 소후(小后)로 하여금 아들을 낳게 할 것이니 근심하지 말라 했는데, 왕은 뒤에 소후를를 맞아 아들을 얻었다는 기록이 보인다.[47]

백제에서는 구수왕이 동명묘에 빌었더니 비가 왔으며,[48] 신라에서는 파사 이사금이 산천에 기원했더니 황충(蝗蟲)이 없어져 풍년이 들었고,[49] 첨해 이사금이 시조묘와 명산(名山)에 기제(祈祭)했더니 곧 비가 왔으며,[50] 내물 마립간이 시조묘에 제사를 지내자 묘 위에 자운(紫雲)이 서리고 묘정(廟庭)에는 신작(神雀)이 모여들었다는 기록도 보인다.[51] 이러한 기록들은 열국시대 사람들은 신이 인간의 기도에 직접 반응하고 신의 섭리가 현실로 나타난다고 믿었음을 알게 해준다.

열국시대 사람들은 신이 꿈이나 자연현상을 통해 그의 뜻을 인간에게 나타낸다고 믿었다. 『삼국사기』에는 백제 온조왕 때 궁정의 우물이 갑자기 넘치면서 한성에서 머리는 하나이고 몸은 둘인 송아지가 태어났는데, 일관(日官)은 말하기를 우물물이 넘친 것은 발흥할 징조요, 소의 머리가 하나이고 몸이 둘인 것은 이웃 나라를 멸망시킬 징조라고 설명했는데, 왕은 이 말을 듣고 한(韓)을 병탄할 생각을 하게 되었다는 기록이

爲, 乃乞靈於天, 忽大霧, 咫尺不辨人物七日."

47 『삼국사기』 권16, 「고구려본기」 〈산상왕 7·12·13년〉조 참조.

48 『삼국사기』 권24, 「백제본기」 〈구수왕 14년〉조. "王祈東明廟, 乃雨."

49 『삼국사기』 권1, 「신라본기」 〈파사 이사금 30년〉조. "秋七月, 蝗害穀, 王遍祭山川, 以祈禳之, 蝗滅, 有年."

50 『삼국사기』 권2, 「신라본기」 〈첨해 이사금 7년〉조. "自五月至七月, 不雨, 禱祀祖廟及名山, 乃雨."

51 『삼국사기』 권3, 「신라본기」 〈내물 이사금 3년〉조. "春二月, 親祀始祖廟, 紫雲盤旋廟上, 神雀集於廟庭."

보인다.[52]

그리고 큰 기러기 100여 마리가 왕궁에 모인 것을 보고 일관이 말하기를, 큰 기러기는 백성의 상징이니 장차 먼 곳에서 투항해 오는 사람들이 있을 것이라고 설명했다는 기록도 보인다.[53] 또한 앞에서 소개한 바와 같이, 신라 실성 마립간 때 낭산 위의 구름 모양이 마치 누각과 같고 향기가 널리 퍼지자 왕은 "이는 분명히 선령이 하늘에서 내려와 노는 것으로 이 땅이 복 받은 땅일 것이다."라 말하고 그 지역의 나무를 베지 못하게 하기도 했다.[54] 파사 이사금 때에는 금성(金城)의 문이 저절로 무너지더니 5월부터 7월까지 비가 오지 않았다[55]는 기록도 보인다. 이상의 기록을 종합해볼 때 열국시대 사람들은 자연현상을 신의 뜻이라고 믿었던 것을 알 수 있다.

그리고 하느님과 인간 사이에는 상호 교감 작용이 있어서 풍년이나 흉년이 드는 것은 왕이 정치를 잘하거나 못한 것에 대한 상벌이라고 생각하여 그 책임을 왕에게 묻기도 했다. 동부여의 풍속에 가뭄이나 장마가 계속되어 오곡이 여물지 않으면 그 허물을 왕에게 돌려 왕을 바꾸거나 죽일 수 있었는데,[56] 이것으로 그러한 사실을 알 수 있다.

---

52 『삼국사기』 권23, 「백제본기」 〈시조 온조왕 25년〉조. "春二月, 王宮井水暴溢, 漢城人家馬生牛, 一首二身, 日者曰, 井水暴溢者, 大王勃興之兆也, 牛一首二身者, 大王幷鄰國地應也. 王聞之喜, 遂有幷呑辰馬之心."

53 『삼국사기』 권23, 「백제본기」 〈시조 온조왕 43년〉조. "九月, 鴻鴈百餘集王宮, 日者曰, 鴻鴈民之象也, 將有遠人來投者乎."

54 주 12와 같음.

55 『삼국사기』 권1, 「신라본기」 〈파사 이사금 32년〉조. "夏四月, 城門自毁, 自五月至秋七月, 不雨."

56 『삼국지』 권30, 「동이전」 〈부여전〉. "舊夫餘俗, 水旱不調, 五穀不熟, 輒歸咎於王, 或言當易, 或言當殺."

『삼국사기』에 보이는 지진에 관한 기록을 검토해보면 당시 사람들은 지진을 왕의 정치적 반성을 요구하고 죽음과 전쟁을 예고하는 현상으로 받아들였음을 알 수 있는데,[57] 이러한 사실은 열국시대 사람들이 천재지변을 하느님의 의지 표현으로 받아들였음을 알게 해준다.

『삼국사기』「신라본기」에는 670년(문무왕 10년), 695년(효소왕 4년), 698년(효소왕 7년), 703년(성덕왕 2년), 720년(성덕왕 19년), 725년(성덕왕 24년), 745년(경덕왕 4년), 754년(경덕왕 13년), 763년(경덕왕 22년), 770년(혜공왕 6년), 777년(혜공왕 13년), 791년(원성왕 7년), 794년(원성왕 10년), 797년(원성왕 13년), 814년(헌덕왕 6년), 827년(흥덕왕 2년), 831년(흥덕왕 6년)에 지진·홍수·가뭄 등의 천재지변이 일어났는데, 이때 중시(中侍) 또는 시중(侍中)이 교체되었다는 기록이 보인다. 이것은 당시 신라 삼공(三公)의 하나였던 중시 또는 시중이 왕을 대신해서 천재지변에 대한 책임을 지고 물러났다고 보아야 할 것이다.[58]

위에서 본 천재지변과 중시 또는 시중의 교체에 관한 내용을 『후한서』「오행지(五行志)」 기록과 비교 검토한 결과, 중국에서 한대(漢代) 이래 오행사상에 입각하여 삼공을 임면(任免)했던 관행이 영향을 준 것으로 파악되었다.[59] 당시는 신라가 당나라의 제도를 따르기로 한 뒤이므로 중국의 오행사상이 영향을 주었을 가능성은 있다. 그렇지만 그 밑바닥에는 하느님과 인간 사이에는 상호 교감 작용이 있어서 자연재해는 왕이 정치를 잘못한 것에 대한 벌이라고 생각하는 한민족의 사상이 깔려 있었을 것이다.

---

57 신형식, 「한국고대사에 있어서 지진의 정치적 의미」, 『동양학』 14집, 1984.

58 이희덕, 『고려 유교정치사상의 연구』, 일조각, 1997, p. 38.

59 위 책, pp. 33~37.

열국시대에는 종교사상에 중요한 변화가 일어나고 있었다. 전 시대보다 신의 권위가 다소 쇠퇴하는 것을 볼 수 있다. 『삼국사기』에는 고구려 태조왕은 표범이 범의 꼬리를 물어뜯는 꿈을 꾸었는데, 이에 대해 어떤 사람이 말하기를, "범은 백수(百獸)의 어른이요 표범은 범의 동류로서 작은 자이니 생각건대 왕의 친족으로서 대왕의 뒤를 끊으려고 하는 자가 있는 것이 아닐까 합니다."라고 했으나, 우보(右輔) 고복장(高福章)은 말하기를, "착한 일을 하지 않으면 길이 흉으로 변하고 착한 일을 하면 재앙이 도리어 복으로 변하는 것입니다. 지금 대왕이 나라를 내 집과 같이 걱정하시고 백성을 내 아들과 같이 사랑하시니 비록 조그마한 변괴가 있다 할지라도 무엇을 염려하리오."라고 했다는 기록이 보인다.[60]

그리고 고구려 차대왕 때는 왕이 평유원(平儒原)에서 사냥을 했는데 흰 여우가 뒤를 따라오며 울자 왕이 그것을 쏘았으나 맞지 않았다. 무사(巫師)에게 길흉을 물으니 대답하기를, "여우는 원래 요망한 짐승으로서 상서롭지 못한 것인데 하물며 그것이 흰색이라니 더욱 괴이한 일이라 할 수 있습니다. 하늘은 간절하게 말하는 것이 불가능하므로 요괴로써 그 뜻을 보이는 것이니, 이는 인군(人君)으로 하여금 두려움으로 마음을 닦고 반성하여 스스로 새롭게 되기를 바라는 것입니다. 만일 임금이 덕을 닦으면 화가 바뀌어 복이 되도록 할 수 있습니다."[61]라고 했다는 기

---

60 『삼국사기』 권15, 「고구려본기」 〈태조대왕 90년〉조. "王夜夢, 一豹齧斷虎尾, 覺而問其吉凶, 或曰, 虎者百獸之長, 豹者同類而小者也, 意者王之族類, 殆有謀絶大王之後者乎. 王不悅, 謂右輔高福章曰, 我昨夢有所見, 占者之言如此, 爲之奈何. 答曰, 作不善則吉變爲凶, 作善則災反爲福, 今大王憂國如家, 愛民如子, 雖有小異, 庸何傷乎."

61 『삼국사기』 권15, 「고구려본기」 〈차대왕 3년〉조. "秋七月, 王田于平儒原, 白狐隨而鳴, 王射之, 不中. 問於師巫曰, 狐者妖獸, 非吉祥況白其色, 尤可怪也. 然天不能諄諄其言, 故示以妖怪者, 欲令人君恐懼修省, 以自新也. 君若修德, 則可以轉禍爲福."

록도 보인다.

이러한 기록들은 인간의 노력으로 신의 의지를 바꿀 수 있다고 믿었음을 알게 해준다. 종교의 절대권위가 무너지고 있었던 것이다. 이러한 종교에 대한 관념의 변화는 종교의 절대권위에 의존했던 고조선의 통치가 붕괴되고 한민족이 여러 나라로 분열된 현실을 보면서 열국시대 사람들이 신의 권위에 의문을 갖기 시작한 데서 비롯했을 것이다. 이러한 의식이 발전하여 후세에는 종교의 권위가 크게 떨어져 정치권력 아래에 있게 되는 상황이 되었던 것이다.

열국시대 사람들은 기(氣)를 만물의 근원으로 생각하는 철학체계를 가지고 있었다. 앞에서 소개한 바와 같이 『논형』 「길험편」과 『후한서』 「동이열전」 〈부여국전〉 및 『위략』에, 부여의 건국시조는 그의 어머니가 하늘에서 내려온 달걀만 한 기(氣)를 받아 임신하여 출생했다고 기록되어 있다.[62] 이것은 고대 한민족이 기를 생명의 근원으로 생각했으며 그것은 하늘에서 온다고 믿었음을 알게 해준다.

『삼국사기』에는 자연현상에 대해서도 기(氣)로써 표현한 것이 보이는데, 34년 4월에 백제의 동방에 적기(赤氣)가 있었다[63]고 한 기록과 246년 10월에 신라의 동남에 백기(白氣)가 있었다[64]고 한 것이 그것이다. 이로 보아 열국시대 사람들은 기를 만물의 근원으로 생각했던 것을 알 수 있다. 신이 만물을 섭리한다고 믿었던 것은 유신론으로, 만물의 근원을 기라고 생각한 것은 유물론으로 볼 수 있다. 이런 점에서 고대 한민족은 유신론과 유물론을 적절히 결합한 소박한 철학이론을 가지고 있었

62 주 2·3 참조.

63 『삼국사기』 권23, 「백제본기」 〈다루왕 7년〉조. "夏四月, 東方有赤氣."

64 『삼국사기』 권2, 「신라본기」 〈조분 이사금 17년〉조. "冬十月, 東南有白氣如匹練."

다고 보아야 할 것이다.

부여의 건국시조인 동명왕은 열국시대가 시작되기 전의 인물이므로 유신론과 유물론을 결합한 철학이론은 고조선시대에 이미 있었던 것으로 생각된다. 단군사화에 하늘에서 내려온 환웅신이 지상의 곰을 여자로 진화하게 한 뒤 그녀와 결혼하여 단군왕검을 낳았다고 함으로써 사람에 대한 신의 창조설과 동물에서 차츰 발전해왔다는 진화론을 조화롭게 결합한 것처럼 만물의 근원에 대해서도 신성(神性)과 물성(物性)을 조화롭게 결합했던 것이다. 이것은 한민족이 원래 조화와 합리성을 추구했음을 보여준다.

조화를 추구하는 한민족의 의식은 도덕관에서도 나타난다. 『삼국사기』에는 최치원의 '난랑비 서(序)'가 실려 있는데 그 내용을 보면, 고대에 한민족은 집에 들어와서는 부모에 효도하고 밖에 나아가서는 나라에 충성하며, 처신을 하는 데는 일을 억지로 만들지 않고 말없이 가르침을 행하며 악한 일을 하지 않고 착한 일만을 받들었다.[65] 최치원의 설명에 따르면, 이것은 고조선시대의 가치관으로서 열국시대에도 그대로 이어지고 있었다. 그리고 이러한 도덕관은 유가·도가·불교의 핵심사상인데, 한민족은 유가·도가·불교가 전래되기 전부터 이미 그들의 가치관을 모두 포괄한 가치관을 가지고 있었던 것이다.

또 원광법사는 귀산(貴山) 등에게 평생 지킬 계명(誡銘)으로 세속의 5가지 계율을 말했는데, 첫째는 임금을 섬기되 충(忠)으로써 하고, 둘째는 어버이를 섬기되 효(孝)로써 하며, 셋째는 친구를 사귀는 데 신(信)으

---

65 『삼국사기』 권4, 「신라본기」 〈진흥왕 37년〉조. "國有玄妙之道, 曰風流, 設教之源, 備詳仙史, 實乃包含三教, 接化群生, 且如入則孝於家, 出則忠於國, 魯司寇之旨也. 處無爲之事, 行不言之教, 周柱史之宗也. 諸惡莫作, 諸善奉行, 竺乾太子之化也."

로써 하고, 넷째는 전쟁에 임해서는 물러서지 않으며, 다섯째는 생물을 죽이는 데는 가림이 있어야 한다는 것이었다.[66] 원광법사가 이를 지금 세속에 있는 5가지 계율이라고 말한 것으로 보아 이 계율은 이전부터 한민족 사회에 전해 내려오고 있었던 것임을 알 수 있다. 한민족의 도덕관은 매우 포괄적이고 조화를 이루고 있었던 것이다.

열국시대에는 학술도 상당히 높은 수준에 도달해 있었던 것으로 생각된다. 한민족이 고조선시대나 열국시대에 독자적인 문자를 사용했는지는 아직 분명하게 밝혀지지 않고 있다. 그러나 고조선에서 이미 한자가 사용되고 있었고 그 수준이 상당히 높은 경지에 이르러 있었다는 것은 확실하다.[67]

근래에 서기전 1세기 무렵의 유적인 경상남도 의창군 다호리에서 여러 종류의 청동기·철기·칠기 등과 더불어 다섯 자루의 붓이 출토되었는데,[68] 이 붓들은 중국 한(漢)시대에 사용했던 것들과 같은 것으로서 문자의 필사용이었다는 것이 확인되었다.[69] 이것은 고조선 말기에 매우 높은 수준의 서사문화(書寫文化)가 형성되어 있었고 그것은 열국시대로 이어졌음을 알게 해준다. 그리고 『논형』「회국(恢國)」편에,

---

66 『삼국사기』 권45, 「열전」 〈귀산전〉. "今有世俗五戒, 一曰事君以忠, 二曰事親以孝, 三曰交友以信, 四曰臨戰無退, 五曰殺生有擇."

67 윤내현, 「고조선과 중국의 문화 교류」, 앞 책 『고조선 연구』 하, pp. 467~471 참조.

68 이건무 등, 「의창 다호리유적 발굴진전보고(Ⅰ)」, 『고고학지』 제1집, 한국고고미술연구소, 1989, pp. 5~174 ; 「창원 다호리유적 발굴진전보고(Ⅱ)」, 『고고학지』 제3집, 한국고고미술연구소, 1981, pp. 5~111 ; 「창원 다호리유적 발굴진전보고(Ⅲ)」, 『고고학지』 제5집, 한국고고미술연구소, 1994, pp. 5~113.

69 이건무, 「다호리 출토 붓에 대하여」, 『고고학지』 제4집, 한국고고미술연구소, 1992, pp. 5~23.

요동과 낙랑 사람들은 주(周)시대에는 머리를 올려 상투로 장식했으나 지금은 사슴가죽으로 만든 갓을 머리에 쓰며 주시대에는 중역(重譯)을 했으나 지금은 『시경』, 『서경』, 『춘추』의 뜻을 읊는다.[70]

는 기록이 보인다. 『논형』은 1세기 중엽에 저술되었다. 그러므로 위 내용은 1세기 중엽에 낙랑 지역 사람들은 그 어려운 『시경』과 『서경』, 『춘추』 등의 내용은 물론, 그 의미까지도 줄줄 외울 정도로 한문을 잘했음을 알려준다. 당시에 낙랑군은 동한의 영토였다. 그러나 그 지역은 원래 고조선의 영토였으며, 그 주민들은 대부분 한민족으로서 한반도와 만주의 열국 지역 주민들과 교류가 많았다. 따라서 그러한 한문 수준은 열국 지역에도 영향을 주었을 것이다.

다소 후대이지만 고구려는 372년(소수림왕 2년)에 태학을 설치[71]할 정도로 유학에 대한 이해가 있었고, 「광개토왕릉비문」의 문장과 서체는 비가 세워질 당시 매우 수준 높은 한문 문화가 있었음을 알게 해주는데, 그 정도 수준에 이르는 데는 오랜 세월이 필요하다. 이로 보아 열국시대 초기에도 상당히 높은 수준의 기록 문화를 가지고 있었을 것이다. 이러한 기초 위에서 고구려와 백제는 역사서를 편찬했다.

고구려는 건국 초에 이미 100여 권이나 되는 방대한 『유기(留記)』라는 역사서를 편찬했고,[72] 600년에는 태학박사 이문진으로 하여금 이것

---

70 『논형』 「회국」편. "遼東·樂浪, 周時被髮椎髻, 今戴皮弁. 周時重譯, 今吟詩·書·春秋之義."

71 『삼국사기』 권18, 「고구려본기」 〈소수림왕 2년〉조. "立太學, 教育子弟."

72 『삼국사기』 권20, 「고구려본기」 〈영양왕 11년〉조. "國初始用文字. 時有人記事一百卷, 名曰留記."

을 축약하여 『신집(新集)』 다섯 권을 만들도록 했다.[73] 백제에서는 375년에 고흥이 『서기(書記)』를 편찬했으며,[74] 이 밖에도 『백제고기(百濟古記)』, 『백제신찬(百濟新撰)』, 『백제본기(百濟本紀)』 등의 역사서가 있었다. 이 역사서들은 오늘날 전해지지 않지만 『삼국사기』와 『삼국유사』가 편찬될 때 직접 또는 간접으로 이용되었을 것이다. 백제의 사신으로 왜국에 간 아직기는 왜의 태자(우지노와키 이라쓰코)에게 경전을 가르쳤고, 다음 해에는 백제의 왕인이 『논어』와 『천자문』을 왜에 전했는데 그는 왜 태자의 스승이 되어 여러 전적을 가르쳤다.[75]

그리고 554년에 백제는 왜의 요청을 받고 오경박사 왕유귀를 고덕 마정안과, 승려 담혜 등 9명을 승려 도심 등 일곱 사람과 바꾸었으며, 역박사(易博士) 시덕 왕도량, 역박사(曆博士) 고덕 왕보손, 의박사(醫博士) 나솔 왕유릉타(王有悛陀), 채약사(採藥師) 시덕 반량풍·고덕 정유타, 악인(樂人) 시덕 삼근, 계덕 기마차, 계덕 진노, 대덕 진타 등을 보내 그 전에 왜에 있었던 사람들과 바꾸었다는 기록이 『일본서기』에 보인다.[76]

---

73 『삼국사기』 권20, 「고구려본기」 〈영양왕 11년〉조. "詔太學博士李文眞, 約古史爲新集五卷."

74 『삼국사기』 권24, 「백제본기」 〈근초고왕 30년〉조. "古記云, 百濟開國已來, 未有以文字記事, 至是, 得博士高興, 始有書記."

75 『삼국사기』 권25, 「백제본기」 〈아신왕 11년〉조 ; 『일본서기』 권10, 〈오진 천황 14·16년〉조 ; 『고사기』 중권, 〈오진 천황〉조 참조. 『일본서기』의 연대는 120년(2주갑)이 올라가 있으므로 오진 천황 14년(계묘)에서 이를 삭제하면 아신왕 12년(계묘)이 된다. 『고사기』에는 아직기를 아지길사, 왕인을 화이길사라 했다. 이때 왕인이 전달한 『천자문』은 종요가 지은 것 같다.

76 『일본서기』 권19, 〈긴메이 천황 15년 2월〉조. "五經博士王柳貴, 代固德馬丁安. 僧曇慧等九人, 代僧道深等七人. 別奉勅, 貢易博士施德王道良, 曆博士固德王保孫, 醫博士奈率王有悛陀, 採藥師施德潘量豊·固德丁有陀, 樂人施德三斤, 季德己麻次, 季德進奴, 對德進陀. 皆依請代之."

이것은 백제의 역학(易學)·역학(曆學)·의학·약학·음악 등 여러 분야의 수준이 554년 이전에 이미 매우 높은 수준에 이르렀음을 알게 해준다. 이런 높은 수준의 학문은 오랜 세월 동안의 연구와 실험 결과의 축적을 통해 이루어지는 것이다. 이러한 사실들은 열국시대에 한민족의 학문이 매우 높은 수준에 도달해 있었음을 알게 해준다.

4. 열국시대의 과학과 금속 이용

열국시대의 과학 수준을 보여주는 대표적인 것은 친문과 기상 및 자연현상에 관한 기록들이다. 고대인들은 천문과 기상 및 자연현상의 변화는 신의 뜻이 표출된 것이라고 믿었으며 당시 기본 경제였던 농사와 밀접한 관계가 있기 때문에 그 변화를 자세히 관찰했다. 그러한 기록이 축적되면서 천문이나 기후 및 자연현상의 변화에는 일정한 법칙이 있다는 사실을 알게 되었고 그 결과 자연과학이 발달했다.

『후한서』「동이열전」〈예전〉에, 동예에서는 "새벽에 별자리의 움직임을 관찰하여 그해에 풍년이 들 것인지를 미리 알았다."[77]고 한 것에서 알 수 있듯이 열국시대 사람들의 천문에 관한 관심은 농업과 깊은 관계가 있었다.

『삼국사기』에는 천문현상에 관한 기록이 많이 보인다.「고구려본기」에는 일식에 관한 기록 11건, 혜성에 관한 기록 10건, 유성에 관한 기록 5건, 행성에 관한 기록 4건, 태양에 관한 기록 1건으로 모두 29건의 천문

77 『후한서』 권85,「동이열전」〈예전〉. "曉候星宿, 豫知年歲豊約." ; 『삼국지』 권30,「동이전」〈예전〉에도 같은 내용이 보인다.

기록이 보인다. 554년(양원왕 10년) 12월 그믐날의 일식[78]은 고구려의 기록에서만 보이는데 이것은 고구려가 독자적으로 천문현상을 관찰했음을 알게 해준다.

그리고 고구려의 천문 기록 가운데 446년(민중왕 3년) 11월 남쪽에 혜성이 나타나 20일 만에 사라졌다[79]는 기록은 혜성에 관한 한국 기록 가운데 가장 이른 것이며, 「고구려본기」에 보이는 천문현상에 관한 기록 가운데 가장 앞서는 것이기도 하다. 153년(차대왕 8년) 12월과 299년(봉상왕 8년) 9월[80]에 객성(客星)이 달을 범했다는 기록이 있는데, 객성이 어떤 종류의 별이었는지는 분명하지 않지만 월식현상을 관찰한 매우 귀한 기록이다.

640년(영류왕 23년) 9월에는 해가 광채를 잃었다가 사흘이 지나서야 회복되었다[81]는 기록이 보인다. 이것은 태양에 흑점이 발생했음을 말한 것으로 다른 나라 기록에서는 볼 수 없는 매우 중요한 가치를 지닌다. 고구려의 여러 벽화무덤에서는 별자리 그림을 볼 수 있는데, 그 가운데 진파리 4호 무덤과 덕화리 2호 무덤의 별자리 그림은 매우 상세하고 정확한 것으로 알려져 있으며,[82] 해와 달이 그려진 벽화도 있다.[83] 그리고

---

78 『삼국사기』 권19, 「고구려본기」 〈양원왕 10년〉조. "十二月晦, 日有食之."

79 『삼국사기』 권14, 「고구려본기」 〈민중왕 3년〉조. "星孛于南, 二十日而滅."

80 『삼국사기』 권15, 「고구려본기」 〈차대왕 8년〉조 "客星犯月." ; 권17, 「고구려본기」 〈봉상왕 8년〉조. "客星犯月."

81 『삼국사기』 권20, 「고구려본기」 〈영류왕 23년〉조. "日無光, 經三日復明."

82 리준걸, 「28수를 다 그린 진파리 4호 무덤」, 『력사과학』, 1981년 3호, pp. 46~48 ; 「덕화리 2호 무덤의 별그림에 대하여」, 『력사과학』, 1981년 1호, pp. 33~37 ; 「고구려 별그림의 특징」, 『력사과학』, 1983년 2호, pp. 27~31.

83 리준걸, 「고구려 벽화무덤의 해와 달 그림에 대하여」, 『력사과학』, 1985년 2호, pp. 39~44.

고구려에서는 5세기 말 또는 6세기 초에 돌에 별자리를 새긴 석각천문도(石刻天文圖)를 만들었던 것으로 전해지고 있다.[84] 이러한 사실들은 고구려의 천문학이 매우 높은 수준에 도달해 있었음을 알게 해준다.

한편「백제본기」의 천문현상 기록 가운데 일식에 관한 기록은 26건인데, 가장 이른 것은 서기전 13년(온조왕 6년) 7월의 것이며[85] 87년(기루왕 11년) 8월 그믐날과 478년(삼근왕 2년) 3월 초하루의 일식에 관한 기록[86]은 다른 나라 기록에서는 보이지 않는다.[87] 이것은 백제가 독자적으로 천문현상을 관찰하여 기록을 남겼음을 알게 해준다.

그리고 85년(기루왕 9년) 4월의 기록에서는 객성이 자미(紫微)로 들어갔었고 186년(초고왕 21년) 10월에는 혜성이 서북에 나타났다가 20일 만에 사라졌으며, 190년(초고왕 26년) 9월에는 치우기(蚩尤旗)가 각(角)·항(亢)에 나타났고 204년(초고왕 39년) 10월에는 동정(東井)에 혜성이 나타났으며, 205년(초고왕 40년) 7월에는 태백(太白 : 금성)이 달을 범했고 454년(비유왕 28년)에는 혜성이 서북에 나타났는데 길이가 20장(丈) 가량 되었으며, 532년(성왕 10년) 7월에는 별똥이 비 오듯 쏟아졌다는 등의 기록이 보이는데,[88] 이것은 백제에서 천문현상을 그 기간과 크기까

---

84 조선기술발전사편찬위원회, 『조선기술발전사』 2, 삼국시기·발해·후기신라편, 과학백과사전출판사, 1994, pp. 251~261.

85 『삼국사기』 권23, 「백제본기」 〈시조 온조왕 6년〉조. "秋七月辛未晦, 日有食之."

86 『삼국사기』 권23, 「백제본기」 〈기루왕 11년〉조. "秋八月乙未晦, 日有食之." ; 〈삼근왕 2년〉조. "三月己酉, 日有食之."

87 사회과학원 력사연구소, 『조선전사』 4, 중세편, 백제·전기신라 및 가야사, p. 121.

88 『삼국사기』 권23, 「백제본기」 〈기루왕 9년〉조. "夏四月乙巳, 客星入紫微." ; 권25, 「백제본기」 〈초고왕 21년〉조. "星孛于西北, 二十日而滅." ; 권23, 「백제본기」 〈초고왕 26년〉조. "秋九月, 蚩尤旗見于角亢." ; 〈초고왕 39년〉조. "冬十月, 星孛于東井." ; 〈초고왕 40년〉조. "秋七月, 太白犯月." ; 권25, 「백제본기」 〈비유왕 28년〉조. "星孛于西北, 長二十丈許." ; 권26, 「백제본기」 〈성왕 10년〉조. "秋七月甲辰, 星隕如雨."

지 자세하게 관찰했다는 것을 알게 해준다. 그리고 222년(구수왕 11년) 10월, 321년(비류왕 18년) 7월, 394년(아신왕 3년) 7월 등의 기록에는 태백(금성)이 낮에 보였다고 했는데,[89] 이것은 천문현상을 낮에도 계속 관찰했음을 알게 해준다.

또 「신라본기」의 천문현상 기록 가운데 일식에 관한 것은 29건인데, 가장 이른 기록은 서기전 54년(혁거세 거서간 4년) 4월 초하룻날의 것이다.[90] 이로 보아 신라는 왕조 시작 직후부터 천문현상을 관찰했음을 알 수 있다. 또한 혜성이 서기전 49년(혁거세 거서간 9년) 3월에는 왕량(王良)에, 서기전 44년(혁거세 거서간 14년) 4월에는 삼(參)에, 서기전 4년(혁거세 거서간 54년) 2월 기유(己酉)에는 하고(河鼓)에, 54년(유리 이사금 31년) 2월에는 자궁(紫宮)에, 59년(탈해 이사금 3년) 6월에는 천선(天船)에, 149년(일성 이사금 16년) 8월에는 천시(天市)에 나타났다고 했고, 79년(탈해 이사금 23년) 2월에는 동방에서 보이고 북방에서도 보이더니 20일 만에야 없어졌고, 153년(일성 이사금 20년) 10월에는 동방에서 보였는데 동북방에서도 보였다고 한 것이라든가, 85년(파사 이사금 6년) 4월에 객성이 자미로 들어갔고, 23년(남해 차차웅 20년) 가을에 태백이 태미(太微)로 들어갔으며, 143년(일성 이사금 10년) 6월에 화성이 토성을 범했고 191년(벌휴 이사금 8년) 9월에 치우기가 각·항에 나타났다고 한 기록[91]

---

89 『삼국사기』 권24, 「백제본기」 〈구수왕 11년〉조. "冬十月, 太白晝見."; 〈비류왕 18년〉조. "秋七月, 太白晝見."; 권25, 「백제본기」 〈아신왕 3년〉조. "秋七月, ……太白晝見."

90 『삼국사기』 권1, 「신라본기」 〈시조 혁거세 거서간 4년〉조. "夏四月辛丑朔, 日有食之."

91 『삼국사기』 권1, 「신라본기」 〈시조 혁거세 거서간 9년〉조. "春三月, 有星孛于王良."; 〈14년〉조. "夏四月, 有星孛于參."; 〈54년〉조. "春二月己酉, 星孛于河鼓."; 〈유리 이사금 31년〉조. "春二月, 星孛于紫宮."; 〈탈해 이사금 3년〉조. "六月, 星孛于天船."; 〈일성 이사금 16년〉조. "秋八月, 有星孛于天市."; 〈탈해 이사금 23년〉조. "春二月, 彗星見東方, 又見北方, 二十日乃滅."; 〈일성 이사금 20년〉조. "冬十月, 宮門災. 彗星

등은 천문 관측이 매우 세밀했음을 알게 해준다.

신라의 천문 관측 기록 가운데 128년(지마 이사금 17년) 8월,[92] 153년(일성 이사금 20년) 10월,[93] 647년(진덕왕 1년) 8월[94]의 혜성에 관한 것은 신라의 기록에서만 보이고 다른 나라 기록에서는 보이지 않는다.[95] 이것은 신라의 천문 기록이 독자적인 관찰 결과였음을 알게 해준다. 그리고 200년(내해 이사금 5년) 7월에 태백(금성)이 낮에 보였다[96]는 기록이 있는데, 이것은 신라도 백제처럼 밤낮없이 천문현상을 관찰했음을 알게 해준다. 신라인들이 천문 관측에 깊은 관심을 가지고 있었음은 현존하는 신라의 천문대인 첨성대[97]를 보아서도 알 수 있다.

지난날 이지마 다다오(飯島忠夫)는 『삼국사기』에 보이는 일식 기사가 대부분 중국 사서와 일치한 점을 들어 중국 문헌에서 옮겨 썼을 것으로 보았다.[98] 그러나 김용운은 고구려·백제·신라의 일식 기사는 거의가 같은 날짜에 나타나지 않고 삼국의 일식 건수는 중국 사서에 비해 너무 적으며 중간에 수백 년의 공백이 있는 등 불규칙적이어서 중국사서의

見東方, 又見東北方.";〈파사 이사금 6년〉조. "夏四月, 客星入紫微.";〈남해 차차웅 20년〉조. "秋, 太白入太微.";〈일성 이사금 10년〉조. "夏六月乙丑, 熒惑犯鎭星.";권2,「신라본기」〈벌휴 이사금 8년〉조. "秋九月, 蚩尤旗見于角亢."

92 『삼국사기』 권1,「신라본기」〈지마 이사금 17년〉조. "秋八月, 長星竟天."

93 『삼국사기』 권1,「신라본기」〈일성 이사금 20년〉조. "冬十月, ……彗星見東方, 又見東北方."

94 『삼국사기』 권5,「신라본기」〈진덕왕 원년〉조. "八月, 彗星出於南方."

95 사회과학원 력사연구소, 앞 책, pp. 275~276.

96 『삼국사기』 권2,「신라본기」〈내해 이사금 5년〉조. "秋七月, 太白晝見."

97 『삼국유사』 권1,「기이」〈선덕왕지기삼사(善德王知幾三事)〉. "別記云, 是王代, 鍊石築瞻星臺."

98 飯島忠夫,「三國史記の日食記事について」,『東洋學報』, 15卷 3號, 大正 15(1926).

기록을 옮겨 왔다는 것은 납득할 수 없다고 주장했다.[99]

『삼국사기』에 보이는 고구려·백제·신라의 천문현상에 관한 기록에는 다른 나라의 기록에서 보이지 않는 것들이 있는 점으로 미루어보아 그 기록들은 독자적인 관찰의 결과일 가능성이 크다. 그리고 밤은 물론 낮에 일어난 천문현상까지도 기록되어 있는 것으로 보아 천문현상에 관한 관찰이 밤낮없이 계속되었음을 알 수 있다.

『삼국사기』에는 기후와 자연현상에 관한 기록도 많이 보인다. 「고구려본기」에는 108년(태조왕 56년), 300년(봉상왕 9년), 388년(고국양왕 5년) 4월, 536년(안원왕 7년) 등에 가뭄이 들었다고 적고 있는데,[100] 특히 300년에는 2월부터 7월까지 가뭄이 들어 사람들이 굶주려 서로 잡아먹는 지경에 이르렀다고 했다. 그리고 45년(민중왕 2년) 5월, 59년(태조왕 7년) 7월, 534년(안원왕 5년) 5월에는 홍수로 큰 피해가 있었다는 기록이 보인다.[101]

49년(모본왕 2년) 3월, 300년(미천왕 원년) 11월, 518년(문자왕 27년) 3월, 541년(안원왕 12년) 3월에 폭풍이 있었으며,[102] 118년(태조왕 66년) 7월,

---

99 Kim Yong-won, A Study of the Records of Solar Eclipses in Samkuk sagi, (1), in *Korea Journal*, Vol. 16, No. 7, 1976 ; (2), *Korea Journal* Vol. 16, No. 8, 1976.

100 『삼국사기』 권15, 「고구려본기」 〈태조왕 56년〉조. "春大旱, 至夏赤地, 民饑, 王發使賑恤." ; 권17, 「고구려본기」 〈봉상왕 9년〉조. "自二月至秋七月, 不雨, 年饑民相食." ; 권18, 「고구려본기」 〈고국양왕 5년〉조. "夏四月, 大旱." ; 권19, 「고구려본기」 〈안원왕 6년〉조. "春夏, 大旱, 發使撫恤饑民."

101 『삼국사기』 권14, 「고구려본기」 〈민중왕 2년〉조. "夏五月, 國東大水, 民饑, 發倉賑給." ; 권15, 「고구려본기」 〈태조대왕 7년〉조. "秋七月, 京都大水, 漂沒民屋." ; 권19, 「고구려본기」 〈안원왕 5년〉조. "夏五月, 國南大水, 漂沒民屋, 死者二百餘人."

102 『삼국사기』 권14, 「고구려본기」 〈모본왕 2년〉조. "三月, 暴風拔樹." ; 권17, 「고구려본기」 〈미천왕 원년〉조. "十一月, 風從西北來, 飛砂走石六日." ; 권19, 「고구려본기」 〈문자명왕 27년〉조. "三月, 暴風拔木, 王宮南門自毁." ; 〈안원왕 12년〉조. "春三月, 大風,

298년(봉상왕 7년) 9월, 650년(보장왕 9년) 7월에는 우박과 서리가 많이 내려 곡물에 해를 주어 백성들이 굶주렸고,[103] 31년(대무신왕 14년) 11월, 68년(태조왕 16년) 10월, 386년(고국양왕 3년) 10월, 494년(문자왕 3년) 10월, 535년(안원왕 5년) 12월, 540년(안원왕 10년) 10월에는 겨울에 우레가 있고 꽃이 피는 등[104] 이상기후 현상이 있었다고 기록되어 있다.

백제에서는 13년(온조왕 31년) 5월과 6월, 27년(온조왕 45년) 10월, 37년(다루왕 10년) 11월, 89년(기루왕 13년) 6월, 111년(기루왕 35년) 3월과 10월, 199년(초고왕 34년) 7월에 지진이 있었다는 기록이 보이고,[105] 15년(온조왕 33년) 봄과 여름, 19년(온조왕 37년) 4월, 27년(온조왕 45년) 봄과 여름, 90년(기루왕 14년) 3월, 108년(기루왕 32년) 봄과 여름, 186년(초고왕 22년) 5월, 208년(초고왕 43년) 가을에 가뭄이 들었으며,[106] 116년(기루왕 40년) 6월에는 홍수가 났다는 기록이 보인다.[107] 그리고 208년(초고

拔木飛瓦."

103 『삼국사기』 권15, 「고구려본기」 〈태조대왕 66년〉조. "秋七月, 蝗雹害穀." ; 권17, 「고구려본기」 〈봉상왕 7년〉조. "秋九月, 霜雹殺穀, 民饑." ; 권22, 「고구려본기」 〈보장왕 9년〉조. "秋七月, 霜雹害穀, 民饑."

104 『삼국사기』 권14, 「고구려본기」 〈대무신왕 14년〉조. "冬十一月, 有雷無雪." ; 권15, 「고구려본기」 〈태조대왕 16년〉조. "冬十月, 雷." ; 권18, 「고구려본기」 〈고국양왕 3년〉조. "冬十月, 桃李華." ; 권19, 「고구려본기」 〈문자명왕 3년〉조. "冬十月, 桃李華." ; 〈안원왕 5년〉조. "十二月, 雷." ; 〈안원왕 10년〉조, "冬十月, 桃李華."

105 『삼국사기』 권23, 「백제본기」 〈시조 온조왕 31년〉조. "五月, 地震. 六月, 又震." ; 〈45년〉조. "冬十月, 地震, 傾倒人屋." ; 〈다루왕 10년〉조. "十一月, 地震聲如雷." ; 〈기루왕 13년〉조. "夏六月, 他震裂陷民屋, 死者多." ; 〈기루왕 35년〉조. "春三月, 地震, 冬十月, 又震." ; 〈초고왕 34년〉조. "秋七月, 地震."

106 『삼국사기』 권23, 「백제본기」 〈시조 온조왕 33년〉조. "春夏, 大旱, 民饑相食, 盜賊大起." ; 〈37년〉조. "夏四月, 旱, 至六月乃雨." ; 〈45년〉조. "春夏, 大旱, 草木焦枯." ; 〈기루왕 14년〉조. "春三月, 大旱無麥." ; 〈32년〉조. "春夏, 旱, 年饑民相食." ; 〈초고왕 22년〉조. "夏五月, 王都井及漢水皆竭." ; 〈43년〉조. "秋, 蝗, 旱, 穀不順成."

107 『삼국사기』 권23, 「백제본기」 〈기루왕 40년〉조. "六月大雨浹旬, 漢江水漲, 漂毁民屋."

왕 43년) 가을과 211년(초고왕 46년) 8월에는 황충의 피해가 컸다는 기록도 보인다.[108]

19년(온조왕 37년) 3월에는 달걀만 한 우박이 왔으며 90년(기루왕 14년) 6월에 큰 바람이 불었고, 99년(기루왕 23년) 8월에 서리가 내렸으며 10월에는 우박이 내렸고, 107년(기루왕 31년) 겨울에 얼음이 얼지 않았고 186년(초고왕 21년) 10월에 구름 없이 우레가 있었으며, 209년(초고왕 44년) 10월에 큰 바람이 불었고 211년(초고왕 46년) 11월에는 얼음이 얼지 않았다는 등의 이상기후[109]와, 7년(온조왕 25년) 2월에 우물물이 갑자기 넘쳤고 93년(기루왕 17년) 8월에 횡악(橫岳)에 큰 돌 5개가 떨어졌다는 등의 이상현상[110]에 대한 기록이 보인다.

신라에서는 11년(남해 차차웅 8년) 봄과 여름, 18년(남해 차차웅 15년), 75년(탈해 이사금 19년), 98년(파사 이사금 19년) 4월, 111년(파사 이사금 32년) 5월부터 7월, 134년(지마 이사금 23년) 봄과 여름, 145년(일성 이사금 12년) 봄과 여름, 150년(일성 이사금 17년) 4월, 164년(아달라 이사금 21년) 2월, 196년(벌휴 이사금 13년) 3월, 196년(내해 이사금 원년) 정월부터 4월까지 가뭄이 들었고,[111] 34년(유리 이사금 11년) 6월, 108년(파사

---

108 『삼국사기』 권23, 「백제본기」 〈초고왕 43년〉조. "秋, 蝗, 旱, 穀不順成."; 〈46년〉조. "秋八月, 國南蝗害穀, 民饑."

109 『삼국사기』 권23, 「백제본기」 〈시조 온조왕 37년〉조. "春三月, 雹, 大如雞子, 鳥雀遇者死."; 〈기루왕 14년〉조. "夏六月, 大風拔木."; 〈23년〉조. "秋八月, 隕霜殺菽. 冬十月, 雨雹."; 〈31년〉조. "冬, 無氷."; 〈초고왕 21년〉조. "冬十月, 無雲而雷."; 〈44년〉조. "冬十月, 大風拔木."; 〈46년〉조. "冬十一月, 無氷."

110 『삼국사기』 권23, 「백제본기」 〈시조 온조왕 25년〉조. "春二月, 王宮井水暴溢."; 〈기루왕 17년〉조. "秋八月, 橫岳大石五, 一時隕落."

111 『삼국사기』 권1, 「신라본기」 〈남해 차차웅 8년〉조. "春夏, 旱."; 〈15년〉조. "京城旱."; 〈탈해 이사금 19년〉조. "大旱, 民饑."; 〈파사 이사금 19년〉조. "夏四月, 京都旱."; 〈32년〉조. "自五月至秋七月, 不雨."; 〈지마 이사금 23년〉조. "春夏, 旱."; 〈일성 이사금

이사금 29년) 5월, 114년(지마 이사금 3년) 4월, 131년(지마 이사금 20년) 5월, 150년(아달라 이사금 7년) 4월, 192년(벌휴 이사금 9년) 5월, 198년(내해 이사금 3년) 5월에는 홍수가 났었다는 기록이 보인다.[112]

56년(유리 이사금 33년) 5월, 80년(탈해 이사금 24년) 4월, 96년(파사 이사금 17년) 7월, 122년(지마 이사금 11년) 4월에 큰 바람이 불었으며,[113] 114년(지마 이사금 3년)과 151년(일성 이사금 18년) 3월, 100년(파사 이사금 21년) 7월, 114년(지마 이사금 3년) 3월, 151년(일성 이사금 18년) 3월, 170년(아달라 이사금 17년) 7월에 우박이 왔으며,[114] 123년(지마 이사금 12년) 4월, 139년(일성 이사금 6년) 7월, 156년(아달라 이사금 3년) 4월, 160년(아달라 이사금 17년) 7월, 200년(내해 이사금 5년) 7월에 서리가 내렸고,[115] 105년(파사 이사금 26년) 2월, 187년(벌휴 이사금 4년) 10월, 192

12년〉조. "春夏, 旱, 南地最甚, 民飢."; 〈17년〉조. "自夏四月, 不雨, 至秋七月, 乃雨."; 권2, 「신라본기」 〈아달라 이사금 21년〉조. "二月, 旱, 井泉渴."; 〈벌휴 이사금 13년〉조. "三月, 旱."; 〈내해 이사금 원년〉조. "是年, 自正月至四月, 不雨."

112 『삼국사기』 권1, 「신라본기」 〈유리 이사금 11년〉조. "夏六月, 大水."; 〈파사 이사금 29년〉조. "夏五月, 大水, 民飢."; 〈지마 이사금 3년〉조. "夏四月, 大水."; 〈20년〉조. "夏五月, 大雨, 漂沒民戶."; 권2, 「신라본기」 〈아달라 이사금 7년〉조. "夏四月, 暴雨, 閼川水溢, 漂流人家, 金城北門自毁."; 〈벌휴 이사금 9년〉조. "夏五月, 大水, 山崩十餘所."; 〈내해 이사금 3년〉조. "五月, 國西大水."

113 『삼국사기』 권1, 「신라본기」 〈유리 이사금 33년〉조. "五月, 大風拔木."; 〈탈해 이사금 24년〉조. "夏四月, 京都大豊, 金城東門自壞."; 〈파사 이사금 17년〉조. "秋七月, 暴風自南, 拔金城南大樹."; 〈지마 이사금 11년〉조. "夏四月, 大風東來, 折木飛瓦, 至夕而止. ……秋七月, 飛蝗害穀, 年饑, 多盜."

114 『삼국사기』 권1, 「신라본기」 〈지마 이사금 3년〉조. "春三月, 雨雹."; 〈일성 이사금 18년〉조. "三月, 雨雹."; 〈파사 이사금 21년〉조. "秋七月, 雨雹, 飛鳥死."; 〈지마 이사금 3년〉조. "春三月, 雨雹, 麥苗傷."; 〈일성 이사금 18년〉조. "三月, 雨雹."; 권2, 「신라본기」 〈아달라 이사금 17년〉조. "秋七月, 京師地震, 霜雹害穀."

115 『삼국사기』 권1, 「신라본기」 〈지마 이사금 12년〉조. "夏四月, 隕霜."; 〈일성 이사금 6년〉조. "秋七月, 隕霜殺菽."; 권2, 「신라본기」 〈아달라 이사금 3년〉조. "夏四月, 隕

년(벌휴 이사금 9년) 4월에 눈이 많이 왔으며,[116] 22년(남해 차차웅 19년) 11월에 얼음이 얼지 않았고 64년(탈해 이사금 8년) 12월에 눈이 오지 않았으며, 102년(파사 이사금 23년) 10월에 복숭아나무와 자두나무에 꽃이 피었고 164년(아달라 이사금 21년) 정월에 흙비가 왔다는 등의 이상기후에 대한 기록도 보인다.[117]

18년(남해 차차웅 15년) 7월, 24년(남해 차차웅 21년) 9월, 109년(파사 이사금 30년) 7월, 122년(지마 이사금 11년) 7월, 151년(아달라 이사금 8년) 7월에 황충의 피해가 있었고,[118] 22년(남해 차차웅 19년), 120년(지마 이사금 9년) 3월, 149년(일성 이사금 16년) 11월, 162년(아달라 이사금 19년) 2월에 유행병이 돌았으며,[119] 93년(파사 이사금 14년)과 100년(파사 이사금 21년) 10월, 128년(지마 이사금 17년) 10월, 196년(벌휴 이사금 13년) 4월에 지진이 있었고,[120] 128년(지마 이사금 17년) 11월, 143년(일성 이사

霜." ; 〈17년〉조. "秋七月, 京師地震, 霜雹害穀." ; 〈내해 이사금 5년〉조. "秋七月, 太白晝見, 隕霜殺草."

116 『삼국사기』 권1, 「신라본기」 〈파사 이사금 26년〉조. "二年, 京都雪三尺." ; 권2, 「신라본기」 〈벌휴 이사금 4년〉조. "冬十月, 北地大雪, 沈一丈." ; 〈9년〉조. "四月, 京都雪, 深三尺."

117 『삼국사기』 권1, 「신라본기」 〈남해 차차웅 19년〉조. "冬十一月, 無氷." ; 〈탈해 이사금 8년〉조. "十二月, 地震, 無雪." ; 〈파사 이사금 23년〉조. "冬十月, 挑李華." ; 권2, 「신라본기」 〈아달라 이사금 21년〉조. "春正月, 雨土."

118 『삼국사기』 권1, 「신라본기」 〈남해 차차웅 15년〉조. "秋七月, 蝗, 民饑." ; 〈21년〉조. "秋九月, 蝗." ; 〈파사 이사금 30년〉조. "秋七月, 蝗害穀, 王遍祭山川, 以祈禳之, 蝗滅, 有年." ; 〈지마 이사금 11년〉조. "秋七月, 飛蝗害穀, 年饑, 多盜." ; 권2, 「신라본기」 〈아달라 이사금 8년〉조. "秋七月, 蝗害穀."

119 『삼국사기』 권1, 「신라본기」 〈남해 차차웅 19년〉조. "大疫, 人多死." ; 〈지마 이사금 9년〉조. "三月, 京都大疫." ; 〈일성 이사금 16년〉조. "冬十一月, 雷, 京都大疫." ; 권2, 「신라본기」 〈아달라 이사금 19년〉조. "二月, …… 京都大疫."

120 『삼국사기』 권1, 「신라본기」 〈파사 이사금 14년〉조. "冬十月, 京都地震." ; 〈21년〉조. "冬十月, 京都地震, 倒民屋有死者." ; 〈지마 이사금 17년〉조. "冬十月, 國東地震." ;

금 10년)과 149년(일성 이사금 16년) 11월에 우레가 쳤고,[121] 164년(아달라 이사금 21년) 정월에 흙비가 왔다[122]는 등 자연의 이상현상에 대한 기록도 보인다.

백제와 신라의 자연현상에 관한 위의 기록은 200년 전후까지만을 정리한 것인데, 이후에도 이러한 기록은 계속되고 있다. 위에 소개한 천문현상과 자연현상에 관한 기록들은 원래 신의 뜻을 알기 위해 관측 또는 조사되었던 것으로 종교적 성격을 지니고 있었지만, 관찰이 계속되는 과정에서 그것은 어떤 법칙에 따라 일어나는 자연현상이라는 사실을 알게 되었고 그 기록들은 자연과학의 기초 자료로서 그 발달에 크게 기여했을 것이다. 『삼국사기』「신라본기」 애장왕 2년(801년) 5월 1일 기록에는, 그날 당연히 일식이 있어야 하는데 일식 현상이 일어나지 않았다는 내용이 보인다.[123] 이것은 신라인들이 일식이 일어날 날짜를 미리 알고 있을 정도의 자연과학 지식을 가지고 있었음을 알게 해준다.

세 나라의 천문현상과 자연현상에 관한 기록을 보면, 천문현상에 관한 기록 가운데 가장 이른 것은 신라는 서기전 54년, 백제는 서기전 13년, 고구려는 서기 46년으로 신라가 가장 앞서고 고구려가 가장 늦으며, 자연현상에 관한 기록은 신라가 가장 자세하고 고구려가 가장 소략하다. 중국과 국경을 접하고 있었던 고구려가 중국에서 멀리 떨어져 있었던 백제나 신라보다 천문현상에 관한 기록이 가장 늦을 뿐만 아니라 자연현상에 관한 기록도 가장 소략하다는 것은, 이러한 기록이 중국의 영

권2, 「신라본기」 〈벌휴 이사금 13년〉조. "夏四月, 震宮南大樹, 又震金城東門, 王薨."

121 『삼국사기』 권1, 「신라본기」 〈지마 이사금 17년〉조. "十一月雷." ; 〈일성 이사금 10년〉조. "冬十一月, 雷." ; 〈16년〉조. "冬十一月, 雷, 京都大疫."

122 『삼국사기』 권2, 「신라본기」 〈아달라 이사금 21년〉조. "春正月, 雨土. 二月, 旱, 井泉渴."

123 『삼국사기』 권10, 「신라본기」 〈애장왕 2년〉조. "夏五月壬戌朔, 日當食不食."

향을 받아 시작된 것이 아니라 한민족의 독자적인 발상에 의한 것이었음을 알게 해준다.

이에 대해 『삼국사기』가 신라 중심으로 서술되었기 때문에 고구려의 천문현상이나 자연현상에 관한 기록은 누락되었을 것이라는 의문을 제기할 수 있다. 그러나 그렇게 보기도 힘들다. 『삼국사기』의 전체 내용을 보면 「백제본기」가 가장 소략함에도 불구하고 천문현상과 자연현상에 관한 기록은 백제가 고구려보다는 자세하고 기록된 시기도 앞서기 때문이다. 그러므로 『삼국사기』 편찬자들이 고구려의 천문현상과 자연현상에 관한 자료를 누락시켰기 때문이라고 말하기는 어렵겠다.

열국시대는 발달한 철기시대였다. 이 시대에는 이전부터 사용되던 청동기와 더불어 발달한 철기가 사용되고 있었다. 고조선은 서기전 8세기 무렵부터 철을 사용하기 시작했으며 그 말기인 서기전 3세기 무렵에는 강철을 생산했다.[124] 이전에 사용되었던 연철과 선철은 계속 강철과 함께 사용되었으며, 이러한 철기 기술은 열국시대로 이어졌다. 열국시대에 철기가 널리 사용되었음은 이 시기의 여러 유적들에서 철기가 출토되는 것으로 알 수 있지만 문헌 기록을 통해서도 확인된다.

246년 중국 위나라의 관구검이 고구려를 침략했을 때 동천왕은 철기(鐵騎) 5,000명을 이끌고 그들을 공격했다는 기록이 보인다.[125] 철기는 철로 만든 투구와 갑옷을 입고 철제의 창과 칼을 지니고 철갑을 입힌 말을 탄 병사를 말한다. 통구리 12호 무덤, 태성리 2호 무덤, 감신무덤

---

124 윤내현, 「고조선의 과학과 예술」, 앞 책 『고조선 연구』 하, p. 403.

125 『삼국사기』 권17, 「고구려본기」 〈동천왕 20년〉조. "秋八月, 魏遣幽州刺史毌丘儉, 將萬人, 出玄菟來侵, ……王謂諸將曰, 魏之大兵, 反不如我之小兵, 毌丘儉者, 魏之名將, 今日命在我掌握之中乎, 乃領鐵騎五千, 進而擊之."

등의 고구려 벽화에는 철편이 붙은 갑옷을 입고 철갑을 입힌 말을 탄 병사들의 그림이 보이고, 열국시대의 여러 유적에서는 이를 뒷받침할 유물들이 출토되어, 철기는 고구려뿐 아니라 당시 여러 나라의 보편적인 군대조직이었음을 알 수 있다.[126]

『주서』「이역열전」〈고구려전〉에, 고구려에는 병기로서 갑옷·쇠뇌·활·화살촉·쌍가지창·긴 창·세모창·작은 창 등이 있었다[127]고 기록되어 있는데 이러한 무기들은 철제였을 것이다. 이로 보아 당시에 고구려에서는 철제 병기가 널리 이용되었음을 알 수 있다. 철제 무기 가운데 주류를 이루었던 것은 창으로서 열국이 모두 가지고 있었는데 여러 유적에서 가장 많이 출토된다.[128]

고구려에서는 철제 농구와 공구도 널리 보급되었다. 그동안 출토된 유물을 보면 쇠보습·쇠괭이·쇠낫·쇠호미·쇠도끼·쇠가위·쇠칼·쇠못·쇠수레바퀴·쇠가마·쇠화로 등이 있으며, 평양의 안악궁터와 평안남도 대동군 덕화리 2호 무덤에서 출토된 쇠화살촉·쇠못·쇠가래날·쇠낫·쇠끌·쇠가위 등의 철제 유물은 대부분 강철로 만들어져 있다. 그리고 자강도 시중군 풍청리와 노남리, 자강도 중강군 토성리, 황해남도 신원군 장수산 아양골 등에서는 제철로 터가 발견되었다. 이러한 사실은 고구려가 철을 널리 사용했을 뿐만 아니라 그 가공기술 수준도 매우 높았음을 알게 해준다. 참고로 압록강 중류 유역에서 출토된 고구려의 철제 유물을 소개하면 오른쪽 표와 같다.[129]

---

126 박진욱, 「삼국시기의 갑옷과 투구」, 『고고민속』, 1965년 2호, 사회과학원출판사, pp. 12~18.
127 『주서』 권49, 「이역열전」 〈고구려전〉. "兵器有甲弩弓箭戟矟矛鋋."
128 박진욱, 「삼국시기의 창에 대한 약간의 고찰」, 『고고민속』, 1964년 1호, 사회과학원출판사, pp. 20~28.
129 조선기술발전사편찬위원회, 앞 책, p. 16.

압록강 중류 일대에서 발굴된 고구려의 철기 유물

유적 이름	철기 유물
길림성 집안 통구리 12호 무덤과 만도리 무덤	쇠작두, 쇠고리자루칼, 쇠말등자, 쇠고리, 쇠풍로, 쇠가위, 쇠갈구리, 자물쇠, 투구, 갑옷, 갈구리창
자강도 시중군 심귀리 1, 73, 75, 84, 92, 149, 150호 무덤	쇠도끼(주머니도끼), 쇠손칼, 띠고리, 쇠도끼, 꺾쇠, 활촉, 팔찌, 귀걸이, 관못
자강도 시중군 노남리(집자리 웃문화층)	쇠도끼, 손칼, 쇠활촉, 낚시, 송곳, 쇠찌끼
자강도 시중군 풍청리 31호 무덤	말등자 6개
자강도 중강군 토성리	삽날, 손칼, 활촉, 낚시, 도끼, 팔찌, 띠고리
요령성 환인현 연강향 무덤떼	쇠고리, 자루칼, 쇠창끈, 쇠칼, 쇠띠고리, 쇠말자갈

『후한서』「동이열전」〈한전〉 '진한'조와 『삼국지』「동이전」〈한전〉 '변진'조에, 진한에서는 철이 생산되는데 예·왜·마한 등이 모두 와서 사가며 낙랑군과 대방군에도 공급하는데, 모든 무역에서는 철을 화폐로 사용한다[130]는 기록이 보인다.

이 기록은 진한 지역에서 철이 많이 생산되어 국내의 마한은 물론 외국의 예와 왜 그리고 중국의 낙랑군과 대방군에까지 수출했음을 알게 해준다. 이 기록은 고고학적으로도 뒷받침되는데, 그동안 한반도 남부의 이 시기의 여러 유적에서 발달된 철기와 화폐로 사용되었던 것으로 보이는 철정이 다량으로 출토되었다.[131] 그리고 이 시기에 왜열도에서는

---

130 『후한서』 권85, 「동이열전」〈한전〉 '진한'조. "國出鐵, 濊·倭·馬韓並從市之. 凡諸貿易, 皆以鐵爲貨."; 『삼국지』 권30, 「동이전」〈한전〉 '변진'조. "國出鐵, 韓·濊·倭皆從取之. 諸市買皆用鐵, 如中國用錢, 又以供給二郡."

131 김원룡, 『한국고고학개설』, 제3판, 일지사, 1986, p. 140·246. 경주시 황남동 제98호 고분(남분)에서는 1,332점의 철정이 출토되었다(문화공보부·문화재관리국, 『경주 황남동

오랫동안 한반도에서 철을 수입해서 사용했다는 데 학자들은 동의하고 있다.[132]

이러한 사실은 이 시기에 한(韓)의 영토인 마한·진한·변한은 물론, 동예도 철에 대해 깊은 지식을 가지고 있었음을 알게 해준다. 백제는 한의 마한, 신라는 진한, 가야는 변한 지역에서 건국되었으므로 이들 나라는 이러한 철에 대한 지식을 그대로 이어받았을 것이다.

『일본서기』〈진구 황후 46년 3월〉조에는, 왜의 사신 이파이가 돌아갈 때 백제왕이 채견 각 한 필 및 각궁전과 더불어 철정 40매를 주었다는 기록이 보인다.[133] 이것은 백제에서 철이 생산되고 있었음을 알게 해준다. 그리고 전라남도 나주군 반남면 신촌리의 9호와 11호 무덤에서는 쇠톱과 긴 칼 등 강철 제품들이 출토되었고, 일본 나라 현의 이소노카미 신사에는 4세기에 백제 사람들이 백 번 담금질하여 만든 백련철의 칠지도가 전해온다. 이 칠지도에는 60여 자의 명문이 상감되어 있고 그 외곽은 가는 황금선으로 둘러져 있다. 이러한 것은 백제의 제철기술은 물론 황금의 이용 및 그 상감기술도 매우 높은 수준에 이르러 있었음을 알게 해준다.

신라에서도 철이 많이 사용되었는데 오늘날 경상북도 경주 황남동 무덤(남분)에서는 철촉 1,000여 점, 철모(鐵矛) 543점, 철부 380점, 철정 1,332점 등 대량의 철기가 출토되었고, 황오동 제16호 무덤에서는 쇠스

제98호 고분(남분) 발굴약보고』, 1976, p. 17).

132 안춘배, 「고고학상에서 본 고대 한일교섭」, 『한국민족학연구』 1, 단국대 한국민족학연구소, 1993, pp. 59~61.

133 『일본서기』에는 백제왕을 초고왕이라 적고 있다. 진구 황후 46년은 246년으로 백제 고이왕 20년이다. 그런데 학자들은 초고왕을 『삼국사기』의 근초고왕일 것으로 보고 있다. 그렇게 보면 『일본서기』 연대는 실제보다 두 주갑(120년) 올라가 있는 것이 된다.

랑과 괭이, 경상남도 창녕 제89호 무덤에서는 가래 등 신라의 여러 유적에서 철제 농구가 출토되어 철이 널리 사용되었음을 알게 해주었다. 경주 황남리 제109호 무덤과 제82호 무덤, 경주 금령무덤, 경북 달성군 달서면 제50호 무덤 등에서는 양날이 여러 개의 가시 모양을 한 특수한 철제 무기가 출토되었는데, 이것은 신라에서 새로운 철제 무기 개발에 힘썼음도 알게 해주었다.[134] 그리고 『삼국사기』「신라본기」〈태종무열왕 8년〉조에는 고구려군이 북한산성을 치므로 신라 성주 대사(大舍) 동타천(冬陁川)은 사람을 시켜 마름쇠를 성 밖에 던져 펴놓으니 사람과 말이 다니지 못했다[135]는 기록이 보인다. 이 기록은 다소 늦은 시대에 관한 것이기는 하지만 신라에서 철제 병기가 널리 사용되었음을 알게 해줄 뿐만 아니라, 이러한 무기가 나오기까지 오랜 기간 동안 철제 무기의 발달 과정을 거쳤음을 생각하게 해준다.

가야도 철기문화가 매우 발달해 있었다. 경상남도 창원시 동읍의 다호리 유적에서는 청동기·칠기 등과 더불어 철검·철모·철과·철사·철촉·철도·철부·철퇴·철따비·철겸·철착·철제 대팻날·나선형 철기·철낚싯바늘·철괴 등의 다양한 철기가 출토되었는데,[136] 이 유적은 서기전 1세기 무렵의 것이다.[137] 그러므로 그 연대는 가야보다 앞선 고조선 말기에 해당한다. 이러한 철기문화의 전통은 계속 이어져 『후한서』와 『삼국지』에는 한(韓)시대에 진한이 철을 많이 생산한 곳으로 소개되기

---

134 박진욱, 「신라의 가시 돋친 무기에 대한 약간의 고찰」, 『고고민속』, 1963년 4호, 사회과학원출판사, pp. 21~32.

135 『삼국사기』 권5, 「신라본기」 〈태종무열왕 8년〉조. "高句麗將軍惱音信與靺鞨將軍生偕, …… 移攻北漢山城, …… 城主大舍冬陁川, 使人, 擲鐵蒺藜於城外, 人馬不能行."

136 주 68과 같음.

137 주 68의 「의창 다호리유적 발굴진전보고(Ⅰ)」, p. 53.

에 이르렀던 것이다. 변한에서 건국된 가야에도 그러한 철기문화는 계승되어 오늘날 부산직할시 복천동의 1호분에서 100여 매, 11호분에서 77매, 22호분에서 20매 등의 철정을 비롯하여 여러 유적에서 투구·갑옷·무기·마구류 등을 비롯한 여러 종류의 철기가 출토되었고, 이러한 가야의 철기문화가 왜열도까지 전달되었음은 잘 알려진 사실이다.

열국시대에는 철뿐 아니라 금은 등도 널리 이용되었는데, 그런 사실은 문헌 기록과 출토 유물에서 확인된다. 『삼국사기』 「고구려본기」 〈유리명왕 11년〉조에는 선비를 정벌하는 데 공로가 큰 부분노에게 왕이 황금 3,000근과 좋은 말 10필을 하사했다는 기록[138]이 있고, 「열전」 〈온달전〉에는 평강공주가 금팔찌를 팔아 농토·주택·노비·우마·기물들을 사들였다는 기록[139]이 있다. 『위서』 「열전」 〈고구려전〉에도 위나라에 고구려 사신이 자주 왕래했는데 해마다 황금 200근과 백은 400근을 공물로 가지고 왔다고 했고,[140] 『일본서기』 〈스이코 천황 13년〉조에는 왜가 불상을 만든다는 것을 듣고 고구려가 황금 300냥을 보냈다고했다.[141] 오늘날 황해남도 안악군의 안악 3호 무덤에서는 금귀걸이가, 평양의 청암리 토성 부근에서는 여러 종류의 금동유물이 출토된 바 있다.[142]

백제의 영역이었던 오늘날 전라남도 나주군 반남면 신촌리에서는 금동관이 출토되었고, 충청남도 공주의 무령왕릉에서는 금관과 금귀걸

---

138 『삼국사기』 권13, 「고구려본기」 〈유리명왕 11년〉조. "王乃賜黃金三十斤·良馬一十匹."

139 『삼국사기』 권45, 「열전」 〈온달전〉. "乃賣金釧, 買得田宅奴婢牛馬器物, 資用完具."

140 『위서』 권100, 「열전」 〈고구려〉. "後貢使相尋, 歲致黃金二百斤白銀四百斤."

141 『일본서기』 권22, 〈스이코 천황 13년〉조. "是時, 高麗國大興王, 聞日本國天皇造佛像, 貢上黃金三百兩."

142 허순산, 「고구려 금귀걸이」, 『력사과학』, 1985년 4호, pp. 48~49 ; 황욱, 「평양 청암리 토성 부근에서 발견된 고구려 금동유물」, 『문화유산』, 1958년 5호, pp. 63~66.

이·금비녀·은잔 등 2,560여 점의 유물이 출토되었다. 백제 유적에서 출토된 유물은 금동관·금동불·금동장식품 등 금동제품이 많은 비중을 차지하고 있다.

『삼국사기』「신라본기」〈눌지 마립간 18년〉조에 신라는 백제가 좋은 말 두 필과 흰 매를 보낸 답례로 황금과 좋은 구슬을 보냈다는 기록[143]이 있고, 〈진흥왕 35년〉조에는 황룡사에 장륙상을 조성하는 데 구리 3만 5,007근이 들었고 황금 1만 198푼을 도금했다는 기록[144]이 보인다. 신라의 도읍 경주의 금관총에서는 금관과 더불어 황금으로 만든 여러 종류의 유물들이 출토되었고, 황남리 82호 고분과 155호 고분, 호우총·봉황총 등에서도 금과 은으로 만든 여러 종류의 장식품과 청동제품들이 출토되었다. 이상의 기록과 유물들은 열국시대에 황금·은·구리 등을 꾸준히 사용해오면서 그 가공기술을 발전시켰을 것임을 알게 해준다.

5. 마치며

지금까지 열국시대의 문화 가운데 중요한 위치를 차지하는 종교·사상·학술·자연과학·금속기술 등에 대해 살펴보았다. 그 결과를 요약하면 다음과 같다.

열국시대의 종교는 고조선의 선교를 이어받아 하느님을 최고신으로

---

143 『삼국사기』 권3, 「신라본기」 〈눌지 마립간 18년〉조. "春二月, 百濟王送良馬二匹. 秋九月, 又送白鷹. 冬十月, 王以黃金·明珠, 報聘百濟."

144 『삼국사기』 권4, 「신라본기」 〈진흥왕 35년〉조. "春三月, 鑄成皇龍寺丈六像, 銅重三萬五千七斤, 鍍金重一萬一百九十八分."

받들었다. 이와 더불어 조상신과 토지신·산천신 등의 자연신 숭배도 병행되었고, 나라나 지역에 따라 약간의 토속신앙도 있었다. 기록에 나타난 바를 종합해보면 하느님을 최고신으로 하여 그 밑에 조상신·토지신·산신·하천신·사직신·영성신과, 곰·호랑이와 같은 동물신 등이 있어 신의 계보를 형성했던 것으로 생각된다. 위의 신들은 대부분 각 지역 씨족의 수호신이었으나 고조선이 건국되면서 고조선의 종교에 혼합되어 열국시대로 이어졌던 것으로 보인다.

열국시대 후기에 한민족의 신앙생활에 큰 변화가 일어났다. 4세기 후반에 유가와 불교가 전래되었는데, 특히 불교는 이후 지배층의 종교로 군림하게 되었다. 고구려·백제·신라에서 불교는 왕실의 지원을 받으면서 보급되었다. 그러나 한민족의 전통신앙에도 관심을 기울여 고구려에서는 국사(國社)를 건설하고 종묘를 수리했으며, 신라에서는 신궁을 짓고 왕들이 참배했다.

그런데 불교는 한민족 고유의 신앙보다 교리가 훨씬 더 체계화되어 있었고 교단의 운영도 조직화되어 있었다. 그뿐만 아니라 불교의 교리에는 왕과 지배귀족의 현실적 지위를 합리화하는 내용이 있었기 때문에 점차 지배층의 종교로 자리를 잡게 되었다. 따라서 열국시대 후기 사회의 종교적 특징은 불교는 상층부를, 한민족의 고유 종교는 하층부를 형성하는 이중구조가 형성되어갔다는 데 있다. 그러나 이 시기의 불교에는 한민족 고유의 종교 요소가 많이 포함되어 있어서 혼합종교의 성격을 띠고 있었다.

『삼국사기』에는 보우(保佑)·득남·강우·풍년·서기(瑞氣) 등을 비는 기도에 응답이 있었다는 기록이 보이는데, 이것은 열국시대 사람들이 신이 모든 자연현상은 물론 인간만사를 섭리하고 있다는 믿음을 가지고 있었고, 신은 인간의 기도에 직접 반응하고 그 섭리가 현실로 나타난다고 믿었음을 알게 해준다. 열국시대 사람들은 신이 꿈이나 자연현상을 통해 그의 뜻을 인간에게 나타낸다고 믿기도 했다.

그리고 최고신인 하느님과 인간 사이에는 상호 교감 작용이 있어서 풍년이나 흉년은 왕이 정치를 잘하거나 잘못한 것에 대한 상벌이라고 생각했고, 지진은 왕의 반성을 요구하거나 죽음 또는 전쟁을 예고하는 것으로 받아들이기도 했다. 중국에서 오행사상이 들어온 뒤로 천재지변은 왕을 대신해서 중시 또는 시중이 정치적 책임을 지고 교체되는 이유가 되기도 했다.

열국시대에는 종교사상에 중요한 변화가 일어나고 있었다. 인간의 노력으로 신의 의지를 바꿀 수 있다는 생각을 하게 되었던 것이다. 종교의 절대권위가 무너지고 있었다. 이것이 발전하여 후세에는 종교가 정치권력 아래에 있게 되는 상황이 되었다.

열국시대 사람들은 생명과 만물의 근원을 기(氣)로 보고, 그것은 하늘에서 온다고 믿기도 했다. 신이 만물을 섭리한다고 믿는 것은 유신론이며 만물의 근원을 기(氣)라고 생각한 것은 유물론이라고 볼 수 있다. 이런 점에서 한민족은 유신론과 유물론을 적절히 결합한 소박한 철학이론을 가지고 있었다. 이것은 고조선에서 이어진 것이었다.

조화와 합리성은 도덕관에도 나타난다. 열국시대에 효도·애국·무위(無爲)·선행(先行)·부작악(不作惡)·봉선행(奉善行) 등이 이루어지고 있었는데, 이는 고조선에서 이어진 것으로 유가·도가·불교의 핵심사상을 포괄한 것이었다. 사군이충·사친이효·교우이신·임전무퇴·살생유택 등의 세속오계도 이전부터 전해오고 있었다. 한민족의 도덕관은 매우 포괄적이고 조화를 이룬 것이었음을 알 수 있다.

열국시대에는 학술도 상당히 높은 수준에 도달해 있었다. 고구려는 372년에 태학을 설치할 정도로 유가에 대한 이해가 있었고, 「광개토왕릉비문」의 문장과 서체는 매우 수준 높은 한문 문화가 있었음을 알게 해준다. 이로 보아 열국시대 초기에도 상당히 높은 수준의 기록 문화를 가지고 있었을 것이다.

이러한 기초 위에서 고구려는 건국 초에 이미 100여 권 되는 방대한 『유기』를 편찬했고, 600년에는 이것을 축약하여 『신집』 다섯 권을 만들었다. 백제는 375년에 『서기』를 편찬했고 『백제고기』, 『백제신찬』, 『백제본기』 등도 편찬했다. 백제의 아직기는 왜의 태자에게 경전을 가르쳤고, 왕인은 『논어』와 『천자문』을 왜국에 전하고 왜 태자의 스승이 되었다. 백제는 역학(易學)·역학(曆學)·의학·약학·음악 등이 매우 발달해 있어서 이 분야의 전문가를 왜국에 파견하여 그곳에 머물면서 왜인들을 개화시키도록 했다.

열국시대는 자연과학과 금속기술이 발달한 시대기도 했다. 『삼국사기』에는 일식·혜성·유성·행성·태양·객성 등에 관한 기록이 많은데 그러한 기록이 왕조 초기부터 보인다. 그리고 그 내용으로 보아 관측이 밤낮으로 계속되었고 매우 세밀했음을 알 수 있다. 고구려의 여러 벽화무덤에서는 별자리 그림을 볼 수 있으며, 고구려에서는 5세기 말 또는 6세기 초에 석각천문도를 만들었다고 전해지고 있고, 7세기에 세운 신라의 첨성대는 지금도 그대로 남아 있다.

지난날 일본인들은 『삼국사기』에 보이는 일식 기사를 중국 문헌에서 옮겨 쓴 것으로 보았으나, 고구려·백제·신라의 일식 기사는 거의가 같은 날짜가 아니며 그 기록 건수도 중국 사서와 달라 중국 사서의 기록을 옮겨 왔다는 것은 설득력이 없다. 그리고 고구려·백제·신라의 천문현상에 관한 기록에는 다른 나라의 기록에서 보이지 않는 것들이 있는 점으로 보아 그 기록들은 독자적인 관찰의 결과이다.

『삼국사기』에는 이상기후와 자연현상에 관한 기록도 많다. 가뭄·홍수·폭풍·우박·서리·우레·지진·황충 등에 관한 기록은 물론, "절기에 맞지 않게 얼음이 얼었다."거나 "꽃이 피었다."는 기록이 있는가 하면 "흙비가 왔다."거나 "유행병이 돌았다."는 기록도 보인다.

천문현상과 자연현상에 관한 기록들은 원래 종교적 성격을 지니고 있었지만, 관찰 과정에서 어떤 법칙에 따른 자연현상이라는 사실을 알게 되어 자연과학의 발달에 크게 기여하게 되었다. 그 결과 일식이 일어날 날짜를 미리 산출할 정도로 자연과학에 대한 높은 지식을 가지게 되었다. 세 나라의 천문현상과 자연현상에 관한 기록을 보면 신라가 가장 앞서고 자세하며 고구려가 가장 늦고 소략하다. 이것은 이 기록들이 중국의 영향을 받아 시작된 것이 아니라 한민족의 독자적인 발상에서 나온 것임을 알게 해준다.

열국시대에는 이전부터 사용되던 청동기와 더불어 발달한 철기가 사용되고 있었다. 고조선은 서기전 8세기 무렵부터 철을 사용하기 시작하여 서기전 3세기 무렵에는 강철을 생산했는데 이러한 철기 기술은 열국시대로 이어졌다. 열국시대에 철기가 널리 사용되었음은 이 시기의 여러 유적들에서 철기가 출토되는 것으로 알 수 있지만 문헌 기록을 통해서도 확인된다.

열국시대에 한민족은 철로 만든 투구와 갑옷을 착용하고 철제 무기를 소지한 철기(鐵騎)가 있었으며, 철제 무기로는 쇠뇌·활·화살촉·쌍가지창·긴 창·세모창·작은 창·마름쇠 등을 사용했다. 철제 농구와 공구로는 쇠보습·쇠괭이·쇠가래·쇠스랑·쇠낫·쇠호미·쇠도끼·쇠가위·쇠끌·쇠손칼·쇠못·쇠수레바퀴·쇠가마·쇠화로 등이 있었는데, 강철로 만들어진 것이 많았다.

일본 나라 현의 이소노카미 신사에는 백제에서 백 번 담금질하여 만든 백련철의 칠지도가 전해오는데, 거기에는 60여 자의 명문이 상감되어 있으며 문자의 외곽은 가는 금선으로 둘러져 있다. 이는 당시 한민족의 제철기술은 물론, 금을 이용한 기술 및 상감기술도 매우 높은 수준에 이르렀음을 알게 해준다.

철은 화폐 대용으로도 사용되었는데 그러한 용도로 사용되었던 철정이 신라와 가야의 여러 유적에서 출토된다. 이것은 철기를 만드는 원료로도 사용되었다. 이 시기에 왜열도에서는 오랫동안 한반도에서 철을 수입해서 사용했음이 출토 유물과 기록을 통해서 확인된다.

열국시대에는 철뿐 아니라 금·은·동 등도 널리 이용되었는데 그런 사실은 문헌 기록과 출토 유물에서 확인된다. 금은 국가에 공이 있는 신하에게 포상으로 하사되기도 했고 이웃 나라에 예물로 가져가기도 했다. 그리고 금·은·동은 불상과 왕관 및 장신구 등을 만드는 데 다양하게 이용되었다. 이에 대한 기록과 유물들은 열국시대에 금·은·동 등이 꾸준히 사용되면서 그 가공기술이 발전했음을 알게 해준다.

◉ 맺는 글 ◉

열국시대는 고조선이 붕괴하면서 시작되었다. 고조선은 말기에 안팎으로 큰 시련에 봉착했다. 안으로는 경작면적의 확대와 생산증대에 따른 사회 구조의 변화가 일어났고, 밖으로는 위만조선 및 서한과 두 번이나 큰 전쟁을 치렀다. 이 전쟁으로 고조선은 요서 지역을 잃었고, 그 지역에 있었던 고조선의 거수국들은 오늘날 요하 동쪽으로 이동하게 되었다. 그리고 고조선이 통치능력을 잃자 그 가운데 일부가 독립국을 세웠다. 오늘날 요하 동부 만주와 연해주 및 한반도에 동부여·읍루·고구려·동옥저·최씨낙랑국·동예·한 등의 나라가 섰고, 한에서 신라·백제·가야가 분열되어 나오고 대방국이 추가됨으로써 본격적으로 열국시대가 전개되었다.

기존 학계에서는 열국시대의 사회 수준을 아직 국가 단계에 도달하지 못한 것으로 보는 견해가 있었다. 그러나 열국시대보다 앞선 고조선이 이미 국가 단계의 사회였는데 열국시대가 국가 단계의 사회가 아니라면 한국 고대사회는 시대가 내려오면서 점차 퇴보했다는 것이 된다. 세계 역사상 그러한 경우는 매우 드물다. 본론에서 이미 확인한 바와 같이 열국시대의 시작은 고조선과의 왕조 교체를 의미하는 것이다. 그리고 열국시대는 고조선을 계승한 사회로서 한층 발달한 국가 단계였다. 열국시대에서 다음과 같은 큰 특징을 볼 수 있다.

첫째, 한민족이 민족을 형성한 뒤 처음으로 맞는 정치적 분열기이면서 동시에 민족의 혼합기였다. 고조선은 한반도와 만주에 처음 등장한 국가로서, 이 고조선이 출현함으로써 한반도와 만주의 거주민들은 비로소 하나의 민족을 형성했다. 고조선이 건국되기 전에 한반도와 만주의 거주민들은 지역적 단위로서 각 지역에서 종족을 이루고 있었으나 고조선이 건국됨으로써 이들은 같은 나라의 백성이 되어 한민족을 형성하게 된 것이다. 그런데 고조선이 붕괴하면서 여러 나라가 들어서게 되어 한민족은 민족을 형성한 뒤 처음으로 정치적 분열을 겪게 되었다.

그러나 이 시기에 민족 혼합은 더욱 강화되었다. 고조선 말기에 오늘날 요서 지역에서 오늘날 요하 동쪽의 만주와 연해주 및 한반도로 이주한 세력들이 나라를 세우자, 이들은 그 지역에 살고 있던 토착인들과 혼합을 이루게 되었다. 고조선시대에는 각 지역의 종족들이 고조선의 백성이 되어 하나의 민족을 형성하고는 있었지만, 그들은 고조선 건국 이전부터 그 지역에서 계속 살아왔으므로 종족의식이 강하게 남아 있었다. 그러나 열국시대의 여러 나라에서는 이주민과 토착인들이 섞여 살게 됨으로써 민족 혼합이 강하게 이루어지게 된 것이다. 이에 따라 민족의식도 한층 강화되었다.

둘째, 한반도와 만주 및 연해주 각 지역의 발전을 촉진하면서 민족 재통합을 준비하는 시기였다. 열국은 서로 경쟁에서 승리하기 위해 각 지역의 개발에 힘쓰고 지역 기반을 확대하는 데 주력했다. 그 결과 한반도와 만주 및 연해주 각 지역의 경제와 문화가 크게 성장했을 뿐만 아니라 밖으로 눈을 돌려 해외로도 크게 진출했다.

고구려는 313~315년에 오늘날 요서 지역에 있었던 중국의 군현들을 모두 축출하고 고조선의 옛 땅을 완전히 수복했으며 광개토왕 때에는 오늘날 난하 서쪽까지 영토를 확장했다. 고조선의 거수국으로 오늘날 요서 지역에 있었던 숙신은 일찍이 오늘날 연해주로 이주하여 그곳에서 읍루를 세웠으며, 백제는 246년 이전에 바다를 건너 중국의 동부 해안 지역을 차지하고 수나라가 중국을 통일하기 바로 전까지 그곳을 지배했다. 그리고 고조선 말기부터 한민족은 왜열도에 진출하여 규슈를 비롯한 왜열도의 남부 지역에서 작은 나라들을 세우기 시작했는데, 열국시대에는 그러한 현상이 더욱 활발하여 왜열도에 임나(가야)·백제·신라·고구려 등 한민족의 분국이 출현했다. 이 가운데 임나와 백제의 활동이 가장 활발했다.

이 시기에 한민족은 내부적으로는 비록 여러 나라로 분열되어 있었지만 한민족의 활동이라는 넓은 관점에서 본다면 한국사 전기간을 통해 해외 진출이 가장 활발했다. 한반도는 한민족 활동의 중심부였고 황해와 대한해협은 한민족의 내해(지중해)였다. 훗날 산동성에서 고구려 후예 이정기 장군이 독립세력이 되어 당나라에 대항한 것이라든가 장보고 대사가 중국 동부해안을 장악했던 것도 이 시기 한민족의 해외 진출이 기반이 되었다.

열국시대의 여러 나라들은 초기부터 영토를 확장해야겠다는 생각을 가지고 있었기 때문에 영토겸병전쟁이 일어나는 것은 필연적이었고, 그것은 통일국가로 향할 수밖에 없었다. 영토는 넓을수록 나라에 이익이 된다는 경제관념과 고조선과 같은 민족공동체를 재건해야 한다는 민족의식이 바탕에 깔려 있었다. 영토겸병전쟁은 대략 4세기를 경계로 성격이 바뀌었는데, 당시까지는 지역 기반을 다지는 수준이었으나 이후는 민족통합전쟁이 되었다. 그 결과 고구려·백제·신라·가야의 사국시대를 거쳐 신라가 한반도를 통합하게 되었다. 그러므로 열국시대는 한민족의 재통합 과정이었다고 말할 수 있다.

셋째, 열국시대는 통치 조직에서 고조선의 지방분권제가 쇠퇴하고 중앙집권제가 등장했으며 이를 강력하게 뒷받침하기 위한 신분등급제가 확립되었다. 고조선의 통치 조직은 각 지역에 거수국을 두고 거수국의 통치를 거수에게 위임한 지방분권제였다. 그러나 열국시대가 시작되면서 동부여·백제·신라는 초기부터 전국에 관리를 파견하여 통치하는 중앙집권제였고, 한과 가야는 지방분권제였으며, 고구려는 이 두 제도를 아울러 썼다. 그런데 고구려에서는 2세기 전반에 지방분권제가 쇠퇴하고 중앙집권제가 되었으며, 한과 가야는 멸망할 때까지 지방분권제를 유지했다.

열국시대에는 신분제가 강화되기도 했다. 신분의 분화는 고을나라[1]시대에 일어나기 시작하여 고조선시대를 거치면서 계속 확대되고 체계화되었다. 열국시대에 이르면 왕권이 강화되고 중앙집권제가 확립됨에 따라 그것을 뒷받침하기 위해 더욱 구체화된 신분등급제가 만들어져 귀족신분제의 확립을 보게 되었다. 고구려·백제·신라보다 먼저 멸망한 나라들에도 귀족들이 존재했고 신분제가 체계화되어 있었지만, 열국시대를 주도했던 이 세 나라에서 새로운 신분등급제를 제정하여 귀족신분제를 확립했다. 신라에서는 32년, 백제에서는 260년에 법으로 제정했고, 고구려에서는 1세기부터 2세기 사이에 점진적으로 성립되었다. 그러므

1 고을나라는 서구 학자들이 치프덤(chiefdom)이라 부르는 사회 단계로서 국가가 출현하기 직전의 사회이다. 고고학적으로는 대개 후기 신석기시대에 해당한다(윤내현, 「사회진화상의 고조선 위치」, 『고조선 연구』 상, 만권당, 2015 참조).

로 귀족신분제는 대략 3세기까지는 확립되었다고 말할 수 있다. 그 뒤로도 신분제는 계속 강화되었다.

넷째, 열국시대는 경제 면에서 토지소유제가 크게 발달하여 소토지 소유자가 늘어나고 장원이 출현했으며 생산관계도 개체생산이 일반화되었다. 그러다 보니 이 시기에는 잉여생산이 많아 집집마다 창고가 있을 정도였고, 귀족들은 소작료를 받아 생활했다. 이러한 경제 기반 위에서 목축업과 수공업이 매우 발달하여 생산품을 사고파는 시장이 출현했고, 생산품을 중국과 일본 등으로도 수출하여 많은 외화를 벌어들였다.

이러한 경제 발전은 철기가 널리 보급되어 노동능률이 올라가는 데 따른 것이었다. 노동능률의 증대는 토지 소유제를 발달시켜 소토지 소유자들이 늘어나도록 했을 뿐만 아니라 장원이 출현하도록 만들었다. 이러한 토지 소유의 상황은 서기전 2세기 이전에 이미 전개되고 있었다. 생산관계도 고조선시대에 집단노동이 주류를 이루었던 상황에서 벗어나 하나의 가정이나 하나의 집이 단위가 된 개체생산이 주류를 이루게 되었다. 개체생산은 철기의 보급에 따라 고조선 말기에 이미 나타났지만 이 시기에 이르러 보편화되었다.

다섯째, 사회 면에서는 지역에 따라 다소 차이는 있지만 한민족의 전통풍속이 확립된 시기였고 피지배신분의 개편이 일어나기도 했다. 고조선시대에 기초가 마련된 한민족의 의식주를 포함한 생활풍속은 열국시대에 이르러서는 연해주에 있었던 읍루를 제외하고는 북쪽에 있었던 동부여·고구려·동옥저·동예 등과 남부에 있었던 한 등이 자연환경에 따라 약간의 차이를 보일 뿐 기본적으로는 같았다. 이러한 풍속의 동일성은 고구려·백제·신라·가야의 사국시대로 이어졌다.

고조선시대의 피지배신분은 평민·하호(호민 포함)·노비 등이었는데 이러한 신분은 열국시대 초기까지 그대로 이어지다가 평민과 하호가 서인이라는 하나의 신분으로 통합되었다. 그리고 향민과 부곡민이라는 새로운 천민 신분이 출현했다. 이들은 노비와 비슷한 신분으로서 일정한 구역에 거주했다.

여섯째, 문화 면에서는 숭배의 대상과 종교사상 등에서 큰 변화가 일어났다. 열국시대 초기까지는 하느님을 최고신으로 받드는 선교가 민족종교로 이어지고 있었으나, 4세기에 불교가 수입되어 왕실과 귀족들의 숭배 대상이 됨으로써 지배층의 문화로 자리 잡게 되었다.

열국시대에는 종교사상에도 중요한 변화가 일어났는데 그것은 인간의 노력으로 신의 의지를 바꿀 수 있다고 생각하게 된 것이다. 신의 절대적 권위가 추락하고 있었던 것이다. 그리고 생명과 만물의 근원은 기(氣)로서 하느님에게서 온다고 믿는 생각도 일어나게 되었다. 하느님을 믿는 것은 유신론이며 기가 만물의 근원이라고 본 것은 소박한 유물론이라 할 수 있다. 이 점에서 고대 한민족은 유신론과 유물론을 적절히 결합한 소박한 철학이론을 가지고 있었다.

위의 정치·경제·사회·문화 등의 면에 나타난 변화는 고조선 이래의 한국 고대사회가 지니고 있었던 사회 특성의 변화를 보여준 것으로서 열국시대는 고대에서 중세로 전환해가는 시기라고 할 수 있다. 그 변화는 대체로 4세기 이전에 일어났는데, 그 주요 변화가 3세기부터 4세기 사이에 일어났으므로 고대와 중세의 전환기를 이 시기로 잡을 수 있을 것이다.

인류 역사를 크게 나누면 국가 이전 시대와 국가 시대가 된다. 그리고 국가가 출현한 다음의 첫 번째 사회 단계를 고대, 그 뒤를 이은 사회 단계를 중세라 하는데, 일반적으로 고대는 노예제 사회, 중세는 봉건제 사회였다고 보고 있다. 이러한 시대구분법은 서양학자들이 서양사를 기준으로 만든 것이다. 그런데 한국을 포함한 동아시아의 근대적 역사 연구는 서양 학문의 영향을 받았기 때문에 이러한 시대구분법을 그대로 자신들의 역사에 적용하게 되었다. 그것이 인류 역사의 보편적 이론틀이라 생각했던 것이다.

그러나 연구가 쌓일수록 동아시아 사회는 서구 사회와 다른 특성이 많다는 점이 확인되고 있다. 예컨대 동아시아의 고대사회는 서구의 고대사회와 같은 노예제 사회가 아니었다는 점이라든가, 서구에서는 고대국가가 출현하면서 주민의 거주 형태가 혈연 조직에서 지역 유대로 바뀌는데 동아시아의 고대국가에서는 혈연 조직이 그대로 유지된다는 것 등이 그것이다.

서양의 고대사회에서는 노예가 주된 생산 담당자였기 때문에 노예제 사회라 했는데, 동아시아의 고대사회에서는 주된 생산 담당자가 일반 농민으로서 한국에서는 하호, 중국에서는 서민이라 불린 신분이었다. 이들은 노예가 아니었다. 그러므로 동아시아의 고대사회를 총체적 노예제 사회로 보아야 한다는 수정론이 제시되기도 했다. 동아시아의 고대사회는 서양의 고대사회와 달리 모든 사람이 최고 통치자를 위해 일하는 사회이기 때문에 최고 통치자를 제외한 모든 사람을 노예로 보아야 한다는 것이다.

국가 단계의 사회가 그 이전의 사회와 다른 점은 합법적인 권력이 출현하고 거주 형태가 혈연 조직에서 지역 유대로 바뀌는 점이라고 정의되어왔다. 이것은 서양의 국가를 기준으로 만들어진 개념 정의였다. 그런데 동아시아에서는 국가 단계의 사회에 진입한 뒤에도 혈연 조직인 씨족이 마을을 이루고 거주하는 것이 보편적인 현상이었고 정치권력의 분배가 혈연 조직에 기초하고 있었다. 이렇게 혈연 조직이 유지되는 국가를 아시아적 국가라고 불러야 한다는 논의도 있다.

여기서 우리가 생각해야 할 것은, 서양학자들이 인류 역사의 보편적

이론틀이라고 제시한 것이 동아시아 사회에 적합하지 않다면 그것은 이미 보편적 이론틀로서 가치가 없다는 것이다. 그런데도 지금까지는 그 이론틀에 맞추기 위해 각 시대의 명칭이나 성격에 대한 개념까지 바꾸려는 노력이 학문이라는 이름으로 서슴없이 자행되었다. 이는 신발에 맞추기 위해 발을 잘라내는 것과 같다.

동아시아의 고대사회를 총체적 노예제로, 동아시아의 국가를 아시아적 국가라고 규정하고자 한 것은, 서양 사회는 정상적인 사회이고 동아시아 사회는 비정상적인 또는 예외적인 사회라는 의미를 가지고 있는 것이다. 서양 사회를 기준으로 만든 이론틀은 인류 역사의 보편적 이론틀인데, 동아시아 사회는 그것에 맞지 않기 때문에 정상적인 사회가 아니라는 것이다. 이것은 서양인들만의 가치관을 기준으로 한 것이므로 그러한 논리는 성립될 수 없다.

인류 역사의 보편적 이론틀은 세계 각 지역의 역사에 어긋남이 없어야 하는 것으로, 만약 그렇지 못하다면 그것은 보편적 이론틀이 아닌 것이다. 서양 역사를 기준으로 만든 기존의 이론틀이 동아시아 역사에 들어맞지 않는다면, 이를 보편적 이론틀로 수정하기 위해서는 동아시아를 포함한 세계 각 지역의 사료가 종합적으로 연구되어 새로운 결과를 얻어내야 할 것이다.

그것이 어떤 결론에 도달하든지 고대사회에 존재했던 주요한 특징들이 변화하여 새로운 사회 성격을 나타낸다면 그 시기는 중세가 되는 것이다. 따라서 한국사에서 처음으로 출현한 국가인 고조선시대부터 이어져온 주요한 사회 특성들이 열국시대 후기인 3~4세기 무렵에 크게 변했으므로 그 이후를 중세로 보는 것은 당연하다.

열국시대 역사는 우리에게 매우 큰 교훈을 주기도 한다. 한민족이 처음으로 세운 국가인 고조선은 한국사에서 단일 국가로는 가장 넓은 영토를 가지고 있었다. 이웃 나라보다 국력도 강하고 문화 수준도 매우 높았다. 열국시대에는 비록 나라는 여럿으로 나뉘어 있었지만 한민족 전체의 활동을 보면 해외 진출이 매우 활발한 시기였다. 그런데 사국시대를 거쳐 신라가 한반도를 통합하는 과정에서 영토는 한반도로 줄어들었고 그 뒤 만주에 발해가 서기는 했지만 발해가 멸망한 뒤에 만주는 우리의 영토에서 떨어져 나가고 말았다. 국력이나 문화 수준도 중국에 뒤지는 상황으로 변했다.

그 이유는 어디에 있을까. 이 점을 알기 위해서는 역사의 발전 법칙을 알아야 한다. 역사는 서로 다른 것이 만나 자극과 영향을 주고받음으로써 발전하는 것이다. 변증법에 따르면 정(正)에 대한 반(反)이 있어야 합(合)으로 갈 수 있다. 토인비는 역사는 도전과 응전에 따라 발전한다고 말했는데, 도전과 응전을 하기 위해서도 서로 다른 것이 존재해야 하는 것이다.

이런 관점에서 볼 때 한민족의 역사에서 2가지 문제를 지적할 수 있다. 하나는 지리적인 조건이고 다른 하나는 외래문화의 수용 방법이다.

먼저 지리적인 조건을 보자. 고조선이 건국되기 전 한반도와 만주의 거주민들은 지역을 단위로 고을나라를 이루고 있었다. 종족을 형성하고 있었던 것이다. 이들이 통합되는 과정에서 서로 자극과 영향을 주고받아 고조선의 높은 문화를 만들어냈다. 그러나 고조선이 건국되어 이들이 하나의 민족을 형성한 뒤에는 동질성이 높아져 자극과 영향이 줄어들었다.

그러므로 한민족에게는 새로운 자극과 영향을 받을 곳이 필요했다. 그러나 한반도는 삼면이 바다로 둘러싸여 있고 북쪽의 몽골과 동북부의 연해주는 자연환경이 열악한 관계로 문화 수준이 낮아 한민족에게 별로 자극과 영향을 주지 못했다. 반면에 황하 중류 유역에서 출발한 중국의 고대국가는 영토를 확장하면서 자연환경과 종족 그리고 문화가 다른 지역들과 접촉하면서 계속 새로운 문화를 창출했다. 중국이 통일된 뒤에는 비단길을 통해 중동 지역은 물론 유럽과도 접촉을 가져 새로운 문화를 창출할 수 있었다. 따라서 문화의 발전 속도가 한민족보다 빨랐다. 그 결과 한민족과 중국의 문화 수준은 역전되었던 것이다.

이제 외래문화의 수용 방법을 보자. 열국시대 후기인 4세기에 한민족은 불교를 받아들였다. 불교는 왕실을 중심으로 귀족들이 신봉함으로써 지배문화가 되었다. 이에 따라 선교를 포함한 한민족의 고유문화는 피지배문화로 전락했다. 한민족의 고유문화와 외래문화가 대등한 위치에서 자극과 영향을 주고받아 새로운 문화를 창출할 기회를 잃어버린 것이다.

이런 상황은 계속되었다. 근세 조선에서는 유가 논리를 정치와 학문의 지도이념으로 삼음으로써 유가 밑에 불교, 불교 밑에 한민족의 고유문화라는 층위가 형성되었고, 근대화 이후에는 기독교가 중심이 된 서양문화가 지배논리로 등장함으로써 서양문화 밑에 유가, 유가 밑에 불교, 불교 밑에 한민족의 고유문화라는 층위가 형성되었다.

지금 세계는 개방되고 있다. 교통과 통신망은 유례없이 발달하고 있다. 비행기를 타면 짧은 시간에 세계 어느 곳이라도 갈 수 있고, 인터넷을 이용하면 한순간에 세계 어느 곳과도 정보를 교환할 수 있게 되었다. 지리적으로 가깝고 먼 것은 문제가 되지 않는다. 그러므로 한국이 지니고 있는 지리적 약점은 해결되었다고 볼 수 있다. 한민족은 바야흐로 좋은 조건을 맞이하게 되었다.

그러나 한민족이 스스로 결정해야 할 외래문화의 수용 방법은 아직도 크게 바뀌지 않고 있다. 한국 사회는 아직도 한민족의 고유문화가 맨 밑바닥에 깔려 있는 문화구조를 벗어나지 못하고 있는 것이다. 고유문화와 외래문화를 똑같은 지위에 올려놓아야 할 뿐만 아니라, 고유문화가 핵심을 이루고 외래문화는 그 주변에서 기능으로 작용하는 문화구조를 이루도록 하는 것이 매우 시급하다. 열국시대의 역사는 한민족에게 이러한 교훈도 주고 있는 것이다.

부록 : 한국 고대사 도표

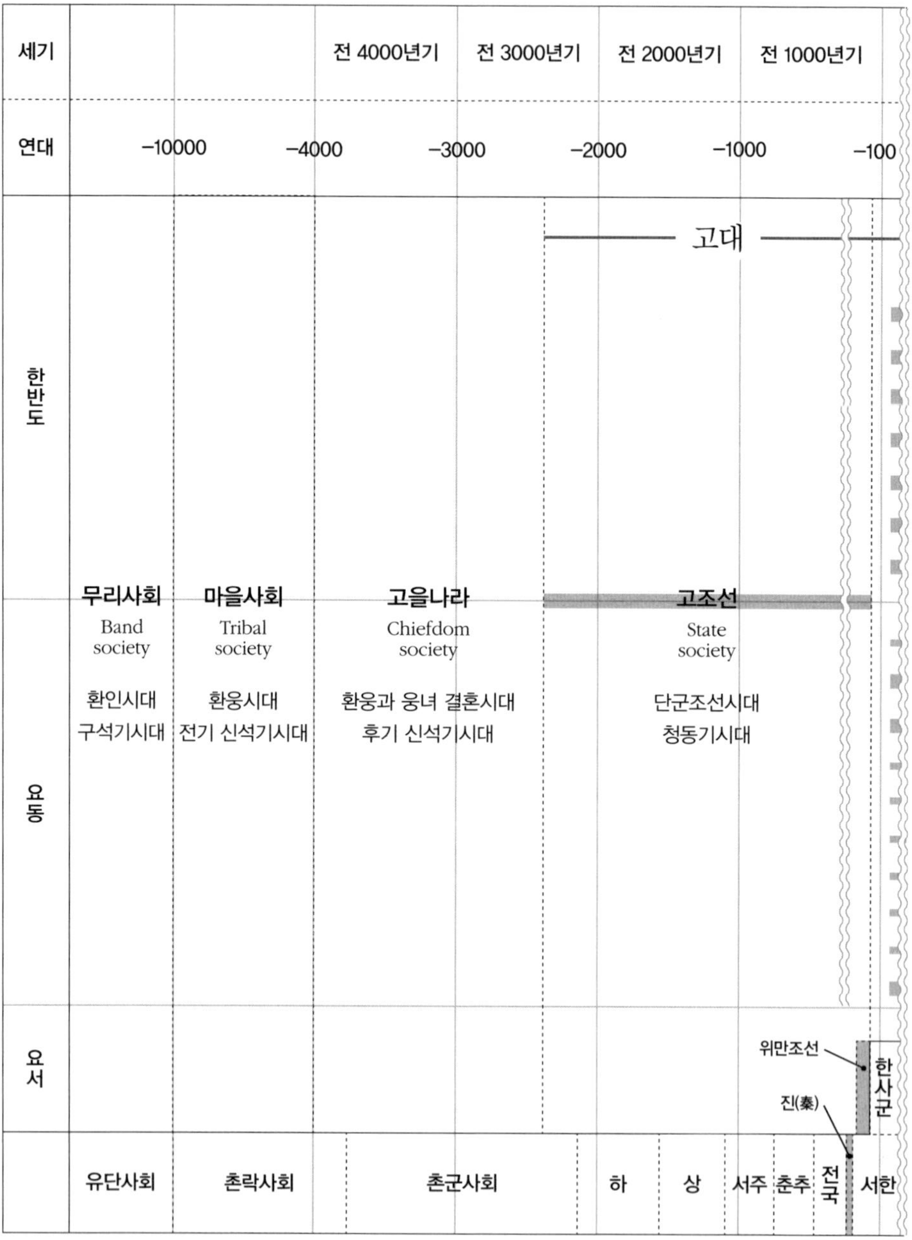
세기
전 4000년기
전 3000년기
전 2000년기
전 1000년기
연대
−10000
−4000
−3000
−2000
−1000
−100
고대
한반도
요동
요서
무리사회
Band society
환인시대
구석기시대
마을사회
Tribal society
환웅시대
전기 신석기시대
고을나라
Chiefdom society
환웅과 웅녀 결혼시대
후기 신석기시대
고조선
State society
단군조선시대
청동기시대
위만조선
진(秦)
한사군
유단사회
촌락사회
촌군사회
하
상
서주
춘추
전국
서한

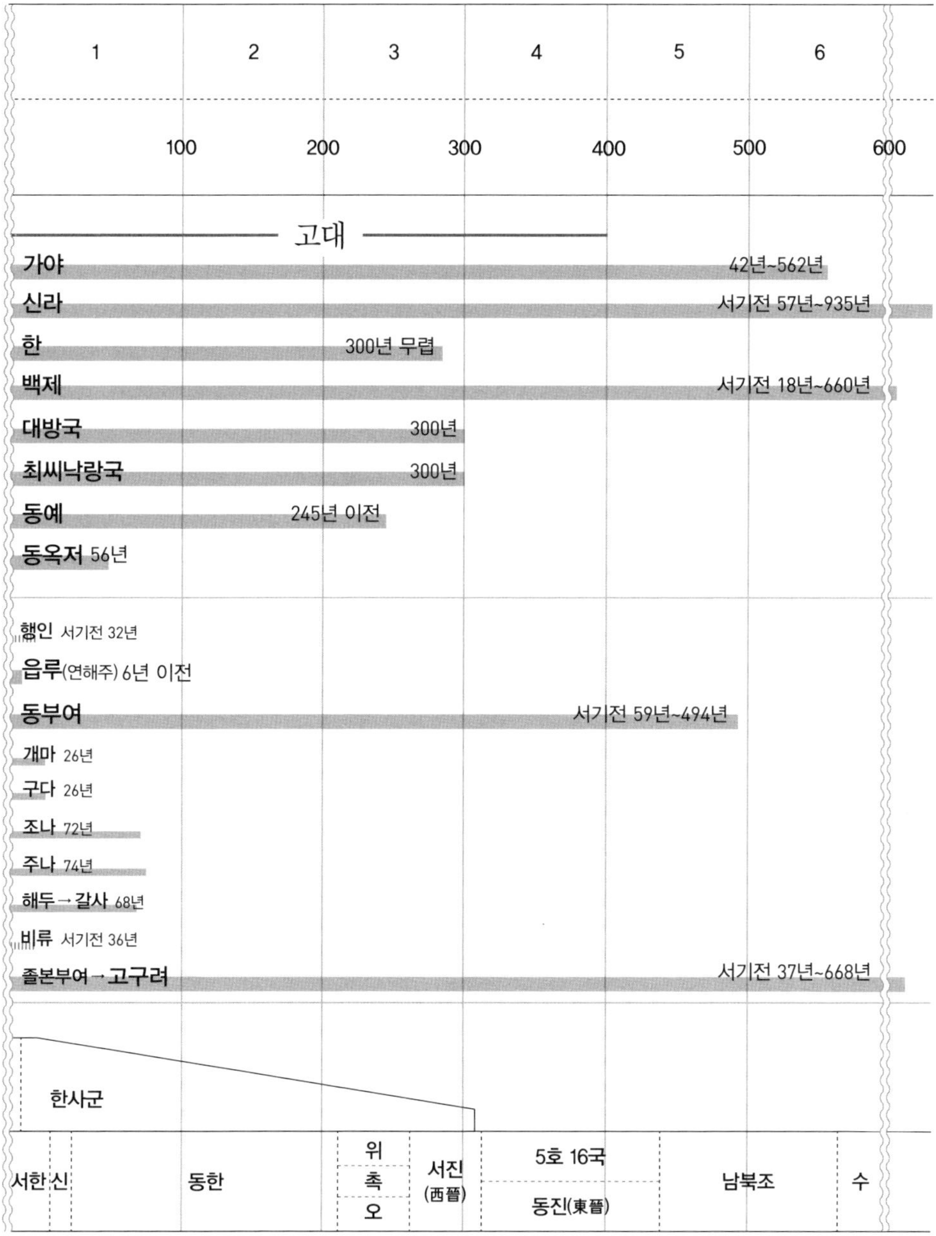
1
2
3
4
5
6
100
200
300
400
500
600
고대
가야
42년~562년
신라
서기전 57년~935년
한
300년 무렵
백제
서기전 18년~660년
대방국
300년
최씨낙랑국
300년
동예
245년 이전
동옥저 56년
햄인 서기전 32년
읍루(연해주) 6년 이전
동부여
서기전 59년~494년
개마 26년
구다 26년
조나 72년
주나 74년
해두→갈사 68년
비류 서기전 36년
졸본부여→고구려
서기전 37년~668년
한사군
서한
신
동한
위
촉
오
서진
(西晋)
5호 16국
동진(東晋)
남북조
수

참고문헌

Ⅰ. 기본사료

1. 문헌 사료

「광개토왕릉비문」
『동명왕편』
『동사강목』
「모두루묘지」
『삼국사기』
『삼국유사』
『신증동국여지승람』
『제왕운기』
『해동고승전』

『계동록(啓東錄)』
『고사기(古事記)』
『관자(管子)』
『구당서(舊唐書))』
『남사(南史)』
『남제서南齊書)』
『논형(論衡)』
『당회요(唐會要)』
『독사방여기요(讀史方輿紀要)』
『문헌통고』
『북사(北史)』
『북제서(北齊書)』
『사기(史記)』
『사기색은(史記索隱)』
『사기정의(史記正義)』
『사기집해(史記集解)』
『삼국지(三國志)』
『상서(尙書)』
『속일본기(續日本紀)』
『송서(宋書)』
『수경주(水經注)』
『수서(隋書)』
『신당서(新唐書)』
『신찬성씨록(新撰姓氏錄)』
『양서(梁書)』
『위략(魏略)』
『위서(魏書)』
『일본서기(日本書紀)』
『일주서(逸周書)』
『자치통감(資治通鑑)』
『주서(周書)』
『죽서기년(竹書紀年)』
『진서(晉書)』
『책부원구(冊府元龜)』
『춘추좌전(春秋左傳)』
『통서(通典)』
『한서(漢書)』
『한원(翰苑)』
『후한서(後漢書)』

2. 고고학 자료

경남대 박물관, 『창원 덕천리 유적』, 지도위원회의 및 현장설명회 자료, 1996년 3월 6일.

關野貞 等, 『樂浪郡時代の遺蹟』, 古蹟調査特別報告 第4册, 朝鮮總督府, 昭和 2(1927).

吉林省博物館·永吉縣文化館, 「吉林永吉星星哨石棺墓第三次發掘」, 『考古學集刊』 3, 中國社會科學出版社, 1983.

吉林市文物管理委員會·永吉縣星星硝水庫管理處, 「永吉星星硝水庫石棺墓及遺址調査」, 『考古』, 1978年 第3期.

김정문, 「세죽리 유적 발굴 중간 보고」, 『고고민속』 1964년 제2호, 사회과학원출판사, p. 48.

단국대 사학회, 『사학지』 12, 단양신라적성비특집호, 단국대 사학회, 1978.

문화공보부·문화재관리국, 『경주 황남동 제98호 고분(남분) 발굴약보고』, 1976.

문화재관리국, 『무령왕릉』, 발굴조사보고서, 문화공보부 문화재관리국, 1973.

문화재관리국 문화재연구소, 『황남대총』, 경주시 황남동 제98호 고분 북분발굴조사보고서, 문화재관리국, 1985.

문화재관리국 문화재연구소, 『황남대총』, 경주시 황남동 제98호 고분 남분발굴조사보고서, 문화재관리국, 1993.

社會科學院考古研究所 編著, 『中國考古學中碳14年代數據集』, 文物出版社, 1983.

小場恒吉·榧本龜次郎, 『樂浪王光墓』, 朝鮮古蹟研究會, 昭和 10(1935).

이건무 등, 「의창 다호리유적 발굴진전보고(Ⅰ)」, 『고고학지』 제1집, 한국고고미술연구소, 1989.

_______, 「창원 다호리유적 발굴진전보고(Ⅱ)」, 『고고학지』 제3집, 한국고고미술연구소, 1981.

_______, 「창원 다호리유적 발굴진전보고(Ⅲ)」, 『고고학지』 제5집, 한국고고미술연구소, 1994.

李相吉 著, 武末純一 譯, 「韓國·昌原德川里遺跡發掘調査概要」, 『古文化談叢』, 第32集, 九州古文化研究會, 1994.

정찬영, 『압록강, 독로강 류역 고구려 유적발굴보고』, 유적발굴보고 제13집, 과학백과사전출판사, 1983.

______, 「북창군 대평리 유적발굴보고」, 『고고학자료집』 제4집, 사회과학원출판사, 1974.

曹汛, 「瑷河尖古城和漢安平瓦當」, 『考古』, 1980年 6期.

中國社會科學院考古研究所, 『新中國的考古發現和研究』, 文物出版社, 1984.

中國社會科學院考古研究所 編著, 『中國考古學中碳十四年代數據集』, 文物出版社, 1983.

地圖出版社 編, 『中華人民共和國分省地圖集』, 新華書店上海發行所, 1984.

최성락, 『영암 장천리 주거지』 2, 목포대 박물관, 1986.

최정필, 『하남시 교산동일대 문화유적』, 세종대, 1996.
허흥식 엮음, 『한국금석전문』, 고대, 아세아문화사, 1984.
Chan Kirl Park and Kyung Rin Yang, "KAERI Radiocarbon MeasurementsⅢ" *RADIOCARBON*, vol. 16, no.2, 1974.

Ⅱ. 논저

1. 단행본

국사편찬위원회, 『중국정사조선전 역주』 1, 국사편찬위원회, 1987.
김석형, 『초기조일관계사』 하, 사회과학출판사, 1988.
김원룡, 『한국고고학개설』 제3판, 일지사, 1986.
김철준, 『한국고대사연구』, 서울대 출판부, 1990.
______, 『한국고대사회연구』, 지식산업사, 1976.
김태식, 『가야연맹사』, 일조각, 1993.
김현구, 『大和政權の對外關係研究』, 吉川弘文館, 1985.
______, 『임나일본부연구』, 일조각, 1993.
노중국, 『백제정치사연구-국가형성과 지배체의 변천을 중심으로』, 일조각, 1988.
리순진·장주협 편집, 『고조선문제 연구』, 사회과학출판사, 1973.
문정창, 『일본상고사』, 백문당, 1970.
박지원, 「도강록」, 『열하일기』.
사회과학원 고고학연구소, 『조선고고학개요』, 과학백과사전출판사, 1977.
사회과학원 력사연구소, 『조선전사』 3, 중세편 고구려사, 과학백과사전출판사, 1991.
__________________, 『조선전사』 4, 중세편 백제·전기신라 및 가야사, 과학백과사전출판사, 1991.
신채호, 『조선상고사』, 단재신채호전집 상, 단재신채호선생기념사업회, 1978.
신형식, 『백제사』, 이화여대 출판부, 1992.
______, 『신라사』, 이화여대 출판부, 1985.
______, 『한국고대사의 신연구』, 일조각, 1984.
윤내현, 『고조선 연구』 상, 만권당, 2015.
______, 『고조선 연구』 하, 만권당, 2016.
______, 『윤내현 교수의 한국고대사』, 삼광출판사, 1989.
______, 『한국고대사신론』, 일지사, 1986.

이기동, 『백제사연구』, 일조각, 1997.
______, 『신라골품제사회와 화랑도』, 일조각, 1984.
______, 『신라사회사연구』, 일조각, 1997.
이기백, 『신라사상사연구』, 일조각, 1987.
______, 『신라시대의 국가불교와 유교』, 한국연구원, 1978.
______, 『신라정치사회사연구』, 일조각, 1974.
______, 『한국고대사론』, 탐구당, 1974.
이기백 · 이기동, 『한국사강좌 1 - 고대편』, 일조각, 1984.
이도학, 『백제 고대국가 연구』, 일지사, 1995.
이병도, 『국역 삼국사기』, 을유문화사, 1980.
______, 『원문병역주 삼국유사』, 동국문화사, 1962.
______, 『한국고대사연구』, 박영사, 1981.
______, 『한국사-고대편』, 을유문화사, 단기 4292.
이병선, 『임나국과 대마도』, 아세아문화사, 1987.
______, 『한국고대국명지명연구』, 형설출판사, 1982.
이익, 『성호사설유선』.
이종욱, 『신라국가형성사연구』, 일조각, 1982.
______, 『신라상대 왕위 계승 연구』, 영남대 민족문화연구소, 1980.
이현혜, 『삼한사회형성과정연구』, 일조각, 1984.
이희덕, 『고려유교정치사상의 연구』, 일조각, 1997.
장광직 지음, 윤내현 옮김, 『상문명』, 민음사, 1989.
정인보, 『조선사 연구』 상, 서울신문사, 1946.
______, 『조선사 연구』 하, 서울신문사, 1947.
조희승, 『가야사 연구』, 사회과학출판사, 1994.
______, 『일본에서 조선소국의 형성과 발전』, 과학백과사전출판사, 1990.
천관우, 『가야사 연구』, 일조각, 1991.
______, 『고조선사 · 삼한사 연구』, 일조각, 1989.
______ 엮음, 『한국고대사의 쟁점』, 일조각, 1975.
최상준 등, 『조선기술발전사』 2 - 삼국시기 · 발해 · 후기신라편, 과학백과사전출판사, 1996.
최몽룡 · 심정보 편저, 『백제사의 이해』, 학연문화사, 1991.
최종규, 『삼한고고학 연구』, 서경문화사, 1995.
한규철, 『발해의 대외관계사』, 신서원, 1995.

駒井和愛, 『樂浪』, 中央公論社, 昭和 47(1972).

吉田晶, 〈古代國家の形成〉, 『岩波講座 日本史』 2 - 古代 2, 岩波書店, 1975.
譚其驤 主編, 『中國歷史地圖集』, 第1册, 原始社會 · 夏 · 商 · 西周 · 春秋 · 戰國時期, 地圖出版社, 1982.
______, 『中國歷史地圖集』, 第2册, 秦 · 西漢 · 東漢時期, 地圖出版社, 1982.
______, 『中國歷史地圖集』, 第4册, 東晉十六國 · 南北朝時期, 地圖出版社, 1982.
______, 『中國歷史地圖集』, 第5册, 隋 · 唐 · 五代 · 十國時期, 地圖出版社, 1982.
王華隆 著, 『東北四省分縣新圖』, 北平文化學社, 民國 21(1932).
井上秀雄, 『東アジア民族史』, 平凡社, 1974.
陳槃, 『不見於春秋大事表之春秋方國稿』, 册1, 〈孤竹〉條, 中央研究院歷史語言研究所, 民國 59(1970).
請田正幸, 『古代朝鮮と日本』, 龍溪書舍, 1974.

2. 연구논문

강경구, 「낙랑칠기의 문제점」, 『한국상고사학보』 제14호, 한국상고사학회, 1993.
강인숙, 「고구려에 선행한 고대국가 구려에 대하여」, 『력사과학』 1991년 2기.
______, 「광개토왕릉 비문을 통하여 본 고구려의 건국년대」, 『고구려문화국제학술회논문집』, 해외한민족연구소, 1994.
고홍장 · 동보서 지음, 윤내현 옮김, 「갈석고」 ; 윤내현 지음, 『한국고대사신론』 부록, 일지사, 1986.
권주현, 「가야사 논저목록」, 『한국고대사논총』 8, 가락국사적개발연구원, 1996.
김동선, 「삼국시대 신라 혼합종교의 성격에 관하여 - 특히 샤머니즘과 불교를 중심으로」, 제5회 조선학 국제학술토론회 발표문, 1997.
김문경, 「당대 고구려 유민의 번진(藩鎭)」, 『당고구려유민과 신라교민』, 일신사, 1968.
김상기, 「국사상에 나타난 건국설화의 검토」, 『동방사논총』, 서울대 출판부, 1984.
______, 「백제의 요서경략에 대하여」, 『동방사논총』, 서울대 출판부, 1984.
김석형, 「삼한 · 삼국의 일본열도 내 분국들에 대하여」, 『력사과학』 1963년 1호.
김세익, 「중국 료서지방에 있었던 백제의 군에 대하여」, 『력사과학』 1967년 1 · 3호.
김용준, 「백제의 복식에 관한 자료」, 『문화유산』 1959년 6호.
김원룡, 「고대 한일관계」, 『이화사학연구』 제13 · 14합집, 1983.
______, 「익산 오금산 출토 다뉴세문경과 세형동검」, 『고고미술』 제8권 제3호(통권 80호), 1967.
______, 「익산군 이제 출토 청동일괄유물」, 『사학연구』 제20호, 1968.

김윤우, 「하북위례성과 하남위례성 고」, 『사학지』 제26집, 단국대 사학회, 1993.
김정배, 「고구려 건국의 제문제」, 『고구려문화학술대회발표요지』, 고구려 · 발해학술연구위원회, 1995.
_____, 「목지국소고」, 『천관우선생환력기념 한국사학논총』, 정음문화사, 1985.
_____, 「삼한사회의 '국'의 해석문제」, 『한국사연구』 26, 한국사연구회, 1979.
_____, 「준왕 및 진국과 삼한정통론의 제문제」, 『한국사연구』 13, 1976.
김철준, 「한국고대국가발달사」, 『한국민족문화사대계』 I - 민족 · 국가사, 고려대 민족문화연구소, 1964.
노태돈, 「고조선 중심지의 변천에 대한 연구」, 『한국사론』 23, 서울대 국사학과, 1990.
_____, 「부여국의 경역과 그 변천」, 『국사관논총』 제4집, 1989.
_____, 「530년대 안라의 '일본부' 경영에 대하여」, 『울산사학』 4, 1991.
니시타니 다다시(西谷 正), 「가야와 왜의 문물교류」, 『가야사론』, 고려대 한국학연구소, 1993.
리준걸, 「고구려 벽화 무덤의 해와 달 그림에 대하여」, 『력사과학』 1985년 2호.
_____, 「고구려 별그림의 특징」, 『력사과학』 1983년 2호.
_____, 「덕화리 2호 무덤의 별그림에 대하여」, 『력사과학』 1981년 1호.
_____, 「28수를 다 그린 진파리 4호 무덤」, 『력사과학』 1981년 3호.
리지린, 「삼국사기를 통해 본 고조선의 위치」, 『력사과학』 1966년 3호.
문정창, 「임나론」, 『일본상고사』, 백문당, 1970.
박진욱, 「길림 · 장춘 지방 좁은놋단검문화의 성격」, 『조선고고학전서』 - 고대편, 과학백과사전출판사, 1988.
_____, 「백제 · 신라에 이웃하였던 말갈에 대하여」, 『력사과학』 1978년 3호.
_____, 「삼국시기의 갑옷과 투구」, 『고고민속』 1965년 제2호.
_____, 「신라의 가시 돋친 무기에 대한 약간의 고찰」, 『고고민속』 1963년 제4호.
방선주, 「백제군의 화북진출과 그 배경」, 『백산학보』 제11호, 1971.
백련행, 「부조예군의 도장에 대하여」, 『문화유산』 1962년 4호.
성주탁, 「한강류역 백제초기 성지연구」, 『백제연구』 14, 1984.
손영종, 「고구려 건국년대에 대한 재검토」, 『력사과학』 1990년 1호.
신경준, 「목지국」, 『강계지』.
신형식, 「한국고대사에 있어서 지진의 정치적 의미」, 『동양학』 14집, 1984.
심봉근, 「야요이문화를 통하여 본 한 · 일문화의 교류관계」, 『한국사론』 16 - 고대한일관계사, 국사편찬위원회, 1986.
안정복, 〈불내화려고〉, 「지리고」, 『동사강목』.
안춘배, 「고고학상에서 본 고대 한일교섭」, 『한국민족학연구』 1, 단국대 한국민족학연구소, 1993.

유원재, 「삼국사기 위말갈고(僞靺鞨考)」, 『사학연구』 29, 1979.
윤내현, 「가야의 건국과 성장에 대한 재고찰」, 『사학지』 제30집, 1997.
______, 「고구려의 다물이념 실천」, 『죽당이현희교수화갑기념한국사논총』, 동방도서, 1997.
______, 「고구려의 이동과 건국」, 『백산학보』 제45호, 1995,
______, 「고대 문헌에 보이는 조선」, 『고조선 연구』 상, 만권당, 2015.
______, 「고조선 사람들의 의식주와 풍속」, 『고조선 연구』 하, 만권당, 2016.
______, 「고조선 사회의 신분 구성」, 『고조선 연구』 하, 만권당, 2016
______, 「고조선과 중국의 교섭」, 『고조선 연구』 하, 만권당, 2016.
______, 「고조선과 한의 관계」, 『고조선 연구』 하, 만권당, 2016.
______, 「고조선시대의 패수」, 『고조선 연구』 상, 만권당, 2015.
______, 「고조선의 강역과 국경」, 『고조선 연구』 상, 만권당, 2015.
______, 「고조선의 과학과 예술」, 『고조선 연구』 하, 만권당, 2016.
______, 「고조선의 국가 구조」, 『고조선 연구』 하, 만권당, 2016.
______, 「고조선의 도읍 천이고」, 『한국고대사신론』, 일지사, 1986.
______, 「고조선의 서쪽 경계」, 『고조선 연구』 상, 만권당, 2015.
______, 「고조선의 위치와 강역」, 『한국고대사신론』, 일지사, 1986.
______, 「고조선의 종교와 사상」, 『고조선 연구』 하, 만권당, 2016.
______, 「고조선의 중심지 변천」, 『고조선 연구』 상, 만권당, 2015.
______, 「백제의 건국과 성장에 대한 재고찰」, 『민속문학과 전통문화』, 박이정, 1997.
______, 「백제의 중국 동부 지배」, 『전통과 현실』 제7호, 고봉학술원, 1996.
______, 「부여의 분열과 변천」, 『상명사학』 제3·4합집, 쌍호조경래박사정년퇴임기념논문집, 1995.
______, 「사회진화상의 고조선 위치」, 『고조선 연구』 상, 만권당, 2015.
______, 「삼한지역의 사회 변천」, 『백산학보』 제35호, 1988.
______, 「신라 초기의 사회성격에 대한 재검토」, 『고문화』 제49집, 한국대학박물관협회, 1996.
______, 「열국시대의 개시와 그 변천」, 『전통과 현실』 제6호, 고봉학술원, 1995.
______, 「열국시대의 한반도말갈」, 『한민족학 연구』 3, 단국대 한민족학연구소, 1996.
______, 「위만조선과 한사군의 위치」, 『고조선 연구』 상, 만권당, 2015.
______, 「인류진화상의 고조선 위치」, 『사학지』 제26집, 단국대 사학회, 1993.
______, 「중국 동부 해안 지역과 한반도-만주 지역의 상호관계」, 『장보고 해양경영사연구』, 이진, 1993.
______, 「창해군고」, 『한국의 사회와 역사』, 최재석교수정년퇴임기념논총, 일지사, 1991.
______, 「창해군의 위치와 성격」, 『고조선 연구』 상, 만권당, 2015.

윤내현, 「최씨낙랑국흥망고」, 『동아시아 연구논총』, 김문경교수 정년퇴임기념, 혜안, 1996.
______, 「한사군의 낙랑군과 평양의 낙랑」, 『한국고대사신론』, 일지사, 1986.
윤석효, 「가야의 왜지진출에 대한 일연구」, 백산학회 엮음, 『백제·신라·가야사 연구』, 백산자료원, 1995.
이건무, 「다호리 출토 붓(筆)에 대하여」, 『고고학지』 제4집, 한국고고미술연구소, 1992.
이근우, 「일본서기 임나관계 기사에 관하여」, 『청계사학』 2, 한국정신문화연구원, 1985.
이기백, 「상대등고」, 『신라정치사회사연구』, 일조각, 1977.
이도학, 「방위명 부여국의 성립에 관한 검토」, 『백산학보』 제38호, 1991.
이명식, 「대가야의 역사·지리적 환경과 경역」, 『가야사연구』 - 대가야의 정치와 문화, 1995.
이문기, 「신라 상고기의 통치 조직과 국가형성 문제」, 『한국고대국가의 형성』, 민음사, 1990.
이병도, 「낙동강유역의 지리와 상·하가라」, 『한국고대사연구』, 박영사, 1976.
______, 「목지국의 위치와 그 지리」, 『한국고대사연구』, 박영사, 1976.
______, 「백제의 건국문제와 마한중심세력의 변동」, 『한국고대사연구』, 박영사, 1981.
______, 「부여고」, 『한국고대사연구』, 박영사, 1976.
______, 「삼한문제의 연구」, 『한국고대사연구』, 박영사, 1981.
______, 「수로왕고」, 『한국고대사연구』, 박영사, 1981.
______, 「위례고」, 『한국고대사연구』, 박영사, 1976.
이병두, 「낙랑군현위치고」, 『한국학보』 55집, 일지사, 1989.
______, 「요동·현도군의 위치」, 『백산학보』 제37호, 1990.
이익, '사군' 지리문, 「천지편」, 『성호사설유선』.
이정희, 「고대 일본의 정치적 세력 성장에 대하여 - 임나일본부와의 관계 검토를 위한 일시론으로」, 『한국전통문화연구』 1, 효성여대 한국전통문화연구소, 1985.
이홍직, 「백제 건국설화에 대한 재검토」, 『한국고대사의 연구』, 신구문화사, 1971.
임효재, 「신석기시대의 한일문화교류」, 『한국사론』 16 - 고대한일관계사, 국사편찬위원회, 1986.
전영래, 「청동기의 비교 Ⅲ(일본과의 비교)」, 『한국사론』 13 - 한국의 고고학Ⅱ·하, 국사편찬위원회, 1983.
정약용, 〈예맥별고〉, 「강역고」, 『여유당전서』.
______, 〈마한고〉, 「강역고」, 『여유당전서』.
______, 〈위례고〉, 「강역고」, 『여유당전서』.
정찬영, 「우리나라 구들의 유래와 발전」, 『고고민속』 1966년 제4호.
조인성, 「규원사화와 환단고기」, 『한국사시민강좌』 제2집, 1988.
채태형, 「삼국사기의 말갈관계 기사에 대하여」, 『력사과학』 1992년 3호.
천관우, 「목지국고」, 『한국사연구』 24, 한국사연구회, 1979.

______, 「복원가야사(중)」, 『문학과 지성』 29, 1977.
______, 「삼한의 성립과정」, 『사학연구』 26, 한국사학회, 1975.
______, 「임나일본부 관견(管見)」, 『가야사연구』, 일조각, 1991.
최남선, 「불함문화론」, 『육당최남선전집』 2, 현암사, 1973.
최원희, 「고구려 녀자 옷에 관한 연구」, 『문화유산』 1962년 2호.
______, 「과거 우리나라 남자 평상복」, 『고고민속』 1966년 제2호.
한규철, 「발해인이 된 고구려말갈」, 『발해의 대외관계사』, 신서원, 1995.
한진서, 「마한」, 『해동역사』.
______, 「속삼한」, 『해동역사』.
허순산, 「고구려 금귀걸이」, 『력사과학』 1985년 4호,
황욱, 「평양 청암리 토성 부근에서 발견된 고구려 금동유물」, 『문화유산』 1958년 5호.
황유복, 「백제의 중국 진출과 진평군의 위치에 대하여」, 제5차 조선학 국제학술토론회 논문 요지, 1997.

Kim Yong-won, A Study of the Records of Solar Eclipses in *Samkuk sagi*, (1), in *Korea Journal*, Vol. 16, No. 7, 1976 ; (2), *Korea Journal* Vol. 16, No. 8, 1976.

古兵, 「吉林集安歷年出土的古代錢幣」, 『考古』, 1964年 2期.
末松保和, 「任那興亡史」, 『古代の日本と朝鮮』, 吉川弘文館, 1996.
武田幸男, 「朝鮮の國家形成と三國」, 『新朝鮮史入門』, 1981.
飯島忠夫, 「三國史記の日食記事について」, 『東洋學報』, 15卷 3號, 大正 15(1926).
李永植, 「古代日本の任那派遣氏族の研究-的臣・吉備臣・河內直を中心として」, 富士ゼロックス・小林節太郎記念基金1989年度研究助成論文, 1990.
張光直, 「從夏商周三代考古論三代關係與中國古代國家的形成」, 杜正勝 編, 『中國上古史論文選集』, 華世出版社, 民國 68(1979).
趙承澤, 「星星哨石棺墓織物殘片的初步探討」, 『考古學集刊』 3, 中國社會科學出版社, 1983.
請田正幸, 「6世紀前期の日朝關係-任那日本府を中心として」, 『朝鮮史研究會論文集』 11, 1974.

찾아보기

ㄱ

ㅅ

ㅇ

한국 열국사 연구

초판 1쇄 펴낸 날 2016. 7. 8.

지은이 윤내현
발행인 양진호
발행처 도서출판 만권당

등 록 2014년 6월 27일(제2014-000189호)
주 소 (04045) 서울시 마포구 양화로 56 동양한강트레벨 718호
전 화 (02) 338-5951~2
팩 스 (02) 338-5953
이메일 mangwonbooks@hanmail.net

ISBN 979-11-957049-5-8 (04910)
979-11-953264-8-8 (세트)

이 도서의 국립중앙도서관 출판예정도서목록(CIP)은 서지정보유통지원시스템 홈페이지(http://seoji.nl.go.kr)와 국가자료공동목록시스템(http://www.nl.go.kr/kolisnet)에서 이용하실 수 있습니다.(CIP제어번호: CIP2016012178)